社科文献 SSAP 学术文库

| 文史哲研究系列 |

晚清驻日使团与甲午战前的中日关系（1876～1894）

LATE QING CHINESE LEGATIONS TO JAPAN AND
SINO-JAPANESE RELATIONS BEFORE THE JIAWU WAR, 1876-1894

（增订版）

戴东阳　著

社会科学文献出版社
SOCIAL SCIENCES ACADEMIC PRESS (CHINA)

出版说明

社会科学文献出版社成立于 1985 年。三十年来，特别是 1998 年二次创业以来，秉持"创社科经典，出传世文献"的出版理念和"权威、前沿、原创"的产品定位，社科文献人以专业的精神、用心的态度，在学术出版领域辛勤耕耘，将一个员工不过二十人、年最高出书百余种的小社，发展为员工超过三百人、年出书近两千种、广受业界和学界关注，并有一定国际知名度的专业学术出版机构。

"旧书不厌百回读，熟读深思子自知。"经典是人类文化思想精粹的积淀，是文化思想传承的重要载体。作为出版者，也许最大的安慰和骄傲，就是经典能出自自己之手。早在 2010 年社会科学文献出版社成立二十五周年之际，我们就开始筹划出版社科文献学术文库，全面梳理已出版的学术著作，希望从中选出精品力作，纳入文库，以此回望我们走过的路，作为对自己成长历程的一种纪念。然工作启动后我们方知这实在不是一件容易的事。对于文库入选图书的具体范围、入选标准以及文库的最终目标等，大家多有分歧，多次讨论也难以一致。慎重起见，我们放缓工作节奏，多方征求学界意见，走访业内同人，围绕上述文库入选标准等反复研讨，终于达成以下共识。

一、社科文献学术文库是学术精品的传播平台。入选文库的图书必须是出版五年以上、对学科发展有重要影响、得到学界广泛认可的精品力作。

二、社科文献学术文库是一个开放的平台。主要呈现社会科学文献出版社创立以来长期的学术出版积淀，是对我们以往学术出版发展历程与重要学术成果的集中展示。同时，文库也收录外社出版的学术精品。

三、社科文献学术文库遵从学界认识与判断。在遵循一般学术图书基本要求的前提下，文库将严格以学术价值为取舍，以学界专家意见为准绳，入选文库的书目最终都须通过该学术领域权威学者的审核。

四、社科文献学术文库遵循严格的学术规范。学术规范是学术研究、学术交流和学术传播的基础，只有遵守共同的学术规范才能真正实现学术的交流与传播，学者也才能在此基础上切磋琢磨、砥砺学问，共同推动学术的进步。因而文库要在学术规范上从严要求。

根据以上共识，我们制定了文库操作方案，对入选范围、标准、程序、学术规范等一一做了规定。社科文献学术文库收录当代中国学者的哲学社会科学优秀原创理论著作，分为文史哲、社会政法、经济、国际问题、马克思主义五个系列。文库以基础理论研究为主，包括专著和主题明确的文集，应用对策研究暂不列入。

多年来，海内外学界为社会科学文献出版社的成长提供了丰富营养，给予了鼎力支持。社会科学文献出版社也在努力为学者、学界、学术贡献着力量。在此，学术出版者、学人、学界，已经成为一个学术共同体。我们恳切希望学界同人和我们一道做好文库出版工作，让经典名篇"传之其人，通邑大都"，启迪后学，薪火不灭。

社会科学文献出版社

2015 年 8 月

社会科学文献出版社专家委员会

作者简介

戴东阳 北京大学历史学博士。1998～1999 年日本新潟大学留学。2001～2003 年美国哈佛大学哈佛燕京学社、加州大学伯克利分校东亚研究所访学。2009～2010 年日本早稻田大学政治经济学术院访问学者。现为中国社会科学院近代史研究所研究员、中国社会科学院大学教授、博士生导师。《中日共同历史研究》中方执笔者。主要研究领域为近代中日关系史、近代中日文化交流史。出版专著《晚清驻日使团与甲午战前的中日关系（1876～1894）》（社会科学文献出版社，2012；韩文版『만청 주일사절단과 갑오전쟁 전의 중일 관계（1876-1894）』，서울：토담미디어，2021）、韩文合著『청일전쟁기 한·중·일 삼국의 상호 전략』（*The Political Strategies by Korea, China and Japan during the Sino-Japanese War*，2009），译著《日本的国境问题：钓鱼岛、独岛、北方四岛》（2014）等。在《历史研究》《近代史研究》《日本学刊》《史学理论研究》等刊物发表论文数十篇。获第七届"孙平化日本学学术奖励基金"奖。

内容简介

近代中日关系的重大纠纷，如琉球问题、朝鲜问题等，其源头实在中日甲午战争之前。其间，中日两国之间尽管因日本的不断挑衅已开始发生摩擦，但基于《中日修好条规》的两国关系，大体上属于常态关系，清政府一直着力借助外交途径处理对日问题。驻日使团因其"亲历其地"，为清政府洞悉日本事机、考量对日决策，提供极其关键的参考意见与建议。本书以甲午战争前六届驻日使团为切入点，围绕这一时期清政府对日关系的三大中心问题——琉球问题、朝鲜问题和修改条约问题，深描甲午战前历届驻日使团的对日交涉、日本研究、政策建议及其渊源，揭示六届驻日使团对清政府的对日政策尤其是甲午战前中日关系的重大影响，展现甲午战前中日外交关系发展演变之脉络，深化近代中日关系研究。

Abstract

The stage for major disputes between China and Japan in the modern period, such as those over the Ryukyu Islands and Korea, had been set before the Jiawu War. Despite tensions that had arisen because of constant provocations by Japan, the two countries were, thanks to the Sino-Japanese Friendship and Trade Treaty, largely able to maintain normal relations. The Qing government continued to try to resolve issues with Japan through diplomatic means. Because they were operating "on the ground", the legations to Japan kept the Qing court apprised of goings-on in the country, deliberated over Qing's Japan policy, and provided critical reference information. This book examines the important role played by the six legations to Japan prior to the Jiawu War in shaping Qing's Japan policies on three central issues: the Ryukyu Islands, Korea and treaty revision. The legations' diplomatic engagement with Japan, research activities, and policy recommendations are shown to have been instrumental in the evolution of Sino-Japanese relations in the years leading up to the Jiawu War.

序

在近代中日关系史研究中，相比较甲午战争史与抗日战争史而言，甲午战争以前的中日关系史研究，还是一个相对薄弱的领域。尤其是能够充分利用中日双方的外交档案、文献资料进行系统、深入、扎实研究的成果更不多见。戴东阳的专著《晚清驻日使团与甲午战前的中日关系（1876~1894）》，可以称得上这个研究领域一部高水平的力作，它是作者十余年来潜心钻研、勤奋耕耘、"十年磨一剑"的结晶。

戴东阳1996年进入北京大学历史学系，在我指导下攻读中国近代史专业博士研究生。她勤奋好学，一开始就对近代中日关系史产生兴趣，并试图以晚清驻日使团外交官作为研究的切入点，曾与我探讨过黄遵宪、何如璋等人物的一些课题。读博士期间她曾赴日本新潟大学交流留学一年，并利用此机会收集了不少晚清中国驻日外交官与明治日本驻外公使的资料。回国后确定博士学位论文题目为《晚清驻外使臣与不平等条约体系》，于2000年6月通过答辩，获得历史学博士学位。以后她到中国社会科学院近代史研究所做博士后研究和工作，仍继续从事近代中日关系史研究。2001年12月至2003年5月，她先后在美国哈佛大学哈佛燕京学社和加州大学伯克利分校东亚研究所访学，查阅了那里收藏的关于中日关系史的英文论著和史料。2009年4月至2010年3月，她又到日本早稻田大学做访问学者，进一步发掘近代中日关系史日文资料。在收集、梳理、分析了大量中、日、英文档案、文献、史料的基础上，她撰写了一系列关于近代中日外交关系的学术论文，曾在《历史研究》《近代史研究》《清史研究》等刊物上发表。这部专著则是她十余年来对晚清驻日使团与甲午战前中日外交关系系列研究的集大成成果。

我一贯认为学术贵在创新，而史学创新必须建立在对大量史料的发掘、考订、解读、分析、研究的基础之上。正因为戴东阳十多年来孜孜不倦、锲而不舍地收集、钻研了大量中、日、英文近代中日关系史原始资料，她才有可能在这部专著中对甲午战前的中日外交关系做出深入的分析、思考和判断，提出许多新的独到见解。例如，关于中日琉球问题交涉，以往不少研究论著认为在1881年（光绪七年）中日早期琉球交涉中断以后，此事已不了了之，甚至被误认为清政府很早便自动放弃了琉球。作者通过深入考察、分析历届中国驻日使团的琉球交涉活动史料与史实，得出了"中国在'球案'上不仅从未放弃，而且于光绪七年（1881）后一直为重议'球案'做不间断的努力"的结论。书中对许多史实做了详细有说服力的考证，并纠正了一些不实之说。如中日琉球交涉中的所谓何如璋"照会事件"。以往日本论著都认为"照会事件"乃中国首届驻日公使何如璋给日本的照会过于强硬，用词不当，致使中日琉球交涉陷于僵局。而作者深入考察、考证"照会事件"的史实以后，指出"'照会事件'是日本政府为吞并琉球而人为制造的借口"。书中具体论述了第二、四届驻日公使黎庶昌近十年间对重议琉球一案所做的努力，认为所谓黎庶昌"放弃琉球论"，实际上是一种误读。书中还揭示了第三届驻日公使徐承祖及第六届驻日公使汪凤藻不同程度上对琉球问题交涉的关注和建议。

另如关于中日朝鲜问题的交涉，书中深入探讨了以往学术界关注不够的驻日公使黎庶昌与壬午派兵的关系、徐承祖与签订中日《天津条约》的关系等问题。作者指出中日《天津条约》关键条款的成立，与日方所谓绝不侵占朝鲜这样带有欺骗性的许诺有相当大的关系。书中还对以往涉及甚少的第五届李经方驻日使团和第六届汪凤藻驻日使团做了新的研究探讨。作者对以往论著中金玉均被刺"成为中日甲午战争爆发的一大诱因"的说法提出了商榷，根据对各种史料的分析考证，指出"日本出兵朝鲜及挑起中日甲午战争，与金玉均被刺事件没有事实上的关联"。

该书在史料的发掘与考证上也有不少新的发现和创见。如作者在美国加州大学伯克利分校图书馆查阅资料时，发现黄遵宪的《日本国志·邻交志·泰西》篇，是直接征引了日本人渡边修次郎的《日本外交始末》一书。她还根据在日本早稻田大学图书馆看到的手稿，解开了徐承祖雇用的日本间谍真实姓名之谜。该书最后附录的甲午战前历届驻日使团名录及其在日本各地驻扎情况的介绍，也很有参考价值。

总之，该书根据大量中、日、英文外交档案、文献等原始资料，通过扎扎实实的实证研究，以晚清中国六届驻日使团的外交活动为切入点，对甲午战前中日外交关系，尤其是琉球问题、朝鲜问题、修约问题这三大交涉重点，进行了系统深入的梳理与剖析，力图阐明历史的真相，科学总结历史的经验教训。这可以说是近代中日关系史研究领域的一大进展。我们希望在中国史学研究中能看到更多这样扎实、严谨、"十年磨一剑"的精品，也希望中国史学界能涌现出更多埋头苦干、力戒浮躁、潜心钻研的中青年研究者。我们期待和祝愿作者今后能继续努力，取得更大的学术成就。

北京大学历史学系教授、博士生导师
中国中日关系史学会副会长

王晓秋

2012 年 2 月 15 日
于蓝旗营公寓遨游史海斋

目 录

Contents

导　言

　　近代中日关系的重大纠纷，如琉球问题、朝鲜问题等，其源头实在中日甲午战争之前①。其间，由于日本的不断挑衅，中日之间已经开始发生摩擦，但基于《中日修好条规》这一平等条约上的两国关系，基本属于常态关系。清政府一直试图采用外交途径处理对日问题。在专制皇权之下，清政府对日决策的考量及形成，主要与总理各国事务衙门（简称"总理衙门"或"总署"）、北洋通商大臣衙署和驻日使馆等外交机构直接相关。驻日使团以其驻日之便，"亲历其地"，对于清政府洞悉日本事机、办理交涉事件，实具独特作用。②

　　晚清时期，清政府向国外派遣的使团，有常驻与临时驻之分，后者如祝贺使团、谢罪使团、换约使团、游历使团等，名目繁多。这里所论的，主要是常驻使团。

---

　　① 甲午战争之前，本书指 1876~1894 年。
　　② 总理各国事务衙门：《片奏请饬出使大臣咨送日记》，光绪三年十一月初一日，总理各国事务衙门编《奏定出使章程》，出版地和出版者不详，光绪年间（1893~1903）本，第20 页。现存晚清时期的所订出使章程有四种，均出版地、出版者不详：《奏定出使章程》（总理各国事务衙门编，光绪年间本）、《奏定出使章程》（光绪三十年本）、《出使章程》（光绪三十四年本）和《出使章程》（宣统三年本）。以下统称为《出使章程》。

一 晚清驻外使团的出使国别

自光绪元年（1875）开始，向各国派驻常驻使团，至宣统三年（1911）清朝终结，清政府曾向数十个缔约国派驻由出使大臣（简称"使臣"）领衔的常驻使团。关于清政府派驻使臣国家的数量，目前各大史料记载有一定的出入。《清史稿》列表显示为十八国，分别是英国、俄国、法国、美国、德国、日本、奥地利（奥斯马加）[①]、荷兰（和兰）、比利时（白耳义）、意大利（义大利）、西班牙（日斯巴尼亚）、秘鲁、墨西哥、古巴、朝鲜、瑞典、丹麦（丹马）、挪威（那威）；未列引文中提到的葡萄牙。引文称："有约之国，惟葡萄牙、瑞典、那威、丹马诸国无驻使，有事则以就近驻使任之。"如此，若按有约国计算应为十九国，若按驻使国计算则应为十五国。[②]钱实甫所编的三种出使年表所记出使国与《清史稿》有差别。所编《出使各国大臣年表》显示，实际出使国也为十五国，即英国、美国、日本、德国、俄国、法国、西班牙、秘鲁、意大利、奥地利、荷兰、比利时、朝鲜、墨西哥、古巴，与《清史稿》所记完全一致。但所编《驻外使臣设置、撤销及兼任变化表》和《驻外使臣兼任关系表》则增列葡萄牙、巴西、瑞典、丹麦四国，并称宣统三年八月二十日（1911年10月11日），清政府定驻西班牙兼驻葡萄牙大臣一人，驻法国兼驻巴西大臣一人，驻俄国兼辖瑞典大臣一人，驻荷兰兼辖丹麦大臣一人，只是均未实行。如此，谕旨派遣国实应为十九国。这一数量虽与《清史稿》提及的有约国数量相同，但《清史稿》提到的挪威，钱氏表缺，钱氏表提到的巴西，却是《清史稿》所未提及者。[③]

---

① 奥地利（奥斯马加），指奥匈帝国，下同。

② 《交聘年表一·中国遣驻使》，载赵尔巽等撰《清史稿》卷212，表52，中华书局，1976，第8781~8833页。

③ 钱实甫编《清代职官年表》第4册，中华书局，1980，第3028~3049页。

另，《清季中外使领年表》据清代档案和各国外交年鉴记载，称出使国为十六国，分别是英国、俄国、法国、德国、奥地利（奥斯马加）、荷兰（和兰）、比利时（白耳义）、意大利（义大利）、葡萄牙、西班牙（日斯巴尼亚）、美国、秘鲁、墨西哥、古巴、日本和朝鲜①，与上述两种史料均有不同。② 最主要的区别在于葡萄牙。《清史稿》称"无驻使"，钱氏表则指出，宣统三年（1911）八月虽定由驻西班牙大臣兼驻，但"未实行"。其实，葡萄牙光绪三十一年八月（1905年9月）就奉旨派驻，由出使法国、西班牙（日斯巴尼亚）大臣兼使。此外，《清季中外使领年表》不列巴西、瑞典、丹麦三国，这很可能如钱氏表所述，因谕令三国为兼使国不久，清朝就覆亡，未实行。至于《清史稿》所记挪威，不见载于其他各种史料。如此看来，《清季中外使领年表》的记载更接近实际。

设立专使和兼使，是清政府驻使制度的一大特点，为近代各国所罕见。晚清三十余年间内外局势纷繁变幻，清政府不断调整出使国别及兼使关系，再加上清政府与各国交涉重点各不相同，晚清出使大臣的出使国别呈现复杂面相。

（一）确定出使国别基本格局

晚清出使国别情形，以《马关条约》和《辛丑条约》签订为界标，大致可分三个时期。自光绪元年（1875）至光绪二十年（1894）《马关条约》签订前夕为第一个时期，是出使国别格局基本确定时期。

清朝沿袭元、明之制，"视海内外莫与为对"。凡是俄、英来聘

---

① 光绪三十一年（1905）《日韩保护条约》签订，日本剥夺韩国外交权，在韩国设立统监，作为日本政府的代表。此后，清政府在韩国改设驻韩国总领事、驻仁川领事、驻釜山领事、驻甑南浦领事和驻元山领事，与设于日本本土的驻横滨领事、驻神户领事、驻长崎领事一道，统归中国驻日使馆管辖。《变通出使设立员缺及薪俸章程》，光绪三十二年十二月十二日，载王克敏、杨毓辉编《光绪丙午（三十二）年交涉要览》中上篇卷1，第7页；沈云龙主编"近代中国史料丛刊续编"第30辑，台北：文海出版社，1976年影印本，第1060页。

② 故宫博物院明清档案部、福建师范大学历史系合编《清季中外使领年表》，中华书局，1985，第3~30页。

者，国史中皆书曰"来贡"。与各国互派常驻使节，意味着承认与各国具有对等关系，这无疑是对传统体制的一大挑战。的确，清政府接受这一新的外交体制，经历了一个漫长而苦难的过程。道光二十二年（1842）中英《南京条约》订立，清朝开始有了与列国对等的关系。但这一条约是清政府战败后在坚船利炮的威逼之下被迫订立的，清政府并不愿意轻易接受包括各国公使驻京在内的欧美式外交体制，各国公使驻京，就成为第二次鸦片战争的一大肇端。史称："咸丰庚申之役（即第二次鸦片战争），肇衅非一，而遣使驻京未允实行者，亦一大端。自是而后，有约各国率遣使驻京。"① 第二次鸦片战争后，约咸丰十年九月（1860 年 11 月）后，英国、法国、俄国和美国先后派遣驻华公使来华，开始常驻北京，清政府遣使驻外随之亦提上议事日程。自咸丰十年（1860）至光绪元年（1875）正式派出首位驻外使臣，十余年间清政府内部曾就遣使问题展开两次大规模的讨论，海关总税务司赫德（Robert Hart）和英国驻华公使威妥玛（Thomas F. Wade）也参与其中。清政府先后尝试派遣游历使团随同赫德和美国驻华公使蒲安臣（Anson Burlingame）出使欧美，派遣崇厚为首的谢罪使团前往法国为"天津教案"道歉，成为遣使常驻各国的预演。其时，清政府重臣、洋务派代表人物曾国藩、左宗棠、李鸿章等已充分认识到遣使驻外的重要性。② 边疆危机尤其台湾事件的接踵而来，遣使常驻显得更为急迫。同治十年（1871）日本开始与中国商议条约，曾国藩和李鸿章分别奏请与日本立约后，应派员驻扎日本，除管束商民，也借机探察动静，联络牵制，消弭后患。同治十三年（1874）春，日本挑起台湾事件，李鸿章进而奏称，台事既"粗定"，

---

① 《交聘年表一·中国遣驻使》，载赵尔巽等撰《清史稿》卷 212，表 52，第 8781 页。

② 如左宗棠指出："驻京公使恣意横行，而我不能加以诘责。正赖遣使一节，以洞各国之情伪，而戢公使之专横。"左宗棠：《左文襄公书牍节要》卷 9，光绪二十八年（1902）刻本，第 19 页。

向日本派使之举则"未可再缓"。① 促使清政府最终开始向外派驻常
驻使臣的，是"马嘉理事件"。

威妥玛在天津就滇案与李鸿章会晤时，就提出要中国派钦差大臣
赴英道歉。总署经商酌，认为不应该"过为峻拒"，致使英方"藉词
启衅"。遣使原应等待结案之后，但李鸿章认为遣使不妨先期允办，
这样，待使臣出京时，滇案预计亦已就绪。总署接受李鸿章的建议，
请旨简派出使英国正使一员，副使一员，"以修和好，而固邦交"。光
绪元年七月二十八日（1875 年 8 月 28 日），清政府谕命派候补侍郎郭
嵩焘为出使英国正使，候补道许钤身为副使，赏二品顶戴。② 许钤身
后未行，改派刑部员外郎、三品衔候补五品京堂刘锡鸿为副使。③ 次
年七月二十六日（1876 年 9 月 13 日），滇案议结，李鸿章与威妥玛签
订中英《烟台条约》。条约第一端最后一款明确规定："俟此案结时，
奉有中国朝廷惋惜滇案玺书，应即由钦派出使大臣克期起程，前往英
国。"④ 光绪二年九月十五日（1876 年 10 月 31 日），已于上一年被谕
命为出使英国正使的郭嵩焘陛辞，十月十七日（12 月 2 日）与副使
刘锡鸿一行自上海乘英轮赴任，十二月初八日（1877 年 1 月 21 日）
抵达伦敦。是为中国遣使之始。

当时，李鸿章建议遣使的国家不仅仅限于英国。中英《烟台条
约》签订之后，李鸿章向总理衙门极力建议在法、俄、德、美、日等
国也设常驻使馆。⑤ 总理衙门考虑到"英、法、俄、美、德等国为换约

---

① 《筹办铁甲兼请遣使片》，同治十三年十一月初二日，载李鸿章撰，吴汝纶编（以下
简称"吴汝纶编"）《李文忠公全书·奏稿》卷 24，商务印书馆据金陵刻本，民国 10 年
（1921）影印本，第 27 页。

② 《总署奏请派驻英国公使片附上谕》，光绪元年七月二十八日，载王彦威纂辑，王亮
编《清季外交史料》卷 3，北平清季外交史料编纂处铅印，民国 20 年（1931），第 14~15 页。

③ 赵尔巽等撰《清史稿》作"刑部员外郎，以四五品京堂候补，为英国副使"。

④ 王铁崖编《中外旧约章汇编》第 1 册，生活·读书·新知三联书店，1957，第 347 页。

⑤ 《议偿款遣使二事》，光绪二年八月初三日，载吴汝纶编《李文忠公全书·译署函
稿》卷 6，第 27 页。

最久之国，日斯巴尼亚（西班牙）及秘鲁国皆有查办华工之案，日本迩在东洋，均应先行通使，庶能洞悉彼中情形，于办理交涉事件较易得力"，因此，继英国之后，清政府先后于光绪元年十一月十四日（1875年12月11日）谕命太常寺卿陈兰彬为正使，容闳由三品同知赏二品顶戴，以道员用，为副使，出使美国；光绪二年十二月初二日（1877年1月15日）谕授翰林院编修何如璋以侍讲升用，为出使日本国正使，张斯桂以即选知府赏加三品顶戴，充出使日本国副使；光绪三年三月十七日（1877年4月30日）调任驻英副使刘锡鸿为出使德国大臣；光绪四年五月二十二日（1878年6月22日）谕命吏部左侍郎崇厚为出使俄国大臣。这样，清政府陆续向美国、日本、德国、法国、俄国、西班牙及秘鲁派遣了常驻使臣。① 其中，法国由驻英使臣兼任，西班牙和秘鲁则由驻美使臣兼使。

光绪七年（1881），意大利驻华公使卢嘉德（Ferdinando de Luca）和荷兰驻华公使费果荪（Jan Helenus Ferguson）向总理衙门请派使臣。总理衙门考虑到两国与中国均有条约关系，为表示"一视同仁之意"②，决定向意大利和荷兰遣使。奥地利虽未明确向总理衙门请派使臣，但总理衙门考虑到奥地利也与中国签有条约，又是"泰西近日强盛之国"，也应派遣使臣。③ 光绪七年三月初七日（1881年4月5日），清政府同时向意大利、荷兰、奥地利三国遣使，均由当时驻德使臣兼使。德国后来一度改为兼使国，三国的兼使情况因此有变动。光绪十一年六月初三日（1885年7月14日），清政府增设驻比利时出使大臣，也由驻德使臣兼使。

---

① 总理衙门：《请派员兼充出使义和奥三国大臣以资联络而归简易折》，光绪七年三月初七日，载《出使章程》，第40页。

② 总理衙门：《请派员兼充出使义和奥三国大臣以资联络而归简易折》，光绪七年三月初七日，载《出使章程》，第40页。

③ 总理衙门：《请派员兼充出使义和奥三国大臣以资联络而归简易折》，光绪七年三月初七日，载《出使章程》，第40页。

遣使伊始，总理衙门就分设专使与兼使。设立兼使的主要原因如下。

一是出于经费的考虑。总理衙门认为，"换约之国日多，势难遍遣专使，致增糜费"①。加上像西班牙、秘鲁、意大利、荷兰、奥地利、比利时等国"商务稀简，而素鲜交涉"，"彼国虽常有使臣来华，并不在京久住"②，所以以上各国设为兼使，历数十年不变。如果说有变动，就只有在由哪一国专任使臣兼使上有所变动。如意大利、荷兰、奥地利、比利时最初均由驻德使臣兼使。光绪十三年（1887）德国由专使改为兼使后，意大利和比利时就改归驻英使臣兼使，直到两国改为专使国。荷兰和奥地利则归驻俄使臣兼使。光绪二十三年（1897）德国改回专使国，荷兰则改回归德国使臣兼使，奥地利则仍归俄国使臣兼辖，直到两国均改为专使国。

二是出于外交上的权变。如俄国和德国这两个专使国家曾一度改为兼使国，法国的兼使情形也一度有变化。俄国自光绪六年正月初三日（1880年2月12日）至光绪十三年四月二十六日（1887年5月18日）一度改为兼使国，由驻英使臣兼使。这一变动，是因为当时的驻英使臣曾纪泽奉旨赴俄国办理交收伊犁案，为方便起见，曾纪泽兼充驻俄国使臣。曾纪泽卸任、刘瑞芬继任不久，总理衙门考虑到"俄国边界绵长"，驻扎"甚关紧要"，加上"英、俄相距遥远，设有缓急使臣分身两地，常恐贻误事机"，便将俄国改回专使国。③

德国起初为专使国，办理订购船炮事宜，"使臣驻阅时多"④。中

---

① 总理衙门：《奏为出使大臣兼驻之国宜令附近分隶并酌复旧式以便往来而期周妥折》，光绪十三年四月二十六日，载《出使章程》，第51页。

② 总理衙门：《请派员兼充出使义和奥三国大臣以资联络而归简易折》，光绪七年三月初七日；《具奏出使大臣兼驻之国酌复旧制》，光绪十三年四月二十六日，载《出使章程》，第40、51页。

③ 总理衙门：《奏为出使大臣兼驻之国宜令附近分隶并酌复旧式以便往来而期周妥折》，光绪十三年四月二十六日，载《出使章程》，第51~52页。

④ 总理衙门：《奏为出使大臣兼驻之国宜令附近分隶并酌复旧式以便往来而期周妥折》，光绪十三年四月二十六日，载《出使章程》，第52页。

法战起，驻德国使臣开始兼使法国。法国设使之初即为兼使国，本由驻英国使臣兼使。中法战争时，法国反对由当时的驻英使臣兼驻法使臣，处理对法事务。于是，自光绪十年四月初四日（1884 年 4 月 28日）始，法国一度由驻德使臣兼使，但该使臣"只能偶到"[1]。清政府考虑到法国和德国"仇憾未消"，难免怀疑中国使臣对其有亲疏之迹，即相待有厚薄之心，决定"量为变通"。[2] 光绪十三年四月二十六日（1887 年 5 月 18 日），将法国改回兼使国，仍由有海峡之隔的驻英使臣兼使，德国则由专使国改为兼使国，归驻俄大臣兼使。这样，原由德国兼使的意大利、荷兰、奥地利、比利时等国的兼使关系，也相应发生变动。意大利、比利时划归驻英使臣兼使，奥地利、荷兰两国则随同刚刚改为兼使的德国一起，统由驻俄国使臣兼使。在总理衙门看来，"如此一转移间，既便往来，亦形周妥。于经费并无出入，于公事较有裨益"[3]。这一新的兼使状况，一直保持到在德、法两国设立专使为止。

《马关条约》签订之前，清政府派驻使臣的国家共计十二个。其间，专使和兼使的情况虽有调整，但派使国家的格局基本确定。一直为专使的，有英国、美国、日本；一直为兼使的，有法国、意大利、比利时、西班牙、秘鲁、奥地利、荷兰。俄国除光绪六年正月初三日（1880 年 2 月 12 日）至光绪十三年四月二十六日（1887 年 5 月 18日）有过兼使时期外，余则为专使。德国最初十年间为专使国，此后至三国干涉还辽时期为兼使国。[4] 这种出使国的专使与兼使结构，大致保持到晚清终结。其间的变动，主要是专使国家的增加，兼使国所

---

[1]　总理衙门：《奏为出使大臣兼驻之国宜令附近分隶并酌复旧式以便往来而期周妥折》，光绪十三年四月二十六日，载《出使章程》，第 52 页。

[2]　总理衙门：《奏为出使大臣兼驻之国宜令附近分隶并酌复旧式以便往来而期周妥折》，光绪十三年四月二十六日，载《出使章程》，第 52 页。

[3]　总理衙门：《奏为出使大臣兼驻之国宜令附近分隶并酌复旧式以便往来而期周妥折》，光绪十三年四月二十六日，载《出使章程》，第 52 页。

[4]　详参附录三表格所示。

属关系转移这种结构内部的变动。

（二）出使国别的变化与发展

光绪二十一年（1895）《马关条约》签订，东亚国际格局随之发生重大变化，至光绪二十七年（1901）《辛丑条约》签订，此为第二个时期。

三国干涉还辽后，法国、德国与俄国一道对清政府的影响力增大。法国向清政府提出请派专使，德国也接踵要求。清政府于光绪二十一年六月初八日（1895 年 7 月 29 日）改法国为专使国，不再由出使英国大臣兼使；次年十一月二十六日（1896 年 12 月 30 日）改德国为专使国，不再由出使俄国使臣兼使，这一情形至晚清终结不变。此外，鉴于《马关条约》第一款规定，"中国认明朝鲜国确为完全无缺之独立自主"①，光绪二十四年六月二十四日（1898 年 8 月 11 日），清政府把原于光绪八年（1882）设立的驻朝鲜商务委员，改为驻朝鲜使臣，朝鲜成为这一时期继法国、德国之后新增加的第三个专使国家。这一时期兼使的变化较为简单，只涉及荷兰一国。荷兰与德国原同由俄国使臣兼使，德国设立专使以后，鉴于地理上的近便，荷兰便划归新设立的德国专使兼使，直到光绪三十一年（1905）增设驻荷兰专使。总之，这一时期确定了三个新的专使国家，即法国、德国和朝鲜。一个兼使国家荷兰的归属关系有所变化。而就派驻国总数而言，实只增加朝鲜一国。

自《辛丑条约》签订至清朝覆亡，为第三个时期。光绪二十七年七月二十五日（1901 年 9 月 7 日）《辛丑条约》签订前夕，即六月初九日（7 月 24 日），清廷下诏改总理各国事务衙门为外务部，班列六部之首，简派和硕庆亲王奕劻总理外务部事务。这一时期是出使国别大变动的时期。

其一，增设意大利、比利时、奥地利和荷兰四个专使国。奥地利

① 王铁崖编《中外旧约章汇编》第 1 册，第 614 页。

原以驻俄使臣兼充使臣，意大利和比利时则以驻英使臣兼充使臣。《辛丑条约》刚刚签订，意大利驻华公使嘎里纳（Count Giovanni Gallina）和比利时驻华代理公使贾尔牒（E. de Cartier de Marchienne）便要求清政府向两国派驻专使。随后，奥地利驻华公使齐干（Moritz Freiherr von Czikann）也提出相同要求。为此，外务部上呈《奏请旨简派义比奥三国使臣折》，内称，"泰西通例，以遣使往来为重。奥国本欧洲强国，迭与会盟。义为罗马旧邦，夙称文物。比亦以制造精良讲求商务，近来芦汉铁路即归承办"，"恳派专使驻其国都"。① 光绪二十八年四月十二日（1902 年 5 月 19 日），清政府同时谕命向三国简派专使：江苏候补道吴德章，赏四品卿衔任出使奥地利大臣；候补道许珏，赏四品卿衔任出使意大利大臣；江苏候补道杨兆鋆，赏四品卿衔任出使比利时大臣。从外务部奏请派使理由来看，这三个新增的专使国家中，关系最紧密的其实只有比利时。因此可以说，在出使经费捉襟见肘的情况下，清政府此次增遣三名专使，事出被动，实与三国的恃强要索有很大关系。

荷兰也由兼使国改为专使国。荷兰原由驻德使臣兼使，光绪十三年（1887）德国由专使国改为兼使国后，改由驻俄使臣兼使，光绪二十二年（1896）德国改回专使国，荷兰再归德国使臣兼使。增设荷兰专使的缘由有两个：一是援引奥地利、意大利和比利时三国之例；二是荷兰首都海牙举行万国保和公会，清政府先是派遣驻俄使臣入会，但"该会推广扩充，条目纷烦，时须辩论，非有专驻使臣就近考订，难期尽善"②。因此，继奥地利、意大利和比利时三国之后，清政府于光绪三十一年十月二十日（1905 年 11 月 16 日）向荷兰派驻专使，候选知府陆征祥获赏四品卿衔，被谕命为出使荷兰大臣。这是晚清派驻

---

① 商务印书馆编译所编《大清光绪新法令》，商务印书馆，宣统二年（1910），第 50 页。

② 刘锦藻撰《清朝续文献通考》卷 339，"外交三"，王云五主编"万有文库"第二集，商务印书馆，民国 25 年（1936），第 10809 页。

的最后一个专使国家，增设专使的缘由主要是参加万国公会，所以首任驻荷兰专使陆征祥兼办万国保和公会事宜。

这一时期变为专使的国家中，需要提及的还有朝鲜。光绪三十一年（1905），《日韩保护条约》签订，日本剥夺了朝鲜的外交权，拟在朝鲜设立统监作为日本政府的代表，撤除朝鲜外部。光绪三十一年十一月初六日（1905 年 12 月 2 日），继英、美、法等国驻朝公使相继撤离之后，清政府也被迫召回最后一任驻朝使臣曾广铨。由于"中韩接壤，交涉极繁，中国商民在该国各埠居留贸易者，尤不可胜数"，次年，经外务部奏准，清政府改派时充日本国参赞、二品顶戴分省先补用马廷亮，任驻朝鲜总领事，遇中朝交涉事务，与日本通监府商办，并随时禀商外务部及出使日本大臣。① 这样，中朝关系由原先的主权国家间的外交关系，转而成为由总领事领衔管理、以商务为主的经贸关系。

其二，西班牙、古巴和墨西哥三国兼使关系发生变动。当古巴处于西班牙殖民地时期，清政府在古巴设有总领事，由美国使臣就近兼使。古巴独立后，古巴外务部备文声明，中国原设总领事即应废止。古巴华侨人数多达数万名，交涉事繁，需派使保护。光绪二十八年七月二十六日（1902 年 8 月 29 日），经外务部奏请，清政府谕命出使美国大臣伍廷芳兼充出使古巴大臣，并按照西班牙、秘鲁之例，令总领事兼参赞常川驻扎，遇事禀商出使美国大臣核办。② 光绪二十九年九月（1903 年 11 月），外务部根据新任出使美、西、秘、古大臣梁诚奏请，为处理《中墨条约》签订后日益繁复的商务交涉及华侨事务，

① 商务印书馆编译所编《大清光绪新法令》，第 53 页；《外务部奏撤回驻韩使臣改派总领事驻扎折》，光绪三十二年正月，载王克敏、杨毓辉编《光绪丙午（三十二）年交涉要览》下篇（一）卷 1，第 6~7 页；沈云龙主编"近代中国史料丛刊续编"第 30 辑，第 1368~1369 页。

② 商务印书馆编译所编《大清光绪新法令》，第 50 页。按：赵尔巽等撰《清史稿》，称"光绪三十三年，丁未，是年，增兼出使古巴"，似有误。《交聘年表一·中国遣驻使》，赵尔巽等撰《清史稿》卷 212，表 52，第 8825~8826 页。

拟在墨西哥设立分馆。次年，清政府依议设立墨西哥分馆，由驻美使臣兼管。

随着古巴由驻美使臣兼使，以及驻墨西哥分馆的设立，驻美使臣事务更为繁杂。光绪二十九年九月（1903 年 11 月），外务部奏复出使美、西、秘、古大臣梁诚请派员驻墨保护华侨的同时，也提议将驻西班牙分馆归驻法使臣兼理，认为"日国地处欧洲，距法甚近，与美国中隔大西洋，程途绝远"，加上"遣使之初，因古巴属日，是以驻日分馆由驻美使臣兼理"，兹古巴既已自主，且设兼使，"情形迥非昔比，自当因地制宜"；光绪三十年（1904），经外务部奏准，"驻日使馆改归驻法使署就近兼理"。①

在西班牙划归驻法使臣兼使后不久，葡萄牙政府也向中国提出派使要求。光绪三十一年（1905）八月，葡萄牙驻华代理公使阿梅达（Gabriel D'Almeida Sanctos）以西班牙兼使为辞，提出"中国驻法使臣既兼使日，亦可使葡，由日至葡道路甚近"，要求"驻法使臣兼使葡国"。② 清政府考虑到"葡萄牙国通好立约已历年"，光绪三十年（1904）订立澳门专约后，"通商筑路，交涉渐繁"，加上地理近便，于次年八月十六日（1905 年 9 月 14 日）谕命出使法国、西班牙大臣刘式训兼使葡国，依照"日国之例，酌派参赞常驻，遇事禀商驻法使臣"③。刘式训接奉清政府寄送的葡萄牙国书后，非常重视，上奏指出，葡萄牙"滨临大西洋，航业商务夙甚讲求"，澳门又"与粤接壤，所有交犯、缉私、通商、筑路诸端，均关重要"，他推举的首批驻葡萄牙分馆之参赞、随员和翻译人员获准。三位驻葡分馆人员于光

---

① 商务印书馆编译所编《大清光绪新法令》，第 51 页；刘锦藻撰《清朝续文献通考》卷 339，"外交三"，第 10808 页。

② 商务印书馆编译所编《大清光绪新法令》，第 52 页。

③ 商务印书馆编译所编《大清光绪新法令》，第 52 页；《驻法大臣刘奏开办葡萄牙分馆派员驻札〔扎〕折》，光绪三十二年五月，载王克敏、杨毓辉编《光绪丙午（三十二）年交涉要览》下篇（一）卷 1，第 4 页；沈云龙主编"近代中国史料丛刊续编"第 30 辑，第 1363 页。

绪三十二年（1906）五月陆续到达驻法使馆报到，随即赴葡萄牙按约
办事。当时，刘式训因法国交涉事务繁忙，还没有来得及前往葡萄牙
呈递国书。① 可见，在葡萄牙设立分馆，实为时势所需，势在必行。

这样，光绪三十一年（1905）以后，清政府所设驻外使馆中，专使
国有英、美、日、俄、法、德、意、比、奥、荷，共计十个，兼使国则为
西班牙、秘鲁、古巴、墨西哥、葡萄牙，共计五个；驻朝鲜使馆已改为总
领事馆。宣统三年（1911）清朝完结前夕，清政府又增设瑞典、丹麦和
巴西三个兼使国家，瑞典由驻俄使臣兼使，丹麦由驻荷兰使臣兼使，巴西
由驻法使臣兼使，但均未实行。② 终晚清三十余年，专使国与兼使国的
变化，详参附录三表格所示。

二　出使国别的职责分别

清政府派驻的出使大臣遍布亚、欧、美各大洲。清政府与各国关
系，在兼使与专使上已表现出轻重缓急之别。大致而言，兼使的职责
大多随同所属专使的职责，而各专使的职责则由各专使国的政治、经
济、文化情形而有所分别，它们与清政府的关系各有侧重，因此各专
使大臣的职责也表现出差异。考察各专使的职责差异，总理衙门的机
构设置是一个方便的角度。

驻外使臣由皇帝直接简派，他们并不是总理衙门的下属，遇事可以
直接向皇帝禀奏，总理衙门对他们不能直接下达命令，但在实际职能运行
过程中，使臣与总理衙门之间具有最密切的关系。总理衙门是使臣履行职
责的合作兼监督机构，它的机构设置和职能分配，直接反映使臣的职责。

总理衙门设立之初，即按照国别分股。英国股负责与英国、奥地

---

① 《驻法大臣刘奏开办葡萄牙分馆派员驻札〔扎〕折》，光绪三十二年五月，载王克
敏、杨毓辉编《光绪丙午（三十二）年交涉要览》下篇（一）卷1，第4页；沈云龙主编
"近代中国史料丛刊续编"第30辑，第1363~1364页。

② 钱实甫编《清代职官年表》第4册，第3048~3049页。

利二国交涉往来事宜，凡与各国通商、各关权税诸事皆隶其管；法国股负责与法国、荷兰、西班牙、巴西四国交涉往来事宜，凡保护民教、华工出国诸事皆隶其管；俄国股负责俄国和日本二国交涉往来事宜，凡陆路通商、边防边界等皆隶其管；美国股负责与美国、德国、秘鲁、意大利、瑞典、挪威、比利时、丹麦、葡萄牙九国交涉往来事宜，凡设埠、保护华工诸事皆隶其管。[①] 总理衙门机构的国别股设置，与清政府分别遣使各国的缘由基本一致；具体到各国驻使的职掌，也大致相当。具体而言，英国驻使的一个重要理由是"商务繁多"[②]，所以，驻英使臣的活动主要与商务相关。光绪元年（1875）总理衙门奏请派驻美、西、秘使臣的一个主要原因，是保护海外华人，[③] 因此，驻美使臣及其兼使的主要活动无不与华侨、华工有关。俄国与清边界绵长，是派驻国中最重要的国家之一，[④] 因此，界约交涉长期是驻俄使臣的主要任务。向日本派驻使臣的直接原因是台湾事件，因此，驻日使臣最重要的外交任务便是海疆交涉。德国最初遣使的主要原因是订购枪炮，所以，购买枪炮在很长时期内成为驻德使臣的主要任务。法国在光绪二十一年（1895）之前的二十年间一直是兼使国，与法国的交涉事务则主要由专使英国等国的使臣承担。

光绪二十七年（1901）外务部成立，取代总理衙门，开始分设和会司、考工司、榷算司和庶务司。规定：和会司，专司各国使臣觐见、会晤，请赏宝星，奏派使臣，更换领事，文武学堂本部员司升调及各项保奖等事务；考工司，专司铁路、矿务、电线、机器、制造、军火、船政，以及聘用洋将洋员、招工、选派出洋学生等事务；榷算

---

① 刘锦藻撰《清朝续文献通考》卷118，"职官四"，第8779页。
② 总理衙门：《为出使大臣兼驻之国宜令附近分隶并酌复旧式以便往来而期周妥折》，光绪十三年四月二十六日，载《出使章程》，第51页。
③ 总理衙门：《总署奏请派员出使美日秘国保护华工折附上谕》，光绪元年十一月十四日，载王彦威纂辑，王亮编《清季外交史料》卷4，第17~19页。
④ 总理衙门：《为出使大臣兼驻之国宜令附近分隶并酌复旧式以便往来而期周妥折》，光绪十三年四月二十六日，载《出使章程》，第51页。

司，专司关税、商务、行船、华洋借款、财币邮政、本部经费、使臣支销经费等事务；庶务司，专司界务、防务、传教、游历保护、偿恤、禁令、警巡、词讼等事务；此外之未尽事宜各以类从。① 新的外交机构的门类设置及其职责，打破了原有的国别界限，表明到 20 世纪初，清政府与各国的关系增加了多国间联络沟通的内容。不过，早期那种职责的国别差异仍然存在。那些"交涉日繁"国和"交涉稍简"国之间的轻重缓急之别，也仍然延续。这从光绪三十二年（1906）外务部奏定《变通出使设立员缺及薪俸章程》的相关规定中，可以看得非常清楚。

该章程明确规定出使各国之使臣、总领事、参赞、领事、通译官、商务委员、书记官的等次，以及各使馆配置人员数及出使经费。该章程规定，英、法、德、俄、美、日六国"通商日久，且多交涉"，每馆设二等、三等参赞，各一员；二等、三等通译官和一等、二等书记官，各一员；商务委员，一员；共计七员。以后如需添设，再行酌办。② 六国

---

① 刘锦藻撰《清朝续文献通考》卷 118，"职官四"，第 8781 页。
② 按：后只有美国使馆援引这一特别条例。光绪三十三年（1907）十一月，外务部应驻美、秘、古大臣伍廷芳之请，上奏相应添设人员，获准。其时，驻英使馆曾经的兼使国法国、俄国、意大利、比利时（1887 年 6 月至 1902 年 5 月兼），已先后改为专使国；德国曾经的兼使国意大利、荷兰、奥地利（1885 年 7 月至 1887 年 6 月兼）也均改为专使国。俄国和法国的情形相似，至宣统三年（1911）新添兼使国家瑞典和巴西。只有美国，除原兼使国西班牙改为专使国外，其余秘鲁、古巴和墨西哥三国一直兼辖，再加上另管辖五处领事署，"事务繁重，与他馆原有不同"。经外务部奏准，驻美国使馆新添设三等参赞一员、二等书记官一员，作为额外员缺。外务部强调，此为特例，并申明"他馆不得援引"。《外务部奏美馆请添设参赞书记官作为额外员缺折》，光绪三十三年十一月，载王克敏、杨毓辉编《光绪丁未（三十三）年交涉要览》下篇（一）卷 1，第 28~29 页；沈云龙主编"近代中国史料丛刊续编"第 30 辑，第 2596~2598 页。按：同日，外务部附片进奏变通墨、古两分馆参赞暨嘉里约领事薪俸，鉴于原设秘鲁嘉里约领事馆近因事务较简，无须专员驻扎，拟以新设秘分馆二等书记官兼办该领事事务，每月适当加给薪银，亦获准。《外务部附奏变通墨古两分馆参赞暨嘉里约领事薪俸片》，光绪三十三年十一月，载王克敏、杨毓辉编《光绪丁未（三十三）年交涉要览》下篇（一）卷 1，第 29 页；沈云龙主编"近代中国史料丛刊续编"第 30 辑，第 2598 页。也就是说，清政府允准在驻美使馆添设额外员缺的同时，裁撤了驻美使馆所辖的嘉里约领事馆。

中，驻英、俄、美、日四国之使馆辖有多处总领事馆和领事馆，[①] 为此又规定，总领事馆设通译官一员、书记官两员，每馆计三员。领事馆设二等通译官一员、二等书记官一员，每馆计两员。事繁者，准酌添三等书记官一员。副领事馆设二等通译官一员，二等书记官一员，每馆计两员。奥、意、比、荷四国因"交涉稍简"，每馆设二等参赞一员，二等通译官一员，一等、二等书记官两员，共计四员。西班牙、葡萄牙、古巴、墨西哥、秘鲁五国皆由兼使办理，设立分馆。每分馆设二等参赞一员，代办使事；二等通译官一员，二等书记官一员。如设有领事、副领事者，即由外务部酌派通译官、书记官兼理。人员不足时，由外务部临时酌添。[②] 与各使馆人员员数相对应，该章程又分别规定各馆岁支俸薪数目。驻英、法、德、俄、美五馆，各四万一千零四十两。驻日本馆大概因路途较近，照章八折给发三万二千八百三十二两。驻奥、意、比、荷四馆，各三万零四百八十两。驻秘、古、墨、西、葡五分馆，各一万一千二百八十两。[③]

由此可见，外务部成立后，国别的轻重缓急非常明显。具体而言，清政府所派驻十六国中，英、法、德、俄、美、日六国为一类，奥地利、意大利、比利时、荷兰四国为一类，西班牙、葡萄牙、古巴、墨西哥、秘鲁五国又为一类。其时，朝鲜已被日本剥夺外交权，改设总领事和领事，归清政府驻日本使馆辖理，瑞典、丹麦和巴西尚

---

① 俄国设立的是"海参崴交涉商务委员"。该商务委员设立时即按照总领事章程办理，光绪三十二年十二月（1907年1月）后，议改为总领事名目，品秩与总领事同。《变通出使设立员缺及薪俸章程》，光绪三十二年十二月十二日，载王克敏、杨毓辉编《光绪丙午（三十二）年交涉要览》中上篇卷1，第8页；沈云龙主编"近代中国史料丛刊续编"第30辑，第1062页。

② 《变通出使设立员缺及薪俸章程》，光绪三十二年十二月十二日，载王克敏、杨毓辉编《光绪丙午（三十二）年交涉要览》中上篇卷1，第7~8页；沈云龙主编"近代中国史料丛刊续编"第30辑，第1059~1061页。

③ 《酌定出使经费更订章程》，光绪三十三年四月初二日，载王克敏、杨毓辉编《光绪丁未（三十三）年交涉要览》上编卷1，第15页；沈云龙主编"近代中国史料丛刊续编"第30辑，第2157页。

不及遣使。各国当中，交涉繁重的，数英、法、德、俄、美、日这六个近代史上侵略中国的主角，尤其是多处设有总领事馆、领事馆和副领事馆的英、俄、美、日四国。"交涉稍简"的，为奥地利、意大利、比利时、荷兰四国。西班牙、葡萄牙、古巴、墨西哥、秘鲁五国皆由兼使办理，重要程度更次一等。这一情形与清政府分别设立专使与兼使的情况正好一致。英、法、德、俄、美、日六国，终晚清，主要是专使国，尤其英、俄、美、日四国，自驻使之始，基本就是专使国。奥地利、意大利、比利时、荷兰四国先为兼使国，《辛丑条约》之后改为专使国。西班牙、葡萄牙、古巴、墨西哥、秘鲁五国则始终为兼使国。

纵观自清政府开始派驻常驻使臣，到清覆亡，三十余年间，以《马关条约》和《辛丑条约》为界标，清政府不时调整出使国别。大致来说，《马关条约》签订之前出使国别格局已基本定型，之后是在前一时期确定的大格局之下发展和变化。晚清驻使制度中的特别之处，莫过于设立专使和兼使，由此充分体现了清政府与各国间关系的轻重缓急。兼使国的职责随同所属专使国，而各主要专使国家英、俄、美、日、法、德六国，由于外交交涉侧重点不同，驻这些主要国家使臣的外交职责也表现出区别。

晚清驻外使臣这种驻使国别与职责的差异，在近代亚洲其他国家，如日本，也存在。日本明治政府成立之后，采取全面西化政策，与欧洲各国建立了广泛的政治、经济、文化等方面的联系。日本与东北亚各国，如俄国、中国和朝鲜之间，外交任务主要是边疆交涉。与美洲尤其南美洲各国之间，主要是处理移民问题，为此日本驻南美各国公使至今尚留下诸多此类著述，影响深远。[1] 但是，

---

① 比如，驻南美公使野田良治的『世界之大宝庫南米』（東京、博文館、1912、1922、1926）、『实查十八年ブラジル人国記』（東京、博文館、1925、1926、1927）等，是研究大正时期日本人移民南美的重要参考书。

这种国别地区职责的差异，远没有清政府方面表现得那么泾渭分明。其中一个重要的原因是，日本政府不同时期都有一个明确的外交任务。早期主要是与欧美各国修改不平等条约，至明治 27 年（1894），与主要国家的改约交涉次第成功；以后，日本政府的外交重心转向开战外交。作为职业外交官，日本各驻外公使本是政府外交任务的重要执行者，其职掌也明显区分为前后两个时期。典型如大隈重信就任外务大臣后，向各驻外公使发布训令，当时日本驻欧洲各国的公使也相应都发表对外扩张的主张。① 修约外交的对象是迫使日本签订各不平等条约的欧美诸国，而开战外交针对的则主要是包括在东北亚有领土的俄国在内的其他亚洲国家。像晚清这种横向分别国别的职责，在日本则被纵向的不同时期不同的外交任务所替代。而日本外务机构的建制，也没有一直特别强调国别差异，而是不断调整。外务省建立初期，即明治 4 年（1871），明治政府设立外事左右局，按照大洲而不是国别加以分工。外事左局掌管欧洲各国文书，外事右局掌管美洲和亚洲两洲的文书，近似于文书机构。明治 7 年（1874）新外务卿上任后，便废止外事左右局，驻外公使事务归新设立的公信局下设的机构公使课主管，与领事课平行。公信局到井上馨任外务卿时期又进行改革。明治 13 年（1880）12 月 1 日，公信局下设机构改为修好课和通商课二课。修好课处理日本驻外公使和外国驻日公使的相关事务，通商课则处理日本在外领事的相关事务。这一建制，把公使所负责的事务与领事相区别，其分工原则与明治 7 年的设置一脉相承。日本政府在外交机构建制上再次强调地区的分工，则要到明治 16 年（1883）8 月 10 日以后。原因是，"在外公使馆和领事馆的事务相互关联，两课分掌，事属不便。而且，对清国、朝鲜事务的性质与欧美各国不

---

① 〔日〕外務省百年史編纂委員会編纂『外务省の百年』、東京、原書房、昭和 54 年再版、381-394 頁。

同"，因此，废除原来的两课制，代以亚洲部和欧美部、翻译部。在地区的划分上，将美洲由原来与亚洲连属，改为与欧洲连属，体现日本美洲观念的变化。但是，这种按照地区分设的建制是短暂的。内阁制度确立后，虽然驻外公使与外务省所属关系更加明确，明文规定驻外公使的职务和权限归外务省掌管，但是外务省的机构不断改革，职务上的地区划分则又一次消解。公使的职掌先是归总务局下的政务课管理，后因总务局被废止，改归新设的政务局掌管，与领事的职掌部门已分归两局。一个明显的区别是，公使的职掌为政治外交，领事的职掌为商业外交。再次按照国家和地区划分则要到大正二年（1913）牧野伸显出任外务大臣时期。① 可见，清政府的按国分股、分别职责的情形，与日本存在很大的差别。清政府外务部成立后，建制上虽然不再特别强调国别差异，与日本外务省的建制颇有接近，但是，清政府的外交既然没有像日本那样有一个明确的统一的中心目标，驻外使臣的职责也就无从超越国界而高度统一起来。各驻外使臣的职责，始终因国别不同而存在差异。

三　驻日使团的派遣

出于经费的考虑，加上像西班牙、秘鲁、意大利、古巴、墨西哥、比利时等国"商务稀简，而素鲜交涉"，因此，自遣使伊始，清廷总理衙门就分设专使与兼使。如出使英国大臣兼管意大利、比利时事务，出使美国大臣兼管西班牙、古巴、秘鲁、墨西哥事务，且各个时期的专使、兼使情形又有变化。派驻日本的使臣从一开始就是专使，一直只主管日本一国事务，在晚清独一无二。

中日甲午战争之前，清政府前后共任命过九人次出使日本大臣，成行六人次。也就是说，这一时期清政府共向日本派驻六届使团。他

---

① 详参〔日〕外務省百年史編纂委員会編纂『外务省の百年』。

们分别是首届何如璋使团、第二届黎庶昌使团、第三届徐承祖使团、第四届黎庶昌使团、第五届李经方使团和第六届汪凤藻使团。① 黎庶昌是唯一一位两次出使日本的使臣。

　　清政府派驻各国使团的职掌各有不同。派驻英国使团的一个重要原因是"商务繁多"，驻英使团的外交活动主要与商务有关。派驻美国使团的一个主要原因是保护海外华人，驻美使团的外交任务都与华侨华工有关。俄国与清边界绵长，界约交涉是驻俄使团的主要任务。最初遣使德国的主要原因是"订购船炮"②，购买船炮很长时期内成为驻德使团的重要工作。法国由于光绪二十一年（1895）之前的近二十年间一直是兼使国，与其相关的外交活动主要由专使英国等国的使团负责。派使驻扎日本的直接原因是台湾事件。

　　早在同治十年（1871）日本开始与中国商议条约时，曾国藩和李鸿章就曾分别奏请清廷，中国与日本立约后应派员驻扎日本，除了管束商民，也"藉探彼族动静，冀可联络牵制，消弭后患"，已如上所述。同治十二年（1873）刚刚换约，还来不及筹办遣使事；同治十三年（1874）春，日本即挑起台湾事件，这样，遣使驻日问题就显得更加急迫。李鸿章奏称："今春兴兵来台，若先有使臣驻彼，当能预为辨阻，密速商办。否则亦可于发兵之后，与该国君臣面折廷争，较在京议办更为得劲。今台事粗定，此举未可再缓。"认为驻使日本可以

---

　　① 未成行的三位分别是许钤身、许景澄和李兴锐。许钤身于光绪二年八月十三日（1876年9月30日）被谕命，由驻英副使调任，拟出任第一届出使日本大臣，十二月初二日（1877年1月15日）被谕召，由何如璋接替。许景澄于光绪六年十一月初一日（1880年12月2日）被谕命，拟继何如璋出使，光绪七年三月初七日因忧免，由黎庶昌接替。李兴锐于光绪十三年五月初三日（1887年6月23日）被谕命，拟继徐承祖出使，七月二十六日因病免，由黎庶昌接替。故宫博物院明清档案部、福建师范大学历史系合编《清季中外使领年表》，第28页。

　　② 总理衙门：《具奏出使大臣兼驻之国酌复旧制》，光绪十三年四月二十六日，载《出使章程》，第52页。

"外托邻邦报聘之礼，内答华民望泽之诚，倘彼别有诡谋，无难侦得其情，相机控制"。① 因此，驻日使团重要的外交任务便是海疆交涉。直隶总督兼北洋通商大臣李鸿章，在他的养子李经方被谕命为第五届出使日本大臣后，曾向后者指出对日交涉的三大要点：一是琉球问题，二是朝鲜问题，三是日本要求修改条约问题。② 其中，三者之重点则为朝鲜和琉球问题。

驻外使臣由皇帝钦定简派，出使日本大臣也不例外。他们也并非总理衙门的下属，遇要紧事可直接向皇帝上奏，总理衙门不能对他们直接下达命令。在实际职能运行过程中，出使日本大臣与总理衙门之间也具有最密切的关系。光绪二年（1876）总理衙门奏定的《出使章程》规定："出使各国大臣到各国后，除紧要事件随时陈奏外，其寻常事件函咨臣衙门转为入奏。"③ 总理衙门是使臣履行职责的合作兼监督机构。直隶总督兼北洋通商大臣李鸿章对使臣的影响力丝毫不在总理衙门之下。该出使章程规定，"各国出使大臣出洋后，往来文报以上海为总汇"，"所有出使往来文报均归招商局员一手经理"，④ 由招商局轮船送到北洋通商大臣衙署，再转送北京。军机处发还出使大臣的折报，"未能由驿递寄，拟由兵部递交直隶督臣李鸿章收下，由该督设法转寄"，以免贻误。⑤ 驻日使臣也遵循这一规章。可以说，驻日使团的一切外交活动及相关建议，始终是在与总理衙门及李鸿章的互

---

① 以上见《筹办铁甲兼请遣使片》，同治十三年十一月初二日，载吴汝纶编《李文忠公全书·奏稿》卷24，第27页。关于清政府派遣驻日使臣原委，可详参 Chow Jen Hwa, *China and Japan：The History of Chinese Diplomatic Missions in Japan*，*1877-1911*，Singapore：Chopmen Enterprises，1975，pp. 45-51。
② 《致李经方》，光绪十六年七月二十九日，载顾廷龙、戴逸主编《李鸿章全集》第35册，"信函七"，安徽教育出版社，2008，第107页。
③ 总理衙门：《片奏酌定出使章程十二条》，光绪二年九月十二日，载《出使章程》，第6页。
④ 席裕福等辑《皇朝政典类纂》卷474，上海图书集成局，光绪二十九年（1903），第20页。
⑤ 席裕福等辑《皇朝政典类纂》卷474，第17、20页。

动之中发挥作用的。①

　　驻日使团与国内联系的主要方式是信函和电报。首届何如璋使团时期，东京和北京之间还没有架设电报线，只能依靠信函。到第二届黎庶昌使团时，则可以用电报联络了。当时，东京与北京之间的信件，河开时快则半月，迟也不过 20 天，冬天封河时则稍稽数日②，最快也要 20 多天③。电报则一般约为 2 个时辰。④

　　根据《出使章程》及《中日修好条规》规定，驻日使团由出使大臣⑤、参赞、理事⑥、随员及翻译官等组成⑦。出使大臣是整个使团的核心人物。该《出使章程》规定："出使随带人员，固以熟悉洋务为上选，然必该大臣素所深信、性情契合之人，方可期其得力，且亦有所责成。"⑧ 历届驻日使团的随行人员主要由出使大臣拣选，

---

　　① 关于甲午战争前晚清驻日使臣乃至晚清驻外使臣与总理衙门及李鸿章之间的关系，可详参 Chow Jen Hwa, *China and Japan: The History of Chinese Diplomatic Missions in Japan*, *1877-1911*, pp. 74-79。只是，论李鸿章与驻日使团关系时，称其通常可以无视总理衙门而对使臣直接下达指令，实则不尽然，这在这一时期的历次外交交涉中，均有充分证明。

　　② 「栗香大人卜支那卜問答録」、明治 14 年 1 月 -（明治 26 年 9 月筆）、『宮島誠一郎文書』、早稲田大学図書館蔵（以下同，不一一注明）、C7-5；「清国公使筆談『何如璋・黄遵憲他』」、明治 14-15 年、『宮島誠一郎文書』、C12。

　　③ 光绪十二年（1886）正月，徐承祖在与葡萄牙驻中、日公使兼澳门总督鲁萨（又作罗沙，Thomaz de Souza Roza）会谈中提及，冬季北河冰封时，东京与北京之间"来往信，至速亦须四十余日"（徐承祖：《葡萄（牙）议约各款请核速复由》，光绪十二年一月二十一日，台北："中研院"近代史研究所档案馆藏，馆藏号：01-21-005-07-001；以下只标注馆藏号），可见，冬季东京与北京之间信函单程快则需 20 多天。

　　④ 如从东京辰刻发的电报，午刻到天津。《寄译署》，光绪十一年正月二十四日午刻，载吴汝纶编《李文忠公全书·电稿》卷 5，第 16 页。使团与北京之间的通信手段可详参 Chow Jen Hwa, *China and Japan: The History of Chinese Diplomatic Missions in Japan*, *1877-1911*, pp. 71-73, 105-108。

　　⑤ 第一届出使日本大臣设正使和副使，自第二届开始撤副使，只设正使。

　　⑥ 理事，或称正理事、理事官，即领事。

　　⑦ 《何如璋片》，光绪三年十一月初二日，录副奏折，中国第一历史档案馆藏，档号：03-5123-078，缩微：390-1305；以下只标注档号与缩微号。

　　⑧ 席裕福等辑《皇朝政典类纂》卷 474，第 5 页。

并"商同"总理各国事务衙门及北洋通商大臣①。出使大臣所带参赞、理事、翻译等员人数，也由出使大臣"酌定"后，开列姓名等项，知照总理衙门查核。② 历届出使日本大臣对于随行人员的拣选工作十分重视。如首届出使大臣何如璋挑选随行人员的基本原则如下。一是谨慎。因"奉命出使，交涉事务颇繁"，所有随行人员"必须谨慎拣派，方无贻误"；何如璋的拣选工作前后长达一年多，方才确定名单，将其分批呈送清政府最后定夺。③ 二是"不厌求详"。因事属创始，所以他抵任之后，仍"察看情形"，"有应行增减更换之处"，随时上奏请旨。如他曾爱重旅日的王韬，"意欲罗致幕府"，并"上书当路"，后因"琉球案"中日关系波澜起伏，使团行止靡定，终因王韬离日而作罢。④ 事实上，历届出使大臣抵任后，都不同程度地增调过随员。

使团随行人员拣选机制独特，使团因此呈现出相当高的私人幕僚性质。使团随行人员中，不乏使臣的亲朋好友故旧。如首届使团参赞黄遵宪，就是使臣何如璋的世侄。何如璋与黄遵宪父亲交好，熟知黄遵宪留心时务而商请同行。黄遵宪有志于外交，欣然同意，以参赞随行日本。第二、四届黎庶昌使团随员中，有黎庶昌的女婿张沆、侄子黎汝谦和侄女婿刘庆汾。黎汝谦曾任横滨兼筑地正理事官；刘庆汾先是入使署所设东文学堂学习日文，后作为东文翻译官留任使团，曾任参赞衔东文翻译官兼筑地副理事官。第三届徐承祖使团里有徐承祖胞弟徐承礼，他曾任

① 「1. 第五册 明治二十三年分/5. 明治23年12月3日から明治23年12月8日」JACAR（アジア歴史資料センター）Ref. B03030249900、元在清公使館書記官中島雄ヨリ引継ノ清韓両国ニ関スル書類/「随使述作存稿」第二巻（1-1-2-57_1_002）（外務省外交史料館）。

② 总理衙门：《片奏酌定出使章程十二条》，光绪二年九月十二日，载《出使章程》，第6页。

③ 《何如璋片》，光绪三年十一月初二日，录副奏折，档号：03-5123-078，缩微号：390-1305。

④ 《致王韬函》，光绪五年七月十一日，载陈铮编《黄遵宪全集》上册，中华书局，2005，第301页。

神户理事官。第六届汪凤藻使团中有使臣汪凤藻胞弟汪凤瀛，他曾暂署参赞官。众所周知，第五届出使大臣李经方，是直隶总督兼北洋通商大臣李鸿章的嗣子。使团这种颇为独特的私人幕僚性质，除李经方须另当别论外，其余尚不可完全以常规意义上的"徇私"来看待。若结合当时的选官制度以及社会风尚就不难理解了。

科举制度之下，任官与学衔、功名和仕籍密切相关。清朝典章明文规定，出任各级官员，尤其高级官员，严格要求科甲正途出身。[①]这种正途与异途、科甲与非科甲的分别原则，既为制度所强调，也早已化为社会风尚深入人心。出使大臣由皇帝直接谕命，是钦差大臣，为二品衔。外务部成立之前，它虽尚属虚衔，而非实官，但出使章程一开始就规定，主要由二、三品官员充任，[②]原则上也需要科甲出身。然而，科甲人员当中虽不乏才识闳通、学问淹博之人，但"限于方域，囿于见闻，语及环球各国交际之通例，富强之本计，或鄙夷而不屑道，所谓少见多怪"[③]。总署对于士大夫出游不抱乐观态度，认为他们"筋力柔脆，偶涉瘴疠风涛而生畏"，何况不熟习外国语言文字，即使身历其地，与"暗聋"无异。[④]有功名者缺少使才所需"历练"，具备出使才干的，又往往不具备科甲身份。因此，在早期的使臣任命中，多次出现陈命反复的现象。如首届出使日本大臣的选用，就是其中之一，以至于李鸿章曾发出"出使难觅替人"的感慨。出使大臣的选拔尚且如此，何况寂寂无名的使团随行人员了。第二届黎庶昌使团，参赞一职一直空缺，黎庶昌曾多次向总署申请要人，但最后无果而终，由此可见一斑。加上使团制度初创，随员尤其像专职东文翻译

---

① 《吏部·文选清吏司一》，载昆冈等续修《清会典》卷7，商务印书馆，民国25年（1936）。
② 总理衙门：《片奏酌定出使章程十二条》，光绪二年九月十二日，载《出使章程》，第6~7页。
③ 席裕福等辑《皇朝政典类纂》卷474，第7页。
④ 席裕福等辑《皇朝政典类纂》卷474，第7页。

这种新式职位，职衔和薪俸制度均有一个完善的过程。以当时的社会风尚、地理环境和交通条件而论，出洋实在算不上一件美差。驻日使团随员中，有好几位因病永远留在任上，未能平安归国。可以说，若没有一定的抱负和志向，一般不会选择远涉重洋。使臣选拔随行人员，可选余地并不很大。

使团随行人员多使臣亲朋故旧，所以使团人员的籍贯还呈现较鲜明的地域特色。比如，首届使臣何如璋是广东人，参赞黄遵宪等也多为广东人。首届使团副使张斯桂是浙江人，使团人员中不乏浙江籍随行人员。第二、四届使臣黎庶昌是贵州人，使团人员中贵州籍人士不在少数。比起湖南、安徽、江苏、浙江、广东、广西等地，贵州近代有影响力的政界人物数量不占优势。但在有限的近代人物中，贵州却出现一定数量的驻日外交官，这不能不说与黎庶昌两次出任出使日本大臣，依照独特的选拔制度选带熟悉人员出使，息息相关。当然，使臣任用亲属为随员，若有不当，即会遭弹劾。因甲午开战而被迫撤使的使臣汪凤藻，就曾因此类情形被弹劾。可以说，使臣挑选随行人员须遵循规章。出使之后，包括东文学堂学生在内所有使团随员，他们的请假、考核、保奖等，原则上均须由使臣及时与总署函电交流，最终定夺。

应该指出，出使大臣在驻日使团中的中心地位固然毋庸置疑，但也不能忽视参赞等使团其他人员的作用，以首届使团参赞黄遵宪为例，可以看得尤为清楚。按照清朝规制，使团上呈清政府的奏折函电，只能以出使大臣的名义拟具，所以，目前留存于档案中的使团函电奏折，均署使臣名字；然而，时至今日，其他史料中仍留存有黄遵宪署名的《朝鲜策略》这样的名篇。在存世的何如璋和黄遵宪史料中，我们可以看出两者间的密切关系。光绪六年（1880）何如璋致两江总督刘坤一的《与刘岘庄制府论日本议改条约书》，与黄遵宪《日本国志·邻交志》，两者在论治外法权部分，从思路、主要内容乃至文字上看，差别均很少，应出自黄遵宪手笔。对于黄遵宪在使团应对琉球问题中的作用，梁启超曾指出："先生于光绪初参何子峨（如璋）星使幕府使日本，其时正值琉球事件，何使所与总署及北洋文牍，吾近顷乃获见全案。凡往返数十函，殆十余万言，皆力主强硬手段，策日本当时国势，谓我若坚持，彼必我屈，洞若观火，纤悉周备。其出先生之手者十七八也。"① 从后来的历史发展进程来看，黄遵宪的历史影响超越了使臣何如璋，可以说是整个晚清驻日使团中最杰出的一员。本书论述时，虽然常常会以出使大臣名义论述，但出使大臣的种种作为及政策建议，其实是使团成员共同努力的结果。出使大臣无疑是整个使团的核心，但也不可忽视使团是作为一个群体在中日历次重大外交交涉中发挥作用的。历届使臣精心挑选随行人员，不断上奏为随员争取种种制度性鼓励措施等举措，均可为佐证。

出使大臣的出使年限，按照规定，自到某国之日起，约以三年为期。所带参随人员，也以三年为期，"年满奏奖"。如有堪留用者，由接办大臣酌留，倘不能得力，即随时撤回。② 尽管出使的年限有明确规定，但历届驻日使团人员的组成情况却颇为复杂。原因是：历届出使日本大臣由于丁忧等因素，在任时间或长或短，并非严格意义上的三年；各随行人员随使的时间也并不一致，为求保奖，在本届使臣回国后，尚未满期者一般都会留任；中国向日本派驻使团事属首创，使团的各大职能部门及人事制度，尚有一个逐步发展和完善的过程。所以，历届使团人员的组成变动颇大。目前，关于甲午战争前历届使团的人员组成情况，中日双方各种史料的记载虽有不同，但已确知有200多人。

关于甲午战争前的中日关系的研究，自王信忠先生《中日甲午战争之外交背景》（国立清华大学，1937）一书问世以后，尽管个别专

---

① 梁启超：《饮冰室诗话》卷3，中华图书馆，宣统二年（1910），第27页。
② 总理衙门：《片奏酌定出使章程十二条》，光绪二年九月十二日，载《出使章程》，第6页。

门领域，如甲午战争史的研究，已取得一定的成绩，相关通史如王芸生的《六十年来中国与日本》（第 1、2 卷，生活·读书·新知三联书店，1980）、中国社会科学院近代史研究所编《日本侵华七十年史》（中国社会科学出版社，1992）等也均有相当深度的涉及，但总体上还是一个很沉寂的领域，以致国内介绍近代中日关系史研究概况的几种代表性论著，对这一时段的研究成果竟未予介绍。

关于晚清驻日使团的研究，自抗日战争前后对以黄遵宪为代表的驻日使团的个案研究开始，经海内外学者的努力，至今已取得较丰硕的成果，但成果主要在文化交流史领域。其中，日本学者实藤惠秀和新加坡学者郑子瑜发现并整理出版的《黄遵宪与日本友人笔谈遗稿》（台北：文海出版社，1974）、实藤惠秀的《大河内文书：明治日中文化人的交游》（东京：平凡社，1964）嘉惠后学实多。中国学者王晓秋教授的《近代中日启示录》（北京出版社，1987）和《近代中日文化交流史》（中华书局，1992），由黄遵宪进一步延及驻日使团众多人员对日本的研究以及文化交流活动，筚路蓝缕，实具开创之功。相形之下，从外交关系史角度的考察，虽有一定成果，但总体并不充分。

周仁华《中国和日本：中国驻日使团史（1877~1911）》（Chow Jen Hwa, *China and Japan：The History of Chinese Diplomatic Missions in Japan, 1877–1911*, Singapore：Chopmen Enterprises, 1975）一书，以笔者目力所及，是目前有关晚清驻日使团唯一一部较系统的专门研究著作。该书主要利用台北"中研院"近代史研究所收藏的总理各国事务衙门及外务部未刊档案和日本外务省未刊档案，并结合中国、日本和西方已刊档案及相关文献著述，考察 1877~1911 年晚清驻日使团的方方面面，尤其关注出使大臣的日本观、使团职能，以及使团情报和建议对清政府对日外交的影响。全书共七章。前四章回顾中国人的对日认知及态度的发展、条约关系的确立、晚清驻各国使团的人事和组织、驻日使团的群体特点等。第五章考察使团的创建、首任使臣何如璋出使期间与日本和西方外交官的接触、何如璋与李鸿章的关系、使团的情报收集途径、使团有关日本报告对清政府对日决策的影响，以及理事署的建立等。第六章考察1882~1894年出使的第二届至第六届使团驻日期间的相关活动，第七章考察1895年以后使团功能的变化。该书无疑是迄今为止关于晚清驻日使团非常重要的前沿研究成果。只是，其所论远不止"政治或外交事件"，因此政治史尤其外交史方面的研究尚有不少深入的余地。关于甲午战争前六届使团的相关外交活动的论述，总体较简要，有几届使团与重大历史事件的关系尚未涉及，驻日使团与这一时期中日关系的发展脉络，尚待进一步梳理。尤其是受当时客观条件的限制，作者还未能利用中国大陆所藏的相关档案及文献资料，对日本所藏档案文献的利用也比较有限。

关于首届何如璋使团的研究成果较为丰硕，除黄遵宪是近代文学大家，相关文学史前沿成果此处不赘论之外，不仅论及与朝鲜问题的关系，而且还一定程度涉及与琉球和条约问题的关系。如李毓澍的《首任驻日公使何如璋》（《百年来中日关系论文集》，台北资料，出版者、出版时间不详）、铃木智夫的《中国国权主义外交论的成立——以首任驻日公使何如璋的活动为中心》（〔日〕《历史学研究》第404号，1974）、俞政的《何如璋传》（南京大学出版社，1991）、张伟雄的《文人外交官的明治日本——中国首届驻日公使团的异文化体验》（东京：柏书房，1999）等，均有具体体现，且多有见地。只是，相关史料还可以进一步利用，如收入何如璋生平著述最全、各篇均未标注时间的《何少詹文钞》（载温廷敬辑《茶阳三家文钞》，大埔温氏补读书庐，民国15年），以及中日双方的未刊档案等；对某些史料的解读及论断可再探讨；对黄遵宪《朝鲜策略》产生的背景、内涵及其在朝鲜与各国开港交涉中的作用也可进一步讨论。

涉及第二、四届黎庶昌使团的相关专题研究已有一些，如黄万机的《黎庶昌评传》（贵州人民出版社，1989）、伊原泽周的《论黎庶

昌的对日外交——以琉球·朝鲜问题为中心》(《从"笔谈外交"到
"以史为鉴"——中日近代关系史探研》,中华书局,2003,第20~59
页)和西里喜行的《黎庶昌的对日外交论策及其周边——以琉球问
题·朝鲜问题为中心》(〔日〕《东洋史研究》第53卷第3号,1994)
及其所著《清末中琉日关系史的研究》(京都:京都大学学术出版
会,2005)的相关章节等,但数量不多。其中对黎庶昌在"琉球案"
上的立场、"壬午兵变"中的应对措施和主张及其对清政府的影响等,
均有进一步考察的必要。至于第三届徐承祖使团、第五届李经方使团
和第六届汪凤藻使团的研究,目前可谓寥若晨星。

　　本人20余年间曾先后在日本新潟大学图书馆、美国哈佛大学图
书馆、加州大学伯克利分校图书馆、日本早稻田大学图书馆、东京大
学图书馆、庆应义塾大学图书馆、日本国立国会图书馆、日本外交史
料馆、日本防卫省防卫研究所史料阅览室、日本国立公文书馆、东京
都立图书馆、日本大东文化大学图书馆,以及韩国首尔等地查阅相关
档案及文献资料,并有幸查得驻日使团留存于日本几大图书馆的独家
特藏资料。与此同时,也坚持在中国第一历史档案馆、国家清史编
纂委员会项目中心、国家图书馆、北京大学图书馆、中国社会科学
院各大图书馆、台湾各大档案馆,以及上海、遵义、南京、杭州等
地较系统地查阅相关档案及文献,为本书的论述提供了较坚实的史
料基础。

　　如前所述,直隶总督兼北洋通商大臣李鸿章,在其养子李经方被
谕命为第五届出使日本大臣后,曾向他指出对日交涉的三大要点:一
是琉球问题;二是朝鲜问题;三是日本要求修改条约问题。① 三者的
轻重缓急虽然有别,但它们正好为考察驻日使团与甲午战争前的中日
关系提供了一个框架。本书的论述,就是借鉴了这样的框架。

————————

　　① 《致李经方》,光绪十六年七月二十九日,载顾廷龙、戴逸主编《李鸿章全集》第35
册,"信函七",第107页。

　　首届驻日使团出使前夕，正逢日本以武力挑起阻止琉球进贡中国之事件，即"琉球案"，又称"球案"，或"琉案"，使团出使的首要任务是处理琉球问题。以往的"球案"研究大多认为，光绪七年（1881）初中日早期"球案"交涉中断后，"球案"已不了了之，很容易被误解为清政府很早就已自动放弃琉球。本书较系统地考察了历届驻日使团与"球案"之间的关系，认为中国在"球案"上不仅从未放弃，而且于光绪七年（1881）后一直为重议"球案"做不间断的努力。具体而言，首届何如璋使团先围绕"球案"展开卓有成效的日本研究，提供相关情报，并促使清政府在"球案"政策上由消极转为积极，确立了以外交途径"存球祀"的方针。光绪七年（1881）初，日本"球案"谈判全权代表宍户玑自弃所议回国之后，何如璋使团进而为重开"球案"谈判而努力。何如璋使团任满回国后，黎庶昌利用两次出使机会，继续为重议"球案"进行长达近十年的努力。第三届徐承祖使团则通过日方人士得知，日本德川时代曾布告各国琉球非其属地，并试图找到这份文件作为"球案"谈判的有力证据。第六届汪凤藻使团也曾向清政府提议，试让日本归还琉球中南全部，恢复琉球国，作为两属之国。如果日本坚持"不允"，可持这一条件拒绝其利益均沾的要求。甲午开战前夕，中国朝野在讨论如何应对中日关系之危机时，还再度出现将来要向日本索回琉球的呼声。本书着重针对所谓的何如璋的"照会事件"，以及所谓黎庶昌的"放弃琉球"论，细加辨析，指出"照会事件"是日本政府为并吞琉球而人为制造的借口，黎庶昌虽在重议"球案"中一度提出"朝鲜·琉球交换"论，但所谓的"放弃琉球"论其实是一种误读。

　　日本学界一般将甲午战争以及此前中日在朝鲜的冲突，描述成中日为争夺在朝鲜的利益而展开的斗争。但本书通过系统考察历届驻日使团在朝鲜问题上的作为及影响，更加认定，朝鲜问题由琉球问题而来。在日本废灭琉球之后，清政府是因深感朝鲜面临危险，对朝鲜的政策才由以往的放任转为筹划保全的。驻日使团参与朝鲜问题，在维护中朝传统宗藩关系的前提之下，一直以保全朝鲜为出发点，也以保全朝鲜为归结点。具体而言，首届何如璋使团以其驻使日本之便，奉命成功劝导朝鲜政府接受开港通商政策，并通过借鉴日本与西方修改条约交涉的经验，直接或间接地指导朝鲜与日本及西方各国订约，维护了朝鲜的诸多利权。"壬午兵变"爆发时，因中朝之间尚未架设电线，信息阻隔，而日本又率先派兵，情势危急，黎庶昌果断电请清政府出兵朝鲜，成功平定事变。日本驻朝使馆人员协同朝鲜开化派金玉均挑起"甲申事变"后，徐承祖使团临危受命，提前出使，通过一名日本间谍成功获取极具价值的情报，使清政府在处理"甲申事变"和中日天津谈判中，处于主动地位。将中方谈判纪要与日方谈判纪要相比照还发现，中日《天津条约》关键条款的成立，与日方所谓绝不侵占朝鲜这种带有欺骗性的许诺有相当关系。中日甲午战争开战前夕，为避免战争，汪凤藻使团奉命与日本政府依照中日《天津条约》精神进行长达数月的撤兵交涉，战争完全是日方精心策划和蓄意挑起的，而不是一般日本学者所说的是因中日争夺在朝鲜的利益而爆发的，更不是通常所说的由于流亡日本的朝鲜开化派代表人物金玉均被刺而引发的。李经方使团尽管出使时间较短，但因其身份特殊，加上对朝鲜问题非常重视，其实也不能忽视。本书的相关研究表明，清政府对朝鲜问题的既定方针，是在充分尊重朝鲜主权的前提下，尽力维护中国在朝鲜的宗主权以及朝鲜半岛的和平局面。

一直以来，修约问题在甲午战争前中日关系的研究中，未被作为一个重要的方面予以充分重视，但它却曾被清政府与琉球问题、朝鲜问题并列为中日关系的三大问题之一。比较而言，清政府对修约问题的重视远不如对朝鲜问题和琉球问题的重视，但日本方面为顺应与西方修改条约交涉这一既定国策，一直将其对中国的修约要求放在重要地位，反复向中国提出。日本与中国的修约交涉活动，主要在北京进行，驻日使团没有直接参与，但有两个层面的影响不容忽视。一方面，首届驻日使团通过对日本与西方修改条约的考察，了解到不平等条约极具隐蔽性的两大关键要素，不仅将中国对西方不平等条约的认识提升到一个新的高度，而且还成功地劝导朝鲜实施开港通商政策，进而有效地指导了朝鲜与日本的订约交涉；另一方面，历届使团鉴于日本对"一体均沾"的高度重视，强烈建议采用"球案·修约"并议方案，此为清政府所接受。最终，日本未能通过外交途径在中国获得像西方列强一样的不平等的条约权益。

本书各章节之中，还穿插做了许多史料考订工作。比如，对黄遵宪的名著《日本国志·邻交志·泰西》篇史源的考订，此篇涉及近代中国对日本修改条约交涉的认识。又如，本书对大量征引的各个时期的档案与文献资料、中方档案与日方档案、已刊档案与未刊档案、甲午开战前夕纷繁复杂的电报文本，以及像《茶阳三家文钞》中何如璋的那些未标注时间的篇章等，均有若干考订。

第一章

何如璋使团与早期"琉球案"

光绪二年十二月初二日（1877 年 1 月 15 日），清政府谕命三品衔升用、翰林院侍讲何如璋充出使日本国钦差大臣，并著赏加二品顶戴。谕命即选知府张斯桂著赏加三品顶戴，充出使日本国副使。[①] 是为晚清向日本派驻常驻使团之始。

何如璋（1838~1891），字子峨，广东大埔人。同治年进士，散馆授翰林院编修。早年喜治桐城古文。当时国内风气未开，何如璋虽学桐城古文，却颇潜心时务。曾拜见直隶总督李鸿章，李鸿章一见大异之，回头对人称："不图翰林馆中，也有通晓洋务者。"后与枢臣沈桂芬一道，"交疏以使才荐"。[②]

张斯桂（1817~1888），字景颜，号鲁生，浙江慈溪人，因以附贡生在护运案内出力奏奖。咸丰七年（1857）二月，奉旨以复

---

① 《上谕》，光绪二年十二月初二日，载故宫博物院编《清光绪朝中日交涉史料》卷 1，1932 年铅印本，第 16 页。

② 温廷敬：《清詹事府少詹何公传》，载温廷敬辑《茶阳三家文钞》；宝鋆等：《题为开列翰林院侍读何如璋等员履历职名恭候简用一员补授詹事府右春坊右庶子员缺事》，光绪八年四月初九日，题本，档号：02-01-03-12048-014，缩微号：02-01-03。

设训导不论双单月分缺先用。又在捐输案内请奖，经户部核准，以知县双月选用，加同知升衔。同治三年（1864）五月，因工于制造洋器之法，入曾国藩幕。[①] 同治十一年（1872）入福建船政大臣沈葆桢幕，先委阅海图局，继则仿造水雷、电信。[②] 光绪元年（1875）因在福建船政出力，六月十三日经沈葆桢奏请送部引见，并恩予录用，奉旨饬赴总理各国事务衙门听候考察。沈葆桢升任两江总督后，便因台湾事件再次奏保张斯桂，奉旨以同知不论双单月尽先选用。光绪二年（1876）八月，经总理各国事务衙门王大臣据沈葆桢历次奏保"详加考察"，鉴于出使各国"需才孔亟"，奏明张斯桂"通晓洋务"，堪备使才，奉旨依议。[③] 张斯桂早年困于场屋，在官途奔波历经二十年，以军功保举，得钦加四品衔以即选知府用，任出使日本副使。学术上虽无特长，但善于谋干。[④] 张之出使，据说是因为他在台湾事件交涉中的表现。[⑤] 他曾随钦差大臣沈葆桢赴台处理该事件，"全台前后，足迹几遍"。光绪元年（1875）他奉沈葆桢之命前往北京时，即赍带《台湾生番全图》，由总理衙门代为进呈。[⑥] 同治三年（1864），张斯桂曾"自告奋勇"为美国传教士丁韪良（William Alexander Parsons Martin，1827-1916）的中译本《万国公法》作序，序文为丁译增色不少，同样也为他开启了通往

---

① 曾国藩：《曾文正公（国藩）全集》，台北：文海出版社，1973，第18、169页。

② 童华：《前出使日本副使三品顶戴特用知府张君节略》；陈培源：《张鲁生太守传》，载《慈东马径张氏宗谱》卷10，永思堂木活字刻本，民国15年（1926）。

③ 总理衙门：《奏为遵旨考察候选同知张斯桂候选通判张斯枸通晓洋务请旨擢用事》，光绪二年八月十五日，录副奏折，档号：03-5112-061，缩微号：389-1665；「丁丑筆話七・戊寅筆話一」；「戊寅筆話二」、『大河内文書』、大東文化大学所蔵、Reel 3（1）；秦国经主编《清代官员履历档案全编》第4册，华东师范大学出版社，1997年影印，第60页。

④ 「丁丑筆話七・戊寅筆話一」；「戊寅筆話二」、『大河内文書』、Reel 3（1）。

⑤ 『西南紀伝』上卷、黒龍会、明治41年、611頁。

⑥ 总理衙门：《奏为遵旨考察候选同知张斯桂候选通判张斯枸通晓洋务请旨擢用事》，光绪二年八月十五日，录副奏折，档号：03-5112-061，缩微号：389-1665。

外交界的大门。① 丁译《万国公法》在日本有多种版本刊行，② 张斯桂也因此在日本颇享盛名。在当时的官员中，张斯桂相对来说是最为了解日本的一位，所以得以副使身份出使。

何如璋使团出使前夕，中日之间正好发生一件大事。日本以武力阻止当时中国的藩属国琉球向中国朝贡，史称"球案"，或"琉案"，或"琉球案"。使团抵日后，首要任务是处理"球案"问题。

第一节 出使

清政府起先谕命的出使日本正使并非何如璋，而是许钤身。许钤身，字仲韬，也作仲弢，浙江钱塘人，出身官宦世家。父亲许乃普、大伯父许乃安、二伯父许乃济、三伯父许乃谷和五叔父许乃钊，均先后入翰林。③ 父亲许乃普官至兵部尚书、工部尚书、刑部尚书、吏部尚书和太子太保④，二伯父许乃济官至广东按察使、光禄寺卿、太常寺少卿⑤，五叔父许乃钊官至江苏巡抚、光禄寺卿⑥，胞兄许彭寿官至内阁学士、署礼部左侍郎⑦，堂弟许庚身官至军机大臣兼总理衙门大臣、兵部尚书等⑧，家庭权势极为显赫。许钤身本人没有科名，由荫生奉旨内用，以銮仪卫经历候补捐升郎中，签分工部虞衡司行走。

---

① 〔美〕丁韪良：《花甲记忆——一位美国传教士眼中的晚清帝国》，沈弘等译，广西师范大学出版社，2004，第137~138页。

② 如高谷龍洲注解、中村正直批阅『萬國公法蠡管』、東京、濟美黌、明治9年。又，可参见张偉雄『文人外交官の明治日本——中国初代駐日公使団の異文化体験』、16頁。

③ 陈璚修、王棻纂，屈映光续修、陆懋勋续纂，齐耀珊重修、吴庆坻重纂《杭州府志》卷126，民国11年（1922）铅印本，第33页。

④ 赵尔巽等撰《清史稿》卷421，列传208，第40册，第12152页。

⑤ 钟卓安：《许乃济》，载林言椒、苑书义主编《清代人物传稿》下编，卷2，辽宁人民出版社，1985，第1页。

⑥ 陈旭麓等主编《中国近代史词典》，上海辞书出版社，1982，第242页。

⑦ 赵尔巽等撰《清史稿》卷421，列传208，第40册，第12154页。

⑧ 赵尔巽等撰《清史稿》卷439，列传226，第41册，第12398页。

经亲王僧格林沁等多次奏调，至直隶、河南、山东等省军营差委，旋由知府在营出力保奏，奉旨赏戴花翎，归候补班前补用，并加道衔。同治二年（1863）十月，李鸿章署任两江总督时，调其赴南洋，随办河工洋务。后经奏带，前赴陕西、直隶带兵与太平军作战。光绪元年（1875）七月，奉旨以道员发往直隶补用，加三品顶戴，复赏加二品顶戴出使英国，因官品不够等原因未行。次年八月十三日（9月30日），以直隶候补道赏加二品顶戴，由原简派出使英国副使，派充出使日本钦差大臣。同时命翰林院编修何如璋以翰林院侍讲升用，赏加三品衔，充出使日本副使。① 十二月初二日（1877年1月15日），清政府将许钤身改发福建船政局差委，何如璋则以三品衔升用翰林院侍讲，赏加二品顶戴，改为出使日本钦差大臣。张斯桂以即选知府，赏加三品顶戴，充出使日本副使。②

许钤身未能成行，其实不在清政府预料之中。清政府谕命后，曾将任命情况正式照会日本政府，并具体告知使团一行，将在冬天河道封冻之前出使。日本外务卿寺岛宗则进而向太政大臣三条实美报告。③ 许钤身数次被任命为出使大臣但均未能成行，其中一个重要的原因，与他非科甲出身有关。早在上谕命许钤身和郭嵩焘派充出使大臣时，就有时论讥评："闻贺左都袁侍郎等出语人曰：'今日验放钦差大臣一员来。'中外传为笑柄。"④ 李鸿章在给丁日昌的信中说，"唯出使难觅替人，成命未可反汗"，"而威酋⑤又谓非三品以上实缺大员不可，

① 《上谕》，光绪二年八月十三日，载故宫博物院编《清光绪朝中日交涉史料》卷1，第13页。

② 《上谕》，光绪二年十二月初二日，载故宫博物院编《清光绪朝中日交涉史料》卷1，第16页。

③ 「清国钦差大臣等御国へ派遣ノ儀上申」JACAR、Ref. A01100141600、公文録・明治九年・第二十四卷・明治九年九月－十月・外務省伺（国立公文書館）。

④ 引用李慈铭日记。金梁辑录《近世人物志》，周骏富辑"清代传记丛刊"第62辑，台北：明文书局，1985，第241页。

⑤ 指当时的英国驻华公使威妥玛（Thomas Francis Wade，1818-1895）。

仲韬岂能胜此任?"后来有传言，"洋人颇以其不由甲科，益侮辱之"①，指的是同一回事。

光绪三年（1877）春，新任正使何如璋待副使张斯桂至北京后，相约整治行装准备赴任。时值日本萨摩兵乱，使团决定稍稍推迟行期。七月初九日（壬戌，8月17日），军机处颁发敕书和国书。二十一日（甲戌，29日），何如璋偕张副使陛辞，"训诲周详"。八月初四日（丙戌，9月10日），出都赴通州，走北运河。② 次日出北京，初八日（庚寅，14日）抵天津，谒见北洋大臣李鸿章，详细妥商一切。十九日（辛丑，25日）乘船抵达上海。二十八日（庚戌，10月4日）由海道赴金陵。三十日（壬子，6日）到南京，见知府沈葆桢，商派兵船东渡。沈命江南第五号"海安"号军舰护送。"海安"号曾巡历日本，熟悉港道。十月十九日（庚子，11月23日），拜折具报出洋日期，定于十九日带随员、役人等启行出洋。③ 何如璋一行实际于二十二日（癸卯，26日）傍晚登上"海安"号，次日（甲辰，27日）由吴淞口外启行。参赞黄遵宪、正理事范锡朋、副理事余璓④及翻译、随员沈鼎钟、沈文荧、廖锡恩等人同行。⑤ 使臣到任之前，向由总理衙门先刊发木质关防以作凭传。⑥ 其间，礼部新添铸钦差出使大臣铜质关防一颗咨送何如璋。何如璋领取后即开用，同时照例缴销

---

① 金梁辑录《近世人物志》，周骏富辑"清代传记丛刊"第62册，第241页。

② 何如璋：《使东述略》，汕头安平路艺文书店，民国24年（1935）铅印本，第1页。

③ 何如璋、张斯桂：《奏何如璋等出洋日期》，光绪三年十月十九日，录副奏折，档号：03-5123-077，缩微号：390-1303。

④ 余璓，广东新宁县人，由辛酉补戊午科举人，遵例捐内阁中书，同治四年（1865）五月到阁。光绪三年（1877）八月随同使大臣何如璋出洋。徐承祖：《呈遵照部议另奖前任出洋各员衔名清单》，光绪十三年四月初九日，单，档号：03-5222-074，缩微号：396-2486。

⑤ 《何如璋等奏行抵日本呈递国书折》，光绪三年十一月二十七日，载故宫博物院编《清光绪朝中日交涉史料》卷1，第22页；何如璋：《使东述略》，第2页。

⑥ 李经方：《奏报祗领启用出使木质关防日期事》，[光绪十六年]，录副奏片，档号：03-5274-006，缩微号：399-3026；"光绪十六年"加[ ]，原文如此，表示原件无明确时间，年份为编者所加。下同。

木质关防，并将这一情形咨呈总理衙门查照，于十一月初二日（癸丑，12月6日）奉旨获准。[①]

使团一行泛东海大洋，于十月二十六日（丁未，11月30日）抵达日本长崎港。此后乘船一路北行，十一月初三日（甲寅，12月7日）到神户，十二日（癸亥，12月16日）上午8时45分入江户内海，船泊横滨。[②] 一行暂在横滨停留。十六日（丁卯，12月20日）天晴，参赞黄遵宪先赴东京见外务卿，具函约定会见日期。[③]

二十日（辛未，12月24日），何如璋偕同副使张斯桂入东京，恭抄国书稿，照会日外务省，会晤外务卿寺岛宗则和外务大辅鲛岛尚信。[④] 寺岛以届岁末礼行在速，拟一两日内定期决定。[⑤] 当天，外务省请宫内卿向天皇请示何如璋一行呈递国书时间。次日，日本天皇批复同意二十四日（乙亥，28日）上午11点觐见。[⑥] 二十二日（癸酉，26日），外务省致函何如璋，定于二十四日赍国书觐见日本天皇。[⑦]

二十四日一早，何如璋一行仍由横滨前往东京，至皇宫外下车，由

① 何如璋：《奏为接收钦差出使大臣铜质关防并缴销木质关防事》，光绪三年十一月初二日*，录副奏片，档号：03-5663-133，缩微号：426-1014。

② 《何如璋等奏行抵日本呈递国书折》，光绪三年十一月二十七日，载故宫博物院编《清光绪朝中日交涉史料》卷1，第22页；何如璋：《使东述略》，第3~7页。

③ 何如璋：《使东述略》，第8页。

④ 《何如璋等奏行抵日本呈递国书折》，光绪三年十一月二十七日，载故宫博物院编《清光绪朝中日交涉史料》卷1，第22页；「外入830清国钦差大臣一行来着の件に付外务省通知」JACAR、Ref. C09112670400、公文类纂・明治十年・後编・卷26・本省公文・外事部2止（防卫省防卫研究所）；「清国钦差大臣一行到着参省ニ付上申」JACAR、Ref. A01100165500、公文录・明治十年・第十六卷・明治十年十月-十二月・外务省伺（十月・十二月）（国立公文书馆）。

⑤ 何如璋：《使东述略》，第8页。

⑥ 「同上（清国钦差大臣一行到着参省ニ付上申）谒见ノ仪伺」JACAR、Ref. A01100165600、公文录・明治十年・第十六卷・明治十年十月-十二月・外务省伺（十月・十二月）（国立公文书馆）；「清国钦差大臣何如璋国书捧呈ノ为メ谒见」JACAR、Ref. A01000001100、太政类典・第二编・明治四年-明治十年・第六十卷・外国交际三・外人参朝及赠遗一（国立公文书馆）。

⑦ 何如璋：《使东述略》，第8页。

外务卿寺岛宗则引导，前往小御所，向日本天皇呈递国书。① 国书写道：

　　大清国大皇帝问大日本国大皇帝好。朕诞膺天命，寅绍丕基，眷念友邦言归于好。兹特简二品顶戴升用翰林院侍讲何如璋为钦差出使大臣，三品顶戴知府张斯桂为副使，往驻贵国都城，并令亲赍国书，以表真心和好之据。朕知何如璋等和平通达，办理交涉事件必然悉臻妥协。惟冀推诚相信，得以永臻友睦，共享升平，朕有厚望焉。②

天皇在给清朝钦差大臣何如璋的敕答中表示，相信两国交谊将更加亲厚，并祝愿中国康福安宁。③

使团抵日后，为遴选馆舍费了一番心思。光绪三年十二月十三日（1878 年 1 月 15 日），先由黄遵宪往东京租借，阅十余家后，选定芝山月界僧院作为临时馆舍。二十一日（辛丑，1 月 23 日），何如璋移寓月界僧院。④ 何如璋在给清政府的报告中说："十月杪乘轮东渡，历

　　① 《何如璋等奏行抵日本呈递国书折》，光绪三年十一月二十七日，载故宫博物院编《清光绪朝中日交涉史料》卷 1，第 22 页；何如璋：《使东述略》，第 8 页。

　　② 「同上（清国钦差大臣一行到着参省二付上申）謁見ノ儀伺」JACAR、Ref. A01100165600、公文録·明治十年·第十六巻·明治十年十月–十二月·外務省伺（十月·十二月）（国立公文書館）；「清国欽差大臣何如璋国書捧呈ノ為〆謁見」JACAR、Ref. A01000001100、太政類典·第二編·明治四年–明治十年·第六十巻·外国交際三·外人参朝及贈遺一（国立公文書館）。

　　③ 「清国欽差大臣何如璋国書捧呈ノ為〆謁見」JACAR、Ref. A01000001100、太政類典·第二編·明治四年–明治十年·第六十巻·外国交際三·外人参朝及贈遺一（国立公文書館）；「清国欽差大臣へ勅答案」JACAR、Ref. A01100170400、公文録·明治十年·第百五十一巻·官符原案抄録（国立公文書館）。

　　④ 何如璋：《使东述略》，第 9 页；「清国欽差大臣芝月界院へ移居ノ儀上申」JACAR、Ref. A01100171500、公文録·明治十一年·第十五巻·明治十一年一月–二月·外務省伺（一月·二月）（国立公文書館）；「外務省より清国公使館相定居通報」JACAR、Ref. C04027849700、明治 11 年「大日記諸省部·1 月·陸軍省第 1 局」（防衛省防衛研究所）；「1 月 23 日·外務省·清国欽差大臣一行今般芝月界院へ移居候旨及御通知」JACAR、Ref. C09120412400、明治 11 年 1 月、2 月·諸省院·3（防衛省防衛研究所）。

日本内海外海，冬至前五日乃至横滨。又迟之一月，始移寓东京行馆。"① 可见，寻得这一馆舍也来之不易。僧院周围万松森植，绿树环植，居都市之中，而大有林栖幽趣，只是略嫌湫隘，② 使团急需寻找一个更合适的馆舍。何如璋见日本孔庙基址恢宏，宫殿结构也如中式，且庙旁房屋极多，曾考虑租寓。后听说圣庙是日本政府作为收藏书籍之处，"不许租寓"而作罢。③ 何如璋继而设想自造使署，规模在三四千坪，派随员沈文荧等人四处寻找，希望"相宜而价廉"，地势高爽，远近适中，或离东京一二里亦可，④ 但迟迟不得合适者。至9月（阳历）下旬，外务省答应华族会馆可以出售，使团接受了这一"厚意"。华族会馆地势颇高，屋宇壮丽，虽微嫌平地稍仄，且门内外地欠宽，⑤ 但遍阅数十家，"无逾此者"⑥。10月中旬，使团以一万元价格正式从外务省购定。⑦ 11月初，使团从芝山月界僧院，迁至位于永田町二丁目二番地原华族会馆所在的新馆址。⑧ 日外务省曾分别知

---

① 何如璋：《使东述略》，第 12 页。
② 何如璋：《使东述略》，第 9 页；「外入 909 清国公使館移転の件外務省通知」JACAR、Ref. C09113068900、公文類纂・明治 11 年・後編・卷 30・本省公文・外事部 2（防衛省防衛研究所）;「外務省より清国公使館相定居通報」JACAR、Ref. C04027849700、明治 11 年「大日記諸省部・1 月・陸軍省第 1 局」（防衛省防衛研究所）。
③ 「清国公使筆談・漢学之部」、明治 11 年 2 月 15 日；「栗香大人卜支那人卜問答録」、明治 11 年 2 月－（明治 26 年 5 月筆）、『宮島誠一郎文書』、C6、C7-1。
④ 「栗香大人卜支那人卜問答録」、明治 11 年 2 月－（明治 26 年 5 月筆）、『宮島誠一郎文書』、C7-1;「戊寅筆話十」、『大河内文書』。
⑤ 冈千仞「清讌筆話」、戊寅九月廿日、『不成篇三』、特別買上文庫 2281-294;「栗香大人卜支那人卜問答録」、明治 11 年 2 月－（明治 26 年 5 月筆）、『宮島誠一郎文書』、C7-1;『清使筆語三』、特別買上文庫 3795-1。
⑥ 冈千仞「清讌筆話」、戊寅九月廿日、『不成篇三』、特別買上文庫 2281-294;「栗香大人卜支那人卜問答録」、明治 11 年 2 月－（明治 26 年 5 月筆）、『宮島誠一郎文書』、C7-1;『清使筆語三』、特別買上文庫 3795-1。
⑦ 「華族会館清国公使館二讓渡ノ儀上申」JACAR、Ref. A01100172500、公文録・明治十一年・第十九卷・明治十一年九月－十月・外務省伺（九月・十月）（国立公文書館）。
⑧ 「清国公使館永田町二丁目ヘ移転届」JACAR、Ref. A01100172800、公文録・明治十一年・第二十卷・明治十一年十一月－十二月・外務省伺（十一月・十二月）（国立公文書館）。

会海军省和陆军省。① 新使馆去嚣市颇远，购物不甚便利，② 但使团终于安顿了下来。

据《使东述略》记载，首届何如璋使团随行人员有参赞、理事、翻译、随员等 10 余人，带跟役共计 26 名。其中点出名字的，有正使何如璋、副使张斯桂、参赞黄遵宪、理事范锡朋、副理事余瓗，③ 以及翻译人员和随员沈鼎钟、沈文荧④和廖锡恩。⑤ 另，在何如璋上奏出洋人员清单中，提到候选同知潘任邦⑥、候选县丞吴广霈、蓝翎候选盐知事沈鼎钟、福建试用通判李郁阶、候选县丞张宗良、理问衔江苏候补县丞冯昭炜⑦、候选通判张鸿淇、候选布政司经历陈衍范⑧、

---

① 「外務より清国公使館移転の事」JACAR、Ref. C04027918800、明治 11 年「大日記諸省来書 11 月・陸軍省第 1 局」（防衛省防衛研究所）；「外入 909 清国公使館永田町へ移転の義外務省通知」JACAR、Ref. C09101413000、公文原書・巻 82・本省公文・明治 11 年 11 月 5 日-明治 11 年 11 月 11 日（防衛省防衛研究所）；「外入 909 清国公使館移転の件外務省通知」JACAR、Ref. C09113068900、公文類纂・明治 11 年・後編・巻 30・本省公文・外事部 2（防衛省防衛研究所）。

② 「栗香大人卜支那人卜問答録」、明治 11 年 2 月-（明治 26 年 5 月筆）、『宮島誠一郎文書』、C7-1。

③ 参见町田三郎「初代長崎領事余瓗とその書翰」、『九州中国学会報』26 号（1987）；收入氏著『明治の漢学者たち』、東京、研文出版、1998。

④ 沈文荧，号梅史，浙江余姚人［「丁丑筆話七・戊寅筆話一」、『大河内文書』、Reel 3（1）］，与副使张斯桂同乡。父沈贞，字默庵，候选从九品，未曾出仕，居乡（「五月二十二日沈文荧王棻園來」、増田貢『清使筆語三』、特別買上文庫 3795-1）。同治元年（1862）太平军攻占余姚，时为举人的沈文荧曾集乡兵多次与太平军作战获胜（『清使筆語四』，特別買上文庫 3795-2）。又，曾从雷正绾军攻克平凉（『清使筆語四』，特別買上文庫 3795-2），因军功获保举，赏戴花翎及直隶州知州。出使时年 44 岁［「戊寅筆話四」、『大河内文書』、大東文化大学図書舘、Reel 3（2）］。

⑤ 何如璋：《使东述略》，第 2 页。

⑥ 潘任邦，字勉骞。

⑦ 冯昭炜，字湘如，广东番禺人。由保举出仕江苏八年，官爵实为八品，虚六品［「戊寅筆話四」、『大河内文書』、Reel 3（2）］。同治十三年（1874）日军侵占台湾后，曾被派往日本侦察。李筱圃：《日本纪游》，载罗森等著，王晓秋点《早期日本游记五种：记述从闭关锁国到甲午战争四十年间的日本》，湖南人民出版社，1983，第 96 页。水越成章编『翰墨因縁』（下、神戸、船井弘文堂、明治 17 年）收录其尺牍三函、诗二首。

⑧ 陈衍范，号访仲，浙江钱塘人，据称"居城中，离家三里即西湖"。「戊寅筆話四」、『大河内文書』、Reel 3（2）；「三月二十九日詣清使館半月款晤而飯」、増田貢『清使筆語三』、特別買上文庫 3795-1、東京都立中央図書舘特別資料室蔵。

盐大使衔监生何定求、州同衔同文馆肄业生员任敬和与同知衔候选布政司理问供事刘坤。[①] 这是何如璋使团出使时最初的人员情况。

而据日本外交档案记载，使团实际随行人员则为 24 人。明治 10 年（1877）12 月 16 日，使团所乘坐军舰一抵达横滨港，日本"春日"舰舰长、海军少佐矶边包义，就向东海镇守府司令长官、海军少将伊东祐麿，汇报使团乘坐的"海安"号入港情形，伊东祐麿又将这一情形汇报给海军大辅川村纯义，该报告概要地介绍了舰上各类乘坐人员的人数。[②] 12 月 24 日，外务卿寺岛宗则报告太政大臣三条实美，一一罗列使团成员名字。具体有正使何如璋、副使张斯桂、参赞官黄遵宪、洋员麦嘉缔（Divie Bethune McCartee）[③]、理事官范锡朋、副理

---

① 何如璋：《呈报续调随带出洋人员清单》，光绪三年十一月初二日＊，录副奏折，档号：03-5123-083，缩微号：390-1314。

② 「外入 807 東海鎮守府より清国軍艦海安号入港届」JACAR、Ref. C09100689700、公文原書・卷 102・本省公文・明治 10 年 12 月 14 日-明治 10 年 12 月 17 日（防衛省防衛研究所）；「外入 807 清国使臣乗組軍艦海安号横浜入港の件・東海鎮守府届」JACAR、Ref. C09112512400、公文類纂・明治 10 年・後編・卷 14・本省公文・艦船部（防衛省防衛研究所）。

③ 麦嘉缔（Divie Bethune McCartee, 1820-1900），又名麦培端，美国北长老会传教医师。1820 年生于美国，1844 年（道光二十四年）来华传教。继查利士・威林・俾列利（C. W. Bradley, 1854 年任美国驻宁波领事）之后，一度任美国驻宁波代理领事。1864 年（同治三年）8 月至 1865 年 9 月任美国驻烟台领事。1870 年代初期到中期受日本政府聘用，前往东京任教。1877 年（光绪三年）春返华，任美国驻上海副领事。旋即受聘为首届何如璋使团翻译洋员。据说，麦嘉缔之被聘，是使团副使张斯桂的推举。麦嘉缔通晓中文和日文。详参「丁丑筆話七・戊寅筆話一」、『大河内文書』、Reel 3 (1)；Divie Bethune McCartee，Robert E. Speer ed.，*A Missionary Pioneer in the Far East*：*A Memorial of Divie Bethune McCartee*，New York，Fleming H. Revell Company，1922；Henry William Rankin，"Divie Bethune McCartee M. D. - Pioneer：Missionary a Sketch of His Career，"*Evangelist and Religious Review*（1902-1902），Vol. 73 (21)，1902，p. 604；David Murray，"Divie Bethune McCartee M. D.：Pioneer Missionary in China and Japan，"*New York Observer and Chronicle*（1833-1912），Vol. 80 (29)，1902，p. 73。麦嘉缔任职美国使领馆时，中方官员对他印象不错。咸丰十一年（1861）四月他从汉口前往上海，途经九江，奉命向兼护饶九道署九江府知府蔡锦青转达美国拟在九江设立码头通商事宜，蔡事后在禀报中称道他，"相见礼貌恭顺，言语谦和，大非英国可比"。毓科：《美国领事麦嘉缔来九江由》，咸丰十一年六月十二日，馆藏号：01-15-001-01-047；毓科：《美国领事麦嘉缔来浔旋赴上海由》，咸丰十一年六月十二日，馆藏号：01-18-055-01-005。

事官余璃；翻译官沈鼎钟[①]、张宗良、潘任邦、冯昭炜；随员沈文荧、陈文史、廖锡恩[②]、吴广霈、张鸿淇、陈衍范、何定求、任敬和、刘坤[③]，以及亲属何其毅、张子菁（子敬）、施积型[④]、张德耀和罗贞意。[⑤] 共计使馆人员19人[⑥]，家属5人，合计24人。当时，包括出使大臣在内，"俱不能带家眷"[⑦]。所列亲属，何其毅是正使何如璋之子，时年约12岁；张子菁是副使张斯桂的孙子，出使时年仅八九岁，平常还在使馆中读《诗经》《孟子》。[⑧] 日方存留的名单较《使东述略》少2人，且没有何如璋出使前夕奏折中提到的李郁阶，原因是其因事未能东渡。[⑨] 驻上海管理文报委员王松森，虽是使团成员，但留

---

①　沈鼎钟，字（号）笛云，江苏海门人。「戊寅筆話四」、『大河内文書』、Reel 3（2）。

②　廖锡恩，字枢仙，广东惠州人，癸酉科拔贡生，正八品即选教谕。景山宫教习，由教习教职而随使日本。光绪七年（1881）由何如璋保奏免选本班，以知县不论双单月遇缺即选，并加同知衔，获准。光绪十一年（1885）七月随同总理衙门大臣、同乡邓承修遵旨赴粤勘界，照例免除其赴吏部投供，将来轮选到班时仍照例按班铨选。郑子瑜、〔日〕实藤惠秀编《黄遵宪与日本友人笔谈遗稿》，序一，第3页；载陈铮编《黄遵宪全集》上册，第562页；「戊寅筆話四」、『大河内文書』、Reel 3（2）；总署：《请免勘界随员廖锡恩投供》，光绪十一年七月二十八日，馆藏号：01-24-019-01-048；吏部：《廖锡恩随同邓大臣赴粤勘界照例准免赴部投供仍行按班铨选》，光绪十一年九月初七日，馆藏号：01-24-018-01-004）。

③　刘坤，字静臣，候选布理问。「戊寅筆話四」、『大河内文書』、Reel 3（2）。按：笔谈中并没有介绍名，直接介绍字。当时使团中刘姓随员约两人，刘坤和刘寿铿。刘坤最初随何如璋出使，驻东京。刘寿铿于光绪四年（1878）五月前夕到任，为神户正理事官。此笔谈发生在"戊寅三月六日"，当应指刘坤。

④　鄭子瑜、実藤惠秀编校「黄遵憲與日本友人筆談遺稿」（序一，第3页）作"施积贤"应有误。相关笔谈原稿仍作"施积型"〔「戊寅筆話十」、『大河内文書』、Reel 3（2）〕。

⑤　「外入830 清国欽差大臣一行来着の件に付外務省通知」JACAR、Ref. C09112670400、公文類纂·明治10年·後編·卷26·本省公文·外事部2止（防衛省防衛研究所）；「清国欽差大臣一行到着参省ニ付上申」JACAR、Ref. A01100165500、公文録·明治十年·第十六卷·明治十年十月—十二月·外務省伺（十月·十二月）（国立公文書館）。

⑥　按：使团参赞黄遵宪于东京使署致友人函中，亦有称"同行十九人"。《致王韬函》，光绪五年七月二十一日，载陈铮编《黄遵宪全集》上册，第303页。

⑦　「丁丑筆話七·戊寅筆話一」、『大河内文書』、Reel 3（1）。

⑧　「戊寅筆話四」、『大河内文書』、Reel 3（2）；增田贡『清使筆語三』，特别買上文庫3795-1。

⑨　何如璋：《奏报李郁阶等未能东渡各员事》，光绪四年十一月十五日，录副奏折，档号：03-5132-055，缩微号：391-0581。

驻上海，并未随行到东京。① 文报人员在使团中是一个隐形的存在，但他们的作用不可小觑。驻外使臣咨请总理衙门代送奏事处呈进的奏折，由驻上海文报人员查收，待"谨慎固封"后，交由招商局轮船妥寄天津文报局，再转递到北京。光绪六年（1880）十月，时任直隶总督兼北洋大臣李鸿章曾附片奏请将王松森与另一文报委员一起，"救部核奖"。② 甲午战后，新任直隶总督兼北洋大臣王文韶接续为战前使团文报人员保奖，详参下文所论。

的确，使团人员抵日后有一个增添和变动的过程。随员户部郎中陈文史抵达数月后，于光绪四年（1878）三月中旬闻讣丁母忧，交代清楚经手事件后，于月底起程回籍。东文翻译潘任邦则于同年七月底因病告假回籍。③ 随员沈文荧于明治12年（1879）12月15日辞别使馆回国。④

---

① 席裕福等辑《皇朝政典类纂》卷474，第18页。

② 王松森，江苏吴县人，由监生报捐县丞，指分广东。同治六年（1867）江苏海运出力，保候补缺后，以知县用。光绪二年（1876）在江苏统捐局报捐过班，以知县仍留广东补用。光绪十八年（1892）尚任职于上海文报局，负责包括驻美、西、秘国使臣在内的奏折转递，职衔是委办文报局三品衔浙江候补道。光绪二十二年（1896）在招商局文报总办任上被参。李鸿章：《奏为查明沪津接递东西洋各路文报委员保案内黄惠祖〔和〕王松森履历请救部核奖事》，光绪六年十月十八日＊，录副奏片，档号：03-5153-046，缩微号：392-2880；王松森：《十二月十七日拜发奏折一封遵照交招商轮妥寄谨请鉴核由》，光绪十八年二月十二日，馆藏号：01-40-002-04-006；杨崇伊：《奏为特参江苏候补知府谭泰来招商局文报总办管理漕务王松森营私舞弊请旨查办事》，光绪二十二年二月十六日，录副奏片，档号：03-5338-090，缩微号：403-2259。

③ 何如璋：《奏报李郁阶等未能东渡各员事》，光绪四年十一月十五日，录副奏折，档号：03-5132-055，缩微号：391-0581；何如璋：《随员陈文史丁忧起程事请烦转吏部查照施行由》，光绪五年三月初九日，馆藏号：02-12-045-04-001。按：关于随员丁忧回籍守制问题，自陈文史等以后，光绪五年（1879）正月，总理衙门奏请规定，丁忧人员虽例应一体回籍守制，但出洋调遣，事难道远，"实与寻常差委不同"；决定"嗣后各出使大臣奏调之员，除未到外国者并无经手事件，一丁忧即饬回籍外，其有已到外国而报丁忧者，应令各该大臣查明该员如无经手未完事件，即照章给予归装盘费等项，饬令回华。倘有经手未完事件，即由该大臣随时据实奏明，暂留在洋差委。俟差竣回华，再令补行穿孝守制"。奉旨"依议"。总理衙门：《片奏随员丁忧分别有无经手事件留差》，光绪五年正月十八日，载《出使章程》，第32~33页。

④ 「球案起草 養浩堂私記」、『宮島誠一郎文書』、B39；「己卯日誌」、明治12年1月-12月、『宮島誠一郎文書』、A55-3；増田貢『清使筆語四』、特別買上文庫3795-2、東京都立中央図書舘特別資料室蔵。

沈之回国，有说是因其为副使张斯桂心腹，与何如璋等不合而辞去，①
但其实是因丁忧②。沈文荧在使馆中主管日常事务，所谓"司出入库
务，营缮一切"③。如使团初抵时，遴选馆置工作就主要由其承担。使
馆中另有参赞黄遵宪的胞弟黄遵楷④、何如璋之弟何子纶⑤等人，公
文中一般不列他们名字，大概因为不领薪俸之故。何子纶因继母去
世，于明治 12 年 12 月与沈文荧前后回国。⑥ 黄遵楷后于光绪三十三
年、宣统二年（1907、1910）先后随出使大臣李家驹和汪大燮正式出
使日本，又曾于民国年间出版《先兄公度先生事实述略》，对黄遵宪
生平事迹的叙述颇为精到，后常为学界引用。

　　鉴于使团不时有随员因丁忧按规制提前回国，何如璋专门为他们奏
请分别保奖的制度保障。按照出使章程规定，出使各国大臣约以三年为
期，使团人员也是三年期满才能议叙。光绪七年（1881）初，何如璋期
满离任前夕上奏，认为丁忧人员"远役海外，不无微劳"，若因中道丁
艰而不能与随使各员同邀恩奖"未免向隅"，希望也能核议给奖。总理
衙门奉旨议复，提议相关人员可"从优议叙"；又建议如蒙俞允，就通
行于出使各国大臣，"嗣后一体遵照办理"。光绪七年二月十八日
（1881 年 3 月 17 日）奉旨"依议"。⑦ 由此，出使制度中增添了一条奖
励新条规。

---

　　①　「球案起草 養浩堂私記」、『宮島誠一郎文書』、B39。

　　②　总理衙门：《片奏随员丁忧分别有无经手事件留差》，光绪五年正月十八日，载《出
使章程》，第 32 页；《致王韬函》，载陈铮编《黄遵宪全集》上册，第 303 页；『清使筆語
四』、特別買上文庫 3795-2。

　　③　『清使筆語三』、特別買上文庫 3795-1。

　　④　黄遵楷（1858~1917），字膴达（亦作幼达），黄遵宪的幼弟。于光绪三十三年
（1907）和宣统二年（1910）先后随使日本大臣李家驹和汪大燮出使日本。

　　⑤　『清使筆語三』、特別買上文庫 3795-1。

　　⑥　「栗香大人卜支那人卜問答録」、明治 12 年 9 月 -（明治 26 年 7 月筆）、『宮島誠一郎
文書』、C7-3。

　　⑦　宝鋆等：《题为核议总理衙门咨请从优议叙使日大臣何如璋随带出洋出力人员吴广霈等
二员事》，光绪七年九月初五日，题本，档号：02-01-03-12013-031，缩微：02-01-03。

使团结构变化较明显的，还是在通商各口增设的理事官和翻译人员。《中日修好条规》第四条规定："两国均可派秉权大臣并携带眷属、随员，驻扎京师。或长行居住，或随时往来；经过内地各处，所有费用均系自备。其租赁地基、房屋作为大臣等公馆，并行李往来及专差送文等事，均须妥为照料。"第八条又规定："两国指定各口，彼此均可设理事官，约束已国商民。凡交涉、财产词讼案件，皆归审理，各按已国律例核办。"所以，增设理事官是使团的一项重要工作。

何如璋使团抵达日本后，各口华商要求设馆保护的呼声非常高。使团经调查决定，日本开放的 8 个港口，除新潟、夷港二口尚乏华商，毋庸设理事官之外，横滨、筑地两口设立正理事官一名，于光绪四年（1878）正月间派遣随员理事官、候选同知范锡朋担任。神户、大阪两口设理事官一名，于五月间调派候选同知、随员刘寿铿①担任。长崎一口设理事官一名，于五月间派遣随员副理事官、内阁中书余璂担任。箱馆一口只有华商二三十人，未便遽设理事官，但因距离别口太远，很难兼顾，经与日本外务省商办，该口暂由日本地方官代理，遇事随时移知中国横滨理事官查照，再由该理事官或遣员前往审办，或即移解横滨。在与日人交涉词讼方面，则由何如璋等与日本外务省妥筹善法。新分设的三处理事署，各分派西文翻译官一名，随员一名。② 神户正理事官刘寿铿后于光绪四年十二月二十五日（1879 年 1月 17 日）具报丁生母吴氏忧，虽经挽留，但因"坚请守制"而准销差回籍，③ 由廖锡恩接任。何如璋熟悉各国领事体制，但他没有照搬，使团所设理事官一职属独创。在给总署咨呈中，他说："查泰西各国

---

① 刘寿铿，字小彭。

② 《何如璋等奏请在日本横滨等处分设理事官折》，光绪四年十一月十五日，载故宫博物院编《清光绪朝中日交涉史料》卷 1，第 28~29 页；《使日何如璋等奏分设驻日本各埠理事折》，光绪四年十一月十五日，载王彦威纂辑，王亮编《清季外交史料》卷 14，第 32~33 页。

③ 何如璋：《奏为同文馆学生任敬和等随员远赴海外不无微劳请旨奖叙事》，光绪七年正月二十五日＊，录副奏片，档号：03-5157-080，缩微号：393-0407。

领事，有总、正、副之分，总领事体制较崇。此间初办，本无成式可循。如璋等以范丞锡朋细充理事官，职系同知，兼属暂用。"理事官的印信采用长方形木质钤记，由何如璋命使署随员自刻颁用，之后在纸上印一印文，呈总署验核。① 何如璋使团设立的理事官制度，基本为之后各届使团承袭。若有所变化，也是依照情形需要，分设正、副理事。

使团翻译人员是一个变动较大的人群。使团初使时，随带翻译人员除洋员麦嘉缔外，另有西文翻译沈鼎钟和张宗良，东文翻译潘任邦和冯昭炜。西文翻译官稳中有增。麦嘉缔和沈鼎钟、张宗良因三处理事署分派不敷用，何如璋便续调候选州同梁殿勋于光绪四年（1878）五月间前来充当。② 又函请总理各国事务衙门派同文馆翻译学生、户部学习主事杨枢③，于同年九月前来。④ 杨枢于十一月中旬到东京使署。⑤ 这样，麦嘉缔和杨枢驻东京使署，沈鼎钟驻横滨理事署，张宗良驻神户理事署，梁殿勋分驻长崎理事署。光绪六年（1880）四月，麦嘉缔告假回籍，调沈鼎钟来东京使署，并函达总理衙门，调精熟西文的监生蔡国昭前来横滨理事署充当翻译。⑥

---

① 何如璋：《函述外务省对于游历护照各照旧章办理又探闻英俄将有战事》，光绪四年七月二十九日，馆藏号：01-19-007-01-001。

② 何如璋：《奏为委任蔡国昭试署翻译官等事》，光绪七年正月二十五日＊，录副奏片，档号：03-5157-079，缩微号：393-0406。

③ 杨枢，字星垣，驻防广州正红旗汉军人，出使俄国大臣杨儒之弟。光绪四年（1878）十月由翻译生员户部学习主事，经总理各国事务衙门奏派出使日本，历充翻译、随员理事、参赞等官，保至二品顶戴，分省补用道。光绪二十四年（1898）九月奉旨以"使才"存记，并在总理各国事务衙门章京上行走。光绪二十九年（1903）五月奉旨以四品京堂候补，充出使日本国大臣。宣统元年（1909）二月奉旨充出使比利时大臣。秦国经主编《清代官员履历档案全编》第8册，第290页。

④ 《总理各国事务衙门奏派杨枢为出使日本国翻译官折》，光绪四年九月十四日，载故宫博物院编《清光绪朝中日交涉史料》卷1，第28页。

⑤ 「1. 西学訳官楊樞　自明治十一年」JACAR、Ref. B16080992600、在本邦各国公使館員任免雑件・支邦之部・第一巻/支那之部・第一巻（6-1-8-2_9_001）（外務省外交史料館）。

⑥ 何如璋：《奏为委任蔡国昭试署翻译官等事》，光绪七年正月二十五日＊，录副奏片，档号：03-5157-079，缩微号：393-0406。

　　相比而言，东文翻译却难应所需，只能在日本当地临时寻找。何如璋最初随带的两名东文翻译人员，潘任邦因病于光绪四年（1878）七月底告假回籍，[①] 剩冯昭炜一人驻东京使署。何如璋深感"东学翻译最难其选"，使署只得暂时找两名通事，饬令三处理事官也就地寻觅一名通事，以供宣传奔走之用。[②] 使署临时找来的两名通事，很可能是王治本和金佩宣。他们于光绪四年（1878）八月后受雇于使馆，身份不是翻译官，而是学习翻译生，月薪只有翻译官的 1/5 乃至 1/10。横滨理署找的是罗庚龄[③]，神户理署找的是杨锦庭，长崎理署找的是蔡霖[④]，身份均为学习翻译生。[⑤] 这后三位东文翻译人员历经多届使臣变换一直留任使团。光绪十一年（1885）二月出使大臣徐承祖上奏，鉴于三人"在署已历 7 年，可否酌量照章即予列保"，得旨获准，[⑥] 于光绪十二年（1886）一月得以与其他使团人员一起，被列入使团领取薪俸的名单之中。蔡霖后于光绪十二年二月二十九日（1886年4月3日）在徐承祖任上亲老回国；[⑦] 杨锦庭于光绪十六年（1890）十一月第二次黎庶昌使团期内病故；罗庚龄则一直在历届使团中任东文翻译官。罗庚龄于甲午战争爆发后一度随汪凤藻使团回国，战后仍

① 何如璋：《奏报李郁阶等未能东渡各员事》，光绪四年十一月十五日，录副奏折，档号：03-5132-055，缩微号：391-0581。

② 何如璋：《奏请在日本横滨等处分设理事官折》，光绪四年十一月十五日，载故宫博物院编《清光绪朝中日交涉史料》卷 1，第 29 页；何如璋：《使日何如璋等奏分设驻日本各埠理事折》，光绪四年十一月十五日，载王彦威纂辑，王亮编《清季外交史料》卷 14，第 33 页。

③ 罗庚龄，字（号）宝森，江苏吴县人。王同愈：《栩缘日记》卷 1，载顾廷龙编《王同愈集》，上海古籍出版社，1998，第 135 页；黄庆澄：《东游日记》，载罗森等著，王晓秋点《早期日本游记五种：记述从闭关锁国到甲午战争四十年间的日本》，第 234~235 页。

④ 「1. 第五册 明治二十三年分/5 明治 23 年 12 月 3 日から明治 23 年 12 月 8 日」JACAR、Ref. B03030249900、元在清公使館書記官中島雄ヨリ引継ノ清韓両国ニ関スル書類/「随使述作存稿」・第二巻（1-1-2-57_ 1_ 002）（外務省外交史料館）。

⑤ 光绪十一年二月二十八日（戊戌），载《德宗景皇帝实录》卷 204，《清实录》第 54 册，中华书局，1987 年影印本，第 901 页。

⑥ 光绪十一年二月二十八日（戊戌），载《德宗景皇帝实录》卷 204，《清实录》第 54 册，第 901 页。

⑦ 《徐承祖奏折》，录副奏折，缩微号：003328；转自王寶平『清代中日学術交流の研究』、東京、汲古書院、2005、154 頁。

继续担任第七届裕庚使团及之后几届使团的东文翻译官。此外，使署曾雇用日本人钜鹿赫太郎为东文通事。① 钜鹿"聪明绝人"，最初深得参赞黄遵宪等人喜爱，可惜后来为人不正，不听良言，"狡诈百出""无所不为"，大出使团意外。钜鹿在使馆只是"通应酬语"，关系大事时则未曾被借助。② 他曾于光绪六年（1880）四月间被使馆驱逐，③后似又受雇于使馆，④ 直到第二届黎庶昌使团时才被裁撤。由此可知当时东文翻译人才之难得。

王治本在使署通事中比较特别。他供职时间不长，但他对于使团与日本"民间"人士的交往非常重要。首届驻日使团初来乍到，人地不熟，在与众多日本人士的交往方面，最初不少人由王治本牵线搭桥认识，其中就包括身份特殊的宫岛诚一郎，详参第五章所论。王治本（1836~1908），浙江慈溪人，讳仁成，改名治本，字维能，号黍园，别号梦蝶道人，晚号改园，郡增贡生。他因战争原因于明治10年（1877）使团出使之前来到日本。明治10年（1877）10月15日他在与日本人士交谈中称，"仆到贵邦二年"⑤，由此可知。王治本后"以事解职"，于光绪五年（1879）十二月底后告假回籍。明治13年（1880）5月10日再去东京，暂时寓居大河内邸。有资料显示，光绪十一年（1885）四月，第三届使臣

---

① 钜鹿赫太郎（1860~1933），据称"使署向有东语通事钜鹿赫泰。"（徐承祖：《已递国书正遵旨以难撤驻朝防营极力与井上辩论日乱党起意作践使署欲其国有事中朝遂其私意已照请派捕弹压日外务声言日本绝无利朝土及欺朝鲜之意中国如不添兵日亦不添》，光绪十一年一月初三日，馆藏号：01-25-016-02-014），可知，此人早期就受雇于使署。

② 「栗香大人卜支那人卜問答錄」、明治11年2月-明治26年5月筆、『宮島誠一郎文書』、C7-3；「筆談錄・三」、十二年己卯九月到十二月、「清友筆談・三」、『宮島誠一郎関係文書』、日本国立国会図書館藏（以下同，不一一注明）、2136、2146。

③ 其间，他还曾嗾使一日本人公然借用何如璋的名义，向与何如璋有交情的日方友人骗取《史记》《日本外史》二书。"胆大妄为"，令今日方人士愤懑、黄遵宪生气。『清使筆語四』、特別買上文庫3795-2。

④ 明治15年何如璋离日前夕，还派遣作为翻译官的钜鹿送东西给日方人士。2月20日，黄遵宪在离日前设宴招待日本友人时，钜鹿担任翻译。「栗香大人卜支那人卜問答錄」、明治14年1月-（明治26年9月筆）、『宮島誠一郎文書』、C7-5；「清国公使筆談『何如璋・黄遵憲他』」、明治14年-15年、『宮島誠一郎文書』、C12。

⑤ 増田貢『清使筆語三』；『清使筆語四』、特別買上文庫3795-1、3795-2。

徐承祖招收 4 名学生在使署学习东文，其中有王治本。① 不过，王治本最终没有成为使团人员。他漫游日本，足迹遍布日本各地，与日本学人互动频繁，交往深入，且交际面颇广。日本早稻田大学图书馆等处留有王治本与日本友人的笔谈手稿，数量可观。其所著《舟江杂诗》《新潟新繁昌记》《栖栖行馆诗稿》《食砚斋文稿》等，日本多有收藏。他还曾为日本众多学人的著作评点、校阅、删定、补正、翻译。如评点加藤熙著『衆教論略』第 1~5 编（東京、桜陰社［ほか］、明治 10 年），關義臣编纂『日本名家經史論存』15 卷（東京、温故堂、明治 13 年）；校阅馬杉系撰『周清外史』22 卷（明治 14 年），小幡儼太郎（楽山）译编『日本警察新法』（東京、善隣訳書館［ほか］、明治 32 年），石井忠利著『戦法学』（東京、善隣訳書館［ほか］、明治 32 年）；删定大槻誠之『箋注歐蘇手簡』4 卷（明治 27 年）；补正高島嘉右衛門讲述、柳田幾作笔录『增補高島易斷』（明治 34 年）。此外，他又为日本学人诗文、墨帖等题词或作序跋，目前已知的多达数十种，其中有些与使臣何如璋、黎庶昌、徐承祖、李经方，以及副使张斯桂、参赞黄遵宪、相关使馆随员、王韬等人的序跋、题词和评语等并存于一书中。② 男鹿部朝陽编『壮士吟』（"正気詩選"系列第 3 集、東京、藍外堂、1910）和滝口房州编纂『詩百人一首』（東京、創英社/三省堂書店、2020）收录王治本的诗。王氏在日行踪及文化交流活动深受中日学界关注。③ 他可以说是近代早期

---

① 「1. 明治十八年分」JACAR、Ref. B18010413800、各国外交官及領事官其他「リスト」雑纂/在本邦之部、第二巻/各国公使館員及領事館員姓名調書（6.1.8.7_1_2）（外務省外交史料館）。

② 详参王宝平《清季东渡文人王治本序跋辑存》，《文献》2009 年第 4 期。

③ 实藤惠秀先生和王晓秋教授对王治本在日本的行动轨迹及事迹先后有详细介绍。实藤惠秀「王治本の日本漫遊」、『東洋文学研究』通号 14（1966 年 6 月）、27-36 頁；「王治本の日本漫遊記録」、『武蔵野女子大学紀要』4 巻（1969 年 3 月）、33-59 頁；收入氏著『近代日中交渉史話』，東京、春秋社、1973。王晓秋：《近代中日文化交流史》，中华书局，1992，第 230~237 页。新近另有系列研究面世，尤以柴田清继的系列研究引人注目。

中日交往中民间人士的一个有代表性的人物，对于早期使团在日本的活动也颇具影响。

使团东文翻译人员急需的原因是，光绪二年（1876）遣使时，清政府对日本情形尚未周知，以为日本变法以后只有西文翻译就可通行，抵日后才发现情形大异。其时同文馆等均未设东文馆，无生徒可选派，为此，何如璋只能通过雇用通事的办法救急。到第二任使臣黎庶昌时，使团为培养东文翻译人员，开始设馆招收学生，专门研习日文翻译。①

从光绪三年（1877）至光绪六年（1880），何如璋使团成员数量总体是稳中有增。大致是，正副使各 1 人，参赞 1 人，正理事官 3 人，翻译官、随员多人，分驻东京、横滨、神户和长崎。使团领取薪俸人员全体名录详参附录一，各地驻扎情况详参附录二。

使馆人员有明确分工。随员沈文荧曾介绍："敝署中，公牍则黄君草创，而访仲、静臣、谦文三人抄写。书札则廖君所司，财用则陈君所司。若弟则遇有疑事，备公使之顾问。或有诗文书籍须料理者，则随时办理，然亦不多，故常闲也。"②可知，参赞黄遵宪负责起草公牍，访仲（陈衍范）、静臣（刘坤）、谦文三人负责抄写，廖锡恩负责发送文件，③ 陈文史管理财用，沈文荧则比较随机。

何如璋使团一到日本，尚在安顿过程中，与日本外务省的"球案"交涉就已经开始。

---

① 黎庶昌：《奏为遵照部议查核原保期满翻译附贡生刘庆汾监生卢永铭按异常劳绩请奖事》，光绪十四年十月初一日，录副奏折，档号：03-5241-073，缩微号：397-2903。

② 「戊寅筆話六」、『大河内文書』、実藤恵秀写本、Reel 3（2）。

③ 「戊寅筆話十二」、『大河内文書』、大東文化大学所藏、Reel 3（4）。

第二节　"琉球三策"

何如璋使团出使前夕，正好发生了日本阻止琉球遣使前来中国进贡，即所谓的"阻贡事件"。光绪元年（1875）五月，日本禁止当时中国的藩属国琉球嗣后向中国朝贡，受清朝册封，须奉行明治年中仪礼、刑法等，挑起"阻贡事件"。琉球官员恳请公开其两属的国体，遭到日本严词拒绝。此后，琉球政府多次激烈辩论，陈请日本收回成命，均遭拒绝。光绪二年（1876）七月，日本政府命内务少书记官木梨精一郎率同属官二名驻扎琉球。[①]

十月二十五日（12月10日），琉球通事林世功和陪臣紫巾官向德宏、都通事蔡大鼎等，奉尚泰王之命，乘坐一条小船，密航中国求救。因风色不顺，次年二月二十九日（1877年4月12日）始抵福建，将国王密咨投递福建布政司，禀请给予咨凭，赴礼部沥情。四月初四日（5月16日），福建布政司将上述情形转报闽浙总督兼署福州将军何璟和福建巡抚丁日昌。五月十四日（6月24日），何璟等上报清政府。当时，正值首任驻日公使何如璋即将赴任。何璟等一面请示处理琉球来使事宜，另一面建议将"阻贡事件"委命何如璋处理，令其乘前往日本之便，与日本"恺切理论"；此外，还建议邀请西方各国驻日公使按照《万国公法》评判曲直。[②]

琉球与中国保持朝贡关系由来已久，日本为何阻贡，清政府一时难以断定缘由，为此，命何璟等先将琉球使臣全部遣送回国，

---

① 梁嘉彬：《琉球亡国中日争持考实》，载中华文化复兴运动推行委员会编《中国近代现代史论集》第15编，台湾商务印书馆，1986，第96~107页。

② 《闽浙总督何璟等奏据情陈奏琉球职贡日本梗阻折》，光绪三年五月十四日，载故宫博物院编《清光绪朝中日交涉史料》卷1，第21页。

加强台湾海防,同时命总署传知出使日本大臣何如璋抵日后相机妥筹办理。① 这样,处理"球案"成为首届使团面临的首要的急迫任务。

可以说,使臣何如璋是早期中日"琉球案"交涉的重要人物。对此,目前有关何如璋的个案研究均有所介绍②,早期"球案"交涉史的研究也大都有所涉及③;此外,有学者还专门撰写相关专题论文④。尽管如此,涉及对何如璋在"球案"交涉中评价的重要环节"照会事件"的本相,尚须辨析;何如璋在自美国前总统格兰特(Ulysses Simpson Grant)调停始,经总署与宍户玑会商,至宍户回国此一过程中,为"存球祀"所做的种种努力,也可进一步阐述;现存《茶阳三家文钞》中有关何如璋论"球案"的资料颇为丰富,写作时间尤须考实,具体论述时也可进一步利用与阐析。

实际上,何如璋使团出使之前,清政府的对琉政策不能说是积极

① 《军机处寄阅闽浙总督何璟等上谕》,光绪三年五月十四日,载故宫博物院编《清光绪朝中日交涉史料》卷1,第21~22页。

② Chow Jen Hwa, *China and Japan : The History of Chinese Diplomatic Missions in Japan, 1877-1911*, pp. 136-141;李毓澍:《首任驻日公使何如璋》,(台北)《百年来中日关系论文集》,出版地、出版者不详;张伟雄『文人外交官の明治日本——中国初代駐日公使団の異文化体験』、東京、柏書房、1999、125-130頁;俞政:《何如璋传》,南京大学出版社,1991;鈴木智夫「中国における国権主義的外交論の成立-初代駐日公使何如璋の活動を中心に」、『歴史学研究』第404号(1974年1月)、20-26頁。

③ 见梁嘉彬《琉球亡国中日争持考实》和梁中英《清代琉球悬案始末》,载中华文化复兴运动推行委员会编《中国近代现代史论集》第15编,第75~214页。米庆余:《琉球历史研究》,天津人民出版社,1998,第177~237页;安岡昭男『明治前期日清交渉史研究』、東京、厳南堂書店、1995、119-141頁;高換婷「清朝政府の中日<分島加約>に対する態度とその変化——清宮檔案の記載から」、『琉球関係檔案史料紹介——中国第一歴史檔案館参考人報告から』、沖縄県、財団法人沖縄県文化振興会公文書管理部史料編集室、2004、53-65頁;西里喜行『清末中琉日関係史の研究』、京都大学学術出版会、2005、302-304、322-335、360-366、419-421、425-426頁。

④ 张启雄:《何如璋的球案外交——以"失言事件"为论题中心》,中琉文化经济协会主编《第一届中琉历史关系国际学术会议论文集》,台北:联合报文化基金会国学文献馆,1987,第561~604页。

的。日本对琉球施行阻贡历时年余，有迹象表明，在向德宏等渡闽之前，清政府对此已有所闻，李鸿章还因此主张加强台湾海防，① 但一直没有采取积极举措。其原因固然是清政府所面临的外患不断，无暇也无力顾及，但也有认识上的局限。清政府认为琉球孤悬海外，救患不便，② 还没有充分意识到琉球的重要战略地位。清政府对于日本的国情也极其隔膜，担心涉足"球案"会引发边衅。为此，即使令何如璋前往交涉，也不敢直接质问，而是明确指示其要用迂回之术："何如璋等如据其密咨与日本辩论，恐日本责问琉球，适启衅隙。不若由闽省以琉球贡使久延未至，风闻日本有阻扰情事为由，径咨出使大臣就近查询，则日本无从寻衅琉球。而发端自外，亦复较易措词。"③ 清政府的对琉政策由被动而改为主动，何如璋的建议起了关键作用。

何如璋到任后，首要之事是探明日本阻贡的原因。使团一到神户，就有球官前来谒见。何如璋令将阻贡后所有琉球与日本往返文书全部抄录一份，以供备览。抵达东京后，驻日球使毛凤来等又多次求见，面陈危迫情形，呈上各种禀文。何如璋反复细阅球官所抄呈的与日本来往文书后，终于明了日本阻贡的缘由。可以说，阻贡只是托词，并吞才是目的。④ 于是，他给总理衙门写了一封详细的报告，提

---

① 《大学士直隶总督李鸿章奏筹议台湾事宜折》，光绪三年正月十六日，载故宫博物院编《清光绪朝中日交涉史料》卷1，第17页。

② 《复何子峩》，光绪四年四月二十九日，载吴汝纶编《李文忠公全书·译署函稿》卷8，第5页。

③ 详见《总理各国事务衙门奏日本梗阻琉球入贡现与出使相机商办情形折》，光绪四年六月初五日，载故宫博物院编《清光绪朝中日交涉史料》卷1，第24~25页；《总署奏日本梗阻琉球人人贡现与使臣何如璋相机筹办折》，光绪四年六月初五日，载王彦威纂辑，王亮编《清季外交史料》卷13，第29~30页。

④ 《总理各国事务衙门奏日本梗阻琉球入贡现与出使相机商办情形折》，光绪四年六月初五日，载故宫博物院编《清光绪朝中日交涉史料》卷1，第24页。

出著名的"琉球三策"。①

何如璋的"琉球三策",包括"可行三策"和"无策"即"失策"两个层面。"可行三策"又分为上、中、下三策。上策是一面辩论,一面派兵船责问琉球,征其贡使,暗示日本以必争;中策是先据理力争,止之不听,再约球人对抗日本;下策则是完全采用外交谈判的方式。所谓"无策",就是"坐视不救,听日灭之"。何如璋明确反对这一对策。他指出,如果数以万计的琉球人被日本训练成士兵,驱使为寇,不出数年,福建沿海先受其祸,这"非特无策,又将失计",所谓"一日纵敌,数世之患,非所宜也"。

"可行三策"中,何如璋倾向上、中两策。至于下策,他认为仅凭口舌之争,想要恢复原有两属关系,恐怕不易,不过是"筹一结局"而已。对此,他又具体提出三种方案:一是维护琉球与中国次一层面的关系,或者贡而不封,或者封而不贡,以维系中国与琉球的名分;二是若封贡关系也难以维持,则以"存球祀"为目标,建议邀请各国公使一起与日约定,让琉球世世代代为日本外藩,日本则不得废藩改郡,使球祀不绝;三是若球祀也不能存,就采用西方各国的易地或偿金原则,将两属的琉球全归日本,像日本与俄国互易桦太一样,交换领土,或者

---

①　何如璋:《与总署总办论球事书》,载温廷敬辑《茶阳三家文钞》卷2,第1页。按:此信没有标注时间,但可推知大约写于光绪四年四月初七日(1878年5月8日)。总署收到此信后,鉴于与福建方面意见不同,将它发给李鸿章等征求意见。光绪四年五月初九日(1878年6月9日),李鸿章详复一信,开头说:"前接子峨四月初七日来函,力陈此议,与上尊处信件大致相同。当就管见所及,详复一缄。兹将来往函稿钞呈钧核,未知有当万一否?"(《密议日本争琉球事》,光绪四年五月初九日,载吴汝纶编《李文忠公全书·译署函稿》卷8,第1页)也就是说,何如璋将此信寄总署的同时,也寄李鸿章,内容"大致相同"。何如璋致李鸿章信最后也说:"闽中来函,极言恐开边衅,欲罢此事。如璋谨据其所见,函呈总署。然兹事重大,自恐识暗智昏,惶恐不知所措,伏维中堂察核训示之。"明确指出他给李鸿章写信时也"函呈总署"。将相同内容的报告同时寄送总署和李鸿章,这在他任内是常事。何如璋寄李鸿章信的时间是"四月初七日",李鸿章于"光绪四年四月二十八日"收到,并于次日回信。如此,何如璋致总署的信也应写于四月初七日前后。总署收信后,曾向李鸿章征询意见,李鸿章于五月初九日回复。考虑到东京与北京之间信函所需时间,上述各时间点基本吻合实情。以下同,不一一说明。

赔偿金钱，但索要领土和偿金并非本意，目的是让日本理屈，然后放弃赔偿，为将来的交涉留一口实。他称这些均为"无可奈何之办法"，但总较当时的"隐忍不言，失体败事"为好。

何如璋主张力争琉球，主要是基于他对日本国情的观察和分析。使团到日本后，发现废藩后日本的众多失业者日益贫困，藩阀对立，怨望日深，祸乱迭起，国用匮乏，通货膨胀，陆海军装备训练均不足。何如璋感觉"中土虽弱，犹胜日本"。加上日本当时的执政者不是主战派，因此，他断定日本还不敢"妄开边衅"。

当时，清政府内部对于"阻贡事件"存在种种疑虑。有人怀疑日本派兵是因球人求救于日本，其中有诈。有人怀疑日本挑起"球事"，又暗中放球人来中国求救，是观察中国的态度，"以此挑衅"。他们对明朝以后倭寇骚乱的历史，以及几年前的台湾事件，仍心有余悸。对此，何如璋一一释疑。他指出，球人抄示的日本咨文，与原件多有"隐约"或隐瞒之处。驻东京球使自由来往于中国使馆，日本未尝禁止，可见其所吐为情实，并非受逼而来。至于当初倭寇骚乱中国沿海而中国无力处置，是因当时中国尚无军舰，但现在情形已经不同。台湾事件则是"西乡隆盛"[1] 等主战派所为，现主战派已经失势，执政的是非战派。因此，何如璋推定，日本在对琉球问题上之所以顾虑徘徊，就是因为顾忌中国。他强调，此时"隐忍容之，养虎坐大"，进而将危及朝鲜和中国的台澎地区，后患无穷。总之，他认为琉球问题不能不争。[2]

何如璋的分析与判断说动了总署。不过，总署鉴于其与何璟等人意见相左，决定先与李鸿章函商。

总署致函相商时，李鸿章已收到何如璋来信，并已在总署来函之前回复了何如璋。回信中，他认同何如璋对日本国情的分析与判断，

---

① 原文如此。

② 以上详见何如璋《与总署总办论球事书》，载温廷敬辑《茶阳三家文钞》卷2，第1~5页。

认为争论"球案"不致开边衅，且于理于情均相宜，但由于还不了解总署的立场，因此主张"仍候总署核示办理"。信中，他还向何如璋传授诸项机宜，一旦展开交涉，以方便其采用。如一是援引《中日修好条规》第一、第二两款"与相驳难"；二是商请总署转咨礼部，将琉球数百年朝贡成案抄备崖略，如此"可以应答不穷"。① 接总署商议函之后，李鸿章便开始明确支持何如璋主张，以此来处理"球案"了。对于何如璋的"琉球三策"，他只是认为上策和中策"小题大做"，而主张采用其下策。何如璋的下策具体包括三种方案，李鸿章不赞成最后一种易地或偿金案，认为中国无此体制，而支持前两种。其一，无论琉球能否恢复与中国的旧日封贡关系，都须力争以制止日本侵凌，以杜绝其进一步威胁朝鲜的图谋。其二，如果"言之不听"，则由何如璋依据国际法邀请各国公使出面，向日本施加压力，以期阻止日本吞灭琉球。李鸿章并非毫无顾虑，他也担心节外生枝。为此，他建议何如璋，与日交涉时，声称是依据琉球使臣的告知，既不要挑明球使到福建求援一事，也不要说明是出自总署之意，以便"能发能收"。②

总署的意见与李鸿章相同，于是决定由何如璋依据琉球陪臣面述之情况，出面交涉，使日本不致迁怒寻仇，"别生枝节"。六月初五日，上述建议获军机处同意。③

第三节 东京交涉与"照会事件"的由来

何如璋奉命与日本交涉"球案"，大致自光绪四年（1878）七月

---

① 《复何子峩》，光绪四年四月二十九日，载吴汝纶编《李文忠公全书·译署函稿》卷8，第5页。

② 《密议日本争琉球事》，光绪四年五月初九日，载吴汝纶编《李文忠公全书·译署函稿》卷8，第1~2页。

③ 详见《总理各国事务衙门奏日本梗阻琉球入贡现与出使相机商办情形折》，光绪四年六月初五日，载故宫博物院编《清光绪朝中日交涉史料》卷1，第24~25页。

至十一月所谓"照会事件"发生，前后约半年时间。具体分两个步骤：先是婉转地告知日方中国力争琉球的缘故，留下转变的机会；后是上述措施万一不行，然后公然据理诘问。

当时正值暑期，日本外务省官员仿照西方惯例大都请假避暑，一时未能与议。其间，何如璋了解到，咸丰年间，琉球曾与美、法、荷三国签订条约，均用中国年号。日本最信任美国公使，为此，他首先前往会见美国驻日公使平安（John A. Bingham），希望获其相助。平安慨然应诺，答应转告本国政府。于是，何如璋让琉球官员前往拜见平安。平安收下了禀文，但不久后回国。何如璋同时授意琉球官员也向法、荷两国驻日公使递送禀函，但成效不著。①

光绪四年（1878）八九月，暑期结束，何如璋开始造访外务卿寺岛宗则，实行其第一步骤。八月初七日，何如璋首度造访。会谈开始，何如璋开门见山地指出，本次来访不为他事，旨在询问日本阻止琉球进贡的理由。他表明，琉球为中国属国，希望日本遵从琉球的愿望，恢复其与中国旧有的朝贡关系。寺岛则称，琉球是日本属地，以往日本漠视琉球外交，但现在因担心其被他国吞并，故而与外国的交往完全由日本政府负责。会谈中，双方就琉球的归属问题发生分歧。何如璋提出是否可用书面形式提出照会相商，寺岛表示可以。稍后寺岛问，何如璋前来会商，是出自清政府之意，还是其本人意愿。何如璋答称，事情源于琉球人向中国政府申述，前来商议则出自他本人意愿。这本是总署的指示，但此一回答无疑使他的交涉陷于被动地位。尽管他又表示，这一愿望并非始自今日，早在日本驻华公使森有礼逗留天津期间，李鸿章就已与森有礼谈起此事，这一点也是来自李鸿章

---

① 《总署奏议复何如璋函述日本阻梗琉球入贡一案相机酌办折》，光绪五年三月十九日，载王彦威纂辑，王亮编《清季外交史料》卷15，第12页。参见梁嘉彬《琉球亡国中日争持考实》，载中华文化复兴运动推行委员会编《中国近代现代史论集》第15编，第122~123页；张启雄《何如璋的球案外交——以"失言事件"为论题中心》，中琉文化经济协会主编《第一届中琉历史关系国际学术会议论文集》，第576页。

的授意。会谈最后，何如璋建议尽可能通过会谈方式商议，寺岛同意。双方约定近日再次会商。①

因有再次会商之约，八月二十二日（9月18日），寺岛宗则派遣大书记官宫本（小一）前来向何如璋转达其意。寺岛的意思是，琉球本是一蕞尔小岛，日本毫无利己之意，阻贡之争乃无益之争；他认为中国虽以为有众多证据可证明琉球为己之属藩，但究竟是与否，最终还须依赖他国仲裁，但仲裁之国不易找。因为同盟国中像美国、法国、荷兰均与琉球有着各种关系，不便于相托。即使可以寻找到合适的仲裁国，鉴于当今日清两国的交往不比与其他缔交国家，特别应该友好，为了琉球问题发生矛盾，不管仲裁结果如何，都难免有损两国之间的和气。因此，寺岛建议，何如璋最好向申述的琉球人谕达，令其先向中国政府恳愿，之后再开始谈判，目前姑且以推延为好。寺岛的建议，显然与第一次会谈时所问，即何如璋之前来会商是出自清政府之意还是其本人意愿，以及何如璋答称是出自他本人之意愿有关。寺岛一面要求何如璋先向琉球方面谕达其意，另一面则"恐吓"琉球，胁迫其不敢再向中国求助。宫本的转述，其实已婉转道尽日本方面的心思。

九月初二日（9月27日），何如璋如约前往拜访寺岛宗则，是为第二次会谈，也是何如璋与寺岛的最后一次正式会谈。这次会谈时间颇长。会谈中，寺岛可谓强词夺理、口无遮拦。会谈开始，双方先提到由宫本早先转达的意思，之后，双方就琉球所属问题展开激烈争论。何如璋强调琉球为中国属国，理由是文书明确记载琉球三千年来为中国所属，琉球不仅向中国朝贡，而且受中国分封，琉球王受封为

---

① 「琉球所属问题 第一/2」JACAR、Ref. B03041146300、琉球関係雑件/琉球ノ所属問題ニ関シ日清両国争議関係・松本記録・第一巻（1-4-1-4_ 12_ 002）（外務省外交史料館）；「寺島外務卿清国公使応接筆記」、9月3日，外務省編纂『日本外交文書』第11巻、東京、日本国際連合協会、昭和38年、269-271頁。

中山王。寺岛则以琉球与萨摩藩三百年的关系强调琉球为日本所属，不仅如此，他还进而宣称，所谓所属与否，须以实际管理情况为依据。说中国的纳贡不如日本的收受租税，收受租税是实地管辖，而向中国的朝贡就如同欧洲各国向罗马乞求帝号一样，不能据此称为属国。且称，中国声称三千年来就领有琉球，但是否属实，他本人还不得而知，因为不能论古事，应该从三五年内的情况来看。寺岛继而还拿台湾事件说理，谎称台湾事件的起因也是因为清政府将台湾置于治外，不实行实际管辖所致。何如璋反复强调中国有对琉球封王、琉球向中国朝贡之"确证"，寺岛却不厌其烦地宣称，朝贡与收税不可同日而语，封王绝不是保有实地管辖。寺岛甚而拿小笠原岛为证，称英国人前些年曾在岛上立了标木，后由于日本着手处理才将其争得。何如璋指出，小笠原岛是因离日本近，离英国远，所以日本能争得，而琉球离中国尤近。寺岛却称不应以地理上的远近论归属，即使近，弃之不管，也于事无补。何如璋退而称，远近之论姑且不论，如果按照寺岛的逻辑，现今中国派人前往保护琉球又如何？寺岛却称，琉球已是日本尽力之地，中国如今前往就没有道理了。此后，寺岛又泛泛地询问中国的"朝贡国"的含义，以及中国与各藩属之间的关系。何如璋先是耐心地一一作答，然后指出，此次拜访本为商议琉球问题，泛谈这些无关的话题已"失去本意"。他提出改日将用书面形式呈上意见，问寺岛是否可以；寺岛回答"同意"。最后，寺岛重申此前由宫本转述的，强调何如璋应先向琉球人谕达，向中国政府说明，不然无益。① 这次会谈远较第一次充分翔实，但《日本外交文书》却没有收入。可以看出，会谈中寺岛所据实是强权理论，所谓不管事实如何，只要实际占领，就是实际所有。由此倒也可以明白为什么日本在此前

---

① 以上见「琉球所属问题 第一/2」JACAR、Ref. B03041146300、琉球関係雑件/琉球ノ所属問題二関シ日清両国争議関係・松本記録・第一卷（1-4-1-4_ 12_ 002）（外務省外交史料館）。

后要向琉球反复派兵了，此举就是试图依靠武力令琉球屈服，以达实际占领琉球的目的。由此也不难理解为什么日本政府在接受美国前总统格兰特调停后，立即更换了这位外务卿。

寺岛第二次会谈的立场其实已不留余地。何如璋在费力解释的同时，提出拟再以书面形式相商，寺岛明确表示同意。因此稍后，何如璋如约有书面文书递到外务省，希望进一步展开商议，结果日方"延不答复"。① 终使他不得不采用第二个步骤，即公然据理诘问。

九月十二日（10月7日），何如璋与副使张斯桂共同署名，向日本外务省寄呈了一份措辞强硬的照会。照会强调，琉球从古至今自为一独立之国，中琉之间数百年宗藩关系载于史册。日本阻贡既违背《中日修好条规》，也违背琉球与其他国家订立的条约精神。照会最后表示，"务望贵国待琉球以礼，俾琉球国体政体一切率循旧章，并不准阻我贡事"②。这份照会所阐发的意思，在前两次晤谈中均已"谆谆相告"，之所以又以照会形式重申，是因担心"言语不通，未达鄙怀"。的确，这份照会的基本内容并没有超出此前会谈的要旨。照会中抗议日本阻贡的主要依据，一是礼部和琉球文献中所载琉球向中国朝贡的陈案；二是援引《中日修好条规》的相关条款，这也正是前述李鸿章所授的机宜。然而，此举却引发了所谓的"照会事件"。

十月二十七日（11月21日），寺岛复函，称琉球数百年来为日本所属，现归其内务省管辖，这一旨意在前两次会谈中已详细陈述。接着，他对何如璋照会中"贵国禁止琉球进贡我国，我政府闻之，以为日本堂堂大国，谅不肯背邻交欺弱国，为此不信不义无情无理之

---

① 《总署奏议复何如璋函述日本阻梗琉球入贡一案相机酌办折》，光绪五年三月十九日，载王彦威纂辑，王亮编《清季外交史料》卷15，第12页。

② 「清国公使ヨリ寺岛外务卿宛」、10月7日、外务省编纂『日本外交文书』第11卷、271-272頁。

事""欺凌琉球，擅改旧章""废弃条约，压制小邦"等用语，予以强烈谴责，指为"假想暴言"，违背重邻交、修友谊之道；并称如果这是出自中国政府之令，则表明中国政府已不愿维持两国和好之关系。最后，他要求何如璋将其旨意转达清政府。①

何如璋偕同张斯桂提出此照会，完全与寺岛在会谈中持极其强硬的立场有关。参赞黄遵宪曾说："琉球争端初起，由星使与外务卿议论数回，彼极拗执，乃始行文与辨。"② 而使团之所以与争，并非仅为争贡，实为争琉球之存亡。何如璋就日本废灭琉球后致南洋大臣丁日昌信中说："阻贡之事，原不必固争。但日本志在灭球，不过藉阻贡为缘起，则所争不在贡，而在球之存与亡。"③ 参赞黄遵宪在致王韬信中也说："日本之处心积虑欲灭球久矣。非争贡也，意欲借争贡以存人国也。"④

十一月初六日（11月29日），何如璋回复寺岛来信，对照会加以解释。他重申这份照会并非徒发之言，前两次面商已再三相劝，只因担心语言不通，未达心意，所以提出书面照会。照会中"委曲以相告"，其意正在于"厚待邻交"，寺岛的反应使他感到意外。他表示无论中国政府还是其本人，均希望中日两国以《中日修好条规》为基础，"维持大局，永固和好"。而按照《中日修好条规》第一条关于所属邦土以礼相待的规定，日本这种"发令琉球，却不以一言相告"

① 「寺島外務卿ヨリ清国公使宛」、11月21日、外務省編纂『日本外交文書』第11卷、272頁。
② 《致王韬函》，光绪六年三月十五日，载陈铮编《黄遵宪全集》上册，第312页。
③ 何如璋：《与丁雨生中丞书》（按：目录作"与"，正文作"举"，以目录为准），载温廷敬辑《茶阳三家文钞》卷3，第9页。按：本函未标注时间，应写于光绪五年闰三月二十二日（1879年5月12日）直后。函中有"朝旨起公为南洋大臣，专办水师海防事宜，闻之距跃三百"。清政府于光绪五年闰三月二十二日命李鸿章认真整顿北洋海防、妥善布置的同时，因南洋地面辽阔，首当其冲，沈葆桢驻扎江宁，缓急难以兼顾，也命前福建巡抚丁日昌赏加总督衔，专驻南洋，会同沈葆桢及各督抚筹办海防一切事宜，节制南洋沿海水师弁兵。由此可知。
④ 《致王韬函》，光绪五年十二月二十三日，载陈铮编《黄遵宪全集》上册，第309页。

的做法，不符合重邻交、修友好之道。最后，他希望两国交往务须"一秉大公，推诚相与"，不必以"虚词往复"。他试图将寺岛的注意力从字面功夫中引开。同时他提议，既然寺岛认为"有理由"，请本着"准情酌理"的原则，再次"熟商"。① 美国前总统格兰特后来在调停中曾向日本指出，凡是有约各国，遇到像琉球问题此等"重大事体"，必须按照《万国公法》公道商议，不然，"必致失和"，详参下文所论。可见，何如璋提出商议的要求，是完全符合国际法精神的。

然而，何如璋的建议却被寺岛一口拒绝。十一月初七日（11 月 30 日），何如璋就照会复信次日，寺岛回信，但寥寥数语，措辞生硬，内称关于琉球藩之事，他已给予答复，无须多言。② 这实际上是彻底关闭了与何如璋商谈的大门。此后，直到日本正式废灭琉球，外务省对于使团的去文，不是"装聋作哑"，不予回复，就是"虚辞"以答，"无一实语"，且"不论理之曲直"，只强调此事何如璋"不必与闻"。明治 12 年（1879）3 月 1 日，使团将清政府寄外务省的文书抄出转交，外务省也未予回复。③

早在何如璋首次会晤寺岛宗则时，寺岛就问何如璋，前来交涉琉球问题是出自清政府的旨意，还是其个人意愿。何如璋因总署授意在前，回答是出自他本人意愿，这无疑是何如璋的"球案"交涉一开始就陷入被动的重要原因之一。日本政府当局公然宣称，何如璋之出面交涉"球事"，一定是因为球人在东京向他控诉请替出头的结果。所以日方特意派人前去恐吓琉球人，如"使球人无后言"，则何如璋"必不复论"。

---

① 「清国公使ヨリ寺島外務卿宛」、11 月 29 日、外務省編纂『日本外交文書』第 11 卷、272 頁。

② 「寺島外務卿ヨリ清国公使宛」、11 月 30 日、外務省編纂『日本外交文書』第 11 卷、273 頁。

③ 「球案起草・養浩堂私記」、『宮島誠一郎文書』、B39；「栗香大人卜支那人卜問答録」、明治 12 年 3 月 18 日、『宮島誠一郎文書』、C7-2；「筆談録・二」、明治 12 年己卯 3 月到 9 月、『宮島誠一郎関係文書』、2135。

与外务省交涉陷入僵局后，何如璋曾让使团随员向外宣传，他本人之被派遣实"受命于皇帝，政府力主其事"，因此纵使球人为日本所挟制而不敢再言，中国政府"必不能漠然置之"，因为琉球为中国藩属，"欺球即欺我"。即使日本已取其地，"亦必力图返其地，立其君而后安"。之前之所以不张扬而只令他以个人立场理论，是以两国和好为前提，希望给日本一个转圜的余地，以便"泯然无迹，不失两国体面"。① 但是，何如璋及中国方面的良苦用心，终无济于事。

光绪五年三月十九日（1879年4月10日），总署汇报出使大臣何如璋办理"琉球案"过程，在谈到上述"照会事件"时说：

> 十月间何如璋等遂照会其外务卿，有"日本堂堂大国，谅不肯背邻交欺弱国，为此不信不义无情无理之事"等语。前驻中国日本使臣森有礼已告假回国，谓此数语未能谦逊，须另删改，否则将照会寄还臣衙门。何如璋等告以如贡事照旧，即将照会撤回，亦无不可。而日人惟含糊照复而已。②

总署的陈述表明，何如璋在日方提出"删改"照会要求时，声称"如贡事照旧，即将照会撤回，亦无不可"，态度依然强硬。但据现今留存的日方档案资料，情形似有不同。如上所述，何如璋再三强调重邻交、修友好之意，希望重开商谈，倒是日方的照复态度强硬。不过，总署的报告也提供了一条重要线索，即何如璋提出照会后，正好日本驻华公使森有礼告假回国，称何照会中"此数语未能谦逊，须另删改，否则将照会寄还"。也就是说，森有礼参与了对何如璋照会的

---

① 「球案起草・養浩堂私記」、『宮島誠一郎文書』、B39；『栗香大人卜支那人卜問答録』、明治12年3月18月、『宮島誠一郎文書』、C7-2；「筆談録・二」、明治12年己卯3月到9月、『宮島誠一郎関係文書』、2135。

② 《总署奏议复何如璋函述日本阻梗琉球入贡一案相机酌办折》，光绪五年三月十九日，载王彦威纂辑，王亮编《清季外交史料》卷15，第12页。

评价和处理。

当时使馆与外务省之间的信函一般一两天可到，双方通常也在数日间回复。然而，何如璋九月十二日（10月7日）发出的照会，寺岛直到十月二十七日（11月21日）才回复，约相隔一个半月，且突然指责照会为"暴言"。而对于何如璋的辩解信，寺岛则于次日立即回复，时间相差悬殊。这漫长的一个半月，无疑是"暴言"事件酝酿与制造的过程。值得注意的是，森有礼作为驻华公使来华，本肩负探询琉球事件的使命，他曾为日本并吞琉球积极献计献策。早在明治9年（1876）3月，他就致信外务卿寺岛宗则，要求尽快将琉球改名，或为那霸藩，或为冲绳。① 光绪四年四月初九日（1878年5月10日），他上奏复命，内称，他就琉球事件照会总理衙门，清政府答复，若持有日本凭照即可认为是日本人。为此，他再次建议，为了让琉球为中国属国这一事实流于无稽之谈，请速改琉球之名，并下令要求前去中国的琉球岛民佩带日本出海凭照。如此，清国可无伤体面，琉球仍不失通商之利，而日本既可遂愿，又可永保与清国的交往。②

目前，关于"照会事件"的评价，所据主要来自两个方面。一方面来自日本政府，它称其为"暴言"事件；另一方面来自清政府，尤其是李鸿章的《密论何子峨》，内称："子峨虽甚英敏，于交涉事情历练未深，锋芒稍重。其第一次照会外务省之文，措词本有过当，转致激生变端。语云：出好兴戎，可为殷鉴。"③ 这段话后被广泛引

---

① 「琉球所属問題第一/2」JACAR、Ref. B03041146300、琉球関係雑件/琉球ノ所属問題二関シ日清両国争議関係 松本記録 第一卷（1-4-1-4_ 12_ 002）（外務省外交史料館）；「清国駐劄森公使ヨリ寺島外務卿宛」、外務省編纂『日本外交文書』第9卷、東京、日本外交文書頒布会、昭和33年、473頁。

② 森有礼「朝鮮琉球問題復命書草案」、明治9年5月10日、大久保利謙編『森有礼全集』第1卷、東京、宣文堂書店、昭和47年、183頁。

③ 《密论何子峨》，光绪五年七月二十二日，载吴汝纶编《李文忠公全书·译署函稿》卷9，第44~45页。

用。有学者进而伸论："何如璋的后台是软的，发出一个措词强硬的照会，得不到本国政府的支持，而难下台，后来终于被撤职回国。"①

应该指出，李鸿章的"密论"并非在"照会事件"发生之初，而是在格兰特调停接近尾声之时，其间存在相当大的误解，李鸿章本人也很快放弃这一评价。参赞黄遵宪曾披露一个内情，何如璋的这份初次照会，是经清政府许可而后发的："本系奉旨查办之件，曾将此议论上达枢府，复经许可而后发端。此中曲折，局外未能深知。"② 使团本身一开始就对日本所谓的"照会事件"有清楚的认识。黄遵宪称："日本于此一节自知理绌，无可解说，乃别生一波，谓此间初次照会措辞过激，不欲与议。彼原不过借此以延宕啰唣耳。"③ 并指明，所谓照会问题"本无关轻重"，台湾一案也是定议后互撤照会，"惟彼国必欲挑此"。④ 其实，清政府及李鸿章对日本所谓的"照会事件"总体上也有较清醒的认识，且明确揭示这是日方借端生事，别有用心，详参下文所论。何如璋并未因"照会事件"被撤职，相反，所谓的"照会事件"后，他在任上先被补授翰林院侍讲⑤，又被补授翰林院侍读，⑥ 数月内连升两阶，颇受鼓舞。此期间，他还一直从不同层面参与"球案"交涉，颇为清政府所倚重。总之，"照会事件"至此还远远没有作结。

---

① 参见王芸生编著《六十年来中国与日本》第1卷，生活·读书·新知三联书店，1980，第163页。

② 《致王韬函》，光绪五年十二月廿三日，载陈铮编《黄遵宪全集》上册，第309页。

③ 《致王韬函》，光绪六年三月十五日，载陈铮编《黄遵宪全集》上册，第312页。

④ 《致王韬函》，光绪五年十二月廿三日，载陈铮编《黄遵宪全集》上册，第309页。

⑤ 何如璋：《奏为奉旨补授翰林院侍讲谢恩事》，光绪五年四月十八日，录副奏折，档号：03-5138-165，缩微号：391-2377。

⑥ 何如璋：《奏为奉旨转补翰林院侍读谢恩事》，光绪五年八月初六日，录副奏折，档号：03-5141-084，缩微号：391-3102。

第四节 日本宣布废灭琉球后使团之最初因应

所谓"照会事件"后，日本开始着手并吞琉球。光绪五年二月十九日（1879 年 3 月 11 日），日本太政大臣三条实美以琉球王尚泰违命不恭为由，宣布废藩置县，以松田道之为琉球处分官，以木梨精一郎为冲绳县令，令尚泰等来东京。同时，内务卿伊藤博文命警视局派出警察一百五十名随同松田赴琉。三月十三日（4 月 4 日），日本政府发布废琉球藩、建冲绳县的命令。琉球与中国有着数百年的朝贡关系，以驻日使团为代表的清政府，也一直在为"存球祀"与日本政府展开交涉。正值"球案"交涉之际，日本方面预先不做任何沟通，悍然宣布废灭琉球，对于如此蛮横、突然之举，使团第一时间是如何应对的？出面应对的又是哪位人士？

日本早稻田大学图书馆特别资料室藏宫岛诚一郎手稿当中，珍藏有一份坊间未见之史料，为我们清晰地揭示了"球案"交涉突变环节中一些鲜为人知的幕后秘辛。史料全文如下：

> 四月五日，应黄公度招饮，到永田町使馆。此日来饮者，浅田栗园（俗称宗伯）、小野湖山、宫本鸥北（小一）、冈本文平监辅、蒲生重章及我也。先是，政府以昨四日发废琉球藩、建冲绳县之令，故黄公度怏怏不乐，有郭璞绝笔之语。①

这里的"黄公度"，即黄遵宪。"永田町使馆"，即中国驻日使馆，位于日本东京永田町。记述者"我"，是当时与中国使馆交往密切的日本修史馆史官宫岛诚一郎。史料描述的是，中国驻日

---

① 「栗香大人卜支那人卜ノ問答録」、明治 11 年 2 月-（明治 26 年 9 月筆）、『宮岛诚一郎文書』、C7。

使团参赞黄遵宪，在中国驻日使馆所在地永田町主持宴请一批日本人士。时间在明治 12 年（1879）4 月 5 日，即日本废灭琉球国，建冲绳县之次日。当时，黄遵宪心情非常不好。由此可知，日本宣布废灭琉球国后，第一时间出面因应的是中国驻日使团参赞黄遵宪。

如上所述，在何如璋使团中，称参赞黄遵宪为使团的灵魂人物亦不为过。戊戌变法时期深受黄遵宪赞赏、被黄遵宪聘为《时务报》主笔，且被黄遵宪指定为其《日本国志》撰写后序的梁启超，曾高度评价黄遵宪在使团"球案"交涉中的地位，称琉球事件中何如璋与总署及北洋大臣的文牍，出自黄遵宪者十之七八。可以说，黄遵宪在琉球问题上的态度与立场，正代表使团的态度与立场。

黄遵宪此次宴请的日方人士共 6 人，情形分别如下。

浅田宗伯（1815~1894），幕末明治时代的著名医师。幼名直民，后改为惟常，字识此，号栗园。文化十二年（1815）生于信农国栗林村（今长野县松本市岛立），父亲亦为医师。天保四年（1833）始上江户开业行医，安政二年（1855）成为幕府的御目见医师，医术高超，深受幕府器重。安政四年（1857）因奉命为法国公使治愈疑难病症，得法国皇帝特赠致谢礼物。庆应二年（1866）又因为德川家茂治病，成为幕府奥医师。明治 4 年（1871）试图隐居未果，此后终生从事诊疗、教育、著述事业，为已不逢时的中医事业尽心尽力。明治 27 年（1894）去世，葬于东京。著有《橘窗书影》《勿误药室方函》《皇国名医传》等，著述丰富。①

小野湖山（1814~1910），幕末明治时期汉诗人。名常愿，又名卷，字怀之、士达、舒公，号仙助、侗之助、湖山、狂狂直人、侗翁。原姓横山氏。文化十一年（1814）生于三河吉田藩近江国浅井郡

---

① 国史大辞典编集委员会编『国史大辞典』第 1 卷、東京、吉川弘文館、昭和 54 年。

田根村高畑（今滋贺县东浅井郡浅井町高畑），父亲为医师。自幼研习经史，嘉永五年（1852）应召至江户成为儒臣。美国佩利舰队来航以后，小野湖山与诸藩志士一起主张尊王攘夷，安政六年（1859）因安政大狱事件从江户被流放、幽闭。文久三年（1863）出任藩校时习馆教授，提倡尊王论，曾说服三河诸藩归顺新政府。明治元年（1868）征士被举，出任总裁局权弁事，记录局主任，旋归乡，任丰桥藩权少参事兼时习馆督学。明治5年（1872）到东京，以擅长汉诗享誉诗坛，与大沼枕山、鲈松塘并称"明治三诗人"，怡然于诗酒之间。明治43年（1910）去世。著有《湖山楼钞》《湖山楼十种》《湖山老后诗》《乍浦集咏钞》等。①

蒲生重章（1833~1901），幕末明治时代汉学者、医师。名重章，字子暗，号褧亭，别号精庵、白囊子、蠖屈潜夫等。生于越后国村松（现新潟县五泉市）。幼失双亲，由伯父（堀玄意）抚育成人，师事村松藩儒者加藤松斋。19岁时前往江户汤川安道处学医。10年后效力于村松藩主堀直贺，因以诗讽刺家老遭放逐。后游历诸国回江户，创设学塾青天白日楼，从事汉学教育。蒲生重章常将主张尊皇攘夷、奔走国事而遭幕府嫌疑者藏匿于书塾中。明治政府成立后，他任职于医学馆，任昌平学校三等教授。后出任修史馆史官，去官后开设私塾。享年69岁。著有《近世伟人传》《近世佳人传》《蒲门盍簪集》《褧亭文钞》《褧亭诗钞》等。②

冈本监辅（1839~1904），一般称文平，号韦庵。幕末明治时期探险家、官吏。天保十年（1839）生于阿波国（今德岛县）。文久三年（1863）以后，曾三度到桦太探险。明治政府成立后，历任箱馆裁判所权判事、开拓使判官，致力于桦太的开拓。由于明治政府采取消极政策，于明治3年（1870）辞职前往中国各地

---

① 国史大辞典編集委員会編『国史大辞典』第13巻、東京、吉川弘文館、平成4年。
② 竹林貫一編『漢学者伝記集成』、東京、名著刊行会、1978。

游历。日本割占台湾后，到台湾总督府日语学校等地任教职。明治37年（1904）去世，享年66岁。著有《冈本氏自传》等。①

宫本小一（1836~1916），幕末明治时代的外交官僚，贵族院议员。名守成，常称小一郎，上述史料作"鸥北"，应为其号。父亲为幕府徒目。安政三年（1856）昌平坂学问所甲科及第，次年经海军所等处历练晋升为神奈川奉行支配组头勤方，与幕末外交官田边太一等一道，活跃于日本与西方列强的修改税则的谈判中。明治政府成立后，宫本亦同田边太一等一起，转而效力于新政府的外交事务。先出任外国官御用挂、各国条约书改革调挂等职，明治2年（1869）4月任外国官判事试补。同年7月外务省设置后，被提拔为外务权少丞，次年3月升为外务少丞，明治5年（1872）5月又晋升为外务大丞，11月出任外事左局局长要职，先后兼任记录局局长、弁事局局长、庶务局局长等职，明治10年（1877）1月出任外务大书记官。明治14年（1881）11月，宫本小一转任朝鲜国通商章程取调挂，兼任参事院员外议官补，明治16年（1883）被任命为元老院议官。元老院废止后，被敕选为贵族院议员。宫本小一的外交事业主要集中在明治早期。他先参与桦太边界谈判。江华岛事件时，又随全权大臣黑田清隆到朝鲜参与《日朝修好条规》的签订。在吹田事件和琉球问题等的对华交涉中，宫本小一也起了重要作用。大正5年（1916）逝于东京。②

上述史料的记录者宫岛诚一郎（1838~1911），幼名熊藏，号栗香、养浩堂。天保九年（1838）生于米泽藩，父亲为米泽藩士。幕末时期，宫岛曾在奥羽越列藩同盟交涉中发挥过重要作用。明治政府成立后，于明治3年（1870）任职于待诏院下局（待诏下

① 上田正昭『日本人名大辞典』、東京、講談社、2001。
② 国史大辞典編集委員会編『国史大辞典』第2巻、東京、吉川弘文館、昭和55年。

院），次年 10 月任左院议官。明治 10 年（1877）后，始任修史官御用挂，黄遵宪招饮时，宫岛即在修史官任上。此后，历任宫内省御用挂、参事院议官补、宫内省华族局及爵位局主事。明治 29 年（1896）成为贵族院议员。明治 44 年（1911）去世。著有《养浩堂诗钞》等。① 宫岛与使团的交往远不止第一届何如璋使团，他跟历届使团均有关系，与第二届、第四届黎庶昌使团的关系尤为紧密，详参下文所述。

由上可知，黄遵宪所邀约，多为所长与中国文化有着渊源的中医、汉诗人、汉学者。如浅田宗伯是中医学大家，小野湖山是汉诗人，蒲生重章是汉学者、医师，宫岛诚一郎则是任职于修史馆的史官，擅长汉诗。也有不专长于汉学，但对中国怀有兴趣者，如冈本监辅。此外，还有身居外务省要职的外交高官宫本小一。从人数看，汉学家居多。驻日期间，使团人员包括黄遵宪在内，曾与众多日本的汉学家们诗书唱和、抵膝畅谈。尤其是黄遵宪，他为编撰《日本国志》，与任职于明治政府修史馆的日本著名史学家，如青山延寿（1820~1906）、重野安绎（1827~1910）、宫岛诚一郎（1838~1911）等来往密切。② 被黄遵宪称为来日后他"最钦慕者"的日本史官龟谷省轩（1838~1913），也经常与黄遵宪深入探讨汉学与西学的关系、中日外交、修撰《日本国志》的征引文献等问题。③ 但此次宴请，除宫岛诚一郎外，上述汉学家均未在受邀之列。

---

① 由井正臣編『幕末維新期の情報活動と政治構想——宮島誠一郎研究』、千葉、梓山出版社、2004。

② Noriko Kamachi, *Reform in China: Huang Tsun-Hsien and the Japanese Model*, Cambridge, Mass. and London, Harvard University Press, 1981, pp. 39-40.

③ 郑子瑜、〔日〕实藤惠秀编《黄遵宪与日本友人笔谈遗稿》，台北：文海出版社，1974 年影印本，第 279、284 页。关于日本汉学者对于黄遵宪编撰《日本国志》的协助，另可参吴伟明「『大河内文書』に見られる日本滞在中の黄遵憲」、『日本歴史』第 495 号、1989、87-89 頁；劉雨珍「黄遵憲と明治前期の漢学者たち——〈日本国志〉の編纂をめぐって——」、陶德民、藤田高夫編『近代日中関係人物史研究の新しい地平』、東京、雄松堂出版、2008、117-143 頁。

的确，黄遵宪邀约的汉学家，仔细考诸个人生平便可发现，他们均非普通汉学者。浅田宗伯不是一般医生，而是富有名望的御医。小野湖山既是明治政府的功臣，又在明治政府中任职。蒲生重章的地位虽不比福泽谕吉，但其以书塾为掩护保护众多倒幕人士，在明治新政府中的名望自然不低，人脉也颇广。至于史料记录者宫岛诚一郎，看似是一名政治上的闲职人员，实则是肩负特殊使命的人物。他以交流汉诗汉文等名义，一直致力于从中国使馆中收集各种情报，向日本政府中的众多要人汇报，下文将有详论。而宫本小一的身份和地位则更为特殊。

时为外务大书记官的宫本小一，实是日本外务省琉球问题交涉的直接参与者。上述何如璋使团在东京与日本外务省交涉"球案"期间，宫本一直负责日本外务省与使团的联络沟通。使团与外务省的"球案"交涉，自光绪四年（1878）七月至十一月所谓"照会事件"之发生约半年间，直接会谈共计两次。第一次是光绪四年（1878）八月，何如璋造访外务卿寺岛宗则。此次会谈，何如璋亮明中方立场，而与日方在琉球归属问题上发生极大分歧，双方约定尽快择日再商。第一次会商后、第二次会商前，日本政府预先派来代表联络，这名联络者正是参加黄遵宪此次宴请的宫本小一。八月二十二日（9月18日），大书记官宫本小一奉外务卿寺岛宗则之命，前来向何如璋转达日方旨意，宫本小一所转述，实已婉转道尽日本方面的心思，也是九月初二日（9月27日）何如璋与日方第二次会谈的前奏。第二次会谈，也是何如璋与日本政府的最后一次正式会谈。会谈中，寺岛的立场已不留余地。而这不留余地的立场，也是先通过宫本转达的。第二次会商后，何如璋如约将一份书面文书递到外务省，希望进一步商议，结果日方"延不答复"，终使何如璋于九月十二日（10月7日）不得不与副使张斯桂共同署名，向日本外务省寄呈了一份措辞强硬的照会，由此引发了所谓的"照会事件"。"照会事件"后，何如璋使团多次试图重开谈判之门，但均遭日本政府"含糊照复"相拒，均如上所述。次年二月十九日（3月11日），日本太政大臣三条实美以琉球王尚泰违命不恭为由，对琉球宣布废藩置县，于是有了上述黄遵宪在使馆宴请包括宫本小一在内的日本众人士的场面。应该说，宫本直接参与中日"球案"交涉，是最了解日本琉球政策的日本外交官员之一。宫本小一的外交活动主要集中在明治早期，也正是黄遵宪随同首届何如璋使团出使日本之时。明治14年（1881）底之后，也就是日本废灭琉球后两年，宫本转向朝鲜问题，其时经格兰特调停，日本在琉球问题上的立场转向缓和，此为后话。宫本此后很快离开日本外交一线舞台，完全退居政坛幕后了。

可以说，黄遵宪的这次宴请，绝非一次普通聚会。黄遵宪有选择地邀请日方相关人士前来中国使馆，关涉日本宣布废灭琉球后中国使团第一时间的因应与态度。史料称："先是，政府以昨四日发废琉球藩、建冲绳县之令，故黄公度快快不乐，有郭璞绝笔之语。"史料没有详细记录宴会中黄遵宪的具体所言所行，但这简要的概述揭示，黄遵宪于日本宣布并吞琉球次日，邀请日方相关人员前来使馆，以充分展示中国的态度，借机向日本政府施压，是希望日本政府改弦易辙，以挽救琉球的危亡命运。

参照相关史料可以看到，黄遵宪的这一举措和态度，反映了使团在日本宣布废灭琉球直后的基本立场。如果说使团在琉球问题上的强硬态度之表现最初有所保留的话，那么，在日本宣布废灭琉球之后，使团便已不再顾忌和掩饰，详参下文所论。黄遵宪稍后曾对日本人士称，琉球悬案不结，"虽女娲氏补天之手，不能引两国使亲密耳。无论今日不结，再过数年，交谊唯日疏耳。譬如鱼刺哽喉，终不能下咽也"。黄遵宪是满心希望日本政府改变既定的琉球政策的。他认为日本制造"球案"发于个别人，"能发之，必能收之"。他对已故大久保利通的"球案"政策抱有好感，认为如果大久保尚在，琉球一事必不至于此。① 可以说，黄遵宪在日本废灭琉球后次日就广泛宴请日方相关人士，表明黄遵宪等使团人员在即使日本将"球案"推到极端时，仍竭力争取转机。具体的措施是，通过使臣何如璋出面继续与总署及日本政府深入互动，推进"球案"转机的出现。

第五节　提请美国调停

当光绪五年二月十九日（1879年3月11日）日本政府以松田道之为琉球处分官，带兵前往琉球处置时，使臣何如璋得知情形后，紧急向总署汇报，同时不断向日本政府施压，坚持强硬立场。

在呈总署报告中，何如璋指出，日本已派内务大丞松田往球，"欲废球为郡县"，建议"宜假兵威以示必争"。与此同时，他又前往与日本政府交涉，希望其收回成命。他先会晤内务卿伊藤博文，称"球案"尚在商议之中，现日本派员往球，"恐生枝节"。伊藤竭力声称"必无他事"。何如璋又前去会见外务卿寺岛宗则，希望其阻止松田前往琉球。寺岛却称，既经派出，非他所能阻止；又称两国议妥，即可撤回，仍等派员来商。②

日本实行废琉置县步骤的同时，派元老院议官宍户玑出任驻华公使。为此，何如璋向总署提出建议：其一，一面明令沿海各省严防边备，一面撤回使臣，认为如此日本使臣必随同前来乞议而事可成；其二，如果事不至此，既然日本已遣使前来，借此洞烛其情，秘密制定对策；其三，如果日本未派使臣，则仍由他在日商议，但必须另立专

---

① 「栗香大人卜支那人卜ノ問答録」、明治11年2月－（明治26年9月筆）、『宮島誠一郎文書』、C7。

② 《总署奏议复何如璋函述日本阻梗琉球入贡一案相机酌办折》，光绪五年三月十九日，载王彦威纂辑，王亮编《清季外交史料》卷15，第12页。

条。据他所获取的消息，此案结局必在中国，因日方不愿在日商议。①

三月十三日（4月4日）日本太政大臣公然宣布"废球为县"，何如璋见此情形非常愤怒。他请求总署"召使臣归"，认为如此可给日方以压力，"球案"交涉才可能"有结局"。若不令他归国，即使与宍户商议，日方也必仍如之前顽固。② 二十七日（18日），何如璋重申这一主张，请总署定夺。③ 闰三月初二日（4月22日），他再次表示"亟欲下旗回国"④。何如璋使团之强硬立场，并非只表现在上呈清政府的报告之中，而且已做好随时付诸行动的准备。早在日本政府单方面中止交涉，逐步体现出"必欲郡县琉球"时，何如璋及使团人员就已经做好回国准备，且不失时机地向日方人士多方宣传。参赞黄遵宪向日方人士宣称，日方应顾全中日亲睦及亚洲大局，改变对琉球政策之基调，已如上所述。随员沈文荧等更为直白地称，日本这种"贪其地而不顾理之是非"的做法，将来难免会引发战争而致祸患，而依据当时日本的国情，战争对于日本有百害而无一利。⑤ 日本废灭琉球后，使团更将回国一事提上议事日程。⑥ 即使在格兰特前来日本调停"球案"之初，使团仍没有放弃回国的打算，计划在日本历9月内回国。且宣称，如果使团一行回国，则李鸿

---

① 《总署奏议复何如璋函述日本阻梗琉球入贡一案相机酌办折》，光绪五年三月十九日，载王彦威纂辑，王亮编《清季外交史料》卷15，第12~13页。

② 《论日本废琉球》，光绪五年闰三月初六日，载吴汝纶编《李文忠公全书·译署函稿》卷8，第26页。

③ 《总理各国事务衙门奏日本阻梗琉球入贡情形折》，光绪五年闰三月初五日，载故宫博物院编《清光绪朝中日交涉史料》卷1，第30页；《总署奏日阻琉球入贡请饬使臣何如璋暂勿归国折》，光绪五年闰三月初五日，载王彦威纂辑，王亮编《清季外交史料》卷15，第18页。

④ 《论交还伊犁事》，光绪五年闰三月十六日，载顾廷龙、戴逸主编《李鸿章全集》第32册，"信函四"，第420页。

⑤ 「栗香大人卜支那人卜問答録」、明治12年3月18月；『球案起草・養浩堂私記』、『宮島誠一郎文書』、C7-2、B39。

⑥ 「己卯日誌」、明治12年1月-12月；「栗香大人卜支那人卜問答録」、明治12年3月-8月、『宮島誠一郎文書』、A55-2、C7-2。

章、沈葆桢、丁汝昌"必帅三军而来"。届时以日本国力，定非中国之对手。[①] 使团的回国之议，直到格兰特的调停显示成效之后，才完全作罢。

清政府得知日本废琉置县后，命总署上奏说明处理意见。三月十九日（4月10日），总署经与李鸿章晤商，否定了跨海远征的设想，提出以保持和局为宗旨。[②] 考虑到宍户玑已到天津，即将抵京，何如璋可在日本协助总署与宍户交涉，总署主张何"勿遽回华，以顾大局"。在总署看来，日本这次的举动与从前台湾一案大略相同，认为其有可能以相同方式处理。总之，总署计划静候宍户到后进行辩论，相机办理。这一意见上奏后获准。[③] 李鸿章又在总署意见的基础上，建议在复何如璋信中"略参活笔"。令其与驻日各国公使会商，如无成说，即准回京，随同办理。李鸿章认为，总署与宍户玑会谈如有何如璋在座，宍户无可躲避，容易相机酌办。至于驻日使馆及各口理事公务，可责成经手各员暂行照料，这是欧美通例。[④]

其时，宍户玑过天津，不与李鸿章会面，直接进京与总署会谈。会谈中，宍户声称"我系修好而来，不能预闻此事"[⑤]，"一味推诿，刁顽已极"，清政府甚为不满。为此，总署设想，一面仍与宍户理论，一面知照何如璋与日本外务省争辩。同时，又提出一个新的设想，拟

---

① 「栗香大人卜支那人卜問答録」，明治12年3月-8月、「球案起草・養浩堂私記」、『宮島誠一郎文書』、C7-2、B39。

② 《总署奏议复何如璋函述日本阻梗琉球入贡一案相机酌办折》，光绪五年三月十九日，载王彦威纂辑，王亮编《清季外交史料》卷15，第11~13页。

③ 《总理各国事务衙门奏日本梗阻琉球入贡情形折》，光绪五年闰三月初五日，载故宫博物院编《清光绪朝中日交涉史料》卷1，第30页；《总署奏日阻琉球入贡请饬使臣何如璋暂勿归国折》，光绪五年闰三月初五日，载王彦威纂辑，王亮编《清季外交史料》卷15，第18~19页。

④ 《论日本废琉球》，光绪五年闰三月初六日，载吴汝纶编《李文忠公全书・译署函稿》卷8，第26页。

⑤ 《与美前总统格兰忒晤谈节略》，光绪五年四月二十三日，载吴汝纶编《李文忠公全书・译署函稿》卷8，第40页。

请各国调停。

对于总署的这一新方案，李鸿章虽认为是一个可行办法，但有顾虑。当时正值各国使臣陆续来京商议修约免厘等事，李鸿章担心若以此事相告，恐各国借端提出要求。其时，李鸿章已向各使试探，各使"似皆袖手旁观"。李鸿章认为，日本正效法西法以自强，各国平日就多是日本，而非中国，请各国调停恐怕不易。他寄希望于何如璋，认为何如璋与他们"平素联络似有交情"，"或能相机结纳，设法与论"。当时，日本虽已宣布废球置县，但所派县令尚未前往，为此，李鸿章希望出现转机。①

何如璋对于总署和李鸿章的新设想积极响应，进而提出先请美国出面调停的建议，并对这一方案的可行性做了深入阐析。何如璋指出，西方各国有利则趋，有害则避，通商以来，想其推诚相与，固然不易，但美国自修好以来，热心为华，胜于他国。至于英、俄两国，争雄海上，鉴于中国在亚洲的地位，也均有结好中国之心。而各国之于日本，因无利可图，反而皆有鄙夷不屑之意。琉球一案，日本灭人之国，绝人之祀，美国作为民主国家，颇为反感。何如璋认为，如果中国援互助之条邀请美国，美国应该愿意出面相助。如果因此兵端将起，于通商有碍，即使英、德各国也将随声附和，出而调停。对此，何如璋颇有信心。不过，何如璋仍然强调应持强硬立场。他指出，解决琉球问题的主要目标无疑是"存球祀"、保和局。但时至今日，欲保全两国和局，必须明确表示"不嫌失和，和始可保"。他进而对日本立约以来对中国的所作所为及其国力、内治状况做出分析，认为中国在处理琉球问题上，立场绝不能

---

① 《论争琉球宜固台防》，光绪五年闰三月十六日，载吴汝纶编《李文忠公全书·译署函稿》卷8，第26页。

放软。如果听之任之，将来"养虎坐大"，后果将不堪设想。①

正当何如璋与总署及李鸿章讨论请美国出面调停之时，三月十七日（4月8日），传来美国前总统格兰特即将来华的消息，总署甚为关心，②李鸿章也萌发了或许可以请其协助调处"球案"的想法。③当时有传言称，格兰特两任总统，深受民心爱戴，此次游览回国，将再接任。④格兰特于四月初七日（5月27日）抵达天津，⑤四月二十三日（6月12日）李鸿章与格兰特会谈，将提出请其调停的意愿。⑥

此时，何如璋在东京也展开积极行动。四月二十一日（6月10日），何如璋照会寺岛，指出日本将琉球列入版图，自称"内政"，那是日本的事，但琉球从古至今自为一国，封贡于中国，为

---

① 何如璋：《复总署总办论争球事书》，载温廷敬辑《茶阳三家文钞》卷2，第5~7页。按：此信没有标注时间，推知当写于光绪五年四月初，即对总署上述来信的回复。信中从回顾日本处理"球案"历程，谈到"乃彼竟悍然不顾，径行灭球，不少留中国余地"为止，可知写在日本并吞琉球直后。信的开头复述总署来信及总署寄李鸿章信的内容，又说："捧密谕及寄李伯相书谓，必须到相持不下，各使始肯出而转圜。又彼若一味蛮悍，应将驻倭公使及领事各员一概撤回，并布告邻国，作弯弓不下之势等因，敬仰明见。"查闰三月十六日李鸿章收总署十三日来信后的回信，复述总署此时意见，也称"钧意彼若一味蛮干，悍然不顾，即请将驻倭公使、领事一概撤回，布告各国。暂不说到用兵一层，作弯弓不发之势。将来万不得已，尽可如此办理"。两者文字表述基本一致。由此可知，何如璋所收信，正与上述总署致李鸿章信同一时期。当时东京与北京之间的通信约20天，快则15天，如，李鸿章闰三月十六日曾收到何如璋闰三月初二日来信函（《论交还伊犁事》，光绪五年闰三月十六日，载顾廷龙、戴逸主编《李鸿章全集》第32册，"信函四"，第420页）。总署于闰三月十三日寄李鸿章，如果同时寄送何如璋的话，那么，何如璋最快于闰三月二十八日前后收到。这样，何如璋的回信当在四月初。以下同，不一一注明。
② 《报美国前总统到津》，光绪五年四月初八日，载顾廷龙、戴逸主编《李鸿章全集》第32册，"信函四"，第431页。
③ 《议接待美国前总统》，光绪五年闰三月二十一日，载吴汝纶编《李文忠公全书·译署函稿》卷8，第36页。
④ 《论伊犁及接待美国前总统》，光绪五年闰三月二十六日，载吴汝纶编《李文忠公全书·译署函稿》卷8，第36页。
⑤ 《报美国前总统到津》，光绪五年四月初八日，载顾廷龙、戴逸主编《李鸿章全集》第32册，"信函四"，第431页。
⑥ 《与美前总统格兰忒晤谈节略》，光绪五年四月二十三日，载吴汝纶编《李文忠公全书·译署函稿》卷8，第40页。

中国属藩，而其国中之禁令，亦听其自治，因此"琉球之事，我国理应与闻"。至于日本一再指责上年何如璋等递交的所谓"暴言"之照会，他继续加以申辩："查前次照会，一则曰日本堂堂大国，谅不肯为，再则曰今若①，三则曰无端，皆以为日本当无是事，正所以厚待贵国之处。汉文文义并无不是，而贵大臣屡以为言，想系贵大臣误认文义矣。"② 何如璋在日本废琉置县后，仍照会外务省声称中国"理应与闻"，无疑是为继续交涉"球案"作铺垫。与此同时，何如璋向各国公使寻求帮助，取得一定进展。当时，美国驻日公使平安已回日本。据平安称，美国国会已声称，如果中国邀请，美国理应帮助。四月初七日（5月27日），何如璋将此事同时函告总署和李鸿章。

李鸿章在与格兰特会谈前夕收到来函。该函中何如璋提出数条办法，内有专请美国调处一条，正好与总署及李鸿章的旨意相合。所以，二十三日（6月12日）李鸿章在与格兰特会谈中，特意提到此事，称："顷接中国驻日何公使函云，美国平安大臣已回日本，据称美国国会谓，若中国邀请，美国理应帮助。此次贵前首领至日本，所以我切托相助。"并称，他将一面立即致函何公使，嘱其等格兰特到时谒商。希望格兰特抵日后，由何如璋协同办理。③ 同时，李鸿章又致函何如璋，告知因其在日本孤立无助，已请格兰特推诚照应提挈，希望何如璋在格兰特抵日后立即谒晤密商，并将"球案"本末缘起摘要译呈。另外，他还提醒何如璋继续与平安公使"加意联络，妥商办理"。④

---

① 原文如此。

② 「清国公使致寺岛外务卿」、外務省編纂『日本外交文書』第12卷、180-181页。

③ 以上详见《与美前总统格兰忒晤谈节略》，光绪五年四月二十三日，载吴汝纶编《李文忠公全书·译署函稿》卷8，第40页。

④ 《复何子峨》，光绪五年四月二十五日，载吴汝纶编《李文忠公全书·译署函稿》卷8，第48页。

二十六日（6月15日），格兰特由津启程前往日本，格兰特助手、副将杨约翰①和美国驻天津领事德呢等随行。②

第六节　"照会事件"的放大与澄清

然而，与李鸿章的设想大大相反，格兰特抵日后，不但不愿与何如璋会面，而且还渐渐成为所谓"照会事件"的推动者。

首先重提照会问题的是日方。先是在五月十二日（7月1日），格兰特抵达东京前夕，寺岛宗则向何如璋提出商请撤销第一次照会，何如璋表示"未便准行"。③ 鉴于格兰特即将抵达，为此，何如璋试向外务省了解相关情况，并致函询问日本对琉球封藩年月。六月初一日（7月19日），何如璋接到外务省复文，于所问一概不答，④ 却重申那份照会内有"欠雅字面"，并称日方从来没有向何如璋说明日本办理"球案"的原委，也就是说，何如璋至此并不知道"球案"内情。复文又称，总署曾为琉球事照会其驻华公使宍户玑，现已核示该大臣办复。⑤ 这是继五月十二日前又一次重提照会问题。当初宍户抵京，总署与其会谈时，宍户"一味推诿"，称"不能预闻此事"，如今格兰特以调停者身份抵达东京，寺岛不仅重提照会，还表示宍户将承担与总署商谈的责任。这无疑表明，日本不希望何如璋参与到"球

① 杨约翰，或译杨越翰，即约翰·拉塞尔·杨恩（John Russell Young，1840－1899），美国外交官、记者。1877年（光绪三年）后曾随美国前总统格兰特周游世界，光绪八年（1882）七月初至光绪十一年（1885）二月底任美国驻华公使。

② 《议请美国前总统调处琉球事》，光绪五年四月二十四日，载吴汝纶编《李文忠公全书·译署函稿》卷8，第40页。

③ 《美前首领望日可到东京》，光绪五年五月二十九日，载顾廷龙、戴逸主编《李鸿章全集》第32册，"信函四"，第449页。

④ 《何子峨来函》，光绪五年六月二十四日到，载吴汝纶编《李文忠公全书·译署函稿》卷9，第28页。

⑤ 《录日本外务照会译文》，光绪五年六月初一日，载顾廷龙、戴逸主编《李鸿章全集》第32册，"信函四"，第450页。

案"的商谈中来。

杨约翰在做调停的前期工作时，即被告知"照会事件"，但他最初是有较清醒的认识的。当时，日本对于第三国调停态度强硬，明确表示"尚未到此时候"。当杨约翰等指出日本此前处理琉球问题未按国际法与中方商议时，日本尽管未加否定，却将责任完全推到何如璋的照会上，称何如璋"不熟悉交涉体例，前行文外务省措词不妥，有羞辱日本之意，是以不便回复，置之不理"，"何公使照会不妥，羞辱太甚，殊为丢脸"，口径完全一致。并提出，如果中国肯将此文撤销，日本还是愿意商议的。对此，杨约翰将信将疑，认为照会一事之"真伪"，"尚未考校明白"。德呢领事还与何如璋会面，问是否有此不妥文书。杨约翰对待照会的这一审慎态度，与他此时的"球案"立场有关。他曾向美国驻日公使平安议询"球事"，觉得中国实在有理。何如璋也于五月二十五日（7 月 14 日）派参赞将"琉球案"始末问卷译送。格兰特等再三详阅，深以为中国理足，毫无矫强之处。此时，英国驻香港总督到东京访问，与杨约翰"素与相好"，而与当时的英国驻日公使巴夏礼"素不同心"，也参加到调停中。杨约翰进而了解到日本并吞琉球的诸多背景，得知中日两国背后皆有挑唆之人，其中就有巴夏礼。而且，日本国内另有一班人挑唆生事，希望与中国开战，即使日本的当政大臣也畏势依违，不得不俯从。为此，杨约翰出于对中国的"爱敬"，不仅对日方的说法包括"照会事件"表示存疑，表明要帮格兰特"办好此事"，而且还诚恳提醒中国，当时日本对中国已存轻视心和攻击性，处理对日交涉的关键不在条约而在自强。① 杨约翰是格兰特的幕友，"左右用事，最为亲密"②。这样，杨

---

① 《译美前总统幕友杨副将来函》，附件，光绪五年六月十一日到，载吴汝纶编《李文忠公全书·译署函稿》卷9，第10页。

② 《美前首领望日可到东京》，光绪五年五月二十九日，载顾廷龙、戴逸主编《李鸿章全集》第32册，"信函四"，第449页。

约翰来信所言无疑代表格兰特此时的立场。的确，格兰特抵日后，使团将中日双方历次的行文，逐一详审译呈，格兰特"以为无他"①。但事情的发展，却使格兰特一行的立场渐渐发生改变，何如璋的那份照会所引发的事件也随之变得复杂起来。

格兰特一行在日本的相关消息主要来自德呢。当时，德呢住在东京美国人施博处。施博以前曾担任美国驻天津领事，此时正被日本外务省聘任襄助，已历两年，所谓"详知内情"。德呢从施博处了解到的消息是，日本废灭琉球，系英国公使巴夏礼从旁挑唆。何如璋于交涉体例不甚熟悉，又误认巴夏礼为好人。凡何如璋背后所说的话，巴夏礼都会转告日本外务省，两边"播弄"，所以相持愈坚。为此，德呢等认为，何如璋若久驻东洋，恐于公事无益。他通过副领事毕格德，将情形毫无保留地尽数告知李鸿章。② 德呢本人从东京回津后，又当面对李鸿章说："何公使馆内凡有机密要事，各国公使及外务省无不周知，恐有暗通消息之人。其正、副使不和，则通国皆知。"③

格兰特对德呢非常肯定和赞赏，多次向李鸿章表明这一态度。他本人自然深信德呢所言，认定巴夏礼是琉球问题的挑唆者，为此，他在日本的调停工作尽量不在东京进行。六月初六日（7月24日），他特意选择在日光山旅游之际，与日本内务大臣伊藤、将军赛阁等"密商球事"。会谈中，他不掩饰对巴夏礼的忌讳，明确表示："我看此事在日本必办不了，既有英国公使在此牵掣，必了不成。应该在北京与恭亲王等，或在天津与李中堂商议办结。"④

六月十三日（7月31日），格兰特从日光山回来。十四日，他致

① 《致王韬函》，光绪六年三月十五日，载陈铮编《黄遵宪全集》上册，第312页。
② 《述美前总统调处球事》，光绪五年六月十三日，载吴汝纶编《李文忠公全书·译署函稿》卷9，第10页。
③ 《密论何子峨》，光绪五年七月二十二日，载吴汝纶编《李文忠公全书·译署函稿》卷9，第44页。
④ 《译美国副将杨越翰来函》，光绪五年六月三十日到，载吴汝纶编《李文忠公全书·译署函稿》卷9，第30页。

函李鸿章，告知日本已决定与中国会商，"不必再请他国出为调处"①。七月初六日，他又致信李鸿章，就商谈的具体细节转达日方要求，称："从前两国商办此事，有一件文书，措语太重，使其不能转弯，日人心颇不平。如此文不肯撤销，以后恐难商议。如肯先行撤回，则日人悦服，情愿特派大员与中国特派大员妥商办法。"所指"有一件文书"，即何如璋的照会。② 与此同时，格兰特又附一信，专门评论何如璋及其照会，并不点名地将矛头直指巴夏礼，称风闻何如璋遇有交涉事件，"必与西国那一位公使商议"，为此，他在东京没有与何如璋商议"球事"。提到照会时，他称："何公使先前有一文书日本深怪，彼此不常见面，公事亦不能商量。我盼望中国要妥细商办此事，不妨将前次文书撤回，另派大员与日本议办，当可设法了结。"③ 此时，格兰特已完全站到日方立场。他对日本在琉球事件中的作为，评价也大大不同以往，称："看日人议论琉球事，与在北京、天津所闻，情节微有不符。虽然不甚符合，日本确无要与中国失和之意。"④

杨约翰则就格兰特来信之意做进一步说明。指出，他本人对何如璋的待人接物印象颇好。格兰特的意思也并非论何公使在外面不胜公使之任，实因他以前事事与英国公使巴夏礼商办，而"球事"败坏皆由巴夏礼"播弄"而致，所以格兰特不肯与何公使议论"球事"。但他又指出，何公使的照会"系细故"，"球事"了结与否及如何了结，"与照会无干，可以不必追究"。既然日本请将照会撤回，中国允之亦

---

① 《照录美前首领来函》，光绪五年七月初五日到，载吴汝纶编《李文忠公全书·译署函稿》卷9，第32页。

② 《译美前首领格兰忒来函》，光绪五年七月二十一日到，载吴汝纶编《李文忠公全书·译署函稿》卷9，第39页。

③ 《译美前首领另函》，光绪五年七月二十一日到，载吴汝纶编《李文忠公全书·译署函稿》卷9，第40页。

④ 《译美前首领格兰忒来函》，光绪五年七月二十一日到，载吴汝纶编《李文忠公全书·译署函稿》卷9，第39页。

不失体面。因为照会措辞过于直率，有失友邦政体之礼。且何发照会时，"球事"尚未大坏，也不应说那样的重话。①

李鸿章对于德呢的消息本已"信不诬也"，格兰特和杨约翰来信又特别提到照会问题，李鸿章自然也认为该照会"措语未免过当"，致使日本不能转弯。不过他也指出，"日本今日放手做尽，乃复追咎其照会之失词"，不免是一种"借口"和"掩饰"。② 对于格兰特来信所指明的巴夏礼在背后挑唆，李鸿章也深信不疑，认定"似系洞见症结之语"③。李鸿章一时完全相信了格兰特一行之言。

此时，何如璋本人对于格兰特的评论并不知晓。他本是提请美国调停的最早倡议者之一。对于格兰特来日调停，他始终充满期待，也积极主动联络。格兰特于五月十五日（7月4日）到东京，何如璋次日即前往拜谒，当时因有一日本大官在座，不便谈公事。五月二十日（7月9日），何如璋又遵李鸿章之意，抓紧将"球案"译出面呈格兰特。在致李鸿章的信中，他始终对格兰特一行给予积极评价。④ 德呢先回天津时，问何如璋是否带信，何如璋考虑到德呢积极参与调停，还将他寄李鸿章信，及外务省六月初一日（7月19日）的照会等，均托德呢带回，并将德呢大大夸奖一番。⑤ 格兰特从日光山回来的次日，他又前往拜见，了解调停进展的情况。格兰特早已决定不与何如璋会商，当然未与谋面，改由杨约翰出来接见。⑥ 杨约翰鉴于格兰特

---

① 《译美国副将杨越翰来函》，光绪五年七月二十一日到，载吴汝纶编《李文忠公全书·译署函稿》卷9，第41页。

② 《译署函》，光绪五年六月十三日，载吴汝纶编《李文忠公全书·译署函稿》卷9，第10页。

③ 《译送杨越翰来函》，光绪五年七月初一日，载吴汝纶编《李文忠公全书·译署函稿》卷9，第29页。

④ 《何星使来电》，光绪五年五月二十日，载顾廷龙、戴逸主编《李鸿章全集》第32册，"信函四"，第446页。

⑤ 《何子峨来函》，光绪五年六月二十四日到，载吴汝纶编《李文忠公全书·译署函稿》卷9，第28页。

⑥ 《何子峨来函》，光绪五年七月初四日到，载顾廷龙、戴逸主编《李鸿章全集》第32册，"信函四"，第467页。

的立场，虽与何如璋见过几次，但也尽量不与会面，有事仅托人代达。① 这一切，何如璋并不了然。他一如既往地来往于美国使臣中间。无法与格兰特见面，他主要与平安等会商。

六月二十日（8月7日），何如璋前往拜见平安，获悉"球案"调停的最新方案。会谈中，平安称已与格兰特"熟商"一办法，即球岛三分法，拟将中部仍归球王复国，中国和日本各设领事保护；南部近台湾，割隶中国；北部近萨摩，割隶日本，日本新设冲绳县移驻北部。平安还称，格兰特将大局说定然后回国，细节交与他妥办，另立专条，询问中国方面意向。对于"球案"的这一最新进展，何如璋态度积极，当即表明自己态度，称中国意在"存球祀"，如果能使琉球宗祀不绝，"自然乐闻"。并表示，既然美国总统及平安肯从中调处，等有头绪后就上报政府，他推断本国政府"想必愿从"。闻此平安"甚喜"。数日后，何如璋将上述详情汇报给总署和李鸿章。② 函中，何如璋先介绍琉球各岛与日本、琉球和中国之间的各种渊源，分析分岛说之利弊，认为北纬二十七度上诸岛，就历史和语言风俗而言与日本有一定关系，可归日本。北纬二十五度以下诸岛虽零星"不足成数"，但逼近台湾，且与中部相隔之海是太平洋商船来往之道，他日有事，就是中国必不可弃之地，种族上又多为中国人，应归中国。至于中部，是琉球宗庙所在，归琉球则琉球国不亡。总之，他认为三分法对于中、日、琉三国"似乎面面皆到"。他附上所绘琉球全图呈览。

---

① 《译美国副将杨越翰来函》，光绪五年七月二十一日到，载吴汝纶编《李文忠公全书·译署函稿》卷9，第41页。

② 黎庶昌：《函陈办理琉球三策并朝鲜借洋债一事外务复文甚为取巧抄录呈送由》，光绪十六年五月初九日，馆藏号：01-34-009-01-004；《密论何子峨》，光绪五年七月二十二日，载吴汝纶编《李文忠公全书·译署函稿》卷9，第44页。按：作者为"黎庶昌"的档案为抄录杂件，内含何如璋、张斯桂函。文末标"七月十四日到"总署，未标年份，现所标年份疑为编辑者后加。格兰特于光绪五年（1879）五月至七月间在东京，何如璋曾于六月二十四日致李鸿章函汇报相同内容（《密论何子峨》，光绪五年七月二十二日，载吴汝纶编《李文忠公全书·译署函稿》卷9，第44页），故这封信应写于光绪五年六月。

需要指出的是，对于这一分岛案，何如璋之后的立场有所变化，主要为他主张南岛划归中国后，再归还琉球，以存琉祀，详参下文。此时，何如璋对日本的意向尚无一定把握，但他结合当时日本民情舆论，又基于美国总统威望，估计日本不会太反对，因此建议清政府，如果日本许可，共立专条时也拉美国一起签字，认为如此"更为周妥"。其时，何如璋得知格兰特的态度正在转变，格兰特认为日本处理此案对中国"实为不公、轻蔑"，而主张照条约调停，还将何如璋所呈书函及译案"时以示人"。① 这正是何如璋所特别期盼的。然而，李鸿章收到何如璋函后，查格兰特等迭次来信，却发现其并未稍露割岛分属之说。

七月二十二日（9月8日），李鸿章便给总署写了那份著名的《密论何子峨》，内中概述何如璋汇报的最新割岛分属说，继而提到何如璋致外务省照会，评价已如上所述。此时，李鸿章把照会看作此后"转致激生变端"的一个诱因，性质非常严重。信中还提到何如璋与副使张斯桂"久不相能"之事。② 这封信后来被广泛引用，几乎成为李鸿章对何如璋及其"照会事件"的定论。其实不然。

李鸿章获悉何如璋与巴夏礼交往密切之后，曾立即去信提醒何如璋。所谓与巴夏礼的亲密关系，正是格兰特不信任何如璋却相信"照会事件"的关键。对此，何如璋专门回信解释。他说巴夏礼"诸凡狡黠"，他本人初到日本时，就主动与他保持距离，这一点，他在此前来信中已多次提到。所以，当初讨论提请他国调停时，他提议美国而未提议英国。这些情形外人并不知情。他又指出，巴夏礼与日人、美人皆极不相容。所谓"琉球案"是日本因相信巴夏礼"播弄"的结

---

① 黎庶昌：《函陈办理琉球三策并朝鲜借洋债一事外务复文甚为取巧抄录呈送由》，光绪十六年五月初九日，馆藏号：01-34-009-01-004。

② 《密论何子峨》，光绪五年七月二十二日，载吴汝纶编《李文忠公全书·译署函稿》卷9，第44页。

果，与事实并不相符。日本全国上下各大报纸早就在传他是因信巴夏礼之言"而后发议"，这当也指那份照会。为此，何如璋请李鸿章不能信其言。他指出，德呢所说实乃"局外悬揣之词"。他希望效劳，但又无从插手，所以传播这些消息。回国时，德呢还向何如璋借川资，何如璋痛快地借给他。对于日本之所谓答应与中国商议"球案"，何如璋得到的消息是，日人本意在拖延，等中国之怒渐息、球人之望日淡，则自不用争。对此，何如璋指出，这一计策倒是出于巴夏礼之"播弄"。何如璋不知德呢是否也传达了这一消息。① 从后来中日间交涉情形来看，何如璋的情报更接近事实。

李鸿章于七月二十四日（9 月 10 日），即他寄出《密论何子峨》信后，才收到何如璋的这封辩护信，他立即接受了何如璋的解释。李鸿章相信巴使与日人、美人均极不相容这一说法"自系实情"。而日本上下皆称何如璋相信巴夏礼的"播弄"，"而后发议"，"究之皆非事实"。尽管李鸿章也认为，何如璋与日人嫌隙既深，恐怕的确不能再商结"球事"②，但对所谓何如璋的"照会事件"，他此后态度没有出现反复。

当时，总署收到何如璋来信称格兰特有"三分琉球"之说，③ 但格兰特致总署及李鸿章的函件则称，须将何如璋前照会撤销，由两国另派大员会商办法，与何如璋函报之情形不同，总署甚感困惑。考虑到何如璋所述办法格兰特未必与日本议明，即使日本答应这一方案，未由格兰特一手经理，而由中日两国派员会商，以日本的作风，恐也不易谈妥。为此，总署认为，只可照李鸿章所称，摘录格兰特原信要

---

① 《照录何子峨来函》，光绪五年七月初九日，载顾廷龙、戴逸主编《李鸿章全集》第32 册，"信函四"，第 471 页。

② 《寄呈杨副将来函》，光绪五年七月二十四日，载顾廷龙、戴逸主编《李鸿章全集》第 32 册，"信函四"，第 478 页。

③ 《总理各国事务衙门奏美统领调处琉球事情》，光绪五年七月二十一日，载故宫博物院编《清光绪朝中日交涉史料》卷 1，第 33 页。

语，由总署照会日本外务省，请其另派大员来华会商。① 总署在致外务省照会中，将所谓中国先行撤回照会一节"删去"。可以说，总署在"照会事件"上完全支持何如璋。对此，李鸿章自然认为"极为得体"。此时，李鸿章对格兰特在照会问题上的立场也有了微词，称其因日本"接待礼貌过隆，遂亦徇其意而为之请"，其本人"殊不谓然"。② 李鸿章的分析是有一定根据的，只是格兰特抵日后渐渐倾向日本，恐怕不仅仅是因为日本"接待礼貌过隆"。格兰特回国后，有人向他问及中国及日本兵势孰强，他回答"中国迫不及日本远甚"，此不仅指武器，而且还指士气及平日训练。③

八月初十日（9月25日），李鸿章回复格兰特来信，函内"将照会一节轻笔放过"④。同时，他又回复杨约翰，对日方所谓的照会问题毫无保留地予以揭示，且立场强硬：

> 中国于球事始终有礼，亦可以对天下万国。至于敝国何公使前给外务省照会措词过火，此一时言语之失，诚如尊论，系属细故，球事了结与否及如何了结，均与照会无干。日本似借词不与商办，为事后掩盖之计。当初若怪照会失词，不妨由其驻京公使与我总理衙门理论，何必急急废灭球国，转将照会之语自行坐实。贵前国主与阁下洞见情伪，当已了然于胸也。⑤

---

① 《总理各国事务衙门奏美统领格兰忒在日本商办琉球事情折》，光绪五年八月初五日，载故宫博物院编《清光绪朝中日交涉史料》卷1，第33~34页。

② 《论球案》，光绪五年八月初十日，载吴汝纶编《李文忠公全书·译署函稿》卷10，第2页。

③ 《同文馆译洋文新纸》，光绪六年三月初三日，载"中研院"近代史研究所编《清季中日韩关系史料》卷2，台北："中研院"近代史研究所，1972，第401页。

④ 《论球案》，光绪五年八月初十日，载吴汝纶编《李文忠公全书·译署函稿》卷10，第2页。

⑤ 《复美副将杨越翰》，光绪五年八月初九日，载吴汝纶编《李文忠公全书·译署函稿》卷10，第3页。

此后,李鸿章对何如璋的信任恢复如初。九、十月间,他致信何如璋,提醒"美人亦袒日人,不可以实话相告",何如璋表示"谨当遵谕而行"。① 总署后来给日本外务省的照会,语意"专指,不提何星使照会一层",对此李鸿章非常认可。②

值得一提的是,杨约翰后在澄清所谓的"照会事件"上功不可没。他将使团译呈与日外务省的彼此行文情节,刊登在纽约报刊上,讥讽日本外务省致中国使馆的文书"骄傲过甚""愚而无礼""实为无理",而称中方使团致日外务省的行文则"无甚不合"。这一情节一经刊登,纽约报馆卖出数万份,后又被欧洲多家报刊转载。因为美国是中间人,中间人之言"皆信之"。西媒所刊传到日本后,《横滨西报》、《东京邮便新闻》和《朝野新闻》也一一转载,其中包括杨约翰讥诮日本之话,尽管"见之不悦"。当时使团非常关注这一动态,虽然不了解这是否出自格兰特之意,但无疑是为中国"主持公道"。黄遵宪将这一情形详细告知在香港的王韬,拟将其翻译成中文在中国报刊上登出。日本舆论一直以来称使团的初次照会"失于无礼",是"激言",纷纷议论须撤回。但自杨约翰反称日方行文无礼之新闻一出,日方"乃缄口不复道"。③

日本政府原本一直坚持以撤回何如璋照会作为重新谈判的前提,但外务卿寺岛宗则离任,井上馨接任后,日方也不再纠缠于此了,反

---

① 何如璋:《上李相伯论球事办法书》,载温廷敬辑《茶阳三家文钞》卷3,第5页。按:本函未标注时间,推知当写于光绪五年(1879)十月间。函中有"派员来华之事,此间未闻消息,不知近日有宾户公使寄文总署否"以及"格兰忒调停此事,既可谓曲尽心力,寄恭邸书云云,亦中间人不得不尔"等语,可知,本函写于日本派员前来会商"球案"之前,格兰特调停之后,当在光绪五年(1879)七月后,光绪六年(1880)六月前。信的开头又称:"九月二十八日肃缄后,旋奉手谕,奉读祗悉。"可知,何如璋于"九月二十八日"稍后收到总署来函,本函是对总署该来函的回复。由此推知,这封回信当写于光绪五年(1879)十月间。

② 《论球案》,光绪五年十月二十六日,载吴汝纶编《李文忠公全书·译署函稿》卷10,第10页。

③ 《致王韬函》,光绪五年十二月廿三日、光绪六年三月十五日,载陈铮编《黄遵宪全集》上册,第309、313页。

复声称的是"琉球废藩一事，出自我国厘革内政"[①]。光绪六年（1880）五月，日本正式命宍户公使与总署商谈"球案"，并明确指出："中国从前来往照会，语均不错，既认球为两属，词气较公平。"[②] 这样，日方于何如璋照会也有了一个明确表态。此为后话。

七月初十日（8月27日），格兰特离开东京回国前夕，终于与何如璋会晤。问及"球事"，格兰特一直沉默，不发一语，只称此事可毋庸战争，仍须两国自为妥结。[③] 看来，格兰特对何如璋的态度也有所改变。

第七节　重议"球案"的努力

格兰特回国后，总署遵照格兰特调停之意照会日本外务省，但日方就派员问题迟迟拖延不决。其间，何如璋一面将注意力集中到日本修改条约交涉，以及朝鲜开港通商等新的问题上，一面仍就"球案"做了不少协助性工作。

光绪六年（1880）正月底，何如璋前往会晤井上，谈论"球事"。井上表示，日本拟以琉球南岛归中国，中岛归日本。又告知日本将于三月间派员来华。果然，二月十六日，竹添进一郎继上年冬天

---

① 《井上馨照复总理衙门》，明治12年10月22日，《琉球一件》第8册，美国夏威夷大学珍藏；转自梁嘉彬《琉球亡国中日争持考实》，载中华文化复兴运动推行委员会编《中国近代现代史论集》第15编，第139~140页。

② 何如璋：《与总署论球事书》（按：目录有"再"字，正文无，以正文为准），载温廷敬辑《茶阳三家文钞》卷2，第7页。按：此信没有标注时间，推知写于光绪六年五、六月。信的开头称："琉球一案，宍户公使既奉其国命商办，查其来文称，于六月二十九日奉上谕办理云云，即我五月廿二日，如璋前与井上馨议论之明日也。"接着又称："又，我五月十五日，彼大政官布告，将冲绳县厅移设那霸港，或彼更欲将首里让还球王。"可知，这封信写于日本正式任命宍户玑为商谈大臣，双方还没有正式会谈之前。日本于光绪六年（1880）五月正式照会清政府将派宍户玑商议球事。由此可见，何如璋此信写于光绪六年（1880）五、六月。以下同，不一一说明。

③ 《论球案》，光绪五年八月初十日，载吴汝纶编《李文忠公全书·译署函稿》卷10，第2页。

谒见李鸿章之后，再度以私人身份前来拜见，并提出重议"球案"的要求，所提方案即分岛案。拟以北岛、中岛归日本，南岛归中国，与何如璋所闻于井上者大致相同。只是竹添在分岛案之外，另提出修改条约一事，要求增加内地通商各款，① 且称中部归琉球复国立君，日本"决不能从"②，清政府为此拒绝与商。③ 竹添三月底回到东京，此后，日本关于派员一事又"杳无闻见"。何如璋推断日本是想"一味延宕"。④

六月二十日（7月26日），日本终于正式派出宍户玑为全权代表，与总署商议"球案"。⑤ 二十四日（7月30日），清政府谕令总理衙门与宍户玑妥商办理。⑥ 在北京的会议，驻日使馆没有直接"参议"⑦，只从旁协助，但作用绝不可小觑。

何如璋先得知这一消息后致书总署，就日本派使的原因以及当时日本国内的情况，提供信息和建议。他认为，此次宍户来商，不再牵涉改约，且自称"中国从前来往照会，语均不错"，又承认琉球为两属，词气较公平。虽然中国宗旨在继绝，而日本却想分割领土，很难凑泊，但日本既然同意南岛归中国，则中国再给还琉球，日本自然也不能不愿。鉴于日本国内局势动荡，何如璋认为此次派宍户"乘隙思

---

① 《议球案结法》，光绪六年二月十七日，载吴汝纶编《李文忠公全书·译署函稿》卷10，第26~33页；《直隶总督李鸿章复奏球案宜缓允折》，光绪六年十月初九日，载故宫博物院编《清光绪朝中日交涉史料》卷2，第15页。

② 《论铁甲交价并球议不合》，光绪六年三月十六日，载吴汝纶编《李文忠公全书·译署函稿》卷10，第40页。

③ 《总署各国事务衙门奏请派员商办琉球案折》，光绪六年六月二十四日，载故宫博物院编《清光绪朝中日交涉史料》卷2，第1~2页。

④ 何如璋：《竹添返东京口气与宍户不同琉事惟遵嘱急派缓受美致书朝鲜欲议约通商辞气和平当不至有变曾侯赴俄议约西使皆谓必无拒使之理亟应严饬士卒用滋口实乃为稳著》，光绪六年四月三十日，馆藏号：01-25-005-01-005。

⑤ 《总署各国事务衙门奏请派员商办琉球案折》，光绪六年六月二十四日，载故宫博物院编《清光绪朝中日交涉史料》卷2，第1~2页。

⑥ 《军机处传知总理各国事务衙门办理琉球事件上谕》，光绪六年六月二十四日，载故宫博物院编《清光绪朝中日交涉史料》卷2，第2页。

⑦ 《致王韬函》，光绪六年九月十日，载陈铮编《黄遵宪全集》上册，第326页。

逞"，也"实无可虑"。① 何如璋的主张与清政府的一致。总署与宍户商议的基础是分岛案，其中南岛划归中国，清政府则拟将南岛归还琉球以存琉祀，命何如璋在日本详访球王后嗣，为球王立后做准备。

何如璋奉命访求球王后嗣，虽然在球王立后问题上成效不著，却因此了解到琉球南岛实情，进而直接影响了"球案"谈判的结局。当时，何如璋只知球王的中城五王子宜野湾王子已随球王东来，其余不得其详，于是他致密函给跟随琉球王的法司官马兼才。何如璋得知，球王长子尚典年十七岁，次子尚寅年十五岁，均在东京。四子尚顺年八岁，王叔尚健年六十三岁，王弟尚弼年三十四岁，其他尚有从兄弟、亲族，仍均在琉球。但令何如璋甚感被动的是，球王本人对于在南部宫古、八重山立小王子态度消极。他一开始颇为疑惑，但经深入了解南岛的面积、物产、民风等实情后，才觉得球王之言"亦不无情理"。原来宫古岛周围不及二百里，八重山不及百里，且各岛零星，地瘠产微，政令多由自主，担心立一少主，"岛民亦未必服从"。中国出面与日本争琉球，本为兴灭继绝。如今有南部归中国之议，中国想转还给南岛，球王"反不敢受"，这无疑使中国处于进退两难之地。对此，何如璋自觉"我之意志俱隐，而办法亦因之而穷"。当时，日本把冲绳县署从首里城移到那霸，何如璋权且提议立一专条，声明自今中部诸岛均归日本管理，首里一城仍还球王，让尚泰回国，球祀也可不绝。至于琉球南部各岛，格兰特曾反复提起，乃太平洋来往要道，中国应自管理。但由中国占有，未免有义始利终之嫌，反而受日人之谤。如果听其自治，则片土不足自保，万一为列强窃据，以其逼近台澎，恐又有卧榻鼾睡之忧。何如璋考虑再三，提出不妨先将南部诸岛声明归属中国，以绝欧美各国占地之意。然后再寻觅球王亲族治

---

① 何如璋：《与总署论球事书》，载温廷敬辑《茶阳三家文钞》卷2，第7~8页。

理,则中国无贪其土地之名,球王也可分衍其支派。①

何如璋有关南岛地理和行政状况的情报,以及琉球重要战略地位的论说,成为清政府考虑分岛案是否可行的非常重要的依据。李鸿章在复奏"球案"宜缓允的奏折中称:

> 正筹思善全之策,适接出使大臣何如璋来书,并钞所寄总理衙门两函,力陈利益均沾及内地通商之弊,语多切实。复称:"询访球王谓:如宫古、八重山小岛另立王子,不止王家不愿,阖国臣民亦断断不服。南岛地瘠产微,向隶中山,政令由其土人自主。今欲举以畀球,而球人反不敢受,我之办法亦穷"等语。

李鸿章强调琉球"扼我太平洋咽喉"之地位。李鸿章虽未接受何如璋南岛先归中国,"再觅球王亲族使之治理"的主张,但他因此主张缓允"球案"草约。② 由于李鸿章等人的反对,清政府决定不立即同意与宍户商议《球案条约》和《酌加条款》。

此后,宍户屡次催询,试图乘中俄条约未定之时了结"球案"。十一月二十六日(12月27日),《中俄伊犁条约》最后改订。十二月

---

① 何如璋:《复总署办论为球王立后书》,载温廷敬辑《茶阳三家文钞》卷2,第10~12页。按:此信没有标注时间,应写于与宍户商议期间。信中称:"十五日奉到来电,遵即译明读悉,承命详访球后嗣。查此间所知者,球王有中城五王子,宜野湾王子,去岁随王东来,其余均未能悉。"尚泰王于光绪五年(1879)四月初,在日本宣布琉球废藩后,被迫率众离开琉到东京。因此,此信应写于光绪六年(1880)。信中又说"我五月十九日,大政官布告。二十二日传命宍户公使办理,同在数日事也。"可见,此时总署与宍户的商谈已经开始。信中详细谈到中国将南岛归还琉球,助其立后,球王持为难的态度,又建议"次立专条中声明一条曰,自今中部诸岛均归日本管理,惟首里一城仍还旧王,尚泰令其还国"。讨论分岛立后问题,正是与宍户商谈内容。何如璋曾将本函抄寄李鸿章,并被李鸿章引述(《直隶总督李鸿章复奏球案宜缓允折》,光绪六年十月初九日,载故宫博物院编《清光绪朝中日交涉史料》卷2,第15~16页)。如果考虑到东京与北京之间信函的时间,可知本函当写于光绪六年(1880)九月清政府内部商讨"球案"条约底稿时期。

② 《直隶总督李鸿章复奏球案宜缓允折》,光绪六年十月初九日,载故宫博物院编《清光绪朝中日交涉史料》卷2,第15~17页。

二十一日（1881 年 1 月 20 日），在清政府内部正就球约草案展开讨论之际，宍户自感希望不大，离京回国①，商谈以无果告终。光绪七年（1881）二月初六日，清政府下谕旨表明未批准"球案"草约的缘由，关键不在日本要求商务一体均沾，而在所议划分两岛于中国存球之意"未臻妥善"；并表示如果"琉案妥结，商务自可议行"。清政府命总理衙门王大臣再与日本使臣悉心妥商。②

宍户玑既回国，"球案"重心就又回到东京，何如璋再度承担起"球案"的相关任务，其中涉及重议"球案"问题。

宍户玑回国后，总署几次要何如璋转交致宍户玑及日本外务省的信，对此，何如璋提出不同看法，认为此时总署不宜主动致信日本外务省，尤其是宍户。他指出，宍户离开北京，已经解任，不能接收总署的信。至于致日本外务省的信，固然因外务卿井上馨病假赴东道，一时也不能递到，但琉球一案，日本的处理是由内阁指挥，不关外务省之事。现在行文外务省，恐其以不负责此事为借口推辞，或者受而不答。何如璋就此时处理"琉球案"提出自己的看法。他指出，此次宍户受遣商议，迫不能待，悻悻回国，无论从国际公法的角度，还是从当时日本国内及国际舆论的反应角度，理屈均在宍户。有人甚至声称日本应派员向中国道歉，日本政府因此一时没有定议。现在总署主动俯就与商，他担心会滋长日方气焰，不但无益，且恐有损。何如璋考虑再三，主张"徐观其后"。具体对策包括如下。其一，先让他本人暂留此间，慢慢探察日本当事者的意向，寻找商谈机会。其二，如彼此实无可商，则先做军事准备，待时机成熟再派专任使臣与其辩论；不允，则以撤使罢市相持，给日本施加压力。其三，将此案暂时

---

① 《总理各国事务衙门奏日本使臣宍户玑回国折》，光绪六年十二月二十七日，载故宫博物院编《清光绪朝中日交涉史料》卷 2，第 24~25 页。
② 《上谕》，光绪七年二月初六日，载故宫博物院编《清光绪朝中日交涉史料》卷 2，第 38 页。

搁置，日本特别关切内地通商条款，等其来商修约时，以此易彼，"球案"不结，商约不议行，"彼亦终当自求转圜，就商妥结"。何如璋又举日本与俄国交换桦太洲十余载而后成盟为例，指出往往有此情形。总之，何如璋主张缓议"球案"，待机而行。①

其时，清政府已于光绪七年三月初七日（1881年4月5日）谕命黎庶昌为出使日本大臣。在黎庶昌接任之前，何如璋仍未停止重开"球案"交涉的努力，且有一定起色。

四月中旬，井上馨游大阪"仍未归京"②。归来后，又"因疾在假"，于五月十二日致函何如璋告别，前往但马温泉疗养，需四十天方回。显然，井上对"球案"也采取回避态度。何如璋担心等其回来则耽延过久，便前往会见外务省权大书记官郑永宁，述及"球案"近情。郑称所奉谕旨先已闻悉，但"唯唯而已"。何如璋拟于日间见大辅上野景范，再面谈一切，看其有无答复。③当时，清政府内部一时传言，宍户虽回，不致启衅。何如璋已与日本外务省设法调停，复琉球之议尚有转圜。④可见，国内对何如璋的对日交涉颇寄希望。

日方采取回避态度，总署也没有给予明确指示。八月间，何如璋

---

① 何如璋：《复总署论球案暂缓办理书》，载温廷敬辑《茶阳三家文钞》卷2，第8~10页。按：此信未标注时间，当写于光绪七年（1881）三月初。信中有"宍户既离北京，即非公使，彼自回国复命后，不复到外务办事"，以及"自去年六月宍户奉命以来"等句，可知此信写于宍户玑回国，清政府决定不在"球案"草约上签字，拟再与妥商之后。信中引用"二月二十一日《申报》"所载内容，更明白提示"现外务卿井上馨告假出京，须四月中方能归京"。再结合文中所论相关内容，可知应写于光绪七年（1881）二月底到四月中井上回东京之间。又考虑到信中有"可否暂留此间，徐徐探察"，表明很可能在黎庶昌被谕命为出使大臣之前，即三月初。以下同，不一一注明。

② 何如璋：《宍户归国闲居所办琉案闻日政府亦有不满朝鲜遣使东来及该国近设统理机务衙门注意交邻机械船舰等事》，光绪七年四月十五日，馆藏号：01-25-006-01-001。

③ 何如璋：《井上久病琉案不宜耽延请日内见上野景范交涉朝鲜东来委员屡询琉案极为关心又对日本外交兵制甚为留意报传法国欲取安南请密函两粤设法维持》，光绪七年六月十二日，馆藏号：01-25-006-01-005。

④ 《致曾劼刚函》，光绪七年五月二十日，载刘坤一著，中国科学院历史研究所第三所主编《刘坤一遗集》第5册，中华书局，1959，第2507页。

在没有得到清政府回信的情况下，去信再次请示。① 当时，刘坤一来信告知何如璋，"球案已成缓局"。② 不过，何如璋在日本的工作终于有了新的进展。

冬月二十七日、二十九日，何如璋两次与日本右大臣岩仓具视晤谈。岩仓表示日本有重开商议之意。日本拟再让若干步，但并未说出具体办法。正值此时，竹添进一郎几次拜谒李鸿章，询问"球案"作何归结。竹添进而提议，仍照此前分割二岛的方案，让琉球国王尚泰子及亲属徙居南岛，转籍中朝，仍受册封，以合兴灭继绝之义。李鸿章则按照恭亲王奕䜣之说，告之拟将中、南二岛仍给琉球，或者议明琉球仍系两属，嗣后中、日共同保护，认为如此于日本面上亦得转圜。竹添称以中、南岛全还球王，终恐办不到，便快快辞去。李鸿章估计，岩仓没有明说的办法，恐怕正是竹添进郎一所拟大意。③

十二月二十四日（1882 年 2 月 12 日），何如璋终于得与日本外务卿井上馨会晤。谈到"球事"，井上所议果然与竹添进一郎的大略相符，不提商务一层，也未言明单结"球案"。对此，李鸿章担心日方尚有得寸进尺之意。何如璋在信中指出，复国立君一层实在不能办到；李鸿章认为此论"已窥见症结"④。二月十二日（1882 年 3 月 30 日），竹添再来拜谒李鸿章谈琉球事。⑤ 此时，黎庶昌已于光绪七年十

① 何如璋：《日本各参议皆树党相争与将来朝局大有关系琉球案件请指示以便办理朝鲜年来稍觉奋发自新谅将来终可收获》，光绪七年九月初六日，馆藏号：01-25-006-01-011。

② 《复何子莪张鲁生》，光绪七年七月二十七日，载刘坤一著、中国科学院历史研究所第三所主编《刘坤一遗集》第 5 册，第 2517 页。

③ 《重议球案》，光绪八年一月五日，载吴汝纶编《李文忠公全书·译署函稿》卷 13，第 1 页。

④ 《论球案并复核越南条议》，光绪八年一月十五日，载吴汝纶编《李文忠公全书·译署函稿》卷 13，第 1 页。

⑤ 《议球案并呈竹添问答》，光绪八年二月十二日，载吴汝纶编《李文忠公全书·译署函稿》卷 13，第 19 页。

二月底抵达东京，与何如璋办理交接。这样，进一步重议"球案"的工作，由黎庶昌承接了。此后中日重议琉球交涉中，有些对策正是何如璋当初所提出的。如将日本的修约要求与"球案"并提，即是。

首届何如璋使团在早期中日"琉球案"交涉中的影响及作用是显著的。日本向琉球阻贡以后，使臣何如璋借出使之际，深入了解阻贡真相，积极提出"琉球三策"，促使清政府对琉球政策由消极转至积极。何如璋奉命先以私人身份在东京与日本展开交涉，不料以日本外务卿寺岛宗则和日本驻华公使森有礼为代表的日本方面，有意挑起所谓"照会事件"，单方面终止交涉，随即并吞琉球。日本并吞琉球后，何如璋先要求下旗回国，以示抗议，既而提请美国出面调停，与总署和李鸿章的意愿不谋而合，清政府于是趁美国前总统格兰特来华之际，相邀参与调停。格兰特在调停中，立场逐渐倾向日本，又因怀疑何如璋与巴夏礼关系亲密，无意中帮助日本将"照会事件"放大，使何如璋一度颇受李鸿章之责难。终经何如璋本人解释，"照会事件"得到清政府的谅解和支持。日本外务卿改为井上馨后，主动声明何如璋的照会"语均不错"。总署与宓户玑会商期间，何如璋为琉球立王存祀做了不少协助性工作，并因此了解到琉球南岛实情，为总署与宓户玑的"球案"交涉提供了重要信息与决断依据。宓户玑不等"球案"条约议定便归国，中日"球案"交涉陷入停顿。此后，何如璋为重议"球案"献计献策，并在他离任回国前夕，与日本外务卿具体商谈了原分岛方案。虽然希望不大，但终为重议"球案"开启了大门。

第二章

日本修改条约交涉与何如璋使团的条约认识

格兰特调停"球案"以后，何如璋的心情渐渐安定，态度也稍微平和。[①] 随着"球案"交涉由东京转向北京，使团的注意力开始转向中日关系的其他层面。其中，使团对日本与西方各国修改条约交涉活动之考察，就是一个值得关注的问题。它不仅推进了近代中国对不平等条约的认识，对清政府刚刚计划推行的朝鲜开港通商政策产生重要影响，而且还直接关系到日本的对华修改条约交涉。

鸦片战争以后，中国的对外关系经历了一个从传统的"朝贡制度"，向近代"条约制度"过渡与演进的历程。[②]"条约制度"是在清

---

① 「球案起草・養浩堂私記」、『宮島誠一郎文書』、B39。

② 美国学者费正清（John K. Fairbank）最早使用"条约制度"（Treaty System）这一概念架构，与传统的朝贡制度相对应来概括近代中国与西方列强之间的关系。虽有学者就其某些具体观点提出异议，但这一认识架构已经被普遍接受和使用。参见 John K. Fairbank, "Synarchy under the Treaties，" John K. Fairbank（ed.），*Chinese Thought and Institutions*, Chicago: University of Chicago Press, 1957, pp. 204-231；"The Early Treaty System in the Chinese World Order", in John K. Fairbank ed., *The Chinese World Order*, Cambridge, Mass.: Harvard University Press, 1968, pp. 257-275。

政府缺乏条约知识的情况下，帝国主义列强以武力为后盾强加给中国的。因此，近代中国人对不平等条约的认识，构成近代中外关系史的关键点之一，而关于条约认识的思想资源问题，则是这一关键点上的一个重要方面。

目前，关于近代中国人的条约认识问题的研究，已经取得了一定成果，但研究者一般就认识谈认识，对于认识背后的思想资源问题尚有进一步论述的余地。

日本与西方列强的修改条约交涉（以下简称"改约交涉"）历时近半个世纪，是近代日本对外关系的重要任务，如今看来，也称得上是东亚历史上的大事件。它成为近代中国人条约认识的重要思想资源，启发中国人将不平等条约的危害性，明确定位在关税与法权即经济的和法律的（其实也是政治的）两大关键条款上。何如璋使团曾积极介绍与借鉴日本改约交涉的历史经验。驻日期间，何如璋发表了一系列有关条约问题的具有相当深度的论述，其观点与改约交涉之关系颇为密切与微妙。他与参赞黄遵宪及朝鲜修信使金弘集在日本多次进行会谈，从远东国际关系和东亚条约制度的角度，酝酿了指导朝鲜开国的策略，其中有关条约问题的论述令人瞩目，意义比较重大。①

第一节　对日本改约交涉的评介

何如璋有关日本与西方改约交涉的论述，主要集中在《与总署总办论朝鲜事及日本国情书》《与出使英法国大臣曾袭侯书》《与总署

---

① 在有关何如璋的论著中，对其条约的认识，李毓澍的《首任驻日公使何如璋》[（台北）《百年来中日关系论文集》，第 1037～1074 页]尚未论及；Chow Jen Hwa, *China and Japan : The History of Chinese Diplomatic Missions in Japan*，*1877—1911*（pp. 97-98）则略有涉及。張偉雄《文人外交官の明治日本——中国初代駐日公使団の異文化体験》（第 125～130 页）和俞政《何如璋传》（第 73～78 页）做了比较详细的论述。两者主要使用《茶阳三家文钞》，对于后来整理出版的何如璋的笔谈、奏章以及日本改约交涉和清政府对朝鲜政策等丰富的史料均未能利用。现存何如璋的著述大都没有标注写作时间，相关史料还需要进一步考订。

总办论日本改订税则书》《与刘岘庄制府论日本议改条约书》《上左爵相书》5封书函，以及为数不少的笔谈中。著述的时间当自光绪五年（1879）三月下旬到光绪六年（1880）底期满被谕召前夕。①

具体而言，《与总署总办论朝鲜事及日本国情书》写于光绪五年（1879）三、四月间（约为1879年4月）琉球被废灭之时。文中有"第东人见小贪利，每有慕西人而轻中土之心，故既废琉球，又凌朝鲜，彼殆欲以此示强于我，而遂其要挟之谋"。可见，此信写于日本废灭琉球，即光绪五年三月十三日（明治12年，1879年4月4日）之后。文中开头又引用新闻称，"本日新闻言：日本兵船名凤翔者，前随花房义质往朝鲜，因士官师兵上岸，土人群集，其官兵不愿受侮，往责东莱府伯，竟至拔刀伤府伯。土人哄传谓既杀府伯，聚者数千人，瓦石纷击，以至哄争。朝鲜于日本积怨深怒，而日本束缚之驰骤之势，必有一日启战争之局者"。明治12年（1879），日本政府因釜山豆毛镇设关课税问题，再次派遣花房义质前往朝鲜。二月二十八日（3月20日）外务卿寺岛宗则发布《训条》，花房一行三月初九日（3月31日）乘坐特务舰"高雄丸"，并率军舰"凤翔"号从东京出发，三月二十二日（4月13日）到达釜山，闰三月初九日（4月29日）离开釜山。次日，"凤翔"号舰长山崎景则、海军少佐及士官、水夫40名上岸，行至东莱府，上千名朝鲜人群集，向日本士官投石。文中引用的新闻报道即指此事。由此可知，本函写于光绪五年三、四月间（约为1879年4月），主要讨论朝鲜问题，并说日本修约时所关注的当为与中国的修约问题。《与出使英法国大臣曾袭侯书》，写于井上馨"遣森有礼往英"②之时。森有礼于明治12年11月6日被任命

---

① 故宫博物院明清档案部、福建师范大学历史系合编《清季中外使领年表》，第28页。
② 何如璋：《与出使英法国大臣曾袭侯书》，载温廷敬辑《茶阳三家文钞》卷3，第7页。

为日本驻英公使;① 11 月 20 日启程前往,次年 1 月 4 日抵达伦敦。②
这封书函应写于明治 12 年底。

《与出使英法国大臣曾袭侯书》也写于"日人将来如何派员,作
何议结,一时尚难预定"③ 之时。日本将琉球废藩置县后,"球案"
交涉陷入僵局。此时,美国前总统格兰特正好来华,清政府请其出面
调停琉球问题。调停的结果是,由两国另派大员转移到北京继续商
谈。清政府根据格兰特的建议,向日本政府表示请派使臣来华商谈琉
球事宜。日本政府故意拖延不予回应,到光绪五年(1879)冬才派日
本前驻华公使森有礼的随员、当时大藏权少书记官竹添进一郎,以私
人身份来华谒见李鸿章,透露日本在有条件的前提下愿意遣使前来的
意向。④ 可见,《与出使英法国大臣曾袭侯书》当写于光绪五年
(1879)冬。

《与总署总办论日本改订税则书》作于日本"派森有礼使英,冈
本、上野为外务大、少辅"之后,即日本在向除美国公使以外的西方
各国驻日公使"次第送稿"之时。⑤ 日本政府将修改条约草案送达驻
日各国公使是在明治 13 年(1880)7 月 6 日,这封致总理衙门的书函
应写于此后,较《与出使英法国大臣曾袭侯书》稍晚。致刘坤一的信
《与刘岘庄制府论日本议改约条书》也写于日本"送新拟约稿于西国
诸使"⑥ 之时,与致总署函的时间大致相近。刘坤一于光绪六年七月

①　外务省编纂『日本外交年表竝主要文书』(上)、東京、原書房、昭和 53 年、87 頁。

②　犬塚孝明『森有礼』、東京、吉川弘文館、1986、205~206 頁。

③　何如璋:《与出使英法国大臣曾袭侯书》,载温廷敬辑《茶阳三家文钞》卷 3,第
7 页。

④　《总理各国事务衙门奏请派员商办琉球案折》,光绪六年六月二十四日,载故宫博物
院编《清光绪朝中日交涉史料》卷 2,第 1 页。

⑤　何如璋:《与总署总办论日本改订税则书》,载温廷敬辑《茶阳三家文钞》卷 2,第
14 页。

⑥　何如璋:《与刘岘庄制府论日本议改约条书》,载温廷敬辑《茶阳三家文钞》卷 3,
第 9 页。

二十七日（1880 年 9 月 1 日）回复何如璋，① 可知何如璋的去函应写于光绪六年五月二十九日（7 月 6 日）到七月二十七日（9 月 1 日）之间。给左宗棠的《上左爵相书》则作于他奉命出使 3 年"既差满，不日回国"② 时，即光绪六年底期满被谕召前夕。另一种重要史料——与朝鲜修信使金弘集的笔谈，在光绪六年七月十八日（8 月 23 日）至八月初三日（9 月 7 日）之间，大致与致总署和刘坤一书函的时间相近。

由此可知，何如璋对日本改约交涉的关注，当在光绪五年（1879）初日本废灭琉球，"球案"交涉一度陷入停滞，经格兰特调停，"球案"交涉即将由东京转到北京的时候。当时正值日本明治政府与西方各国进行具体的改约交涉。日本自明治政府成立开始，便争取修改不平等条约，明治 4 年（1871）岩仓使节团出访欧美各国尝试修改条约的交涉，明治 9 年（1876）3 月外务卿寺岛宗则动议开始交涉税权问题，日本的改约进入具体交涉时期。明治 12 年（1879）9 月寺岛因改约交涉失败引咎辞职，井上馨继寺岛之后出任外务卿，继续进行新一轮的改约交涉。井上把改约交涉作为最主要的外交任务全力以赴，其方针是反对寺岛前外务卿以恢复税权为重点，而将法权和税权问题同时提出来，试图废除治外法权时也收回税权，使日本逐渐拥有与欧美各大国同等的地位。③ 至明治 20 年（1887）9 月辞去外务大臣，井上馨致力于修改条约问题前后 8 年，此段时间大体可分为 4 个时期。何如璋论述条约问题，主要集中在井上主持改约交涉的第一个时期，即明治 12 年 9 月就任外务卿，至明治 14 年（1881）10 月西方各国拒绝条约草案、英国政府提议召开预备会议

① 《复何子峩》，光绪六年七月二十七日，载刘坤一著，中国科学院历史研究所第三所主编《刘坤一遗集》第 5 册，第 2487 页。

② 何如璋：《上左爵相书》，载温廷敬辑《茶阳三家文钞》卷 3，第 15 页。

③ 井上馨侯传记编纂会编『世外井上公传』第 3 卷、東京、内外書籍、1934、290 頁。

前夕，中心问题是修改条约草案。①

可以看到，何如璋使团对当时日本改约交涉的历史，即自明治维新开始，经岩仓使节团出使欧美，寺岛外务卿主持改约交涉并与美国议改交涉获得成功，至明治 13 年（1880）井上外务卿将新的修改条约稿分致驻日各国公使（美公使除外）请转呈各国政府这一历程，非常了解。这从其随行参赞黄遵宪《日本国志》的相关论述中，可见一斑。② 同时，他又深入考察日本改约的动因、改约交涉的具体路径，以及当时最新出台的反映日本改约基本方针的井上修改条约草案，为剖析和解决中国与朝鲜的条约问题，寻找有价值的参照系。

何如璋认为，日本改约的动因有两点：一是外交上能了解其利弊而不甘心受侮；二是了解海关"金钱流失"③ 的严重局面。他指出，中国与西方各国缔结的条约"皆威迫势劫而后成议"，"其取我财贿，伤我利权，有泰西所无者"，与日本"本属同病"。④ 这一"同病"论，成为他后来以日本改约交涉为参照系，剖析中国及朝鲜条约问题的认识前提。日本首先从美国入手进行改约交涉的历史经验，则成为他之后提议朝鲜"联美国"的重要依据。

何如璋对日本改约的考察，集中在反映当时日本改约基本精神的修改条约草案上。日本与欧美各国修改条约的交涉，虽然影响到与中

---

① 井上馨侯傳記編纂會編『世外井上公傳』第 3 卷、291-292 頁。

② 参见黄遵宪《日本国志》卷 8，上海图书集成印书局，光绪二十四年（1898）版，第 28~29 页。按：《日本国志》于光绪五年（1879）前后计划撰写，光绪八年（1882）初何如璋和黄遵宪离开日本之前已完成初稿，但正式出版在光绪二十一年（1895）。出版的迟缓，大大推迟了《日本国志》在国内的影响，这使何如璋在 1870 年代与 1880 年代之交对日本改约交涉的介绍显得更加重要。

③ 论海关白银流失问题时，何如璋有时说"金银流失"，有时又说"金钱流失"。当时中国为银本位，为了避免引起歧义，本文采用何氏原文中"金钱流失"一说。

④ 何如璋：《与出使英法国大臣曾袭侯书》，载温廷敬辑《茶阳三家文钞》卷 3，第 7~8 页。

国的关系问题，但日本政府"始终"未与中国出使大臣何如璋"言及"。① 新的条约草案出台之后，明治 13 年 7 月 6 日，外务卿井上馨致信各国驻日公使，附寄修改条约草案，希望各国公使将草案分别转送本国政府，并希望各国政府尽快派遣全权代表来日谈判，在草案的基础上早日缔结新的条约，② 但不包括美国驻日公使和中国出使日本大臣。不送美国公使，是因为日本于明治 11 年（1878）已与美国签订《修订日本国合众国现行条约某些条款并为增进两国通商的协定》，又称《吉田—埃瓦茨条约》，美国承认日本收回关税自主权等，只是条约生效的条件是在其他缔约国也缔结了同样的条约并付诸实行之时。也就是说，日本只将中国出使大臣排除在外。何如璋将这一情形报告总署，称日本改约与西方各国"咨商"，对中国"绝不关照"。③何如璋是通过非公开渠道，获得日本修改条约草案的。日本新的条约草案送达驻日各国公使后，由于荷兰公使范·斯都威根（Von Stoetwegen）的泄露，其概略在 7 月 16、17 日两天的《日本先驱报》（The Japan Herald）④ 上发表，日本政府曾因此提出抗议。⑤ 何如璋很可能是在上述报纸上看到修改条约草案的。光绪六年六月底八月初（1880 年 7 月初至 9 月初），金弘集作为朝鲜修信使前往日本，与日本外务省商议定税等事。金弘集曾在中国驻日使馆与何如璋、黄遵宪等人商议大要。根据当时何如璋、黄遵宪与金弘集的笔谈可知，何如璋

① 何如璋：《与总署总办论朝鲜事及日本国情书》，载温廷敬辑《茶阳三家文钞》卷 2，第 14 页。

② 「井上外務卿より各國公使宛」、1880 年 7 月 6 日、外務省編纂『日本外交文書』第 13 卷、142 頁；外務省編纂『日本外交年表竝主要文書』（上）、88 頁。

③ 何如璋：《与总署总办论日本改订税则书》，载温廷敬辑《茶阳三家文钞》卷 2，第 15 页。

④ 此为英国人约翰·亨利·布鲁克（John Henry Brooke）在日本神户主办的一份英文报纸，其特色是借日本修改条约等问题批评日本，具有明显的反日倾向。参见国史大辞典编集委员会编『国史大辞典』第 7 卷、東京、吉川弘文館、昭和 61 年、227 頁。

⑤ 外務省編纂『日本外交年表竝主要文書』（上）、88 頁；井上馨侯傳記編纂會編『世外井上公傳』第 3 卷、309-310 頁。

于七月十八日（8 月 23 日）之前就已经了解到日本修改条约草案的主要内容，并向金弘集推荐。金弘集问何如璋是否可以"觅惠"，何如璋答应"当为先生图之"，但嘱咐"事须秘密为要"。几天后，将改约稿送金弘集，并告之"前呈之件，系此间由英文译书者"。① 可知，何如璋所见到的修改条约草案，并非中国和日本政府之间以公文形式传递的公开文件。黄遵宪也说："日本新拟约稿，本系法文，由法译英文，由英译汉文，故其文意颇未明显。"② 此说亦证实了何如璋看到的日本修改条约草案的中文稿，不是直接译自日文文本。

获知日本修改条约草案之后，何如璋分别将其推荐给总理衙门、两江总督兼南洋大臣刘坤一，以及当时来访的朝鲜修信使。

何如璋介绍说，修改条约草案的内容包括关税与法权两大问题："彼国近年以来颇悉外交利害，知旧日条约成于威迫，亟亟欲更改。去岁既与美国商订矣。复改之于英德诸国。至于近日乃送新拟约稿于西国诸使。查其大意其最要者，一欲加外货进口之税，一欲管外国流寓之人。"③ 同时，他对日本修改条约草案给予高度评价。朝鲜修信使访日期间，他向其推荐说："近日此间方拟与泰西各国议改条约。其议改之意，在管理寓商及通商税则各事，其稿极详细，亦极公平，大略系西洋各国通行之章程。若各国通商均照此行，固无所损也。"又说："此间自通商以来，于各国交涉情形及办理通商善法，均已知其曲折本末。俟取其议改约稿细阅之便悉。"④ 何如璋把修改条约草案视为亚洲各国与西方列强订立条约的模本。当时金弘集还没有看到修改条约草案，何如璋特意为他想办法。在金弘集回国前，又派黄遵宪前

---

① 《大清钦使笔谈》，载赵中孚等主编《近代中韩关系史资料汇编》第 11 册，台北："国史馆"，1990，第 41~42 页。"此间"指日本方面。

② 《大清钦使笔谈》，载赵中孚等主编《近代中韩关系史资料汇编》第 11 册，第 49 页。

③ 何如璋：《与刘岘庄制府论日本议改条约书》，载温廷敬辑《茶阳三家文钞》卷 3，第 9 页。

④ 以上见《大清钦使笔谈》，载赵中孚等主编《近代中韩关系史资料汇编》第 11 册，第 40~41 页。

往会谈，强调修改条约草案的重要参考价值，指出"其中用意甚深，措辞极微，即花房公使所谓考求十数年而后有此也。恨为日无多，不及与阁下述其故。然后阁下解人细观之，必知其情。但能师其大意，为益多矣"①。

何如璋对日本改约草案的介绍比较概略，这很可能与他所看到的文本"文意颇未明显"有关，但他的介绍准确反映了草案的要点。日本送给驻日各国公使的修改条约草案，包括修好条约及附录照会草案，以及通商航海条约草案及附录②，附录包括输入税目、输入税率草案、吨税规则和横滨港则等③。其要点大致区分为财务和审判两大部分，④ 即税权和法权两大问题。具体着眼于先恢复部分法权与税权。就法权而言，使港口规则、枪猎规则、检疫规则等行政规则适用于外国人，整顿法律和审判组织使其归日本所有。就税权而言，废除协定税率，限定数十种重要输入商品，协定其关税率。何如璋的介绍虽然不是非常具体，但反映了改约草案的精神。井上将税权和法权同时提出的修改条约草案，为改约交涉确定了基本方针。后来大隈重信、青木周藏和陆奥宗光主持的改约交涉，都是井上修改案交涉的延续而已。⑤ 因此，何如璋以井上时期修改条约草案为中心对日本改约的评介，也反映了近代日本改约交涉的基本精神。

不过，何如璋对关税和法权这两大内容的介绍，在不同场合侧重有所不同。如他对朝鲜修信使强调，修改条约草案的主旨在于"税则

① 《大清钦使笔谈》，载赵中孚等主编《近代中韩关系史资料汇编》第11册，第49页。
② 「井上外務卿より各國公使宛」、1880年7月6日、外務省編纂『日本外交文書』第13卷、142頁。
③ 「井上外務卿より在歐米各帝國公使宛」、1880年5月22日、外務省編纂『日本外交文書』第13卷、33頁。
④ 「明治十三年五月鍋島青木長岡鮫島井田柳原六公使への内達書」、1880年5月、外務省編纂『日本外交文書』第13卷、84頁。
⑤ 井上馨侯傳記編纂會編『世外井上公傳』第3卷、290頁。

之轻重，由本国主持一语"①。这固然表明何如璋对修改条约草案的介绍有其自己的理解，却也与他当时所面临的不同情形有关，详参下文所论。

应该指出，何如璋对于日本修改条约草案中涉及中国的部分，保持高度的警惕。他发现修改条约草案中，日本拟增加进口税值的商品中，从中国进口的大宗货物进口税值，明显高于从西方进口的货物，如中国糖的进口税值就比西方呢羽类高出一倍。为此，他结合中日两国贸易历史和现状，就日本拟加进口税、免出口税交涉对中国的不良影响，向总署反映，并断言日本"合通国上下全力以谋之"的修改税则交涉，"眼光所注，尤在夺我国之利"。② 由于改约交涉的对象是欧美各国，日本试图修改的是欧美各国以武力为后盾所强加的不平等条约制度。这种不平等条约制度，正使中国深受其害。何如璋认为当时日本的国力远不如中国，③ 中国的主要危险在于西方各国，尤其是俄国，还不是日本，因此，他对日本的改约交涉总体上持认同的态度。当时，英国和德国对于日本改约的要求还没有表示同意，何如璋估计日本全国上下合力一心，依照西方惯例，不会因为税务问题而引发战争，各国最终"碍难尽拒，不能不分别酌改"④。对于朝鲜修信使金弘集从当时日本驻朝鲜公使花房义质处传来的"改约可于明年妥定"之说，他不予驳难。⑤ 何如璋对于日本与西方的改约交涉乐见其成，但对于其对华改约要求则始终持有高度的警觉，予以积极抵制，此为后话。

---

① 《大清钦使笔谈》，载赵中孚等主编《近代中韩关系史资料汇编》第11册，第43页。

② 何如璋：《与总署总办论日本改订税则书》，载温廷敬辑《茶阳三家文钞》卷2，第14~15页。

③ 何如璋：《与总署总办论朝鲜事及日本国情书》，载温廷敬辑《茶阳三家文钞》卷2，第12页。

④ 何如璋：《与总署总办论日本改订税则书》，载温廷敬辑《茶阳三家文钞》卷2，第15页。

⑤ 《大清钦使笔谈》，载赵中孚等主编《近代中韩关系史资料汇编》第11册，第43页。

第二节　协定关税与治外法权是不平等
条约中的两大关键条款

  不平等条约条款中危害巨大且具有隐蔽性的，是协定关税和治外法权两大条款。综观何如璋的条约认识，其论述也主要集中在这两大条款上，这与当时日本改约交涉对他的深刻影响密切相关。光绪六年七月（1880年8月），在日本的中国使馆，何如璋在与朝鲜修信使金弘集谈到日本改约交涉时，金弘集问何如璋："闻诸花房，改约可于明年妥定云。中国税则，何尚未行此法乎？敢问。"何如璋回答说："尊问可谓留心之至。我亚洲各国，以前均未悉此种情形，故受损实多。此间因近日始知，故欲与西人议改。"① 在中国与日本"同病"论的认识前提下，基于对日本修改条约草案的了解与认同，以日本修改条约草案为中心的日本改约经验，成为何如璋剖析中国条约问题的重要参照系。他把中国和日本的条约制度看作同一制度类型，即亚细亚类型，与相对立的西方条约制度即泰西类型相比较，在阐析日本改约的同时，也深入剖析了中国的条约问题。

  其一是关税问题。日本改约的主要原因之一是防备海关金钱流失严重，何如璋在关注改约交涉之初，就已开始考察中国的关税状况。他发现，中国海关"输出浮于输入"，每年高达千万两，以其写信时那几年而论，仅鸦片烟一项，每年流失海关银就高达3000万两。他指出，如果对金钱流失不采取防范措施，"日积月累，上下空虚"，可以预见数十年后，后果不堪设想，"比于割地输币，尤为不堪"。② 通过与日本改约的基本精神的比较，何如璋进而分析中国关税问题的症

---

  ① 《大清钦使笔谈》，载赵中孚等主编《近代中韩关系史资料汇编》第11册，第43页。
  ② 何如璋：《与出使英法国大臣曾袭侯书》，载温廷敬辑《茶阳三家文钞》卷3，第8页。

结在于关税主权问题和税率问题。

就关税的主权问题而言，何如璋认识到西方各国的关税完全自主："海关税则轻重皆由己定，布告各国，俾令遵行而已。未有与他国协议而后定者。"其原因与其社会制度有关："泰西各国以商为重，全国君臣上下所皇皇然朝思而夕行者，惟惧金钱之流出于外。欲我国之产广输于人国，于是讨国人以训农，以惠工，且减轻出口之税，使之本轻而得利。欲人国之产勿入于我国，于是不必需之物禁之绝之，其必需者移植而种之，效法而制之，且重征进口之税，使物价翔贵，他人无所牟利。诚见夫漏卮不塞，金钱流出，日朘月削，国必屡弱也，故收税之权必由自主，得以时其盈虚而增减之，所以富国也。"而中国与日本的海关税则毫无自主权，"必与西人议而后能行"。就海关税则的标准而言，东西方相差也非常大，西方各国的进口税一般是"值百抽三十"，甚至有高达"五十、七十"的。而中国和日本的进口税只有"值百抽五而已"。何如璋指出，"此为天下至轻之税"。然而，外国商人还不满足，又想"内地通行一概免厘，议纳子口半税，又欲议减税，议减厘，贪得之心，有加无已"。这正是日本"所以议加税悉由自主"的原因。①

这种特殊的关税制度具有重大的危害性。何如璋指出，由于关税不能自主，日本和中国的海关金钱流失严重。日本的金钱流失使其"上下穷困，举国嚣然，弊端已见"；中国的情况虽还不及日本严重，但日积月累，后果将不堪设想。他指出，古代中国的外交问题中创痛最为深重的，莫过于"输币"和"割地"两大事，而当时中国海关的金钱流失之危害，则远远大于此。他分析说："今金钱流出之数，比之岁币不止十倍。而割地予人，犹人之一身去其一指，其他尚可自保。若金银流出，则如精血日吸日尽，羸弱枯瘠，殆不可救药矣。"

---

① 以上见何如璋《与刘岘庄制府论日本议改条约书》，载温廷敬辑《茶阳三家文钞》卷3，第10页。

他还结合列强的对华政策进一步论述，认为英国、法国、美国、德国"尚无利我土地之心"，只有"日取吾财"之意，故金钱流失问题，"无形隐患，关系甚大"。①

自条约制度在中国确立以后，在关税问题上，中国的士大夫一般只关注关税收入的多少，对于海关的输出与输入的状况并不留意。对于这种"只问税之兴衰，不问输出入之何若"的现状，何如璋感慨万千。② 他指出："税之多寡，于国关系不重，惟输出之金银多于输入，则民生窘而国计危矣。财为生人养命之源，拱手而致之他人，民贫而乱作矣。"他以日本为例指出，造成这一"民生窘而国计危"局面的根源，就在于"税则由他人商定"。如果税则自主，重课进口货，金钱输出不多，就不至于有这种窘境。他再一次强调："'税则自定之'一语，一乃全国安危之所系，不可以不谨也。"③ 在何如璋看来，税则自主是前提，加税是手段，目的是防止海关金钱流失这一关系国计民生的大事出现，从而把关税问题从纯粹的经济问题提升到国家主权的高度。

其二是治外法权问题。治外法权问题与关税问题同样重要，且具有危害性，何如璋称其为"天下极不均平之政"。他结合日本的改约，深入分析了治外法权的危害性。他指出，"管外国流寓之人"是亚洲独有的现象，具有明显的侵权性，在西方被称作"治外法权"。为此，他解释说："盖泰西诸国互相往来，此国商民在彼国者，悉归彼国地方官管辖。其领事官不过约束之、照料之而已。惟在亚细亚，领事得以己国法审断己民，西人谓之治外法权。谓所治之地外而有行法之权

---

① 何如璋：《与刘岘庄制府论日本议改条约书》，载温廷敬辑《茶阳三家文钞》卷3，第10~11页。

② 何如璋：《与出使英法国大臣曾袭侯书》，载温廷敬辑《茶阳三家文钞》卷3，第8页。

③ 《大清钦使笔谈》，载赵中孚等主编《近代中韩关系史资料汇编》第11册，第49~50页。

也。"他系统考察了治外法权在中、日两国条约中的起始，指出这种条约特权在中国并非始于与西方最早订立的《南京条约》，而是自"戊午结约"（1858 年签订的《天津条约》）起。其原因在于，西方人"知治外法权为天下极不均平之政"，所以缔结条约之初"尤未遽施之于我"。日本也在同一年与美、荷、俄、英、法五国缔结的《安政条约》中，开始"同受此患"。①

何如璋指出，治外法权在条约中虽然体现出"持平"原则，但事实上并不公平，因为"刑法有彼轻此重之分，禁令有彼无此有之异，利益遂有彼得此失之殊"。治外法权的侵权性还波及对本国人的管理。某些不法国人依仗外国势力"冒禁贪利"，由于条约中有"商民归领事管辖"的条文，西方领事进而把租界当作"共治"之地。本国人互讼的案件，领事"亦出坐堂皇参议"。政府一有禁令，租界便成为"逋逃主萃渊薮"。这已是"法外用法，权外纵权，我条约之所未闻，彼外部之所未悉"。种种侵权行为，正是日本致力改约，"欲令外人悉归己管"的原因。②

此外，对于不平等条约中的众多条款，何如璋不同程度均有所论及。如一体均沾问题、鸦片问题、传教问题等。其中，对一体均沾问题的见解，直接影响了清政府与日本要求修改前约的交涉，详参下文所论。利益均沾一旦与不平等条约相依附，可以使不平等权利成倍扩展，也即成了片面的最惠国待遇，具有严重的危害性。因此，有西方学者将近代中国的片面最惠国待遇，称作"在条约中具有最深远的后果并成为外国人在华享有一切让与权的主要根据的条款"③。一体均沾

---

① 何如璋：《与刘岘庄制府论日本议改条约书》，载温廷敬辑《茶阳三家文钞》卷3，第9页。

② 何如璋：《与刘岘庄制府论日本议改条约书》，载温廷敬辑《茶阳三家文钞》卷3，第9~10页。

③ 〔英〕菲利浦·约瑟夫：《列强对华外交（1894—1900）——对华政治经济关系的研究》，胡滨译，商务印书馆，1959，第8页。

具有露骨的侵略性，所以早在同治十年（1871）与日本签订条约时，曾国藩就建议将利益均沾一条删去，并以此为蓝本；后来与秘鲁、巴西立约，也与以前稍有不同。利益均沾问题又具有可变性。在平等条约制度中，它其实是正常国际关系中对等的权利和义务，于订约双方平等互惠。在不平等条约制度中，它的侵权范围，随着对应条款内容的不同而有所变化。如早期的最惠国条款列在"海关关税"的名目之下，它的侵权性就侧重于贸易方面。咸丰八年（1858）中美《天津条约》第三十款规定："嗣后大清朝有何惠政、惠典、利益施及他国或其商民，无论关涉船只海面、通商贸易、政事交往等事情，为该国并其商民从来未沾，抑为此条约所无者，亦当立准大合众国官民一体均沾。"① 这样，片面最惠国待遇的危害性就扩至政治、经济领域。上述之所以有"在条约中具有最深远的后果并成为外国人在华享有一切让与权的主要根据的条款"的观点，很大程度就源于它的可变性。但是，如果协定关税制度下的低关税率不改变，领事裁判权不收回，单单废除一体均沾，虽然可以控制不平等条约的侵权范围，对于业已成立的不平等条约制度，几乎没有影响。在日本改约交涉中，只有明治初年的条约草案曾涉及这一条款，② 草案形成后，日本派岩仓使团遍访欧美各国，未见成效。后继的寺岛外务卿主持的改约交涉，将重点放在恢复关税自主权上，井上外务卿时期进而将税权和法权同时提出，确定了日本改约的基本方针，已不提一体均沾问题。明治 32 年（1899）日本收回治外法权，明治 44 年（1911）实现关税自主权，彻底实现了修改不平等条约努力的目标。

何如璋本人也未将利益均沾问题作为当时中国所面临的主要问

① 王铁崖编《中外旧约章汇编》第 1 册，第 95 页。
② 明治初年日本政府起草的修约草案，包括实现关税自主、恢复法权和实现对等最惠国待遇三大要点。下村冨士男『明治初年条約改正史の研究』、東京、吉川弘文館、1962、90 頁。

题。光绪六年（1880）底何如璋因任期已满被谕召回国。归国前夕，他上书当时即将入值军机处的左宗棠，综论当时中国的状况，共举当时中国所面临的五件大事，分别为鸦片问题、传教问题，法权问题、税权问题以及精练海陆军问题，不涉及利益均沾。①

对于不平等条约的危害性，近代中国的先进人士曾从不同角度加以考察，予以揭示。在鸦片战争以后阐析不平等条约的早期代表人物中，② 马建忠关注过税则问题，薛福成在写于光绪七年（1881）的《筹洋刍议·约章》中指明利益一体均沾、治外法权是中国不平等条约中的两大要素③。何如璋把不平等条约问题明确定位在协定关税与治外法权这两大关键性条款上，与他对日本改约的了解与认同有着密切的关系。

第三节　中国亟应谋求改约

以协定关税和治外法权为核心的不平等条约制度具有重大的危害性，为此，日本正试图予以修改。何如璋认为，中国也应趁日本改约之时着手改约交涉，"窃拟日本改约之时，我国亦当及此"④。不过，

---

① 何如璋：《上左爵相书》，载温廷敬辑《茶阳三家文钞》卷3，第14页。
② 目前的研究中，一般将早期维新派郑观应、马建忠、薛福成、何启、陈炽、胡礼垣等人，作为鸦片战争以后较早揭示不平等条约要素的中国人，并主张将其与改约的代表人物一起予以论述。值得注意的是，他们对不平等条约的认识时间有先后。从现有资料看，何启、胡礼垣的论说"言在新政"，于条约问题虽有涉及，但基本无所用心（郑大华点校《新政真诠——何启、胡礼垣集》，辽宁人民出版社，1994）。陈炽《庸书》的《外篇卷上·税则》写于光绪十五年（1889）春日本换约以后，此已是1890年代的认识。郑观应在《易言》中零星地讨论到条约问题，但他举纲张目的《条约》一文，到光绪二十一年（1895）才增订成文（郑观应：《盛世危言》，载夏东元编《郑观应集》上册，上海人民出版社，1982，第240页）。鸦片战争以后较早揭示不平等条约问题的是马建忠和薛福成。
③ 薛福成：《筹洋刍议·约章》，载丁凤麟等编《薛福成选集》，上海人民出版社，1987，第528~529页。
④ 何如璋：《与出使英法国大臣曾袭侯书》，载温廷敬辑《茶阳三家文钞》卷3，第8页。

他认为，治外法权"因法律风气各有不齐，恐一时实难更变"，需要且应"加意防维"的是关税问题。①

他从当时的国内局势、国际惯例以及国际关系等方面，分析了中国实行改约的迫切性与可行性。就国内局势而言，中国在太平天国和捻军运动之后承平不久，如"久病新瘥"，一时"难图强盛"。依照国际惯例，西方各国"向例无因议关税而启兵戎者"，打消了因议关税而引发战争的顾虑。而从国际局势来看，他认为采用"以夷制夷"之法可望有成。他分析说，英国与俄国为世仇，如果中国站在英国一边，英国占优势，站在俄国一边，则俄国占据优势。中国固然应该选择中立的立场，但是，如果中俄两国关系密切，英国也会"亟欲自结于我"。中国当时的通商条约主要是与英国签订的，只要"英不难我，则事成矣"。②

何如璋将改约主张分别与驻英法使臣曾纪泽、两江总督兼南洋大臣刘坤一和即将入值军机处的左宗棠相商。对于热心于自强运动的两江总督兼南洋大臣刘坤一，他的提议比较婉转，认为解决海关金钱流失这一"无形隐患"的办法，"莫要于练兵自强"。他进而指出，"练兵"不是解决问题的根本途径，根本的途径是像日本那样"议改条约"，即"练兵非必欲战，惟兵力足恃，然后可以力求商务，议改条约"，以此与刘坤一交换意见。③

对曾纪泽和左宗棠，他则表达得非常直白，尤其是致左宗棠的信。此信写于他即将归国时，可以看作他对中国外交问题的总认识。他指出，当时中国"时势艰虞，强敌凌逼"，面临"从古之所未有"

---

① 何如璋：《与刘岘庄制府论日本议改条约书》，载温廷敬辑《茶阳三家文钞》卷3，第10页。

② 何如璋：《与出使英法国大臣曾袭侯书》，载温廷敬辑《茶阳三家文钞》卷3，第8页。

③ 何如璋：《与刘岘庄制府论日本议改条约书》，载温廷敬辑《茶阳三家文钞》卷3，第11页。

的局面，所面对的大事"甚多"，而与国计民生关系最大的，莫过于海关金钱流失。他进而指出，消除这一"大患"的解决之途，在于"通商""改约"，"欲弭此患，自非加意于通商，竭力以改约，增内国货殖之产，以杜外来消涸之源，未知其底止也"。对于当时作为清政府国策的"自强"运动，他表示怀疑："夫中国之积弱久矣。中外大臣动言自强，而年来孱弱如故。则以内乱未平，势不能为也。"他明确提出改约才是解决中国问题的出路，因此建议："今中堂以大有为之才，乘得为之时，席能为之势，若告之我后，商之同僚，举他人不能为者，次第为之，岂惟薄海生灵之庆，将亚细亚全局实赖之。"上升到整个"亚细亚全局"（其实是东亚全局）的高度来评价中国改约的意义，强调"莫急之务盖在于此"，即在于通商改约。①

需要指出的是，尽管何如璋明确提出了改约的主张，但相对于他对不平等条约的深刻认识而言，其改约主张是比较低调的。他认为治外法权问题一时不好改，应该把注意力放在关税问题上。关税问题涉及关税自主与加税等多个层面，这在日本改约交涉的不同时期有明显体现。寺岛外务卿主持改约时期，重点是收回关税自主权，到井上外务卿时期，尽管在关税问题上改约的总方针仍是实现关税自主，但已不提寺岛时期比较敏感的收回关税自主权，而是把目标缩小到修改现行协定税率。何如璋在论述关税问题时也将这两个问题区别开。然而，如果中国着手进行以关税为中心的改约交涉，是直接以关税自主为目标，还是像日本那样分阶段一步一步来，何如璋没有提出具体的设想。

事实上，对中国来说，改约确实不是一件轻而易举的事。何如璋上书左宗棠后不久，光绪七年正月（1881 年初），左宗棠入值军机处，这无疑为当时中国实行改约提供了契机。但从现有资料看，左宗

---

① 何如璋：《上左爵相书》，载温廷敬辑《茶阳三家文钞》卷 3，第 14~15 页。

棠似没有回复何如璋的来信。刘坤一虽然表示"日本此举果能如愿以偿，他日中国踵而行之，似亦未尝不可得手"，但基本持观望态度，认为问题的关键还是"自强"这一何如璋认为不是办法的办法。[①] 在何如璋致书商讨条约问题的诸位清廷大员中，只有当时的驻英法使臣曾纪泽，对中国的改约表示深切的关注。光绪五年（1879）底何如璋给他写信商谈改约问题时，他奉清廷之命，正忙于伊犁改约的事宜。曾纪泽直接回复何如璋的信，以笔者目力所及还没有发现，但他对不平等条约问题的关注不在何如璋之下。《中俄伊犁条约》签订之后的光绪七年四月二十五日（1881年5月22日），他在伦敦的中国使馆曾向英国驻日本公使巴夏礼详细探询日本改约的现状和前景。[②] 光绪十三年正月（1887年2月），在即将离任时，他又写了《中国先睡后醒论》，明确提出"重修和约"的主张。[③] 但是，清政府始终没有像日本那样着手修改条约的交涉。

徐中约在论述近代中国修改条约问题时曾经指出，中国在对不平等条约有了一定认识之后的相当长时期里，并没有发动像日本那样的改约运动，其中一个重要的原因是，受一种由来已久的观念的限制，认为外患是内政积弱的一个表现。如果中国强大，那么夷敌问题不容分说，自然消解。因此，"自强"较之逐步地废除那些令人不悦的条约条款，是解决夷敌问题的更为重要、更为根本的途径。[④] 清政府的基本政策是开展自强运动而不是改约运动，这种局势并不是哪一位外交官以个人之力可以扭转的。

---

① 《复何子峩》，光绪六年七月二十七日，载刘坤一著，中国科学院历史研究所第三所主编《刘坤一遗集》第5册，第2487页。

② Demetrius Boulger, *The Life of Sir Halliday Macartney, K. C. M. G*, London：John Lane the Bodley Head，1908, pp. 314–318.

③ 曾纪泽：《中国先睡后醒论》，"中研院"近代史研究所编《近代中国对西方及列强认识资料汇编》第3辑，台北："中研院"近代史研究所，1984，第244页。

④ Immanuel C. Y. Hsu, *China's Entrance into the Family of Nations：The Diplomatic Phase, 1858–1880*，Cambridge：Harvard University Press，1960，p. 144.

　　晚清初期的外交官还没有职业化，出使期满回国之后，他们就基本离开外交领域了。光绪八年正月（1882 年初），何如璋正式离任回国，后被任命为船政大臣前往福建，职责的变换，使其关注点很快从外交转向内政。

　　光绪八年（1882）十二月，他向清廷上了一份奏章，以其"比年在外，于商务之利害曲折，再三研求"的心得，向清政府详悉披陈商务与国计民生之间的密切关系，深入分析了西方各国凭借不平等条约在中国通商的七大流弊，认为归根到底最大的危害在于海关金钱流失："七弊生一大害，则以贸易不能相抵而金银滥出之故"。进而以他"数年奉使反复考求"强调海关金钱流失的重大危害性："西人借兵力以扩商路，因商务以取人财，比秦之割地，契丹之岁币，其操术为尤巧，贻害为尤深。"这与其驻日期间的条约认识完全一致。然而，在谈到如何解决这一问题时，他提出的变通办法，一是"兴货殖以保民财"，另一是"饬武备以振国威"，已不再提修改条约；[①] 与他一度不以为然的刘坤一等人的"自强"主张趋同了。"自强"旨在争回利权，改约也为恢复利权，一个讲内政，另一个讲外交，两者的主旨虽然一致，但关注点已经不同。

　　参照日本改约交涉来剖析中国的条约问题，是中国近代不平等条约认识中具有普遍意义的一个视角。在同时代人中，曾纪泽和薛福成都曾不同程度关注日本的改约交涉活动并从中得到启发。光绪五年四月十六日（1879 年 6 月 5 日），当时日本驻英公使上野景范在奉召回国之前因"换约之事"设宴辞别，曾纪泽应邀偕马格里前往赴宴，在日记中记录了他所了解的日本改约的情形："换约者，当时泰西各国与日本订约，以东西刑律不同，故于日本设按察使，俾按察与领事共

---

　　① 何如璋：《奏为与各国通商吃亏贻害极大请力筹抵制事》，光绪八年十二月初十日，录副奏折，档号：03-7133-002，缩微号：532-3429；何如璋：《奏陈商务请力筹抵制疏》，吴道镕辑《广东文征》卷 14，1948 年油印本，第 12~14 页。

理东西争讼之事。其法与中国同，与西洋各国互守本国权利之局，则迥然两歧。日本现语西洋各国，言日本刑律久已改从西洋之式，欲将前定条约更改数处，俾西人犯法者，即由日本官办理，不令领事与闻。英国已显拒之。然日本此议未息，召驻英、法、德之各公使回国，将大议此条，期于必行也。"①《中俄伊犁条约》签订后，光绪七年四月（1881年5月），他在伦敦的中国使馆曾向英国驻日本公使巴夏礼详细探询日本改约的现状和前景，已如上述。有一说为，光绪十五年（1889），已经回国的曾纪泽与当时的日本驻华公使盐田三郎密商，拟中日携手，将废除原来与欧美各国签订的协定税则，作为两国废除不平等条约的初步行动。②薛福成也将日本改约作为其条约认识的重要素材，光绪七年（1881）集中阐述其条约认识时说："近闻美国与日本议立新约，许归复其内治之权，外人皆归地方官管辖。中国亦宜于此时商之各国，议定条约。"③稍后，郑观应和陈炽都表示对日本改约交涉的关注，或者了解其废除治外法权的一面④，或者介绍其修改税则的情形⑤，均希望中国借鉴日本改约经验，着手与西方列强修改不平等条约。戊戌维新时期，中国的进步人士对日本改约更为关注。光绪二十四年（1898）维新派在湖南长沙创立中国第一个国际法学术团体，⑥在其成立宣言中，简要介绍了日本改约的历程，并表示要"上体素王改制悲悯救世之苦衷，下规日本大侠锐意更约顶踵不辞之热力"，修改不平等条约，恢复"自主之权"。⑦可以说，在民族主

① 曾纪泽著，喻岳衡点校《曾纪泽遗集·日记》，岳麓书社，1983，第374~375页。
② 陈炽著，赵树贵、曾丽雅编《陈炽集》，中华书局，1997，第81页。
③ 薛福成：《筹洋刍议·约章》，载丁凤麟等编《薛福成选集》，第529页。
④ 郑观应：《盛世危言》，载夏东元编《郑观应集》上册，第422页。
⑤ 陈炽：《续富国策·商书》，陈炽著，赵树贵、曾丽雅编《陈炽集》，第252页。
⑥ 王铁崖：《公法学会——中国第一个国际法学术团体》，中国国际法学会主编《中国国际法年刊（1996）》，法律出版社，1997，第372页。
⑦ 唐才常：《公法学会叙》，载《湘报》第43号，长沙湘报社，1898，第169页。

义兴起，国际法成为中国废除不平等条约的有力武器之前，[1] 日本改约交涉的经验在相当长时期内，成为先进的中国人认识不平等条约、倡导改约的重要思想资源。

相比较而言，何如璋以其驻日之便利，在吸收和介绍日本的改约交涉经验，剖析中国及与中国密切相关的朝鲜条约问题上，可以说非常具有代表性。主要体现如下。

其一，何如璋是晚清派驻外国的第一批使臣之一，与他同时期的深切关注日本改约的使臣中，除他外，大概只有当时的驻英法使臣曾纪泽。何如璋也曾与他在书信中谈论日本改约之事。然而那段时间，曾纪泽正忙于伊犁改约的事宜，他对日本改约的深切关注，要在稍后时候。

其二，由于有驻使日本之便，何如璋对日本改约的了解比较准确，而当时的相关介绍往往具有传闻色彩。如薛福成对日本改约信息的介绍，就有不准确之处。上引他在《筹洋刍议·约章》中说的"近闻美国与日本议立新约"，所指应是明治 11 年（1878）7 月美国与日本签订、次年 4 月批准交换的《修订日本国合众国现行条约某些条款并为增进两国通商的协定》。其中规定，美方承认日本收回税权、废除出口税、收回沿岸贸易的管理；关于条约的实行日期，则规定在其他缔约国也缔结了与此相同的条约并付诸实行之时。[2] 没有涉及薛福成所说的答应收回"内治之权"的问题。这一"协定"是在寺岛外务卿主持改约交涉时期签订的，当时整个改约交涉的中心是收回税

---

[1] 徐中约（Immanuel C. Y. Hsu）指出，国际法传入中国后，其实际作用颇为有限，对于中国人对不平等条约的认识基本没有起到什么作用。国际法成为中国人废除不平等条约的有力的思想武器，是在民族主义（nationalism）兴起，将国际法知识活用起来以后。Immanuel C. Y. Hsu, *China's Entrance into the Family of Nations: The Diplomatic Phase, 1858–1880*, pp. 138–145.

[2] 外务省编纂『日本外交文書』第 12 卷、3-12 頁；外务省编纂『日本外交年表竝主要文書』（上）、84 頁；井上馨侯傳記編纂會編『世外井上公傳』第 3 卷、282-283 頁。

权，不涉及治外法权。寺岛改约交涉失败后，井上外务卿继任，才将法权与税权问题同时提出来。

其三，由于对日本改约有着切实的了解，何如璋的条约认识受日本的影响更为显著，其相关认识和改约主张，始终围绕税权和法权这两大问题而展开。曾纪泽固然非常关注日本改约，但在光绪十三年正月（1887 年 2 月）他在即将离任时提出的"重修和约"主张中，认为需要修改的主要是"通商各口租界一条"。① 至于薛福成，他则认为中国不平等条约中危害最大的是利益一体均沾与治外法权两大要素，② 没有税权这一日本改约的另一要点。民国时期，中国展开的废除不平等条约的交涉，重点就是实现关税自主和废除治外法权，可见，何如璋的认识具有一定的先觉性，且更加到位。这种条约认识上的先觉性，是与日本改约交涉的影响直接相关的。

第四节　建议朝鲜借鉴日本修约模式
与各国订立条约

何如璋借鉴日本改约交涉的经验提出的相关修约主张，对中国的条约问题而言，其意义主要在于认识层面。然而它对朝鲜与包括日本在内的各国订约，以及朝鲜的开港通商政策，却产生了直接的指导作用。

朝鲜问题随琉球问题而来。日本并吞琉球之后，清政府深感朝鲜局势之危急。东洋三国有日本、琉球、朝鲜，琉球、朝鲜长期以来为中国藩属国。琉球与日本接壤，而朝鲜犹为中国东三省之屏

---

① 曾纪泽：《中国先睡后醒论》，"中研院"近代史研究所编《近代中国对西方及列强认识资料汇编》第 3 辑，第 244 页。

② 薛福成：《筹洋刍议·约章》，载丁凤麟等编《薛福成选集》，第 528~529 页。

障，实有唇齿相依之势。琉球既为日本所废，朝鲜就有厝火积薪之势，西洋各国又环视而起，为此，清政府接何如璋关于日本废灭琉球的消息之后深感事态严重。自三月底发布寄两江总督等上谕，筹划南洋防守事宜，① 至光绪七年（1881）七月间，清政府下达了一系列指令，积极筹议东部沿海之海防。与此同时，也开始筹划如何保全朝鲜之策。众所周知，清政府采取的保全之策是劝导朝鲜开港通商，与西方各国订立条约，以抑制日本的侵略野心。光绪五年七月（1879 年 8 月），清政府指令李鸿章以个人名义致信朝鲜前太师李裕元，转达清政府旨意，但几经"开导"，终无成效。② 李鸿章最终认为"朝鲜既坚不欲与西人通商，中国自难强劝"，他感到朝鲜开港一事，"殆非一朝夕之功"，要求总署把他这一想法转达朝廷。③ 劝导朝鲜开港之责一时落到何如璋身上。劝导的时机，是光绪六年（1880）夏天以朝鲜礼曹参议金弘集为首的修信使团的日本之行。金弘集等日本之行的主要目的，是与日本政府商谈仁川开港、禁输米谷与改正海关税则等问题。④ 其间，日本的改约经验，尤其是日本的修改条约草案，再次为何如璋所借鉴，成为他指导朝鲜开港及与日本等国订约的思想资源。

修信使一行于光绪六年六月二十五日（1880 年 7 月 31 日）乘日本汽船"千岁丸"从釜山港出发，抵达日本后，先访问了外务省等处，没有主动拜访中国驻日使署。金弘集赴日之前，何如璋既已得到

① 《军机大臣寄两江总督等上谕》，光绪五年三月二十八日，载故宫博物院编《清光绪朝中日交涉史料》卷 1，第 29 页；《旨寄沈葆桢等日本阻琉球入贡情殊叵测应妥速筹画以固藩篱》，光绪五年三月二十八日，载王彦威纂辑，王亮编《清季外交史料》卷 15，第 15~16 页。

② 关于这一时期清政府积极筹议朝鲜问题的详情，可参见王如绘《近代中日关系与朝鲜问题》，人民出版社，1999，第 64~68 页。

③ 《北洋大臣李鸿章函》，光绪五年十一月十五日、光绪六年二月初九日，载"中研院"近代史研究所编《清季中日韩关系史料》卷 2，第 394、397 页。

④ 曹中屏：《朝鲜近代史（1863—1919）》，东方出版社，1993，第 63 页。

清政府要求其"劝令"朝鲜外交的指示，在金弘集抵达日本没有主动前来拜会的情况下，七月十五日（8月20日）何如璋派参赞黄遵宪、翻译杨枢前往金弘集下榻处拜访。金弘集于次日前来大清使署回拜何如璋。接着，双方于七月十八日（8月23日）和八月初三日（9月7日）之间，以笔谈形式，就朝鲜正在与日本商议的条约问题、远东的国际关系问题以及朝鲜开国外交等问题，进行广泛交流。几次会谈之后，何如璋担心双方语言不通，靠笔谈不能"尽意""尽言"，加上何如璋本人有"碍难尽言者"，特命参赞黄遵宪在几天内写就《朝鲜策略》一文，由金弘集带回朝鲜。① 《朝鲜策略》集中体现了会谈精神，充分阐述了会谈不曾尽言之处，但并没有转录会谈的所有内容。如有关朝鲜与日本的条约关系，以及如何与欧美各国建立良性的条约关系等深入细致的论述，《朝鲜策略》就没有记载。所以，将会谈与《朝鲜策略》结合起来，才可以比较全面地反映何如璋的条约认识及其对朝鲜立约的影响。

何如璋认为，当时闭关锁国的只有少数几个国家，通商往来"有决难终拒之势"②，条约关系是国际关系大势所趋。他看到，由于中国与日本等国不悉外情，又迫于武力威逼，所缔结的条约"皆非万国公例，其侵我自主之权，夺我自然之利，亏损过多"，建议朝鲜"乘无事之时，主动与外人缔约"，如此不致被"多所要挟"。条约问题成为《朝鲜策略》中的一个基本问题。如其主旨所体现的，朝鲜采取"亲中国，结日本，联美国，以图自强"的策略以防俄。具体而言，"于亲中国则稍变旧章，于结日本则亟修条规，于联美国则亟缔善约"。"亲中国"即在延续传统宗藩关系的同时，如何"变旧章"。"结日本"和"联美国"这种新型外交关系的建立，均涉

---

① 何如璋：《中俄万一有事日本舆论多劝其政府严守中立朝鲜有意与美国结约通商可否代为周全》，光绪六年十月十六日，馆藏号：01-25-005-01-013。

② 《大清钦使笔谈》，载赵中孚等主编《近代中韩关系史资料汇编》第11册，第46页。

及条约的修订问题。而自强的基础，首先是与各国建立"公平"的条约关系。[①]加上金弘集此行的主要目的是解决与日本条约中悬而未决的问题，因而，对条约问题的讨论，贯穿会谈始终。当时朝鲜"全不谙商务利害"，与日本通商 5 年，尚未设关收税。一旦开港，如何与美国等国立约？又如何解决当时朝鲜正与日本商议中的条约问题？这些都是急需解决的问题。何如璋有关朝鲜条约问题的论述，即围绕与日本的条约关系以及如何与美国"缔善约"这两大问题而展开。

何如璋建议，解决朝鲜与日本条约关系中仁川开港、禁输米谷、改正海关税则，以及日本使臣驻京等种种问题，关键是申明关税自主原则，应多多参考当时出台不久的日本修改条约草案。

何如璋对朝鲜与日本正在商谈的条约事项非常关切。正式会谈一开始，他就询问与日本商谈之事的进展情况，向金弘集索要朝鲜与日本缔结的条约以及这次送商的草案抄件，并向金弘集介绍日本的改约交涉及其修改条约草案。在称赞日本修改条约草案的同时，也提议若各国通商应照此行，可保证利益不受损害。当他得知金弘集已向日本送交了税则草案，其中又有"米谷不得禁，则重其税。其余出口货，并不责税。进口货，亦于洋货重税，而日本零碎产物，特免其税为佳"之类的规定，连说"此说弊端极大，切不可行"。他再次向金弘集推荐日本与各国交往的经验以及修改条约草案。

何如璋建议朝鲜采用"以人治人"的办法，主动与日本建立条约关系。先答应日本"添开口岸"，然后以日本刚刚递交给西方各国的"议改约稿"为蓝本，乘机与其订立"妥善章程"，如此日本自然"不能不答应"。[②]他指出，日本修改条约草案的主旨在于"税则之

---

① 以上详见黄遵宪「朝鲜策略」、外务省编纂『日本外交文书』第 13 卷、390—393 页。

② 以上见《大清钦使笔谈》，载赵中孚等主编《近代中韩关系史资料汇编》第 11 册，第 41 页。

轻重，由本国主持"，认为朝鲜与日本交涉条约问题的关键，也正在于坚持关税自主的原则。至于日本使臣驻京问题与禁输出米谷问题，均应归结为税则问题。何如璋告知："使臣驻京，无关紧要之事，近得通商与交涉利害，全在约条税则之善否而已。善则内地通商亦无害，否则开一港便是漏卮，为患不浅矣。"① 禁输出米谷问题，他则令黄遵宪转达，禁输出米谷的唯一办法是声明税则自主："若欲防其输出太多，则惟有税则由我之一法，加税而防之，则操纵皆自我矣。前所送日本约稿，今纵不必防其值三十之重，俱〔但〕与之声明'税则由我自定之'一语，则事事不掣肘也。"强调："特为朝鲜本国计，与其一切禁输，致碍他日凶年之输入，不如加税防之由我自主也。"②

鉴于关税问题之重要，何如璋专门安排一次会谈，令随从参赞黄遵宪将其"一二意见"向金弘集代为"陈大概"。黄遵宪代表何如璋先是按照国际通行的定税法，向金弘集讲述制定税则以收税的办法，他说："收税之法，有一极妙策，但使我定一值百抽多少之立意。如欲值百抽十，则于贸物到关时，由税吏估量时价，货值一百则取其十。彼商人不愿，则官吏受而购之。既与时价等，转卖之人，亦不至亏，彼商人无怨言。"不过，黄遵宪强调，条约中关键还在于声明关税自主这一原则："总之，此刻贵国讲论税事，尚无关大得失。惟切记切记，与他人立约，必声明'细则由我自主之'一语，以待他日。"为了实行这一原则，日本花费了10多年的时间才考虑"议改"，当时结果还"未定"。他建议金弘集务必注意领会和师法日本新拟订的修改条约草案，在关税问题上，强调不必计较税收的多少、快慢，

---

① 《大清钦使笔谈》，载赵中孚等主编《近代中韩关系史资料汇编》第11册，第46页。
② 《大清钦使笔谈》，载赵中孚等主编《近代中韩关系史资料汇编》第11册，第47~48页。

重要的在于掌握自主权。①

黄遵宪从与国计民生关系的角度进一步论述加税、税则自主以及海关金钱流失诸问题之间的关系这一何如璋一直强调的问题。他说："税之多寡，于国关系不重，惟输出之金银多于输入，则民生窭而国计危矣。财为生人养命之源，拱手而致之他人，民贫而乱作矣。"他举日本之例，指明造成这一"民生窭而国计危"局面的根源，就在于"税则由他人商定"。如果税则自主，重课进口货，金银输出不多，就不至于有如此窭境。他再一次强调："'税则自定之'语，一乃全国安危之所系，不可以不谨也。"② 表明税则自主是前提，加税是手段，目的是防止海关金钱流失这一关系国计民生的大事出现，这一观点与何如璋在论述中国的条约问题时曾一再强调的，所谓海关金钱流失关系之大、危害之重，"比于割地输币，尤为不堪"者，是一致的。

何如璋的劝导直接影响了金弘集与日本的会谈。金弘集抵达日本时，对税则的重要性以及如何订立税则问题，均没有清楚的认识。与日方见面后，日方问朝鲜是否已经拟订税则，他却回答："只得两政府议决，可令地方官同领事馆商酌之。"日方告之，税则一事"关系至重，兵端所由起"，即使使臣，没有委任为全权也不行。金弘集竟建议"依中东和约，拟一草案"，随后，"用值百抽五例，草成税稿"，在与何如璋见面前，已送给日本驻朝鲜公使花房义质，但还未及面议。与何如璋会谈后，金弘集再次与花房义质会面，告之"前稿初非定本，待贵国改约事成，我亦当准此例"，稍后又向外务省表达了这一意愿。③ 这正是何如璋所面授的

---

① 《大清钦使笔谈》，载赵中孚等主编《近代中韩关系史资料汇编》第11册，第49页。

② 《大清钦使笔谈》，载赵中孚等主编《近代中韩关系史资料汇编》第11册，第49~50页。

③ 金弘集：《回还修信使别单》，载赵中孚等主编《近代中韩关系史资料汇编》第11册，第9页。

机宜。

对于朝鲜的新商谈意向，日本没有明确拒绝，只是表示朝鲜还未熟悉商务而突然要行"重税"，只会滋生事端，不如姑且先"轻收"，几年后情况稍微熟悉后，再言改增为时不晚。米谷一事，金弘集也采纳了何如璋的建议，认为"一切禁防，不如重税而抑之"。日本使臣驻京之事也因此显得很轻松了。①光绪七年（1881）四、五月间，何如璋听说朝鲜将再派东来委员前来日本商议。此时，何如璋从卓挺植处得知，朝日交涉诸问题中，仁川开港已经允许，至日本公使驻扎京城，朝鲜尚未答应，日本亦不再要求。设关课税问题，何如璋曾和金弘集"详细计划"，当时彼此商议，拟出口货值百取五，进口货值百取十，珍异之物，值百或取二十五或取三十，也曾给日本驻朝公使花房义质送去商榷草案。详情则要等七、八月间新使团到来后才能得知。②

光绪七年九月（1881 年 10 月），朝鲜再次派遣信使赵秉镐及从事官李祖渊等一行来日，此行"专为议论税事"。信使一行于九月初七日行抵东京。在觐见日本外务卿和天皇之前，李祖渊频频用"密函"询问礼节各项，何如璋"一一告之"。③信使一行所携带朝鲜拟订的《朝鲜国与日本国新修通商章程草案》称："敝邦自与贵国通商以来，贸易之隆，日增日盛。而开港于兹，已逾五载，尚未及设关课税。此实为万国通行事例之无者。夫欧美各国收税之权，悉由自主，此贵国之所熟知，亦不佞之所习闻者也。然欧美各

---

① 金弘集：《回还修信使别单》，载赵中孚等主编《近代中韩关系史资料汇编》第 11 册，第 9~10 页。

② 何如璋：《朝鲜与日本交涉仁川已允开港各口设关课税事已议有头绪》，光绪七年五月初一日，馆藏号：01-25-006-01-003。何如璋：《泊长崎俄兵船已陆续西还朝鲜来东委员朴定阳等来见此行专为考察政治设关课税事七八月间金宏集将来日本就商》，光绪七年五月二十八日，馆藏号：01-25-006-01-004；金宏集，即金弘集。

③ 何如璋等：《函报日本政情及朝鲜遣使税则并递国书》，光绪七年九月二十九日，馆藏号：01-25-006-01-015。

国课输入之税，自值百课三十，至值百课六七十者，乃至课税如货价之值，又逾其价而倍征之者，莫不有之。"① 其中明确指出"欧美各国收税之权，悉由自主，此贵国之所熟知"，而所谓的"不佞之所习闻者"，其启蒙之功，应首先归于上述何如璋以日本改约稿为模本的那番劝导。条约草案第三十三款②明确规定"凡税关禁防偷漏诸弊，听由朝鲜政府自行设立规则"，第二十三款③又说"朝鲜欲增出口税项，张告示三个月后，方准施行"。④ 申明朝鲜可以自由控制海关进出口事项。尽管何如璋对朝鲜条约谈判交涉的步骤有不同意见——认为朝鲜应该把税则问题与日本当时要求的仁川开港、使臣驻京等问题"并作一案同议"，这样比较容易"有成"；税率谈判也应以值百取十五为基准，而不应一开始就提议为值百取十，以致不能议加，处于被动——但是，对于朝鲜的这份改约草案他是给予高度评价的。在致总署的信中，他称赞说："朝鲜此次所拟订章程税则，皆甚为精善。彼国能于此考求，将来仍可收效也。"⑤

朝鲜的通商税则从基本原则到具体条款，都模仿了日本与西方修订的条约，但日本外务省认为包括上述第二十三款、第三十三款

---

① 《朝鲜国与日本国新修通商章程草案》，载何如璋《朝鲜使臣与日本外务商议通商章程及税则双方意见未洽》，光绪七年十一月二十八日，馆藏号：01-25-006-01-020。

② 何如璋致总署的信中，把该项内容标为"第三十款"，见何如璋《朝鲜使臣与日本外务商议通商章程及税则双方意见未洽》，光绪七年十一月二十八日，馆藏号：01-25-006-01-020。在其附录的通商章程草案中，为"第三十三款"。

③ 何如璋致总署的信中，把该项内容标为"第二十二款"，见何如璋《朝鲜使臣与日本外务商议通商章程及税则双方意见未洽》，光绪七年十一月二十八日，馆藏号：01-25-006-01-020。在其附录的通商章程草案中，为"第二十三款"。

④ 《朝鲜国与日本国新修通商章程草案》，载何如璋《朝鲜使臣与日本外务商议通商章程及税则双方意见未洽》，光绪七年十一月二十八日，馆藏号：01-25-006-01-020。

⑤ 何如璋：《朝鲜使臣与日本外务商议通商章程及税则双方意见未洽》，光绪七年十一月二十八日，馆藏号：01-25-006-01-020。

在内的诸款多有不便，要求删改。① 这无异于欲否定朝鲜所坚持的关税自主原则。信使赵、李等人以不能做主为辞，于十一月二十六日（1882年1月15日）启程回国，待以后再议。此时，新任出使日本大臣黎庶昌已经到上海，准备东渡接任。朝鲜之事转由黎庶昌接管。这是后话。

由于当时朝鲜与日本交涉的首要问题是关税问题，所以，何如璋的论述集中在税权问题上。其实，他对于朝鲜未来条约中法权的重视，不在税权之下。这在《朝鲜策略》中"联美国则亟缔善约"问题中有充分体现。其中，何如璋强调的仍是日本改约交涉的经验，尤其是修改条约草案。

何如璋认为，美国是愿意与朝鲜订立类似于日本修改条约草案之条约的国家。他指出，"现海内各国，惟美系民主之国，又国势富实，其与列国通好，尚讲信义，不甚图占便宜。此时彼来善求通商，若能仿此间议改之约稿，与之缔立条规，彼必欣愿"。他提议把日本的修改条约草案作为立约的模本。这种平等条约的基本内容，除以上所说的关税自主之外，还主要涉及治外法权问题。在后来体现会谈精神的《朝鲜策略》中，着重提到法权问题，称"今朝鲜趁无事之时，与外人缔约，彼自不能多所要挟。即曰欧亚两土，风俗不同，法律不同，虽遽令外来商人归地方官管辖。然第与声明归领事官暂管，随时由我酌改，又立定领事权限，彼无所护符，即不敢多事，而其他绝毒药流入之源，杜教士蔓延之患，皆可以妥与商量，明示限制，此自强之基也"②，把法权看作新立条约中的关键问题。何如璋希望朝鲜以一个像日本修改条约草案那样的平等条约作为基础，将来"他国欲来通商

---

① 除第二十三款和第三十三款外，日外务省认为不便的还有：税则的进口货值百取十，应该核减；第一款关于地租的规定，虽然仿横滨、长崎各口岸的通商地方定价，但其定价太贵；第二十二款严禁红参出口，应该删去。何如璋《朝鲜使臣与日本外务商议通商章程及税则双方意见未洽》，光绪七年十一月二十八日，馆藏号：01-25-006-01-020。
② 黄遵宪「朝鲜策略」、外务省编纂『日本外交文书』第13卷、393頁。

者，亦必照美国之约，不能独卖，则一切通商之权利，均操在我。虽与万国交涉，亦有益无损之事"①。

由于金弘集对于"联美国"的可行性尚心存疑虑，何如璋试图以日本改约交涉的成效为证来打消其顾虑："先生所述伊藤之言，自是实话。顷日人议改之约，美国已允许之。即此一节，亦征其厚于东方之意。"并指出："仆顷所云云，正是此意。"他又从当时的世界局势出发，劝导朝鲜开港一事宜早不宜晚。② 日本改约交涉的经验，成为何如璋建议朝鲜实行先"联美国"之策的事实依据。

光绪六年（1880）八月，金弘集将《朝鲜策略》带回朝鲜，并将访日期间与日本会商条约情形，以及与何如璋使团的会谈及其切实建议，都向朝鲜国王做了汇报。③"国王甚为感动，一时舆论亦如梦初觉。"④ 何、金日本会谈成为朝鲜对外政策发生转变的起点。

金弘集回国后不久，朝鲜密探委员李东仁、卓挺植先后来日拜访何如璋，告知"朝鲜朝议现今一变"，国王已命金弘集致书何如璋，要何劝美来结约。为此，何如璋向总署请示"此事可否代为周全"。同时，他又撰成《主持朝鲜外交议》一文，就如何结约提出建议："遍查万国公法，德意志联那〔邦〕向各有立约之权，今中国许令朝鲜与人立约，原无不可。惟应请朝廷会议速遣一干练明白能悉外交利害之员往朝鲜，代为主持结约，庶属国之分，因之益明。他日或有外隙，而操纵由我，足以固北洋锁钥，此至计也。即或不然，应请由总署奏请谕旨，饬令朝鲜国王与他国结约，并饬其

----

① 《大清钦使笔谈》，载赵中孚等主编《近代中韩关系史资料汇编》第11册，第45页。
② 《大清钦使笔谈》，载赵中孚等主编《近代中韩关系史资料汇编》第11册，第45~46页。
③ 金弘集：《回还修信使别单》，载赵中孚等主编《近代中韩关系史资料汇编》第11册，第9~10页。
④ 《致王韬函》，光绪七年六月十三日，载陈铮编《黄遵宪全集》上册，第328~329页。

于[①]条约开端声明：兹朝鲜国奉中国政府命，愿与某某国结约云云，则大义既明，屏藩自固。"[②] 何如璋的这一主张颇受学界关注，被看作国权主义的一种体现。其实，何如璋是从当时国际法有关属国的相关规定，以及西方各国对待属国的通例中，寻找主持朝鲜与各国订约依据的。他之所以强调加强中朝之间固有的藩属关系，主要担心"听朝鲜自行结约，他国皆认其自主，而中国之属邦忽去其名"，他已看到日本在与朝鲜立约中，对"朝鲜为自主之邦"之说颇为在意。何如璋的这一主张也为将来朝鲜万一遭遇外患中国有理由出面相助做好铺垫。

何如璋的这一建议并没有得到李鸿章的赞同。李鸿章认为，"请遣员前往代为主持，或奏请谕旨饬令朝鲜与他国结约，并于条约内声明'奉中国政府命，愿与某〔某〕国结约'云云，如果出自朝鲜国王径行奏恳朝鲜酌夺，或当相机操纵"，但实际上这一建议不可行。理由是，朝鲜方面刚刚开始接受开港的建议，遽由中国饬令与他国结约，"朝鲜转生疑虑，未必尽听吾言"。即使朝鲜肯遵守，鉴于以前朝鲜与日本立约"中国不过从旁婉劝，并未派员往彼主持。其条约亦无'奉中国政府命'字样"，现与西方订约，也不便称"奉中国之命"。李鸿章另一深层的担忧是，中国与西方所订条约"始由胁逼而成"，各款多违背万国通例，正考虑"逐渐挽回"。朝鲜无事时结约，"亟应设法救弊"。如果中方参与商议，担心"西人必援华约以相绳，则亦不利于朝鲜"。至于何如璋担心的中国属邦名分问题，李鸿章则表现得相当豁达："但使朝鲜能联络外交以自固樊篱，则奉吉东直皆得屏蔽之益，其恭顺我朝礼节，

---

① "于"一字为《茶阳三家文钞》的《何少詹（如璋）文钞》所无。

② 何如璋：《主持朝鲜外交议》，光绪六年十月十六日，载何如璋《中俄万一有事日本舆论多劝其政府严守中立朝鲜有意与美国结约通商可否代为周全》，光绪六年十月十六日，馆藏号：01-25-005-01-013；温廷敬辑《茶阳三家文钞》卷1，第12~13页。

似不致因与西国结约遂即变更。中国修内攘外，练兵防海，日图自强，不独朝鲜弱小，未敢貌视，即欧西大国，亦未尝不敬而畏之。若不图自强之策，终恐不能自立，亦何在乎属邦之从违？"李鸿章主张"似只可如尊谕密为维持保护而已"①。总理衙门完全接受李鸿章的建议，随后电告何如璋，肯定何如璋的相关论述，但对于由中国代为主持，则认为"恐生疑虑，且多关碍"，建议何如璋在答复金弘集来信时仍"迎机以导"。至于"立约一层"，则"听其自主，中国不为干预，只可密为维持调护"。②又命何如璋，"措辞之间，作为其本人之意"。③何如璋表示"谨当遵照电示"④。不过，何如璋鉴于朝日条约中有"朝鲜为自主之邦"之说，告诫清政府将来拟订条约时，"顺便露出中国属国影子"以防将来生变，尽管这一点能否办到，他一时也没有把握。⑤

光绪六年十一月二十九日（1880年12月30日），何如璋收到李东仁提到的金弘集来信。信中表示，朝鲜朝议正在变化，希望中国"赐教"。但由于没有提到联美一事，所以何如璋仍未能将书意传达美使劝之前往。⑥其时，何如璋继十月十六日（11月18日）后，于光

---

① 《北洋大臣李鸿章函》，光绪六年十一月二十二日，载"中研院"近代史研究所编《清季中日韩关系史料》卷2，第449页。

② 何如璋：《俄海军卿仍在长崎疗养密探俄船别无动静朝鲜国王及廷臣已有意外交录呈金宏集卓挺植来信若得朝廷寄信劝谕事必有成》，光绪七年正月初三日，馆藏号：01-25-005-02-001。

③ 何如璋：《井上与泊横滨之美船提督赴热海传会商借债事请恩奖出使日本各随员朝鲜对外立约使外人不再认为自主之邦仍可由其自行办理》，光绪七年正月二十三日，馆藏号：01-25-005-02-005。

④ 何如璋：《俄海军卿仍在长崎疗养密探俄船别无动静朝鲜国王及廷臣已有意外交录呈金宏集卓挺植来信若得朝廷寄信劝谕事必有成》，光绪七年正月初三日，馆藏号：01-25-005-02-001。

⑤ 何如璋：《井上与泊横滨之美船提督赴热海传会商借债事请恩奖出使日本各随员朝鲜对外立约使外人不再认为自主之邦仍可由其自行办理》，光绪七年正月二十三日，馆藏号：01-25-005-02-005。

⑥ 《照录朝鲜前修信使金宏集来函》，光绪六年十一月二十九日收到，载"中研院"近代史研究所编《清季中日韩关系史料》卷2，第452~453页。

绪七年正月初三日（1881年2月1日）再次致函总署，主张对朝鲜采取积极主动的措施，"请仍由总署寄书朝鲜劝令外交"①。由于何如璋的积极促动，清政府对朝鲜的政策从消极转为积极。② 正月二十五日（2月23日），清廷批准总署奏请，变通与朝鲜公牍往来的旧制，由过去职属礼部，改为遇有关洋务紧要之事，"由北洋大臣李鸿章与出使日本大臣与该国通递文函，相机开导"，并将随时商办情形知照总理衙门以省周折。③ 二月，李鸿章收到何如璋函，称"子峩函述，该国（朝鲜）廷议渐有回悟，愿与美立约，已有明证"，于是他开始着手为朝鲜代拟与各国通商约章。④ 此后，何如璋持续关注朝鲜朝野动向。四月间，他获悉朝鲜君相已"皆极愿外交"，只是国民普遍有异议，发生进士率乡间老儒数百人伏阙上书等事件。对于朝鲜民间的排外心理，何如璋深表同情，认为从来改革政体"势处至难"，而朝鲜民众怨恨西人，与他们的历史记忆有关，西方国家如法国曾有攻击朝鲜的不良行径。不过，何如璋获悉国王和执政大臣"渐悉外情"，开港态度鲜明，认为只要中国随时劝导，数年之间，终可收效。⑤ 之后的消息进一步印证了何如璋的判断。五月间，朝鲜来东委员赵准永、朴定阳等奉命赴日察看政治，何如璋确认朝鲜国内情形与之前金弘集

---

① 何如璋：《俄海军卿仍在长崎疗养密探俄船别无动静朝鲜国王及廷臣已有意外交录呈金宏集卓挺植来信若得朝廷寄信劝谕事必有成》，光绪七年正月初三日，馆藏号：01-25-005-02-001。

② 王如绘：《近代中日关系与朝鲜问题》，第68~70页。

③ 《总理各国事务衙门奏朝鲜宜联络外交变通旧制折》，光绪七年正月二十五日，载王彦威纂辑，王亮编《清季外交史料》卷25，第1~3页。

④ 《论朝鲜外交》，光绪七年二月初二日，载吴汝纶编《李文忠公全书·译署函稿》卷12，第6~7页；《北洋大臣李鸿章函》（光绪七年二月初三日）与《照录复朝鲜致仕太师李裕元函》（辛巳正月二十八日），分别载"中研院"近代史研究所编《清季中日韩关系史料》卷2，第461、472页。

⑤ 何如璋：《慈安皇太后之丧各口商民及各国使领均表哀悼朝鲜君臣极愿外交惟民间甚有异议》，光绪七年四月二十三日，馆藏号：01-25-006-01-002。

等来函所言相同。① 六月，朝鲜派十数人到日本考察，多系贵族高官。使团认为"看其国势，不久殆将开关矣"②。八月，朝鲜又派修信使来日本，关于朝鲜开港态度，何如璋所获信息仍与此前相同。其时，在日的游历委员鱼允中拟前往上海，再经天津回朝，何如璋特意致函轮船招商局妥为照料，甚为用心。③ 李毓澍指出，一般人论述朝鲜开港与各国立约通商问题时，往往只提李鸿章，其实起关键作用的应是何如璋。④ 此说实不为过。

此后，何如璋也为促进朝鲜早日与美国立约积极奔走。⑤ 虽然朝美签订条约的正式谈判，何如璋没有直接参加，⑥ 最后签订的《朝美修好通商条约》也具有不平等性，但是，中朝方起草的条约草案稿，有学者认为"富有打破过去欧美和东方各国所订条约模式之特色"⑦。《朝美修好通商条约》第四款指出，将来有条件地废除治外法权；第五款明确声明"收税之权应由朝鲜自主"。⑧

值得注意的是，何如璋是把朝鲜的条约问题与中国的改约问题联系在一起的。在上李鸿章书中，他指出朝鲜开港立约有"五利"，最

---

① 何如璋：《泊长崎俄兵船已陆续西还朝鲜来东委员朴定阳等来见此行专为考察政治设关课税事七八月间金宏集将来日本就商》，光绪七年五月二十八日，馆藏号：01-25-006-01-004。

② 《致王韬函》，光绪七年六月十三日，载陈铮编《黄遵宪全集》上册，第328~329页。

③ 何如璋：《函述日本开设国会并英皇孙游历到日本及朝鲜派员前来各事》，光绪七年九月二十一日，馆藏号：01-19-007-02-003。

④ 李毓澍：《首任驻日公使何如璋》，（台北）《百年来中日关系论文集》，第1066页。

⑤ 另有一说，即同月二十六日，何如璋曾访问美国公使平安，表示要在东京由他与平安进行谈判，并向平安"出示了将由朝鲜提交美国的条约草案"。由于平安没有得到华盛顿的授权，未接受何如璋的提议。Payson J. Treat, *Diplomatic Relations Between the United States and Japan, 1863-1895*, Vol. Ⅱ, Stanford: Stanford University Press, 1932, p. 139 .

⑥ 有学者指出，1882年2月，与美国谈判签订条约之前，朝鲜代表金允植来中国与李鸿章会谈时，提交三份条约草案，其中一份是由黄遵宪起草的。参见王明星《韩国近代外交与中国（1861—1910）》，中国社会科学出版社，1998，第96页。

⑦ 奥平武彦「朝鮮開国外交始末」、東京、刀江書院、1969、96頁。

⑧ 《朝鲜与美国通商条约及照会》（附件二），光绪八年三月二十八日，载故宫博物院编《清光绪朝中日交涉史料》卷3，第11~12页。

后一利即对于中国未来改约的意义，"无事之时与之结好，或可准欧罗巴〔之〕例，使流寓之商同于国人，违禁之货绝其进口，稍杀领事〔自主〕之权，且可杜教士蔓衍之祸。他日我与泰西换约，亦或可因势利导，修改条规"①。他试图通过帮助朝鲜与西方订约建立平等的新条约关系，为中国将来的改约打开方便之门。如在与朝鲜修信使金弘集会谈时，何如璋曾建议朝鲜在改约问题上先中国而行，"此难得之事也"②。何如璋的这一认识角度，显然已为李鸿章所认同。李鸿章反

---

① 何如璋：《再上李伯相论朝鲜通商书》，载温廷敬辑《茶阳三家文钞》卷3，第5页。按：本函未标注时间，应写于光绪六年（1880）一月后四月前。文中说："西人欲与朝鲜通商既久，法人往矣，英人往矣，近各众国自其国遣大兵船续将再至，其水师提督经奉朝命往朝鲜通商，现先到阿非利加办事，事完即往。非徒以图利益也，盖虑俄人独占之，欲藉以均其势耳耳。"美国自1871年赴韩交涉失败后，暂退以待时机，后两次遣使前来远东。一次是1878年10月。海军提督萧佛尔（R. W. Shufeldt，又译薛斐尔）奉命巡行亚非诸冷落口岸，以及印度洋中诸岛，乘机探寻朝鲜是否有意愿与美国缔约之意。1880年（光绪六年）4月，萧佛尔抵长崎，5月14日（庚辰年四月初六日）抵达釜山港。美国请日本介绍与朝鲜立约事，但感觉日廷无诚意，乃废然返美。第二次是1881年。当总理衙门接到何如璋报告朝鲜有开国之意之电报后，即回电嘱其将此意转达驻日美使。美使大悦，急电外部报告，美廷因复派萧佛尔来华接洽。萧于1881年7月1日抵津谒李鸿章。这里指的当是萧佛尔第二次来远东。（《论维持朝鲜》，光绪六年十一月二十一日，载吴汝纶编《李文忠公全书·译署函稿》卷11，第43页；田保橘潔『近代日鲜関係の研究』上卷，741页；王信忠：《中日甲午战争之外交背景》，清华大学，1937，第19~22页。《六十年来中国与日本》载薛斐尔曾两次被派来远东：一次是1878年，美国政府派遣水师总兵薛斐尔赴朝鲜，请日本居间介绍；另一次是1880年8月间，美国再派薛斐尔到远东来，拜访李鸿章，请中国为之疏通。但据《中日甲午战争之外交背景》，1878年和1880年是同一次）据称："二月初五日。同文馆那三译出新报称：美国遣使高丽议立通商约约。去岁十一月十四日，美国新报云，美国现在特简水师提督某作为全权钦差便宜行事大臣，附札美国公司轮船，由美国起程前往亚非利驾西海滨一带，巡阅后直抵高丽议立通商约约。美国此次遣使，特授与全权者，以便该大臣巡历各小国，凡有利于本国通商者，随时议立通商约约章程云。"（《同文馆那三译出新报》，光绪五年二月初五日，载"中研院"近代史研究所编《清季中日韩关系史料》卷2，第355页）可知，清政府于1879年初已知美国遣使前来的消息。文中在"美国又专遣兵船前来"后添加夹注说："此事初闻英法各使言之，由麦嘉缔询之美署使，信然"。麦嘉缔于光绪六年（1880）四月中旬搭船从东京使署邸携家属回国（何如璋：《竹添进一派充天津领事传闻将赴韩一行伊犁事俄有添兵备战之说》，光绪六年五月二十二日，馆藏号：01-25-005-01-007），何如璋获知薛斐尔一行前来当在此之前，与上述推测一致。又，文中有"我既遣使前往"，即指清政府派遣曾纪泽前往俄国重议《中俄伊犁条约》。曾纪泽于光绪六年一月初十日（2月19日）充出使俄国钦差大臣，就崇厚所议条约章程等件再行商议。如此，此函应写于光绪六年一月（1880年2月）后四月前。

② 《大清钦使笔谈》，载赵中孚等主编《近代中韩关系史资料汇编》第11册，第43页。

对由中国公然出面主持朝鲜立约，一个理由即希望朝鲜无事时缔结的条约，"亟应设法救弊"，已如上所说。由于朝鲜还没有像中国那样被迫陷入不平等条约的束缚之中，在其建立条约关系之初，努力防患于未然是可行的。实践证明，何如璋以日本修改条约草案为模本的订约策略，对于当时朝鲜与日本的关税交涉和朝鲜开港，以及与美国订立《朝美修好通商条约》，均产生了重大影响。何如璋在劝导朝事上的成效，使其在国内获得声望。光绪八年（1882）六月"壬午兵变"爆发，黎庶昌向当时的署北洋大臣张树声提出派兵建议，时值何如璋正因事上京经天津。张树声便特意就派兵的可行性咨询何如璋，称"子峩久习倭情，自非无见"。稍后他在考虑派往朝鲜的人选时，又将何如璋作为第二候选人向总署推荐，并特意提起何如璋在促使朝鲜开港中的重要作用。①

第五节　《朝鲜策略》中的"防俄"与"结日"

谈到首届驻日使团与朝鲜问题，《朝鲜策略》是一个非常引人注目的文本，一直以来备受中、日、韩等国学界的关注。

《朝鲜策略》集中体现了使团对朝鲜问题的基本策略。现存传世本多署"广东黄遵宪私拟"等字样，不过，它实是使团共同的思想结晶。光绪六年（1880）十月出使大臣何如璋在致总署函中说："先是朝鲜金使之将来，如璋欲劝令外交，荷承总署指示，又素知北洋李爵相屡经致书劝谕，而近来南洋岘庄制府亦主此议，因于其来也，危词巽语，面为开导，渠颇觉悟。复虑言语未通，不能尽意，中亦有如璋

---

① 《署北洋大臣张树声函》，光绪八年六月十九日，载"中研院"近代史研究所编《清季中日韩交涉史料》卷2，第734页；《北洋大臣张树声函》，光绪八年六月二十一日，载"中研院"近代史研究所编《清季中日韩交涉史料》卷2，第748页。

碍难尽言者，因命参赞黄遵宪作一《朝鲜策略》，设为问答论难之辞。"① 可知，何如璋之所以命黄遵宪以个人名义撰写此策，除语言方面的原因外，还有以其使臣之身份"碍难尽言"者。黄遵宪在将《朝鲜策略》面交朝鲜修信使金弘集时也曾说明："仆平素与何公使商略贵国急务，非一朝一夕。今辄以其意见，书之于策，凡数千言。知阁下行期逼促，恐一二见面不达其意，故迩来费数日之力草。"②

《朝鲜策略》旨在推进清政府劝导朝鲜与各国开港通商的政策。李鸿章最初劝导朝鲜开港的立论前提，其一是牵制日本侵略的"诡谋"，其二是杜绝俄国对朝鲜的"窥伺"，但对于俄国的危险论述较少。③ 而《朝鲜策略》立论的现实前提，则主要是防范俄国，不但没有特别提到牵制日本，而且还提出了"亲中国，结日本，联美国"这样的主张。其中的"结日本"，与李鸿章为代表的清政府的相关立场，在表述上显然不同。这一主张出自正肩负"球案"交涉重任，且在"球案"中始终坚持强硬立场的何如璋使团之口，颇令人费解。④

应该指出，何如璋最早考虑朝鲜问题时，其思路与李鸿章为代表的清政府是一致的。他也将朝鲜问题与琉球问题联系在一起，⑤ 认为琉球被灭，"自今以后，朝鲜之事，后患更无穷矣"⑥。使团之所以将"防俄"作为现实前提，实与当时的国际局势观、这一时期俄国的东北亚政策、日本的对俄和对朝政策，以及"球案"的新的进展等均有

---

① 何如璋：《中俄万一有事日本舆论多劝其政府严守中立朝鲜有意与美国结约通商可否代为周全》，光绪六年十月十六日，馆藏号：01-25-005-01-013。
② 《大清钦使笔谈》，载赵中孚等主编《近代中韩关系史资料汇编》第11册，第47页。
③ 李鸿章：《照录复朝鲜原任太师李裕元函》，己卯七月初九日发，载"中研院"近代史研究所编《清季中日韩关系史料》卷2，第366~369页。
④ 《朝鲜策略》原本至今不详，目前有多种版本流传。尽管各版本在文句上有所差别，但结构与文意相同。本节所据为《黄遵宪全集》上册（第251~258页）所收内容。
⑤ 何如璋：《与总署总办论朝鲜事及日本国情书》，载温廷敬辑《茶阳三家文钞》卷2，第12~14页。
⑥ 何如璋：《复总署总办论争球事书》，载温廷敬辑《茶阳三家文钞》卷2，第5页。

直接关系。

当时，何如璋心中是有一幅国际关系的总图的。主轴是英国和俄国，所谓正是"英俄两国争雄海上"① 之时。法国、美国、德国与英国大致是一个阵营，俄国则是另一个阵营。后者犹如战国时期的秦国，② 前者时时注意牵制后者在世界范围内的扩张。何如璋认为，英俄在欧洲争取的焦点是土耳其，在亚洲争夺的焦点是朝鲜，朝鲜"犹欧罗巴之土耳机〔其〕，为形胜之所必争"③。他认为，随着俄国在土耳其的扩张受到遏制，其注意力已渐渐转移到亚洲，"朝鲜一国关系亚细亚大局，比欧洲土耳其尤为要冲"④。对中国而言，俄国军舰东来者一定更多，强邻压境，"他日必为我大患"，所以何如璋认为"俄之大患，在西犹浅，在东更深"。⑤ 何如璋对英俄两国均无什么好感，

----

① 何如璋：《复总署总办论争球事书》，载温廷敬辑《茶阳三家文钞》卷2，第6页。

② 何如璋：《上李伯相论主持朝鲜与各国通商书》，载温廷敬辑《茶阳三家文钞》卷3，第3页。按：本函未标注时间，当写于光绪六年（1880）四月后、七月初前。信函开头说："朝鲜使臣计期当来，泰西通商之事，中堂前谕以利害劝，以理势使之必从，此至计也。"这里的"朝鲜使臣"当指光绪六年（1880）七、八月金弘集一行之访日。可知，何如璋将利用朝鲜使臣访日之际劝导朝鲜开港，本函写于朝鲜使臣行期已定，但尚未抵达日本之时。何如璋应于光绪六年（1880）四月初十日前后已知道朝鲜修信使一行将来日商议条约问题。（何如璋：《竹添返东京口气与宍户不同琉事惟遵嘱急派缓受美致书朝鲜欲议约通商辞气和平当不至有变曾侯赴俄议约冴使皆谓必无拒使之理亟应严饬士卒用滋口实乃为稳著》，光绪六年四月三十日，馆藏号：01-25-005-01-005）按：本函应于四月初十日发。开头称："三月二十六日肃呈第八十三号缄，当邀垂鉴。"可知本函是第八十四号缄。又据五月初四日总署收何如璋函："本月初十日肃呈第八十四号缄，并附钞美国兵船上朝鲜国王书，当邀垂鉴。"（何如璋：《美国欲与朝鲜通商曾在釜山托日领介绍未成》，光绪六年五月初四日，馆藏号：01-25-005-01-006）。所复述内容与本函也一致。由此推断本函应是四月初十日发的第八十四号缄。何如璋约于四月下旬得知金弘集启程的确切时间："朝鲜所派使系工曹参议名金宏集，将于西历六月初三日我四月二十六日自釜山启行前来日本，将俟其到来，详询一切再以布陈。"（何如璋：《美国欲与朝鲜通商曾在釜山托日领介绍未成》，光绪六年五月初四日，馆藏号：01-25-005-01-006）因此，本信应写于光绪六年（1880）五月后、七月前。以下同，不一一注明。

③ 何如璋：《主持朝鲜外交议》，光绪六年十月十六日，载何如璋《中俄万一有事日本舆论多劝其政府严守中立朝鲜有意与美国结约通商可否代为周全》，光绪六年十月十六日，馆藏号：01-25-005-01-013。

④ 何如璋：《再上李相伯论朝鲜通商书》，载温廷敬辑《茶阳三家文钞》卷3，第4页。

⑤ 何如璋：《函述外务省对于游历护照各照旧章办理又探闻英俄将有战事》，光绪四年七月二十九日，馆藏号：01-19-007-01-001。

认为"英如狐，俄如虎，一图利，一图土地，均宜防"①。但他认为，首先要防范的还是图谋土地的俄国。

其时，正值清廷先后派遣崇厚和曾纪泽充出使俄国钦差大臣，与俄国议订和重议《中俄伊犁条约》，何如璋对俄国十分戒备。他通过报纸及日本官方等途径，密切关注俄国在东北亚的扩张动向，并将消息及时汇报给清政府。光绪四年（1878）七月间，在崇厚拟出使之际，清廷听说俄国调集水陆军队将与英国在海参崴（即今符拉迪沃斯托克；下同）会战，而函示何如璋查探。何如璋也听说俄国在图们江口埋置水雷，于是前去拜访停泊在日本的俄英军舰统领，发现船中大炮皆已入药，统领不能一刻离船，气氛紧张。尽管他不能确查英俄之间是否真将开战，但认为俄国出于争夺出海口之需要，定会在东方"极意经营"，因而强调俄国对东亚的危险，提醒中国应当"惴惴防之"。② 光绪六年（1880）正月，曾纪泽奉命重议崇厚所议条约章程。三月，何如璋听说俄国曾宣言"欲用兵高丽"。他又通过报纸了解到，俄国不仅屯兵图们江口，而且已在黑龙江一带缮甲完郭，并增派了数量相当可观的马队、步兵、炮兵、水兵和兵舰，据说是为防备英国。当时还传言，俄国境内的海口由于冬天结冰，故而试图南下朝鲜获得出海口。其间，日本外务卿寺岛宗则告知，去年英、法想与俄国订立条约，在图们江口通商，遭到俄国拒绝，可见其用心。寺岛又据来自意大利的电报称，英俄之间必将发动战争。为此，他建议何如璋"得乘暇修备"。③ 四月初，何如璋通过报纸得知，俄国战船在中国海的甚

① 《问答节略》，光绪六年四月十三日，载何如璋《论高丽之患不在日本而在俄罗斯如能早与各国通商尚足牵制日外务寺岛言俄人屯兵图门江口其意叵测极盼中国遣使驻朝鲜及早筹维》，光绪六年四月十三日，馆藏号：01-25-005-01-003。

② 何如璋：《函述外务省对于游历护照各照旧章办理又探闻英俄将有战事》，光绪四年七月二十九日，馆藏号：01-19-007-01-001。

③ 何如璋：《论高丽之患不在日本而在俄罗斯如能早与各国通商尚足牵制日外务寺岛言俄人屯兵图门江口其意叵测极盼中国遣使驻朝鲜及早筹维》，光绪六年四月十三日，馆藏号：01-25-005-01-003。

多，担心其乘中国不备，突然开衅。① 五月，他从俄国彼得罗堡（今圣彼得堡）方面的报纸看到，俄国政府拟于黑龙江、伊犁两处各增兵一万多人，又称俄国在位于伊犁西北、俄京之东的乌拉山（即乌拉尔山）修缮道路，以便将来开战时便于转运，只是均未核实是否属实。② 至七月朝鲜修信使金弘集抵日后，何如璋才得知俄国仍然没有停止在图们江一带调兵遣将之举行，图们江口俄国军舰已增至十余艘，此使何如璋倍感情形危急。③ 八月初，何如璋又据新闻得知，俄国在图们江口的军舰陆续来到长崎，运煤至珲春海口。此后，俄国海军大臣又率军舰十五艘屯泊珲春，何如璋担心若其南下劫盟，朝鲜恐将遭受侵吞之灾。当时他还从日本方面获得确证，俄海军卿理疏富斯基将来横滨，只是准确的时间尚未定。④《朝鲜策略》论述俄国对于朝鲜之危险以及"防俄"之重要性，所举事例没有超出上述所述。⑤

对于俄国在东北亚的调兵遣将，何如璋的判断是有战争的危险，但危险还没有到爆发战争的程度。他参考西方人士说法，认为按照当时俄国"近情"，其也甚不愿开战。⑥ 所谓"近情"，就是俄国在当时刚刚结束的与土耳其的战争中"不甚得志"，且"饷糈未充"。⑦ 尽管

---

① 何如璋：《竹添返东京口气与宍户不同琉事惟遵嘱急派缓受美致书朝鲜欲议约通商辞气和平当不至有变曾侯赴俄议约西使皆谓必无拒绝之理亟应严饬士卒用滋口实乃为稳著》，光绪六年四月三十日，馆藏号：01-25-005-01-005。

② 何如璋：《竹添进一派充天津领事传闻将赴韩一行伊犁事俄有添兵备战之说》，光绪六年五月二十二日，馆藏号：01-25-005-01-007。

③《大清钦使笔谈》，载赵中孚等主编《近代中韩关系史资料汇编》第11册，第52页。

④ 何如璋：《中俄万一有事日本舆论多劝其政府严守中立朝鲜有意与美国结约通商可否代为周全》，光绪六年十月十六日，馆藏号：01-25-005-01-013。

⑤〔日〕平野健一郎：《近代初头在东亚国际政治上的三种文化交错——黄遵宪〈朝鲜策略〉的异本校勘及其政治意义》，张启雄编译，第37、48页；黄遵宪：《朝鲜策略》，载赵中孚等主编《近代中韩关系史料汇编》第11册，第25~36页。

⑥ 何如璋：《竹添进一派充天津领事传闻将赴韩一行伊犁事俄有添兵备战之说》，光绪六年五月二十二日，馆藏号：01-25-005-01-007。

⑦ 何如璋：《上李伯相论主持朝鲜与各国通商书》，载温廷敬辑《茶阳三家文钞》卷3，第3页。

如此，他还是认为俄国将来恐有事于东方，[①] 朝鲜将首当其冲，[②] 应该未雨绸缪。在何如璋看来，劝导朝鲜开港是一个有效的对策。

何如璋使团倡导朝鲜以开港通商来牵制俄国，所据并非仅仅是国际法中的均势原则。使团看到，均势原则终究只是原则，可以用在俄国身上，也可以用在日本或者其他第三国身上，但实际情形就有不同。当初李鸿章就是以用敌制敌这种思路来劝导朝鲜实行开港政策的，但以李裕元为代表的朝鲜保守人士却不愿接受，其中的一个理由是琉球的遭遇，此例子表明西方的均势原则在日本身上似并不适用。[③] 何如璋"防俄"，实另有两个论据作支持。一个是土耳其的例子。英法曾为争夺土耳其而与俄国多次开战，由此他认为它们在朝鲜问题上也不会袖手旁观，他曾在报告中反复提到这一事例。[④] 另一个就是俄国与英国在朝鲜通商问题上的对峙。何如璋听说，俄国在东北亚调兵遣将时，对于英法要求在朝鲜通商"有投鼠之忌"，因此何如璋认为，"与各国通商，尚足为牵制俄人"[⑤]。其实，"防俄"也是朝鲜政府所关心的大问题。金弘集携带《朝鲜策略》回国后，朝鲜国王反复询问的重要问题中，其中之一就是关于来自俄国的威胁，探问中俄是否将开战，日本是否畏惧俄国。[⑥]

[①] 何如璋：《论高丽之患不在日本而在俄罗斯如能早与各国通商尚足牵制日外务寺岛言俄人屯兵图门江口其意叵测极盼中国遣使驻朝鲜及早筹维》，光绪六年四月十三日，馆藏号：01-25-005-01-003；何如璋：《上李伯相论主持朝鲜与各国通商书》，载温廷敬辑《茶阳三家文钞》卷3，第3页。

[②] 何如璋：《上李伯相论主持朝鲜与各国通商书》，载温廷敬辑《茶阳三家文钞》卷3，第3页。

[③] 《照录朝鲜原任太师李裕元来函》，庚辰二月初五日到，载"中研院"近代史研究所编《清季中日韩关系史料》卷2，第398~401页。

[④] 何如璋：《上李伯相论主持朝鲜与各国通商书》，载温廷敬辑《茶阳三家文钞》卷3，第3~4页。

[⑤] 何如璋：《论高丽之患不在日本而在俄罗斯如能早与各国通商尚足牵制日外务寺岛言俄人屯兵图门江口其意叵测极盼中国遣使驻朝鲜及早筹维》，光绪六年四月十三日，馆藏号：01-25-005-01-003。

[⑥] 《修信使日记》，载赵中孚等主编《近代中韩关系史资料汇编》第11册，第21、23页。

　　的确，在伊犁谈判的大背景之下，在俄国呈现岌岌南侵态势之时，将"防俄"作为当务之急是完全可以理解的。朝鲜问题本因日本挑起"球案"而起，在"球案"之痛尚存之时谈"结日本"，虽令人费解，却也并非无缘由。

　　可以说，"结日本"与上述"防俄"这一急务有着密切关系。其时，日本政府不断地急切表达共同"防俄"的愿望。俄国占领日本北方领土桦太洲之后，在亚洲显示咄咄逼人之势，令日本深感不安。① 外务卿寺岛宗则向何如璋明确表示共同"防俄"的意愿。② 到光绪六年（1880）七、八月朝鲜修信使与日本商议通商之事时，在使团看来，中日两国其实已经在共同"防俄"及对朝友好方面，在很大程度上达成共识。③ 九、十月，何如璋从日本方面确证，俄海军卿理疏富斯基将来横滨，他非常担心俄国此举很可能挑起战端。日本则表示，一旦中俄发生战争，日本将持中立立场。当时国际法中的中立有两种：一是严正中立，一是友谊中立。何如璋认为，日本出于本国利益考虑，也应当选择前者，他所看到的日本舆论也倾向于这一立场。④ 可以说，对于日本的"防俄"要求，何如璋是相信的。其实，何如璋这一时期所获得的关于俄国动向的一系列情报，一方面来自报纸，另一方面则来自日本政府。日本外务卿寺岛宗则一边向何如璋阐述俄国在东北亚的危险举动，另一边从"亚洲大局"出发，积极表示日本与朝鲜结约通商是为"自保"，"非别有所图"，进而主动提议中国应及早加强对朝鲜的"筹维"和

---

　　① 何如璋：《论高丽之患不在日本而在俄罗斯如能早与各国通商尚足牵制日外务寺岛言俄人屯兵图门江口其意叵测极盼中国遣使驻朝鲜及早筹维》，光绪六年四月十三日，馆藏号：01-25-005-01-003。

　　② 《问答节略》，光绪六年四月十三日，载何如璋《论高丽之患不在日本而在俄罗斯如能早与各国通商尚足牵制日外务寺岛言俄人屯兵图门江口其意叵测极盼中国遣使驻朝鲜及早筹维》，光绪六年四月十三日，馆藏号：01-25-005-01-003。

　　③ 《大清钦使笔谈》，载赵中孚等主编《近代中韩关系史资料汇编》第11册，第47页。

　　④ 何如璋：《中俄万一有事日本舆论多劝其政府严守中立朝鲜有意与美国结约通商可否代为周全》，光绪六年十月十六日，馆藏号：01-25-005-01-013。

"保护"。① 关于共同"防俄"，日本政府向朝鲜方面也有所表露。光绪六年（1880）八月初三日，新任日本外务卿井上馨会见金弘集，对俄国军舰在朝鲜附近水面的动向"大为关虑"②。井上馨致信朝鲜礼判尹滋承坦率相告，中俄"殆将干戈相见"，对于日本和朝鲜两国"所关甚巨"③。

其时，日本为了乘中俄有事之际了结"球案"，有意制造联俄假象。外务卿井上馨训令其驻上海之总领事，"应注意款待俄国人"，使清政府怀有"日俄将要合纵之嫌疑。诱导在伊犁问题了结之前，迅速使之答应我国的要求"。④ 清政府封疆大吏中确有担心日俄真正联手而主张争取日本的，社会上也有不少这类传言，对此，使团自有看法。何如璋认为，日本联合俄国来算计中国可能性不大，因为日本"府币空虚，朝野乖离"，帮助俄国，如同"助桀为虐"，必对日本不利，他相信日本当道者"深悉外交利害"。尽管他指出，"人情变幻，自当随时详察密探"，但他自信地表示万一中俄开战，必当以公法使日守局外中立之例，严禁日本接济俄国。⑤ 参赞黄遵宪也称，对"内

---

① 何如璋：《论高丽之患不在日本而在俄罗斯如能早与各国通商尚足牵制日外务寺岛言俄人屯兵图门江口其意叵测极盼中国遣使驻朝鲜及早筹维》，光绪六年四月十三日，馆藏号：01-25-005-01-003。

② 《大清钦使笔谈》，载赵中孚等主编《近代中韩关系史资料汇编》第11册，第52页。

③ 《别纸》，明治13年9月7日，载赵中孚等主编《近代中韩关系史资料汇编》第11册，第25页。

④ 米庆余：《近代中日"琉球问题"交涉》，浙江大学日本文化研究所编《中日关系史论考》，中华书局，2001，第308页。

⑤ 何如璋：《复粤督张振轩制军书》，载温廷敬辑《茶阳三家文钞》卷3，第13页。按：本函未标注时间，应写于光绪六年十月前后。信的最后称："朝廷既暂赦崇罪，闻曾侯到俄后，俄廷派水师提督即新派督带太平洋海军者再与开议。虽传闻不必尽实，而和局似有端倪。"曾纪泽于光绪六年六月抵俄，月底与俄方谈判，七月初清政府开释崇厚，十一月底《中俄伊犁条约》改定。可知，本函应写于光绪六年七月后、十一月前。信中又说："前奉堂宪来谕，谓俄国限议一月，即我九月底，今既过期，不闻有决之信。"可知已是九月底后。另，信中又提到中俄万一开战时日本的立场问题："若万一开战，必当以公法使守局外中立之例，严禁接济耳。"关于曾纪泽行程与日本的立场问题，何如璋在同年十月十六日致总署信中都有交代。论后者称，日本在中俄之间将选择中立，且很可能是严正中立（何如璋：《中俄万一有事日本舆论多劝其政府严守中立朝鲜有意与美国结约通商可否代为周全》，光绪六年十月十六日，馆藏号：01-25-005-01-013）。信的开头又有"奉使在外三年"。综上可知，本函应写于光绪六年十月前后。

忧甚深"的日本而言，"助俄云云，道路传闻之言，为识者所不道"①。其时，朝鲜国王对于"结日本"的疑虑更大，②因此有关"结日本"，也是《朝鲜策略》重点论述的部分，其主旨正是解除朝鲜方面的重重疑问。

使团认为日本的危险性远远不及俄国，这主要是基于对日本当时国力的看法。《朝鲜策略》指出，当时的日本"外强中干，朝野乖隔，府帑空虚"，无论财力还是军备状况，均"万万不能胜"中国，相关论述可详参代结语中的使团对日本国情的考察。日本既然"自谋之不暇"，自然也没有余力对朝鲜构成足够的危险。

可以说，使团是依照当时的国际形势和日本内政情形，在相信日本与中国有着共同"防俄"的愿望，认定日本国力不足的前提之下，提出"结日本"的主张的。

鉴于日本在中国台湾地区以及琉球等问题上的一系列作为，使团当时并不主张中日联盟，认为如此有可能滋长日本的"侵夺之心"；并明确指出，日本"眼光所注不在西洋，而在中国与琉球、朝鲜各国"。③黄遵宪对于日本的观感还是相当负面的，他在离任前夕也曾谈道："此间办理交涉有年，深知其（指日本）狡诈反复，弃信无耻。"④《朝鲜策略》谈及日本时，并没有说日本不该防，而是策略地认为对于日本的"好胜而不让，贪利而寡耻，见小而昧远"之行为，朝鲜只要通过恪守条约就足以应对。

顺便提及的是，使团筹划《朝鲜策略》是在日本接受格兰特调停，"球案"谈判地点由东京转向北京的时候。日本接受格兰特调停，

---

① 《致王韬函》，光绪六年八月，载陈铮编《黄遵宪全集》上册，第324页。

② 《金弘集遗稿·修信使日记·修信使》，载赵中孚等主编《近代中韩关系史资料汇编》第11册，第20、23页。

③ 何如璋：《与总署总办论朝鲜事及日本国情书》，载温廷敬辑《茶阳三家文钞》卷2，第12~14页。

④ 《致王韬函》，光绪七年六月十三日，载陈铮编《黄遵宪全集》上册，第329页。

同意中日重开"球案"谈判，曾一定程度增强了使团对中日关系恢复的信心。据知，何如璋自格兰特调停以后，态度稍微平和，且正式同意参加兴亚会活动。① 黄遵宪也认为日本同意重新协议"球案"，是一种"修好释嫌"的举动，原因是日本"内忧甚深"，所以"亟亟有求于我"。② 使团对于日本与西方修改不平等条约的关注也是在这一时期。使团借助日本的改约经验，深入剖析中国被强加的不平等条约的危害，有效地指导了朝鲜与日本的订约。所以《朝鲜策略》提倡"结日本"时，强调中国、日本和朝鲜一样"强邻交迫"，是同受西方列强侵略的东亚国家。这在当时是事实。

《朝鲜策略》中另外提及的一个国家是美国。使团主张"联美国"比较容易理解。在西方各国中，何如璋对美国的看法有别于其他列强。这在他提请美国调停"琉球案"时就已有表露。③ 而在日本与西方各国进行修改条约交涉中，何如璋看到美国的表现也与其他列强有所不同，如上所述，这无疑更加深了他对美国的印象。凑巧的是，这一时期，美国海军提督正好率舰前来要求与朝鲜通商。何如璋对美国舰队之行做持续追踪、观察。④ 他通过长崎理事余瓗抄录到美国政府向朝鲜国王提出议约要求的信件，该信内称："伏念敝国向无在此贪人疆土之意。凡有自主之邦，其教俗禁令，断无干涉，致有阻难。其欲通好于贵国者，一则为己国船只遇有遭风，藉资保护，二则欲照各国一律通商而已。"⑤

---

① 「球案起草・養浩堂私記」、『宮島誠一郎文書』、B39。

② 《致王韬函》，光绪六年八月，载陈铮编《黄遵宪全集》上册，第 324 页。

③ 何如璋：《复总署总办论争球事书》，载温廷敬辑《茶阳三家文钞》卷 2，第 5 页。

④ 何如璋：《竹添返东京口气与宾户不同琉事惟遵嘱急派缓受美致书朝鲜欲议约通商辞气和平当不至有变曾侯赴俄议约西使皆谓必无拒使之理亟应严饬士卒用滋口实乃为稳著》，光绪六年四月三十日，馆藏号：01-25-005-01-005；何如璋：《美国欲与朝鲜通商曾在釜山托日领介绍未成》，光绪六年五月初四日，馆藏号：01-25-005-01-006。

⑤ 《照钞美国太匡罗嘉蘩船特命总兵官上高丽国王修好书》，光绪六年四月三十日，载何如璋《竹添返东京口气与宾户不同琉事惟遵嘱急派缓受美致书朝鲜欲议约通商辞气和平当不至有变曾侯赴俄议约西使皆谓必无拒使之理亟应严饬士卒用滋口实乃为稳著》，光绪六年四月三十日，馆藏号：01-25-005-01-005。

这使何如璋感到"辞气和平，当不至于激变"①。

应该说，《朝鲜策略》所体现的基本精神，与何如璋使团这一时期的对日基本态度，并无原则性不同，差异只是策略上的。《朝鲜策略》以"防俄"为前提，希望借助"亲中国，结日本，联美国"，使朝鲜真正"图自强"。所以《朝鲜策略》最后用非常大的篇幅论述朝鲜所应采取的自强措施，劝导其全面开放，着手与美国等西方各国订约，以达到自存自保的目的。撰写《朝鲜策略》后第二年，黄遵宪在给好友王韬的信中曾明确指出："去岁八月，有修信使金弘集来此，弟为之代作策论一篇，文凡万言，大意以防俄为主，而劝以亲中国，结日本，联美国。诚以今日世变，终不能闭关而治。与其强敌环攻威逼势劫而后俯首听命，不如发奋图强，先择一较为公平之国，与之立约。朝鲜之在亚细亚，实由欧洲之土耳其。苟此国亡，则中东殆无安枕之日，故不惮为之借箸而筹也。"②《中俄伊犁条约》已于光绪七年正月（1881 年 2 月）成功改订，此时黄遵宪在朝鲜问题上的主张一如既往，并非空穴来风，实与使团观察到的俄国在远东的最新动态，以及日本的对俄态度相关。

《中俄伊犁条约》改订成功消息传来时，何如璋听说俄国方面反应也颇为积极。俄国驻横滨领事第一时间获知消息后，奉命传知俄商使各安心营生。③ 何如璋本人也"欣慰之至"，感觉"足张国体而弭

---

① 何如璋：《竹添返东京口气与宍户不同琉事惟遵嘱急派缓受美致书朝鲜欲议约通商辞气和平当不至有变曾侯赴俄议约西使皆谓必无拒使之理亟应严饬士卒用滋口实乃为稳著》，光绪六年四月三十日，馆藏号：01-25-005-01-005。

② 《致王韬函》，光绪七年六月十三日，载陈铮编《黄遵宪全集》上册，第 328 ~ 329 页。

③ 何如璋：《函述传阅中俄之事已议结并报告日本近事》，光绪七年正月十七日，馆藏号：01-17-057-02-001。

戎心"。① 尽管如此，新订条约尚未正式批准交换时，使团看到俄国在远东的军事行动不仅未消停，而且有加强之势，对朝鲜的用意更表露无遗。正月间，何如璋听说俄国将派五艘军舰前往朝鲜巡察口岸。俄国海军卿理疏富斯基仍在长崎，屯驻长崎的俄国水师也"时时训练"。② 二月间，何如璋听闻被编入地中海舰队的数艘俄国军舰不日启程东来，原先由理疏富斯基率领、停泊于长崎一带的俄国军舰也无回国迹象。何如璋推断，俄国大概是打算"久驻太平洋一带"，提请清廷仍当设法筹饷，不能解甲。③ 五月间，何如璋关注到理疏富斯基所率欧洲军舰由长崎到横滨，并前往东京，对其未来去向传说不一，珲春则尚留驻许多俄国步兵。④ 六月间，使团更是获悉，俄国一边打算再开议中俄伊犁新约，一边派兵黑龙江。传闻俄国拟特派十数艘军舰、运送一万多名士兵来太平洋地区，当时日本近海长崎口就停泊多艘俄国军舰，北海、黑龙江等处及中国各海口处可能还有数艘。传闻俄国军舰还将前往朝鲜的元山、津口要求与朝议约。⑤ 可以说，这一时期俄国对远东的军事行动有增无减。

对于中俄订约、俄事了结，日本的反应颇为矛盾。一方面日本朝野殊为惊惧⑥，另一方面日本政府仍不断向中国示好，对于驻日俄国

---

① 何如璋、张斯桂：《函述球案情形》，光绪七年二月十八日，馆藏号：01-34-009-01-002。

② 何如璋：《函述传阅中俄之事已议结并报告日本近事》，光绪七年正月十七日，馆藏号：01-17-057-02-001。

③ 何如璋、张斯桂：《函述球案情形》，光绪七年二月十八日，馆藏号：01-34-009-01-002。

④ 何如璋：《泊长崎俄兵船已陆续西还朝鲜来东委员朴定阳等来见此行专为考察政治设关课税事七八月间金宏集将来日本就商》，光绪七年五月二十八日，馆藏号：01-25-006-01-004。

⑤ 何如璋：《日本外务省送来驻俄日使函稿内称闻中俄库车条约俄决不让步》，光绪七年六月十六日，馆藏号：01-17-057-02-002。

⑥ 何如璋、张斯桂：《函述球案情形》，光绪七年二月十八日，馆藏号：01-34-009-01-002。

水师将官则无款待之意。① 日本外务卿井上馨甚至将日本驻俄公使所获的有关中俄伊犁订约的最新情报，送何如璋转清政府参考，并主动表示将来有紧要信件再送其参阅。尽管内中所涉内容在何如璋看来并无新意，但他认为，日方的示好，目的是"微示不愿与俄合纵之意"。其时，美、英、法、意等国军舰纷纷有意前往朝鲜，并停留在附近不走。即使向中国示好的日本也将派军舰前往朝鲜，甚至有常驻之说。面对列强强兵环绕朝鲜的局势，何如璋认为朝鲜通商"恐亦终难深闭固拒"②。总之，这一时期的远东局势，与《中俄伊犁条约》改订之前并无大的差别，黄遵宪坚持《朝鲜策略》原有主张，并不意外。

《朝鲜策略》交由金弘集赍呈朝鲜国王后，何如璋及时报告了总理衙门，③ 朝野熟知黄遵宪曾"为朝鲜谋"而撰写《朝鲜策略》。士大夫中有人为此诋谤黄遵宪，但攻击的理由不是"防俄"或"结日"，而是所谓的"人臣无私交，又属国不可外交之说"。④ 笔者没有看到清政府当局对《朝鲜策略》提出的质问，相反，李鸿章曾对此给予相当充分的肯定。他曾对朝鲜方面称："此策揆时度势，实为贵国固圉之图，亦即异日富强之本。"⑤ 李鸿章在解答朝鲜使节提出的诸多问题中，就包括黄遵宪在《朝鲜策略》中提到的"即奏请推广凤凰厅贸易，令华商乘船来开港各口通商，以防日人垄断"，以及建议朝

---

① 何如璋：《函述传阅中俄之事已议结并报告日本近事》，光绪七年正月十七日，馆藏号：01-17-057-02-001。

② 何如璋：《日本外务省送来驻俄日使函稿内称闻中俄库车条约俄决不让步》，光绪七年六月十六日，馆藏号：01-17-057-02-002；何如璋：《函报日本兵船驰赴朝鲜由》，光绪六年五月初一日，馆藏号：01-19-008-02-001。

③ 何如璋：《中俄万一有事日本舆论多劝其政府严守中立朝鲜有意与美国结约通商可否代为周全》，光绪六年十月十六日，馆藏号：01-25-005-01-013。

④ 《致王韬函》，光绪七年六月十三日，载陈铮编《黄遵宪全集》上册，第329页。

⑤ 《照复朝鲜致仕太师李裕元函》，辛巳正月二十八日，载"中研院"近代史研究所编《清季中日韩关系史料》卷2，第471页。

鲜船舶奏请袭用中国龙旗等问题。[①] 有学者指出："《朝鲜策略》所主张的'亲中国、结日本、联美国，以图自强'的路线，是对清政府内李鸿章、丁日昌与张之洞见解的综合。"[②] 可以说，《朝鲜策略》在清政府劝导朝鲜接受开港通商的进程中，发挥了扭转局势的作用，并完成了它的历史使命。

第六节 应对日本对华修约之要求

对于日本与西方改约交涉的进展，何如璋使团及之后的历届使团均有持续关注，但性质发生了变化。原因是，日本政府一方面与西方各国开展大规模的修改不平等条约交涉，另一方面也向中国提出修改条约的要求。中国与日本订立的第一个条约《中日修好条规》，有别于中国与西方各国的条约，是一个平等的条约，但日本要求在其中加入所谓"一体均沾"等条款，试图在中国享有与西方列强相当的特权。不仅如此，日本还将对中国的修约要求与琉球问题捆绑，致使修约问题更加复杂。

使团被派驻日本后，日本正式向中国提出修约要求是在光绪六年（1880）六月，日本派遣宍户玑为驻华公使前来商议琉球问题时，正值何如璋使团驻日时期。当时，宍户商议的方针是，将琉球问题和修改条约同时提出，要求"照各国之例，加入一体均沾之条和内地通商"[③]，以换取"球案"的解决。时值中俄伊犁交涉前途未卜，总署一时答应了日本的要求。

---

① 李鸿章：《酌复朝鲜询问各条》，光绪七年正月二十八日，载"中研院"近代史研究所编《清季中日韩关系史料》卷2，第475~480页。

② 曹中屏：《朝鲜近代史（1863—1919）》，第64~65页。

③ 《总理各国事务衙门奏与日使臣议结琉球案折》，光绪六年九月二十五日，载故宫博物院编《清光绪朝中日交涉史料》卷2，第9页。

何如璋本竭力反对中国签订的不平等条约中有内地通商及一体均沾等特权条款。他曾根据"比年在外""再三研求"的结果,"详悉披陈"商务利害曲折中关系国计民生者,其中一条就是反对内地通商。何如璋揭示:"查欧美通例,凡外国商船不准贸易内港,诚恐夺民生业也。今则内江外海皆任洋舶往来,不特运销外产,而且揽载土货并揽及各地陆运之土货,致使操舟负贩者大半失所流离,虽设局招商购船自运,而稽之税关,不过十之一二,即此载运一款,坐困者当不止数十万家。"他进而指出,内地通商的危害还不止于此。由于中国"海关税额必与西人议定而后行",既无关税自主权,也无治外法权,所谓"管理外商,悉由领事。租界一隅,几同化外。地方禁令外人不但不遵,且明犯之以为利",致使内地通商的危害成倍增加。所以,何如璋强调,像这种"有妨小民生业者"事虽"细微",也"不可轻许"。①

西方情形既如此,日本由于与中国地理逼近,人种类同,何如璋等认为,如果许以内地通商、利益均沾等条,"无形之隐患"就更大。② 为此,他致函李鸿章,"力陈利益均沾及内地通商之弊"。何如璋的建议直接影响了李鸿章的立场。在反对日本修改前约的奏折中,李鸿章称,"正筹思善全之策,适接出使大臣何如璋来书,并抄所寄总理衙门两函,力陈利益均沾及内地通商之弊,语多切实"③,他将何如璋的意见作为一个重要的依据。由于李鸿章等人反对,最后清政府谕令总署与日本再议。黄遵宪曾说:"日本欲藉球案为要求改约计,议以球南数岛割归中国,即以所许西人之内地通商、领事裁判及利益

---

① 何如璋:《奏为与各国通商吃亏贻害极大请力筹抵制事》,光绪八年十二月初十日,录副奏折,档号:03-7133-002,缩微号:532-3429;何如璋:《奏陈商务请力筹抵制疏》,载吴道镕辑《广东文征》卷14,第12~13页。

② 黄遵楷编《先兄公度先生事实述略》,载黄遵宪著,北京大学中文系近代诗研究小组编《人境庐集外诗辑》,附录三,中华书局,1960,第121页。

③ 《直隶总督李鸿章复奏球案宜缓允折》,光绪六年十月初九日,载故宫博物院编《清光绪朝中日交涉史料》卷2,第16页。

均沾等款，许其一体享受。使者以为循人求而损己利，是大不可。"①
后人为何如璋作传时也说："吾国与泰西诸国立约，当事者昧于利害，
许以一体均沾之优待。及中日订约，始删此语。日人不慊之，遣专使
北京，要政府加入，并许其内地通商。公以均沾之约由威迫势劫而
来，在亚细亚成一合纵连横之局，隐为厉阶。日本牟利之术，无微不
入。若许其内地经营，小民锥刀将尽被夺。日使之请乃不行。"② 指的
就是此事。

何如璋使团对日本修改不平等条约情势及不平等条约的特性已
有清楚认识，因此对于日本一面与西方修改不平等条约，另一面却
要求中国在原有平等条约中加入与西方同等的侵略权利，可以说相
当反感。他们将其与日本对中国台湾地区及朝鲜、琉球的侵夺相提
并论，认为是一种"贪心无厌""侵凌攘夺"之举。③ 不过，由于日
方将修约与"球案"的解决联系在一起，何如璋由此看到了日本对
于内地通商一条的重视。所以，当宍户玑回国，"球案"交涉陷入困
境时，何如璋曾向总理衙门提议处理"琉球案"的三大对策，其中
第三条就是将"球案"暂时搁置，强调日本特别关切内地通商条款，
等其来商修约时，以此易彼，"球案"不结，商约终不议行，如此日
本"终当自求转圜，就商妥结"。④ 何如璋借鉴日本改约交涉经验，
提议中国也与西方修改不平等条约，这一主张没能得到清廷的积极
回应，但在处理日本对华修改条约要求中，他的建议受到了清政府
的重视。

---

① 黄遵楷编《先兄公度先生事实述略》，载黄遵宪著，北京大学中文系近代诗研究小组
编《人境庐集外诗辑》，附录三，第 121 页。
② 温廷敬：《清詹事府少詹何公传》，载温廷敬辑《茶阳三家文钞》，第 2 页。
③ 何如璋：《复总署总办论争球事书》，载温廷敬辑《茶阳三家文钞》卷 2，第 5、
7 页。
④ 详见何如璋《复总署论球案暂缓办理书》，载温廷敬辑《茶阳三家文钞》卷 2，第
8~10 页。

　　何如璋"球案"、修约并议的设想，为他的后任使臣黎庶昌所强调。第二届使臣黎庶昌在琉球分岛案上受到阻力，之后日本新派驻华公使榎本武扬来京，黎庶昌非常关切榎本抵达中国后是否提及"球案"与修约事宜，他恳请总理衙门抱定"球案不结，他事一无可商"的原则。他认为日本对于"一体均沾"四字"念念不忘"，"亟欲得之而后已"，正可借此使"球案"交涉出现转机。① 只是榎本此行并没有担负与中国商议修约的任务，黎庶昌的建议也就未见下文。由于日本一直没有停止对华修约的要求，"球案"和修约并议的方案此后仍被反复提起。

　　继何如璋、黎庶昌以后，第三届使臣徐承祖参与同日本修改条约谈判程度更深。光绪十二年（1886）三月，日本驻华公使由盐田三郎接任，他奉命向清政府正式提出修约要求，总署令李鸿章等"筹商准驳"，时在日本的徐承祖参与调查日方改约内情并提出建议。

　　徐承祖通过与日本外务大臣井上馨会晤等，得知日本与各国改约时，暗地与德国做交易，英法得知后"益加作梗"，因此他估计其改约"一时断不能成"。他进而得知，日本之所以急于与中国改约，是因为其与西方各国议加进口货物之税需事同一律，这才不得不同中国商改，否则各国怪其为偏待。徐承祖将这等情形函报清政府，同时建议，如果盐田来商，"似宜婉词推延"。他认为，西方各国正与日本力争，如果中国"遽与商定，恐与西人所争之意参差，西人必归怨于我"。他主张应等日本与西方各国商定之后，中国再与议，这样可参考西方各国所订各条款而斟酌办理。对于徐承祖的分析及建议，李鸿章甚表赞同，称其"所论似尚中肯"，并非常同意徐承祖的缓议建议。他进而向总署提出，中国须等日本与西国议定后方好

---

　　① 黎庶昌：《朝鲜朴泳孝等赴日求减赔款未允改为十年偿还中国若能于台湾添练水师以示必争琉案当可善结神户理事已令黎汝谦代理已购置馆署并酌定署中章程》，光绪八年十月初九日，馆藏号：01-25-010-02-037。

商量，且提议要与"球案"并商妥结。① 此时，中日之间正好发生长崎兵捕互斗案，清政府乘势将改约"暂置勿论"。不过，清政府并没有停止修约的相关准备。盐田三郎是带着条约修改稿上任的，清政府令就日方提出的改约草案逐条细议准驳，徐承祖也参与了该条约修改稿的讨论。

可以看到，徐承祖对条约修改稿的解读已经完全有了对等的概念。他发现约稿中西方国家给予日本的权利中国皆须遵行，而日本给予西方各国的利益中国则一概全无，深感内中"暗要利益均沾"，"流弊甚多"。他认为约稿不但对中国商务不利，且"多窒碍"，"万难照准"，主张明确拒绝。当时，徐承祖听说日本与西方各国开议，各国也是尽力延缓。尽管如此，徐承祖还是遵嘱对约稿逐条加以细驳。②

长崎案了结之后，因盐田催促，修约事宜又重新提上议事日程。总理衙门令李鸿章将盐田原送之约稿应行准驳之处，按款注明后密复。李鸿章因而命津海关周道及署任刘道连同原议朱牧，就日本约稿逐款细加旁注，其中包含徐承祖的改稿。稍后，李鸿章上呈的，除周馥等所呈旁注稿外，还将盐田原约、徐承祖改稿和朱牧驳语共一本一起奉呈。对于徐承祖的按语，李鸿章略有微词，称其"只可于通商第二款内加彼此人民须遵两国所缔之通商章程，似将原约鹘突看过矣"③。

盐田承担的改约交涉主要在北京进行，终因清政府坚持要将修约

---

① 《请缓议日本修约》，光绪十二年五月十七日，载吴汝纶编《李文忠公全书·译署函稿》卷18，第31~32页。

② 《出使日本大臣徐承祖来电》，光绪十二年九月二十四日，载故宫博物院编《清光绪朝中日交涉史料》卷10，第17页。

③ 《论日本修约》，光绪十三年二月初五日，载吴汝纶编《李文忠公全书·译署函稿》卷19，第1~2页。

与此前的"球案"问题一起讨论，而"愿大难偿"①。

　　从徐承祖的情况来看，此时使团对于条约的认识已不仅仅局限于对日本相关改约交涉的观察，对欧美条约也已有了深入了解。徐承祖出使日本之前，担任出使美、西、秘国随员，在此期间，他曾翻译《美英条约》。光绪十年（1884）底，徐承祖到任不久，就曾致信总署商谈刊行他此前译呈的《美英条约》一书。② 徐承祖所译这部条约集颇有意义。光绪七年十月二十八日（1881 年 12 月 19 日），朝鲜使臣翰林院鱼允中前来拜访即将赴任的出使日本大臣黎庶昌，会谈中谈到赵秉镐等正在东京与日本商议定税约之事，如果此次商谈未妥，他希望黎庶昌抵任后，能像何如璋一样继续给予指导。黎庶昌表示税约问题应该由朝鲜自己酌定，但他仍热心询问朝鲜与日本订约的状况，并与之讨论商定税则的一些具体原则。其间，鱼允中希望能阅看汉译英美各国税则约款，黎庶昌告知"英美税则汉译者，尚未见专书"③。由此可知，徐承祖光绪十年（1884）前后翻译的《美英条约》，在当时很可能是第一部汉译《美英条约》译本。通过对美英条约的研究考察，徐承祖对中国与西方所订条约内"最为吃亏之处"，"深知悉"。光绪十年（1884）六月中法议和拟订条约时，他呈文贡献意见，其中涉及领事裁判权和关税协定权，并希望将来中国与各国改约时，"亦可援此以改之"。④ 光绪十年（1884）秋，他在上呈御览的条议中再指出："溯自与洋人订约以来，我国条约吃亏处甚多。以我国

　　① 《复出使日本国大臣黎莼斋》，载于晦若录，李鸿章校《李文忠公尺牍》，合肥李氏石印，民国 5 年（1916）影印本。

　　② 徐承祖：《已递国书正遵旨以难撤驻朝防营极力与井上辩论日乱党起意作践使署欲其国有事中朝遂其私意已照请派捕弹压日外务声言日本绝无利朝土及欺朝鲜之意中国如不添兵日亦不添》，光绪十一年一月初三日，馆藏号：01-25-016-02-014。

　　③ 《照录笔谈》，辛巳十月二十八日，载"中研院"近代史研究所编《清季中日韩关系史料》卷 2，第 546 页。

　　④ 徐承祖：《密陈相互抚恤与请许我在法享领事裁判权关税协定以议结越事办法》，光绪十年六月十九日，馆藏号：01-24-012-01-004。

所立各国和约，与承祖前所翻译美英条约比较自明。"① 他通过西方国家之间错综复杂的矛盾，看到了中国将来改约的机会，因而主张"然苟有机会，勒其更改从前之约，有损于我则去之，有益于我则增之，彼自不得不俯首听从。此亦天假我以维新之便也"②。徐承祖对条约实质的把握得益于他对《美英条约》的翻译和研究，因此他颇看重翻译工作。光绪十年（1884）八月他被谕命为出使日本大臣后即上奏指出，中国派驻各国翻译官"镇日闲居"，建议责令出使大臣随时购买"有用之书"译呈总理衙门，将内中"有裨时事"者排印成书，酌量分发相关各省，认为"久阅者日多，既可转移风气"。③ 光绪皇帝采纳了徐承祖等建议，下令总理衙门即行知照出使各国大臣④，总署遵办⑤。

黎庶昌第二次出使之初，盐田在北京"续理前说"，仍催促要与中国修约，黎庶昌对此颇为关心。光绪十四年（1888）十一月，他在综合汇报各方消息时，曾关切询问"盐田在京不知修约事有无成议"，并提议"或可延搁下去"。⑥ 当时日本与欧美各国的约件已暂时搁置，清政府当然不愿日本"独向我催"，坚持"以缓待为便"⑦，与黎庶昌的建议一致。盐田后来也就只好搁置，不再"催问"⑧，后因病在任上故去。尽管如此，日本并没有放弃对华修约的打算，为此，黎庶昌

---

① 《徐孙麒星使条议》，光绪十年秋，《皇朝八大家经世文汇编》第5册，美国哈门脱辑印发兑，第24页。

② 《徐孙麒星使条议》，光绪十年秋，《皇朝八大家经世文汇编》第5册，第26页。

③ 徐承祖：《请派驻各国翻译官陆续购买有用之书译呈》，光绪十年八月二十六日，馆藏号：01-36-002-16-001。

④ 军机处：《刘铭传徐承祖余思治等奏请购译西学各书及舆地图说以备采择》，光绪十年八月二十六日，馆藏号：01-36-002-16-002。

⑤ 总署：《咨饬购译泰西各书地图恭录谕旨知照由》，光绪十年九月十六日，馆藏号：01-36-002-16-005。

⑥ 黎庶昌：《函述日皇举行观菊会接见各使并称明年大婚极为欣贺又奥使求给宝星图本》，光绪十四年十一月二十三日，馆藏号：01-19-007-03-002。

⑦ 《复出使日本国大臣黎莼斋》，载于晦若录，李鸿章校《李文忠公尺牍》。

⑧ 《复出使日本国大臣黎莼斋》，载于晦若录，李鸿章校《李文忠公尺牍》。

第二次出使时，既关注日本与西方各国的修约进展，也适时地向日方明确转达中国在修约问题上的立场。

光绪十五年（1889）四月间，黎庶昌因盐田三郎病故前往日本外务省吊唁，遇见外务大臣大隈重信，得知西洋各国因日本次年开议院，修改条约在即，除荷兰外，英、法、俄、德、奥、美、西、意、比、葡等国均由正使驻扎日本。① 盐田公使去世，日本拟派大鸟圭介为新任驻华公使前往中国，大鸟赴任的一个任务便是与中国商议修约。为此，该年七月，黎庶昌特意邀请大鸟到一个僻静之处晤谈。他先询问日本与西方各国议约的进展，继而特别就管辖中国人问题说明中国政府的基本立场："以西律治中国人，此决不可行者。"他解释说，这并非中国有心与日本歧义，实因两国情形各殊。日本崇尚西法，中国不愿尽数效仿西法。日本为了管辖西方人，一切法律制度皆改而从之，经营二十余年，并雇用西方人充当法官。西方人在日本的不多，故可行。中国在日人数不在西人之下，中西法律迥然不同，日本既未改用中国法律，又未雇中国人充当法官，因此"以西律治中国人，此决不可行"。当时大鸟也表示，此事本是"极难"，目下虽欲赴中国商议，不但他无一定之见，即使外务大臣也尚无一定不易的办法。② 对于黎庶昌的这番答复，李鸿章非常满意，称赞"直截透快""尤为简明"。③ 黎庶昌向大鸟谈及管辖权问题，实与李鸿章的相关授意有直接关系。可以说，黎庶昌所论，相当程度上是传达李鸿章在这一问题上的基本立场。④

此后，黎庶昌对日本与西方的修约以及大鸟的行踪仍有所追踪考

① 黎庶昌：《日外务大隈主中日亲善海军大臣询中国改定船舰旗式》，光绪十五年五月初五日，馆藏号：01-25-026-01-005。

② 黎庶昌：《与日使大鸟圭介论东西大局及修约各事》，光绪十五年八月十六日，馆藏号：01-25-026-02-004。

③ 《复钦差出使日本国大臣黎莼斋》，载于晦若录，李鸿章校《李文忠公尺牍》。

④ 《复钦差日本国大臣黎莼斋》，载于晦若录，李鸿章校《李文忠公尺牍》。

察。光绪十五年（1889）八月，他报告称，"英日议约近无所闻，当系一时未能即就范围之故"，"大鸟来华尚无准期"。① 黎庶昌看到，日本与西方各国的修约之路并非一帆风顺。九月间，外务大臣大隈重信因改约不合众意而遭玄洋社社员行刺，内阁总理黑田清隆认为被刺事件完全由各大臣办理不善所致，因此他本人以下均引咎辞职，此举引发内阁大更换。黎庶昌推测，照此下去日本修约之事将枝节更多，影响大局。② 在日本，"修约一事，甚属机密"，黎庶昌从特别途经得知，新任外务大臣青木周藏将旧改约稿、约略删正后，寄给日本驻西方各国的公使"就近商议"。其时日本上下注意力集中在开国会问题上，所以黎庶昌认为，修约之事，必待开议院后才会有眉目。③ 直到在他第二次出使即将卸任之际，日本与英国等的修约"尚无定议"。不过，黎庶昌对于日本与中国修约一事充满信心，他认为："中国与西洋情事不同，彼亦不能以西法施之于我。该国近颇体悟此议，将来必有变通办法，不至过难。"④

与日本的修约问题，在清政府看来，较琉球和朝鲜问题处理起来要轻松很多。李鸿章曾说，中日关系的三大难题，最为棘手的是琉球问题，关系最为重大的是朝鲜问题，而比较容易处理的是修约问题。用他的话说："我系创约之人，必向汝饶舌。此一时彼一

---

① 黎庶昌：《日廷以保护朝鲜自任以笼络其心勿令外向为策略以防俄人从中播弄》，光绪十五年八月三十日，馆藏号：01-25-026-02-010。

② 黎庶昌：《日本大隈因改条约不合众意被击》，光绪十五年十月二十一日，馆藏号：01-19-007-02-006。

③ 黎庶昌：《函陈办理琉球三策并朝鲜借洋债一事外务复文甚为取巧抄录呈送由》，光绪十六年五月初九日，馆藏号：01-34-009-01-004；黎庶昌：《函述日皇两次大操生辰及观菊会宴请名使》，光绪十六年十月十五日，馆藏号：01-19-007-03-004。

④ 《出使日本大臣黎庶昌密陈日本近日情形片》，光绪十六年十一月二十一日，载故宫博物院编《清光绪朝中日交涉史料》第12卷，第2页；黎庶昌：《中国宜乘日本渐有亲我之心趁修改条约之际与彼联络以抗西洋》，光绪十七年二月初六日，馆藏号：01-25-028-02-030。

时，尚可相机辨证。"① 李鸿章一直强调与日本的修约应该"缓待""缓办"，② 他还曾对李经方指明，鉴于日本与西方的改约交涉历时数年而"迄无成议"，即使历任外务大臣不断坚持修约，也"一时必无就绪"，所以中国修约"自应居后"。当时任出使日本大臣的李经方因丁忧正准备回国。③ 李经方及其后任汪凤藻在修约问题上没有太多作为，应与李鸿章的这一立场有相当大的关系。

　　① 《致李经方》，光绪十六年七月二十九日，载顾廷龙、戴逸主编《李鸿章全集》第 35 册，"信函七"，第 107 页。

　　② 《复出使日本国大臣黎莼斋》，载于晦若录，李鸿章校《李文忠公尺牍》。

　　③ 《致李经方》，光绪十七年八月二十八日，载顾廷龙、戴逸主编《李鸿章全集》第 35 册，"信函七"，第 250 页。

第三章

《日本国志・邻交志・泰西》篇
与《日本外交始末》

　　考察首届驻日使团时，不能不提到使团参赞黄遵宪及其日本研究代表作《日本国志》，内中的《邻交志》，关涉修约问题。

　　黄遵宪（1848~1905），字公度，别号人境庐主人，近代著名外交官、诗人。道光二十八年（1848）出生于广东省嘉应州（今梅州市）攀桂坊，光绪二年（1876）丙子科顺天府乡试举人，五品同知衔候选知县。父亲黄鸿藻历官户部主事、广西思恩府知府等职，与何如璋交好。黄遵宪以举人入为道员，充出使日本参赞，于光绪三年（1877）底随首任驻日使臣何如璋出使日本，光绪八年（1882）初调任驻美国旧金山总领事。此后，历任驻英使馆参赞、新加坡总领事。光绪二十年（1894）回国，任江宁洋务局总办。中日《马关条约》签订后，黄遵宪忧患国运，在上海参加强学会，投身维新变法运动，以救亡图存为己志，并与同人在上海创办《时务报》。光绪二十一年（1895）奉旨入觐，以道员带卿衔谕授出使德国大臣，因德国担心黄遵宪之来坏其图胶州之谋，设词阻挠，而未成行。光绪二十三年（1897）出任湖南长宝盐法道，代理湖南按察使，协助维新名臣、湖南巡抚陈宝箴推行新政。所著《日本国志》深得光绪皇帝赞许，于光绪二十四年（1898）六月以三品京堂候补充出使日本大臣，未行，而戊戌政变爆发，遂罢归田里。光绪三十一年二月二十三日（1905 年 3 月 28 日），终老故里。著有《日本国志》《日本杂事诗》《人境庐诗草》等。①

　　黄遵宪于抵达日本后第二年即光绪四年（1878）夏天，萌发著述《日本国志》的念头。第三年冬天着手编纂，至光绪八年（1882）初离开日本前往美国旧金山任总领事之前，甫创稿本。在美三年半，公事繁忙，无暇修整，光绪十一年（1885）秋他从美国乞假回乡，"闭门著述，重事编辑"，历两年时间，于光绪十三年（1887）完成全书，② 光绪二十一年（1895）底《马关条约》签订当年刊行，一时"为海内通人所宝"。③ 黄遵宪本人很快得到光绪皇帝召见，命将所著《日本国志》等进呈。戊戌变法重要理论著述康有为的《日本变政考》，以及百日维新中的若干重要奏文，多从其中摘取素材。

　　《日本国志》旨在"副朝廷咨诹询谋""详今略古，详近略远"，以"期适用"。④ 全书 40 卷，其中《邻交志》专门介绍日本外交历

　　① 见赵尔巽等撰《清史稿·黄遵宪》和梁启超著《嘉应黄先生墓志铭》，载陈铮编《黄遵宪全集》下册，第 1569~1571 页。

　　② 光绪七年（1881）六月在《致宫岛诚一郎函》中云"仆所撰《日本志》将近脱稿"。光绪八年（1882）春黄遵宪在《奉命为美国三富兰西士果总领事留别日本诸君子》诗中则有"草完明治维新史，吟到中华以外交"句。1892 年（明治 25 年）在英国使馆给日本友人的信中也说"前在东京草创《日本国志》"（参见「黄氏来函」、明治 14 年 7 月 17 日、『宫岛诚一郎文书』、C7-5；「清使笔谈及书翰往复·五号」、『宫岛诚一郎関係文书』、2145；李鸿章《咨送前出使日本参赞黄遵宪所著日本国志一书请查阅》，光绪十四年十一月十七日，《总理各国事务衙门档》，馆藏号：01-34-003-09-001；黄遵宪《日本国志叙》，光绪十三年夏五月，载黄遵宪《日本国志》，羊城富文斋，光绪十六年（1890）刊版；黄遵宪著，钱仲联笺注《人境庐诗草笺注》上册，上海古籍出版社，1981，第 340 页）。可知黄遵宪在离开日本之前，《日本国志》已完成初稿。

　　③ 《日本国志》，《湘学报》1898 年第 28 期，第 30 页。

　　④ 黄遵宪：《日本国志·凡例》，羊城富文斋，光绪十六年（1890）刊版；以下若无注明，均为此版。

史，分为上、下两篇，上篇《华夏》篇，下篇《泰西》篇。《华夏》篇3卷，叙述中日两国交往的历史；《泰西》篇2卷（卷7、卷8），叙述日本与西方各国交往的历史。如果说《华夏》篇是近代中国第一部研究中日关系的著述，那么，《泰西》篇则是近代以来第一部研究日本与西方关系的专论，近代东西方关系史中的许多问题在这里均可以找到其源头，包括日本与西方条约关系的历史。而探讨清楚此源头之渊源及流变，可更深入全面地理解首届使团与修约问题。

薛福成在《日本国志》序言中指出，《日本国志》"采书至二百余种"①，然而，黄遵宪没有具体列出参考书目，仅在行文中提到10余种日本书和20余种中文书的书名②。可惜的是，这些书既未在《泰西》篇中提及，所述又大多为日本古代历史，即使间或有个别著作与《泰西》篇叙述历史时期相当，也很难发现其征引的确凿证据。目前，关于《日本国志》征引书目问题的研究，已取得一定成果。最近，又发现几种与《日本国志》相关的日本书籍，亦未载于《泰西》篇。③

笔者在加州大学伯克利分校查阅有关近代日本修改条约交涉的资料时，惊奇地发现，《日本国志》改刻本④《泰西》篇中有相当多的内容，竟然直接译自渡边修次郎的《日本外交始末》（以下均简称《始末》）一书。

---

① 薛福成：《日本国志序》，载黄遵宪《日本国志》，上海图书集成印书局，光绪二十四年（1898）版，第1页。

② 参见盛邦和《黄遵宪史学研究》，江苏古籍出版社，1987，第114~116页；郑海麟《黄遵宪与近代中国》，生活·读书·新知三联书店，1988，第161~162、297~300页。

③ 参见盛邦和《黄遵宪史学研究》，第114~115页；郑海麟《黄遵宪与近代中国》，第297~300页，〔日〕杉村和代《关于黄遵宪的〈日本国志·地理志〉所据的资料问题》，北京市中日文化交流史研究会编印《黄遵宪与近代中日文化交流国际学术讨论会论文集》，北京：中国文化交流史研究会，2001年8月；王宝平《黄遵宪与〈艺苑日涉〉——〈日本国志〉源流考》，《世界历史》2001年第4期；王宝平《黄遵宪〈日本国志〉征引书目考释》，《浙江大学学报》（人文社会科学版）2003年第5期。

④ 黄遵宪《日本国志》大致有初刻本和改刻本两种。目前影印流传于坊间的现代重刊本，如台北文海出版社影印本（1974）、上海古籍出版社影印本（2001）以及中华书局标点本（2005），均是改刻本。本文的讨论首先以改刻本为准。

第一节　《泰西》篇三大部分对《始末》的征引

渡边的《始末》一书，是一部章节体史书，叙述自天文十一年（1542）葡萄牙船来到日本，日本开始与西方交往，至明治 13 年（1880）7 月井上馨外务卿向除美国之外的西方各国送交修改条约草案，前后 300 余年的历史。全书共 3 编 16 章：第 1 编自葡萄牙船来日至天保十三年（1842）废除驱逐域外船只令；第 2 编自美国舰队来航，日本与西方列强签订第一批不平等条约，至幕府时代结束；第 3 编自明治政府实行开国政策，至日本向西方各国送交修改条约草案。

《泰西》篇按编年叙述，其体例虽然与《始末》不同，但叙述的历史时期却与《始末》完全一致，亦起自天文十一年（1542），止于明治 13 年（1880）7 月。不仅如此，两者的历史分期也非常接近。《泰西》篇以庆应二年（1866）五月与英、法、美、荷四国改订税则条约为界，分为前后两卷，前一卷相当于《始末》第 1、2 编，后一卷则相当于《始末》第 3 编。① 尤其引人注目的是，《泰西》篇大量采用《始末》的内容，主要集中在三大部分：第一部分是卷 7 正文最后部分，自安政五年（1858）与英国条约的签约者的署名以下，至该卷正文结束；第二部分是卷 8 论庆应元年（1865）幕府与各国公使交涉开港问题之后，随文增加的两行夹注；第三部分是卷 8 最后部分，自明治元年（1868）举行大政复古盛典、颁布五条誓文，至该卷末。

《泰西》篇这三大部分与《始末》的征引关系，首先表现为逻辑结构与《始末》第 2、3 编的相关章节完全对应。

第一部分叙述幕府末年与西方各国的签约活动，着重论述安政五年（1858）以后的五大签约事件，与《始末》第 2 编第 5、7、9、

---

① 卷 8 的情形较卷 7 复杂，具体涉及《泰西》篇的修订问题，参见下文相关论述。

10、11 章所论，正好一致。具体对应如下：（1）安政五年（1858）与英国的条约及所附海关税则章程，相当于《始末》第 5 章"各国条约书"部分的《英吉利条约》和《日本各开放港口貌利太尼亚商民贸易章程》；（2）文久二年（1862）幕府遣使与英国复议锁港，在伦敦签订《伦敦条约》，相当于《始末》第 7 章"使节出使欧美"和《伦敦协定》；（3）元治①元年（1864）与法国谈判锁港问题，签订《巴黎协定》，相当于《始末》第 9 章"使节锁港谈判未成"和《巴黎协定》；（4）元治元年（1864）"下关事件"及《下关条约》的概要，相当于《始末》第 10 章"下关事件"和《下关善后书》；（5）庆应二年（1866）五月各国胁迫幕府于江户签订改税条约，相当于《始末》第 11 章《改税协定》。

第二部分内容简略，情况比较简单。

第三部分叙述明治维新以后日本与西方各国交往的历史，总体上相当于《始末》第 3 编第 12 章至第 16 章。其中：（1）明治初年几大攘夷事件与各国的武力要挟，分别相当于第 12 章第 4 节②"外交困难"和第 6 节"武力事件再发"；（2）外国在开放口岸驻兵及其撤离，相当于第 12 章第 10 节"护卫兵的废除"和第 9 节"外国军队撤离"③；（3）条约各国国主的称呼问题，相当于第 13 章第 2 节"条约各国君主名称制"；（4）撤废耶稣教踏绘制度和当道监牌，相当于第 13 章第 4 节"默许耶稣教"和第 5 节"浦上村的耶稣教徒"；（5）派遣海外留学生，相当于第 13 章第 6 节"海外留学生"；（6）聘用外国人，相当于第 15 章第 2 节"聘用外国人"；（7）驻外使领馆的设置，相当于第 13 章第 7 节"公使馆、领事馆的创立"；（8）外国人犯罪的

---

① 《邻交志》作"元始"有误，《国统志》作"元治"（黄遵宪：《日本国志》卷 3，第 3 页）。

② 原著没有编注节序，鉴于第三部分与《始末》的对应情况比较复杂，为了论述方便，拟按顺序编加。

③ 原标题的顺序与正文内容的顺序不一致，以正文内容为准。

审判问题，相当于第 15 章第 3 节 "彼此审判的弊病"、第 4 节 "外人不遵守日本法律" 和第 5 节 "'黑司佩利亚'船事件"；（9）外宾来访，相当于第 15 章第 6 节 "独逸皇孙等的来访"、第 9 节 "格兰特氏"；（10）桦太边界交涉和秘鲁船卖奴事件这两大取得成功的外交事件，相当于第 14 章第 5 节 "桦太边界论" 和第 6 节 "'玛利亚留士'① 号船卖奴事件"、第 2 节 "日本人被当作贱民、佣奴送往布哇"；（11）明治 4 年（1871）岩仓使节团出使欧美，相当于第 16 章第 6 节 "全权大使出使欧美" 的相关部分；（12）西南变乱后日本与各国公使的改约交涉，以及与美国订立修改条约协定，相当于第 16 章第 7 节 "美国修订条约协定"；（13）明治 12 年（1879）日本将关税修改草案送各国公使，以及英国和日本各地商会的意见书，相当于第 16 章第 8 节 "内外商会的意见"；（14）明治 13 年（1880）将修改条约草案分送各国公使，相当于第 16 章第 11 节 "修改条约草案" 部分。上述除聘用外国人部分较《始末》有所提前，桦太边界交涉和秘鲁船卖奴事件有所后调之外，两者叙述的逻辑顺序完全一致。

不仅如此，《泰西》篇三大部分还直接采用《始末》的表述。鉴于这三大部分正文内容简约，大量使用随文夹注加以补充、说明，间或发表评论，拟将正文和夹注分别予以讨论。

可以说，言简意赅的正文部分，基本上是对《始末》各相关部分的翻译。翻译中，往往将《始末》详尽的叙述，用几句话加以概括，较《始末》简练而不失其原意。

如果说有例外，那就是第一部分论 "使节出使欧美" 的目的。《始末》说是由于兵库和新潟开港期限迫近而前往谈判延期开港问题，《泰西》篇则作 "复议锁港"，含义略有不同。另有一二处过渡性议

① 采用《邻交志·华夏》篇中译名。黄遵宪：《日本国志》卷 6，第 4 页。

论文字，完全出于《泰西》篇之笔。这一二处议论一般是对前后行文的小结或者过渡，文字简短，不牵涉具体的资料信息。《泰西》篇的"锁港谈判"之说，可能来自《始末》在论与英国谈判之后，继而对同期就相同问题与法国谈判的阐述。《始末》论述这段历史时又加"使节锁港谈判未成"这一标题。《泰西》篇则将前后两次遣使事件置于同一背景下论述，遣使谈判的目的择其中一方之说。由此可以断定，《泰西》篇三大部分的正文部分主要是采用《始末》的论述。

相对于文字简约的正文而言，夹注部分内容丰富，其征引的方式则表现出多样且复杂的面相。比较直接明了的，有如下二种。

其一是选译。第一部分安政五年（1858）与英国的海关税则章程和第三部分与美国议定修改条约协定，均属于这种情况。其中，海关税则章程节译了《始末》之《日本各开放港口貌利太尼亚商民贸易章程》第2则最后关于鸦片输入的规定及其税率，第7则第2、3类和第4类各一部分。如此节译，可能是由于这些条款与中国的海关税则关系较为密切。与美国修改条约协定，节译《始末》所录《修订日本国合众国现行条约某些条款并为增进两国通商的协定》第1、5条和第10条的相关内容。

其二是几乎逐字逐句地翻译。第一部分《伦敦协定》《巴黎协定》《改税协定》等各大条约，第三部分"护卫兵的废除"、"浦上村的耶稣教徒"、"海外留学生"和"聘用外国人"、"全权大使出使欧美"等，均属于这种情况。翻译中，《泰西》篇总体要较《始末》简约。如《始末》一般完整地收录条约原文，包括序言、具体条款和补充说明各大部分。《泰西》篇往往将一些不涉及条约核心内容的简单背景交代、序言和结尾中属于条约文本特有的形式化套语，加以简化或省略；间或将条约正文的某些句子整合简化；对极个别的与前条款内容重复的句子予以省略；双方签约者的名字，翻译中也有所简化。又如"聘用外国人"中对明治12年（1879）以后所聘外国人人数变化趋势的评析，《始末》花了近 70 字，《泰西》篇用一个"犹"字予以概括，扼要又不超出《始末》的范围。此外，把《始末》"护卫兵的废除"中"完全废止"，译为"始废"，将《始末》"海外留学生"部分括号中的内容糅合到正文中。这些均不足以影响两者的翻译关系。

其间有个别事实稍有出入。第一部分中，对于《英吉利条约》日方的签约者之一，《始末》作"津田半三郎"，《泰西》篇则作"津田丰三郎"；英方签约者名字，《始末》用假名形式表示其全名，《泰西》篇译为"叶留燕"，取其名，不译姓和中间名。《巴黎协定》第 3款中，《泰西》篇指出"片铅、铅蜡、地毡、石炭、藤，及画绘所用油蓝，照值百取五税"，《始末》指明这些物品归于"凡包装茶叶所用各品"，属于免税商品；《泰西》篇又将同一条款中酒精、白糖、铁、各种机器、机器所用各件、麻布、钟表、袖珍表、表锁、玻璃器件、药材等下移，与接着所列举各物一并作为"值百取六"论，而《始末》作"五分税"论。第三部分论岩仓使节团与美国的改约交涉，两者均指明改约的具体日期为"明治 5 年 5 月"，但谈到改约期限时，《泰西》篇指出"原约以十年为期"，《始末》则说"条约规定十四年后为修改期限"[1]。所聘外国人的薪水，一作"千万元"，一作"几百万元"。如此等等。这些出入，或者出于印刷问题，或者出于笔误。如改约期限，查安政五年（1858）与美英等国的条约原文，规定改约期限均为 14 年[2]，《泰西》篇中也有相似的记载[3]。当时中国与西方各国签订的条约有效期一般以 10 年为限，《泰西》篇可能误将中国的条约期限移用于日本。两者关于所聘外国人薪水表述的差别，可能与计算单位不同有关。文中，两者均未注明为年薪抑或月薪。而各

---

① 渡邊修次郎『日本外交始末』、東京、松井順時、1880、177 頁。
② 渡邊修次郎『日本外交始末』、43、50 頁。
③ 黄遵宪：《日本国志》卷 7，第 17 页。

类商品的税率误差，似属于阅读错位问题。黄遵宪在撰写《日本国志》征引日文资料时，有时还请人帮助翻译。这一事实的出入，很有可能为转手误译所致。

第二节　有关简略超出部分的解释

《泰西》篇三大部分的夹注所表现的上述两种翻译方式，问题比较明了。需要深入考察的是，在同一个夹注中出现部分内容采自《始末》，部分内容却超出《始末》的现象。这些超出内容，有些比较简略，有些却颇为复杂。由此又涉及一个新的问题，《泰西》篇的三大部分在征引《始末》时，是否同时还征引其他文献资料？

就简略超出内容而言，在第二部分论幕府与各国公使交涉开港中，谈到幕吏将敕书出示给各国公使后英国公使的反应时，增加英国公使的一句话。第三部分论条约各国国主的称呼问题时，增述锁港时代日本对外国人及其国主以及日本将军的称呼的概况；论撤废耶稣教踏绘制度时，增述踏绘制度最初设立的概况；论驻外使领馆的设置时，增注第一批公使的名字，领事馆驻地的地名译音略也有不同，且将驻地之一的新加坡（文中作新嘉坡），由《始末》的印度名下移到英国名下；论外国人犯罪的审判问题时，增加了关于日本制定游猎规则的概况；外宾访日部分，增添英国王子、意大利皇族的来访，美国前总统格兰特访日临别赠言中出现一点新内容；明治12年（1879）英国和日本商会的意见书中，添加美国实行税则的例子；等等，总计七个主题下分别有《始末》所不记的内容。

综观上述各大主题下的超出内容，大都为只言片语，相对于其采自《始末》的内容而言，就显得相当简略了。如《泰西》篇第二部分，添加英国公使所言"使臣之职遵约而已，他非所知"一句，非常简单，其余则是对《始末》第11章"拒绝兵库先期开港"部分相应

内容的忠实翻译。又如第三部分英国在横滨、兵库、大阪等地的商会
与日本东京、大阪和长崎等地商会的意见书。这份"内外商会的意
见"，长达千余字，是《泰西》篇三大部分的夹注中，除条约文本之
外最为翔实之处，其超出文字，从绝对字数上看，也是上述七大主题
下文字超出最多的部分。反观日本各地商会意见书原始文件，非常详
尽，单是大阪商会关于条约改正的建议书，就详细论述了明治元年
（1868）至10年（1877）贸易消长的状况，现行条约及其税则不可行
的理由，贸易衰微与当时日本特殊的国情和制度的关系，今后理财的
三大要点及其与修改现行税则的密切关系。① 再加上东京商会和长崎
商会的，原有内容非常庞杂。《泰西》篇的概述，虽然略有超出《始
末》之处，但主要仍是对《始末》的翻译。

其实，这些简略的超出部分，除一些是变换角度对《始末》的相
应部分做新的表述外，余下更多的则可从黄遵宪自身的认识积累，尤
其是从《日本国志》其他各卷中找到相应的内容。

以超出文字最多的"内外商会的意见"为例。其超出于《始末》
的是，中间所增添的一些国际、国内背景，最后部分增加的一段议
论，一处地名、一段商务盛衰年份的改动，这些均未涉及主旨所在的
商会所提出的意见。

引人注目的最后一段议论，是论金银滥出在对外贸易中的严重危
害以及解决该问题的出路。虽然在《始末》中找不到与其相对应的语
句，但如果进一步考察《始末》相应部分以明治9~10年（1876~
1877）生丝输出变动为例所述的金银流出对外贸影响这一实例，将会
发现，《泰西》篇的这一段议论其实是对《始末》这一实例进行概述
并略作发挥罢了，观点与内容并没有超出《始末》的范围。黄遵宪本
人对明治初年日本外贸的症结——钱荒问题有深刻的了解。早在光绪

---

① 参见五代友厚「條約御改正ノ儀二付建言書」、明治12年10月20日、稲生典太郎
編『条約改正論資料集成』（1）、東京、原書房、1994、31-50頁。

六年（1880）七月，他就曾代表何如璋以当时日本的外贸问题为例，向前来与日本商谈税则等问题的朝鲜修信使金弘集，讲解钱荒即海关金银流失在国计民生中的严重危害，已如上所述。《食货志》曾对明治13年（1880）以后纸币贬值、民生困顿、政府无能为力的现象做过深入分析，并借商务人士之口说："论商务者乃谓纸币为一国流行之物，多亦不足为害。苟使裁损减少，反无以资民谋生。今日非纸币过多之害，乃输入过多，金银滥出之害也。其言非不扼要。"① 这些论述正好与"内外商会的意见"中所增议论部分的要旨不谋而合。另增国际背景和日本国内背景，包括美国提高税率之例，以及"而今日本已自造金银货"和"泰西通例，本国只用本国之货"，均比较简约，这些也都是黄遵宪长期关注的问题。驻使日本之初，他曾深入探究日本与美国等西方国家改订税则问题，以及与金银之关系。② 《物产志》中又以"外史氏曰"的形式阐述西方的保护税问题，并举实例以详其论。③ 对日本铸造货币的历史，他了如指掌。④ 对于西方各国采用本国通用贸易货币的通则，更是所知已久。⑤ 此外的两处改动，将《始末》的"支那"，改作"上海、香港"，将商务盛衰变动的周期上限，由《始末》的明治元年（1868）改为明治3年（1870），下限由《始末》的明治11年（1878）改为明治10年（1877），较《始末》显得保守。贸易地的具体化，这应是黄遵宪对中日贸易深入了解的反映。至于贸易周期变动的年份，从《始末》紧接着叙述的生丝贸易变动的情况，以及书后附录的《各港贸易表》来看，与《泰西》篇的界定非常接近。《泰西》篇很可能是结合了这些资料而略

① 黄遵宪：《日本国志》卷19，第22页。
② 光绪六年（1880）七月与金弘集会谈中，黄遵宪向金弘集讲述国际通行的定税法，帮助朝鲜解决与日本关税交涉的问题。《大清钦使笔谈》，载赵中孚等主编《近代中韩关系史资料汇编》第11册，第49~50页。
③ 黄遵宪：《日本国志》卷38，第1页。
④ 黄遵宪：《日本国志》卷14，第20页；卷19，第19页。
⑤ 黄遵宪：《日本国志》卷19，第20页。

做的新表述。

以上所引，以及下文将引用《日本国志》的其他各志内容，均为初刻本内容，其中所涉及《日本国志》的改订问题，下一节将做进一步讨论。《泰西》篇在参考《始末》的同时，与本志内其他各卷相关内容互参，这种现象在《日本国志》中并不少见。《泰西》篇论秘鲁船卖奴事件时曾说，"事详《邻交志》上篇"①。《食货志》谈到德川氏中叶商务日衰之状时，说"事详《邻交志》上下篇"②；谈到国债、货币、纸币等情形时，说"国债详《食货志》""余详《食货志》货币条""纸币详《食货志》"③；等等。这种本志内部互参现象，在即将谈到的《泰西》篇超出《始末》的复杂部分中，可以看得更加清楚。

由此推断，"内外商会的意见"中的简略超出部分，可以视为黄遵宪多年来认识积累的反映，而不涉及特别征引其他文献的问题。

这一论断，同样适用于第三部分其余五大主题之下的简略超出部分。（1）简略提及幕府时期视外国人"为夷敌或斥为异类"，了解这一点，对于像黄遵宪这样的既熟悉近代中国的对外认识，又对日本的外交交涉历史有深入了解者来说④，似乎不是一个复杂的问题；又简略提到将军"自称为日本大君"，这在《始末》中作者以"外国人误把将军当作日本帝王"为题，专门介绍在外交上引起的误会。⑤（2）简述踏绘制度最初在长崎设立的概况，这段历史在《泰西》篇论灵元

---

① 黄遵宪：《日本国志》卷8，第28页。

② 黄遵宪：《日本国志》卷20，第26页。

③ 黄遵宪：《日本国志》卷14，第20页。

④ 石川英（鸿斋）在《日本杂事诗》刊刻本的跋中说："公度来日未及二年，而能写三千年历史，八大洲之事，且详确如此。若非读书一目十行，岂能如斯。"又说："即今以派遣之使，而畅论日本国事，已非浅见寡闻之士所可及。"〔日〕石川英：《日本杂事诗·跋》，同文馆光绪五年（1879）聚珍版。

⑤ 渡邊修次郎『日本外交始末』、33页。

天皇宽文八年（1668）禁教史时，已有更为详细的介绍。① （3）所补充的日本第一批驻外公使森有礼和鲛岛尚信二人，对黄遵宪来说，均是熟人。驻日期间他曾协助何如璋密切关注森有礼的行踪；② 《食货志》论明治 5 年（1872）日本政府派人前往美国募集外债时，又谈到"时驻华盛顿少办（原文如此）务使森有礼"对外债问题的态度。③ 他与鲛岛尚信也有公务往来④。将领事馆驻地之一新加坡，从印度名下移到英国名下，这其实是对《始末》的订正。⑤ 黄遵宪随薛福成出使英国后不久，曾出任中国驻新加坡第一任总领事，直至光绪二十年（1894）中日甲午战起才应邀归国，他对新加坡所属问题应该非常清楚。《食货志》中，他也将新加坡置于英国名下。⑥ （4）所增有关游猎规则的简要解释，以及所涉及领事裁判权问题，曾是日本与西方各国修改条约交涉的主要问题之一，为此，黄遵宪曾花费大量心血，致力于此多年，其中对于明治 13 年（1880）日本修改条约草案的研究与借鉴，就是一个典型的事例。前文所述该改约草案中的法权问题，包括港则、枪猎规则、检疫规则等。（5）所论英国王子、意大利皇族的来游，只提到为止，更为简略；在美国前总统格兰特访日临别赠言中增添"并愿与英、美诸绅设立东洋友会，力御外侮"一句，这对于格兰特访日时的当事人之一的黄遵宪来说，似乎也不是一件需要特别再参阅其他资料的事情。

---

① 黄遵宪：《日本国志》卷 7，第 10 页。

② 何如璋：《与出使英法国大臣曾袭侯书》，载温廷敬辑《茶阳三家文钞》卷 3，第 7 页。

③ 黄遵宪：《日本国志》卷 18，第 15 页。明治 3 年日本驻外使臣制度初建时，使臣分为大、中、少弁务使各等，明治 5 年（1872）10 月废弁务使，代以特命全权公使、弁理公使、代理公使等职。弁务使是日本早期驻外公使的一种。

④ 蒋英豪编著《黄遵宪师友记》，香港中文大学，2002，第 78 页。

⑤ 自 1819 年史塔福·拉夫兹（Stamford Raffles；又译斯坦福·莱佛士）购得此岛，至 1945 年 2 月陷落于日本军手中之前，新加坡一直是英国的殖民地。外務省外交資料館、日本外交史辞典編纂委員会『日本外交史辞典』、東京、大藏省印刷局、1979、406 頁。

⑥ 黄遵宪：《日本国志》卷 20，第 27 页。

由此可见，涉及七大主题的这些简略超出部分，应该不涉及特别参考其他文献的问题。

其实，《泰西》篇与《始末》的这些差别，相对于其与《日本国志》其他各志的同一主题内容差异而言，就显得微不足道了。以使领馆驻地为例，《职官志》《食货志》均谈到日本使领馆在各国分布的情形，且颇为详细，但所述与《泰西》篇差别甚大。《职官志》介绍在几个亚洲国家以及欧洲的意大利等国的驻在情况，未提《泰西》篇所介绍的英国、俄国和德国等国。[①]　《食货志》的驻俄领事馆地点，与《泰西》篇所叙差异很大。[②] 反观《泰西》篇与《始末》，除新加坡所属问题这一背景知识之外，其余两者完全一致，由此可见两者关系之密切。

第三节　《泰西》篇初刻本与改刻本的差异及其与《始末》的关系

如果说《泰西》篇三大部分的简略超出部分，尚未涉及其他参考文献，那么，复杂的超出部分的情形又如何呢？所谓复杂的超出部分，是指第三部分明治初年三大攘夷事件和两大进步外交事件这两大主题之下的内容，超出《始末》既多，且同一细节的叙述还有明显的出入。本文至此为止的前述讨论，完全基于改刻本展开，尚未涉及初刻本，为此，还需再从《日本国志》的刊刻与修订、初刻本与改刻本的差异谈起。

《日本国志》于光绪十三年（1887）夏季完成全书，但迟至光绪二十一年（1895）底甲午战败后，才正式刊行。光绪二十二年

---

① 黄遵宪：《日本国志》卷14，第18页。
② 《泰西》篇说"鲁之哥尔萨、浦监斯德"，而《食货志》说"俄之华地云士铎"。黄遵宪：《日本国志》卷20，第27页。

（1896）又加以修订，至光绪二十三年（1897）再度刊行，① 与初刻本并行于世。对初刻本的修订只进行到第 8 卷，包括本文讨论的《邻交志·泰西》篇。我们在阅读改刻本时也会发现，《泰西》篇卷 7 叙述到庆应二年（1866）幕府与英、法、美、荷等国的条约交涉事件为止，卷 8 开头却并非接着叙述庆应二年（1866）之后的历史，而是接安政五年（1858）与西方各国签约事件，依次叙述安政、文久、元治各朝以及庆应元年（1865）的历史，② 之后，才回过头来接卷 7 结尾开始叙述庆应二年（1866）以后的历史。这样看来，倒叙过长过多，可以说，对于编年体例的史书来说是不自然的。

综观改刻本的修订，基本上是在保持初刻本结构、内容和观点总体不变的前提之下进行的，大致有以下几种情况。

第一种是个别文字的改动。如将"今之德意志或作独逸"改为"今之德意志多作独逸"，将"天下争诵之"改为"有识争诵之"，将"愿得赐敕申约以舒目前之祸"改为"愿赐敕允以舒目前之祸"，将"幕府告之中外"改为"幕府宣告中外"，将"无变条约"改为"无悔条约"，等等，有 10 来处。

第二种是订正。将"王亲町帝"改为"正亲町帝"，将安政五年（1858）在长崎、箱馆诸地奉行会晤俄、英、荷、法四国之签约时间，由"九月"改为"七月"，计约 2 处。

第三种是删除。有删除个别字句的，如将"秘鲁或作白露或作比露"中的"或作比露"4 字删除，情同个别文字的改动；有删除整段

---

① 光绪二十三年三月二十一日（1897 年 4 月 22 日）黄遵宪《致汪康年函》云："知《日本志》概送尊处，应改之十数篇，已寄粤省梁诗五，催其速印。印就寄到，即请饬人改订，并撤去李批、张咨。"四月十一日《致汪康年函》又云："梁诗五处如寄到《日本志》改本，乞即改订代售。所定价如何，速以复我。现已印七百部，拟京、津各存百份，余四百份概归报馆，君谓何如？"八月《致汪康年函》再云："《日本国志》由粤中补刻后序各篇，知已收到，乞照前函装订发售为感。"（载陈铮编《黄遵宪全集》上册，第 404~405、407、411 页）。可知，《日本国志》改刻本于光绪二十三年（1897）已经刊印。

② 黄遵宪：《日本国志》卷 8，第 20~26 页。

文字的，初刻本在论述明治政府向各国公使通告新政府成立之事之后，接着叙述各国公使提出制止排外暴力事件的要求，以及明治政府及民众对各国这一要求的回应，改刻本将后接部分全部删除。共计此2处。

上述三种类型的修改，对文意均影响不大。涉及与《始末》征引关系的，是以下两种情形。

其一是三处大的结构调整。将庆应二年（1866）冬至三年（1867）春幕府遣使与俄国谈判桦太岛边界问题之事①下调，作为明治政府成立后外交成果的一项事例。将明治政府成立之初（明治元年2~3月）政府宣布保护外国人政策之后，土佐藩兵炮击法国人和备前藩士炮击各国租界两大事件②下调，与同时下调的明治元年（1868）3月英国公使入朝拜谒天皇祝贺大政复古盛典途中遭浪人袭击事件③，作为明治初年"攘夷之说未息"的三个事例一同论述。调整过程中，原事件的先后顺序有所调整，详略也有变化。

上述所谓改刻本《泰西》篇三大部分相对于《始末》的复杂超出部分，其实完全是由初刻本调整过来，并与《始末》的相关内容相整合而成的。对于同一事件的叙述，初刻本与《始末》详略并不相等，细节描述也有不一致之处。改刻本在整合时，或从初刻本，或从《始末》。

就三大攘夷事件而言，备前藩士炮击各国租界事件，初刻本非常简略，《始末》较详细，改刻本从《始末》，并增加"诸藩轮船之泊于神户者"一句；该事件中的冲突对象，初刻本指为"杀佛人"，《始末》说炮击各国，改刻本也从《始末》。土佐藩兵炮击法国人事

---

① 黄遵宪：《日本国志》卷8，浙江书局，光绪二十四年（1898）重刊本，第15页。
② 黄遵宪：《日本国志》卷8，浙江书局，光绪二十四年（1898）重刊本，第16页。
③ 黄遵宪：《日本国志》卷8，浙江书局，光绪二十四年（1898）重刊本，第17页。

件①，初刻本的描述从事件发生地到冲突过程等各个细节，均与《始末》有较大出入：地点一为界浦，一为泉州堺；冲突方式一为"炮击"，一为"枪杀"；死亡（伤）人数一为16人，一为11人，改刻本均以初刻本为准，而与《始末》有了出入。阐述事件善后处理问题的随文夹注，前半部分为法国提出的五大要求，改刻本从《始末》，与初刻本有较大出入；后半部分为签订协议后幕府依议对土藩人士的处置，文字完全从初刻本，内容与《始末》也无出入。英国公使前往祝贺大政复古典礼途中遇刺事件，正文部分结合两者内容，夹注部分完全节译自《始末》。其中一个细微的差别是攘夷的告示，改刻本指出张贴于"日本桥"，《始末》未提这一地点。

明治初年两大进步外交事件的征引整合情形，也大致如此。桦太划界交涉，《始末》的叙述起自安政元年（1854）《下田条约》，迄明治政府以千岛换桦太这一完整的历史过程，初刻本只论幕府时期而不及明治时期，就所述历史时期而言，改刻本从《始末》。在具体论幕府时期交涉时，改刻本几乎原原本本地从初刻本复制过来，而与《始末》在个别细节上有了出入。如文久二年（1862）谈判中俄方提出的分界纬度，改刻本以初刻本为准，为"四十八度"，《始末》为"四十度"。桦太划界明治时期的交涉，征引情况略为复杂，容稍后详论。秘鲁船卖奴事件，《始末》所述非常详细②，《泰西》篇只说"事详《邻交志》上篇"。接着论该事件的影响，改刻本采用了《始末》该节的最后部分，初刻本无此内容。日本人被当作佣奴送往布哇部分，采用《始末》的相关论述，初刻本无。

尚需说明的是，改刻本中日俄桦太边界明治时期的交涉中，几次交涉的具体时间以及日方主持谈判者的名字，既不见于初刻本，也不

---

① 该事件在信夫清三郎编的《日本外交史》上册（天津社会科学院日本问题研究所译，商务印书馆，1980，第124页）中有记载。
② 渡邊修次郎『日本外交始末』、152-153頁。

见于《始末》。谈到秘鲁船卖奴事件的影响时，提及禁娼妓一事，初刻本《泰西》篇与《始末》也均无。这是两例新的超出内容。由于超出的内容均非常简约，形同本章第二节所论的简略超出情形，因而也可以从黄遵宪的认识积累中得到解释。《国统志》说，明治 4 年（1871）"五月，遣参议副岛种臣于俄罗斯议桦太疆界"[①]；又说，明治 8 年（1875）"十一月，割桦太全岛与俄罗斯，以换千岛"[②]。副岛之外的另一名主持谈判者榎本武扬，黄遵宪与其有交游。[③] 关于禁娼妓一事，《国统志》中说，明治 5 年（1872）"十月，禁卖买人口，解放娼妓"[④]。如上所述，《日本国志》的修改只进行到第 8 卷，各卷修改程度也各有差别。以上为解释各种简略超出部分时所引《日本国志》之各志内容，均属于初刻本内容，反映的是黄遵宪 1870 年代末开始修撰《日本国志》至 1880 年代末初刻本完成之前的思想认识。光绪二十三年（1897）前后修订时既有这些现存的材料，也就不需要另外征引其他文献的问题了。

其二，除结构性调整外，改刻本《泰西》篇与初刻本《泰西》篇之间的差异，还涉及征引关系的另一种方式，也即最后一种修改方式——增补新的内容。有增加个别新资料的，如《泰西》篇篇首谈到西方各国的译名时，增加丹麦的译名，这与本文主旨关系不大。有大段大段增补的新内容，计有 3 处，分别是：卷 7 最后部分自安政五年（1858）与英国条约的签约者名字以下，至本卷正文结束，增补文久二年（1862）至庆应二年（1866）幕府与英、法、美、荷等国条约交涉的历史；卷 8 中间在庆应元年（1865）幕府与各国公使交涉开港问题之后，增加两行夹注；卷 8 最后在明治元年（1868）举行大政复

---

① 黄遵宪：《日本国志》卷 3，第 5 页。
② 黄遵宪：《日本国志》卷 3，浙江书局，光绪二十四年（1898）重刊本，第 6 页。初刻本则作"十一月，割桦太全岛与俄罗斯而取其千岛"。
③ 蒋英豪编著《黄遵宪师友记》，第 76 页。
④ 黄遵宪：《日本国志》卷 3，第 5 页。

古盛典、颁布五条誓文之后直至本卷结尾，增补诸多有关明治维新外交成就的内容。这样，问题就非常清楚了，这里的三大增补部分，正好与上述改刻本《泰西》篇对《始末》的三大征引部分完全重合。可以说，改刻本《泰西》篇的修订工作，是在初刻本的基础上，主要参考《始末》而完成的。

第四节　初刻本《泰西》篇与《始末》关系的分析

改刻本的《泰西》篇除上述三大部分之外，其他部分其实也就是初刻本的《泰西》篇部分，与《始末》的关系又是如何的？它有没有征引《始末》？或者在多大程度上参考了《始末》？

在初刻本《泰西》篇与《始末》之间，我们也能找到不少共同之处。如两者叙述的历史时期大致相当，所选取的历史事件也颇多相似，等等。不过，我们发现更多的是两者之间的不同。在初刻本《泰西》篇与《始末》之间，看不到像上述改刻本《泰西》篇与《始末》之间那样整齐划一的逻辑结构的对应关系。初刻本《泰西》篇有不少事件《始末》都没有记载，如初刻本《泰西》篇所述文化九年（1812）、十年（1813）之事，《始末》就没有。对同一历史事件的叙述，两者还多有不同。总体说来，初刻本《泰西》篇的相关论述，要较《始末》详细得多。如第一章伊达政宗派遣使臣出使罗马事，《始末》没有在正文中叙述，只在解释所引用西书的内容时顺便提及，初刻本《泰西》篇则通过夹注形式，说明使团出行的方式、人数及其归来所携带的东西，以及这次遣使在日本历史上的地位及影响等，颇为详细。又如自佩利来航迫使幕府签订条约，至安政五年（1858）与各国签订条约之间的几年历史，《始末》不论，而初刻本《泰西》篇对于这段历史的叙述非常详细。再如初刻本《泰西》篇对巴尔理士向幕府提出签约要求及幕府的回应、虾夷地之变、打拂令取消后西方各国频频扣关等历史过程的叙述，也远较《始末》详细。① 饶有意味的是，初刻本《泰西》篇中唯一一个条约文本即安政五年（1858）签订的《英吉利条约》的某些条款、文字表述乃至内容，都与《始末》有所不同。如签约的时间和地点，《始末》置于文首，初刻本《泰西》篇则置于文末；第二十二款关于将来修改条约的时限，《始末》说"自条约签订以后十四年后，并须于一年前知照"②，初刻本《泰西》篇则说"两国大员议明将来若要修改条约，须至一千八百七十二年七月初一日方可举行，并须于一年前知照"，表述方式有明显差异；第三款关于英国人在各大通商口岸活动范围的规定，其中的兵库部分，初刻本《泰西》篇将地名写作"武库"，《始末》为"兵库"；初刻本指出"此河（指前述猪名川）在武库、大坂〔阪〕之间"，谈到路程计量单位时又说"每里以四千二百七十五英码为准"，均为《始末》所不记。③

　　黄遵宪谈到嘉永七年（1854）正月佩利扣关，幕府调兵遣将的应对方式时，曾感慨地说："前车之鉴可不戒哉。"④ 卷7结尾又以"外史氏曰"的形式，深入比较了幕府后期与当时中国处境之相似处，显示其之所以如此翔实关注这段历史的用意。初刻本《泰西》篇所述，主要是幕府末年日本与西方艰难的交涉历程，明治以后还来不及展开。这一旨趣与《始末》不同。《始末》作者曾表示，该书虽然一直追溯到日本与西方各国开始交往之源头，但关于日本近代以前与西方各国的关系，则不予详述。⑤ 书中关于嘉永六年（1853）佩利来航之前300多年的历史，只用很少篇幅，而大量叙述之后20多年的历

---

① 黄遵宪：《日本国志》卷7，第15~16页。

② 渡邊修次郎『日本外交始末』、50页。

③ 黄遵宪：《日本国志》卷7，第17页。

④ 黄遵宪：《日本国志》卷7，第13页。

⑤ 渡邊修次郎『日本外交始末·序』、1-2页。

史，① 以充分展示明治维新以后的外交成就。叙述宗旨的差别，使初刻本《泰西》篇与《始末》的叙述重点有了很大不同。

不能肯定地说初刻本《泰西》篇没有参考《始末》，但可以肯定地说，初刻本《泰西》篇一定还参考了其他著述。推测初刻本《泰西》篇有可能参考《始末》，是基于如下理由。除上述提及两者在事件的选取方面有诸多相似之处外，另有一点，那就是《日本国志》的资料准备工作主要在日本完成。如上所述，黄遵宪抵达日本后第二年即光绪四年（1878）夏天开始萌发著述《日本国志》之念并准备材料，第三年冬着手编纂，到光绪八年（1882）初离开日本奉命前往美国旧金山任总领事之前，完成初稿。在美国的三年半无暇修整，《日本国志》的后续工作，自光绪十一年（1885）秋从美国乞假回乡开始，历两年时间，于光绪十三年（1887）成书。"为类十二，为卷四十"，总共50余万言。② 黄遵宪在给日本友人的信中，曾自信地表示："私谓翔实有体，盖出《海国图志》《瀛寰志略》之上。"③ 此后，他历任驻英使馆二等参赞、新加坡总领事，于光绪二十年（1894）回国。《马关条约》签订后，他忧虑国事，致力于维新变法活动。至光绪二十三年（1897）《日本国志》改刻本完成之时止，再没有驻使过日本。这期间他虽然几次途经日本，且通过各种途径求购日本书籍，但资料收集工作主要是在驻日期间完成的。黄遵宪改刻本《泰西》篇参考的《始末》一书，于明治13年（1880）12月黄遵宪驻日期间已经出版，它是黄遵宪离日时随身所带书籍，亦属可能。

由于叙述宗旨的差别，《始末》很难成为初刻本《泰西》篇的最

---

① 全书共225页，佩利来航之前300多年与西方交往的历史，仅28页，其余均叙述之后的历史。

② 黄遵宪：《日本国志叙》，《日本国志》，第2页；「黄遵宪」、『宫岛诚一郎文书』、Reel 13、341-5。「清使笔谈及书翰往复五号」、『宫岛诚一郎关系文书』、2145。

③ 黄遵宪：《日本国志叙》，《日本国志》，第2页；「黄遵宪」、腊月20日、『宫岛诚一郎文书』、Reel 13、341-5；「清使笔谈及书翰往复·五号」、『宫岛诚一郎关系文书』、2145。

主要的参考文献。然而，如果说黄遵宪在日本时已经看到《始末》一书的话，他在撰写初刻本时为什么不以此书为依傍，像后来的改刻本那样，继续叙述明治以后日本与西方的外交历史？这或许从以下几个方面可以得到部分解释。

在撰写《日本国志》之初，黄遵宪曾对日本友人表示，"仆之此书，期于有用，故详近而略古，详大而略小"①。然而，在黄遵宪看来，日本明治以后与西方交涉的历史，对于当时中国而言，还不是急需借鉴的素材。明治以后日本与西方交涉的中心问题，是修改不平等条约，黄遵宪对于日本的这一历史经验曾经非常重视。驻日期间，他曾协助何如璋借鉴日本改约交涉经验，较成功地指导了当时朝鲜与日本关于税则的交涉，以及稍后与美国等西方国家的缔约交涉。同时，他还通过何如璋，将日本改约交涉的经验呈送给清政府，表达中国仿效日本进行改约的愿望。② 然而，这些努力均没有引起清政府足够的重视，已如上所述。《始末》论明治时期日本与西方的外交历史，主要是论日本政府与西方各国修改条约的交涉史，以至于后来的研究者把它看作一部关于修改条约交涉的历史著作而加以传播。鉴于清政府的态度，再加上当时改约的前景"犹未定"③，黄遵宪很可能并不急于将这段历史介绍到中国。

从当时的资料情况来看，撰写这一段历史的条件似乎也不是很成熟。黄遵宪修撰《日本国志》时，并无先例可循。日本古代没有志书，近世以后，虽有部分历史学家尝试做"志"体裁的日本史书，但成效不著。④ 日本缺乏编志的传统，使黄遵宪在编撰中颇为困难。他所

---

① 郑子瑜、〔日〕实藤惠秀编《黄遵宪与日本友人笔谈遗稿》，第 284 页。

② 参见何如璋《与出使英法国大臣曾袭侯书》、《与刘岘庄制府论日本议改条约书》和《上左爵相书》（《茶阳三家文钞》卷 3，第 7~8、9~11、14~15 页），其中，《与刘岘庄制府论日本议改条约书》与黄遵宪《日本国志》卷 7 "外氏曰"的论述从文字到内容，几乎完全一致。

③ 黄遵宪：《日本国志》卷 8，第 29 页。

④ 《与日本友人冈千仞等笔谈》，光绪五年二月，载陈铮编《黄遵宪全集》上册，第795 页；黄遵宪：《日本国志·凡例》，第 2 页。

参考的，主要是日本学者的著述以及明治以后的出版物。他曾介绍明治时期的资料情况："维新以来，礼仪典章颇彬彬矣。然各官省之职制、章程、条教、号令，虽颇足征引，而概用和文（夹注略），不可胜译，则征今亦难。"① 语言的阻力、资料的浩繁，使撰写相当费时费力，这对于初刻本《泰西》篇来说更是如此。② 而从初刻本《泰西》篇对日本早期外交历史的论述看，其每论一事，往往参比各家之说，加以综合，并不作急就章。初刻本《泰西》篇没有继续编著明治以后日本与西方交往的历史，很可能是由于资料的限制，以黄遵宪做明治以前的方式，尚需时间。黄遵宪不断续修《日本国志》的意愿是很明显的。在改刻本完成之后，他依然说，改刻本的叙述，截至明治14年（1881），此后的历史"当付之补编，俟诸异日"③。

维新变法时期的修订，主要是出于变法的需要。当时，日本与英国等西方主要国家之修改条约交涉已获实质性进展，成功地废除治外法权，这对关注日本与西方交涉历史已久的黄遵宪来说，不可能不予以充分重视。明治时期日本与西方各国的外交成就，正是初刻本《泰西》篇所缺的内容。改刻本《泰西》篇所增补的，主要是明治时期日本锐意外交的各大举措。另外所增补的幕府末年与西方各国条约交涉的历史，与明治时期外交的中心任务改约交涉，也有最密切的关系。④

在非常有限的时间内，叙述较为完整的《始末》一书，成为非常合适的参考书。这部叙述日本与西方外交关系的历史书，不仅详述明治

① 黄遵宪：《日本国志·凡例》，第2页。
② 初刻本《国统志》《邻交志（华夏篇）》《职官志》《食货志》《兵志》《刑法志》《学术志》《物产志》等各志，均写到明治10年（1877）以后的历史，而初刻本《泰西》篇只写到明治政府成立举行大政复古盛典止。
③ 黄遵宪：《日本国志·凡例》，第2页。
④ 《始末》最后分析明治时期日本改约的重点之一关税问题部分，在回顾日本税率交涉的历史时，提到"庆应二年的《改税协定》""文久二年的《伦敦协定》""元治元年的《巴里协定》"三大条约（第192~193页）。改刻本《泰西》篇就幕府时期所主要增补的，正好是这三大条约之内容。其他如《始末》全文所附录的《下关条约》，初刻本《泰西》篇只一笔带过。

时期，而且史料非常翔实，几乎附录了安政五年（1858）以后日本与西方各国签订的各主要条约的文本，并附有缔盟各国表、内外国势表、驻外公使馆及领事馆表、欧美强国公使表、开港开市场表以及各港贸易表等。作者的著述立场也与黄遵宪的一致。文中对幕府时期闭关锁国政策加以嘲讽，对明治以后开港维新则热情赞颂。作者认为，明治维新以后，日本面临有史以来未曾有过的大变动，如政法学术的进步、权利自由之说的流行等，一言以蔽之，这些莫不体现外交的影响，这一事实应是爱国志士最该注意之处。作者之前曾著有《明治开化史》一书，其中专设外交一章，其用意也在于此。由于该书涉及日本的方方面面问题，范围较广，在外交始末问题上则未免尚有隔靴搔痒之憾，为此，作者专门著述了这一部《日本外交始末》，以弥补这一缺憾。[①]

渡边修次郎本人除上述提到的《明治开化史》（东京：松井顺时，1880）一书外，还曾翻译过查尔斯·艾·曼著《纸币论》（东京：松井顺时，1880）等。他的《始末》一书，显然是黄遵宪驻日期间关于明治日本与西方外交历史的最重要的一种书籍，至今仍在影印。[②] 黄遵宪了解到这本书，很可能是通过日本友人的介绍。驻日期间，黄遵宪曾与众多日本友人诗书唱和、抵膝畅谈、过从频繁，其中就有任职于明治政府修史馆的日本著名历史学家青山延寿（1820～1906）、重野安绎（1827～1910）、宫岛诚一郎（1838～1911）等人。黄遵宪从史观到具体资料信息，均深受其益。[③] 他曾向宫岛询问日本礼俗中有关朝会和祭祀的问题，以及东京博物馆陈列品照片信息，得到宫岛的鼎力相助。[④]《日本国志》中有海军一门，因

①　渡邊修次郎『日本外交始末·序』、3 頁。

②　参见稻生典太郎编『条約改正論資料集成』（1）、251-492 頁。

③　Noriko Kamachi , *Reform in China：Huang Tsun-Hsien and the Japanese Model*, pp. 39-40.

④　「栗香大人卜支那人卜問答録」、明治 13 年 1 月-（明治 26 年 8 月筆）；「黄遵憲·汪鳳藻他書翰及筆談」、明治 20 年、『宫島誠一郎文書』、C7-4、C27；「筆談録·四」、明治 13 年庚辰 1 月到 12 月；「清友筆談·四」、『宫島誠一郎関係文書』、2137、2147。

宫岛弟弟小森泽为海军军官，黄遵宪又曾请宫岛就日本海军船舰表、学校规则、兵卒规则、每岁经费开支情况等代询小森泽。① 因事涉机密，小森让宫岛转告，建议用公函询问海军省书记，按先例可得明告，黄遵宪接受这一建议。② 被黄遵宪称为来日后"最钦慕者"的日本史官龟谷省轩③，曾尝试修撰日本史志，也非常关切《日本国志》的撰写，与黄遵宪详细讨论"所引用之书"的问题。④ 其他相关资料中也均能看到，《日本国志》的编撰体例及相关问题，经常是黄遵宪与日本友人谈论的话题。⑤ 看得出，黄遵宪对当时日本出版的新资料与新典籍、研究成果非常了解。可以说，黄遵宪征引《始末》一书，并非出于偶然。

改刻本《泰西》篇增订时采用了《始末》的内容，但并不是以简单的"拿来主义"方式。从上述诸多超出部分的情形中已可见一斑。而在材料的取舍上，黄遵宪显然考虑到中国的实际情况。如《始末》第5章"各国条约书"论安政五年（1858）与各国条约时，附录了与美国签订的《亚墨利加条约》和更早的嘉永七年（1854）在神奈川与美国签订的《神奈川条约》，并将之置于与英

① 「栗香大人卜支那人卜問答録」、明治14年1月-（明治26年9月筆）、『宮島誠一郎文書』、C7-5；《致宫岛诚一郎函》，光绪七年六月二十二日，载陈铮编《黄遵宪全集》上册，第331页。
② 「栗香大人卜支那人卜問答録」、明治14年1月-（明治26年9月）、『宮島誠一郎文書』、C7-5；《与日本友人宫岛诚一郎等笔谈》、《致宫岛诚一郎函》（光绪六年四月十九日）、《致宫岛诚一郎函》，光绪七年六月二十二日，分别载陈铮编《黄遵宪全集》上册，第773、781~783、316、331页。
③ 郑子瑜、〔日〕实藤惠秀编《黄遵宪与日本友人笔谈遗稿》，第279页。关于日本汉学者对于黄遵宪编撰《日本国志》的协助，另参见伟明「『大河内文書』に見られる日本滞在中の黄遵憲」、『日本歴史』495、1989、87-89页；刘雨珍「黄遵憲と明治前期の漢学者たち——『日本国志』の編纂をめぐって——」、陶徳民、藤田高夫編『近代日中関係人物史研究の新しい地平』、117-143页。
④ 郑子瑜、〔日〕实藤惠秀编《黄遵宪与日本友人笔谈遗稿》，第284页。
⑤ 如在一份未署名的笔谈手稿中，黄遵宪在与对方广泛谈及汉学与西学的关系、中日外交问题等话题时，也谈到撰写史书的体会、修撰兵刑志和职官志的征引文献与史料等问题。『筆談』、特別買上文庫2281-292。按：这批笔谈原稿未署名，但从笔迹看，笔谈一方是黄遵宪。笔谈中又有"仆读先生杂事诗草一篇，文末脱稿，他日净写以请正"句，也可知之。

国条约之前。改刻本《泰西》篇不录与美国的条约，反而采撷了与英国的海关税则章程的某些条约条款。这固然是因为与英国的条约较为完备，但就当时的中国来说，与英国的外交关系也远胜与美国的。

第五节　黄遵宪的条约认识及影响

黄遵宪在《日本国志·凡例》中高度评价日本明治维新"革故鼎新"的成就，认为"若夫大八洲之事，三千年之统，欲博其事，详其人，则有日本诸史在"；这表明他撰述的宗旨为"期适用也"。[①] 后来的学者在评价《日本国志》时也认为，《日本国志》具有"现实效用与意图"，"是一个作为'戊戌变法'之指导者的黄遵宪始能写成的著作"，[②] "是一份关于明治日本的报告书，黄遵宪希望它给中国的改革提供有益的参考"[③]。

《日本国志》刊行后，很快被看作这场以日本维新为模式的变法运动的重要思想素材。[④] 改刻本《泰西》篇从《始末》中征引了大量关于明治维新时期日本外交成就的历史素材，这在当时方兴未艾的戊戌维新运动中，不仅直接影响了维新人士的外交思想，而且直接影响到对中国不平等条约制度的变革问题。

光绪二十四年（1898）在湖南长沙成立的中国第一个国际法学术团体——公法学会的宣言（《公法学会叙》）中，维新派人士表达了

---

① 黄遵宪：《日本国志·凡例》。

② 〔日〕增田涉：《关于黄遵宪》，刘缵英译，《南洋学报》第 19 卷第 1~2 辑，载朱传誉主编《黄遵宪传记资料》（四），台北：天一出版社，1979，第 90 页。

③ Noriko Kamachi , *Reform in China：Huang Tsun-Hsien and the Japanese Model*, p. 148.

④ 参见吴天任《黄公度先生传稿》，香港中文大学，1972，第 366~378 页；王晓秋《黄遵宪〈日本国志〉初探》（《近代史研究》1980 年第 3 期），收入氏著《近代中日关系史研究》，中国社会科学出版社，1997，第 60~62 页；盛邦和《黄遵宪史学研究》，第 119~121 页；郑海麟《黄遵宪与近代中国》，第 264~281 页。

应效法日本维新志士具有修改条约的精神，并致力于修改不平等条约的愿望。在谈到日本修改条约的历史时，说：

> 昔日本明治之初，税务、法律权利规则皆失自主之权，其大侠岩仓具视、木户孝允、大久保利通、伊藤博文等诇察环海情形，日夜谋更订约章。十一年遣使议于华盛顿，不许。十二年请于大阪之英商会，不许。十三年又将拟更约稿分致各国政府，仍不许。然襄岁以来各大国终于更约，视平等例。而日本乃昂然表异于环球。①

对日本改约历史进程的叙述，与改刻本《泰西》篇如出一辙。② 黄遵宪以日本为榜样，废除中国的不平等条约的主张，曾经为他的同人们所分享。③

尤其引人注目的是，改刻本《泰西》篇对维新上谕所反映的新外交政策有所影响。目前论《日本国志》与维新上谕的关系，涉及经济、政治、军事、文化、教育等诸多方面，④ 其中就涉及外交方面。

今查维新上谕，论及外交的主要有以下几个方面：四月二十三日、八月初一日的酌保使才，五月二十四日的保护传教士，六月十五日的派遣留学生，六月二十三日的广开口岸但不准划租界，七月二十六日的修订通商条约工作，七月二十九日的谕军机大臣等禁止金银制钱流出外洋，等等。重视使才、派遣留学生、开放口岸、保护传教士、修订条约以及禁止金银外流，均可在上述《泰西》篇对《始末》

---

① 唐才常：《公法学会叙》，载《湘报》第 43 号，第 169 页。

② 黄遵宪：《日本国志》卷 8，第 29 页。

③ Noriko Kamachi，*Reform in China：Huang Tsun-Hsien and the Japanese Model*，pp. 225 - 226.

④ 参见梅卓琳（Jocelyn Milner）"The Reform Ideas of Huang Tsun-Hsien's 'History of Japan' and Its Influence on the Hundred Days' Reform,"《南洋学报》第 17 卷，第 2 号，载朱传誉主编《黄遵宪传记资料》（五），第 230~237 页。

的征引部分找到相应的内容。而在不平等条约制度下，上述各项外交措施中值得注意的，还是涉及外交"本原中之本原"的有关条约的诏令。这则七月二十六日的诏令云：

> 又谕通商约章成案汇编一书，著总理衙门详细阅看，其中有应改正者，有应分类续行纂入者，著妥为编辑，摆印数百部呈览，颁行内外各衙门，令广为刊布，以便遵守。①

这里的"遵守"条约，与自鸦片战争以后清政府所奉行的信守条约的传统政策，② 已经有了不同。六月十一日有一则谕军机大臣等关于改订则例的诏令，梁启超在该诏令的按语中说：

> 变法必须从本原变起。斟酌中外，草定法令，勒令各衙门治事详细规则，此本原中之本原也。康有为曾屡上折，请开制度局，将大征天下贤才，广罗万国之宪法，参以本邦之情形，大加审定，兴利除害，使之颟若划一，有条不紊，然后见之施行。然以皇上无权，不能行也。又以异邦人之在中国者，得有治外法权，不受政府之管，损辱国体，莫此为甚。而我邦刑律太苛，不近情理，势难强人就我。故拟采欧洲之制，先更律法，以为他日条约更正张本。至是，李端棻言之，故有删改则例之谕。盖制于西后，未敢开局大修法制，先借是为嚆矢耳。③

他明确指出光绪皇帝有意把更正条约作为变法的一项根本措施，期与

---

① 中国史学会主编《戊戌变法》（二），"中国近代史资料丛刊"，上海书店出版社、上海人民出版社，2000，第83~84页。

② 关于鸦片战争以后清政府确立的信守条约方针问题，参见李育民《论清政府的信守条约方针及其变化》，《近代史研究》2004年第2期。

③ 中国史学会主编《戊戌变法》（二），第46页。

内政改革并行。

光绪皇帝早有重用黄遵宪之意，对《日本国志》也非常重视。光绪二十四年（1898），在发布"定国是诏"、下达一系列维新上谕之前，光绪帝命令枢臣进呈《日本国志》，继而"再索一部"。①《日本国志》改刻本已于光绪二十三年（1897）春夏之际增补完成。改刻本《泰西》篇中所增补的一项主要内容是日本改约交涉，黄遵宪以大量篇幅描绘这一日本"全国上下所最注意者"②的外交努力。

黄遵宪试图借鉴日本修改不平等条约的历史经验以推动中国改约的意愿早已有之。他曾通过何如璋向清政府提出改约建议，但是未被清政府采纳，已如上所说。直到以日本维新为模式的维新变法运动兴起以后，修改条约的主张才得到清政府的响应。

值得指出的是，黄遵宪对不平等条约的认识及其修约主张，与使臣何如璋有着非常密切的关系。黄遵宪借鉴日本改约交涉的经验，指出日本政府改正条约有两个基本点：一为"领事管辖外人"；另一为"税则不能自主"。③ 这一认识的角度与何如璋一致。黄遵宪终其一生阐述的不平等条约问题，主要是围绕治外法权和关税自主两大问题而展开。而其基本观点在随何如璋出使时实已形成，且与何如璋的有很多交叉重合之处。

就关税自主问题而言，驻日期间，黄遵宪曾积极协助何如璋借鉴日本改约经验，在光绪六年（1880）夏朝鲜修信使一行来日时，着重就关税自主的重要性开导朝鲜使臣，有效地影响了朝鲜与日本的条约商议以及稍后签订的《朝美修好通商条约》，已如上所说。戊戌时期黄遵宪修订《日本国志》时，对此问题有进一步论述，但其实与他驻日时期的认识一脉相承。《日本国志》增补部分，主要增加

---

① 尤炳圻：《黄遵宪年谱》，中国史学会主编《戊戌变法》（四），第186页。
② 黄遵宪：《日本国志》卷8，第28页。
③ 黄遵宪：《日本国志》卷8，第28页。

了日本"全国上下所最注意"的"改正条约"内容，篇幅占所增部分的 1/3 强。具体介绍了明治政府于明治 4 年（1871）派出岩仓使节团到欧美各国"专议改约兼察各国政事、法律、商法、教养、兵制等事"，以及归国后与各国公使的交涉，尤其是与美国议改条约的概况。最为详细的是介绍明治 12 年（1879）的关税改正事宜。对于这份明治 12 年的关税改正稿，黄遵宪并没有像之前介绍幕府末年与西方各国订立条约时那样原原本本照录约稿的内容，而是以注释的形式，进一步介绍日本关税改正稿出示各国公使后，英国公使对横滨、兵库、大阪英国商会的询问和英国商会的详细议复，以及日本大藏卿对东京、大阪、长崎的日本商会的询问和日本商会议复关税改正稿之详情。文中，借日本商会对日本大藏卿关于关税改正稿询问的议复指出，当时日本商务的衰退其实与关税问题直接有关。由于低关税率，外国商品大量倾销日本，日本一度出现商务"日盛一日"的虚假繁荣，但很快进入商务衰退期。根源就在于关税制度不能保护本国贸易，致使金银大量外流，引发钱荒而波及商务。黄遵宪指出："苟条约得宜，贸易日盛，安得如外人所谓有害商务耶？"[1]黄遵宪戊戌时期论税则自主问题，从有关日本改约草案的讨论入手，强调关税不能自主将导致金银大量外流，进而严重影响国计民生，这与他驻日时期所论一致。

　　在治外法权问题上，黄遵宪与何如璋也有明显的渊源关系。黄遵宪对治外法权阐述主要体现在初刻本《日本国志·邻交志》中。文中，他就治外法权的基本特点、在中国不平等条约体系中的巨大危害性，以及废除治外法权的具体办法进行深入阐述。[2] 光绪六年（1880）夏朝鲜修信使金弘集来使署拜会黄遵宪等人时，问及《日本国志》的撰写情况，黄遵宪曾说："《日本志》，仆与何公同为之，卷

---

① 黄遵宪：《日本国志》卷 8，第 28 页。
② 黄遵宪：《日本国志》卷 7，羊城富文斋，光绪十六年（1890）刊版，第 20~21 页。

帙浩博，可为三十卷，姑未清草。"① 由此可知，何如璋是了解《日本国志》的内容的。其实，何如璋致总理衙门等相关书函，如光绪六年（1880）致两江总督刘坤一《与刘岘庄制府论日本议改条约书》的论治外法权部分，就与《日本国志·邻交志》的相关部分，从基本观点到文字表述，几无二致。具体如表3-1所示。

表3-1　《邻交志》与《与刘岘庄制府论日本议改条约书》比较

主题	《邻交志》	《与刘岘庄制府论日本议改条约书》
治外法权的含义	泰西诸国互相往来，凡此国商民寓彼国者，悉归彼国地方官管辖，其领事官不过约束之、照料之而已。唯在亚细亚，理事得以己国法审断己民。西人谓之治外法权，谓所治之地之外而有行法之权也	盖泰西诸国互相往来，此国商民在彼国者，悉归彼国地方官管辖。其领事官不过约束之、照料之而已。惟在亚细亚，领事得以己国法审断己民，西人谓之治外法权。谓所治之地〔之〕外而有行法之权也
在中国和日本的缘起	余考南京旧约，犹不过曰设领事官管理商贾事宜，与地方官公文往来而已，未尝曰有犯事者归彼惩办也。盖欧西之人皆知治外法权为天下不均不平之政，故立约之始，犹不敢遽施之我。迨戊午岁，与日本定约，遂因而及我，载在盟府至于今，而横恣之状有不忍言者	如璋考南京旧约，犹不过曰设领事官，管理商贾事宜，与地方官公文往来而已。未尝曰有犯罪者归彼惩办也。盖欧西之人〔皆〕知治外法权为天下极不公平之政，立约之始，犹未遽施之于我。及戊午结约，乃有此条。日本亦于是年定约，同受此患
条约字面上执法公平	条约之言曰："领事与地方官会同公平讯断。"无论其徇情偏纵也，即曰执法如山	条约之言曰"领事与地方官会同公平讯断"，无论其徇情偏纵也，即曰持平
中外刑罚之别及给中国造成的社会问题	刑罚固有彼轻此重之分，禁令又有彼无此有之异，利益又有彼得此失之殊，彼外人者，盖便利极矣。而我之不肖奸民，冒禁贪利，图脱刑网，辄往往依附影射，假借外人以遂其欲	刑罚有彼轻此重之分，禁令有彼无此有之异，利益遂有彼得此失之殊。彼外人者，又事事便利，而不肖奸民因〔有〕冒禁贪利，假借外人以行其私者

---

① 《大清钦使笔谈》，载赵中孚等主编《近代中韩关系史资料汇编》第11册，第39页。

主题	《邻交志》	《与刘岘庄制府论日本议改条约书》
中国租界内治外法权的危害性及其改变的途径	至于近日租界之案,有华人与华人交讼,彼领事亦腼然面目并坐,堂皇参议听断者。有烟馆赌博,我方厉禁,而租界为逋逃主萃渊薮,肆无忌惮者,斯又法外用法,权外纵权,为条约之所未闻,章程之所不及。是皆由于地方官吏畏懦瞻徇,一若举租界之地人民亦与别国领事共治也。吾恐各国外部且不料领事之纵恣如此也。莫急之务,尤亟当告之公使,达之外部,扫除而更张之	遂若举租界之地,亦与之共治。至有吾民互讼之案,彼亦出坐堂皇,参议所断者。且有不法之事,我方禁,而租界为逋逃主萃渊薮肆无忌惮者。斯又法外用法,权外纵权,我条约之所未闻,彼外部之所未悉,不肖领事踳事而加之厉者也。此日本所以〔欲令〕外人悉归己管也

　　两相比较可知,《邻交志》论治外法权,主要包括治外法权的含义、在中国和日本的缘起、条约字面上执法公平、中外刑罚之别及给中国造成的社会问题、中国租界内治外法权的危害性及其改变的途径等层面,何如璋致刘坤一的信也按照这几个层面展开。而前四点的论述,两者文字的差别都很少。不同点只在行文措辞上,具体而言差别如下。一是叙述上何文省略例证,如省略了对日本废除治外法权的历史的叙述。又如黄引用具体事例,详细阐述中外律法的重大差异,以论证治外法权的不平等性,而何文只用"是十数国之法律并行于吾地,而吾反因之枉法也"一句话概而言之。二是措辞上黄文激进,何文持重。三是观点上何文更趋保守,主要体现在废除治外法权的主张上。的确,如上所述,在废除治外法权和恢复关税自主之间,何如璋对于废除治外法权有所顾虑,认为"因法律风气各有不齐,恐一时实难更变"①。黄遵宪则明确主张"扫除而更张之"。黄遵宪在使团中负责起草文案,若说何如璋这封致刘坤一的书函出自黄遵宪之笔,也不

---

　　① 何如璋:《与刘岘庄制府论日本议改条约书》,载温廷敬辑《茶阳三家文钞》卷3,第10页。

意外。

　　黄遵宪不仅在对不平等条约的认识上与使臣何如璋相通，而且在日本对华修约问题上，也与包括何如璋在内的历届使臣一致，非常重视维护国家权利。光绪二十二年（1896），他曾奉命主持与日本关于设立苏州租借地的谈判。为"保我固有之权，不蹈各处租界流弊"，他数月间就其中的治外法权等条款，与日方辩争，"殚竭心力，欲图补救一分以挽回一分之损失者"。最终因日本"狡谲"而无果。对此，黄遵宪颇为痛心。①

　　按照出使章程规定，出使各国大臣自到某国之日起，约以三年为期，期满之前由总理衙门预请简派大臣接办。② 何如璋使团于光绪三年（1877）十一月呈递国书，至光绪六年（1880）十一月期满三年。为此，使团开始准备迎接新任使臣的到来，拟等新使臣接任，即于1881年（光绪七年）3～4月回国。③ 但由于谕命的新使臣许景澄中途丁忧，清政府重新任命黎庶昌为出使日本大臣，所以，使团的行程一等再等。先以为新使臣当年五、六月间可前来，归程较原计划多等两三个月即可④，继而计划于当年阳历9月末10月初回国⑤。但实际到次年正月初十日（2月27日）即黎庶昌呈递国书（2月22日）后，才离开东京，经横滨⑥，于3月1日在中国军舰

---

　　① 黄遵楷编《先兄公度先生事实述略》，载黄遵宪著，北京大学中文系近代诗研究小组编《人境庐集外诗辑》，附录三，第10～11页；成村声整理《黄遵宪致盛宣怀信札两通》，丁日初主编《近代中国》第10辑，上海社会科学出版社，2000。
　　② 总理衙门：《片奏酌定出使章程十二条》，光绪二年九月十二日，载《出使章程》，第6页。
　　③ 「栗香大人卜支那人卜問答録」、明治14年1月－（明治26年9月筆）、『宮島誠一郎文書』、C7-5。
　　④ 「栗香大人卜支那人卜問答録」、明治14年1月－（明治26年9月筆）、『宮島誠一郎文書』、C7-5。
　　⑤ 「栗香大人卜支那人卜問答録」、明治14年1月－（明治26年9月筆）、『宮島誠一郎文書』、C7-5。
　　⑥ 「栗香大人卜支那人卜問答録」、明治14年1月－（明治26年9月筆）、『宮島誠一郎文書』、C7-5；「清国公使筆談『何如璋・黄遵憲他』」、『宮島誠一郎文書』、C12。

"驭远"号的发炮祝贺声中扬黄龙旗回国①。使馆人员杨枢和杨守敬②两人继续留任。③ 参赞黄遵宪由于中国驻美国使馆急需其到任④，来不及回国省亲，于3月9日从横滨乘坐邮船泛太平洋，直接前往美国就任⑤。

---

① 「栗香大人卜支那人卜問答録」、明治14年1月-（明治26年9月筆）、『宮島誠一郎文書』、C7-5；「清国公使筆談『何如璋·黄遵憲他』」、『宮島誠一郎文書』、C12。

② 杨守敬（1839~1915），字惺吾，自号邻苏老人；湖北宜都人。同治举人，撰有《日本访书志》，曾协助第二任使臣黎庶昌校刻完成《古逸丛书》。杨守敬：《邻苏老人年谱》，谢承仁主编《杨守敬集》第1册，湖北人民出版社，1988。

③ 「栗香大人卜支那人卜問答録」、明治14年1月-（明治26年9月筆）、『宮島誠一郎文書』、C7-5。

④ 「栗香大人卜支那人卜問答録」、明治14年1月-（明治26年9月筆）、『宮島誠一郎文書』、C7-5。

⑤ 「清国公使筆談『何如璋·黄遵憲他』」、『宮島誠一郎文書』、C12。

第四章

黎庶昌使团与壬午派兵

黎庶昌是晚清时期唯一一位两次出使日本的大臣。

黎庶昌（1837~1897），字莼斋，贵州遵义人。早年师从郑珍。同治元年（1862）九月他以禀贡生响应"勤求中外直言诏"，上书指陈时政，条举利病甚悉，送呈都察院请代奏①，经都察院左都御史载龄等共同详阅后代为呈递②。穆宗皇帝对其褒嘉有加，多次降旨，有的谕旨甚或长达400余字，强调推行黎庶昌的破格荐贤才、慎保举、殿试条陈时务等建议，对其余所称则令各衙门分别妥议具奏。③ 掌陕西道监察御史吕序程因此上奏，请饬下两江总督曾国藩察看黎庶昌，并奉旨

---

① 黎庶昌：《禀为敬陈治本基创生民等管见事》，［同治元年九月初九日］，禀文，档号：03-5085-019，缩微号：381-0038；黎庶昌：《为拟就时务一书乞呈都察院代奏事呈文》，［同治元年九月］，呈文，档号：03-4997-017，缩微号：380-0398。

② 载龄：《奏为代贵州廪贡生黎庶昌呈递应诏陈言事》，同治元年九月初七日，录副奏折，档号：03-4997-016，缩微号：380-0395。

③ 《为著各衙门分别妥议贡生黎庶昌条陈荐贤才慎保举等时务一疏事》，同治元年十月初八日，上谕，档号：05-13-002-000779-0077。

将黎庶昌"加恩以知县用，发交曾国藩军营差遣委用"。① 曾国藩素来敬重郑珍，于是接黎庶昌入幕，对黎深为赏识，称其"笃学耐劳，内怀抗希先哲，补救时艰之志，而外甚朴讷，不事矜饰"，多次保举。同治七年（1868）九月曾国藩调任直隶总督前夕，奏请将黎庶昌以直隶州留于江苏，遇缺即补。② 同治十年（1871）十二月江苏巡抚张之万上奏保举，黎庶昌期满请照章甄别，堪补用。③ 历署吴江县、青浦县知县。光绪二年（1876）郭嵩焘出使英国，黎庶昌被调充参赞，遍历英国、法国、德国、西班牙、比利时、瑞典、葡萄牙各国，以所见闻撰成《西洋杂志》。期满保升知府，加三品衔。④ 黎庶昌与张裕钊、吴汝纶、薛福成，合称"曾门四弟子"。黎庶昌也是曾国藩之子、著名外交家，曾任出使英法俄国大臣、在外交史上创下改订《中俄伊犁条约》壮举的曾纪泽的"至交"⑤。

黎庶昌第一次赴任时，不仅琉球问题远远没有了结，而且朝鲜还先后遭遇"壬午兵变"和"甲申事变"两次重大事变，外交任务之繁重，不亚于首届何如璋使团。他两次出使，最为当世称道的是他对"壬午兵变"的处置及其成效，非常有意义的则是为重议"球案"所做的不懈努力。

---

① 吕序程：《奏请饬下两江总督曾国藩察看贵州贡生黎庶昌事》，同治元年十月二十六日，录副奏折，档号：03-4603-076，缩微号：330-2579。

② 曾国藩：《奏为察看贡生黎庶昌并归江苏听候补用事》，[同治七年]，附片，档号：04-01-13-0312-019，缩微号：04-01-13；曾国藩：《奏为贵州贡生黎庶昌起复后应归江苏补用事》，同治七年九月十九日，录副奏片，档号：03-4642-059，缩微号：335-1565。

③ 张之万：《奏为劳绩保举知州黎庶昌等期满照章甄别均堪补用事》，同治十年十二月二十日，录副奏折，档号：03-4656-047，缩微号：337-0514。

④ 奕劻等：《奏为出使日本大臣黎庶昌差满回京照章察核请准存记备用事》，光绪十七年三月二十二日，朱批奏折，档号：04-01-13-0369-044，缩微号：04-01-13；奕劻等：《奏为保举出使日本大臣黎庶昌交军机处存记录用事》，光绪十七年三月二十二日，录副奏折，档号：03-5277-077，缩微号：400-0137；赵尔巽等撰《清史稿》卷446，列传233，第41册，第12481~12482页；黎庶昌生平，详参黄万机《黎庶昌评传》，贵州人民出版社，1989。

⑤ 《复出使日本大臣黎莼斋》，载于晦若录，李鸿章校《李文忠公尺牍》。

第一节　黎庶昌两次出使

　　清政府最初任命接替何如璋的是许景澄。光绪六年十一月初一日（1880 年 12 月 2 日），清政府以赏加二品顶戴、翰林院编修、升用翰林院侍讲许景澄，充出使日本钦差大臣，接替何如璋；明治 13 年（1880）12 月 6 日，总理衙门照会日本驻华公使；18 日，许景澄与日本驻华公使见面；十二月初二日（1881 年 1 月 1 日）拟就国书。① 许景澄一行预定将于次年正月二十八日（2 月 26 日）启程，实际上二月初一日（2 月 28 日）才起程。② 二月二十二日（3 月 21 日），许景澄率使团一行行至上海，忽然接到家信，其父亲去世，不得不中止行程，回籍守制。4 月 15 日，总理衙门将许景澄丁忧守制一事照会日本驻华公使。③

　　许景澄（1845~1900），原名癸身，字竹筼，浙江嘉兴人。同治七年（1868）进士，改翰林院庶吉士，同治十年（1871）散馆，授编修。许景澄此次出使日本虽因丁艰未行，但他后来多次出任驻外使臣，长期任职于外交界。他于光绪九年（1883）服阕补侍讲，次年充出使法、德、意、荷、奥五国大臣，光绪十一年（1885）兼充比利时国大臣。光绪十三年（1887）转侍讲，旋丁母忧。光绪十六年（1890）被谕命充出使俄、德、奥、荷四国大臣。后累官至内阁学士、工部右侍郎。光绪二十二年（1896）充出使德国大臣，未赴。光绪二十三年（1897）以头等专使赴俄，同当时的驻俄使臣杨儒与俄国议定条约，事竣后回国。

---

　　① 以上见《致日本国国书》，光绪六年十二月初二日，载故宫博物院编《清光绪朝中日交涉史料》卷 2，第 22 页。

　　② 「田辺臨時代理公使ヨリ清国公使許景澄赴任并太后殂落ノ件報告」JACAR、Ref. A03023014500、公文別録・清国機密公信・明治八年-明治十六年・第一巻・明治八年-明治十六年（国立公文書館）。

　　③ 「4 在清国公使館報告第四号」JACAR、Ref. B03050255100、各国内政関係雑纂/支那ノ部/在清国公使館報告綴第一巻（1-6-1-4_2_16_001）（外務省外交史料館）。

光绪二十四年（1898）命在总理各国事务衙门行走，兼署礼部右侍郎，调补吏部右侍郎，转吏部左侍郎，派充大学堂总教习、管学大臣，关内外铁路督办。光绪二十六年（1900）义和团兴起，因向清政府奏请兵衅不可启，春秋之义不杀行人，围攻使馆实背公法，触怒慈禧太后。七月初三日（7月28日）与袁昶等一同弃市。次年十二月有旨开复原官。宣统元年（1909）追谥"文肃"。① 据说，许景澄"文学经济大异平人"②，又与袁昶一样，"素以文章、气节知名"③。

许景澄丁忧回籍，清政府于三月初七日（4月5日）重新任命黎庶昌以道员用，赏给二品顶戴，派充出使日本钦差大臣，④ 是为第二任出使日本大臣。清政府同时裁撤副使，此后使团不再设副使之职。黎庶昌虽然临时替代出使，但后来成为晚清唯一一位两次出使日本的使臣。

黎庶昌被任命为出使日本大臣后，总理衙门于光绪七年三月初十日（1881年4月8日）将新任使臣上谕照会日本驻华代理公使田边太一。田边于4月10日（三月十二日）回复，5月6日前后上呈日本政府。⑤ 九月初六日（10月28日），清政府颁发国书，令黎庶昌亲赍国书前往日本。⑥ 十月已到上海⑦，十一月初乘坐长江轮船前往南京谒

①　清国史馆原编《清史列传》卷62，汪兆镛纂录《碑传集三编》卷6，蔡冠洛编纂《清代七百名人传》（一），周骏富辑"清代传记丛刊"第103辑，第659~661页；第124辑，第369~373页；第194辑，第677~678页。赵尔巽等撰《清史稿》卷466，列传253，第42册，第12760~12761页。

②　「清使笔谈三号」、『宫岛诚一郎关系文书』、2143。

③　《外交总长陆征祥呈请建祠崇祀文》，载《许文肃公（景澄）遗集》，沈云龙主编"近代中国史料丛刊"第19辑，台北：文海出版社，1968，第9页。

④　《上谕》，光绪七年三月初七日，载故宫博物院编《清光绪朝中日交涉史料》卷2，第41页。

⑤　「我国驻剳清国公使新任ニ付总理衙门往复文ノ件」JACAR、Ref. A01100215200、公文录·明治十四年·第三十三卷·在外公使报告第四（独国公馆·澳国公馆·清国公馆）（国立公文书馆）。

⑥　《致日本国国书》，光绪七年九月初六日，载故宫博物院编《清光绪朝中日交涉史料》卷2，第44页。

⑦　据上海总领事品川于明治15年1月11日的报告，新任公使黎庶昌于"上月抵沪"，也即12月。但据何如璋11月29日与日本友人笔谈中称，当时"现新任黎公已到上海"。［「栗香大人卜支那人卜问答录」、明治14年1月－（明治26年9月笔）、「清国公使笔谈『何如璋·黄遵宪他』」、明治14年-15年、『宫岛诚一郎文书』、C7-5、C12］时间较品川的报告稍早。

见南洋大臣刘坤一。刘坤一"谆谆以中国若因球案与日本肇启兵端，殊属不值"相告。停留数日，仍附轮舟于十五日（1882年1月4日）前回到上海。

黎庶昌本拟十一月二十日（1月9日）前后成行，因所乘军舰"驭远"号吃水较深，十八日以后潮汛渐退，难以出口，而改定十二月初一日（1882年1月20日）乘坐中国制造的第六号军舰"驶远"号，率同随带各员启程前往日本。① 启程前夕，黎庶昌与日本驻上海总领事品川忠道会面，所以品川提前向日本外务省汇报了黎庶昌的行程。②

黎庶昌一行十二月初五日（1月24日）抵长崎，十三日（2月1日）至神户，二十一日（2月9日）抵横滨，③ 二十六日（2月14日）抵达东京，与前任使臣何如璋办理交接手续。次日（2月15日）黎庶昌拜访外务省约见呈递国书时间，当天确定于22日午后二时觐见日本天皇呈递国书。光绪八年正月初五日（1882年2月22日），黎庶昌谒见并呈递国书。④ 3月1日，外务卿井上馨将何如璋解任回国，黎庶昌接替上任及呈递国书事宜，通知陆军卿大山岩。⑤

① 「清国公使渡来公信ノ件」JACAR、Ref. A01100219900、公文録・明治十五年・第十三巻・明治十五年一月・外務省（国立公文書館）；黎庶昌：《谒南洋刘制军谆嘱以琉案不值与日本启衅十二月份一日即率随员东渡履新并录呈在沪与韩鱼允中笔谈节略》，光绪七年十二月初八日，馆藏号：01-25-006-01-028。

② 「本邦駐紮清国公使黎庶昌ノ発駛期日ヲ品川総領事ヨリ報知」JACAR、Ref. A15110069500、公文類聚・第六編・明治十五年・第十二巻・外交二・外賓接伴・外交官発差公館附（国立公文書館）。

③ 「栗香大人卜支那人卜問答録」、明治14年1月-（明治26年9月筆）；「清国公使筆談『何如璋・黄遵憲他』」、明治14年-15年、『宮島誠一郎文書』、C7-5、C12。

④ 「清国欽差大臣黎庶昌外一名謁見日時ノ件」JACAR、Ref. A01100220300、公文録・明治十五年・第十四巻・明治十五年二月-三月・外務省（国立公文書館）；「清国欽差大臣黎庶昌来着国書捧呈ノ為〆内謁見」JACAR、Ref. A15110065300、公文類聚・第六編・明治十五年・第十二巻・外交二・外賓接伴・外交官発差公館附（国立公文書館）。

⑤ 「3月1日 外務卿 本邦駐在清国特命全権公使今般黎庶昌来朝及御通知」JACAR、Ref. C09120900700、起明治15年1月至同年4月・諸省院使・開拓使被廃・2月28日（防衛省防衛研究所）。

第二届黎庶昌使团的一个特别之处是参赞一职一直空缺。光绪七年（1881）十一月出使前夕，黎庶昌奏调随员时，拟派郭庆藩为参赞，但使团到上海正准备启程之际，郭突然因母亲生病暂时请假两个月。[1] 此后，郭本人也久病缠身，至光绪八年（1882）九月间仍未能赴任，黎庶昌不得已批准其销差。郭庆藩之未能成行，原不在黎庶昌预料之中。黎庶昌始抵东京在向日本友人介绍使团人员时，曾特别介绍这位尚未到来的使团参赞是"知名之士"。[2]

参赞终不可少，黎庶昌又没有合适人选，为此他曾咨请总署饬派妥善人员前来。[3] 但至光绪十年（1884）八月黎庶昌因丁母忧请假回国时，使团仍无参赞。黎庶昌曾向日本外务省提出，在他服阕期间，拟由横滨理事陈允颐[4]为参赞代理使馆事务[5]，横滨理事一职则由随员郭万俊[6]代理，同时向总署请示。[7] 总署最终的安排是，将派遣新

① 黎庶昌：《谒南洋刘制军谆嘱以琉案不值与日本启衅十二月份一日即率随员东渡履新并录呈在沪与韩鱼允中笔谈节略》，光绪七年十二月初八日，馆藏号：01-25-006-01-028。

② 「栗香斋筆話」、明治15年5月–16年7月；「黎庶昌筆談」、明治15年、『宮島誠一郎文書』、C17-1、C16。

③ 黎庶昌：《朝鲜朴泳孝等赴日求减赔款未允改为十年偿还中国若能于台湾添练水师以示必争琉案当可善结神户理事已令黎汝谦代理已购置馆署并酌定署中章程》，光绪八年十月初九日，馆藏号：01-25-010-02-037。

④ 陈允颐，字养元（又作养原、养源），江苏武进人。由监生中式。同治十二年（1873）以癸酉科举人报捐内阁中书。光绪五年（1879）改捐同知选用。同年七月充出使俄国随员，光绪六年（1880）十二月差旋。秦国经主编《清代官员履历档案全编》第5册，第751页；「筆談録『姚文棟ほか』」、明治18年；「栗香斋筆話」、明治18年、『宮島誠一郎文書』、C24-10、C17-2。

⑤ 「日本駐剳清国特命全権公使黎庶昌帰国ニ付横浜同国領事陳守允頤事務代理ノ件」JACAR、Ref. A01100264100、公文録・明治十七年・第二十二巻・明治十七年八月–十二月・外務省（国立公文書館）。

⑥ 郭万俊，四川清溪县人，由丙子科进士朝考奉旨以内阁中书用。光绪七年（1881）十月经出使大臣黎庶昌奏调出洋。徐承祖：《呈遵照部议另奖前任出洋各员衔名清单》，光绪十三年四月初九日，单，档号：03-5222-074，缩微号：396-2486。

⑦ 黎庶昌：《为照会外务暂委陈属代办公使等事》，光绪十年八月二十日，电报档，档号：2-02-12-010-0739，缩微号：003-1132。

使臣前来接替，令黎庶昌就地等待，陈允颐和郭万俊各回原职。[①] 这样，第二届黎庶昌使团参赞之位一直空缺。

参赞本是使馆的重要人物，如首届何如璋使团参赞黄遵宪，曾鼎力协助使臣何如璋，在重大外交问题上贡献卓著。参赞空缺，使馆其他随员的作用就显得更为重要了。东京使馆中，颇受器重的应数杨守敬和姚文栋。黎庶昌初抵东京，向日本人士介绍使馆人员时，除提到尚未到任的参赞郭庆藩[②]外，还专门介绍杨守敬和姚文栋，称杨博通金石[③]，姚熟于地理[④]。使团后来在办理具体外交交涉中，姚和杨，尤其姚的作用的确不容忽视。此二人一生著述均极富。其中，姚文栋以日本地理和军事为中心，撰有不少著作，被评为黄遵宪第二。[⑤]

黎庶昌使团在横滨、神户、长崎三口设理事署。横滨正理事官由陈允颐接替范锡朋，兼辖箱馆及东京，光绪八年正月初六日（1882 年 2 月 23 日）黎庶昌将陈允颐新任情形照会日本外务卿井上馨。3 月 3 日（正月十四日）日本外务省认存后，知照其政府各相关部门。神户正理

[①] 「同人後任公使到着迄事務弁理ニ付領事陳守允願ノ代理ヲ解ク件」JACAR、Ref. A01100264200、公文録・明治十七年・第二十二巻・明治十七年八月–十二月・外務省（国立公文書館）。

[②] 郭庆藩（1844~1896），湖南湘阴人，原名立埻，字孟纯，号子瀞、岵瞻，室名十二梅花书屋、泊然盦。郭嵩焘之弟昆焘（亦作郭崐焘）之长子。由廪生保举训导，得任通判，遵例加捐同知。同治十二年（1873），经湖南巡抚王文韶保奏，以知府分发浙江。光绪五年（1879），他 35 岁时，因办理浙江海运冬漕事宜有功，经浙江巡抚谭钟麟保奏，请俟得道员，后加二品顶戴。光绪七年（1881）黎庶昌出使日本，奏调郭庆藩为参赞官，因母病未能成行，直到次年七月才得以出发。行至上海，他又身染重疾，于是辞官归家。《清儒学案》之《养知学案》附有小传，王先谦亦曾为其作传《二品顶戴江苏候补道郭君墓志铭》。著有《庄子集释》10 卷、《庄子注释》1 卷、《读庄子札记内外篇》不分卷。《庄子集释》是清代《庄子》研究的集大成之作，也是当今最流行的《庄子》读本之一。田汉云、陈晓东《略论郭庆藩〈庄子集释〉的学术成就》，《扬州大学学报》（人文社会科学版）2007 年第 2 期。

[③] 使馆中方潘益也长于金石。为此，宫岛曾特意问张道岷两者孰长孰短。「栗香斎筆話」、明治 18 年、『宮島誠一郎文書』、C17-2。

[④] 「栗香斎筆話」、明治 15 年 5 月–16 年 7 月；「黎庶昌筆談」、明治 15 年、『宮島誠一郎文書』、C17-1、C16。

[⑤] 实藤惠秀『明治日支文化交渉』、東京、風光館、1943、115 頁；关于姚文栋在日本期间的著述，详参王晓秋《近代中日文化交流史》，第 184~190 页。

事官起先由原何如璋使团廖锡恩留任，光绪八年二月二十八日（1882年4月15日）黎庶昌照会日本外务省，拟派候选中书科中书马建常充驻扎神户兼大阪府理事以接替。4月24日，日本外务省认存后，知照其政府各相关部门。马建常为马建忠的胞兄。一年后，马建常因胞兄病重，乞假一个月赴上海省视，黎庶昌派使署随员黎汝谦①，带横滨翻译官蔡国昭前往暂代，并于光绪八年六月二十三日（1882年8月6日）将相关情形照会代理外务卿吉田清成，外务省8月12日回复黎庶昌。②马建常没有回任，原因是他暂时休假去天津时另接到特奉奏调。这年八月初，朝鲜陪臣赵宁夏赍带朝鲜国王咨文来津，内中提及各国换约在前，朝鲜对于交涉商办事件却"茫然不知下手"，拟请清廷代聘"贤明练达"之士前往"随时指导"。李鸿章提议合适的人选是前驻津德国领事穆麟德（Paul Georg von Möllendorff），但需中国人相伴前往联络商办，恰逢被黎庶昌调充理事的马建常途经天津。马建常曾游学欧洲，"谙习公法洋情"，为人"明练耿直"。他又是马建忠胞兄，马建忠"为朝鲜君臣所信服"，所以李鸿章认为，马建常随同前往，"随事襄筹妥

---

① 黎汝谦（1852~1909），字受生，贵州遵义人，黎庶昌之侄。光绪乙亥举人。继第二届黎庶昌使团之后，又任第五届李经方使团横滨兼筑地理事官。回国后于光绪二十年（1894）五月十三日由吏部引见，奉旨以三品衔分发省补用知府，照例发往"繁要之区"广东。一年试用期满，两广总督谭钟麟按照藩臬运三司详具照例上奏，认为黎汝谦"精明谙练"，堪以按本班序补，获朱批"吏部知道"。著有《夷牢溪庐文集》4卷，《夷牢溪庐诗钞》7卷（又说《夷牢溪庐诗集》8卷）。曾翻译《华盛顿传》。参见刘显世等修，任可澄等纂《贵州通志》，"人物志五"，民国37年（1948）铅印本，第6~7页；周恭寿修，赵恺等纂《续遵义府志》卷20，民国25年（1936）刻本，第10~11页；卷32（下），第36~39页；黎汝谦：《奏为奉旨照例发往广东以知府补用谢恩事》，光绪二十年五月十五日，奏折，档号：04-01-13-0379-015，缩微号：04-01-13；《奏为补用知府黎汝谦等员期满甄别事》，[光绪二十二年]，附片，档号：04-01-12-0573-087，缩微：04-01-12，电子档号：04-01-012-000573-0087-0000；两广总督谭钟麟：《奏为候补班尽先补用知府黎汝谦等员试用期满甄别事》，光绪二十二年三月十六日，录副奏片，档号：03-5340-030，缩微号：403-2668。黎汝谦生平可详参龙先绪《黎汝谦年谱》，载黎铎、吴光辉主编《纪念黎庶昌诞辰170周年暨遵义沙滩文化学术研讨会论文汇编·遵义沙滩文化论集》（二），中国社会科学出版社，2007。

② 「9. 神戸在留清国領事「馬健常」氏一時帰国不在中「黎汝謙」氏領事館事務代理ノ件」JACAR、Ref. B18010311500、在本邦各国領事任免雑件/支那之部·第一巻（6.1.8.3＿17）（外務省外交史料館）。

办，可资得力"。李鸿章于十月初五日（11 月 15 日）附片具奏，初七日（11 月 17 日）奉朱批获准，他随即咨复朝鲜国王查照，并咨会总理衙门。① 马建常以"朝鲜襄办商务委员"身份立即前往朝鲜，在"商务初开，举国生疏"的朝鲜，"凡有碍难，随事弥缝"，深得朝鲜国王信赖。滞留两年后，他看到朝鲜"风气骎骎"，自谦其本人留此"秋毫无补"，于光绪十年（1884）二月以家母多病为由恳请归省，对此朝鲜国王"殊堪怅叹"，但情理所在，也不便阻拦。② 黎汝谦于光绪九年（1883）初正式接任神户兼大阪府之理事，三月初一日（1883 年 4 月 7日）黎庶昌将此情形照会日本外务卿。4 月 11 日，日本外务省认存后，知照各相关部门。③ 长崎正理事官由原何如璋使团余瓗留任。光绪八年（1882）八月，余瓗一度回赴京补行验放，请假三个月，黎庶昌暂委翻译官、工部主事沈铎代理，于八月二十二日（10 月 3 日）照会日本代理外务卿吉田，12 日日方回复黎庶昌。④ 次年七月，余瓗因亲父病重请假回籍省视，黎庶昌派随员郭万俊前往代理，于七月十一日（8 月13 日）照会日本外务卿，日方于 16 日回复认可。⑤

黎庶昌接任时，所辖横滨、神户、长崎三口，只有长崎一埠外交内治均能妥恰，横滨的情况半年以后也臻大定，唯有神户的状况让他

① 李鸿章：《拟代聘穆麟德襄助朝鲜关务并派马建常襄办》，光绪八年十月初八日，馆藏号：01-25-010-02-035；李鸿章：《旨准代聘德人穆麟德襄助朝鲜关务并派马建常襄办》，光绪八年十月十三日，馆藏号：01-25-011-01-002。

② 李鸿章：《准派赴朝鲜襄办商务委员马建常回国》，光绪十年二月十七日，馆藏号：01-25-013-02-032；李鸿章：《朝鲜国王送前派襄办商务委员马建常归国省亲》，光绪十年四月初四日，馆藏号：01-25-014-01-002。

③ 「1. 認可状 一名証認状 本邦之部 自明治十五年/11/清之部」JACAR、Ref. B13080048000、委任状並二認可状・第六巻（7-1-1-2_ 006）（外務省外交史料館）。

④ 「10. 長崎在留清国領事「余瓗」氏旅行中「沈鐸」氏領事館事務代理ノ件」JACAR、Ref. B18010311600、在本邦各国領事任免雑件/支那之部・第一巻（6.1.8.3_ 17）（外務省外交史料館）。

⑤ 「12下. 長崎在留清国領事「余瓗」氏一時帰国二付中書「郭萬俊」氏代理」JACAR、Ref. B18010311900、在本邦各国領事任免雑件/支那之部・第一巻（6.1.8.3_ 17）（外務省外交史料館）。

十分不满，为此，他在神户理事署上颇费心思，整顿幅度最大。① 黎
庶昌任内没有增设新的理事署，但因新潟、夷港二口光绪十年
（1884）之后渐有许多华商前往贸易，于是决定这两口事务暂归横滨
理事官兼管。②

　　黎庶昌初至时，翻译人员主要是原何如璋使团留任人员。西文翻译
梁殿勋、沈鼎钟、蔡国昭、张宗良4人。梁殿勋在东京使署③，蔡国昭在
横滨。沈鼎钟自光绪三年十一月初一日（1877年12月5日）随使臣何如
璋到日本之日起，至光绪六年十月二十九日（1880年12月1日）三年期
满，曾由何如璋照章奏请奖励。黎庶昌抵任后，沈鼎钟留日差遣，中间于
光绪七年十一月初八日（1881年12月28日）奉调去德国使署，充当二
等翻译。计算沈鼎钟在日本时间，连闰扣至光绪九年九月三十日（1883
年10月30日），又届三年期满，该年十月时任出使德、意、荷、奥大臣李
凤苞为其照章奏请奖励，由原先的蓝翎六品衔候选府经历，请免选本班，以
知县不论双单月遇缺即选，并加同知衔，获朱批"著所请奖励"。④ 李凤苞
同时附片奏请翻译官沈鼎钟仍留使署差遣，"俾资熟手"，亦获准。⑤ 张宗良
光绪八年（1882）三月后与沈鼎钟同期赴美国，黎庶昌三月新调沈铎为
长崎理署翻译，七月调蔡国昭往神户，横滨理署翻译以州同衔陈瑞英暂
充。陈瑞英试用一年后，"勤练有为，堪胜翻译之任"，⑥ 黎庶昌对他颇满

　　① 黎庶昌：《朝鲜朴泳孝等赴日求减赔款未允改为十年偿还中国若能于台湾添练水师以
示必争琉案当可善结神户理事已令黎汝谦代理已购置馆署并酌定署中章程》，光绪八年十月初
九日，馆藏号：01-25-010-02-037。
　　②《使日徐承祖奏添设新潟等处理事折》，光绪十二年正月十七日，载王彦威纂辑，王
亮编《清季外交史料》卷63，第21页。
　　③「栗香斋笔話」、明治15年5月-16年7月；「黎庶昌笔談」、明治15年、『宫岛诚一
郎文书』、C17-1、C16。
　　④ 李凤苞：《奏为参赞官钱德培等员留洋期满请奖叙事》，光绪九年十月初四日，录副
奏折，档号：03-5186-056，缩微号：394-2516。
　　⑤ 李凤苞：《奏为参赞官钱德培等员留洋期满给假销差等事》，光绪九年十二月十七日＊，
录副奏片，档号：03-5186-057，缩微号：394-2519。
　　⑥ 黎庶昌：《奏为横滨理署翻译陈瑞英试用一年堪胜翻译之任长崎理署翻译钟进成能否胜任
尚待察看事》，光绪九年十月二十二日＊，录副奏片，档号：03-5184-053，缩微号：394-2070。

意，认为"似较蔡翻译为优"。当时国内培养的西文翻译人员也乏人，黎庶昌曾向总理衙门要求派遣而不得，陈瑞英是黎庶昌自己找得的。[①] 光绪九年（1883）四月，长崎理署翻译沈铎调至东京使署，又以美国肄业学生钟进成试充。[②] 这样，使团西文翻译的情况是，东京使署梁殿勋、沈铎，横滨理事署陈瑞英，神户理事署蔡国昭，长崎理事署钟进成。后来，沈铎曾代理长崎理事。

黎庶昌时期为培养东文翻译人员采取了积极有效的措施。黎庶昌上任时，裁撤了何如璋使署东语通事钜鹿赫泰郎[③]，主要派用原何如璋使团各理署所找寻的通事，即横滨的罗庚龄、神户的杨锦庭和长崎的蔡霖[④]，一直变化不大。主要原因是缺乏日语翻译人才。东文翻译需求急切问题首届何如璋使团时已提出，黎庶昌进而将这一问题提上议事日程。

上任后，黎庶昌即奏请设馆招学生学习，以三年为期，得到清政府俞允，光绪八年（1882）九月正式开馆。[⑤] 东文学堂招生颇不易。黎庶昌先商请总理衙门招派学生出洋充当此选，总理衙门因无人可

① 黎庶昌：《朝鲜朴泳孝等赴日求减赔款未允改为十年偿还中国若能于台湾添练水师以示必争琉案当可善结神户理事已令黎汝谦代理已购置馆署并酌定署中章程》，光绪八年十月初九日，馆藏号：01-25-010-02-037。按：黎庶昌在本函中没有明确提到陈的名字，但这位新的翻译人员应是陈瑞英。他光绪八年六月二十三日（1882 年 8 月 6 日）至同年九月二十五日（11 月5 日）为代理翻译官，薪水 20 两，同年九月底以后薪水 60 两。正好与蔡国昭调离时间相衔接。与黎庶昌致总理衙门信中提示的信息也一致。

② 黎庶昌：《奏为横滨理署翻译陈瑞英试用一年堪胜翻译之任长崎理署翻译钟进成能否胜任尚待察看事》，光绪九年十月二十二日＊，录副奏片，档号：03-5184-053，缩微号：394-2070。

③ 徐承祖：《已递国书正遵旨以难撤驻朝防营极力与井上辩论日乱党起意作践使署欲其国有事中朝遂其私意已照请派捕弹压日外务声言日本绝无利朝土及欺朝鲜之意中国如不添兵日亦不添》，光绪十一年一月初三日，馆藏号：01-25-016-02-014。

④ 「1. 第五册明治二十三年分/5 明治 23 年 12 月 3 日から明治 23 年 12 月 8 日」JACAR、Ref. B03030249900、元在清公使館書記官中島雄ヨリ引継ノ清韓両国ニ関スル書類/「随使述作存稿」第二巻（1-1-2-57_ 1_ 002）（外務省外交史料館）。

⑤ 《总理各国事务衙门奏遵议在日所招东文学生毕业后应如何待遇片》，光绪十年七月初五日，载故宫博物院编《清光绪朝中日交涉史料》卷 5，第 22 页。

派，让黎庶昌"自行招致"。① 黎庶昌培养这些学生的目的是希望他们"永远"从事日语翻译工作，但日语所用仅在日本一国，不如西文学成可在出使西洋各国使馆以及各省洋务机构随处供差。加上日语文字汉日文掺杂，读音、词义凌杂纠纷，学习难度不亚于西文，且效用范围较西文狭小，愿学者很少②，开始仅招到 5 名学生③。为此，黎庶昌"设法招致，加意诱掖"④。光绪十年（1884）五月⑤，黎庶昌为这些日语学生奏请预定章程，规定三年后如何给予职衔和薪俸；闰五月二十日（7 月 12 日），清政府饬令总理衙门等议奏。总理衙门根据《奏定出使经费章程》，以及出使俄国大臣曾纪泽历年册报，考虑到日本路途较近，拟定了相关的薪水及保奖制度。薪水方面拟分别等第，上者按月支薪水 50 两，次者则 40 两，又次者则 30 两，由出使大臣量才核给，作正开销，但均不给予职衔。未满三年及三年后学无成效者，概不得给予薪水。学业有成的学生如派充各口翻译人员，俟当差无误，三年期满后再由出使大臣分别保奖奏明，请旨办理。七月初五日（8 月 27 日），军机大臣奉旨依议。⑥ 东文学堂的教育成效，在徐承祖使团时期开始渐次显示。

黎庶昌使团参随人员分布在东京、横滨、神户和长崎各处。就东

---

① 黎庶昌：《奏为遵照部议查核原保期满翻译附贡生刘庆汾监生卢永铭按异常劳绩请奖事》，光绪十四年十月初一日，录副奏折，档号：03-5241-073，缩微号：397-2903。

② 李经方：《奏为请补随员李可权谭租〔祖〕纶到国即饬到差事》，光绪十八年正月二十六日＊，录副奏片，档号：03-5288-071，缩微号：400-2187。

③ 黎庶昌：《奏为东文翻译官刘庆汾卢永铭期满照章请奖事》，光绪十四年五月初一日，录副奏折，档号：03-5237-006，缩微号：397-1912。

④ 李经方：《奏为请补随员李可权谭租〔祖〕纶到国即饬到差事》，光绪十八年正月二十六日＊，录副奏片，档号：03-5288-071，缩微号：400-2187。

⑤ 黎庶昌：《奏为东文翻译官刘庆汾卢永铭期满照章请奖事》，光绪十四年五月初一日，录副奏折，档号：03-5237-006，缩微号：397-1912。

⑥ 《总理各国事务衙门奏遵议在日所招东文学生毕业后应如何待遇片》，光绪十年七月初五日，载故宫博物院编《清光绪朝中日交涉史料》卷5，第 22 页。

京使馆而言，最初有随员 6 人，分别是杨守敬、姚文栋①、张沇②、蓝文清③、谢祖沅④、梁殿勋⑤，其中谢祖沅负责文案办理兼支应所事，又办理横滨理事署会审。⑥ 梁殿勋是翻译人员。此后，东京使馆人员逐渐增加。如随员方瀚益⑦明治 15 年（1882）11 月 22 日从国内启程，12 月间到馆，具体负责词翰酬应，即作诗或文以及公文书翰。⑧ 黎庶昌使团领取薪俸人员名单详参附录一。有个别人员不在此名单中，很可能是因不领俸禄之故。如有一名姓李名奎字楫东的，当时

---

① 姚文栋，生于咸丰二年（1852）正月十八，字子樑，江苏苏州人。(「清使筆談・三号」、『宮島誠一郎関係文書』、2143;「明治十七年三月黄陳姚張送別会資料」、『宮島誠一郎文書』、Reel 24、1062-14）生于上海，生平可详参姚文栋之子姚明辉编《景宪府君年谱》和《先景宪公年谱节要》，前者整理稿载中国社会科学院近代史研究所近代史资料编辑部编《近代史资料》总 125 号，中国社会科学出版社，2012，第 137~227 页。

② 张沇，字道岷，张裕钊之子，称黎庶昌为"家外舅"，也就是说，张沇是黎庶昌女婿。(「張沇」、『宮島誠一郎文書』、Reel 14、363;「栗香斎筆話」、明治 15 年 5 月-16 年 7 月、『宮島誠一郎文書』、C17-1）明治 18 年（1885）1 月 12 日离开日本，居日 3 年 (「清使筆談・一号」、『宮島誠一郎関係文書』、2142)。

③ 蓝文清，贵州贵筑县人，于江苏海运案内奏保，俟补知县后以直隶州知州前先补用，光绪七年（1881）五月二十八日经吏部核准。是年十月经出使大臣黎庶昌奏调出洋。徐承祖：《呈遵照部议另奖前任出洋各员衔名清单》，光绪十三年四月初九日，单，档号：03-5222-074，缩微号：396-2486。

④ 谢祖沅，即谢祖元，约生于咸丰五年 [1855，光绪二十四年（1898）三月下旬 43 岁]。顺天府大兴民籍，原籍浙江山阴，祖父是道光丙申翰林、曾任掌江南道监察御史谢荣埭。光绪七年（1881）随使日本，光绪十二年（1886）随出使德、法、奥、意、比、荷大臣许景澄使法国，光绪十五年（1889）期满后"久役思归"，例保四品衔候选知州。光绪十九年（1893）后在天津、旅顺验收泰顺泰利挖泥船，并办上海洋务。光绪二十四年（1898）七月时为候选州同的谢祖沅赴都察院呈递条陈，内有气枪、绘图等件，都察院知照军机处。隆恩：《奏为保举前出使东西洋各国随员谢祖沅请发往两江派办洋务交涉制造事》，光绪二十四年三月二十九日，录副奏折，档号：03-5615-021，缩微号：423-1800；洪钧：《奏为德俄两馆随员谢祖沅何寿康当差期满请续调候选同知延年等员更换事》，光绪十四年五月十三日，录副奏片，档号：03-5237-077，缩微号：397-2039；都察院：《为呈递候选州同谢祖沅条陈内有气枪等一匣山西副监生宋汝淮绘图样二匣事致军机处知照》，光绪二十四年七月二十七日，知照，档号：03-7432-020，缩微号：552-1906。

⑤ 「栗香斎筆話」、明治 15 年 5 月-16 年 7 月、『宮島誠一郎文書』、C17-1。

⑥ 隆恩：《奏为保举前出使东西洋各国随员谢祖沅请发往两江派办洋务交涉制造事》，光绪二十四年三月二十九日，录副奏折，档号：03-5615-021，缩微号：423-1800。

⑦ 方瀚益，号子聰。

⑧ 「明治十五年壬午日誌」、1 月-12 月、『宮島誠一郎文書』、A60-2。

在东京使馆当随员。① 有个名叫庄吉云的，经首届使臣何如璋介绍，于光绪八年（1882）底也来到东京。② 使团在日本各地驻在情况详参附录二。

黎庶昌第一次出使未满三年，于光绪十年八月十三日（1884 年 10 月 1 日）在任内闻讣③，丁生母忧，拟请假回国。十六日（4 日），他向日本外务省提出照会，希望于其不在期间，由横滨理事陈允颐作为参赞代理使馆事务，横滨理事一职则由随员郭万俊代理。④ 但总署另有安排。十八日（6 日），总署致电告知，已新任命钦差徐承祖，但须来京陛见，到任尚早，令黎庶昌"候旨再行起程"⑤。黎庶昌回电表示将遵从安排，同时将十六日照会外务省暂委陈代办公使一事告知总署，并请示既不认代理，如何做进一步处理。⑥ 二十四日（12 日），总署接徐承祖来电，得知徐次日将由南京回上海乘船北来。⑦ 次日，总署即致电黎庶昌，告知徐承祖已北上，再次强调等新使臣到任后再交卸。⑧ 二十八日（16 日），黎庶昌将总署安排照会日本外务省，陈允颐

---

① 「筆談録『姚文棟ほか』」、明治 18 年『宮島誠一郎文書』、C24。按：笔谈原稿未署时间，但其中问到中国"与法国开战近况有报否"，可知是在中法战争时，也即黎庶昌驻使时期。

② 「栗香斎筆話」、明治 15 年 5 月–16 年 7 月、『宮島誠一郎文書』、C17–1；A61–1。按：庄吉云为江苏省镇江丹徒人。

③ 潘霨：《奏报记名道黎庶昌服阕期满销差起程日期事》，光绪十三年四月二十二日，录副奏片，档号：03–5221–100，缩微号：396–2337。

④ 「日本駐剳清国特命全権公使黎庶昌帰国ニ付横浜同国領事陳守允頤事務代理ノ件」JACAR、Ref. A01100264100、公文録・明治十七年・第二十二巻・明治十七年八月–十二月・外務省（国立公文書館）；黎庶昌：《为照会外务暂委陈属代办公使等事》，光绪十年八月二十日，电报档，档号：2–02–12–010–0739，缩微号：003–1132。

⑤ 《发出使日本大臣黎庶昌电信》，光绪十年八月十八日，电报档，档号：2–02–12–010–0728，缩微号：003–1127。

⑥ 《出使黎大臣来电》，光绪十年八月二十日到，电报档，档号：2–02–12–010–0739，缩微号：003–1132。

⑦ 《徐承祖来电》，光绪十年八月二十四日，电报档，档号：2–02–12–010–0761，缩微号：003–1141；电报档，档号：3–08–12–010–0032，缩微号：015–1684。

⑧ 《发出使黎大臣电》，光绪十年八月二十五日，电报档，档号：2–02–12–010–0767，缩微号：003–1143。

和郭万俊各回原职。① 由于"甲申事变"突然爆发，徐承祖奉命提前启程，而黎庶昌也因事变奉命淹留。直至局势初定，才于光绪十年十二月十八日（1885 年 2 月 2 日）回国，那天正好下大雪。② 黎庶昌自遭丁忧，本应立时奔丧，因奉旨，只能拟等新任到达后再交卸。及徐承祖到来，续因朝鲜事件又奉旨暂留，未能作速归国，对此，他感慨万分。③

黎庶昌于光绪十一年五月十九日（1885 年 7 月 1 日）扶枢到遵义县原籍守制，计自闻讣之日起，扣至光绪十二年十一月十三日（1886 年 12 月 8 日），计服阕约 27 个月。④ 光绪十三年（1887）三月，黎庶昌启程进京销差，经由成都、西安等处，"且行且游"，在道四月余，始抵北京。⑤ 七月奉上谕：二品顶戴记名道黎庶昌著派充出使日本国钦差大臣。⑥ 再次被谕命为出使日本大臣。

黎庶昌第二次被任命为出使日本大臣实属特例。清政府最初拟任命的是李兴锐。李兴锐（1827~1904），字勉林，湖南浏阳人。由附生于咸丰七年（1857）四月因襄办本籍团防，经前升任湖南巡抚骆秉章奏保，奉旨著赏给训导职衔。咸丰八年（1858）经前大学士曾国藩调赴行营当差，因军功被曾国藩、李鸿章等累保至大名府，以道员用。光绪十三年五月初三日（1887 年 6 月 23 日）奉旨赏加二品顶戴，充出使日本国钦差大臣，著即来京陛见。但李兴锐因积受边瘴，久患痿痹，经李鸿章咨由总理衙门奏开差使，请假就医。总理各国事务王

---

① 「同人後任公使到着迄事務弁理ニ付領事陳守允願ノ代理ヲ解ク件」JACAR、Ref. A01100264200、公文録・明治十七年・第二十二巻・明治十七年八月十二月・外務省（国立公文書館）。

② 《北洋大臣来电》，光绪十年十二月十五日到，载故宫博物院编《清光绪朝中日交涉史料》卷 6，第 45 页；「栗香斎筆話」、明治 18 年、C17-2；「清使筆談・一号」、『宮島誠一郎関係文書』、2142。

③ 「栗香斎筆話」、明治 18 年、C17-2；「清使筆談・一号」、『宮島誠一郎関係文書』、2142。

④ 潘霨：《奏报记名道黎庶昌服阕期满销差起程日期事》，光绪十三年四月二十二日，录副奏片，档号：03-5221-100，缩微号：396-2337。

⑤ 「清使筆談及書翰往复・四号」；「黎庶昌筆談録」、『宮島誠一郎関係文書』、2144、2149。

⑥ 奕劻：《奏为保举出使日本大臣黎庶昌交军机处存记录用事》，光绪十七年三月二十二日，录副奏折，档号：03-5277-077，缩微号：400-0137。

大臣奕劻协同军机大臣阎敬铭只能上奏，请旨另简出使日本大臣。[①]
李兴锐光绪十五年（1889）三月销假回直，派办海防支应局，[②] 后来
作为出使日本大臣候选人员多次被清政府提起。黎庶昌之所以第二次
被任命为出使日本大臣，固然因为李兴锐因病未能成行，但也因为他
第一次出使办事深得李鸿章赏识。此外，他的第二次出使还与他第一
次出使因丁忧提前回国而未满任有一定关系。[③]

　　第四届黎庶昌使团成员中，约有 13 人是原徐承祖使团留任人员。
包括参赞陈明远[④]，长崎理事官杨枢，箱馆等处副理事官兼东文翻译
官刘庆汾[⑤]，随员徐致远[⑥]和于德楙，随员兼公学监督张晋，西文翻
译官沈铎和徐广坤，东文翻译官卢永铭、罗庚龄、陶大均[⑦]和杨锦庭，
以及代理西文翻译官黄聪厚[⑧]。沈铎于光绪十四年（1888）三月差满
回国。光绪十九年（1893）十一月，沈铎以同文馆翻译官身份，翻译

---

　　① 奕劻、阎敬铭：《奏为钦派出使日本大臣李兴锐因病请开差缺并请旨另简事》，光绪
十三年七月二十六日，朱批奏折，档号：04-01-12-0539-127，缩微号：04-01-12。
　　② 秦国经主编《清代官员履历档案全编》第 6 册，第 390 页；《复出使日本国钦差大臣
李勉林》，载于晦若录，李鸿章校《李文忠公尺牍》。
　　③ 《北洋大臣来电》，光绪十三年七月二十三日，电报档，档号：2-02-12-013-0148，
缩微号：003-1905。
　　④ 陈明远，字哲甫，浙江海盐人。「清使笔谈三号」、『宫岛诚一郎关係文书』、2143。
　　⑤ 刘庆汾，字（号）子贞，贵州人。王同愈：《栩缘日记》卷 1，载顾廷龙编《王同愈
集》，第 135 页；黄庆澄：《东游日记》，载罗森等著，王晓秋点《早期日本游记五种：记述
从闭关锁国到甲午战争四十年间的日本》，第 234~235 页。
　　⑥ 徐致远，徐承祖之弟。『徐政遠』，Reel14，368。
　　⑦ 陶大均（1858~1910），字杏南，浙江会稽人。钱钟书的父亲钱基博在陶大均最后任
职地江西曾辅佐陶达 9 个月，感情颇深，后撰有《诰授资政大夫江西提督使陶公行状》和
《江西提法使陶杏南先生哀辞》等，述陶生平甚详。参见「清使笔谈·三号」、『宫岛诚一郎
关係文书』、2143；王寶平『陶大均および甲午战争以前に在日した日本语通訳たち』、陶德
民、藤田高夫编『近代日中関係人物史研究の新しい地平』，第 25~47 页。
　　⑧ 黄聪厚到第四届黎庶昌使团时仍留任。光绪十七年（1891）六月李经方上奏，参革
时任横滨董事、候选主簿黄聪厚擅作威福，鱼肉商民，请旨革职，指的似是同一人。其时，
黄聪厚充当董事已有年，曾两次核给奖叙。黄聪厚的问题经时任横滨理事官黎汝谦查明属实，
并详细汇报，李经方认为"未便过于宽容"。他先解除黄聪厚董事之职，又上奏请旨将候选
主簿黄聪厚即行革职，"以儆效尤"。六月初五日奉朱批"著照所请"。李经方：《奏为特参已
革横滨董事候选主簿黄聪厚擅作威福鱼肉商民请旨革职事》，光绪十七年六月初五日＊，录副
奏片，档号：03-5280-014，缩微号：400-0599。

美国旧金山万国赛奇公会会长致清朝皇帝之书信，该书信内容旨在邀请中国"赴会陈赛物产"，并请饬令中国官商周知。可知，沈铎回国后仍回同文馆任翻译官。① 于德琳同年六月回国。杨锦庭同年十一月病故。徐致远于光绪十五年（1889）六月期满销差回国，所遗之缺由盐大使衔陈矩充补，黎庶昌于六月十五日（7月12日）专此照会日本外务大臣大隈重信说明情况。②

使臣新任，各地理事官也随之更替。横滨兼筑地理事官派三品衔升用道江苏后补知府罗嘉杰前往接任，神户兼大阪理事官由候选同知蹇念咸③接任，长崎理事官由分省补用、直隶州知州杨枢接任，刘庆汾充管辖箱馆、新潟、夷港三口的副理事，黎庶昌于光绪十三年十二月初一日

---

① 沈铎：《旧金山万国仲冬赛会会长请派官商入会由》，光绪十九年十一月十二日，馆藏号：01-27-012-01-043。

② 「3.随員徐致遠　自明治二十二年七月」JACAR、Ref. B16080992800、在本邦各国公使館員任免雑件・支邦之部・第一巻/支那之部・第一巻（6-1-8-2_9_001）（外務省外交史料館）。

③ 蹇念咸，约道光三十年（1850）生［光绪二十四年（1898）五月48岁］，贵州遵义府遵义县人。由禀生于光绪五年（1879）在黔省捐局报捐监生，加捐同知，双月选用。经四川总督丁宝桢委派襄办达字营全军营务，因肃清峨边夷匪患出力，保奏。光绪八年（1882）五月奉上谕，以同知不论双单月归部选用。光绪十三年（1887）十一月经出使日本大臣黎庶昌奏调，随同出使日本。光绪十六年（1890）由选用同知捐指云南试用，旋即因随使出洋三年期满保奏，光绪十七年（1891）二月奉上谕，著免补本班，以知府仍留原省，归候补班前先补用并赏加盐运使衔，发往云南署东川府事。试用期满，经云南巡抚谭钧培据藩臬两司会详，并会同云贵总督王文韶附片具陈，以本班留省补用，委署东川、开化各府知府、知事。光绪二十四年（1898）五月间，云贵总督崧蕃会同云南巡抚裕祥先后上奏，请准以蹇补授开化府知府，又奏请委署普洱府知府、东川府知府。据称，蹇念咸"明干有为""勇于任事""才识稳练，劳怨弗辞"。蹇念咸：《奏为奉旨照例发往云南以知府补用谢恩事》，光绪十七年四月十六日，奏折，档号：04-01-13-0371-029，缩微号：04-01-13；《奏为补用知府蹇念咸期满甄别事》，［光绪朝］，附片，档号：04-01-13-0423-028，缩微号：04-01-13；谭钧培：《奏为候补知府蹇念咸期满甄别事》，光绪十九年正月十五日＊，录副奏片，档号：03-5302-048，缩微号：401-1021；崧蕃、裕祥：《奏请以蹇念咸补授开化府知府事》，光绪二十四年五月二十七日＊，录副奏折，档号：03-5361-117，缩微号：405-0676；《呈崧蕃裕祥奏请以蹇念咸补开化府知府等折奉旨单》，［光绪二十四年五月二十七日］，单，档号：03-5734-092，缩微号：431-1871；裕祥：《奏为委任蹇念咸署理普洱府知府等事》，［光绪二十四年五月十七日］，附片，档号：04-01-12-0585-153，缩微号：04-01-12；裕祥：《奏为委任蹇念咸署理普洱府知府等员缺事》，光绪二十四年六月十六日，录副奏片，档号：03-5362-061，缩微号：405-0860；崧蕃：《奏为委任蹇念咸署理东川府知府等员缺事》，光绪二十四年九月二十一日，录副奏片，档号：03-5366-089，缩微号：405-2092。

（1888年1月13日）将上述更替、任用情形，一并照会日本外务大臣伊藤博文。杨枢于十二月十五日（1月27日）抵达长崎接任，即照会长崎代理知事，告知"自本日起，所有交涉事件均归本理事办理"。二十日，又将黎庶昌派遣来长崎理事署的3名人员任命情况相告。此3人分别是梁佟年、左元麟、许之琪；此3人充当文案官，罗庚龄充当东文翻译官。①

可以看到，到黎庶昌第二次出使时，东文翻译人员的培养已见成效。光绪十四年（1888）五月，黎庶昌在为刘庆汾、卢永铭②和陶大均三人请奖时说："溯查光绪十年臣初设东文学堂时，招致学生仅只五人，能否有成，初意亦未敢期必。今查刘庆汾、卢永铭及未经期满之陶大均，周旋应对尽可通行，竟收拔十得五之效，私衷亦差庆幸。"③ 此期间，黎庶昌定期向总署汇报东文学堂学生的学习成效。如光绪十六年（1890）闰二月，东文学生将届一年，黎庶昌介绍称，一年来只有张文成功夫尚可。上一年刚刚入学的冯、唐两名学生，似还不能胜翻译之任，究竟如何安排，等候总理衙门核示照办。④ 可见，东文学堂定期严格筛选。张文成，目前所存各大史料未曾提及。冯、唐两位学生，很可能是冯国勋和唐家桢，冯国勋是第六届汪凤藻使团学习东文翻译官，唐家桢是第五届李经方使团和第六届汪凤藻使团学习东文翻译官。

关于第四届黎庶昌使团人员在日本各地驻扎情况，目前中日两方的记载有所差别。据黎庶昌《拣员随带出洋分派驻扎清单》所记，东京使署除黎庶昌之外，还有参赞中书科中书陈明远、参赞兼文案随员江苏候补直隶州

① 「8. 各港在留清国領事更迭ノ件　函館新潟在留劉慶汾氏、横浜東京同羅嘉杰氏、神戸大阪同蹇念咸氏、長崎同楊樞氏　明治二十一年」JACAR、Ref. B18010313400、在本邦各国領事任免雑件/支那之部・第二巻（6.1.8.3_ 17）（外務省外交史料館）。

② 卢永铭，字（号）子铭，福建人（王同愈：《栩缘日记》，载顾廷龙编《王同愈集》，第134页）。石橋雲来編『雲来唅交詩3』（大阪、前川善兵衛、明治13年）收录卢永铭的诗。

③ 黎庶昌：《奏为东文翻译官刘庆汾卢永铭期满照章请奖事》，光绪十四年五月初一日，录副奏折，档号：03-5237-006，缩微号：397-1912。

④ 黎庶昌：《日本在名古屋海陆军合操事》，光绪十六年闰二月十三日，馆藏号：01-19-007-03-003。

知州钱德培①、随员候补道庄兆铭②、拔贡直隶候补直隶州州判孙点③、

① 钱德培，出使日本之前，光绪三年（1877）九月出使德、荷、奥、意，是晚清驻使德国的最早随员之一。光绪六年（1880）三年期满，经新任出使德国大臣李凤苞奏明，继续留洋差遣。旋即于次年十一月奏请派充三等参赞官，光绪九年（1883）十月三年期满，李凤苞又奏明其襄办一切事务"勤慎从公，渐臻谙练""属异常出力"，由原蓝翎补缺后以同知直隶州在任候补五品衔江苏知县，免补本班以直隶州知州仍留原省补用并加四品衔。钱德培第二次在洋当差期满，屡以祖茔失修为由禀请销差，因使署事务纷繁，未便更易生手，李凤苞给假 6 个月，令仍回使署。光绪十三年（1887）随黎庶昌使团出使日本。回国后，光绪十九年（1893）八月以按察使衔江苏补用道兼袭云骑尉世职，历任两江营务处及江南陆师学堂总办。光绪二十六年（1900）由南洋大臣两江总督刘坤一会派到江西清厘教案，次年完竣后经江西巡抚李兴锐奏请，接统江西内河水师，替代"办理未能得力"的候补道缪德芬。光绪二十九年（1903）二月调回江苏派往镇江接统新湘五旗兼辖各炮台。曾获刘坤一数次奏保。李凤苞：《奏为参赞官钱德培等员留洋期满请奖叙事》，光绪九年十月初四日，录副奏折，档号：03-5186-056，缩微号：394-2516；李凤苞：《奏为参赞官钱德培等员留洋期满给假销差等事》，光绪九年十二月十七日＊，录副奏片，档号：03-5186-057，缩微号：394-2519；乌拉喜崇阿等：《为核议顺天府府尹题请按察使衔江苏补用道钱德培兼袭云骑尉世职事》，光绪十九年八月二十日，题本，档号：02-01-006-005775-0016。钱德培：《奏为奉旨准予补用谢恩事》，光绪十九年九月二十六日，奏折，档号：04-01-13-0377-006，缩微号：04-01-13；刘坤一：《奏为遵保与各国交通使才江苏补用道钱德培等请简用事》，光绪二十四年七月十三日，朱批奏折，档号：04-01-12-0585-018，缩微号：04-01-12；刘坤一：《奏为特保候补道钱德培等贤明道员四人以备简用事》，光绪二十五年十二月二十四日，录副奏折，档号：03-5386-024，缩微号：407-0107；李兴锐：《奏请将江苏候补道钱德培调赴江西差委并现领内河水师候补道缪德莱撤退委任钱德培接统事》，[光绪二十七年五月初八日]，附片，档号：04-01-16-0268-080，缩微号：04-01-16；李兴锐：《奏请准江苏候补道钱德培调江西差遣内河水师候补道缪德芬撤委事》，光绪二十七年六月初八日＊，录副奏片，档号：03-5952-029，缩微号：445-2733；[张之洞]：《为奏请将候补道钱德培调回江苏派往镇江接统新湘五旗兼辖各炮台等情事》，光绪二十九年二月十九日，夹片，档号：15-02-001-000241-0048。

② 庄兆铭，字儆庵，曾纪泽幕客。李鸿章因受托曾致信黎庶昌推荐随行，称其"年少才高"。《复钦差出使日本国大臣黎莼斋》，载于晦若录，李鸿章校《李文忠公尺牍》。

③ 孙点，字君异，号圣与，又号顽石，别号三梦词人，安徽来安人，乙酉拔贡。明治20年3月在徐承祖出使期间曾到日本游历。孙点当时虽为拔贡直隶候补直隶州州判，七品官，但因不屑由上官委派，未得实缺，为生计"迫于奔走"来到日本，打算在东京"以笔墨为生活"，间或教汉文中语。孙"善诗文"，参赞陈明远"爱其才欲留之"，但当时使馆无事可供其差使，为此陈请日方民间相关人士帮助谋出路。孙点本人也想在日本小住半年，"稍稍阅历，为重来地步"。孙自称与李鸿章有世交，其父又与黎庶昌同出曾国藩之门，并同官江苏，论交谊亦是"世好"。孙点称其一家"世受国恩"，生平所志，"亟思报效"，这也是他留日的一个原因（详参王晓秋《近代中日文化交流史》，第 270~274 页；「清使笔谈·三号」，『宫岛诚一郎关系文书』，2143；「孙君异笔语」，『宫岛诚一郎关系文书』，2151；《梦梅华馆日记》，上海图书馆藏）。黎庶昌被任命为出使日本大臣后，因孙点之请求，李鸿章曾致信黎庶昌加以推荐，称其"才华甚丰，留心洋务，去年曾在日本游历，彼中情事，颇有知闻"，希望黎庶昌能"提挈东征"。孙点随使到日后，极受"优重"。两年后，他曾再请李鸿章推荐出使西方国家，被婉拒。《复钦差出使日本国大臣黎莼斋》，载于晦若录，李鸿章校《李文忠公尺牍》。

随员举人候补教谕蒋子蕃[①]、随员州同衔李昌洵[②]、随员尽先选用未入流萧琼、西文翻译候选从九品郑汝骙、医官五品衔候选监知事廖宗诚、武弁六品军功孙国珍[③]，计11人。横滨理事署有三品衔升用道江苏候补知府横滨理事官罗嘉杰、随员中书科中书曾纪寿[④]、随员广东候补盐大使张晋、随员附贡生金采、西文翻译知府衔分省补用直隶知州梁殿勋，计5人。神户理事署有理事候选同知蹇念咸、随员举人候选教谕刘汉英、随员五品顶戴候选州判罗培钧、随员附生黎汝桓、西文翻译工部员外郎徐广坤，计5人。长崎理事署有理事兼翻译知府衔分省补用直隶州知州杨枢、随员知府用户部郎中梁伟年、随员分省尽先补用知县许之琪、随员福建候补盐大使左元麟，计4人。总计25人。[⑤] 另据横滨理事署据罗嘉杰（字少畊）介绍，横滨理事署除他本人，还有曾纪寿（鹤松[⑥]）、张晋（桐封）、金采（惠畴）、卢永铭

---

①　蒋子蕃回国后，于光绪十七年十二月初七日（1892年1月6日）以同知衔候补班尽先补用知县身份，作为道府州县保归候补班人员到江苏试用，连闰扣至次年十一月初七日止，试看满一年。光绪二十年（1894）四月，江苏巡抚奎俊据藩司会同臬司验看加考、详情甄别，会同两江总督刘坤一附片具陈，称蒋子蕃"才具明练，堪以繁缺知县留省补用。获朱批"吏部知道"。奎俊：《奏为尽先补用知县蒋子蕃试看期满甄别事》，[光绪二十年四月二十四日]，附片，档号：04-01-12-0563-128，缩微：04-01-12。

②　按：光绪十四年（1888）九、十月间，李昌洵接家信，需丁继母涂氏忧，按规制恳请销差回籍守制。黎庶昌考虑到其随使以来遇事勤恳，经手之事又多，而提案暂留。先给假百日让奔丧回籍，假满后仍回使署当差，为此特意咨呈总署并上奏请示。十一月初十日奉朱批允准。黎庶昌：《奏为随员李昌洵闻讣丁忧借假百日后仍来洋当差事》，光绪十四年十月初一日，录副奏片，档号：03-5241-069，缩微号：397-2893。

③　按：武弁并非闲职。光绪十五年（1889）七月孙国珍接家信得知亲母戴氏病故，例应丁忧回籍。但使署中武弁仅一人，"经手杂务甚多"，一时未便另调，故此黎庶昌咨呈总署并上奏拟令暂留差遣。次年正月二十三日（1890年2月12日）奉朱批获准，孙国珍未能借假回国。黎庶昌：《奏为武弁孙国珍闻讣丁忧因经手事杂请暂留差遣事》，光绪十五年十一月十七日，录副奏片，档号：03-5260-104，缩微号：399-0142。

④　曾纪寿，字鹤松，曾纪泽从弟。初为随员，后李鸿章在使团参赞、理事等更动之际，曾致信黎庶昌希望"酌予"参赞、理事等职。黎庶昌也"久有意调剂，苦于位置"，无从安置。《复出使日本大臣黎莼斋》，载于晦若录，李鸿章校《李文忠公尺牍》。

⑤　黎庶昌：《拣员随带出洋分派驻扎清单》，录副奏折，缩微号：003355；转自王宝平『清代中日学术交流の研究』、164-165页。

⑥　原文为"岳松"。

（子明）。曾纪寿为曾国藩兄弟曾国华长子，曾国华太平天国时阵亡。[1] 罗嘉杰所称人数虽与黎庶昌相关介绍相同，翻译人员却不同，一作西文翻译梁殿勋，一作东文翻译卢永铭。如果考虑到这两名不同的翻译人员，中方所记总人数应为 26 人。光绪十五年十一月（1889年12月）横滨理事署西文翻译官梁殿勋因病身故，所缺之位由顾士颖替补。黎庶昌为此特地照会日本外务省。[2]

据日本驻华使领馆的报告，使团人员共计 33 人，较中方所记人员增加 7 人。东京使署除黎庶昌外，还有参赞陈明远，参赞兼文案随员钱德培，随员庄兆铭、孙点、蒋子蕃、李昌洇、萧琼、徐致远、陈矩，医官廖宗诚，西文翻译郑汝骙，东文翻译兼箱馆副理事刘庆汾，东文翻译陶大均，武弁孙国珍，计 15 人。横滨理事署有理事罗嘉杰、随员兼筑地弹压曾纪寿、随员兼学堂监督张晋、随员金采、西文翻译梁殿勋和沈铎、东文翻译卢永铭，计 7 人。神户理事署有理事塞念咸，随员刘汉英、罗培钧、黎汝恒，西文翻译徐广坤[3]，东文翻译杨锦庭，计 6 人。长崎理事署有理事杨枢，随员梁修年[4]、许之琪、左元麟，东文翻译罗庚龄，计 5 人。共计 33 人，具体情况详参附录二。

上述中、日方记载，《拣员随带出洋分派驻扎清单》和罗嘉杰所提人员均见于日方报告。较日方报告所少 7 人，分别是东文翻译刘庆汾、陶大均、杨锦庭和罗庚龄，西文翻译沈铎，以及随员徐致远和陈矩。其实，这 7 名新增人员，除陈矩外，其余均是徐承祖使团留任者，且主要是翻译人员。陈矩于光绪十五年（1889）一月

① 「黎庶昌筆談錄写し」、『宮島誠一郎関係文書』、2150。
② 「11. 在横浜清国領事館西文翻訳官梁殿勲病気辞職代員顧士頴来着ノ件 明治二十二年」JACAR、Ref. B18010313700、在本邦各国領事任免雑件/支那之部・第二巻（6.1.8.3＿17）（外務省外交史料館）。
③ 原文作"徐庚坤"。
④ 原文如此，一作"梁佟年"。

即使团驻日一年多以后才赴任，同年六月补徐致远期满之缺。可知，清单所记主要是黎庶昌出使前夕新拣选的随行人员，而使团成员实际不只这些。

据中国第一历史档案馆藏历届使团的会计报告书所载，使团包括黎庶昌在内计44人，名单详参附录一，完全包含上述两种史料所载人员。较日方记载所增11人，分别为随员于德棥、派驻神户学习东文翻译官王辉章、学习机器纺织徐应台、代理西文翻译官黄聪厚、西文翻译官顾士颖、代理长崎西文翻译官禅臣、代理长崎东文翻译官黄汉、代理长崎东文翻译官金其相、代理神户东文翻译官黄君赠、随员王肇铉①、使署通事吴葆仁，他们主要是使团后来新增补的人员。其中8人为翻译人员，2人为随员，另1人为使团非常设的特殊人员，即所谓"学习机器纺织"，其驻日前后仅约1年，应是为特殊任务临时设置的人员。2名随员出使时间都非常短暂，于德棥仅3个多月，王肇铉约10个月。而翻译人员除西文翻译官顾士颖外，其余或为代理翻译官，或为学习东文翻译官，或为通事，还不能算正规的使团成员。可以说，上述几份名录中，日方驻华使领馆报告基本反映使团成员的实况，而历届使团的会计报告书则最为全面。

黎庶昌第二次出使期间，曾为东文翻译人员争取保奖等次。东文翻译人员经前出使大臣徐承祖奏奉朱批，已统照出使各员三年保奖一次，但保奖的等次，随员均作"异常出力"奖，东文翻译人员则作"寻常出力"奖。光绪十四年十月初一日（1888 年 11 月 4 日）黎庶昌上奏，要求翻译人员按异常劳绩请奖，并强调翻译人员刘庆汾、卢永铭的特殊作用。黎庶昌比照吏部规定，指出津沪各口及外洋商董报

---

①　王肇铉，号振甫，江苏苏州人，与姚文栋同乡。明治 18 年（光绪十一年，1885）11 月徐承祖使团期间东渡，长期在中国东京使馆。「清使筆談・三号」、『宫島誠一郎関係文書』、2143。

奖按照寻常劳绩，使署的翻译应该与他们有别。十一月十一日（12月13日）奉朱批获准。[①] 这样，使团东文翻译人员的保奖制度与其他随员就完全一致了。

第二节 "壬午兵变"与黎庶昌三请派兵

黎庶昌第一次出使期间，除了琉球问题外，首先是应对朝鲜"壬午兵变"。

依据中国传统的宗藩制度，清朝绥抚属藩，基本持不干预内政的立场，向来少有派兵之举，壬午派兵打破了这一惯例。[②] 自壬午派兵后，还有甲申派兵、甲午派兵的后续，[③] 从而开启了有别于传统宗藩制度的新时期。其间，黎庶昌具有首推之功。

目前，对于"壬午兵变"已有一定研究，[④] 但关于黎庶昌与壬午派兵之间的关系成果不多，[⑤] 可做进一步论述。

黎庶昌出使时，正值中日之间交涉"球案"。当时，总署与宾户

①　以上详见黎庶昌《奏为遵照部议查核原保期满翻译附贡生刘庆汾监生卢永铭按异常劳绩请奖事》，光绪十四年十月初一日，录副奏折，档号：03-5241-073，缩微号：397-2903。

②　《照录出使日本徐大臣来函》，光绪十年十二月十五日发，载"中研院"近代史研究所编《清季中日韩关系史料》卷4，第1650页。

③　光绪二十年（1894）四月，朝鲜政府在请中国派兵的正式公文中称："查壬午、甲申敝邦两次内乱，赖咸中朝兵士代为勘定。兹拟援案，请烦贵总理迅即电恳北洋大臣，酌遣数队，速来代剿。"（《寄译署》，光绪二十年五月初一日辰刻，载吴汝纶编《李文忠公全书·电稿》卷15，第33~34页）可见，甲午派兵是顺延壬午、甲申派兵之例，其中壬午派兵是最早的先例。

④　王德昭：《甲午战前中国处理朝鲜"壬午事变"之经过》，包遵彭、李定一、吴相湘编纂《中国近代史论丛》第1辑第6册《第一次中日战争》，台北：正中书局，1957，第120~126页；本文节录自《真理杂志》第1卷第3期，民国33年（1944）5月重庆版。孙启瑞：《朝鲜壬午军乱时的中日交涉》，中华文化复兴运动推行委员会主编《中国近代现代史论集》第15编，第271~292页。

⑤　主要在 Chow Jen Hwa, *China and Japan: The History of Chinese Diplomatic Missions in Japan, 1877-1911*（pp. 157-158）、黄万机《黎庶昌评传》（第102~104页）和王庆成《黎庶昌与日本》（《贵州社会科学》1995年第4期）中有相关论述。

玑之"球案"谈判刚刚停滞，日本驻天津领事竹添进一郎正试图促使清政府重开"球案"谈判。黎庶昌奉清政府之命，抵日后，首要之事就是参与重议"球案"的外交交涉，详参下文。然而，重议"球案"尚未见眉目，朝鲜却突然爆发攻击王宫及日本使馆的事件，史称"壬午兵变"。

黎庶昌是从日本外务省得知兵变的消息的。光绪八年六月十七日（1882 年 7 月 31 日），即距离兵变发生一周后，日本外务省派遣大辅吉田清成前来中国使馆通告兵变消息。原来，六月十六日（7 月 30 日）夜，外务省接到日本驻朝鲜公使花房义质自长崎发来的电报，称初九日（23 日）突有朝鲜"乱党"数百人围攻日本使馆。抗御 7 时之久，未能等到援兵到来。花房公使等 20 余人突围而出，逃至仁川，又被该处的朝鲜士兵围击，死者 2 人，伤者数人。又逃至海边，得一小船，行至南阳，遇英国测海船才得以获救回国。当时，黎庶昌以好言慰之而去。①

得知兵变消息后，黎庶昌立即致电署北洋大臣张树声，扼要电告兵变情形：

> 外务大辅来告，中六月初九，高丽乱党突围日本使馆，打死一人②，伤数人。日使花房等逃至仁川，又被高兵围阻。后得上英船，载至长崎。现拟派兵船三只，前往查办此事。特电知。恳录呈总署。③

---

① 黎庶昌：《朝鲜兵变日本出兵在惩办乱首现朝鲜国王无事由大院君执政》，光绪八年七月十三日，馆藏号：01-25-009-01-006。

② 黎庶昌稍后在来函中称"死者二人，伤者数人"（黎庶昌：《朝鲜兵变日本出兵在惩办乱首现朝鲜国王无事由大院君执政》，光绪八年七月十三日，馆藏号：01-25-009-01-006），略有出入。

③ 《出使日本大臣黎寄直督张》，光绪八年六月十七日，载"中研院"近代史研究所编《清季中日韩关系史料》卷 2，第 734~735 页。

日本在通告兵变消息后，立即派军舰"前往查办"。次日①，外务卿井上馨即离东京，亲往督办此事。数日内，日本朝野群议纷纭，有灭朝鲜之意，派兵调饷，举国嚣然。幸而日本政府因此次"倡乱之徒"不但与日人为难，而且还攻击王宫执政，应非出自朝鲜政府之意，其意只欲惩办得体而止。但其预备军械，刻未停止。② 此时，黎庶昌尽管对兵变的真相尚不明了，但看到日本如此调兵遣将，他立即向清政府提出派兵的建议。

六月十八日（8月1日），黎庶昌致电署北洋大臣张树声，称："日本兵船即赴高丽，中国似宜派兵船前往观变。"③ 黎庶昌建议中国派兵，最初主要是基于日本派兵这一前提。当时，由于黎庶昌对日本派兵的动机、可能的后果，以及朝鲜国内局势等均不得其详，所以，中国派兵的目的究竟何在，他也不甚明确，只说"前往观变"。尽管如此，他主张中国派兵的立场则非常坚定。

二十日（8月3日），黎庶昌进一步了解到日本派兵的详细情形，且得知外务卿井上馨已亲自前往督办，认为日本政府此行"虽非决策用兵"，但日本国内"众情甚嚣，实在准备"，为此他再次建议"从速"派兵：

> 日船于十七八先后赴高。水兵七百余，另有步兵七百。外务卿井上馨亲往督办，已于昨日动身。日廷虽非决策用兵，然众情甚嚣，实在准备。我兵船之去，似宜从速。④

---

① 关于井上馨离开东京的时间，黎庶昌后来的报告略有调整，这里采用原文提法。
② 黎庶昌：《朝鲜兵变日本出兵在惩办乱首现朝鲜国王无事由大院君执政》，光绪八年七月十三日，馆藏号：01-25-009-01-006。
③ 《出使日本黎大臣寄直督张》，光绪八年六月十八日到，载"中研院"近代史研究所编《清季中日韩关系史料》卷2，第735页。
④ 《日本黎大臣来电》，光绪八年六月二十日到，载"中研院"近代史研究所编《清季中日韩关系史料》卷2，第749页。

黎庶昌的报告是准确的。井上馨于十九日（8月2日）晚搭乘三菱邮船前往下关。① 次日（3日），日本外务省送来一封英文信，详告事变内幕，但主旨在于声明日本此次派兵的目的。来信首先声称，此次事件"所关甚重"，已具国际影响。"乱党"不仅攻击日本公使署，还攻击朝鲜政府中主张与外国通好的廷臣，并连及王宫，因此"有关涉于各国"。显然，外务省将变乱的责任仅仅归罪于"乱党"，明确指出朝鲜政府也"未及预知"。来信进而说明派兵的原因，称日本公使馆遭袭击后，除公使及官员数人逃离之外，尚有陆军中尉堀本等9人不知去向。日本派兵：一为防备这些流落的使馆人员遇害，兼保护居留釜山的日本侨民；二为保护日本今后在朝鲜的利益。花房公使此次再度前往，就是向朝鲜政府"讨释"，保护日本的交涉利益。来信最后声明，军队此行"已奉命不能行对敌之举"，日本政府"全以敦睦和好为念，并无二心"，希望黎庶昌将此意转达中国政府，以免引起麻烦。② 此信显然带有谅解备忘录性质，信后附录六月十六日（7月30日）刚刚从朝鲜逃到长崎的花房公使的来电。

外务省的这封谅解信于二十日（3日）至二十五日（8日）陆续发给包括黎庶昌在内美国、英国、法国、比利时、德国、荷兰、奥地利、意大利、西班牙、俄国等国驻日本的公使，③ 实是一封公开信。这也正是黎庶昌所收到的是一封英文信的缘故。之所以发出这样一封谅解信，是因为当日本出兵朝鲜时，各国驻日本公使中有人怀疑日本

---

① 「井上外務卿ヨリ駐剳田辺臨時清国代理公使宛」、8月2日、外務省編纂『日本外交文書』第15卷、159頁。

② 「井上外務卿ヨリ各国公使宛」、8月3日、外務省編纂『日本外交文書』第15卷、160-161頁；《照译外务卿英文信函》，光绪八年六月十九日（1882年8月2日），载"中研院"近代史研究所编《清季中日韩关系史料》卷3，第810~811页。按：中方记载较日方早一日，以日方记载为准。以下同，不一一说明。

③ 「井上外務卿ヨリ各国公使宛」、8月3日、外務省編纂『日本外交文書』第15卷、160-162頁。

企图乘此机会掠夺朝鲜。① 为消解国际舆论的压力，日本政府决定以外务卿井上馨的名义，向各国公使发出这样一封公开信。致黎庶昌的信，是其中最早发出者。

这封英文信篇幅较长，原文黎庶昌通过信函附寄回国，于七月十三日（8月26日）才抵达总署。但其要旨则通过电报，于次日二十一日（4日）电寄张树声。尽管黎庶昌认为该信"词尚平正"，但他仍然坚持"中国亦应派兵"，第三次提出派兵建议：

> 外务来英文信一件。大意表明，王宫、使馆同日被击。此次派兵赴高，系保护应办事权，并非意在打仗，属为转达政府。词尚平正，容译寄呈。然则中国亦应派兵镇压，责高丽惩办凶徒，以谢日本。②

二十一日（4日），黎庶昌回复井上。信中说，"壬午兵变"攻击日本使馆"于和好大有关隘"，中国政府"亦不谓然"，但由于兵变并非出自朝鲜政府之意，因此"尚可原谅"；他希望事变由朝鲜政府自行处理，"但愿高丽速日将此乱党严办，以全友睦"。③ 这其实表明了黎庶昌本人对处理事变的基本立场。可以说，如果没有日本率先派兵，且日本国内群情甚嚣，黎庶昌也不至于如此急迫地向清政府三请派兵。而其派兵建议，只说"观变"，但主旨显然在于防止日本乘机侵略朝鲜。

---

① 「井上外務卿ヨリ駐劄田辺臨時清国代理公使宛」、8 月 2 日、外務省編纂『日本外交文書』第 15 巻、159 頁。

② 《照录出使日本大臣黎来电》，光绪八年六月二十一日到，载"中研院"近代史研究所编《清季中日韩关系史料》卷 2，第 751~752 页。

③ 「清国政府軍艦ヲ朝鮮ニ派遣スルノ旨同公使黎庶昌ヨリ通報並ニ復書」JACAR、Ref. A03023636900、公文別録・朝鮮事変始末・明治十五年・第一巻・明治十五年（国立公文書館）；「清国公使ヨリ井上外務卿宛」、8 月 4 日、外務省編纂『日本外交文書』第 15 巻、162 頁。

应该说，黎庶昌的三请派兵颇具先见之明。上述井上馨致各国驻日公使的公开信，旨在表明日本政府处理"壬午兵变"所持的是所谓纯粹的和平主义原则，"全以敦睦和好为念"。① 然而，这与其本意并非完全一致。十九日（2日），即发出这封谅解信的前一天，井上馨曾致信日本驻华代理公使田边太一，具体指示日本派兵的真实意图及对事变的处理意向。信中说，这次派兵之意固然在于护卫公使及保护日本在朝侨民，但日本不会就此轻易罢休，而是计划将与朝鲜政府交涉。交涉的主要内容是：向朝鲜政府探听堀本中尉等8人的下落；质问朝鲜政府，此次暴行究竟出自政府指使，还是斥攘党之举；暴行是单单针对日本人，还是出于对所有外国人的憎恶；等等。井上认为，此次交涉能否如愿固不可知，但他指出，如果不启兵端则不能了结，且又不能立即开战，等待花房义质公使上呈报告后，由阁议做出决定。可见，井上馨是有着充分的战争准备的。信的最后部分追加一段话，其中提到各国驻日公使中有人怀疑日本企图乘这次事变之机掠夺朝鲜，为此，他本人准备向各国公使说明日本政府的和平旨意，② 于是有了次日他发给各国公使的上述谅解信。也就是说，公开信中所宣称的所谓和平主义，不过是日本"目下"的打算而已，而本意实有战争企图的。可以说，黎庶昌的三请派兵，非常具有决断力。

此后，黎庶昌很快接到张树声电报，称总署拟派军舰前往，详参下文。黎庶昌在回电中，仍不忘强调要从速派兵："兵宜速往，为无日人所先闻。"③

---

① 「井上外務卿ヨリ各国公使宛」、8月3日、外務省編纂『日本外交文書』第15卷、161頁；《照译外务卿英文信函》，光绪八年六月十九日，载"中研院"近代史研究所编《清季中日韩关系史料》卷2，第811页。

② 「井上外務卿ヨリ駐劄田边临时清国代理公使宛」、8月2日、外務省編纂『日本外交文書』第15卷、160頁。

③ 《照录出使日本大臣黎来电》，光绪八年六月二十五日到，载"中研院"近代史研究所编《清季中日韩关系史料》卷2，第773页。

　　黎庶昌如此果敢地提议派兵朝鲜，并非偶然。如上所说，黎庶昌出使之时，朝廷上下在中日关系上大都将注意力集中在"已然"的琉球问题上，而"不闻及朝鲜"。黎庶昌虽奉命首先应对"球案"，却已经关注到朝鲜问题之重要。

　　抵达日本后不久，即"壬午春时"，使团随员姚文栋就写了一封《上黎星使书》。这封书信从备受朝野关注的琉球问题入手，强调"朝鲜时势急于琉球"："朝鲜为国东藩，安危所系。譬犹吴之彝陵，陆抗所云，如有警，当倾国以争之者。今朝鲜危机已兆矣。日人之心待之以琉球，俄人之心待之以土耳其，视者眈眈，势处岌岌。"他进而提出了解决朝鲜问题的三大"保全之计"："上策如英国之待阿富汗，废其自主之权，一切听吾处置。中策如英法之扶持土耳其，为之遣兵扼守要地。下策令入万国公会，开埠与太西通商。"此三策中的"下策"，正是当时清政府在首届驻日使团的大力推动之下，着手实施的朝鲜开港通商政策。为此，姚文栋特意说明："朝鲜与欧洲隔远，俄如欲取，英美之力未必能争。且既入公会，即虑其有自立之意，故此为下策，然愈于亡也。"可见，鉴于现实的考虑，姚文栋在朝鲜问题上的立场颇为强硬。姚文栋希望通过黎庶昌，能引起清廷对朝鲜问题的足够重视。[①]

　　显然，黎庶昌在相当大的程度上采纳了姚文栋的建议。光绪八年（1882）春，时值李鸿章与竹添进一郎会谈琉球问题，总署将相关情况告知黎庶昌。黎庶昌在回复总署信中，即强调朝鲜地位之较琉球重要，称："其实，球之存亡，无甚关于中国得失，所少者，不过面子耳。庶昌身在日本观之，高丽之事，实为切肤之患。不特俄日虎视眈眈，即西洋各邦，亦均注意于此。近年高人惊服日

　　① 姚文栋：《上黎星使书》，壬午春，《读海外奇书室杂著》第1册，清光绪十一年（1885）刊本，第4页。

本，颇有骑墙之见。"① 与姚文栋所论非常相似。② 具体到朝鲜策略，黎庶昌此时只强调姚文栋提到的较为保守的"下策"，但后来依据情形看，他在对姚氏"朝鲜三策"变通的基础上，各有相应的阐发。可见，黎庶昌在兵变之前，就已对朝鲜问题给予深切关注。这种关切，在其所从事的文化工程——日本访书中也有体现。

黎庶昌使团日本访书的成就，至今传为美谈，然而，这不仅仅是一项收集古书的文化工程，实也包含了"资我筹策"的深刻用意，其中朝鲜书籍的收集工作就是一个例证。《日本访书志》中收录了关于朝鲜的《朝鲜国大典通编》《东国史略》等书籍。《东国史略》的访书志说：

> 方今朝鲜为我外藩最要之区域。俄人俯瞰于北，日本垂涎于东，英法各国又皆与之互市立约，几成蜂拥之势，则欲保我边陲，尤宜详其立国本末，而资我筹策。此葆初大令所为，亟谋刻此书之意，固不徒侈见闻，为考列史外传之助也。③

以上各书均收录在使团随员杨守敬的《日本访书志》中。杨守敬先随第一任使臣何如璋出使，又留任第二届黎庶昌使团。他的古籍搜集工作虽始于随何如璋使团驻使期间，但由于使臣何如璋并不热心于此，所以进展缓慢，到黎庶昌使团驻日时获黎支持后，才得以大规模地开展。杨守敬于光绪十年（1884）五月差满回国，④ 其古籍收集工

① 黎庶昌：《请及早遣使赴韩为该国经理定约》，光绪八年（无月日），馆藏号：01-25-011-02-032。按：原函未标月日，应在二月底三月初。详参本书第5章所论。以下同，不一一说明。
② 姚文栋：《上黎星使书》，壬午春，《读海外奇书室杂著》第1册，第2页。
③ 杨守敬：《日本访书志》卷6史部，贾贵荣辑《日本藏汉籍善本书志书目集成》第9册，北京图书馆出版社，2003，第22~23页。
④ 杨守敬：《邻苏老人年谱》，谢承仁主编《杨守敬集》第1册，第19页。

· 221 ·

作，是在黎庶昌第一次出使期间进行的。由此可见黎庶昌对朝鲜问题之关切，他建议派兵朝鲜之果敢并非偶然。

第三节　清政府的响应

"壬午兵变"爆发时，北洋大臣李鸿章正回乡丁母忧，由张树声署理。[①]当时，尽管有朝鲜使臣金允植等驻天津，但由于中朝之间尚未架设电线，因此，当六月十七日（7月31日）黎庶昌电告"壬午兵变"消息时，金允植等尚不知情。黎庶昌来电，无疑是关于"壬午兵变"的最早报告。黎庶昌的派兵建议，一开始就得到署北洋大臣张树声的积极响应。

张树声接到黎庶昌关于兵变的报告后，先是做相应的调查。"壬午兵变"起于朝鲜与日本之间，关于兵变的消息，黎庶昌最早得自日方，而日方则首先得自事变当事人——当时刚刚乘坐英国船只逃到长崎的驻朝公使花房义质，因此，对于事变之背景及真相，无论黎庶昌还是日方，均有一个逐渐加深了解的过程。黎庶昌最初的电报，也只根据吉田清成的转述，简单报告日方的伤亡情况。至于兵变的背景、日方派兵的真实用意、中国派兵的切实理由，起初均来不及也无法细述。为此，张树声接到关于事变的报告后，尽可能做进一步的调查。

张树声调查的主要举措是：一是前往日本领事馆探寻情形；二是向刚刚卸任不久，正路过天津前往北京复命的前驻日使臣何如璋征询意见；三是派津海关道周馥前去与朝鲜驻天津使臣金允植等笔谈。日本领事馆所说，与黎庶昌来电大略相同，并无新的消息。何如璋则认

---

①　兵变之初，清政府以朝鲜内乱、情形复杂、日兵先导，曾于六月二十九日（8月12日）命李鸿章驰赴天津部署水陆各军，前往查办。但李鸿章直到七月二十三日（9月5日）才自合肥抵天津，当时兵变平定已有数日。可以说，负责处理"壬午兵变"的，主要是署北洋大臣张树声。

为，日本外务省既然派外务大辅相告，亦未始无希冀调停之意，兵船虽往，或未遽开兵衅。这一分析颇有见地，深得张树声认可，称其"久习倭情，自非无见"，只是对于兵变本身，何如璋也无从提供新的消息。①

张树声着力较多的是与朝鲜驻天津使臣的会谈。会谈主要有两次，分别在十八日夜和十九日。由于隔海而无电线之信，朝臣对于事变一开始可谓相当隔膜。十八日，在接到黎庶昌关于兵变消息后，张树声即令津海关道周馥与朝鲜在津陪臣金允植笔谈，探询"乱党"系何人、因何起衅，并对事变可能的结局进行分析。笔谈中，金允植等非常肯定此次事变万万非国王之意，但因远外事，对于"乱党"为谁、因何而起，均回答"无缘知得"。此外，金允植还援引日本与西方各国通商之初也屡屡发生排外事件而"未闻西人藉端寻事"为例，对事变的前景颇怀希望。最后，金允植没有提出请中国派兵的要求，而是顺着周馥之意，称"中国虽欲随事庇护，亦难造次设法"②。会谈后，金允植等经相互切商，并联系起往事，对这次事变的前因后果层层深入推断，方才感到事态严重。到第二次会谈时，他们向周馥指出，朝鲜内部存在一股"乱党"势力，早在去年就有谋逆之举，且曾想驱逐日本人，认为此次兵变与去年之事相符。这一推测稍后被黎庶昌续来的新消息所证实。③ 同时，金允植等由于朝鲜朝廷终未能控制"乱党"，而日本又借端突入干预要挟，对于其国内局势深怀忧虑，便开始急切希望中国出兵，帮助朝鲜"扶危定乱"。④ 其实，在这第二

---

① 《署北洋大臣张树声函》，光绪八年六月十九日，载"中研院"近代史研究所编《清季中日韩关系史料》卷2，第734页。

② 《照录津海关道与朝鲜使臣笔谈问答》，光绪八年六月十八日，载"中研院"近代史研究所编《清季中日韩关系史料》卷2，第749页。

③ 《署北洋大臣张树声函》，光绪八年六月二十二日，载"中研院"近代史研究所编《清季中日韩关系史料》卷2，第751页。

④ 《津海关道周馥与朝鲜陪臣金允植鱼允中问答笔谈》，光绪八年六月十九日，载"中研院"近代史研究所编《清季中日韩关系史料》卷2，第750~751页。

次笔谈前的十八日①，张树声就已将黎庶昌的两份电报附寄总署，表示支持黎庶昌的派兵建议，且详细说明其派兵的具体部署。可见，张树声之决定派兵，首先是接受黎庶昌之建议。

张树声在十八日的信中，论述拟派兵的理由及具体部署相当详尽。他认为，朝鲜向为日本所制，最近开始实行通商开港政策，与各国立约通商，而日本又因屡次与朝鲜商议税则而不能定，心怀不满。这次朝鲜人围攻使馆，日本借此事件出兵朝鲜，是其一直以来对朝不满情绪的一次借题发挥，旨在"藉题威吓，期遂其大欲"，不可掉以轻心。与何如璋一样，张树声尽管对日本出兵的动机并不十分担忧，认为未必"遽开兵衅"，但他认为，朝鲜是中国属邦，日本既然来告，中国既知此事，就不可置若罔闻，黎庶昌的派兵建议是"题中之义"。当时，他已命统领北洋水师之提督丁汝昌预备两只快船、一只兵船，专此伺候。

当时中方对兵变之真相并不清楚。黎庶昌建议中国出兵"观变"，张树声之意也是如此。为此，他提议如果总署同意，"自可借筹议中高商务为名，不必牵及此事"。他估计中国将面临的事务是，当日本向朝鲜政府问罪时，朝鲜应将向中国求助，中国须从中调停。为此，他认为必须派一名"熟习交涉事宜，能达权变"的文职大员随同前往，见机"周旋"。他所推荐的人选，首先是道台马建忠。当时，马建忠刚刚前往安徽李鸿章处，商议中朝通商章程等事宜。于是，他立

---

① 该函未标注发信时间。但张树声在稍后的函件中，提到了发送这份信函的具体时间："十八日录黎纯斋星使电报，函呈钧览，计已驰达"，"树声拟俟十八日所上书，接奉赐复，准令派船前往，即令丁提督汝昌先带两船东驶，借巡洋为名，确探日船到朝后如何举动。"（《署北洋大臣张树声函》，光绪八年六月二十一日，载"中研院"近代史研究所编《清季中日韩关系史料》卷2，第748页）。又，六月十九日，津海关道周馥在与朝鲜陪臣金允植等笔谈时，一开始就说："顷见制军，已将昨日黎星使电报飞告总署矣。二十一日当有回信。"（《津海关道周馥与朝鲜陪臣金允植鱼允中问答笔谈》，光绪八年六月十九日，载"中研院"近代史研究所编《清季中日韩关系史料》卷2，第750页）由上均可知，此函写于"十八日"，在周馥与金允植等第二次笔谈之前。

即命马建忠由安徽到上海就地待命。考虑到商议中朝通商事宜也是目前要务，总署可能认为马建忠不便折回，他进而推荐何如璋为候选人，认为何如璋深知日人情伪，此次朝鲜与各国通商事宜也多得其从中引导，朝鲜方面"亦颇感之"。如总署奏明派往，似亦可以任此任。张树声在发出此信后，又致电黎庶昌令进一步探问"实在情形"，并嘱其"随时电寄"。①

十九日，经周馥与金允植、鱼允中第二次笔谈，张树声已进一步了解到此次兵变与朝鲜政局的关系，如上所说。二十日，张树声接到黎庶昌第二封请派兵信，黎进一步报告日本派兵的详细情形。为此，当天②张树声第二次致函总署，将黎庶昌新近来电及周馥与朝鲜使臣的两次笔谈一并附上，重申派兵建议。

从这封致总署的函件来看，张树声对于日本对朝政策的判断及中国派兵的具体部署，与他十八日的信所言并无太大区别。他依然认为，日本此次派兵"大抵恐吓要挟之意多，未必遂欲称兵构怨"。具体部署上，他仍然依照"十八日所上书"，令提督丁汝昌先带两艘船东驶，借巡洋为名，确探日本船只到朝后如何举动，朝鲜"乱党"如何情形，立时驰报。或令马建忠自沪折回，或由总署奏派何如璋一行随后另坐一船继赴朝。可见，与金允植等的第二次笔谈，显然增强了张树声的派兵决心。他感到朝鲜政府内部正在滋长亲日势力，担心日本在平乱问题上抢夺先机，控制朝局，"将贻后患"，从而将派兵问题与"中国字小之意"联系了起

---

① 以上详见《署北洋大臣张树声函》，光绪八年六月十九日，载"中研院"近代史研究所编《清季中日韩关系史料》卷2，第734页。

② 本函未标注发信时间。但函中说："今午复接莼斋本日来电，谨再抄录呈阅。"所附黎庶昌"本日"来电落款时间为"六月二十上午十点三十分到"，可知张树声此函写于二十日。总署于二十一日收到本函。《署北洋大臣张树声函》，光绪八年六月二十一日，载"中研院"近代史研究所编《清季中日韩关系史料》卷2，第748页。

来。① 而二十一日黎庶昌所寄井上馨英文信，也进一步印证了金允植的谈话。

二十一日②，张树声接黎庶昌三请派兵之电后，第三次致函总署，附上黎庶昌的新电报。信中他指出"莼斋本日来电，有王宫同日被击之语，则朝鲜乱党欲谋不轨，果不出该陪臣金允植等所虑"，并强调"中国兵船尤不可不速往镇压"。③

总署约于六月十九日④收到张树声第一封来函。当时，德、英等国也先后得知"壬午兵变"消息，纷纷致函总署表示关心。德国公使巴兰德连续收到东京来电，对情况了解颇为详细，所称与黎庶昌的报告大略相同。⑤ 赫德尽管对于兵变的详细情况"尚未续闻"，但明确指出"此举与大局恐关系匪轻"。⑥ 次日，总署函复张树声，称拟派马建忠等赴朝鲜。⑦ 二十一日，张树声收到总署同意派兵的信函。⑧

① 《署北洋大臣张树声函》，光绪八年六月二十一日，载"中研院"近代史研究所编《清季中日韩关系史料》卷2，第748页。

② 本函未标注发信时间。但该信中说："昨接黎莼斋二十日电。"张树声于二十一日接到黎庶昌二十日来电，可知，这封致总署的信发于二十一日。信中又说"顷续接莼斋本日来电"，而信后所附黎庶昌"本日"来电落款时间为"六月廿一日一点钟到"，此又可为张树声发总署函为二十一日之证。总署于次日二十二日收到本函。参见《署北洋大臣张树声函》，光绪八年六月二十二日，载"中研院"近代史研究所编《清季中日韩关系史料》卷2，第751页。

③ 《署北洋大臣张树声函》，光绪八年六月二十二日，载"中研院"近代史研究所编《清季中日韩关系史料》卷2，第751页。

④ 《清季中日韩关系史料》载收函时间为十九日。总署上清政府的函则为二十日。《总理各国事务衙门奏朝鲜乱党围攻日本使馆并劫王宫请派兵援护折》，光绪八年六月二十四日，载故宫博物院编《清光绪朝中日交涉史料》卷3，第31页。

⑤ 《德国公使巴兰德函》，光绪八年六月十九日，载"中研院"近代史研究所编《清季中日韩关系史料》卷2，第735页。

⑥ 《总税务司赫德函》，光绪八年六月二十日，载"中研院"近代史研究所编《清季中日韩关系史料》卷2，第736页。

⑦ 《致署北洋大臣张树声函》，光绪八年六月二十日，载"中研院"近代史研究所编《清季中日韩关系史料》卷2，第736页。

⑧ 《署北洋大臣张树声函》，光绪八年六月二十二日，载"中研院"近代史研究所编《清季中日韩关系史料》卷2，第751页。

二十三日，总署又致信张树声，肯定其应派兵援护朝鲜之建议。[1] 二十四日，总署在接到张树声上述一系列信函之后，正式上奏朝廷，请派兵援护朝鲜。[2] 光绪皇帝于当天下达派兵谕旨。[3] 至此，中国派兵决议尘埃落定。黎庶昌三请派兵，终于得到清政府的响应。

纵观从获知"壬午兵变"信息，到中国决定派兵的过程可知，黎庶昌建议派兵之意非常坚定，张树声响应之声不绝于耳。黎庶昌每次电请派兵，张树声则立即转告总署且每次必论其派兵的准备情况，两人可谓珠联璧合。而其背后，实有当时正襄助于张树声幕中的薛福成等人的推动之功。薛福成在为黎庶昌《拙尊园丛稿》所作序中说：

> 适值朝鲜内变，强邻隐集战舰，将驶往袭取其国都。莼斋侦知，密电驰报。余时在署北洋大臣张靖达公幕府，力劝速发兵轮，统以大将，风驰电迈，遂执戎首以归。[4]

黎庶昌在朝廷中关系"最亲且谋者"，是吴汝纶和薛福成。吴汝纶在外地任官，当时在北洋幕府中的薛福成最负盛名。[5] 薛福成能成功推进黎庶昌的提议也非偶然。

---

① 《发署北洋大臣张树声函》，光绪八年六月二十三日，载"中研院"近代史研究所编《清季中日韩关系史料》卷2，第753页。

② 《总理各国事务衙门奏朝鲜乱党围攻日本使馆并劫王宫请派兵援护折》，光绪八年六月二十四日，载故宫博物院编《清光绪朝中日交涉史料》卷3，第30~31页。

③ 《军机处寄直隶总督张树声上谕》，光绪八年六月二十四日，载故宫博物院编《清光绪朝中日交涉史料》卷3，第31~32页；《总署奉上谕》，光绪八年六月二十四日，载"中研院"近代史研究所编《清季中日韩关系史料》卷2，第765页。

④ 薛福成：《拙尊园丛稿·序》，《拙尊园丛稿》卷1，光绪十六年（1890）本，第2页。

⑤ 「栗香斎筆話」、明治18年、『宮島誠一郎文書』、C17-2。

第四节　与日方的交涉

然而，黎庶昌提议的中国派兵事宜，由于日本政府试图阻挠，中日之间还就此展开一番交涉。

黎庶昌于六月二十一日（8月4日）接到张树声关于总署决定派兵的电报后，于次日致函日本外务省，知照中国决定派兵朝鲜，"前往为贵国调停此事"，请日本政府"勿见疑"。① 总署在派兵谕旨正式下达后，于二十四日（8月7日）将派兵事宜照会日本驻华代理公使田辺太一。② 黎庶昌照会日方的时间，较总署照会田辺早几天。这样，黎庶昌首当其冲，先与日本外务省就派兵问题展开交涉。

争端由日方挑起。二十二日（5日），黎庶昌致函日署外务卿、外务大辅吉田清成，说明中国派兵的原委，称：

> 本大臣昨接北洋大臣电报，准总理衙门来函，高丽现有此等暴举，拟派马道台建忠，乘坐兵船二三艘，前往为贵国调停此事。属即转告贵政府，请勿见疑。相应函达贵外务卿可也。③

---

① 「清国政府軍艦ヲ朝鮮ニ派遣スルノ旨同公使黎庶昌ヨリ通報並ニ復書」JACAR、Ref. A03023636900、公文別録・朝鮮事変始末・明治十五年・第一巻・明治十五年（国立公文書館）；「清国公使ヨリ吉田外務大輔宛」、8月5日、外務省編纂『日本外交文書』第15卷、163頁。按：黎庶昌这封致吉田清成的信，中方和日方档案资料中均有收录，内容完全一致。但中方所收该函所署时间为"二十一日"（《照录致署外务卿吉田清成函》，光绪八年六月二十一日，载"中研院"近代史研究所编《清季中日韩关系史料》卷3，第813页），日方所收该信时间则为"二十二日（我八月五日）"（「清国公使ヨリ吉田外務大輔宛」、8月5日、外務省編纂『日本外交文書』第15卷、163頁）。信中称"本大臣昨接北洋大臣电报，准总理衙门来函"，黎庶昌接北洋大臣电报的时间在二十一日。可知，这封致吉田的信应于二十二日（8月5日）发出。

② 《给日本国署公使田辺太一照会》，光绪八年六月二十四日，载"中研院"近代史研究所编《清季中日韩关系史料》卷3，第764页。

③ 「清国公使ヨリ吉田外務大輔宛」、8月5日、外務省編纂『日本外交文書』第15卷、163頁；《出使日本黎庶昌发日本署外务卿吉田清成函》，光绪八年六月二十一日，载"中研院"近代史研究所编《清季中日韩关系史料》卷3，第812~813页。

黎庶昌试图表明，中国所派军舰由文职人员道台马建忠带领，旨在为日本"调停"，请日方不要"见疑"，试排除中日之间可能引起的误会。尽管黎庶昌积极解释，日方却对中国的"调停"这一立场非常在意。收到黎庶昌来函后，日方对其中"调停"一词的含义进行反复推敲，认为可以在三种背景中理解：其一，中国主张朝鲜是其属国，表明这次的谈判应由中国全权负责；其二，中国站在日本和朝鲜之间进行调解；其三，中国只是用一种极其平稳的措辞，表示由日本使节与朝鲜直接谈判，但鉴于中国与朝鲜的从属关系，拟给予朝鲜忠告，催促其道歉。日本政府不能肯定中国究竟是出于何种用意，但万一出于第一种立场，中国专门庇护朝鲜，拒绝日方要求，这不外乎将把日本置于与朝鲜敌对的境地。为此，日本政府决定明确拒绝中国的提议。[1] 次日，吉田回信，一番客套之后即称，日本对于事变"已有成见，妥为筹办，想当不至烦贵国及他国费神"[2]。这里的"成见"以及"妥为筹办"之法，在稍后的照会中有明确说明，由此引发争端。

黎庶昌与吉田的交涉，自六月二十二日（8月5日）至二十九日（12日），历时一周，交涉的焦点是朝鲜与中国的关系问题。

黎庶昌接到吉田上述来信后，立即将日方的立场电告总署。[3] 二十五日（8日），总署来电，向黎庶昌指明中国立场，令将"相应钞录电文"知会日本外务卿，称：

> 朝鲜乱党滋事，本处现已奏请调拨南北洋师船并陆军前往援护，以尽字小之义。日本为我有约之国，使馆在我属邦受警，亦

---

① 「清国公使ノ啓文ニ由リ山県参議ノ意見書」JACAR、Ref. A03023637000、公文別録・朝鲜事変始末・明治十五年・第一巻・明治十五年（国立公文書館）。

② 「吉田外務大輔ヨリ清国公使宛」、8月6日、外務省編纂『日本外交文書』第15巻、163页；《照录署外务卿吉田清成复函》，明治15年8月6日，载"中研院"近代史研究所编《清季中日韩关系史料》卷3，第813页。

③ 笔者尚未见到黎庶昌致总署之电。但从以下黎庶昌六月二十五日（8月8日）接到的总署电示看，此前当先有电给总署。

应一并护持，已照会田辺署理公使在案。尊处即可据电报函致外务省，俾知中国派兵系保朝护日之意等因，相应钞录电文，知会贵外务卿查照可也。①

总署在来电中表明，中国之所以派兵，是因为与朝鲜有传统的宗藩关系，且旨在"保朝护日"。同时指出，总署已就派兵原委照会日本驻华代理公使田辺太一。接电后，黎庶昌于次日即二十六日（9日）将来电抄录转致吉田。② 总署于二十四日（7日）给田辺的照会，大意与这份电报相同，并希望田辺将清政府之意转告日本政府。③ 二十七日（10日），总署收到田辺照会，称已将总署之意电告本国外务省。④ 也就是说，此时，吉田对清政府派兵之原委，已有清楚了解。

然而，吉田对于总署的出面解释不但未能释然，而且还将争端升级。日方对于回复时如何措辞，显然经过反复考虑。笔者在其原始档案中看到多份回复草案。日方的回复本拟就中国派兵的目的"保朝护日"以及中国称朝鲜为"属国"这二层内容进行说明，如初稿所示：

---

① 「清国公使黎庶昌ヨリ日本使館其属邦ニ在ルヲ以テ兵ヲ派シ護持スヘキ旨等ノ照会並ニ照覆」JACAR、Ref. A03023637100、公文別録・朝鮮事変始末・明治十五年・第一巻・明治十五年（国立公文書館）；「清国公使ヨリ吉田外務大輔宛」、8月9日、外務省編纂『日本外交文書』第15巻、164頁；《照录致署外务卿吉田清成函》，光绪八年六月二十六日，载中研院近代史研究所编《清季中日韩关系史料》第3卷，第836~837页。

② 「清国公使ヨリ吉田外務大輔宛」、8月9日、外務省編纂『日本外交文書』第15巻、164頁；《照录致署外务卿吉田清成函》，光绪八年六月二十六日，载"中研院"近代史研究所编《清季中日韩关系史料》卷3，第836~837页。

③ 《给日本国署公使田辺太一照会》，六月二十四日，载"中研院"近代史研究所编《清季中日韩关系史料》卷2，第764页；「総署王大臣ヨリ照会」、8月7日（六月二十四日）、外務省編纂『日本外交文書』第15巻、166-167頁。

④ 「田辺臨時代理公使照覆」、8月10日（六月二十七日）、外務省編纂『日本外交文書』第15巻、167頁；《本署公使田辺太一照会》，光绪八年六月二十七日，载"中研院"近代史研究所编《清季中日韩关系史料》卷2，第775页。

　　敬复者。明治 15 年 8 月 8 日。准贵大臣来函，即查贵国调派兵船情节，乃悉一以保字朝鲜，一以护持我国使馆之意。如推两国有约之谊，特加援护厚意，因我政府所深感荷。惟我政府甫闻其警，已经有所计划，即如日前备文知会。现拨兵员若干，保护我国公使前往，拟向彼国政府妥为讨论，得以处办至当。若叨他国保护情事，则此际不能不谢绝之也。又来函内有以朝鲜为贵国属国字样，本大臣看此，殊为愕然。夫朝鲜国曩经与我缔约以来，对面以礼相待，视为自主之国，而今贵政府所不能终以认之也。因此情由，此时如由贵国调拨兵船往彼，诚恐倥偬之际，为此而节外生枝。万一至此，岂我两国所好为也？兹欲先杜纷议之源，请烦将此指①趣，火速通达贵国政府。其为保朝护日调派兵船一事，希即停止可也。②

　　回复还曾想表示"本省未接田边署公使咨文，未能照复贵总理衙门"，希望黎庶昌将其意转致总署。③ 但二十八日（11 日）吉田正式送交的复文，却着重就中国派兵的前提，即中国与朝鲜传统的宗藩关系做文章，进而宣称，中国派兵可能引发两国冲突，且措辞强硬。内称：

　　　　查我国与朝鲜立约，待以自主，仍须据约照办。至于使馆，国各自护，现饬花房公使从公办理，不日将有定约。如来文所称派兵护持等事，恐或致滋葛藤矣。希将此意，立即转致贵总理衙

---

　　①　原文如此。

　　②　「清国政府軍艦ヲ朝鮮ニ派遣スルノ旨同公使黎庶昌ヨリ通報並ニ復書」JACAR、Ref. A03023636900、公文別録・朝鮮事変始末・明治十五年・第一巻・明治十五年（国立公文書館）。

　　③　「清国公使黎庶昌ヨリ日本使館其属邦ニ在ルヲ以テ兵ヲ派シ護持スヘキ旨等ノ照会並ニ照覆」JACAR、Ref. A03023637100、公文別録・朝鮮事変始末・明治十五年・第一巻・明治十五年（国立公文書館）。

门知照可也。①

可以说，吉田以"恐或致滋葛藤"为借口，坚持反对中国派兵，试图要清政府重新考虑派兵问题。黎庶昌立即将吉田来信之大意电告张树声。②

二十九日（12 日），黎庶昌回复吉田，"稍示驳正"③，称：

> 查朝鲜之为我属邦，众所共晓，亦在贵外务卿洞鉴之中，无待本大臣赘述。贵国立约虽许以自主，而中国自待以属邦，此次派兵前往，为属邦正乱，自办己事，本无所谓葛藤。贵使馆即在正乱之中，譬犹人以物寄于子弟家内，而或被盗窃，家长无不查问之理。贵外务卿于此似属误解。容将来文之意转达我总理衙门外，仍请贵外务卿再思可也。④

黎庶昌试图强调，朝鲜为中国属邦已为国际社会所公认，"众所共晓"，无须"赘述"；而此次派兵前往，"为属邦正乱，自办己事，本无

① 「吉田外務大輔ヨリ清国公使宛」、8 月 11 日、外務省編纂『日本外交文書』第 15 卷、164 頁；《照录外务卿来函》，明治 15 年 8 月 11 日，载"中研院"近代史研究所编《清季中日韩关系史料》卷 3，第 837 页。

② 《照录出使日本国大臣黎来电》，光绪八年六月二十九日到，载"中研院"近代史研究所编《清季中日韩关系史料》卷 2，第 784 页。

③ 黎庶昌：《日本声言自护使馆显有凌轹中国之意又派探赴沪侦探军事处置朝鲜宜仿英人处印度例废王而郡县之》，光绪八年七月十八日，馆藏号：01-25-009-01-016。

④ 「清国公使黎庶昌ヨリ日本使館其属邦ニ在ルヲ以テ兵ヲ派シ護持スヘキ旨等ノ照会並ニ照覆」JACAR、Ref. A03023637100、公文別録·朝鮮事変始末·明治十五年·第一巻·明治十五年（国立公文書館）；「清国公使ヨリ外務卿宛」、光绪八年六月二十九日、「3. 朝鮮暴動事件/1 明治 15 年 7 月 30 日から明治 15 年 8 月 20 日」JACAR、Ref. B03030180900、対韓政策関係雑纂/明治十五年朝鮮事変·第一巻（1-1-2-3_ 14_ 001）（外務省外交史料館）；「清国公使ヨリ吉田外務大輔宛」、8 月 12 日、外務省編纂『日本外交文書』第 15 卷、165 頁；《照录致外务卿函》，光绪八年六月二十九日，载"中研院"近代史研究所编《清季中日韩关系史料》卷 3，第 837~838 页。

所谓葛藤"；并打了一个非常生动的比喻，试图解除吉田的"误解"。信中就吉田所谓日本与朝鲜立约，待以"自主"，未做正面回应。最后黎庶昌表示，他会将来文之意转达总理衙门，同时也请吉田"再思"。

吉田于二十九日（12 日）当天回信，断然驳回黎庶昌的解释，"复词更加甚"①，称"本国据约与朝鲜议办，本与贵国并无相关。违言相当，徒属多事"②。对此，黎庶昌"本欲再驳"，但考虑到总理衙门曾告诫"不宜轻露锋芒"，因此"忍耐而止"。他给总署写了一封信，概括报告这一时期与吉田的交涉及原委。③

黎庶昌出于外交大局的考虑，主动中止与吉田的口舌之争，然而，吉田并未就此作罢。他转而致电田辺太一，令由田辺出面，与总署继续就其所谓的朝鲜自主论进行交涉。这样，关于中国派兵问题的争论，由东京转向北京。

七月初三日（8 月 16 日），田辺接到吉田电文。次日，田辺将该电文照会总署，称日韩缔约，即认其为自主之国，韩乱之事日本据约查办，与中国绝无干涉。再次强调中国派兵前往，"或恐节外生枝，却至不虞"，"请再思"。④

初六日（19 日），总署照会田辺，再度表明中国立场，非常具有针对性。当时，清政府正劝导朝鲜实行开港通商政策，促使朝鲜与西方各国订立条约，以抵制俄国及日本对朝鲜的觊觎。日本反对中国派兵，

① 黎庶昌：《日本声言自护使馆显有凌轹中国之意又派探赴沪侦探军事处置朝鲜宜仿英人处印度例废王而郡县之》，光绪八年七月十八日，馆藏号：01-25-009-01-016。
② 「清国公使黎庶昌ヨリ日本使館其属邦ニ在ルヲ以テ兵ヲ派シ護持スヘキ旨等ノ照会並ニ照覆」JACAR、Ref. A03023637100、公文別録・朝鮮事変始末・明治十五年・第一巻・明治十五年（国立公文書館）；「吉田外務大輔ヨリ清国公使宛」、8 月 12 日、外務省編纂『日本外交文書』第 15 巻、165-166 頁；《照录外务卿复函》，明治 15 年 8 月 12 日，载"中研院"近代史研究所编《清季中日韩关系史料》卷 3，第 838 页。
③ 黎庶昌：《日本声言自护使馆显有凌轹中国之意又派探赴沪侦探军事处置朝鲜宜仿英人处印度例废王而郡县之》，光绪八年七月十八日，馆藏号：01-25-009-01-016。
④ 《日本国署公使田辺太一照会》，光绪八年七月初四日，载"中研院"近代史研究所编《清季中日韩关系史料》卷 3，第 793 页；「田辺臨時代理公使照会」、8 月 17 日、外務省編纂『日本外交文書』第 15 巻、167 頁。

首要前提是认定朝鲜自主，试图借否定中国与朝鲜的传统宗藩关系，以反对中国的此次派兵。为此，照会首先针对日本的这一刁难予以驳斥，指出，"中国属邦所有一切政事，向由各属邦自主，所以高丽近日与西洋各国立约通商，均经声明约内各款，必按自主公例认真照办"。同时指出，"朝鲜为中国属邦，各国皆知。独贵国不视为中国属邦，殊不可解"；也就是，中朝宗藩关系为国际社会所公认，唯独日本试图否定，实是违反当时国际社会常规的一个例外。接着，照会解释，这次派兵，实"因高丽内乱已极，理应为之勘定"，明确派兵乃"恤小扶危之举"，与日本"绝无干涉"。日本反对中国派兵，一个具体的理由是中、日两国有可能因此在朝鲜发生冲突。对此，照会体现了尊重日本的立场，并不反对日本派兵护卫使臣，但同时指出，中、日两国是"各办各事"，中国派兵绝对不可能导致"节外生枝"。照会最后提到，本照会除照复田边外，且已"致电黎大臣"。① 这表明总署与黎庶昌在这一问题上立场完全一致。这样，由日本率先挑起的反对中国派兵之争，由于总署立场鲜明、态度坚决，就此画上句号。

"壬午兵变"平定之后，清政府就中国平乱的过程及处理意见，专门发布一道"绥靖藩服"的上谕，于八月十九日（9月30日）由总署同时照会包括日本公使在内的英、美、德、法、俄、荷等国驻华公使。② 各国公使先后将此"绥靖藩服"上谕录送本国，田边也立即抄送本国政府③，于次日回告总署④。由于当时各国正与朝鲜立约，

① 《给日本国署公使田边太一照会》，光绪八年七月初六日，载"中研院"近代史研究所编《清季中日韩关系史料》卷3，第794~795页；「総署王大臣照復」、8月19日（七月初六日）、外務省編纂『日本外交文書』第15卷、167-168頁。

② 《给英美德法俄日和国公使照会》，光绪八年八月十九日，载"中研院"近代史研究所编《清季中日韩关系史料》卷3，第951页。

③ 「総署照会」、9月30日（八月十九日）、外務省編纂『日本外交文書』第15卷、168-169頁。

④ 《日本国署公使田边太乙照会》，光绪八年八月二十日，载"中研院"近代史研究所编《清季中日韩关系史料》卷3，第957页；「田辺臨時代理公使照復」、10月1日（八月二十日）、外務省編纂『日本外交文書』第15卷、169頁。

"方冀商务肇兴"，所以并不支持日本，而是完全支持中国在朝鲜的"名分"。①

综上所述，可以看到，自六月十七日（7 月 31 日）得知"壬午兵变"，至七月二十五日（9 月 7 日）马建忠等回抵天津，乱变平定，前后一个多月间，黎庶昌曾围绕兵变提出多种建议，其中最具影响的，当首推其派兵建议。由于当时中国与朝鲜之间尚无电报，清政府方面有关"壬午兵变"的消息，首先来自黎庶昌从日本发回的报告。黎庶昌首倡派兵建议，实具先见之明。其间，日本曾试图阻挠中国派兵，黎庶昌与其反复交涉，始终立场坚定。黎庶昌的派兵建议经薛福成等幕后推动，为署北洋大臣张树声所接纳，最终促使清政府接受建议，及时派兵，顺利平定了兵变。"壬午兵变"之平定，黎庶昌功不可没。

"壬午兵变"事发时，李鸿章未在署内，但他事后致信黎庶昌给予高度肯定："壬午入韩之师，变起仓卒，与倭争胜，惟在一先。庙算戎机，悉由信使。发踪之谋，功本高于绛、灌。"② 他又向清政府上奏："先后之机，间不容发。若非黎庶昌电告，克期筹办，使日使先入，或同时并至，则事变正不可知。"时在署北洋大臣张树声幕中的薛福成则评价称，"壬午兵变"之平定，黎庶昌因"侦得确音，急递密电"，而应据首功。③ 他又在《拙尊园丛稿·序》中称道："速发兵轮，统以大将，风驰电迈，遂执戎首以归。敌军迟到半日耳，至则内乱已定，受盟而退，朝鲜无事。"④ 时人撰朝鲜类志，亦盛称黎庶昌的

---

① 《出使大臣李凤苞函》，光绪八年九月十七日，载"中研院"近代史研究所编《清季中日韩关系史料》卷 3，第 1006 页。

② 《复钦差出使日本国大臣黎》，光绪十六年十月三十日，载顾廷龙、戴逸主编《李鸿章全集》第 35 册，"信函七"，第 135 页。

③ 薛福成：《上张尚书论援护朝鲜机宜书》，壬午，附识，载《庸庵全集·庸庵文编》卷 2，无锡薛氏，光绪十年至二十四年（1884~1898），第 61 页。

④ 薛福成：《拙尊园丛稿·序》，载《拙尊园丛稿》卷 1，第 2 页。

这番作为。① 《清史稿》等为黎庶昌作传，特别胪陈这一事迹，就连日本驻华公使盐田三郎也交口称赞。②

第五节　兵变后黎庶昌对朝鲜问题的新关切

壬午派兵开启了清政府向属邦朝鲜派兵的先例，这实与日本国内众情甚嚣，日本政府首先派兵前往问罪有着直接关系。兵变后，黎庶昌的朝鲜策略观发生明显变化。

黎庶昌抵任后，首先为重议"球案"作努力。他开始就朝鲜问题向清政府提出建议，大概在光绪八年（1882）二月底三月初。当时李鸿章由于与竹添进一郎的"球案"商谈难以进展而让黎庶昌"缓提""球案"，黎庶昌则试着提出新的"球案"解决方案。③其时，清政府的朝鲜策略正依照何如璋使团时期开创的通商开港政策推进，李鸿章已开始与美国水师总兵薛斐尔在华商议朝鲜条约，并酝酿派人前往朝鲜襄助与美国订约事。黎庶昌显然完全支持这一朝鲜策略，且希望清政府加快朝鲜订约的进程。促使黎庶昌关切朝鲜开港订约的一个直接事件，是朝鲜开化派代表人物金玉均等人在日本长达半年的考察。在日期间，金玉均一行与使团一直保持接触，还与中国驻长崎理事有深入细致的笔谈。笔谈中，尽管金玉均强调希望中国早日遣使为朝鲜订约，但黎庶昌看出其惊服日本，"颇有骑墙之见"。④ 正如署北洋大臣张树声在"壬午兵变"爆发时

---

① 王人文：《奏为川东兵备道已故道员黎庶昌政绩卓著请宣付史馆等事》，宣统三年六月初二日，录副奏折，档号：03-7456-134，缩微号：554-1194。

② 「丁亥密件」、明治20年、『宫岛诚一郎文书』、A68。

③ 黎庶昌：《请及早遣使赴韩为该国经理定约》，光绪八年（无月日），馆藏号：01-25-011-02-032。

④ 黎庶昌：《请及早遣使赴韩为该国经理定约》，光绪八年（无月日），馆藏号：01-25-011-02-032；《照录朝鲜三品官金玉均在长崎理事署笔谈对答节略》，载"中研院"近代史研究所编《清季中日韩关系史料》卷3，第1110、1111页。

所说，"日人夙谋专制朝鲜。朝臣阴附日人者，亦复不少"①。对于
金玉均此行，多年后黎庶昌曾提到，感觉与其"隔绝"。② 黎庶昌还
看到，对于朝鲜，不特俄日"虎视眈眈"，即使西洋各邦"亦均注
意于此"。为此，他提议"中朝似宜及早遣使，径赴该国为之经理
定约等事。且须于附近釜山、元山津等处索一海口，以为停泊兵船
之地。庶可靖他国之狡谋，即为屏蔽东方之要著"，并强调朝鲜问
题"实为切肤之患"。③

　　使团向清政府发出朝鲜问题为"切肤之患"的呼声后，仅仅几
个月，"壬午兵变"突发，这对黎庶昌冲击不小。"壬午兵变"爆
发时，朝鲜与美国的条约已经签字。一般认为，朝鲜一旦开港通
商，就"可幸无事"④，但兵变的爆发无疑对开港通商政策是一大考
验。兵变爆发后不久，黎庶昌就听到各种传言，其中有称朝美条约
难以成立者。⑤ 说是美国有一电信给其驻京公使央似，以朝约内载有
属邦一层，势将翻覆。⑥ 兵变更加暴露了朝鲜国内"党与不和，乱机

---

　　①　《署北洋大臣张树声函》，光绪八年六月二十一日，载"中研院"近代史研究所编
《清季中日韩关系史料》卷2，第748页。

　　②　《黎大臣来函》，载"中研院"近代史研究所编《清季中日韩关系史料》卷5，第
2474页。

　　③　黎庶昌：《请及早遣使赴韩为该国经理定约》，光绪八年（无月日），馆藏号：01-
25-011-02-032；《照录朝鲜三品官金玉均在长崎理事署笔谈对答节略》，载"中研院"近代
史研究所编《清季中日韩关系史料》卷3，第1110、1111页。

　　④　黎庶昌：《朝鲜兵变日本出兵在惩办乱首现朝鲜国王无事由大院君执政》，光绪八年
七月十三日，馆藏号：01-25-009-01-006。

　　⑤　《照录出使日本大臣黎来电》，光绪八年六月二十五日到，载"中研院"近代史研究
所编《清季中日韩关系史料》卷2，第773页。

　　⑥　黎庶昌：《朝鲜兵变日本出兵在惩办乱首现朝鲜国王无事由大院君执政》，光绪八
年七月十三日，馆藏号：01-25-009-01-006；黎庶昌：《日本声言自护使馆显有凌轹中国
之意又派探赴沪侦探军事处置朝鲜宜仿英人处印度例废王而郡县之》，光绪八年七月十八
日，馆藏号：01-25-009-01-016。按：这里的央似，应是当时刚刚上任的美国驻华公使杨
约翰（John Russell Young）。他于1882年8月17日（光绪八年七月初四日）继任美国驻华
公使。故宫博物院明清档案部、福建师范大学历史系合编《清季中外使领年表》，第61页。

方始"的实像。① 朝鲜大院君等挑起"壬午兵变"的一大动因，正是反对朝鲜开港通商②，兵变中朝鲜朝廷伤亡惨重。他向清政府提出，朝鲜一隅，还需烦庙堂筹划，似宜催请李鸿章假满即出，"东方之事，以后尚费经营"。③ 而兵变中，黎庶昌就派兵照会日本过程中遭日方有意刁难，尤其是日方蓄意否定中朝传统宗藩关系，更使他对朝鲜问题忧心忡忡。

六月二十六日（8月9日），黎庶昌在与吉田就派兵问题的交涉告一段落后致信总署，除概括汇报这一时期与吉田的交涉及原委外，还进而分析日本的对华态势，并提出他对朝鲜的处理意见。他认为，日本事事与中国为难，显存凌轹之意，见诸声色，绝非曲意周旋、开诚布公所可联络，恐怕将来不驯至于失和打仗不止。这次朝鲜之役，日本对于主持国权一节，似"不厌其很"，就是一个实证。他建议："若能仿英人处印度之例，直废其王而郡县之，则以后事事应手。"尽管他也考虑到清政府未必肯如此措置，但他认为，若论当时的事态，则以此为宜。④

这封信于七月十八日（8月31日）抵达北京。当时提督吴长庆、丁汝昌以及道员马建忠已于十三日（26日）执大院君李昰应，并于次日将大院君送往南阳海口，用兵船送天津。朝鲜大臣李裕元、金弘集与日本公使花房义质也已于十七日（30日）订立《济物浦条约》，朝鲜赔款谢罪，日军驻朝保护使馆。可以说，黎庶昌这一对朝鲜事务的处理意见，只是一时之见，也如他本人所预见的，并没有

---

① 黎庶昌：《朝鲜兵变日本出兵在惩办乱首现朝鲜国王无事由大院君执政》，光绪八年七月十三日，馆藏号：01-25-009-01-006。
② 《署北洋大臣张树声函》，光绪八年六月二十六日，载"中研院"近代史研究所编《清季中日韩关系史料》卷2，第773页。
③ 黎庶昌：《朝鲜兵变日本出兵在惩办乱首现朝鲜国王无事由大院君执政》，光绪八年七月十三日，馆藏号：01-25-009-01-006。
④ 黎庶昌：《日本声言自护使馆显有凌轹中国之意又派探赴沪侦探军事处置朝鲜宜仿英人处印度例废王而郡县之》，光绪八年七月十八日，馆藏号：01-25-009-01-016。

被清政府采纳。事实是，"壬午兵变"顺利了结之后，朝鲜通商订约政策如期进行，黎庶昌也开始积极投身于此了。十月间，他与前来拜访的美国驻日本公使平安会谈，双方就中国处理"壬午兵变"及推进朝美条约互换意见，互相肯定，① 并最终参与"促成"了朝美条约的批准。

尽管如此，但如果认为，经历了"壬午兵变"后的黎庶昌在朝鲜问题上的认识，只是回到首届驻日使团时期的单纯通商开港政策层面，则显然不符合事实。在"壬午兵变"后中日朝关系渐趋平静这一表象之下，黎庶昌看到日本属意朝鲜之心"尚犹未已"②。他通过持续考察日本对朝行动，并结合"球案"问题等，他的朝鲜策略观正在逐渐发生变化。

这一时期，使团对日朝关系的具体问题投以关注，如日本拟在朝鲜铺设电线以及订立日韩条约等问题，便提出相关建议以作抵制。

七月底，黎庶昌得知日本一直计划从下关地方铺设电线，经一歧、对马两岛而达釜山，当时听说日方已将电缆购到，不日即准备安设。日本与朝鲜虽然只有通商关系，却如此精心经营，而朝鲜是中国属邦，门户所系，当然不可度外视之。为此，黎庶昌建议清政府将为朝鲜安设电报作为当务之急，给予日本相应抵制。他具体建议是，铺设电线一道，由天津径达旅顺、仁川至王京。此事如果委托公司承办，不过三数月即可告成，足胜千兵之用。至天津的电线，也宜直接至总理衙门，较为灵捷。他强调"壬午兵变"之所以能够成功处理，

① 黎庶昌：《中国水师甫有规模未可遽与日本动兵日本驻朝使臣由竹添进一代理美使平衡〔安〕称道此次平朝乱极具担当并言美韩条约必可批准》，光绪八年十月二十五日，馆藏号：01-25-011-01-016。
② 黎庶昌：《美英法等国与朝鲜订约通商事各怀用心而日本觊觎野心尤不可不防》，光绪九年二月十五日，馆藏号：01-25-012-01-001。

靠的主要就是电信。① 光绪九年（1883）二月间，即亲日派人士、与朴泳孝等相同时期到日本游历的金玉均等即将回国时②，又报告说丹国（丹麦）大北电报公司由竹添进一郎介绍，将由长崎接一电线至釜山③，朝鲜政府颇有允行之意。黎庶昌因此询问朝鲜内地电线能否自办，金玉均回答恐力不及。黎庶昌提醒，如此则不过便于日人通信。黎庶昌看到日人对朝地仍有"执念"，再次提请总理衙门，由天津至仁川的电线宜及早经营，"似未可忽"。④

日本经营朝鲜，不仅仅在技术方面用心，而且在政治上也颇为用意，为此，黎庶昌也需用心应对。"壬午兵变"后，朝鲜派遣使团前来日本道歉，进而商议日韩条约相关事宜。对于日韩条约，黎庶昌很有想法。他认为赔兵费、拓码头、留成兵等款，均"需索过多"⑤，尽管如此，他还是遵循清政府的旨意，就赔款减款问题与日方商谈。虽然商谈最后并没有如愿，但偿款期限由原来的 5 年延长到 10 年。⑥ 其间，他及时向清政府报告条约谈判的进展。⑦ 朝鲜使团临行前，向日政府借贷银两，得金币 20 万元，岁息 8 厘。据称，除偿还洋银 5 万元外，其余作旅费及制买械器等之用。日政府

---

① 黎庶昌：《琉球乞援救复国不宜轻易发端朝鲜乱事日本大概不至要求过甚日本拟设釜山电线中国亦宜设电线通朝鲜》，光绪八年八月初五日，馆藏号：01-25-009-02-016。

② 金玉均：《治道略论》，载黎庶昌《美英法等国与朝鲜订约通商事各怀用心而日本觊觎野心尤不可不防》，光绪九年二月十五日，馆藏号：01-25-012-01-001。

③ 原文作"斧山"，应为"釜山"之误。

④ 黎庶昌：《美英法等国与朝鲜订约通商事各怀用心而日本觊觎野心尤不可不防》，光绪九年二月十五日，馆藏号：01-25-012-01-001。

⑤ 黎庶昌：《日外务省告知日本已与朝鲜订约八款》，光绪八年八月十七日，馆藏号：01-25-010-01-010。

⑥ 黎庶昌：《朝鲜朴泳孝等赴日求减赔款未允改为十年偿还中国若能于台湾添练水师以示必争琉案当可善结神户理事已令黎汝谦代理已购置馆署并酌定署中章程》，光绪八年十月初九日，馆藏号：01-25-010-02-037。

⑦ 黎庶昌：《中国水师甫有规模未可遽与日本动兵日本驻朝使臣由竹添进一代理美使平衡〔安〕称道此次平朝乱极具担当并言美韩条约必可批准》，光绪八年十月二十五日，馆藏号：01-25-011-01-016。

另赠送洋枪数百杆。黎庶昌认为，这些是因为中国有代朝鲜借银练兵之举，所以日本"汲汲以市恩也"①。朴泳孝等临行前还雇用数名日本人"往修街道、挈与偕行"。② 又嘱咐同行的金玉均撰写治道规式数条，"以便施行"。所撰写的《治道略论》于光绪九年（1883）二月，在金玉均等回国前夕，已呈送黎庶昌指点，详参第八章第一节。黎庶昌将它上呈清政府，附函中没有直接评论朝鲜的这一举措，而是谈论美、英、法对与朝鲜通商条约的看法，朝鲜同意日本雇第三国铺设日朝之间电线，以及日本扩充海军将仿德国军制等事，言辞之间看得出他对朝局的担忧。③

这一期间，使团还翻译整理有关朝鲜都城和通商口岸的资料，数量可观，其中包括翻译日本学会会员海津三雄的《汉城纪略》和《元山津记略》、《烽燧之制》，摘译日本陆军省参谋局刊行的《釜山浦记略》等。将这些资料整理翻译完成后一并上呈总理衙门。④ 他认为清政府应充分重视并及时了解朝鲜国事，以便临事时能及时处理。

中法越南局势紧张时，黎庶昌更是看清日本对朝鲜的用意。如当时的驻朝美国公使为建设使馆而雇借日本外务书记官斋藤，对此日方口头上称此举乃"平常之事"，但其实也意识到有伤中国感情，最终召唤斋藤回国。横滨英文报报道此事时称，希望中国将来在朝鲜无论

---

① 黎庶昌：《韩使朴泳孝借得日币二十万圆并聘日人往办新闻日本近添整船械不遗余力有咄咄逼人之势》，光绪八年十二月二十九日，馆藏号：01-25-011-02-031。

② 黎庶昌：《韩使朴泳孝借得日币二十万圆并聘日人往办新闻日本近添整船械不遗余力有咄咄逼人之势》，光绪八年十二月二十九日，馆藏号：01-25-011-02-031。

③ 金玉均：《治道略论》，载黎庶昌《美英法等国与朝鲜订约通商事各怀用心而日本觊觎野心尤不可不防》，光绪九年二月十五日，馆藏号：01-25-012-01-001。

④ 《汉城纪略》《烽燧之制》《釜山浦记略》《元山津记略》，光绪八年八月初五日，载黎庶昌《琉球乞援救复国不宜轻易发端朝鲜乱事日本大概不至要求过甚日本拟设釜山电线中国亦宜设电线通朝鲜》，光绪八年八月初五日，馆藏号：01-25-009-02-016。

实行何种政策，都不要做"令日本不悦"之事。① 可知，日本非常清楚斋藤之事的性质及其对两国关系的影响。更有甚者，日本驻朝鲜釜山领事公然排斥华商在朝鲜的正常行商。光绪九年（1883）九月间，神户华商前往朝鲜釜山开设商号贩卖杂货，租设英国人房屋准备开张买卖，日本驻釜山领事却前往盘诘，不但勒令封闭，还指使游民终日在门口打闹。黎庶昌认为，朝鲜是中国属邦，釜山属于通商口岸，有约之国本都可以自由贸易，何况作为宗主国中国的商民，日本不准华商行商"于理殊属不合"。为此，黎庶昌收到驻神户理事黎汝谦呈请之后，当即照会日本外务省，要求其转饬在釜山的日本领事，"勿任阻拦，俾令商民得安生业"。黎庶昌分析后认为，日本此举与中、朝、日通商大局有关，是日本的"积恨"之举。因为从前釜山一口之利为日本专属，各国通商之后日本获利渐薄，加上日本在中国内陆通商不能"一体均沾"，因此积恨。黎庶昌建议总署责令朝鲜外务部衙门在釜山磴口划定华人租界，以免日后再生纠葛，并强调朝鲜通商各口华人独多，"宜及早为之"。类似的事件不止一起。黎庶昌观察到，日本舆论公然拉拢朝鲜，挑拨中朝关系。而日朝之间订立通商章程后，日本在朝鲜的影响力越来越大，中朝关系反而日渐隔阂，"中国所索之件，高丽常拒之不允"，借口是"日本鼓舞而致"。日本舆论公然宣称，日本政府"费心劳力为高丽整顿政治，为彼国振作之利益"，但朝鲜当政者并不完全配合，称如果朝鲜当道者善于政事，一定会知道"日本乃其师，而非敌其人"，并声称此等用心"天下莫不皆知"。日本进而挑唆说，"日本有助高丽为自主之国，而中国则不愿高丽为自主之邦。缘若是者，只有益于日、高两国而已"，公然将中国置于日本和朝鲜的对立面。日本所谓的助朝鲜"自主"，也是其日后发动甲

---

① 黎庶昌：《列强无愿助我者我唯有出师力争》，光绪九年七月初七日，馆藏号：01-24-007-01-012。

午战争的官方理由。其时，中日两国还在治外法权等问题上有分歧，黎庶昌看到，日本舆论意见认为，"今观中日两国若是之交情，实深悬系之至"。[①] 可以说，"壬午兵变"之后，鉴于观察到的系列事件及其反响，朝鲜问题在黎庶昌的心目中更加敏感。这包括他对清政府既定的开港通商政策的反省。

黎庶昌肯定朝鲜开港通商政策能够牵制日本的"惟所欲为"，但他认为，开港通商政策的实施，以及朝鲜国内开化派等脱离中国势力的日渐增长，其实使中国对朝鲜的实际管辖之权逐渐销蚀："我既许朝鲜以自主，则是中国管辖之权，已明去其半矣。朝人愚暗，意见纷歧，中日骑墙党早立，则是中国半辖之权，又分为二矣。异日欧人到朝者多，朝人出外者众，心无适莫，眼高手生，更难助理。中国管辖之权，至此而存者，盖亦无几矣。"黎庶昌进而认为，中国传统对待属邦的政策有所不妥："中国之于各属邦，仅所谓羁縻勿绝而已。平时既未关其国是，有事乃独任其艰难。宵旰勤劳，靡有已日，自计亦觉稍左。"而鉴于当时事势，他提出处理朝鲜问题的三大新对策："窃谓方今事势，与古迥殊。办理属邦之道，首宜夺其王而废置之，如英人之于印度。次亦宜挟全力以威制之，如德人之于日耳曼。否则联合与国共保之，如瑞士、比利时之属，庶几足以自存。强邻环伺，三策俱无，诚不能以一日安矣。"[②] 这里的第一策，早在"壬午兵变"期间黎庶昌就已向清政府提出，此时则作为三种新的朝鲜策略之一被再度提起。黎庶昌对开港通商政策的疑虑，一定程度与英国方面的说辞有关。光绪九年（1883）初，英国驻长崎领事对中国驻长崎理事官称，中国视朝鲜为"半属自主之国"，这在欧洲各国看来朝鲜如同埃

---

① 黎庶昌：《日领排斥华商在釜山设号营业请令朝鲜外部于各口定出华人租界以免镣镯》，光绪九年十二月初一日，馆藏号：01-25-013-01-004。

② 《出使大臣黎庶昌函》，光绪九年九月初四日，载"中研院"近代史研究所编《清季中日韩关系史料》卷3，第1200页。

及。英国领事认为，中国此后如不整饬海军，认真保护朝鲜，那么上一年签订的朝鲜开港通商条约，"恐难行之久远"。黎庶昌对此"忠告"甚为认可，将之"密告"总署。① 也就是说，黎庶昌看到，中国所期待朝鲜着力推行的通商开港政策，仅仅依靠条约的约束力是不够的，还需中国有足够强大的国力做后盾。

清政府对于过于明显地干预朝鲜内政是忌讳的，对于改朝鲜为行省这种类似于当时西方各国对待殖民地的方式，更是反对。光绪十一年（1885）六月底，大院君李昰应在被赦还之前，鉴于闵妃干政朝局，他曾强烈请求清政府仿照元朝旧例，钦派大臣前往监国，乃至请废除国王，改朝鲜为行省，使王与妃不敢任意自行，但遭到李鸿章明确反对。② 对于朝鲜的处理意见及其原委，李鸿章曾向出使俄国大臣洪钧详细阐述。他指出："中国之于藩属，有体制界限，原与泰西事例迥殊"，清朝向来"不问"朝鲜国内之政，近十年来"不能不稍稍代谋"，是因为看到朝鲜地位关系到"东方大局"，"以为自固藩篱之计"。在李鸿章看来，像"收回其国自治""派头等公使仿元代监国"这类主张，既不符合清朝历来与朝鲜的关系基调，所谓"收回之名为无据"，也必将招致英法等"有约之国""环起以争"，"祸端自此开矣"。他强调，"无故灭人之国，以动天下之兵，于义为不顺，于事为不详"。他进而指出，按照当时日本和英法等国对待中国藩属国琉球、越南和缅甸的态度，所谓的属邦名分其实没有实质意义。他清楚俄国和日本是当时朝鲜最大的隐患，但他认为，"慑于各国有约"，俄国和日本还"未便犯不韪，发大难"。总之，李鸿章认为，"若朝鲜无大变乱，终能自存。不惟藩属之名，实以有约之故"。可见，李鸿章坚

---

① 黎庶昌：《到日本以来访有逸书古本即饬使署随员校刻事》，光绪九年二月初七日，馆藏号：01-19-007-04-001。

② 《筹议赦还李昰应》，光绪十一年六月二十七日，载吴汝纶编《李文忠公全书·译署函稿》卷17，第42~43页。

信朝鲜的开港通商政策是保存朝鲜进而"自固藩篱"的不二法宝。[1]
这大体也是清政府的旨意。所以，黎庶昌如此激进的朝鲜策略主张，
自然不会被清政府接受。对此，曾随黎庶昌出使日本的黎之侄子黎汝
谦，多年后仍记忆犹新。甲午战争时期，闻知日本占领朝鲜后，黎汝
谦作诗《闻朝鲜为日本所据》称："叔父莼斋使日本时，曾上三策：
一主将朝鲜改行省，二派大臣主政，三与各国公同保护。朝廷不能
用也。"[2]

　　有迹象表明，"甲申事变"后，黎庶昌出于对朝鲜局势之紧张担
忧，甚而提出了"琉球·朝鲜交换"论等，详参第五、六章所论。应
该说，这些新的朝鲜策略主张，是他在朝鲜开港通商政策逐步实现之
后，受"壬午兵变"等影响而进行的新的思考。

第五章

"甲申事变"前后黎庶昌的琉球策略

　　琉球问题和朝鲜问题是甲午战前影响中日关系的两大并重的问题。琉球问题先于朝鲜问题发生，事实上也是促使清政府积极干预朝鲜的一个直接动因。光绪五年（1879）日本强行宣布"废琉置县"后，在首届何如璋使团积极交涉之下，经美国前总统格兰特调停，日本于光绪六年（1880）夏秋之际任命驻华公使宍户玑与总理衙门，就琉球问题进行了数月之久的谈判；次年二月初，宍户玑自弃所议回国，此后，"球案"进入漫长的谈判停止时期。其间，两国政府尤其清政府，一直寻找机会试图重开协商。

　　重议"球案"的努力主要在日本进行。首任使臣何如璋及使团人员在重议"球案"上具有开启之功，而第二届黎庶昌使团则是重议"球案"时期的代表。自光绪七年（1881）秋第一次赴任，至光绪十六年（1890）底第二次出使期满回国前夕上奏清政府论琉球问题，黎氏使团重议"球案"之努力前后长达近10年。

　　相对于首届驻日使团与中日早期琉球交涉的研究，黎庶昌与"球案"的关系问题太不为人所关注。已知研究成果主要有伊原泽周的

《论黎庶昌的对日外交——以琉球·朝鲜问题为中心》① 和西里喜行的《黎庶昌的对日外交论策及其周边——以琉球问题·朝鲜问题为中心》② 及其所著《清末中琉日关系史研究》的相关章节。尽管研究的对象、主题及视角相似，但两位先生的研究颇有分歧之处。除史料运用的差异之外，结论亦有所不同。伊原认为，黎庶昌二度出使日本，对日外交始终以"琉球案"与朝鲜两大问题为重点。其琉球解决案遵循着一条一以贯之的路线，那就是琉球、朝鲜一并解决论：或者以"琉球案"为条件去解决朝鲜问题，或者以朝鲜为条件去解决"琉球案"。但由于日本方面"竭力避免把琉球案与朝鲜问题混合一谈"，而"终未达到所望"，转而走向"中日携手相助以抗沙俄"③ 的目的。西里则认为，黎庶昌的对日外交策略，遵循着一条中日关系的紧张及对"球案办法"的摸索—琉球复国·朝鲜永久中立—放弃琉球·保全朝鲜和日清同盟的路径。黎庶昌先是要求琉球复国，最终选择放弃琉球。④ 两者结论的分歧可谓不小。西里长期从事琉球研究，其所谓"放弃琉球"论是黎庶昌琉球策的结论，更是引人注目。为此，有必要就黎庶昌琉球策略的形成、背景及其影响做一较系统的考察，在一个较为广阔的背景下，理解黎庶昌在琉球问题上的立场及其与朝鲜问题的关系，厘清所谓黎庶昌的"放弃琉球"论之实像。

第一节 "甲申事变"前"存球祀"之努力

光绪七年九月二十八日（1881 年 11 月 19 日），黎庶昌临行陛见，

① 收入〔日〕伊原泽周著《从"笔谈外交"到"以史为鉴"——中日近代关系史探研》，中华书局，2003，第 20~59 页。
② 载『東洋史研究』第 53 卷第 3 号（1994）、67-102 页；收入西里喜行『清末中琉日関係史の研究』第 3 編第 3 章。
③ 参见〔日〕伊原泽周《论黎庶昌的对日外交——以琉球·朝鲜问题为中心》，载《从"笔谈外交"到"以史为鉴"——中日近代关系史探研》，第 33、44、48 页。
④ 参见西里喜行『清末中琉日関係史の研究』、477-478、604 页。

慈禧太后特意提到"琉球案还没有了"①。数月后，他又前往金陵拜谒两江总督刘坤一，询问"琉球案"的处理意见。刘坤一"谆谆以中国若因球案与日本肇启兵端，殊属不值为言"②。

黎庶昌出使时，正值宍户玑与清政府琉球谈判中止后不久。当时日方谈判的基础是"二岛均沾案"③，向中国索要一体均沾的权利。清政府拒绝批准"二岛均沾案"的理由，并非因为一体均沾一条"非必不可行"，而是因为"中国以存球为重，若如所议划分两岛，于存球祀一层未臻妥善"④。"存球祀"显然是清政府处理琉球问题的基本原则。

否定"二岛均沾案"后，应采取什么样的新对策，清政府没有明确主张，只命"总理各国事务衙门王大臣再与日本使臣悉心妥商，俟球案妥结，商务自可议行"⑤。当时京师的清议及一般的舆论都有主张用兵者，⑥但鉴于武力准备不足，只能先将注意力集中于筹备海防，外交努力无疑仍是首选的有效途径。在此期间，琉球国在北京、东京等地向清政府及中国驻日使馆请求复国的请愿一直不曾终止，不少琉球国人还源源不断地逃到中国。这一切至少促使清政府方面在"球案"问题上不能太过怠慢。在此背景之下，黎庶昌在清政府"存球祀"方针下开始了一系列外交努力。

---

① 黄万机：《黎庶昌评传》，第 94 页。

② 黎庶昌：《谒南洋刘制军谆嘱以琉案不值与日本启衅十二月份一日即率随员东渡履新并录呈在沪与韩鱼允中笔谈节略》，光绪七年十二月初八日，馆藏号：01-25-006-01-028。

③ 所谓的"二岛均沾案"，具体指日本割琉球南部宫古岛、八重山二岛给中国，中国照给予西方各国之例，将一体均沾给予日本，并以专条形式确定下来。

④ 《上谕》，光绪七年二月初六日，载故宫博物院编《清光绪朝中日交涉史料》卷 2，第 38 页。需要说明的是，这一原则，甲申易枢后与军机大臣会同商办要事的醇亲王，更予以强调。详参《醇亲王奕譞致军机处尺牍》(67)，光绪十年□月二十四日，故宫博物院编《文献丛编》第 8 辑，故宫博物院，民国 19 年（1930）10 月，第 18~19 页。

⑤ 《上谕》，光绪七年二月初六日，载故宫博物院编《清光绪朝中日交涉史料》卷 2，第 38 页。

⑥ 《翰林院代编修陆廷黻呈递条陈折》，光绪七年二月三十日，《编修陆廷黻奏请征日本以张国威折》，光绪七年二月三十日，载故宫博物院编《清光绪朝中日交涉史料》卷 2，第 39~40 页；姚文栋：《上黎星使书》，壬午春，《读海外奇书室杂著》第 1 册，第 2 页。

（一）"割南岛附首里案"

黎庶昌提出的第一个"存球祀"的方案是"割南岛附首里案"。具体而言，就是"割南岛以封琉王，并附益以首里王城，使得归其故宫，祀其宗社"。这一方案是通过李鸿章向日本方面提起的。黎庶昌抵任前，李鸿章已经开始与日本驻天津领事竹添进一郎会谈"球案"。前几次会谈，李鸿章均据清政府对外所宣称的琉球政策，如"将中南二岛仍给尚姓"（格兰特的分岛案）等，提出方案，竹添则始终坚持宍户玑来华商议时的方案。① 光绪八年二月十二日（1882 年3 月30 日），竹添进一郎再次拜谒李鸿章谈"球事"，依旧坚持"二岛均沾案"，而这一次李鸿章则提出："割南岛以封琉王，并附益以首里王城，使得归其故宫，祀其宗社。此外日本所已并踞者，一任日人为政，但须坚明约束，日后不得再占一步。"② 这正是抵任不久的黎庶昌提出的"割南岛附首里案"。

黎庶昌提出"割南岛附首里案"，是基于他对先前"二岛均沾案"的否定。在复总署信中，他说："分割二岛，球人未必感恩，日人且有德色。而在我又将酬以一体均沾，似不合算。"③ 这与李鸿章及清政府的主张是一致的。

对于这一新的策略，李鸿章尽管向日方提出，但实心存疑虑。会谈中用"引逗"一词可见其态度，事后致总理衙门的信中，他进一步指出，首里王城"似较那霸尤稍繁庶，日人必视为奇货。即允交出，而形势相逼，遇事侵陵，琉王亦未能久存"。他认为，据当时的情势，

---

① 《重议球案》，光绪八年正月初五日，载吴汝纶编《李文忠公全书·译署函稿》卷13，第1页。

② 《与日本领事竹添进一笔谈节略》，光绪八年二月十二日，载吴汝纶编《李文忠公全书·译署函稿》卷13，第20~21页。按：致总署的信中，李鸿章称道："钞示黎莼斋信询。适竹添进一〔郎〕于十二日巳刻来谒，遵照正月初十日复示，坚持保定原议，明以告之。竹添力拒不可。复将莼斋所陈，分割首里王城附益南岛，藉存球祀，聊备一说，以引逗之。"参见吴汝纶编《李文忠公全书·译署函稿》卷13，第19页。

③ 黎庶昌：《请及早遣使赴韩为该国经理定约》，光绪八年（无月日），馆藏号：01-25-011-02-032。

不独复国立君一节本难办到，而且即使责令日本割首里一城与之居守奉祀，"亦恐难行"。对于黎庶昌同时还提议的请清政府制定一个"决定不移办法"，李虽认为是"正论"，但也感到有难处，认为"与外人交涉，欲其速了，在我虽有决定不移办法，在人亦必有决定不移办法，两不移，则两不结矣"。他抱有希望的是当时所传言的日本将派人来议之说。然而，这一希望也被竹添之预言破灭，他说如果中国方面坚持李鸿章提出的方案，日本方面"决不派人"。为此，李鸿章只能向清政府提议，待何如璋回国后，由总理衙门酌商办法。① 将处理"球案"的重任交到总署手里。

竹添进一郎对李提出的"割南岛附首里案"颇为重视，这毕竟是清政府继格兰特三分案之后提出的一个新方案。因会谈还提及右大臣岩仓向何如璋提起的"重新商量"一事，会谈后，他特意将归还首里及重商"球案"二说一并向井上馨请示。二月十三日（3月31日），竹添致电井上馨，询问他对于李鸿章"欲令日本将首里给还琉球王"的意向指示，以及岩仓面告何如璋日本将派大员来华会议"球案"的说法是否属实。二月十六日（4月3日），井上回信要竹添立即向中国声明，"日本政府并无愿还首里之意"，同时表明，何如璋转述岩仓之语"非属实"，岩仓只说日本政府希望两国大员互相会晤，交换意见，以敦友谊，但这也"不过（是）岩仓之愿望而已"。② 这样，不仅黎庶昌的"割南岛附首里案"胎死腹中，而且日本将派人来议之说也被正式否定。此后，清政府也没有提出一个"决定不移"的办法。

西里喜行先生认为，黎庶昌在最初的"割南岛附首里案"弃去之后，他和随从人员开始积极探讨对日外交的焦点——琉球·朝鲜问

---

① 《议球案并呈竹添问答》，光绪八年二月十二日，载吴汝纶编《李文忠公全书·译署函稿》卷13，第19页。

② 《译竹添致外务卿井上电报》（二月十三日）、《译井上复竹添电报》（二月十六日），载吴汝纶编《李文忠公全书·译署函稿》卷13，第24~25页。

题。此后，黎庶昌的一系列"球案"交涉活动，全部被置于"琉球·朝鲜"的大框架之下，认为其经历了一个从琉球复国、朝鲜永久中立，到放弃琉球、保全朝鲜和"日清同盟"的历程。发生这一转变的首要环节，是使团随员姚文栋《上黎星使书》中有关"朝鲜时势急于琉球"的论述，这一观点对黎庶昌产生了"不小的影响"。①

姚文栋《上黎星使书》是黎庶昌使团早期论对日外交的一份重要文献。该信首先从备受朝野关注的琉球问题谈起，接着联系朝鲜问题作阐述，强调朝鲜问题之危急甚于琉球。鉴于朝鲜在中国边疆安全中的特殊地位，姚文栋进而提出三个"保全"朝鲜之策。不仅如此，姚文栋进一步从整个亚洲，实际是从中国传统国际秩序朝贡体系全局立论："文栋愚见以为，必北洋兵力足，而后可以控御俄日两国，保全朝鲜、琉球。必南洋兵力足，而后可以控御英法诸国，保全暹罗、安南。果使办理有效，不必与外洋争城夺地，而亚洲形势自全在掌握中，可以纲纪东西洋而无难矣。"②

姚文栋极言朝鲜较琉球之重要，是因为"琉球已然而易知，朝鲜未然而难见"，当时朝廷上下在中日关系上大都将注意力集中在"已然"的琉球问题上"而不闻及朝鲜"。他希望其所论通过黎庶昌能引起清廷对朝鲜问题的足够重视。③ 这封信发表在"甲申事变"后朝鲜问题非常凸显的时候。这个时候，他特意拣出此文，是为了表明他早在朝鲜问题未露端倪之前，就已经看到其紧要之处，为此在这封信的标题下他特意标注"壬午春时高乱未萌"。但信中并没有显示琉球与朝鲜问题一并解决，或拿琉球与朝鲜作交换之意。他提出的三大朝鲜策略并没有涉及琉球问题。在琉球问题上，他的看法是：（1）日俄已经显露并吞朝鲜的野心，"朝鲜时势急于琉球"，因此，必须在朝鲜问

① 西里喜行『清末中琉日関係史の研究』、583頁。
② 详见姚文栋《上黎星使书》，壬午春，《读海外奇书室杂著》第1册，第2~4页。
③ 姚文栋：《上黎星使书》，壬午春，《读海外奇书室杂著》第1册，第4页。

题"定妥"之后，"再以余力运筹"琉球问题；（2）要日本归还琉球，非外交努力可以实现，而"须出于一战"；（3）保证琉球、朝鲜安危，"经久固柢之策"，非创设强劲的海军不可，"必北洋兵力足，而后可以控御俄日两国，保全朝鲜、琉球"。可见，在姚文栋这里，朝鲜与琉球问题的解决，是一个先与后的关系。

需要指出的是，姚文栋本人始终是琉球复国的积极主张者。他的《琉球小志并补遗附说略》① 一书，抵日之初就着手准备，是晚清驻日使团研究琉球的代表之作。书中使用大量按语，对日本人士所谓琉球自古为日本所有之说"析其诞妄"。在跋及附记中，明确表示他对期盼琉球复国具有急切之情。他的琉球研究和介绍，主旨在于为重议"球案"做准备。他设想将重议的，不仅包括光绪五年（1879）"废琉置县"中被并吞的中南两岛，而且还包括明朝时已被日本占据的北岛。《琉球小志补遗》附记称："此卷纪琉球北岛，明万历三十七年入于日本。当时不遣一介责问，彼始公然以琉球为附庸。中山之不祀忽诸，实嚆矢于此。他日如议球案，要当并问此岛也。"② 此外，驻日期间，姚文栋还编著多种有关日本地

---

① 目前该书的书名颇多。如中国科学院图书馆现存 4 种，正文内容虽然完全一致，书名却有《琉球小志并补遗说略》《琉球小志》《琉球地理志附补遗说略》《琉球地理小志》等。其实，此 4 种书的封面均没有题名，扉页则均题有"琉球小志并补遗附说略"，落款同为"光绪癸未秋仲吴中黄超曾"，字体一致，但均无印书局名。本文拟将姚氏的此部琉球著述，暂题为《琉球小志并补遗附说略》。

② 姚文栋：《琉球小志补遗》，《琉球小志并补遗附说略》，第 25 页。该书"琉球说略"部分译于"壬午兵变"之后的"壬午冬"。光绪十一年（1885）姚文栋归省回国编辑《读海外奇书室杂著》时，除上述《上黎星使书》之外，还专门收录表明其琉球著作之主旨的《琉球小志跋》，以明其志。这已是"甲申事变"后的第二年。《琉球地理小志》不分卷，未记刊行年，但扉页和序文的日期均署为光绪九年（1883），大概是这一年刊行的。又，从姚文栋所写"识语"的日期可知，此书于此前的光绪八年（1882）完成。扉页有黄超曾（随员）手写的"琉球小志并补遗附说略"字样，卷首是陈允颐（横滨正理事）诗和余瓗（长崎正理事）序。三人均是姚文栋同时期驻日使团成员。这一时期，为了收复琉球，姚文栋著了《日本地理兵要》一书，10 卷，光绪十年（1884）由总理衙门刊行。此书为收复琉球而作。此外，被实藤惠秀称为"黄遵宪第二"的姚文栋也著有《日本国志》（10 卷），据考证，其框架主要依据的是《日本地志提要》。但值得注意的一点是，《日本地志提要》卷 75 单列琉球，与北海道、西海道、南海道等并列，姚著则将琉球删除不列，可见其志向。参见王晓秋《近代中日文化交流史》，第 185~186 页；王宝平『清代中日学術交流の研究』、212-213 頁。

理等方面的著述,其中最具代表性的是《日本地理兵要》,其编著的目的即在于"规复琉球"①。

有迹象表明,黎庶昌在朝鲜问题上颇受姚文栋的影响。光绪八年(1882)春在回复总署论李鸿章与竹添的会谈一信中,黎庶昌强调朝鲜地位较琉球重要,认为"其实,球之存亡,无甚关于中国得失,所少者,不过面子耳",而据他在日本的观察,朝鲜问题"实为切肤之患"。不仅俄国和日本"虎视眈眈",而且即使西洋各国"亦均注意于此"。不仅如此,近年朝鲜还"惊服日本,颇有骑墙之见"。②朝鲜重于琉球,这一认识应为后来黎庶昌提出"琉球·朝鲜交换"论埋下了伏笔。

不过,如果由此断定黎庶昌此时在具体策略上开始将两个问题并提乃至做交换,则为时过早。一个直接的原因是,如姚文栋所说,清政府视"球案"为中日两国之间"已然而易知"的外交问题,而朝鲜问题则为中日间"未然而难见"的外交问题。深层的原因是,清政府另制定了一个被认为"行之有效"的朝鲜策略,那就是通过朝鲜开港及与各国订约通商造成均势局面,从而有力地抑制日本、俄国的侵略,确保朝鲜安定。我们看到,作为使臣,在朝鲜问题上,黎庶昌在相当长时期内正是清政府这一朝鲜政策的积极支持者与推进者。这封光绪八年(1882)春回复总署的信中,在强调朝鲜地位较琉球重要时,黎庶昌提出的朝鲜策略是,"中朝似宜及早遣使,径赴该国为之经理定约等事",即清政府的开港通商政策,已如上所述。

(二)修约·"球案"并议案

在黎赴任前的光绪七年十月二十八日(1881年12月19日),朝

---

① 姚文栋:《与葛子源书》,《读海外奇书室杂著》第1册,第25页。
② 黎庶昌:《请及早遣使赴韩为该国经理定约》,光绪八年(无月日),馆藏号:01-25-011-02-032;姚文栋:《上黎星使书》,壬午春,《读海外奇书室杂著》第1册,第2页。

鲜翰林院鱼允中前来拜谒，黎庶昌在谈及朝鲜局势时，谆谆以"力求富强"相劝，指出富强须参用西法，"而目前急务，又似以与各国通商为要著"。通商的关键在于订税，因此，黎庶昌力劝朝鲜早日与日本议定税约以为依据。会谈中，鱼允中问起中国处理琉球问题的意向，黎庶昌只说中国所以没有遽结，就是为"防后患"，没有做太多的说明。① 抵日后，在回复总署论竹添进一郎与李鸿章会谈琉球的信中，黎提出的朝鲜主张仍然首先是为之经理订约等事。关于这封信函的时间，似长期为学界所忽视，目前的研究均没有充分注意到这一环节；② 然而，这与我们认识黎庶昌提出的一个新的方案——修约·"球案"并议案有直接关系。

这封致总署的信函应写于光绪八年（1882）春"壬午兵变"前，李鸿章与竹添进一郎会谈之后。

信的开头说"竹添进一问答节略一一诵悉"，接着又围绕会谈内容，详细阐述他对节略内容的看法以及在日本国内的反应。李鸿章与竹添关于琉球的会谈主要有两次：一次在光绪七年（1881）底除日；一次在光绪八年二月十二日（1882 年 3 月 30 日）。信的开头说："二月初十日肃上昌字第五号函，附呈奏折等件。续于二月初四日③又上贺函，谅邀钧鉴。十五日接到本字六十三号钧函，并递回原折及与傅相往来函件。"可见，这封信很可能是对二月十五日总理衙门来信的复函。信的最后又说："新派神户理事候选内阁中书二月二十七日行抵东京，业已照会外务省。一俟将认可状送到，即饬该员前往接任。"马建常于光绪八年二月二十八日（1882 年 4 月 15 日）至七月二十五

① 《照录笔谈》（附件一），辛巳十月二十八日，载"中研院"近代史研究所编《清季中日韩关系史料》卷 2，第 544、546~547 页。

② 该函即黎庶昌的《请及早遣使赴韩为该国经理定约》，馆藏号：01-25-011-02-032。时间署"光绪八年□月□日"，没有具体日期。西里没有注意它，伊原虽然注意到，但显然将其视为"壬午兵变"后之作，且没有专门使用。参见〔日〕伊原泽周《从"笔谈外交"到"以史为鉴"——中日近代关系史探研》，第 31 页。

③ 原文如此。这里的"四日"疑为"十四日"之误。

日（9月7日）任神户正理事官。此后被派往朝鲜处理朝鲜开关事宜。为此，八月二十日（10月1日）黎庶昌曾从横滨致电李鸿章，希望告以"马建常是否回任？"① 李鸿章回复说，拟派马建常赴朝鲜照料开关事宜，虽尚未定是否回任，但仍建议先派人署任。② 代理马建常的是黎庶昌之侄黎汝谦。因马建常终未能回任，同年十二月初八日（1883年1月16日），黎庶昌致总署函，拟请以黎汝谦接任，函称："马中书建常既经派赴朝鲜，未能回任，神户理事一缺拟即代理③之黎令汝谦充补。"④ 由此可知，这封信函应写于马建常抵达东京之后不久，外务省认可状送到之前，应在光绪八年（1882）二月底三月初，值李鸿章与竹添进一郎第二次会谈之后。

信中，黎庶昌提出了他的借修约议"球案"策："现在改约已近，莫若就球案为口实，以为此案不结，商务一无可议。中国一日不允，琉球一日尚存。"将琉球问题与修约结合起来不能算创意，伊犁事件时期中日"球案"交涉中，谈判的基本原则就是修约与"球案"并议。不过，此时黎庶昌的重提，自有他新的认识。他特别强调日本对一体均沾"念念不忘"，是重议"球案"的一个好机会。

修约·"球案"并议案从提出到实施，断断续续有一个较长的过程。"壬午兵变"后日本政府任命榎本为驻华公使而没有派传言一时的上野景范，黎庶昌认为这是日方一个示好的举动，因榎本是兴亚会的创立者。⑤ 为此，他希望能借这位公使换届之机推行修约·"球

① 《黎使由横滨来电》，光绪八年八月二十日到，载吴汝纶编《李文忠公全书·电稿》卷1，第8页。
② 《复黎使》，光绪八年八月二十日，载吴汝纶编《李文忠公全书·电稿》卷1，第8页。
③ 原文为"代代理"。
④ 黎庶昌：《日本闻中国整饬水师亦扩充海军添筑炮台显在防备中国》，光绪八年十二月初八日，馆藏号：01-25-011-02-009。
⑤ 黎庶昌：《琉球乞援救复国不宜轻易发端朝鲜乱事日本大概不至要求过甚日本拟设釜山电线中国亦宜设电线通朝鲜》，光绪八年八月初五日，馆藏号：01-25-009-02-016。

案"并议案。他特别关注榎本的行程，并及时与李鸿章互通信息。先是报告榎本于八月初九日（9月20日）启程来华。① 榎本到天津后，又得知榎本过津时"谈次未及球事"②，即使到参议兼大藏卿松方正义主动来使馆谈起"琉球案"时（详见下文），他还在关心榎本的行踪，希望总署坚定"球案"优先的原则：

> 榎本武扬到京后，是否提及球案与修约事宜？此时应恳衙门抱定球案不结，他事一无可商一语办理，庶可关其口而夺之气。缘日人好胜，于一体均沾四字，念念不忘，以为颜面攸关，丞欲得之而后已也。③

光绪九年（1883）值《中日修好条规》临近期满时，清政府令黎庶昌致函日本政府，要求将修约与"球案"并议，但遭到日方否决。④ 尽管如此，修约·"球案"并议案是黎庶昌数种琉球策略中颇受清政府认可的一种。⑤

---

① 黎庶昌：《日外务省告知日本已与朝鲜订约八款》，光绪八年八月十七日，馆藏号：01-25-010-01-010。

② 《寄黎使》，光绪八年九月十一日，载吴汝纶编《李文忠公全书·电稿》卷1，第9页。

③ 黎庶昌：《朝鲜朴泳孝等赴日求减赔款未允改为十年偿还中国若能于台湾添练水师以示必争琉案当可善结神户理事已令黎汝谦代理已购置馆署并酌定署中章程》，光绪八年十月初九日，馆藏号：01-25-010-02-037。

④ 参见〔日〕伊原泽周《从"笔谈外交"到"以史为鉴"——中日近代关系史探研》，第31~32页。

⑤ 但清政府并没有因此放弃该方案。光绪十二年（1886）二月，新任驻华公使盐田三郎奉命前来改订《中日修好条规》《中日通商章程》。在讨论如何回应日本的修约要求时，李鸿章不仅提到光绪九年（1883）黎庶昌向日方提出的改约与球事"并商"之事，而且指出此次回复应指明"球案亦当并商妥结，免致彼此或存芥蒂。将来议修时，或两事并有结束，随时相机办理"。（《请缓议日本修约》，光绪十二年五月十七日，载吴汝纶编《李文忠公全书·译署函稿》卷18，第32页）这次议约谈判长达数年，这时，黎庶昌已从第一次出使任上回来居乡守制了。

（三）与松方会谈

"壬午兵变"后，日本参议兼大藏卿松方正义主动找黎庶昌会谈"球案"。这次会谈双方虽均以个人名义，却是重议琉球时期一个引人注目的事件。它是自宍户玑罢议后日方首次主动提起琉球问题，也是中日两国官方之间最后一次深入会商，现有研究均有介绍，如西里喜行在书中于总论和黎庶昌研究的专章中分别予以介绍，不过，我们发现这两处介绍的定位和评述均有不同：专章将它置于"琉球复国·朝鲜永久中立国构想"的标题之下，认为其主旨是主张"尚氏世袭县令（继续进贡）案"；总论则作为"壬午兵变"后的一个事例，以"黎庶昌·松方会谈与琉球方案"为题做过程描述，未有倾向性提炼。① 比较而言，总论的介绍较客观。然而对于黎庶昌研究，专章中的介绍更加引人注目，需作辨析。问题的关键在于对双方议案的解读。

"壬午兵变"平定后，松方正义主动到中国使馆来商谈"球案"，前后历时数月。黎庶昌先是提本年春天李鸿章与竹添会谈时提出的中南二岛归还案，进而对该方案略做变通，提出不得已的话，"只有将中南两岛互易，以中岛归还琉球，南岛归于日本"②。后经磋商，最后达成一个"善了办法"："一日允中仍认琉球为国，听凭尚氏朝贡，中国册封。一了定日将琉球设县，理其内治，但释回尚氏，任为县令，子孙世袭。"对于这一草案，日方代表松方认为"似有可行。但意欲声明是专属"；黎庶昌的意见是"能复封贡，余可概推与日"。③

这一新方案中，黎庶昌首先考虑的是日本能承认中国将琉球以"国"相待，琉球不仅朝贡中国，而且要"听凭""中国册封"。仅强

---

① 西里喜行『清末中琉日関係史の研究』、584-588、437-439 頁。

② 黎庶昌：《朝鲜朴泳孝等赴日求减赔款未允改为十年偿还中国若能于台湾添练水师以示必争琉案当可善结神户理事已令黎汝谦代理已购置馆署并酌定署中章程》，光绪八年十月初九日，馆藏号：01-25-010-02-037。

③ 《黎使来电》，光绪八年十二月二十五日到，载吴汝纶编《李文忠公全书·电稿》卷1，第 11 页。

调"朝贡"而不提"册封"，这是有偏颇的。从历代琉球朝贡的历史看，就经济角度讲，琉球朝贡后获取的赐品，其价值远远大于贡品。清政府致力于琉球复国，实因琉球关系中国的国家安全，① 中琉之间政治上的"册封"关系至关重要。因此，黎庶昌说只要"能复封贡，余可概推与日"②。其次考虑到日本将琉球设县，这一问题通过外交途径不易解决，进而提出"子孙世袭"的要求。这两个条款虽有先后，但无侧重，提炼其中任何一款为主题都是片面的。其实，若仔细考察这次会谈中黎庶昌先后提出的方案，便可以发现，他首先提出的归还中南二岛案，与此前包括光绪六年（1880）中日第一次"球案"谈判的精神一脉相承。这次会谈，可谓清政府既定"存球祀"方针下的新一轮交涉。

这个"善了办法"是一个草案而非定案，黎庶昌尚在请示"是否有当？准与再议否？"③ 清政府方面对这一草案的反应似乎不是很积极。如同对早期"二岛均沾案"有顾虑一样，李鸿章担心该草案实施后，如果日本"异日或藉端要挟，停止封贡"，难保日后琉球局势的稳定。④ 清政府则因"名实不符"，不合体制，"尤难允行"，主张"球案"交涉"暂缓"。⑤ 会谈没能继续，我们也无从判定这草案中的

---

① 李鸿章早在光绪六年（1880）十月中日琉球谈判时就曾经指出，琉球具有"扼我太平洋咽喉"的地位。见李鸿章《遵筹球案暂宜缓允等由》，光绪六年十月十一日，录副奏折，外交类·中日琉，档号：7757，缩微号：卷579，第2180~2187页；《直隶总督李鸿章复奏球案宜缓允折》，光绪六年十月初九日，载故宫博物院编《清光绪朝中日交涉史料》卷2，第16页。

② 《黎使来电》，光绪八年十二月二十五日到，载吴汝纶编《李文忠公全书·电稿》卷1，第11页。伊原泽周也指出，所议方案表明黎庶昌同时关注琉球与清朝间的朝贡与册封。见氏著《从"笔谈外交"到"以史为鉴"——中日近代关系史探研》，第30~31页。

③ 《黎使来电》，光绪八年十二月二十五日到，载吴汝纶编《李文忠公全书·电稿》卷1，第11页。

④ 《议球案》，光绪八年十二月二十六日，载吴汝纶编《李文忠公全书·译署函稿》卷13，第59页。

⑤ 《复黎使》，光绪八年十二月三十日（按：无时辰），载吴汝纶编《李文忠公全书·电稿》卷1，第11页。

二大条款,黎庶昌究竟将有怎样的选择。

此外,会谈中,黎庶昌始终没有表现出将"球案"与朝鲜问题同时解决的意向。朝鲜问题只是这次"球案"会谈的背景而已。如果说与刚刚发生的朝鲜问题有什么内在联系的话,那就是黎庶昌从"壬午兵变"中国快速出兵的成效中,深刻感受到武力在解决"球案"以及外交交涉中的重要作用。他认为松方的主动前来,就是中国出兵朝鲜的结果,进而建议"于台湾添练水师,显示不忘征伐之意";并认为如此"琉球一案,将来总可善结"。① 的确,会商期间,日本曾"征兵调饷,不遗余力",致使黎庶昌一度以为清朝有"东伐之议"。后经调查才发现,日本是因"球案"不远,担心中国"责问",才"极力防备"。② 黎庶昌强调武力的作用,但他并不因此主张采用军事手段解决"球案"。"壬午兵变"后,朝廷中颇有主张以武力解决"球案"者。③ 对此,清政府颇为重视,命李鸿章等酌度情形,妥筹具奏。④ 李鸿章等在复奏中,综论中国战舰状况及与日本战备的比较,指出移兵解决"球案"之策不可行。当务之急是"整练水师,添备战舰";如果"中国战舰足用,统驭得人,则日本自服,球案亦易结"。⑤ 这与黎庶昌出使之前刘坤一向他表述的主张是一致的。黎庶昌

<hr>

① 黎庶昌:《朝鲜朴泳孝等赴日求减赔款未允改为十年偿还中国若能于台湾添练水师以示必争琉案当可善结神户理事已令黎汝谦代理已购置馆署并酌定署中章程》,光绪八年十月初九日,馆藏号:01-25-010-02-037。

② 李鸿章:《抄呈与黎莼斋往来电文》,光绪八年十二月二十一日,馆藏号:01-25-011-02-020。

③ 邓承修:《朝鲜乱党已平请乘机完结球案由》,光绪八年八月初二日,录副奏折,外交类·中日琉,档号:7757,缩微号:579,第2219~2222页;《给事中邓承修奏朝鲜乱党已平请乘机议完结球案折》,光绪八年八月初二日,载故宫博物院编《清光绪朝中日交涉史料》卷4,第1~2页;《翰林院侍读张佩纶奏请密定东征之策以靖藩服折》,光绪八年八月十六日,载故宫博物院编《清光绪朝中日交涉史料》卷4,第12~13页。

④ 《军机处密寄北洋通商大臣李鸿章上谕》,光绪八年八月初三日,载故宫博物院编《清光绪朝中日交涉史料》卷4,第2页。

⑤ 《北洋通商大臣李鸿章等奏遵议邓承修条议球案折》,光绪八年八月十六日;《北洋通商大臣李鸿章复奏宜先练水师再图东征折》,光绪八年八月二十二日,载故宫博物院编《清光绪朝中日交涉史料》卷4,第13~17页。

显然是李鸿章等人琉球政策的支持者，在致总署的信中，在中日关系上明确支持李鸿章的"专论球案，以为归曲地步"，认为这"最是破的之论"。① 清政府最终接受了李鸿章等人的提议，放弃东征论。②

然而，在朝鲜问题上，在处理兵变的善后事宜中，日本毫不掩饰其阴忌中国保护朝鲜的野心，反复声称待朝鲜以"自主"③，使黎庶昌曾对与英美立约保护朝鲜的策略产生怀疑④，为此他还一度主张对朝鲜"仿英人处印度之例，直废其王而郡县之"⑤。但"壬午兵变"顺利了结之后，在与松方会谈期间，黎庶昌似乎已恢复对朝鲜通商订约政策的信心，又开始积极投身于此了。能够说明问题的是，十月间他与前来使馆的美国驻日本公使平安的会谈。双方就中国处理"壬午兵变"及推进朝美条约互换意见，互相肯定。黎庶昌特别表示朝约之对于中国的重要，他说："朝约系傅相竭半之力赞画而成，岂有移易之理？贵国与朝鲜通商在先，但盼早日批准议行，则各国均无异说。"平安答应再次致书本国政府，促成朝美条约早日批准。事后他在致总署信中称，平安所言"甚为公正，亦颇切至"；又说"如此，则美约不至变更。美约一定，余皆迎刃而解矣"。⑥ 此显示他对朝鲜通商政策的信心。其实，与松方数月的深入会谈，正是黎庶昌采用李鸿章"专

① 黎庶昌：《中国水师甫有规模未可遽与日本动兵日本驻朝使臣由竹添进一代理美使平衡〔安〕称道此次平朝乱极具担当并言美韩条约必可批准》，光绪八年十月二十五日，馆藏号：01-25-011-01-016。

② 李鸿章：《抄呈与黎纯斋往来电文》，光绪八年十二月二十一日，馆藏号：01-25-011-02-020。

③ 《照录署外务卿吉田清成复函》（明治15年8月6日）、《照录外务卿来函》（明治15年8月11日）、《照录外务卿复函》（明治15年8月12日），载"中研院"近代史研究所编《清季中日韩关系史料》卷3，第813、837~838页。

④ 黎庶昌：《朝鲜兵变日本出兵在惩办乱首现朝鲜国王无事由大院君执政》，光绪八年七月十三日，馆藏号：01-25-009-01-006。

⑤ 黎庶昌：《日本声言自护使馆显有凌轹中国之意又派探赴沪侦探军事处置朝鲜宜仿英人处印度例废王而郡县之》，光绪八年七月十八日，馆藏号：01-25-009-01-016。

⑥ 黎庶昌：《中国水师甫有规模未可遽与日本动兵日本驻朝使臣由竹添进一代理美使平衡〔安〕称道此次平朝乱极具担当并言美韩条约必可批准》，光绪八年十月二十五日，馆藏号：01-25-011-01-016。

论球案"这一对日方针的典型事例。

与松方会谈结束后不久，美国批准了《朝美修好通商条约》，平安也践行了诺言，在美朝条约批准一事上"颇费苦心"。但是，由于英国因朝美税则之重"不愿通商"，黎庶昌看到朝鲜开关交涉"尚有波澜在后"，认为需要进一步努力。[①]

当时，琉球方面乞求复国的呼声异常高涨。球官一方面在京哀诉，一方面到中国驻日使署夜访，希望中国"乞为援救复国立君，南岛枯瘠，不能立国，势不可行。闻韩日有事，中朝出兵，望乘此机会与球事并办"；黎庶昌"只以好言慰之而去"。[②]与松方会谈的终结，意味着以格兰特调解为起点的分岛案，以及相应的变通办法基本被否决。但黎庶昌并未因此懈怠，他深知琉球问题在日本政府心目中的地位。光绪九年六月十七日（1883年7月20日），当国近二十年、"日皇倚之如山"的岩仓具视病故。黎庶昌听说岩仓病笃时，曾召集要人叮嘱两件事：一是国会未开，宪章尚未完备；二是"球案"未结，宜固邻交。也就是说，岩仓是主张中日不要因"球案"而激化矛盾的，但他的继任者与之不同。黎庶昌看到，日本参议中"皆新进暴起之徒"，不如岩仓"持重"，且以购船练兵"沾沾自喜"，他担心将来不能"无东顾忧"。[③]黎庶昌必须寻找新的外交途径来解决"球案"。

（四）中法战争时期

光绪九年（1883）夏，随着中法越南局势的日趋紧张，日本方面非常关注中法越南交涉的进展。除驻华使领等在华积极从事情报活动

---

① 黎庶昌：《美英法等国与朝鲜订约通商事各怀用心而日本觊觎野心尤不可不防》，光绪九年二月十五日，馆藏号：01-25-012-01-001。

② 黎庶昌：《琉球乞援救复国不宜轻易发端朝鲜乱事日本大概不至要求过甚日本拟设釜山电线中国亦宜设电线通朝鲜》，光绪八年八月初五日，馆藏号：01-25-009-02-016。

③ 黎庶昌：《列强无愿助我者我唯有出师力争》，光绪九年七月初七日，馆藏号：01-24-007-01-012。

之外，其国内的相关人士也开展对中国驻日使馆的情报收集工作，如向黎庶昌探问越事的进展及前景。黎庶昌借此机会，频繁提起"球案"。对此，目前关注的只是与外务大书记官田边太一的会谈。其实此前与宫岛诚一郎等的会谈就论及"球案"。

光绪九年五月初二日（1883 年 6 月 6 日），法国特使德理固（Arthur Tricou）到上海与李鸿章会晤，商谈越南问题。十三日（6 月 17 日），即德理固到上海后不久，宫岛诚一郎等曾请黎庶昌前往。

宫岛等邀请黎庶昌的目的在于探问中国在越南问题上的立场。黎庶昌在谈论越事之后，很快转向中日关系问题。他表示尽管日本以前对中国做了一些"龃龉"之事，但因近来颇有悟错之意，作为性情风俗相似的亚洲邻国，他希望中日两国和好，于是提到琉球问题。他指出，妨碍中日关系的一大问题是琉球问题，希望日本方面能够积极配合，尽早解决："惟琉球一局，敝国总望贵国曲从所请，凡敝国有可以甘让之处，无不曲让，如是而已。"又对所谓中国"与法人从事之后"将与日本开战加以辟谣，只是宫岛对此持不同意见。会谈后，宫岛诚一郎将其中"系于时势者钞出"，于十五日（6 月 19 日）送到外务省，其中包括双方关于"球案"问题的问答。①

八月十四日（9 月 14 日），即法使德理固自上海赴天津的次日，外务大书记官田边太一又来中国使署访谈中法越事上的前景，这便是常为人道的"黎—田边会谈"。在这次会谈中，黎庶昌出使以来首次将琉球与朝鲜并提，因此，目前的研究均将它作为黎庶昌拟将琉球问题与朝鲜问题同时解决的一个典型事例，② 其实不然。

会谈一开始，黎庶昌发现田边问安南事尚是"帷灯匣剑"，"其

---

① 《日本外务省档案》（缩微胶卷），美国国会图书馆复制，中国国家图书馆藏，MT5. 2. 1. 3，R468，第 248~252 页。

② 〔日〕伊原泽周：《从"笔谈外交"到"以史为鉴"——中日近代关系史探研》，第 33 页；西里喜行『清末中琉日関係史の研究』、591–593 頁。

意盖在朝鲜",果然,田边提出两国或中日美三国共同保护朝鲜以防俄,是当今唯一行之有效的办法。但黎庶昌却将这次会谈作为解决"球案"的机会。

在田边提出共保朝鲜之议后,黎庶昌提出中日之间首先应解决琉球问题。指出:尽管俄国对朝鲜的野心天下共知,但鉴于中国对朝鲜"无不力争之理",加上俄国在朝鲜也"无甚大利可图",且其国势偏重西方,因而可以预见,俄国不至于对朝鲜轻易发难;如果俄国有吞噬朝鲜的野心,那么,以一国保护不见为少,以两国保护亦未必即见为多。他指出,琉球问题是影响中日两国关系发展的一大障碍,说中日两国"现因琉球之故,尚龃龉未协,又安能为此说乎?"他进而提出:"如贵国能退还琉球,或有商议,亦未可定。"田边说琉球与朝鲜分属"两事",与他所建议的共同保护朝鲜之说"不相关",强调一国保护不如两国保护于大局更为有利。黎庶昌重申,田边的设想固然关系东方大局,但如果期望中日两国同心协力,"非先将球案解释,则凡有论说,皆属难行"①;将解决"球案"作为进一步讨论朝鲜问题的一个先决条件。

尽管田边表示这不过是一场闲谈而"非公事",但黎庶昌还是认为这是出自井上馨等人之意,他于九月初四日(10月4日)将与田边会谈的节略及其个人看法致函总署。函中,他进一步表明了在琉球问题上的立场,此其实是宗藩体制下处理属国问题的基本立场,认为在朝鲜与各国订立条约国门洞开后,与日本商议共同保护朝鲜之策尚属可行。但同时强调,朝鲜问题的提出,首先应以解决琉球问题为前提:"且与彼先约,果能退还琉球,则保朝之说,似亦可以许也。"②

---

① 《照录与田边太一问答节略》,光绪九年九月初四日,载黎庶昌《日田边太一建议中日或中日美共保朝鲜其说似有可采》,光绪九年九月初四日,馆藏号:01-25-012-02-010。

② 黎庶昌:《日田边太一建议中日或中日美共保朝鲜其说似有可采》,光绪九年九月初四日,馆藏号:01-25-012-02-010。

鉴于琉球问题在当时中日关系中的显著地位，他甚至认为，田边的共同保护朝鲜说"或是因时见机，欲为转圜琉球地步，亦未可定"①，将解决琉球问题作为处理朝鲜问题的前提了。这与后来主动以琉球为条件去谈朝鲜问题，相当不同。

至于在朝鲜问题上的立场，黎庶昌在致总署信中有清楚的阐述，说："日人之于朝鲜经营已历年所，始则颇欲专制，以夺中国之权。近年渐知此愿难遂。自美朝订约以后，似又更退。将来英、德各国次第插手，日人岂能惟②所欲为？"③ 可知他仍对朝鲜开港通商政策充满信心。他认为日本对朝鲜的关注不足为虑，进而还提出他个人的朝鲜策略，认为传统的对属国"仅所谓羁縻勿绝而已"，在新的国际环境下，已难以推行；行之有效的，是采用积极干预的姿态。他进而借鉴当时国际案例，将干预概括为三种：首如英人之于印度"夺其王而废置之"；次如德人之于日耳曼"挟全力以威制之"；最后则如瑞士、比利时之属"联合与国共保之"。④ 此三大朝鲜策略，与到任初期姚文栋向他建议的"朝鲜三策"，颇有相通之处。

"甲申事变"前黎庶昌对"球案"认识，在甲申三月的一封奏折中尚有体现。光绪十年三月十一日（1884 年 4 月 6 日），法国水师总兵福禄诺（Francois Ernest Fournier）自香港致书李鸿章，提出中法停战解决越事的办法，中法双方开始走到谈判桌边，时论一度以为战争行将结束。此时，清政府朝局也发生重大变动。三月十三日（4 月 8 日），开去恭亲王奕䜣一切差使，十四日（4 月 9 日）命军机大臣遇有紧急要件会同醇亲王商办。甲申易枢的当日，清政府

---

① 黎庶昌：《日田边太一建议中日或中日美共保朝鲜其说似有可采》，光绪九年九月初四日，馆藏号：01-25-012-02-010。

② 原文如此。

③ 黎庶昌：《日田边太一建议中日或中日美共保朝鲜其说似有可采》，光绪九年九月初四日，馆藏号：01-25-012-02-010。

④ 黎庶昌：《日田边太一建议中日或中日美共保朝鲜其说似有可采》，光绪九年九月初四日，馆藏号：01-25-012-02-010。

下令内外臣工"痛戒因循",贡献建言。身在日本的黎庶昌也积极响应诏令,以其出洋八年的经历,统筹中外情形,上折提出内政建设的各项建议。奏折开头提到内外局势时,说:"顷者法越事定,外祸渐纾,虽有球案一宗悬而未结,将来无论如何拟议,实不足再烦兵端。然则今日所宜加意讲求者,专在整饬内政矣。"① 可见,直到甲申年(1884)上半年,黎庶昌仍然将"球案"作为外祸中唯一一个"悬而未结"的问题,期待新的解决机会的到来。

第二节 "甲申事变"及"琉球·朝鲜交换" 论的提出

琉球问题与朝鲜问题有着密切的关系。朝鲜问题源于琉球问题。日本废琉置县前,清政府对朝鲜基本持"放任"政策,此后,才由"放任"转为"牵制"进而采取"干涉"政策。② 对于琉球问题在朝鲜问题上的影响,李鸿章曾说:"琉球既为所废,朝鲜有厝火积薪之势,西洋各国又将环视而起,自不能不为借箸代筹。"③ "环视"朝鲜的,除西洋各国外,日本也是其中一员,这在当时并非秘密。

琉球、朝鲜问题之呈现,与清政府向日本派驻使臣几乎同时。驻日使团的外交活动,往往将琉球与朝鲜问题穿插进行,论其对日外交,将两个问题联系起来考察是可以的,但是具体到琉球策略上则需分析。如果说它总是与朝鲜策略互相联系甚至互为条件,这至少在"甲申事变"前是一种表象。从上述黎庶昌一系列"存球祀"

---

① 黎庶昌:《敬陈管见折》,甲申三月,载黎庶昌《拙尊园丛稿》卷5,第1页。
② 林明德:《袁世凯与朝鲜》,台北:"中研院"近代史研究所,1984,第85~100页。
③ 《论劝导朝鲜通商》,光绪五年七月十二日,载吴汝纶编《李文忠公全书·译署函稿》卷9,第34页。

的努力中已可见琉球与朝鲜问题关系之一斑。可以说，黎庶昌在初期的相当长一段时期内，是将琉球问题完全作为独立的外交课题与朝鲜问题分别对待的，在朝鲜问题上他奉行清政府的开港通商政策。

琉球问题从一个独立的外交问题，一变而与朝鲜问题相依附，是在"甲申事变"之后，实受"甲申事变"的直接促动。"甲申事变"后黎庶昌开始将琉球与朝鲜问题联系起来，提出了"琉球·朝鲜交换"论。这一交换论，历经发展变化，断断续续贯穿他第二次出使期，直到他即将离任时才提出"日清同盟"说。为此，我们需对"甲申事变"爆发后，黎庶昌的应对及这一新的琉球策略的出台做一深入的考察。

光绪十年十月十七日（1884 年 12 月 4 日），朝鲜京城发生兵变，是为"甲申事变"。清政府于当月二十三日（12 月 10 日）接到中国驻朝军队与日军发生冲突的电禀时，[①] 正疲于应付中法战事。事变之发生，对于处于战争状态的清政府而言，无疑是雪上加霜。黎庶昌已于八月十七日（10 月 5 日）因丁忧离任，事发之时，他正等待继任使臣徐承祖前来接印，预先毫不知情。

黎庶昌于二十四日（11 日）得知事变消息，并受命"密探实情，随时电闻"[②]。为此，他开始积极奔走，探听事变真相及发展情况。当时，日本外务卿在山口，陆军卿在熊本，东京无甚动静。次日，他令长崎正理事官余瓗亲往密查，[③] 又与前来使署的日本代理外务

---

① 《北洋大臣来电》，光绪十年十月二十三日到，载故宫博物院编《清光绪朝中日交涉史料》卷 5，第 24 页。

② 《军机处电寄黎庶昌徐承祖谕旨》，光绪十年十月二十四日，载故宫博物院编《清光绪朝中日交涉史料》卷 5，第 24 页；《军机处致黎庶昌密探日人对韩消息电》，光绪十年十月二十四日，载王彦威纂辑，王亮编《清季外交史料》卷 49，第 28 页。

③ 《北洋大臣来电》，光绪十年十月二十五日到，载故宫博物院编《清光绪朝中日交涉史料》卷 5，第 26 页。

卿外务大辅吉田清成会谈朝事，结果均使黎庶昌一度推知朝鲜事件不致有大波澜。①

　　但事态却进一步恶化。二十六日（13日），黎庶昌接到仁川急信，得知日本使馆被焚，竹添回国请兵已到长崎，他请求清政府迅速派兵船赴援。② 二十七日（14日），黎庶昌从报上看到中日两国兵勇在朝鲜争斗的报道，才知道"两国兵勇在朝鲜争斗是实"，便致信吉田，表示尽管事变的原因、经过及现状均不得其详，但请吉田相信此"非我两国政府之意"，希望吉田致函外务卿"调停息争"。③ 吉田很快给黎庶昌回信，信中尽管表示他本人希望中日两国维持友谊，并愿将黎庶昌的意愿转告井上，但谈到事变时，则声称竹添公使出兵是应朝王之请，遂致与中国军队发生"纷争"，日方在事变中蒙受严重的伤害，以致使馆被袭，公使被迫回国。④ 同日，黎庶昌前往拜访英美驻日公使，希望他们出面排解，但英美公使只说应由李鸿章或总署出面解释事件非出自政府之意即可化解。⑤ 与此同时，黎庶昌发现日本已调派相当数量的兵力自广岛发往仁川，而中国的兵

---

　　① 《寄译署》，光绪十年十月二十六日未刻，载吴汝纶编《李文忠公全书·电稿》卷4，第24页；《北洋大臣电》（光绪十年十月二十六日到）、《北洋大臣来电》（光绪十年十月二十六日到），载故宫博物院编《清光绪朝中日交涉史料》卷5，第28页；《直督李鸿章致总署日本已电竹添使臣排解韩事电》，光绪十年十月二十六日，载王彦威纂辑，王亮编《清季外交史料》卷49，第30~31页。

　　② 《寄译署》，光绪十年十月二十七日戌刻，载吴汝纶编《李文忠公全书·电稿》卷4，第25~26页；《北洋大臣来电》，光绪十年十月二十七日到，载故宫博物院编《清光绪朝中日交涉史料》卷5，第28页。

　　③ 「清国公使ヨリ外務卿代理吉田外務大輔宛」、明治17年12月14日、外務省編纂『日本外交文書』第17卷、337頁。

　　④ 「外務卿代理吉田外務大輔ヨリ清国公使宛」、明治17年12月14日、外務省編纂『日本外交文書』第17卷、337-338頁。

　　⑤ 《北洋大臣来电》，光绪十年十月二十八日到，载故宫博物院编《清光绪朝中日交涉史料》卷5，第36页；《寄译署》，光绪十年十月二十八日巳刻，载吴汝纶编《李文忠公全书·电稿》卷4，第26页。

船尚未北来，甚为着急。① 事变爆发后，清政府曾再三表明处理事变的方针是定乱弭衅。② 然而，黎庶昌却感到日本方面的情形不容乐观。很快，黎庶昌确知此次事变真相，"实金玉均等酿结而成，而日人预知其谋者也"③。外务卿井上馨的暧昧态度，更使他对朝鲜未来充满担忧。

十一月初一日（12月17日），井上馨刚刚回到东京，黎庶昌就前往外务省拜见，了解日本处理朝事的意向。会晤的结果令黎庶昌大失所望。会晤中，井上馨表示，"此次之事，即使了结，而后一年半载又出难端"，因此必须有一"妥善办法，方能相安"。黎庶昌注意到，井上所关注的"尤其在日后一层"。然而，井上所谓的"妥善办法"究竟是什么？虽然"谈论颇久"，但"总不落边际"。黎庶昌担心井上所谓的"妥善办法"是要求朝鲜独立。④ 日本的这一立场，早在"壬午兵变"中已有淋漓尽致的表现。这时又乘中法战争之危机挑起朝鲜事变，黎庶昌的担心并非杞人忧天。当时又传闻"井上亲赴朝鲜并派兵三百续往"，为此，他在当天致李鸿章的电报中谈及这次会

---

① 《北洋大臣来电》，光绪十年十月二十八日到，载故宫博物院编《清光绪朝中日交涉史料》卷5，第36页；《直隶李鸿章致总署据黎使电日本二舰赴韩电》，光绪十年十月二十八日，载王彦威纂辑，王亮编《清季外交史料》卷50，第10页；《寄译署》，光绪十年十月二十八日戌刻，载吴汝纶编《李文忠公全书·电稿》卷4，第26~27页。

② 《寄日本黎使》，光绪十年十月二十八日未刻，载吴汝纶编《李文忠公全书·电稿》卷4，第26页；《军机处电寄吴大澂谕旨》，光绪十年十月二十九日，载故宫博物院编《清光绪朝中日交涉史料》卷5，第36页。

③ 黎庶昌：《朝鲜之乱实为金玉均酿结而成日人早预知其谋中朝与日本为邻若无妥善结纳之方东陲终不能高枕中国应有大员驻朝庶足镇摄东伐之议不可轻於尝试》，光绪十年十二月初六日，馆藏号：01-25-016-02-001；黎庶昌：《函述朝鲜金玉均酿乱日人预知其谋由》，光绪十年十二月初六日，馆藏号：01-25-059-03-035。

④ 黎庶昌：《朝鲜之乱实为金玉均酿结而成日人早预知其谋中朝与日本为邻若无妥善结纳之方东陲终不能高枕中国应有大员驻朝庶足镇摄东伐之议不可轻於尝试》，光绪十年十二月初六日，馆藏号：01-25-016-02-001；黎庶昌：《函述朝鲜金玉均酿乱日人预知其谋由》，光绪十年十二月初六日，馆藏号：01-25-059-03-035。

谈的情形时说，"此间事甚秘，我宜警备"①。

鉴于徐承祖计日可到东京接任，黎庶昌遂将这次会晤的情况并近三年来对日本的观察及未来中日关系的处理意见，汇成一封详信寄给总署。② 信中谈到他对日本的认识：

> 庶昌在东三年，观日人办事，狡猾精能，实在意大里、日斯巴尼亚等国之上。蜂虿有毒，未可以其小而忽之。据我今日与法人拗〔构〕难情形，谅彼族亦未敢轻言开衅。然肘腋之下，盈盈带下与国为邻，彼闲暇而我多事，若无妥善结纳之方，东陲终不能高枕。此诸葛孔明所以不得已而和吴也。

他进而提出对当时中日关系的看法及相应对策：

> 中日两国积疑已久，恐其决裂，不在琉球，而将在高丽。与其含糊而酿祸，不如明辨以息纷。此案办结之后，彼无他求固善，若求他求，庶昌有愚计二，姑妄陈之，以备采择。一则莫如委以琉球，与之订明以后不得干与朝事，不必驻兵，截然分而为二，各不相侵犯。一则责以归还琉球，两国立约保护，明许以共保高丽，严立规条，亦属弭衅之策。

这是黎庶昌首次使用"委以琉球"一说，由此提出了包括"放弃琉球"以换取日本不干涉朝鲜在内的"琉球·朝鲜交换"论。

---

① 《急寄译署》，光绪十一年十一月初一日戌刻，载吴汝纶编《李文忠公全书·电稿》卷4，第30页。

② 黎庶昌：《朝鲜之乱实为金玉均酿结而成日人早预知其谋中朝与日本为邻若无妥善结纳之方东陲终不能高枕中国应有大员驻朝庶足镇摄东伐之议不可轻於尝试》，光绪十年十二月初六日，馆藏号：01-25-016-02-001；黎庶昌：《函述朝鲜金玉均酿乱日人预知其谋由》，光绪十年十二月初六日，馆藏号：01-25-059-03-035。

可以看出，黎庶昌提出"琉球·朝鲜交换"论时，态度是相当迟疑的。信中说"此案办结之后，彼无他求固善，若求他求，庶昌有愚计二，姑妄陈之"，也就是说，如果日本在事变问题上就事论事，问题了结，自然无须多虑，如果日本借此提出"他求"，那么，就需有相应的对策。日本的"他求"，在黎庶昌看来，当是要求朝鲜将来独立："此次之事，彼未尝不知非中国意指，若能持平办理，当可化大为小，化有为无。所虑者彼欲要求以后之方，认朝鲜以独立耳。"① 他的这一认识，直接来自这次与井上的会谈，当然也与他长期以来对日本关于朝鲜问题的立场的了解有关。他提出的对策，主要是针对日本将来在朝鲜的地位问题上的发难。而将琉球问题而不是其他与朝鲜问题并提，是因为当时中日之间的主要问题就是这两个。一个月后的十二月初七日（1885 年 1 月 22 日），他的继任者徐承祖拜访井上，井上在"密室"中说"若不将高丽及琉球二事办完，两国终难诚实和好"②，正可见黎庶昌对中日关系问题之把握切合实情。要使日本改变在朝鲜问题上的立场，也只有拿琉球作交换，才有一定的可能性。他自称"姑妄陈之"，这与此前如"壬午兵变"平定后建议清政府"于台湾添练水师""琉球一案，将来总可善结""审度事机，非此不可"之鲜明态度，真是大大的不同。由此看来，黎庶昌于"甲申事变"后提出"琉球·朝鲜交换"论，实是中法战争这一特定背景之下处理事变的一种权宜之计。究其原因，与他对中国当时的战备缺乏信心有很大的关系。在提出"琉球·朝鲜交换"论之时，他特别分析了"东伐"问题，说："至东伐之议，实未敢轻于尝试。元世祖之丧师，平

---

① 以上见黎庶昌《朝鲜之乱实为金玉均酿结而成日人早预知其谋中朝与日本为邻若无妥善结纳之方东陲终不能高枕中国应有大员驻朝庶足镇摄东伐之议不可轻于尝试》，光绪十年十二月初六日，馆藏号：01-25-016-02-001；黎庶昌《函述朝鲜金玉均酿乱日人预知其谋由》，光绪十年十二月初六日，馆藏号：01-25-059-03-035。

② 《井上来署答拜》，光绪十年十二月初八日，载"中研院"近代史研究所编《清季中日韩关系史料》卷 4，第 1645 页。

秀吉之为患,可为殷鉴。虽在我今昔情事不同,而彼之国势亦大异前古也。"① 这一立场与清政府的"无与日本开衅意",也是一致的。

对此包含两种方案的交换论,黎庶昌并没有显示倾向性。但西里却认为黎庶昌的本意是第一个方案,主张"放弃琉球"。依据是"稍早"时候黎与日本友人宫岛诚一郎的一次笔谈:"仆之私意,以为贵国以后应不干涉朝事,我国应当解释琉球。如此则三国翕和,诚东方万世不赀之利也。""解释"一词尽管含义模糊,但若与致总署信互见,和日本"不干涉朝事"互为条件的,是"委以琉球",如此,这里的"解释"可以理解为"放弃"之意。由此,西里断定,黎庶昌致总署信中的那两个方案,其本意是第一个,即主张"放弃琉球"。② 这里存在问题。

这次的笔谈,并非在上述致总署信之前,而是之后,③ 当时,朝鲜局势较前更为局促。与井上会谈后,肇乱元首金玉均随同竹添进一

---

① 黎庶昌:《朝鲜之乱实为金玉均酿结而成日人早预知其谋中朝与日本为邻若无妥善结纳之方东陲终不能高枕中国应有大员驻朝庶足镇摄东伐之议不可轻於尝试》,光绪十年十二月初六日,馆藏号:01-25-016-02-001;黎庶昌:《函述朝鲜金玉均酿乱日人预知其谋由》,光绪十年十二月初六日,馆藏号:01-25-059-03-035。

② 西里喜行『清末中琉日関係史の研究』、598-599 頁。

③ 因该信标注时间为光绪十年十二月初六日(1885 年 1 月 21 日),因此,西里认为此信写于与宫岛诚一郎会谈之后(西里喜行『清末中琉日関係史の研究』、599 頁)。其实,这一时间是总理衙门收信的时间,而不是黎庶昌发信的时间。当时,东京与北京之间的信件,迟则需 20 日,快则半月。封河时稍稽数日。据此,该信应写于十一月上旬。信中内容还提示了较为确切的时间。该信最后说:"徐星使初二日已自上海东渡,计初十日可到东京,庶昌即可交替矣。"徐承祖于光绪十年十一月初二日(1884 年 12 月 18 日)自上海起程东渡,初十日(26 日)到东京与黎庶昌办理交接事宜。如此,这封信约写于十一月初二日至初十日之间,相较于与宫岛会谈的时间光绪十年十一月二十一日(1885 年 1 月 6 日),显然致总署信在前,与宫岛会谈在后。这在与宫岛笔谈中也可以得到印证。笔谈开始,黎庶昌说:"仆自遭大故,本应即时奔丧,旋因奉旨,候新任而再交卸。乃至徐任到来,续又有旨令暂留,未能作速归国。"又问宫岛:"阁下曾见过新公使否?"宫岛说:"曾访新公使徐君,不在馆,何料昨日被枉一来,始得相见。"两人又对徐承祖的经历和特长美言一番。(「宫島誠一郎黎庶昌ㅏノ筆話」、伊藤博文編『秘書類纂・外交篇』下卷、東京、秘書類纂刊行会、昭和 11 年、355-356 頁)可知,会谈时,徐承祖已经到任,黎庶昌也已接到暂时留任的谕旨,此均表明笔谈在致总署信之后。

郎逃到日本。① 乱首逃日而日纳之，这令清政府既不满又担忧，为此，致电黎庶昌等令其转告日本政府勿听金玉均"播弄"②。又预计"若问罪，则必至兴兵"，只能以有悖天下舆论、妨碍中日朝三国友谊的说法向日本提出抗议。③ 此期间，日本方面一直没有停止调兵遣将。④ 清政府鉴于朝鲜问题的危急，在徐承祖到任后，令黎庶昌暂留三个月会同徐承祖商办一切。⑤ 十一月十二日（12 月 28 日），清政府接到朝鲜国王及提督吴兆有等来信，事变真相大白，远不是黎庶昌所预知的"金玉均酿祸""日人预知其谋"，而是由朝鲜"乱党""勾结"日人所致。日本心怀叵测，伺隙生衅以图狡逞，情节显然。⑥ 当时清政府已派吴大澂等作为特使赴朝处理事变，井上馨也拥重兵前往朝鲜。清政府指望吴大澂等能与井上在朝鲜商办一切，但井上在朝鲜托词不愿与中国特使吴大澂等会商，与朝鲜签完条约后即仓促回国，令清政府再一次深怀疑虑，这是稍后之事。二十一日（1885 年 1 月 6 日），黎庶昌与宫岛诚一郎进行了这次会谈。会谈旨在探询双方派使前往朝鲜后，日本政府处理"甲申事变"的意向。会谈中，黎庶昌表示清政府

---

① 《急寄译署》，光绪十年十一月初六日午刻，载吴汝纶编《李文忠公全书·电稿》卷 4，第 33 页。金玉均起事前，"独立党的谋议，井上角五郎和其他的日本人都参与谋划"，竹添也预知此事。事后，竹添还与金玉均同乘"千岁"号船从仁川逃离朝鲜回日，对于当时赶到的朝鲜士兵以政府名义要求引渡金玉均，予以拒绝。见「金玉均と朝鲜改革運動」、黑龍会編纂『東亜先覚志士記伝』上卷、東京、原書房、1966、74-75、83 頁。

② 《寄日本黎徐二使》，光绪十年十一月初六日戌刻，载吴汝纶编《李文忠公全书·电稿》卷 4，第 34 页；《军机处电寄黎庶昌等谕旨》，光绪十年十一月十二日，载故宫博物院编《清光绪朝中日交涉史料》卷 6，第 31 页。

③ 《寄昌黎交吴钦差》，光绪十年十一月初七日巳刻，载吴汝纶编《李文忠公全书·电稿》卷 4，第 35 页。

④ 《北洋大臣来电》，光绪十年十一月初九日到，载故宫博物院编《清光绪朝中日交涉史料》卷 6，第 12 页；《使日黎庶昌致总署日备兵数千待发宜电》，光绪十年十一月初九日，载王彦威纂辑，王亮《清季外交史料》卷 51，第 2 页。

⑤ 《军机处电寄黎庶昌谕旨》，光绪十年十一月初十日，载故宫博物院编《清光绪朝中日交涉史料》卷 6，第 13 页。

⑥ 《军机处密寄李鸿章等上谕》，光绪十年十一月十二日，载故宫博物院编《清光绪朝中日交涉史料》卷 6，第 31 页。

有"和衷商办"之意。宫岛则表示，他本人虽估计事变"似不足虑"，但对日本政府的意向则"未能明知"。黎庶昌提出井上所关心的问题以及此次朝鲜事变"以后之措置"，指出日本"本认朝鲜以独立，而又越海驻兵，非朝人所心服"；进而提议："贵国以后应不干涉朝事，我国应当解释琉球。如此则三国翕和，诚东方万世不赀之利也。"这里的"解释"的确有"放弃"之意。黎庶昌如此极端的提法，也仅见于这次与宫岛的"私谈"。

需要强调的是，这是一次非常私人性质的会谈。笔谈中黎庶昌提请宫岛"此不过两人私谈，幸勿与外见则可"。笔谈次日，又特意致信宫岛，说昨日笔谈不过两人"至好之私言"，希望"不示人为幸"。宫岛回信说"私言不与公事关涉"，请黎庶昌"勿虑"。这份笔谈的内容及黎致宫岛的信，后收录在《秘书类纂·外交篇》中，[①] 这是黎庶昌万万预料不到的事。

从这样一次"私谈"逆推，并将之作为此前致本国政府公函的参照系，以推导其中的倾向性，这是否合适，是值得再考虑的。光绪十五年八月十六日（1889 年 9 月 10 日），在日本新任驻华公使大鸟圭介即将赴任时，黎庶昌以"日本能还复琉球，中国能约日本共保朝鲜"[②] 即致总署信中的第二个方案，试图与之展开对话。而对于这次与宫岛所谈琉球之策，黎庶昌后来还有过一次补充与订正。应该说，这次笔谈中提出的所谓"放弃琉球"论，实是"甲申事变"后提出的"琉球·朝鲜交换"论的一个发展阶段，将它作为参照系进行逆推，在没有更多旁证的情况下，不能令人信服。

"琉球·朝鲜交换"论的提出，有一个重要的认识前提，即不仅

---

① 「宫岛誠一郎黎庶昌卜ノ筆話」、伊藤博文編『秘書類纂·外交篇』下卷、355–358 頁。

② 黎庶昌：《与日使大鸟圭介论东西大局及修约各事》，光绪十五年八月十六日，馆藏号：01-25-026-02-004。

看到朝鲜地位较琉球地位重要，而且意识到朝鲜问题在中日关系中变得日益敏感；按照黎庶昌的理解，朝鲜问题将成为中日"决裂"的要素。朝鲜较琉球重要这一认识，在当时是一种普遍的看法，黎庶昌本人及其随员姚文栋，在出使之初及此后的各种场合中也时有论述，兹不赘言。但对于朝鲜问题在中日关系中的极其敏感地位，至少在"甲申事变"之前，黎庶昌尚无充分估计。他相信清政府既定的朝鲜开港通商政策，可抑制日本乃至俄国在朝鲜的扩张，朝鲜问题主要是中国如何加强管理的问题，为此他还主张强硬政策。

"甲申事变"的爆发，对于黎庶昌一直积极参与的通商开港政策，无疑是一个重大打击。它表明，朝鲜政策其实未能如最初所期望的那样，有效地阻止日本向朝鲜的渗透。"壬午兵变"爆发时，黎庶昌就曾对该政策产生疑虑："自高丽与美英立约，论者咸以为中国属邦可幸无事，然观其国人，党与不和，乱机方始"，"以后尚费经营"。[1]"壬午兵变"是一场由朝方发动的排日事件，当时中国国内及其他周边也算安定，因而他可以提出"废其王而郡县之"的强硬对策。而"甲申事变"则不同，它由日本勾结朝鲜亲日党而起，中国又处战争之时。其实，日本正是乘人之危挑起事端的。此时，再提壬午时期的对朝强硬政策，显然不切实际。

后来的学者谈到"甲申事变"后的局势时曾指出，中国以越南问题未能解决，唯恐日本乘人之危，朝廷也忧虑日本居心叵测，这一"恐怖的阴影"一直到中日《天津条约》缔结后，始得消失。[2] 的确，事变的爆发令黎庶昌对朝鲜问题深感担忧，他甚至认为朝事将成为以后中日关系"决裂"的要因。从后来的历史发展来看，黎庶昌的这一认知确有先见之明。而对于"决裂"这一结局，黎庶昌是缺乏信心

---

① 黎庶昌：《朝鲜兵变日本出兵在惩办乱首现朝鲜国王无事由大院君执政》，光绪八年七月十三日，馆藏号：01-25-009-01-006。

② 林明德：《袁世凯与朝鲜》，第106页。

的。为此,他姑且提出了上述的交换论。这一交换论,既反映了黎庶昌对朝鲜问题的重视,也充分显示琉球在他心目中的分量。在他看来,只有"放弃琉球",才有可能换取日本不干涉朝鲜。同时也应看到,事变后最初提出交换论时,他还希望以共同保护朝鲜来换取日本归还琉球。

"琉球·朝鲜交换"论提出之初,黎庶昌态度游移,在他第二任出使期间,此论也有一个发展变化的过程。因此,尽管"甲申事变"促使黎庶昌提出新的琉球策略,而对这一琉球策略的理解及评价,还须与后来的发展过程结合起来看。

第三节 "琉球·朝鲜交换"论的发展、放弃 及"日清同盟"说的提出

自光绪十年十二月十八日(1885年2月2日)离日回国,至光绪十三年七月二十六日(1887年9月13日)再次充任出使日本国钦差大臣,两年多的时间里,黎庶昌主要是居乡守制。① 同年十一月初九日(12月23日),黎庶昌由上海启程,十一日(25日)行抵长崎,十四日(28日)抵神户,十六日(30日)抵横滨,十九日(1888年1月2日)抵东京,二十一日(4日)与前任使臣徐承祖交验关防。十二月初九日(1月21日)呈递国书。② 抵任伊始,黎庶昌与久别友人宫岛再度相见,重提三年前两人关于"球案"的"私谈"。

这次笔谈虽说商讨的是亚洲形势,但重点在东亚大局。鉴于防备俄国侵略朝鲜的需要,黎庶昌希望中日联盟共同对抗西方各国尤其俄国以保亚洲无事,对此,宫岛甚表赞同。关系亚洲大局的首先是朝鲜

---

① 参见黄万机《黎庶昌传》,第122~137页。

② 《奏黎庶昌接任日期由》,录副奏折,外交类·中日琉,档号:7744,缩微号:578,第3350~3351页。

问题。黎庶昌特别强调朝鲜对于中国的重要意义，指出"韩为中国属邦，又系我国门户，密迩神京，中国无不以全力注重其情形，却非安南可比"；对于日本经营朝鲜，黎庶昌颇为不满，说："贵国球案未说明，又欲兼制三韩，此最中国人心之所不愿者。"宫岛也强调朝鲜关系"亚洲之大局"，说"两国存亡亦系于此，不可不慎"；又拿琉球作比，说"球案"的情形与三韩不同，"两国若欲说明，想当不难"。黎庶昌回顾了中日关系的历史后指出，中日建交十余年来，日本与中国"龃龉之处颇多，始而台湾，继而琉球，继而朝鲜"，这一系列问题是影响两国关系进程的几大障碍，希望日本能提出"转圜之法"，以推动两国关系朝"共相扶助"的方向发展。宫岛对中日联盟的设想响应积极，希望黎庶昌致力于与日本当局商谈，认为"机在今日"。接着，他便重提三年前黎庶昌曾提到的琉球策，说"曾两人之私议，敝国不干涉韩地，贵国解释球案，始翕然混和，此事可为始终在阁下之任"，试图将它作为解决东方问题的策略来讨论。黎庶昌说："东方之事不出两等办法：其一，贵国不干涉韩地，中国解释球案，别立亲密辅助章程，此最上也；其一，贵国仍复球王，中国亦放手韩地，订明二国俱归中日保护，抑其次也。舍此二端，仆思之烂熟，竟乏妙策。"[1]他对三年前的"私谈"做了补充与订正，再度将放弃论与归还论并提。

主动重提"甲申事变"时期谈起的"琉球·朝鲜交换"论固然是宫岛，且黎庶昌已有所订正，但订正后的琉球策略，至多是回到"甲申事变"爆发后的状态。如果说"甲申事变"时提出交换论，是因面临中法战争及朝鲜事变这样的双重危机，此时的重提又怎样理解？从形成这一策略的重要背景朝鲜问题之中，仍可窥见其中缘由。实际上，这一时期，朝鲜问题并没有因为"甲申事变"的解决而

---

① 「黎庶昌公使筆談」、明治 21 年 2 月 9 日、『宮島誠一郎文書』、C28。按：原笔谈正文封面写有"二十一年一月二十九日黎公使筆談"字样。

解决。

　　黎庶昌居乡两年多，其间正值"甲申事变"之后中日《天津条约》之订立，在日本的推动之下，出于防俄的考虑，清政府加强了对朝鲜的控制。光绪十一年九月二十三日（1885 年 10 月 30 日），清政府正式谕令袁世凯驻扎朝鲜，总理交涉通商事宜。袁世凯在李鸿章的支持下，在朝鲜采取积极干涉朝政的态度，这激起了朝鲜朝廷包括原亲华势力事大党的反感，朝鲜对中国干涉的敌视以及要求自主的愿望与日俱增。"自主运动"的一大举措，是光绪十三年六月二十九日（1887 年 8 月 18 日）遣使赴欧美各国，欲借外交行动否定中国的宗主权。遣使事件发生时，正值黎庶昌第二次出使前夕。遣使事件历时颇久，影响不限于驻美使臣，还波及驻日本的使节。

　　光绪十三年（1887）六月，朝鲜派遣闵泳骏为驻日使臣、金嘉镇为参赞。① 闵泳骏于十月回国，由参赞金嘉镇代理。闵泳骏回朝后，虽然请袁世凯致函黎庶昌，称中东一室，该参赞在日"务请照拂一切"②。但黎庶昌到日两个月，金嘉镇除接任及过年时两次到中国使署门口"投片"并不"进见"外，"其余一无往还"，③ 倒是在日方举办的宴会上常常见面，"颇致周旋"④。此等情形极其反常。此前，不要说是朝鲜常驻日本的使臣，即使是途经日本的朝鲜使臣，一到日本也会联络拜晤中国使团。如光绪九年（1883）七月黎庶昌第一次驻使期间，朝鲜访美报聘使团途经日本，一到长崎正使兼全权大臣闵泳翊及随行人员洪英植即到中国驻长崎理事署拜晤，并将之后行程

---

　　① 《北洋大臣李鸿章文》，光绪十三年七月四日，载"中研院"近代史研究所编《清季中日韩关系资料》卷 4，第 2336 页。

　　② 《北洋大臣李鸿章文》，光绪十四年三月十三日，载"中研院"近代史研究所编《清季中日韩关系史料》卷 5，第 2474 页。

　　③ 《黎大臣来函》，光绪十四年二月初四日到，载"中研院"近代史研究所编《清季中日韩关系史料》卷 5，第 2474 页。

　　④ 《驻日本黎大臣复函》，光绪十四年三月二十六日，载"中研院"近代史研究所编《清季中日韩关系史料》卷 5，第 2482 页。

——报告使臣黎庶昌。[①] 所以，黎庶昌在致袁世凯的信中指出，"朝人胸中横一自主二字，牢不可破"。他感到这种隔绝的情形，比以前"甲申事变"的主谋金玉均等在日本时"更为可恶"。[②] 袁世凯在回信中，总论开港通商及中法战争以后的朝鲜局势，说："韩自通商开禁以来，见闻日广，炫惑日多，兼以西人愚弄于其间，每觉中国之强，不及泰西。又鉴安缅之覆辙，故时蓄一引强自卫，侪然自主之心。连年潜启强邻，形迹屡见，而中国时局，亦有鞭长莫及之势。"[③] 同时也认为，金嘉镇仅两次"投片"并未"进见"，"无非强饰自主之故"。[④]

"壬午兵变"之后署北洋大臣张树声在致总署的信中曾说："日人夙谋专制朝鲜，朝臣阴附日人者亦复不少。幸该国王依汉如天，中国近又导以通商各国，故日人无所施其伎俩。"[⑤] 朝鲜国王的对华态度是清政府对朝局充满信心的基础。如今，包括朝王在内的朝廷上下，毫不掩饰其抗拒清朝之意，这不能不令中国政府感到问题的严重。此时，日本经营朝鲜之意也昭然若揭，因此黎庶昌有"贵国球案未说明，又欲兼制三韩，此最中国人心之所不愿者"之言。正是这一背景下，黎庶昌主动访问宫岛寓所，再提"琉球·朝鲜交换"论。不过，我们还不能就此断定黎庶昌其实是倾向于"放弃琉球"论的，因为这一他认为"思之烂熟"的"琉球·朝鲜交换"论，此后还有变化发展。

① 黎庶昌：《列强无愿助我者我唯有出师力争》，光绪九年七月初七日，馆藏号：01-24-007-01-012。

② 《黎大臣来函》，光绪十四年二月初四日到，载"中研院"近代史研究所编《清季中日韩关系史料》卷5，第2474页。

③ 袁世凯：《覆黎大臣函》，光绪十四年二月十四日发，载"中研院"近代史研究所编《清季中日韩关系史料》卷5，第2474页。

④ 袁世凯：《覆黎大臣函》，光绪十四年二月十四日发，载"中研院"近代史研究所编《清季中日韩关系史料》卷5，第2475页。

⑤ 《署北洋大臣张树声函》，光绪八年六月二十一日，载"中研院"近代史研究所编《清季中日韩关系史料》卷2，第748页。

三月中旬，经李鸿章等人做工作，金嘉镇终于前来拜会。① 金嘉镇事件后，我们看到黎庶昌对朝鲜的局势渐渐恢复信心。在复袁世凯信中说，金嘉镇拜见后，他"定期请宴，加意绸缪"，相信"当可渐臻亲密"。此时，日本的政局也有变动。外务大臣早已改为大隈重信，主持中日《天津条约》的伊藤博文出任枢密院院长；黑田清隆接任内阁总理。其间，中日交涉来往"诸凡平平，尚称顺手"，因而，黎庶昌认为"朝防暂可无事"。② 光绪十五年（1889）四月，黎庶昌因日驻华公使盐田三郎病殁而前往外务省吊唁时，外务大臣大隈重信向黎庶昌大谈中日两国"实应亲密为是"。黎庶昌认为大隈所言"虽是门面语，而目今大局，似亦不出乎此"③。

这时，可发现黎庶昌的"琉球·朝鲜交换"论发生变化，再度显示其有琉球复国的信心了。重要表征就是与盐田三郎的后任、即将赴任的新任驻华公使大鸟圭介的会谈。

光绪十五年（1889）七月，日本新任驻华公使大鸟圭介肩负修约之责即将来华，二十三日（8 月 19 日），黎庶昌邀请他晤谈。会谈中，黎庶昌首先询问修约问题，其次便谈到"球案"："庶昌又谓其次为琉球。此案搁置多年，总算未了。虽中国未必因此与日本开衅。而阁下到京，必应将此案解说分明而后可。此为两国交谊厚薄之根。"这时，黎庶昌再度强调琉球问题是当时中日两国"交谊厚薄之根"了。大鸟则回答说："此案自宍户玑在津〔京〕谈论后，敝国人民已算了结。且此次本公使赴中国，未奉有谈论此案之文，似难置议。"他认为宍户玑在北京谈判后，日本就认定"球案"已经了结，此话与

① 李鸿章：《韩代使金嘉镇已拜会出使日本大臣黎庶昌》，光绪十四年四月三十日，馆藏号：01-25-024-02-030。

② 《驻日本黎大臣复函》，光绪十四年三月二十六日，载"中研院"近代史研究所编《清季中日韩关系史料》卷 5，第 2482 页。

③ 黎庶昌：《日外务大隈主中日亲善海军大臣询中国改定船舰旗式》，光绪十五年五月初五日，馆藏号：01-25-026-01-005。

史实不符。上面提到宍户玑回国后日本方面一系列主动商议"球案"的举措，以及日本因"球案"未结之时所做的军事准备，均可为证。所说未奉议"球案"之命倒是事实。

不过，黎庶昌对大鸟所谓"已算了结"的表态并不介意，进而试探称："我尚有一句局外的话，日本能还复琉球，中国能约日本共保朝鲜，则拒俄亲亚，东方皆熨帖矣。"对此，大鸟的回应是"首肯大笑"。① 这次会谈黎庶昌将"甲申事变"时期提出的"琉球·朝鲜交换"论又一次重提，是目前所知唯一一次向日本官方主动提起"琉球·朝鲜交换"论。

"甲申事变"后黎庶昌最初提出"琉球·朝鲜交换"论时，是将"归还琉球"与"放弃琉球"并提的。后来与宫岛诚一郎会谈时，一度提出以"放弃琉球"换取日本不干涉朝鲜，因此，给研究者的印象是黎庶昌本意在于"放弃琉球"。第二次出使时，黎庶昌虽然对三年前的放弃论做了一定程度的订正，再度将归还论与放弃论并提，但仍有"放弃琉球"以换取日本不干涉朝鲜的表示。而这一次作为官员之间的正式会谈，黎庶昌却单提交换论中的"恢复琉球"一条，可以说，在经历了"甲申事变"后之"恐怖的阴影"及朝鲜自主运动的冲击之后，到光绪十五年（1889）夏秋间，他又对琉球复国以"存球祀"恢复信心了。这种信心在稍后致总署的信中还可以看到。

光绪十六年（1890）五月，黎庶昌致函总理衙门主动重提"球案"。黎庶昌清楚，"球案"自总署与宍户玑交涉后已延宕多年，日本知道中国绝不至于兴师问罪，所以该案中国以为"藕断丝连，尚可缓议"，但日本则选择"存而不论"，中国若不预先提及，日本"断无自行提及之理"。黎庶昌综论近年中国与各国交涉各事件，如与俄

---

① 以上见黎庶昌《与日使大鸟圭介论东西大局及修约各事》，光绪十五年八月十六日，馆藏号：01-25-026-02-004。"在津谈论"，应为"在京谈论"。

国的伊犁交涉,与英国的中国西藏和缅甸交涉,与法国的安南交涉,
这些都已次第完结,唯独琉球一案成为"葛藤"。他认为,如果想继
续推动"存球祀"方案,应"及早与争",或"亦须议论定局"。不
过,他预料,如果中国一旦提起"存球祀",日本必然"多设难端,
以相抵制",故此他具体提出解决"球案"的三个方案:(1)中国
"委以琉球",日本不干涉朝鲜;(2)日本归还琉球,中日共同保护
朝鲜;(3)琉球王族的子息一人归属清朝,王爵世袭,终身给予秩
禄。^① 在原有的"琉球·朝鲜交换"论的基础上,增加了第三条有关
恢复琉球祀统的建议。这封致总署的信,是黎庶昌第二次明确使用
"委以琉球"一说,也是黎庶昌最后一次提起"琉球·朝鲜交换"
论,从论述到内容都有一定的发展,可以看作黎庶昌"琉球·朝鲜交
换"论的"集大成"者,黎庶昌称之为"审己度人,筹思烂熟,舍
此实无善全之策",此可为我们理解"甲申事变"后其琉球策略提供
一个典型的文本。这三个方案,从数量上看,其中两个谈"存球祀",
黎氏之意似应倾向于归还琉球,但这样的推断不能说理由充分。的
确,这封信函中的琉球策略,如同六年前致总署信中的两个并提方
案,其本人有所说明。他称第一个方案是"直截了当之说",但日本
是否能够答应不干涉朝鲜,答案显然是否定的。第二个方案黎庶昌认
为是日本最希望看到的,所谓"此实彼之所欲",但对中国而言则有
"利害参半之说"。第三个方案黎庶昌称为"调停迁就之说"。可知,
在黎庶昌看来,日本最希望拥有的还不是琉球,而是在朝鲜的权益。
对于这三个方案,与其谈论其倾向性,不如关注其可行性。^② 光绪十
一年(1885)中日《天津条约》中有"共同派兵"的条款,意味着

---

① 黎庶昌:《函陈办理琉球三策并朝鲜借洋债一事外务复文甚为取巧抄录呈送由》,光
绪十六年五月初九日,馆藏号:01-34-009-01-004。

② 黎庶昌:《函陈办理琉球三策并朝鲜借洋债一事外务复文甚为取巧抄录呈送由》,光
绪十六年五月初九日,馆藏号:01-34-009-01-004。

日本已染指朝鲜，再提日本不干涉朝鲜似不甚现实。倒是有学者说，这一时期黎庶昌主张"中日共同保护朝鲜"，与曾纪泽的"联日制俄策"有异曲同工之处，此二策与李鸿章的"联俄制日策"一起，成为当时有代表性的朝鲜策略。[1] 这些背景因素，也许可以为我们理解上述没有倾向性的琉球策略提供一定的启发。

不过，这三个并列的策略中，再度提起"放弃琉球"以换取日本不干涉朝鲜，较此前与大鸟圭介的会谈，似显示对"球案"解决的信心有所消退。黎庶昌曾将与大鸟会谈的内容报告李鸿章。回复中，李鸿章对大鸟"于球案则竭力撇清"甚表不满，但指出："球案悬阁[2]已久，彼断不肯轻易允还。利益均沾彼所梦想不得者，故我得以相持。"李鸿章还指出，至少大鸟在任上是"不肯干预""球案"的。[3]在与大鸟会谈后，黎庶昌再度感受到中日在朝鲜问题上的紧张程度，或者说日本对于朝鲜的野心。

就在与大鸟会谈后几天，为给大鸟饯行，光绪十五年八月初九日（1889 年 9 月 3 日），亚细亚协会会长榎本武扬召集在会诸人与会，黎庶昌也被邀请，大鸟言谈"时以朝鲜为虑"。两天后，榎本专约游历官傅云龙前往会见大隈，而不约黎庶昌。会见中，大隈以朝鲜事为言，说："如有人侵犯朝鲜尺寸土地者，我日本四千万人民当以全力与争。"又说"中日两国与朝鲜均极关紧要"，"勿令外向他国"。黎庶昌分析日本关切朝鲜的原因是担心俄国插足朝鲜之事，因此日本也试图渐渐介入。[4] 黎庶昌的重提日本放弃干涉朝鲜，与他看到日本对朝鲜之野心，不能说没有关系。

对于这一新时期的"琉球·朝鲜交换"论，本无须再做讨论。可

---

① 林明德：《袁世凯与朝鲜》，第 97 页。

② 原文如此。

③ 《复钦差出使日本国大臣黎莼斋》，载于晦若录，李鸿章校《李文忠公尺牍》。

④ 黎庶昌：《日廷以保护朝鲜自任以笼络其心勿令外向为策略以防俄人从中播弄》，光绪十五年八月三十日，馆藏号：01-25-026-02-010。

是，西里喜行却认为黎庶昌在该方案中具有倾向性，本意还是在于第一条"委以琉球"。推导的方法类同分析"甲申事变"后那封致总署的信一样，引入新史料进行互见。这一新史料，是光绪十六年十一月二十日（1890 年 12 月 31 日）黎氏第二次出使即将结束时上清政府的一份奏折，内称：

> 臣愚以为，凡事图功于闲暇时则易，救敝于已败后则难。该国近在邻封，唇齿相依，轮船往来一昼两夜可达。兼以二国同文，风气切近，可以为祸为福。而窃计我国海军除镇远、定远两铁舰外，其余兵轮不过与之相敌，未必能驾而上之。似宜因彼有向善之诚，随势利导，与为联络。趁修改条约之际，将"球案"一宗彼此说明，别订一亲密往来互助之约。如德奥义三国之比，用备缓急。设异时西洋强国启衅，东方庶免肘腋之虞，别生枝节。虽公法条约原不足恃，而具此成言在前，则在我有所羁縻，在彼亦有关外人之口。虽不明为朝鲜，朝鲜实阴受其庇。此之为利，似十倍于争论琉球。①

这是黎庶昌最后一次提到琉球问题。由"趁修改条约之际，将球案一宗彼此说明，别订一亲密往来互助之约"，西里推测，黎庶昌致总署信中三策实倾向于第一策"放弃琉球"论。②

说到"甲申事变"后黎庶昌的"琉球·朝鲜交换"论，采用互见的方法，因为时间、背景极其接近，涉及琉球对策的部分从内容到提法又基本一致，似乎还有一定的合理性。然而，这第二组的互见，

---

① 《出使日本大臣黎庶昌密陈日本近日情形片》，光绪十六年十一月二十一日，载故宫博物院编《清光绪朝中日交涉史料》卷 12，第 1~2 页；黎庶昌：《中国宜乘日本渐有亲我之心趁修改条约之际与彼联络以抗西洋》，光绪十七年二月初六日，馆藏号：01-25-028-02-030。

② 西里喜行『清末中琉日関係史の研究』、602 頁。

就略显勉强了。"趁修改条约之际，将球案一宗彼此说明，别订一亲密往来互助之约"中"说明"两字，如同"解释"一类，是一个非常中性、笼统的提法，在不同的背景下具有不同的含义。光绪九年（1883）八月黎庶昌与田边太一会谈，田边提出中日共同保护朝鲜时，黎庶昌曾提出"非先将球案解释，则凡有论说，皆属难行"，这里的"解释"，是要求日本退还琉球之意。因信中进一步说："且与彼先约，果能退还琉球，则保朝之说，似亦可以许也。"[①] 黎庶昌上述这封奏折写于他第二次出使即将离任时，本为他数年出使的一份总结性报告，广泛论及当时中日之间包括琉球、朝鲜及修约诸问题。它与予以互见的致总署的信相距时间达半年。问题还不止于此，作为处理琉球问题的背景条件，一个是订立同盟条约，一个是解决朝鲜问题，它们对于中国的意义在黎庶昌看来也并非等重。订立中日互助条约固然是解决中日关系问题的一种途径，但他指出这并非"经久固柢之策"，不过应时而言，如奏折中所说"公法条约原不足恃"。朝鲜问题却不同。在黎庶昌看来，它是"切肤之患"[②]，是需"倾国以争之者"。黎庶昌拿琉球作为换取解决朝鲜问题的条件，正表明他看重琉球的分量。他是否也将以放弃他看重的琉球来换取中日同盟条约，奏折中没有明确。此后，黎庶昌很快回国，也没有看到他后来对这一论题做进一步阐发。如此，这份奏折是否可以与半年前致总署的信互见，是值得再考虑的。其实，即使是西里本人，也说他的这种论断带着推测的成分。[③]

从这份具有总结意义的奏折来看，应该说，黎庶昌在他第二次出使即将离任时，已放弃了他的"琉球·朝鲜交换"论，其中包括所谓

---

① 黎庶昌：《日田边太一建议中日或中日美共保朝鲜其说似有可采》，光绪九年九月初四日，馆藏号：01-25-012-02-010。

② 黎庶昌：《请及早遣使赴韩为该国经理定约》，光绪八年（无月日），馆藏号：01-25-011-02-032。

③ 西里喜行『清末中琉日関係史の研究』、602 頁。

的"放弃琉球"以换取日本不干涉朝鲜，而将兴趣转向中日联盟。值得一提的是，中日甲午战争爆发后，光绪二十年（1894）七月间，中国朝野讨论如何应对当时中日关系之危机时，再度出现将来要向日本索回琉球的呼声，这需要注意。①

纵观黎庶昌两次出使期间的琉球策略，经历了一个由"甲申事变"前将琉球问题作为一个独立处理的外交问题，到"甲申事变"时期提出"琉球·朝鲜交换"论，再到放弃交换论并将注意力转向中日联盟的过程。"甲申事变"是理解黎庶昌琉球策略的一个分界线。所谓黎庶昌"放弃琉球"论，实际是"琉球·朝鲜交换"论的一个方面，从其提出之初，到最后的修正案，始终与"责以归还琉球"的设想同时提起，具有很大的可变性，需视朝鲜情形而定。对日交涉中，黎庶昌深得李鸿章信赖，也是李鸿章外交政策的重要支持者，在琉球问题上，他始终反对采用军事手段。他提出的数种琉球策略中，引起清政府注意且被采用的，主要是修约·"球案"并议案，其余则不同程度有所回应，但对于"琉球·朝鲜交换"论，我们没有看到相应的反响。

在黎庶昌使团中，姚文栋作为研究琉球问题的最重要的属员，虽然翻译了不少关于琉球方面的资料，但似乎很难得到较为机密的东西。② 尽管有资料显示，黎庶昌使团也展开了情报收集工作，也有日人密探向他报告日本派间谍在中国广泛收集情报的信息，但相形之下，同一时期日本驻华机构的情报活动，则显然更有成效。我们在日本外交档案中看到了反映清政府琉球政策的相当重要的文件。"壬午兵变"后，给事中邓承修和翰林院侍读张佩纶上奏，主张以军事解决琉球问题。军机处先后密寄北洋通商大臣李鸿章等，是晚清时期清政

---

① 《江南道监察御史张仲炘奏倭患方张筹度战守事宜折》，光绪二十年七月十八日，载故宫博物院编《清光绪朝中日交涉史料》卷17，第14页。

② 姚文栋：《琉球小志并补遗附说略·琉球说略》，第1页。

府主张以武力解决琉球问题的两份重要奏折。李鸿章等先后做了相当详细的议复，透彻地分析了中国军队在中国各地的驻在情况，以及军舰的数量、配备、与日本军事实力的对比等，无疑是当时涉及中国军事状况的一份详细的报告书。李鸿章等得出的结论是，因中国军备不足，尚不具备对日本发动战争的条件。这两份议复后均为日本情报部门所获取，① 可见日本政府了然清政府对琉球之政策。黎庶昌的"球案"交涉早期有声有色，后期则主要限于提出书面策略。这与日本通过情报系统对清政府的"球案"政策有充分把握、立场渐趋强硬不能不说有相当大的关系。

黎庶昌两次出使，第一次外交任务相当繁重，经历了重议"球案"、"壬午兵变"和"甲申事变"，"甲申事变"部分详参第六章。比较而言，第二次出使在外交交涉方面则较为清闲，但使团也并非只是"怀柔而宴请，刻写诗集"②。除关切重议"球案"外，使团在朝鲜问题上也有新的思考，本章已做一定的阐述。因其顺接徐承祖使团时期，拟在中日《天津条约》签订直后的朝鲜问题一节，再做新的论述。

第四节　"日清同盟"思想的表与里：使团与宫岛诚一郎的交往

中日甲午战争之前，中日各界均存中日联盟也即"日清同盟"思想，希望中日共同抵抗西方尤其俄国的侵扰。围绕这一政治理念，众所周知，日兴亚会等组织开展诸多活动，驻日使团也用心结交日本各

---

① 「李鴻章鄧聲樹（一）李鴻章奏議（二）」、『吉田外務大輔ヨリ清国公使宛』、外務省編纂『日本外交文書』第15卷、174-176頁。
② 王人文：《奏为川东兵备道已故道员黎庶昌政绩卓著请宣付史馆等事》，宣统三年六月初二日，录副奏折，档号：03-7456-134，缩微：554-1194。

界，交流深入而频繁。然而，在"日清同盟"思想的大旗之下，有日本人士却肩负"特殊使命"，借此为日本政府提供情报。在上述黎庶昌两次出使重议"琉球案"的过程中，就曾多次出现一名非日本官方正式人员宫岛诚一郎。他不仅非常关切琉球问题，且多次将他与黎庶昌之间极其私密的会谈内容抄出，送交日本外务省，这些密件至今留存在日本外务省档案及日本官方相关文献之中。宫岛诚一郎更早时候还频繁出现在首届何如璋使团中。日本宣布废灭琉球次日，黄遵宪宴请6名日方人士，宫岛诚一郎就是其中的一名。为此，有必要对这名引人瞩目的神秘人物与使团的交往做进一步考察，揭示其对这一时期中日关系的影响，深探中日琉球问题交涉背后之隐情。

如上所述，宫岛诚一郎（1838~1911）生长在旧幕时代，精通汉诗汉文。明治维新后因积极拥护新政府来到东京，先后在明治政府的左院及宫内省的修史馆任职。在明治时代，宫岛算不上是重要的政治人物，甚至会被看作一名政治"闲人"。然而，从他所留下的数量可观的文书中可发现，他通过数十年与中国使团的交往，曾深入涉及琉球问题、朝鲜问题等当时中日外交中的重大问题，且时间之长、程度之深、影响之明显，堪称意外。

宫岛文书长期藏于私家，关于宫岛诚一郎的研究最初是从资料整理和介绍开始的。早年，宫岛后人宫岛亮吉之弟弟的友人铃木寿太，曾受托整理《宫岛诚一郎文书》中的"汉诗歌文"和"书"部分，[①]后大久保利谦首次介绍了他在宫岛亮吉处看到的宫岛早年的部分日记，[②]此后，宫岛文书逐渐受到关注，对其的研究广泛涉及文学史、文化史等。比较而言，从历史学角度的研究起步晚。1990年代，早稻

---

① 安在邦夫「宮島誠一郎文書について」，由井正臣編『幕末維新期の情報活動と政治構想——宮島誠一郎研究』、314頁。

② 大久保利謙「宮島誠一郎とその日記-1-」、『日本歴史』第300号（1973年5月）、190-194頁。

田大学从宫岛后人手中购入宫岛文书，组织了一个研究会。该研究会从幕末维新的政局与米泽藩、明治国家的形成与立宪构想，以及东亚情势的变动与对外构想三个角度进行考察研究，并着重从近代日本政治史的角度考察宫岛在幕末维新时期的活动，以及明治时期与立宪制确立的关系。其中有一篇论文涉及与晚清驻日使团的关系。只是该文在体现宫岛与中国使团交往的非常重要的笔谈资料，以及数十年逐日有记的日记上，均留有进一步利用的余地。[①] 充分利用笔谈、日记及宫岛其他相关文书，可对宫岛与驻日使团交往的来龙去脉，以及他在早期琉球问题和朝鲜问题上的影响，有较为系统的了解。

（一）与使团关系的确立

有迹象表明，早在首届何如璋使团赴日本之前，宫岛诚一郎已与当时留居日本的中国人士有所交往。其中一位后来成为中国使馆的翻译，名叫王治本，他是宫岛与使团来往的最初牵线者。

首届何如璋使团于 1877 年（光绪三年，明治 10 年）11 月抵达东京，12 月 28 日呈递国书。对于中国使团的派遣以及到来，宫岛可谓非常关注。在笔记本上，他详细地记载了清政府派遣使团的缘由、首任使臣何如璋从被任命至自北京启程到东京的过程，以及呈递国书的时间等。内称，使团 "12 月 23 日抵达横滨港，27 日入京，趋谒宫中，开始向天皇陛下呈递国书。此为清国同盟、公使派来之始"[②]。该记载虽然个别时间与史实略有出入，却充分体现了他对中国使团的关切。

使团抵任后次年（1878）的 2 月 15 日，宫岛在王治本引领之下，前来使馆临时租借的馆舍芝山月界院拜见出使大臣何如璋和副使张斯

---

① 大日方纯夫「宫岛诚一郎の対外認識と対外活動——一八八〇年前後の対清問題を中心に——」、由井政臣編『幕末维新期の情報活動と政治構想——宫岛诚一郎研究』、271-312 頁。

② 「球案起草 養浩堂私記」、『宫岛诚一郎文書』、B39。

桂，是为宫岛与使团交往之始。宫岛当天的日记记载：

> 今日前往芝①月界院。由王漆园（即王治本——笔者注）引导，与清国正、副公使何如璋、张斯桂相见。甚感快乐。笔谈移时。……至黄昏归。笔谈在别纸。此为与清公使面会之始。②

与使团的初次笔谈内容不多。除了寒暄，宫岛还主动表达对中日和好之愿望、对汉学的推重，尤其是对孔圣之教的绝对敬重。寒暄一结束，宫岛即对副使张斯桂称："贵邦与敝国比邻，才划一带水耳。今两国皇帝互派使臣，以结交谊，则订盟之始，而两公适奉使命而来。尔后益亲睦，互谋两国洪福，何幸加之。"张斯桂相应作答，称日本与中国贴邻，同属东洋，不如西洋之疏，自然亲密，且衣服礼仪多有相同之处。但愿自今以后永远和好，非独中国之幸，亦日本之福。何如璋则简单地询问日本汉学的现状。因使团当时正在寻找馆舍，所以向他打听是否可以租借孔子圣庙为使团驻地。宫岛则又向何如璋表达两国友好之意："贵邦与敝国唇齿相持，真兄弟之国也。近年泰西气运方极汪③盛，火船火车与电线并通消息，才有衅端〔隙〕，开兵事（端），以逞吞噬。今也，东洋幸无虞，岂可安逸怠惰，以喜一日无事哉？两大国宜以此时益厚交谊，以图他日也。"并询问何如璋"以为如何"。何如璋答称"尊论是极"；指出，以亚细亚洲论，唯中国与日本形势相近，交往宜倍加亲近；并对日本的维新改革基本表示理解。④ 可以说，中国使团也志在中日友好，以维护亚洲大局。

除王治本之外，使团的另一名友人日本人青山延寿也曾为宫岛牵

---

① 原文缺一字，应为"芝山"。
② 「明治十一年戊寅日誌」、1 月 1 日-5 月 14 日、『宫岛誠一郎文书』、A54-1。
③ 原文如此。
④ 「栗香大人卜支那人卜問答録」、明治 11 年 2 月-（明治 26 年 5 月筆）、『宫岛誠一郎文书』、C7-1。

线搭桥。2 月 17 日，青山延寿曾拜访宫岛帮忙转递预约会面的书信。① 比较而言，王治本的作用更为明显。青山来访的第二天和第三天，宫岛及其相关人士开始频繁拜访曾为他初访使馆牵线搭桥的王治本。先是曾根俊虎和宫岛弟弟季四郎前往拜访。② 次日，宫岛又以酬谢删改文稿为由，给王治本赠送"谢礼"。③ 显然，宫岛把王治本看作他与使馆交往的一个很重要的中间人。使团欲首次回访宫岛就是王治本传递的消息。

2 月 26 日，王治本来信预告，次日副使张斯桂将到宫岛府上答拜。王治本因担心邮局寄送迟达，还专门派一名走夫相告。27 日午后三四点，张斯桂、沈文荧、王治本、王琴仙访宫岛住宅，是为使团首访宫岛。双方寒暄毕，宫岛自然又主动表达"两国之交谊"，希望彼此"肝胆相照，素无彼我之别"。沈文荧等报以相同意愿。④ 此次会访，宾主笔谈时间非常长，宫岛以酒肴相待，曾根俊虎作翻译。席间，宫岛父亲、72 岁高龄的宫岛一瓢也出来与众人相见，将自贺诗展示给何如璋和张斯桂两星使。宾主现场相互和诗多达十来首。宫岛并将长子、时年 12 岁的宫岛大八向来客推荐，希望将来能得到沈文荧等指教。其时，宫岛请张斯桂评定诗稿，又请王治本作序。⑤ 可以说，在此后与使团的互访中，强调中日友好、探讨汉学与西学的关系、表现对中国儒教的尊崇，是宫岛一直反复强调的话题。而请使团人员为他评定诗稿、为他的父母寿辰赐诗、教导他的儿子大八学习中文，则成为他日后与使馆交往的重要纽带。在请教诗稿过程中，宫岛计划以

---

① 「明治十一年戊寅日誌」、1 月 1 日-5 月 14 日、『宫岛誠一郎文書』、A54-1。

② 「明治十一年戊寅日誌」、1 月 1 日-5 月 14 日、『宫岛誠一郎文書』、A54-1。

③ 「明治十一年戊寅日誌」、1 月 1 日-5 月 14 日、『宫岛誠一郎文書』、A54-1。

④ 「栗香大人卜支那人卜問答録」、明治 11 年 2 月-（明治 26 年 5 月筆）、『宫岛誠一郎文書』、C7-1。

⑤ 「栗香大人卜支那人卜問答録」、明治 11 年 2 月-（明治 26 年 5 月筆）、『宫岛誠一郎文書』、C7-1。

《养浩堂集》为名发行自选诗集。不过,直至首届使团回国前夕,诗稿刊行才"半成"。当时何如璋已赐序,宫岛又请张斯桂"赐一跋"。张以"此刻将归,忙整归装,无暇及此"①为由婉绝。

就在与使团初次见面的次日,即2月16日,宫岛拜访吉井友实,将他与使团笔谈之事相告。吉井则表示了"厚意",拟将前一天的笔谈代为上呈参议大久保利通。②这样,与使团笔谈伊始,宫岛就担负了"特殊"的使命。

使团第一次回访宫岛时,中国使馆随员沈文荧就表示,"初来贵邦,诸事未谙",希望"高人"宫岛"赐教"。③的确,通过宫岛了解日本的相关信息也是使团的一个意愿。

29日,继张斯桂等拜访宫岛之后,出使大臣何如璋亲自造访宫岛。这是何如璋的首次往访。会谈中,何如璋的话题主要围绕宫岛的职业展开:询问宫岛就职史馆公事忙否,编辑是使用日文还是汉文,自戊辰以来的事务是否已编成发刻,馆中同事多少;又就日本编史体例进行探讨;最后询问日本新近确立的取士之法,以及学者的晋身之阶。宫岛一一相告。关于晋身之阶,宫岛告知,明治维新以后,日本晋身得官者大抵是那些破旧弊、兴新法者,日本以武建国,向来缺乏文学之才。宫岛以汉学见长,他在新政府任官体制中显然并非优先被考虑的对象。何如璋也将宫岛看成文人。④宫岛任职于修史馆,何如璋尤其参赞黄遵宪后来萌发撰写《日本国志》后,非常需要向宫岛这样的人士请教。《日本国志》下限至明治14年(1881),其所撰录

① 「栗香大人卜支那人卜問答録」、明治14年1月-(明治26年9月筆)、『宮島誠一郎文書』、C7-5。
② 「明治十一年戊寅日誌」、1月1日-5月14日、『宮島誠一郎文書』、A54-1。
③ 「栗香大人卜支那人卜問答録」、明治11年2月-(明治26年5月筆)、『宮島誠一郎文書』、C7-1。
④ 「栗香大人卜支那人卜問答録」、明治11年2月-(明治26年5月筆)、『宮島誠一郎文書』、C7-1。

"皆详今略古，详近略远"，目的是"期适用也"。① 而像日本戊辰以来的事务，当时坊间缺少可资参考的权威性资料，宫岛的信息就显得非常重要。这次访谈，何如璋已经体现这种关切。《日本国志》是何如璋共同参与的工作，所以，包括宫岛在内的众多日本"友好人士"成为使团探访日本近代史的重要途径。在日后的交往中，对于明治维新以来的历史，乃至日本当前的局势，使团都有关注。可以说，宫岛是使团所交往的众多日本文人中的一名。

对于何如璋的首次来访，宫岛日记没有记录。然而在另一个专门涉及外交机密的重要本子上宫岛却记载，与何如璋会谈后，即 3 月 2 日，日本外务卿寺岛宗则亲自来到议官吉井友实家读"清公使笔谈"。3 月 14 日，宫岛又接参议大久保利通回信，约他方便时前往，以便阅看笔谈。

宫岛曾透露他与中国使馆交往的深层目的以及将来打算。他在明治初年曾就任左院，官至从六位。② 左院被废，宫岛也被免官。③ 1876 年（明治 9 年）3 月，他曾作诗为自己免官半年而叹息。④ 此后，宫岛任职于修史馆，不再拥有官位。如今与中国使团的交往引起政府当局注意，为此，宫岛开始考虑是否重新回到政坛。左院被废以后，他虽然一直非常关心时势，但他以为，贪图一时之荣利素非所好。何况清国公使今日之谈话，仅是两国来往之始的"皮毛"而已。对方心术如何，只能以"闲接"的方式交往才可了解。现若公然奉职于外务省，他日有事之时难免会有嫌忌。一天，他拜访大久保，逐一谈到事情的前后关系，尤其深入谋划此后的方向问题，大久保的考虑与他一致。保持"闲接"的交往方式，实质是为了政府的利益。大久保告

---

① 黄遵宪：《日本国志·凡例》，羊城富文斋，光绪十六年（1890）刊版。

② 「明治五年日誌」、正月元日-11 月 26 日、『宮島誠一郎文書』、A36-2。

③ 「自年譜稿」、明治 20 年；「明治八年日誌」、1 月-12 月、『宮島誠一郎文書』、F30-1、A47。

④ 「覺書綴」、明治 24 年、『宮島誠一郎文書』、A50-1。

知，注意两国协和，也应熟虑圣庙振兴之事。拜访后，笔谈一卷被大久保借用。①

何如璋拜访宫岛后，3 月 7 日，宫岛又访月界院，与副使张斯桂稍作笔谈，询问清朝建立之初及道光时期的功臣情况，功臣们画像的放置之处。随后和诗一组而别。② 此后，宫岛再访月界院，基本确立了他与使团的交往关系。

4 月 19 日，宫岛主动访问月界院，参赞黄遵宪和随员廖锡恩等出面接待。何如璋先外出未归，回来后也与宫岛笔谈。这是宫岛与黄遵宪的第一次会面。会谈中，宫岛对中国圣教的高度认同，很快拉近了双方的关系。双方先谈中国与日本之间悠久的历史渊源。宫岛谦称"敝国本是东海孤岛，幸以贵邦之德，制度文章，聊以增国光"，强调中国制度文明对日本的影响。双方进而深入探讨中学与西学的关系。黄遵宪认为，"西学，其富强之术，治国者诚不可不参取而采用之"，但他相信中国的孔孟圣贤之言是根本，"千秋万岁应无废时"，并举日本所倡导的尊王之举为一例。宫岛完全赞同黄遵宪的观点。他指出，日本敬神爱国，即千岁之国教。自入孔圣之学，"忠孝"二字之大义益显著。他认为，"今日之西学，唯取其各制以量事强耳"。黄遵宪继而自信地表示，欧洲富强之法近既及亚洲，孔孟之说将来也必遍及欧洲，他询问宫岛的看法。宫岛表示，他也听说欧洲颇学孔孟之道，只是未知其名。他认为，"宗教之道，本以圣学为第一"。双方最后谈茶道、赏樱花等，并作和诗。黄遵宪因有"他事"起身告辞，廖锡恩出来接待宫岛。经宫岛追问，何如璋也出来相见。与何如璋会谈时间不长，但宫岛向何如璋提出三个请求：一是为他年过 70 岁的双亲请祝寿之作；二是邀请何、张两使偕同黄遵宪和沈文荧前往他家参加诗酒

① 「球案起草 養浩堂私記」、『宮島誠一郎文書』、B39。
② 「栗香大人卜支那人卜問答録」、明治 11 年 2 月 -（明治 26 年 5 月筆）、『宮島誠一郎文書』、C7-1。

集会；三是请何如璋为他即将刊行的《养浩堂集》赐序。何如璋谦让
一番后，一一答应。宫岛最后表示，他少年时曾学习作诗，但此后十
多年间"抛却笔砚"不曾触及，使团的到来促使他重拾旧业。① 就这
样，宫岛如愿建立起与使馆之间的"闲接"关系。②

正当宫岛与使团关系顺利发展之时，5 月 14 日，大久保利通被
刺。③ 大久保被暗杀前一天，宫岛还在家里整理近些天来的笔谈准备
上呈。④ 尽管如此，但大久保的变故并没有影响宫岛的原定计划。⑤
大久保的对华基本立场，此后也一直较明显地影响宫岛与使团交往的
基调。

大久保利通去世后，6 月 2 日，宫岛首次访问月界院，主要与何
如璋笔谈。这次拜访，宫岛携带何如璋曾答应赐序的诗稿，"特希"
何如璋"痛删"。何如璋颇为热心，询问宫岛少时为诗师从何家，并
当面就宫岛录呈的一首诗作评点。双方继而探讨汉学的精神实质。何
如璋又大谈孔孟之道对于世道人心的重大意义，宫岛随声附和。当时
何如璋非常关心大久保被刺后日本政局的变动，询问大久保和西乡隆
盛的关系，以及大久保遭难后"谁执政府之主权"，宫岛一一相告。⑥
这次拜会增进了宫岛与使团之间的关系。宫岛后来也感到，使团对日
本政治非常关心，不时向他询问。⑦

6 月 14 日，宫岛如约在家首次设宴宴请何如璋一行。使团赴宴者
包括何、张正副两使以及参赞黄遵宪、随员沈文荧；日方受邀者有编

① 「栗香大人卜支那人卜問答録」、明治 11 年 2 月 - （明治 26 年 5 月筆）、『宮島誠一郎
文書』、C7-1。
② 「栗香大人卜支那人卜問答録」、明治 11 年 2 月 - （明治 26 年 5 月筆）、『宮島誠一郎
文書』、C7-1。
③ 「栗香園雑記」、明治 11 年 5 月 13 日-12 月 4 日、『宮島誠一郎文書』、A53-1。
④ 「栗香園雑記」、明治 11 年 5 月 13 日-12 月 4 日、『宮島誠一郎文書』、A53-1。
⑤ 「球案起草 養浩堂私記」、『宮島誠一郎文書』、B39。
⑥ 「栗香大人卜支那人卜問答録」、明治 11 年 2 月 - （明治 26 年 5 月筆）、『宮島誠一郎
文書』、C7-1。
⑦ 「球案起草 養浩堂私記」、『宮島誠一郎文書』、B39。

集官重野成斋、监事三浦安以及青山延寿、季卿、小森泽长政和一名翻译官。食间，宫岛父亲一瓢也与来宾会见。① 宴会后，27 日，宫岛曾访公使馆，黄遵宪因有要事未曾相见。不久，沈文荧、黄遵宪以及何如璋和张斯桂先后给宫岛寄赠寿诗以贺其父寿辰。② 7 月 12 日，中国公使馆以何如璋为首设宴回请宫岛。因使馆地方狭小，加上厨师不能做日本菜肴，选择在向岛千秋楼设宴，顺便观赏鸥灯。同席者有副岛种臣、松平庆永、大河内正质、大河内辉声、中村正直、重野安绎、藤野正启、青山延寿、宫本小一、宫岛小森泽、三浦安、关义臣、伊藤圭介等人；宫岛预先得知了这些出席者。③ 他在当天的日记中简单提到这次宴会，并特别提到副岛。④ 此次互宴之后，宫岛无疑已成为中国公使馆的"日本友人"了。宴会也成为宫岛与使团之间交往的常规方式之一。

此后，宫岛开始频繁拜访中国使馆，并随时将笔谈整理后送给日本政府相关人士。宫岛拜访的重要说头，其一是请教评阅汉诗，其二是为其父祝寿请使馆人员题词。7 月 25 日，宫岛访问中国使馆不得见。次日，他写信给沈文荧询问诗稿评阅情况。⑤ 28 日，宫岛收到使馆送来的经沈文荧和黄遵宪删改的诗稿。⑥ 双方谈得最多的是汉诗，使团人员热情答应为宫岛送诗集、选好诗。⑦ 8 月 16 日，宫岛应约前往拜见岩仓具视，谈汉学兴隆和清国公使来日之后的情形。⑧ 次日，

---

① 「栗香大人卜支那人卜問答録」、明治 11 年 2 月－（明治 26 年 5 月筆）；「栗香園雑記」、明治 11 年 2 月－（明治 26 年 5 月筆）、『宮島誠一郎文書』、C7-1、A53-1。

② 「栗香大人卜支那人卜問答録」、明治 11 年 2 月－（明治 26 年 5 月筆）、『宮島誠一郎文書』、C7-1。

③ 「栗香大人卜支那人卜問答録」、明治 11 年 2 月－（明治 26 年 5 月筆）、『宮島誠一郎文書』、C7-1。

④ 「栗香園雑記」、明治 11 年 5 月 13 日－12 月 4 日、『宮島誠一郎文書』、A53-1。

⑤ 「栗香園雑記」、明治 11 年 5 月 13 日－12 月 4 日、『宮島誠一郎文書』、A53-1。

⑥ 「栗香園雑記」、明治 11 年 5 月 13 日－12 月 4 日、『宮島誠一郎文書』、A53-1。

⑦ 「栗香大人卜支那人卜問答録」、明治 11 年 2 月－（明治 26 年 5 月筆）、『宮島誠一郎文書』、C7-1。

⑧ 「栗香園雑記」、明治 11 年 5 月 13 日－12 月 4 日、『宮島誠一郎文書』、A53-2。

他随信把美浓纸托人分送何如璋、张斯桂、黄遵宪和沈文荧。致何如璋信中，他说将"不日拜趋"。致张斯桂信中，他提出不日将来使馆请张再为他的父亲做一篇长寿诗。在致黄遵宪信中，他先对黄此前惠寄的寿诗做了一番赞谢，接着表示不日将携带白绢请黄遵宪挥毫。在给沈文荧信中，他同样提出将带绢布请他挥毫。① 8 月 19 日，沈文荧收到礼物，即回信致谢。② 20 日，宫岛去信请沈文荧将二轴白绢转交给张斯桂和黄遵宪，沈文荧当天转交后作答。③ 黄遵宪则于 8 月 24 日回信，感谢宫岛赠送的美浓纸，并将评点后的一卷诗稿返还宫岛。信中，黄遵宪解释久未谋面的原因是身体有不适，且"心绪甚劣"。何如璋也因"近日颇忙"，没有完成宫岛索要的序言。④ 在此前一天，8 月 23 日，宫岛带着整理成二卷的笔谈前往拜访日本驻华公使柳原前光不遇。归来途中顺便拜访吉井友实，请吉井将笔谈转交柳原。⑤ 8 月 29 日，宫岛访使馆与何、张两使笔谈移时，可惜，在目前留下的资料中没有看到相关笔谈手稿，对于这次访谈的前因后果不得其详。⑥ 9 月 6 日，宫岛拜访柳原前光询问中国事情。⑦ 13 日，他再次以删改诗稿的名义拜访中国使馆，既请何如璋等删改诗稿，也向沈文荧托付诗稿事。⑧ 这一时期，宫岛与柳原、副岛和竹添进一郎等过从甚密。10 月 19 日，宫岛又冒雨再访何如璋，并与之笔谈。⑨ 何如璋告诉宫岛月内将搬迁至新使馆，又约宫岛一起到副岛家谈诗文。会谈中，何如璋提到日本竹桥之变后纸币陡落，市上情形殊不佳，问是否有良法

---

① 「栗香園雑記」、明治 11 年 5 月 13 日-12 月 4 日、『宮島誠一郎文書』、A53-（1-2）。
② 「栗香園雑記」、明治 11 年 5 月 13 日-12 月 4 日、『宮島誠一郎文書』、A53-2。
③ 「栗香園雑記」、明治 11 年 5 月 13 日-12 月 4 日、『宮島誠一郎文書』、A53-（1-2）。
④ 「栗香大人卜支那人卜問答録」、明治 11 年 2 月-（明治 26 年 5 月筆）；「栗香園雑記」、明治 11 年 5 月 13 日-12 月 4 日、『宮島誠一郎文書』、C7-1、A53-2。
⑤ 「栗香園雑記」、明治 11 年 5 月 13 日-12 月 4 日、『宮島誠一郎文書』、A53-（1-2）。
⑥ 「栗香園雑記」、明治 11 年 5 月 13 日-12 月 4 日、『宮島誠一郎文書』、A53-2。
⑦ 「栗香園雑記」、明治 11 年 5 月 13 日-12 月 4 日、『宮島誠一郎文書』、A53-2。
⑧ 「栗香園雑記」、明治 11 年 5 月 13 日-12 月 4 日、『宮島誠一郎文書』、A53-2。
⑨ 「栗香園雑記」、明治 11 年 5 月 13 日-12 月 4 日、『宮島誠一郎文書』、A53-（2-3）。

补救。现留笔谈没有下文。① 对于何如璋谈话所涉及的内容，引起宫岛关注的主要是何如璋对于日本经济现状的议论。②

宫岛虽想方设法与使团建立紧密联系，但从 2 月初访使馆到 11 月底，与使团往来"十多回"，却一次都没有提及他关注的中日之间重要的外交问题即琉球问题，直到 11 月底中国使馆雇用的翻译官日本人钜鹿赫泰郎来访。

（二）探查使团处理"球案"之立场

1882 年（明治 15 年）6 月，宫岛在与继任的第二届出使大臣黎庶昌谈到他与何如璋使团的交往时曾称，他"与何公使谋"保护朝鲜抵御俄国之事，但对于琉球问题因"此事系两国机枢"，"当时不与何公言"。③ 然而，实际情形远非如此。

其实可以说，"球案"一直是宫岛最关注的中日关系问题，也是他与使团积极交往的最主要的关切点。使团来日前，日本政府派人处置琉球，但"琉球人逃往福建向清廷请愿"，"不接受处分"，琉球王弟弟还来东京向使团"哀诉"，因此，在宫岛看来，"很显然球案早晚会成为两国的一大问题"，他"一直以来担心此事"。他认为，中国使团的到来是一个机会，希望乘机"以文事修私交"，在"球事"上有所作为。④

其时，处理"球案"也正是首届使团的首要任务。何如璋使团出使前夕，中日之间正好发生日本阻止琉球贡使前来中国，琉球派遣使臣密航中国求救，即所谓的日本"阻贡事件"。使团出使的首要任务

① 「栗香大人卜支那人卜问答録」、明治 11 年 2 月 -（明治 26 年 5 月筆）、『宫島誠一郎文書』、C7-1。
② 「栗香園雑記」、明治 11 年 5 月 13 日 -12 月 4 日、『宫島誠一郎文書』、A53-3。
③ 「栗香斎筆話」、明治 15 年 5 月 -16 年 7 月、『宫島誠一郎文書』、C17-1。
④ 「球案起草 養浩堂私記」、『宫島誠一郎文書』、B39。

是相机妥筹办理"球案"。① 使团刚抵达神户，就有琉球官员半夜前来求救。此后使团围绕"球案"问题开展各种工作，调查真相、思考对策，一直不曾懈怠。宫岛对"球案"的关切，成为他积极主动与使团交往的一大动力，然而使团却一直一句都没有提到"球事"，宫岛甚感焦急。11月18日，中国使馆日语翻译钜鹿赫泰郎的到访，完全改变了这一局面。

钜鹿来访，特意将他在使馆中听到的关于"球案"的议论告诉宫岛。钜鹿称，公使馆中评论说，大久保死后，日本政府无人了。大久保在世时，没有听到议论"球事"。大久保去世后30天，琉球人开始与使馆往来，他渐渐地听到了有关琉球问题的议论。何如璋的意思是，琉球还是改从以前的两属，不至于太过分即可。但是，球岛在中日之间无妨，如若落入他人之手，就成了东亚的祸根。② 钜鹿的来访，是向宫岛提供"球案"情报，还是作为何如璋的特使传递消息，他并没有明说，但看来后者的可能性更大。从现有资料看，这是钜鹿第一次也是最后一次向宫岛传递"球案"的信息。钜鹿所谈何如璋的"球案"立场不能说十分准确。大久保于1878年（明治11年）5月14日被刺。大久保在世时，何如璋虽未就琉球问题直接与日本外务省交涉，但他一直坚持不懈地做相关工作，包括奉清政府之命调查"球案"的真相，与清政府就具体的"球案"对策来回磋商。他提出的著名的"琉球三策"，基调是主张力争琉球，后经清政府内部商议，于7月4日确定先实施"据理诘问"的方针。可以说，何如璋围绕"球案"所做的工作，远较钜鹿所说的要多，何如璋的对琉立场也远较钜鹿所透露的强硬。钜鹿所述，或是因他对使团的"球案"工作不甚了然，或是因奉何如璋之命。在钜鹿来访前一天，何如璋曾访宫

① 《军机处寄闽浙总督何璟等上谕》，光绪三年五月十四日，载故宫博物院编《清光绪朝中日交涉史料》卷1，第21页。
② 「球案起草 養浩堂私記」、『宮島誠一郎文書』、B39。

岛。宫岛因外出而未遇，为此他"甚为遗憾"①。12 月 1 日，宫岛拜访何如璋，何如璋第一次主动谈起"球案"，所表述的中方"球案"立场与钜鹿所述一致，详参下文所述。不管怎样，钜鹿是向宫岛传递了他一直期盼的"球案"信息的第一人。1878 年（明治 11 年）2 月宫岛与何如璋和张斯桂初次会面时，他任修史馆御用挂②，是所谓的闲职人员。但他此前任职左院期间，曾于 1872 年（明治 5 年）至 1875 年（明治 8 年）深入参与"球案"的讨论。如他自述，"球案""明治 5 年至 8 年，我在官中时往往留神。然而四月左院废院后，被任命为内史。九月，内外史废官。自此以后，九年、十年九州大乱，自然琉球事件也成放掷之态了"。③ 使团来日，使他重新参与到"球案"中来。钜鹿赫泰郎来访后，宫岛通过与使团的互动，越来越深地参与到了"球案"之中了。

12 月 1 日，宫岛拜访何如璋。会谈开始后，因宫岛询问，双方先从中国广西的李杨材之乱及西疆之乱谈起，一直谈到将来亚洲之大势。其间，何如璋透露了中方的对朝政策。当宫岛问及"假使亚洲陷其危地，其施设应之以何方法则可"时，何如璋表示，"无他，邻国相援，唇齿相持，竭忠尽诚，各报其君，尽人事以待天命"，表达了中日应相助相依的看法。他进而从中日两国应该"唇齿相持"的角度谈到琉球问题。当时，何如璋刚刚照会日本外务省"告琉球之事，外务未有答"。何如璋指出："中东比邻，素不可不唇齿相依。但此球在两间，恰好。若谬落外人之手，则为东洋祸根。宜有两便之法。"他询问宫岛的意见。宫岛却称："中国土地之广，人民之众，世界无比。琉球眇眇小岛耳，不足介意"，提议"置之度外如何？"④ 何如璋告

---

① 「球案起草 養浩堂私記」、『宮島誠一郎文書』、B39。
② 「養浩堂日録」、明治 10 年丁丑、『宮島誠一郎文書』、A52。
③ 「球案起草 養浩堂私記」、『宮島誠一郎文書』、B39。
④ 「栗香大人卜支那人卜問答録」、明治 11 年 2 月－（明治 26 年 5 月筆）（『宮島誠一郎文書』、C7-1）将此段删去。

之，他与外务省争辩"球案"是奉朝廷之意。[①] 当球民脱岛来福建省求诉、福建巡抚报告朝廷时，他正好作为钦差将使日本，于是朝廷令他"照会办理"，他"欲不言，不能无言也"。当天的笔谈广泛涉及中国国内及东亚时事，尤其是朝鲜问题。而关于"球案"，所谈虽只一组对话，但在宫岛看来，"12月1日访清公使何如璋笔谈，颇有关系于东洋，不啻琉球一事"。他在誊写的笔谈稿上特意加注："此般何公使始言琉球之事，盖球人诉何公使者乎？"他特别将此次笔谈别纸"以记之"。[②]

笔谈次日，何如璋写信邀请宫岛到使馆用餐一叙。信中称，昨日笔谈移晷，"所以惠我者良多"[③]。次日，何如璋所招待的，除宫岛外，还有副岛种臣。陪坐者有参赞黄遵宪和即将赴神户就任正理事官的廖锡恩。这次会谈，"谈话移时，及晚辞去"[④]。

何如璋之谈及"球案"，正是在使团与外务省的"球案"交涉陷入僵局，即所谓的"暴言事件"——"照会事件"之后。谈起琉球问题是何如璋主动的。何如璋专门宴请宫岛和副岛，应是困中求变的一种办法。他试图通过非政府途径来推动"球案"的进展。12月7日，黄遵宪、沈文荧、廖锡恩访宫岛，闲谈中又提到"约副岛先生同来一饮"[⑤]。

---

① 「栗香園雑記」、明治11年5月13日-12月4日；「球案起草 養浩堂私記」、『宮島誠一郎文書』、A53-3、B39。

② 「球案起草 養浩堂私記」；「栗香大人卜支那人卜問答録」、明治11年2月-（明治26年5月筆）、『宮島誠一郎文書』、B39、C7-1。按：两者关键部分有较大差别。「栗香大人卜支那人卜問答録」（C7-1）有重要删节，涉及琉球部分和中日联盟思想，当以「球案起草 養浩堂私記」（B39）为准。

③ 「栗香大人卜支那人卜問答録」、明治11年2月—（明治26年5月筆）、『宮島誠一郎文書』、C7-1。

④ 「栗香園雑記」、明治11年5月13日-12月4日；「栗香大人卜支那人卜問答録」、明治11年2月-（明治26年5月筆）、『宮島誠一郎文書』、A53-3、C7-1。按：廖锡恩于光绪五年（1879）二月初一日至光绪六年（1880）十月二十九日任神户正理事官。

⑤ 「栗香大人卜支那人卜問答録」、明治11年2月-（明治26年5月筆）、『宮島誠一郎文書』、C7-1。

访何如璋之后，宫岛"卧病三旬"，不访中国使馆"数旬"，倒是使团主动前去拜访宫岛。1879 年（明治 12 年）3 月 2 日，黄遵宪和沈文荧访宫岛，告知因为"球案"准备回国，"心绪怅"。会谈中，黄遵宪和沈文荧对于日外务省对使团提出的交涉要求不理不睬，表示强烈不满。出于愤怒，沈文荧还暗示中国有可能因"球案"与日本开战。宫岛则刻意表示自己是闲散之人，疲于应答，苦不堪言。[①]

3 月 10 日，宫岛带着一册笔谈稿拜访右大臣岩仓具视。岩仓告知，日本处理"球案"的决议已定，不外乎断然废藩，实行同日本内地一样的政策。并称，这些笔谈无非寻常文事之谈。尽管如此，他仍告诫宫岛只将笔谈资料抄送参议一人，并在中国人面前不要暴露身份，与之继续交往。[②]

此后，3 月 15 日，东京府于汤岛圣庙举行拜观文宣王孔子圣像典礼，正使何如璋、副使张斯桂、参赞黄遵宪及随员沈文荧前往拜礼。何如璋称这次活动是他"昨年东来以来之大快事"，也是"两国交际之一大关门"。[③] 其间，宫岛尽管在拜见岩仓等时仍谈琉球事[④]，但没有看到使团与宫岛再谈"球案"，宫岛更不主动找使团谈"球事"。从黄遵宪来看，使团当时的心情非常沉重。[⑤] 4 月 4 日，日本宣布废灭琉球，改为冲绳县，县厅设在首里。[⑥] 宣布废琉次日，宫岛应黄遵宪之"招饮"赴中国使馆，日本人士小野湖山、浅田宗伯、宫本小

---

① 「球案起草 養浩堂私記」；「栗香大人卜支那人卜問答録」、明治 12 年 3 月–8 月、『宫島誠一郎文書』、B39、C7-2；「筆談録・二」、明治 12 年己卯 3 月到 9 月、『宫島誠一郎関係文書』、2135。

② 「球案起草 養浩堂私記」；「己卯日誌」、明治 12 年 1 月–12 月、『宫島誠一郎文書』、B39、A55-2。

③ 「己卯日誌」、明治 12 年 1 月–12 月；「栗香大人卜支那人卜問答録」、明治 12 年 3 月–8 月、『宫島誠一郎文書』、A55-2、C7-2。

④ 「己卯日誌」、明治 12 年 1 月–12 月、『宫島誠一郎文書』、A55-2。

⑤ 「黄遵憲・汪鳳藻他書翰及筆談」、年未詳；「栗香大人卜支那人卜問答録」、明治 12 年 3 月–8 月、『宫島誠一郎文書』、C42-87、C7-2；「筆談録・二」、明治 12 年己卯 3 月到 9 月、『宫島誠一郎関係文書』、2135。

⑥ 「己卯日誌」、明治 12 年 1 月–12 月、『宫島誠一郎文書』、A55-2。

一、冈本文平、蒲生重章在座。黄遵宪等因琉球废止一事显得"怏怏不乐"，并称"必归国"。宫岛在日记中记录了以上诸事，但未做评论，如上所述。①

5月21日，宫岛访黄遵宪。这是日本废琉置县以后双方首次谈到"球案"。会谈中，宫岛称"琉球之一案到底是两国交际成否之关门"。黄遵宪则称，"此悬案而不结，虽女娲氏补天之手，不能引两国使亲密耳。无论今日不结，再过数年，交谊唯日疏耳。譬如鱼刺哽喉，终不能下咽也"。但黄遵宪认为，日本制造"球案""发于若人"，"能发之，必能收之"。他对已故大久保的"球案"政策抱有好感，认为如果大久保尚在，琉球一事必不至此："大久保自吾辈来，眷眷相交，颇有唇齿相依之谊。渠若不死，必兴汉学，必联两国之交，能使是事化于无形。渠未死前数日过敝署，颇露心腹语。且自言不学无术，从前遇事求治太急云云。故其死也，何大人甚痛之。"当时黄遵宪仍在准备回国，宫岛因此还问及归期。②

其时，清政府及何如璋正在为重开"球案"谈判而努力。恰逢此时，传来美国前总统格兰特即将来华的消息，③ 李鸿章萌发了将来或许请其协助调处"球案"的想法。④ 当时有传言，格兰特两任总统，民心爱戴；此次游历回国，将再接任。⑤ 格兰特于5月27日（四月初七日）抵达天津。⑥ 6月12日（四月二十三日），李鸿章与格兰特会

① 「己卯日誌」、明治12年1月-12月；「栗香大人卜支那人卜問答録」、明治12年3月-8月、『宮島誠一郎文書』、A55-2、C7-2。

② 「球案起草 養浩堂私記」；「栗香大人卜支那人卜問答録」、明治12年3月-8月、『宮島誠一郎文書』、B39、C7-2。

③ 《报美国前总统到津》，光绪五年四月初八日，载顾廷龙、戴逸主编《李鸿章全集》第32册，"信函四"，第431页。

④ 《议接待美国前总统》，光绪五年闰三月二十一日，载吴汝纶编《李文忠公全书·译署函稿》卷8，第36页。

⑤ 《论伊犁及接待美国前总统》，光绪五年闰三月二十六日，载吴汝纶编《李文忠公全书·译署函稿》卷8，第36页。

⑥ 《报美国前总统到津》，光绪五年四月初八日，载顾廷龙、戴逸主编《李鸿章全集》第32册，"信函四"，第431页。

谈，提出请其调停之意。① 请格兰特调停，也是何如璋的意向。② 使团一行的归国计划最终因格兰特拟来日调停而中止。

（三）探悉格兰特调停之内幕与深入参与"球案"

如果说，格兰特调停之前宫岛从使团处获悉的"球案"信息，对日本政府没有特别意义的话，那么，之后宫岛获取的关于格兰特来日调停"球案"的情报，则使日本政府欣喜万分。

透露这一机密的是使团成员沈文荧，似在不经意之间。宫岛最初是从何如璋处听说格兰特来日的消息的。1879 年（明治 12 年）6 月 20 日，宫岛从伊香保温泉归京访问何如璋，听何如璋提起美国前总统来游。由于何如璋将其与当时正在日本的德国皇孙并提，作为一件"送旧迎新"的差事，所以宫岛起初并没有多想。③ 然而，7 月 18 日宫岛访问沈文荧谈及"球事"，因沈无意透露，宫岛获得了格兰特来日的外交机密。其时，沈文荧对"球案"的立场依然非常强硬。当宫岛提到"美旧统现来我邦。此人到处，各邦敬重，颇极宠待，盖地球上之一大豪杰也"时，沈文荧却说："彼驻北京一月，我政府与彼议球事，彼来贵邦为我作排解，仆辈候之。"④ 沈文荧一句不经意的话，宫岛却如获至宝，他在笔记本中写道：

> 以上笔谈，事情颇为紧要。其中，美国总统克兰德受清政府之托调停球事，实是紧要中之紧要。若非沈氏之雅量，决不会外泄。然则黄遵宪虽参与其机要，却未听他提到有关克兰德之只言

---

① 《与美前总统格兰忒晤谈节略》，光绪五年四月二十三日，载吴汝纶编《李文忠公全书·译署函稿》卷 8，第 40 页。

② 何如璋：《复总署总办论争球事书》，载温廷敬辑《茶阳三家文钞》卷 2，第 5~7 页。

③ 「球案起草 養浩堂私記」、『宮島誠一郎文書』、B39。

④ 「球案起草 養浩堂私記」；「栗香大人ト支那人ト問答録」、明治 11 年 2 月–明治 26 年 9 月筆、『宮島誠一郎文書』、B39、C7。

片语。的确，沈氏之淡薄，是他的不幸，却是我的幸福。清使的举止、美总统的动静，凭此一言得以察觉。①

如此重要的情报，宫岛赶快告知右大臣岩仓具视，"以便政府临机处置"。岩仓得到这一情报后"大喜"，当即将格兰特与琉球之事奏陈天皇，同时忠告政府。他称，此前并不知道格兰特曾受清廷之请前来调停，今得此言，实能更多地加以考虑，日本理应首先着手。当时格兰特仍在日光山，伊藤博文和西乡从道两名参议突然到日光山来与格兰特会面，就"球事"实实在在地谈论了一番。在日方的影响之下，格兰特感到情形与自己之前从清政府处听到的有差异，颇有"感悟"。②

宫岛所说格兰特抵日后对日立场有改变是事实。格兰特本认为，日本未与中国商议而断然废灭琉球之举有悖国际公法，而同意清政府之请出面调停，但抵日后，他却很快改变立场。他将日本未就"球事"与中方充分商谈，在相当大的程度上归因于出使大臣何如璋那份措辞强硬的照会，称："从前两国商办此事，有一件文书，措语太重，使其不能转弯，日人心颇不平。如此文不肯撤销，以后恐难商议。如肯先行撤回，则日人悦服，情愿特派大员与中国特派大员妥商办法。"所称"有一件文书"，即何如璋的照会。格兰特还完全站到了日方立场称："看日人议论琉球事，与在北京、天津所闻，情节微有不符。虽然不甚符合，日本确无要与中国失和之意。"③格兰特态度前后变化如此之大，使当初出面请格兰特调停的李鸿章也颇感失望，称格兰特

---

① 「球案起草 養浩堂私記」；「栗香大人卜支那人卜問答録」、明治11年2月-明治26年9月筆、『宮島誠一郎文書』、B39、C7。

② 「球案起草 養浩堂私記」；「栗香大人卜支那人卜問答録」、明治11年2月-明治26年9月筆、『宮島誠一郎文書』、B39、C7。

③ 以上见《译美前首领格兰忒来函》，光绪五年七月二十一日到，载吴汝纶编《李文忠公全书·译署函稿》卷9，第39页。

因日本"接待礼貌过隆，遂亦徇其意而为之请"，他本人则"殊不谓然"。① 日本的"接待礼貌过隆"，与宫岛预先得到情报及时通报日本政府，应有相当大的关系。

8月18日，宫岛又前往拜访沈文荧。当时格兰特已从日光山回来，他想前往"侦探其情状"②。闲聊之后，宫岛探问格兰特在箱根温泉近况如何。沈文荧告知格兰特的意见是琉球必须存在，使琉球独立，恢复旧惯，但尚需中国与日本政府共同商议。宫岛又问格兰特是否已告知日本政府。沈文荧答称已告知。但当沈问宫岛日本政府立场如何时，宫岛却推说未达耳朵，属机密，政府不泄漏。宫岛又关切地询问格兰特希望琉球独立是否"真实"。沈回答属实，只是日本政府还没有回复他。宫岛又进一步追问，琉球是欲如旧，还是脱离中日而独立？沈文荧告知此事需与日本政府共议，尚未定。接着，宫岛顺着沈文荧之意将美国夸奖了一番。③ 通过这次会访，宫岛完全了解了格兰特调停的立场及其进展。沈文荧后于1879年（明治12年）12月15日辞别使馆回国，宫岛一直送行到横滨。据宫岛称，沈之回国，完全不是因为"球案"，而是因他是张斯桂的心腹，张与何公使有矛盾，合不来而辞去。④ 沈在回国前，宫岛与他多次聚谈，宫岛还主动提议由他出面向何如璋说情挽留，被沈婉拒。这一期间两人谈论的话题都为诗文及风花雪月之事而不及时事，也未提"球案"。沈文荧透露了机密情报，但尚看不出是有意为之。沈文荧曾对宫岛说，希望宫岛将来出任日本驻中国公使⑤，并表示"如我辈诸人必可

① 《论球案》，光绪五年八月初十日，载吴汝纶编《李文忠公全书·译署函稿》卷10，第2页。
② 「球案起草 養浩堂私記」、『宮島誠一郎文書』、B39。
③ 「球案起草 養浩堂私記」、『宮島誠一郎文書』、B39。
④ 「球案起草 養浩堂私記」；「己卯日誌」、明治12年1月–12月、『宮島誠一郎文書』、B39、A55–3。
⑤ 「栗香大人卜支那人卜問答録」、明治12年9月–（明治26年7月筆）、『宮島誠一郎文書』、C7–3。

使两国有益也"。① 可见，在沈眼里，宫岛是一个对中国友好的日本人士。沈回国前夕，宫岛一次访沈于永田町中国使署，相偕外出聚餐，宫岛特意称赞沈："仆与贵邦人士交，至其性情淡泊，襟怀洒落，以兄为第一。故仆颇惜别。"沈回称，"东方之人仁"，所以他在日本"甚喜"；并说他"无他长，惟尚不虚诈而已"。② 也可以说，正是沈的"淡泊"、"洒落"以及"不虚诈"，无意中将一个重大的外交机密泄露了。

与沈笔谈次日，三浦前来催促宫岛将前一天与沈文荧的谈话赶快报告岩仓具视。③ 20 日一早，宫岛赶往岩仓家，"详详细细地谈论了沈文荧的内话，且听了机密的政略"。此日，天皇临幸外山学校，格兰特陪行。④ 其时，宫岛也积极参与到同格兰特的互动之中。8 月 27 日午后 12 时，他前往延辽馆访格兰特，因格兰特前往横滨未遇。⑤ 29 日（一说 28 日），经日本驻美全权公使吉田清成引荐，宫岛到延辽馆拜见格兰特，呈送一纸书札。当天日记中，宫岛详细地记录了会见经过、吉田与格兰特会谈的内容及格兰特的生平等。⑥ 在格兰特离日前一天的 9 月 2 日，格兰特将亲笔签名的照片赠送宫岛，吉田告知此举"非同寻常"。⑦ 3 日上午，格兰特从横滨港出发离日。⑧ 8 日，宫岛到使馆访沈文荧时邂逅黄遵宪，黄遵宪因从报上看到了宫岛会见格兰特

---

① 「栗香大人卜支那人卜問答録」、明治 12 年 9 月 -（明治 26 年 7 月筆）、『宮島誠一郎文書』、C7-3。

② 「栗香大人卜支那人卜問答録」、明治 12 年 9 月 -（明治 26 年 7 月筆）、『宮島誠一郎文書』、C7-3；「清友筆談·三」、『宮島誠一郎関係文書』、2146。

③ 「己卯日誌」、明治 12 年 1 月 -12 月、『宮島誠一郎文書』、A55-3。

④ 「球案起草 養浩堂私記」；「己卯日誌」、明治 12 年 1 月 -12 月、『宮島誠一郎文書』、B39、A55-3。

⑤ 「己卯日誌」、明治 12 年 1 月 -12 月、『宮島誠一郎文書』、A55-3。

⑥ 「己卯日誌」、明治 12 年 1 月 -12 月；「球案起草 養浩堂私記」、『宮島誠一郎文書』、A55-3、B39。

⑦ 「球案起草 養浩堂私記」、『宮島誠一郎文書』、B39。

⑧ 「球案起草 養浩堂私記」；「栗香園雑記」、明治 11 年 5 月 13 日 -12 月 4 日、『宮島誠一郎文書』、B39、A53-3。

的报道,特意谈论了一番。① 1880 年(明治 13 年)2 月 13 日,吉田清成作为全权公使前往美国赴任前夕,宫岛托他将自己的一张照片转赠格兰特,以表示他珍重与格兰特之交谊。

格兰特在日本调停之初,宫岛先只在外围探听,并没有深入参与到机密之中。格兰特上呈给日本天皇的意见书,宫岛是从《内外交际新志》上获悉的。对此,他异常珍视,将其逐字逐句翻译成汉文。② 但此后,他逐渐深入日本对华"球案"交涉较核心的层面中。

格兰特离日后,日本对外务卿做了调整。9 月 10 日,寺岛宗则由外务卿转任文部卿,井上馨则由工部卿转任外务卿,此举表明日本政府开始调整对华政策。具体到"球案"上,因格兰特调停,日本由原先的强硬对立开始走向外交协商。稍后,日本政府按照格兰特的"厚意",计划分割琉球南岛作为"琉案"结局,由其驻华公使宍户玑具体负责与清廷谈判。派太政官大书记官井上毅前往北京周旋此事,派竹添进一郎为天津领事,从旁协助,与李鸿章就"球案"问题进行接触。③ 对于日本政府的这一系列庙议,宫岛了如指掌。可以说,在格兰特调停之后,宫岛与调整后的新政府高层关系已相当密切了。1880 年(明治 13 年)2 月 13 日,日本驻美全权公使吉田清成前往美国赴任前夕,在自宅举行告别宴会。前来与会的有参议伊藤博文、外务卿井上馨以及上野景范和芳川显正等,宫岛也在应邀者之列,至"夜半归宅"。宫岛拟赠格兰特的那张照片,就是他在席间托付吉田转交的。④ 与伊藤博文和井上馨同席送别驻美公使,应是对宫岛在格兰特调停之事上所做贡献的一种肯定。

---

① 「球案起草　養浩堂私記」;「栗香大人卜支那人卜問答録」、明治 12 年 3 月–8 月;「己卯日誌」、明治 12 年 1 月–12 月、『宮島誠一郎文書』、B39、C7–2、A55–3;「筆談録・二」、明治 12 年己卯 3 月到 9 月、『宮島誠一郎関係文書』、2135。
② 「球案起草　養浩堂私記」、『宮島誠一郎文書』、B39。
③ 「球案起草　養浩堂私記」、『宮島誠一郎文書』、B39。
④ 「球案起草　養浩堂私記」、『宮島誠一郎文書』、B39。

对中国使团来说，何如璋自格兰特调停以后，心情渐渐安定下来，态度也稍微平和了。一个明显的标志是，何如璋正式同意参加兴亚会。宫岛看到何如璋名字后也参加此会。3月9日，兴亚会在学习院开会，宫岛提前一天约何如璋在会上相见，并转达胜海舟盛情邀请何的意愿。何如璋接宫岛信后回复称，因事不能参加本次集会，答应第二次集会时前往。他对宫岛一同参加兴亚会表示高兴，约宫岛当日会后到使馆小酌。当夜，宫岛从兴亚会直接到中国使馆，在座者有日本驻中国天津领事竹添进一郎。竹添于次日启程赴天津。3月13日，何如璋又与宫岛同访胜海舟。[①] 其时，何如璋的注意力已不在"球案"上。他主动向宫岛谈起"球案"，大概在10月11日。当时宫岛是为探问伊犁谈判进展而去的，笔谈最后，何如璋因前一天看到报纸上刊登了关于"球案"各文书的始末，以为宫岛大概也已看到，就请宫岛能否"评之"。宫岛以"昨今家有庆事，接应极忙，未阅新闻"[②] 作答。这一时期，何如璋逐渐转向关注当时来日的朝鲜修信使，开始集中精力筹划朝鲜问题了。[③]

宫岛却不然。何如璋心气变得稍微平和，他认为此时正应更加用心增进亲睦关系，[④] 且一如既往地关注"球案"的进展。

格兰特回国后，宫岛开始将注意力转向中国与俄国的伊犁谈判，原因是他感到日本政府期望利用中国与俄国的有隙之机解决"球案"。[⑤]

关于伊犁问题，早在1878年（明治11年）12月1日何如璋与宫岛谈到新疆问题进展时，曾提到"朝廷特派钦差大臣于俄国，以当其

---

① 「球案起草 養浩堂私記」、『宮島誠一郎文書』、B39。
② 「球案起草 養浩堂私記」；「栗香大人卜支那人卜問答録」、明治12年9月-（明治26年7月筆）、『宮島誠一郎文書』、B39、C7-3。
③ 「球案起草 養浩堂私記」、『宮島誠一郎文書』、B39。
④ 「球案起草 養浩堂私記」、『宮島誠一郎文書』、B39。
⑤ 「球案起草 養浩堂私記」、『宮島誠一郎文書』、B39。

事。其人姓崇名厚"。宫岛当时显然对此尚无太多用心。① 后使团随员
沈文荧在"球案"问题上表明中方强硬立场时，又曾将之作为中国
"不可侮"的一个例证提起，认为俄国"返还伊黎〔犁〕，想不延
期"。但当时宫岛的注意力完全在格兰特身上，所以只将话题转向格
兰特，并因探查到格兰特来日真实目的而万分欣喜。② 格兰特完成调
停回国，中日两国按照格兰特的建议重开谈判，此后，伊犁问题才成
为宫岛关注的主要问题。

10 月 11 日，宫岛访中国使馆，向沈文荧详细探问伊犁谈判的进
展。当时崇厚已与俄国签约，伊犁问题似已解决，沈文荧即告知伊犁
问题的由来及良好结局。宫岛进而询问伊犁地方之广狭、人口及物
产，又询问乌鲁木齐面积之大小。沈文荧一一作答。此次访问，宫岛
还见到了黄遵宪和何如璋。他向黄遵宪探问崇厚缔结条约之事是否属
实。黄遵宪告之"此事真然。外国人皆称扬之。偿金员数仅少云"。
宫岛表示，这样的话，自今以后，欧美各国必不敢"鄙视中国"，也
即日本之"幸福"。同时他还表示希望中国此际更应严兵备以御外侮，
一变旧习以扩张国权，如此日本也敬重中国了。黄遵宪则谈到中国实
行变法较日本之"艰辛"、速度之缓慢，但他还是对此充满信心。对
此，何如璋作相似表示。③ 1880 年（明治 13 年）初，宫岛得知崇厚
被夺官位，处以斩监候，驻英法公使曾纪泽将于中国历六月中赴任俄
廷谈判，俄国则派舰队到了中国海。④ 6 月间，他听说俄国因签约大
臣崇厚遭弹劾，拒绝与新派使臣曾纪泽商谈。

---

① 「栗香大人卜支那人卜問答録」、明治 11 年 2 月 -（明治 26 年 5 月筆）；「栗香園雑
記」、明治 11 年 5 月 13 日 -12 月 4 日、『宮島誠一郎文書』、C7-1、A53-3。

② 「球案起草 養浩堂私記」；「栗香大人卜支那人卜問答録」、明治 12 年 3 月 -8 月、
『宮島誠一郎文書』、B39、C7-2；「筆談録・二」、明治 12 年己卯 3 月到 9 月、『宮島誠一郎
関係文書』、2135。按：时间应在 7 月 18 日，详参上文所论。

③ 「球案起草 養浩堂私記」；「栗香大人卜支那人卜問答録」、明治 12 年 9 月 -（明治
26 年 7 月筆）、『宮島誠一郎文書』、B39、C7-3。

④ 「球案起草 養浩堂私記」、『宮島誠一郎文書』、B39。

此时，宫岛在"球案"问题上又获一大信息。他通过使团探查到了中国对朝鲜和日本的政策，日本政府因此对正在进行的"球案"交涉充满信心。8月初，朝鲜修信使一行来日，宫岛在日本驻朝公使花房义质的授意之下，参与到修信使与使团的各种交往之中。9月23日，宫岛访黄遵宪，谈到对朝策略问题，黄遵宪表示，其基本精神是中日协和，与美国缔结条约，以共同防俄。拜访归来，宫岛在吉井友实的建议之下，带着与黄遵宪的笔谈前往内阁向伊藤详细报告。伊藤闻此"大悦"，称黄遵宪的意见诚是日本的"幸福"，并将宍户玑正在北京与总理衙门谈判"球案"的"机密"告诉了宫岛。当时双方谈判的条件是，琉球南岛的八重山、宫古二岛分给中国，代价是中国将给予欧美各国的内地贸易交通权利同样给予日本。伊藤认为，黄遵宪所体现的清政府对朝政策，预示日方的愿望大抵可以实现。伊藤又告诉宫岛，八重山、宫古二岛人口、物产稀少，但这样总比两国失和之恶果要"幸福几许"；伊藤特别强调此事为"机密"。①

"球案"谈判的结果并未如伊藤所预料。1881年（明治14年）1月，宫岛收到在北京留学的日本学生山吉盛义于12月6日发出的信函。信中提到琉球事件谈判出现难题，田部书记官此次归国专为此事。② 其时，宫岛试图向使馆随员张滋昉打听琉球一事的进展，因张答以"琉球之事何星使谅必知之，仆局外人故不过问"而未能获取信息。③ 其时，宫岛仍关注伊犁谈判的进展。1月27日，宫岛访黄遵宪。当时何如璋即将期满回国，许景澄已被任命为新任使臣前来接替，为此双方闲谈了一番新旧使臣交接之事，接着宫岛便开始询问伊犁谈判的最新消息，想确认传说中中俄和约已成是否可信，黄遵宪告

---

① 「球案起草 養浩堂私記」、『宮島誠一郎文書』、B39。
② 「球案起草 養浩堂私記」、『宮島誠一郎文書』、B39。
③ 「栗香大人卜支那人卜問答録」、明治14年1月-（明治26年9月筆）、『宮島誠一郎文書』、C7-5。

知“无此事”，这是一“机密事”。①

　　2月3日，宫岛拜访俄国驻日公使及率舰停泊在横滨港内的俄海军少将。谈到“球案”，宫岛得知，清政府在两国即将就“球案”条约盖印时发生变化。总理衙门请求朝廷裁决，两宫皇太后谕令南北洋大臣发表意见。北洋大臣李鸿章对日本废灭琉球本感愤懑，心中一直包藏不满；加上驻东京的何如璋对前些年与日外务省谈判“球案”也多有不满，难免将情况转告李鸿章；因此宫岛担心北京“有与日本拮抗之意趣”②。宫岛此次与俄方人士会面后不久，曾纪泽在圣彼得堡与俄国签订了《中俄改订条约》③。3月3日，井上毅从中国归日；4日，日本驻华公使宍户玑暂时滞留长崎。④ 当时中国与英国甚相契合，俄国也新近与中国和睦，宫岛认为中国实对日本有压迫之势，不敢大意。⑤

　　《中俄伊犁条约》签订，中日“球案”交涉则中途戛然而止，这一切使宫岛深为担忧。他担心中国会因“球案”而向日本宣战。当时何如璋期满即将回国，先是等待许景澄，继而等待黎庶昌的到来。使团临行前，宫岛访何如璋，转送宫内卿的饯品。在笔谈最后，宫岛少有地主动表示“球案”立场，称：“临别一言，如公与我则可谓千载知己矣。顷仆与一亲友深虑两国利害，说某大臣，深纳之曰：‘不以球一事决开祸端也。’此事唯我知之，请阁下一言。”⑥ 何如璋答称：

----

　　① 「球案起草　養浩堂私記」；「清国公使何如璋贊参黄遵憲筆談」、明治11年；「栗香大人卜支那人卜問答録」、明治14年1月-（明治26年9月筆）；「清国公使筆談『何如璋・黄遵憲他』」、明治14年-15年、『宮島誠一郎文書』、B39、C4、C7-5、C12。

　　② 「球案起草　養浩堂私記」、『宮島誠一郎文書』、B39。

　　③ 即《中俄伊犁条约》。

　　④ 「球案起草　養浩堂私記」、『宮島誠一郎文書』、B39。

　　⑤ 「球案起草　養浩堂私記」、『宮島誠一郎文書』、B39。

　　⑥ 按：「栗香大人卜支那人卜問答録」［明治14年1月-（明治26年9月筆）、『宮島誠一郎文書』C7-5］作“诚曰：临别一言，如公与我则可谓千载之知己也。顷仆与一亲友深虑两国利害，说某大臣，大臣深嘉纳之，曰：‘琉球之事，绝不至开祸端于贵国也。’此事不在世人所知，敢告之阁下。”

"两国决不因此小事开大争端，我政府亦是此意。"何如璋的这番
"临别一言"，在宫岛看来"所关系两国实在重大"。他认为如果何如
璋归国后注意此点，则"两国亿万之苍生可得幸福，岂是小事？"他
5年来以区区之微衷结私下之交谊，所忧虑者也在于此。他自称这一
立场主要受大久保影响："大久保生前之一言，深深铭记在心。"①

　　早在使团到来之前，宫岛在"球案"问题上就已有立场。如上所
述，宫岛因担心"球案早晚会成为两国的一大问题"而与使团交往。
在他看来，解决"球案"的办法，按照当时琉球与中国方面的态度，
"除了两国相互揖让，清国让我，我让清国，相互默许，遵从旧习，
没有什么办法了"，不然，"两国肯定会开大争端"。宫岛的志向是
"维持亚细亚大局"，认为"球事不结，真正的交际不可求"。他"斟
酌前后事情，所以有顾虑"②。宫岛的这一"球案"立场，在评述格
兰特上呈日本天皇的意见书中也有相似表示。宫岛最早是从报纸上看
到格兰特临行前上呈给天皇的意见书的。格兰特调停的基本建议是，
中日两国属同一人种，且有悠久的友好历史，应该和平共处，相互礼
让。他提醒说，欧洲各国对中日两国均未怀有良好感情，称："余观
欧洲政略，其志专在使亚洲人民屈服，以从中攫取私利。余未见一人
考虑公利的。"虽然宫岛不能保证自己看到的这份意见书完全真实，
但他感到所论"颇精确"。③ 可见，他对于格兰特以中日两国和好相
让为前提的调停立场，是颇表赞同的。应该说，鉴于当时日本的国
力，避免因"球案"与中国开战，也是日本政府的基本态度。

（四）参与朝鲜问题

　　如上所说，宫岛诚一郎在与黎庶昌的笔谈中提到，他曾"与何公

---

　　① 「球案起草 養浩堂私記」；「栗香大人卜支那人卜問答録」、明治14年1月-（明治
26年9月筆）；「清国公使筆談『何如璋·黄遵憲他』」、明治14年-15年、『宮島誠一郎文
書』、B39、C7-5、C12。

　　② 「球案起草 養浩堂私記」、『宮島誠一郎文書』、B39。

　　③ 「球案起草 養浩堂私記」、『宮島誠一郎文書』、B39。

使谋"保护朝鲜以抵御俄国之事。的确，朝鲜问题是宫岛关注的仅次于琉球问题的另一个重要问题。他的相关活动一定程度也为日本政府提供了政策依据。

主动提及朝鲜问题的是中国驻日使团，时间是在与日本外务省的"球案"交涉陷入僵局之时，与"球案"问题同时被提起。使团与宫岛谈朝事，以格兰特调停为界，可分为前后两个时期。调停之前，使团主要从国际局势尤其东亚局势的角度谈论朝鲜，目的在于借此劝导日本能基于亚洲大局在琉球问题上继续与中国进行和平协商。调停之后，由于"球案"交涉转移到北京，使团又奉命推行新的朝鲜策略，因此，朝鲜问题继琉球问题之后，被作为一个独立而重要的问题提起。前一时期宫岛因完全关注"球案"，在朝事上用心不著；后一时期由于日本驻朝公使花房的介入，宫岛开始较为积极参与其中。

前一时期使团提到朝事大概二次。1878年12月1日，宫岛拜访何如璋。宫岛先询问中国新疆的局势，何如璋告知新疆之乱已平定，清政府已特派钦差大臣崇厚前往俄国交涉。继而谈到亚洲大局，何如璋指出，熟察亚洲大局，将来为大害者非英非德非澳，唯有俄国，"俄真虎狼之国"。他认为俄国作祸先发端于朝鲜，而朝鲜一跌，中土则危，中土危，则日本也危，不可不思。宫岛追问朝鲜近状及防俄之策。何如璋指出，防俄之策并不是宫岛所说的将朝鲜"籍以为干城"，而在于劝其与英法通商，以牵制俄国，如此则"中东之祸，庶得少迟"。当时英国正开亚汗之战，在何如璋看来，其力难保不败。他认为，如果英国战败，则欧洲大局"立失平均"，俄国将纵强暴之势转向东方，亚洲必将陷入危险境地。宫岛进而追问假使亚洲陷入危境，应采用何种办法？何如璋答称，"无他，邻国相援，唇齿相持"。他认为，以前英法相合而威震欧洲，但如今英与法疏离，"忽失威"，所以若中国与日本能相合为一，则欧洲虽强，"未足畏"。应该说，何如璋此时谈国际局势及朝鲜问题，所关切的是"球案"。他借亚洲局势问题提示日本，不应在"球案"上与中国为难。因此，会谈最后，他提到曾致照会给日外务省试谈"球事"，但外务省却"未有答"。他强调"中东比邻，素不可不唇齿相依"，称琉球在中国与日本之间还好，如果"谬落外人之手"，则为"东洋祸根"，应该寻找"两便之法"。这里的外人，主要指俄国等欧洲国家。宫岛却劝何如璋，中国地广人众，对于"眇眇小岛"，不必"介意"，应"置之度外"。何如璋则表示，他奉朝廷之命，"不能无言"①。与何如璋一样，宫岛所关切的也在"球案"。这是使团首次提到朝鲜问题。

使团第二次谈到朝事，应在日本试图废琉球为郡县的前夕，也由"球案"而起。当时何如璋正努力与日外务省交涉"球案"，但外务省来文不是"只有虚辞，无一实语"，就是不予回复，不但不论理之曲直，还要求何如璋"不必与闻""球案"。为此，使团准备以回国相抗议。1879 年（明治 12 年）3 月，黄遵宪和沈文荧访宫岛，对日外务省这种违背《中日修好条规》精神的做法非常气愤，并表示日本这种"失好"于中国的作为无疑会开启兵端，他们详细分析日本难以战胜中国之多种理由。宫岛闻此，不免深深感叹"欧洲争乱之气今将波及亚洲"。黄遵宪于是谈到中国的亚洲大局观。他强调，自台湾问题以来，中国的立场一直坚持"为维持亚洲大局起见"，并指出何如璋送呈李鸿章的报告也旨在"联络亚洲大局"以防御俄国。这使宫岛联想到此前何如璋曾与他谈到俄国对中日两国的危险。黄遵宪提到"朝鲜亦在其中"。由于双方急切关注琉球问题，因此均没有进一步深谈朝鲜问题。②

应该说，这一时期，中国使团主动提朝鲜问题，主要为推动"球

---

① 「球案起草 養浩堂私記」；「清国公使筆談『何如璋他』」、明治 11 年 2 月–3 月；「栗香大人卜支那人卜問答録」、明治 11 年 2 月–（明治 26 年 5 月筆）；「栗香園雑記」、明治 11 年 5 月 13 日–12 月 4 日、『宮島誠一郎文書』、B39、C3、C7-1、A53-3。

② 「球案起草 養浩堂私記」；「栗香大人卜支那人卜問答録」、明治 12 年 3 月–8 月；「沈黄之巻」、明治 12 年 3 月 2 日、『宮島誠一郎文書』、B39、C7-2、C9。

案"的解决。但其实他们心中已有朝事，而这与使团的时局观密切相关。如上所述，从使臣何如璋的各种论述中可以看到，他心目中是有一幅明确的国际关系总图的，主轴是英国和俄国，所谓"英俄两国争雄海上"。法、美、德、英是一个阵营；俄国则是另一个阵营，犹如战国时期的秦国。前者时时注意牵制俄国在世界范围内的扩张。何如璋认为，英俄在欧洲争夺的焦点是土耳其，在亚洲争夺的焦点是朝鲜。在他看来，随着俄国在土耳其的扩张受到遏制，其注意力已渐渐转移到亚洲，而朝鲜关系亚洲大局，较欧洲的土耳其"尤为要冲"。对何如璋来说，他对英俄两国均无什么好感，认为"英如狐，俄如虎，一图利，一图土地，均宜防"。然而对于图谋土地的俄国，何如璋认为首先需要防备。可以说，他对朝鲜问题的关切绝非一时兴起，实是稍后清政府对朝新政策的一个重要组成部分。只是，在"球案"问题胶着时期，朝鲜问题还没有被提上议事日程。这一时期，宫岛对朝事也还没有相应的关切，主要是被动受听，随声应和。

宫岛之深入参与到朝事，大约在1880年夏朝鲜修信使访日之时。对他产生重要影响的是日本驻朝公使花房义质。

其时，中国使团开始奉命推进新的对朝政策。1879年4月4日，日本废灭琉球国改为冲绳县，清政府由此深感朝鲜地位之危机，决定劝导朝鲜开港通商以免重蹈琉球之覆辙。1879年8月，清政府指令李鸿章以个人名义致信朝鲜前太师李裕元转达清政府旨意，但几经"开导"，终难奏效，朝鲜只对派员到中国学习制器及练兵、购器感兴趣。至1880年1月，李鸿章最终认为"朝鲜既坚不欲与西人通商，中国自难强劝"，感到朝鲜开港一事，"殆非一朝夕之功"，要求总署把他这一想法转达朝廷。[①] 在李鸿章等劝导朝鲜工作陷入困境时，驻日的何如璋使团承担起了劝导朝鲜开港这一重任。劝导的时机是1880年

---

① 《北洋大臣李鸿章函》，光绪五年十一月十五日、光绪六年二月初九日，载"中研院"近代史研究所编《清季中日韩关系史料》卷2，第394、397页。

（光绪六年）夏天朝鲜以礼曹参议金弘集为首的修信使团的日本之行。朝鲜修信使来日时，"球案"正按格兰特调停的意见，由日本驻华公使宍户玑在北京与总理衙门商谈，宫岛的注意力也仍时刻在琉球问题上，均如上所述。1880 年 8 月日本驻朝公使花房义质的来访，使宫岛开始关注朝事了。

13 日，花房拜访宫岛，直接透露内情。他说朝鲜修信使此番来日，不到日本大臣参议家行通谊之礼，"名为修信，其实破好"。宫岛于是为花房出谋划策。他认为，鉴于朝鲜与中国的事大关系，修信使一定会与中国使臣联络，建议日本应乘中国使臣驻扎之际，使中日朝三国相聚，"修文酒之好"。花房闻此"大悦"。此后，26~28 日连续3 天，宫岛先访花房；又同车偕花房拜访何如璋，"叙述衷曲"，颇得何如璋认可；再为向导，带花房去本愿寺会见朝鲜修信使正使金弘集和副使李祖渊，相约不日三国相会。① 29 日，花房做主，在王子飞鸟山庄涉泽别庄设盛宴。朝鲜正使金弘集、副使李祖渊、学士姜玮，中国使臣何如璋、参赞黄遵宪，以及日本文士数十名来会，诗歌酒唱酬，各个挥毫。席间，宫岛对金弘集说，当日之会，系三国交欢，"旷古所稀"，希望"以后永远和好，应有大益于两国"。金弘集称是。宫岛又说，他自何如璋东来，"相共交尤厚且久"，意在专门联络三大国而兴起亚洲，金弘集此来，"若不异此志，则可谓快矣"。金弘集也随声附和。宫岛尤其重视何如璋称赞他的"栗香先生深重同洲之谊，所虑深且远。今日之会，素非偶然"；在笔记本中，他在"深重"两字之下加标圈点。② 飞鸟山庄之会，开启了宫岛与朝鲜修信使及中国使团的联络序幕。

---

① 「球案起草 養浩堂私記」；「日記」、明治 13 年 1 月－11 月、『宮島誠一郎文書』、B39、A56-3。

② 「球案起草 養浩堂私記」；「栗香大人卜支那人卜問答録」、明治 13 年 1 月－（明治 26 年 8 月筆）、『宮島誠一郎文書』、B39、C7-4。

9月1日，宫岛在朝鲜修信使回国前夕，"特来"浅草本愿寺寓居拜访朝鲜修信使，先后与李容肃、李祖渊、姜玮和尹雄烈笔谈。他请李祖渊"挥毫"，表示将把李所写的两首五言诗装裱起来"以悬座右"。最后，他请正使金弘集在他因"清国使臣何公等来重修旧学"而整理的《养浩堂集》上，"书写数字"。临别，宫岛又称，"自今两国之事，当把臂彼此竭诚"。① 9月2日，宫岛给何如璋写了一封长信，寄上诗稿三卷请何如璋删定，接着对何如璋"奋临"飞鸟山庄聚会表示感谢。信中，他详述胸怀，希望"自是当谋亚洲之振兴"。② 何如璋在回信中，谈改诗而未谈朝事。③ 宫岛在修信使一行归国时，又前去本愿寺告别。待黄遵宪到来后他才离开。④

朝鲜修信使的日本之行，是中国对朝关系上的一件大事。何如璋已知北洋大臣李鸿章屡次致书劝谕朝鲜开港，而南洋大臣刘坤一也主张此议，在修信使来日之时，他已"荷承总署指示"，"劝令外交"。8月23日和9月7日之间，何如璋和黄遵宪与抵日的金弘集以笔谈形式，就朝鲜正与日本商议的条约，以及远东国际关系及朝鲜开国等外交诸问题，反复多次深入交流。会谈之后，何如璋又因担心语言不通，靠笔谈不能"尽意""尽言"，命随从参赞黄遵宪写就《朝鲜策略》一文，由金弘集带回朝鲜。⑤ 金弘集回国之后，将黄遵宪的《朝鲜策略》上呈朝鲜国王，最终促使朝鲜接受开港通商建议。朝鲜之议由此一变，已如上所述。

---

① 「栗香大人卜支那人卜問答録」、明治13年1月−（明治26年8月筆）、『宫島誠一郎文書』、C7-4。

② 「球案起草 養浩堂私記」；「栗香大人卜支那人卜問答録」、明治13年1月−（明治26年8月筆）、『宫島誠一郎文書』、B39、C7-4。按：此「球案起草 養浩堂私記」（B39）和「栗香大人卜支那人卜問答録」（C7-4）中分别收录的两信内容不同。

③ 「栗香大人卜支那人卜問答録」、明治13年1月−（明治26年8月筆）、『宫島誠一郎文書』、C7-4。

④ 「球案起草 養浩堂私記」、『宫島誠一郎文書』、B39。

⑤ 何如璋：《中俄万一有事日本舆论多劝其政府严守中立朝鲜有意与美国结约通商可否代为周全》，光绪六年十月十六日，馆藏号：01-25-005-01-013。

从现有资料看来，宫岛对于使团与朝鲜修信使一行之间深入切磋开港问题并不详知。但在修信使回国后不久，他很快了解到清政府对朝政策的最新精神。9 月 23 日，宫岛拜访黄遵宪。会谈中，黄遵宪指出，当前亚洲唯一的祸患是俄国。俄国蚕食东方，目标指向朝鲜。黄遵宪的这一认识前提，与宫岛早先从何如璋口中所听闻者完全一致。黄遵宪进而指出，在防俄大前提之下，为保全朝鲜，也为保全亚洲，具体对策是中国与日本早日协和，去除固陋弊习，同时与欧美通商，其中应先与美国缔结条约。黄遵宪对美国多有赞词，称其为"仁爱之国"。① 《朝鲜策略》的基本精神是"亲中国、结日本、联美国"以防俄国，这里黄遵宪与宫岛所论，正是随后草就的《朝鲜策略》的基本精神。

次日，宫岛访吉井友实探讨与黄遵宪的笔谈。吉井认为宫岛应该跟伊藤博文谈谈。② 25 日，宫岛赴内阁，将黄遵宪的笔谈展示给伊藤，并详论委细，伊藤"大悦"。伊藤认为黄的这种意见，实是日本的"幸福"。当时宍户玑正在北京与总署谈判"球案"。伊藤认为，从宫岛所报告的清政府的对朝政策来看，日本"球案"交涉的愿望"大抵可以达成"。③ 只是，伊藤的预见最后并没有实现，上文已有论。

黄遵宪在琉球问题上虽参与机要，但一直未透露些许内情，但在朝鲜策略上却向宫岛和盘托出，这应与其"结日本"这一主张有一定关系。如上所述，首届使团提出"结日本"，主旨在于防俄，这可以说也是日本政府的意愿。其时，日本政府不断向使团表达急切的共同防俄的愿望，从亚洲大局出发，主动提议中国应及早加强对朝筹划和保护，同时还主动向朝鲜国王表达联合防俄的友好姿态。何如璋使团是相信日本有此诚意的。使团提议的"结日本"，也基于对日本国力

---

① 「球案起草 養浩堂私記」、『宮島誠一郎文書』、B39。
② 「球案起草 養浩堂私記」、『宮島誠一郎文書』、B39。
③ 「球案起草 養浩堂私記」、『宮島誠一郎文書』、B39。

的看法，认为当时日本还没有能力对朝鲜构成足够的威胁。这一点在
《朝鲜策略》中有明确论述。

新的朝鲜政策的具体实施在北京、天津和汉城（今译"首尔"；
下同）之间进行。朝鲜修信使回国后，使团也完成了历史使命。因
此，此后宫岛在与何如璋使团的笔谈中，详细谈论朝鲜问题的不多
见。只是，使团试图通过联络亚洲各国抵御俄国的思想，已为宫岛所
熟知，在后来与使团笔谈中，询问"球事"或者中俄伊犁交涉进展
时，宫岛就会时不时表达这一思想。①

相较于琉球问题，宫岛对朝鲜问题的关注远没有那么迫切。这与
宫岛是大久保利通的追随者，当时征韩派已离开政府，朝鲜问题尚未
受日本政府的深切关注应有一定的关系。

综上可知，宫岛诚一郎与中国驻日使团交往的思想基础，是他对
孔孟圣教的高度认同，以及他真诚倡导的"日清同盟"思想；与使团
常规联系的纽带，则是探讨汉诗、汉文。宫岛与使团的交往，一开始
就担负为日本政府提供情报的特殊使命。所关注的首先为"球案"，
将它视为影响两国关系的"一大问题"。宫岛在"球案"问题上的作
为"成效卓著"。他通过使团随员不经意间透露的情报，了解到格兰
特将调停"球案"这一外交机密，日本政府因此及时调整"球案"
政策，并最终赢得"球案"交涉的主动权。宫岛所获情报的价值，不
亚于日本驻华使领馆人员在中国所获取者。宫岛认为当时朝鲜问题的
重要性次于"球案"，对它的关注也不及"球案"，但他奉承日本驻
朝公使花房义质之意，积极参与朝鲜修信使的访日活动，所获的关于
中国对朝新策略的信息很受日本政要赞赏。

宫岛与首届使团建立的"友好"关系，为他此后与历届中国使团交
往奠定了坚实的基础。宫岛曾对他与黎庶昌的交情有过一段自述，称：

---

① 「栗香大人卜支那人卜問答録」、明治 14 年 1 月-（明治 26 年 9 月筆）、『宫岛誠一郎
文書』、C7-5。

黎君莼斋与余交七年，情最亲密，诚为断金。今岁再奉使命驻节东京，嘱余书拙诗数章，谊不敢辞。唯笔字恶劣，徒增愧悚。聊酬雅意而已。[1]

宫岛与黎庶昌还有一层特殊私谊。宫岛的长子宫岛大八最早在中国使团的东京使署习学中文，之后不远万里来到中国，追随"曾门四学士"之一的张裕钊，成为张裕钊的入室弟子。直到甲午战争爆发，大八才仓促回国。张裕钊的儿子张沆是黎庶昌女婿，黎庶昌第一次出使日本时，张沆作为正式随员随使日本。20世纪初，张沆的弟弟张浍也出使日本，当时中日关系已今非昔比，宫岛的次子不再学习中文，而是到英国驻日使馆学习英文，后去英国留学，但宫岛还是热情接待了这位登门拜访的故旧。在与中国历届使团人员的谈笑中，宫岛诚一郎希望像他这样长于旧式汉学而非新式西学的旧幕时代官员，有机会重获新政府的重用。如派去中国充当驻华公使，就是他特别期盼的。可以说，宫岛是真切希望"日清同盟"的日本人士之一。当时的使团人员中，出于防备俄国觊觎朝鲜之急需，在琉球问题缓和之后，也时存中日联盟之思想。如以何如璋为首的使团人员就在"球案"缓解之后主动参与兴亚会组织的活动，黎庶昌也不时提及中日同盟主张。宫岛十数年如一日，与使团人员保持深入持久的交往，并不令人意外。但应该指出，黎庶昌等驻日使臣对于日本情报人员的行踪其实一直留心。如"壬午兵变"爆发后，黎庶昌在致总署函中曾特别提醒说，"日本近派海军少尉曾根俊虎，其人能华语，町田实一到上海，坐探军事，均宜防范"。[2] 至于像宫岛这样一边追求"日清同盟"理想，一边肩负"特殊使命"的"闲职"人员也从事情报工作，这或许是

---

[1] 「明治廿一年十一月七日黎庶昌公使有書」、『宮島誠一郎関係文書』、2144。

[2] 黎庶昌：《日本声言自护使馆显有凌轹中国之意又派探赴沪侦探军事处置朝鲜宜仿英人处印度例废王而郡县之》，光绪八年七月十八日，馆藏号：01-25-009-01-016。

黎庶昌等使团人员怎么都不会料到的。

　　明治31年（1898）3月19日，宫岛在官报上看到黎庶昌去世的讣告后，隔海遥奠，此时已经是中日甲午战争之后。顺及，中日甲午战争之爆发，宫岛其实预先并不知晓。为此，远在中国留学的宫岛大八在战争爆发之后，历经千辛才终于平安返回日本。此后，宫岛大八及其后人一直在日本致力于中文教育事业。

第六章

徐承祖使团与中日《天津条约》

首任使臣何如璋于光绪二年（1876）十二月谕授正使，次年十一月到任，相隔约一年。第二届使臣黎庶昌光绪七年（1881）三月谕授，同年十二月到任，相隔也逾半年。而徐承祖光绪十年（1884）八月十七日以道员用二品顶戴、候补知府，被谕命为第三届出使日本大臣①，谕授后两个多月，就接到了清政府要求他提前赴任的指令，主要原因是突如其来的朝鲜"甲申事变"。

徐承祖，字孙麒，江苏六合人。父亲徐鼐，道光乙巳进士，改庶吉士入翰林，咸丰八年（1858）授福建福宁府知府，平生有著作多部留世。长兄徐承禧曾任官福建，颇有作为。徐承祖为徐鼐次子，由监生报捐县丞。同治五年（1866），因浙江温处肃清案内出力，经前闽浙总督左宗棠保奏，奉旨赏戴蓝翎。光绪三年（1877）经出使美西秘

---

① 「清国新任公使賜謁ノ件」JACAR、Ref. A01100288000、公文録・明治十八年・第百三十一巻・明治十八年一月-三月・宮内省（国立公文書館）；《德宗景皇帝实录》卷192，光绪十年八月十七日（戊子），《清实录》第54册，第711页；严和平：《清季驻外使馆的建立》，台湾商务印书馆，1975，第133页；故宫博物院明清档案部、福建师范大学历史系合编《清季中外使领年表》，第28页。

国大臣陈兰彬奏带出洋，次年加捐同知，光绪七年（1881）期满回国，经陈兰彬保奏，奉旨免选同知以知府选用。光绪十年（1884）七月奉上谕，将徐承祖以候选知府衔，著发福建交何璟等差遣委用。福建为"边要之区"，知府有"表率之责"，徐承祖上奏谢恩，表示到任之后一切事宜将"矢慎矢勤"，以报清廷之"高厚鸿慈"，旋即他被任命为出使日本大臣。① 驻使美国期间，徐承祖曾翻译《美国条约》，并撰成《美国风俗略》一书。② 徐承祖在美三年，"不但通外情，还兼通英语"③。

　　徐承祖提前出使处理"甲申事变"，协同开展中日《天津条约》的谈判，可以说，到徐承祖使团时期，除了对琉球问题和修约问题仍有关注之外，驻日使团在朝鲜问题上投入的精力则大大增加。而首先值得关注的，是徐承祖与"甲申事变"后签订的中日《天津条约》之间的关系。

　　中日《天津条约》又称中日《天津会议专条》，其主要内容是中日两国同时撤回驻朝军队以及由此引发的中日两国对朝鲜的同等派兵权问题。同等派兵权问题成为日后甲午战争的祸根。④ 目前，对于这一重要条约的专题研究尚未见到。然而，鉴于该条约特殊的

---

　　① 徐承祖：《奏为奉旨发往福建以知府差委谢恩事》，光绪十年七月十三日，奏折，档号：04-01-13-0355-035，缩微号：04-01-13；奕劻：《奏为前出使大臣徐承祖差竣回京请量予录用事》，光绪十四年四月二十一日，录副奏折，档号：03-5236-062，缩微号：397-1714。

　　② 秦国经主编《清代官员履历档案全编》第4册，第121页。

　　③ 「栗香斋筆話」、明治18年、『宮島誠一郎文書』、C17-2。

　　④ 中日甲午战争时，为日本外务大臣的陆奥宗光在《蹇蹇录》中曾说："在此约（指中日《天津条约》）以前，关于在朝鲜中日两国之权利，彼我之间无何等约定。……该约确为表示两国在朝鲜权力均等之唯一明文，除此则中日两国间并无任何保障存在。……中国政府不能不撤回其朝鲜之驻军，且将来不论如何欲派遣军队于该国时，不能不以公文照会日本。该政府订结有如此条款之约，殆受一大打击。而从来中国所唱属邦论之理论，亦因之大灭杀其效力，则已无丝毫可疑之点矣。"［［日］陆奥宗光：《日本侵略中国外交秘史》（原名《蹇蹇录》），龚德柏译，商务印书馆，民国18年（1929），第7～8页］光绪二十年（1894）清政府应朝鲜政府的请求，派兵前往镇压东学党起义时，就是按照光绪十一年（1885）中日《天津条约》的规定，令驻日使臣汪凤藻将此事通知日本的。

历史地位，近代外交史论著一般都会提到它;① 有关李鸿章对日决策的专题论著也有相当深度的涉及。但这些研究主要以李鸿章作为研究的起点，基于中方谈判记录，介绍谈判的过程以及该条约的内容，间而有辨析谈判中双方争执的几个主要问题之事实真相，对于清政府在撤兵问题上曲折的决策过程则未论及。以李鸿章作为研究的起点，在谈到清政府撤兵等决策经过时，则说法莫衷一是：有的认为李鸿章主张撤兵②，有的认为中国撤兵是日本请求英国驻华公使巴夏礼从中斡旋的结果③；清政府在其中的立场反而难以看清。

其实，清政府在撤兵这一重大问题上的决策，经历了一个曲折的过程。日本提出撤兵要求后，最初是由驻日使臣徐承祖与之交涉的。对于日本的要求，清政府一开始就断然拒绝，后因徐承祖的积极提议、李鸿章的促进，直至日本要求来华谈判前夕，才把撤兵作为谈判中可以接受的条件，但态度依然不十分明确。天津谈判的中方记录与日方记录，详略悬殊，中方"删简"部分，在今天看来，包含着影响两国历史进程的重要历史事实之记载。此外，由于徐承祖的相关情报，中日双方在谈判地点的选择上，还经历了一番周折。其间，徐承祖雇用日本间谍获取情报的方式，也分外引人注目。以徐承祖作为考察中日《天津条约》的切入点，将中方和日方的谈判记录两相比照，能很好地帮助我们把这一时期清政府在朝鲜

---

① 如中国社会科学院近代史研究所《日本侵华七十年史》和王如绘《近代中日关系与朝鲜问题》，就对此有不同程度的讨论。

② Albert Philip Ludwig, "Li Hung Chang and Chinese Foreign Policy, 1870-1885," PhD Dissertation, University of Califonia, 1936, pp. 385-386; 王信忠：《中日甲午战争之外交背景》，第 78 页；梁中英：《李鸿章对日外交决策之研究》，台北：出版者不详，1974，第 107~108 页。

③ 〔日〕田保桥洁：《近代日朝关系之研究》上卷，1940 年刊印，1972 年宗高书房复印，第 1075~1079 页。这一观点为后来学者采用。〔日〕信夫清三郎编《日本外交史》上册，天津社会科学院日本问题研究所译，商务印书馆，1980，第 205~206 页。

问题上的对日决策之形成过程，做一个深入的考察，[1] 也可从一个侧面揭示这一时期清政府对日决策的渊源及曲折的流变过程，以及该条约重要条款达成的深层背景。

第一节 提前赴任

光绪十年十月二十三日（1884 年 12 月 10 日），清政府忽然接电禀，朝鲜突发事变，中国驻朝军队与日军发生冲突。[2] 当时，中法战争前途未卜，朝鲜自"壬午兵变"后，政局也未稳定。日本突然启衅中国，清政府"骇诧"之余，担心日本借中法有事之时伺隙寻衅，"事关重大"，不得不迅速"严密筹办"。次日，清政府发布谕旨分头部署。其一，通过清政府统带驻防朝鲜各营提督吴兆有等，传知朝鲜方面静候大员前往查办，并饬令吴等与日本驻朝公使从容商办。其二，命李鸿章会同左副都御史吴大澂规划朝事，由吴及两淮盐运使续昌前往朝鲜探明致乱缘由；同时命将援台之北洋快船"超勇"号、"扬威"号二舰调回，由丁汝昌统率赴朝，会同吴兆有等相机定乱；并命盛京将军庆裕妥筹备御。[3] 其三，命出使日本

---

① 关于徐承祖的报告与天津谈判的关系，仅见于 Chow Jen Hwa, *China and Japan: The History of Chinese Diplomatic Missions in Japan, 1877-1911* 的相关部分（p. 166），比较简略。此外，河村一夫的『清仏戦争の際の李鴻章——原敬在天津領事の観察を通じて見たる』（『近代日中関係史の諸問題』、東京、南窓社、1983、35-36 頁）从比较史的角度注意到徐承祖给清政府的部分报告，但没有进一步关注其对清政府对日外交的影响。

② 《北洋大臣来电》，光绪十年十月二十三日到，载故宫博物院编《清光绪朝中日交涉史料》卷 5，第 24 页。

③ 《奉旨朝鲜启衅之由著黎庶昌密探实情随时电闻事》，光绪十年十月二十四日，清代军机处电报档汇编·谕旨类·电寄谕旨档（以下简称"电寄谕旨档"），档号：1-01-12-010-0207，缩微号：001-0226；《军机处密寄直隶总督李鸿章等上谕》，光绪十年十月二十四日，载故宫博物院编《清光绪朝中日交涉史料》卷 5，第 25 页；《直督李鸿章致总署韩乱党劫王妃中日已结仗电（附上谕）》，载王彦威纂辑，王亮编《清季外交史料》卷 49，第 27~28 页。

大臣黎庶昌和徐承祖密探日本方面有关朝鲜启衅之由及日方举动。① 当时，徐承祖正准备前往福建省亲。为此，清政府电谕闽浙总督及两江总督等转饬徐承祖，迅速赴任。②

接旨时，徐承祖仍在上海，尚未前往福建。他复电称，十一月初二日（12月18日）方有前往日本的商轮，届时即遵旨搭乘前往。同时提议邀请日本驻上海领事安藤太郎与他同行，先赴朝鲜查解。③ 接电后，光绪帝再下谕旨，朝鲜致乱根由尚未获李鸿章查复，著徐承祖仍遵前旨迅赴日本密探该国实情。电奏所请先赴朝鲜毋庸议。④

当时，黎庶昌在东京最初探得的情形比较乐观。其时日本外务卿在山口、陆军卿在熊本，东京"实无甚动静"。他致电使团驻长崎理事官余瓗亲往密查，并建议清政府"似宜抽一二兵船至仁川一行"。⑤ 黎庶昌继而与日本外务大辅会面，日方表面看来尚未得知事变真相，黎于是切嘱余瓗致电竹添排解，认为当不致大有波澜。二十六日（12月13日），余瓗探察的结果是，日本连日无动静，尚未增兵，为此，

---

① 《军机处奏片》，光绪十年十月二十四日，载故宫博物院编《清光绪朝中日交涉史料》卷5，第25页；《军机处电寄黎庶昌徐承祖谕旨》，光绪十年十月二十四日，载故宫博物院编《清光绪朝中日交涉史料》卷5，第24页。

② 《奉旨朝鲜内乱与日本交涉事紧要著徐承祖迅速赴任事》，光绪十年十月二十四日，电寄谕旨档，档号：1-01-12-010-0208，缩微号：001-0227；《军机处电寄曾国荃等谕旨》（光绪十年十月二十四日），《闽督来电》（光绪十年十月二十七日到），载故宫博物院编《清光绪朝中日交涉史料》卷5，第24、29页。

③ 《收出使大臣徐来电》，光绪十年十月二十六日到，电报档，档号：2-02-12-010-0944，缩微号：003-1221；《出使日本大臣徐承祖电》，光绪十年十月二十六日到，载故宫博物院编《清光绪朝中日交涉史料》卷5，第27页。

④ 《奉旨朝鲜致乱根由著徐承祖迅赴日本密探事》，光绪十年十月二十六日，电寄谕旨档，档号：1-01-12-010-0211，缩微号：001-0230；《军机处电寄徐承祖谕旨》，光绪十年十月二十六日，载故宫博物院编《清光绪朝中日交涉史料》卷5，第28页；《旨着徐承祖赴日密探日韩情形电》，光绪十年十月二十六日，载王彦威纂辑，王亮编《清季外交史料》卷49，第31页。

⑤ 《北洋大臣来电》，光绪十年十月二十五日到，载故宫博物院编《清光绪朝中日交涉史料》卷5，第26页。

黎庶昌建议中方军舰也不宜急行。① 其时，总署大臣徐用仪、邓承修
与日本驻华公使榎本武扬会晤，日本驻天津领事原敬谒见李鸿章，此
日本驻华使领二人均称尚未得知朝鲜事变真相，并表示中日"不宜兴
兵失和"，此印证了黎的说法。② 的确，日本政府最初是从中国驻日使
馆所接总署电报中得知事变的消息的（十月二十四日，12 月 11
日）。③ 两天后，十月二十六日（12 月 13 日）日本政府才收到竹添关
于朝鲜京城事变的电报。数日后，竹添属下携竹添公文到外务省面
禀，日本政府这才完全了解事情的始末。④ 为此，清政府一时难以断
定朝鲜事变究竟与日本有多大关系，决定将重点首先放在查明事变的
真相上。⑤ 二十七日（12 月 14 日），清政府通过黎庶昌与日方及时沟
通。黎庶昌奉命请外务卿代理吉田清成转告井上馨，两国兵勇在朝鲜
争闹是实，但因何事启衅，俱不得其详，也不知竹添公使现在何处；
并表示此事无论其争闹情形如何，绝非两国政府之意，希望日本外务
省也能"调停息争"⑥。清政府同时再次电谕徐承祖，因尚不确知朝鲜
致乱的原因，令仍"遵前旨迅赴日本密探该国实情"，先赴朝鲜之
议无须提起。⑦ "密探该国实情"是徐承祖提前赴任的首要任务。二

---

① 以上见《北洋大臣来电》，光绪十年十月二十六日到，载故宫博物院编《清光绪朝
中日交涉史料》卷 5，第 28 页。

② 《徐用仪邓承修与日使榎本武扬问答节略》，《军机处奏录呈李鸿章电信等件片》，光
绪十年十月二十六日；《北洋大臣来电》，光绪十年十月二十六日到；载故宫博物院编《清光
绪朝中日交涉史料》卷 5，第 26~27、28 页。

③ 「3. 朝鮮事変/1 概説」JACAR、Ref. B03030194400、対韓政策関係雑纂/明治十七年
朝鮮事変（1-1-2-3_ 23_ 001）（外務省外交史料館）。

④ 「全権大使井上馨帰朝復命ノ件」JACAR、Ref. A03023655800、公文別録・朝鮮事変
始末・明治十七年・第一巻・明治十七年（国立公文書館）。

⑤ 《军机处电寄李鸿章谕旨》，光绪十年十月二十六日，载故宫博物院编《清光绪朝中
日交涉史料》卷 5，第 27 页。

⑥ 「清国公使ヨリ外務卿代理宛」、光绪十年十月二十七日、「1. 朝鮮暴動事件一/1
〔明治 17 年 12 月 12 日から明治 17 年 12 月 19 日〕」JACAR、Ref. B03030193500、対韓政策
関係雑纂/明治十七年朝鮮事変（1-1-2-3_ 23_ 001）（外務省外交史料館）。

⑦ 《军机处电寄徐承祖谕旨》，光绪十年十月二十六日，载故宫博物院编《清光绪朝中
日交涉史料》卷 5，第 28 页。

十七日（12 月 14 日），徐承祖通过两江总督、南洋大臣曾国荃致电清政府，定于十一月初二日（12 月 18 日）启程。①

自徐承祖确定行期至启程的数日间，朝鲜局势迅速恶化。二十六日（12 月 13 日）酉刻，余瑞接仁川急信，"土人焚日馆"，竹添进一郎回国请兵，已到长崎。闻此黎庶昌请清廷迅速派兵船赴援。② 二十七日（12 月 14 日），广岛兵约七百名，乘"扶桑""比睿"二舰已发往仁川。黎庶昌再次强调，中国派兵不可再缓。③ 稍后，日本驻天津领事原敬也向李鸿章通告日使馆被焚的消息；与此同时，驻朝中国军队也来电"请兵救援"。④

尽管如此，清政府对朝鲜局势总体仍持乐观态度。清政府认为，朝鲜致乱之由还未得到确信。吉田回复黎庶昌的信，尽管通篇主要从竹添的角度复述事变概况，但最后也表示他本人深深期望此等争闹不至于令两国失好，且拟将黎来信所示尽快通报外务卿。⑤ 日本驻华公使榎本武扬和驻天津领事原敬也都表示，日本"政府实无与华开衅之意"，甚至有"此事或由乱党煽惑，使我两国之官不和"之言。因此，即使有竹添回国请兵的消息，清政府也认为"朝鲜不致有大波澜"。又认为焚毁日馆与中国"无涉"，强调总署与榎本武扬屡次问答"均悉此意"。对于驻朝军队的请兵要求，则责问其"此事本未与日国开衅，何援之有"。甚至认为，驻朝清军"所禀殊未可尽信"。

---

① 《南洋来电》，光绪十年十月二十七日到，电报档，档号：2-02-12-010-0955，缩微号：003-1224；《南洋大臣来电》，光绪十年十月二十七日到，载故宫博物院编《清光绪朝中日交涉史料》卷 5，第 29 页。

② 《北洋大臣来电》，光绪十年十月二十七日到，载故宫博物院编《清光绪朝中日交涉史料》卷 5，第 28 页。

③ 《北洋大臣来电》，光绪十年十月二十八日到，载故宫博物院编《清光绪朝中日交涉史料》卷 5，第 36 页。

④ 《北洋大臣来电》，光绪十年十一月初一日到，载故宫博物院编《清光绪朝中日交涉史料》卷 6，第 1 页。

⑤ 「外務卿代理ヨリ清国公使宛」、明治 17 年 12 月 14 日、「1. 朝鮮暴動事件一/1〔明治 17 年 12 月 12 日から明治 17 年 12 月 19 日〕」JACAR、Ref. B03030193500、対韓政策関係雑纂/明治十七年朝鮮事変（1-1-2-3_ 23_ 001）（外務省外交史料館）。

清政府的决策是，依既定方针令李鸿章调船备用，派吴大澂前往朝鲜确切查明事变真相。清政府相信，处理朝鲜问题，"但将朝鲜肇乱罪魁查明惩办，即可平乱党而息争端"。鉴于黎庶昌提到事变可能使日本外务省起疑，进而强调当下处理办法，应"以查办乱民、保护朝王、安日人之心，并剖析中倭误会打架以释衅端，为第一要义"。① 十一月初，黎庶昌向外务省传达清政府的和平之意。日本方面答复，已派人赴朝查明细节，具体处理意见尚未确定。当时，传言外务卿井上馨将亲赴朝鲜，且继续派兵前往。②

综观徐承祖赴任前夕之国内国际局势，看似平静实则隐藏危机。看似平静，是因为中日双方均尚未确知事件的真相，又相互示好，至少使清政府方面对事件处理前景相当乐观。隐藏危机则是因为日本调兵遣将，已露势在必行、志在必得之势了。

十一月初二日（12月18日），徐承祖肩负"密探""实情"之责，乘坐日本商轮"名古屋"号从上海启程赴日。③ 翻译参赞杨枢、徐承礼，随员参赞、后来的神户正理事陈明远等随行。初四日（20日）到长崎④，初六日（22日）抵神户⑤。

徐承祖一行一到长崎，在行进途中就协同黎庶昌开始"密探"事变

① 《军机处密寄直隶总督李鸿章等上谕》，光绪十年十月二十八日；《军机处电寄吴大澂谕旨》，光绪十年十月二十九日；载故宫博物院编《清光绪朝中日交涉史料》卷5，第31、36页。

② 《北洋大臣来电》，光绪十年十一月初二日到，载故宫博物院编《清光绪朝中日交涉史料》卷6，第3页。

③ 《出使日本徐来电》，光绪十年十一月初二日到，电报档，档号：2-02-12-010-0978，缩微号：003-1231；《出使日本大臣徐承祖来电》，光绪十年十一月初二日到，载故宫博物院编《清光绪朝中日交涉史料》卷6，第3页。据称，此前公使等乘坐兵船赴任是惯例。"甲申事变"爆发后，兵船不够，因此徐承祖搭乘日本公司的轮船赴任了。徐承祖：《奏报出使日本出洋日期折》，光绪十年十一月初一日，台北故宫博物院故宫文献编辑委员会编《宫中档光绪朝奏折》第2辑，台北故宫博物院，1975，第699~700页。

④ 《又电》，光绪十年十一月初五日，电报档，档号：2-02-12-010-0998，缩微号：003-1242；《出使日本大臣黎庶昌来电》，光绪十年十一月初五日到，载故宫博物院编《清光绪朝中日交涉史料》卷6，第9页。

⑤ 《出使徐来电》，光绪十年十一月初七日到，电报档，档号：2-02-12-010-1011，缩微号：003-1247。

"实情"。初五日（21 日），井上馨致函黎庶昌，要其转告总署，日本将特派全权大使委以便宜行事大权赴朝商议办法，希望中国也酌派便宜大臣赴朝以便商妥后盖印。井上又称，如果中国派兵，日本也将带兵前往，如中国不派，日本也不带。[①] 同日，黎庶昌获悉，井上馨充便宜行事大臣将于次日启程赴朝，且兵已备待。同时他听说金玉均已到日本。黎庶昌认为，此次事件，中国应"让日责朝"。[②] 此时抵达长崎的徐承祖则通过余理事密探获悉，朝事日本也出意料之外，似非指使。日本因需保护侨民，已派几艘军舰和数百名士兵赴朝。徐承祖借中日官商之意，认为中国应派员讲解为妥。他将所得消息及其建议通过黎庶昌转电总署。[③]

初六日（22 日），总署电复黎庶昌，中国派出的行事大臣有"商办之权"，但"仍须请旨而行，与外洋法度不同"；告知吴、续二星使已起程，带兵四百，为弹压护卫之用，无他意；并令转告井上，抵朝后，可与中国星使商议一切。当时榎本有照会，总署已照此相复。[④] 次日，奕劻等又特意前往日本驻华公使馆，就中国所派前往朝鲜钦差大臣的权制分位问题，向日方表明立场。奕劻等强调，按照中国体制，凡钦差均须请旨办理；同时表明中方处理事变的立场是"迅速了结，和衷商办"。榎本等表示赞同，并将其意转达本国政府。[⑤] 此时，

---

① 《出使大臣黎来电》，光绪十年十一月初五日到，电报档，档号：2-02-12-010-0995，缩微号：003-1241；《出使日本大臣黎庶昌来电》，光绪十年十一月初五日到，载故宫博物院编《清光绪朝中日交涉史料》卷 6，第 9 页。

② 《北洋大臣来电》，光绪十年十一月初六日到，载故宫博物院编《清光绪朝中日交涉史料》卷 6，第 10 页。

③ 《又电》，光绪十年十一月初五日，电报档，档号：2-02-12-010-0998，缩微号：003-1242；《出使日本大臣黎庶昌来电》，光绪十年十一月初五日到，载故宫博物院编《清光绪朝中日交涉史料》卷 6，第 9 页。

④ 《发黎大臣电》，光绪十年十一月初六日，电报档，档号：2-02-12-010-0998，缩微号：003-1242；《发出使日本大臣黎庶昌电》，光绪十年十一月初六日，载故宫博物院编《清光绪朝中日交涉史料》卷 6，第 10 页；《总署致黎庶昌吴续二使起程带兵弹压请告井上电》，十一月初六日，载王彦威纂辑，王亮编《清季外交史料》卷 50，第 19 页。

⑤ 《奕劻等与日使榎本武扬问答节略》，光绪十年十一月初七日，载故宫博物院编《清光绪朝中日交涉史料》卷 6，第 12 页。

徐承祖刚刚抵达神户。他通过神户理事黎汝谦获知，井上馨将作为全权大臣赴朝，谣传日本已备兵数千。他请示清政府对朝事的处理意见，同时建议"以速派了事大员迅往为是"①。

李鸿章得知金玉均在日后，甚为担心日本方面受其影响而激化事态。② 他电告黎庶昌和徐承祖，令转告日本政府不要为金玉均所"播弄"③；他同时致电吴大澂，令就金玉均逃日一事与井上馨辨析④。初七日（23 日）夜，日本领事原敬访李鸿章，称只要中国不添兵，日方也不添。关于金玉均问题，原敬则称金以前在日本欠债太多，似未敢再赴日本。同时他声称，井上前往朝鲜不确，恐另派员。⑤ 原敬所说与事实不尽相符。如黎庶昌来电报告的，井上馨如期于初六日（22日）带领属下以及陆军中将高岛鞆之助、海军大辅桦山资纪及其僚属从东京出发前往横滨，当天乘坐汽船南行。不过原敬的电报对井上的行程的确产生影响。初八日（24 日）井上一行抵达下关时，收到由外务大辅吉田清成转来的原敬电报，得知清国使臣吴大澂"带兵五百（实际四百）赴朝"，考虑到清政府在朝鲜的影响力，井上便禀请率大队护卫兵前往，获准，在下关暂时等候。十二日（28 日）护卫兵到齐，井上一行离开下关，十四日（30 日）抵达朝鲜仁川港。⑥ 井上带兵赴朝之事，日本政府后来才照会中国政府。而清政府至此获悉的

① 《出使徐来电》，光绪十年十一月初七日到，电报档，档号：2-02-12-010-1011，缩微号：003-1247；《出使日本大臣徐承祖来电》，光绪十年十一月初七日到，载故宫博物院编《清光绪朝中日交涉史料》卷 6，第 10 页。

② 《北洋大臣来电》，光绪十年十一月初六日到，载故宫博物院编《清光绪朝中日交涉史料》卷 6，第 10 页。

③ 《寄日本黎徐二使》，光绪十年十一月六日戌刻，载吴汝纶编《李文忠公全书·电稿》卷 4，第 34 页。

④ 《寄昌黎交吴钦差》，光绪十年十一月初七日巳刻，载吴汝纶编《李文忠公全书·电稿》卷 4，第 35 页。

⑤ 《北洋大臣来电》，光绪十年十一月初八日到，载故宫博物院编《清光绪朝中日交涉史料》卷 6，第 11 页。

⑥ 「全権大使井上馨帰朝復命ノ件」JACAR、Ref. A03023655800、公文別録·朝鮮事変始末·明治十七年·第一巻·明治十七年（国立公文書館）。

事变情报，仍使其持较为乐观之态度。

初八日（24 日），清政府电告黎庶昌和徐承祖，"朝事以定乱弥衅为主"，中国赴朝大使吴大澂、续昌虽带兵但无意引发任何冲突。令进一步确认，井上不赴朝鲜又将派何人，金玉均到日是否确实。① 次日，黎庶昌获悉，日本实际已备兵数千人在熊本，雇定公司船十二日（28 日）待发。黎提请清政府"宜防"。②

初九日（25 日），徐承祖抵横滨，进东京。③ 初十日（26 日）与黎庶昌办理交接事宜④，十一日（27 日）往外务省商议递交国书事。由于临近阳历年底，国书至十七日（1885 年 1 月 2 日）才呈递。⑤ 交接之后，黎庶昌本拟即行回国，但因朝鲜与日本有事，清政府命其暂

---

① 《发出使日本大臣徐承祖电信》，光绪十年十一月初八日，载故宫博物院编《清光绪朝中日交涉史料》卷 6，第 11 页；《总署致黎庶昌朝鲜事以定乱弥衅为主电》，光绪十年十一月九日，载王彦威纂辑，王亮编《清季外交史料》卷 51，第 1 页。按：上述两份电报内容完全一致，因是清政府同一天同时发给黎庶昌和徐承祖的。

② 《北洋大臣来电》，光绪十年十一月初九日到，载故宫博物院编《清光绪朝中日交涉史料》卷 6，第 12 页；《使日黎庶昌致总署日备兵数千待发宜防电》，光绪十年十一月九日，载王彦威纂辑，王亮编《清季外交史料》卷 51，第 2 页。

③ 《北洋大臣来电》，光绪十年十一月初九日到，载故宫博物院编《清光绪朝中日交涉史料》卷 6，第 12 页。

④ 《出使日本大臣徐承祖来电》，光绪十年十一月十一日到，载故宫博物院编《清光绪朝中日交涉史料》卷 6，第 27 页。《清季中外使领年表》记到任的时间十月十日（第 28 页）有误。徐承祖于十月二十四日接清政府提前赴任的谕旨（《军机处电寄曾国荃等谕旨》，光绪十年十月二十四日，载故宫博物院编《清光绪朝中日交涉史料》卷 5，第 24 页），十一月初二日从上海启程（《南洋大臣来电》，光绪十年十月二十七日到，载故宫博物院编《清光绪朝中日交涉史料》卷 5，第 29 页），到任的时间应在十一月。

⑤ 「清国新任公使賜謁ノ件」JACAR、Ref. A01100288000、公文録・明治十八年・第百三十一巻・明治十八年一月–三月・宮内省（国立公文書館）；「清国新任公使徐承祖来着国書同上（同使節国書捧呈済ノ件）」JACAR、Ref. A01100280300、公文録・明治十八年・第九巻・明治十八年一月–三月・外務省（国立公文書館）；「簿冊表紙・目次等」JACAR、Ref. A15100060400、各種日誌・日記・明治十八年元老院日誌・一月–三月（国立公文書館）；「1 月 2 日　清国新任公使国書捧呈の件」JACAR、Ref. C10101573700、明治 18 年・受号通覧・巻 1・1 月分（防衛省防衛研究所）；「外務より清国新任特命全権公使謁見拝呈済云々通知」JACAR、Ref. C04031596200、明治 18 年「大日記 1 月陸軍省総務局」（防衛省防衛研究所）；《北洋大臣来电》，光绪十年十一月十六日到，载故宫博物院编《清光绪朝中日交涉史料》卷 6，第 34 页。

留三个月，会同徐承祖商办一切。① 对于清政府的旨意，徐承祖尊奉，② 但黎庶昌提出另外的想法。此时，清政府查办朝鲜事务大臣吴大澂、续昌已启程赴朝，日本外务卿井上馨也已以全权大臣身份赴朝鲜办理一切。考虑到事件均在朝鲜商议，黎庶昌于卸任次日，电请或准回籍，或赴朝鲜一行。③ 十二日（28 日），清政府电谕，黎庶昌对日本情形熟悉，令仍遵前旨暂留三月，毋庸赴朝。同时令黎庶昌、徐承祖告知日方，金玉均系朝鲜"乱党"，"勿听播弄，免生枝节"。又令两人仍旧确探日本动静，随时电闻。④ 接电旨后，徐承祖再请旨：按照西例，徐承祖既已到任，黎庶昌虽情形稍熟也不能去外务省论事；且朝事日本已派全权大臣前往，黎庶昌要求或赴朝或准回国，"俱实情，非推诿"；金玉均问题俟他呈递国书后向外务省言之。⑤ 其时，清政府刚刚收到朝鲜国王及驻防朝鲜提督吴兆有等来信，朝鲜事变真相大白。此次朝鲜之事，系由该国"乱党"勾结日人所致，"日人心怀叵测，其为伺隙生衅以图狡逞，情节显然"⑥。清政府虑及朝日事务紧要，虽然黎庶昌已不便亲自出面与外务省交涉，但可将平日一

---

　　① 《电寄黎庶昌谕旨》，光绪十年十一月初十日，电寄谕旨档，档号：1-01-12-010-0229，缩微号：001-0249；《军机处电寄黎庶昌谕旨》，光绪十年十一月初十日，载故宫博物院编《清光绪朝中日交涉史料》卷6，第13页。

　　② 《出使日本大臣徐承祖来电》，光绪十年十一月十一日到，载故宫博物院编《清光绪朝中日交涉史料》卷6，第26~27页。

　　③ 《出使黎大臣来电》，光绪十年十一月十一日到，电报档，档号：2-02-12-010-1028，缩微号：003-1254；《出使大臣黎庶昌来电》，光绪十年十一月十一日到，载故宫博物院编《清光绪朝中日交涉史料》卷6，第26页。

　　④ 《奉旨金玉均系朝鲜乱党著黎庶昌告知日人勿听播弄事》，光绪十年十一月十二日，电寄谕旨档，档号：1-01-12-010-0230，缩微号：001-0250；《军机处电寄黎庶昌等谕旨》，光绪十年十一月十二日，载故宫博物院编《清光绪朝中日交涉史料》卷6，第31页。

　　⑤ 《出使日本徐使电》，光绪十年十一月十三日到，电报档，档号：2-02-12-010-1037，缩微号：003-1259；《出使日本大臣徐承祖来电》，光绪十年十一月十三日到，载故宫博物院编《清光绪朝中日交涉史料》卷6，第32页。

　　⑥ 《军机处密寄李鸿章等上谕》，光绪十年十一月十二日，载故宫博物院编《清光绪朝中日交涉史料》卷6，第31页。

切情形告知徐承祖，仍令其遵前旨暂留，随时与徐会商。① 最后，黎庶昌既没有立即回国，也未遵原旨羁留三个月，但为徐承祖独立处理事变而协助其做了不少过渡性工作。

十四日（30日），日方向徐承祖等重提中国派往朝鲜商办大臣的权限问题，要求转电清政府。日方声称，日本"满望和平速了此事"，所以派井上全权便宜行事。如果中国也同此意，不妨破格给予吴、续二星使或别位大臣有便宜决断之权，使权位相当，"从善商办"。同时声明，因听说吴、续二人带兵四百人，所以井上也如数带往，"以备护卫用"。黎庶昌协同徐承祖将日方要求摘要电总署，请转奏。② 次日，清政府来电婉转拒绝。理由是，中国自崇厚出使获咎后，久废全权名目；因为担心全权所定议者皇上或不准，反得周折。若得旨允行，"决无更改"。并指出，此次中国先派钦差"正欲速了之意"，吴系副宪大员，奉有"和衷商办，迅速了结"之旨，权位不轻；要求日本"勿以西例强我所难"。③

十八日（1885年1月3日）即呈递国书后次日晨，徐承祖前往会晤代理外务卿吉田清成。吉田就处理此次朝鲜事变的基本原则、派兵理由，以及对金玉均的处理意见表明立场。他声称：日本绝无利用朝土欺侮朝鲜之意，请中国"勿稍怀疑"；只是朝人与日人屡次寻衅，

---

① 《奉旨朝日事紧要著黎庶昌将各情告知徐承祖事》，光绪十年十一月十四日，电寄谕旨档，档号：1-01-12-010-0235，缩微号：001-0255；《军机处电寄黎庶昌等谕旨》（光绪十年十一月十二日）、《军机处电寄徐承祖黎庶昌谕旨》（光绪十年十一月十四日），载故宫博物院编《清光绪朝中日交涉史料》卷6，第31、32页。

② 《为日本外务拟请转电委员与井上会商等事》，光绪十年十一月十四日，电报档，档号：2-02-12-010-1039，缩微号：003-1259；《出使日大臣徐承祖来电》，光绪十年十一月十四日到，载故宫博物院编《清光绪朝中日交涉史料》卷6，第32页。

③ 《发出使日本黎徐电》，光绪十年十一月十五日，电报档，档号：2-02-12-010-1042，缩微号：003-1260；《发出使日本大臣黎庶昌徐承祖电》，光绪十年十一月十五日，载故宫博物院编《清光绪朝中日交涉史料》卷6，第32页；《总署致黎庶昌中国先派钦差正欲速了之意电》，光绪十年十一月十五日，载王彦威纂辑，王亮编《清季外交史料》卷51，第5页。

"未免不合"；至于此次井上赴朝，也只为和平了结而已；派兵千人是为护卫，中国如不添兵，日本也不添。对于金玉均，吉田则称其为朝鲜歹人，"不配播弄"，"在日亦如未在"。① 会晤后，徐承祖即会同黎庶昌将相关情形电告李鸿章。李鸿章接电后，与天津领事原敬会面，原敬所言与之相同，遂向总署建议目前以"不遽添调为妥"。②

二十二日（1月7日），李鸿章将总署之电转寄黎庶昌和徐承祖，令转告日本外务省，朝鲜之变罪在朝鲜政府内部两党，希望中日两国派往朝鲜之代表相互"见谅"，"和平商办"。③ 时黎庶昌和徐承祖探得在逃的金玉均隐匿在东京庆应义塾福泽谕吉家后，建议密嘱朝鲜国王出面与日交涉。④ 有关金玉均问题详参第八章所论。

二十八日（13日），黎庶昌和徐承祖探知井上随员已于二十七日（12日）回到马关，其在给日本政府的电报中称"我所要求，朝王已允，皆如愿以偿。事已了结。四五日即可回国"等。未提中国在朝商办大臣吴、续二人，亦未明说朝王所允何事。⑤ 十二月初四日（1月

---

① 《北洋大臣来电》，光绪十年十一月十九日到，电报档，档号：2-02-12-010-1053，缩微号：003-1265；《北洋大臣来电》，光绪十年十一月十九日到，载故宫博物院编《清光绪朝中日交涉史料》卷6，第35页。

② 李鸿章：《黎庶昌电日外务云井上带兵千人护卫中国如不添兵日本亦不添兵目前自以不遽添调为妥法舰赴仁川之说尚无确信》，光绪十年十一月二十一日，馆藏：01-25-016-01-004。

③ 《寄日本黎徐二使》，光绪十年十一月二十二日戌刻，载吴汝纶编《李文忠公全书·电稿》卷4，第43页。

④ 《出使黎徐大臣来电》，光绪十年十一月二十七日到，电报档，档号：2-02-12-010-1073，缩微号：003-1273；《出使日本大臣黎庶昌徐承祖来电》，光绪十年十一月二十七日到，载故宫博物院编《清光绪朝中日交涉史料》卷6，第35页；《使日黎庶昌徐承祖致总署请嘱韩王向日本索交金玉均电》，十一月二十七日，载王彦威纂辑，王亮编《清季外交史料》卷51，第11页。

⑤ 《寄译署》，光绪十年十一月二十八日戌刻，载吴汝纶编《李文忠公全书·电稿》卷4，第48页；《北洋大臣来电》，光绪十年十一月二十八日夜到，载故宫博物院编《清光绪朝中日交涉史料》卷6，第36页；《直督李鸿章致总署据井上电日廷谓韩事如愿以偿电》，十一月二十八，载王彦威纂辑，王亮编《清季外交史料》卷51，第13页。按：井上馨一行于1月12日（十一月二十七日）下午4时乘坐汽船"近江丸"号离开仁川，14日（二十九日）上午9点抵达下关。「全権大使井上馨帰朝復命ノ件」JACAR、Ref. A03023655800、公文別録·朝鮮事変始末·明治十七年·第一巻·明治十七年（国立公文書館）。

19日)，井上馨回到东京。[①] 朝事转移到日本后，逐渐由徐承祖独立应对。黎庶昌则于十二月十八日（2月2日）冒雪离开东京，经横滨回国，当时他正丁忧。

徐承祖出使时，新带人员大致15人。[②] 据光绪十年十二月初六日（1885年1月21日）抵任之初他照会日本外务卿井上馨的使署员弁仆役名单，计使署人员15人，分别是：参赞官陈明远，翻译官杨枢和徐广坤，随员淞林、严士管[③]、姚文栋、梁伟年、陈衍蕃[④]、谢传烈、梁继泰、陈家麟，医官葛能存，日文翻译卢永铭和刘庆汾，武弁黄国春。此外，另有两名亲属张达元和詹昂[⑤]甫，东文教习荒木道繁，4名学生李大林、杨道承、陶大均、吴开麟，以及31名使馆仆役，含日本人和中国人，名字一一罗列通报。[⑥] 使署人员中的陈衍蕃和谢传烈均在任上身故。陈衍蕃是原何如璋使团随员，于光绪十年（1884）被重调到东京，派令经理文牍，随办交涉诸务，“矢慎矢勤，深资得力”；后因日本滨海地土卑湿，感染湿疫之症，于光绪十三年八月初四日（1887年9月20日）遽尔身故。[⑦] 谢传烈在使署中主要也是经理文牍，后于光绪十年七月十一日（1884年8月31日）陡患急症，片刻身故。[⑧] 这些东文学生虽然后来被选为使团正式东文

---

① 《北洋大臣来电》，光绪十年十二月十五日到，载故宫博物院编《清光绪朝中日交涉史料》卷6，第45页；「栗香斋笔話」、明治18年、『宮島誠一郎文書』、C17-2；「清使笔談・一号」、『宮島誠一郎關係文書』、2142。

② 「清使笔談・一号」、『宮島誠一郎関係文書』、2142。

③ 原文作"棺"，应为"管"。

④ 即陈衍范。

⑤ 原文为"郖"，疑为"昂"字。

⑥ 「1. 明治十八年分」JACAR、Ref. B18010413800、各国外交官及領事官其他「リスト」雑纂/在本邦之部・第二卷/各国公使館員及領事館員姓名調書（6.1.8.7_1_2）（外務省外史料館）。

⑦ 徐承祖：《奏为所带随员补用通判陈衍蕃在差身故请旨议恤事》，光绪十三年九月二十四日，录副奏折，档号：03-5229-033，缩微号：397-0283。

⑧ 徐承祖：《奏为随员增生谢传烈东渡到国陡患急症殒命请议恤事》，光绪十一年九月初二日＊，录副奏片，档号：03-5200-018，缩微号：395-1558。

翻译官者为数不多，当时也不能独当一面，但不能完全忽视他们。如黎庶昌送呈总理衙门的咨文中，就附录了一份刘庆汾和杨道承同译、录自《朝野新闻》的关于国际法上的宣战问题的长篇报道。① 可见东文学生在使署中承担一定的任务。

　　徐承祖奏留了一些原黎庶昌使团人员，除翻译人员，另有3名随员，姚文栋、陈嵩泉和于德棽。② 陈嵩泉是原黎庶昌使团驻横滨理署随员，徐承祖接任后经奏留仍派充横滨理事署随员，光绪十二年（1886）十月被调派为神户理事署随员，后也因感染湿毒，于光绪十三年三月十一日（1887年4月4日）在任上病故。③ 姚文栋于光绪十年（1884）十二月满三年，曾由徐承祖保奖。光绪十三年（1887）七月，出使俄、德、奥、荷四国大臣洪钧奏调姚文栋参使俄德等国，获清廷允准。姚文栋行程相当紧促。洪钧简书"层叠催促"，临行时驻日使馆又"经手公事极多"，他日夜料理，"无片刻之暇"，不及回国省亲，④ 旋即束装内渡，驰赴西洋。当时赍有徐承祖咨文，内称姚在日本使馆当差未届三年，应俟到洋后接算。三年期满后，洪钧曾按定章为姚文栋请奖。"谋西洋之行"也是姚文栋的本意。他在徐承祖抵任前夕曾向日本友人谈道："新任徐公使订留此相助，然弟意久役，思暂归省亲，而后谋西洋之行，故未决。然若新公使奏明皇上，则亦未不能⑤遂鄙意，故待其来而商之。"⑥ 光绪十六年（1890）十二月，姚文栋从驻俄德使署随员任上期满销差，呈请"自备资斧"游历印

---

① 黎庶昌：《法取鸡笼告日亦无益惟有发兵攻取北圻论不宣而战早有先例》，光绪十年七月初九日，馆藏号：01-24-012-03-020。

② 徐承祖：《奏为前出使大臣黎庶昌随带出洋直隶试用通判姚文栋等员勤奋从公请照章奖叙事》，光绪十一年二月二十七日，录副奏折，档号：03-5195-003，缩微号：395-0611。

③ 徐承祖：《奏为神户理事署随员陈嵩泉因病身故请从优议恤事》，光绪十三年四月初九日，录副奏片，档号：03-5222-076，缩微号：396-2490。

④ 「姚文棟」、『宮島誠一郎文書』、Reel14、361。

⑤ 原文如此。

⑥ 「清使筆談・一号」、『宮島誠一郎関係文書』、2142。

度、缅甸、暹罗、越南等地，获清廷允准。次年正月初七日（1891年2月15日）他从德国柏林搭乘火车启程，初八日（16日）行抵法国巴黎，出使英、法、意、比大臣薛福成面嘱其顺道阅看印度、缅甸各埠华商行情，并探查云南腾越边境界务及掸人的各处地形。二十六日（3月6日）姚文栋由巴黎搭乘火车启程，次日抵达马赛。二十八日（8日）由马赛搭乘法国公司轮船，经地中海、红海、阿拉伯海，历意大利、奥地利、希腊、土耳其等国，过埃及京城之南，阿喇比（阿拉比）国京城之北，二月十七日（3月26日）抵达印度境内。考察印度多处后，三十日（4月8日）由加尔各答搭乘英国公司轮船，于三月初三日（11日）抵达仰光即缅甸境内。四月初五日（5月12日）由新街雇民船入大盈河，探查各种险要，十六日（23日）抵达腾越也即云南境内，五月二十七日（7月3日）到达云南省城，历时四个多月。当时中国正拟与英法交涉滇缅分界、通商各事宜，云贵总督王文韶认为滇省比邻缅甸、越南，"亟须熟习洋务之员相助"，姚文栋适是其才，奏请将时为盐运使衔直隶候补知府的姚文栋留任云南，交他差遣委用，奉朱批"著照所请"。① 姚文栋"因公来滇"被奏留，他自光绪七年（1881）随使，至光绪十九年（1893），前后已逾十年。在滇任差两年半后，他以必须回乡补葺祖茔为由，向王文韶恳请销差离滇，给咨回籍。王文韶体会姚文栋"远涉重洋，历经烟瘴"，多年艰辛，准其销差。该年十二月，王文韶咨吏部查照，同时会同云南巡抚谭钧培一同附片上奏，奉朱批"吏部知道"。② 姚文栋的南亚和东南亚之行，迄今备受学界关注。

---

① 王文韶：《准前往驻德随员姚文栋禀称游历印度缅甸等处复行抵云南各情由》，光绪十七年九月初一日，馆藏号：01-23-005-02-009；王文韶、谭钧培：《奏为滇省需材孔亟盐运使衔直隶候补知府姚文栋请留云南差遣委用事》，[光绪十七年六月二十三日]，附片，档号：04-01-12-0551-111，缩微：04-01-12。

② 王文韶：《奏为留滇差委直隶补用道姚文栋请销差离滇回籍修墓事》，[光绪十九年十二月二十七日]，附片，档号：04-01-13-0376-025，缩微：04-01-13。

　　使团的参赞官是陈明远。光绪十一年（1885）正月，徐承祖又委使署翻译杨枢兼充参赞，为此照会日本外务省。①理事署方面徐承祖在做新的安排之后，也有一定的改革。抵任之初，徐承祖派蔡轩接替余璱，充任长崎理事官，于光绪十年十一月十八日（1885年1月3日）照会日本代理外务卿吉田清成。1月8日，日本外务省认存后，知照政府各相关部门。徐承祖派遣阮祖棠任驻横滨兼箱馆及筑地、新潟、夷港理事官，接替陈允颐，同日照会吉田。派遣徐承礼接替黎汝谦，充驻神户兼大阪府理事，于光绪十年十一月三十日（1885年1月15日）照会日本外务省；1月19日，日本外务省认存后，知照政府各相关部门。②徐承祖的改革举措主要是，任内增设了一名副理事官。横滨、神户、长崎三口华商最多，前两任驻日使臣已分别设立理事官驻扎，而筑地、箱馆、大阪三口因华商较少，只选令横滨理事官兼管筑地和箱馆，神户理事官兼管大阪。到徐承祖时期，箱馆、新潟、夷港三处"华商渐众"，且"时有交涉事件"。三口距离横滨路程较远，遇有要事鞭长莫及。此外，横滨和筑地两口的交涉事件日益繁重，理事官分身乏术，因此，横滨理事官阮祖棠向徐承祖请求在箱馆、新潟、夷港三口专设理事官一员常驻。徐承祖认为阮祖棠所述"委系实在情形"，但考虑到这三口华商贸易终究不多，如专设理事署会增添巨额经费负担，便采取变通办法。横滨理事署随员刘坤办理交涉事宜是有经验，徐承祖奏请赏给刘坤副理事衔，专管箱馆、新潟、夷港三口之事。每年分冬夏两季前往该三口查阅两次，平时仍驻横滨理事馆署，平常公事仍由邮信往来，遇有要事，即随时前往办理。徐承祖设

---

　　①「1. 西学訳官楊樞　自明治十一年」JACAR、Ref. B16080992600、在本邦各国公使館員任免雑件・支邦之部・第一巻/支那之部/第一巻（6-1-8-2_9_001）（外務省外交史料館）。

　　②「1. 認可状　一名証認状　本邦之部　自明治十五年/11 清之部」JACAR、Ref. B13080048000、委任状並二認可状・第六巻（7-1-1-2_006）（外務省外交史料館）。

想待将来需要时，再奏请派员专驻。徐承祖的建议获准。① 这样，徐承祖时期增添了一名副理事官，但没有增设专门理事署。理事署理事官之责任不可小觑，即使短暂离身，也需及时派人代理。如光绪十一年（1885）五月初，徐承祖派阮祖棠前往长崎公干，横滨理事官一缺即委任使署翻译兼参赞杨枢前往暂行代理，使署翻译事务则调横滨理事署翻译沈铎前来代办。五月下旬，阮祖棠公干完成，徐承祖即饬令其回任，杨枢和沈铎分别各回原职，前后不过 20 来天。徐承祖便将相关变动一并告明时任日本外务卿井上馨。②

徐承祖使团时期东文翻译有两种来源：一是原使团留任者，有横滨理署罗庚龄、神户理署杨锦庭和长崎理署蔡霖；另一是黎庶昌时期开设的东文学堂培养的学生。徐承祖在东文学堂中拣得学生卢永铭、刘庆汾二人，认为他们日语皆"深通晓"，汉语也"明顺"，"足堪胜任"，抵任伊始就派他们在东京使署任东文学习翻译，薪水按旧支给。③ 日方档案中所存甲午战前历届驻日使团在日本各地驻在情况，第三届徐承祖使团名录中不见卢永铭。其实，此时卢永铭已是徐承祖与日本外务省往来交涉的得力助手。④ 中方档案所存徐承祖使团名单中，卢永铭作为东文翻译官名列领薪人员之中。光绪十一年二月初一日（1885 年 3 月 17 日）徐承祖附片奏准，刘庆汾在蔡霖回国后改为

---

① 《使日徐承祖奏添设新潟等处理事折》，光绪十二年正月十七日，载王彦威纂辑，王亮编《清季外交史料》卷 63，第 20~22 页。

② 「4. 横浜在留清国领事阮祖棠氏长崎へ出张不在中公使馆翻訳兼参赞官杨枢氏ニテ事务代理并両氏复任ノ件」JACAR、Ref. B18010313000、在本邦各国领事任免杂件/支那之部/第二卷（6.1.8.3_ 17）（外务省外交史料馆）。

③ 徐承祖：《已递国书正遵旨以难撤驻朝防营极力与井上辩论日乱党起意作践使署欲其国有事中朝遂其私意已照请派捕弹压日外务声言日本绝无利朝土及欺朝鲜之意中国如不添兵日亦不添》，光绪十一年一月初三日，馆藏号：01-25-016-02-014。

④ 「汽船一艘ヲ雇入本省书记官并警部巡查等ヲ朝鲜国へ派遣ノ件」JACAR、Ref. A03023615800、公文别录・外务省・明治十五年-明治十八年・第四卷・明治十七年-明治十八年（国立公文书馆）。

长崎理事署翻译兼办文案。① 卢永铭在做学生之前，已在日本待了两年之久，语言文字更足胜任。② 黎庶昌所设东文学堂开始呈现成效，使团的东文翻译有了新的选择保证。

徐承祖在任内还就使团人员奖励的制度化做了不少工作。相较于西文翻译，东文翻译的奖叙来之不易。如上所说，使团出使日本之初，由于对日本国情不甚了然，使团只随带西文翻译，所以西文翻译从一开始就作为使团正式随员与其他参随人员一样按章保奖，前两任使臣何如璋和黎庶昌都曾不同程度保奖过期满的西文翻译官。但东文翻译官却不然。自何如璋使团始，使团所使用的东文翻译人员一直是雇用的通事。第二届使臣黎庶昌开始设馆自行培养学生，到徐承祖使团时期，东文翻译人员或是使团最初雇用且一直留任的几名通事，或是由东文学堂培养的学生，他们的保奖最初并没有在制度上作规定，尤其前者；后者自光绪八年（1882）九月开馆以后，经始创大臣黎庶昌于光绪十年（1884）闰五月奏请，对其任期、保奖和薪俸有了较明确的规定，均已如上所说。徐承祖既深知东文关系之重要，对于这两种类型的翻译人员"益加策勉"③，从不同角度进一步给予制度化鼓励。

对于东文学堂出身学生既已初步确定保奖制度，徐承祖就进一步奏请将其援例作为监生一体乡试。他于光绪十一年（1885）五月④上奏，希望援照广东同文馆章程"凡学生肄业至三年后者，由该省军督

---

① 徐承祖：《奏为东文翻译官刘庆汾卢永铭期满照章请奖事》，光绪十四年五月初一日，录副奏折，档号：03-5237-006，缩微号：397-1912。

② 黎庶昌：《奏为遵照部议查核原保期满翻译附贡生刘庆汾监生卢永铭按异常劳绩请奖事》，光绪十四年十月初一日，录副奏折，档号：03-5241-073，缩微号：397-2903。

③ 黎庶昌：《奏为遵照部议查核原保期满翻译附贡生刘庆汾监生卢永铭按异常劳绩请奖事》，光绪十四年十月初一日，录副奏折，档号：03-5241-073，缩微号：397-2903。

④ 光绪十一年六月十二日（1885 年 7 月 23 日）总理衙门收徐承祖来函，内称："援例请奖学习东文翻译一片。即祈代呈安折。转呈堂宪鉴阅后，迅赐代递。"（徐承祖：《法事签押后日本民情已平七月将赴大阪西京访察并呈巨文岛地图》，光绪十一年六月十二日，馆藏号：01-25-019-01-015。）这封信按照当时信件投递时间，应写于五月下旬。这里的奏片应该就是为卢永铭和刘庆汾奏请之片。从时间上来看，奏片抵京时间和朱批时间，也符合当时的常规。

抚考取奏请，作为翻译生员及作为监生，均准一体乡试"的规定，给予使署东文学习馆肄业、派充东文学习翻译卢永铭、刘庆汾相同待遇，均准二人作为监生一体乡试。清政府令总理衙门议奏。① 对于尚无奖叙定章的雇用通事，徐承祖则试从制度上保证他们与其他随员一样享有保奖待遇。通事罗庚龄、杨锦庭、蔡霖是何如璋使团应需在日本自行雇用的，一直留任使团，至光绪十一年（1885）已历 7 年。同年二月徐承祖上奏，鉴于他们在使团任事年久，请示可否酌量照章给予列保，同时奏请此后东文翻译如何保奖问题。二月二十八日（4 月 13 日）得旨，罗庚龄等均准其列保，并指明"嗣后该翻译官准其五年保奖一次"②。七月，徐承祖按照俞允之请，将罗庚龄、杨锦庭和蔡霖随同沈铎等期满人员，一并"遵旨保奖"；九月初二日（10 月 9 日）奉旨"均著照所请奖励"。③ 光绪十三年（1887）十二月，徐承祖又上奏，横滨理事署东文翻译官罗庚龄等请改照出使定章，三年保奖一次，也获准。④ 这样，东文翻译人员的保奖以制度形式确立起来，且年限与所有出使人员一致。此后，徐承祖陆陆续续保奖了这些东文翻译官。徐承祖的这些鼓励措施，深得其后任第二次出使的黎庶昌的认可。

徐承祖使团人员仍分驻东京、横滨、神户、长崎四处。领取薪俸人员的使团人员名单详参附录一。东京使馆参随人员，大致有参赞陈

---

① 徐承祖：《奏为童生卢永铭附生刘庆汾充当学习翻译请援例作为监生一体乡试事》，光绪十一年七月初三日，录副奏片，档号：03-5198-005，缩微号：395-1134。
② 《德宗景皇帝实录》卷204，光绪十一年二月二十八日（戊戌），《清实录》第54册，第901页。
③ 徐承祖：《奏为工部遇缺即补主事沈铎候选县丞于德棽期满请援案奖励等事》，光绪十一年七月二十八日，录副奏折，档号：03-5200-017，缩微号：395-1555。
④ 黎庶昌：《奏为随员翻译官沈铎等员留洋期满分别请奖事》，光绪十四年十月初一日，录副奏折，档号：03-5241-067，缩微号：397-2888；黎庶昌：《奏为遵照部议查核原保期满翻译附贡生刘庆汾监生卢永铭按异常劳绩请奖事》，光绪十四年十月初一日，录副奏折，档号：03-5241-073，缩微号：397-2903。

明远（哲甫），西文翻译兼参赞杨枢，随员严士琯（管）、徐致远（少芝）①、陈家麟（逸士）、松健甫（淞林）、解锟元（鋆堂），东文翻译卢永铭、王肇铉、萧卓。② 使团在日本各地驻在情况详参附录二。

第二节　与井上馨会谈及提出撤兵建议

徐承祖使团一到日本，就根据清朝驻长崎理事官的密探寄出第一份报告。此后，他一路北行，一路探查。自十一月初四日（12 月 20 日）抵达日本长崎，至光绪十一年三月初四日（1885 年 4 月 18 日）中日《天津条约》签署，徐承祖上呈清政府的报告有 20 来份，大致可分为三个时期。第一时期为自十一月初四日（12 月 20 日）到长崎，至十二月初六日（1 月 10 日）前往会晤井上馨。这一时期中日朝事交涉的重心在朝鲜。报告的主要内容，是关于井上赴朝鲜行程及日本方面的种种反应，同时探查金玉均是否在日本，所有报告会同黎庶昌上呈。已如上所述，所报告的内容或来自黎庶昌使团驻长崎、神户等地理事，或者来自日本外务省，或来自日本报纸，似没有特别的情报价值。井上的朝鲜之行当时并非秘密，派往朝鲜的吴、续两位钦使都有几乎同步之报告。第二时期为自十二月初六日（1 月 10 日）前往外务省要求会晤井上，到伊藤博文来华。随着井上及吴大澂、续昌先后回国，中日朝事交涉的重心移到日本。其间，黎庶昌及随使人员回籍，报告的重点是徐承祖与井上关于撤兵问题的会谈。第三时期为自日本决定派遣伊藤博文来华谈判，至中日《天津条约》签署。该期报告的中心内容，是关于伊藤来华的背景、谈判的要点及其使团人员情况等种种内幕。无论是第二时期的与井上会谈，还是第三时期关

---

① 徐致远，参见「清使筆談」（明治 20 年 5 月 22 日、『宮島誠一郎関係文書』、2143）。

② 「清使筆談・三号」、『宮島誠一郎関係文書』、2143。

于伊藤来华的报告，均对中日《天津条约》的签订产生重要影响。

徐承祖与井上馨围绕撤兵问题进行的会谈，实是稍后中日天津谈判的前奏。

如上所说，在徐承祖启程赴日前后，得知事变之初，李鸿章虽猜测"此乱似由日人播弄，并为主持"[1]，但并无确据。榎本武扬与原敬一再示好，也令清政府对朝鲜事变的前景颇为乐观，以为有吴大澂等赴朝查办，此事即可快速了结。当时，清政府指示徐承祖处理朝鲜事件的方针是"以定乱弭衅为主"[2]。

然而井上馨到朝鲜后，托词不与吴大澂等商议，与朝鲜签署完条约后即仓促回国。这一举动，令清政府对日本深怀疑虑，担心其借这次未商，遂谓朝鲜非属国，继而再生衅端，致蹈越南故辙。为此，清政府决定采取两方面措施：一方面，因朝鲜肇乱以金玉均为主，便要求朝鲜国王设法访拿严办金玉均；另一方面，朝鲜既孱弱已甚，所驻防清军不能撤回，因而准备妥商清军久驻朝鲜的具体规划。[3] 但是，如何对付"心怀叵测"的日本，清政府一时尚无明确的对策。在新的对日政策出台之前，可以认为，清政府原有的"定乱弭衅为主"之方针，仍是这一时期的对日方针。徐承祖正是依照这一方针前往会晤井上馨的。

十二月初四日（1月19日），井上馨回到东京。初六日（21日），徐承祖前往拜访不获。初七日（22日），应外务大辅吉田清成之约，徐承祖带翻译卢永铭再次前往。

一见面，徐承祖就询问他所关切的朝鲜问题。他问井上既已

---

① 《寄译署》，光绪十年十月二十三日未刻，载吴汝纶编《李文忠公全书·电稿》卷4，第23页；《北洋大臣来电》，光绪十年十月二十三日到，载故宫博物院编《清光绪朝中日交涉史料》卷5，第24页。

② 《发出使日本大臣徐承祖电信》，光绪十年十一月初八日，载故宫博物院编《清光绪朝中日交涉史料》卷6，第11页。

③ 《军机处密寄李鸿章等上谕》，光绪十年十二月初四日，载故宫博物院编《清光绪朝中日交涉史料》卷6，第40页。

归国，朝日之事想必已了。井上回答，与朝鲜各事均已办结，但与中国的问题尚未了结，并把与中方代表未能在朝鲜成功会谈的责任推给吴大澂。此次拜访，徐承祖本拟只作一般性探访，不料井上在获知徐承祖来访未安排其他事宜之后，声称"有要言奉闻"，坚持要徐的随从翻译卢永铭退避，说会谈内容只可徐与其本人和刚刚到场的外务省翻译郑永宁三人知晓。徐承祖不得不依，井上将徐领进一密室。徐－井密室会谈，成了"甲申事变"后中日两国政府之间第一次直接会谈。会谈中，井上道出了日本的真实关切。

进入密室之后，井上直入主题，称"若不将高丽及琉球二事办完，两国终难诚实和好"。徐承祖追问朝鲜问题的情况，井上明确表示"中国不撤驻朝之兵，料定不出半年，事端必致复起"，他道出了日本处理朝鲜问题的"要言"。徐承祖就中国驻兵问题加以解释，指出中国驻兵既是应朝王之请，也是朝鲜开港后国内局势的需要，绝非防备日本。井上却说，朝鲜国内因中日驻兵，已出现中国、日本两党，终难免发生事端，强调"彼此撤兵，实所以求长保太平"。如何解决朝兵不足问题？井上称日本已有成案，令朝鲜延请英国人或德国人以西法训练朝兵，并声称此为替朝鲜谋划的"最美"策略。

道出"要言"之后，井上反复谈到日本国内的主战氛围，表明其本人主和之艰难。为此，徐承祖表示，中国主和，但如果迫不得已，战争之外也别无选择。并反问井上，日本朝野纷纷主战，究竟为何事？当时徐承祖抵日虽仅一月，但对日本民情已颇为了然。他列举种种事实，阐述日本政府实行西化政策之后尤其朝鲜事变之后，日本国内"人心浮动"的情状，质问"何可再与别邦言战"？听完徐承祖所言后，井上口气转缓，将话题转向中法战争，探问战争前景。徐承祖称，战是不得已而为之的，在符合情理的情况下可以与法国言归于好，但越南绝对不能归法国保护，他表达了与解决朝鲜问题一致的立场。井上提议中国此时以议和为妙。[①]

井上表明他本人主和的立场，又试图以日本国内主战气氛及中法战争两大因素给中国施压，这正反映了当时日本国内的对华态势。当时，日本政府尽管已经确立否认中朝宗藩秩序为目标的新的亚洲政策，但在具体政策上，政府首脑中存在妥协主张与强硬主张的对立。由于军事准备不充分，日本政府在朝鲜问题上总体趋向妥协，主要利用中国动荡的局势，伺机向朝鲜渗透影响力。"甲申事变"及稍后的外交交涉，正是日本这一趁火打劫外交手段的体现。井上本人是妥协政策的倡导者。会谈所论，大体反映了当时日本的实况。

这次会谈，井上表示，因双方均没有受全权之命，所言不过为"朋友闲谈"，但他对会谈的前景充满信心，认为将来中日必无"难办之事"。朝鲜事变后，日本曾发生日本人攻击中国驻日使署事件，为此，会谈最后，井上表示将派警察无偿保护。[②]

次日（23日），井上到中国使署答拜，做简短会谈。会谈主题未超出上一次的范围。他重点宣扬朝鲜事变后日本国内外的主战气氛，表明他本人积极主和的姿态。谈到中朝关系时，井上劝中国不要将朝鲜视为属国，但"词义隐约"。徐承祖表示，既然井上屡次表示巩固中日邦交之意，希望诸事能相互谅解，勿强所难，要求日本不必过问朝鲜之事。井上以大笑作答，且说这并非日本有何意见，是因担心俄国虎视朝鲜，怕中国徒享虚名而受实祸。会谈最后，井上重申上一次的建议，"将来两国议论此事，仍宜先作朋友闲谈。彼此说有端倪，

[①] 《与日本外务卿井上问答》，光绪十年二月初七日，载"中研院"近代史研究所编《清季中日韩关系史料》卷4，第1645~1648页。

[②] 详见《与日本外务卿井上问答》，光绪十年二月初七日，载"中研院"近代史研究所编《清季中日韩关系史料》卷4，第1644~1646页。

彼时两国再派人会议，似较易办"，此言得到徐承祖响应。^① 井上暗示中日之间将会有更加正式的会谈，即稍后以伊藤博文为全权大臣的天津谈判。而清政府方面，显然也是将井上与徐承祖的会谈看作天津谈判的前奏。天津谈判中，李鸿章曾多次提到"驻日钦差徐大人"与井上的日本会谈。^②

初八日（23日），徐承祖先将会谈的要旨扼要电告清政府。^③ 初九日（24日），清政府电谕，对于会谈中提到的撤兵问题不予批准。清政府认为华兵驻朝保护属藩，业已有年，又经朝王屡请留防，意难漠视。现在该国"乱党"未靖，"尤不能撤"，令徐承祖"据理辩论，以释其疑"。^④ 徐承祖接旨后，遵旨前晤井上，"总极力以难以撤兵与其据理辩论"^⑤。井上则坚持原有的立场。^⑥

朝鲜事变是在中日双方政府不知情的情况下发生的。获悉事变后第三天即十月二十五日（12月12日），总署就与日本驻华公使榎本武扬会晤，至十二月初七日（1885年1月22日）徐承祖与井上会谈前的一个多月间，双方会晤约十次。主要目的为"两边通气""互通信息"，均未谈到将来需要商谈的问题。井上在朝鲜不与吴大澂会商

---

① 详见《井上来署答拜》，光绪十年十二月初八日，载"中研院"近代史研究所编《清季中日韩关系史料》卷4，第1642~1643页。

② 《李鸿章与日使伊藤问答纪略》，《军机处奏进呈李鸿章电信等件片》，光绪十一年二月二十八日，载故宫博物院编《清光绪朝中日交涉史料》卷7，第37页；「伊藤特派全権大使復命書」、明治文化研究会編『明治文化全集・外交篇』第11巻、東京、日本評論社、1968、278、281~282頁。

③ 《北洋大臣来电》，光绪十年十二月初八日到，载故宫博物院编《清光绪朝中日交涉史料》卷6，第42页。

④ 《奉旨驻朝兵丁不能撤著徐承祖等据理辩论事》，光绪十年十二月初九日，电寄谕旨档，档号：1-01-12-010-0257，缩微号：001-0278；《军机处电寄黎庶昌徐承祖谕旨》，光绪十年十二月初九日，载故宫博物院编《清光绪朝中日交涉史料》卷6，第42页。

⑤ 徐承祖：《已递国书正遵旨以难撤驻朝防营极力与井上辩论日乱党起意作践使署欲其国有事中朝遂其私意已照请派捕弹压日外务声言日本绝无利朝土及欺朝鲜之意中国如不添兵日亦不添》，光绪十一年一月初三日，馆藏号：01-25-016-02-014。

⑥ 《照录出使日本徐大臣来函》，光绪十年十二月十五日，载"中研院"近代史研究所编《清季中日韩关系史料》卷4，第1650页。

直接回国，奕劻曾特意就此事询问榎本。榎本回答言辞不定，又称两国驻兵尚无启衅之事，所以"无须商量"，并表示他本人没有得到政府的任何指令。① 井上与徐承祖会谈之后，十二月初九日（1 月 24日），榎本接国内来电才向总署表示，日本"尚有商议之事"，但没有指明日本要"商议"什么。奕劻对于日本的意向未予正面回答，只强调日本在朝鲜应该与中国钦差会商，而不应以小节功败垂成。② 为此，徐承祖与井上的日本会谈意义实不可小觑。

徐承祖秉清政府指令，与井上继续辩论撤兵问题，终未能影响井上的立场。而他本人在与井上初次会谈之后，便开始考虑撤兵问题了。接清政府"据理辩论"旨令之后，他将问答节略等函寄总理衙门，内中就清政府认为的"尤不能撤"提出了撤兵建议，函云：

> 承祖自当遵旨前晤井上，据理婉商。倘井上始终执一，可否与其商论，俟朝鲜请英德人教练成军后，彼时察看该国足以自行弹压保护，再行撤回，或与其明定期限。鄙见如斯，务祈接信后，并两次问答钞折，统呈堂宪酌夺电复遵办。承祖现在总极力以难以撤兵与其据理辩论，既不敢稍存成见，亦不敢冒昧先露拟商撤兵之意也。③

如果说，致总署信中所提撤兵建议还相当委婉，那么，他致李鸿章信中所提撤兵建议就直接而深入了。十二月十五日（1 月 30 日），

---

① 《奕劻等与日使榎本武扬问答节略》，光绪十年十二月初三日，载故宫博物院编《清光绪朝中日交涉史料》卷 6，第 37~38 页。

② 《奕劻等与日使榎本武扬问答节略》，《军机处奏录呈总理各国事务衙门与日使榎本武扬问答节略片》，光绪十年十二月十一日，载故宫博物院编《清光绪朝中日交涉史料》卷 6，第 43 页。

③ 徐承祖：《已递国书正遵旨以难撤驻朝防营极力与井上辩论日乱党起意作践使署欲其国有事中朝遂其私意已照请派捕弹压日外务声言日本绝无利朝土及欺朝鲜之意中国如不添兵日亦不添》，光绪十一年一月初三日，馆藏号：01-25-016-02-014。

在与井上再次辩论无效之后，徐承祖致信李鸿章，深入阐述他的撤兵建议。他认为，中国可以考虑撤兵，有以下几大理由。（1）清朝绥抚属藩，向来少有派兵之举，"壬午兵变"属于特例。（2）日本坚持撤兵，若中国不允，恐怕朝鲜之事终难议定。并指出，尽管日本可能有觊觎朝鲜之意，但有俄国虎视在旁，料日本断不敢作此妄想。（3）现值中法战争时期，未便多树一敌。如果朝鲜之事坚持不下，恐日本勾结法国与我为难，届时，日本要求恐怕不止此一条了。徐承祖强调中法战争这一特殊的背景，设想待局势改观之后再与日本"理争"。在他看来，依赖俄国对日本的威慑力，想必日本不能拿朝鲜如何。而依当时日本的地位，他认为"再与理争"是不难办成的。函中，他重申撤兵建议，云：

> 鄙见可否与日人议明，俟一年或半年后，朝廷练兵足以自卫，再行撤防，或可了结此事，以消东顾之忧。……即有未妥，不难俟法事定后再与理争，谅蕞尔日本，必可就我范围也。[1]

徐承祖之所以主张撤兵，完全是作为战时的权宜之计。早在吉田表明日方将和平处理朝事的立场时，清政府就表示认同，此后徐承祖曾致电清政府，建议"朝事宜速了，安南宜急攻"，应将主要精力放在越南问题上。[2]

值中法战争期间，与日本早日了事，正是清政府的意向。撤兵建议也完全没有超越中国传统宗藩体制的规范。中国自元朝以后，对于藩属国基本持不干预内政的立场，即使爆发政变，一般也不过问。政

---

① 《照录出使日本徐大臣来函》，光绪十年十二月十五日，载"中研院"近代史研究所编《清季中日韩关系史料》卷4，第1650~1651页。

② 《出使徐大臣电》，光绪十年十一月廿三日亥刻到，电报档，档号：2-02-12-010-1060，缩微号：003-1268。

变后成立的新政府，得到中国承认就可以了。清政府之所以最后接受撤兵建议，主要原因就是这与体制不相违背。中日《天津条约》签订之后，国内清流对此没有发表异议①，是可为证。

徐承祖不敢将撤兵主张"径达总署"，希望李鸿章参阅他与井上的问答记录，"统筹全局，俯赐酌夺"，迅速与总署婉商，并将商议结果告诉他。

李鸿章于次年正月十三日（1885年2月27日）收到徐承祖来信。此时，原敬已向李鸿章通告日本政府特派伊藤博文为全权大臣前来中国商谈朝鲜善后事宜，具体所议何事，原敬表示一无所知。其实，此时李鸿章已经通过徐承祖的密报获悉伊藤来议的主要内容，其中一条就是撤兵，详参下文。李鸿章考虑到伊藤来华"必有要求"，总署难免需要筹商，便立即致函总署，专门就徐承祖的撤兵建议加以引申。他认为撤兵之议"似亦可备一策"。函云：

> 查伊藤在倭主持国事已久，此行必有要求。适接孙麒去腊十五日来函，拟俟一半年后，朝鲜练兵足以自卫，彼此再行撤兵为暂时转圜之计。嘱密商钧署酌夺等语。谨照抄原函呈览。伊藤既已启行，应俟抵都时，由尊处相机筹商。庆军戍韩三年，将士苦累嗟怨，稍缓本应撤换。但隔海远役，诸多不便。朝城各国官商毕集，口舌繁多，倭人又从中播弄，统将刚柔操纵，难尽合宜，得人实属不易。如果倭兵允即尽撤，我军亦未尝不可暂撤，由敝处代为选雇德弁往朝教练，期其渐成劲旅，自行保卫，徐察局势，随时酌办，仍可常派兵船赴朝巡探，似亦可备一策。②

---

① 王信忠：《中日甲午战争之外交背景》，第82页。
② 《北洋大臣李鸿章函》，光绪十一年正月十五日，载"中研院"近代史研究所编《清季中日韩关系史料》卷4，第1649~1650页。

显而易见，李鸿章已完全接受徐承祖的撤兵建议。不过，李鸿章立论的依据与徐承祖有所不同。徐承祖的撤兵主张，主要基于当时中法战争这一特殊背景，而将撤兵作为一种权宜之计。李鸿章论撤兵，则主要依据驻朝军队的"苦累"状况，以及朝鲜的复杂环境，虽说"暂撤"，似早有撤离之意。李鸿章之所以很快响应徐承祖的建议，重要原因正在于此。同时可以看到，李鸿章非常关注对朝鲜的控制权。他指出一旦撤兵，外国军事教练要由中国方面选雇，且以德国为宜。同时也指出，根据局势需要，中国"仍可常派兵船赴朝巡探"。这一主张，在徐承祖的建议中没有明显表现。李鸿章强调的撤兵后对朝鲜的控制这一立场，稍后直接反映到天津谈判中，并引发了派兵权等相关问题。详参下文。

徐承祖信函由李鸿章附寄总署后，受到清政府的重视。光绪十一年正月二十五日（1885年3月11日），清政府下令与日本谈判。当天，军机处又将它及李鸿章的信专程进奏。[1] 相关建议稍后还被吸收进对日天津谈判的方针之中。

第三节　关于伊藤来华之报告及两大新建议

如果说徐承祖前两个时期的报告主要是在两国政府之间"传话"，那么，到伊藤来华的第三个时期，由于成功地雇用了一名日本密探，他的报告具有了重大的情报价值。

现存这一时期徐承祖给清政府的报告，主要有3封信函及数份电报，大致包括以下几个方面的内容。

其一，预告伊藤博文来华的消息及将议之具体内容。正月初十日（2月24日），在接到日方正式通告之前，徐承祖已获知日本将派伊

---

① 《军机处奏进呈李鸿章来函等件片》，光绪十一年正月二十五日，载故宫博物院编《清光绪朝中日交涉史料》卷6，第7~8页。

藤博文为全权大臣来华商议朝鲜事宜。他立即致电李鸿章，告知"现雇侦者密报，日廷已派文员伊藤，武员西乡来华议事""闻十三日起身"。同时指出，伊藤此行要求"数端"，"惟欲我惩在朝武弁并中日撤兵二事为极要"。徐承祖不能肯定这一消息是否确凿，但他仍请李鸿章"转电总署"。① 数日后，日本外务省将伊藤来华的决定知照徐承祖。② 十三日（27 日），原敬拜谒李鸿章，称伊藤于本日启程，约20 日后过天津。③ 这均印证了徐承祖的报告。

其二，报告伊藤来华的背景及随行人员名录。伊藤启程后，徐承祖又通过密探，进一步获悉日本之所以派遣伊藤来华的内幕及使团随员情况。他得知，自井上从朝鲜回国后，日本国内气氛紧张。主战、主和两派争论激烈，十日（24 日）才决定采取主和方针，因此派伊藤来华。令西乡随行，是为服主战派之心，西乡口头主战，内心也主和。日本对华的基本政策，正是徐承祖所万分关切的，为此，在秘密侦探之外，他又通过正式会晤做进一步的调查。收到伊藤来华的正式通告之后，他回访伊藤。伊藤对华的态度印证了密探的报告。会谈中，伊藤还提到撤离驻朝军队的重要性等，这一时局观，跟一个月前井上馨向徐承祖提出的完全一致。十五日（3 月 1 日），他将所获情报汇成一份详细报告寄呈清政府。报告最后附录伊藤随行人员的名单。④

其三，密报伊藤随行人员兼负侦探任务，建议谈判地点以天津为宜。早在探查日本派使内幕之时，徐承祖就曾注意到日本官报关于日

---

① 《北洋大臣来电》，光绪十一年正月十一日到，载故宫博物院编《清光绪朝中日交涉史料》卷 6，第 6 页。

② 《出使徐大臣来电》，光绪十一年正月十四日到，电报档，档号：2-02-12-011-0076，缩微号：003-1367；《出使日本大臣徐承祖来电》，光绪十一年正月十四日到，载故宫博物院编《清光绪朝中日交涉史料》卷 7，第 6 页。

③ 《李鸿章来函》，《军机处奏呈李鸿章来函等片》，光绪十一年正月二十五日，载故宫博物院编《清光绪朝中日交涉史料》卷 7，第 7 页。

④ 《徐承祖函》，正月十五日，录副奏折，外交类·中日琉·甲申事变，档号：03-164-7749-519；《徐承祖信一》，光绪十一年二月初九日，载故宫博物院编《清光绪朝中日交涉史料》卷 7，第 18~19 页。

本天皇将于四月内赴福冈县广岛、熊本两地阅兵的报道，他一度推测此举是预备和谈破裂，作随时进兵之计。日海陆两军及各处军火厂忙乱的情形，也引起徐承祖的注意。为此，他提请清政府"不可不先事预防"。很快，日本密探的密报印证了徐承祖的推测。正月二十一日（3月7日），徐承祖所雇密探前来报告，伊藤随行武官中有一个名叫野津的，他的职责"系踏看地势，为将来进兵地步"。又得知日本政府派黑田明赴香港，明为养病，暗则察看中国东南沿海一带之虚实。徐承祖查知此人向来与中国不善，担心他混入伊藤使团，"一路变议挑衅"。同时他还得知，去年冬天，已有二三十名日本人改穿中国服装赴福建窥探。徐承祖已将此事函告闽浙总督，建议施计将其擒拿。对于日本这种趁火打劫的行径，徐承祖甚感愤怒。次日（8日），他将密探的报告汇成一封长信寄呈清政府，并请示其对待伊藤中国之行的方案。① 鉴于信件到达需费时日，二十四日（10日），徐承祖通过电报，先将相关内容扼要电告，并指出"伊藤随弁意在窥探"，同时建议，谈判地点"在津为妥"。② 此时，徐承祖尚不清楚清政府是否同意日本的谈判要求。为此，同日，他又致电李鸿章，询问清政府的意向。③

其四，因朝鲜事变由日本官员与"乱党"串通而起，徐承祖坚决反对惩办驻朝军队。在获悉伊藤随行人员情况后不久，徐承祖又探得朝鲜"乱党"的口供，确知朝鲜事变是由"乱党"与4名日本官员串通而起。正月二十四日（3月10日），他将这一情报电

---

① 以上见《徐承祖信函》，正月二十二日，录副奏折，外交类·中日琉·甲申事变，档号：03-164-7749-525；《徐承祖信二》，光绪十一年二月初九日，载故宫博物院编《清光绪朝中日交涉史料》卷7，第19页。

② 《出使徐来电》，光绪十一年正月二十四日到，电报档，档号：2-02-12-011-0145，缩微号：003-1395。《出使日本大臣徐承祖来电》，光绪十一年正月二十四日到，载故宫博物院编《清光绪朝中日交涉史料》卷7，第7页。

③ 《北洋大臣来电》，光绪十一年正月二十四日到，载故宫博物院编《清光绪朝中日交涉史料》卷7，第7页。

告清政府，并提醒清政府，朝鲜政府已将这一口供抄送吴大澂，①进而提议坚决反对惩办驻朝营官。

徐承祖的报告为清政府清楚地展示了"甲申事变"后，尤其是井上自朝鲜回国后，日本政府内部的对华动向、伊藤使团出使的背景及所负使命。至此为止，徐承祖提出了三大建议：（1）主张撤兵；（2）谈判地点以天津为宜；（3）反对惩办驻朝军队。这些正是稍后天津谈判的核心问题。

在当时的通信条件下，东京和天津间的邮件一般需要 20 天左右才能到达。由于情势紧急，需在最短时间内通告清政府，而相关内容往往又颇为复杂，因此，徐承祖采用信函和电报双重形式上报。现存 3 封信函中，除关于伊藤来华背景问题稍不紧要，未辅电报之外，其余均有来电。电报在清政府谕令接受日本谈判时均已到达。更早时候的撤兵建议，他通过李鸿章也在相同时间中上奏，已如上所说。信函约于二月初七日（3 月 23 日）前后抵达，②此时，离天津开谈尚有 10 余天。

事实证明，徐承祖的报告不仅情报价值高，且相当准确。以谈判内容为例，上海《字林报》传说伊藤来议将有 5 款：一索赔 80 万元，二撤朝防军，三结"球案"，四新开口岸，五重定商约。天津开谈时，伊藤出示的，与《字林报》所言相去甚远，而与徐承祖的完全一致。详参下文所论。

徐承祖的报告之所以如此及时、准确，与他成功地雇用了一名日本高级间谍有极大关系。报告中，徐承祖多次提到这名间谍，指出他刚刚到任时，朝日情形万分紧急，他不断接到电旨及总署旨意，令随

---

① 《出使徐来电》，光绪十一年正月二十四日到，电报档，档号：2-02-12-011-0145，缩微号：003-1395；《出使日本大臣徐承祖来电》，光绪十一年正月二十四日到，载故宫博物院编《清光绪朝中日交涉史料》卷 7，第 7 页。

② 二月初七日李鸿章致总署函提到徐承祖这两封函件的内容（《李鸿章信》，光绪十一年二月初九日，载故宫博物院编《清光绪朝中日交涉史料》卷 7，第 14 页），故知。

时密探。但日本在朝鲜事件上举动"诡秘","查探颇难"。他先是派前任使馆随员密访，但所获情报不是"子虚之语"，就是"失晨之报"，事关重大，他"甚为焦急"。后有幸觅得这名"谍者""密探报闻"，"通消息"。他试探数次，谍者所报均是日本官方密议，并能预先获得信息。徐承祖介绍了这名间谍的大概背景。① 无疑，这名"谍者"就是徐承祖情报工作卓有成效的最主要原因。

第四节　"谍者"辨析

近代中日关系史上，日本方面一直非常重视情报工作，他们成功地在中国寻找到众多中国间谍，为日本制定对华政策提供最为有效的服务，这类业绩至今仍备受史家关注。而在晚清驻日使臣中，居然也有成功地雇用日本间谍的，这实属凤毛麟角。因此，一旦注意到徐承祖报告者，就都会注意到这名"谍者"，注意到这名"谍者"，就都有兴趣深入考究其真实的身份。问题在于，徐承祖虽然经常提到这名"谍者"，考虑到"谍者"本人因担心日本官方知其姓名，"谆嘱勿漏"，徐承祖一直没有透露其真实全名。② 而"谍者"本人更是隐蔽的，总不易给后人留下自己为谍的材料。由此，在考究其真实身份时，不免迷雾丛生了。如上所说，目前关于徐承祖的研究非常少，就提到其报告及"谍者"的著述而论，以笔者目力所及仅有三种，而这仅有的三种著述，对"谍者"真人的推测却说法不同。

一说是朝比奈（Asahina）。郭廷以《近代中国史事日志》记载，光绪十一年十一月二十八日（1886 年 1 月 2 日），有一个名叫朝比奈

---

① 以上见徐承祖《函报法派戈阁栋来华道经日本曾与晤谈并雇洋员襄理词讼等因》，光绪十一年九月十八日，馆藏号：01-19-007-02-004；《徐承祖信二》，光绪十一年二月初九日，载故宫博物院编《清光绪朝中日交涉史料》卷 7，第 19 页。

② 徐承祖：《函报法派戈阁栋来华道经日本曾与晤谈并雇洋员襄理词讼等因》，光绪十一年九月十八日，馆藏号：01-19-007-02-004。

的"谍者"为徐承祖提供情报。① 周仁华《中国和日本：中国驻日使团史（1877~1911）》，根据台北"中研院"近代史研究所藏总理衙门档之使领档，更是具体地介绍了朝比奈的身份简历，称他是徐承祖雇用的一名法律顾问，曾任职于外务省和横滨地区的法官，由于与当道不合而退出政坛。朝比奈因在政府中拥有广泛的人脉，所以能够收集到高层信息。书中进而指出，徐承祖在信中一开始没有透露其真实姓名以保护此人，但后来可能是急切地想向清廷表明，他成功地雇用了一名拥有如此高官位的日本人为代理，功绩不凡，所以道出其姓名。不过，朝比奈只是姓，书中也尚未具体论及这名日本代理在中日《天津条约》谈判期间向徐承祖提供有效情报之情状。②

另一说是田辺太一（Tanabe Taichi）。③ 所据也是徐承祖方面的资料，其中最为详细的一份说：

> 日人现因朝鲜事举动甚为诡秘，查探颇难著手，幸觅一谍者。此人十余年前曾任外务省卿，现在闲居，与伊国当道不合，故肯实言于我。伊力恳此时不必根其姓名。在日虽属不忠，在我却幸有此人以通消息。④

距这份信函半年之后，徐承祖给总署的报告中更详细地介绍了这名"谍者"，内称：

---

① 郭廷以编著《近代中国史事日志》下册，中华书局，1987，第793页。

② Chow Jen Hwa, *China and Japan: The History of Chinese Diplomatic Missions in Japan, 1877–1911*, pp. 162–164.

③ 河村一夫「清仏戦争の際の李鴻章——原敬在天津領事の観察を通じて見たる」、『近代日中関係史の諸問題』、35頁。

④ 《徐承祖信二》，光绪十一年二月初九日，载故宫博物院编《清光绪朝中日交涉史料》卷7，第19页。

承祖去冬到任时，值朝日之事方急，叠奉电旨及堂谕，均令随时密探。彼时择前任随员嘱为密访，非系子虚之语，即属失晨之报。承祖因事关重大，甚为焦急。幸访有日人朝比奈者，使其密探报闻。历试数次，所报均系日官密议，并能先期得信，曾于春间函达台端云有谍者，即此人也。查伊曾任外务大辅并横滨裁判长官，因与当道不合，退处闲居。其亲友旧属现居各部司官者尚属不少，故能得官场确信。①

这里，关于这名"谍者"的信息主要有三条线索：（1）"十余年前曾任外务省卿"，又称曾任外务大辅并横滨裁判长官；（2）"现在闲居"；（3）与日本"当道不合"。若无充分的旁证，仅凭这三条线索，要推断其真实姓名，实属不易。以下就田边太一略作辨析。

田边太一，出身于幕府时期的儒学者家庭，受到"后世幕府三杰"之一的水野忠德的器重，幕末参与和法国等国的锁港谈判等，庆应三年（1867）任驻法公使馆书记官。明治政府成立后，应新政府之请，明治 3 年（1870）正月受委外务少丞之重任，明治 7 年（1874）任外务省新设立的纪录局局长之职。同年在中日台湾事件交涉中，他随大久保利通来华，并协助其谈判。明治 10 年（1877）任外务大书记官、公信局局长。明治 12 年（1879）供职于驻华使馆，一度出任驻华代理公使，明治 15 年（1882）回国，次年 9 月任元老院议员。明治 23 年（1890）被选为贵族院敕选议员。其长女为三宅雪岭的夫人。

可知，田边是旧幕时代的官员，明治时期曾任职于外务省，且曾出任驻外代理公使。徐承祖驻日期间，他在国内任元老院议员，是徐承祖所说的"现在闲居"。田边的长女婿三宅雪岭在甲午战争前夕视

---

① 徐承祖：《函报法派戈阁栋来华道经日本曾与晤谈并雇洋员襄理词讼等因》，光绪十一年九月十八日，馆藏号：01-19-007-02-004。

察朝鲜，是中日战争的强烈鼓吹者，从姻亲关系似难以看出他"与当道不合"的痕迹。不过在田边代表作《幕末外交谈》的解说中，有其晚年不遇的说法。①

至于"十余年前曾任外务省卿"一条，明治时期外务省长官称"外务卿"，明治 18 年（1885）12 月 22 日后改称"外务大臣"，以下设外务大辅、外务少辅等职。徐承祖所谓的"外务省卿"，并非指"外务卿"本人，而是对外务省官员的泛称。如他称呼当时任外务省大辅的吉田清成为"外务卿"，曾说："昨晨承祖晤外务卿吉田说朝事。"② 而称呼时任外务卿的井上馨为"外务臣"："据黎领事确称，本日外务臣井上馨奉谕赴高。"③ 因此，说"十余年前曾任外务省卿"，是指 10 多年前任外务省官员之意，所以徐承祖在另一份资料中介绍"谍者"曾任外务大辅。徐承祖介绍这名间谍的时间约在光绪十一年（1885）初，如此，这名"谍者"至少在明治 8 年（1875）之前供职于外务省。田边自明治 3 年（1870）入外务省至明治 12 年（1879）出任驻华代理公使的近 10 年间，一直任职于外务省，先后担任记录局局长、公信局局长等职，似乎符合这一条件。那么，徐承祖所雇"谍者"究竟应是谁？

甲午战争后再度出使日本的中国驻日使团成员中，有一位东文通事罗庚龄。他是何如璋时期使团在日自行寻觅的东文翻译，后历经多届使臣变换一直留任使团，直至甲午战争爆发后才随汪凤藻使团回国。战后，他仍继续担任第七届裕庚使团的东文翻译官来到日本。明治 30 年（1897）7 月，罗庚龄在一次与日本"友人"非常私密的交谈中，提到这名"谍者"名叫朝比奈闲水。罗详细地谈论了

---

① 坂田精一『幕末外交谈·解说』（1）、東京、平凡社、1966、255 页。
② 《北洋大臣来电》，光绪十年十一月十九日到，载故宫博物院编《清光绪朝中日交涉史料》卷 6，第 35 页。
③ 《出使日本大臣徐承祖来电》，光绪十年十一月初七日到，载故宫博物院编《清光绪朝中日交涉史料》卷 6，第 10 页。

朝比奈闲水在"甲申事变"爆发、伊藤博文前来中国谈判前夕，为徐承祖探寻情报的情形。据他称，徐承祖在朝鲜兵变之际持节代替黎庶昌来到东京，此后常常担心日本的战斗力，想确认其实情，不时拉翻译罗庚龄到横滨详细了解当时日本政府的真实情况，随时向李鸿章密报。其时，一位常年居住日本的中国人有一位日本知己，此人曾任法官，主张两国和平。于是，徐承祖访问了这位朝比奈闲水，托付他探查日本政府内情。闲水非常担心日本政府决定对清廷开战。朝鲜王宫事变后，徐承祖从闲水处详悉日本政府枢机决定采取和平办法解决朝鲜问题，便将此信息直接通知了天津。此后，李鸿章迎接伊藤大使来津谈判，上奏两人在天津之谈判条款，了结了事变。① 这份密谈现藏于早稻田大学图书馆特别资料室宫岛诚一郎日记手稿之中。宫岛日记自幕府时期起，至其去世，长达数十载，基本每日有记。同一天内容有时分别记录在型号不同、大小不一的各种本子之中。若不是逐日、逐本翻检，很难发现这段尘封往事。至此，宫岛日记终于为我们解开了隐藏一个多世纪的"谍者"真实姓名之谜团。

罗庚龄所传递的信息与徐承祖在给清政府报告中对朝比奈的相关介绍颇为一致，如都曾任法官（横滨裁判长官），常在横滨，主张中日两国和平。② 首届使臣何如璋应东学翻译之急需，令使署和各处理事官就地寻找东文翻译人员，罗庚龄就是其中一位，由横滨理事署找得，至徐承祖使团时期为止，他一直在横滨理事署任东文翻译，熟悉横滨情形，徐承祖前往横滨考察挑选他陪伴左右，也在

---

① 「丁酉日録」、明治 30 年、『宫島誠一郎文書』、A93-2。

② 《将日人朝比奈探明日廷大更官制各缘由钞呈》，光绪十一年十一月二十八日，载"中研院"近代史研究所编《清季中日韩关系史料》卷 4，第 2009~2010 页；《日人朝比奈密探各事清册》，光绪十一年十一月二十八日，载故宫博物院编《清光绪朝中日交涉史料》卷 10，第 3 页；《附录日人朝比奈密探日本各事清册》，光绪十一年十一月二十八日，载王彦威纂辑，王亮编《清季外交史料》卷 63，第 13 页。关于朝比奈闲水的生平与简历，可参徐磊《"谍者"朝比奈与清政府驻日使团》，《浙江社会科学》2016 年第 12 期。

情理之中。

毫无疑问，徐承祖是成功地雇用了一名了解日本高层外交内情的日本政府官员为谍，而田边太一不应该是徐承祖所说的"谍者"。徐承祖密雇朝比奈为间谍，"曾商总署，奉准雇用"，并给薪资。"谍者"的主要任务是隐探日本朝廷各事，徐承祖历试"谍者"所报，"尚不失实"。[①]

第五节　天津谈判与撤兵建议的实施

井上馨与朝方签订《汉城条约》，并以无全权字据为由拒绝与中国钦使吴大澂、续昌会商后径直回国，吴、续等人也随后回国，清政府由于疲于应付与法国的战事，对于朝鲜事件一度"置而不论"[②]。日本决定派全权大臣来华谈判，是清政府始料不及的。为此，徐承祖具有的重要价值的情报及建议，就成为清政府制定对日决策的有效依据。

光绪十一年正月二十五日（1885年3月11日），清政府发布上谕，命李鸿章为全权大臣与日本商议事宜。[③] 同日，又追加一道上谕，

---

① 徐承祖：《驻日使臣承祖陈明朝鲜在日活动之自由党人被查拿日本袒护金玉均情形及探得日廷大更官制缘由册》，[光绪朝]，册，档号：38-00-000-000004-0016。按：本件时间不明。查所附录"附呈清折一扣"，关于"日人朝比奈探明日廷大更官制各缘由"，同徐承祖《译将日人朝比奈探明日廷大更官制各缘由钞呈钧览》，附件二，光绪十一年十二月二十八日，载"中研院"近代史研究所编《清季中日韩关系史料》卷4，第2005页；徐承祖《日人朝比奈密探各事清册》，附件二，载王彦威辑、王亮编《清季外交史料》卷63，第10页；故宫博物院编《光绪朝中日交涉史料》卷10，第2页。可知，本件的时间也在光绪十一年十二月。以下同，不一一注明。

② 《徐承祖信二》（附件八），光绪十一年正月二十二日，载故宫博物院编《清光绪朝中日交涉史料》卷7，第19页。

③ 《上谕》，光绪十一年正月二十五日，载故宫博物院编《清光绪朝中日交涉史料》卷7，第8页。

详细指示谈判的方针，① 具体而言有如下几点。（1）谈判地点上，令与日使"在津商议，毋庸令其来京"，这显然接受了徐承祖在天津谈判的建议。正月十三日（2月27日）原敬在拜谒李鸿章时曾说，伊藤"约二十后过津，即赴京议事"，日本原本是指望在北京与中国商议的。李鸿章将原敬来访之事函告总署时也说，"伊藤既已启行，应俟抵都时，由尊处相机筹商"，他也预计将与伊藤在北京开议。② 时隔10日，有如此变化，不能不说与徐承祖的报告关系密切。（2）坚决拒绝惩办驻朝军队。谕旨内称，"徐承祖电称，日人欲我惩在朝武弁，断不能曲徇其请。著李鸿章等设法坚拒"，可见清廷直接采用了徐承祖反对惩办驻朝营官的建议。（3）不再强调不能撤兵。徐承祖在报告中指出日本所议主要两点：一是要求撤兵，二是欲我惩在朝武弁。在惩办问题之外，他指出还有一个撤兵问题。对此，谕旨没有做明确指示，只笼统表示"其余商议各节，该大臣等务当妥为筹画"。尽管如此，这一笼统的态度，与徐-井会谈时的"不能撤"、要"据理辩论"相比，仍是一个很大的转变。事实表明，清政府已经在考虑撤兵。谈判期间，清政府曾指示李鸿章，"日使所请惩处断不可行"，"撤兵一节须妥议"。③ 谈判中双方商议的，其实主要也是共同撤兵的问题。清政府将同一天发布的这两份谕旨一并发给李鸿章。

清政府的既定方针与日方的预想有很大抵触。日本既有备而来，岂肯善罢甘休。因此，无论谈判地点，还是惩办问题，均经历了一番颇为曲折的交涉。即使是清政府已有意向的撤兵问题，由于关注点的不同，谈判也颇费周折。为此，需分别做进一步考察，以辨析徐承祖

---

① 《军机处寄直隶总督李鸿章等上谕》，光绪十一年正月二十五日，载故宫博物院编《清光绪朝中日交涉史料》卷7，第9页。

② 《北洋大臣李鸿章函》，光绪十一年正月十五日，载"中研院"近代史研究所编《清季中日韩关系史料》卷4，第1649页。

③ 《发北洋大臣电》，光绪十一年二月二十五日，载故宫博物院编《清光绪朝中日交涉史料》卷7，第35页。

的建议如何、在中日《天津条约》中发挥了何种程度的作用，以及该条约的订立具有怎样的深层背景。

（一）在天津开谈

获悉清政府决定将在天津开谈之后，榎本武扬前往总署，声称虽然清政府已有令，恐伊藤"必欲进京"。稍后，他又前晤李鸿章，称伊藤为头等使臣，"应赴京会议"，探问李鸿章的意向。李鸿章告之"遵旨在津商议"①，希望榎本劝伊藤"遵办"。李鸿章将榎本来访之意电告清政府。②

二十七日（3月13日），清政府谕令李鸿章，如伊藤已到天津，示以全权凭证，告之"现办防务不能来京，应即在津商办"；如未到，就派员到海口"探投"。③ 二十八日（3月14日），因伊藤尚未抵达，李鸿章遵旨先请总署将全权凭证照会榎本武扬；因伊藤通英文，又派伍廷芳赴海口迎接，婉转告之"不能赴京，请其在津商办"。④

伊藤一行于光绪十一年一月十四日（1885年2月28日）从东京出发，从海路经上海，二十八日（3月14日）酉正到天津。⑤ 对于会谈地点，伊藤回答要与榎本"晤商"后再定。⑥ 当时，中国在台湾地区与法军的战事颇为不利。榎本借日本驻上海领事的有关来电，试图

---

① 原文为"遵旨在京商议"。榎本与李鸿章的会谈是在清政府颁布谕旨后，"京"应为"津"。《北洋大臣来电》，光绪十一年正月二十六日到，载故宫博物院编《清光绪朝中日交涉史料》卷7，第9页。

② 《北洋大臣来电》，光绪十一年正月二十六日到，载故宫博物院编《清光绪朝中日交涉史料》卷7，第9页。

③ 《军机处电寄李鸿章等谕旨》，光绪十一年正月二十七日，载故宫博物院编《清光绪朝中日交涉史料》卷7，第10页。

④ 《北洋大臣来电》，光绪十一年正月二十八日到，载故宫博物院编《清光绪朝中日交涉史料》卷7，第10页。

⑤ 「3. 朝鲜事变/1 概说」JACAR、Ref. B03030194400、对韩政策关系杂纂/明治十七年朝鲜事变（1-1-2-3_23_001）。

⑥ 《北洋大臣来电》，光绪十一年正月二十八日夜子刻到，载故宫博物院编《清光绪朝中日交涉史料》卷7，第10页。

用中国战场失利这一情势影响清政府。① 三十日（3月16日），榎本请李鸿章赴宴，席间遇伊藤。谈到留津会商问题时，伊藤声称自己是头等使臣，代君而行，执有国书，"须先赴京亲递乃能办事"，并以国际公法为据，称谈判之前必须先行进京。② 最后，以伊藤先行进京递国书作结。3月21日伊藤一行入北京，与总理衙门交涉。清政府表示已任命李鸿章为全权大臣，希望在天津谈判；4月2日伊藤到达天津，次日开始与李鸿章谈判。③

在谈判地点问题上，英国驻华公使巴夏礼曾主动提出帮助日本实现在北京谈判的计划。的确，在北京谈判对日本有利无害，同治十三年（1874）处理台湾事件的《中日北京专条》就是在北京签署的。尽管伊藤先赴北京递交国书，与清政府最初的预想已有一定差距，但谈判最终在天津举行，表明徐承祖在天津开谈的建议付诸实施了。

二月十八日（4月3日），李鸿章和伊藤博文分别代表中日双方在天津正式开谈。至三月初四日（4月18日）中日《天津条约》签署，④ 双方分别于二月十八日（4月3日）、二十日（5日）、二十二日（7日）、二十五日（10日）、二十七日（12日）和三月初一日（4月15日），共举行6次会谈。现存的中日双方会谈记录，主旨及主要内容没有出入，但两者详略颇为悬殊。中方记录在保持谈判原貌的基础上，做了较大的"删简"。这些"删简"部分，在今天看来，

---

① 《北洋大臣来电》，光绪十一年正月二十八日到，载故宫博物院编《清光绪朝中日交涉史料》卷7，第10页。

② 《北洋大臣来电》，光绪十一年二月初一日到，载故宫博物院编《清光绪朝中日交涉史料》卷7，第13页。

③ 「3. 朝鮮事変/1 概説」JACAR、Ref. B03030194400、対韓政策関係雑纂/明治十七年朝鮮事変（1-1-2-3_ 23_ 001）（外務省外交史料館）。

④ 「特派全権公使伊藤博文卜清国全権大臣李鴻章卜ノ締約書告示ノ件」JACAR、Ref. A01100281000、公文録·明治十八年·第十巻·明治十八年四月-六月·外務省（国立公文書館）。

却包含着影响这一时期两国对外政策的重要历史事实。

（二）共同撤兵及派兵权问题

天津会谈一开始，伊藤博文出示的日方谈判宗旨是，"议办前日案件，妥商善后办法"。具体包含两层内容：一为"将来之事"，要求撤兵；一为"以前之事"，要求议处统将，赔补恤银。① 应该说，这与徐承祖的报告是一致的。赔补恤银问题，徐承祖报告中不曾提出，日方则一度作为独立条款单独提起，所谓"会议朝事三件"，但它实际只是一个陪衬。伊藤到总署递交国书时只提撤兵和惩办两款，以至会谈中李鸿章质问"总理衙门来信述伊藤大人之言凡两端"，"此外并无第三款"。伊藤解释说是总理衙门误听。② 谈判中，双方一度也围绕赔补问题展开辩论，但最后达成协议的，是撤兵和惩办两事，赔补问题不了了之。其中以条约形式确定下来的，只有撤兵问题。撤兵问题正是伊藤此行的真实意图，也是天津谈判的重中之重。

清政府的谈判既然有徐承祖的报告为依据，可谓心中有数。谈判开始次日，《中法停战条件》签署，这一局势于中国有利。因此，谈判之初，中方颇处主动地位。在撤兵可以考虑、惩办不能答应原则的指导之下，李鸿章尽力将问题引向可以考虑的撤兵问题。

开谈后，伊藤首先提的是"将来之事"的撤兵问题。表示如果"中国撤兵"，日本也立刻撤兵。李鸿章没有明确表态，但隐约表示

---

① 《日使伊藤与李鸿章问答节略》，二月十八日，录副奏折，外交类·中日琉·甲申事变，档号：03-164-7749-527；《李鸿章与日使伊藤等问答纪略》，光绪十一年二月二十一日，载故宫博物院编《清光绪朝中日交涉史料》卷7，第23页；「天津谈判笔记（第一）」、1885年4月3日，明治文化研究会编『明治文化全集·外交篇』第11卷、250页。

② 《李鸿章与伊藤博文问答节略》，二十二日，录副奏折，外交类·中日琉·甲申事变，档号：03-164-7749-542；《李鸿章与日使伊藤博文问答节略》，光绪十一年二月二十五日，载故宫博物院编《清光绪朝中日交涉史料》卷7，第35页；「天津谈判笔记（第三）」、1885年4月7日、明治文化研究会编『明治文化全集·外交篇』第11卷、277页。

在两国同时撤兵的前提下可以商议。① 就撤兵问题简单交换意向之后，伊藤立即将话题转向"以前之事"，要求惩处中国驻朝军队，赔补恤银。② 十八日、二十日和二十二日的 3 次会谈，一度围绕"以前之事"相持不下，谈判几至破裂。二十二日第三次会谈最后，李鸿章不得不亮出清政府的立场，指出，以前和将来两件事"均要办到恐不容易，或办一件尚可商量"，明确告知"总理衙门谓营官办事无过，不能惩办。撤兵一节如何商议，嘱我与伊藤大人和平商办"。③ 提议专议撤兵一节，其余两件暂置勿论。伊藤不愿轻易就范。次日夜间，伊藤令榎本往晤李鸿章，探问"朝事三件，究可应允几件"并以"启程回国"相要挟。李鸿章态度则相当强硬。④ 最终，伊藤接受了李鸿章的提议。二十五日、二十七日两次会谈，以及三月初一日会谈的开始，双方集中商议如何共同撤兵问题，暂且不提"以前之事"了。

撤兵谈判一度相当顺利。开始时，李鸿章还特意提到上年"驻日钦差徐大人"与外务卿井上馨就有关撤兵问题的会谈及其对清政府的影响，表明清政府已改变立场。二十五日，双方就共同撤兵达

---

① 《日使伊藤与李鸿章问答节略》，二月十八日，录副奏折，外交类·中日琉·甲申事变，档号：03-164-7749-527；《李鸿章与日使等问答纪略》，光绪十一年二月二十一日，载故宫博物院编《清光绪朝中日交涉史料》卷 7，第 23 页；「天津谈判笔记（第一）」、1885 年 4 月 3 日、明治文化研究会编『明治文化全集·外交篇』第 11 卷、248-249 页。

② 《日使伊藤与李鸿章问答节略》，二月十八日，录副奏折，外交类·中日琉·甲申事变，档号：03-164-7749-527；《李鸿章与日使等问答纪略》，光绪十一年二月二十一日，载故宫博物院编《清光绪朝中日交涉史料》卷 7，第 23 页；「天津谈判笔记（第一）」、1885 年 4 月 3 日、明治文化研究会编『明治文化全集·外交篇』第 11 卷、248-249 页。

③ 《李鸿章与伊藤博文问答节略》，二月二十二日，录副奏折，外交类·中日琉·甲申事变，档号：03-164-7749-542；《李鸿章与日使伊藤问答节略》，光绪十一年二月二十五日，载故宫博物院编《清光绪朝中日交涉史料》，第 34~35 页；「天津谈判笔记（第三）」、1885 年 4 月 7 日、明治文化研究会编『明治文化全集·外交篇』第 11 卷、275-276 页。

④ 《李鸿章信》，光绪十一年二月二十八日，载故宫博物院编《清光绪朝中日交涉史料》卷 7，第 36 页；「榎本公使·李鸿章谈话笔记」、1885 年 4 月 9 日、明治文化研究会编『明治文化全集·外交篇』第 11 卷、277-280 頁。

成意向，且已谈到条约签署后批准的时限了。① 聘请军事教练问题，尽管李鸿章以朝鲜贫而小，聘用西方教练艰难为由，提出中国教练暂留朝鲜，且要将这一内容写入中方草案。但是，当伊藤表示反对时，李鸿章基本上未作辩驳，最后采用了日方草案中的"由朝鲜国选他国武弁一员或数员，委以教演练习之事"② 一款。至此为止，徐承祖的撤兵建议即将实施，正如李鸿章所说"两国同撤，尚无难妥酌办理"。

然而，就在撤兵问题即将定议之时，出现了一大"障碍"，即所谓的派兵权问题，这使谈判几乎再度破裂。

由撤兵问题衍生将来的派兵权问题，有其必然性。早在伊藤来华之前讨论撤兵问题时，李鸿章就已经谈到撤兵以后如何加强对朝鲜控制的问题，已如上文所示。二十五日，刚刚就共同撤兵达成口头协议，李鸿章就不免提起撤兵后两国将来对朝鲜的立场问题。③ 这种关注充分体现在紧接而来的条约草案的谈论之中。

二十七日，双方讨论撤兵草案。中方草案第四款表示，如果将来朝鲜有事请中国派兵弹压，与日本无涉；事定之后亦即撤兵回国，不再留防。日方草案第一款则强调彼此将来永不派兵，试图否定中国的派兵权。第二款又规定几种不受第一款约束的例外情况，即所谓的战时之权，令李鸿章深怀疑虑。为此，双方就日方草案第二款

---

① 《李鸿章与伊藤博文问答纪略》，二月二十五日，录副奏折，外交类·中日琉·甲申事变，档号：03-164-7749-552；《李鸿章与日使伊藤问答纪略》，光绪十一年二月二十八日，载故宫博物院编《清光绪朝中日交涉史料》卷7，第37~40页；「天津談判筆記（第四）」、1885 年 4 月 10 日、明治文化研究会編『明治文化全集·外交篇』第 11 卷、280-293 頁。

② 《吴副宪拟交条款》、《日使伊藤面交条款酌改大略》，光绪十一年三月初一日，载故宫博物院编《清光绪朝中日交涉史料》卷8，第2~3页；「天津談判筆記（第五）」、1885 年 4 月 12 日、明治文化研究会編『明治文化全集·外交篇』第 11 卷、293、295 頁。按：日方记录中"撰"应为"選"字之误。

③ 「天津談判筆記（第四）」、1885 年 4 月 10 日、明治文化研究会編『明治文化全集·外交篇』第 11 卷、289 頁。

和中方草案第四款展开激烈争论。涉及的一个中心问题，就是撤兵以后将来的再度派兵权问题。李鸿章基于与朝鲜传统的宗藩关系，强调应朝王之请，中国可随时向朝鲜派兵，且与日本无涉。伊藤则企图以朝鲜与美国所签之条约已删除朝鲜为中国属国字句为由，强调朝鲜的主权，不同意中国对朝鲜拥有派兵权，至少是单方面的派兵权。[①]

派兵权固然与撤兵有关，但并非必然要与撤兵问题同时提出。为此，李鸿章提议，仅采用日方草案最后二款有关撤兵路线及聘请军事教练的规定，其余各款全部删除，却遭到伊藤的强烈反对。理由是，此次奉使来华议约，本来就为"预防将来之事"。单就撤兵谈撤兵，于朝鲜将来的安宁及中日两国的睦邻关系均无裨益。伊藤提议，如经朝鲜之请，中日两国各有派兵朝鲜之权尚属可行。李鸿章不同意。伊藤以回国罢谈相抵制。[②]可见，派兵权之所以成为问题，其实是日方单方面蓄意追求的结果。否定中国在朝鲜的宗主权，或者以条约形式确立日本在朝鲜拥有与中国同等的权利，正是伊藤来华的真实意图。这既非徐承祖所能预见，也大大出乎李鸿章和总理衙门的预想。[③]为此，清政府陷入两难困境：中止谈判，还是接受日本的要求。清政府选择了接受。

日本方面在谈到中日天津谈判时，这样记述：谈判开始时，李鸿

---

① 《李鸿章与日使伊藤问答节略》，光绪十一年三月初一日，载故宫博物院编《清光绪朝中日交涉史料》卷8，第2~4页；「天津談判筆記（第四）」、1885 年 4 月 10 日、明治文化研究会編『明治文化全集・外交篇』第 11 卷、293-306 頁。

② 《李鸿章与日使伊藤问答节略》，光绪十一年三月初一日，载故宫博物院编《清光绪朝中日交涉史料》卷8，第4~5页；「天津談判筆記（第四）」、1885 年 4 月 10 日、明治文化研究会編『明治文化全集・外交篇』第 11 卷、306-307 頁。

③ 一份注有"总理衙门抄送吴副宪（吴大澂）伊藤博文条款壹件，二月二十八日"的抄折，第五条即最后一条上有一行眉批，上写"若将此款作专条，即将前四条删去"（《日使伊藤面交条款酌改大略》，二月二十七日，录副奏折，外交类・中日琉・甲申事变，档号：03-164-7749-576）。第五条是关于撤离驻朝中日军队的具体路径。可见，清政府是希望订立一个单纯规定当下共同撤兵的条款，而不牵涉其他问题。

章对其要求不轻易答应，谈判一时几乎破裂；后来日方渐渐地说服李鸿章，15 日第六回谈判时，李鸿章才表示大体同意日方要求。① 这基本反映实情。

三月初一日双方第六次会谈前夕，清政府谕令李鸿章："撤兵可允，永不派兵不可允，该督务当力与辩论。万不得已，或于第二条内'无干'句下添述'两国遇有朝鲜重大事变，各可派兵，互相知照，亦不在前条之例'数语，尚属可行。"② 三月初一日，李鸿章与日方就撤兵问题、聘请教练及派兵问题达成协议。三月初四日（4 月 18 日），双方在条约上签字。条文与三月初一日所拟，一字不差，是为中日《天津条约》。③ 条约共 3 款，第一款关于共同撤兵，第二款关于撤兵后聘请西方军事教练问题，第三款规定双方拥有同等的派兵权。同等派兵权的获得，意味着日本完全达到了此行的目的。

中日《天津条约》各大条款中，第一、二款与徐承祖的建议基本不相违离，也在清政府原定方针之中。第三款则完全超出徐承祖以及清政府的预料。然而这第三款也是中日《天津条约》中最受诟病者。这一条款的达成，直接责任者应该是清政府，作为谈判主持者李鸿章也难辞其咎。然而，值得注意的是，这一条款的达成，且成为日后战争的祸根，其实与日方的野心图谋有相当大的关系。

共同派兵权固然是战争的隐患，但它又具有可变性。如果日本没有侵占朝鲜的野心，一旦朝鲜有事，依照条约，共同派兵，事定之后同时撤兵，不至于有大的波澜。如果日本有侵占朝鲜的野心，共同派兵就成为战争的隐患。因此，日本是否具有并吞朝鲜之野心，实是问

---

① 「3. 朝鲜事变/1 概説」JACAR、Ref. B03030194400、对韓政策関係雑纂/明治十七年朝鲜事变（1-1-2-3_ 23_ 001）（外務省外交史料館）。

② 《军机处电寄李鸿章谕旨》，光绪十一年三月初一日，载故宫博物院编《清光绪朝中日交涉史料》卷 8，第 6 页。

③ 《李鸿章与日使伊藤议定之约款三条》，光绪十一年三月初五日，载故宫博物院编《清光绪朝中日交涉史料》卷 8，第 14~15 页；《天津会议专条》，王铁崖编《中外旧约章汇编》第 1 册，第 465 页。

题的关键。会谈中可发现，李鸿章是看到了这一问题的症结的。为此，谈判中他多次表示中国没有侵占朝鲜之心。同时，他再三要求日本表态是否有并吞朝鲜之意。第四次会谈就撤兵问题达成协议，进而谈到将来向朝鲜派员或派兵问题时，李鸿章就问伊藤，日本与中国共同派兵后，是否可能乘中国撤兵之机并吞朝鲜。伊藤以朝鲜贫弱为由，矢口否认日本有此动机。李鸿章又以"得自日本密报"为名，将井上告诉徐承祖，徐承祖再报告李鸿章的关于榎本曾致信井上要求日本派兵占据朝鲜一事，当面质问榎本。因伊藤插话，双方转移了话题。① 第五次会商具体的撤兵条款时，李鸿章提醒伊藤，一旦条约签字，日本应断然抛弃并吞朝鲜之野心，伊藤满口答应。李鸿章继而又举榎本 10 余年前所著一书序文中之言论，即所谓"略取"朝鲜与否取决于日本国人的舆论而非一家私言，进一步追问其用意。伊藤回答，他固然不能保证民间没有征韩之野心者，但他可以保证政府绝对没有此种意向。② 第六次会谈就撤兵的具体条款达成协议之后，李鸿章再次提醒伊藤，他曾保证日本丝毫没有并吞朝鲜之意。③ 这些问答至今保留在日方天津谈判的记录中。可惜的是，中方上呈清政府的谈判记录都略去了。

（三）议处驻防营官

徐承祖的另一大建议，反对惩办驻朝营官，曾得到清政府的积极响应。三月初三日（4 月 17 日），撤兵问题达成协议之后，徐承祖再次来电强调："惩弁、抚恤二节万难许，请坚持，彼下旗亦无能

---

① 「天津談判筆記（第四）」、1885 年 4 月 10 日、明治文化研究会編『明治文化全集・外交篇』第 11 卷、290 頁。
② 「天津談判筆記（第五）」、1885 年 4 月 12 日、明治文化研究会編『明治文化全集・外交篇』第 11 卷、296 頁。
③ 「天津談判筆記（第六）」、1885 年 4 月 15 日、明治文化研究会編『明治文化全集・外交篇』第 11 卷、310 頁。

为。"① 为此，李鸿章也颇费一番努力。

日方一度在惩办问题上不肯罢休。开谈之初在略提"将来之事"后，很快转向"以前之事"，要求惩处统将、赔补恤银。十八日、二十日、二十二日的会谈，双方就这一问题争执不休。李鸿章提出四点理由：（1）竹添带兵进宫护卫，没有朝王的亲笔诏书；（2）竹添带兵入卫预先没有通知朝鲜外务衙门；（3）中国驻朝营官早在进兵之前已经致信竹添，合乎情理；（4）中国营兵并未先行开枪。伊藤则以相应的理由进行反驳。② 双方各持一端，争执不下。伊藤还出示数份日本在朝侨民的口供，声称中国驻军在事变中伤害日侨。后因撤兵问题的提出，争论一度中断。三月初一日，双方就撤兵问题达成协议之后，伊藤又重新提起惩办问题。李鸿章试图以"口角小事"不必认真相劝，答应待查明"实有其事"后，再"严办"。伊藤不愿作罢，进而提出请第三国出面公断，被李鸿章拒绝。最后，伊藤让步，伤害日侨和处理营兵开枪之事可以查明后再办，营官"冒失"则要办理。李鸿章当即答应，这些营官均为其"属员"，可行文"申斥"。伊藤继而要求将此意写入照会"带回"，李鸿章同意。这样，惩办营官之事以照会的形式作结。③ 李鸿章在签署中日《天津条约》的当日，即三月初四日，依约照会伊藤博文。④

---

① 《出使日本大臣徐承祖来电》，光绪十一年三月初三日到，载故宫博物院编《清光绪朝中日交涉史料》卷8，第7页。

② 《李鸿章与伊藤博文问答节略》，二月二十二日，录副奏折，外交类·中日琉·甲申事变，档号：03-164-7749-542；《李鸿章与日使伊藤问答节略》，光绪十一年二月二十五日，载故宫博物院编《清光绪朝中日交涉史料》卷7，第32页；「天津談判筆記（第三）」、1885年4月7日、明治文化研究会編『明治文化全集·外交篇』第11卷、267頁。

③ 《日使伊藤与李鸿章问答节略》，三月初一日，录副奏折，外交类·中日琉·甲申事变，档号：03-164-7749-581；《李鸿章与日使伊藤问答纪略》，光绪十一年三月初五日，载故宫博物院编《清光绪朝中日交涉史料》卷8，第11~15页；「天津談判筆記（第六）」、1885年4月15日、明治文化研究会編『明治文化全集·外交篇』第11卷、311-322頁。

④ 「特派全権公使伊藤博文卜清国全権大臣李鸿章卜ノ締約書告示ノ件」JACAR、Ref. A01100281000、公文録·明治十八年·第十卷·明治十八年四月-六月·外務省（国立公文書館）。

其实，对于朝鲜事变的责任，李鸿章有清楚的认识。谈判中，李鸿章曾借朝鲜使臣之口直言，竹添是金玉均的同党。① 这是事实，详参第八章所论。然而谈判的结果，既与徐承祖所主张的有出入，也有违清政府的指令。对此，李鸿章曾作解释，他说，对于日本的这一要求，一非情理，一无证据，本可置之不理。但考虑到当时日兵被我军击败伤亡者颇多，国旗既辱，军威亦损，致使日本国内深以为耻，"群情汹汹，齐动公愤，欲图报复"，伊藤也声称此事不定，无以复君命，无以息众愤。驻朝营官本无议处之理，主要考虑到驻朝庆军是李鸿章属部，由李鸿章行文戒饬，是出于李鸿章之意，与国家不相干涉，"譬如子弟与人争斗，其父兄出位调停，固是常情"②。

综观驻日使臣徐承祖在天津谈判期间的活动、建议及对清政府对日政策的影响，可以看到，徐承祖在日本关闭与中国会谈的大门之后，成为第一位与日本商谈朝鲜事件善后事宜的中方官员，并最先提出撤兵建议。这一建议，随着伊藤来华，连同有关伊藤来华的报告，以及以天津为谈判地、反对惩办驻朝营官两大新的建议，经李鸿章、总署、军机处多次上呈御览后，促使清政府改变旧有立场，并成为清政府制定对日谈判方针的最主要依据。此外，在谈判期间，李鸿章还多次引徐承祖的报告为据。这些充分表明，徐承祖对中日《天津条约》的订立具有重大影响。与驻日使馆的情报一样，朝鲜方面的情报也是清政府制定对日政策的重要依据。这一时期，与徐承祖的系列报告同时上呈御览的，还有朝鲜方面陈树棠等寄李鸿章的信、朝鲜国王咨文、朝鲜外务督办金允植致袁世凯之手书，以及日人井上角五郎与

① 「天津談判筆記（第一）」、1885 年 4 月 3 日、明治文化研究会編『明治文化全集·外交篇』第 11 卷、252-253 頁。

② 《北洋通商大臣李鸿章奏与日使换约事竣折》，光绪十一年三月初五日，载故宫博物院编《清光绪朝中日交涉史料》卷 8，第 8 页。

朝员闵泳翊笔谈底稿等，这些均谈到徐承祖提出的日本要求撤兵问题。但是，朝鲜方面的态度并不明确。朝王既担心中国拒绝撤兵将招致日本加害朝鲜，又担心一旦中国撤兵，朝鲜将无力抵御外侮内乱，因而没有定见。陈树棠等则仅仅传达朝方的意见。① 笔者没有看到清政府内部就这一问题所展开的广泛讨论。徐承祖在这一时期的独特作用，是显而易见的。徐承祖出使日本，正值中法战争未息，日本乘机挑起朝鲜事变，东亚局势变幻莫测之时。日本方面一直非常重视情报工作，至今在日本的外交档案中，还留存驻华使领馆的大量报告。以天津领事原敬为例，他给外务省的报告就达 110 多份。他获取情报的途径，主要通过与李鸿章等清政府高层官员的会谈，在言谈之间窥探清政府的政策动向。② 徐承祖成功地找到一名资深的日本外交界前辈为间谍，其情报的价值，较日本方面毫不逊色。清政府一直重视他的报告及建议，主要原因正在于此。徐承祖成功地影响了清政府的对日决策及天津谈判的进程。然而，谈判的结果，无论撤兵问题，还是惩办营官，都与他的设想有一定距离。谈判开始次日，中法条约签署，这一对中国有利的局势，③ 对中日天津谈判也无济于事。这不是使臣个人力量可以决定的。同时应该注意到，日本通过中日《天津条约》谋得在朝权利，似乎是完全利用了所谓的"合法"的手段。然而，在"合法"的谈判中，其巧施谎言，却是显而易见的。

中日《天津条约》规定，自签约之日起，两国须全数撤回驻朝军队。清政府决定于六月初十日（7月21日）从马山浦全部撤军，令

---

① 《总署奏照录李鸿章等因日韩事来函呈览折》，光绪十一年二月十七日，载王彦威纂辑，王亮编《清季外交史料》卷55，第9~19页。

② 河村一夫「清仏戦争の際の李鴻章—原敬天津領事の観察を通じて」、『近代日中関係史の諸問題』、29-42页；山本四郎「天津領事原敬」、『日本史研究』No.276（1985年8月）、69-81页；劉傑「清仏戦争期日本の外交政策——天津領事原敬を通しての考察」、『日本歴史』No.467（1987年4月）、54-69页。

③ 「伊藤特派全権大使復命書」、明治文化研究会編『明治文化全集・外交篇』第11卷、236页。

徐承祖相应照会日方。五月十八日（6月30日），徐承祖将相关内容照会日方，并询问日方撤兵日期。日方接照会后，经商议，决定与中国同一时间撤兵。①

第六节　中日《天津条约》签订后的朝鲜问题

中日《天津条约》第三款规定中日拥有向朝鲜同等的派兵权。据称，俄国不甘心日本与中国分享在朝鲜的这一权利，遂通过在朝鲜任总税务司的穆麟德，与朝鲜密使签订密约，而朝鲜政府似也有引俄保护之意。俄国试图介入朝事的传闻，进一步引发中国对朝鲜人事权问题的担忧。

（一）徐承祖拟"以日本使臣兼督理朝鲜大臣"

关于俄国介入朝鲜事务的传闻，徐承祖虽然"早已知之"，但具体向他提起的是日本外务卿井上馨。

光绪十一年四月二十三日（1885年6月5日），应井上馨之约，徐承祖带参赞杨枢、东文翻译卢永铭至日本外务省会晤井上馨和郑永宁。会见一开始，井上向徐承祖出示了日本驻朝代理公使的二纸东文密报。内容大致是，当中日议约时，穆麟德因担心中日决裂，煽动朝王派员前往海参崴要求俄方保护，获允。俄国鉴于中日《天津条约》第三款，即中日两国有派兵朝之权，拟行文中日两国商酌：俄境也与朝鲜毗连，自应也有此权利。会谈中，井上力斥穆麟德之非，认为朝王年轻不明事理，所赖之左右辅助皆非公忠体国之人，"此事诚为可虑，不得不以膜外视之"。井上称，本拟由日本政府函告朝王，因恐

---

① 「朝鮮国駐防兵隊悉皆撤去ノ件」JACAR、Ref. A03023661300、公文別録・朝鮮事変始末・明治十七年・第三巻・明治十七年（国立公文書館）；「全権大使伊藤博文復命書・活字印刷ノ別冊アリ此ニ之ヲ略ス」JACAR、Ref. A03023661400、公文別録・朝鮮事変始末・明治十七年・第三巻・明治十七年（国立公文書館）。

中国见疑，所以未敢冒昧，而请徐承祖来商。经徐承祖追问，井上便提议中国应变通不干涉属国用人、行政的旧制，具体包括：（1）以后朝鲜用人及实行大政，均嘱其请命中国；（2）请李鸿章函告朝王罢免尹雄烈等人之职，选用合适之人；（3）李鸿章将可靠之人推荐给朝王任用，不许其更动；（4）嘱朝鲜国王饬令穆麟德迅速离朝，以后朝鲜政府雇用美国人，也须由李鸿章函荐朝王。井上强调，朝鲜社稷及东方大局之安危，皆在中国肯否听其这一变通建议。他最后指出，现在中国驻朝委员陈树棠"忠厚有余，才智不足"，"宜更换敏决之员"。待新人员任命后，则来日本一行，使其了解日本之意；这样，到任后遇有要事，自能与日本驻朝公使"和衷共办"。会谈中，徐承祖对井上显示的日本试图干涉朝政的意图有所阻止，但最后表示，"至我国如更换驻朝之委员先来日本一层，此事我可请我政府及李相照准"①。会谈后，徐承祖将此情形报告总署，请示相关意见，并附寄会谈节略②，同时也报告李鸿章。③徐承祖会谈中颇显示支持井上提议之意，此举后引发李鸿章的怀疑。井上馨在向徐承祖提起的同时，也通过日本驻天津领事原敬和驻华公使榎本，先后向李鸿章说明。井上还让榎本向李鸿章转呈一函，具体提出处理朝鲜问题的八条意见。其精神是劝导中国变通旧制，由原先的放任，改为干预朝鲜的用人、行政，并要求中国在朝鲜用人、行政问题上与日本会商。井上期待中方尽快答复。④

---

① 《与日本外部井上馨问答》，光绪十一年四月二十三日，载"中研院"近代史研究所编《清季中日韩关系史料》卷4，第1845~1847页；《徐承祖与日本外部井上馨问答》，光绪十一年四月二十三日，载故宫博物院编《清光绪朝中日交涉史料》卷8，第21~22页。

② 徐承祖：《使朝鲜开巨文岛为通商口岸以牵制英人附呈与井上馨韩事问答请酌夺速复华人赴日本内地游历及采办铜筋事》，光绪十一年五月十四日，馆藏号：01-25-018-02-019。

③ 《论朝鲜国政》，光绪十一年五月二十六日，载吴汝纶编《李文忠公全书·译署函稿》卷17，第27页。

④ 《论朝鲜国政》（光绪十一年五月二十六日）、《日本公使榎本武扬钞呈外务井上函》（光绪十一年五月二十三日），载吴汝纶编《李文忠公全书·译署函稿》卷17，第27~30页。

对于日本提供的这些情报与建议，李鸿章是重视的。他认为，井上所提议朝鲜国王不得与内监商议国政，择大臣忠荩者托以国事，中国驻朝大员遇有要事与日本驻朝公使互商酌办各节，"均尚中肯"。① 他很快处理了井上向徐承祖提出的第二、第四条提议。让朝王"罢尹雄烈等六奸之职选用正人"一条，李鸿章于六月初四日（7月15日）南廷哲奉朝王之命前来面谒时，在复朝王信中专门论及："贵国廷臣类多树党争权，争权荧惑聪听，而任贤去邪，全在殿下灼见真知，胸有主宰。政府贤否，实关系一国之安危，而外务、兵曹、户曹各领袖，必须委任得人相助为理。贵国不乏忠荩之臣，如金弘集、金允植、鱼允中诸人，各国颇称其贤良。若信任勿疑，当能引用正人，裨益时局。中国之于朝鲜素有休戚相关之谊，而殿下于鄙人遇事谘商，尤能推诚相与，故撮举所知，用备采择。"② 这里推举新人之言与榎本呈函一致，所谓的"各国"，其实主要指日本。"嘱高王饬穆麟德其迅速离高"一条，南哲廷在面谒李鸿章时陈明，上年因穆事"屡承俯教"后，朝王"先撤其外务协办之任，仍即斥退"。当下只能请李鸿章"设法招还"，再选一人代办海关事务，"庶不致误"。③ 可见，朝王已经主动罢斥穆麟德，李鸿章也进一步回复具体处理意见："穆麟德揽权生事，各国皆深恶之，实非始料所及。已密书交南参判带回酌办。"④

但李鸿章指出，朝鲜各要政均请由他遥制，既恐无此权力，也断难事事办到。对于日方要求朝鲜外务与井上密议，他认为"相距皆

---

① 《论朝鲜国政》，光绪十一年五月二十六日，载吴汝纶编《李文忠公全书·译署函稿》卷17，第27~30页。

② 《复朝鲜国王》，光绪十一年六月初五日，载吴汝纶编《李文忠公全书·译署函稿》卷17，第34页。

③ 《朝鲜吏曹参判南廷哲面呈密议》，光绪十一年六月初四日，载吴汝纶编《李文忠公全书·译署函稿》卷17，第36页。

④ 《复朝鲜国王》，光绪十一年六月初五日，载吴汝纶编《李文忠公全书·译署函稿》卷17，第33~34页。

远，何从面筹办法"。至于用人既由中国商定，又与井上斟酌，他则认为"未免越界揽权，事多窒碍"。李鸿章分析日本方面立意，似欲护持朝鲜勿被俄人吞并。他认为这于中日两国大局有所裨益，主张"暂未峻拒，俾之别生趋向"。但究竟应如何酌量答复，他则请总署察商，详密赐示。他建议对徐承祖的来函"可暂置不复，以待谋定后动"。至于中国向朝鲜派遣大员，他认为"朝为属藩，若派大员，朝王既嫌相逼，体制亦难妥洽。且各国公使均驻汉城，久之更滋口舌"，而应"徐筹"。①

其时，徐承祖对于变通朝鲜人事制度颇为积极。他致函总署，径直提议拟"以日本使臣兼督理朝鲜大臣"，或由驻日使臣派遣参赞、领事驻扎朝鲜照料。徐承祖的这一建议显然与"甲申事变"有相当大的关系。他阐述理由时称，日本嫉恨朝鲜为中国属邦，让游学日本的朝鲜人"归而构煽，以遂其叛华附日之计"，他指的正是金玉均等人勾结竹添进一郎谋划"甲申事变"一事。他认为，如由日本使臣兼理朝鲜，"可弥衅隙，消日患"②。这一建议形同光绪七年（1881）正月何如璋使日时期的变通朝鲜旧制方法，即"由北洋大臣李鸿章与出使日本大臣与该国通递文函，相机开导"，这涉及体制变革，实"关系非小"，从而引发李鸿章强烈反应。

李鸿章为此专门写就《议驳徐孙麒条陈并派袁世凯驻朝鲜》一文寄送总署。信中，李鸿章对徐承祖的动机大表怀疑。他认为，井上本人密令榎本来津面递朝事办法，"语虽可采"，但主旨在于"揽权干预，并争雄长"；鉴于中日在朝鲜的"名分不同"，这些建议原则上并不可行。而徐承祖来信却颇"以井上议论为然"，他怀疑"井上或

---

① 《论朝鲜国政》，光绪十一年五月二十六日，载吴汝纶编《李文忠公全书·译署函稿》卷17，第27~30页。

② 《议驳徐孙麒条陈并派袁世凯驻朝鲜》，光绪十一年七月二十八日，载吴汝纶编《李文忠公全书·译署函稿》卷17，第57页。

阴劝孙麒兼管朝事，冀得从旁预谋，亦未可知"。不仅如此，李鸿章还进而对徐承祖的"兼督"理由逐条批驳。徐承祖称"以日本使臣兼督理朝鲜大臣，遂可弥衅隙，消日患"，李鸿章批之"言之太易"。他指出，日本吞并琉球实在派使驻日之后，前使何如璋非不竭力争论，竟无如何改变，可为殷鉴。他认为，驻日使臣对朝鲜的变故并不能周知。像中国驻西洋各使多兼使数国，大都是无事之应酬。而朝鲜为奉吉屏藩，关系重大，"岂可以驻日分卑"。李鸿章又隐指徐承祖为"望浅之人"，如兼管遥制朝鲜，朝鲜君臣"必藐视"，并称"欲弭患而患更多"。至于徐承祖所称"派参赞、领事驻彼照料"，李鸿章认为这不仅与体制有碍，且恐参领中无此奇才可压服属邦人心。总之，李鸿章认为徐承祖"所议似可暂置勿论"。他进而大力推举袁世凯作为督理朝鲜的人选以接替陈树棠，他称赞袁世凯"两次带兵救护朝王，屡立战功"，"才识开展，明敏忠亮，清卿燕甫"，"可为耳目臂指之助"。[①] 徐承祖在与井上馨的会谈以及给总署的报告中，均对日本有所警觉和防备，明确表示日本有意插足朝鲜。[②] 但李鸿章对此却不予理会。可以说，此时李鸿章对徐承祖的态度，与其天津谈判期间的高度信任，已经不同。不过，李鸿章提到，驻外使臣兼使的一般是"无事之应酬"国家，而反对驻日使臣兼使朝鲜，由此可知，朝鲜在清政府心目中分量之尤重。

　　徐承祖兼管朝鲜的提案被否决后不久，清政府派遣袁世凯为驻朝鲜总理交涉通商事宜，替代陈树棠。此后，徐承祖对袁世凯的才干常有微词，这在奉命交涉拘捕金玉均中即有体现，但他还是注意顾全大局。当时日本对于中国政府派遣袁世凯驻朝颇为不满，徐承祖等曾出

---

　　① 《议驳徐孙麒条陈并派袁世凯驻朝鲜》，光绪十一年七月二十八日，载吴汝纶编《李文忠公全书·译署函稿》卷17，第57页。

　　② 《与日本外部井上馨问答》，光绪十一年四月二十三日，载"中研院"近代史研究所编《清季中日韩关系史料》卷4，第1846~1847页；《徐承祖与日本外部井上馨问答》，光绪十一年四月二十三日，载故宫博物院编《清光绪朝中日交涉史料》卷8，第22页。

面解释，促使日廷表示理解。日方继而向中方表示捐弃前嫌、维护大局。袁世凯既被派驻，总理内阁大臣伊藤博文要徐承祖转达，他希望袁世凯赴东京一晤"筹商中、日、朝和局"，同时令驻天津日本领事向李鸿章表达相似意愿。李鸿章认为日本主动提出请袁世凯赴日联合，"可藉释前嫌，亦于大局有裨"①。

袁世凯驻朝后，徐承祖在处理朝事时，不时与袁世凯协同办理。光绪十三年（1887）六月，朝鲜重新派闵泳骏驻使日本，金嘉镇为参赞，全良默为随员。② 当时朝鲜开禁通商后，出现了一支"别通开化之名"的政治势力。袁世凯探得此次派遣赴日的使者是"别通开化之最著者"并"存有深意"，请徐承祖在日本密查这些人在日本的"簸弄"。③ 七月二十五日（9月12日），清政府发送了一份通告中国驻外使臣与朝鲜驻外使臣的公文程式的电报。④ 只是徐承祖还没来得及处理与朝鲜"别通开化"使臣的关系就回国了，与朝鲜驻日使臣关系的处理由其后任、第二次出使日本的黎庶昌承接。其后，袁世凯在朝鲜的行为饱受朝鲜朝廷的攻击，但李鸿章始终力挺袁世凯。他曾向第五任驻日使臣、其养子李经方详细解释并特意提醒，在朝事上要与袁世凯保持充分沟通，详参下一章。可以说，徐承祖之后的几届使团，在涉及朝事上常需与袁世凯协作办理。由于日本始终"关切"朝鲜，驻日使臣也仍需时刻注意收集日本的对朝动向信息。

这一时期，徐承祖通过间谍获悉，日本政府内部对于侵略朝鲜尽

① 《商令袁世凯赴日本》，光绪十二年一月十二日，载吴汝纶编《李文忠公全书·译署函稿》卷18，第28页。

② 《北洋大臣李鸿章文》，光绪十三年七月四日，载"中研院"近代史研究所编《清季中日韩关系资料》卷4，第2336页。

③ 《致徐星使密函》，光绪十三年六月初十日，载"中研院"近代史研究所编《清季中日韩关系资料》卷4，第2336~2337页。

④ 《发出使大臣刘许张徐等电》，光绪十三年七月二十五日，载故宫博物院编《清光绪朝中日交涉史料》卷10，第31页；《总署通告驻外使臣与朝鲜驻外使臣公文程式电》，光绪十三年七月二十五日，载王彦威纂辑，王亮编《清季外交史料》卷72，第28页。

管在时间上存在分歧，但在"非开辟新地，实难自强"上具有共识，在扩充海军问题上也达成一致，再加上对中国的轻视，都认为，为朝鲜而与中国开战是迟早的事。他将这一情报告知总理衙门，并解释称："虽黑田等以管窥天，语多背妄。然承祖外洋忝使，贵谂彼情。既有所闻，自未便因其出言不逊，遂壅于上闻。"①

徐承祖使团与前任不同的是，他出使时首先面临的是朝鲜问题，但使团所关注者其实不止于此。朝鲜问题之外，除上述所说参加与日本的修改条约交涉，使团在琉球问题上其实也有贡献。

光绪十二年（1886），徐承祖在东京公使馆刊行了他翻译的《美英条约》。书中他将咸丰四年（1854）琉球与美国缔结条约的中文译文附录在后。该条约采用中国年号，强调此乃琉球是中国属国为欧美各国皆知之证明。更引人注目的是，他还通过"谍者"得知，日本德川时代曾布告各国，琉球非其属地。"谍者"自称，他本人以前有此文稿，可惜遗失，需另行寻觅抄写，建议徐承祖"球事""缓提"。②徐承祖看到当时的中日关系尽管因"甲申事变"而趋向紧张，但他仍认为日本目前的情形也实难与中国开衅，③所以接受了"谍者""缓提"的建议。他一方面叮嘱"谍者"赶紧寻找该文稿，另一方面将此事报告清政府，说一旦"谍者"将文稿抄来立即寄上。他认为凭借这一件文稿与日方理论"似较有确据"。④

中日《天津条约》谈判期间，因中法战事结束，徐承祖曾向清政

---

① 徐承祖：《索金逆事袁电言之似易行之实难韩若派使来日索要转激日人抗违不辨井上有驱金出境之意又虑为俄所用或能就我范围》，光绪十一年十二月二十八日，馆藏号：01-25-020-02-001。

② 《徐承祖信二》，光绪十一年二月初九日，载故宫博物院编《清光绪朝中日交涉史料》卷7，第19页。

③ 《徐承祖信一》，光绪十一年二月初九日，载故宫博物院编《清光绪朝中日交涉史料》卷7，第18页。

④ 《徐承祖信二》，光绪十一年二月初九日，载故宫博物院编《清光绪朝中日交涉史料》卷7，第19页。

府提出"可否乘势举议球案"①。由于李鸿章一时找不到合适的解决方案，加上与法国之事未了，"碍难分身"②。徐承祖的提议被搁置。不过，光绪十二年（1886）四月，日本新任驻华公使盐田三郎向总理衙门提出修改条约要求，清政府提出的修约与"球案"并议案，与徐承祖的建议一脉相承。

徐承祖自光绪十年（1884）十一月抵任，至光绪十三年十一月下旬（1888年1月）期满三年。光绪十三年十一月二十一日（1888年1月4日），徐承祖与第四任出使大臣、第二次出使日本的黎庶昌完成交接，③ 十二月初三日（1月15日）与黎庶昌一起拜访日外务省，次日离开东京前往横滨。④ 在横滨逗留数日后，⑤ 于明治21年（1888）1月26日（光绪十三年十二月十四日）乘坐法国船回国。⑥ 十二月十七日（1月29日）由上海乘军舰前往南京。津沽冬天河水坚冻，徐承祖先回老家过完年，待冻开化后，才北上入京复命。⑦

（二）第四届黎庶昌使团与朝鲜问题

黎庶昌第二次出使，自光绪十三年十一月二十一日（1888年1月4日）接任之日起，至光绪十六年十一月二十日（1891年1月1日）

---

① 《出使日本徐大臣来电》，光绪十一年三月初三日到，电报档，档号：2-02-12-011-0328，缩微号：003-1474；《出使日本大臣徐承祖来电》，光绪十一年三月初三日到，载故宫博物院编《清光绪朝中日交涉史料》卷8，第7页。

② 《致徐孙麒星使》，光绪十一年三月初五日，载吴汝纶编《李文忠公全书·朋僚函稿》卷20，第57页。

③ 奕劻等：《奏为出使俄德奥和大臣洪钧出使日本大臣黎庶昌届满请简员事》，光绪十六年七月二十四日，朱批奏折，档号：04-01-12-0548-020，缩微号：04-01-12-104-2769。

④ 「養浩堂日誌」、明治21年戊子1月-8月、『宮島誠一郎文書』、A71。又据记，黎庶昌于光绪十三年十二月初二日（明治21年1月13日）捧呈国书。「黎庶昌筆談錄」、『宮島誠一郎関係文書』、2149。

⑤ 「養浩堂日誌」、明治21年戊子1月-8月、『宮島誠一郎文書』、A71。

⑥ 「養浩堂日誌」、明治21年戊子1月-8月、『宮島誠一郎文書』、A71；「懷中日記」、明治21年、『宮島誠一郎文書』、A73。

⑦ 「徐政遠」、『宮島誠一郎文書』、Reel14、368。

届满三年,^① 任期比较完整。黎庶昌第二次任上曾就重议"球案"特别用心,如上所述。而在朝鲜问题上,使团还面临新的局面。

其时,袁世凯被派驻朝鲜督管朝鲜事务,朝鲜则派遣使臣常驻日本。抵任之初,黎庶昌首先承接徐承祖处理与朝鲜代理使臣金嘉镇的关系。这一问题第五章已有论及,这里拟进一步阐发。

金嘉镇被派驻日本时,正当徐承祖和黎庶昌换届之交,因"其人微",徐、黎等"不甚措意",金自觉"去来任便",后来遂诱发了驻美使臣朴定阳违章事件。^② 可以说,金嘉镇在日本的举措,实是这一时期朝鲜遣使事件的组成部分。

光绪十五年二月二十五日(1889 年 3 月 26 日),朝鲜使臣朴定阳赴美途经日本来见黎庶昌,黎循例回拜与之交谈,但"词均泛泛"。不仅如此,金嘉镇还对清政府所拟的朝鲜派使三端提出异议,称"惟朝使到各国,先偕中国钦差同赴外部最为属为难,故彼所派赴西洋之使,尚滞留在香港^③。金嘉镇后来虽然向黎庶昌"修谒",但他又在使署内自办服饰,并"饰诈诿卸",与在美国的朴定阳谒见中国驻美使臣张荫桓时"不具公服",可谓"两事一辙"。^④ 对于金嘉镇问题,李鸿章授意即经"诘责","似可将就了结"。^⑤ 所以,黎庶昌在金嘉镇前来"修谒"后,不再追究。

但其时,驻日朝使还有意无意传播一些离间中朝关系的消息,黎庶昌不得不用心调解了。

先是所谓袁世凯废朝王之说。十月间,金嘉镇来称:他在日本报

---

① 奕劻等:《奏为出使俄德奥和大臣洪钧出使日本大臣黎庶昌届满请简员事》,光绪十六年七月二十四日,朱批奏折,档号:04-01-12-0548-020,缩微号:04-01-12-104-2769。

② 《复出使俄德和奥大臣洪文卿》《复出使美日秘国大臣张樵野》《复总理朝鲜交涉通商事宜升用道袁慰庭》,均载于晦若录,李鸿章校《李文忠公尺牍》。

③ 黎庶昌:《兵库县欲巡捕入华人房宅拿人已嘱领事善为应付朝鲜朴定阳已返国日本大赦罪人金玉均亦赦列听起自便》,光绪十五年三月二十三日,馆藏号:01-25-025-02-031。

④ 《复出使日本国大臣黎纯斋》,载于晦若录,李鸿章校《李文忠公尺牍》。

⑤ 《复钦差出使日本国大臣黎纯斋》,载于晦若录,李鸿章校《李文忠公尺牍》。

纸上看到，中国与朝鲜交际愈离愈远，心中忧闷，故此禀报政府亲往香港一行；查其底细，得知袁世凯曾与闵泳翊密谈，欲将朝鲜国王废去，闵泳翊闻之非常惊讶；几天后，有人将袁世凯所写废黜国王之信盗来给闵泳翊看；闵泳翊拿着这一凭据前往烟台禀告李鸿章，但未能得到李鸿章的支持，旋即由上海赴香港。对此，黎庶昌加以辨析，反问他，中国如果想废黜朝王，何苦于七八年前劝导朝鲜与外国通商。他提醒金嘉镇，闵泳翊这种做法也有不妥和值得怀疑之处。金嘉镇辩称，闵泳翊也知道中国政府及李中堂并无废黜朝鲜国王之意，但袁世凯因前有功于朝鲜，卑视国王，"实有此谋"。黎庶昌保证，袁世凯绝对不可能做出这等出格之事。他进而解释中国加强管理朝鲜的用心，称：其实中国管朝鲜没有什么好处，难事皆是中国担当；其所以不得不如此，主要是为了防范俄国。黎庶昌又劝解道，袁世凯不能终生在朝鲜督办事宜，不可尽听西洋人之言。黎庶昌当然不相信金嘉镇的说法。他分析金的用意，"不过执此以为袁道错处，欲中国调开"①。

对于黎庶昌的开导工作，李鸿章称其"洞明事理"。李鸿章告知所谓废王说之原委，此说纯是闵泳翊捏造的，"实其事皆空中楼阁"。金嘉镇是闵党，串通散布此种言论，目的是借此让中国调离袁世凯，但李鸿章对于袁在朝鲜的作为予以充分肯定。②

废王传闻之后，光绪十六年（1890），李鹤圭接任朝鲜驻日署使，他及时拜会了黎庶昌。黎庶昌对他的评价是"似近朴讷一流，大约备员而已"，甚为轻视，③ 不过李鹤圭担忧中国对朝的态度，倒是承继了他的前任。七月，李鹤圭以所见日文报纸所说的中国将征伐朝鲜一事前来询问。黎庶昌告之，"新闻所载，毫不足凭。如果用兵，此是何

---

① 黎庶昌：《日本政局近况朝鲜官金嘉镇谓袁世凯有废朝鲜国王之意实属无稽》，光绪十五年十一月十八日，馆藏号：01-25-027-01-002。

② 《复钦差出使日本国大臣黎莼斋》，载于晦若录，李鸿章校《李文忠公尺牍》。

③ 黎庶昌：《函述日廷现议院情形又海军省派细谷川〔资〕氏为驻中国武随员》，光绪十六年六月二十二日，馆藏号：01-19-007-02-007。

等大事，我处必有电报"。经黎庶昌反复开谕，李鹤圭似已悟晓。但次日黎庶昌接李鹤圭一函，求为电询北洋大臣李鸿章。正好黎庶昌当天接到李鸿章来函，信中并未提及征伐朝鲜事，便令翻译往告，表明绝无此事，李鹤圭这才放心。对于李鹤圭所为，黎庶昌深感不齿，因为日本报纸所载只是其种种推测中的一种而已。① 应该说，黎庶昌所作所为在加强中朝互信方面，是积极有效的。

其时，日本一面向中国示好，另一面则对朝鲜问题表示极大关切。光绪十五年（1889）四月，黎庶昌因日驻华公使盐田三郎在北京病殁而前往外务省吊唁，外务大臣大隈重信向黎庶昌大谈中日两国"实应亲密为是"。黎庶昌认为，大隈所言"虽是门面语"，但还是可信的。② 在此时的黎庶昌看来，朝鲜问题已不是影响中日两国的棘手问题，琉球问题才是"两国交谊厚薄之根"。但大隈却对琉球问题不予回应，而是主动提朝鲜问题。他从俄人之可畏，谈到朝鲜之可危、东方大局之可忧，称如果朝鲜有事，中日两国均属不利。大隈还声称："如有人侵犯朝鲜尺寸土地者，我日本四千万人民当以全力与争。"又提议："中日两国与朝鲜均极关紧要。此时抚之，宜若婴儿，笼络其心，勿令外向他国。切不宜慑之以威，使更离异等。"

对于日本的这一对朝态度，黎庶昌的分析是，因近来朝鲜情势既不归向中国，也不甚亲日本，日方十分担心俄人从中"播弄"，企图插手朝事。且日本明年又将开国会，须筹内政，恐外衅突乘，故其警惕之心诚于中而形于外。③ 徐承祖早在所提供的密告者信中指出，黑田主张立即侵占朝鲜，伊藤主张等待时机，井上担心俄国插足朝鲜危

---

① 黎庶昌：《朝鲜署使李鹤圭面询报载中国欲伐朝鲜是否确实》，光绪十六年七月二十一日，馆藏号：01-25-028-01-018。

② 黎庶昌：《日外务大隈主中日亲善海军大臣询中国改定船舰旗式》，光绪十五年五月初五日，馆藏号：01-25-026-01-005。

③ 黎庶昌：《日廷以保护朝鲜自任以笼络其心勿令外向为策略以防俄人从中播弄》，光绪十五年八月三十日，馆藏号：01-25-026-02-010。

胁日本。① 可以说，黎庶昌的分析与徐承祖情报中提到的井上一派的顾虑，颇为一致。在黎庶昌看来，这时朝鲜的主要危险来自俄国。

这一时期与日本关涉的朝鲜问题还有一个，即美国等国插足朝鲜问题。光绪十六年（1890）三月后，黎庶昌曾奉清政府之命调查李仙得（William Charles Legendre）为朝鲜谋划借款一事。调查持续到五、六月间，但证明只是传闻。没有资料显示黎庶昌为此与日本政府有所直接的接触。② 十月间，黎庶昌听说朝鲜计划雇用驻横滨的美国领事到朝鲜为朝鲜政府办事，拟定五年，美国领事答应先受雇二年。为此，黎庶昌面询李鹤圭，未得实信，不能肯定是否果有此举。③ 其间黎庶昌倒是得到传闻说，俄人有占据朝鲜鹿岛之意，建议中国常派一二兵船前往游弋，观其动静。④ 可见，使团认为此时朝鲜的问题，主要还是防俄问题。

防俄认识对黎庶昌的新朝鲜策略有所影响。第二次出使即将结束时，黎庶昌上书清政府，广泛论及琉球、朝鲜、修约诸问题。在朝鲜问题上，黎庶昌建议通过中日别订一亲密往来互助之约这一迂回的办法，来保护朝鲜免受日本渗透。黎庶昌的这一建议，与他六年来对日本国情的总体认识有密切关系。他指出，日本对朝鲜的"狡专思逞之志"始于明治维新。由于其侵略中国台湾地区以及废灭琉球、窥视朝

---

① 徐承祖：《索金逆事袁电言之似易行之实难韩若派使来日索要转激日人抗违不辨井上有驱金出境之意又虑为俄所用或能就我范围》，光绪十一年十二月二十八日，馆藏号：01-25-020-02-001；《日人朝比奈密探各事清册》，载故宫博物院编《清光绪朝中日交涉史料》卷10，第2~3页；《附录日人朝比奈密探日本各事清册》，载王彦威纂辑，王亮编《清季外交史料》卷63，第11~13页。

② 黎庶昌：《义使面述李善得谋为朝鲜贷借洋款并拟收回税关自办俄有占朝鲜鹿岛之说中国宜常派兵船赴彼游弋》，光绪十六年六月初十日，馆藏号：01-25-028-01-007；李善得，即李仙得。

③ 黎庶昌：《函述日皇两次大操生辰及观菊会宴请各使》，光绪十六年十月十五日，馆藏号：01-19-007-03-004。

④ 黎庶昌：《义使面述李善得谋为朝鲜贷借洋款并拟收回税关自办俄有占朝鲜鹿岛之说中国宜常派兵船赴彼游弋》，光绪十六年六月初十日，馆藏号：01-25-028-01-007。

鲜，已与中国成为敌国。但黎庶昌认为，这 20 余年来，日本百物繁兴，物力已竭。国中通行纸币，银圆流出外洋，漏卮颇巨，"一朝有急，势使难支"。所以他认为，"轻视日本者非，其畏日本者亦非"。他将自己两次奉命驻扎期间即前后六年日本国情变化分为三个阶段，称为"三变"。而其时，他认为，日本朝野上下"似悟既往之失，渐有亲我之心，与初至时迥然不同矣。即交涉事件，亦近和平，不似从前之有意挑剔"。他强调这是他六年中所见之实在情形。当时日本虽然设立议政院，而开院以后，议论颇属平静，日本人中与他往还者又多以亚洲大局为言。黎庶昌认为，当时中国的海军实力"不过与之相敌，未必能驾而上之"，因此主张"似宜因彼有向善之诚，随势利导，与为联络。趁修改条约之际，将'球案'一宗彼此说明，别订一亲密往来互助之约。如德、奥、义三国之比，用备缓急。设异时西洋强国启衅，东方庶免肘腋之虞，别生枝节"。但他也指出，"公法条约原不足恃，而具此成言在前，则在我有所羁縻，在彼亦有关外人之口。虽不明为朝鲜，朝鲜实阴受其庇护。此之为利，似十倍于争论琉球"。① 黎庶昌这一主张隐藏的一个前提是，他相信日本朝野人士所表示的中日同盟思想，是当时日本各界出于现实考虑的一个真实想法，这里的现实，当是防俄。与此同时，黎庶昌还报告清政府，伊藤博文将于次年来京津议商东方交涉之事，意在共保朝鲜，防俄侵犯，希望两国别订一亲密往来互助之约，如德、意、奥三国之比。②

黎庶昌寄出该函后不久便启程回国，但李鸿章对于伊藤将东来之说，一直颇为关心。此后，他不仅向李经方提及，还向日方提起。黎庶昌主张引日本共保朝鲜的新主张，到其后任李经方时期，经核实

---

① 黎庶昌：《中国宜乘日本渐有亲我之心趁修改条约之际与彼联络以抗西洋》，光绪十七年二月初六日，馆藏号：01-25-028-02-030。

② 《致李经方》，光绪十七年正月二十日，载顾廷龙、戴逸主编《李鸿章全集》第 35 册，"信函七"，第 169~170 页。

后，终被否决。

其实，清政府于光绪十六年（1890）二月在北京已密定有关朝鲜问题的规章，显然对黎的新主张不会太重视。没有看到黎庶昌是否知晓这一密定文件。光绪十八年（1892）初，当第五任使臣李经方遇到比较繁复的朝鲜问题时，李鸿章曾将该密定内容相告，详参下一章。

光绪十六年（1890）七月，在黎庶昌届期满前，总理衙门开始筹划新使臣人选，将中外大臣保举的出使人员名单上呈。① 七月二十七日（9 月 10 日），清政府电告黎庶昌，确定接任的出使大臣为李经方。② 自八月初开始，黎庶昌开始准备辞任回国，与总理衙门商定援西例呈递辞行国书事宜。③ 当时日本外务省给黎庶昌送来两颗宝星，总理衙门告知奉旨准其收受。④ 同时，经总理衙门同意，黎庶昌给在日商董酌发功牌。⑤ 其间，黎庶昌还为奥使觐见和醇亲王薨逝后应着服饰问题，花费一些时间。李经方于光绪十六年十二月二十日（1891 年 1 月 29 日）到任，与黎庶昌办理交接手续。⑥ 黎庶昌次年一月初回国，到

---

① 奕劻等：《奏为出使俄德奥和大臣洪钧出使日本大臣黎庶昌届满请简员事》，光绪十六年七月二十四日，朱批奏折，档号：04-01-12-0548-020，缩微号：04-01-12-104-2769。

② 《发出使黎大臣电》，光绪十六年七月二十七日，电报档，档号：2-02-12-016-0365，缩微号：004-0152。

③ 《发出使黎大臣电》，光绪十六年八月初五日，电报档，档号：2-02-12-016-0383，缩微号：004-0157；《收出使黎大臣电》，光绪十六年八月初七日到，电报档，档号：2-02-12-016-0391，缩微号：004-0159。

④ 《发出使黎大臣电》，光绪十六年九月二十一日，电报档，档号：2-02-12-016-0507，缩微号：004-0194。

⑤ 《发出使黎大臣电》，光绪十六年十月十七日，电报档，档号：2-02-12-016-0560，缩微号：004-0210。

⑥ 奕劻等：《奏为出使日本大臣李经方丁忧解任拟请简员接办事》，光绪十七年六月二十四日，朱批奏折，档号：04-01-13-0369-033，缩微号：04-01-13；奕劻等：《奏为使臣李经方丁忧请简员接办由》，光绪十七年六月二十四日，录副奏折，档号：03-5280-062，缩微号：400-0705；《光绪十年以后出使日本国大臣接任卸任日期清单》，光绪二十年七月十一日，载故宫博物院编《清光绪朝中日交涉史料》卷16，第19页；奕劻等：《奏为出使日本使臣李经方丁忧开缺请旨简放事》，光绪十八年六月十六日，录副奏折，档号：03-5293-040，缩微号：400-2997。

上海后，经天津，二月入北京复命。① 四月，简授川东兵备道道员兼重庆海关监督。七月，回抵上海，携二姬棺柩溯江西上，行千数百里，历40余日，费尽周折抵达重庆，先回故里。② 参赞陈明远，因其弟随同出使大臣许景澄出使德国，即将由上海启程赴德，为与弟弟见一面而先一步回国。③

① 「黎庶昌」、三月初三日、『宮島誠一郎関係文書』、Reel13，347-25。
② 「黎庶昌」、『宮島誠一郎関係文書』、Reel 13、347-2；「清使筆談及書翰往复　五号」、『宮島誠一郎関係文書』、2145。
③ 「清使筆談及書翰往復・五号」、『宮島誠一郎関係文書』、2145。

第七章

李经方使团与朝鲜问题

第五届出使日本大臣李经方的身份非常特别，他是北洋大臣兼直隶总督李鸿章的嗣子。由于有这一特殊背景，李经方出使期间的对日交涉，一直得到其父李鸿章深入细致的指点，为历届使日使臣所无。

李经方（1855~1934），字伯行，号端甫，安徽合肥人。他是李鸿章胞弟李昭庆的长子，过继给李鸿章为嗣子，深得李鸿章的宠爱。李经方早年曾随朱静山、白狄克学习英文。光绪八年（1882）壬午科举人，捐钱以知府分省补用，但仍在北洋大臣署内协助李鸿章办理外交事宜。光绪十二年（1886）夏，随出使英国大臣刘瑞芬赴英，任参赞。光绪十五年（1889）二月期满回国保升，以道员分发省分，归候补班尽先补用，并赏加二品顶戴。同年捐赈案内准给花翎。次年出任出使日本国大臣。[①] 据说李经方"精通西文"[②]。

---

① 麟书：《呈直隶总督李鸿章承继子李经方亲生子李经述等年岁出身履历单》，［光绪十六年闰二月十一日］，单，档号：03-5262-069，缩微号：399-0635；杨裕南：《李经方》，载林增平、郭汉民主编《清代人物传稿》下编，卷6，辽宁人民出版社，1990，第164页。

② 「張導岷来訪」、明治17年1月26日、『宮島誠一郎文書』、C17-2。

李经方刚刚被谕命为出使日本大臣，李鸿章就致信详加指点，称：

> 日本交涉有三大难事，较各国尤难。一、琉球并吞，久假不归，彼此皆置勿论，而中朝猜恨未释，终无妥结之法。一、朝鲜首与日立约，称为自主独立之邦。倭初欲并韩，我故亟引西国通商，以伐其谋，而倭犹不甘心。井上馨令驻使竹添构难虏王，又经我兵却退，今虽不遽图韩，而每称韩应自主，不认为华属国，并唆美人扛帮，阴谋诡谲，刻刻须防。一、中日初约，不准倭商进长江各口及内地贸易。倭人不服，常求改正。总署曾允通融，而未经改定。我系创约之人，必向汝饶舌。此一时彼一时，尚可相机辨证。三者，球无办法，韩事关系重大，防其与俄勾结瓜分。汝去或可联络。①

可以说，李经方在日本期间的作为，完全是遵奉其父李鸿章的指点。琉球问题虽未言放弃，但既"无办法"，也就作为不大。朝鲜问题"关系重大"，重点防备日本与俄国勾结，因此他在朝鲜问题上颇多用心。至于修约问题，李鸿章虽告知"可相机辨证"，但李经方出使之后，李鸿章又指出："日本与西国议约数年，迄无成议。榎本欲重理前说，一时必无就绪。中国修约，自应居后。"②所以李经方在修约问题上也无甚作为。在李经方出使期间，李鸿章有意营造中日"交谊日亲"的氛围，为此还开展了一些相关的外交活动。

---

① 《致李经方》，光绪十六年七月二十九日，载顾廷龙、戴逸主编《李鸿章全集》第35册，"信函七"，第107页。
② 以上见《致李经方》，光绪十七年八月二十八日，载顾廷龙、戴逸主编《李鸿章全集》第35册，"信函七"，第250页。

第一节　出使

李经方之出任出使日本大臣，表面看来是他随使英国 4 年后获得升迁。李鸿章在李经方被谕命为出使日本国大臣后，在致当时出使英、法、比、意大臣薛福成的信中说："方儿四年远役，万里初归，当途谬采虚声，以为谙习外事，重有日本之行。且喜扶桑近接震维，不同泰西大国，洋务又性所近，借增阅历，较之以空名试吏为有实际。"① 在致福建台湾巡抚刘铭传的信中，李鸿章也表达了相同的意思。② 然而，李经方获得这一职位却不易，李鸿章为此花费不少心思。

李经方从英国回国后，于光绪十六年闰二月初九日（1890 年 3 月 29 日）到广州其伯父李翰章衙署。十一日自粤赴沪，在芜湖稍作停留，继而北上天津，于月底抵达。李经方拟参加这一年的会试。会试投卷截止日期在三月初三、四日，因试期已迫，他仅在津住两天即进京。③ 李经方此行进京，除会试事宜外，主要是谋求一个满意的官职。

李鸿章首先指望许庚身（星叔），即上文曾提及的许钤身堂弟等为之谋差，看是否"别有位置"。他提醒李经方，凡与他交情亲密者不妨先往拜，泛泛者宜少应酬，无益且恐有损。④ 当时，许庚身希望李经方进总署帮助，并借醇亲王之意许以高位，称拟将曾纪泽的位置给李经方，所谓"位以劼侯（按：指曾纪泽——引者注）一席"。但

---

① 《复钦差出使英法比义国大臣薛》，光绪十六年十一月初一日，载顾廷龙、戴逸主编《李鸿章全集》第 35 册，"信函七"，第 136 页。

② 《复福建台湾抚台刘》，光绪十六年九月二十六日，载顾廷龙、戴逸主编《李鸿章全集》第 35 册，"信函七"，第 127 页。

③ 《致李经璹》，光绪十六年闰二月十三日，载顾廷龙、戴逸主编《李鸿章全集》第 35 册，"信函七"，第 33 页。

④ 《致李经方》，光绪十六年三月初十日午，载顾廷龙、戴逸主编《李鸿章全集》第 35 册，"信函七"，第 42 页。

李鸿章以惯例及醇亲王处事的风格不愿相信，认为以李经方的地位和身份，尚不可能获得这等职位，因而考虑若再在外"扬历数年"后谈及此，未为不可。这大概是李鸿章父子考虑使臣这一职位的最初用意。也可以说，李鸿章指导李经方谋求出使，很大目的是积累分位。其时，张荫桓（樵野）热心为李经方谋保使才兼记名关道，李鸿章认为"当可做到"，遂听而由之。① 的确，五月二十九日（7 月 15 日），太仆寺卿张荫桓上片保荐道员李经方、徐寿朋堪备任使，奉旨交军机处存记，军机处又传知总理衙门令钦遵办理。②

其实，李经方可以借办理借洋款一事留京任职。当时，醇亲王等为修建东北铁路，拟向奥地利商人谈借洋债，③ 李鸿章父子奉命参与其中。因此，李经方此行进京谋职之关键，就是拜谒醇亲王等商讨借债事。但李鸿章对此事并不热心。他指出，这种事情相当棘手。当时京内各界纷纷倡言"厉禁"借洋债，户部也极不愿借。为此，他告诫李经方，切勿轻与他人谈及此事，"免丛谤议"，而应先持观望态度，"且俟庆邸等筹议若何"。④ 李鸿章其实是希望借洋债事不成，这样，李经方于引见后方可出京；否则醇亲王若令其留京，许庚身固难婉阻，他本人更不便置词。总之，李鸿章计划等引见一事结束，便借回津省亲告假之际再商办法。⑤ 只是，这一棘手的借洋债事，即使在李经方被任命为出使日本大臣后，仍在一定

---

① 《致李经方》，光绪十六年三月十三日巳刻，载顾廷龙、戴逸主编《李鸿章全集》第35 册，"信函七"，第43 页。

② 张荫桓：《太仆寺卿张呈进日记奉旨留览又奏道员李经方徐寿朋堪备使才奉旨存记等因传知钦遵》，光绪十六年五月二十九日，馆藏号：01-34-003-14-003。

③ 关于此次借洋债事的来龙去脉，参《致李经方》（光绪十六年三月十三日申刻）、《致李经方》（光绪十六年三月十六日巳刻），载顾廷龙、戴逸主编《李鸿章全集》第35 册，"信函七"，第44、45 页。

④ 《致李经方》，光绪十六年三月初十日午，载顾廷龙、戴逸主编《李鸿章全集》第35 册，"信函七"，第42 页。

⑤ 《致李经方》（光绪十六年三月十三日巳刻）、《致李经方》（光绪十六年四月二十日午刻），载顾廷龙、戴逸主编《李鸿章全集》第35 册，"信函七"，第43、64~65 页。

程度上牵绊了他的行程。

五月初，李经方以道员指分，引见后即到省。① 李鸿章实现了第一个愿望。五月十五日（7月1日），李经方又蒙光绪皇帝召见，因李鸿章事先已精心指导②，召见时应答非常"得体要"③。当时，张荫桓积极保奏李经方出使日本，李鸿章估计李经方很有成算。④ 然而，李经方获得出使日本大臣之职并不轻松。除在任的出使大臣黎庶昌"函恳蝉联"⑤ 外，还有更具竞争力的许景澄，他曾使李鸿章父子产生"逊让"之意。

如上所说，许景澄曾于光绪六年十一月初一日（1880年12月2日）被谕命为出使日本国大臣，拟接替何如璋为第二届驻日使臣出使，因丁父艰而免行。光绪十年四月初四日（1884年4月28日）许被谕命为出使法、德、意、荷、奥国大臣，赏二品顶戴升用为翰林院侍讲，接替曾纪泽出使，于光绪十三年十一月初一日（1887年12月15日）卸任回国。⑥ 李鸿章父子谋求出使日本使臣职位时，许景澄正回国待派。许景澄也有意再次出使日本，且已致信李鸿章请求"代谋"。李鸿章以"未便越俎"为由，置而不答。但许景澄与总理各国事务衙门大臣徐用仪（筱云）是同乡至好。

---

① 《复钦差出使英法义比国大臣三品京堂薛》，光绪十六年五月初六日，载顾廷龙、戴逸主编《李鸿章全集》第35册，"信函七"，第72页。

② 《致李经方李经畬》，光绪十六年五月初十日巳刻，载顾廷龙、戴逸主编《李鸿章全集》第35册，"信函七"，第75页。

③ 《致李经方》，光绪十六年五月十七日辰刻，载顾廷龙、戴逸主编《李鸿章全集》第35册，"信函七"，第79页。

④ 《致李经方》，光绪十六年五月三十日，载顾廷龙、戴逸主编《李鸿章全集》第35册，"信函七"，第83页。

⑤ 《致李经方》，光绪十六年七月二十日辰刻，载顾廷龙、戴逸主编《李鸿章全集》第35册，"信函七"，第103页。

⑥ 陈旭麓等主编《中国近代史词典》，第245页；故宫博物院明清档案部、福建师范大学历史系合编《清季中外使领年表》，第28、7页。

徐对许景澄"极信任"①，却与李经方出使的重要推荐人张荫桓议多不合，并延及李鸿章父子。徐、张矛盾待李经方出使后，在修理驻日使馆房屋的经费上，还有所影响。② 而李经方希望进总署的重要推荐人许庚身，对许景澄"亦尚关切"。为此，李经方出现"逊让"之意时，李鸿章也表赞同。

退而求其次，李氏父子曾考虑谋求道员出缺。当时除宜昌关道不日出缺外，余则无缺限。尽管许庚身答应尽力，但李鸿章认为希望不大。为此，李鸿章属意出使德国和俄国大臣职位，但德俄出使大臣需阁学、京卿之缺，李鸿章希望能循李凤苞③前例，或改臬司，但担心当道意中有人。这样，李鸿章只得劝李经方"凡事不必强求，听其自然为妥"，将希望主要寄托在张荫桓身上。④ 可以说，李经方之谋取使日职位，许庚身固然有意，但起重要作用的还是张荫桓⑤。

七月二十日（9月3日），李鸿章获知出使俄、日两席二十四日（9月7日）揭晓，李经方很有可能是出使日本之替人。⑥ 七月二十五日（9月8日），谕旨发布，任命李经方以二品顶戴、江苏候补道充

---

① 《致李经方》，光绪十八年六月初二日，载顾廷龙、戴逸主编《李鸿章全集》第35册，"信函七"，第370页。

② 《致李经方》，光绪十七年二月二十三日，载顾廷龙、戴逸主编《李鸿章全集》第35册，"信函七"，第186页。

③ 李凤苞（1834~1887），江苏崇明人，捐资为道员，光绪四年至光绪十年（1878~1884）出任出使德国大臣，光绪七年至光绪十年（1881~1884）兼任驻意、奥、荷大臣，光绪十年三月至九月（1884年4~10月）兼出使法国大臣。

④ 《致李经方》，光绪十六年六月初二日午，载顾廷龙、戴逸主编《李鸿章全集》第35册，"信函七"，第84页。

⑤ 张荫桓曾于1886~1889年任出使美国大臣。薛福成论光绪初年以后历任出使大臣，在谈到张荫桓和李经方时，置于论列中之前后位，称道："□□□（疑为李伯行，即李经方）、张樵野又次之。□□（疑为伯行）、樵野非才不敏，而皆累于声色之好、牟利之工，故居第十、第十一。"薛福成：《出使英法义比四国日记》，"走向世界丛书"，岳麓书社，1985，第825~827页。

⑥ 《致李经方》，光绪十六年七月二十日辰刻，载顾廷龙、戴逸主编《李鸿章全集》第35册，"信函七"，第103页。

出使日本国钦差大臣。① 李鸿章当日得电，"阖家欣忭"②。七月二十七日（9 月 10 日），总署通告黎庶昌，接任出使大臣已放李经方。③ 二十九日（12 日），李鸿章上折谢恩，称："西使皆兼数国，而东瀛独设专官。欧洲远涉重洋，而倭岛犹称近地，本属中华之左臂，宜联异域为一心。凡兹聘问之常，隐寓事机之重，臣益当训励臣子经方矢勤矢慎，不激不随。昭使信于邻邦，无忘忠敬，宣皇风于寰海。"④ 李鸿章的这份谢恩折被日本使馆全文获取，上呈外务省。⑤ 李经方父子精心谋求的出使之职，终于尘埃落定。作为李经方最有力的竞争者许景澄，则以候补翰林院侍读充出使俄、德、奥、荷四国大臣接替洪钧，于光绪二十三年四月二十七日（1897 年 5 月 28 日）卸任，驻使长达六年多。⑥ 曾向李鸿章"函恳蝉联"的黎庶昌，李鸿章先是"推不管"，在李经方被任命后，李鸿章曾担心黎庶昌怀疑其"有私心"⑦。

八月初七日（9 月 20 日），李经方接到关防，初八日（21 日）开用，循例咨呈总理衙门和南北洋大臣查照，并上奏陈明。⑧ 八月十

---

① 《上谕》，光绪十六年七月二十五日，载故宫博物院编《清光绪朝中日交涉史料》卷 11，第 39 页；奕劻等：《奏为使臣李经方丁忧请简员接办由》，光绪十七年六月二十四日，录副奏折，档号：03-5280-062，缩微号：400-0705。

② 《致李经方》，光绪十六年七月二十九日，载顾廷龙、戴逸主编《李鸿章全集》第 35 册，"信函七"，第 107 页。

③ 《发出使黎大臣电》，光绪十六年七月二十七日，电报档，档号：2-02-12-016-0365，缩微号：004-0152。

④ 李鸿章：《奏为子李经方奉旨充任出日本国钦差大臣谢恩事》，光绪十六年七月二十九日，朱批奏折，档号：04-01-12-0548-010，缩微号：04-01-12-104-2723。

⑤ 「1. 第五冊明治二十三年分/4 明治 23 年 10 月 10 日から明治 23 年 11 月 26 日」JACAR、Ref. B03030249800、元在清公使館書記官中島雄ヨリ引継ノ清韓両国ニ関スル書類/「随使述作存稿」/第二巻（1-1-2-57_ 1_ 002）（外務省外交史料館）。

⑥ 故宫博物院明清档案部、福建师范大学历史系合编《清季中外使领年表》，第 5 页。

⑦ 《致李经方》，光绪十六年七月二十日辰刻，载顾廷龙、戴逸主编《李鸿章全集》第 35 册，"信函七"，第 103 页。

⑧ 李经方：《奏报祗领启用出使木质关防日期事》，［光绪十六年］，录副奏片，档号：03-5274-006，缩微号：399-3026。

九日（10月2日）午后 3 时，新命出使日本大臣李经方与许景澄一道拜访日本驻华公使大鸟圭介。对于这次拜访，日本方面从两人的服饰、坐骑，到外语能力，都有非常细致的描述，称李经方是一个天资聪颖之人。①

早在谕旨发布前夕，李鸿章就预知李经方将被选定为出使日本大臣，便开始指导其筹划随从人员选定、谢恩等事宜。② 谕旨正式颁发后，准备出使事宜全面提上议事日程。李鸿章非常希望李经方早日启程。

出京日期以奉到国书为准。国书、敕命须由内阁转用宝，自谕命之后，两月未必到手，为此，李经方父子恳请各堂托侍读等催办国书，成为首要之事，③ 并希望借此尽早从借洋债任务中脱身。其时，借洋债一事迟迟未能议定，醇亲王希望李经方为此推迟启程，但李鸿章对借款一事一直不甚热心，不希望因此耽误李经方的行程。他指教李经方称，出京日期总以奉到国书为准；醇亲王即使有迟日启程之说，国书到后也必须启程；至于借款一事，可由他在天津直接与商，不会贻误。为此，李鸿章希望李经方能够晋见醇亲王，这样"更易说明"，或者托人"婉曲代达"。李鸿章的计划是，如果合同稿及时送到，且无甚周折，则由李经方在京即可办了。如果尚有周折，一时难得定议，就再致函醇、庆两邸，请以后由李经方电商。④

---

① 「1. 第五册明治二十三年分/4 明治 23 年 10 月 10 日から明治 23 年 11 月 26 日」JACAR、Ref. B03030249800、元在清公使馆书記官中島雄ヨリ引継ノ清韓両国ニ関スル書類/「随使述作存稿」/第二卷（1-1-2-57_ 1_ 002）（外務省外交史料館）。

② 《致李经方》，光绪十六年七月二十日辰刻，载顾廷龙、戴逸主编《李鸿章全集》第 35 册，"信函七"，第 103 页。

③ 《致李经方》，光绪十六年七月二十九日，载顾廷龙、戴逸主编《李鸿章全集》第 35 册，"信函七"，第 107 页。

④ 《致李经方》，光绪十六年八月二十二日，载顾廷龙、戴逸主编《李鸿章全集》第 35 册，"信函七"，第 117 页；《致李经方》，光绪十六年八月二十二日，载顾廷龙、戴逸主编《李鸿章全集》第 35 册，"信函七"，第 114 页。

这期间，李鸿章一直焦急等待国书之下颁。① 九月初五日（10 月 18 日）前夕，敕谕下达，国书即日可颁，但醇亲王仍对李经方强调，"须款事结后方令启程"，李经方"自应遵谕"，只能等合同②来后再相机请示。③ 李鸿章获悉后，也只能耐心静守，以全始终，只希望合同"不另出枝节"；十三日（25 日），国书下达，预定十日请训，李鸿章特意给李经方寄阅召对问答节略，并再次表明，醇亲王之意既如此恳切，不能不静候合同送到，但已禀明由他"转达电商"，这样，李经方离开北京启程，"谅无不可"了。④ 与此同时，李鸿章又致电在巴黎使署具体负责借债面商事宜的参赞陈季同，催促"速议定速复，以凭入奏"，李经方"在京候复。毋迟"。⑤ 到九月二十六日（11 月 8 日），李经方"陛辞多日"，仍在北京等待。李鸿章颇为着急。他考虑到河道即将封冻，认为李经方"势须出京"；当时奥商的要求"尚须磋磨"；李鸿章认为此事重大，本来不是"克期即定"。他提议或由潘庆澜转呈两邸，或交总署转呈。如情节繁要，即专函请示，望李经方"禀明电知"。⑥ 借款一事最后由李鸿章解决，但进展并不顺利。⑦ 醇亲王于是年十一

---

① 《致李经方》，光绪十六年八月初十日、光绪十六年八月二十二日、光绪十六年八月二十九日、光绪十六年九月初二日，载顾廷龙、戴逸主编《李鸿章全集》第 35 册，"信函七"，第 111、114、117、119 页。

② 这里的"合同"，当指光绪十六年（1890）七月初九日等电报中所指的"代办外洋料件"事。《李鸿章全集》中，李鸿章这一时期致各方电报似均在讨论这一问题，尤其是致伦敦和巴黎的电报。

③ 《附李经方来电》，光绪十六年九月初五日未刻到，载顾廷龙、戴逸主编《李鸿章全集》第 23 册，"电报三"，第 108 页。

④ 《致李经方》，光绪十六年九月十三日午刻，载顾廷龙、戴逸主编《李鸿章全集》第 35 册，"信函七"，第 122 页。

⑤ 《寄巴黎陈参赞》，光绪十六年九月十八日酉刻，载顾廷龙、戴逸主编《李鸿章全集》第 23 册，"电报三"，第 116 页。

⑥ 《京局交贤良寺李经方》，光绪十六年九月二十六日申刻，载顾廷龙、戴逸主编《李鸿章全集》第 23 册，"电报三"，第 118 页。

⑦ 《致总署·报奥商借款》，光绪十六年十月二十五日，载顾廷龙、戴逸主编《李鸿章全集》第 35 册，"信函七"，第 134 页。

月下旬去世①，借款一事也随之奉廷议"暂令缓办"②了。至次年二月，李鸿章遵照总署之意，电告议停借款。如此，商议长达 10 个月之久的借款事宜，以作罢了结。③当时李经方已在日本任上数月。

出使日本的使臣向来是道员职位，对此李经方颇为诧异，李鸿章告其"不足异"，其膺是职却与他人不同。李经方出使前，为提高李经方到日后的地位，李鸿章利用其影响力提升李经方的身份，明确托付日本方面。晤见日本驻津领事时他称：当年伊藤总理来天津议事，最称"莫逆"，回国后屡请他赴日游历，暗寓报聘之意，以为增重，但他年老事烦，未克分身；现清政府派遣李经方"为钦使代行"，"实系睦邻美意"。日本领事欣然表示，将立即报告外务省及伊藤等知道，"必格外优待"。④李经方东渡时，李鸿章又特令其带一信给时为枢密院院长的榎本武扬，希望其经常赐教，并请代为向伊藤博文问好。⑤

光绪十六年（1890）十月，李经方带着李鸿章致榎本武扬的信离津南行。他先回故里稍事料理⑥，于十二月十一日（1891 年 1 月 20

---

① 《复庆邸》，光绪十六年十二月初七日，载顾廷龙、戴逸主编《李鸿章全集》第 35 册，"信函七"，第 151 页。

② 《寄巴黎薛使》，光绪十七年正月十二日戌刻，载顾廷龙、戴逸主编《李鸿章全集》第 23 册，"电报三"，第 154 页。

③ 《致总署议停借款并购办电灯》，光绪十七年二月十二日，载顾廷龙、戴逸主编《李鸿章全集》第 35 册，"信函七"，第 183 页。

④ 《致李经方》，光绪十六年七月二十九日，载顾廷龙、戴逸主编《李鸿章全集》第 35 册，"信函七"，第 107 页。

⑤ 《复日本枢密院长榎本武扬》，光绪十六年十月初二日，载顾廷龙、戴逸主编《李鸿章全集》第 35 册，"信函七"，第 129 页。

⑥ 《复钦差出使日本国大臣黎》（光绪十六年十月三十日，载顾廷龙、戴逸主编《李鸿章全集》第 35 册，"信函七"，第 135 页）云："方儿望前由津南行回里，小有料检，拟于腊初东渡。"《复钦差出使英法比义国大臣薛》（光绪十六年十一月初一日，载顾廷龙、戴逸主编《李鸿章全集》第 35 册，"信函七"，第 136 页）又云："方儿……昨已南行，尚须回里，拟于腊初东渡。"「清使笔谈及書翰往复・五号」（『宫岛诚一郎関係文書』、2145）则有新任李经方公使"已由北京到上海矣，现往安徽原籍。贵历一月十五日前当可至此"。按：该笔谈没有标注时间，置于明治 24 年 1 月 22 日后。据此对话内容推断，笔谈时间应在明治 24 年 1 月 15 日前夕。

日）附法国公船起程赴日①，十七日（1月26日）抵达东京②，二十日（29日）到任，与黎庶昌办理交接手续③。

李经方使团随从人员的选定，曾得到其父李鸿章非常具体的指点。④ 李经方初拟随员名单时，李鸿章指明张桐华、黎汝谦、孙点等可胜任理事，但对孙点则据黎庶昌所称，认为有些浮夸，似文士之流，非办事之才，只是"情形已熟"。对于"当道"推荐的人员，李鸿章称这些人"不过于混保举，未必堪倚赖"。李鸿章的原则是"满额为止，不可愈额"。当时京外有求李鸿章荐派的，被他以"将来若有回不住〔往〕而实可用者再说"，"概行推却"。⑤

李经方荐举的参随人员最初计19人。分别是员外郎衔刑部主事潘恩荣、工部⑥主事谭国恩、内阁中书林介弼⑦、三品衔候选知府罗忠尧、知府衔江西省尽先前候补同知洪遹昌、同知衔湖北候补知县张桐华、五品衔直隶候补知县吕增祥、直隶候补知县郭铭薪、举人孔祥霭、举人查燕绪、举人洪超、同知衔尽先选用知县伍光建、同知衔候

---

① 《收出使李大臣电》，光绪十六年十二月初十日到，电报档，档号：2-02-12-016-0648，缩微号：004-0246。

② 《黎庶昌奏折》，光绪十七年一月初九日，录副奏折，缩微号：003393；转自王宝平『清代中日学术交流の研究』，166页。

③ 奕劻等：《奏为出使日本大臣李经方丁忧解任拟请简员接办事》，光绪十七年六月二十四日，朱批奏折，档号：04-01-13-0369-033，缩微号：04-01-13；奕劻等：《奏为使臣李经方丁忧请简员接办由》，光绪十七年六月二十四日，录副奏折，档号：03-5280-062，缩微号：400-0705；《光绪十年以后出使日本国大臣接任卸任日期清单》，光绪二十年七月十一日，载故宫博物院编《清光绪朝中日交涉史料》卷16，第19页；奕劻：《奏为出使日本使臣李经方丁忧开缺请旨简放事》，光绪十八年六月十六日，录副奏折，档号：03-5293-040，缩微号：400-2997。

④ 《致李经方》，光绪十六年七月二十日辰刻，光绪十六年七月二十九日，载顾廷龙、戴逸主编《李鸿章全集》第35册，"信函七"，第103、107页。

⑤ 《致李经方》，光绪十六年八月初十日，载顾廷龙、戴逸主编《李鸿章全集》第35册，"信函七"，第111页。

⑥ 另作"刑部"。李经方：《奏为随员查燕绪潘恩荣闻讣丁忧事》，光绪十七年六月初五日＊，录副奏片，档号：03-5280-013，缩微号：400-0598。

⑦ 原文为"杜介弼"。

选知县黎汝谦、花翎候选知县孔繁朴[1]、国子监助教温绍霖、国子监博士鲁说、候选县赏丞沈燮、监生李维格和洋员萨尔博。其中，萨尔博是瑞士人，任西文翻译。后来出任参赞官的吕增祥受李鸿章的"极其器重"；李经方也向日方外交人士称赞其"学问渊博"。上述李经方所举荐者是参赞、理事、随员、翻译人员。至于供事、学生、武弁皆所必需，则另由他咨呈总理衙门查明成案办理。[2] 19 人中，除举人孔祥霨外，其余均随李经方东渡。驻使期间，查燕绪和潘恩荣曾先后禀报丁忧，恳请销差回籍守制，但因他们"办事勤奋"，且多经手未究事件，援照成案，暂行留东差遣。[3]

抵日后，参随人员的职务，基本依据李鸿章所指示的分派。吕增祥为参赞，张桐华为长崎正理事，黎汝谦为横滨兼筑地正理事。孙点未任理事而只为随员，神户正理事官由洪遐昌担任。日方对孙点颇为关切。他本为前黎庶昌使团人员。日本驻华使馆人员得知李经方新定随员名单后，向外务省报告并预测前使团人员的去留，颇关心孙点的去向。他们称虽与孙点未曾谋面，但经光禄寺署正薛保椿的介绍，有书信来往，已有"所谓神交"。为此，在宴会上遇见李经方时，特意询问孙点的去留，李经方告以将留任。[4] 孙点约于明治 24 年（1891）春告假回国，途中船过远洲滩时投海而殁，据称他"久罹心疾"[5]。李经方后为他请恤，不仅抚恤银两按照十成

---

① 原文为"孔繁扑"。

② 「1. 第五冊明治二十三年分/5 明治 23 年 12 月 3 日から明治 23 年 12 月 8 日」JACAR、Ref. B03030249900、元在清公使館書記官中島雄ヨリ引継ノ清韓両国二関スル書類/「随使述作存稿」/第二卷（1-1-2-57_ 1_ 002）（外務省外交史料館）。

③ 李经方：《奏为随员查燕绪潘恩荣闻讣丁忧事》，光绪十七年六月初五日＊，录副奏片，档号：03-5280-013，缩微号：400-0598。

④ 「1. 第五冊明治二十三年分/5 明治 23 年 12 月 3 日から明治 23 年 12 月 8 日」JACAR、Ref. B03030249900、元在清公使館書記官中島雄ヨリ引継ノ清韓両国二関スル書類/「随使述作存稿」/第二卷（1-1-2-57_ 1_ 002）（外務省外交史料館）。

⑤ 「孫點」、『宮島誠一郎文書』、Reel14、354-8。

发给，而且还获准为其斟酌请恤。据李经方称，这使孙点及其家属"衔感"，其他出使人员也"莫不闻风感动"。①

李经方使团的实际人数远不止19人。如韦承鼎、张诜侪被委以天津文报，会同黄花农办理，②没有列入随员名单。主要原因在于如下两点。一是原黎庶昌使团参随人员未届期满者多愿留差，以便差满时能获奖叙。徐、黎互代时，参随等未满期者都蝉联递接，所以李经方也"皆援例留差"。③其中，包括丁忧随员庄兆铭、李洵昌二人，以及西文翻译郑汝骥等。④二是李经方先后奏请增设了理事署及相关翻译等人员均获准。

李经方抵任时，横滨、神户、长崎三处设正理事官3名，箱馆、新潟、夷港等有1名副理事官，但不专驻。李经方增设了两种形式的理事署。一是拟在不轻改旧章程的前提下，援照徐承祖时期添设箱馆、新潟、夷港等处副理事官之例，增添筑地和大阪两处副理事官，但不另设专署专驻。筑地副理事官驻东京使署，帮助横滨正理事官就近办理筑地事务。大阪副理事官驻神户理事署，帮助神户正理事官办理大阪事务，遇有公事随时驰往办理。若该两处有紧要事宜，仍由横滨、神户两口正理事官斟酌办理。这一权宜办法既不轻改旧章，也不另立公所，经费不致过增，而于公事则大有裨益。李经方于光绪十七年正月初三日（1891年2月11日）上折请

---

① 李经方：《偕丁禹廷提督进谒日君情形》，光绪十七年六月二十二日，馆藏号：01-19-007-03-005；《德宗景皇帝实录》卷299，光绪十七年七月初五日（丁卯），《清实录》第55册，第955页。

② 《致李经方》，光绪十六年八月二十二日，载顾廷龙、戴逸主编《李鸿章全集》第35册，"信函七"，第114页。

③ 《复钦差出使日本大臣汪》，光绪十八年六月二十四日，载顾廷龙、戴逸主编《李鸿章全集》第35册，"信函七"，第377页。

④ 李经方：《奏为随员庄兆铭等员须任事期满再行销差事》，光绪十七年二月十三日，录副奏片，档号：03-5276-055，缩微号：399-3405。

示，正月十三日（2月21日）获准。^① 与此同时，李经方将各地理
事官接任人员情况知照日本外务大臣青木周藏，分别是：黎汝谦接任
横滨兼筑地正理事官，洪遘昌接任神户兼大阪正理事官，刘庆汾为署
理箱馆、新潟、夷港副理事官，张桐华接任长崎正理事官。^② 新增理
事署虽未专设，但人员均须重新奏调。于是，李经方调候补知州张云
锦充大阪副理事官，拣选知县黄书霖充使署文案随员，两人均于同年
二月二十日（3月29日）到日本。^③ 六月，又奏调既"熟悉交涉事
宜"又"擅长文学"的试用同知郑孝胥^④充随员兼筑地副理事官。之
所以从国内重新奏调像郑孝胥等人，除因筑地等地情形复杂，"事务
本难办理"之外，还因筑地副理事官驻扎东京，要与东京的士大夫往
来以适应文字之求，在现有各随员中逐一加以遴选，"实难其人"。^⑤
七月，李经方将郑孝胥任职决定照会日本外务大臣榎本武扬，请查照
饬知地方官认存。^⑥ 李鸿章对郑孝胥颇为肯定，称其"文笔入古，人

————————

① 《出使日本大臣李经方奏请于筑地大坂〔阪〕二处添设副领事官片》，光绪十七年正月初三日，载故宫博物院编《清光绪朝中日交涉史料》卷12，第2页；《使日本李经方奏请添设筑地大坂〔阪〕二处副理事片》，光绪十七年正月十三日，载王彦威纂辑，王亮编《清季外交史料》卷84，第7~8页。按：《清季外交史料》的时间是"奉朱批"的时间。

② 「12. 各港在留清国领事更迭ノ件　横浜兼東京在留黎汝謙氏、神戸兼大阪同汝〔洪〕遘昌氏、函館新潟同劉慶汾氏、長崎同張桐華氏　明治二十四年」JACAR、Ref. B18010313800、在本邦各国領事任免雑件/支那ノ部/第二卷（6.1.8.3_ 17）（外務省外交史料館）。

③ 李经方：《奏为张云锦派充大坂〔阪〕副理事官并黄书霖派充使署文案随员事》，光绪十七年六月初五日＊，录副奏片，档号：03-5280-012，缩微号：400-0597；郭廷以编著《近代中国史事日志》（下册，第844页）称："光绪十七年二月二十日起，任命张云锦为大阪副理事官。"

④ 郑孝胥（1860~1938），字苏戡，又作苏戢、苏堪，号海藏、太夷，福建闽县人，因生于苏州胥门，故取此名。「清使筆談及書翰往復・五号」、『宮島誠一郎関係文書』、2145；郑孝胥著，中国历史博物馆编，劳祖德整理《郑孝胥日记》第1册，中华书局，1993。

⑤ 李经方：《奏为委派候补内阁中书郑孝胥署理筑地大坂〔阪〕副理事官事》，光绪十七年六月初五日＊，录副奏片，档号：03-5280-011，缩微号：400-0596。

⑥ 「15. 東京在留清国領事ハ迄横浜在留同国領事ノ兼轄ノ処公使館随員内閣中書鄭孝胥副領事兼任之件　明治二十四年」JACAR、Ref. B18010314100、在本邦各国領事任免雑件/支那ノ部/第二卷（6.1.8.3_ 17）（外務省外交史料館）。

亦清挺，奏留襄助亦佳"①。郑孝胥在第六届使臣汪凤藻时期也颇受倚重。光绪十九年（1893）二月，经汪凤藻调派，郑孝胥充神户兼大阪正理事官，至光绪二十年五月十九日（1894年6月22日）已届三年期满，郑曾禀请准予销差回国。当时正值朝鲜东学党起义、日本派兵朝鲜的"多事之秋"，加上神户、大阪两口向来土客杂处，"最易滋生事端"，"弹压防维，极关紧要"；汪凤藻认为郑孝胥于一切交涉词讼案件均能"慎持大体，经理得宜"，奏请"仍留原差，以资熟手"。② 只是奏请不久，甲午战争便爆发，整个使团撤离回国。

增设理事署的另一项措施是，原兼管箱馆及新潟、夷港三处的副理事官仍为副理事官，但驻在地由徐承祖时期的横滨改为箱馆。李经方调派东京使署随员拣选知县黄书霖充补该副理事官一缺，令前往箱馆租设衙署一所常驻，兼就近管理新潟、夷港事务，同时派遣横滨正理事署随员候选知县廖宗诚为该新署文案随员。东语翻译官人员不敷，无可分派，拟酌调略通东文人员暂行代理，随同黄书霖前往驻扎。李经方计划待将来箱馆等地商务益盛，与横滨、神户、长崎等处局面相同时，再奏请改副理事官为正理事官。这一提案于光绪十七年七月初五日（1891年8月9日）获准。③ 光绪十八年（1892）正月，黄书霖正式充任，李经方将此最新人事任命照会日本外务大臣榎本武

---

① 《致李经方》，光绪十七年六月初八日，载顾廷龙、戴逸主编《李鸿章全集》第35册，"信函七"，第217~218页。

② 汪凤藻：《奏派驻神户兼管大坂〔阪〕正理事官郑孝胥请仍留原差片》，光绪二十年七月十四日，载故宫博物院编《清光绪朝中日交涉史料》卷16，第30页；戚其章主编《中日战争》第1册，"中国近代史资料丛刊续编"，中华书局，1989，第81~82页。按：汪凤藻于七月初四日率使团撤离回国。七月十四日应不是该奏片上呈时间。该奏片是《出使大臣汪凤藻奏报赉递贺日本国主银婚国书礼物日期折》（光绪二十年六月初十日）的附件，内称：郑孝胥扣至光绪二十年"五月十九日已届三年期满"。由此推断，该奏片上呈时间应在六月初十日或此日前夕。

③ 《使日本李经方奏箱馆事务渐繁请派员专驻以资保护折》，光绪十七年七月初五日，载王彦威纂辑，王亮编《清季外交史料》卷84，第27页；《德宗景皇帝实录》卷299，光绪十七年七月初五日（丁卯），《清实录》第55册，第955页。

扬，请发给认可状，并饬令地方官认存。① 箱馆理事署随员廖宗诚后因丁忧销差回国。由于无随员可派，李经方便从东文学堂中选择字迹清楚、文理通顺的学生吴允诚派充该理事署供事，协同缮写文案事件。东文翻译也无人可派，暂派前届东文学生唐家桢②作为学习翻译，一并随同到差。③ 箱馆理事署创始之初，可谓"规模未备"，翻译人员只派东文学习翻译一名，西文翻译到汪凤藻使团时期才添派。④ 箱馆理事署可能是李经方抵任之后才增设的，日本官方档案中介绍李经方使团在日本各地驻在情况时，没有列举箱馆理事署，到汪凤藻时期才列入。总之，到李经方时期，日本与中国通商的八大口岸基本都有专职人员管理了。

李经方使团日益感到翻译人员"尤关紧要"，而东文翻译尤其人才紧缺，于是恢复了黎庶昌第一次出使时创办、二次出使时停办的东文学堂。当时，西文翻译从京师同文馆以至天津、福建水师各学堂中均可取才，而东文向来没有学堂，所以东文翻译人员从前竟无处选。首届出使大臣何如璋随带人员内主要是西文翻译，抵日后才知道日本虽改尚西法，而内外各官能通英语者甚少，不得已雇用略通日语的商人等作为通事。这些通事由于中文文学修养不足，在与日本各界周旋时，终不足以"通彼我之情，尽词令之妙造"。黎庶昌接任后深患此弊，于是在使署设立东文学堂，遴选读书子弟；经后任徐承祖努力，

---

① 「16. 箱館及ヒ新潟在留清国副領事黄書霖新任ノ件　明治二十五年」JACAR、Ref. B18010314200、在本邦各国領事任免雑件/支那之部/第二卷（6.1.8.3_17）（外務省外交史料館）。

② 唐家桢，字子祺。

③ 李经方：《奏为饬令副理事官黄书霖赴箱馆驻扎并委派吴元诚唐家桢随同到差事》，光绪十八年二月十一日，录副奏片，档号：03-7133-015，缩微号：532-3475；李经方：《奏为出使随员郭铭新廖宗诚闻讣丁忧事》，光绪十八年正月二十六日，录副奏片，档号：03-5288-073，缩微号：400-2190。

④ 李经方：《奏请王宗福调赴箱馆理事署派充西翻译郑汝婴接充神户理事署西翻译官事》，光绪十九年五月二十一日，朱批奏折，档号：04-01-12-0559-030，缩微号：04-01-12-106-2889。

在生源有限的困境下，通过各种鼓励措施，方才次第显示成效。至光绪十三年（1887）黎庶昌第二次任内，东文翻译已有杨锦庭、刘庆汾、罗庚龄、陶大均、卢永铭5员，因已暂可敷用，便将学堂裁撤，以节经费。所剩3名学生，也因无处安置而被咨遣回国。光绪十六年（1890）十一月黎庶昌第二次出使即将卸任前夕，神户东文翻译杨锦庭病故出缺，钦调从前咨送的学生充补时，他们均已转徙远地，无踪迹可寻了。又因投闲日久，旧学已不堪用，不得已仍用略通东语的商人等暂行代理，以为权宜之计。李经方到任之初，看到这一情形，咨明总理衙门，希望查照旧章恢复东文学堂，获准。学生就地招补，选择家世清白、有志上进者，并设立淘汰机制加以约束。① 光绪十七年（1891）二月开始招集学生学习，一年期满，向总署汇报考试学生情形，经过严加甄别，酌留了六七名。其中陈昌绪的东文本来就有根底，到日未久，造就已深，当即被选派为使署东文学习翻译，以示鼓励。② 李经方鉴于一旦情况紧急，东文翻译即出现后继无人的景状，便进一步将东文学堂变为常设机构。使团随员林介弼出任东文学堂监督，由此使团出现了东文学堂监督这个新的职位。

与此同时，李经方为"设法筹备东文翻译人才"，又奏请在使团中增加东文翻译名额。至光绪十八年（1892）二月间，使团计东文翻译4名，东文学习翻译2名，学生数名。李经方认为，若不预筹储备，以后翻译出缺必仍无人接替。但如果在诸生次第学成后再派充翻译，则薪水较高，又恐过靡经费。当时东文翻译的设置虽无定额，但历任使臣一般在东京使署派2员，外口每理事署派1员，每值有事之

---

① 李经方：《借丁禹廷提督进谒日君情形》，光绪十七年六月二十二日，馆藏号：01-19-007-03-005。

② 李经方：《朝鲜李善得与日政府议商渔约情形去岁地震神户理事署损伤已拨款饬令兴修》，光绪十八年二月十五日，馆藏号：01-25-029-02-004；李经方：《奏为添派学习东文翻译酌拟章程事》，光绪十八年二月十一日，录副奏折，档号：03-7198-019，缩微号：536-2639。

时往往不敷差遣。李经方便建议在使署中添派东文学习翻译 2 名，各口正副理事署添派 1 名，这些人员即从学生中选择造诣有成者次第援充。他认为这样的处置有诸多好处：在使署之学习翻译者，可熟识日本在京各官，以便往来延接；在各口者，也得先期研习本地土音，备会审傳供之用；以后各处遇有翻译出缺，也可随时随地以之接替，不致或有缺乏。李经方进而奏请确立保奖章程。出洋学生 3 年差满本来可与随员翻译一律列保，所以也拟将援充学习翻译的学生，以到堂之日起资，随时咨呈总理各国事务衙门存记，按照出洋学生章程核计给奖。其余未补学习翻译之学生，则虽至 3 年期满，一概不得例保，以资激励。同年三月二十一日（1892 年 4 月 17 日）奉朱批，"著照所请"①。

此外，李经方还为随员参加科举考试争取制度保证。按照清政府规定，候补候选人员若因公出差例不扣资，也不扣选。使团随员中有当应乡会试者，但每届春秋试期，限于公事往往不能赴考，只能有淹抑之叹。李经方考虑到日本不比西洋各国，距中国较近，轮舟遄往数日可达，所以奏请使团应试人员有志上进者中，除参赞、理事官等员因责任较重未便暂离外，其余如随员等当应乡试者，届期准予两月假期回国参加，免其扣资。② 光绪十七年（1891）二月，李经方将该奏片寄给李鸿章过目，李鸿章回信表示"当可照准"。③ 六月初五日（7 月 10 日），果然奉朱批"著照所请"④。

①　李经方：《奏为添派学习东文翻译酌拟章程事》，光绪十八年二月十一日，录副奏折，档号：03-7198-019，缩微号：536-2639；《德宗景皇帝实录》卷 309，光绪十八年三月二十一日（己卯），《清实录》第 56 册，第 28 页。

②　李经方：《奏为出使大臣随带各员中当应乡会试者届期请准假事》，光绪十七年六月初五日＊，录副奏片，档号：03-7197-019，缩微号：536-2366。

③　《致李经方》，光绪十七年三月初六日夜，载顾廷龙、戴逸主编《李鸿章全集》第 35 册，"信函七"，第 191 页。

④　李经方：《奏为出使大臣随带各员中当应乡会试者届期请准假事》，光绪十七年六月初五日＊，录副奏片，档号：03-7197-019，缩微号：536-2366。

　　李经方对武职随员一职也颇用心。当时驻日使团尚未设武职随员，但驻西洋各国使团均已设，李经方上奏希望添设，得到李鸿章支持。为此，李经方还与其父就武职人员的薪水、安家费、来往川资等各项标准，以及该经费该由出使经费内支销，还是由北洋海军用项中支出问题，进行磋商。① 只是，清政府认为武随员在西洋大国为最要之事，在日本则可有可无，"暂从缓议"。② 外务部成立后，清政府专门商讨驻外使署武官章程，其中已包括驻日使署武官。③

　　李经方出使期间曾计划修缮使署。使署修缮问题可谓积年旧案。东京地震是常事，使署房屋为首届使团抵日时购买，原属日本诸侯旧邸，系日本建造样式，本就容易在频繁的地震中倾圮。加上购买时距离兴造已逾 20 年，李经方抵任时房龄已历 40 年，地震强烈时尤为危险。李经方在给总署报告中描述称"其木柱早经觔朽，至地板损塌，屋顶渗漏，尤属比比皆是"，每遇地震，"则格格然全署动摇，而旁风上雨，穿漏更不待言"。黎庶昌在任时期曾"时时补漏"，有意改造，终因经费难筹，只能酌加修理。如光绪十四年（1888）十一月，他曾提请修缮东西楼在大雨中倒塌部分，并及大门统体改新，大概花费八九百元。李经方抵任后，开始计划总体加固改造。考虑到经费问题，他设想了两种方案。一是统修，就是一次性拨款兴修，估计约共需工料银三万两以上，"为款诚巨"，时间大概也需要二年才可完工，为此李经方又提出另一种方案，就是分修，即在每年使署例支公款内多拨银一万两，分三年修成。不管是统修还是分修，李经方其实都意识到，在他任内不一定能完成这项重任，但他还是将原委详详细细报告

---

　　① 《致李经方》，光绪十七年三月初六日夜，载顾廷龙、戴逸主编《李鸿章全集》第 35 册，"信函七"，第 191 页。

　　② 《致李经方》，光绪十七年六月初八日，载顾廷龙、戴逸主编《李鸿章全集》第 35 册，"信函七"，第 217~218 页。

　　③ 《奕劻奏请驻外使署武官章程规则折》，甲 117，中国社会科学院中国历史研究院图书馆藏。

总署，呈请定夺。① 没有看到这份呈请的下文，不过，李经方任内曾修缮神户理事署。光绪十八年（1892）二月，神户理事署因临近上年地震重灾区大垣，房屋受损严重，加上入冬以后强劲海风吹刮，剥落日甚，以致不能居住。经神户理事官洪遐昌核实，获拨款洋银一千零八十余元修理全署。②

李经方任内遭遇二次丁忧，在任时间不长，但他采取了诸多改革措施，其使团人员人数达到历届之最。领取薪俸人员的使团人员名单详参附录一，在日本各地驻在情况除规模尚不完备的箱馆理事署之外，大致可详参附录二。

第二节 伊藤来华传闻与丁汝昌率舰访日

李经方出使大致可以分为前后两个时期。自光绪十六年（1890）十二月底到任，至十七年（1891）七月他丁生母忧回国，为出使前期，前后半年多时间。其间，李经方使团除承继前任使臣黎庶昌的做法按月翻寄紧要新报之外，还主要涉及两事：一是报告伊藤来华面议东方问题的进展；二是接待北洋海军提督丁汝昌率舰访日。

关于伊藤来华商议东方问题之说，最初来自李经方的前任黎庶昌。约在光绪十六年（1890）冬，黎庶昌致信李鸿章称，"闻伊藤将于今年来京、津议商东方交涉之事，意在朝鲜"。黎庶昌还录寄伊藤的密片，表示其希望两国别订一亲密往来互助之约，如德、意、奥三国一样。为此，李经方一上任，李鸿章即令关注日本大臣中"果有密

---

① 李经方：《在定远舰上邀集茶会款接日本亲王大臣及海陆军诸将并拟修建使署》，光绪十七年七月初一日，馆藏号：01-19-007-03-006。

② 黎庶昌：《函述日皇举行观菊会接见各使并称明年大婚极为欣贺又奥使求给宝星图本》，光绪十四年十一月二十三日，馆藏号：01-19-007-03-002；李经方：《朝鲜李善得与日政府议商渔约情形去岁地震神户理事署损伤已拨款饬令兴修》，光绪十八年二月十五日，馆藏号：01-25-029-02-004。

议及此否"，以及"伊藤行止"。李鸿章本对此将信将疑，认为很可能是黎庶昌的"一人私见"，且指出，清政府对此必然不会动心："枢译见此梳，必不动听。"①

到二月份，伊藤尚无动静。李鸿章考虑到伊藤来华的目的多半是商讨朝鲜问题，因而预先向李经方详陈清政府在朝鲜问题上的立场，称："伊藤欲来面商事件，想系朝鲜居多。自续、崇二使赴韩赐奠，已复旧制，廷议以属邦并无贰心，不欲另出新样。若引日本共为保护，固办不到。即以韩为局外之国，各国不侵，如比利时之于法、德，亦议不及。"他还认为，伊藤欲订密约合力防俄侵韩，"亦恐有泄漏"，"当三思而行，不免迟回瞻顾"。②

果然如李鸿章所分析，清政府既不会接受伊藤的所谓建议，也不管伊藤是否"迟回瞻顾"，后来证明伊藤西来的确只是一个传闻。光绪十七年（1891）十月李经方丁忧将满即将回任时，李鸿章致信伊藤博文提起此事，称"去年曾接黎莼斋公使来函，闻有台从不日西来之说"，他因此一直期待相见，"积岁相思，快得倾吐"；对于伊藤因政务繁重，最终不能"幅巾散骑，翩然远行"前来商议表示理解。他进而表示，希望中日"交谊日亲"："亚洲惟我二邦，但能联合交亲，异域强邻，何敢予侮？迩来邦交情谊日密，传播五洲，好我者劝，恶我者惧。惟当用持此局，内奋富强之术，外杜窥伺之萌，质之同心，谅不河汉。"最后他表示，儿子李经方"假满即当东旋"，将向伊藤博文"奉教"。③看来，黎庶昌最早传达的伊藤西来之说并非无中生有。

光绪十七年（1891）春夏之交，北洋海军提督丁汝昌率军舰访

---

① 《致李经方》，光绪十七年正月二十日，载顾廷龙、戴逸主编《李鸿章全集》第35册，"信函七"，第169~170页。

② 《致李经方》，光绪十七年二月二十三日，载顾廷龙、戴逸主编《李鸿章全集》第35册，"信函七"，第186~187页。

③ 《复日本枢密院长伊藤》，光绪十七年十月□日，载顾廷龙、戴逸主编《李鸿章全集》第35册，"信函七"，第274页。

日，是一项显示中日友好的盛大活动，李经方一直陪同并参与其中。

早在黎庶昌第二次驻使期间，即光绪十六年（1890）六月，日本海军省派驻中国武随员、海军大尉细谷资前来拜访，谈及新任海军大臣桦山资纪时，称桦山与北洋水师提督丁汝昌相识，期盼中国派水师船到日本游弋，"以便彼此考究"。黎庶昌认为此话不是虚造，请总署转达李鸿章。① 这大概是丁汝昌率舰访日的前奏，正式付诸实施则是在李经方任上。

光绪十七年（1891）五月间，丁汝昌率军舰开赴长崎，顺道巡阅大阪、神户等地。② 李鸿章依据丁汝昌的要求，让李经方知会长崎领事代雇领港之人。③ 因长崎疫情，军舰改从下关进入濑户内。④ 五月底，丁汝昌一行抵达横滨，规定船上兵弁不登岸，丁汝昌本人则于六月初一日（7月6日）搭乘火车进东京，遍访日本政要。初四日（9日），丁汝昌又与李经方一起率领海军诸将进谒日本天皇。其时，日方各大政要纷纷安排公宴，外务大臣榎本武扬及威仁、炽仁两位亲王更是专门举办茶会，海军方面则在海军大臣及统帅主办公宴之后，各舰长又在船中张宴款待，专门约请丁汝昌及海军诸将和中方使馆人员。在宴请丁汝昌一行的同时，日本政府及议院诸人也提出参观中国军舰要求，李经方与丁汝昌商酌后，于初九、十一日（14、15日）两天在定远舰上邀集茶会各一次。初九日（14日）邀请的是日本各亲王大臣及海军和陆军诸

---

① 黎庶昌：《函述日廷现设议院情形又海军省派细谷川〔资〕氏为驻中国武随员》，光绪十六年六月二十二日，馆藏号：01-19-007-02-007。

② 《寄日本李使》，光绪十七年五月十三日申刻，载顾廷龙、戴逸主编《李鸿章全集》第23册，"电报三"，第184页。

③ 《寄日本李使》，光绪十七年五月十三日申刻，载顾廷龙、戴逸主编《李鸿章全集》第23册，"电报三"，第184页。

④ 「日本領事鑒」、6月20日、『2. 清国/分割2』JACAR、Ref. B07090371900、各国艦船帝国領水内ニ寄港関係雑件/韓、清、暹ノ部（5-1-8-0-2_8）（外務省外交史料館）；『在芝罘領事報告清国艦隊下ノ関ヲ経テ瀬戸内ヘ進航ノ件』JACAR、Ref. A04010004600、公文雑纂・明治二十四年・第九巻・外務省三・在外公館報告二（清国・朝鮮国）（国立公文書館）。

将领，以及东京、横滨现任各大官员和各国使馆公使、参随人等；十一日（15日）邀请的是日本上下议院议长、议员等。每次到访300余人，规模甚为宏大。为准备这两次茶会，李经方特意与丁汝昌一道专门赴横滨，破例精心挑选数十名士兵分班登岸游行一日，以免接触日方生人时显怯弱，可为非常上心。据李经方汇报，中方宴请时，"船中收拾整洁、号令严肃"，而接待时，"加意殷勤"。所有来会之人，"皆各赞叹欢喜而去"，显然大获成功。① 除与日本政界和军界要人互访联谊外，亚细亚协会诸人通过李经方也积极参与欢迎活动。他们认为，丁汝昌之来，"洵亚细洲之一大盛事，把臂开襟，不可无联欢之契"，准备设宴欢迎，特意致信李经方，希望能"斡旋"此事。李经方认为亚细亚协会同人欢迎款待丁汝昌等，"事关两国"，便积极促成。②

舰队一行周历马关、神户、横滨三口，于十三日（18日）由横滨起碇，准备至神户停泊四五日后，再从长崎回国。当时正值日本政府及西洋各国公使避暑期内，公事稍简，因此，李经方计划乘间一同赴神户就近照料，陪行始终。③ 七月初二日（8月6日）李经方接自长崎来电，得知受飓风影响，军舰延迟数日，于初二日（6日）才起锚回国，丁汝昌嘱托李经方代其向榎本武扬及政府诸公致谢。李经方因此照会榎本，转达致意，并表示他本人能"恭逢其会，与丁军门同深欣感"，为此特意向榎本及政府诸公备文申谢。④

---

① 李经方：《偕丁禹廷提督进谒日君情形》，光绪十七年六月二十二日，馆藏号：01-19-007-03-005；李经方：《在定远舰上邀集茶会款接日本亲王大臣及海陆军诸将并拟修建使署》，光绪十七年七月初一日，馆藏号：01-19-007-03-006；《致李经方》，光绪十七年六月初八日，载顾廷龙、戴逸主编《李鸿章全集》第35册，"信函七"，第217~218页。

② 「北洋艦隊來朝一件」、『宮島誠一郎文書』、Reel25、1063-2。

③ 李经方：《偕丁禹廷提督进谒日君情形》，光绪十七年六月二十二日，馆藏号：01-19-007-03-005；李经方：《在定远舰上邀集茶会款接日本亲王大臣及海陆军诸将并拟修建使署》，光绪十七年七月初一日，馆藏号：01-19-007-03-006。

④ 「大清欽差出使大臣李照会」、光緒十七年五月初三日、『2. 清国/分割2』JACAR、Ref. B07090371900、各国艦船帝国領水内二寄港関係雑件/韓、清、暹ノ部（5-1-8-0-2_8）（外務省外交史料館）。

此次丁汝昌率军舰访日，意在显示中日亲和之意，李经方一直陪同访问，出席相关盛会。当时的使馆随员后来在回顾这一活动时指出，北洋舰队与日本王大臣"亲睦交欢"，内有李经方"斡旋"之功。① 李经方本人对此次兵舰访日成效也推崇备至。在致总署文中，他指出，此次兵舰来日，日方的表现"颇极亲重视"，比对待西洋各国之礼有过之而无不及。他进而分析认为，这一方面是日本与各国交涉日久，综观全局之后的觉悟，终于感觉"同洲之国，情谊可恃，故特有意修好"；另一方面是中国水师组建渐具成效，"兵威之盛，雄视东方，其势有以震詟之"。因日本全国政策制定者为诸王公大臣，而建言者是上下议院，此次来访与这些人等均全面接触，"示之以声威，结之以情谊，显尽夫联络之道，而阴实寓夫驾驭之权"，所参与各大宴请，绝非"寻常应酬，徒恣游宴"。李经方还关切日媒反应，了解到的也是"各皆称道不置"。②

李鸿章也将此次军舰访日活动视作促进中日交谊的一大推力，及时致函日方表示谢意。在函中，他不时提及"长儿"李经方在其中的周旋之功。丁汝昌访日归来不久，李鸿章便在致日本驻华公使大鸟圭介的信中明确表示："日前，丁军门统帅北洋兵舰，道出东溟，渥承瀛洲，贤士大夫殷勤款接。盘敦之雅，联若一家。长儿忝在使车，得陪盛会，前得家信及丁军门来电详述各节，欣悦良深。日来新报传布五洲，俾知我两国同文同域之邦，交谊日亲，尤为可喜。"③ 几个月后，他在给日本外务大臣榎本武扬的信中，又表达相同意思："夏间

---

① 「丁酉日録」、明治30年、『宫島誠一郎文書』、A93-2。

② 李经方：《偕丁禹廷提督进谒日君情形》，光绪十七年六月二十二日，馆藏号：01-19-007-03-005；李经方：《在定远舰上邀集茶会款接日本亲王大臣及海陆军诸将并拟修建使署》，光绪十七年七月初一日，馆藏号：01-19-007-03-006。

③ 《复日本驻京钦差大鸟圭介》，光绪十七年七月十五日，载顾廷龙、戴逸主编《李鸿章全集》第35册，"信函七"，第232页；『2. 清国/分割2』JACAR、Ref. B07090371900、各国艦船帝国領水内二寄港関係雑件/韓、清、暹ノ部（5-1-8-0-2_8）（外務省外交史料館）。

丁军门统率北洋兵舰道出东溟，渥承瀛洲，贤大夫殷勤款接。而台端
筅领外部，屡得周旋，风采言词，弥足钦重。一时盘敦之雅，传布五
洲，咸知我两国同文共域之邦，交谊日亲，至为可喜。"① 丁汝昌访日
后，十一月初，日本海军起锚来华回访。② 对于日本政要参观丁汝昌
所率军舰后的印象和评价，可将李经方的汇报与日方记载参比后再作
论。不过，不可否定的是，丁汝昌率军舰访日本意在于促进中日两国
"交谊"，这一点当不会被误解。

李经方出使前期主要参与营造对日友好气氛，他直接参与相关外
交事件则在后期。后期李经方主要参与处理两大朝鲜问题：平壤开关
问题和奥朝议约问题。

光绪十七年六月二十日（1891 年 7 月 25 日）③，李经方送丁汝昌
舰队前往神户途中，接到生母郭氏去世的电报。接电后，他请求李鸿
章先转电总署请旨另简派人员前来接替，待他回到东京使署以后再禀
报。④ 二十二日（27 日），李鸿章致电总署请代奏，因李经方丁本生
母降服忧例应解任，请旨另简接替人员。⑤ 二十四日（29 日），总署
大臣奕劻等将所请上奏，并将直隶候补道、前出使日本大臣、因病奏

① 《复日本国外务大臣榎本武扬》，光绪十七年十一月初二日，载顾廷龙、戴逸主编
《李鸿章全集》第 35 册，"信函七"，第 275 页。

② 《复日本国外务大臣榎本武扬》，光绪十七年十一月初二日，载顾廷龙、戴逸主编
《李鸿章全集》第 35 册，"信函七"，第 275 页。

③ 《两江总督刘坤一奏为出使大臣李经方呈报见丧穿孝日期事》，光绪十七年九月初十
日，录副奏片，档号：03-5283-055，缩微号：400-1211；刘坤一：《奏为代奏出使大臣李经
方见丧穿孝日期事》，光绪十七年九月初十日，朱批奏折，档号：04-01-12-0552-110，缩微
号：04-01-12-105-2550。

④ 《致李经方》，光绪十七年七月初五日，载顾廷龙、戴逸主编《李鸿章全集》第 35
册，"信函七"，第 228 页；《附李使来电》，光绪十七年六月二十二日申刻到，载顾廷龙、戴
逸主编《李鸿章全集》第 23 册，"电报三"，第 191 页。

⑤ 奕劻等：《奏为出使日本大臣李经方丁忧解任拟请简员接办事》，光绪十七年六月
二十四日，朱批奏折，档号：04-01-13-0369-033，缩微号：04-01-13；《寄译署》，光
绪十七年六月二十二日申刻，载吴汝纶编《李文忠公全书·电稿》卷 13，第 11 页；《北洋
大臣来电》，光绪十七年六月二十二日到，载故宫博物院编《清光绪朝中日交涉史料》卷
12，第 4 页。

请开缺未经到任的李兴锐，开单附录在后，恭呈御览。奉朱批，"另有旨"。① 当时总署大概是设想由曾被谕命而未能成行的前出使日本大臣李兴锐来接替李经方，并未考虑李经方继续回任，如同前出使大臣黎庶昌第一次出使遇丁忧的情形一样。不过，二十四日（29 日）发布谕旨，出使日本大臣一职由翰林院编修汪凤藻前往暂署，迅速起程，毋庸来京请训。李经方则赏假百日，回籍穿孝，假满再回任。② 次日，清政府将这一新的任命照会日本驻华公使大鸟圭介。③

　　清政府的这一安排，对李经方来说是一种"破格"办理，④ 在晚清历届驻日使臣中也仅此一例。对于这次蒙恩陈谢及相关交接细节，时在总理衙门的张荫桓曾及时给予指点。他告知，暂署的出使大臣不颁国书，由总理衙门照会日本外务省。当时总署已将此咨文送交，须由李经方预告外务省，等署理使臣到达后再亲自赍呈。陈谢折不由李经方而由李鸿章出面上呈，李经方则将交替启程的日期咨呈总署代奏，兼达感恩图报之意。李鸿章认为，张之"所见甚是"⑤。于是，他连连电告李经方，陈谢之折勿发，咨请总署代奏的折稿不可多用骈联，应"著墨不多"，由此可"愈见哀痛迫切之意"。又告知，百日假的计算方法应以到南京见丧之日起算，扣至年底已满。多逾一二月

---

　　① 奕劻等：《奏为使臣李经方丁忧请简员接办由》，光绪十七年六月二十四日，录副奏折，档号：03-5280-062，缩微号：400-0705；奕劻、福锟：《奏为出使日本大臣李经方丁忧解任拟请简员接办事》，光绪十七年六月二十四日，朱批奏折，档号：04-01-13-0369-033，缩微号：04-01-13。

　　② 《谕旨》，光绪十七年六月二十四日，载故宫博物院编《清光绪朝中日交涉史料》卷12，第4页；《译署来电》，光绪十七年六月二十四日酉刻到，载吴汝纶编《李文忠公全书·电稿》卷13，第11页。

　　③ 「在京清国全権公使李経方丁憂帰国ニ付汪鳳藻臨時代理公使任命并清国北洋水師ニ於テ我国艦隊ヲ優待セントスル挙アル件」JACAR、Ref. A04010005000、公文雑纂·明治二十四年·第九巻·外務省三·在外公館報告二（清国·朝鮮国）（国立公文書館）。

　　④ 《寄日本李使》，光绪十七年七月初七日巳刻，载顾廷龙、戴逸主编《李鸿章全集》第23册，"电报三"，第196页。

　　⑤ 《寄日本李使》，光绪十七年七月初七日巳刻，载顾廷龙、戴逸主编《李鸿章全集》第23册，"电报三"，第196页。

回任尚有辞，太久恐不合。到南京后请南洋大臣代奏，由本籍启程时则请安徽巡抚代奏。① 指点可谓非常细致。

汪凤藻于七月十七日（8月21日）启程东渡，② 二十五日（8月29日）驰抵东京。李经方八月初二日（9月4日）与汪完成交接。③ 汪凤藻由于暂署，署任用款由正任李经方汇报。④ 八月十一日（9月13日），李经方启程回国。⑤ 十九日（21日）到江宁，寄寓见丧穿孝，扶榇回合肥原籍。⑥

李经方自八月十九日（21日）起假，至十一月二十九日（12月29日）百日假满。十一月三十日（12月30日）他遵旨自合肥原籍起程，当天抵达江宁。⑦ 刘坤一致电总署，告以李经方拟即日遵旨由宁起程回任。⑧ 次日总署回电，令李经方"应遵前旨即回任"⑨。十二月

① 《致李经方》，光绪十七年七月十五日，载顾廷龙、戴逸主编《李鸿章全集》第35册，"信函七"，第232页。

② 《收署出使日本大臣汪凤藻电》，光绪十七年七月十五日，电报档，档号：2-02-12-017-0493，缩微号：004-0421。

③ 汪凤藻：《奏报驰赴日本接署使任日期事》，光绪十七年八月初二日，朱批奏折，档号：04-01-12-0551-024，缩微号：04-01-12-105-1431；《光绪十年以后出使日本国大臣接任卸任日期清单》，光绪二十年七月十一日，载故宫博物院编《清光绪朝中日交涉史料》卷16，第19页。

④ 《发北洋大臣电》，光绪十七年七月二十六日，电报档，档号：2-02-12-017-0533，缩微号：004-0432。

⑤ 《北洋来电》，光绪十七年七月二十五日到，电报档，档号：2-02-12-017-0529，缩微号：004-0430。

⑥ 《两江总督刘坤一奏为出使大臣李经方呈报见丧穿孝日期事》，光绪十七年九月初十日，录副奏片，档号：03-5283-055，缩微号：400-1211；刘坤一：《奏为代奏出使大臣李经方见丧穿孝日期事》，光绪十七年九月初十日，朱批奏折，档号：04-01-12-0552-110，缩微号：04-01-12-105-2550。按：《致李经方》（光绪十七年八月二十八日，载顾廷龙、戴逸主编《李鸿章全集》第35册，"信函七"，第250页）作"十八日到南京"。

⑦ 李经方：《奏报假满回任日期事》，光绪十七年十二月十五日，录副奏折，档号：03-5288-070，缩微号：400-2185；沈秉成：《奏为出使日本国大臣李经方丁忧期满回本任事》，光绪十七年十二月十九日，录副奏片，档号：03-5286-054，缩微号：400-1716。

⑧ 《收南洋大臣电》，光绪十七年十一月三十日到，电报档，档号：2-02-12-017-0880，缩微号：004-0570。

⑨ 《发南洋大臣刘坤一电》，光绪十七年十二月初一日，电报档，档号：2-02-12-017-0882，缩微号：004-0571。

初三日（1892年1月2日）李经方行抵上海，初六日（5日）乘法国公司轮船东渡，十二日（11日）到日本东京，十五日（14日）署理出使大臣汪凤藻派员送交关防、文卷，办理接任事。[①] 然而，李经方回任约半年，其养母、李鸿章之妻赵氏去世，遭遇第二次丁忧。汪凤藻再次被谕命为出使大臣前来接任，于八月二十一日（10月11日）与李经方完成交接；[②] 较日方记载晚10天。[③] 这样，李经方的回任，也即出使后期，自光绪十七年（1891）十二月至次年（1892）八月，前后仅约8个月。

第三节　增开平壤口岸问题

李经方出使后期参与处理的第一大朝鲜问题是奉命与日本政府婉商平壤开关问题。平壤开关问题源于李仙得赴日，先由唐绍仪在朝鲜了解到事情缘由。光绪十七年（1891）九月，李仙得以商改采渔章程为由赴日，但久去不回，驻汉城各国公使对唐绍仪称，其中必有缘故。唐绍仪起初不甚相信，但他经密访得知，李仙得在日本

---

① 李经方：《奏报假满回任日期事》，光绪十七年十二月十五日，录副奏折，档号：03-5288-070，缩微号：400-2185；《收北洋大臣电》，光绪十七年十二月初四日到，电报档，档号：2-02-12-017-0886，缩微号：004-0572。按：据《收北洋大臣电》（光绪十七年十二月十三日到，电报档，档号：2-02-12-017-0902，缩微号：004-0578），抵达东京时间似为"十三日"。奕劻《奏为出使日本使臣李经方丁忧开缺请旨简放事》（光绪十八年六月十六日，录副奏折，档号：03-5293-040，缩微号：400-2997）中，也有"十二月十三日回任"的说法。但据汪凤藻报告，李经方抵达东京的时间确为十二日。李鸿章电报很可能因转电的缘故而相差一天。汪凤藻：《出使日本大臣汪凤藻奏报交卸使篆起程回国日期事》，光绪十七年十二月十五日，录副奏折，档号：03-5288-072，缩微号：400-2188；汪凤藻：《奏报交卸使篆并起程回国日期事》，光绪十七年十二月十五日，朱批奏折，档号：04-01-12-0552-028，缩微号：04-01-12-105-2149。

② 汪凤藻：《奏报到洋接任日期事》，光绪十八年八月二十一日，录副奏折，档号：03-5297-056，缩微号：401-0147；《光绪十年以后出使日本国大臣接任卸任日期清单》，光绪二十年七月十一日，载故宫博物院编《清光绪朝中日交涉史料》卷16，第19~20页。

③ 「分割1」JACAR、Ref. B13080444100、官报原稿·第八卷（7-1-5-7_008）（外务省外交史料館）。

除商改采渔章程之外，还奉命与日本政府商议增开平壤口岸事，约定待开港后，该港所用关员均由日本政府先行假用，不得与仁、釜、元三口相同。为此，唐绍仪立即前往质询朝鲜外务督办闵种默。闵否认此次议开平壤口岸与李仙得有关，反倒询问，朝鲜国王欲将平安道铁岛开作通商口岸，不知李中堂能否允准，恳请唐绍仪代为请求。①

其实，清政府并不反对平壤开口岸，但出于对朝鲜的尊重，一直没有勉强要求。黎庶昌第二次出使时，朝鲜因外人怂恿依附俄国，曾策划平壤通商，当时黎庶昌便向李鸿章提议"由中国先行通商"以相抵制。但李鸿章考虑到"朝王并未商请"，认为"未便自我发端"。②光绪十七年（1891），袁世凯获知日本驻朝公使与朝鲜政府秘密商议增开平壤口岸后，建议中国须占先着，令平壤华商公禀请咨国王准开，但此次因朝王咨复未允而又作罢。时隔不久，朝王居然命李仙得与日方密商此事，且要从日本借用关员，③ 这使清政府难以容忍。为此，唐绍仪质问朝鲜政府，去年朝王致李鸿章咨文内称不能允准平壤开港，为何现在忽然又拟开港？希望国王送咨文给中国商核。对于唐绍仪的质问，朝王令由闵种默出面解释，称平安道等处华日渔船漏税甚多，如不开平壤，则税饷难增。如今送咨文请商，必与前文所叙不符，担心李鸿章见责。唐绍仪则催促朝王"即送咨文"给李鸿章，并告知"倘能中理，或可允开"。闵种默则坚持认为等开港后朝王再送咨商核。唐绍仪不信，认为此次议开平壤，闵种默虽不敢称是李仙得

---

① 《寄伯行》，光绪十八年一月二十九日辰刻，载吴汝纶编《李文忠公全书·电稿》卷14，第2页；《寄出使日本李》，光绪十八年一月二十八日亥刻，载顾廷龙、戴逸主编《李鸿章全集》第23册，"电报三"，第258页。

② 《复出使日本国大臣黎纯斋》，载于晦若录，李鸿章校《李文忠公尺牍》。

③ 《寄出使日本李伯行》，光绪十八年一月二十八日亥刻，载吴汝纶编《李文忠公全书·电稿》卷14，第1页。

所为，但据他所知并非无因。为此，他致电李鸿章报告这一情节。①

朝鲜政府令李仙得与日本密议，违反清政府既定的对朝政策。光绪十六年（1890）二月，清政府会议朝鲜事宜，总署曾密奏六条，其中第三条称，朝鲜各口税务司仍由中国派委，奉懿旨允行。② 而且，朝鲜政府前一年刚刚拒绝中国平壤开港的提议，现在"忽令密商"，如此"反覆"，李鸿章自然极其不悦。他致电唐绍仪，令敦促朝鲜政府立即将所以要开港之理由，由朝王详细咨请商核，声称如果瞒昧过去，中国"必有责言，关系非小"。当时，代理朝鲜海关总税务司史纳机（J. F. Schoenicke）谈起要增开铁岛为口岸事，为此，李鸿章认为开口岸之事，应预先筹划妥办，并要唐绍仪切嘱朝鲜外务督办，"勿任李仙得挽越生事为要"③。

平壤开口岸事件曝光时，李经方刚刚回任。李仙得的活动主要在日本展开，作为驻日使臣，李经方奉命参与相应的交涉事宜。正月二十八日（2 月 26 日），李鸿章于第一时间将唐绍仪来电的主要内容、光绪十七年（1891）朝王拒绝华商请开平壤口岸事，以及清政府既定对朝政策，一并电告李经方。李鸿章指出，平壤开口的关键在于开口后关员的派定，令李经方与榎本"婉商"；表明如果添开平壤，其关员必须应由中国分派，与仁、釜等各口一律，"请日廷勿挽越该关用人之事为要"④。次日，李鸿章又将唐绍仪来电原原本本地转发给李

---

① 《寄伯行》，光绪十八年一月二十九日辰刻，载吴汝纶编《李文忠公全书·电稿》卷14，第 2 页；《寄出使日本李》，光绪十八年一月二十八日亥刻，载顾廷龙、戴逸主编《李鸿章全集》第 23 册，"电报三"，第 258 页。

② 《致李经方》，光绪十八年二月十三日，载顾廷龙、戴逸主编《李鸿章全集》第 35册，"信函七"，第 324 页。

③ 《寄朝鲜唐丞》，光绪十八年正月二十九日辰刻，载吴汝纶编《李文忠公全书·电稿》卷 14，第 1~2 页。

④ 《寄出使日本李伯行》，光绪十八年一月二十八日亥刻，载吴汝纶编《李文忠公全书·电稿》卷 14，第 1 页。

经方。①

然而，进一步的消息证明，事情要较预知的复杂。二十九日（27日），唐绍仪通过法国驻朝公使弥乐石（Emile Rocher）得知，李仙得在日借银二百万元，先将一半解送汉城偿还国债，其余百万元托日本铸钱局代造金银铜。尽管未能从朝鲜方面得到印证，但借款事件的曝光，使平壤开口问题显得更加紧迫，因为光绪十六年（1890）二月清政府会议朝鲜事宜密折，除声明朝鲜税司仍由中国委派之外，还明确规定杜绝朝鲜借外债。因清政府担心其以关税作抵，以致遭受盘剥，所以应设法阻止。如果朝鲜军国有要需，则由中国代借，以保权利。李仙得借款已有前科。他此前曾赴美国试图借款，经清政府致电当时中国出使美国大臣崔国因请美国外交部门劝阻，才未能如愿。李鸿章认为，李仙得此次赴日，目的似是以平壤开口作为其借债的交换条件。为此，李鸿章令李经方查探：（1）是官借还是商借；（2）合同如何议订；（3）有无关税作抵字样；（4）能否设法劝阻。他决定得到此事的确切消息之后，再转告总署。李鸿章还提醒李经方，日本外务大臣榎本武扬"外和内狡"，恐怕没有实话，需"防之"。②与此同时，李鸿章又进一步向朝鲜君臣施压，称朝鲜君臣对于奉谕旨饬遵的既定章程，"切不可玩违，致贻后悔"③。

李经方接到李鸿章来电，立即前往会晤外务大臣榎本武扬，询问李仙得与日本政府订条约实情。榎本称，李仙得所开条约底稿虽有数端，但只有捕鱼一节最关紧要，但他对此事也不甚了然。日本政府时已派人员前赴朝鲜捕鱼处所查看情形。调查人员约于中历二月间可以

---

① 《寄伯行》，光绪十八年一月二十九日辰刻，载吴汝纶编《李文忠公全书·电稿》卷14，第2页。

② 《寄伯行》，光绪十八年一月二十九日酉刻，载吴汝纶编《李文忠公全书·电稿》卷14，第2~3页。

③ 《寄朝鲜唐丞》，光绪十八年二月初一日巳刻，载吴汝纶编《李文忠公全书·电稿》卷14，第3页。

回国，其应如何办理，到彼时才可议及。李经方留心各大新闻报纸，发现与榎本所说"大略相同"，因此认为"似其言尚属可信用"，便向总署做了初步汇报。[1]

其时，榎本对于清政府所关切的开放口岸及任用关员问题态度颇为明确。他向李经方表示，李仙得想开大同江，是为补偿朝鲜方面禁止日本人在济州岛捕鱼之憾。日本现已派人员前往调查，是否答应尚未确定。至于平壤开关，他没有听说借用日本关员的消息，并表示这与日本并无好处，即使朝方提出请求，日方也不会应允。榎本同时示好称，"以后凡朝鲜交涉要事，请彼此互相密告，免为谣传所误"。这样，李经方认为平壤开口岸及任用关员问题似已不足为虑，只有借款问题尚需"密查"。[2]

李鸿章接李经方报告后，复电告知，大同江、铁岛皆平壤所辖。他已致电唐绍仪知照朝鲜政府，须先咨请清政府核准后，再商议开关等问题。他还叮嘱李经方"密查"借款一事，有确信即告。对于借款问题，李鸿章的基本立场是，"能早吹散固妙。否则，断不容以关作抵"[3]，态度很明确。

朝鲜国王经唐绍仪敦促，准备向李鸿章咨请商核。二月初六日（3月4日），朝方答复表示，谨当遵照北洋大臣电谕，如有开设口岸等议，须由朝鲜先行咨商，并照三口办理，"以存体统"。[4] 但复文对于李仙得是否在日议开口岸，却"一字未答"，且"语词含糊"，唐

---

① 李经方：《朝鲜李善得与日政府议商渔约情形去岁地震神户理事署损伤已拨款饬令兴修》，光绪十八年二月十五日，馆藏号：01-25-029-02-004。按：这里的"二月十五日"是总署收信的时间。当时，东京与北京之间的信函快则 15 天，慢则 20 天。又，信的开头说"本月初三日肃上字第二十号函，计尘台察"。由此可知，这封信应写于一月下旬。

② 《附李使来电》，光绪十八年二月初一日戌刻到，载顾廷龙、戴逸主编《李鸿章全集》第 23 册，"电报三"，第 261 页。

③ 《复伯行》，光绪十八年二月初三日午刻，载吴汝纶编《李文忠公全书·电稿》卷 14，第 3 页。

④ 《寄译署》，光绪十八年二月初六日未刻，载吴汝纶编《李文忠公全书·电稿》卷 14，第 4 页。

绍仪认为不妥，要求朝方重新送文。①

　　二月十三日（3月11日），在等待朝王咨文间隙，李鸿章致信李经方，详告光绪十六年（1890）二月清政府在北京会议朝鲜事宜时所密奏六条，由于原折甚长，来不及全录，"特将大意告知"：（1）精练东北水陆各军；（2）兴办奉吉铁路；（3）朝鲜各口税务司仍由中国派委；（4）朝鲜派出之使应守属国体制；（5）杜朝鲜借外债，以防盘剥；（6）随时劝阻朝鲜"秘政"，令其应均奉懿旨允行。李鸿章称，这份密折由邸署密告，"外间皆未与闻"，极其珍贵。信中又询问李仙得在日本是否前来谒晤。此外，还谈及了他对待金玉均的态度等问题。②由此可见，李鸿章处理朝鲜问题完全按照清政府既定的对朝秘密政策进行。李经方因其特殊身份有机会了解到"外间皆未与闻"的政府政策密件，非同寻常。若非父子关系，想必李鸿章不会将这等密件如此透底。李经方的前后使臣遇事均需向李鸿章汇报请示，包括朝鲜问题，现有资料还没有看到李鸿章向他们透露过这等密折之类的机密内容。李经方既对清政府的对朝政策了然于胸，自然也就完全按照其精神处理朝事，而不做特别的努力了。稍后在对待金玉均的态度上，他也一直遵循其父指点而行。

　　十四日（12日），李鸿章收到朝鲜政府复文，复文对李鸿章所关切的与日本议约问题做了清楚解释。内称朝鲜与日本的条约限五年议改，去年派李仙得前往日本即为商议改约之事。之所以派遣李仙得，是因为李娴熟日语，且熟悉人士较多，便于深入商讨。此次改约最要急者，是把济州捕鱼一条特别置于新改条约之外。但日本向来将济州一岛视为奇货，担心不肯公然允让，须拿其他利益交换。于是重提往

---

　　① 《唐丞来电》，光绪十八年二月初七日申刻到，载吴汝纶编《李文忠公全书·电稿》卷14，第4页。

　　② 《致李经方》，光绪十八年二月十三日，载顾廷龙、戴逸主编《李鸿章全集》第35册，"信函七"，第324页。

年议开铁岛口岸一事，将此口岸之议与济州岛作抵。朝鲜政府认为如此"日人必乐从"，而这对朝鲜而言，不仅不像新开口岸，还能将计就计。之所以没有先行咨商，是因为尚未从李仙得处听到日本政府如何答复。朝鲜政府希望清政府能够同意这一改约计划，并指出"此举亦为济其济州之民"，朝鲜之民也是中国之民，"中朝必一体视之"。如果日本答应禁止其国人民在济州一带捕鱼，朝鲜拟以酌改铁岛之议相交换，并在改约定议后，再行咨商清政府。至于该港税关所用各关员，也将照三口一律办理，"以存体统"。李鸿章将来文转电总署。①李经方与榎本会晤时，榎本称李仙得所开条约底稿数端，只有捕鱼一节最关紧要。② 朝王的复文与李经方的报告吻合。这样，在所谓增开平壤口岸问题上，中朝之间的误会基本得以消解。

正当平壤开口岸问题逐渐明了之时，出现了一个小插曲。榎本武扬曾对李经方说，"以后凡朝鲜交涉要事，请彼此互相密告，免为谣传所误"，显示了中、日两国在朝鲜问题上友好合作的姿态。就在平壤开口岸问题逐步得到谅解之时，二月二十三日（3月2日），榎本提出了一个中、日平分朝鲜利益的计划。具体是，中、日双方在朝鲜境内分头修建铁路，至汉城相接。当时，榎本先是密告李经方，朝鲜方面已允准美国修建自釜山至汉城的铁道。他希望中国从北境、日本从釜山，各修铁道至汉城相接，目的是"免外人觊觎"。③

榎本以共同抵御美国等西方势力入侵朝鲜为辞，提议在朝鲜共同修建铁路，一度打动李经方。李鸿章对此则大表怀疑。他不等向朝鲜方面核实，当即电复李经方，指出朝鲜政府答应美国商修自釜山至汉

① 《寄译署》，光绪十八年二月十四日午刻，载吴汝纶编《李文忠公全书·电稿》卷14，第5~6页。

② 《出使大臣李经方函》，光绪十八年二月十五日，载"中研院"近代史研究所编《清季中日韩关系史料》卷5，第2938页。

③ 《李使来电》，光绪十八年二月二十三日戌刻到，载顾廷龙、戴逸主编《李鸿章全集》第23册，"电报三"，第267页。

城铁道这一消息"似未确"，须进一步查探详情。对于日本的修铁路
提议，李鸿章认为，釜山至汉城已有铁路，日本意从釜山修铁道至汉
城，岂不是在朝鲜所修铁道之外又加一道，声言"恐无此办法"，日
本也未必有此财力。至于中国由北境修铁路至汉城，他认为道里极
长，"亦非易事"。① 李经方试图从中、日联合抵抗美国的角度说服其
父，认为日本是不欲让美国修筑铁道才想与中国一起抢先修。② 李鸿
章于是将唐绍仪与朝鲜外部沟通情况电告李经方，朝鲜外务督办称朝
鲜方面并无修汉釜铁路之议。去年（光绪十七年，1891）秋天，朝鲜
政府以农民耕牛病伤过多，运载艰阻，曾请李仙得与美国顾问具礼
（Clarence Ridgely Greathouse）等劝朝鲜国王开筑自汉城至麻浦、龙山
等处的铁路，终因朝鲜政府款项难以落实而作罢。李鸿章再次表明，
修路之议不可行。③

　　数日后，李鸿章通过信函再次向李经方解释原委。他指出，美商
未必肯在他国花费此等巨款，日人亦无此财力，且朝王必难允遵，而
当时在中国议造东路条件更不具备。他就当时中国在东北修建铁路的
情形做进一步说明：当年中国方面因人、款均不甚得心应手，才将铁
路造到山海关；山海关以北皆为奉天境地，地方长官裕寿山意颇怯
卸，称旗地难购，洋匠不便前去，所以将来是否"顺绪"难以预料；
本来奏明修到吉林，若改由沈阳东边入朝鲜之义州、平壤，路线长增
至两三倍，费用更多，恐怕愿大难偿，只可姑存其说了。④ 这样，由
榎本提议，李经方试图推进的修建铁路计划，很快被否决。

---

① 《复伯行》，光绪十八年二月二十三日戌刻，载吴汝纶编《李文忠公全书·电稿》卷
14，第 6 页。
② 《附李使来电》，光绪十八年二月二十五日辰刻到，载顾廷龙、戴逸主编《李鸿章全
集》第 23 册，"电报三"，第 268 页。
③ 《复伯行》，光绪十八年二月二十五日，载吴汝纶编《李文忠公全书·电稿》卷 14，
第 6 页。
④ 《致李经方》，光绪十八年三月初二日，载顾廷龙、戴逸主编《李鸿章全集》第 35
册，"信函七"，第 331 页。

当时，李鸿章所关切的还是平壤地区增开口岸事宜。这期间，李仙得有"自陈之函"，表示将诚信以待，李鸿章认为"谅无虚伪"。至此，经榎本及李仙得"再三剖辨"，清政府对于朝鲜政府派李仙得赴日密议事件，已深感"释然"了。朝鲜政府在向李鸿章解释增开平壤口岸及与日本改约问题时曾提到，当时朝鲜正与日本议改条约，拟以开放铁岛口岸来换取日本答应禁止其国人民在济州一带捕鱼。铁岛开埠，"华、洋商皆所愿"，清政府自然乐见其成。为此，李鸿章致信李经方，要其待朝鲜与日本政府定议后"即行电知"。①

只是，榎本派往铁岛调查之人在归途遇风漂没。这样，包括济州采渔、平壤开埠诸问题，均应缓议。此后李鸿章一面关心李仙得是否能在日本久待，② 一面继续关切铁岛开口岸的进展情况。五、六月间，铁岛开口岸之事尚无眉目。五月十六日（6月10日），李鸿章询问李经方"李仙得议铁岛事如何？"③ 六月初二日（6月25日），他又问"有成议否？"④ 六月初十日（7月3日），李经方养母、李鸿章夫人过世，李经方再次因丁忧归国。平壤开口岸问题在他任上没能看到结果。

第四节　"奥朝议约案"

李经方出使后期处理的第二大朝鲜问题是"奥朝议约案"。所谓"奥朝议约案"，是指朝鲜与奥地利议订和约时，奥国特使不收朝鲜国

---

① 《致李经方》，光绪十八年三月初二日，载顾廷龙、戴逸主编《李鸿章全集》第35册，"信函七"，第330页。

② 《致李经方》，光绪十八年四月初六日，载顾廷龙、戴逸主编《李鸿章全集》第35册，"信函七"，第345页。

③ 《致李经方》，光绪十八年五月十六日，载顾廷龙、戴逸主编《李鸿章全集》第35册，"信函七"，第362页。

④ 《致李经方》，光绪十八年六月初二日，载顾廷龙、戴逸主编《李鸿章全集》第35册，"信函七"，第370页。

王所发的例行性声明照会，拟变通由朝鲜政府代行声明。《朝奥条约》由朝鲜驻日署理公使权在衡与奥国驻日公使毕格勒在日本东京开议，所以，此案发生时，李经方奉命参与调解。

奥朝议约问题最初看似由奥方代表引发。朝鲜继与美、英、德、意、俄、法各国订约之后，与奥议约，实是朝鲜开港通商政策陆续开展的组成部分。光绪十六年（1890）秋，奥国水师提督到汉城恳求订约。次年，奥国驻日公使毕格勒与朝鲜驻日署理公使权在衡会晤，称奥国愿与朝鲜修约，就在日本东京议订。权在衡经请示，获朝王批准。

光绪十七年（1891）十一月，朝鲜政府授予权在衡全权字据，允许在日本东京开议。条约议妥后，按例需将朝鲜国家声明照会一件，先期赍交奥方。光绪十八年二月初三日（1892年3月1日），权在衡将国王的声明照会交给奥使。声明照会称："声明朝鲜素为中国属邦，而内治外交向来均由朝鲜国自主。今两国彼此立约，俱属平行相待。朝鲜国明允将约内各款必按自主公例认真照办。至朝鲜国为中国属邦，一切分内应行各节，与奥国毫无干涉等。"然而，奥使却在这一例行性照会上挑起事端。二月初十日（3月8日），奥使退还原照，称此事当由政府代行声明，不应用国书。现在若遽受此国书，他将受本国政府责罚。权在衡解释这是朝鲜先前与各国所订条约之惯例，并"反复"解释，但奥使反称是"前人做错"，"一味坚执"。[1] 于是权在衡请示国王。

二月二十四日（3月22日），朝鲜国王致电权在衡，称奥使的要求与各国向例不符，令其先秘密请教中国驻日使臣李经方。权在衡奉命谒见李经方说明情况，并请代为电禀李鸿章。[2] 次日，李经方将权

---

① 《照录朝鲜国王来咨》（光绪十八年三月三十日发）、《照录驻日本韩使权在衡致李使书》（壬辰三月十一日），载"中研院"近代史研究所编《清季中日韩关系史料》卷5，第2964、2965页。

② 《照录驻日本韩使权在衡致李使书》，壬辰三月十一日，载"中研院"近代史研究所编《清季中日韩关系史料》卷5，第2965页。

在衡所述之事电禀李鸿章，代为请示。李经方在电报中指出："韩王定约，国书乃系向例。"① 李鸿章当日回电也强调奥朝订约，"国书向例用王名，自应仍旧"②。二十六日（24日），李经方将其父来电旨意告知权在衡。③

然而，权在衡却仍表示"为难"。三月十一日（4月7日），权在衡写就一封长信函请李经方转达李鸿章。信中，权在衡将其与奥国订约一案的前因后果做了完整交代，重申为难情形。他称，由于奥使坚执此议，百折不回，使其"进退维谷，莫知所从"："许之，则恐冒擅违旧章之罪。不许，则订约之举势将中止。不特贻笑外人，复恐致滋后患。"权在衡又称，订约而附以国书，别无他故，不过自明其为天朝藩属而已。现在奥使之意由朝王发上谕饬令朝鲜政府照会奥国政府，照会内的字义与国书原文不相歧贰，如此才可收，认为这与藩属之体制"亦合"。但此事究竟应如何办理，他表示"惟傅相之命是听，惟阁下图之"④。李经方收信后，抄写一份寄李鸿章。但不等李鸿章回复，朝王却另有咨文请商总署。李鸿章决定等到总署转商后再核夺，让李经方告知权在衡静候。

李鸿章对于朝鲜政府的举动颇为疑虑。他认为奥国在东方本少交涉，订约即使缓办也无关紧要，朝鲜君臣"何以汲汲为此"⑤？正当此时，驻朝总理交涉通商事宜袁世凯假满路过天津，谈及此事，袁世凯禀请李鸿章坚持不予通融。袁世凯强调，朝鲜国王用国书形式明确

---

① 《李使来电》，光绪十八年二月二十五日辰刻到，载顾廷龙、戴逸主编《李鸿章全集》第23册，"电报三"，第268页。

② 《复伯行》，光绪十八年二月二十五日午刻，载吴汝纶编《李文忠公全书·电稿》卷14，第6页。

③ 《照录驻日本韩使权在衡致李使书》，壬辰三月十一日，载"中研院"近代史研究所编《清季中日韩关系史料》卷5，第2965页。

④ 《照录驻日本韩使权在衡致李使书》，壬辰三月十一日，载"中研院"近代史研究所编《清季中日韩关系史料》卷5，第2965~2966页。

⑤ 《致李经方》，光绪十八年四月初六日，载顾廷龙、戴逸主编《李鸿章全集》第35册，"信函七"，第345~346页。

中朝宗藩关系事关重大，指出："夫韩为华属各国人素不乐认。然遇事得恃以折正驳论者，每赖此件声明照会，则此件之关系，自属紧要。"他认为，朝鲜与奥国立约与否，本来无足重轻。此时虽已议约，但尚未钤押。若因奥人执意变通以致决裂罢约，与亚洲大局毫无关碍。对于此次国书事件，袁世凯认为"难保其事非串通"，"正宜因此示以大体"。他提议，一旦国王咨文到津后，仍拟叩乞咨驳，令遵守旧章，不许假借。如奥使终不肯收，尽可罢约。奥国如急欲成议，自然不能坚持初见。① 袁世凯的分析及建议完全被李鸿章采纳。

四月十一日（5月7日），李鸿章收到朝鲜国王三月三十日（4月26日）咨文。咨文中，朝王将问题归因于奥使，就朝鲜为中国属邦一节可否由政府行文奥国，请李鸿章"酌量核夺"，并请仍即转商总理衙门见复施行。李鸿章将咨文转寄总署，同时将权在衡致李经方信以及袁世凯禀文一并附上。信中，李鸿章指出袁世凯"所论甚为有见"，强调朝鲜国王的照会在朝鲜与各国立约中关系重大。同时，鉴于近年来朝鲜以遣使事件为典型所表现出来的"不欲以属邦自居"的倾向，他认为此次所谓变通国书方式，袁世凯怀疑其"两面串通"，"事所或有"。他进而指出，此事若稍假借，恐将来各国皆欲改送这种新式照会；而朝鲜则认为中国易于商恳，诸事意存尝试，流弊滋多，"不可不防其渐"。至于朝鲜驻日署理公使所谓的"恐滋后患"，李鸿章认为毫无可能。他指出，各国和约议而不成，以及和议成而不换者，乃欧美两洲常有之事；朝鲜与奥国订约，即使因此中止，事情缘于奥国不循旧例，朝鲜何患无辞？这不仅不至于贻笑外人，亦断不至于遽开边衅，"无所谓后患"。② 这样，"奥朝议约案"由于中国方面

① 《照录袁世凯论奥约来禀》，光绪十八年四月初九日到，载"中研院"近代史研究所编《清季中日韩关系史料》卷5，第2966~2967页。

② 《北洋大臣李鸿章函》，光绪十八年四月十三日，载"中研院"近代史研究所编《清季中日韩关系史料》卷5，第2963页。

态度坚定，就此了结。

"奥朝议约案"后，李鸿章进一步向李经方指点处理朝鲜问题的要害。他先是授意李经方与驻朝的袁世凯保持充分沟通。李鸿章对袁世凯在处理奥国"照会事件"中的分析显然印象深刻，他致信李经方对袁世凯大加赞赏。他称袁在朝年久，"情形极熟"，起初尚意气用事，近年已"阅历较深"，对袁世凯在朝鲜的作为予以充分肯定。朝鲜国王与袁世凯水火不容，他认为这是群小谣诼、王妃猜忌所致，袁"并无过失"，也没有"太刚之处"，他告诫李经方，朝鲜驻日本署理公使是闵党，"所言切不可信"。又称，当时驻朝鲜西方人颇推许袁世凯之"遇事有识"，只是朝鲜朝廷的小人"疑畏之"。李鸿章提醒李经方，在朝鲜问题上要与袁世凯"函电常通"，彼此"推诚联络"。与此同时，他再次强调光绪十六年（1890）二月清政府在京会议的密折。该密折在李经方处理平壤口岸问题时，他曾"特将大意告知"，但来不及全部抄录。这次他将两件密折全文抄寄，提醒"秘闻勿令外人闻知"，并称"遇事当奉为圭臬，勿至两歧"。其时，李鸿章也仍关切"甲申事变"后逃往日本的朴泳孝、金玉均等人。① 只是，李鸿章寄出这两份密折仅两个多月，李经方再次因丁忧归国，正式卸任驻日使臣。

六月初十（7月3日），李鸿章妻子、李经方养母赵氏去世。② 李经方当天接电报，便致电总署，称长子例应开缺奔丧，求代奏请简员接替。③ 总署接电后，十六日（7月9日）代为上奏，拟请简派出使日本大臣一员迅速前往接办，并将中外奏保的堪胜任出使人员开列

---

① 《致李经方》，光绪十八年四月初六日，载顾廷龙、戴逸主编《李鸿章全集》第35册，"信函七"，第345~346页。

② 《致李经方》，光绪十八年七月初六日，载顾廷龙、戴逸主编《李鸿章全集》第35册，"信函七"，第401~402页。

③ 《收出使李大臣电》，光绪十八年六月初十日到，电报档，档号：2-02-12-018-0305，缩微号：004-0696。

清单附后上呈。① 所开列人员中，一位是曾被谕命为出使日本大臣的李兴锐，另一位是汪凤藻。② 当天，光绪皇帝谕命赏记名知府翰林院编修汪凤藻二品顶戴，充出使日本大臣。③ 李经方第一时间将其本人因丁母忧辞职、由汪凤藻作为特命全权公使接任之旨通知日方。④

李经方回任约半年，第二次遇丁忧。对于这次家庭变故，李经方态度消沉。距其母亲病亡将两月，李鸿章才接到李经方手书，诧异问："何事忙冗至闻讣月余乃来一信，岂视大事如弁髦？"失望之情溢于言表。⑤ 汪凤藻于八月十八日（10月8日）行抵东京，二十一日（10月11日）与李经方完成交接，李经方卸任。八月三十日（10月20日）午前参内谒见，捧呈国书。⑥

卸任后，李经方本可立即启程回国，但因辞任国书一事而有所耽搁。李经方原以为，丁忧无须呈递辞任国书，但日本外务省称，虽然丁忧，也须有辞任国书，不过可商由新任代递。为此，八月二十四日（10月14日）李经方和汪凤藻联名致电李鸿章，请转总署速寄，并候电示复。⑦ 次

---

① 奕劻：《奏为出使日本使臣李经方丁忧开缺请旨简放事》，光绪十八年六月十六日，录副奏折，档号：03-5293-040，缩微号：400-2997。

② 奕劻：《呈曾任出使大臣员名单》，光绪十八年六月十六日，单，档号：03-5293-041，缩微号：400-2998。此件系5293-040附件。

③ 《德宗景皇帝实录》卷312，光绪十八年六月十六日（壬寅），《清实录》第56册，第60页。

④ 「外交彙報附録月報（明治二十五年八月分）/外国公使領事ニ関スル件」JACAR、Ref. B13091252400、外交彙報附録月報（外·報1）（外務省外交史料館）。

⑤ 《致李经方》，光绪十八年七月初六日，载顾廷龙、戴逸主编《李鸿章全集》第35册，"信函七"，第401~402页。

⑥ 汪凤藻：《奏报到洋接任日期事》，光绪十八年八月二十一日，录副奏折，档号：03-5297-056，缩微号：401-0147；《光绪十年以后出使日本国大臣接任卸任日期清单》，光绪二十年七月十一日洋务档，载故宫博物院编《清光绪朝中日交涉史料》卷16，第19~20页；「外交彙報附録月報（明治二十五年十月分）/公使領事ニ関スル件」JACAR、Ref. B13091253300、外交彙報附録月報（外·報1）（外務省外交史料館）。

⑦ 《寄译署》，光绪十八年八月二十四日午刻，载顾廷龙、戴逸主编《李鸿章全集》第23册，"电报三"，第305页；《收北洋大臣电》，光绪十八年八月二十四日到，电报档，档号：2-02-12-018-0546，缩微号：004-0784；《北洋大臣来电》，光绪十八年八月二十四日到，载故宫博物院编《清光绪朝中日交涉史料》卷12，第10页。

日，总署电复李鸿章，辞任国书办就即寄。① 李鸿章立即将总署来电转告李、汪，并告知，既然可代递，李经方就不必等候了。② 但日本外务省请李经方先照会日方，称辞任国书到后再由汪知照方可行。为此，汪凤藻提议，在给日方照会中明说，已接总署电，国书已奉谕旨即日缮办，到后由汪呈递。但谕旨不敢擅称，为此李经方又致电李鸿章向总署请示。李鸿章转告总署时提议，既应缮辞行国书，是否可从权称已奉旨。③ 九月初二日（10月22日），李鸿章接总署电，说辞任国书底稿初一日已进呈，奏明由汪凤藻代递，已奉谕旨，希转电祗遵。④ 李经方和汪凤藻接电后，经与日方调停，终得以通融，李经方即启程。对此，李鸿章几次写信向汪凤藻致谢，称"承示代递辞行国书一节，深费调停，幸得通融，不至濡滞"⑤，"承示代递辞行国书一节，权词应付，借得转圜，不误戎主出巡之期，幸免旧使羁留之累，适与续奉谕旨词意相符"⑥。李经方于八月二十九日（10月19日）由横滨乘车径直赴神户理事馆，九月十三日（11月2日）抵达天津。因丁忧回国，李经方没有进宫向日本天皇觐辞，于礼也不应当让人送别，所以不仅使团同人均未得送，而且日本外务大臣陆奥宗光等人也未被劳动，为此，使团参赞吕增祥于李经方起程次日，特意致函陆奥

① 《发北洋大臣电》，光绪十八年八月二十五日，电报档，档号：2-02-12-018-0549，缩微号：004-0785。

② 《寄日本李使等》，光绪十八年八月二十五日申刻，载顾廷龙、戴逸主编《李鸿章全集》第23册，"电报三"，第305页。

③ 《寄译署》，光绪十八年八月二十八日巳刻，载顾廷龙、戴逸主编《李鸿章全集》第23册，"电报三"，第306页。

④ 《寄日本李使等》，光绪十八年九月初二日申刻，载顾廷龙、戴逸主编《李鸿章全集》第23册，"电报三"，第307页。

⑤ 《复钦差出使日本国大臣汪》，光绪十八年九月十五日，载顾廷龙、戴逸主编《李鸿章全集》第35册，"信函七"，第430页。

⑥ 「25年11月15 陳者西駐露公使帰任に関する件」JACAR、Ref. C10125157900、明治25年·公文雑輯 巻7·人事下（防衛省防衛研究所）；《复钦差出使日本大臣汪》，光绪十八年九月二十六日，载顾廷龙、戴逸主编《李鸿章全集》第35册，"信函七"，第434页。

秘书官中田敬义说明情况，希望陆奥等"共垂谅"。① 李经方的辞任国书十月初三日（11月21日）才寄到日本。汪凤藻立即照会日本外务大臣，定期代为呈递，于初十日（28日）呈交外务大臣陆奥宗光，陆奥于十二日（30日）代呈天皇。② 十一月，李鸿章在致汪凤藻信中，再谢代递国书事。③ 李经方回国不久，十一月初十日（12月28日），日本政府授予李经方勋一等旭日大绶章，通过总理衙门代为传达。次年五月，李经方经总理衙门，通过日本驻华公使大鸟圭介向日本政府致谢。④

纵观李经方前后两个出使时期可以看到，李经方的对日基点及关注点完全按照其父李鸿章的授意而确定。其间，他奉命颇用心经营中日友好气氛，这与中日《天津条约》签订、中日在非常重要的朝鲜问题上似已确立办事依据，应有相当大的关系。他主要关切朝鲜问题，处理的原则则是他及时从其父李鸿章处获悉的清政府对朝密折，遵循"旧制"，尽力维护中国对朝鲜的宗主权。无论是处理伊藤来华传闻问题以及稍后的增开平壤口岸问题，还是办理"奥朝议约案"，均依据这一原则。同时也可以看到，李经方并不排斥日本在朝鲜享有与中国相当的权利，较积极地响应榎本拟在朝鲜共同修建铁路的提议。李鸿章反对这一提议，但并非出于原则问题，而主要基于现实考虑。这与中日《天津条约》规定日本享有与中国同等的对朝派兵权，在精神实质上也颇一脉相承。这一时期，朝鲜继与美、英、德、意、俄、法之

---

① 《复钦差出使日本国大臣汪》，光绪十八年九月十五日，载顾廷龙、戴逸主编《李鸿章全集》第35册，"信函七"，第430页。

② 中国第一历史档案馆编《光绪朝朱批奏折》第112辑，中华书局，1996年影印本，第370页；「外交彙報附録月報（明治二十五年十一月分）/公使領事ニ関スル件」JACAR、Ref. B13091253800、外交彙報附録月報（外・報1）（外務省外交史料館）。

③ 《复钦差出使日本国大臣汪》，光绪十八年十一月十六日，载顾廷龙、戴逸主编《李鸿章全集》第35册，"信函七"，第452页。

④ 「清国全特命全権公使李経方叙勲ニ付謝辞ノ件」JACAR、Ref. A10112426100、叙勲裁可書・明治二十六年・叙勲巻二・外人叙勲（国立公文書館）。

后，独立与西方国家奥地利签订条约，表明当初为挽救朝鲜免遭覆亡的开港通商政策，至此已充分推行。总之，揆诸李经方驻日时期在朝鲜问题上的种种作为，可知清政府虽然重视对朝鲜的宗主权，但其实已具有很大的开放性。

李经方出使期间所关注的朝鲜问题，除增开平壤口岸问题和"奥朝议约案"之外，引人注目的还是与朝鲜开化派代表人物金玉均的关系。这一关系问题至今仍为悬案，并涉及中日甲午战争爆发的原因，拟于下章详论。

第八章

历届使团与金玉均

近代朝鲜开化派代表人物金玉均被刺二月余，日本出兵朝鲜，不到半年，甲午战争爆发，由此，金玉均被刺事件成为甲午战争史研究中一个引人注目的问题。日本有关金玉均的论著已有一定的数量；国内相关专题研究虽然很少，但有关甲午战争史的研究一般均会提到。然而，这个问题至今仍存在不少疑点、盲点、歧异点；尤其关于金玉均被刺的原因及其与中日甲午战争爆发之关系，一直以来众说纷纭。

一种流传颇久的说法是，中国政府协同朝鲜政府刺杀了金玉均，因此刺激日本政府出兵朝鲜，成为中日甲午战争爆发的一大诱因。①

---

① 金玉均在日本的同情者，如赞助金玉均最为得力的福泽谕吉等人，在金被刺不久，就认定金之被刺是中朝共谋的结果。『福沢諭吉伝』的作者更指出，金玉均之至上海出自中国计划，金被刺后中国政府又堂而皇之用军舰护送，羞辱日本。日本对中国的开战，虽有多年积累的宿因，此事却是其中一大动因。参见石河干明『福沢諭吉伝』第 3 卷（東京、岩波書店、1932），388-390、393-398 頁；高松丑藏編『朝鮮国亡命人金玉均氏暗殺の始末』（堺：出版者不详，1894），14 頁。金玉均的朝鲜同党在金玉均墓碑文中做类似说法，参见樸泳孝撰·李埈鎔书，「青山墓碑文」，甲辰年（1904）二月十八日，韓國學文獻研究所編，『金玉均全集』（서울：亞細亞文化社，1979），160 쪽。按：这份墓志铭的撰写者是俞吉濬，朴泳孝只是署名。当时中国朝野盛传甲午战争之爆发与金之被刺有关，参见《岑春煊奏参汪凤藻片》，光绪二十年六月十四日，载故宫博物院编《清光绪朝中日交涉史料》卷14，第34页；（转下页注）

而当时的中国驻日使臣汪凤藻及其前任李经方，遂也成为该事件中的焦点人物。清政府大员在甲午战争爆发前后交相弹劾汪、李。[①]后来的学者明确指出，金之被刺，清政府尤其李鸿章肯定预知此事且乐见其成，驻日使臣李经方、汪凤藻在日本与金玉均的交往，未尝不是一种诱捕的手段。[②]还有学者基于这一立场，专文介绍日本外务省等地所藏李氏父子与金玉均关系的相关资料。[③]

另一种说法则是，金玉均被中、日、朝三国所共同谋杀，日本也参与其中。只是此说的相关研究数量不多。[④]

上述诸说，无论清廷大员的奏折，抑或日方同时代人的回忆，还是后来不同层面的传记，均具有相当大的传言成分。而强调中日共同参与暗杀的，对于两国政府一直以来的对金政策，特别是以李氏父子

（接上页注①）《钟德祥奏陈朝鲜兵事启衅之由片》，光绪二十年六月二十一日，载故宫博物院编《清光绪朝中日交涉史料》卷15，第13页；《御史安维峻奏权臣之子李经芳擅作威福请置重典折》，光绪二十年十月二十三日，军机处原折，载戚其章主编《中日战争》第1册，第577页；蒿目生撰《龟蔽褊言》，乙未冬十二月，载戚其章主编《中日战争》第6册，中华书局，1993，第553页。西方著述如德国柏林府的海事通览在探讨甲午战争问题时，也作如是说，参见「伯林海事通覧・日清戦争論」，海军军令部编纂『廿七八年海戦史』别卷（東京、春陽堂、明治38年、349頁）。而后来的学者继续肯定这种说法，参见〔日〕田保桥洁《甲午战前日本挑战史》，王仲廉译，南京书店，民国21年（1932），第30~31页；王信忠《中日甲午战争之外交背景》，第135~140页；王芸生编著《六十年来中国与日本》第2卷，第11~14页；戚其章《甲午战争国际关系史》，人民出版社，1994，第1~8页。

① 《岑春煊奏参汪凤藻片》，光绪二十年六月十四日，载故宫博物院编《清光绪朝中日交涉史料》卷14，第34页；《钟德祥奏陈朝鲜兵事启衅之由片》，光绪二十年六月二十一日，载故宫博物院编《清光绪朝中日交涉史料》卷15，第13页；《御史安维峻奏权臣之子李经芳擅作威福请置重典折》，光绪二十年十月二十三日，载戚其章主编《中日战争》第1册，第577页。

② 王信忠：《中日甲午战争之外交背景》，第140页。

③ 河村一夫「李鴻章・李経方と金玉均との関係について」、『朝鮮学報』第74辑（1975年1月）、155-161頁；「李鴻章と金玉均との関係」、『日本歴史』325号（1975年6月）、37-40頁。

④ 朝鮮民主主義人民共和国社会科学院歴史研究所編、日本朝鮮研究所訳編『金玉均の研究』、東京、日本朝鮮研究所、1968、17-19頁；琴秉洞『金玉均と日本：その滞日の軌跡』、東京、緑蔭書房、1991、791-828頁；權赫秀、「金玉均 暗殺事件과 清政府의 關係에 對하여」、『韓國學論集』31，1997，211-277쪽；권혁수 지음，『근대 한중관계사의 재조명』，서울：혜안，2007，109-184쪽.

和中国驻日使团为代表的清政府和以日本外务大臣陆奥宗光为代表的日本政府与金玉均之死的关系，以及金玉均之死与中日甲午战争爆发之关系，仍需要做进一步的考察。

尽管金玉均是朝鲜人，但在朝鲜试图将滞日的金玉均引渡回国的漫长交涉过程中，日本政府对朝鲜政府的种种要求始终认为"不妥"，而要求与中方商谈。为此，围绕金玉均的一系列交涉活动，主要在日本与中国政府尤其与驻日使团和李鸿章之间展开。其实，金玉均与中国驻日使团的交往，比想象的更为复杂。

第一节　黎庶昌与金玉均论修治街道

金玉均光绪二十年（1894）在上海遇刺之前，未曾到过中国，目前论金玉均与中国方面的接触，一般从他"甲申事变"后逃亡日本开始。但《金玉均全集》中有一份壬午年（1882）第二任驻日使臣黎庶昌在日本与金玉均交往的资料，弥足珍贵。

壬午事变后，朝鲜政府为了履行《济物浦条约》中的谢罪条款，遣正、副使朴泳孝和金晚植偕金玉均、徐光范、洪英植等，随同花房义质赴日谢罪。[①]此次日本之行，如同此前的考察一样，在归国前夕，使团一行根据日本经验，着重就朝鲜的内治问题进行深入探讨。使团认为朝鲜改革内政，首先应从治道即修治街道入手，并邀请三五名精通治道之学的日本人同行回朝，报请朝鲜政府实行。于是，全权大臣朴泳孝命金玉均起草治道规则数条，"以便施行"[②]。

《治道略论》由序论和本论两部分组成。序论阐述制定治道规则的由来，本论则围绕三大核心问题治道、巡检和惩役而展开，具体为"治道略则"17条。主要内容包括：在通衢要地分部开设治道局，委

---

① 「解題」，韓國學文獻研究所編，『金玉均全集』，viii쪽.
② 金玉均，「治道略論」，韓國學文獻研究所編，『金玉均全集』，7쪽.

任大宪掌管；优待从日本招来的治道师，择人向其学习；制定修治街道的众多办法；设立与治道局相应的巡检之职，择专人担任，严格明确责任；制定相应的惩役办法；配合巡检法的施行，查括户口，以便检点；撤除街道妨碍物，以便行路；等等。①

金玉均的这一治道设想，是在赴日考察后，受日本明治维新成效的启发而形成的。序论称："闻日本自变法以来更张万端，惟治道之功，收效为大。"② 引人注目的是文中出现好几处当时中国驻日使臣黎庶昌的眉批，最后并附黎的一篇题识。黎庶昌的眉批和题识并非仅仅写在原稿上，在朝鲜统理交涉通商事务衙门刊行的木板本上，也被保留下来。③

细察金玉均对治道问题的论述，可窥见黎庶昌之所以题签该书稿的大概原委。金玉均等是将治道之议作为"利国便民之策"提出的，希望对当时朝鲜上下一心、孜孜赞襄的中兴之会有所裨益。金玉均指出，朝野论当务之急，大都举用人才、节财用、抑奢侈、扩开海禁以善邻交各项。但他认为，以上各端固然缺一不可，但空言无益，莫如首先实事求是从一二要端入手。他认为各国关系切要的政术，一是卫生，二是农业，三是道路，"此三者，虽亚细亚圣贤之国之则，亦不能违也"，是"古今天下不易之正法"。而三者之中，又以治道之法为要。④ 金玉均从日本明治维新的成效，至古今各国治国政术的角度，极力推重治道方案。金玉均一行到过日本，但未曾去过明治维新竭力仿效的西洋各国，黎庶昌则曾随使欧洲各国长达 8 年之久，著有《西洋杂志》。"壬午兵变"后，日本势力在朝鲜受到重创，朝鲜政府内部主政的是亲中国的事大党。治道之策各大条款的推行，"必宜自公

---

① 金玉均，「治道略論」，韓國學文獻研究所編，『金玉均全集』，14 쪽.
② 金玉均，「治道略論」，韓國學文獻研究所編，『金玉均全集』，7 쪽.
③ 「解題」，韓國學文獻研究所編，『金玉均全集』，ⅷ쪽.
④ 详见金玉均「治道略論」，韓國學文獻研究所編，『金玉均全集』，3-7 쪽。

家而行之，断非令饬于民而期实效者也。□国之大政何惜乎耗巨款"①。借助中国驻日使臣之力，对于推动这项新政策，无疑有益无害。金玉均是在日本写成草稿后，立即请黎庶昌过目的。黎庶昌不仅对原稿进行"改审"，且写下自己所见附上。

黎庶昌的建议分为两大部分：一是"治道略则"部分的几处眉批；二是附录在最后的一篇独立的题识。②

治道的各大细则涉及诸多相关政务，黎庶昌在这些关系政府行为的条则中，加注了意见。总计三个方面。一是关于政府在治道中的重要作用。如略则第4条提出，污物的处理责成民户自行担当，定时严设科条。在该词条之上，黎加眉批称："黎纯斋曰：仅责之民家，恐亦难以持久。"二是关于政府对人口的普查。如略则第14条提出，如果50户设置一巡检，急需政府出面查括户口。欧美诸国的簿籍之法为每年查括户口，故而对于男女生死迁徙之数了如指掌，这直接牵涉到铸货币、抄兵丁，关系重大。在该词条之上，黎又加眉批称："黎纯斋曰：西洋每年一小查，十年一大查。"三是关于植树。略则第16条提出，清理街道障碍物卖柴厂，根本解决之法在于扩大树木种植面积。当时朝鲜京师近处树木稀少，为此金玉均提议政府将来应在不毛之地培植树木，指出种植树木不只关系"炊蒸之利"，实也关系霖旱问题，是"今天下各国政务之一大关节"。③ 在该条之上，黎再加眉批称："黎纯斋曰：西洋种树之利甚大，长林弥望，处处皆然。"

黎庶昌显然非常赞成治道之重要。他在附件中提出了颇有建设性

---

① 金玉均，「治道略論」，韓國學文獻研究所編，『金玉均全集』，17 等.
② 金玉均的《治道略论》收录在《金玉均全集》中，也收录在赵中孚等主编《近代中韩关系史资料汇编》第10册（第547～553页），但有二大显著差别。一是标题：前者总作"治道略论"，下分"治道略论"和"治道略则"二部分；后者则以"治道略论"和"治道略则"为题，分立两个独立篇章。二是黎庶昌的眉批：前者保留黎庶昌的眉批，后者则全部删略而不见。本书据前者。
③ 金玉均，「治道略论」，韓國學文獻研究所編，『金玉均全集』，16 等.

的建议。他指出，举行治道之政，第一要义是筹款。他将自己所了解的英国、法国的筹款方式一并提出，以供参考。称西方都会首推伦敦和巴黎，两大都会修治街道的筹款方法有所不同。伦敦系公会为之抽收房地等税充费，巴黎则完全由公司纠合股份承办，以抽地方各税补还。两国所抽税很重，几乎与国家正赋相等。待款项筹备有序之后，才着手办理。不止于此，黎庶昌还进一步提醒着手办理之后的事宜。其中，第一重要之点即雇养治道长夫，然后再以民力辅佐其不足，这样才可能使事有成。①

对于治道问题，黎庶昌在随使欧洲期间已有关注。《西洋杂志》有专文介绍伦敦、巴黎两大都会的街道及林木茂盛的公园。如《伦敦街道》和《巴黎街道》两文，描绘了街道之敞洁、屋宇之整齐、车马之骈阗。②尤其是《巴黎街道》一文，对道路的名称、结构、布局、长度、宽度、路面的原料，乃至路旁所植之树的品种、每树相距距离、生长的景象，一一有细致描述，仿佛一幅实景图，又宛如一张工程建筑图，足可供后来者按图仿建。《西洋园囿》一文则记述了伦敦、巴黎两地近郊的园囿，相当于今天的公园。介绍其共同的特点是：树荫茂密、间有水泉；树荫之下，安设凳几，任人憩休。③这与金玉均《治道略论》中提到的种树问题是相通的。

其实，就像金玉均等人一样，黎庶昌本人也完全把治道作为一项重要的内政措施而积极加以倡导。甲申年（1884）三月，中法双方开始谈判越南问题，恰逢清政府甲申易枢，下令内外臣工"痛戒因循"贡献建言。身在日本的黎庶昌积极响应，以其出使东西洋八年的经历，统筹中外情形，奏呈内政建设的各项建议。其第 3 条即为"京师宜修治街道"，将它作为整饬内政的一大重要措施，与练水师、筑铁

① 「黎庶昌題識」，韓國學文獻研究所編，『金玉均全集』，19 쪽.
② 黎庶昌原著，谭用中点校《西洋杂志》，贵州人民出版社，1992，第 163~164 页。
③ 黎庶昌原著，谭用中点校《西洋杂志》，第 167 页。

路、优礼各国公使、保护商务、预筹度支、请亲藩游历欧洲等各项举措相提并论。他对治道之法之推崇，与上述金玉均《治道略论》中所述，可谓声息相通；而具体的施行办法，又可谓《治道略则》的修补：

> 臣愚以为，除宫禁未敢轻议，自余内外两城坊巷，似宜饬下五城顺天府，听准官民共起公司，设局修理。国家岁拨经费数十万两助入之，仿照外国章程，抽收地税、房租，以佐不足。将街道一律平缮，治使宽洁，广种树木，添设自来水火，以便民用。徙致豪富以实空间，置巡役以养旗丁，藉工作以消盗贼，务令两城内外，焕然一新，荡平如砥，则四海之人，皆将悦而愿游于吾宇矣。夫西人最视此等为振作有为，亦以此等为实事求是。与其作为无益之举动，或致虚糜，何如兴此共睹之工程，使人称善。此实于国体民生，两有裨益者也。①

黎庶昌这一奏折，本冀备朝廷采纳。不料奏折抵京时，适值中法越南问题谈判生变，总署以其情事不合，且有涉及忌讳处，"寝而不奏"。黎庶昌曾就此折向李鸿章、曾纪泽请教。二公俱有复书，称其"深切时事""切中机宜"。其中，曾纪泽对于修治京师道路及请亲藩出洋两层最为赞同，称："其间修治京师道路及请醇邸出洋两层，弟怀之已久，而未敢发。台端先我言之，曷胜快慰。假令朝廷嘉采硕画，实见施行，则中国之富强，可以计日而待。"的确，黎庶昌的这些建议，诚如曾纪泽所说，"非历年周历外洋，见闻精确，不能洋洋洒洒，畅所欲言"。②

与黎庶昌的治道建言的命运有所不同，由金玉均起草的《治道

---

① 黎庶昌：《敬陈管见折》，甲申三月，载黎庶昌著《拙尊园丛稿》卷5，第3页。
② 黎庶昌：《敬陈管见折》，甲申三月，载黎庶昌著《拙尊园丛稿》卷5，第6～7页。

略论》一度受到朝鲜政府的重视。《治道略论》完成于"壬午十一月望",即光绪八年十一月十五日(1882年12月24日)。朴泳孝一行回国后,将其进呈朝鲜国王,后由朝鲜统理交涉通商事务衙门用木板刊行。明治16年(1883)1月,福泽谕吉又将该文以"金玉均上书"为题,全文刊登在《时事新报》上。金所拟的治道规则一度在汉城付诸实施。同年十一月二十九日(1883年1月7日),朴泳孝被任命为汉城府判尹。他在设立近代化的治安制度警察局、巡警部的同时,也设立治道局,负责整备道路。只是,三个月后,朴泳孝左迁广州留守,治道局随之革罢。① 治道一事也就不了了之。

提及金玉均与中国的关系,以及与驻日使馆的交往,常为人道的是对金的追捕与刺杀,因此,黎庶昌与金玉均等文化交流、友好交往的历史,值得关注。其实早在光绪七年(1881)朝鲜遣使游历日本时,金玉均就随行,首任驻日公使何如璋致总署信中已提到金玉均,称"其中有金玉均、闵钟默诸人"②。只是引起何如璋关注的,主要还是甚为"开明""极愿外交"的洪英植、鱼允中二人。③ 可以说,金玉均与中国的关系及与中国驻日使团的交往,并非从追捕与刺杀开始。的确,清政府早期对开化党人金玉均等不存在特别的猜忌,一直所防范的,是"壬午兵变"的主谋即以大院君为首的守旧党。这在"甲申事变"发生后清政府对事变的分析中便可看得很清楚。

---

① 「解題」,韓國學文獻研究所編,『金玉均全集』,iv 等.

② 何如璋:《宍户归国闲居所办琉案闻日政府亦有不满朝鲜遣使东来及该国近设统理机务衙门注意交邻机械船舰等事》,光绪七年四月十五日,馆藏号:01-25-006-01-001。

③ 何如璋:《报载宍户访前外务寺岛宗则商球案达三小时之久朝鲜东来委员分门考察军事税务工矿各项有洪英植鱼允中专负考究外交利害来此笔谈谓美国如再来叩关必不至却书拒斥》,光绪七年七月初三日,馆藏号:01-25-006-01-006。

第二节　黎庶昌、徐承祖建议由朝鲜政府
出面引渡金玉均

　　金玉均等人进入清政府的视线，是在"甲申事变"爆发之后，其间还经历了一个过程。光绪十年十月十七日（1884年12月4日），以朝鲜户曹参判金玉均、驸马锦陵尉朴泳孝为首的开化派，连同日本驻朝公使竹添进一郎，为铲除事大党，挑起"甲申事变"。事变很快被平定。清政府于二十三日（10日）接到事变电禀，[①] 因事出意外，一时难辨事变真相，首先怀疑的是大院君李昰应党，命李鸿章查询翔实。[②] 二十五日（12日）后，清政府陆续收吴兆有、袁世凯等禀文，得知事变并非由大院君党而是由亲日的开化党挑起，[③] 但清政府看到日本政府"实无动静"，仍认为"朝人匿倭衅华者应系开化之党，戕官迁王者，应系守旧之党"。李鸿章等提议让大院君归朝，清政府不予考虑。[④] 在事变真相不明的情况下，清政府将处理的基本原则确定为"以定乱为主"，重点是查明惩办"肇乱罪魁"。[⑤] 此后，来自朝鲜的进一步报告终于使清政府相信，事变是开化党勾结日本驻朝使馆所

---

　　① 《北洋大臣来电》，光绪十年十月二十三日到，载故宫博物院编《清光绪朝中日交涉史料》卷5，第24页。

　　② 《直督李鸿章致总署论韩乱原因函》，十月二十七日，载王彦威纂辑，王亮编《清季外交史料》卷50，第1页；《李鸿章来函》，载故宫博物院编《清光绪朝中日交涉史料》卷5，第32页；《北洋大臣李鸿章函》，光绪十年十月二十八日，载"中研院"近代史研究所编《清季中日韩关系史料》卷3，第1509页。

　　③ 《寄译署》，光绪十年十月二十五日午刻，载吴汝纶编《李文忠公全书·电稿》卷4，第24页；《北洋大臣来电》，光绪十年十月二十五日到，载故宫博物院编《清光绪朝中日交涉史料》卷5，第26页；《直督李鸿章致总署韩乱党用事恐有挟王叛华之意函附吴兆有禀》，光绪十年十月二十五日，载王彦威纂辑，王亮编《清季外交史料》卷49，第29～30页。

　　④ 《军机处电寄李鸿章谕旨》，光绪十年十月二十六日，载故宫博物院编《清光绪朝中日交涉史料》卷5，第27页。

　　⑤ 《军机处密寄直隶总督李鸿章等上谕》，光绪十年十月二十八日，载故宫博物院编《清光绪朝中日交涉史料》卷5，第31页；《谕李鸿章办理韩事勿与日生衅电》，光绪十年十月二十八日，载王彦威纂辑，王亮编《清季外交史料》卷50，第10～11页。

为，但谈到惩办"肇乱罪魁"时，中国驻朝代表报告中指为"乱首"
的还不是金玉均，而是事变之初出面设计、宴请、后被清军击毙的领
议政洪英植以及朴泳孝，金玉均则被看作随从。① 后朝王来函明确指
出乱首为金玉均、洪英植、徐光范等人，② 由此，金玉均作为"肇乱
罪魁"才进入清政府的视野。当时，洪英植已在事变中身亡，金玉均
等也已随日本驻朝公使竹添进一郎逃往日本。这样，无论朝方还是清
政府，均将与日交涉交拿金玉均等作为平定事变的首要任务。

引渡交涉牵涉中、日、朝三国关系，作为中国政府代表，中国驻
日使团以驻日之便，最先承担起引渡金玉均等的任务。金玉均被刺
后，日本民间舆论大力抨击中、朝两国政府，却很少提及此前颇为艰
难的引渡交涉。后来有关金玉均的研究对此着墨也不多，对于中国驻
日使团的工作及其立场则更少提及，值得进一步考察。

"甲申事变"爆发时，正值驻日使团前后任交接时期，由于情况
紧急，清政府命新任使臣徐承祖迅速赴任，同时命等待回国的前任使
臣黎庶昌暂留使署会同商办一切。徐承祖于十一月初启程前往日本，
与黎庶昌办理交接事宜，③ 黎庶昌留任至十二月中旬（1885 年 2 月）
回国。④ 因此，有关引渡金玉均的工作先是由徐承祖会同黎庶昌共同
承担的。

黎庶昌和徐承祖的工作，首先是坐实金玉均是否在日本，为引渡
交涉提供依据。十一月初五日（12 月 21 日），黎庶昌报告，"风闻金

① 《照录统带驻防朝鲜亲庆各营吴提督兆有等联衔来禀》，十月二十一、二十八日发；
《照录委办亲庆等营会办朝鲜防务袁丞世凯来禀》，十月二十八日发；《照录总办朝鲜商务陈道
树棠来禀》，载"中研院"近代史研究所编《清季中日韩关系史料》卷 3，第 1531~1545 页。

② 《朝鲜国王来函》，十月二十、二十七日发；《朝鲜王告示叛臣罪状》，载"中研院"
近代史研究所编《清季中日韩关系史料》卷 3，第 1545~1547 页。

③ 《出使日本大臣徐承祖来电》，光绪十年十一月十一日到，载故宫博物院编《清光绪
朝中日交涉史料》卷 6，第 27 页。

④ 《北洋大臣来电》，光绪十年十二月十五日到，载故宫博物院编《清光绪朝中日交涉
史料》卷 6，第 45 页。

玉均已来东"。李鸿章得知后，当天会晤日本驻天津领事原敬，令其告知日本驻华公使榎本武扬及日本政府，"勿为所惑"。① 次日，李鸿章又电告黎庶昌和徐承祖，令告日本政府也"勿听播弄"。② 其时，日本外务卿井上馨作为便宜行事大臣已启程前往朝鲜处理事变。李鸿章考虑到竹添进一郎一定会推卸事变责任，井上也必将庇护竹添，所以与原敬会谈时先主动为竹添开脱，称"竹添为金玉均所卖"，进而表示金玉均"乃乱首"，逃日而日纳之，于国际舆论及中日朝三国友谊均有不便。李鸿章一面示好，一面施压，其旨意是在为引渡金玉均开启方便之门。随后，李鸿章将这一立场分别致电黎庶昌及在朝鲜负责处理事变事宜的吴大澂，以统一口径。③

李鸿章的处理方案得到清政府的肯定。十一月十一日（12月27日），徐承祖进一步报告"金玉均确在东"④，次日军机处即复电称，金玉均系朝鲜"乱党"，并传达了与李鸿章相似的意见，令黎、徐再告日本政府"勿听播弄，免生枝节"⑤。

不过，徐承祖与黎庶昌等并未遵照指令直接与日本外务省交涉，而是建议由朝鲜国王出面向日本交涉。十一月二十七日（1885年1月12日），黎、徐在进一步确认金玉均逃匿在东京庆应义塾的福泽谕吉家之后，致电总署称："似宜密嘱朝王，执约责日政府查拿，送交朝廷，治以国法。"⑥ 当时，井上馨以全权大使的身份正与朝方谈判。在

---

① 《急寄译署》，光绪十年十一月初六日午刻，载吴汝纶编《李文忠公全书·电稿》卷4，第33页。

② 《寄日本黎徐二使》，光绪十年十一月初六日戌刻，载吴汝纶编《李文忠公全书·电稿》卷4，第34页。

③ 《寄昌黎交吴钦差》，光绪十年十一月初七日巳刻，载吴汝纶编《李文忠公全书·电稿》卷4，第35页。

④ 《出使日本大臣徐承祖来电》，光绪十年十一月十一日到，载故宫博物院编《清光绪朝中日交涉史料》卷6，第26~27页。

⑤ 《军机处电寄黎庶昌等谕旨》，光绪十年十一月十二日，载故宫博物院编《清光绪朝中日交涉史料》卷6，第31页。

⑥ 《出使日本大臣黎庶昌徐承祖来电》，光绪十年十一月二十七日到，载故宫博物院编《清光绪朝中日交涉史料》卷6，第35页。

朝的吴大澂也正积极促进拘金工作，包括建议朝王托井上协同查拿金玉均等；① 并示意朝鲜全权大臣金弘集在与井上立约时不可置"乱党"于不问；② 又与金弘集具体商定，鉴于旧条约中尚无拿交逃犯条款，拟在新立条约中添入两国互交罪犯一条。但是，直到朝日条约签订，吴大澂等均未将事件处理情形及时电奏，清政府甚为着急。二十九日（14日），军机处在接到黎庶昌和徐承祖上述建议后，电谕吴大澂，一面询问朝日条约详情，一面指出"黎庶昌等电称，金玉均逃在东京，似宜密嘱朝王，执约责日政府查拿交朝等语"，令吴大澂等"酌办"。③ 同时将这一谕旨电寄李鸿章，由李鸿章转寄袁世凯。④ 显然，黎庶昌和徐承祖把引渡作为朝鲜内政，建议由朝鲜方面出面引渡金玉均，与清政府的既定方针完全契合。这也正是该建议很快被清政府采纳的原因。

黎、徐提议的由朝鲜政府出面引渡的交涉，首先在朝鲜展开。具体方案则采用吴大澂与金弘集已商定的，拟在新立条约中添加条款。然而，在朝鲜的引渡交涉并不顺利。最初，当朝方提出添加互交罪犯条款要求时，井上馨便提议金弘集可另写一份照会，指出附加的照会与添入条约中的条款作用相同，⑤ 无疑已表同意。朝鲜政府则以答应查拿杀害矶林真三的凶徒相呼应。十一月二十五日（1885年1月10日）朝日《续增条约》（又作《议增续约》，即《汉城条约》）签订

---

① 《照录与朝鲜国王笔谈》，光绪十年十一月十七日，载"中研院"近代史研究所编《清季中日韩关系史料》卷3，第1589~1590页。

② 《会办大臣吴大澂等函》，光绪十年十二月初三日，载"中研院"近代史研究所编《清季中日韩关系史料》卷3，第1592页。

③ 《军机处电寄吴大澂谕旨》，光绪十年十一月二十九日，载故宫博物院编《清光绪朝中日交涉史料》卷6，第36页；《旨着吴大澂等确查韩日定约有无关碍电》，十一月二十九日，载王彦威纂辑，王亮编《清季外交史料》卷51，第15页。

④ 《寄旅顺袁道》，光绪十年十一月二十九日酉刻，载吴汝纶编《李文忠公全书·电稿》卷4，第49页。

⑤ 《会办大臣吴大澂等函》，光绪十年十二月初十日，载"中研院"近代史研究所编《清季中日韩关系史料》卷4，第1610页。

的次日，① 金弘集按照约定以朝鲜特派全权大臣身份致井上照会，希望井上大使"遍访各地方，查拿交出，以昭公允，以敦友谊"②。不料，条约既已签订，井上却开始"词甚游移"了。二十六日（11日），井上一反最初立场，以"两国现未有互交罪犯之约"，予以拒绝。③ 朝方出面的首次引渡交涉陷入僵局。吴大澂考虑到清政府的既定方针是交涉需由朝方出面，因而他没有出面直接照会井上，只是具折奏明应由朝鲜与日本自行议办。④

李鸿章致电总署指出，井上馨以国际法为据相拒绝，朝日之间又无互交罪犯条款，仅仅依靠朝鲜官方之力恐难见成效。当时，徐承祖等既已确认金玉均在日本的住处，因此，李鸿章认为，必须与日本外务省议明才可往拿。⑤ 引渡交涉则仍由朝鲜政府主持。⑥ 但直到吴大澂回国，引渡金玉均问题与竹添奉旨入卫、谁先行开枪、焚烧日馆四大"要事"，均由于井上声称与事变原委"概置不论"而暂遭搁置。⑦后三大端在稍后中日天津谈判中，经由李鸿章与伊藤博文激烈辩论，

---

① 朝日《续增条约》签订的日期，中方史料中所存条约原稿落款时间为"十一月二十四日"［《照录朝鲜与日本续增条约》，明治 18 年 1 月 9 日（光绪十年十一月二十四日），载"中研院"近代史研究所编《清季中日韩关系史料》卷 4，第 1613 页］，日方史料则为"十一月二十三日"（「約書原稿」、伊藤博文編『朝鮮交涉資料』上卷、東京、原書房、1970、388 頁），相差一天。

② 《朝鲜特派全权大臣左议政金宏集致日本全权井上照会》，光绪十年十一月二十五日，载"中研院"近代史研究所编《清季中日韩关系史料》卷 4，第 1611 页；「朝鮮国ヨリ我国へ送るルベキ国書ノ草案」、伊藤博文編『朝鮮交涉資料』上卷、390-391 頁。

③ 《日本特派全权大臣井上复朝鲜全权金宏集照会》，明治 18 年 1 月 11 日，载"中研院"近代史研究所编《清季中日韩关系史料》卷 4，第 1611~1612 页；「朝鮮国ヨリ我国へ送るルベキ国書ノ草案」、伊藤博文編『朝鮮交涉資料』上卷、391-392 頁。

④ 《会办大臣吴大澂等函》，光绪十年十二月初十日，载"中研院"近代史研究所编《清季中日韩关系史料》卷 4，第 1610 页。

⑤ 《寄译署》，光绪十年十二月十三日申刻，载吴汝纶编《李文忠公全书·电稿》卷 4，第 54 页。

⑥ 《北洋大臣来电》，光绪十年十二月十五日到，载故宫博物院编《清光绪朝中日交涉史料》卷 6，第 45 页。

⑦ 《军机处交出吴大澂钞折》，光绪十一年正月初三日，载"中研院"近代史研究所编《清季中日韩关系史料》卷 4，第 1634~1635 页。

才大致了结，只有引渡问题一直悬而未决。光绪十年十二月（1885年2月），朝鲜政府派遣礼曹参判徐相雨、兵曹参判穆麟道一行赴日处理善后事宜，再向日方提出引渡要求，仍遭拒绝。①

井上馨此时拒绝引渡，有其背景和原因。金玉均逃日问题直接牵涉到日本在"甲申事变"中的责任问题，进而影响其在与朝鲜、中国谈判时的地位。本来，竹添进一郎正努力撇清与金玉均等人的关系，日方如果爽快交出金等人，就是剖白此心的一个机会。但竹添是事变的共谋者、金玉均等逃日的知情人，日本政府当然不可能让金玉均回到朝鲜。井上极力做的，正是为竹添开脱责任。他于事变后特意做了一份所谓事实调查书，内称金玉均等同乘"千岁丸"是受到其他与其有私交的日本人的庇护，藏匿于混杂的人群中成行的。竹添动乱之际无暇明查，并不知情。不仅如此，事实调查书连竹添预先参与策划事变这一事实，也完全予以否认了。②

竹添参与谋划"甲申事变"，已众所周知，兹不赘述。今就金玉均一行之同行竹添是否知情，试作说明。

金玉均的友人在金的传记中，对竹添多有指责，称竹添及其使馆人员在金等逃入使馆之后，因担心受牵连，态度变得冷淡。③随同金玉均一同逃亡的当事者柳赫鲁等，在后来的回忆中也说，当时竹添正好收到井上馨的新密令，性格懦弱的他一时惊慌失措，对随行的金玉均一行态度摇摆起来。但是，金玉均逃日，竹添却绝非不知情。随金玉均同行的另一名当事者指出，从汉城败退时，正值严冬之夜，后有追兵紧随，金玉均、朴泳孝又都受枪伤，他们是在人数有限的日本士兵护卫之下，随竹添一起逃到仁川的，极其不易。金玉均一行又经竹

---

① 详参琴秉洞『金玉均と日本：その滞日の軌跡』、179-180、184-185、191頁。
② 井上馨「査明事实始末書」、伊藤博文编『朝鲜交涉資料』上卷、301-306頁。
③ 古筠金玉均正伝编纂委员会编『古筠　金玉均正伝』、ソウル、高麗書籍、1984、193、196頁。

添公使的斡旋才得以坐上日本商船"千岁丸"。① 当时一同前往日本的，除为首的金玉均、朴泳孝、徐光范外，另有徐载弼、柳赫鲁、李圭完、郑兰教、申应熙等 10 余人。② 金玉均本人更是明确指出，他们是在竹添再三邀请之下，才同意全部随行的。③ 光绪十二年（1886），池运永暗杀事件暴露后，金玉均在致李鸿章信中也声称："东奔至日本之江户，实赖日本公使竹添进一郎救人隘急之义气。"④ "千岁丸"于十月二十六日（12 月 13 日）抵达长崎，同船随行的井上角五郎立即致电福泽谕吉，继而陪同金玉均一行到横滨。十一月初二日（12月 18 日），井上角五郎受外务卿井上馨委托，从横滨赴东京向政府诸参议说明此次遭难的经过。十一月上旬（12 月下旬），金玉均一行应邀赴东京，先到银座竹川町的三浦屋洋酒店，紧接着前往福泽谕吉宅邸。⑤ 接风宴席上，担任翻译的是日本驻汉城公使馆书记大场永成。⑥只是，12 月 18、19、20 日（十一月初二、三、四日）在福泽谕吉主办的《时事》报上，井上角五郎等多次署名发表声明，称金玉均、朴泳孝等人不知去向，生死不明；光绪十年十二月（1885 年 2 月）朝鲜特使徐相雨一行到日本向日本政府提出引渡要求时，为避人耳目，日本舆论又有意传播金玉均一行已渡航至美国；日本一般民众直接获悉金玉均在日本，大概在光绪十一年（1885）三月中日《天津条约》签署的时候。⑦ 由此可见日本政府的"良苦用心"。

可以说，井上馨拒绝朝鲜引渡要求，名为遵从国际法原则，实

---

① 琴秉洞『金玉均と日本：その滞日の軌跡』、159、163-165 頁。

② 杉村濬『明治廿七八年在韓苦心録』、東京、勇喜社、昭和 7 年、80 頁。

③ 金玉均，「甲申日录」，韓國學文獻研究所編，『金玉均全集』，103-105 쪽 .

④ 金玉均，「与李鸿章書」，丙戌年（1886）六月六日，韓國學文獻研究所編，『金玉均全集』，151 쪽 .

⑤ 琴秉洞『金玉均と日本：その滞日の軌跡』、168、175-176 頁。

⑥ 古筠金玉均正伝編纂委員会編『古筠　金玉均正伝』、225 頁。

⑦ 琴秉洞『金玉均と日本：その滞日の軌跡』、174-175、184-186、193 頁。按：此处的《时事》疑为《时事新报》。

有很大的政治考量，且其态度随形势的变化而变化。光绪十一年五月二十日（1885 年 7 月 2 日），李鸿章与当时的日本驻华公使榎本武扬会谈，从朝俄密约谈到引渡金玉均问题。李鸿章称，如果引渡金玉均到朝鲜有困难，是否可以考虑引渡到中国，中国绝对不会对其施加刑法，只加以禁闭。榎本回称，朝鲜人不能引渡到中国。李鸿章提议在日本就地拘捕金玉均，榎本又以日本国内法为据予以否定。① 但到光绪十一年底井上馨与徐承祖商议诱捕金玉均时，其中一个方案就是诱金到上海，与榎本所谓的国际法原则大相异趣，详参下文所论。

金玉均到日本后，有传言说井上馨对金并不十分信任。② 驻朝代理公使近藤真锄曾建议井上对金玉均给予格外关切，使金等将来在朝鲜的利益上为日本服务。③ 但近藤的劝诫似没有产生作用。

第三节　徐承祖与井上馨的拘金交涉

金玉均逃日始终是朝鲜政府的一块心病。中、日、朝之间再度提起金玉均问题，约在光绪十一年（1885）十一月大井宪太郎渡朝事件之后。在日方的要求下，驻日使臣徐承祖曾代表清政府担负起艰难曲折的交涉重任。目前，关于徐承祖与日方的拘金交涉，尽管有学者论及，④ 但尚有进一步考察的余地。

徐承祖获悉日本乱党私运军火渡朝，是在光绪十一年十一月

---

① 中岛雄「日清交際史提要」、外務省編纂『日本外交文書』明治年間追補第 1 冊、東京、日本国際連合協会、昭和 38 年、371－372 頁。

② 《袁世凯摘奸论》，光绪十一年九月二十二日，载故宫博物院编《清光绪朝中日交涉史料》卷 9，第 10 页。

③ 《驻朝鲜国近藤临时代理公使致井上外务卿》，光绪十一年三月二十三日到，载戚其章主编《中日战争》第 9 册，中华书局，1994，第 30 页。

④ 王信忠《中日甲午战争之外交背景》（第 126 页）和琴秉洞『金玉均と日本：その滞日の軌跡』（231－233、271 頁），均略有涉及。

初七日（1885 年 12 月 12 日），报告者是中国驻长崎理事，消息来自西洋人的密信。徐承祖立即将情形报告李鸿章，同时原原本本录呈日本外务省。① 李鸿章接电后，命袁世凯嘱朝鲜各口查探搜截。初八日（13 日），袁世凯回电称"此金玉均之谋"；并称，此前朝鲜政府对于停泊在仁川港的日本军舰一直忧心忡忡。由此，李鸿章认定这是一起金玉均勾结日方人员的谋乱事件，令徐承祖前往外务省交涉，务必拦阻金玉均与日本乱党勾结生事，扰乱大局，立场相当强硬。②

接来电后，初九日（14 日）早上，徐承祖带着李鸿章来电前往外务省。③ 与外务卿井上馨会谈中，井上的态度颇为积极，却并不认为金玉均与乱党有关。他称乱党名为自由党，在日本起事，意在挑衅朝鲜，日本政府已在长崎、神户拿获多人，但尚无确供与金玉均有关。他表示，已令巡捕暗中随察金玉均，如有其与乱党勾结的证据，即行拘办。下午，徐承祖即将井上的这一立场转告李鸿章。④ 同时将发送李鸿章的电报内容也抄送井上。⑤

当天，李鸿章又接袁世凯来电，称有 80 余名日本士兵扮作小商

① 「1. 清国公使徐承祖宛電報」JACAR、Ref. B03030200500、韓国亡命者金玉均ノ動静関係雑件（京城説伝）第二巻（1-1-2-4_ 002）（外務省外交史料館）。按：这封"长崎理事官来电"没有标注时间，内容与初七日徐承祖致李鸿章电中所述"长崎理事称"的内容一致（《寄译署》，光绪十一年十一月初九日午刻，载吴汝纶编《李文忠公全书·电稿》卷 6，第 24 页；《北洋大臣来电》，光绪十一年十一月初九日到，载故宫博物院编《清光绪朝中日交涉史料》卷 9，第 19 页），由此推知。

② 《寄译署》，光绪十一年十一月初九日午刻，载吴汝纶编《李文忠公全书·电稿》卷 6，第 24 页；《北洋大臣来电》，光绪十一年十一月初九日到，载故宫博物院编《清光绪朝中日交涉史料》卷 9，第 19 页。

③ 『李鸿章致徐承祖电』、明治 17 年 12 月 14 日、「3 京城小事変ニ栗野書記官同地へ出発/1 明治 18 年 12 月 15 日から〔明治 18 年〕12 月 21 日」JACAR、Ref. B03030199500、韓国亡命者金玉均ノ動静関係雑件（京城説伝）第一巻（1-1-2-4_ 001）（外務省外交史料館）。

④ 《寄译署》，光绪十一年十一月初九日酉刻，载吴汝纶编《李文忠公全书·电稿》卷 6，第 24~25 页；《北洋大臣来电》，光绪十一年十一月初九日到，载故宫博物院编《清光绪朝中日交涉史料》卷 9，第 19 页。

⑤ 「1. 清国公使徐承祖宛電報」JACAR、Ref. B03030200500、韓国亡命者金玉均ノ動静関係雑件（京城説伝）第二巻（1-1-2-4_ 002）（外務省外交史料館）。

贩混入汉城，日"金刚"号船运载小股官兵初八（13 日）晚巡城，李鸿章立即将来电转徐承祖"查询"。① 徐承祖接电后，于当天夜里十一点前后派翻译官卢永铭送到外务省。② 次日又就此事面询井上。井上答应电询日本驻朝使馆，同时派遣巡捕 20 名赴朝查拿，并再次表示已对金玉均严加监视。③ 徐承祖将井上的意思转呈清政府，清政府相信了日方的表态。④

然而，密信问题的揭发，使拘金问题显得紧迫。其间，由于井上一开始就对密信大表怀疑，使交涉颇显曲折。但密信收集工作的有效进行，终使井上的立场发生重大转变。

十一月初十（12 月 15 日），李鸿章接袁世凯来电，称有朝臣接到金玉均密信，内称月内将带日本乱党百余人，入江华作乱。李鸿章接电后，连连致电徐承祖，令其再与伊藤、井上密商，强烈要求日方凭借这一事实拘办金玉均，彻底清理金党⑤，以除"乱根"⑥。并告知，与金玉均通信的朝臣，是大院君李昰应之兄李晸应长子李载元，

---

①　详见《寄译署并汉城袁道》，光绪十一年十一月初十日戌刻，载吴汝纶编《李文忠公全书·电稿》卷 6，第 25~26 页；《北洋大臣来电》，光绪十一年十一月十一日到，载故宫博物院编《清光绪朝中日交涉史料》卷 9，第 20 页。

②　「3 京城小事変並ニ栗野書記官同地へ出発/1 明治 18 年 12 月 15 日から〔明治 18 年〕12 月 21 日」JACAR、Ref. B03030199500、韓国亡命者金玉均ノ動静関係雑件（京城説伝）第一巻（1-1-2-4_ 001）（外務省外交史料館）。

③　详见《寄译署并汉城袁道》，光绪十一年十一月初十日戌刻，载吴汝纶编《李文忠公全书·电稿》卷 6，第 25~26 页；《北洋大臣来电》，光绪十一年十一月十一日到，载故宫博物院编《清光绪朝中日交涉史料》卷 9，第 20 页；「1. 清国公使徐承祖宛電報」JACAR、Ref. B03030200500、韓国亡命者金玉均ノ動静関係雑件（京城説伝）第二巻（1-1-2-4_ 002）（外務省外交史料館）。

④　《军机处电寄李鸿章谕旨》，光绪十一年十一月初十日；《发北洋大臣》，光绪十一年十一月初十日，载故宫博物院编《清光绪朝中日交涉史料》卷 9，第 19、20 页。

⑤　《寄译署》，光绪十一年十一月初十日申刻，载吴汝纶编《李文忠公全书·电稿》卷 6，第 25 页；《北洋大臣来电》，光绪十一年十一月初十日到，载故宫博物院编《清光绪朝中日交涉史料》卷 9，第 19 页。

⑥　《寄日本徐使》，光绪十一年十一月初十日亥刻，载吴汝纶编《李文忠公全书·电稿》卷 6，第 26 页。

他受命"佯私于"金玉均，因而接到金的密信。①

徐承祖接到命令后，将李鸿章电稿转告日本外务省。② 鉴于井上上一次的立场，他希望李鸿章电饬朝鲜大臣，将密信抄送日本驻朝公使，让其电达日本政府，以便交涉。但李鸿章告知，因李载元是"佯私于"金玉均，未必肯抄送金信。③ 这样，徐承祖的交涉面临很大阻力。果然，井上对于所谓金玉均密信大表怀疑，认为"不能为凭"，要徐承祖出面电询日本驻朝使节高平小五郎。如果高平认定确有此事，日本政府就拘捕金玉均。于是，徐承祖将井上交付的电文暗号直接寄袁世凯，请其转交日本公使，并请李鸿章电饬袁世凯照交，获李鸿章支持。④

其时，在朝鲜的袁世凯加紧了对密信的搜集工作。十二日（17日）下午，袁世凯与朝鲜内外务督办商量致高平的信，并抄附金玉均各信。⑤ 十三日（18日），朝王派李乔翼、闵应植带来金玉均致李载元、韩士文之信，内中详细记述了起事计划。朝人张甲福、宋秉俊等也接连报告金玉均将勾结日人谋乱之事。江华另有金玉均来信。⑥ 同时又检获金玉均书信二件，均翻译后送高平。⑦ 袁世凯将密信的相关

---

① 《寄日本徐使》，光绪十一年十一月初十日亥刻，载吴汝纶编《李文忠公全书·电稿》卷6，第26页。

② 「1. 清国公使徐承祖宛電報」JACAR、Ref. B03030200500、韩国亡命者金玉均ノ動静関係雑件（京城説伝）第二卷（1-1-2-4_002）（外務省外交史料館）。

③ 《寄汉城袁道》，光绪十一年十一月十一日午刻，载吴汝纶编《李文忠公全书·电稿》卷6，第26页。

④ 《寄汉城袁道》，光绪十一年十一月十一日午刻，载吴汝纶编《李文忠公全书·电稿》卷6，第26页；《北洋大臣来电》，光绪十一年十一月十一日到，载故宫博物院编《清光绪朝中日交涉史料》卷9，第20页。

⑤ 《北洋大臣来电》，光绪十一年十一月十三日到，载故宫博物院编《清光绪朝中日交涉史料》卷9，第21页。

⑥ 《寄译署》，光绪十一年十一月十四日辰刻，载吴汝纶编《李文忠公全书·电稿》卷6，第27页。

⑦ 《北洋大臣来电》，光绪十一年十一月十六日到，载故宫博物院编《清光绪朝中日交涉史料》卷9，第22页。

内容随时报告李鸿章，李鸿章收到后立即转电徐承祖，徐承祖接电后马上转录外务省。李鸿章的设想是，先由朝鲜方面备文并抄金玉均各信送交高平，等到高平的电文到日后，再令徐承祖与日方商议办法。①

清政府鉴于日本一直以来在金玉均问题上的立场，对于仅仅通过外交途径与日交涉不甚乐观，而寄希望于以兵力解决。对于金玉均密信，清政府提出众多疑问。如金玉均致李载元等信函既然是密谋，为何竟落到朝鲜国王手中？高平寄本国政府的信，为何一定要托袁世凯转寄？金玉均果欲成事，理应潜谋偷渡，又为何如此扬言恫吓？② 为此，李鸿章一一进行解释。朝鲜国王之所以得到密信，是因为李载元等与金玉均有旧交，为将金玉均诱回擒杀，奉朝王之令假装与金私交，所以得到密信。高平寄本国政府的电信须经中国津沪两地，所以托袁世凯转递。李鸿章指出，日方此时也并非完全拒绝商谈。③ 这样，清政府就不反对首先通过外交渠道与日方交涉，但仍强调需做军事准备。④ 李鸿章的解释是有道理的。高平的电信由中方转交，显然并非日本外务省所愿。⑤

的确，如清政府所料，拘金交涉并不轻松。依据李鸿章的新指令，徐承祖不断催问"高平公使有无电来"，确知高平已于日本历12月21日（十一月十六日）将金信电致井上馨后，徐承祖致信外务省

① 「1. 清国公使徐承祖宛電報」JACAR、Ref. B03030200500、韓国亡命者金玉均ノ動静関係雑件（京城説伝）第二巻（1-1-2-4_002）（外務省外交史料館）。

② 《军机处密寄李鸿章上谕》，光绪十一年十一月十五日，载故宫博物院编《清光绪朝中日交涉史料》卷9，第21~22页。

③ 《北洋大臣来电》，光绪十一年十一月十六日到，载故宫博物院编《清光绪朝中日交涉史料》卷9，第22页。

④ 《军机处密寄李鸿章上谕》，光绪十一年十一月十七日，载故宫博物院编《清光绪朝中日交涉史料》卷9，第23页。

⑤ 「在朝鮮高平代理公使電報（但し清国理事官並在本国公使経由）」、「3 京城小事変並二栗野書記官同地へ出発/1 明治18年12月15日から〔明治18年〕12月21日」JACAR、Ref. B03030199500、韓国亡命者金玉均ノ動静関係雑件（京城説伝）第一巻（1-1-2-4_001）（外務省外交史料館）。

希望日方将来电"抄示"，或者他前往井上处"面谈"。① 十七日（22日），徐承祖再次前往会见井上馨。井上率先发威称，"催拘无益"，中国"独慌张"。他出示高平十三日（18日）来电，指出袁世凯关于日人扮商贩巡城等电信纯据谣言，致使日本派遣巡捕，惊动人心。并警告"以后如再不审实据报，无以取信，恐碍交涉"。至于拘金，井上则称所谓密信是无稽之谈，断难据此拘捕，也不提高平是否已寄送密信。徐承祖与之辩论再三，井上始终坚持己见。为此，徐承祖只能请李鸿章嘱咐袁世凯询问高平，为何未将韩文的金玉均信转呈外务省？并希望袁以后待相关情报探实后再电闻。②

其实，十六日（21日），朝鲜政府已把金玉均密信原件及翻译稿送交高平。③ 高平于十七日（22日）转寄外务省，并声称将积极协助朝方查拿自由党。④ 当时，英国方面也接到驻日英使有关日本乱党与金勾结欲进犯朝鲜的来信。为此，李鸿章致电徐承祖，令向日方表明并非中国"独慌张"。又估计高平所发金信应该已到外务省，令徐承祖再催询。⑤

徐承祖接电再次拜见井上，井上仍称"高平无电来"。至此，徐承祖对拘金交涉不再抱希望，认为纵使朝鲜政府交出金玉均密信，日本政府恐怕也不会将金拘送。鉴于金玉均一党寄居日本者人数有限，

---

① 「1.清国公使徐承祖宛電報」JACAR、Ref. B03030200500、韓国亡命者金玉均ノ動静関係雑件（京城説伝）第二巻（1-1-2-4_002）（外務省外交史料館）。

② 《寄译署》，光绪十一年十一月十八日申刻，载吴汝纶编《李文忠公全书·电稿》卷6，第28~29页；《北洋大臣来电》，光绪十一年十一月十八日到，载故宫博物院编《清光绪朝中日交涉史料》卷9，第23页。

③ 《寄日本徐使》，光绪十一年十一月二十日辰刻，载故宫博物院编《李文忠公全书·电稿》卷6，第29页。

④ 《北洋大臣来电》，光绪十一年十一月十八日到，载故宫博物院编《清光绪朝中日交涉史料》卷9，第23页。

⑤ 《寄日本徐使》，光绪十一年十一月十八日申刻，载吴汝纶编《李文忠公全书·电稿》卷6，第28页。

他也开始怀疑袁世凯所获密信是否真实。①

此时，朝鲜方面继续不断从"佯私于"金玉均的白春培等人处获取金玉均勾结日人谋犯朝鲜的情报。金允植将此抄送高平，高平表示将积极配合朝鲜外署查拿。袁世凯嘱高平将信转呈其外务省。② 二十二日（27日），又据自日本逃回的朝人俞吉濬供称，金玉均计划与日人饭田勾结来朝作乱，扰乱中、日、朝关系。③ 二十三日（28日），朝人张甲福再次从日本来信，称日本逮捕的不平党人樽井（藤吉）已供称金有谋乱一事。④ 十二月初二日（1886年1月6日），李鸿章收到袁世凯抄寄金玉均致李载元的两封信和一张暗号纸，以及朝人白春培的口供。⑤

向朝鲜政府提供金玉均密谋进攻朝鲜消息的人中，有从中渔利、被后人视为无赖之徒的张甲福，⑥ 但也有后来为金玉均起草墓志铭的俞吉濬等人。的确，金玉均曾接受大井宪太郎等的邀请，支持自由党人再举大旗，为此，他还与朴泳孝等人产生分歧，但他对于自由党人的渡韩计划并不赞同。⑦ 可以说，清政府认为可作拘金依据的朝方所获的金玉均密信，应实有其据，但是否据此拘捕金，主动权完全在日

---

① 《寄译署》，光绪十一年十一月二十日午刻，载吴汝纶编《李文忠公全书·电稿》卷6，第29页；《北洋大臣来电》，光绪十一年十一月二十日到，载故宫博物院编《清光绪朝中日交涉史料》卷9，第24页。

② 《寄译署》，光绪十一年十一月二十日午刻，载吴汝纶编《李文忠公全书·电稿》卷6，第29~30页。

③ 《寄译署》，光绪十一年十一月二十三日巳刻，载吴汝纶编《李文忠公全书·电稿》卷6，第30页；《北洋大臣来电》，光绪十一年十一月二十三日到，载故宫博物院编《清光绪朝中日交涉史料》卷9，第24~25页。

④ 《寄译署》，光绪十一年十一月二十三日戌刻，载吴汝纶编《李文忠公全书·电稿》卷6，第31页；《北洋大臣来电》，光绪十一年十一月二十四日丑刻到，载故宫博物院编《清光绪朝中日交涉史料》卷9，第25页。

⑤ 《发觉朝鲜金玉均密谋》，光绪十一年十二月初二日，载吴汝纶编《李文忠公全书·译署函稿》卷18，第20~26页。

⑥ 琴秉洞『金玉均と日本：その滞日の軌跡』、237-238、244頁。

⑦ 古筠金玉均正伝編纂委員会編『古筠 金玉均正伝』、252-273頁。

方，这一点徐承祖也非常清楚。为此，他在给醇亲王信中不禁感慨，"承祖屡与该国外务商办，彼坚不肯以朝鲜所获金信为据，而必欲研讯在此所获乱党，如供有金逆同谋实据，始允拘办"，认为此实是日廷袒护金玉均之举。袒护的原因，徐承祖经访闻获悉，为"甲申事变"是日方官员竹添进一郎与金玉均同谋的，有实据落在金玉均之手。所以，徐承祖一度认为，拘金交涉"刻下碍难遽办"。① 但事态很快出现转机。日本征朝派主动与金玉均结交，主要目的是利用他的名声推行侵略朝鲜的计划。大井宪太郎的侵朝计划，就以拥戴金玉均相号召。大井一派不仅是侵朝的主张者，还是现政府的反对者。对此，日本政府自然不能坐视。就在中、朝两国政府加紧搜集各种密信之时，日本官方也开始声称，"所捉乱党供亦涉金"②。这样，日本政府在拘金问题上逐渐转为与中、朝两国合作了。

对于日本立场的转变，徐承祖一开始将信将疑。袁世凯在朝鲜与即将回国的日本使馆书记官栗野商议，拟共同诱捕金玉均，先诱骗金上中国船，再秘密送往中国。③ 栗野于十一月二十五日（12月30日）随同在朝鲜的巡捕等乘坐"东京丸"离朝。④ 对于袁与栗野商议的诱骗计划，徐承祖认为言之似易、行之实难。金玉均本人固然不可能乘坐中国船，而且日本各港也并无中国船只，认定栗野所云恐系骗人。当时朝鲜政府想派使来索，徐承祖认为也宜从缓。他主张等栗野回日后再密探实情。时因日本新年按例停止办公，金玉均一事暂时搁下不提。

然而，年底在日本天皇举行的新年招待宴会上，拘金问题居然获

① 徐承祖：《驻日使臣承祖陈明朝鲜在日活动之自由党人被查拿日本袒护金玉均情形及探得日廷大更官制缘由册》，[光绪朝]，册，档号：38-00-000-000004-0016。
② 《寄日本徐使》，光绪十一年十一月二十四日申刻，载吴汝纶编《李文忠公全书·电稿》卷6，第32页。
③ 《寄日本徐使》，光绪十一年十一月二十四日申刻，载吴汝纶编《李文忠公全书·电稿》卷6，第32页。
④ 《北洋大臣来电》，光绪十一年十一月二十六日到，载故宫博物院编《清光绪朝中日交涉史料》卷9，第25页。

得实质性进展。当时，栗野刚刚从朝鲜回国。井上告诉徐承祖，尽管日本在朝鲜并未拿获任何乱党，拘捕金玉均尚无凭据，但金玉均留日，启彼此猜疑，自由党借其名字煽惑众心，也令人担忧，因此声称，只有将金玉均驱除出境，任其所之。徐承祖当即表示同意，只是指出，金玉均如去英美尚无大害，但如去俄国则令人担忧。闻此，井上非常关切，追问徐承祖的意见。徐承祖提议，日本将金驱逐后，最好能让中国拘捕，这样既不妨碍公法，又可除灭乱根。他的意见是，由日本送金至香港，再由中国请英国公使致信驻港英督，请其设法送至中国内地加以拘拿。井上认为，此案虽妙，但不知英国公使是否肯办？当时人多，井上请徐承祖后日"独自到舍间一叙"。[①] 井上馨担心金玉均前往俄国，是有原因的。当时朝鲜和俄国订立了一个密约，其第一条即是如金玉均至海参崴，俄国官方即将其逮捕并引渡到朝鲜。李鸿章曾特意就这一问题与榎本武扬交换过意见，井上自然印象深刻。[②]

十二月初三日（1886 年 1 月 7 日），徐承祖如约拜见井上，双方拟定了一个非常细致的拘金方案。先由井上派日本人陪同金玉均赴上海，抵沪后，将金骗出租界，届时由中方立即将其捉拿。井上切嘱不要立即杀害，先监禁。徐承祖答应。[③] 日本在拘金问题上，开始与中国步调一致了。

---

① 徐承祖：《索金逆事袁电言之似易行之实难韩若派使来日索要转激日人抗违不辨井上有驱金出境之意又虑为俄所用或能就我范围》，光绪十一年十二月二十八日，馆藏号：01-25-020-02-001。按：关于徐承祖写这封信的时间，信中提示了一些线索。信中称，栗野抵日当天，正好日皇在宫中举行新年招待宴会。栗野于十一月二十五日离开朝鲜。宴会上井上约徐承祖"后日巳正""独自到舍间一叙"，徐承祖答应。"后日"即十二月初三日。当天徐承祖与井上会谈，详细议定了拘金方案，但徐承祖在这封信中没有汇报这次会谈的情况。由此推断，这封信大致写于十二月初一日与井上会谈前。

② 中岛雄「日清交際史提要」、外務省編纂『日本外交文書』明治年間追補第 1 册、364 頁。

③ 《寄译署》，光绪十一年十二月三日戌刻，载吴汝纶编《李文忠公全书·电稿》卷 6，第 33 页；《北洋大臣来电》，光绪十一年十二月初三日亥正三刻到，载故宫博物院编《清光绪朝中日交涉史料》卷 9，第 25 页。

对于徐承祖与井上商定的拘金方案，李鸿章完全赞同。接徐承祖来电后，他立即转电上海道邵友濂，令其"妥密部署"，等徐承祖续电行期后，即电知。① 其间，徐承祖建议：一是朝鲜政府不要再派使臣前来索要金玉均，因井上已明确表示，如果朝鲜派使来索，则将不再设法诱拘，仍然按照公法拒交；二是日方提出井上角五郎似与自由党及金玉均串通，希望李鸿章嘱咐朝鲜方面立即让其辞职。② 李鸿章一一答应。③

徐承祖与井上商定的诱捕方案难度颇大。双方多次晤商，最后才找到一名比较合适的人选，即日本银行行主涉泽之同伙、名叫木下者。此人以前在仁川做贸易，与金玉均一向熟识。月前金玉均旅资匮乏，正好向木下告贷，木下告诉行主。该行主因知金玉均与自由党有关，就向井上征求意见，井上因此令其去骗。一个月下来，涉泽、木下二人虽多方骗说，但金玉均总认定上海是危险之地，不愿前往。最后，涉泽表示已不便再说。④ 这样，徐承祖与井上商定的诱金赴华的计划，历经月余而流产。无奈之下，徐承祖提出了一个新的方案。

光绪十二年正月初七日（1886 年 2 月 10 日），徐承祖见井上，提议采用遣人刺杀的办法。井上表示"此计甚好"，但不便表态赞成。

---

① 《寄上海邵道》，光绪十一年十二月三日戌刻，载吴汝纶编《李文忠公全书·电稿》卷 6，第 33 页。

② 《徐使来电》，光绪十一年十二月初五日亥刻到，载吴汝纶编《李文忠公全书·电稿》卷 6，第 34 页。

③ 《复徐使》，光绪十一年十二月初六日巳刻，载吴汝纶编《李文忠公全书·电稿》卷 6，第 34 页。

④ 徐承祖：《刺杀金玉均以韩人较妥如难得其人当以重赏觅华人行之》，光绪十二年一月初七日，馆藏号：01-25-020-02-003。按：按惯例，所署"一月初七日"当是总署收电的时间。但附件中有正月十三日收到的来电，信中又详细地报告了徐承祖接李鸿章正月十七日来电后，有关朝鲜政府派遣池运永赴日行刺问题及与日方商谈的进展情况。如此，徐承祖此信应最早写于正月十八日前后。总署收函的时间应在二月。当时东京与北京之间冬季函件寄送快则 20 多天，"一月初七日"很有可能是"二月初七日"之误。以下所注遵从原文，不一一说明。

徐承祖询问行刺以朝人为宜，还是用华人为宜？井上认为以朝鲜人刺杀朝鲜人，与中、日二国无关。若用华人行刺，恐于中国声望有碍。徐承祖感到此说"甚为得体"①。当时，金玉均并非不愿离开日本，他希望去美国。但井上与徐承祖深恐其赴美后再赴俄，② 为此，在诱金赴华计划流产后，开始实施暗杀方案。

李鸿章得知这一方案后，征询袁世凯意见。袁世凯一度提出由他本人，或者由其选派合适人员带朝鲜人赴日行刺。③ 李鸿章经与日本驻天津领事沟通，认为此案也可行，希望徐承祖与井上密商，到时请帮助照料。④ 但正在袁世凯积极筹划赴日之际，有个名叫池运永的朝鲜人，自动呈请赴日刺杀金玉均。袁世凯认为此人并不合适，但朝鲜政府"坚信之"。最后，袁世凯因担心与池同往反生枝节，决定放弃原定赴日的设想。只向池指示，抵日后，密谒徐承祖，请教行动方案。又请李鸿章致电徐承祖指挥。并告知，池于十七日（20日）从仁川赴日。⑤

徐承祖对于袁世凯所谓由其本人带人或派人带人前来行刺的设想，因恐各国疑议，有损中国声望，认为不可。他主张应由朝鲜政府派朝人前来。如果朝鲜始终难得其人，再就地密悬重赏，觅雇华人行之。⑥ 但公开的信息必须称由朝鲜政府派朝鲜人前来行刺，且须密嘱刺客，一旦事败，只说刺杀为寻私仇。如此，日本政府碍于舆论，表

① 徐承祖：《刺杀金玉均以韩人较妥如难得其人当以重赏觅华人行之》，光绪十二年一月初七日，馆藏号：01-25-020-02-003。

② 《发北洋电》，正月初八日发，载"中研院"近代史研究所编《清季中日韩关系史料》卷4，第2017页。

③ 《寄李中堂》，光绪十二年正月十一日，袁世凯撰，沈祖宪辑录《养寿园电稿》卷1，台北：文海出版社，1966，第3页。

④ 《接来电》，光绪十二年正月十二日，载"中研院"近代史研究所编《清季中日韩关系史料》卷4，第2017页。

⑤ 《袁世凯发中堂鸿章电》，光绪十二年正月十五日，袁世凯撰，沈祖宪辑录《养寿园电稿》卷1，第6页。

⑥ 徐承祖：《刺杀金玉均以韩人较妥如难得其人当以重赏觅华人行之》，光绪十二年一月初七日，馆藏号：01-25-020-02-003。

面上自然要"故作捕讯，以杜众议"，但一定会"送交韩自办"；中方则"暗中指挥，不可出头"。① 不过，对于池运永之来，徐承祖存观望态度。接到池运永赴日电报后，他赴日本外务省告知一切。井上称，此事前已说明，不便与闻，要求帮助，万难做到。为此，徐承祖计划等池到来后再察看情形。如事势可成，再密嘱参赞陈明远、杨枢等，向池传授机宜，暗中行事。与此同时，徐承祖拟再与井上密商，希望能稍得其协助，但也无把握。总之，如果事势确有为难，他绝不敢任池唐突。② 徐承祖对池持观望态度，很大原因是有前车之鉴。此前朝鲜政府曾派一个名叫张甲福的人前来行刺，最终受诈。徐承祖对于张当初在日本的行踪了如指掌。③

池运永曾宣称金玉均事四月内可成，④ 果然，四个月以后事情见了分晓。五月初（6月初），金玉均同党从池运永处骗取朝王命其刺杀金的印凭，向日本刑部控告。日本政府起先不予理睬。但在几名外国人的怂恿之下，金玉均继续控告，日本政府不得不予以重视，最后决定请朝鲜政府召回池运永，同时下令驱逐金玉均。

6月3日（五月初二日），井上致函日本驻华公使盐田三郎及驻朝使节高平小五郎，就之所以驱逐金玉均出境之前因后果，做了详细说明。信中称：金玉均之居住日本，阻碍日、中、朝三国友好关系，此次又妨害日本治安；三国此前曾提出引渡和诱到中国的方案，均未

---

① 《袁世凯发李中堂鸿章电》，光绪十二年正月十三日，袁世凯撰，沈祖宪辑录《养寿园电稿》卷1，第4页。

② 徐承祖：《刺杀金玉均以韩人较妥如难得其人当以重赏觅华人行之》，光绪十二年一月初七日，馆藏号：01-25-020-02-003。

③ 《照录外务省译出张甲福书》《照译大坂〔阪〕知府申报朝鲜人张甲福行踪各事》《接来电》，光绪十二年正月十二日，载"中研院"近代史研究所编《清季中日韩关系史料》卷4，第2013~2017页。

④ 《袁世凯发李中堂鸿章电》，光绪十二年三月二十六日，袁世凯撰，沈祖宪辑录《养寿园电稿》卷1，第19页。

能成行，为此，只能采取命金玉均限期离境的措施。① 6 月 7 日（五月初六日），井上又将这一决定电告日本驻朝使节高平。② 9 日（初八日），驱逐金玉均令寄送内务大臣山县有朋。③ 次日，山县又将此令传达警视总监及东京府以外之各府知、县令。④ 日本在处理金玉均问题上，最终积极配合中、朝两国了。日本的这一积极态度，除有共同防俄、维持日本治安等方面原因外，还有其他原因，盐田三郎在回复井上馨的信中即有所透露。29 日（二十八日），盐田收到井上关于驱逐金玉均的信后，便回信指出，当时日本正与中国进行修改条约谈判，配合拘金可获得中国的好感。⑤

池运永之事败露后，袁世凯嘱咐朝鲜政府不可承认有政府印凭，只希望日廷将池运永送回核讯，高平也表示同意。⑥ 召回池运永以及驱逐金玉均事宜，均由徐承祖出面继续与日本政府交涉。

徐承祖的商谈工作进展顺畅。他见井上称，池运永案事关朝鲜政府，不可追究，只须驱逐金玉均出境。井上答应。⑦ 但当朝鲜政府令池运永回国时，池以缺钱推辞，并声称是朝鲜政府委派他行刺的。为此，徐承祖致电袁世凯，望其嘱朝方致电日方以将池押回为妥。⑧ 五

---

① 「井上外務大臣ヨリ在清塩田公使在鮮高平臨時代理公使宛」、6 月 3 日、外務省編纂『日本外交文書』第 19 卷、573 頁。

② 「井上外務大臣ヨリ朝鮮国駐箚高平臨時代理公使宛（電報）」、6 月 7 日、外務省編纂『日本外交文書』第 19 卷、556 頁。

③ 「井上外務大臣ヨリ山縣内務大臣宛」、6 月 9 日、外務省編纂『日本外交文書』第 19 卷、573-575 頁。

④ 「山縣内務大臣ヨリ井上外務大臣宛」、6 月 10 日、外務省編纂『日本外交文書』第 19 卷、575-576 頁。

⑤ 「清国駐箚塩田公使ヨリ井上外務大臣宛」、6 月 10 日、外務省編纂『日本外交文書』第 19 卷、575-576 頁。

⑥ 《寄李中堂》，光绪十二年五月九日，袁世凯撰，沈祖宪辑录《养寿园电稿》卷 1，第 34~35 页；《寄李中堂》，光绪十二年五月十一日，袁世凯撰，沈祖宪辑录《养寿园电稿》卷 1，第 35 页。

⑦ 《寄李中堂》，光绪十二年五月十二日，袁世凯撰，沈祖宪辑录《养寿园电稿》卷 1，第 35 页。

⑧ 《寄李中堂》，光绪十二年五月二十日，袁世凯撰，沈祖宪辑录《养寿园电稿》卷 1，第 36 页。

月二十三日（6月24日），日本政府押解池回朝。① 池运永抵朝后，被朝鲜政府治罪。② 金玉均出境期限，本为六月十五日（7月16日）以前③，但因金玉均缺乏资金，逾期尚未出境。为此，徐承祖催商井上改为拘押。七月初三日（8月2日），井上致信内务大臣山县有朋，令将金玉均放逐到太平洋中无人岛小笠原岛。④ 对于这一处理结果，徐承祖认为实为最佳处理方案，"较出境更妥"⑤。清政府也相当满意。英国方面则早就提议过采取类似的处理方式。⑥

朝鲜有传言说，日本政府对金玉均的处置，名为发配，实为保护，不可轻信。⑦ 但从日方此后的一系列处置来看，应该说，其拘金主要是为管制金。金玉均到小笠原岛近一年后，曾致信内务大臣山县有朋和东京府知事高崎五六，以水土不服、重病缠身，要求在友人的帮助下前往美国等地访问名医救治。⑧ 对此，日方提出的条件很苛刻，称前往美国可以，但途经横滨只许停留一至二周，且一旦前往，即不

---

① 《寄李中堂》，光绪十二年五月二十四日，袁世凯撰，沈祖宪辑录《养寿园电稿》卷1，第36页。

② 《寄李中堂》，光绪十二年六月十二日，袁世凯撰，沈祖宪辑录《养寿园电稿》卷1，第41~42页。

③ 《寄李中堂》，光绪十二年六月初四日，袁世凯撰，沈祖宪辑录《养寿园电稿》卷1，第39~40页。

④ 「井上外務大臣ヨリ山縣内務大臣宛」、8月2日、外務省編纂『日本外交文書』第19巻、582頁。

⑤ 《寄译署》，光绪十二年七月十五日酉刻，载吴汝纶编《李文忠公全书·电稿》卷7，第31页；《直督李鸿章致总署徐承祖报金玉均被押小笠原电》，光绪十二年七月十五日，载王彦威纂辑，王亮编《清季外交史料》卷68，第11页。

⑥ 《寄李中堂》，光绪十二年正月二十四日，袁世凯撰，沈祖宪辑录《养寿园电稿》卷1，第8页；《寄译署》，光绪十二年一月二十五日申刻，载吴汝纶编《李文忠公全书·电稿》卷7，第8页；《北洋大臣来电》，光绪十二年正月二十五日到，载故宫博物院编《清光绪朝中日交涉史料》卷10，第3页。

⑦ 「朝鮮国駐箚杉村臨時代理公使ヨリ井上外務大臣宛」、1月25日、外務省編纂『日本外交文書』第20巻、329頁。

⑧ 「井上外務大臣ヨリ在清塩田公使在鮮高平臨時代理公使宛」、明治20年5月21日、外務省編纂『日本外交文書』第19巻、585-586頁。

准再回日本。① 最后，金的请求不了了之。明治 21 年（1888）4 月（光绪十四年三月），金玉均因水土不服罹病，加上孤岛上医药缺乏，日本政府考虑将其移居内地。但由于担心金氏一旦移居内地获得自由，将会惹起外交麻烦，再度妨害内治，因而决定将金玉均由小笠原岛移居北海道。② 北海道交通稍稍便利，为防止朝鲜政府对金再做出危险举动，又将金安置在北海道厅所在地札幌近旁适合的地方，以便给予适当的保护和监视。③ 光绪十五年（1889）三月，日本政府大赦罪人，金玉均亦在其列。④ 但金玉均被赦后，日本政府考虑到与朝鲜在政治、军事、外交、贸易等方面有千丝万缕的关系，并没有优待金玉均之意。⑤ 明治 23 年（1890）10 月，日本政府正式下令允许金玉均离开北海道到内地自由居住。对此，当时的内务大臣西乡从道曾致信外务大臣青木周藏作说明：之所以允许金玉均在内地自由居住，主要是因为金对于日本的国内治安，以及朝鲜政府可能派遣刺客前来行刺而惹起外交麻烦等诸种顾虑，均已不复存在。⑥ 可以说，日本拘金，很大原因是避免引起外交与内治上的麻烦，其中还不乏向朝鲜示好之意。⑦ 玄洋社核心人物、金玉均生前友好犬养毅，在分析井上馨对金态度时称，井上之所以对金玉均不怀好意，是因为金玉均在日本

① 「井上外務大臣ヨリ在清塩田公使在鮮高平臨時代理公使宛」、明治 20 年 7 月 30 日、外務省編纂『日本外交文書』第 19 卷、586 頁。

② 「松方内務大臣ヨリ大隈外務大臣宛」、明治 21 年 4 月 30 日、外務省編纂『日本外交文書』第 22 卷、427 頁。

③ 「松方内務大臣ヨリ大隈外務大臣宛」、明治 21 年 5 月 3 日、外務省編纂『日本外交文書』第 22 卷、427 頁。

④ 黎庶昌：《兵库县欲巡捕入华人房宅拿人已嘱领事善为应付朝鲜朴定阳已返国日本大赦罪人金玉均亦赦列听起自便》，光绪十五年三月二十三日，馆藏号：01-25-025-02-031。

⑤ 「朝鮮国駐近藤代理公使ヨリ大隈外務大臣宛」、明治 22 年 10 月 14 日、外務省編纂『日本外交文書』第 22 卷、429 頁。

⑥ 「西郷内務大臣ヨリ青木外務大臣宛」、明治 23 年 10 月 30 日、外務省編纂『日本外交文書』第 23 卷、335 頁。

⑦ 「朝鮮国駐近藤代理公使ヨリ大隈外務大臣宛」、明治 22 年 10 月 14 日、外務省編纂『日本外交文書』第 22 卷、429 頁。

撰写《甲申日录》，将"甲申事变"之经纬公开，触犯了井上的忌讳。①

第四节　金玉均被刺与李氏父子、中国驻日使馆及陆奥宗光关系之辨析

金玉均获得自由三年多后，即光绪二十年二月十七日（1894 年 3 月 23 日），他乘坐邮船会社汽船"西京丸"从神户出发前往上海。随行者中有金的贴心随从日本人北原延次，以及朝鲜人洪钟宇及中国驻日本使馆通事兼武弁吴葆仁（静轩）。二月二十一日（3 月 27 日）晚，金一行抵达上海，入住东和洋行。次日，金在旅舍被洪钟宇枪杀。

金玉均赴沪的主要原因据称是应李经方之邀，这在当时并非秘密。金玉均本人事先曾向众多好友包括福泽谕吉、后藤象次郎、犬养毅等请教。② 连当时日本驻朝公使大鸟圭介在获知金玉均赴沪后也说，当时传说，金玉均之赴沪，乃出自李经方的计策。③ 随行人员中还有中国使馆人员。为此，金玉均被刺不久，日本赞助金玉均最为得力的福泽谕吉即宣称，中国政府同朝鲜政府共同谋杀了金玉均。金玉均的所谓日本友人们进而借此煽动反华、反朝情绪，更是将金玉均被刺与中日甲午战争之爆发直接联系起来。时至今日，学界对于金玉均被刺问题，尤其是李鸿章、李经方父子及中国驻日使馆与金玉均被刺的关系，仍存在两种截然相反的观点。一种观点认为李氏父子及中国驻日

---

① 犬養毅「朝鮮第一の人物」、葛生玄晫編『金玉均』附録、東京、民友社、1916、36 頁。

② 「附録」、葛生玄晫編『金玉均』、35-156 頁。

③ 「朝鮮国駐劄大鳥公使ヨリ陸奥外務大臣宛」、明治 27 年 3 月 28 日、外務省編纂『日本外交文書』第 27 巻第 1 冊、東京、日本国際連合協会、昭和 28 年、485 頁。

使馆是暗杀的参与者①；另一种观点则认为李氏父子不可能参与谋杀②。那么，金玉均被刺，李氏父子及中国驻日使馆是否预先参与？驻日使臣李经方、汪凤藻等人对于日本甲午出兵是否负有直接责任？换个角度说，以陆奥宗光为代表的日本政府出兵朝鲜进而挑起中日甲午战争，是否与金玉均被刺有关？

肯定论者的主要依据是，金玉均临行前，中国使馆官员尤其是驻日使臣汪凤藻特别为金设宴饯行；金玉均赴沪随行人员中又有使馆通事兼武弁吴葆仁。以汪凤藻之地位，其与金玉均之往来，无疑是应其前任李经方以及李鸿章之命，因而认为，清政府一直以来就试图通过李经方及中国驻日使馆诱捕金玉均，这正好与李逸植、洪钟宇等的意图不谋而合。李逸植是通过中国驻日使馆得到李经方邀请金玉均赴沪的信的。③

汪凤藻等为金玉均饯别是事实。不过，这是一种非常中性的行为，在没有更多旁证的情况下，可以根据不同背景做出完全不同的解释。的确，如果说中国驻日使馆预先参与暗杀计划，如当初徐承祖参与拘金交涉时所表示的，为了避免责任，中方基本原则就必须是"暗中指挥，不可出头"。像汪凤藻这样堂而皇之单独宴请金玉均，又令自己的使馆人员随行，唯恐他人不知，似存心授人以口实，可疑之处甚多。至于称中国使馆与李逸植合谋，并帮助李逸植获得李经方致金玉均的邀请信，论述中没有提供史料依据。这样，需要进一步讨论的是中国使馆人员吴葆仁随行的原因及其性质问题。这一点拟稍后再讨论，先就与此相关的李氏父子与金玉均的关系及其性质做一考察。

李经方及其父李鸿章与金玉均的确有交往。光绪十七年（1891）

---

① 如琴秉洞『金玉均と日本：その滞日の軌跡』、758-764 頁。
② 古筠金玉均正伝編纂委員会編『古筠　金玉均正伝』、379-389、395-397 頁。
③ 琴秉洞『金玉均と日本：その滞日の軌跡』、758 頁。

冬，朴泳孝曾从金玉均处窃取李鸿章复信，录呈朝鲜国王。① 当时正是李经方驻使期间。金玉均还曾直接与袁世凯通信谈论朝鲜设置交换局问题②，袁世凯对金的建议颇为肯定③，并就如何处理金玉均信件请示过李鸿章的意见。④ 随同金玉均同来上海的北原延次也证实，金玉均在东京时，屡屡出入清国公使馆，又与李鸿章及李经方等有书信往来。金玉均来上海就是应李经方的邀请。⑤

如果像肯定论者认为的那样，清政府一直试图通过李经方诱捕金玉均的话，那么，李氏父子及中国使馆与金玉均的交往，就无疑是一场与朝鲜联手的暗杀阴谋。只是，从李氏父子与金玉均在相当长时期内的交往的目的及性质来看，似很难以"诱捕"一词简单了断。

前述朴泳孝从金玉均处窃取的李鸿章复信，朝王获知内容后，非但不与李鸿章沟通，而且讳莫如深。袁世凯于光绪十八年（1892）四月通过一名朝鲜密探获得这个消息，报告了李鸿章，却不敢向朝王公然询问，而希望密告者从秘密途径觅取该信，因有困难而作罢。⑥ 如果李鸿章与金的通信是中朝两国联手监视或防范的一种手段，朝王与李鸿章之间不至于如此隔阂。金玉均在沪被刺，袁世凯获悉后立即致

① 《寄李中堂》，光绪十八年四月二十六日，袁世凯撰，沈祖宪辑录《养寿园电稿》卷3，第31页。

② 《寄李中堂》，光绪十八年十月十五日，袁世凯撰，沈祖宪辑录《养寿园电稿》卷3，第50页；《寄李中堂》，光绪十八年十一月初八日，袁世凯撰，沈祖宪辑录《养寿园电稿》卷2，第56~57页；卷3，第54页。

③ 《寄李中堂》，光绪十八年十月十五日，袁世凯撰，沈祖宪辑录《养寿园电稿》卷3，第50页；《寄李中堂》，光绪十八年十月廿六日，袁世凯撰，沈祖宪辑录《养寿园电稿》卷3，第51页。

④ 《寄李中堂》，光绪十八年十月十五日，光绪十八年十一月初八日，袁世凯撰，沈祖宪辑录《养寿园电稿》卷3，第50页；卷2，第56~57页。

⑤ 「上海在勤大越総領事代理ヨリ陸奥外務大臣宛」，明治27年3月30日、外務省編纂『日本外交文書』第27卷第1冊、490頁。

⑥ 《寄李中堂》，光绪十八年四月二十六日，袁世凯撰，沈祖宪辑录《养寿园电稿》卷3，第31页。

电李鸿章，建议命上海道检查金玉均行李，凡文迹均焚毁。袁指出是因朝鲜廷臣多与金玉均通信，其中有大院君李昰应，"如发觉，必兴大狱"，希望保全这些人的性命。李鸿章立即转电上海道令"照办"。① 如果李氏父子与金的交往是中朝合谋的计策，李鸿章就不至于如此急急地烧毁证据，有意保护与乱党有交往的人。

其实，李鸿章对待金玉均自有其立场。光绪十八年（1892）二月，与日本和朝鲜就平壤开埠问题的一系列交涉初见眉目之后，李鸿章在致李经方的信中，谈到他对金玉均的看法：

> 金玉均反复无常，又有大志，断不容其回国，韩君臣深忌畏之。欲为华用，惜无可用之处，不比穆麟德尚有赫德能操纵也。且韩王近年与我音问久绝，疑畏甚深，若知金玉均留华，更加猜疑，殊非妥策。日本现无吞韩之志，故彼不能见用。其生计甚蹙，如何羁縻，俟三月间袁慰庭销假过津再商。②

由此表明，当时金玉均因不能为日本政府所用，想靠近清政府，李经方曾向其父提请让金玉均回朝鲜或者来华，不是暗杀，而是"欲为华用"。李鸿章没有同意。李鸿章认为金玉均回朝鲜绝无可能，来华也"无可用之处"，又适值中朝关系隔阂之际，金玉均留华，将增加中朝双方的猜疑。但李鸿章显然并无监视乃至诱捕金玉均之意。他主张用"羁縻"之策，先帮助金玉均解决艰难的生计问题，具体方案则拟与袁世凯商议。其实，李鸿章对待金玉均等"甲申事变"的主谋人员，至少到李经方出使期间，态度已颇为超然。倒不时与日本政府

---

① 《寄上海聂道》，光绪二十年二月二十五日申刻，载吴汝纶编《李文忠公全书·电稿》卷15，第24页。

② 《致李经方》，光绪十八年二月十三日，载顾廷龙、戴逸主编《李鸿章全集》第35册，"信函七"，第324页。

保持沟通，主张采取本国本位的立场。当时传说，朝鲜政府似想赦回"甲申事变"的另一名主谋，即与金玉均同时逃到日本的朴泳孝。李鸿章认为，因朴泳孝家属与闵党有隙，而王妃衔恨又甚深，赦回的可能不大。但如果朝鲜真想赦回，他认为中国与日本应协同保持局外立场："不须中日说合，更不应中日为之保护。"他要李经方密告榎本，"不必越俎代谋"。如果金、朴在日本"举动不妥，搅乱国政"，尽可逮系拘禁。① 总之，从上述李氏父子与金玉均交往的情形中，看不出清政府早就有协助朝鲜政府诱使金玉均来华的迹象。

金玉均生前友好对于李氏父子与金玉均交往的性质，倒有不少正面的说法，如政治联合说。新闻记者出身、后为千叶县代议士的小林胜民，在回忆中说，明治24年（1891）2月，金玉均曾托他带密信到云岘宫拜访大院君。信中希望大院君将李鸿章的话通过这名友人小林千太郎（小林胜民的原名）转告他。② 小林胜民给大院君送信时，正是李经方驻使日本期间。当时舆论盛传，大院君有利用金玉均联合李鸿章共同推翻闵氏政权的阴谋。③ 大院君的阴谋是否属实，由于缺乏史料，尚不能明断。但大院君与金玉均有书信往来却是事实。除小林胜民的回忆外，袁世凯致李鸿章电中也曾提及。④ 金玉均被刺后，袁世凯致电李鸿章请其命人将金玉均随身书信烧毁，更明确提到其中有"李夏应"即李昰应的信。⑤ 纪念金玉均协会则称，李经方非常器重金玉均。李所主张的中、日、朝三国联盟思想，正是受金玉均三和

---

① 《致李经方》，光绪十八年四月初六日，载顾廷龙、戴逸主编《李鸿章全集》第35册，"信函七"，第345~346页。

② 小林勝民氏談「金玉均氏回想談」、葛生玄晫編『金玉均』附録、73-74頁。

③ 古筠金玉均正伝編纂委員会編『古筠　金玉均正伝』、371-378頁。

④ 《寄李中堂》，光绪十九年三月二十七日，袁世凯撰，沈祖宪辑录《养寿园电稿》卷2，第86页；卷3，第72~73页。

⑤ 《寄上海聂道》，光绪二十年二月二十五日申刻，载吴汝纶编《李文忠公全书·电稿》卷15，第24页。

主义即东洋三国的国际同盟思想的影响。① 此外，还有一种说法是经济关系说。称金玉均赴沪是应李经方之召前往上海推销木材的，因当时中国北部开始修建铁路，需从日本输入枕木。马建忠为此事停留上海，李经方又将此事通报金玉均，金玉均因此前往。② 金玉均被赦后，确实曾与长崎市一名旧改进党人渡边致力于创建公司，图谋振兴朝鲜的矿业。③ 而中国朝野也曾盛传李鸿章父子在日本有产业，与日本有生意往来。④

对李氏父子参与暗杀金玉均持否定论者，主要依据是金玉均被刺后李逸植的口供，其中正好提到以上论及的中国使馆人员吴葆仁的随行问题。明治 27 年 4 月 4 日（二月二十九日），东京地方裁判所以谋杀未遂及教唆暗杀罪，对李逸植进行审讯。审讯中，李逸植供认，诱骗金玉均前往国外的计划由他本人设计，然后指使洪钟宇具体实行。诱骗的引子是劝金玉均前往中国与李经方及李鸿章会面，实现其东洋和平计划，旅费则由李逸植承担。当被问及是否有什么介绍信给金玉均时，李逸植没有正面作答，而只说金想通过清国公使馆通事吴葆仁的斡旋，与李经方和李鸿章会面，吴葆仁因此随行。当问及暗杀一事是否预先告知吴葆仁时，李逸植否认，只称吴葆仁与金玉均同行，是想引荐金与李鸿章见面，回日后打算借此立功发达。这份预审书后来上呈日本内阁。⑤ 其实，肯定论者在论述中也引用了这份口供，但做了较大删节。所删节者，正与究竟有没有李经方的介绍信，以及吴葆

---

① 古筠金玉均正伝編纂委員会編『古筠　金玉均正伝』、379-380 頁。

② 高松丑蔵編『朝鮮国亡命人金玉均暗殺の始末』、14-18 頁。

③ 「青木外務大臣ヨリ西郷内務大臣宛」、明治 24 年 11 月 21 日、外務省編纂『日本外交文書』第 23 巻、335-336 頁。

④ 《江南道监察御史张仲炘奏陈北洋情事请旨密查并请特派大臣督办天津团练折》，光绪二十年八月初九日，载故宫博物院《清光绪朝中日交涉史料》卷 19，第 24 页；《洪良品奏李鸿章在日本有商号资本并与倭王情意亲密片》，光绪二十年八月二十一日，载故宫博物院编《清光绪朝中日交涉史料》卷 19，第 17 页。

⑤ 古筠金玉均正伝編纂委員会編『古筠　金玉均正伝』、386-388 頁。

仁是否预先知情及其随行的目的有关，这些部分均以"中略"两字代替。①

应该说，李逸植的口供是可信的。口供中，李逸植毫不掩饰他是奉朝鲜国王旨令行刺的，此前还交出盖有国王印玺的诏书，这是朝鲜政府所非常忌讳的。日本政府曾通过驻朝公使大鸟圭介向朝鲜政府确认此事，朝鲜政府矢口否认，指出诏书乃李逸植伪造。② 李逸植的同伙进而供称，日本的大三轮长兵卫协助他们实行暗杀计划。③ 李逸植等人连朝鲜国王及日本要人都避讳，当然不可能为一个普通中国公使馆通事兼武弁掩饰。吴葆仁到上海后的举动，也不似一名同谋者。李逸植曾命洪钟宇于金玉均到上海后在前往东和洋行途中，从背后开枪，或者一到旅馆就动手；由于行动不便，洪钟宇才在旅馆寻机行刺。吴葆仁到上海后，先帮金玉均送信给金的一名崇拜者、其父也曾参与"甲申事变"的朝鲜人、英语翻译官尹致昊。尹当晚到金玉均下榻的旅馆拜访。会谈中，尹致昊曾提醒金玉均，洪钟宇很可疑。案发后，我们也没有看到吴葆仁有任何帮助洪钟宇逃匿的迹象，吴本人事发后则立即逃匿，后被捕受审。④

的确，以金玉均之老练，当不可能轻易被骗至中国。光绪十一年（1885）底井上馨协同徐承祖令日本银行行主出面，再三诱骗金玉均去上海，均被金拒绝。他的随从亲信北原延次在金玉均被刺后对日本驻上海代理领事大越成德说：此次赴沪途中，金早就对洪钟宇怀有戒心；从大阪开始洪与金同船，金玉均曾对北原说洪形迹可疑，令多加

---

① 琴秉洞『金玉均と日本：その滞日の軌跡』、837 頁。
② 「陸奥宗光答弁書」，明治 20 年 5 月；转引自琴秉洞『金玉均と日本：その滞日の軌跡』、860-861 頁。
③ 琴秉洞『《金玉均と日本：その滞日の軌跡』、839-840 頁。
④ 琴秉洞『金玉均と日本：その滞日の軌跡』、838、781-782、788、791 頁。

注意，为此，途中北原常常不离金玉均左右。① 金玉均临行前，向福泽谕吉等师友请教、告别，师友们都曾提醒金上海之行危险，不可前往。就在他被刺前一天，前来拜访的尹致昊还有类似的提请。金玉均当初向友人们解释自己上海之行的原因时，用得最多的一句话是"不入虎穴，焉得虎子"。金的友人在回忆这段历史时，也频频引用这句话来说明金赴沪之原因。为此，金玉均的友人及同情者无不感慨，金玉均之死，一定程度上是死于他的大意，死于他的过分自负。

金玉均被刺时，日本外务大臣是甲午战争的指导者陆奥宗光。自井上馨时代以后，日本政府在对待金玉均问题上基本采取与中朝两国尤其是与中国积极协调的态度，已如上所述。那么，以陆奥宗光为代表的日本政府在对待金玉均被刺的立场又是如何的？其是否为了金之被刺而不惜挑起一场战争？

目前的研究对于日本政府在金玉均被刺前后的立场，所论主要涉及其对大三轮长兵卫资助李逸植参与暗杀的默认，以及陆奥在众议院对于征韩论者所提质疑的两次辩护。② 其实，陆奥在得知金玉均赴沪后，一直与中国政府及朝鲜政府积极联络，配合默契，仍有论述的余地。

朝鲜国王第二次派遣刺客，是在光绪十八年（1892）上半年，秘密授命李逸植赴日行刺。李逸植至东京后，因难于单独下手，便暗中物色同志协助。光绪十九年（1893）秋，李逸植与流寓法国已久、归国途经东京的洪钟宇等结为同党。当时，李经方已经卸任回国。

陆奥宗光于明治 27 年（1894）1 月 31 日（光绪十九年十二月二十五日）从日本驻香港领事中川恒次郎的报告中已知，应朝鲜政府之命，李逸植、大三轮长兵卫、川久保常吉及朝鲜人洪钟宇，正在协同

---

① 「上海在勤大越総領事代理ヨリ陸奥外務大臣宛」、3 月 30 日、外務省編纂『日本外交文書』第 27 卷第 1 冊、490 頁。

② 琴秉洞『金玉均と日本：その滞日の軌跡』、818–825、860–867 頁。

谋刺"甲申事变"的"逆贼"金玉均。中川是从当时亡命香港的朝鲜国王妃之侄子闵泳翊处获得这一消息的。当时，闵视袁世凯为世仇，对清朝在朝鲜的举措心怀不满，误以为日本尚能保护和支持流寓日本的金玉均等人。报告中，中川认为，朝鲜闵妃集团派遣这些市井游侠前来行刺，全然不顾大局，为政治家所不齿。又认为，不要说金玉均，即使朴泳孝，要想回国重举旗帜，也应该不会再有机会。① 中川之言，一定程度上反映了日本政府一直以来对金等态度冷淡的原因。

3月23日（光绪二十年二月十七日），金玉均前往上海，陆奥宗光及时得到消息。次日，他致电日本驻上海代理领事大越成德，告之金玉均的行程及两名随行人员，并令秘密侦察金玉均赴沪的目的，以及抵达上海后的活动。② 陆奥又令兵库县知事调查金玉均随行者的具体背景。26日（二十日），兵库县知事报告：同行者有本国人北原延次、中国人吴静轩以及朝鲜人洪钟宇；赴沪的目的，是前往会见玄映运，此人因在前日本驻朝公使大石正巳觐见朝鲜国王时，攻击大石而被流放到偏远的恶岛，此时刚刚被赦免。③ 且不论该报告对金玉均赴沪原因的说明情形是否可信，但有一点是肯定的，即陆奥已知金玉均的同行者中有朝鲜刺客。我们没有看到陆奥对金之行有任何阻止或保护之意。

不仅如此，陆奥还致电日本驻朝公使大鸟圭介，令其将金玉均赴沪的消息转告朝鲜政府，并请袁世凯将消息转告李鸿章。大鸟在呈陆奥的复函中，汇报了朝鲜政府的反应，进而探讨"将来万一之事"。

---

① 「香港在勤中川領事ヨリ陸奥外務大臣宛」、1月31日、外務省編纂『日本外交文書』第27卷第1冊、482-483頁。

② 「陸奥外務大臣ヨリ上海在勤大越総領事代理宛（電報）」、3月24日、外務省編纂『日本外交文書』第27卷第1冊、483-484頁。

③ 「周布兵庫県知事ヨリ陸奥外務大臣宛」、明治27年3月26日、外務省編纂『日本外交文書』第27卷第1冊、484頁。

大鸟还特意提到，对于金玉均此次赴沪，传说是出自李经方的计策。大鸟所考虑的，不包括如何保护金玉均安然回日，而是探讨此次金玉均抵沪，中国政府究竟怎么办：是仅仅将其抑留在中国，还是应朝鲜政府的要求直接引渡其回朝鲜。这些问题均可能引发中日之间重大的国际问题，需事先考虑。① 其时，3 月 25 日（二月十九日），大鸟已派人将金玉均赴沪的消息告知袁世凯。据袁世凯称，日本政府之意似听随中国处置。为此，他建议可否饬沪道密派干役，待金登岸后立即逮捕解送朝鲜；认为如此可化解朝日之间的怨愤，也可取悦朝鲜政府。② 可见，金玉均赴沪，日本非但不是不知情的局外人，而且还乘金玉均来沪之机，积极与中朝联合，设计种种诱捕方案。而袁世凯方面并非像后来学者所说的，已预知金玉均将在上海被刺杀。这也可与李逸植口供所称的吴葆仁预先不知情相印证。

金玉均抵达上海次日被洪钟宇枪杀。可以看到，陆奥在获悉刺杀消息后，处理得非常冷静。他要求属下对他所下达的一切关于金玉均的命令保守机密。

陆奥于金玉均被刺当天，接到大越成德的电报。③ 随后又得知洪钟宇被上海公共租界巡捕房逮捕并将受讯。④ 陆奥指示，毫无疑问，随金玉均同行的日本人和中国人将受此案的牵连。他下令，即使日本人被卷入其中，也必须严守公平和公正的原则，避免不必要的庇护。⑤

---

① 「朝鮮国駐劄大鳥公使ヨリ陸奥外務大臣宛」、明治 27 年 3 月 28 日、外務省編纂『日本外交文書』第 27 卷第 1 冊、485-486 頁。

② 《寄李中堂》，光绪二十年二月二十日，袁世凯撰，沈祖宪辑录《养寿园电稿》卷 3，第 106 页。

③ 「上海在勤大越総領事代理ヨリ陸奥外務大臣宛（電報）」、明治 27 年 3 月 28 日、外務省編纂『日本外交文書』第 27 卷第 1 冊、484-485 頁。

④ 「上海在勤大越総領事代理ヨリ陸奥外務大臣宛（電報）」、明治 27 年 3 月 29 日、外務省編纂『日本外交文書』第 27 卷第 1 冊、484-485 頁。

⑤ 「陸奥外務大臣ヨリ上海在勤大越総領事代理宛（電報）」、明治 27 年 3 月 30 日、外務省編纂『日本外交文書』第 27 卷第 1 冊、486-487 頁。

3月31日（二月二十五日），大越就金玉均尸体的处置办法请示陆奥。① 陆奥指示，必须想尽一切办法说服金玉均的仆人，将金玉均尸体在上海就地埋葬，因为日本政府不允许它进入日本。他同意为该仆人提供翻译。② 当时，金玉均尸体已经移交给上海县政府，一些同情金玉均的日本人赶赴上海欲夺回金玉均尸体。陆奥命大越不能有任何举动，必须按照他的训令处理。③ 陆奥的命令是，没有理由阻止这些日本人以个人的名义前来上海，但仍应按照上次训令，不允许金玉均尸体回日本。④ 具体而言，就是这些日本人抵达上海后，如果向领事馆请求协助，大越除例行公事之外，不可与之有进一步的关系。如果他们坚持邀请大越协助的话，那就告之金玉均是外国人，与日本领事无关，予以婉拒。⑤

4月5日（二月三十日），李鸿章在将洪钟宇送回朝鲜时，特意将此事通告陆奥宗光，并称他相信洪将得到朝鲜国王的厚赏。⑥ 此后，陆奥所做的，是令大鸟圭介阻止朝鲜政府凌辱金玉均尸体，⑦ 以及制止朝鲜政府厚赏刺客洪钟宇。他认为，不管暗杀出于何种动机，暗杀本身是违反人道和公正的犯罪行为。⑧ 陆奥宗光对人道和公正的强调，

---

① 「上海在勤大越総領事代理ヨリ陸奥外務大臣宛（電報）」、明治27年3月31日、外務省編纂『日本外交文書』第27巻第1冊、495頁。

② 「陸奥外務大臣ヨリ上海在勤大越総領事代理宛（電報）」、明治27年3月31日、外務省編纂『日本外交文書』第27巻第1冊、495頁。

③ 「陸奥外務大臣ヨリ上海在勤大越総領事代理宛（電報）」、明治27年4月4日、外務省編纂『日本外交文書』第27巻第1冊、499頁。

④ 「陸奥外務大臣ヨリ上海在勤大越総領事代理宛（電報）」、明治27年4月4日、外務省編纂『日本外交文書』第27巻第1冊、499頁。

⑤ 「陸奥外務大臣ヨリ上海在勤大越総領事代理宛」、明治27年4月4日、外務省編纂『日本外交文書』第27巻第1冊、499-500頁。

⑥ 「天津在勤荒川領事ヨリ陸奥外務大臣宛（電報）」、明治27年4月5日、外務省編纂『日本外交文書』第27巻第1冊、500頁。

⑦ 「陸奥外務大臣ヨリ朝鮮国駐劄大鳥公使宛（電報）」、明治27年4月10日、外務省編纂『日本外交文書』第27巻第1冊、503頁。

⑧ 「陸奥外務大臣ヨリ朝鮮国駐劄大鳥公使宛（電報）」、明治27年5月2日、外務省編纂『日本外交文書』第27巻第1冊、518頁。

还进而体现在他对金玉均的妻子和女儿的对待上。他公然要求朝鲜政府不要对她们进行残酷的、非人道的严厉处罚。① 陆奥这种在公开场合俨然捍卫人道和公正，私下却积极进行秘密外交的姿态，是有其原因的。当时，英国方面对洪钟宇受褒奖表示极大不满。② 日本与英国修改不平等条约的交涉正进入最后时期，关涉废除治外法权问题。金玉均是流亡日本的政治犯，又被从日本随行而来的朝鲜人所刺杀，日本政府自难脱干系，需要公开表示高姿态。当然，英国政府很难获悉到陆奥要求其属下所保守的那些秘密。3 月 28 日（二月二十二日），指挥洪钟宇暗杀金玉均的头领李逸植及其属人，因试图暗杀朴泳孝等未遂被捕。4 月 26 日（三月二十一日），日本政府审判结果是李逸植等人无罪，并将其释放，送回朝鲜。10 月 10 日（九月十二日），李等人在新任日本驻朝公使井上馨赴任前夕抵达朝鲜。李逸植回朝后，没有得到像洪钟宇一样的荣耀，而是遭受囹圄之苦。

当时的外务次官林董有一段回忆颇受关注。他说牙山派兵是甲午战争的导火线，这固然不错，但他相信，促成派兵的实际上是金玉均的被刺，以及此时清政府的举动。当时林董正好读完俾斯麦等人的传记，他感慨人世间大体是以成败论英雄的，而成败之事莫过于战争。所以古今有作为的政治家中，博得世人信誉而成就大事业者，除门阀世家之外，皆因战争胜利。此后有一天，他与陆奥一起喝茶闲谈，说起这番感想时，陆奥侧耳倾听，良久才表示"试试看吧"。因此他认为，一般人并不知道，促使陆奥发动甲午战争的，竟是他喝茶闲谈时的这一番话。③ 这段回忆被学者作为金玉均被刺与甲午战争之关系的

---

① 「陸奥外務大臣ヨリ朝鮮国駐劄大鳥公使宛（電報）」、明治 27 年 5 月 28 日、外務省編纂『日本外交文書』第 27 巻第 1 冊、522 頁。

② 「陸奥外務大臣ヨリ朝鮮国駐劄大鳥公使宛（電報）」、明治 27 年 5 月 2 日、外務省編纂『日本外交文書』第 27 巻第 1 冊、518 頁。

③ 林董『後は昔の記　他——林董回顧録』、東京、平凡社、1970、74-75 頁。

一条重要史料而加以介绍。① 不过，其中是有疑问的。林董所谓打动陆奥并促使他有了发动战争的决心的那番话，是读了俾斯麦等人传记之后的那番感想，但茶话中他丝毫没有说到金玉均被刺如何可以用来发动战争。至于林董开头提到的清政府此时的举动是最具有煽动性的，想必是中国政府用军舰运送金玉均尸体的问题。但这一行为是否挑衅，王信忠先生已有辨析。② 其实，林董的这段回忆是后来添加上去的。今查明治43年（1910）版该回忆录，其中有多处论及金玉均，但没有上述这一回忆片段。对于金玉均被刺，最初的回忆中只说当时人心激昂，很难以无事终结。接着介绍4月2日他与陆奥及川上参谋次长的会商，涉及的问题是出兵朝鲜以及解散议院，仍没有提金玉均被刺。对于日本出兵，书中其实有进一步说明，称是因明治15年（1882）和明治17年（1884）两次京城事变，清政府均抢着先机，日本失利，因此想借此次出兵制服中国，以挽回前两次的损失。③ 今天，我们翻阅陆奥宗光《蹇蹇录》，书中多次提到中日《天津条约》，强调日中两国在朝鲜的权利之争，只字未提金玉均被刺事件。而在明治32年（1899）版《蹇蹇录》首页在论述"东学党之乱"之后，我们发现了一个被后来版本删去的眉批，此眉批称"日清战争的近因是议会与政府间的冲突"④，这倒与林董的回忆相一致了。甲午战争爆发前夕，中日两国政府就派兵及共同撤兵问题进行了长达数月的交涉，也从未见双方提及金玉均被刺事件。总之，说陆奥因为金玉均被杀而不惜挑起一场战争，相当勉强。

综上所述，可以看到，中国驻日使团作为清政府的代表，与金玉均最初的交往是友好的。"甲申事变"爆发金玉均成为朝鲜"乱首"

---

① 河村一夫「李鴻章・李経方と金玉均との関係について」、『朝鮮学報』第74辑（1975年1月）、161頁。
② 王信忠：《中日甲午战争之外交背景》，第141~142頁。
③ 林董『後は昔の記』、東京、春陽堂、1905、209-211頁。
④ 陸奥宗光『外交始末蹇蹇録』、東京、関善次、1899、1頁。

后，驻日使团代表清政府开始参与拘金交涉，但不同时期情形有所不同。日本政府鉴于其在朝鲜的利益，以及金玉均对其国内治安的影响，不同时期对待金玉均的立场虽也有区别，但总体是采取与中、朝合作的态度。具体而言有如下几点。（1）金玉均流亡日本后，黎庶昌、徐承祖奉命协助朝鲜政府引渡金玉均，并建议由朝鲜政府出面引渡，被清政府采纳。日本为了维护其在善后谈判中的有利地位，以国际法为辞，拒绝引渡，但并没有迹象显示其有信任金玉均之意。（2）大井宪太郎扰朝事件后，徐承祖继续奉命与日本外务大臣井上馨进行拘金交涉。井上考虑到国内治安，以及日本在朝鲜的利益，最终与中方积极配合，先后共同设计了诱捕、暗杀等方案，此等方案失败后，终将金玉均流放到小笠原岛。中方对此非常满意。（3）甲午年金玉均赴沪，一般认为是应李经方之邀，随行的还有中国使馆通事吴葆仁。不过，李经方是否曾发出邀请，邀请的目的何在，均已难以确知。但从李氏父子相当长一段时期内与金玉均交往的情形来看，其交往的目的比一般想象的要复杂，且有朝鲜政府所不乐意看到之处。随同金玉均来沪的中国使馆通事吴葆仁，预先则并不知道暗杀内情。因此，以李氏父子及中国驻日使馆为代表的清政府，是否参与暗杀尚无确据。（4）日本外务大臣陆奥宗光在第一时间获知金玉均赴沪消息后，不仅未对金采取任何保护措施，而且还及时与朝鲜和中国沟通，共同商议诱捕、引渡等计划，在金被刺后，又始终采取与朝鲜、中国政府协调的立场。日本出兵朝鲜及挑起中日甲午战争，与金玉均被刺事件没有事实上的关联。

第九章

甲午开战前夕汪凤藻的撤兵交涉

　　谈到第六届出使日本大臣汪凤藻，一般会从各种角度联系到他的前任李经方。汪凤藻先后两次出使日本，一次署理，一次正任，均与李经方的丁忧有关；汪凤藻使团成员相当长时期内多数是李经方使团的留任者；而汪凤藻出使期间的相关外交作为，如与金玉均的交往等，也被视为是承继前任李经方的旨意。不过，汪凤藻之出使，其实并非仅仅是李经方的"署理"。他被正式谕命为出使日本大臣，是经清政府较正规甄选与考量的。在对日交涉中还可以看到，汪凤藻曾向清政府提出诸多较独立的想法。应该说，汪凤藻也是一个具有个人意志的出使日本大臣。

　　汪凤藻出使后对"球案"十分关注。他曾向清政府提议，让日本归还琉球中南全部，作为两属之国。如果日本坚持"不允"，或可持这一条件拒绝其利益均沾的要求。李鸿章肯定这一建议"似较得体""谋虑至为深远"，只是李本人对"球案"的解决其实仍然缺乏信心。他婉转地指出，琉球一案"播弃累年，君无会稽之栖，臣有秦庭之哭，庀葛之诗，良可哀悯"，但"悬宕已久"，日本"迭经布置，岂

肯轻易让还"？他认为："以乾隆之盛，不能复一南交之黎，今日情
形，更非昔比，讵可轻发难端，致无结束。"① 因此，没有看到汪凤藻
在"球案"上有进一步的举措。在修约问题上，汪凤藻持续关注日本
与西方各国的修约进程，以及这一进程对于日本与中国修约的影响，②
但像李经方一样，未见他曾就这一问题进行深入探讨。

出使期间，汪凤藻面临的中日关系问题主要仍是朝鲜问题，包括
一定程度上参与"日韩渔捕章程""日韩粮案"之交涉，以及上述与
金玉均的交往等。而其中影响重大的，莫过于甲午战争开战前夕艰巨
的撤兵交涉。

第一节　署理与正式出使

汪凤藻（1851～1918），字芝房，③ 江苏元和人。同治二年
（1863）入上海广方言馆，同治七年（1868）初入北京同文馆，毕业
后留馆从事西学翻译，并尝试进入科举正途。光绪九年（1883）癸未
科进士，殿试二甲，朝考一等，改翰林院庶吉士。光绪十二年
（1886）四月散馆一等，授职编修。④ 光绪十三年（1887）前，曾翻
译吴尔玺（Theodore Dwight Woolsey）的《公法便览》（*Introduction to
the Study of the International Law*）、柯尔（Simon Kerl）的《文法举隅》
（*English Grammer*）、佛塞（Henry Fawcett）的《富国策》（*Manual of
Political Economy*）、丁韪良的《中国古世公法论略》（*International*

---

① 《复钦差出使日本国大臣汪》，光绪十九年七月二十二日，载顾廷龙、戴逸主编《李
鸿章全集》第 35 册，"信函七"，第 546 页。

② 《复钦差出使日本国大臣汪》，光绪十八年十一月初八日、光绪十八年十一月十六日、
光绪十八年十二月二十九日、光绪十九年二月初三日、光绪十九年七月二十二日，载顾廷龙、
戴逸主编《李鸿章全集》第 35 册，"信函七"，第 448、452、472、487、546 页。

③ 一说字云章，号芝房。苏精：《汪凤藻：从广方言馆学生到出使日本大臣》，《传记
文学》第 38 卷第 1 期，1981。

④ 秦国经主编《清代官员履历档案全编》第 6 册，第 24 页。

Law of Ancient China）等书。① 光绪十三年（1887）六月，由前出使
俄国兼德、奥、荷大臣洪钧奏调出洋，充参赞官。差满请奖，奉旨记
名以知府用。② 洪钧非常欣赏汪凤藻。期满请奖时，他称赞汪"器识
明通，践履笃实"，"襄理交涉，悉协机宜。居今世而论洋务人才，诚
非数觏"。又评价汪"翰林之参赞洋务者，仅于臣任一见"。③ 从欧洲
回国后，汪凤藻先奉旨暂署出使日本国大臣，后被谕命为出使日本正
使。汪凤藻是京师及沪、粤三所同文馆创立以后，第一位持节海外的
同文馆学生。不过有称，汪凤藻之出使，是因其翰林资格而非外语
能力。④

汪凤藻于光绪十七年六月二十四日（1891 年 7 月 29 日），以翰林
院编修暂署出使大臣，代理丁忧中的李经方，令不用进京请训，迅速
起程。⑤ 当时，汪凤藻刚刚从欧洲差满回国，在镇江途中接到南洋大
臣转来的谕旨。接旨后，汪凤藻即遵命部署行装，取道上海，于七月
十七日（8 月 21 日）乘坐日本公司轮船东渡。七月二十四日（8 月
28 日）抵达横滨，二十五日（29 日）驰抵东京，与着急等待回国的
出使大臣李经方晤商一切，偕同约见日本外务省投递文凭。八月初二
日（9 月 4 日），李经方派人将关防、文卷等件移交接办，祗领任
事。⑥ 根据日方记载，清国代理公使汪凤藻于 8 月 29 日到达，9 月 4

① 苏精：《汪凤藻：从广方言馆学生到出使日本大臣》，《传记文学》第 38 卷第 1 期，
1981 年。

② 秦国经主编《清代官员履历档案全编》第 6 册，第 24 页。

③ 《出使俄德大臣洪钧奏为驻德二等参赞汪凤藻期满照章请奖事》，光绪十七年二月初
十日，录副奏片，档号：03-5276-041，缩微号：399-3383。

④ John K. Fairbank and Others, ed. , *The I. G. in Peking: Letters of Robert Hart*, *Chinese
Maritime Customs*, *1868 - 1907*, Cambridge, Mass. : Belknap Press of Harvard University Press,
1975, P. 894.

⑤ 《谕旨》，光绪十七年六月二十四日，载故宫博物院编《清光绪朝中日交涉史料》卷
12，第 4 页。

⑥ 《收署出使日本大臣汪凤藻电》，光绪十七年七月十五日，电报档，档号：2-02-12-
017-0493，缩微号：004-0421；汪凤藻：《奏报驰赴日本接署使任日期事》，光绪十七年八月
初二日，朱批奏折，档号：04-01-12-0551-024，缩微号：04-01-12-105-1431。

日就任，李经方计划于 9 月 13 日出发回国；[1] 不过实际上李经方要到八月二十一日（9 月 23 日）才与汪凤藻完成交接。[2]

清政府简派署理使臣"本向来所未有"，且中日在署理身份的认定上有区别，致使汪凤藻在署使任上"独为其难"。[3] 汪凤藻被谕命署理的次日，即六月二十五日（7 月 30 日），总理衙门照会日本驻华公使大鸟圭介，二十六日（7 月 31 日）大鸟将这一情况报告外务大臣榎本武扬，七月二十日（8 月 24 日）榎本武扬将大鸟的报告上呈内阁总理大臣松方正义。[4] 尽管日方的报告在介绍汪凤藻生平大略时，颇有赞美之词，李鸿章也强调汪凤藻"系特旨派往"，按照中国体制"似与正使无殊"，但日本却按照西方体例，把汪凤藻看作位次低于正使的代理公使，宴会之际将汪与属藩并列。为此，李鸿章曾函劝汪凤藻"入境又须从国俗"，"通使原为联络起见，但必以所驻之国为主"，既然西方体例不能通融，令遇有朝会公宴，就"托故回避"。[5]

汪凤藻署理使职，自光绪十七年八月初二日（1891 年 9 月 4 日）至十二月十五日（1892 年 1 月 14 日），前后 4 个多月。此期内，他没有"愆尤"，中日关系也称和睦。外交问题上，他曾与日本外务省就中国与西方的教案问题有所接触。宜昌教案发生后，外务大臣榎本武扬接驻华公使大鸟圭介来电，得知西方各国鉴于中国在办理教案中一直成效不著，旧案未结而新案又起，决定将各自采取强硬立场。榎本

---

① 「分割 1」JACAR、Ref. B13080444100、官报原稿・第八卷（7-1-5-7_008）（外务省外交史料馆）。

② 汪凤藻：《奏报到洋接任日期事》，光绪十八年八月二十一日，录副奏折，档号：03-5297-056，缩微号：401-0147；《光绪十年以后出使日本国大臣接任卸任日期清单》，光绪二十年七月十一日，载故宫博物院编《清光绪朝中日交涉史料》卷 16，第 19~20 页。

③ 《复钦差署理出使日本国大臣汪》，载于晦若录，李鸿章校《李文忠公尺牍》。

④ 「在京清国全権公使李経方ガ丁憂帰国ニ付汪鳳藻臨時代理公使任命并清国北洋水師ニ於テ我国艦隊ヲ優待セントスル挙アル件」JACAR、Ref. A04010005000、公文雑纂・明治二十四年・第九卷・外務省三・在外公館報告二（清国・朝鮮国）（国立公文書館）。

⑤ 《复钦差署理出使日本国大臣汪》，光绪十七年八月二十日，载顾廷龙、戴逸主编《李鸿章全集》第 35 册，"信函七"，第 245~246 页。

出于"关切"，把这一消息请汪凤藻转告总署，提醒"速筹"办法，"免生枝节"。①

李经方百日假满后，于十二月十二日（1月11日）回抵东京。十五日（14日），汪凤藻将钦颁光字一百三十四关防暨文案卷宗派人赍交李经方，于当天交卸署任。十八日（17日），汪凤藻附乘法国公司轮船回国。② 汪凤藻署任赴日时，来不及回本籍，这次回国，他上奏请准赏假两个月回籍扫墓，获准。③

光绪十八年（1892）五月，是出使各国大臣晌届更换之期，李鸿章向清政府密荐"以备采择"人员，内有伯愚（志锐）、芝房（汪凤藻）、进斋及杨兆銮四人。李鸿章估计汪凤藻和志锐可入选，因两人均"求保出使甚切"，且都"内有奥援"。④ 六月，李经方因丁忧拟提前卸任，请总署代奏开缺守制，并请简员接替。总署代奏时开列堪胜任的出使人员清单中，先是"直隶候补道前出使日本国大臣、未经到任因病奏请开缺"的李兴锐，后是"翰林院编（原文如此——引者注）、记名知府、前署出使日本国大臣"汪凤藻。⑤ 李兴锐曾于光绪十三年（1887）五月被谕命为出使日本大臣，拟接替徐承祖出使，故被称为"前出使日本国大臣"，后因病免行。光绪十七年（1891）六

---

① 《收署出使汪大臣电》，光绪十七年八月初十日到，电报档，档号：2-02-12-017-0580，缩微号：004-0449。

② 《出使日本大臣汪凤藻奏报交卸使篆起程回国日期事》，光绪十七年十二月十五日，录副奏折，档号：03-5288-072，缩微号：400-2188；汪凤藻：《奏报交卸使篆并起程回国日期事》，光绪十七年十二月十五日，朱批奏折，档号：04-01-12-0552-028，缩微号：04-01-12-105-2149。

③ 《出使日本大臣汪凤藻奏为请假回籍扫墓事》，光绪十八年正月二十六日*，录副奏片，档号：03-5288-074，缩微号：400-2191；汪凤藻：《奏为卸任归沪请赏假回籍扫墓事》，[光绪十九年五月二十一日]，朱批奏折，档号：04-01-12-0559-131，缩微号：04-01-12-106-3333。

④ 陈建华主编，上海图书馆历史文献研究所编《历史文献》第8辑，上海古籍出版社，2004，第98页。

⑤ 奕劻：《呈曾任出使大臣员名单》，光绪十八年六月十六日，单，档号：03-5293-041，缩微号：400-2998；奕劻：《奏为出使日本使臣李经方丁忧开缺请旨简放事》，光绪十八年六月十六日，录副奏折，档号：03-5293-040，缩微号：400-2997。

月总署为李经方第一次丁忧奏请接替人员时，李兴锐的名字曾被单开附录。可见，汪凤藻获得出使日本之席，无论在李鸿章的举荐中，还是清政府的考虑中，并非毫无悬念。清政府最终选择了汪凤藻。光绪十八年六月十六日（1892 年 7 月 9 日），汪凤藻以赏记名知府、翰林院编修、二品顶戴被正式谕命为出使日本大臣。①

汪凤藻这次被正式谕命，是因李经方第二次遭遇丁忧。李经方焦急等待回国，李鸿章也致函再三催促，所以，汪凤藻蒙光绪皇帝召见两次、"训谕周详"后，立即整装出都，连选带随员的环节也基本省去了。他取道天津，谒见北洋大臣李鸿章晤商一切，继而航海南下，于光绪十八年七月十五日（1892 年 9 月 5 日）行抵上海候船出洋。八月初十日（9 月 30 日），汪凤藻一行附乘日本公司轮船东渡。② 十八日（10 月 8 日）行抵日本横滨，沿途经通商各口，察看寓居日本的中国商民。是日由横滨登岸，换坐火车至东京。二十一日（11 日）前任出使大臣李经方将关防、文卷等件移交，汪办理完交接后任事。③八月三十日（10 月 20 日）午前谒见日本天皇；九月十二日（11 月 1 日）午后谒见日本皇后；十月二日（11 月 20 日）呈递国书。④ 汪凤藻此次出使，是为清政府第六届出使日本大臣。

---

① 《德宗景皇帝实录》卷 312，光绪十八年六月十六日（壬寅），《清实录》第 56 册，第 60 页。

② 汪凤藻：《奏报放洋日期事》，光绪十八年八月初七日，录副奏折，档号：03-5297-055，缩微号：401-0145；《收出使汪大臣电》，光绪十八年八月初九日到，电报档，档号：2-02-12-018-0511，缩微号：004-0772。

③ 汪凤藻：《奏报到洋接任日期事》，光绪十八年八月二十一日，录副奏折，档号：03-5297-056，缩微号：401-0147；《收出使汪大臣电》，光绪十八年八月十九日到，电报档，档号：2-02-12-018-0534，缩微号：004-0781；《光绪十年以后出使日本国大臣接任卸任日期清单》，光绪二十年七月十一日，载故宫博物院编《清光绪朝中日交涉史料》卷 16，第 19–20 页。

④ 「外交彙報附録月報（明治二十五年十月分）/公使領事ニ関スル件」JACAR、Ref. B13091253300、外交彙報附録月報（外・報 1）（外務省外交史料館）；「外交彙報附録月報（明治二十五年十一月分）/公使領事ニ関スル件」JACAR、Ref. B13091253800、外交彙報附録月報（外・報 1）（外務省外交史料館）；郑孝胥著，中国历史博物馆编，劳祖德整理《郑孝胥日记》第 1 册，第 325 页。

　　汪凤藻使团成员的情形较以前历届特别。前任使臣李经方因丁忧着急回国，原使团人员大多没有期满，在李鸿章的再三要求之下，这些人员基本留任，人数庞大。而这批人员期满后，又得大批更换，变动非常大。

　　汪凤藻被谕命为出使日本大臣的次日，光绪十八年六月十七日（1892 年 7 月 10 日），李鸿章在回复汪凤藻的信中说，现在参随人员均未年满，"可省选调之烦"，他要汪凤藻奉到国书"便可轻装就道"，并明确表示他"亟盼"李经方"早还"，希望汪"速日成行"，"于公私实为两益"。[①] 当时谋求出洋的人颇多，朝中当事诸公多有推荐者。二十四日（7 月 17 日），李鸿章回信进一步强调，随带人员"似不宜多"，如有荐者，可据实婉辞，或等将来续调，并详论其原委。李鸿章称使馆参随人员"皆有定额"，后有所增则前必须减。原李经方使团参随人等未届期满，他们"原为差满博一奖叙地步"，多愿留差，"势难遽撤"。如果因使臣奉讳将他们无故撤退，"未免向隅"。他称李经方及前任们均将未满各员援例留差，且称目下李经方使团应留各员多系以前枢府、译堂所推荐者。[②] 话已至此，汪凤藻自然不便不依。按照《出使章程》，出使各国大臣未满三年更换者，所带参赞等员，除总理衙门派往的同文馆学生充当翻译官者应令仍随同接办大臣当差外，其余原带的参赞、领事、翻译各员，是否堪以留用，"仍由接办大臣自行酌定"。[③] 也就是说，李经方使团人员的去与留，原则上由汪凤藻"酌定"，所以李鸿章才会如此三番五次去信劝令。当时枢府、译堂诸公确曾"荐人"，李鸿章以相同的理由"婉拒"。

---

　　① 《复钦差出使日本大臣汪》，光绪十八年六月十七日，载顾廷龙、戴逸主编《李鸿章全集》第 35 册，"信函七"，第 373 页。

　　② 《复钦差出使日本大臣汪》，光绪十八年六月二十四日，载顾廷龙、戴逸主编《李鸿章全集》第 35 册，"信函七"，第 377 页。

　　③ 《片奏出使人员未满三年准由接办大臣留用扣至期满分别奏奖》，光绪四年七月二十七日，载《出使章程》，第 22~23 页。

可见，到汪凤藻出使时，"谋出洋者"已甚多，而日本因"地近，固所争趋"。①

八月初七日（9月27日），汪凤藻上奏酌调随使人员共计6人，分别是吏部候补主事寿勋、候选笔帖式世桢、候选中书科中书孙肇熙、安徽举人洪涛、候选内阁中书汪凤瀛②、补用知县指分安徽尽先补用县丞邱瑞麟。汪凤藻在奏折中说明，使馆及各理事署交涉事务繁多，但前任出使大臣李经方原派各员皆未满差。等他抵任后分别留用，奏命办理，待期满销差后再行续调充补。③汪凤藻上奏时已离京启程抵达上海，数日后，他带着6名随员启程东渡。④这份奏折直到九月二十二日（11月11日）才奉朱批"著照所请"⑤。汪凤藻抵任后，原李经方使团参随各员基本照旧供差。对此，李鸿章在李经方回抵天津后，曾致函汪凤藻表示肯定。⑥

汪凤藻奏留的原李经方使团人员，除使馆随员沈燮、学习翻译官陈昌绪、洋员萨尔博先后因病禀准销差回国外，其余皆"留洋接充原差"。其中有：参赞官吕增祥，随员兼筑地副理事官郑孝胥，随员林介弼、潘恩荣、洪超、郭铭新和谭祖纶，西文翻译官李维格，东文翻译官刘庆汾和罗庚龄；横滨理事官黎汝谦，随员查燕绪、温绍霖和谭

①　《复兵部左堂洪文卿》，载于晦若录，李鸿章校《李文忠公尺牍》。

②　汪凤瀛（1854～1925），字荃台，汪凤藻之弟。出使回国后，于光绪二十三年（1897）起在湖广总督张之洞幕中任总文案，深得张之洞赏识。曾在张之洞创办的自强学堂、湖北务农学堂任提督。后在武昌、常德、长沙任知府。民国成立后受袁世凯之邀出任高等顾问，后反对袁世凯称帝。长子汪荣宝在清末新政中颇有作为。章太炎：《前总统府高等顾问汪君墓志铭》，载《章太炎全集》第5集，上海人民出版社，1986，第256~257页。

③　汪凤藻：《奏请酌调吏部候补主事寿勋等员出洋派充随员藉资差遣事》，光绪十八年八月初七日，朱批奏折，档号：04-01-12-0556-030，缩微号：04-01-12；汪凤藻：《奏请酌调寿勋等员随使日本事》，光绪十八年八月初七日，录副奏折，档号：03-5297-057，缩微号：401-0149。

④　郑孝胥著，中国历史博物馆编，劳祖德整理《郑孝胥日记》第1册，第323~324页。

⑤　汪凤藻：《奏请酌调寿勋等员随使日本事》，光绪十八年八月初七日，录副奏折，档号：03-5297-057，缩微号：401-0149。

⑥　《复钦差出使日本国大臣汪》，光绪十八年九月十五日，载顾廷龙、戴逸主编《李鸿章全集》第35册，"信函七"，第430页。

国恩，西文翻译官伍光建，东文翻译官陶大均；神户兼大阪正理事官洪遹昌，大阪副理事官张云锦，随员李可权，西文翻译官罗忠尧，东文翻译官卢永铭；长崎理事官张桐华，随员鲁说和孔繁朴，西文翻译官顾士颖，代理东文翻译官王辉章；箱馆副理事官黄书霖，学习东文翻译官唐家桢。[①] 加上医官陈元康、供事苏凤仪和武弁陈华黼，[②] 共计31人。指分湖北试用县丞陈元康，原是李经方使团供事官。随使人员向来有医官一职，这是使团所必需的，汪凤藻出使时因暂无可选之人而未奏带。抵任后他发现陈元康通晓医理，为此上奏由陈元康接充医官，获准。[③] 汪凤藻新带6名人员中，孙肇熙、汪凤瀛和邱瑞麟派充驻东京使署随员，世桢派充驻神户理事署随员，寿勋派充驻长崎理事署随员，洪涛派充驻箱馆副理事署随员。[④]

这批奏留人员中，至光绪十九年（1893）初前后，西文翻译官李维格、顾士颖差满。汪凤藻评价两位"当差均称得力"。顾士颖拟仍留驻长崎理事署任西翻译官，"以资熟手"。顾士颖早年被派往中国驻美使署专门学习英文，光绪十四年（1888）三月经出使美国大臣张荫桓奏请升为三等翻译官[⑤]，次年十一月第二届黎庶昌使团时替补为横滨理事署西文翻译官，第五届李经方使团和第六届汪凤藻使团时又相继留任，已属资历较深的翻译官。李维格则久役思归，奏请销差回国，使署西文翻译官一职出缺，因该职位"关系紧要"，汪凤藻将驻

① 汪凤藻：《奏为使署参赞官吕增祥等员当差勤奋请留洋接充原差事》，光绪十九年五月二十一日，朱批奏折，档号：04-01-12-0559-143，缩微号：04-01-12-106-3369。

② 汪凤藻：《奏为署参赞官吕增祥等员随使期满请奖叙事》，光绪二十年正月二十六日，朱批奏折，档号：04-01-12-0562-017，缩微号：04-01-12-107-1333。

③ 汪凤藻：《奏为派令湖北试用县丞陈元康接充医官事》，［光绪十九年五月二十一日］，附片，档号：04-01-12-0559-139，缩微号：04-01-12。

④ 汪凤藻：《奏为吏部候补主事寿勋等员到洋并即饬到差事》，光绪十九年正月二十六日，录副奏片，档号：03-5302-110，缩微号：401-1133；汪凤藻：《奏为候选中书科中书孙肇熙等员派充使署随员等事》，［光绪十九年五月二十一日］，朱批奏折，档号：04-01-12-0559-136，缩微号：04-01-12-106-3347。

⑤ 张荫桓：《奏为学生顾士颖等派往美署学有所成请为三等翻译官等事》，光绪十四年三月二十四日，录副奏片，档号：03-5237-078，缩微号：397-2040。

神户理事署西翻译官、三品衔候选知府罗忠尧调来充当。神户理事署西翻译官一差，汪凤藻则计划调王宗福来接充，王是前同文馆学生、通判衔候选府经历县丞，对西方文字语言向称熟习。汪凤藻的奏请获朱批"著照所请"。① 王宗福于该年四月初八日（5月23日）到日本，当即饬赴神户理事署当差。② 到该年十一月前后，又有23人先后三年满期，包括参赞官吕增祥，东文学堂监督林介弼，横滨理事官黎汝谦，西文翻译官罗忠尧和伍光建，随员洪超、温绍霖、查燕绪、鲁说和孔繁朴，医官陈元康，供事苏凤仪，武弁陈华黼，长崎理事官张桐华，随员郭铭新和潘恩荣，大阪副理事官张云锦，箱馆副理事官黄书霖，东文翻译兼筑地副理事官刘庆汾，东文翻译官卢永铭，代理东文翻译官王辉章等。③ 他们"久役思归"，均以差满期近，纷纷禀请调员接替。因其所承办各项差事"均关紧要"，重洋远隔，往返需时，因而所有接替人员急应先期请调。同年九月二十六日（11

---

① 汪凤藻：《奏为驻扎长崎理事署西翻译差满请留任等事》，[光绪十九年五月二十一日]，附片，档号：04-01-12-0559-137，缩微号：04-01-12；汪凤藻：《奏为在洋期满西翻译官李维格等员分别留差销差并请调员接替事》，光绪十九年正月二十六日＊，录副奏片，档号：03-5302-111，缩微号：401-1134。按：附片时间作"光绪十九年五月二十一日"有误。查与该附片内容一致的录副奏折，内中写明奉朱批时间为"光绪十九年正月二十六日"，如此，该附片时间当在奉朱批时间之前。查光绪十八年十一月二十六日汪凤藻曾上折《奏为驻美西翻译官监生李维格驻日长崎理事署西翻译候补知县顾士颖期满请奖事》（朱批奏折，档号：04-01-12-0557-019，缩微号：04-01-12），为李维格、顾士颖两人期满请奖，其奉朱批时间也为光绪十九年正月二十六日，与附片奉朱批时间同一日。再查该附片原文，落款作"出使大臣汪凤藻光十九年五月二十一日"，字迹潦草，不仅皇帝纪年简写成"光十九年"，而且汪凤藻的名字也误作"汪凤藻"，明显非上奏者汪凤藻本人所写。故此，目录标注时间时带"[ ]"号以表存疑。这份附片很可能是汪凤藻上述光绪十八年十一月二十六日奏折的附片。
② 汪凤藻：《奏为新选神户理事署西翻译官王宗福到洋饬令赴任事》，[光绪十九年五月二十一日]，附片，档号：04-01-12-0559-141，缩微号：04-01-12。
③ 汪凤藻：《奏为署参赞官吕增祥等员随使期满请奖叙事》，光绪二十年正月二十六日，朱批奏折，档号：04-01-12-0562-017，缩微号：04-01-12-107-1333。按：其中，郭铭新在汪凤藻代理李经方期间曾闻讣丁忧，因"当差经手事件甚多"，未便销差，而援照成案暂行留差，拟差满回国补行穿孝守制。汪凤藻：《奏为出使随员郭铭新廖宗诚闻讣丁忧事》，光绪十八年正月二十六日，录副奏片，档号：03-5288-073，缩微号：400-2190。

月 4 日），汪凤藻上奏预请调员。花翎五品衔翰林院编修王同愈[1]
"心细才长，通达时务"，请调充东京使署参赞官；三品衔山东候补
知府石祖芬"干练精明，熟谙交涉"，请调充横滨理事官；通判衔候
选盐大使李维格曾充使署翻译，"熟悉洋情"，拟调充横滨理事署西
文翻译官；刑部学习主事袁宝璜、候选中书科中书罗肇辉和江苏试
用县丞沈恩湛，均能"留心洋务，有志讲求"，拟调充随员。十月十
九日（11 月 26 日）奉朱批"著照所请"[2]。长崎理事官、同知衔湖
北候补知县张桐华，汪凤藻认为他"当差勤奋"且经手事件多，一
时实在无可接替之人，拟请留充长崎理事官原差"以资熟手"，十月
十九日（11 月 26 日）也奉朱批获准。[3] 张桐华系广东广州府南海县
人，同治十三年（1874）十一月由监生在西征粮台报捐县丞，双月
选用，同年十二月加捐不论双单月即选。光绪十五年（1889）六月
在广东藩库遵郑工新例报捐指省湖北试用。李经方出使前夕拟定出
使随员名单时，李鸿章曾点名几位可胜任理事人员，其中就有张桐
华，可见他颇得李鸿章认可。在随李经方出使日本之前，张桐华曾
于光绪十一年（1885）十月由出使美、西、秘国大臣张荫桓调充马

---

① 王同愈（1855~1941），字（号）胜之，生平详参弓野隆之『王同愈論書初探』、書
学書道史学会編・第 4 回国際書学研究会論文集『国際書学研究』2000；顾廷龙编《王同愈
集》，上海古籍出版社，1998。
② 汪凤藻：《奏为旧员差满期近予先请调王同愈等员接替事》，光绪十九年九月二十六
日，录副奏折，档号：03-5311-087，缩微号：401-3075；汪凤藻：《奏请翰林院编修王同愈
调充使署参赞官等各员缺事》，光绪十九年九月二十六日，朱批奏折，档号：04-01-12-
0560-041，缩微号：04-01-12-107-0227。
③ 汪凤藻：《奏为派驻长崎理事官张桐华差届期满拟请留充原差事》，光绪十九年九月
二十六日，录副奏片，档号：03-5311-088，缩微号：401-3077；汪凤藻：《奏为驻日长崎理
事官湖北候补知县张桐华期满请留任事》，［光绪十九年五月二十一日］，附片，档号：04-
01-12-0559-129，缩微号：04-01-12。按：录副奏片与附片内容一致。查前者正文中落款
时间为"九月二十六日"，指明奉朱批时间为"光绪拾九年拾月十九日"。后者落款作"出使
大臣汪风藻，光十九年五月二十一日"，不仅汪凤藻名字写成"汪风藻"有错，皇帝纪年略
写，而且书写潦草，应不是汪凤藻原附片时间，目录标示中带"［］"也表明存疑。总之，
这两份相同奏折应以录副奏片所标时间为准。

丹萨领事，光绪十四年（1888）十月调署古巴领事，次年七月交卸后仍回马丹萨领事本任。从马丹萨领事差满后保免补本班，仍留原省，归候补班前先补用并加同知衔。在李经方使团三年期满保免补本班，以同知直隶州仍留原省补用，并给四品封典。甲午战后，他于光绪二十一年（1895）六月奉第七届出使日本国大臣裕庚调充，再任长崎理事官，期满保免补本班，以知府仍留原省归候补班前先补用并加盐运使衔。光绪二十四年（1898）第八届出使大臣李盛铎接任后留充原差，三年期满于光绪二十七年（1901）十二月免补本班，以道员仍留原省，归候补班前先补用，并赏加二品顶戴，时年45岁。①

旧人员销差回华，新人员抵日尚需时日，为此，汪凤藻就较重要的使署参赞官和各地理事官安排代理人员。参赞官吕增祥回国，王同愈到差之前，由"随办交涉谨慎安详"的使署随员汪凤瀛署理。横滨理事官黎汝谦回国，石祖芬到差之前，由"办事实心，不辞劳怨"的使署随员邱瑞麟署理。② 驻扎箱馆兼新潟、夷港副理事官黄书霖回国，由原驻箱馆随员洪涛署理。神户、大阪副理事官张云锦回国，由原驻神户随员世桢充补。③ 洪涛曾闻讣丁忧，由于"当差得力"，且多经手未完事件，所以援照向章暂行留洋差遣，待差满回国

---

① 李盛铎：《具奏随员期满请奖一折又前任翻译陈昌绪等差满请奖一片均经备具履历请转送吏兵部查核由》，光绪二十七年十二月十五日，馆藏号：02-12-039-01-004；李盛铎：《具奏随员期满请奖及前任翻译陈昌绪等差满请奖各折片均备具履历并抄稿请查核由》，光绪二十七年十二月十五日，馆藏号：02-12-039-01-00。

② 汪凤藻：《奏为委任汪凤瀛署理使署参赞官等员事》，光绪十九年十二月二十四日＊，录副奏片，档号：03-5897-046，缩微号：442-1498；汪凤藻：《奏为委令汪凤瀛署理使署参赞官等各员缺事》，［光绪十九年五月二十一日］，朱批奏折，档号：04-01-12-0559-132，缩微号：04-01-12-106-3335。

③ 汪凤藻：《奏为饬令汪凤瀛即回使署随员原差并派令洪涛署理箱馆兼新潟夷港副理事官等事》，［光绪十九年五月二十一日］，朱批奏折，档号：04-01-12-0559-134，缩微号：04-01-12-106-3341。

后补行穿孝守制。[①] 王同愈后于光绪十九年十二月二十日（1894 年 1 月 26 日）到差，为二等参赞官。[②] 汪凤瀛即饬回使署随员原差。[③]

与此同时，在最初的奏调人员中也做相应的调动。东文学堂监督林介弼回国，由"品行端谨，文理优长"的长崎理事署随员寿勋调充。而空缺的长崎理事署随员一差"亦关紧要"，由"老成稳练"的使署随员孙肇熙调派接充。使署医官陈元康回国，由到洋后"讲求医理，颇有会心"的使署供事任克成改充。[④] 神户兼管大阪正理事官洪遐昌回国，因其"差事紧要"，由"通达和平，留心交涉"的使署随员兼筑地副理事官郑孝胥接充。筑地副理事官一缺"亦关紧要"，由"明白公事，熟悉洋情"的使署东文翻译官刘庆汾就近兼充。[⑤] 对于刘庆汾，汪凤瀛还奏请添加参赞衔，专门负责各通商口岸华侨的诉讼案件。这一任用与使团这一时期增添的一项交涉内容有关。日本通商各口华人旅寓较多，词讼交涉之事本来繁杂。当时日本拟与各国更换条约，仿照西例废除理事听断之权，地方官因此遇有交涉案件愈加袒护，有意相持，一有争执，使团不得不与日本外部往返辩论。因为事情琐屑，未便常由使臣亲自前与诘难，所以大多授意翻译官往示讽

---

① 汪凤瀛：《奏为随员洪涛请假丁忧照章暂行留洋差竣后补行守制事》，光绪十九年正月二十六日＊，录副奏片，档号：03-5302-112，缩微号：401-1135；汪凤瀛：《奏请驻扎箱馆副理事署随员举人洪涛暂行留洋差遣差竣即回华补行守制事》，[光绪十九年五月二十一日]，朱批奏折，档号：04-01-12-0559-142，缩微号：04-01-12-106-3366。

② 汪凤瀛：《奏请新调使署参赞官王同愈作为二等参赞官并免扣资俸事》，光绪十九年五月二十一日，朱批奏折，档号：04-01-12-0559-133，缩微号：04-01-12-106-3339。

③ 汪凤瀛：《奏为饬令汪凤瀛即回使署随员原差并派令洪涛署理箱馆兼新潟夷港副理事官等事》，[光绪十九年五月二十一日]，朱批奏折，档号：04-01-12-0559-134，缩微号：04-01-12-106-3341。

④ 汪凤瀛：《奏为委任汪凤瀛署理使署参赞官等员事》，光绪十九年十二月二十四日＊，录副奏片，档号：03-5897-046，缩微号：442-1498；汪凤瀛：《奏为委令汪凤瀛署理使署参赞官等各员缺事》，[光绪十九年五月二十一日]，朱批奏折，档号：04-01-12-0559-132，缩微号：04-01-12-106-3335。

⑤ 汪凤瀛：《奏为派令郑孝胥接充驻扎神户兼管大坂〔阪〕正理事官刘庆汾兼充筑地副理事官事》，[光绪十九年五月二十一日]，朱批奏折，档号：04-01-12-0559-138，缩微号：04-01-12-106-3353。

谕。这种交涉既需位望稍高者，又需懂语言者，只得从东翻译官中选用，加以参赞官衔，使其"名分稍崇，易资听信"。汪凤藻认为，使署东文翻译兼筑地副理事官刘庆汾"明白谙练"，在日本当差十余年，对于日本的情形、法律均极熟悉，为合适人选，便给予参赞衔，仍兼原差。光绪二十年正月二十六日（1894年3月3日）奉谕旨允准。[①]这样，使团在不添加人员的情况下增添了一种官衔。

光绪十九年（1893）底二十年（1894）初，是汪凤藻使团大批换新时期。新换人员的情况，可从甲午战争爆发时随同汪凤藻撤回的人员名单中看到。撤离时，连汪在内共37人。其中15人为原李经方使团人员，也就是说，除汪本人之外，汪凤藻先后新调换参随人员21人。其中包括赴任前夕奏调的6人，以及武弁、供事、通事、西文翻译官4人，此10人是随汪凤藻到使署的。其余11人则是原李经方使团人员期满回国以后接替赴日的。其中包括参赞官王同愈、横滨兼筑地正理事官石祖芬，以及随员袁宝璜、李嘉德和罗肇辉，学习东文翻译官冯国勋[②]、李凤年和吴焱魁，以及3名供事。参赞官王同愈自光绪十九年十二月（1894年1月）底始任[③]，在任时间约半年。横滨兼筑地正理事官石祖芬光绪二十年（1894）四月才抵任，在任不到三个月。

甲午战争爆发后，太仆寺少卿岑春煊奏参汪凤藻，其中一条指责汪凤藻在日本"诸事一任之其弟凤瀛，凡优差要职皆用私亲。宵人邱

---

① 汪凤藻：《奏为给予使署东翻译兼筑地副理事官四川试用同知刘庆汾参赞衔事》，[光绪十九年五月二十一日]，朱批奏折，档号：04-01-12-0559-135，缩微号：04-01-12-106-3344；《出使日本大臣汪凤藻奏日本通商各口交涉事繁拟派使署翻译兼办片》，光绪二十年正月二十六日，载故宫博物院编《清光绪朝中日交涉史料》卷13，第2页。

② 冯国勋，字孔怀。

③ 王同愈于光绪十九年十二月十四日（1894年1月20日）上午乘坐"神户丸"自上海启程，十六日（22日）抵长崎，十七日（23日）一早抵达神户，二十日（26日）下午三时抵横滨，当天晚上九时抵东京，次日（27日）谒见汪凤藻。王同愈：《栩缘日记》卷1，载顾廷龙编《王同愈集》，第133~135页。

瑞麟等相为奸利，不顾嫌疑"①。光绪皇帝曾发布谕旨查复，② 后不见进一步确论。从汪凤藻新带人员在整个使团中的比例来看，称"凡优差要职皆用私亲"之说则略有扩大之嫌。汪凤瀛和邱瑞麟是汪凤藻最初随带的6名随员中的两人，开始即随驻东京使署。汪凤瀛在吕增祥回国，王同愈抵任前，曾暂署参赞官；邱瑞麟则在黎汝谦回国，石祖芬抵任前，暂署横滨兼筑地正理事官。他们是汪凤藻倚重的人士应系实情。当时的使馆东文翻译罗庚龄，后来在回顾甲午开战时使馆的情形时曾说，战争爆发后，汪凤藻在使馆内只与汪凤瀛和刘庆汾两人相商，使团撤离时，也只是三人密谋，不与他人商议。③ 未涉及邱瑞麟，但也可知，岑春煊的参奏并非空穴来风。邱瑞麟回国后，曾在铁路总公司造册处接替郑孝胥，与广东候补道王存善和通判沈喆孙等"力任艰巨"。④

汪凤藻使团领取薪俸人员的名单详参附录一。对在日本各地的驻在情况，仅从甲午战争爆发后日方一份有关汪凤藻使团撤离情况的报告中，看到不完整的记录，大致如附录二所示。

第二节　东学党起义与清政府
依约派兵

经田保桥洁、王信忠、中塚明、戚其章等中日几代学者的共同努力，目前学界对于中日甲午战争日本蓄意挑战的历史事实，已有

---

① 《岑春煊奏参汪凤藻片》，光绪二十年六月十四日，载故宫博物院编《清光绪朝中日交涉史料》卷14，第34～35页。

② 《军机处寄北洋大臣李鸿章上谕》，光绪二十年六月十四日，载故宫博物院编《清光绪朝中日交涉史料》卷14，第35页。

③ 「丁酉日録」、明治30年、『宮島誠一郎文書』、A93-2。

④ 盛宣怀：《奏请准李经方兼在铁路总公司随臣办理商约事》，光绪三十一年正月初七日＊，录副奏片，档号：03-7142-001，缩微号：533-1797。

较充分的了解。甲午战争是日本蓄谋已久、精心策划的一场侵略战争，这一观点在中国学界已为定论，在日本学界也成为一种通行的说法。然而，近年来，日本学界却出现了一股翻案的势头。一些学者针对中塚明先生已被普遍接受的观点发表质疑言论，高唱"偶发说"，试图否定"侵略战争论"。[1] 甲午战争的起因问题直接关系到对甲午战争性质的界定。"偶发说"的抬头，无疑会进一步助长日本学界业已存在的所谓甲午战争是"义战说""防卫说"等气焰。为此，有必要通过新的研究，对日本蓄意挑起甲午战争这一起因做进一步的阐述。

中日甲午战争的历史可谓一段日本蓄意挑衅的历史。其间，日本为了防范欧美各国的干涉，虽然在军事上求常占先机，外交上却采取被动的姿态。[2] 其种种外交措施，常引起欧美各国产生错觉，误认为日本实只被迫应战，以防止欧美各国对清朝的援助。与此相反，清政府由于对日本的预谋未能见事机先，为防止局势恶化，军事上虽然处于被动，外交上却一直积极主动。[3]

当前，关于甲午战争的研究成果丰硕，广泛涉及战争的历史背景、北洋海军与甲午海战、国际关系及列强的远东政策、日本的战争准备与挑起战争的手段、人民的抗日斗争、东三省练军及辽东战场清军的后勤供应、帝后两党的战和之争、北洋舰队覆灭的原因、三国干涉还辽的影响、台湾人民的反割台运动及对"台湾民主国"的评价、战争失败的影响和历史教训、甲午战争与洋务运动的关系以及人物评

---

① 参见戚其章《走近甲午》（天津古籍出版社，2006）第 12 页，以及日本纪念"日清战争 100 年"会议论文集（東アジア近代史学会編『日清戦争と東アジア世界の変容』、東京、ゆまに書房、1997）中的相关论文。

② 〔日〕陆奥宗光：《日本侵略中国外交秘史》（原名《蹇蹇录》），龚德柏译，第 34 页；〔日〕陆奥宗光：《蹇蹇录》，伊舍石译，商务印书馆，1963，第 21 页。

③ 王德昭先生引蒋廷黻先生之言指出，李鸿章当时的政策为"军事上主张缓进，外交则主张不让步"。王德昭：《论甲午援韩》，中华文化复兴运动推行委员会编《中国近代现代史论集》第 11 编，台湾商务印书馆，1986，第 255 页。

价等。有关甲午战争的史料挖掘、整理和出版工作，也成绩斐然，比较而言，从外交史角度考察的成果相对较少。而这不多的外交史论著，主要着眼于日本"挑战史"，对于清政府的对日政策，尤其是甲午战争开战前夕清政府制定对日决策的重要环节——驻日使团的研究，① 尚有余地。

甲午开战前夕，由于情况紧急，使团与清政府之间的联系主要采用电报形式，偶尔辅以信函，现存史料比较丰富，情形比较复杂。现存电稿，一日数电，加上发电与收电之间有时间差，同一电又往往收在几种文献中，标注的时间还不同，情况比较复杂由于各种误差，同一份电报在不同文献中所标注的时间甚至相差数日。这些给梳理这一时期清政府对日政策的发展脉络及驻日使团的相应作为，造成一定混乱。不过，如果对这些资料做深入细致的考辨，还是可以较系统地解明这一时期清政府对日政策的形成和推演的历史过程，以及驻日使团在其中的作用和影响。

朝鲜东学党起义是清政府派兵朝鲜的直接动因，也是日后中日甲午战争爆发的导火线。②

清政府自获悉朝鲜发生变乱，到决定出兵，经历了一个漫长的观察过程，其间，日本因素显然是一个重要原因。中日《天津条约》第三款规定，将来朝鲜国若有变乱等重大事件发生，中、日两国或一国要派兵，应先互行文知照。由于中国派兵很可能促使日本也同时派兵，因此，无论清政府还是朝鲜方面，在派兵问题上均态度谨慎，且非常关注日本的相应动向。

---

① 日本外务大臣陆奥宗光在《蹇蹇录》中说，清政府决定出兵朝鲜时，有两方面的报告起了非常关键的作用：一是袁世凯的，另一是汪凤藻的。〔日〕陆奥宗光：《日本侵略中国外交秘史》（原名《蹇蹇录》），龚德柏译，第 5 页。

② 日本外务大臣陆奥宗光在《蹇蹇录》第一章中说："将来如有人编写中日两国间当时的外交史，当必以东学党之乱为开宗明义第一章。"日本正是抓住东学党起义这一时机，挑起了甲午战争。目前关于中日甲午战争史的代表之作，均自东学党起义起笔。文本拟沿用这一框架。

　　清政府于光绪二十年四月初一日（1894 年 5 月 5 日）接到驻朝鲜总理交涉通商事宜大臣袁世凯来电，称朝鲜全罗道泰仁县有东学党数千人聚众煽惑，已派兵使洪启熏带军"剿抚"。① 东学党起义之初，起义军势如破竹，大败官军。当时，北洋海军的"平远"舰正停泊于仁川港。因朝鲜政府之请，在李鸿章的支持下，袁世凯曾将此舰借给朝鲜政府运兵。然而，由于"韩王未请我派兵援助，日亦未闻派兵"，所以清政府起初并没有派兵的打算，而是主张"应俟续信如何再酌"②。同时，袁世凯关于日本对朝动向的一系列报告，也均表明日本尚无派兵之说。③ 四月二十九日（6 月 2 日）前后，距得知东学党起义已近一个月，清政府获悉朝鲜局势危险。朝鲜国王"以兵少，不能加派，且不可恃为词，议求华遣兵代剿"④，明确向清政府提出了派兵的请求。⑤

　　① 袁世凯发李鸿章电，在光绪二十年四月初一日（袁世凯撰，沈祖宪辑录《养寿园电稿》卷 3，第 114 页）；李鸿章至初四日才寄总署（《寄译署》，光绪二十年四月初四日申刻，载吴汝纶编《李文忠公全书·电稿》卷 15，第 31 页）；总署于当天收到（《北洋大臣来电》，光绪二十年四月初四日到，载故宫博物院编《清光绪朝中日交涉史料》卷 13，第 5 页）。

　　② 《寄译署》，光绪二十年四月二十一日未刻，载吴汝纶编《李文忠公全书·电稿》卷 15，第 32 页。

　　③ 参见《寄译署》（光绪二十年四月二十一日未刻）、《寄译署》（光绪二十年四月二十二日午刻），载吴汝纶编《李文忠公全书·电稿》卷 15，第 32 页；《北洋大臣来电》（光绪二十年四月二十一日到）、《北洋大臣来电一》（光绪二十年四月二十二日到），《北洋大臣来电二》（光绪二十年四月二十二日到），载故宫博物院编《清光绪朝中日交涉史料》卷 13，第 5~6 页。

　　④ 《北洋大臣来电》，光绪二十年四月二十九日到，载故宫博物院编《清光绪朝中日交涉史料》卷 13，第 6~7 页；《直督李鸿章致总署袁电韩被乱党战败韩王拟求我代剿嗣惑人言又复迟疑电二件》，光绪二十年四月二十九日、四月三十日，载王彦威纂辑，王亮编《清季外交史料》卷 90，第 29~30 页。

　　⑤ 朝鲜政府向清政府正式提出这一借兵请求，经历了一个较长的酝酿过程。光绪十九年（1893）三月东学党徒聚会忠清道报恩县时，朝鲜政府即有借兵中国之意。至光绪二十年（1894）全琫准起义时，借兵中国之议再起。然而，国王李熙因顾虑中国向朝鲜派兵，日本也可借口出兵，因此一直举棋不定，政府内部就借兵问题经历了较长的讨论，直到四月二十八日，朝王才下定借兵的决心，并将借兵可能引起第三国出兵的问题，寄予袁世凯解决。详参戚其章《甲午战争史》，人民出版社，1990，第 12~15 页。

在东学党起义之初朝鲜提出请兵要求时，袁世凯以为东学党"乱事"① 不足为虑，曾力劝清廷镇静观变。到此时朝鲜再提出"代剿"请求时，他的态度才变得积极。② 袁世凯的考虑是：（1）从中朝宗藩体系的角度看，属国内乱不能自了请求"代剿"，是上国的体面；（2）从当时远东国际局势来看，如果中国政府不答应，其他国家"必有乐为之者"，这将使中国陷入尴尬的境地，自为必不可却之举；（3）以袁世凯的精明，当然也顾及中日《天津条约》，担心日本会有同样举动。但他认为，条约中只规定"华日派兵，只先行文知照"，本来就没有"华派日亦派"的说法。因此，他估计日本即使多事，也不过"藉保护使馆为名，调兵百余名来汉"。退一步说，如果日本派兵，它也将面临巨大阻力。此时，起义军距汉城尚远，对于日本的派兵，不仅韩国外部一定要驳阻，而且各国政府也将出面阻止。③ 事实上，袁世凯积极倡导并答应出兵，其中最令他放心的，当是日本方面的口头保证。

自东学党起义以后，日本一直密切关注朝鲜向中国借兵的动向。四月二十五日（5月29日），日本外务大臣陆奥宗光密令日本驻朝代理公使杉村濬，探查朝鲜政府是否向中国乞援，并嘱其密切关注朝鲜政府与袁世凯之间的关系。杉村假装持希望中国出兵的姿态，以试探袁世凯的真实态度。④ 二十八日（6月1日），杉村探知朝王决定借兵后，派遣书记生、翻译郑永邦拜访袁世凯，以"询匪情"为名来试探

---

① "乱事"等用词均采自原始文献，代表当时清政府、朝方及日方的立场。以下同，不一一说明。

② 参见林明德《袁世凯与朝鲜》，第338~346页；王德昭《论甲午援韩》，中华文化复兴运动推行委员会编《中国近代现代史论集》第11编，第239~242页。

③ 《北洋大臣来电》，光绪二十年五月初一日到，载故宫博物院编《清光绪朝中日交涉史料》卷13，第6~7页；《直督李鸿章致总署袁电韩被乱党战败韩王拟求我代剿嗣惑人言又复迟疑电二件》，光绪二十年四月二十九日、四月三十日，载王彦威纂辑，王亮编《清季外交史料》卷90，第29~30页。

④ 杉村濬『明治廿七八年在韩苦心録』、5页。

中国方面的意向。会谈中，郑永邦表明，日本政府急迫希望中国"速代韩戡乱"。当袁世凯基于中日《天津条约》探寻日方对中国派兵的意向时，郑永邦则表示"我政府必无他意"①。次日，杉村亲访袁世凯证实派兵之事，声称"盼华速代戡"。袁世凯显然完全相信了杉村的"好意"。②袁世凯对中国派兵援朝可谓相当乐观。他告知朝鲜政府，如必需中国派兵，可由政府具文来请，他即代为转达。③

　　袁世凯对朝鲜形势的分析，获得李鸿章的积极回应。李计划等到朝鲜政府文转到，便一面拟派叶提督选带精队千数百人，乘商轮速往，并将派军舰4艘赴仁川、釜山等各口援护，一面根据中日《天津条约》的相关规定致电汪使知照日外部。四月二十九日（6月2日），他将袁世凯来电及本人的初步计划致电总署，希望代奏。④

　　由于朝鲜政府有了明确的请兵意向，加上李鸿章积极促进，清政府基本接受派兵建议，准备出兵帮助朝鲜平乱。不过，此时，清政府只指示做"先期饬备"⑤，正式派兵尚需视形势的变化而定。这主要是因为当时朝鲜方面虽已有借兵中国的明确意向，且缮就"请兵文"，

---

　　①《寄译署》，光绪二十年四月二十八日酉刻，载吴汝纶编《李文忠公全书·电稿》卷15，第33页；《北洋大臣来电》，光绪二十年四月二十九日到，载故宫博物院编《清光绪朝中日交涉史料》卷13，第7页；《直督李鸿章致总署袁电韩被乱党战败韩王拟求我代剿嗣惑人言又复迟疑电二件》，光绪二十年四月二十九日、四月三十日，载王彦威纂辑，王亮编《清季外交史料》卷90，第29~30页。

　　②《寄译署》，光绪二十年五月初一日巳刻，载吴汝纶编《李文忠公全书·电稿》卷15，第34页；《北洋大臣来电》，光绪二十年五月初一日到，载故宫博物院编《清光绪朝中日交涉史料》卷13，第8页。

　　③《北洋大臣来电》，光绪二十年五月初一日到，载故宫博物院编《清光绪朝中日交涉史料》卷13，第6~7页；《直督李鸿章致总署袁电韩被乱党战败韩王拟求我代剿嗣惑人言又复迟疑电二件》，光绪二十年四月二十九日、四月三十日，载王彦威纂辑，王亮编《清季外交史料》卷90，第29~30页。

　　④《北洋大臣来电》，光绪二十年五月初一日到，载故宫博物院编《清光绪朝中日交涉史料》卷13，第7页；《直督李鸿章致总署袁电韩被乱党战败韩王拟求我代剿嗣惑人言又复迟疑电二件》，光绪二十年四月二十九日、四月三十日，载王彦威纂辑，王亮编《清季外交史料》卷90，第30页。

　　⑤《总署致李鸿章派兵援韩希先期筹备电》，光绪二十年四月三十日，载王彦威纂辑，王亮编《清季外交史料》卷90，第30页。

但担心"贻各国笑"、日本"生事"，加上起义军有南去的迹象，因此尚存迟疑，未正式送出照会，决定根据军情进展再定。① 可以说，清政府在派兵问题上是慎重又慎重的。最终正式下令派兵，与朝鲜局势的客观发展及日本所施展的外交手段，均有很大关系。这一点，在此后中日关系日趋复杂之后，可以看得更加清楚。

然而，就在三十日（3日）夜，李鸿章接袁世凯来电，由于起义军继续北进，朝鲜政府正式将"请兵文"交他请转中国政府，请求中国政府依据壬午、甲申年之例，派兵"助剿"，内称：

> 敝邦全罗道所辖之泰仁、古阜等县，民习凶悍，性情险谲，素称难治。近月来附串东学教匪，聚众万余人，攻陷县邑十数处。今又北窜陷全州省治，前经遣练军前往剿抚，该匪竟敢拼死拒战，致练军败挫，失去炮械多件。似此凶顽久扰，殊为可虑。况距汉城仅四百数十里，如任其再为北窜，恐畿辅骚动，所损匪细。而敝邦新练各军，现数仅可护卫都会，且未经战阵，殊难用以殄除凶寇。倘滋蔓日久，其所以贻忧于中朝者实多。查壬午、甲申敝邦两次内乱，咸赖中朝兵士代为戡定。兹拟援案，请烦贵总理迅即电恳北洋大臣，酌遣数队，速来代剿，并可使敝邦各兵将随习军务，为将来捍卫之计。一俟悍匪挫殄，即请撤回，自不敢续请留防，致天兵久劳于外也。并请贵总理妥速筹助，以济急迫，至切盼待。②

---

① 《北洋大臣来电二》，光绪二十年四月二十九日到，《北洋大臣来电三》，光绪二十年四月二十九日到，载故宫博物院编《清光绪朝中日交涉史料》卷13，第7页；《直督李鸿章致总署袁电韩被乱党战败韩王拟求我代剿嗣惑人言又复迟疑电二件》，光绪二十年四月三十日，载王彦威纂辑，王亮编《清季外交史料》卷90，第30页。

② 《寄译署》，光绪二十年五月初一日辰刻，载吴汝纶编《李文忠公全书·电稿》卷15，第33~34页。

次日，李鸿章将来电转寄总署。并告知，按原定方针，他已饬令丁汝昌派海军"济远""扬威"二舰赴仁川、汉城护商；又调直隶提督叶志超，率同太原镇总兵聂士成，选派淮军 1500 名，配齐军装，分坐招商轮船先后进发；并致电驻日使臣汪凤藻，令依据中日《天津条约》将派兵事宜知照日本外务省，请总署一并代奏。[①] 与此同时，他会见日本驻天津领事荒川巳次，探询其对中国派兵的意见。荒川语意与杉村向袁世凯所言略同。李鸿章当时表示，若朝鲜请兵，势须准行。待定议后，由使臣汪凤藻知照日本外部，并称事竣即撤回。荒川只说先告外部，未表异议。[②]

基于日本方面的保证，在接到李鸿章关于朝鲜方面请兵的奏折之后，清政府于五月初二日（6 月 5 日）正式下达向朝鲜派兵的谕旨，内称：

> 此次朝鲜乱匪聚党甚众，中朝派兵助剿，地势敌情均非素习，必须谋出万全，务操必胜之势，不可意存轻视，稍涉疏虞。派出兵练千五百名，是否足敷剿办？如须厚集兵力，即著酌量添调，克期续发，以期一鼓荡平，用慰绥靖藩服至意。[③]

由此可见，清政府派兵的目的在于"助剿"，告诫中朝派出之兵"必须谋出万全"，希望"一鼓荡平"。所担心的是所派人数不敷"剿办"，为此告知若果需要，即酌量添调，给予李鸿章相当大的机动权。

---

① 《寄译署》，光绪二十年五月初一日辰刻，载吴汝纶编《李文忠公全书·电稿》卷 15，第 33~34 页；《北洋大臣来电》，光绪二十年五月初一日到，载故宫博物院编《清光绪朝中日交涉史料》卷 13，第 7~8 页。

② 《寄译署》，光绪二十年五月初一日巳刻，载吴汝纶编《李文忠公全书·电稿》卷 15，第 34 页；《北洋大臣来电》，光绪二十年五月初一日到，载故宫博物院编《清光绪朝中日交涉史料》卷 13，第 8 页。

③ 朱寿朋撰《（光绪朝）东华续录》第 16 册，光绪二十年五月初二日（戊寅），上海古籍出版社，2008 年影印本，第 529 页。

既然日本明确表示支持中国派兵，外交上似已无后顾之忧，只需按照条约完成相应外交程序即可。

李鸿章接谕旨后，鉴于前电奏派兵数廷旨尚恐不足，所以命山海关提督叶志超到牙山、公州后，察看敌情，如需添调即电商速拨，无论本部及威旅各营均听指调。[1] 五月初三日（6月6日），太原镇总兵聂士成率所部910人乘海轮赴朝。

目前，谈到清政府决定出兵朝鲜的根据时，往往认为有两方面的报告起了关键作用：一是驻朝鲜袁世凯的，另一是驻日本汪凤藻的。汪凤藻曾报告，明治23年（1890）日本实行宪法后，政府议会常起冲突，近来尤为剧烈，绝无对外生事之余力，从而在相当大的程度上误导了清政府。这一观点最早出自陆奥宗光的《蹇蹇录》[2]，后被学者广泛引用。但据现有中方资料，从这一时期清政府出兵的决策过程来看，所依据的，主要是袁世凯的系列报告，汪凤藻的报告在其中的作用不明显。汪的作为主要是在奉命依照中日《天津条约》知照日本之后。

第三节　依约知照日本与清政府"速平韩乱以退日兵"策

清政府经慎重考虑决定派兵后，首要之事就是依照中日《天津条约》知照日本。

早在酝酿派兵期间，清政府已就派兵事宜"应由何处知照"与日本多方沟通。袁世凯询问前来拜会的日本驻朝鲜使馆译员郑永邦，郑

---

① 《寄山海关叶提督》，光绪二十年五月初二日未刻，载吴汝纶编《李文忠公全书·电稿》卷15，第34页。

② 〔日〕陆奥宗光：《日本侵略中国外交秘史》（原名《蹇蹇录》），龚德柏译，第5页。

回答由总署、北洋大臣均可。① 李鸿章则提议应请转总署电饬驻日使臣汪凤藻照约行文日本外务省，"告以由韩所请"②。李鸿章在会晤驻津日本领事时也告知，中国将答应朝鲜请兵要求，定议后"当由汪使知照外部，事竣即撤回"③。为此，清政府决定派兵后，拟由总署和汪凤藻分别知照日本驻华代理公使小村寿太郎和日本外务省。致汪凤藻电中，称：

> 查光绪十一年中日议定专条内云，将来朝鲜若有变乱事件，中国要派兵，应先行文知照，事定仍即撤回，不再留防等语。本大臣今接朝鲜政府文开，"全罗道所辖，民习凶悍，附串东学教匪，聚众攻陷县邑，又北窜陷全州，前遣练军往剿失利。倘滋蔓日久，贻忧于上国者犹多。查壬午、甲申敝邦两次内乱，咸赖中朝兵士代为戡定，兹援案恳请酌遣数队，速来代剿。悍匪挫殄，即请撤回，不敢续请留防，致天兵久劳于外"等语。本大臣览其情词迫切，派兵援助乃我朝保护属邦旧例，用是奏奉谕旨，派令直隶提督叶选带劲旅，星驰往朝鲜全罗、忠清一带，相机堵剿，克期扑灭，务使属境乂安，各国在韩境通商者，皆得各安生业。一俟事竣，仍即撤回，不再留防。合亟照约行文知照云云。应请

---

① 《寄译署》，光绪二十年五月初一日辰刻，载吴汝纶编《李文忠公全书·电稿》卷15，第34页；《北洋大臣来电一》，光绪二十年四月二十九日到，载故宫博物院编《清光绪朝中日交涉史料》卷13，第7页。

② 《直督李鸿章致总署袁电韩被乱党战败韩王拟求我代剿嗣惑人言又复迟疑电二件》，光绪二十年四月二十九日、四月三十日，载王彦威纂辑，王亮编《清季外交史料》卷90，第29~30页；《寄译署》，光绪二十年五月初一日辰刻，载吴汝纶编《李文忠公全书·电稿》卷15，第34页；《北洋大臣来电一》，光绪二十年四月二十九日到，载故宫博物院编《清光绪朝中日交涉史料》卷13，第7页。

③ 《寄译署》，光绪二十年五月初一日巳刻，载吴汝纶编《李文忠公全书·电稿》卷15，第34页；《北洋大臣来电》，光绪二十年五月初一日到，载故宫博物院编《清光绪朝中日交涉史料》卷13，第8页；《寄译署》，光绪二十年五月初一日辰刻，载吴汝纶编《李文忠公全书·电稿》卷15，第34页；《北洋大臣来电一》，光绪二十年四月二十九日到，载故宫博物院编《清光绪朝中日交涉史料》卷13，第7页。

照以上各节速即备文，知照日本外务衙门查照。①

汪凤藻于五月初三日（6月6日），清政府发布派兵谕旨的次日，按照来电照会日本外务大臣陆奥宗光。② 汪凤藻所转达的清政府的照会试图说明，中国派兵是应朝鲜政府之请，出于"保护属邦旧例"。军队的主要任务是往朝鲜全罗、忠清一带"剿灭韩乱"，稳定朝鲜国内局势，使在朝鲜的国内外民众"各安生业"。照会最后声明，"事竣后即撤回，不再留防"。汪凤藻在会晤陆奥时，还解释道"派兵护商事非得已"③。清政府本以为，这样"周到"的照会可以完全打消日方的顾虑。不料，照会一开始就出现波折。

日方就照会中的"属邦"二字大做文章。当天，陆奥回复称，照会中有"保护属邦"之语，而日本从未承认朝鲜为中国属邦，要使馆商请"酌改"。④ 汪凤藻当场正辞相拒，但一时未能了结，向李鸿章请示。李鸿章复电态度坚决，称中国"保护属邦旧例"天下各国皆知，日本即使不认朝鲜为中国属邦，我也只能我行我法，未便自乱其

---

① 《北洋大臣来电》，光绪二十年五月初三日到，载故宫博物院编《清光绪朝中日交涉史料》卷13，第9页。

② 「清国公使ヨリ陆奥外务大臣宛」、6月7日、外务省编纂『日本外交文书』第27卷第2册、167-168页；《直隶李鸿章致总署准韩请派兵保护已电汪使知照又日本不认韩为我属邦电》，光绪二十年五月初三日，载王彦威纂辑，王亮编《清季外交史料》卷91，第3页。

③ 《直隶李鸿章致总署准韩请派兵保护已电汪使知照又日本不认韩为我属邦电》，光绪二十年五月初三日，载王彦威纂辑，王亮编《清季外交史料》卷91，第3页。

④ 「陆奥外务大臣ヨリ清国公使宛」、明治27年6月7日、「日清の交涉讲和始末（1）」JACAR、Ref.C08040460800、明治27·8年　战史编纂准备书类 1（防卫省防卫研究所）；「陆奥外务大臣ヨリ清国公使宛」、6月7日、外务省编纂『日本外交文书』第27卷第2册、169页；《直隶李鸿章致总署准韩请派兵保护已电汪使知照又日本不认韩为我属邦电》，光绪二十年五月三日，载王彦威纂辑，王亮编《清季外交史料》卷91，第3页；《寄译署》，光绪二十年五月初五日巳刻，载吴汝纶编《李文忠公全书·电稿》卷15，第35页；《北洋大臣来电》，光绪二十年五月初五日到，载故宫博物院编《清光绪朝中日交涉史料》卷13，第10页。

例；并表示无论日本立场如何，中方"碍难酌改"。① 次日，汪凤藻再访外务省，日方表示将不把朝鲜看作中国属国，但照会用语已"不复请改"。②

直接指导属邦之争的是李鸿章。李鸿章在处理后即咨行总署。其间，没有看到清政府做什么新的指示，说明李鸿章的意见代表了清政府的立场。由此也可以看到，在朝鲜的地位问题上，清政府的政策是一贯而明确的。

其实，日本挑起属邦之争只是一个陪衬。其真正关注、精心准备的是军事上的派兵，试图以压倒性优势控制朝鲜。日本派兵的决议，比朝鲜政府正式要求中国出兵还早一日，而计划派遣的军队，远远多于中国所派。为此，陆奥不愿在此名分之争上与汪凤藻徒费口舌。③

的确，日本所谓的希望中国"速代韩戡乱"，日本政府"必无他意"，完全是虚饰之词。日本政府和军事当局在处理朝鲜问题的对策与主张上，缓急虽有不同，但决心出兵却可谓预谋已久，完全一致。当东学党起义迅速发展时，日本军事当局积极准备出兵，秘密着手进行军事动员。④ 而以伊藤博文为首的日本政府，尤其外务大臣陆奥宗光，态度也甚为积极，认为此时是恢复日本在朝鲜势力的良好时机，

---

① 《寄译署》，光绪二十年五月初五日巳刻，载吴汝纶编《李文忠公全书·电稿》卷15，第35页；《北洋大臣来电》，光绪二十年五月初五日到，《清光绪朝中日交涉史料》卷13，第10页；《直隶李鸿章致总署准韩请派兵保护已电汪使知照又日本不认韩为我属邦电》，光绪二十年五月初三日，载王彦威纂辑，王亮编《清季外交史料》卷91，第3页。

② 《寄译署》，光绪二十年五月初六日申刻，载吴汝纶编《李文忠公全书·电稿》卷15，第36页；《北洋大臣来电》，光绪二十年五月初六日到，载故宫博物院编《清光绪朝中日交涉史料》卷13，第11页。

③ 〔日〕陆奥宗光：《日本侵略中国外交秘史》（原名《蹇蹇录》），龚德柏译，第9页。

④ 详参〔日〕田保桥洁《甲午战前日本挑战史》，王仲廉译，第68页；王信忠《中日甲午战争之外交背景》，第157页；戚其章《甲午战争史》，第23~24页。

不可失之交臂。① 但由于当时汉城、釜山、仁川等地均无"韩乱"危
险，日侨居住地也毫无"韩乱"波及，此时出兵未免贸然，为此日本
寄希望于中国派兵，然后以中日《天津条约》的同等派兵权，堂而皇
之出兵。上述授命驻朝代理公使杉村濬密探袁世凯的动向，积极怂恿
中国出兵，即其中一个步骤。所以，当四月二十九日（6月2日）外
务省接到杉村急电，报告朝鲜政府已向袁世凯提出借兵的请求时，正
在官邸召开内阁会议的伊藤博文，立即派人请参谋总长有栖川炽仁亲
王和参谋次长川上操六参加会议，秘密决定出兵朝鲜。伊藤随即将这
项密议上奏明治天皇，得到裁可。② 其实，到四月三十日（6月3
日），朝鲜政府才正式请求中国派兵。清政府则于五月初二日（6月5
日）下达向朝鲜派兵的谕旨，五月初三日（6月6日）派聂士成率所
部赴朝，汪凤藻并于当天奉命依据中日《天津条约》知照日本。而日
本政府在做出派兵决定后，五月初二日（6月5日）午后四点前后，
驻朝公使大鸟圭介就偕同外务省参事官本野一郎、海军军令部第二局
海军少佐安原金次率部队，乘巡洋舰"八重山"号自横须贺港出发
了。此后不断增兵，人数之众，组织之严密，远在清政府之上。③ 可
见，日本政府在朝鲜政府正式请求中国派兵的前一天，中国正式派兵
赴朝前四天，就已做出派兵决定。而日本军队则在中国军队启程、汪
凤藻按照中日《天津条约》知照日本前一天，就已经出发。④ 总之，

---

① 山崎有信『大鳥圭介伝』、東京博文館、1915、250 頁。
② 〔日〕陆奥宗光：《日本侵略中国外交秘史》（原名《蹇蹇录》），龚德柏译，第 3 页。
③ 关于日本派兵的人数、路径等详细情况，可参见王信忠《中日甲午战争之外交背
景》，第 162~165 页；戚其章《甲午战争史》，第 27~30 页。
④ 当前，关于陆奥"六二出兵"的目的，有一种"非战目的"在日本学界颇为流行。
日本已故历史学者信夫清三郎就持这一观点，认为陆奥的出发点是和平解决朝鲜问题，出兵
是无可奈何之举，是被迫的。这一说法在日本为相当多的人所接受，至今影响颇大。如高桥
秀直和大泽博明就是这一观点的倡导者（详参高橋秀直『日清戦争への道』、東京、創元社、
1995、305-306、514 頁；大沢博明「日清共同改革朝鮮論と日清開戦」、『熊本法学』75 号、
1993）。中国学者戚其章非常细致、系统地驳斥了这一观点，详参戚其章《走近甲午》，第
20~34 页。本文赞同戚先生的观点。

日本派兵绝对不是被动之举而是有备而来。对此，清政府预先并不知情。

第一时间报告日本派兵的是汪凤藻。五月初三日（6月6日），汪凤藻奉命就中国派兵事宜照会日本政府时，得知大鸟圭介已带20名巡捕和一艘军舰赴朝，目的是"护商"。汪凤藻不清楚日本派兵是否与总署商洽过，立即电告李鸿章。① 汪凤藻所报告的日本派兵20来人及一艘军舰，应是清政府最早了解到的日本派兵情况。

接汪凤藻报告后，李鸿章对日本派兵原则上表示反对。他电令汪凤藻与日方"妥商"。理由是朝鲜未请日本派兵，日本不应派。如果以使馆护商为由，究竟有限，而且当时汉城安静无事。② 汪凤藻接电后，奉命前往外务省商议。会晤中，日方一面解释派兵在于"护商"，出于"非得已"，保证"切戒"所派官兵"毋生事端"，请中国"亦严切申谕"，一面却挑起了上述的所谓属邦之争。③ 属邦之争因非其关切所在，很快平息，但日本派兵却越来越成为问题，致使清政府不断调整对日政策。

与汪凤藻会面后，日本外务省如其向汪凤藻所表示的，的确将派兵事宜由其使领馆先后知照中国各方，驻华代理公使小村寿太郎照会总理衙门，驻天津领事馆知照李鸿章，驻朝使馆知照袁世凯，但均没有说明所派人数，倒是反复表示派兵的目的在于"保护使署、领事及

---

① 《寄译署》，光绪二十年五月初三日辰刻，载吴汝纶编《李文忠公全书·电稿》卷15，第34页；《北洋大臣来电》，光绪二十年五月初三日到，载故宫博物院《清光绪朝中日交涉史料》卷13，第8页。

② 《北洋大臣来电》，光绪二十年五月初三日到，载故宫博物院编《清光绪朝中日交涉史料》卷13，第8页；《直督李鸿章致总署汪凤藻电韩未请日派兵日已派往祈妥商电》，光绪二十年五月初三日，载王彦威纂辑，王亮编《清季外交史料》卷91，第2页。

③ 李鸿章：《寄译署》，光绪二十年五月五日巳刻，《甲午战事电报录》卷上，中国历史研究社编《东行三录》，上海书店，1982，第97页；《寄译署》，光绪二十年五月初五日巳刻，载吴汝纶编《李文忠公全书·电稿》卷15，第35页；《北洋大臣来电》，光绪二十年五月初五日到，载故宫博物院编《清光绪朝中日交涉史料》卷13，第10页。

商民”，在于“调护使馆，无他意”。①

对于日本的这一解释，清政府各方一开始是相信的。其时，朝鲜外署因担心大鸟带兵来汉城生事，前来拜见袁世凯。袁劝慰称，大鸟不喜多事，带巡捕20名来，自无动兵之意。② 李鸿章会见日本驻天津领事荒川已次时，首先声明，汉城、仁釜各口现在都很安静，中国派兵专为“剿灭”内地“土匪”，并不到汉城及通商各口，日本“似不必派兵，致人惊疑”。但当荒川称“兵已派”时，李鸿章转而称，“如已派，保护官商，断不可多。且非韩请派，断不可入内地，致华日兵相遇生衅”。荒川表示立即转电外务省与伊藤博文。③ 可以说，对于日本派兵，李鸿章等人原则上不同意，并试图阻止，但在“断不可多”，“断不可入内地”的前提之下，也不反对。李鸿章的这一立场，表明中方尊重中日《天津条约》精神，稍后也为总署所接受，成为清政府这一时期的最初的对日政策。

五月初六日（6月9日），总署同一天发送两份照会致小村。一份提示，日本派兵“但为使领两署及商民保护，无须多派，更不宜入内地”，以免与中国军队相遇，且因“言语不通，军礼各殊，或致生

---

① 「日本驻华代理公使小村寿太郎致总署照会」、明治27年6月7日、「5 明治27年6月8日から明治27年6月24日」JACAR、Ref. B03030205100、東学党変乱ノ際韓国保護ニ関スル日清交渉関係一件 第一卷（1-1-2-9_ 001）（外務省外交史料館）；「日清の交渉講和始末（1）」JACAR、Ref. C08040460800、明治27・8年　戦史編纂準備書類　1（防衛省防衛研究所）；《寄译署》，光绪二十年五月初四日未刻，载吴汝纶编《李文忠公全书·电稿》卷15，第35页；《北洋大臣来电》，光绪二十年五月初五日到，载故宫博物院编《清光绪朝中日交涉史料》卷13，第9页；《寄译署》，光绪二十年五月初五日巳刻，载吴汝纶编《李文忠公全书·电稿》卷15，第35页。

② 《北洋大臣来电》，光绪二十年五月初四日到，载故宫博物院编《清光绪朝中日交涉史料》卷13，第9页。

③ 《寄译署》，光绪二十年五月初四日未刻，载吴汝纶编《李文忠公全书·电稿》卷15，第35页；《北洋大臣来电》，光绪二十年五月初五日到，载故宫博物院编《清光绪朝中日交涉史料》卷13，第10页。

事"，令其将这一顾虑转致日本政府。① 另一份则继汪凤藻知照日本政府之后，再次就中国派兵事宜进行说明，称中国派兵的原因是朝鲜援壬午、甲申两次内乱的先例，恳请前为"代剿"。朝方在请求文中要求平定后"即请撤回"，中国政府也决定"一俟事竣，仍即撤回"。② 小村在接到总署这两份照会后，直到 6 月 12 日（五月初九日）日本对朝大量增兵之后才回复，且措辞非常强硬，详参下文。

然而，清政府的这一日本"无须多派，更不宜入内地"政策还没来得及展开，以及汪凤藻与日方的属邦之争余音未落时，却传来日本大量增兵且赴汉城的消息，且日本一反前说，对派兵的理由提出新的说辞。

五月初五日（8 日），驻仁川中国理事从日本领事处得知，日本将派 300 人赴汉城，大鸟圭介即将到达。③ 朝鲜政府协同袁世凯试图阻止。朝鲜外署依照袁世凯之意前往杉村濬处辩驳阻兵。经朝方责问，杉村虽然"语塞"，但将责任推给中国，说日本派兵是因中国派兵之故，要朝方与中国商办。又称，日朝之间有条约，即使无事之时日本也可派兵，这是日本的"应有权利"，且要朝鲜"速照约修备兵房"。对此，袁世凯嘱咐朝鲜政府致电朝鲜驻日本公使，令其向日本外务省交涉阻兵，同时他也看出日本企图驻兵朝鲜蓄谋已久，此次乘机派兵"似非口舌所能阻"，"既来，又恐非暂时所能去"，其真实意

---

① 「总理各国事务衙门致日本代理公使小村寿太郎照会」，光绪二十年五月初六日、「5 明治 27 年 6 月 8 日から明治 27 年 6 月 24 日」JACAR、Ref. B03030205100、東学党変乱ノ際韓国保護ニ関スル日清交渉関係一件 第一巻（1-1-2-9_ 001）（外務省外交史料館）。

② 《总理各国事务衙门致日本代理公使小村寿太郎照会》，光绪二十年五月初六日，「5 明治 27 年 6 月 8 日から明治 27 年 6 月 24 日」JACAR、Ref. B03030205100、東学党変乱ノ際韓国保護ニ関スル日清交渉関係一件 第一巻（1-1-2-9_ 001）（外務省外交史料館）；「日清の交渉講和始末（1）」JACAR、Ref. C08040460800、明治 28・8 年　戦史編纂準備書類 1（防衛省防衛研究所）。

③ 《北洋大臣来电》，光绪二十年五月初六日到，载故宫博物院编《清光绪朝中日交涉史料》卷 13，第 10 页。

图显然是"照约驻兵挟制"朝鲜。次日，他将相关情况报告清政府。① 初六日（9日）申刻，李鸿章接汪凤藻电，听说日本有3000余兵陆续进发，即转电总署和袁世凯。② 同日深夜，清政府获悉：朝鲜方面就日本派兵一事当面诘问日本驻朝公使，又送文相阻，日使均不予理睬；情急之下，朝鲜国王还决定派外参议赴仁川迓阻，但也预计日本"未必听"；值此时，朝方才深感日本此行"必有他虑，极可危"。无奈之下，朝鲜政府寄希望于清政府。③

初七日（10日），清政府得知日军陆续抵达朝鲜。大鸟随带20名巡捕在仁川登岸，此外尚有300名士兵，且随带大炮。④ 当日，驻朝日本代理公使正式送函至朝鲜政府，称大鸟将于初七日（10日）凌晨4点，随带护卫水师300名由陆路前往汉城。⑤ 对于日本兵来朝的目的，日本驻朝使馆翻译人员在与袁世凯会见时还试图掩饰。会见中，袁世凯对日兵之来深表担忧，担心各国仿效，提请日方"时或有他人亦拟附入津约内，殊可虑"，建议撤兵。但该译员居然称："我政府无他意，倘韩王不允，中堂有电，似亦不能强来。"李鸿章获悉这

---

① 《寄译署》，光绪二十年五月初六日午刻，载吴汝纶编《李文忠公全书·电稿》卷15，第36页；《北洋大臣来电》，光绪二十年五月初六日到，载故宫博物院编《清光绪朝中日交涉史料》卷13，第11页。

② 《寄译署》，光绪二十年五月六日申刻，载吴汝纶编《李文忠公全书·电稿》卷15，第36页；《北洋大臣来电》，光绪二十年五月初六日到，载故宫博物院编《清光绪朝中日交涉史料》卷13，第11页。

③ 《寄译署》，光绪二十年五月初六日申刻，载吴汝纶编《李文忠公全书·电稿》卷15，第36页；《北洋大臣来电》，光绪二十年五月初六日亥刻到，载故宫博物院编《清光绪朝中日交涉史料》卷13，第11页。

④ 《北洋大臣来电一》，光绪二十年五月初七日到，载故宫博物院编《清光绪朝中日交涉史料》卷13，第11～12页；《寄译署》，光绪二十年五月七日午刻，载吴汝纶编《李文忠公全书·电稿》卷15，第36页；《北洋大臣来电二》，光绪二十年五月初七日到，载故宫博物院编《清光绪朝中日交涉史料》卷13，第12页。

⑤ 《寄译署》，光绪二十年五月初七日午刻，载吴汝纶编《李文忠公全书·电稿》卷15，第36页；《北洋大臣来电二》，光绪二十年五月初七日到，载故宫博物院编《清光绪朝中日交涉史料》卷13，第12页。

一说法，将信将疑。① 但清政府很快确知，初六日（9 日）夜，大鸟及随行军队已在仁川登岸，前后共约 450 名士兵。初七日（10 日）凌晨 4 点，大鸟果然带 400 名士兵由陆路赴汉。另 50 名带炮 4 尊，乘"顺明"小轮赴汉城。对于如此大规模派兵且前往汉城之举，日本却对前往质问的朝鲜驻日使臣金思辙说，是"由华照会出兵"，像杉村濬一样，将出兵的责任完全推给中国，已根本不提此前致中国政府照会中所说的派兵是为了护商、护使馆了。②

针对朝鲜劝阻无效，日本不断大量调兵进入汉城的局势，李鸿章的对策是，命丁汝昌派"龙镇"及所附二小轮暂赴牙山察看，由方伯谦派巡察刘登龙带往汉城，③ 但持观望态度，寄希望于驻朝各国公使出面调停。李鸿章认为，汉城平安无事，而日本独调兵，各国公使当有公论，他希望袁世凯能调动各国公使出面调停。④ 但袁世凯很快电告，请各国公使出面调停希望渺茫。因驻朝俄、法公使均已离去，由翻译人员暂代；德、英两国则均是以领事代理；美国新来公使年岁已大，恐无济于事。袁世凯将阻兵的希望寄托于朝鲜方面。⑤ 当时，朝鲜出现了群雄争韩的局面。初八日（11 日），大鸟及所带军队及武器抵达汉城时，李仙得同美国官兵数人赶赴汉城，且还传出朝鲜方面饬

---

① 《北洋大臣来电一》，光绪二十年五月初七日到，载故宫博物院编《清光绪朝中日交涉史料》卷 13，第 11~12 页。

② 《寄译署》，光绪二十年五月初七日申刻，载吴汝纶编《李文忠公全书·电稿》卷 15，第 37 页；《北洋大臣来电一》，光绪二十年五月初八日到，载故宫博物院编《清光绪朝中日交涉史料》卷 13，第 12 页。

③ 《寄译署》，光绪二十年五月初七日午刻，载吴汝纶编《李文忠公全书·电稿》卷 15，第 36 页；《北洋大臣来电二》，光绪二十年五月初七日到，载故宫博物院编《清光绪朝中日交涉史料》卷 13，第 12 页。

④ 《复朝鲜袁道》，光绪二十年五月初七日申刻，载吴汝纶编《李文忠公全书·电稿》卷 15，第 37 页。

⑤ 《寄译署》，光绪二十年五月初七日酉刻，载吴汝纶编《李文忠公全书·电稿》卷 15，第 37 页；《北洋大臣来电二》，光绪二十年五月初八日到，载故宫博物院编《清光绪朝中日交涉史料》卷 13，第 12 页。

李仙得"招剿"之说。[1] 法国也派兵40名前往汉城。[2]

日本既已明确向朝方表示，其出兵的责任完全在中国，公然推倒此前向中国所表示的护商、护使馆一类的说辞，至此，清政府才深感日本手段之"阴鸷"，称："日乘韩内乱，以兵挟议，又托言由华照会出兵，阴鸷极矣。"鉴于各国已开始纷纷插手朝鲜，为此，清政府总体上采用李鸿章的主张，对日本派兵持静观姿态，令袁世凯探查"大鸟到汉，如何开议？"对于美国等的介入，则要朝鲜政府"坚持定见"。[3] 具体对策是，仍由李鸿章指令袁世凯具体实行，重点应对派遣大量士兵进入汉城的日本方面：（1）认定日本派兵是为了与中国争体面，"兵来非战"，让朝鲜"切毋惊扰"；（2）由于多次阻止日本派兵无效，计划迅速设法清除全罗道的乱军，待全罗道克复，中国军队离去，"日自息"；（3）如果日本对朝鲜进行要挟，朝方仍须坚持不许。[4] 这样，针对日本以护商、护使馆名义派兵而提出的"无须多派，更不宜入内地"策，未及展开而终结。此后，清政府对日政策的重点放在尽快平乱上，以消除日本增兵及驻兵的借口。

初八日（11日），大鸟抵达汉城，朝鲜外署当日与其会晤。双方"谈驳良久"，大鸟坚持认为朝鲜没有能力清除乱军及保护在朝日人，请中国代戡即是明证；宣称，日本正因为如此，才"率兵自卫"；并

---

① 《北洋大臣来电三》，光绪二十年五月初八日到，载故宫博物院编《清光绪朝中日交涉史料》卷13，第12页。

② 《北洋大臣来电四》，光绪二十年五月初八日到，载故宫博物院编《清光绪朝中日交涉史料》卷13，第12～13页。

③ 《发北洋大臣电》，光绪二十年五月初八日到，载故宫博物院编《清光绪朝中日交涉史料》卷13，第13页；《寄朝鲜袁道》，光绪二十年五月初八日酉刻，载吴汝纶编《李文忠公全书·电稿》卷15，第37页。

④ 《寄译署》，光绪二十年五月八日酉刻，载吴汝纶编《李文忠公全书·电稿》卷15，第37页；《北洋大臣来电六》，光绪二十年五月初八日到，载故宫博物院编《清光绪朝中日交涉史料》卷13，第13页。

声称，待"韩乱"平定，立即撤兵。这似乎与清政府的既定方针相合。因此，袁世凯再告提督叶志超及朝鲜政府，"欲速退日兵，惟有速图剿匪"①。尽早平乱，似已是解决问题的关键。

其时仍不断传来日本增兵的消息。初八日（11日）夜，据仁川方面的消息，日本军队1000人约于次日乘商船来仁川，另有8000人将陆续到来。② 大鸟由仁川至汉城，带兵共计近1000名。③ 同时，日本驻仁川领事正式致函称，日本马步兵一两天内到达仁川，抵港后立即赴汉城。又致函朝鲜税司，称日本政府已雇商船14艘运兵来仁川，到港时请勿延碍。④

至此，小村才回复五月初六日（6月9日）总理衙门的那两份照会。内称，刚刚接到本国政府回电，帝国政府不曾承认朝鲜是中国的属邦。本次日本向朝鲜派兵乃依据《济物浦条约》，而派兵的手续则依据中日《天津条约》。日本派遣军队之众寡，由帝国政府自行裁决；如何行动，他人也毫无掣肘之理。至于总署所担心的日本军队一旦进入朝鲜内地，与中国军队相遇，因言语不通、军礼各殊，或致生事，则表示，日本兵士将严守纪律，政府坚信绝不会生事，让中国政府加以留心。⑤

---

① 《寄译署》，光绪二十年五月初九日辰刻，载吴汝纶编《李文忠公全书·电稿》卷15，第38页；《北洋大臣来电一》，光绪二十年五月初九日到，载故宫博物院编《清光绪朝中日交涉史料》卷13，第13页。

② 《袁道来电》，光绪二十年五月八日酉刻到，载吴汝纶编《李文忠公全书·电稿》卷15，第38页。

③ 《寄译署》，光绪二十年五月初九日辰刻，载吴汝纶编《李文忠公全书·电稿》卷15，第38页；《北洋大臣来电二》，光绪二十年五月初九日到，载故宫博物院编《清光绪朝中日交涉史料》卷13，第13页。

④ 《北洋大臣来电三》，光绪二十年五月初九日到，载故宫博物院编《清光绪朝中日交涉史料》卷13，第14页。

⑤ 「清国駐在臨時代理公使小村寿太郎ヨリ清国総理衙門宛」，明治27年6月12日、「日清の交渉講和始末（1）」JACAR、Ref. C08040460800、明治27·8年　戦史編纂準備書類　1（防衛省防衛研究所）。

值此危急之际，朝鲜方面及时传来"韩乱"平定的消息①，似为清政府刚刚制定的"速平韩乱以退日兵"之策带来转机。清政府于五月初九日深夜（初十日凌晨）（6月12、13日）接到朝方内乱已平的电报。朝王派人对袁世凯说，起义军得知华兵登岸立即逃散。全州克复，已饬令朝鲜各军分防，"可毋劳中国军队"。同时指出，日本军队驻扎京城，上下恐惧，在一日即危一日，期待中国设法令日军迅速离去。袁世凯认为，朝鲜政府虽然没有明说，但其用意在于"早请撤兵以退倭兵"②。

"韩乱"既平，依照中日《天津条约》，中日理应共同撤兵。为此，清政府决定开始与日方展开共同撤兵的交涉。

第四节 "乱定"之后的"照约撤兵"交涉

清政府的共同撤兵交涉最初在汉城和东京同步进行，分别由袁世凯和汪凤藻主持。袁与大鸟的共同撤兵谈判，只经五月初九日（6月12日）至十三日（16日）短短几天后，便因与日本政府既定的挑衅政策相违背而戛然而止。清政府由于坚持"照约撤兵"原则不变，始终令汪凤藻在东京与日方交涉。这样，汪凤藻的撤兵交涉，与清政府的既定方针基本相始终。

关于"照约撤兵"中的"约"，即条约，中方一般指中日《天津条约》，但日方带兵进驻汉城，还可依据日韩条约。为此，光绪二十

---

① 由于朝鲜政府对东学党起义军的政策由"主剿"转为"主抚"，五月初八日（6月11日），三南招抚使严世永代表朝鲜政府接受起义军提出的条件，签订休战协议，即《全州和约》。初九日（12日），全琫准率军退出全州。十一日（14日），新任全罗道观察使金鹤镇到任，开始安抚地方。也就是说，清政府的军队还没有与起义军接仗，起义军即退去了。

② 《北洋大臣来电五》，光绪二十年五月初九日夜丑刻到，载故宫博物院编《清光绪朝中日交涉史料》卷13，第14页。

年五月十一日（1894 年 6 月 14 日）在商讨袁世凯与大鸟圭介在朝鲜的撤兵交涉时，总理衙门特别询问李鸿章，此次日本军队径抵汉城，究竟与韩日订约是否相符？并希望将相关约本寄送总署。① 应该说，"甲申事变"后日本与朝鲜及日本与中国订立的条约，两者关于驻兵与撤兵的规定存在一定差别，但这种差别并不足以影响两国共同撤兵这一精神。这一点李鸿章曾特意进行考究。他回复指出，中日《天津条约》规定，中日两国全部撤回驻军以免两国"滋端"，而同一时期日本与朝鲜的条约却规定"日本使馆置兵弁若干备警，若朝鲜兵民守律，一年后不防，撤兵"等，如此，两国将酌留一定人数，但这种差别并不足以影响两国共同撤兵的协议。② 李鸿章认为，无论依据朝日条约还是依据中日条约，两国商谈共同撤兵均足以为据。问题只是双方是否均需酌留，酌留人数多少。这里涉及的韩日从前定约，即光绪十年十一月二十四日（1885 年 1 月 9 日）日韩订立的《议增续约》（即《汉城条约》，又作《京城条约》）。具体内容为 5 条，除对日谢

---

① 《发北洋大臣电》，光绪二十年五月十一日辰刻到，载故宫博物院编《清光绪朝中日交涉史料》卷 13，第 16 页。

② 《复译署》，光绪二十年五月十一日酉刻，载吴汝纶编《李文忠公全书·电稿》卷 15，第 41~42 页；《北洋大臣来电四》，光绪二十年五月初十日十二点半到，载故宫博物院编《清光绪朝中日交涉史料》卷 13，第 15 页。按：《清光绪朝中日交涉史料》中的这份《北洋大臣来电四》所注时间精确到时刻，查其所收前后数电，时间也均为"五月初十日"，似不应有误，其实不然。该电报到达时间实应在十一日深夜或十二日凌晨之间。（1）这封《北洋大臣来电四》又见于《李文忠公全书·电稿》卷 15，题为《复译署》，时间为"光绪二十年五月十一日酉刻"。略有不同的是，省略了《北洋大臣来电四》中的抬头几字，结尾处多出一句话。也就是说，李鸿章致总署电在十一日酉刻。如此，总署收电应在当天深夜，最迟也应在次日，即十二日。（2）其实，李鸿章的这封电报，是对总署"五月十一日辰刻"《发北洋大臣电》的回电。十一日辰刻总署去电表示：（1）要求李鸿章所部设法剿捕，"擒斩首要各犯"，以免"后患"；（2）询问日本带兵进入汉城是否与韩日条约相符？李鸿章就在这份回电中一一作答。先谈对进兵的看法，接着回复"承询韩日从前定约"的情况。《清光绪朝中日交涉史料》所收李鸿章这份回电，即《北洋大臣来电四》，开头有"十一日电敬悉"几字，正好与总署《发北洋大臣电》的时间一致。据此也表明，这是对总署五月十一日辰刻来电的回电。如果说当时天津与北京之间的电报需要 3~4 个时辰，那么，李鸿章这封发于"十一日酉刻"的电稿，总署收到时，当在十一日深夜，或者更稍后的十二日凌晨，而不是现在所注的"光绪二十年五月初十日十二点半到"。以下所引该电，据《清光绪朝中日交涉史料》标注，不一一说明。

罪赔款之外，第五条还规定："护卫兵弁照壬午续约第五款施行。"①
"壬午续约"即光绪八年七月十七日（1882 年 8 月 30 日）朝鲜大臣
李裕元、金弘集与日使花房义质订立的《济物浦条约》，其中规定日
军驻韩保护使馆，这一条到"甲申事变"后签订《议增续约》时被
重新提出。李鸿章所存光绪十年（1884）十二月朝鲜国王奏谢折内附
抄日本续约第五条就注云："日本使馆置兵弁若干备警，若朝鲜兵民
守律，一年后不防，撤兵。"② 现存日方档案资料记载的其派兵依据，
均是中日《天津条约》和日韩《济物浦条约》；中方文件则声称日本
依据的是光绪十年（1884）十一月日韩《议增续约》第五款。因该
第五款援引《济物浦条约》的相关规定，两者应是一致的。只是李鸿
章本人对日韩《议增续约》较《济物浦条约》印象更加深刻。他说，
当初与伊藤博文议定的中日《天津条约》中关于中日驻兵问题，其实
与几个月前刚刚订立的这个《议增续约》第五款直接相关。李鸿章于
光绪十年十二月收到朝鲜国王来函，附抄该条约第五款有可驻兵护卫
使馆的规定，因此，次年三月伊藤来华谈判时着意商定，"彼此尽数
撤回"，目的就在于避免两国"滋端"。③ 显然，"甲申事变"后订立
的日韩《议增续约》和中日《天津条约》，是清政府与日本撤兵交涉
的基本依据，两者的基本精神不相违离。汪凤藻在与日方展开撤兵交
涉时，仅仅依据中日《天津条约》也足以为凭。

汪凤藻与日方在东京的撤兵交涉，最初与袁世凯和大鸟在朝鲜的
撤兵交涉同步进行。中心问题是在朝鲜"乱定"的前提下，依照中日

---

① 《会办北洋事宜都察院左副都御史吴大澂奏朝日议约已竣商办善后事宜折》，光绪十
年十一月二十九日，载故宫博物院编《清光绪朝中日交涉史料》卷6，第44页。

② 《复译署》，光绪二十年五月十一日酉刻，载吴汝纶编《李文忠公全书·电稿》卷
15，第42页；《北洋大臣来电四》，光绪二十年五月初十日十二点半到，载故宫博物院编
《清光绪朝中日交涉史料》卷13，第15页。

③ 《复译署》，光绪二十年五月十一日酉刻，载吴汝纶编《李文忠公全书·电稿》卷
15，第42页；《北洋大臣来电四》，光绪二十年五月初十日十二点半到，载故宫博物院编
《清光绪朝中日交涉史料》卷13，第15页。

《天津条约》共同撤兵。

五月初九日（6月12日），李鸿章接朝鲜"乱定"的电报后立即致电汪凤藻，告知"汉城无事，全州已复"，已让朝鲜外署诘问日本并请各国人员查诘。指出日本调兵已过多，自非意在最初所谓的护馆、护商，令向日本外务省质问用意并予以阻止。①

初十日（6月13日），汪凤藻奉命前往会晤伊藤博文，询问日本大量派兵的原因。伊藤的解释是，因担心"韩乱"危急，道远接应难，所以派兵"稍多"。但伊藤同时透露了留兵代议善后之意。经汪凤藻力阻，伊藤才表示待"乱定"后彼此撤兵，随后当与总署妥商办法，希望代为转达。② 这与当时大鸟向袁世凯所说大致相似。③

日本提出撤兵的前提既是"乱定"，为此汪凤藻继续确认"乱定"问题。其时，驻日朝鲜使臣告诉汪凤藻，已接国王来电，初八日（6月11日）叛乱已平定。汪凤藻进一步询问李鸿章该消息是否确切？④ 其实，驻日朝鲜使臣不仅将"乱定"消息告诉汪凤藻，而且也告知了日本外务省。但外务省却称，大鸟圭介无相应来电，"不足信"。日本的各大报纸还宣称，朝鲜制造这一说法旨在谢却外国军队。为此，汪凤藻接连致电李鸿章，请饬袁世凯"确查"实情。⑤

---

① 《寄日本汪使》，光绪二十年五月初九日申刻，载吴汝纶编《李文忠公全书·电稿》卷15，第38页；《北洋大臣电五》，光绪二十年五月初九日夜丑刻到，载故宫博物院编《清光绪朝中日交涉史料》卷13，第14页。

② 《北洋大臣来电六》，光绪二十年五月初十日到，载故宫博物院编《清光绪朝中日交涉史料》卷13，第16页。

③ 「大鳥公使袁世凱応対筆記」、外務省編纂『日本外交文書』第27卷第2冊、200-202頁；《寄译署》，光绪二十年五月初十日午刻，载吴汝纶编《李文忠公全书·电稿》卷15，第39页；《北洋大臣来电》，光绪二十年五月初十日戌刻到，载故宫博物院编《清光绪朝中日交涉史料》卷13，第14~15页。

④ 《北洋大臣来电六》，光绪二十年五月初十日到，载故宫博物院编《清光绪朝中日交涉史料》卷13，第16页。

⑤ 《寄朝鲜袁道》，光绪二十年五月十二日巳刻，载吴汝纶编《李文忠公全书·电稿》卷15，第42~43页。

　　李鸿章接汪凤藻初十日（6月13日）来电后，即转寄袁世凯核查。① 五月十三日（6月16日）午刻，李鸿章电告汪凤藻，朝鲜乱军逃散属实，全罗道已经克复，追捕无须借助客军之力，希望再与外务省及伊藤博文切实相商，依照中日《天津条约》将所派军队"事定仍即撤回，不再留防，以免韩人疑惧，各国生心"。他同时声明，如果日本留兵在朝，中国也当酌留，"转非了局"。当时袁世凯与大鸟的商谈已陷入僵局，李鸿章希望汪凤藻能在日本打开局面。②

　　汪凤藻接电后立即再往外务省。不料，外务省却声称，大鸟并无相应电报，将中国方面关于"韩乱"平定的报告一口否定。③ 也就是说，"韩乱"平定与否，无论韩国方面的声明，还是中国方面的消息，均不足为据，日本完全以日方驻朝代表的报告为准。当时，大鸟与袁世凯的撤兵交涉虽陷入僵局，但还没有破裂，所展示的仍是一个诚心诚意撤兵的形象，以致李鸿章疑惑地问袁世凯："日廷疑贼猖獗，尚欲派兵会剿，谓未得大鸟确信。岂日韩电断耶?"④

　　其实此时，日本方面已开始实行五月十二日（6月15日）阁议的新图谋，围绕"变乱"是否平定所产生的分歧只是一种拖延战术。因此，日本在就"乱定"问题与汪凤藻展开外交拉锯战的同时，开始大量往朝增兵。汪凤藻深感日方"意叵测"。⑤

---

　　① 《寄朝鲜袁道》，光绪二十年五月十一日午刻，载吴汝纶编《李文忠公全书·电稿》卷15，第41页。

　　② 《寄日本汪使》，光绪二十年五月十三日午刻，载吴汝纶编《李文忠公全书·电稿》卷15，第43页；《北洋大臣来电》，光绪二十年五月十四日到，载故宫博物院编《清光绪朝中日交涉史料》卷13，第17页。

　　③ 《汪使来电》，光绪二十年五月十四日戌刻到，载吴汝纶编《李文忠公全书·电稿》卷15，第43页。

　　④ 《复朝鲜袁道》，光绪二十年五月十四日，载吴汝纶编《李文忠公全书·电稿》卷15，第43页。

　　⑤ 《寄译署》，光绪二十年五月十三日亥刻，载吴汝纶编《李文忠公全书·电稿》卷15，第43页；《北洋大臣来电》，光绪二十年五月十三日夜子刻到，载故宫博物院编《清光绪朝中日交涉史料》卷13，第16页；《直督李鸿章致总署汪使电日增兵胁和欲革韩政已请英俄两使商日照约撤兵电三件》，五月十三日，载王彦威纂辑，王亮编《清季外交史料》卷91，第9页。

十三日（6 月 16 日）上午，陆奥宗光约见汪凤藻。会谈自上午 10 点许至下午 1 点半，陆奥的关切已远远超出内乱平定及共同撤兵问题了。[①]

会谈一开始，陆奥先提出共同"会剿"的要求。他称，尽管此前朝鲜公使已向他宣称内乱已平定，但他还没有接到大鸟公使的任何确报，所以对于是否果真平定甚为怀疑，且相信内乱事实上还没有平定。汪凤藻则强调，东学党官兵败退全州，形势即将平定，依靠中国之力已经足够，他反问日本是否对中国的讨伐能力产生怀疑。陆奥回称，日本虽然认为中国军队讨伐此等"草贼"本已足够，但对朝鲜而言，内乱迟一日平定，则多一日有害，他强调尽早平定为"最上良策"。鉴于内乱区域甚广，他认为两国军队同时进攻"容易成功"，并提出共同平乱的要求。对此，汪凤藻提示没有必要。他指出，按照他迄今接到的情报，用两国军队来平定"草贼"，无异于杀鸡用牛刀。进而指明，正如已特别知照日方的，中国是根据朝鲜的请求不得不出兵帮助平乱，而日本出兵一开始就表明是为保护公使馆及日侨，出兵的目的本就不同。陆奥则反诘，不必过问出兵目的，须根据中日《天津条约》，出兵要相互知照。并称，本次内乱旷日弥久，"担心"产生意外变化，所以日本也不得不迅速出兵镇压变乱。还称，除共同"剿乱"外，必要时日本还将自行决定与东学党交战。

其实，陆奥在出兵平乱上大谈条件，并非本次邀约汪凤藻的主要目的，其主要用意是提出所谓的朝鲜善后问题。为此，在平乱问题上表示强硬立场后，陆奥进而提议，为使日本政府"安心"，为保证朝鲜"永久"安定，应由中日两国政府组成一个由两国各三名人员组成的常设委员，派往朝鲜调查朝鲜内政。具体包括三条：（1）了解朝鲜

---

① 「外務大臣卜清国公使汪鳳增藻卜ノ談話概要」、明治 27 年 6 月 16 日、「4 明治 27 年 6 月 9 日から〔明治 27 年 6 月 21 日〕」JACAR、Ref. B03030205000、東学党変乱ノ際韓国保護ニ関スル日清交渉関係一件 第一巻（1-1-2-9_ 001）（外務省外交史料館）；「陸奥外務大臣清国公使対談概要」、6 月 16 日、外務省編纂『日本外交文書』第 27 巻第 2 冊、208-212 頁。

整理财政的方法；（2）淘汰朝鲜官吏；（3）为朝鲜设置相当规模的兵备，以便内乱时不必再借助他国兵力而可自行镇抚。希望中国政府为朝鲜将来安危考虑，同意此提案。汪凤藻此前已听伊藤提到所谓善后之策，为此，他表示将来中国政府在朝鲜内乱平定，考虑善后之策时，想必不会不与日本商议，善后问题完全可以等到朝鲜内乱平定，两国共同撤兵之后再缓缓商讨。他提议，组织委员案的筹备至少需两三个月，此前如朝鲜"乱定"，两国首先撤兵，再慢慢商议善后。他进而询问，日本政府在接到中国政府关于这一善后策的回应前，有没有撤兵的打算。陆奥宣称，今日与商提案即朝鲜善后策，与撤兵一事本不可混谈，且日本政府认为还没有到十分安心的撤兵时机。而中国政府能否赞同此善后之策，事关日本政府能否安心。汪凤藻于是表示，他将把陆奥的意见用书信报告李鸿章。陆奥则称，这等紧要之事，汪凤藻是用书信还是用电报，则由汪看着办。汪凤藻回称，善后策问题将尽快报告李中堂，而两国军队合力平乱一条乃至急之事，拟用电报发送。汪凤藻显然想强调，中国政府关切的是共同撤兵而不是善后问题。

会商后，汪凤藻即用电报将会谈的相关要旨报告李鸿章。内称，日本认定"韩乱"未平，试图与中国"共剿"。经他力争日方才答应，如果清政府实有辞也可允作罢论。进而提到，日本提出了所谓的"善后"要求，"意在更革韩政"。由于电报内容难以详细展开，为此，汪凤藻又拟用信函详告内情。①

但是，汪凤藻并没有按原计划将陆奥三条及时详告清政府。其中有他的考虑，却因此引起了一定的误会，参下文所论。陆奥在与汪凤藻会谈后，还不放心。次日（17日），他将前一天会谈善后事宜"大要"，用书面形式送交汪凤藻，重复三条内容：一是核查度支；二是淘汰京官

---

① 《寄译署》，光绪二十年五月十三日亥刻，载吴汝纶编《李文忠公全书·电稿》卷15，第43页；《北洋大臣来电》，光绪二十年五月十三日夜子刻到，载故宫博物院编《清光绪朝中日交涉史料》卷13，第16页。

并地方官吏；三是为朝鲜政府设置所需兵备以保国安。^① 同时，陆奥另令日本驻天津领事荒川巳次将这三条转告李鸿章：（1）日军与清军"会剿韩乱"；（2）两国派员整理、更革韩政及税务；（3）两国派员弁教练韩军，使其自能靖乱。同时荒川也称相关内容已商由汪使请示。^②

至此，汪凤藻已看到日本的真实用意为"留兵胁议善后"^③。于是，他一面仍按清政府指示继续与日方进行撤兵交涉，另一面则建议中国也应"厚集兵力，隐伐其谋"，待"韩乱"平定后，再与日本商议撤兵，如此才可使日本就范。他希望李鸿章将他的这一建议转告总署。^④

---

① 「陸奥外務大臣ヨリ清公使宛」、明治 27 年 6 月 16 日、東学党変乱ノ際韓国保護ニ関スル日清交渉関係一件 第一巻（1-1-2-9_ 001）（外務省外交史料館）；「陸奥外務大臣ヨリ清国公使宛」、6 月 17 日、外務省編纂『日本外交文書』第 27 巻第 2 冊、214-215 頁；「日清の交渉講和始末（1）」JACAR、Ref. C08040460800、明治 27・8 年　戦史編纂準備書類　1（防衛省防衛研究所）。

② 《寄译署》，光绪二十年五月十四日戌刻，载吴汝纶编《李文忠公全书·电稿》卷 15，第 44 页；《北洋大臣来电二》，光绪二十年五月十五日到，载故宫博物院编《清光绪朝中日交涉史料》卷 13，第 17 页。

③ 《汪使来电》，光绪二十年五月十四日戌刻到，载吴汝纶编《李文忠公全书·电稿》卷 15，第 43 页；《北洋大臣来电一》，光绪二十年五月十五日到，载故宫博物院编《清光绪朝中日交涉史料》卷 13，第 17 页。

④ 《汪使来电》，光绪二十年五月十四日戌刻到，载吴汝纶编《李文忠公全书·电稿》卷 15，第 43 页；《北洋大臣来电一》，光绪二十年五月十五日到，载故宫博物院编《清光绪朝中日交涉史料》卷 13，第 17 页。按：《清光绪朝中日交涉史料》中的这份《北洋大臣来电一》，在《李文忠公全书》中分成两份电稿：一份为光绪二十年五月十四日戌刻到的《汪使来电》和光绪二十年五月十五日卯刻的《寄译署》。前者所标注时间为汪凤藻来电到达的时间，后者所标注时间为李鸿章将汪电转寄总署的时间。这封电稿在《清光绪朝中日交涉史料》中，即是这份《北洋大臣来电一》，时间标为五月十五日，没有标注具体时刻，同一天到达的还有《北洋大臣来电二》。这里有这样几个问题。（1）十五日卯刻的《寄译署》为什么较《清光绪朝中日交涉史料》中的内容大大简略？是否可能存在这种情况，总署在收到来电后，会补充相关内容，因此同一份电稿在《李文忠公全书》和《清光绪朝中日交涉史料》中出现个别字句不同的情形。如这份《汪使来电》与《清光绪朝中日交涉史料》卷 13（996）中的不同，原来的"奉元电"变成了"奉十三日电"，开头增加了"汪凤藻十四日电"等。总体上，《清光绪朝中日交涉史料》中的较《李文忠公全书》中的，指称更加清楚。（2）如果确定汪凤藻的这份来电李鸿章是在十五日卯刻转寄，那么它到达的时间应较另一封十四日戌刻所寄《寄译署》稍晚。这两份《寄译署》电，在《清光绪朝中日交涉史料》中分别被编为《北洋大臣来电一》（996）和《北洋大臣来电二》（997），时间同为五月十五日，但没有时刻，前者即转寄的汪凤藻来电。若从它们发送的时间来看，其实汪凤藻来电到达的时间，应较（997）晚，所以，《清光绪朝中日交涉史料》中的（996）应与（997）位置做一调换。

汪凤藻的这一建议没有得到李鸿章的响应。当时，在朝鲜的大鸟圭介由于没有及时得到政府训令，与袁世凯的撤兵会商还未彻底终止。① 而朝鲜方面和袁世凯不断报告"贼可即平"，使李鸿章对撤兵仍抱希望，他已与袁世凯拟定与大鸟的同撤分留办法。李鸿章认为，如果按照汪凤藻的建议中国再整兵厚集，适启日本狡逞之谋，"殊非伐谋上计"。他主张"再确探贼踪，酌办"②，仍将希望寄托在定乱以促成日本撤兵，否定了汪凤藻的增兵建议。对于日方提出的更革朝鲜内政的所谓善后策，李鸿章则非常反感。他对总署称："韩政虽暗弱，岂日所能更改尝试，可恨。"③ 李鸿章立即致电汪凤藻，指出日方所提要求均超出现有条约范围：其一，"韩乱"已平，中国军队不必"进剿"，日军更无"会剿"之理；其二，光绪十一

---

① 五月初九日（6月12日），大鸟在与袁世凯就撤兵问题达成初步协议后，即致电陆奥，报告协议的大致经过，请求予以认可，却遭到陆奥否决。五月初十日（6月13日），陆奥连连致电大鸟，命令后续到达的日本军队进入汉城，并向朝鲜政府提出讨伐东学党的要求，以使日军进入汉城言之成理。同时指示，关于应对朝鲜的将来政策，日本政府或将采取强硬措施。日本在骑虎难下的情况下召开内阁会议，确定了以不撤兵和共同改革朝鲜内政为基干的新的挑衅政策，以窘中国。并强调，如果中国不赞成日本提案，日本政府就独立担责，令朝鲜政府执行前述之改革〔〔日〕陆奥宗光：《日本侵略中国外交秘史》（原名《蹇蹇录》），龚德柏译，第13~15页〕。十二日（15日）午后八点，日本政府致电大鸟，训令精神，主要指出二点。（1）内阁会议决议采取断然处置，拟与中国协力改革朝鲜政府之组织，而强迫中国政府任命共同委员会以达此种目的。决议定于次日由陆奥本人向驻日中国使臣汪凤藻提议，但此事必须力守秘密。（2）在陆奥与中国谈判此事期间，大鸟无论采用何种口实，务必将日本军队留在汉城，因为李鸿章正苦心筹思共同撤兵。而延迟日本军队撤回的"最公然而坦白"的方法就是，立即派遣公使馆员或领事馆员赴暴动地方调查实况。而这一调查务令缓慢，且必须做成与和平状态相反的报告。如果朝鲜政府声称已恢复和平而请求日本军队撤退，则答以日本政府及其本人必须依据亲自特别派遣的调查实况之官吏的报告而做决定（〔日〕田保桥洁：《甲午战前日本挑战史》，王仲廉译，第94~95页）。由于日韩电线发生阻碍，此电直到十五日（18日）午后二点才到达。因此，十一日（14日）至十五日（18日）四日间，大鸟尽管态度"迟疑"，但与袁世凯的撤兵商议并未完全终止。

② 《寄译署》，光绪二十年五月十五日卯刻，载吴汝纶编《李文忠公全书·电稿》卷15，第44页；《北洋大臣来电一》，光绪二十年五月十五日到，载故宫博物院编《清光绪朝中日交涉史料》卷13，第17页。

③ 《寄译署》，光绪二十年五月十四日戌刻，载吴汝纶编《李文忠公全书·电稿》卷15，第44页；《北洋大臣来电二》，光绪二十年五月十五日到，载故宫博物院编《清光绪朝中日交涉史料》卷13，第17页。

年（1885）伊藤博文与李鸿章订立中日《天津条约》规定事定撤
回，又日韩条约承认韩国自主，尤其没有干预内政之权。因此，他
要求汪凤藻"直截回复"，"均难于约外另商办法"，坚持"照约"
展开交涉。①

　　然而，五月十五日（6 月 18 日），袁世凯电告李鸿章，日本增兵
4000 名抵达仁川，分驻各国租界内，且在朝"势甚凶悍"。② 这意味
着所谓袁世凯与大鸟此前约定的协定被彻底颠覆。当时，中国驻朝军
队有要求带兵赴汉城、仁川的，被李鸿章劝阻，称"正与汪使电商日
照约撤兵"，令"坚忍约束，以待后命"。③ 此时，汉城人心鼎沸，莫
可遏制。李鸿章预计如果新抵仁川的 4000 名士兵进汉城，汉城民众
必然逃空，朝鲜国王恐怕也要逃往山城。而日本对于各国的调停还
"均不理"。既然与大鸟的撤兵商议已不可信，日本也已明确表示其真
意在于"胁韩"，表明大鸟完全不能"自主"。"舌争"显然已无济于
事。至此，李鸿章也感到，只有"大举，或易结束。否则，非有所
得，不能去也"。但其实，李鸿章此时对增兵备战可谓顾虑重重。在
致总署信中，他道出了所以竭力避战的一个机关："今年慈圣庆典，
华必忍让。"④

　　在此情形之下，针对陆奥三条，李鸿章向总署提出所谓防止局势

---

　　① 《寄译署》，光绪二十年五月十四日戌刻，载吴汝纶编《李文忠公全书·电稿》卷
15，第 44 页；《北洋大臣来电二》，光绪二十年五月十五日到，载故宫博物院编《清光绪朝
中日交涉史料》卷 13，第 17 页。

　　② 《寄译署》，光绪二十年五月十五日酉刻，载吴汝纶编《李文忠公全书·电稿》卷
15，第 45 页；《北洋大臣来电三》，光绪二十年五月十五日亥刻到，载故宫博物院编《清光
绪朝中日交涉史料》卷 13，第 17 页。

　　③ 《复叶军门》，光绪二十年五月十五日午刻，载吴汝纶编《李文忠公全书·电稿》卷
15，第 44 页。

　　④ 据日本驻中国使馆报告，当日本在牙山口外丰岛海面突袭中国兵船挑起战争时，清
政府却正在庆贺清帝寿辰，至 7 月 30 日，宫中连日举行各种庆典和宴会，延至 31 日［「在清
国公使館撤回始末書」、明治 27 年 9 月、「1. 第八冊 明治二十六年 至 二十七年分/3 明治 27
年分」JACAR、Ref. B03030251500、元在清公使館書記官中島雄ヨリ引継ノ清韓両国ニ関ス
ル書類/「随使述作存稿」/第三巻（1-1-2-57_1_003）（外務省外交史料館）］。

"遽裂"的三点建议：（1）调南北水师速来严备，续备陆兵；（2）电汪凤藻商办；（3）并由总署酌请驻华各国公使调处。具体措施是，命丁提督添调数船前往仁川以助声势，其余请总署核酌。① 他同时致电汪凤藻指示，大鸟虽与袁世凯约定撤兵协议，但事实证明大鸟完全没有自主之权。日本已经增兵5000人抵达仁川，"汉已大哗，韩商民多逃避"，希望汪凤藻与日本外务省和伊藤"切商"，重兵宜早抽调回国，否则中国也必派重兵，"恐误大局"。② 此时，清军驻朝部队仍在实施追捕"乱匪"的工作。③

总署对局势的判断较李鸿章乐观。当时英国驻华公使欧格讷（Nicholas R. O'Coner）来谈，称日本增兵仁川，一定不到汉城。总署鉴于欧格讷与小村交往甚密，认为应该可信。针对韩国惊扰已甚的局势，清政府令李鸿章电示袁世凯"镇静"。对于李鸿章的三大建议中的第三条请各国调处，总署认为似于中属体制有损，不宜实行。清政府的新定方针，在外交方面主要是由汪凤藻继续奉命与日商"照约撤兵"。④ 只是，李鸿章请各国调停的计划后来还是如期开展，详待下文细说。至于对陆奥的三条，总理衙门则基本接受李鸿章的建议。五月十五日（6月18日），日本驻华代理公使小村寿太郎来总署递交陆奥电寄的三条提议，⑤ 与李鸿章来电相告的一致。次日，总署与小村会

---

① 《寄译署》，光绪二十年五月十六日巳刻，载吴汝纶编《李文忠公全书·电稿》卷15，第45页；《北洋大臣来电一》，光绪二十年五月十六日到，载故宫博物院编《清光绪朝中日交涉史料》卷13，第18页。

② 《寄日本汪使》，光绪二十年五月十六日午刻，载吴汝纶编《李文忠公全书·电稿》卷15，第46页；《北洋大臣来电二》，光绪二十年五月十六日到，载故宫博物院编《清光绪朝中日交涉史料》卷13，第18页。

③ 《复叶军门》，光绪二十年五月十七日巳刻，载吴汝纶编《李文忠公全书·电稿》卷15，第46页。

④ 《发北洋大臣电一》，光绪二十年五月十七日到，载故宫博物院编《清光绪朝中日交涉史料》卷13，第18页；《译署来电》，光绪二十年五月十七日，载吴汝纶编《李文忠公全书·电稿》卷15，第47页。

⑤ 「小村臨時代理公使ヨリ総理衙門宛」、外務省編纂『日本外交文書』第27巻第2冊、231頁。

谈，针对陆奥三条提议逐条指明不可行。第一条"会剿"问题，因朝鲜"乱党"几近告平，以朝鲜本国的力量足以平定。第二、第三条改革朝鲜内政及理财、整顿军务，因朝鲜有其自主之权，虽为中国属邦，但中国并无对其内政滥加干涉之权。总署的答复与上述李鸿章致汪凤藻的电报内容相同。当时小村无辞，只说"照电外务"。①

这样，在大鸟与袁世凯的撤兵交涉彻底破裂后，汪凤藻新一轮的撤兵交涉，与日方提出的新的改革韩国内政问题纠缠在了一起。

第五节　更革韩政与"照约撤兵"交涉的中止

汪凤藻接李鸿章五月十四日（6月17日）、十六日（19日）电示后，于十七日（20日）遵令前往与陆奥会商，但他将主旨擅自略做变更，试图先让日本撤兵，对陆奥的三条则暂不做正式答复。他的考虑是，拟待中国增兵抵达韩国后再前往回绝。

会谈中，汪凤藻强调日本大量派兵引起恐慌，汉城"商民多逃避"。陆奥则回称，商民是否"慌避"，须容电查情形后再议办法。经汪凤藻反复申辩，其"终无撤兵意"，而特意将话题转向所提的三条上。称善后三条已电其驻华公使知会总署，正在催促回信。汪凤藻鉴于既定考虑，没有将李鸿章来电所示的回复意见明白相告。陆奥又追问三条中提到的"会剿"问题，说"余匪"万一复煽，中国是否答应"合剿"。汪凤藻托称再请钧示。会谈后，汪凤藻将相关情况电告李鸿章。李鸿章接电后指示，朝鲜"余匪"仅存少量，无须重兵，中国已派小队人员前往捕逐，不日必可肃清，未便两军"合剿"，以

---

① 「総理衙門大臣卜小村臨時代理公使卜ノ対話筆記」、6月19日、外務省編纂『日本外交文書』第27巻第2册、232頁；《发北洋大臣电一》，光绪二十年五月十七日到，载故宫博物院编《清光绪朝中日交涉史料》卷13，第18页；《译署来电》，光绪二十年五月十七日未刻到，载吴汝纶编《李文忠公全书·电稿》卷15，第47页。

致生嫌衅。①

次日，针对陆奥三条，汪凤藻向李鸿章提出 4 点建议：（1）日本承认朝鲜为中国属国；（2）中国答应日本"会剿"；（3）"乱定"后依照条约撤兵；（4）中、日均不干预朝鲜政治，只劝其自行清理内政。汪凤藻的用意是，以日本的承认所属来交换"会剿"。如果日本接受，固然好，如果拒绝，中国拒绝陆奥三条也有了说辞。汪凤藻先向李鸿章征询，如李鸿章认为可行，再请转达总署。汪凤藻最后说明，李鸿章所指示对陆奥三条的回复，拟等中国增兵抵达朝鲜后再相告。②

由于汪凤藻加进了自己的考虑，以致产生误会。小村来总署称，接本国外务省来电，汪凤藻并没有将陆奥三条的旨意转达清政府，要总署电询。总署回称，的确没有接到汪凤藻相关来电，要日方查询。③

于是，李鸿章致电汪凤藻，转述小村对总署的抱怨和总署的疑惑，颇为不满。他称汪凤藻既未将日本外务省的三端清楚地电告总署，仅由日本公使及领事传述，而总署与其本人原希望汪凤藻"直截回复之词"，又是由总署和其本人面答日方的。对于汪凤藻提出的变更建议，李鸿章则基本予以否定。关于要日本承认华属问题，李鸿章指出，自乙酉与伊藤会议迄今，日本绝不肯承认，"徒说无益"。至于"会剿"，李鸿章再次强调，朝鲜内乱将平，实毋庸"会剿"，而且由日本这样的国家用兵朝鲜内地，"向无此例"，岂可由中国代允？李鸿章只对在中日皆不干预的情况下劝朝鲜自行整顿内治一条认为"尚是

---

① 《寄译署》，光绪二十年五月十七日午刻，载吴汝纶编《李文忠公全书·电稿》卷 15，第 47 页；《北洋大臣来电一》，光绪二十年五月十七日到，载故宫博物院编《清光绪朝中日交涉史料》卷 13，第 19 页。

② 《寄译署》，光绪二十年五月十八日辰刻，载吴汝纶编《李文忠公全书·电稿》卷 15，第 48 页；《北洋大臣来电二》，光绪二十年五月十八日到，载故宫博物院编《清光绪朝中日交涉史料》卷 13，第 19~20 页。

③ 《发北洋大臣电二》，光绪二十年五月十七日到，载故宫博物院编《清光绪朝中日交涉史料》卷 13，第 18~19 页。

正论", 令酌量答之。其时, 李鸿章请俄国调停的计划正在有序展开, 李鸿章同时便将俄国调停的新进展告诉汪凤藻, 称俄使过津"极愿"两国撤兵, 命汪凤藻"密探驻日俄使议论如何"。①

李鸿章对陆奥三条的基本态度始终是"力拒"。他将这一立场与在朝的袁世凯、驻朝军队以及朝鲜政府及时沟通。李鸿章指示袁世凯, 唯一一个原则是依照原来的商议, 两国同时撤兵, 此外如有别项要求, 任他多方恫吓, 均当据理驳辩, "勿怖勿馁"。② 他指示驻朝军队无须"重兵会剿", 并鼓励他们进一步"剿匪"。③ 李鸿章知会朝鲜政府, 希望朝鲜政府以统一的口径答复日本。④

李鸿章对汪凤藻四条的处理意见得到总署的肯定, 称其答复"极是"。⑤ 在日本大量增兵, 且提出新的善后条件的情势下, 清政府坚持原有"速平韩乱以退日兵"的方针不变。清政府坚持这一方针的一个重要前提是, 认为日本此时不敢并吞朝鲜: "倭之不敢遽谋吞韩, 亦人所共喻。"对于日本借口驻兵, 清政府则认为其"驻与不驻, 我均有前事可循, 相时办去, 亦不虑无以应之"。"前事", 当指"壬午兵变"和"甲申事变"及此后成功的撤兵交涉。清政府认为, 令日本撤兵的关键还在于"剿匪", 因为"匪徒"的存在不仅是日本派兵和增兵的借口, 也是日本提出"会剿"的主要理由。当时, 朝鲜政府由于畏日如虎, 转致无心顾及平乱。尽管声称"贼匪"已平, 但对此清

---

① 《寄译署》, 光绪二十年五月十八日辰刻, 载吴汝纶编《李文忠公全书·电稿》卷15, 第48页;《北洋大臣来电二》, 光绪二十年五月十八日到, 载故宫博物院编《清光绪朝中日交涉史料》卷13, 第20页。

② 《寄朝鲜袁道》, 光绪二十年五月十八日午刻, 载吴汝纶编《李文忠公全书·电稿》卷15, 第48~49页。

③ 《复叶军门》, 光绪二十年五月十八日申刻, 载吴汝纶编《李文忠公全书·电稿》卷15, 第49页。

④ 《北洋大臣来电三》, 光绪二十年五月十八日到, 载故宫博物院编《清光绪朝中日交涉史料》卷13, 第20页。

⑤ 《发北洋大臣电》, 光绪二十年五月十八日, 载故宫博物院编《清光绪朝中日交涉史料》卷13, 第20页。

政府仍指出，"今首要一名不获，余匪去向不知，以扰及两省之贼众，一旦杳无踪迹，谁实信之?"即使中日同撤兵之后，而变乱复燃，又是问题。清政府强调，为今之计，命袁世凯不必敦促日本退兵，"惟在催韩剿匪"，并饬叶、聂相机"助剿"。清政府认为，只要能将平乱之事办有切实头绪，使外人共见，届时再约日本一同撤兵，"当较顺手"。① 显然，清政府此时尚未觉察到日本正在加紧酝酿战争，因而对于任何新的建议，无论来自日本方面，还是来自清政府内部，均不予深入考虑。

汪凤藻所拟订四条建议，以及要求在中国增兵的背景下对日进行新一轮会商，既均遭清政府否决。之后，他与日本围绕陆奥三条的交涉，就完全依据清政府的旨意进行了。

五月十八日（6月21日），汪凤藻遵照李鸿章电示，以相应三条回复日本："一、韩乱告平，已不烦中国兵代剿。两国会剿之说，自无庸议。二、善后办法用意虽美，止可由朝鲜自行厘革。中国尚不干预其内政，日本素认朝鲜自主，尤无干预其内政之权。三、乱定撤兵，乙酉年两国所定条约具在，此时无可更议。"② 不过，他还是向总署重申其原有想法，认为对于陆奥三端本不想迅速答复，等增兵抵韩后再复，"应更有备"；同时说明，当初之所以没有详细报告陆奥三条，是因小村已先知照，所以只在电报中提及大意。③ 可见，汪凤藻

---

① 《发北洋大臣电》，光绪二十年五月十九日，载故宫博物院编《清光绪朝中日交涉史料》卷13，第20~21页。

② 「汪凤藻致日本外务大臣陆奥宗光照会」、光绪二十年五月十八日、「5 明治27年6月8日から明治27年6月24日」JACAR、Ref. B03030205100、東学党変乱ノ際韓国保護ニ関スル日清交渉関係一件 第一卷（1-1-2-9_001）（外務省外交史料館）；「清国公使ヨリ陸奥外務大臣宛」、6月22日、外務省編纂『日本外交文書』第27卷第2册，234頁；「日清の交渉講和始末（1）」JACAR、Ref. C08040460800、明治27·8年 戦史編纂準備書類 1（防衛省防衛研究所）。

③ 《收出使汪大臣电》，光绪二十年五月十九日到，电报档，档号：2-02-12-020-0403，缩微号：004-1658；《出使汪大臣来电》，光绪二十年五月十九日到，载故宫博物院编《清光绪朝中日交涉史料》卷13，第21页。

是主张中国增派军队抵达朝鲜后，再与日本就陆奥三端展开新一轮的撤兵交涉的，遵照李鸿章的电示回复，并非其本意。其实，主张中国增兵的不仅仅有在日本的汪凤藻，在朝鲜的袁世凯也有相似要求。李鸿章特意就不增兵问题向总署解释，所述的一个主要原因是避免刺激日本再次增兵。①

其时，在北京的小村仍在向总署催问答复。汪凤藻面复日本外务省后，总署也回告："贵国外务大臣所拟三端，汪大臣已向贵国外务署面复。"② 这样，围绕陆奥三端，清政府完全表明了立场。清政府断然拒绝陆奥三条，并非认为朝鲜内政无须改革，而是表明中国反对日本干预朝鲜内政。而对于朝鲜自主的内政改革，清政府其实是完全积极支持的，下文将有论及。

就在汪凤藻回复日方当天，日本内阁在首相官邸举行临时会议。次日即十九日（6月22日）举行御前会议。会议的结果是，向中国提出拒绝书。同时，陆奥特命外务书记官加藤增雄赴汉城，传达日本政府向朝鲜提出内政改革要求的机密训令及方针。加藤于当天立即从东京出发，次日抵达马关，又接到陆奥补发大鸟的训令。与此同时，日本立即增兵。③

十九日（22日）④，陆奥致文汪凤藻称，对于中国政府不同意日本"会剿"朝鲜变乱及办理善后，日本政府"不能同见，甚以为憾"。声称日本的基本立场是"不能撤兵"，"断不能撤"。为此他找出多种理由："惟朝鲜朋党相争，内乱踵起，究其事变，必于全其自主之道有所阙如。我国于朝鲜利害关系尤重，终不能将该国惨状付之

---

① 《复译署》，光绪二十年五月二十日辰刻，载吴汝纶编《李文忠公全书·电稿》卷15，第49页。

② 《致日本国公使小村寿太郎函》，光绪二十年五月二十一日，载"中研院"近代史研究所编《清季中日韩关系史料》卷6，第3321页。

③ 详参王信忠《中日甲午战争之外交背景》，第178~179页。

④ 参郭廷以编著《近代中国史事日志》下册，第867页。

膜视。"日本竟宣称，朝鲜变乱的根源在于没有完整的自主之权。又称日本于朝鲜"利害关系尤重，终不能将该国惨状付之膜视"，不然，既有背邻交之谊，"亦背我国自卫之道"，将朝鲜内政问题与日本的"自卫"问题连在一起。因此，为了保朝鲜"将来邦安而政得宜，竟不能撤兵"。他还声称，不轻易撤兵不仅是遵照中日《天津条约》，"亦善后预防之计"。至于究竟遵照中日《天津条约》之哪一款哪一条，则未予说明。将不撤兵与"善后预防"联系在一起，正如当初订立中日《天津条约》时所宣称的，其用意不在当前，而在将来，实暗示日本隐怀更大的野心。来文最后断然声称，虽然日本政府所见与中国政府"相违"，但日本"断不能撤现驻朝鲜之兵"。① 这是东学党起义后日本政府第一次亮明立场，陆奥自称此为日本政府对于中国政府的"第一次绝交书"。② 汪凤藻接函后，立即将日方这一强硬立场电告清政府。由于李鸿章早先有"密探驻日俄使议论如何"的指示，因此，电文最后报告了驻日俄使的相应看法。③

围绕日本提出的共同改革朝鲜内政的交涉，由于清政府立场分明，历时不长，大致自五月十三日（6月16日）日本提出此案，至十九日（22日）日本政府发出"第一次绝交书"止，前后约6天。

---

① 「陸奥外務大臣ヨリ清国公使宛」、明治27年6月22日、「日清の交渉講和始末（1）」JACAR、Ref. C08040460800、明治27・8年　戦史編纂準備書類　1（防衛省防衛研究所）；「陸奥外務大臣ヨリ清国公使宛」、6月22日、外務省編纂『日本外交文書』第27卷第2冊、235－237頁；「5 明治27年6月8日から明治27年6月24日」JACAR、Ref. B03030205100、東学党変乱ノ際韓国保護ニ関スル日清交渉関係一件 第一卷（1-1-2-9_001）（外務省外交史料館）（按：该文件没有标注时间，也无落款，应是草稿，但内容与『日本外交文書』中的基本一致）；《寄议署》，光绪二十年五月二十日亥刻，载吴汝纶编《李文忠公全书・电稿》卷15，第49页；《北洋大臣来电四》，光绪二十年五月二十一日到，载故宫博物院编《清光绪朝中日交涉史料》卷13，第22页。

② 〔日〕陆奥宗光：《日本侵略中国外交秘史》（原名《蹇蹇录》），龚德柏译，第18页。

③ 《寄议署》，光绪二十年五月二十日亥刻，载吴汝纶编《李文忠公全书・电稿》卷15，第50页；《北洋大臣来电四》，光绪二十年五月二十一日到，载故宫博物院编《清光绪朝中日交涉史料》卷13，第22页。

《蹇蹇录》曾公然表示，所谓改革朝鲜内政，不过是用来促成中日冲突的外交上的一种手段而已，陆奥已经认定和平没有希望。① 对于日本的这一挑衅政策，即使这一挑衅政策的具体实行者日本驻朝公使大鸟圭介，也一时难以完全领会其中的要害，② 漫说中国方面了。从汪凤藻此后提出的有关劝导韩王主动厘清内政的建议来看，他对于日本的这一动机也似乎不甚了解。这样，汪凤藻与日本的撤兵交涉其实已告中止，尽管汪凤藻试图以陆奥三条为前提提出有所补救的对策。

提出"第一次绝交书"之后，日本立即继续增兵。五月二十一日（6月24日），中国驻仁川总兵林泰曾和袁世凯先后传来日本增兵进入汉城的消息，军队人数达3000多人，马兵150名，同时运送来众多军备物资。③ 为此，林泰曾在"飞虎"船主和税务司的建议之下，约同刘理事的翻译官一道，前往拜访日本驻仁川领事，探询日军乘夜入汉城的缘由，试图予以阻止。正如"飞虎"船主和税务司所传言的，日方将增兵的理由果然推给中国，说是听说中国派兵6000人，因此大鸟公使电调兵进汉城。林告之此信不确，希望日本停止进兵，并将此种情形电禀日本领事，以免发生事端，但日军依然行进汉城。稍后，李鸿章也证实中国派兵6000人"并无此事"。④ 次日，日本领事送信声称，这次日本进兵有六条说明，其中包括：（1）兵不聚汉城；（2）担心仁川水少发瘟，蔓延至各国商民；（3）此次进军绝非有他意，故一半犹留在仁、全两地。此外，还声称，如果两国达成退兵之议，"当立刻退

----

① 〔日〕陆奥宗光：《日本侵略中国外交秘史》（原名《蹇蹇录》），龚德柏译，第21页。

② 王信忠：《中日甲午战争之外交背景》，第183~185页。

③ 《寄译署》（光绪二十年五月二十一日巳刻）、《寄译署》（光绪二十年五月二十一日午刻），均载吴汝纶编《李文忠公全书·电稿》卷15，第50页；《北洋大臣来电六》，光绪二十年五月二十一日到，《北洋大臣来电二》，光绪二十年五月二十一日到，载故宫博物院编《清光绪朝中日交涉史料》卷13，第23、22页。

④ 《寄译署》，光绪二十年五月二十一日巳刻，载吴汝纶编《李文忠公全书·电稿》卷15，第50页。

回"。对此，林泰曾不敢轻信。① 袁世凯看到日军大队陆续来到汉城，深感局势不易挽回。② 朝鲜政府对于日本的重兵施压更是深怀忧虑，汉城危在旦夕，"惟望华救"，请袁世凯向李鸿章求救，"请派重兵"。③

面对日本再度大量增兵进入汉城，李鸿章仍寄希望于刚刚着手的列强调停，尤其是俄国的调停。他同时坚持实行清政府原定方针，积极筹备"剿匪"。具体是，派聂士成继续往全州西南一带妥为办理，"以靖余孽"。当时又传来日军"二千又将赴汉"的消息，且"倭势日张"，多端挑衅，但他还是"坚忍以待"，④ 命叶志超遵守既定方针，认定日本"断不能无故开战"，"切勿自我先挑衅"。⑤ 当时中国驻朝军队因日本不断增兵，有"请战"的，也有要求调回的，李鸿章均予训斥，命令"静守"，并告知"现俄国出为调处，或渐就范"。⑥

二十二日（25 日）后，袁世凯告知，日本不仅令驻仁川的军队开往汉城，而且还继续增派三四千人抵达仁川。⑦ 汪凤藻方面也从探报处获知日本这一增兵消息，并听说日本拟禁止中国驻日使馆收发电信。⑧

---

① 《寄译署》，光绪二十年五月二十二日巳刻，载吴汝纶编《李文忠公全书·电稿》卷15，第51页；《北洋大臣来电七》，光绪二十年五月二十二日到，载故宫博物院编《清光绪朝中日交涉史料》卷13，第24页。

② 《寄译署》，光绪二十年五月二十一日申刻，载吴汝纶编《李文忠公全书·电稿》卷15，第50~51页。

③ 《北洋大臣来电四》，光绪二十年五月二十二日到，载故宫博物院编《清光绪朝中日交涉史料》卷13，第24页。

④ 《北洋大臣来电一》，光绪二十年五月二十二日到，载故宫博物院编《清光绪朝中日交涉史料》卷13，第23页。

⑤ 《复叶军门》，光绪二十年五月二十二日申刻，载吴汝纶编《李文忠公全书·电稿》卷15，第51页。

⑥ 《复刘公岛丁军门》，光绪二十年五月二十二日戌刻，载吴汝纶编《李文忠公全书·电稿》卷15，第51页。

⑦ 《北洋大臣来电五》，光绪二十年五月二十二日到，载故宫博物院编《清光绪朝中日交涉史料》卷13，第24页。

⑧ 《北洋大臣来电七》，光绪二十年五月二十二日到，载故宫博物院编《清光绪朝中日交涉史料》卷13，第24页。

日本大量派兵进入汉城的同时，还以兵威胁议，唆使朝鲜自主，致使朝鲜惴怵惶惑。至此，清政府深感"口舌争辨〔辩〕已属无济于事"。在"势甚急迫""事机吃紧"的新形势下，二十二日（25日），清政府发布谕旨，命李鸿章就"应如何及时措置"，"妥筹办法，迅速具奏"——包括此前派去"剿匪"的军队"应如何调度移扎，以备缓急"；各国调停有无助中国收场之策，抑或有觊觎别谋等——谕旨要求李鸿章"遵旨寄信前来"。① 李鸿章并没有及时有针对性地回复，而是尝试采用汪凤藻的新对策。

其时，在东京的汪凤藻试图以陆奥三条为前提，提出能于局势有所补救的对策。二十三日（6月26日），他致电李鸿章称："倭之干预，以韩不能自治为词，查汰贪污，尤所注意。由我切劝韩王，立将内政清厘，则釜底抽薪，庶占先手。不独倭衅可弥，实亦为韩至计，敢请钧裁。"② 他建议李鸿章切实劝谕韩王立即改革内政，将此作为应对日本阴谋之"釜底抽薪"之术。李鸿章接到汪凤藻来电时，正好是清政府下达质疑谕旨的次日，他拟采用汪凤藻的这一建议作为新的对策。他致电袁世凯，"务随时切劝"朝鲜，务必整理内政、除贪奖廉、恤民察吏，以便使日本"无可借口"，并将这一处理办法电告清政府。③

然而，这一新举措的前景不容乐观。由于朝鲜政治紊乱的根源在于诸闵氏把持朝政，改革的前提必须令诸闵氏告退，起用有名望的老臣。但苦劝之下，数日间"毫无动静"。对此，袁世凯的态度相当消极，他寄希望于"李夏应"即李昰应出来主持，但"惜老无用"。袁世凯最后

---

① 《军机处寄北洋大臣李鸿章上谕》，光绪二十年五月二十二日，载故宫博物院编《清光绪朝中日交涉史料》卷13，第25页。

② 《北洋大臣来电》，光绪二十年五月二十三日到，载故宫博物院编《清光绪朝中日交涉史料》卷13，第25页。

③ 《北洋大臣来电》，光绪二十年五月二十三日到，载故宫博物院编《清光绪朝中日交涉史料》卷13，第25页。

告诫朝王，此等秘密"乞密防泄生变"。① 由此可见，朝鲜改革内政，并非短期内可以付诸实施的简单问题。这也进一步证明，日本提出的所谓改革内政案，正如陆奥所称，乃纯属促成冲突的手段而已。

二十五日（6月28日），李鸿章收到汪凤藻来电，内称韩国使臣曾称，榎本武扬密告，如果由朝鲜政府出面恳请撤兵并速清内政"当有济"。李鸿章将来电之意转告袁世凯，供斟酌。② 至此，李鸿章试图改革朝鲜内政的设想其实已不了了之了。由汪凤藻独立承担的对日撤兵交涉也实际上完全中止。

第六节　列强调停与最后的撤兵交涉努力

日本提出"第一次绝交书"当天，命加藤增雄从东京出发，向大鸟传达御前会议的机密训令、方针及陆奥之训令。二十四日（27日）加藤抵达韩国。御前会议的机密训令的大意是，观今日之形势，战争已不可避免，然而应采取何种手段做成开战口实，又不负开战之责任，特遣加藤书记官前来传达并商谈。同时训令，以劝告态度与朝鲜政府严正谈判，促其施行内政改革。大鸟等由于未充分了解陆奥的"苦心"，以为如欲速战，必先以宗藩关系问题逼迫朝鲜政府。如此，中国政府一定不能漠视，必能引起重大结果，较之利用内政改革问题更为简捷而有把握。二十五日（6月28日），大鸟一面将这一方针致电陆奥请示，一面照会朝鲜外署，质问其是否承认为中国属邦，并限其于次日即二十六日（6月29日）答复。③ 大鸟以宗藩问题相胁迫，

---

① 《北洋大臣来电一》，光绪二十年五月二十四日到，载故宫博物院编《清光绪朝中日交涉史料》卷13，第26页。

② 《寄译署》，光绪二十年五月二十五日巳刻，载吴汝纶编《李文忠公全书·电稿》卷15，第53页；《北洋大臣来电》，光绪二十年五月二十五日到，载故宫博物院编《清光绪朝中日交涉史料》卷13，第26页。

③ 详参王信忠《中日甲午战争之外交背景》，第183~184页。

在朝鲜政府和清政府内部引起极大的不安，此举促使清政府改变其对日政策。

二十五日（28 日）夜，清政府接到袁世凯急电，不仅报告日本增兵进入汉城，且急告大鸟诘问朝鲜政府是否"系华保护属邦"，限其次日答复之消息。传说，日本备兵 2 万，如果承认是华属，即"失和"。朝鲜政府惊恐难持，希望中国设法处理。① 次日，袁世凯又急电，据仁川关员探报得知，日本军舰"浪速""武藏"护商船 8 艘来朝，其中 7 艘装兵，1 艘装煤，来兵共计 3000 人，马 278 匹，炮 6 尊。② 当时中国驻英国使臣龚照瑗来电也大致印证了袁世凯的报告。③

接袁世凯的急电后，李鸿章先就朝鲜所属问题立即声明中国政府立场："逼韩不认华属，断不可从。"④ 称："韩属华已千余年，各国兼知。即韩与各西国立约，亦经声明。"他要袁世凯务劝朝鲜国王"坚持"，"如畏日，竟认非华属，擅出文据，华必兴师问罪"。⑤ 然而，在具体对策上，李鸿章却依然寄希望于俄国的调停，并嘱咐袁世凯"略忍耐，必有区处"，希望他"谆切转嘱"朝鲜政府。⑥ 当得知

① 《寄译署》，光绪二十年五月二十六日午刻，载吴汝纶编《李文忠公全书·电稿》卷15，第 54 页；《北洋大臣来电一》，光绪二十年五月二十六日，载故宫博物院编《清光绪朝中日交涉史料》卷 13，第 27 页。

② 《寄译署》，光绪二十年五月二十六日亥刻，载吴汝纶编《李文忠公全书·电稿》卷15，第 55 页。

③ 《寄译署》，光绪二十年五月二十六日申刻，载吴汝纶编《李文忠公全书·电稿》卷15，第 54 页；《北洋大臣来电二》，光绪二十年五月二十六日到，载故宫博物院编《清光绪朝中日交涉史料》卷 13，第 27 页。

④ 《寄译署》，光绪二十年五月二十六日午刻，载吴汝纶编《李文忠公全书·电稿》卷15，第 54 页；《北洋大臣来电一》，光绪二十年五月二十六日到，载故宫博物院编《清光绪朝中日交涉史料》卷 13，第 27 页。

⑤ 《由上海长崎海参崴珲春至朝鲜交袁道》，光绪二十年五月二十六日申刻，载吴汝纶编《李文忠公全书·电稿》卷 15，第 54 页。

⑥ 《寄译署》，光绪二十年五月二十六日午刻，载吴汝纶编《李文忠公全书·电稿》卷15，第 54 页；《北洋大臣来电一》，光绪二十年五月二十六日到，载故宫博物院编《清光绪朝中日交涉史料》卷 13，第 27 页。

朝鲜国王因朝鲜亲日势力积极活动而立场动摇时，他仍然强调依靠俄国调停。① 李鸿章试图借俄国调停来消除朝王的"怯贰"。②

当时，驻日使臣汪凤藻对局势的估计已非常悲观。他预计，日本逼迫中国至此，"恐乏转圜"，他开始向李鸿章和总署请示，一旦失和撤使后，驻日各口商民身家和财产的处置问题。③ 袁世凯鉴于日本已有近万人各处部署，待与中国"寻衅"，韩国也密结"不认华属"，因而要求"撤回"军队，以"免辱"。如果事情紧急，他拟先赴仁川等候指示。④ 当时有传言说，大鸟"拟照公法"，以武力押送袁世凯离开朝鲜，为此袁世凯再次要求回国禀商，请兵伐韩。⑤ 然而，汪、袁的请示

---

① 《寄译署》，光绪二十年五月二十六日亥刻，载吴汝纶编《李文忠公全书·电稿》卷15，第55页。

② 《寄译署》（光绪二十年五月二十六日亥刻）、《复译署》（光绪二十年五月二十六日亥刻），均载吴汝纶编《李文忠公全书·电稿》卷15，第55页；《北洋大臣来电五》，光绪二十年五月二十七日到，载故宫博物院编《清光绪朝中日交涉史料》卷13，第28页。按：同一份电稿标注的时间有别。《清光绪朝中日交涉史料》中的排序似乎有些滞后。因其没有标注具体的时刻，故以《李文忠公全书》中的时间为准。

③ 《直督李鸿章致总署汪使电询留日华侨应否托与国保护电》，光绪二十年五月二十六日，载王彦威纂辑，王亮编《清季外交史料》卷91，第18页；《寄译署》，光绪二十年五月二十七日巳刻，载吴汝纶编《李文忠公全书·电稿》卷15，第56页；《北洋大臣来电一》，光绪二十年五月二十七日到，载故宫博物院编《清光绪朝中日交涉史料》卷13，第27页。按：《李文忠公全书》中的和《清光绪朝中日交涉史料》均作"二十七日"；《清季外交史料》作"二十六日"，当有误。另，《清光绪朝中日交涉史料》所载有两处错误，值得关注。首句"昨将袁道转汪使，询倭议若何。顷接有电，顷访倭使，适他往。来函订明晨往谈"，这里的"询倭议"和"访倭使"中的"倭"，应均为"俄"。《寄译署》（光绪二十年五月二十七日巳刻，载吴汝纶编《李文忠公全书·电稿》卷15，第56页）作"俄"字。又，光绪二十年五月二十八日酉刻李鸿章《复日本汪使》问："俄使力劝日有实信否？"（载吴汝纶编《李文忠公全书·电稿》卷15，第59页）。光绪二十年五月二十九日，李鸿章通过俄国驻华公使参赞得知驻日倭使的意见："顷喀使遣巴参赞等来称，接驻日俄使电云"（《北洋大臣来电四》，光绪二十年五月二十九日到，载故宫博物院编《清光绪朝中日交涉史料》卷13，第31页）。可知，作"俄"是正确的。

④ 《北洋大臣来电三》，光绪二十年五月二十七日到，载故宫博物院编《清光绪朝中日交涉史料》卷13，第28页。

⑤ 《寄译署》，光绪二十年五月二十七日酉刻，载吴汝纶编《李文忠公全书·电稿》卷15，第57页；《北洋大臣来电一》，光绪二十年五月二十八日到，载故宫博物院编《清光绪朝中日交涉史料》卷13，第28页。

均遭李鸿章否决。李鸿章认为汪凤藻的提议"似过急率"①。对袁世凯则进行劝慰，说日本方面已向俄国公使声称"如无他缘故，不先与中国开仗"，英国驻华公使欧格讷也表示调停的意向②，韩国方面仍"未认非华属"，他要袁世凯"密劝坚持"，"坚贞勿怯退"。③袁世凯很快回心转意。④清政府因韩密结不认华属究无实据，在撤使问题上同意李鸿章的处理意见。并指出，袁道和汪使不宜遽归，致为口实，均令少待，等有失和确据再行撤回。⑤但是对宗藩问题清政府则非常警觉，开始着手调整对日政策的基调，将"防倭"备战提上议事日程。

二十八日（7月1日），清政府接李鸿章二十七日（6月30日）、二十八日（7月1日）一系列电信后指示，此次出兵朝鲜原为属国定乱，但"现在情事已非"，"防倭方亟"。⑥当天，军机处寄上谕致李鸿章指出："前经迭谕李鸿章酌量添调兵丁并妥筹理法，均未复奏。现在焰愈炽，朝鲜受其迫胁，势甚岌岌。他国劝阻亦徒托之空言，将有决裂之势。"显然，清政府对于李鸿章没有及时回奏有关处理办法很不满意，对于借助各国调停也基本予以否定。进而指出，现在已是

---

① 《寄译署》，光绪二十年五月二十七日巳刻，载吴汝纶编《李文忠公全书·电稿》卷15，第56页；《北洋大臣来电一》，光绪二十年五月二十七日到，载故宫博物院编《清光绪朝中日交涉史料》卷13，第27页。

② 《张侍郎来电》，光绪二十年五月二十七日亥刻到，载吴汝纶编《李文忠公全书·电稿》卷15，第58页。

③ 《寄汉城袁道》，光绪二十年五月二十八日辰刻，载吴汝纶编《李文忠公全书·电稿》卷15，第58页；《北洋大臣来电三》，光绪二十年五月二十八日到，载故宫博物院编《清光绪朝中日交涉史料》卷13，第29页。

④ 《寄译署》，光绪二十年五月二十八日卯刻，载吴汝纶编《李文忠公全书·电稿》卷15，第58页；《北洋大臣来电三》，光绪二十年五月二十八日到，载故宫博物院编《清光绪朝中日交涉史料》卷13，第29页。

⑤ 《发北洋大臣电》，光绪二十年五月二十八日，载故宫博物院编《清光绪朝中日交涉史料》卷13，第29页。《译署来电》，光绪二十年五月二十八日酉刻到，载吴汝纶编《李文忠公全书·电稿》卷15，第58页。按：同日的《总理各国事务衙门拟发给李鸿章电信》（载故宫博物院编《清光绪朝中日交涉史料》卷13，第30页）之（1050）条与（1052）条重复。

⑥ 《发北洋大臣电》，光绪二十年五月二十八日，载故宫博物院编《清光绪朝中日交涉史料》卷13，第29页；《译署来电》，光绪二十年五月二十七日酉刻到，载吴汝纶编《李文忠公全书·电稿》卷15，第59页。

备战关口，如果韩国"竟被逼携贰，自不得不声罪致讨。彼时倭兵起而相抗，亦在意计之中。我战守之兵及粮饷军火，必须事事筹备有把握，方不致临时诸形掣肘，贻误事机"。命李鸿章详细筹划新的对策，迅速复奏。因南洋各海口均关紧要，台湾孤悬海外，日本曾至其境，尤所垂涎，又令李鸿章密电各督抚，不动声色，预为筹备，勿稍大意。①

二十九日（7月2日），李鸿章回复上谕，非常简略：（1）袁世凯续电，朝鲜还没有不承认华属之言行；（2）袁世凯仍留汉城，并电汪凤藻令其少待；（3）驻朝军队或撤或移，由袁世凯与叶志超会商；（4）对于谕旨中特别提到的备战情况，则言"筹办大略，二十七辰已驰奏"。②李鸿章所指已经"驰奏"的具体内容是，在日本"乘机构衅，遽以重兵胁韩，傥至无可收场"的情况下，"必须预备战备"。他请政府饬户部先行筹备军饷二三百万两，"以备随时指拨"。并告知北洋铁快各舰堪备海战者只有8艘。接李鸿章奏报后，清政府先令其详细复奏，包括：究竟海军所练之兵多少人，北洋分扎沿海防军多少人，直隶绿营兵丁可备战者多少人。至于李鸿章所请筹备饷需银两，则告知等复奏到后再降谕旨。③可以看到，李鸿章对于军备不能说信心十足。

其时，陆奥宗光虽决心挑战，但因顾虑外交上的纠纷，仍主张以内政改革问题为借口，利用外交上的合法手段激起中日冲突，④为此，他对于大鸟以宗藩问题进行胁迫的举动立即予以否决。五月二十五日

---

① 以上见《军机处寄北洋大臣李鸿章上谕》，光绪二十年五月二十八日，载故宫博物院编《清光绪朝中日交涉史料》卷13，第29~30页。

② 《寄译署》，光绪二十年五月二十九日辰刻，载吴汝纶编《李文忠公全书·电稿》卷15，第59~60页；《北洋大臣来电三》，光绪二十年五月二十九日到，载故宫博物院编《清光绪朝中日交涉史料》卷13，第30~31页。

③ 《军机处寄北洋大臣李鸿章上谕》，光绪二十年五月二十九日，载故宫博物院编《清光绪朝中日交涉史料》卷13，第31页。

④ 王信忠：《中日甲午战争之外交背景》，第183页。

（6月28日），陆奥电复大鸟，指示取消“属国二字，及撤退牙山之清兵两事，因与现下之政略相背，故无论朝鲜政府听从与否，应俟加藤抵韩后立即提议内政改革问题”①。这份训电因电线阻隔，至二十七日（30日）才抵达汉城。此后，大鸟放弃中朝宗属问题，着手内政改革问题，试图借内政改革以达到军事上速战的目的。

当时，从袁世凯方面传来朝鲜亲华势力支持中国，“韩王亦渐渐转意”的消息，中国驻朝军队的“进剿”状况有所进展②，李鸿章请各国调停也在开展。③ 清政府对日本决议挑衅的政策没有充分的了解，看到日本主动放弃宗属问题时，放慢了备战的步骤，决定从督促备战向备战和商议两手准备转变，并认为韩不答非属，则尚不至于决裂。其时，英国驻华公使连日到总署称，其外部来电，嘱令从中调停，免致启衅，各国也可责备日本，促其撤兵。条件是，中国愿意在整理朝鲜内政和保护朝鲜土地勿令他人占据这两个方面与日本和商。清政府认为，如果能够通过调停解决，自较用兵易于收束。中国本意原欲保全朝鲜，但有一个前提，即必须无碍中国行使体制权力。具体办法则须等届时斟酌。如果事不能行，仍可罢议。清政府的总体方针是，商议撤兵与备战两无关碍。④ 而借助各国调停撤兵，显然是清政府较倾向的解决办法。在东京的使臣汪凤藻也参与到清政府的这一新对策的实施之中。

提请各国驻华公使出面，是在袁世凯与大鸟的撤兵交涉陷入僵局，日本提出所谓陆奥三条并大量增兵，并露骨地实施“留兵挟议”之时，李鸿章最先积极经营于此。五月十五日（6月18日），英国驻

---

① 杉村濬『明治廿七八年在韩苦心録』、28—29 页。

② 《北洋大臣来电二》，光绪二十年五月二十九日到，载故宫博物院编《清光绪朝中日交涉史料》卷13，第30页。

③ 《北洋大臣来电一》，光绪二十年五月二十九日到，载故宫博物院编《清光绪朝中日交涉史料》卷13，第30页。

④ 《发北洋大臣电》，光绪二十年五月二十九日，载故宫博物院编《清光绪朝中日交涉史料》卷13，第31页；《译署来电》，光绪二十年五月二十九日戌刻到，载吴汝纶编《李文忠公全书·电稿》卷15，第60页。

华公使和俄国驻华公使路过天津，李鸿章请他们出面调停。两使均同意通过本国驻日公使劝日本与中国约期同时撤兵，这令李鸿章充满期待，他认为："倭忌英，不若畏俄。有此夹攻，或易就范。"① 总署起初还认为请各国调处"似于中属体制有损"，而只由李鸿章出面为之。开始，英国的态度不甚积极。十六日（19日），欧格讷来总署谈时，明言"未便照办"②，至多表示"照电外务"③。态度积极的是俄国方面，尤其是其驻华公使喀西尼（A. P. Cassini）。

汪凤藻奉命参与相关调停工作，从李鸿章设想调停时就已开始。五月十八日（21日），俄国公使在天津答应进行撤兵调停后，李鸿章即命汪凤藻"密探驻日俄使议论如何"④。汪凤藻去电报告驻日俄使的相应看法是："日派兵本孟浪，苟可收场，彼必自撤。俄京尚无电至。"⑤ 汪凤藻全力参与各国调停，主要在日本提出"第一次绝交书"，清政府向李鸿章发布谕旨要求备战，他本人也提出撤使要求之后。其间，他先参与俄国调停的相关工作，再参与和英国等国的调停工作。

二十八日（7月1日），李鸿章在将总署"不宜遽归"的旨意转

---

① 《寄译署》，光绪二十年五月十七日午刻，载吴汝纶编《李文忠公全书·电稿》卷15，第47页；《北洋大臣来电三》，光绪二十年五月十七日到，载故宫博物院编《清光绪朝中日交涉史料》卷13，第19页；《直隶李鸿章致枢垣袁电日兵驻仁川租借英俄两使来晤托其劝日撤兵电》，光绪二十年五月十五日，载王彦威纂辑，王亮编《清季外交史料》卷91，第10页。

② 《发北洋大臣电一》，光绪二十年五月十七日，载故宫博物院编《清光绪朝中日交涉史料》卷13，第18页。

③ 《寄朝鲜袁道》，光绪二十年五月十七日申刻，载吴汝纶编《李文忠公全书·电稿》卷15，第47~48页。

④ 《寄译署》，光绪二十年五月十八日辰刻，载吴汝纶编《李文忠公全书·电稿》卷15，第48页；《北洋大臣来电二》，光绪二十年五月十八日到，载故宫博物院编《清光绪朝中日交涉史料》卷13，第20页。

⑤ 《寄议署》，光绪二十年五月二十日亥刻，载吴汝纶编《李文忠公全书·电稿》卷15，第50页；《北洋大臣来电四》，光绪二十年五月二十一日到，载故宫博物院编《清光绪朝中日交涉史料》卷13，第22页。

电汪凤藻时，询问："俄使力劝日有实信否？"① 汪凤藻奉命通过俄国驻日公使希德洛夫了解俄国调停的进展实情。

希德洛夫最初出面劝说日本前后共两个回合②，汪凤藻深感其不甚得力。希德洛夫先于二十九日（7月2日）探得日方对于撤兵会商的意向。当时，汪凤藻刚刚接到李鸿章令探"俄使力劝日有实信否"的指令，拟立即前往探问。俄使却因"忌浮议"，提醒汪凤藻"勿往"，约定待得实情"即告"。但汪凤藻一直没有等到回音。他当时感到密探愈来愈艰难，提请李鸿章及总署能否请驻华公使喀西尼电询？③ 在汪凤藻看来，日本态度如此坚拒，且其驻韩军队已达一万人，"恐非空言所能勒退"④。因此，他在探询俄国调停进展的同时，借在日商民之口提出如何护侨问题了。⑤

其时，希德洛夫将日方的意向直接致电俄国驻华公使喀西尼，喀使遣巴参赞转告李鸿章。据希德洛夫称，陆奥的意思是，中国必先答应中、日、俄三国议定改革朝鲜内政条款才能撤兵，否则无言以对议院。希德洛夫询问中方的意见，如可行，他将或径复日本，或由俄使转告。李鸿章回告，朝鲜内政向系自为，如欲酌量更改，中国可劝其办理，俄日也可"挈助"。但俄国仍应按照初议，勒令日本先行撤兵，再各派代表会议。此时，李鸿章也赞同汪凤藻的看法，日本撤兵"恐

---

① 《复日本汪使》，光绪二十年五月二十八日酉刻，载吴汝纶编《李文忠公全书·电稿》卷15，第59页。

② 《直督李鸿章致总署日增兵运械大鸟向韩提出五条现匪已平应否嘱汪使商日撤兵乞酌核电》，光绪二十年六月三日，载王彦威纂辑，王亮编《清季外交史料》卷92，第6页。

③ 《寄译署》，光绪二十年五月二十九日申刻，载吴汝纶编《李文忠公全书·电稿》卷15，第60页。

④ 《北洋大臣来电四》，光绪二十年五月二十九日到，载故宫博物院编《清光绪朝中日交涉史料》卷13，第31页。

⑤ 《寄译署》，光绪二十年五月二十九日申刻，载吴汝纶编《李文忠公全书·电稿》卷15，第60页。

非空言所能勒退"了。①

陆奥向希德洛夫提出的所谓改革朝鲜内政的条款，稍后又向汪凤藻提出，共计3条：一是查核度支，二是淘汰京官并地方官吏，三是帮助朝鲜政府设置所需兵备以保国。其实就是早先提出的陆奥三条。对于日本这一所谓整理内政条款，李鸿章指出，其"与英待埃及形似"。朝鲜固然不愿，中国也办不到，不能"遽允"，且"断难商办"。他经连日与俄使商论，只答允会议，劝令朝鲜自行整理，但未便预定条款。关于勿占据朝鲜一节，俄国已答应载入会议款内。英最忌俄，李鸿章希望总署再与英国公使切实言之。但他指出如果按照日本"原议三事"，则无论如何"断难商办"，为此请教总署的意见。②

希德洛夫获悉中方立场后再会访日方。初一日（7月3日），日方告诉希德洛夫："须善后粗定，始可撤兵。"希德洛夫立即致电本国政府请示。次日，他将日方的意见及本人的处理意见派人转告汪凤藻；同时也表示，他感到日本"非略占便宜，终难歇手"。其时，汪凤藻通过密探获得的相关情报，与俄使传达的信息基本相同。在汪凤藻看来，鉴于日本方面海陆戒备日渐严密，应"绝无"转变的意思，因此，他认为仅仅依仗俄国调停，恐怕"尚不得力"。他希望李鸿章将他的这一意见转告总署。③同日，汪凤藻得知日本派遣4艘军舰分赴山海关及

---

① 《北洋大臣来电四》，光绪二十年五月二十九日到，载故宫博物院编《清光绪朝中日交涉史料》卷13，第31页；《直督李鸿章致总署日谓三国议定改韩内政方能撤兵已商俄使转达先撤兵再各派使会议电》，光绪二十年六月初一日，载王彦威纂辑，王亮编《清季外交史料》卷92，第1页。

② 《北洋大臣来电》，光绪二十年六月初一日丑刻到，载故宫博物院编《清光绪朝中日交涉史料》卷14，第1页；《直督李鸿章致总署日于韩事向汪使提出三条断难商办电》，光绪二十年六月初一日，载王彦威纂辑，王亮编《清季外交史料》卷92，第1页。

③ 《寄译署》，光绪二十年六月初二日酉刻，载吴汝纶编《李文忠公全书·电稿》卷16，第2页；《北洋大臣电四》，光绪二十年六月初二日到，载故宫博物院编《清光绪朝中日交涉史料》卷14，第2页。

福建海面。他估计这是为了窥视中国海防，便报告清政府。①

　　当时，奥国驻日公使以私人身份前来汪凤藻处劝导，认为"中日失和，适资俄利。俄出调停，殊难得力"。奥使指出，就大局论，中方当联日防俄，中国应该"稍作迁就"，不宜开衅，以致两伤。又称，干预弱小是西方各国常有的事。奥使的建议似给汪凤藻一些启示和信心。他分析俄国公使的调停作用，认为俄国本意的确在于"劝撤兵后妥议善后"，也表示了干预意思，但日人势成骑虎，一定令其先行撤兵，即使俄国两次出动，也终究未能答应。汪凤藻的意见是，中国此时遽与日方会办，也不得体。他提议中国答应会办，由他本人赴日本外部"开诚与议"，令将汉城兵退驻各口，再商议善后，商妥彼此撤兵。中国则为大局计，不惜迁就，以示变通。如果日方答应，则衅犹可弭，与俄方的意愿也不相违背。如果不答应，则表明日方"有意寻衅"，中国便可决计进兵。为此他提议汪请示李鸿章的意见，并再请转达总署。此外，奥使还表示，如果他的这些建议不妥，提议"速请各国出场，公议调处"。② 汪凤藻的主旨当然在于试探日本的真实用意是战还是和。他便借奥使之口表达对日"变通""稍作迁就"的立场，此应与清政府避战这一基本政策直接有关。当时，汪凤藻奉命向日本天皇呈递庆贺其 25 年婚期庆礼的贺书和礼物，准备前后历时约半年，六月初还在为此事向日本外务省沟通。③

　　① 《北洋大臣来电三》，光绪二十年六月初三日到，载故宫博物院编《清光绪朝中日交涉史料》卷14，第6页。

　　② 《寄译署》，光绪二十年六月初四日巳刻，载吴汝纶编《李文忠公全书·电稿》卷16，第6页；《北洋大臣来电二》，光绪二十年六月初四日到，载故宫博物院编《清光绪朝中日交涉史料》卷14，第7页；《直督李鸿章致总署日增兵大鸟向韩提出五条现匪已平应否嘱汪使商日撤兵乞酌核电》，光绪二十年六月初三日，载王彦威纂辑，王亮编《清季外交史料》卷92，第6页。

　　③ 《礼部奏日本国君主举行庆礼请颁给贺书礼物折》，光绪二十年正月十七日；《出使汪大臣来电》，光绪二十年六月初三日到；《出使大臣汪凤藻奏报赍递贺日本国主银婚国书礼物日期折》，光绪二十年七月十四日，载故宫博物院编《清光绪朝中日交涉史料》卷13，第1页；卷14，第6页；卷16，第29页。

李鸿章收到汪凤藻请示电时，总理衙门正开始与日本驻华代理公使小村寿太郎谈判。对于汪凤藻主动提请的前往商议撤兵，李鸿章感到他本人不便直接答复而是咨请总署。① 从李鸿章给总署的去信中已显示，至此俄国已不是调停的主角。俄国方面实心实意调停的主要是驻华公使喀西尼，驻日俄使希德洛夫出于种种顾虑，一开始就对于喀使的调停不热心。加上日本一而再，再而三保证，所谓"日本政府除希望确立朝鲜之独立及和平外，绝无他意"②，"日本对韩并无侵略野心"，待朝鲜国内形势完全恢复平稳时，"自当撤退目下朝鲜境内所有日本军队"③，希德洛夫似受蒙骗，基本不赞成干涉。这一立场影响到俄国外部，俄方的调停态度由积极而转消极。五月二十八日（7月1日），日本政府委婉而明确地拒绝了俄国的调停，④ 决定接受英国调停。日外务省电告小村寿太郎，在日本"力求不论及朝鲜独立之事，清国政府亦不克对于宗属关系发言"的前提下，就撤兵、朝鲜内政改革等问题进行商议。由此，英国取代俄国居于调停的主导地位。⑤ 六月初一日（7月3日），小村主动来到总署商谈撤兵。与小村既已开谈，清政府就显然无意让汪凤藻在日本再启撤兵谈判。

总署与小村于六月初一（3日）、初五（7日）、初七（9日）多次进行深入会商。与此同时，日本同步紧锣密鼓地与朝方会谈改革内政问题，步步进逼，促使朝鲜方面频频向清政府告急。初八日（10

① 《寄译署》，光绪二十年六月四日巳刻，载吴汝纶编《李文忠公全书·电稿》卷16，第6页；《北洋大臣来电二》，光绪二十年六月初四日到，载故宫博物院编《清光绪朝中日交涉史料》卷14，第7页；《直督李鸿章致总署日增兵运械大鸟向韩提出五条现匪已平应否嘱汪使商日撤兵乞酌核电》，光绪二十年六月三日，载王彦威纂辑，王亮编《清季外交史料》卷92，第6页。
② 〔日〕陆奥宗光：《日本侵略中国外交秘史》（原名《蹇蹇录》），龚德柏译，第28~29页。
③ 田保橘潔『近代日支鲜関係の研究：天津条約より日支開戦に至る』、京城帝国大学研究册、昭和5年、202-203頁。
④ 田保橘潔『近代日支鲜関係の研究：天津条約より日支開戦に至る』、202-203頁。
⑤ 关于李鸿章求俄国干涉，详参王信忠《中日甲午战争之外交背景》（第199~206页）和田保橘潔『近代日支鲜関係の研究：天津条約より日支開戦に至る』（213頁）。

日），总署致电李鸿章，令："即电袁告韩以坚忍静待，毋惑鸟言，致贻后悔。"① 当天，李鸿章将总署之电转电袁世凯。② 李鸿章还电告驻朝军队，总署现正与日使议商，我军应暂静守勿动。对于日军的挑衅举动，切戒勿与计较。③ 初十日（12日），驻朝中国军队鉴于日本在朝鲜日益猖獗，朝急望救援，各国调处卒无成议，便提出上、中、下三策。上策要求中国增兵，择要扼扎，若至决裂，免至进兵无路。中策先主动撤兵，并依据中日《天津条约》知照各国，令日本同撤；如果日本不依，待秋初再图大举。下策则如目前守此不动，只能眼见朝人受困于日，绝望于我，且军士既无战事，久役露处也易受病。李鸿章接驻朝军队的要求后回复称，上策须缓办，因总署正与日本商议，未便遽添大军；中策此前袁世凯曾经提起；而下策所言军士久役露处易受病也系实情，他请问总署可否照办？④ 可见，李鸿章对与小村会商的前景颇为看好，已倾向于中国先行撤兵，不再顾虑是否示弱了。

小村之主动前来会商，是英国调停的一个环节。小村与总署会商期间，各国尤其英国甚愿调停。经李鸿章等积极周旋，英、俄、法、美、德均致电各自驻日公使，力劝日本撤兵。⑤ 汪凤藻在关切俄国调停之后，所奉命发生相应转向，他探查英、俄、法、美、德驻日公使力劝日撤兵的进展情况。⑥

---

① 《发北洋大臣电》，光绪二十年六月初八日，载故宫博物院编《清光绪朝中日交涉史料》卷14，第14页。

② 《寄朝鲜袁道》，光绪二十年六月初八日亥刻，载吴汝纶编《李文忠公全书·电稿》卷16，第13页。

③ 《寄朝鲜成欢交叶提督聂镇》，光绪二十年六月初八日亥刻，载吴汝纶编《李文忠公全书·电稿》卷16，第14页。

④ 《寄译署》，光绪二十年六月初十日午刻，载吴汝纶编《李文忠公全书·电稿》卷16，第16页；《北洋大臣来电三》，光绪二十年六月初十日到，载故宫博物院编《清光绪朝中日交涉史料》卷14，第20页。

⑤ 《寄译署》，光绪二十年六月初十日申刻，载吴汝纶编《李文忠公全书·电稿》卷16，第16页。

⑥ 《复日本汪使》，光绪二十年六月初十日申刻，载吴汝纶编《李文忠公全书·电稿》卷16，第16页。

十一日（13日），汪凤藻从一名密探处获悉，日本因各国出劝，已经定议撤兵和商。① 当时驻英公使龚照瑗来电表明，英国对于各国的调停也表关切。② 对此，李鸿章将信将疑，因日本正逼迫朝鲜改革内政，"似无撤兵意"。十二日（14日），李鸿章进一步追问汪凤藻日本究竟如何"定议"，希望"确示"。③ 汪凤藻接电后，即探查相关情报，但所获得的信息相互矛盾。他通过密探了解到，日本撤兵和商之意"似确"，但长崎方面来电却称，日方尚有粮械出口，与密报"两歧"。更有甚者，有传言称，对于总署与小村之"所议商"，小村并无电至外务省。为此，他追问"署议云何"，希望"详示"。④

与小村的会商，的确并非中方所预料的那么乐观。小村从一开始就声称，其所以前来是因英国公使传话希望中、日共商朝事，他只负责在本国政府与清政府之间转信，并无商议之权。⑤ 而历次会商的情况表明，日本此时之所以表现出愿与中国会商的姿态，主要是顾忌各国尤其俄国的干预，对此，小村毫不掩饰。会谈中，他不断追问，中国请俄国调停是否实有其事。当听说俄国有三国会议之说时，小村当即声称"绝不答应"，甚至表示"就为此事打仗，我们也不怕他"。总署正因为看到了这一点，所以当初七日（9日）喀西尼表示基于俄国政府的立场将不再"干预"中日会议时，特别提醒李鸿章，"来电

---

① 《寄译署》，光绪二十年六月十一日午刻，载吴汝纶编《李文忠公全书·电稿》卷16，第17页；《北洋大臣来电四》，光绪二十年六月十一日到，载故宫博物院编《清光绪朝中日交涉史料》卷14，第25页。

② 《北洋大臣来电三》，光绪二十年六月十一日到，载故宫博物院编《清光绪朝中日交涉史料》卷14，第25页。

③ 《复日本汪使》，光绪二十年六月十二日辰刻，载吴汝纶编《李文忠公全书·电稿》卷16，第17页。

④ 《寄译署》，光绪二十年六月十二日申刻，载吴汝纶编《李文忠公全书·电稿》卷16，第18页；《北洋大臣来电四》，光绪二十年六月十二日到，载故宫博物院编《清光绪朝中日交涉史料》卷14，第26~27页。

⑤ 「総署王大臣卜面談ノ概略」、7月7日、外務省編纂『日本外交文書』第27卷第2冊、255-256頁。

俄不干预，祈勿宣露"①。直到六月初十日（7 月 12 日），小村还称
"候政府核复"②，但龚照瑗与俄国公使喀西尼的会晤表明，日本所谓
的"肯和商，似非真意"③。李鸿章也感到日本政府命小村与总署会
商至今没有成议，"恐是缓兵计"④。

就在汪凤藻将所获得的相矛盾的情报电告李鸿章当天，即六月十
二日（14 日），小村向总署发来了一份态度极其强硬的照会，称中国
政府对于日本改革朝鲜内政的提议"不依"，"惟望撤兵"，使日本政
府深感"诧异"。他本人之所以与中国会商，是因为驻京英国公使
"顾念睦谊"，愿日中两国言归于好，出力调停。由于中国政府"好
事"，"有意滋事"，终归无用。嗣后有不测之变，日本政府不负其
责。小村不仅宣称会商失败，且竟将失败的责任完全归咎于中国。⑤
日本发出的这份照会，史称"第二次绝交书"。

当天，清政府将照会转告李鸿章，指出其"词意甚为决绝，似无
转圜之机"；事已至此，清政府只能决定进兵。但"战事宜慎，必须
谋出完全"，希望李鸿章将如何分别次第部署先行电复。⑥

---

① 以上见《发北洋大臣电》，光绪二十年六月初八日，载故宫博物院编《清光绪朝中
日交涉史料》卷 14，第 14 页。

② 《复日本汪使》，光绪二十年六月初十日申刻，载吴汝纶编《李文忠公全书·电稿》
卷 16，第 16 页。

③ 《寄译署》，光绪二十年六月初十日酉刻，载吴汝纶编《李文忠公全书·电稿》卷
16，第 16 页。

④ 《复伦敦龚使》，光绪二十年六月初十日酉刻，载吴汝纶编《李文忠公全书·电稿》
卷 16，第 17 页。

⑤ 「日清の交涉講和始末（1）」JACAR、Ref. C08040460800、明治 27·8 年　戦史編
纂準備書類　1（防衛省防衛研究所）；「小村臨時代理公使ヨリ総理衙門宛照会」、7 月 14
日、外務省編纂『日本外交文書』第 27 巻第 2 冊、260 頁；《日本公使小村寿太郎照会》，光
绪二十年六月十二日，载"中研院"近代史研究所编《清季中日韩关系史料》卷 6，第 3330
页；《日本使臣小村照会》，光绪二十年六月十三日，载故宫博物院编《清光绪朝中日交涉史
料》卷 14，第 32 页。

⑥ 《发北洋大臣电》，光绪二十年六月十二日，载故宫博物院编《清光绪朝中日交涉史
料》卷 14，第 26 页；《译署来电》，光绪二十年六月十二日亥刻到，载吴汝纶编《李文忠公
全书·电稿》卷 16，第 19 页。

对于中日"会商"的失败，陆奥十分高兴，认为："该仲裁之失败，令我国在将来之行动上，渐得自由，宁为可喜。"①

汪凤藻也进一步查清了密探所谓撤兵说的由来，并从密探和俄国公使两方面印证了小村照会即"第二次绝交书"的立场。密探所谓的撤兵之说，是因在朝鲜的大鸟来电请示"勒办条款韩已悉遵，应否撤兵"，伊藤、井上回答"我愿已遂，可即收场"。但自由党坚持认为朝鲜仅仅表面遵从，撤兵非计。伊藤不敢固争，"前议遂寝"。② 其时，俄国驻日公使又奉本国政府来电意欲向陆奥、井上等人劝说，日方则宣布"此时无可再商"。俄国公使便派参赞来告汪凤藻，俄国"劝既无益，须由贵政府另筹良策"。③ 此时，汪凤藻获知，日本已约法国代护其在华侨民。其实，日本最终请美国代为保护其在华侨民。

第七节 日本率先开战与使团撤离

与小村会商失败后，列强的调停并未因此停止。最后的调停仍以英国为主，围绕小村致总署照会而展开。但是，就在列强尚在调停之时，日本率先向中国开战。

总署收到日本照会后两天，六月十四日（7月16日），与英国公使欧格讷会晤会谈照会问题。总署指出，日本违约妄行，处处皆不按理，滋事好事，曲皆在彼，却反而倒戈相击，对此深表不满。欧格讷认为其中有误会，"或系小村听错亦未可知"。欧格讷也认为小村照会语词过当，需前往问明。但又认为，从照会看来，日本"并无不愿和

____

① 〔日〕陆奥宗光：《日本侵略中国外交秘史》（原名《蹇蹇录》），龚德柏译，第42页。

② 《寄译署》，光绪二十年六月十三日酉刻，载吴汝纶编《李文忠公全书·电稿》卷16，第20页。

③ 《寄译署》，光绪二十年六月十三日戌刻，载吴汝纶编《李文忠公全书·电稿》卷16，第21页；《北洋大臣来电三》，光绪二十年六月十四日到，载故宫博物院编《清光绪朝中日交涉史料》卷14，第33页。

商之意"。并称现在事情紧急，如中国能答应愿意敦促朝鲜整理内政，各国仍可向日本说明，催其撤兵。会晤中，双方还谈到俄国在图们江驻兵之事。①

十五日（17日），欧格讷再来总署，称已对小村照会做了初步了解，认为根据译出的英文，照会只说"贵国不允办法，并无滋事好事之义"，且表示"此事我政府总要调处妥协，今晚或明早必有电来"。② 可以说，英国对小村照会颇有庇护之意，但也表明英国试图继续进行调停。

俄国于二十日（22日）前后再度参加到调停中来。二十二日（24日），俄国决定，鉴于情势，同意与跟英国一同调停，令日本退兵。③

二十三日（25日），欧格讷告诉总署，已接俄国喀使电，愿协同商令日本退兵，并告知德、法、意三国也均愿参与。英国以为，合五国之力对日本施加压力，可使从公论。④ 只是，英国为首的五国调停工作不再是敦促日本撤兵，而是提出一个新的建议，要中日两国在朝鲜"划区占领"；⑤ 但直至二十日（22日），日本无回信。⑥ 二十四日（26日），李鸿章接受各国的退兵方案，认为日退釜山，我退平壤，似尚公允。⑦

---

① 《总理各国事务衙门与英使欧格讷问答》，光绪二十年六月十四日，载故宫博物院编《清光绪朝中日交涉史料》卷14，第36页。

② 《总理各国事务衙门与英使欧格讷问答》，光绪二十年六月十五日，载故宫博物院编《清光绪朝中日交涉史料》卷14，第41页。

③ 《北洋大臣来电》，光绪二十年六月二十二日亥刻到，载故宫博物院编《清光绪朝中日交涉史料》卷15，第18页。

④ 《译署来电》，光绪二十年六月二十三日亥刻到，载吴汝纶编《李文忠公全书·电稿》卷16，第30页。

⑤ 《北洋大臣来电一》，《北洋大臣来电二》，光绪二十年六月十七日到，载故宫博物院编《清光绪朝中日交涉史料》卷15，第4页。

⑥ 《总理各国事务衙门与英使欧格讷问答》，光绪二十年六月二十一日，载故宫博物院编《清光绪朝中日交涉史料》卷15，第16页。

⑦ 《复译署》，光绪二十年六月二十四日午刻，载吴汝纶编《李文忠公全书·电稿》卷16，第31页。

然而，就在二十三日（25日），日本军队未经宣战，就在牙山口外丰岛海面率先向中国军队开炮，击沉运送中国士兵的英国轮船"高升"号，挑起中日甲午战争。当天，日本向英国政府保证，不在英国利益中心地区即中国上海及附近作战。此时，欧格讷还在与总署会谈，称："现在英、俄之外又约德、法、意三国同办此事，合力逼着日本讲理，谅亦不敢不从。"① 李鸿章还向驻日使臣汪凤藻追问，英、俄与法、德、意合力令日退兵的结果"未知何如"。②

二十四日（26日），章京舒文等与欧格讷会面，告知日本军队二十一日（23日）包围朝鲜王宫，拘捕朝鲜国王等，中国拟布告各国，中日已经失和。因英国久有调处之意，故特来相告。欧格讷则称，尚未听说相关消息，中国若立即照会各国未免可惜，建议"稍缓数日"，拟与各国商请中国军队退到平壤，日本军队退至釜山。并声称如日本不听，各国均不能答应。③

二十五日（27日）欧格讷才来总署告知，英国船"高升"号受租装载中国士兵前往朝鲜，在牙山口外被日本开炮击沉。中国两艘炮船曾与其开仗，一艘被拿去，一艘驶回威海卫。现在中日已经失和，目前所商劝各节正好搁开。④

二十八日（30日），军机处收到总理各国事务衙门呈送的致各国公使照会，照录该照会并奏呈御览，决定向各国公开"日本悖理违法、首先开衅情事始末"，宣布是日本率先开战。⑤

---

① 《总理各国事务衙门与英使欧格讷问答》，光绪二十年六月二十四日，载故宫博物院编《清光绪朝中日交涉史料》卷15，第22页。

② 《致日本汪使》，光绪二十年六月二十四日申刻，载吴汝纶编《李文忠公全书·电稿》卷16，第32页。

③ 《章京舒文等与英使欧格讷问答》，光绪二十年六月二十四日，载故宫博物院编《清光绪朝中日交涉史料》卷15，第24页。

④ 《总理各国事务衙门与英使欧格讷问答》，光绪二十年六月二十五日，载故宫博物院编《清光绪朝中日交涉史料》卷15，第33页。

⑤ 《总理各国事务衙门致各国公使照会片》，光绪二十年六月二十八日，载故宫博物院编《清光绪朝中日交涉史料》卷15，第34页。

纵观甲午开战前夕以汪凤藻等为代表的清政府的对日交涉，可以看到，中国在东学党起义后应朝鲜政府之请派兵，完全依照中日《天津条约》处理对日关系。在日本派兵，尤其不断增兵的情况下，清政府坚持依照条约关于共同撤兵的规定，与日本展开不懈的撤兵交涉。日本在不同时期不断提出各种理由和条件，以制造战争时机，清政府由于不明真相，始终围绕共同撤兵不断做相应的调适，直到日本提出"第一次绝交书"时，其对日政策才开始由共同撤兵向"防倭方亟"转变。但是，为了避免战争，清政府仍试图通过外交途径解决危机，将希望主要寄于各国调停。日本在各国尤其英国的调停之下，不得不派其驻华代理公使小村寿太郎主动前来总署会商。然而，这其实完全是日方敷衍国际社会的一种姿态。最后，日本在各国调停尚在进行之时，突然袭击中国军队，挑起了其策划良久的战争。可以说，中日甲午战争是日本精心策划并挑起的一场战争。

丰岛海战（也称"牙山海战"）爆发后，撤使问题已无可回避。二十六日（28日），清政府电商李鸿章询问汪凤藻应否撤回；是立即撤回，还是等布告各国照会之后再撤回。[①] 李鸿章次日回电称，"汪使应撤回"；撤使与布告各国照令同时进行。[②]

二十七日（29日），清政府下达谕旨："日本击我兵轮，业已绝好开衅。出使日本大臣汪凤藻应即撤令回国。"[③] 当天，军机处和总署分别遵旨电寄李鸿章，令"转电汪使"。[④] 二十七日（29日），光

---

① 《发北洋大臣电一》，光绪二十年六月二十五日，载故宫博物院编《清光绪朝中日交涉史料》卷15，第29页。

② 《复译署》，光绪二十年六月二十六日，载吴汝纶编《李文忠公全书·电稿》卷16，第34页；《北洋大臣来电一》，光绪二十年六月二十六日到，载故宫博物院编《清光绪朝中日交涉史料》卷15，第31页。

③ 《德宗景皇帝实录》卷343，光绪二十年六月二十七日（壬申），《清实录》第56册，第393~394页。

④ 《军机处发李鸿章转汪凤藻电》，光绪二十年六月二十七日，载故宫博物院编《清光绪朝中日交涉史料》卷15，第32页；《致北洋大臣李鸿章电》，光绪二十年六月二十七日，载"中研院"近代史研究所编《清季中日韩关系史料》卷6，第3358页。

绪皇帝再次下达谕旨："汪凤藻撤回，所有中国驻日本使馆、领事署，照案均托美廷保护。"① 次日，清政府将下达谕旨之事转告中国出使美国大臣杨儒，令其转告美国国务院，并请致电驻日美使。②

确定请由美国方面代护在日华商，是在丰岛海战爆发前夕。六月十二日（7月14日），日本政府提出"第二次绝交书"后，汪凤藻听说日本已约法国代护在华商民，在日华商要求保护的呼声也更加迫切。正值此时，美国驻日公使奉本国国务院来电主动访问汪凤藻，表示中国政府如需托护华商，美国"甚愿效力"。为此，汪凤藻请示清政府可否由总署预先商定，"备而不用，也无碍"③。当时战争气氛日益弥漫，总署接受了汪凤藻的提议。十六日④（18日），总署令李鸿章转电汪凤藻，向驻日美国公使转述总署之意，先与美方订定，万一

---

① 《旨撤回驻日汪使侨民托美保护电》，光绪二十年六月二十八日，载王彦威纂辑，王亮编《清季外交史料》卷93，第19页。按：（1）《发出使杨大臣电》（光绪二十年六月二十八日，载故宫博物院编《清光绪朝中日交涉史料》卷15，第36页）："密，有电到否？昨奉旨：汪凤藻撤回，所有中国驻日本使馆、领事署，照案均托美廷保护。希请外务并电驻日美使裁。"可见，清政府发布撤使谕旨的时间至迟应为二十七日。（2）二十八日，汪凤藻就落实托美护商的相关工作向清政府汇报（参见《出使汪大臣来电一》，光绪二十年六月二十八日酉刻到，载故宫博物院编《清光绪朝中日交涉史料》卷15，第35~36页；《使日汪凤藻致总署转托美保护华侨尚未得复并操江被夺广乙逃至牙山电》，光绪二十年六月二十八日，载王彦威纂辑，王亮编《清季外交史料》卷93，第18~19页），这样，汪凤藻很可能在二十八日之前收到撤使和护商的电论。（3）《清季外交史料》所署电文时间往往较原稿要迟，此处拟以《清光绪朝中日交涉史料》为准。

② 《发出使杨大臣电》，光绪二十年六月二十八日，电报档，档号：2-02-12-020-0684，缩微号：004-1931；《发出使杨大臣电》，光绪二十年六月二十八日，载故宫博物院编《清光绪朝中日交涉史料》卷15，第36页；《致出使大臣杨儒电》（光绪二十年六月二十八日）、《致美国出使大臣杨电》（光绪二十年六月二十八日），载"中研院"近代史研究所编《清季中日韩关系史料》卷6，第3364、3365页。

③ 《收出使汪大臣电》，光绪二十年六月十三日，电报档，档号：2-02-12-020-0571，缩微号：004-1821；《出使汪大臣来电》，光绪二十年六月十三日到，载故宫博物院编《清光绪朝中日交涉史料》卷14，第31页。

④ 《附译署来电并转汪使》，光绪二十年六月十六日未刻到，载顾廷龙、戴逸主编《李鸿章全集》第24册，"电报四"，第142页。按：汪凤藻《函述与美使商治保护华商兼筹审判情形》（光绪二十年七月初十日，馆藏号：01-25-034-01-063）也作"十六日"。内称："十六日准北洋转到谏电，遵即往晤美使述大署预托护商。"这里的"谏电"，当指《北洋大臣来电六》（光绪二十年六月十七日到，载故宫博物院编《清光绪朝中日交涉史料》卷15，第5页），因该电文最后落款为"谏"字。

失和，即托美国代护在日华商。总署同时也通告驻华美国公使。①

　　汪凤藻与美方落实护商代管等事颇费周折。接总署电后，汪凤藻遵示前往会晤美国公使预托护商。美国公使"一口应承"，表示等与日本外部接洽后，即行电达本国政府。一得政府回电照准，便通饬各领事预筹办法。强调如果日本无异词，美国政府"必无推诿"。并告知汪，日前日本已先托美国代护其旅华商民。美国政府的意思是，只需主国日本允许，事即可行，原则是两方一律办理。次日，驻日美使来告，已与日本外务言明，即刻电请本国政府示复，两三日间必可定局。箱馆一处美国还没有专驻之员，担心难以照料，拟与横滨总领事妥商，届时或酌派一员赴彼暂驻。汪凤藻深感其"恳切殷勤，致可感佩"，将相关情形电报李鸿章请转总署。至二十二日（24 日），美国政府尚无回电。驻日美使解释，大约总统及国务院均避暑远出，因致稽延，并答应发电催询。但直到战争爆发，仍无回音。当时事机日迫，谣说纷呈，日本各口的中国商民陆续回国，十成中约去其二，其余皆"引领跂望"，为此汪凤藻"焦急万分"。②

---

　　① 《北洋大臣来电六》，光绪二十年六月十七日到，载故宫博物院编《清光绪朝中日交涉史料》卷15，第5页；《总署致李鸿章中日若失和托美使保护华商电》，光绪二十年六月十七日，载王彦威纂辑，王亮编《清季外交史料》卷93，第4页。

　　② 汪凤藻：《函述与美使商洽保护华商兼筹审判情形》，光绪二十年七月初十日，馆藏号：01-25-034-01-063。按：本信应约写于六月二十三、二十四日。文中有"牙山开仗密探暨各报馆传述略同。惟启衅之由，与实在胜负情形，究无确耗"，可知，当时牙山已经开仗，应写于二十三日后。又说："战局一定，应请迅赐电撤。盖届时倭必禁阻华电，信息不通，驻此非徒无益耳。"清政府约于六月二十八日发布撤使谕旨，可见，本函写于六月二十八日前。而与美国驻日公使商讨护商问题时的相关提示，可以进一步做更为具体的推导。其中说："十六日准北洋转到谏电，遵即往晤美使述大署预托护商。该使一口应承。……乃候至二十二日彼都尚无回电。美使云：'大约总统及外部均避暑远出，因致稽延。'又经发电催询，谓：'今明当克得复。'此事一日未定，商情一日不安。万一竟致撤使，亦断不能委之而去。现在事机日迫，谣说纷呈，各口商民陆续回华，十成中约去其二，余皆引领跂望，焦急万分。"可知，二十二日直后，日本驻美公使因本国政府"尚无回电"，曾又致电本国"催询"，并告诉汪凤藻"今明当克得复"。信中没有提到美国政府是否回复，汪凤藻正焦急等待。如果说，美使于二十二日当天致电的话，这里的"今明"当指二十二、二十三日。美使发电时间如不在二十二日，最迟也当在二十三日，这样，"今明"当指二十三、二十四日。再结合上述有关牙山开战的相关提示及时间推导，这封信很可能写于二十三、二十四日。依照当时东京与北京之间的信函寄送所需时间，这一推断也大致成立。以下同，不一一说明。

其时，日本领事曾商请上海道设法保护在沪日本商人。上海道鉴于华人在日者实繁有徒，想了解日本官方对华民的保护情况以做参考。为此，南洋大臣刘坤一电询汪凤藻。① 汪凤藻因尚不明白日本政府的态度，且托美护商事也未定局，没有及时回复。

其时，总署在北京也展开相应的护商工作。先告知美国驻华公使田贝（Charles Denby），所有驻日华民及眷属、资产均托美国政府保护。继而致电杨儒，令相应照会美国务院，取得回文电复后电告汪凤藻。② 二十六日（28 日），总署照会田贝，请美国保护驻日华商。③ 次日，总署收到田贝答复，美国愿代为保护驻日华商。④

二十八日（30 日），汪凤藻收到清政府关于撤使和托美护商的谕旨，但美国政府的复电却仍杳无回音。为此，汪凤藻请总署致电杨儒令向美方确认。并提议美国如有变卦，可否改托英国保护？⑤ 清政府收到来电后，分别致电杨儒和李鸿章，告知由于美国政府尚无回复，致使汪凤藻"未能遄归"，希望杨儒询问美国政府，如答应，请速电驻日和驻华美国公使遵照；⑥ 并向杨儒说明保护华民的缘由。⑦ 同时

---

① 《南洋大臣来电》，光绪二十年六月二十五日到，载故宫博物院编《清光绪朝中日交涉史料》卷 15，第 27 页。

② 《发出使杨大臣电》，光绪二十年六月二十五日，载故宫博物院编《清光绪朝中日交涉史料》卷 15，第 28 页；《总署致杨儒希托美廷保护在日侨民电》，光绪二十年六月二十五日，载王彦威纂辑，王亮编《清季外交史料》卷 93，第 15 页。

③ 《给美国公使田贝照会》，光绪二十年六月二十六日辰刻，载"中研院"近代史研究所编《清季中日韩关系史料》卷 6，第 3357 页。

④ 《美国公使田贝照会》，光绪二十年六月二十七日，载"中研院"近代史研究所编《清季中日韩关系史料》卷 6，第 3359 页。

⑤ 《酉刻收出使汪大臣电》，光绪二十年六月二十八日到，电报档，档号：2-02-12-020-0690，缩微号：004-1935。

⑥ 《总署致杨儒托美保护在日华人美廷未复请询问电》，光绪二十年六月二十九日，载王彦威纂辑，王亮编《清季外交史料》卷 93，第 21 页；《发北洋大臣电》，光绪二十年六月二十九日，载故宫博物院编《清光绪朝中日交涉史料》卷 15，第 38 页。

⑦ 《致出使大臣杨儒电》，光绪二十年六月二十九日，载"中研院"近代史研究所编《清季中日韩关系史料》卷 6，第 3369 页。

再次照会田贝表达中国驻日使署请美国代为保护之意。①

　　从丰岛海战爆发，到清政府下达撤使谕旨约一个星期期间，清政府虽然没有正式宣战，但汪凤藻与国内的电报联系其实已非常困难。② 尽管如此，他还是尽量就战争的进展状况随时向清政府汇报，提出相应建议。二十五日（27 日），他电告，二十一日（23 日）日兵突入朝鲜王宫，朝鲜士兵抵御不敌而败，日兵亦因朝鲜士兵拦阻致衅。但是否曾与中国的叶军相遇，因釜山断电不得而知。他继而获知，日本增兵 5000 名即赴仁川，提请清政府"筹拨事急"。并称，如果中国电报受阻，京津要信可电美使转东。③ 二十七日（29日），他又获悉日本备兵 5000 名待发，计共 2 万人。他认为，由此可知日本已"无退志"，中国必须厚集雄师，宽筹后应，庶足制胜。④ 二十八日（30 日），他再连发三电。一是报告日本的"吉野"快船被中国"济远"舰击伤，并称二十四日（26 日）牙山陆军又战，但胜负不详。⑤ 二是报告赴牙山援兵船被日方击沉，"操江"舰被夺，"广乙"舰逃至牙山，日本增派 10 艘战舰各带雷艇一只赴釜山、元山、牙山游弋。⑥ 三是补充订正，日本的"睿山"舰被

　　① 《给美国公使田贝照会》，光绪二十年六月二十九日，载"中研院"近代史研究所编《清季中日韩关系史料》卷6，第3372页。

　　② 据《钟德祥奏陈朝鲜兵事启衅之由片》称："日本自构兵之日，即将汪凤藻公署派人围守，不得出寄电信，以致声息隔断。"（光绪二十年六月二十一日，载故宫博物院编《清光绪朝中日交涉史料》卷15，第14页）汪凤藻这一时期的电报也提到电报万一受阻将如何转电问题，详参下文。

　　③ 《北洋大臣来电五》，光绪二十年六月二十五日到，载故宫博物院编《清光绪朝中日交涉史料》卷15，第27页；《直督李鸿章奏总署汪凤藻报日兵突入韩宫韩拒守败日又添兵电》，光绪二十年六月二十五日，载王彦威纂辑，王亮编《清季外交史料》卷93，第13~14页。

　　④ 《北洋大臣来电》，光绪二十年六月二十七日到，载故宫博物院编《清光绪朝中日交涉史料》卷15，第32页。

　　⑤ 《北洋大臣来电三》，光绪二十年六月二十八日到，载故宫博物院编《清光绪朝中日交涉史料》卷15，第35页。

　　⑥ 《西刻收出使汪大臣电》，光绪二十年六月二十八日到，电报档，档号：2-02-12-020-0690，缩微号：004-1935。

"靖远"击伤，前言"广乙"逃牙山有误，应是抵达牙山；同日牙山水路也发生战争，但胜负不详。① 二十九日（31日），日本外务大臣陆奥宗光照会各国公使，称战争状况已存在于中日之间。② 此后，汪凤藻关于战况的报告不再看到。应该说，汪凤藻的上述最后的系列报告，一定程度上为丰岛海战后清政府的对日决策提供了情报依据。

七月初一日（8月1日），中日双方正式宣战。当天，总署、汪凤藻与驻美公使杨儒同时收到久久等待的美国政府的回电。总署让李鸿章转电汪凤藻，令率使馆人员"即归"，③ 托付美国代管事宜终于落定。

需要指出，护商问题另涉及留居商民的审判权问题，"所关非细"。当时，驻日美国总领事与驻日美国公使对此说法不一。驻日美国总领事声称，按照惯例，代护商民不兼审判之权。但如果中国愿意假美国审判权以防日官偏袒，也可由美国政府商量办法。然而，驻日美使却表示，一经失和，条约就已停止。美国既无代管外国人之例，日本也不肯以主权让人，此事无论如何定难办到，虽然美国因承担护商之责，必不令商民吃亏，必要时当尽可出力争执。对于美方的表态，汪凤藻也无可置疑，但他很关切日本对审判权的处理办法。当时日本也托美国护商，他提醒总署，万一驻华美使徇日方之请，请即以驻日美使之言予以拒绝。汪凤藻的这一考虑主要着眼于将来的条约权利。他指出，如果总署同意日本商民在中国受美国法律审判，仍居中国法律管辖之外，而华商在日本暂服日方法律审判，彼此两歧，无疑

---

① 《收出使汪大臣电》，光绪二十年六月二十八日到，电报档，档号：2-02-12-020-0681，缩微号：004-1929。

② 郭廷以编著《近代中国史事日志》下册，第878页。

③ 《北洋大臣来电二》，光绪二十年七月初一日到，载故宫博物院编《清光绪朝中日交涉史料》卷16，第1页；《致北洋大臣李鸿章电》，光绪二十年七月初一日，载"中研院"近代史研究所编《清季中日韩关系史料》卷6，第3377页。

会开启他日日方擅自废除现有条约法权规定之阴谋，"所关非细，所以特预陈及之"①。关于日本对留居华民的审判权的最终处理意见，汪凤藻是在撤离途中获悉的。

七月初二日（8月2日），汪凤藻着手准备回国。② 李鸿章建议总署，催请汪凤藻率参领各员将中国驻日商民册及使馆物件统送交美国驻日公使代管。③ 汪凤藻遵电与驻日美国公使商定，请托美国驻日公使代为保护所有旅居日本各口之华商，完成相关移交工作。只是旅日华民多为小本营生及佣工食力之人，一经两国开战，强横的日本人就纷纷滋事，华民必然歇业停工而失生计，因此，他们纷纷请求各口理事官，设法资遣他们回籍。于是，汪凤藻饬令各口中华会馆董事筹拨公款，查明实在无力之贫民则酌给川资，俾令回国各自谋生。而横滨一口人数较多，会馆经费不敷散放，贫民无力回国者尚多留滞，恳由董事经该口理事官禀请核办。汪凤藻目击情形，未便漠视，饬该董事等暂将会馆房屋抵押换取款项，并在出使经费项下酌拨洋银一千元，由董事等均匀散给期待回国的华民。④

七月初四日（8月4日），汪凤藻启程回国⑤，正式卸任⑥。初五

---

①　《出使大臣汪凤藻函》，光绪二十年七月初十日，载"中研院"近代史研究所编《清季中日韩关系史料》卷6，第3442~3443页。

②　《北洋大臣李鸿章电函》，光绪二十年七月初二日；《北洋大臣李鸿章电函》，光绪二十年七月初四日，载"中研院"近代史研究所编《清季中日韩关系史料》卷6，第3385、3404页。

③　《直督李鸿章致总署电》，光绪二十年七月初二日，载王彦威纂辑，王亮编《清季外交史料》卷94，第2页。

④　汪凤藻：《抵押横滨会馆并筹款发给在倭贫困华民为回华川资》，光绪二十年八月初四日，馆藏号：01-25-035-01-042。

⑤　《北洋大臣李鸿章电函》，光绪二十年七月初四日，载"中研院"近代史研究所编《清季中日韩关系史料》卷6，第3404页。

⑥　《光绪十年以后出使日本国大臣接任卸任日期清单》，光绪二十年七月十一日，载故宫博物院编《清光绪朝中日交涉史料》卷16，第19~20页。

日（5日）抵横滨①。初九日（9日），汪凤藻在途中得知，日本政府下令居留华人之词讼归日本地方官审判。他立即致电上海道，建议在华日人也宜照相同办法对待，请转电总署"通饬遵行"。② 李鸿章接上海道转来汪凤藻的电报后，提议总署照会美使，再"酌饬罚办"。③ 总署对审判权的看法与汪凤藻一致，认为日本这一指令并非"为现时词讼计"，而是旨在"事平后尽撤华官审判之权"，因此不能"照办"。总署致电李鸿章指出，留居日本的华人既然托付美国保护，审判问题也应一并托美国领事料理，寓居中国的日人也可照样仿办，同时相应照会美国驻华公使。④ 关于由美国兼管审判事，田贝答应待其电商驻日美国公使后再定。⑤ 在总署与李鸿章进一步商讨托付美国代管审判问题时，十一日（11日），汪凤藻一行乘坐法国公司轮船离日回沪。⑥ 战争期间，日方出现虐待留居华民事件，在清政府的推动下，美国政府曾相当深地参与干预。但这一工作主要由中国驻美公使杨儒协同清政府，在美国政府及其驻华、驻日公使之间进行。⑦

---

① 《南洋大臣来电》，光绪二十年七月初六日到，载故宫博物院编《清光绪朝中日交涉史料》卷16，第11页。按：据日方8月2日（七月初二日）资料记载，汪凤藻8月1日（七月初一日）接到本国政府撤回的命令。次日即8月2日公使馆撤回。3日从东京出发，在横滨乘坐法国邮船"萨拉其"号回国。箱馆、横滨、神户及长崎等驻在的清国理事均加入公使一行回国〔「日本駐在清国公使領事ノ引揚」、8月2日、「日清の交涉講和始末（1）」JACAR、Ref. C08040460800、明治27·8年 戰史編纂準備書類 1（防衛省防衛研究所）〕。这里离开东京的时间应是预先计划的，实际撤离时间当以中方资料为准。

② 《北洋大臣来电三》，光绪二十年七月初九日到，载故宫博物院编《清光绪朝中日交涉史料》，卷16，第16页。

③ 《北洋大臣来电三》，光绪二十年七月初九日到，载故宫博物院编《清光绪朝中日交涉史料》，卷16，第16页。

④ 《发北洋大臣电二》，光绪二十年七月初十日，载故宫博物院编《清光绪朝中日交涉史料》卷16，第18页。

⑤ 《发北洋大臣电》，光绪二十年七月十四日，载故宫博物院编《清光绪朝中日交涉史料》卷16，第31页。

⑥ 《南洋大臣来电》，光绪二十年七月初六日到，载故宫博物院编《清光绪朝中日交涉史料》卷16，第11页。

⑦ 《总署致杨儒日虐待华侨请告美外部电田使保护电》，光绪二十年七月二十九日，载王彦威纂辑，王亮编《清季外交史料》卷94，第25页。

　　十六日（16日），汪凤藻一行抵达上海，他致电清政府已"遵撤抵沪"。由于无船北上，他请示"应否具奏，随撤各员作何安置?"①清政府回电令其立即来京，无须具奏，随使各员则暂回本籍，给归装、停薪俸。②随行人员中有刑部学习主事袁宝璜，在汪凤藻回国一年后不见下落。③

---

　　① 《收汪大臣电》，光绪二十年七月十六日到，电报档，档号：2-02-12-020-0840，缩微：004-2092。

　　② 《发汪大臣电》，光绪二十年七月十六日，电报档，档号：2-02-12-020-0841，缩微号：004-2092。

　　③ 《收刑部片》，光绪二十一年八月初四日，载"中研院"近代史研究所编《清季中日韩关系史料》卷7，第4451页。

第十章

日本撤使及其开战国际舆论宣传

甲午战争爆发后，中日两国各自撤离驻对方国家的使领馆，这一般不过是一项战争爆发后的善后工作。中方在撤使问题上完全遵循国际法原则按章办事，然而，对于精心策划这场战争的日本方面而言，撤使却成了其备战的一个组成部分。

1894 年 7 月 25 日，日本在牙山海面不宣而战，挑起中日甲午战争。但早在一个月之前的 6 月下旬，日本就已着手秘密向美国托付开战后代为保护其在华利益之事宜。至 8 月 1 日中日两国正式宣战，日本驻华代理公使小村寿太郎一行撤离北京，日本的撤使准备前后长达一个多月。其间，日本为了赢得美国等西方国家的支持，精心为战争准备了一套说辞。

日本撤使准备虽早，但战争爆发后日本却等待中国驻日使馆拟正式撤离东京以后才迟迟下达撤使命令。不仅如此，日本还只准备撤离长江以北各大使领馆，试图以局外中立之名保留其上海总领事馆及所辖长江以南大片地区的日本侨民。后因清政府强烈要求，加上中国民众群情激愤，在顾虑重重的美国驻华使领馆的敦促之下，日本才不得不撤离所有在华使领人员及重要通商口岸的日本侨民，但仍用各种巧妙的办法在中国各军政要地精心布留间谍人员，继续刺探中国军情民情，为战争输送情报。

日本撤使是日本在华势力的大起底。撤使过程中，日本与美国、英国、法国等西方列强多有互动。考察甲午战争爆发后日本复杂的撤使始末，可以揭示日本阁议正式启动战争准备的大概时间、向国际社会所宣传的战争理由、甲午战争爆发前后日本在华势力的分布及间谍人员的活动等，为我们审视甲午战争开战前后日本备战之精心、中国应战之被动，以及欧美势力在战争中的复杂立场等，进一步提供史实与依据。

第一节　委托美国代为保护在华利益

甲午战争爆发后，日本外务省在致其驻华使领馆的训令中，开篇即称，因中国已撤离驻日公使馆，故日本驻中国公使馆、领事馆及邮局也将撤离。日本政府令其驻美公使建野乡三"公开"向美国政府提请保护其在华利益，也是在接到中国驻日使臣汪凤藻致日本外务省的撤使照会之后。[①]

中国政府正式商讨撤使，是在丰岛海战爆发后，[②] 而日本早在此前一个月就已通过阁议决定采用秘密方式，就撤使问题与美国政府接触，当时中国正在为阻止战争想方设法。

6月28日，日本驻朝公使大鸟圭介质问朝鲜外署，朝鲜究竟是否中国属国，限次日回复，引起中朝两国的极大不安。次日，日本外务

①　「4. 参考」JACAR、Ref. B07090537100、日清戦役ノ際在清帝国公使館及領事館撤回並ニ在留帝国臣民保護方米国政府ニ於テ担保一件（5-2-1-0-5）（外務省外交史料館）。

②　《发北洋大臣电一》，光绪二十年六月二十五日，载故宫博物院编《清光绪朝中日交涉史料》第15卷，第29页。

副大臣林董奉外务大臣陆奥宗光之命访问美国驻日公使谭恩（Edwin Dun），开始向美国请托日本撤使后之护侨事宜。林董称，虽然朝鲜的状况没有改变，日本政府也希望以和平方式解决与中国的麻烦，但两国关系非常危急，日本随时可能从中国撤回公使馆和领事馆。他又称，只要与中国的和平商谈仍有希望，日本不会向美国提出代为保护的要求，但万一与中国的和平关系中止，请美国保护日本在华利益，并就此询问美国方面的意向。① 显然，日本强调的是它正在不断寻求和平方式与中国处理朝鲜问题，向美国提出保护日本在华利益问题，是在万一和平无望情况下的一种准备而已。林董访问谭恩虽是一次非常秘密的行动，但这不仅仅是奉外务大臣陆奥个人的指令，而且还是执行日本政府的阁议决定，是日本准备开战的一个环节。②

　　林董的要求事关重大，谭恩回称需致电国务卿葛礼山（Walter Q. Gresham）作请示。③ 当天，谭恩将林董来访之意简要致电葛礼山。④ 次日，又将会谈情形用信函向其做了详细汇报。⑤

　　如前所述，林董拜访谭恩的前一天，日本逼迫朝鲜否定与中国的宗藩关系，并要求朝鲜外署于次日回复。通过美驻朝公使西尔（John M. B. Sill），美国政府已于第一时间获知日本逼朝否定华属的消息。当时，朝鲜驻美公使李承寿三访美国务院，提请美国政府协同其他各

---

① "Dun to Gresham, June 30, 1894," Jules Davids, ed. , *American Diplomatic and Public Papers: The United States and China, 1894-1905*, Series Ⅲ, *The Sino-Japanese War to the Russo-Japanese War, 1894-1905*, Vol. 2, *The Sino-Japanese War I* (Wilmington, Delaware: Scholarly Resources Inc. , 1981), pp. 143-146.

② 「陸奥外務大臣ヨリ清国駐劄小村臨時代理公使宛」、明治27年7月13日、外務省編纂『日本外交文書』第27巻第2冊、424頁。

③ "Dun to Gresham, June 30, 1894," Jules Davids, ed. , *American Diplomatic and Public Papers: The United States and China, 1894-1905*, Series Ⅲ, Vol. 2, pp. 143-146.

④ "Dun to Gresham, June 29, 1894," Jules Davids, ed. , *American Diplomatic and Public Papers: The United States and China, 1894-1905*, Series Ⅲ, Vol. 2, p. 142.

⑤ "Dun to Gresham, June 30, 1894," Jules Davids, ed. , *American Diplomatic and Public Papers: The United States and China, 1894-1905*, Series Ⅲ, Vol. 2, pp. 143-146.

国一起出面，敦促日本从朝鲜撤兵，但遭葛礼山婉拒。[①] 28 日，谭恩也致电本国政府，告知日本政府和朝鲜政府之间的关系已"非常危急"，尽管谭恩受日本影响，认为日本是期望一个和平的改革的。[②] 由此可见，至少在大鸟逼朝否定华属时，日本已有撤使打算，也就是正式启动战争准备。当时俄国和英国先后出面调停，拟让中日同时从朝鲜撤兵。7 月初，日本被迫接受英国的建议，派遣驻华代理公使小村寿太郎来与总理衙门商谈，但事实很快证明，小村前来会商完全是应付国际社会的缓兵之计。对此，美国政府也在留意观察。

美国政府接到谭恩有关日本请求委托护侨的电报后，回电告知他将会认真友好地考虑，但如果没有获得中国方面同意，则不能接受这一委托。[③] 美国于 7 月 13 日较正式地答复日本接受护侨委托。此前这段时间，美国政府一直在观察朝鲜局势及中日关系的走向，进一步确认日本派兵朝鲜的真正原因，且毫不掩饰地向日本方面指出其在有意引发战争。对此，日本各方准备了一套既定的"美好"说辞来影响美国。

林董访问谭恩后几天，葛礼山与建野乡三会谈，顺便谈到了朝鲜局势。葛礼山表示，美国希望中日共同从朝鲜撤兵。建野则回称，朝鲜内乱的根源在于内政腐败，日本在朝鲜完成必要的内政改革之前不会从朝鲜撤兵。于是，葛礼山表明两点意见：一是希望日本善待这个羸弱无助的邻国，以保持朝鲜局势和平；二是美国"真诚地尊重"中国和日本，但他直截了当地指出，日本显然有意促使中国走入战争。对此，建野表示，日本政府没有侵占朝鲜领土的野心，日本期望朝鲜

---

① "Gresham to Bayard, July 20, 1894," Jules Davids, ed., *American Diplomatic and Public Papers: The United States and China, 1894–1905*, Series III, Vol. 2, pp. 186–187.

② "Gresham to Bayard, July 20, 1894," Jules Davids, ed., *American Diplomatic and Public Papers: The United States and China, 1894–1905*, Series III, Vol. 2, pp. 186–187.

③ "Gresham to Bayard, July 20, 1894," Jules Davids, ed., *American Diplomatic and Public Papers: The United States and China, 1894–1905*, Series III, Vol. 2, p. 187.

和平，承认朝鲜是一个独立的主权国家。①

葛礼山也致电谭恩，指示其确认日本派兵朝鲜的理由及其要求。7月5日，谭恩回复称，日方称其派兵是根据《济物浦条约》，而增兵是因为中国大量派兵的缘故。至于日本驻兵朝鲜的理由，谭恩据日方说辞称，朝鲜叛乱的根源是政府当局的腐败与压迫，日本提出联合中国一起彻底改革朝鲜行政以确保长久和平，但遭到中国反对而无法推行。日本否认对朝鲜具有领土的野心，决定将无视中国的态度继续在朝鲜推行行政改革。② 日本竟然将大量派兵与驻兵朝鲜的理由完全归咎于中国，而值得注意的是，日本始终强调它对朝鲜没有领土野心。

谭恩的报告与美国驻华代理公使田夏礼（Charles Denby, Jr.）的报告出入很大。3日，田夏礼在致国务院的电报中指出，朝鲜局势危急，中国尽管受到日本步步紧逼，但仍持和平怀柔政策，并已约请英国和俄国出面进行和平调停。③

8日，英国驻美大使果然带着其外务大臣的命令前来拜访葛礼山，目的是想确认美国是否愿意与英国一起参与调停，以防止中日之间爆发战争。葛礼山婉转谢绝，表明美国将采取中立而不是干涉的立场。次日，葛礼山进而将一份7月7日致谭恩命令的复印件递送给英国驻美大使，告知美国政府不会连同其他国家参与调停。④ 在英国出面约请美国调停的同时，李鸿章也通过美国驻华代理公使田夏礼，提请美

---

① "Gresham to Bayard, July 20, 1894," Jules Davids, ed., *American Diplomatic and Public Papers: The United States and China, 1894-1905*, Series Ⅲ, Vol. 2, p. 187.

② "Gresham to Bayard, July 20, 1894," Jules Davids, ed., *American Diplomatic and Public Papers: The United States and China, 1894-1905*, Series Ⅲ, Vol. 2, p. 187.

③ "Gresham to Bayard, July 20, 1894," Jules Davids, ed., *American Diplomatic and Public Papers: The United States and China, 1894-1905*, Series Ⅲ, Vol. 2, p. 187.

④ "Gresham to Bayard, July 20, 1894," Jules Davids, ed., *American Diplomatic and Public Papers: The United States and China, 1894-1905*, Series Ⅲ, Vol. 2, pp. 187-188.

国协同列强一起促使日本从朝鲜撤兵。① 美国既已向英国驻美大使表明立场，自然不会答应中国的请求。

11日，谭恩拿着葛礼山7日的命令，进一步与日本政府沟通。日本仍坚持原有的说辞，称日本不从朝鲜撤兵并不是为了在朝鲜制造战争，而是为了确保朝鲜的秩序与独立，防止再次出现叛乱。日本希望在朝鲜进行改革，但是中国模棱两可的态度阻止了朝鲜接受必要的改革，继而危及远东和平。② 日本竟然将破坏和平的责任完全推给中国。日本还宣称，朝鲜的暴乱还没有完全平定，日本政府在确定朝鲜将来秩序确有保障之时，而不是之前，才会撤兵。③ 陆奥宗光在《蹇蹇录》中曾明确表示，所谓改革朝鲜内政，完全是日本用来挑起战争的手段而已。清政府方面其实并不反对朝鲜改革内政，李鸿章还将此作为促使日本撤兵的"釜底抽薪"之术，令袁世凯"切劝"朝鲜自行改革内政，但朝鲜积弊由来已久，绝非短时间内可一蹴而就。

对此，美国应该是看得清楚的，但美国奉持的所谓中立的、不干涉的立场，丝毫不为所动。13日，中国驻美使臣杨儒奉李鸿章之命拜访葛礼山，试图继续劝说美国出面调停。访谈中，杨儒提请葛礼山注意朝鲜的现状，指出大量军队驻扎朝鲜，中国提议同时撤兵，但日本以劝诱朝鲜改变内政为由而予以拒绝。杨儒希望美国政府能联合各国代表设法让日本放弃向中国挑衅的做法。杨儒进而表明，中国始终坚持和平政策，绝对无意与日本或其他任何国家开战。葛礼山还是重复美国不干涉的立场。杨儒于是指出，日本在实行上述名义的改革之前拒绝撤兵，恐怕战争已不可避免，除非列强对日本施加强大的影响

---

① "Gresham to Bayard, July 20, 1894," Jules Davids, ed., *American Diplomatic and Public Papers: The United States and China, 1894–1905*, Series Ⅲ, Vol. 2, pp. 187–188.

② "Gresham to Bayard, July 20, 1894," Jules Davids, ed., *American Diplomatic and Public Papers: The United States and China, 1894–1905*, Series Ⅲ, Vol. 2, p. 188.

③ "Gresham to Bayard, July 20, 1894," Jules Davids, ed., *American Diplomatic and Public Papers: The United States and China, 1894–1905*, Series Ⅲ, Vol. 2, p. 188.

力；他询问葛礼山对朝鲜局势的看法，以及改变这一局势的建议。葛礼山以各国调停之法来安慰杨儒，认为列强已同意出面调停，则意味着提供了和平解决争端的途径。①

就在杨儒拜访葛礼山当天，日本政府收到美国方面答复：如果中国政府不反对，美国政府可以接受日本的护侨委托。

日本政府在秘密委托美国政府护侨之时，就已向其驻华使领馆发出相关的指令。由于美国方面没有在第一时间明确答复，所以日本政府最初在致其使领馆密令中，只称中日"谈判破裂"后，日本驻北京的公使将托付"外国公使"保护在华日本人，尚未明确指为美国。②这里的"谈判"，当指其时在英国调停之下小村寿太郎与总理衙门的撤兵谈判。谈判自3日开始，7日和9日继续，共进行3次。对于这次谈判，中方充满期待，但小村于会商情节则迟迟不予答复，至14日突然向总署发来一份态度极其强硬的照会，宣称会商失败，且将失败的责任完全归咎于中国。这份照会史称"第二次绝交书"。这一天，正是日本接到美国政府正式同意代为护侨的次日。13日，陆奥宗光第一时间将日本政府托付美国护侨的阁议及美国政府的答复，以训令形式发送给驻华代理公使小村寿太郎，令其秘密转达驻华各领事。③ 19日，美国政府进而告知日本，一旦战争爆发，美国将负责保护日本的在华利益，条件是中国在日本的利益也将由美国政府负责保护。陆奥随即又将此意致电小村，指示其紧急情况下可立即向美国驻华公使提

---

① "Gresham to Bayard, July 20, 1894," Jules Davids, ed., *American Diplomatic and Public Papers: The United States and China, 1894-1905*, Series Ⅲ, Vol. 2, p. 188.

② 「当館兼轄地並ニ其地在留ノ本邦人保方ニ付北京我公使ヘ具申ニ及ヒタル件」、明治27年7月6日、「2. 清国在留帝国臣民ノ保護米国政府ヘ依托ノ件」JACAR、Ref. B07090536700、日清戦役ノ際在清帝国公使館及領事館撤回並在留帝国臣民保護方米国政府ニ於テ担保一件（5-2-1-0-5）（外務省外交史料館）。

③ 「陸奥外務大臣ヨリ清国駐劄小村臨時代理公使宛」、1894年7月13日、外務省編纂『日本外交文書』第27巻第2冊、424頁。

请保护。① 这样，日本向美国委托代为保护事宜在秘密中基本完成。

20 日，葛礼山已经看到战争不可避免。当天，他写了一封长信给美国驻英国大使托马斯·巴（Thomas D. Bayard，又译托马斯·贝阿德）。信中，他详细回顾了朝鲜问题的前因后果，尽管他为此表示遗憾，但这封信的主旨显然在于阐明美国政府的立场，即采取不干涉的立场不变。这一天，离日本占领朝鲜王宫仅仅 3 天，离日本军队在牙山口外率先向中国军队开炮也只有 5 天。

23 日凌晨 4 点，日本军队攻入朝鲜王宫，汉城陷入巨大的混乱中。情急之中，日本方面有意为美国驻朝使馆提供帮助，但美国驻朝公使西尔没有坦然接受，他认为此种行为不符合美国政府既定的中立方针。报告中，西尔对于日本挑发战争的侵略行径似乎无甚好感。②

美国中立的立场未能阻止战争。这一中立立场在战争爆发后体现在：美国一方面接受日本的请求保护日本在华使领馆及侨民，另一方面则主动向中国方面表示战时愿意承担相同的委托。

由上可知，日本直到率先开战，在与美国方面解释朝鲜问题时，一直虚与委蛇。撤使意味着对两国关系破裂，进入战争状态的认定。从日本向美国委托保护、准备撤使来看，日本至少在牙山开战前近一个月就已进入最后的战备阶段。

美国所答应的"保护"是一个笼统的承诺。为此，美国驻华使领馆在实际执行过程中由于牵涉日本间谍案等复杂情形，与中国政府发生摩擦，因此还就"保护"的性质及权限做进一步补充，详参下文所论。

---

① "Mutsu to Komura, July 19, 1894"、「2. 清国在留帝国臣民ノ保護米国政府ヘ依托ノ件」JACAR、Ref. B07090536700、日清戦役ノ際在清帝国公使館及領事館撤回並在留帝国臣民保護方米国政府二於テ担保一件（5-2-1-0-5）（外務省外交史料館）。

② "Sill to Gresham, July 24, 1894," Jules Davids, ed., *American Diplomatic and Public Papers: The United States and China, 1894-1905*, Series Ⅲ, Vol. 2, p. 191.

第二节　驻北方各大使领馆的撤离

甲午开战前夕，除北京公使馆外，日本还在天津、烟台（芝罘）、牛庄和上海设有领事馆或总领事馆，广州、汕头和琼州则由香港领事馆兼辖。战争爆发后，日本外务省并未计划撤离所有在华的使领馆，而只准备撤离长江以北的使领馆。上海总领事馆及其所辖长江以南广大地区的日本侨民，拟以局外中立的名义，仿照中法战争时期法国驻上海总领馆的做法不撤。撤使工作首先在北方各大使领馆中展开。

（一）驻北京公使馆的撤离

日本虽于 6 月 29 日秘密向美国提请撤使后代为保护，但日本使领馆撤离中国最早的动因却来自中国方面。

7 月 28 日，丰岛海战后第 3 天，李鸿章连连致电总署，称日本"先开战"，日本驻京公使及各口领事"应讽令自去"。李鸿章之所以有这一建议，一方面是按照国际公法的规定，两国开战应令敌国公使、领事限 24 小时内出境；另一方面是日本驻天津领事馆密集的谍报活动令中国方面反感倍增。[1] 29 日，光绪皇帝谕军机大臣等电李鸿章，鉴于日本已绝好开衅，令出使日本大臣汪凤藻即撤离回国。[2] 当天，李鸿章遵旨转电汪凤藻。[3] 汪凤藻致日本政府的撤使照会，成为日本政府正式启动撤使的直接动因。

---

[1] 《北洋大臣来电一》，光绪二十年六月二十六日到；《北洋大臣来电五》，光绪二十年六月二十八日到，载故宫博物院编《清光绪朝中日交涉史料》第 15 卷，第 31、35 页。

[2] 《谕军机大臣等电寄李鸿章》，光绪二十年六月二十七日，载《德宗景皇帝实录》卷 343，《清实录》第 56 册，第 393~394 页。

[3] 《军机处发李鸿章转汪凤藻电》，光绪二十年六月二十七日，载故宫博物院编《清光绪朝中日交涉史料》第 15 卷，第 32 页。

30 日，日本获悉中国驻日使团已接奉撤使命令，又据代理公使小村寿太郎的相关电报，断定清政府已认为中日之间已开战。① 当天，陆奥宗光上奏明治天皇称：既已与中国就朝鲜事件开战，日本驻中国的使馆不得不撤回；拟委托美国驻华公使代为保护在留日本臣民，保存公使馆记录；向代理公使小村寿太郎发送归国训令。请明治天皇裁可。② 上奏很快获准。

陆奥继而落实请求美国保护事宜。他先致电小村寿太郎，令与美国驻华代理公使田夏礼沟通。30 日，田夏礼应小村要求致电谭恩，请谭恩通知日本外务大臣立即将保护日本在华利益事宜转交美国当局。③ 但这封电报外务省于 8 月 1 日才收到。7 月 31 日，陆奥致电驻美公使建野乡三，令正式向美国国务卿提请战时保护日本在华利益。④ 同日，陆奥通过上海总领事大越成德向日本各驻华使领馆转发撤使训令。训令称：因中国已撤离驻日公使馆，故驻中国日本使领馆也将撤回；使馆文件和日本公民请各所在地美国使领馆负责保护；立即撤回日本驻北京公使馆、驻天津领事馆、驻烟台领事馆、驻牛庄名誉领事馆中所有日方使领馆人员及邮局。同时寄送相应撤使费用。但该训令并不准备撤离上海总领事馆，令其只要无危险之忧则尽可能不撤离，总领馆

① 「外務大臣陸奥宗光ヨリ在朝鮮特命全権公使大鳥圭介宛」、明治 27 年 7 月 30 日、「2. 清国在留帝国臣民ノ保護米国政府ヘ依托ノ件」JACAR、Ref. B07090536700、日清戦役ノ際在清国公使館及領事館撤回並在留帝国臣民保護方米国政府二於テ担保一件（5-2-1-0-5）（外務省外交史料館）。

② 「奏文」、明治 27 年 7 月 30 日、「1. 在清帝国公使、領事館撤回ノ件／（1）在清帝国公使、領事引揚帰朝ノ件」JACAR、Ref. B07090536200、日清戦役ノ際在清帝国公使館及領事館撤回並在帝国臣民保護方米国政府二於テ担保一件（5-2-1-0-5）（外務省外交史料館）。

③ "Denby to Dun, July 30, 1894"，外務省編纂『日本外交文書』第 27 卷第 2 册、429-430 頁。

④ "Mutsu to Tateno, July 31, 1894"、「2. 清国在留帝国臣民ノ保護米国政府ヘ依托ノ件」JACAR、Ref. B07090536700、日清戦役ノ際在清国公使館及領事館撤回並在留帝国臣民保護方米国政府二於テ担保一件（5-2-1-0-5）（外務省外交史料館）。

改挂美国国旗。^① 就在陆奥发出撤使训令的当天，清政府也向日本驻华使馆发出撤离照会，内称：

> 所有朝鲜一事，中国与贵国意见不同，犹希冀从长计议，无损邦交。乃贵国之兵忽于本月二十三日在朝鲜牙山海口伤我运船，先启衅端，致两国修好之约从此废弃。此后本署与贵署大臣更无商办之事，殊为可惜。^②

清政府要求小村一行次日离京。在有限的时间内，日本要在东京、华盛顿和北京之间完成正式托付美国代为保护事宜，看似紧张，但由于事先早有准备，与美国的沟通基本是走程序。

当时，驻华的代理公使小村寿太郎自东学党起义以后，与驻朝公使大鸟圭介一起一直参与开战过程的策划与实施。7月初，在英国调停下，小村曾奉命与总理衙门进行开战前的最后"商谈"，以为拖延之术。14日，小村又遵奉陆奥宗光之命向清政府发出"第二次绝交书"。当时，小村就时时参照在汉城的大鸟圭介"尔时的举动"。当他听闻大鸟在汉城擒拿朝鲜国王时，已感觉和平无望。27日，小村接到丰岛海战电报后，明白日本政府已"断然开战"。^③

---

① "Mutsu to Okoshi, July 31, 1894"、「1. 在清帝国公使、領事館撤回ノ件/（1）在清帝国公使、領事引揚帰朝ノ件」JACAR、Ref. B07090536200、日清戦役ノ際在清帝国公使館及領事館撤回並在留帝国臣民保護方米国政府二於テ担保一件（5-2-1-0-5）（外務省外交史料館）。

② 「総署致小村照会」、光绪二十年六月二十九日、「1. 在清帝国公使、領事館撤回ノ件/（2）在清帝国公使館撤回始末書」JACAR、Ref. B07090536300、日清戦役ノ際在清帝国公使館及領事館撤回並在留帝国臣民保護方米国政府二於テ担保一件（5-2-1-0-5）（外務省外交史料館）。

③ 「在清公使館撤回始末書」、明治27年9月3日、「1. 在清帝国公使、領事館撤回ノ件/（2）在清帝国公使館撤回始末書」JACAR、Ref. B07090536300、日清戦役ノ際在清帝国公使館及領事館撤回並在留帝国臣民保護方米国政府二於テ担保一件（5-2-1-0-5）（外務省外交史料館）。

如前所述，小村早在 7 月中旬就已接到陆奥委托美国代为保护在华利益的密令。接到清政府撤离照会之前，小村已按照陆奥训令与美国驻华代理公使田夏礼沟通。接到清政府撤离照会后，小村第一时间通告了田夏礼。①

8 月 1 日，清政府发布宣战布告。当天，小村照会田夏礼，拟于当天下午带领所有使馆人员离开北京，希望田夏礼按照两国政府既定安排，立即代为保护日本使馆及在华利益。② 田夏礼当即回复：将遵从国务卿的指令接受小村的要求，将致电美国驻中国各领事馆和在华盛顿的国务卿通告实行代为保护事宜，将与中国政府立即就此事进行沟通。③ 当天，田夏礼照会总署，表示嗣后居住各口的日本侨民均在他本人及美国驻各口领事的保护之下，希望总署即咨行各省转饬各海关地方知照，并希望严饬各地方官保护在各口的日本侨民。照会最后要求中国政府对于在各省并满蒙地方游历寄寓的日本人，"亦一体保护，使之安稳回到各口"④。

同日，小村回复总署照会称，"本日带领随使司员等起身回国"，并声明在中国的日本臣民"均归美国政府保护"。⑤ 小村同时致电外务大臣陆奥宗光，报告他即将离开北京，美国公使馆已负责保护日本

_____

① "Denby to Dun, July 31, 1894"，外务省编纂『日本外交文书』第 27 卷第 2 册、430 页。

② "Komura to Denby, August 1, 1894"、「1. 在清帝国公使、领事馆撤回ノ件／（2）在清帝国公使馆撤回始末书」JACAR、Ref. B07090536300、日清战役ノ际在清帝国公使馆及领事馆撤回并在留帝国臣民保护方米国政府ニ於テ担保一件（5-2-1-0-5）（外务省外交史料馆）。

③ "Denby to Komura, August 1, 1894"、「1. 在清帝国公使、领事馆撤回ノ件／（2）在清帝国公使馆撤回始末书」JACAR、Ref. B07090536300、日清战役ノ际在清帝国公使馆及领事馆撤回并在留帝国臣民保护方米国政府ニ於テ担保一件（5-2-1-0-5）（外务省外交史料馆）。

④ 《美国署公使田夏礼照会》，光绪二十年七月初一日，载"中研院"近代史研究所编《清季中日韩关系史料》卷 6，第 3376 页；「1. 在清帝国公使、领事馆撤回ノ件／（2）在清帝国公使馆撤回始末书」JACAR、Ref. B07090536300、日清战役ノ际在清帝国公使馆及领事馆撤回并在留帝国臣民保护方米国政府ニ於テ担保一件（5-2-1-0-5）（外务省外交史料馆）。

⑤ 「日本署公使小村照会」，明治 27 年 8 月 1 日、「1. 在清帝国公使、领事馆撤回ノ件／（2）在清帝国公使馆撤回始末书」JACAR、Ref. B07090536300、日清战役ノ际在清帝国公使馆及领事馆撤回并在留帝国臣民保护方米国政府ニ於テ担保一件（5-2-1-0-5）（外务省外交史料馆）。

在华利益。小村这份 8 月 1 日下午 2 点许从北京发送的电报，3 日才抵达东京。①

8 月 1 日，小村携带国旗、官印及"公秘书类"，率领公使馆二等书记官中岛雄、三等书记官郑永昌、外交官补松方正作、书记生高洲太助以及在京 10 名日本人，从北京出发回国。

其时，可能由于小村电报迟滞的缘故，尚未得到最新报告的外务大臣陆奥宗光仍通过日本驻美国使馆进一步向美国国务卿确认代为保护事宜。直到 4 日上午陆奥收到驻美使馆二等书记官的电报，才获悉美国驻北京代理公使已奉命保护日本驻华公使馆，且将进一步提供一切合适的友好帮助。的确，葛礼山是于第一时间命令田夏礼履行代为保护的职责的。2 日，田夏礼回复葛礼山，报告已承担代为保护之责。次日，葛礼山将其与田夏礼确认的保护事宜的来往电报内容电告谭恩。6 日下午，陆奥又接驻美公使馆二等书记官来电，称美国已落实保护之责。②

小村一行 2 日清晨在通州坐船起航，3 日上午到达天津三汊口。从三汊口到大沽，北洋大臣李鸿章派遣其亲兵队中的 2 名士官、40 名士兵和 2 艘炮船前来护卫。途中小村与前来迎接的美国驻天津领事李德（Sheridan P. Read）相会，并商谈尚滞留天津的日本侨民事宜。4 日，小村一行乘坐小汽船从天津出发，到大沽后换乘英国轮船"通州"号南下。8 日抵达上海，与驻上海总领事大越成德、驻天津领事荒川巳次、驻烟台领事伊集院彦吉，以及公使馆陆军步兵少佐神尾光臣、海军少佐井上敏夫等相会。12 日乘坐法国船"亚拉"号从上海

① "Komura to Mutsu, August 1, 1894"、「2. 清国在留帝国臣民ノ保護米国政府へ依托ノ件」JACAR、Ref. B07090536700、日清戦役ノ際在清帝国公使館及領事館撤回並在留帝国臣民保護方米国政府二於テ担保一件（5-2-1-0-5）（外務省外交史料館）。

② 「在米二等書記官ヨリ陸奥外務大臣宛」、1894 年 8 月 4 日、6 日、「2. 清国在留帝国臣民ノ保護米国政府へ依托ノ件」JACAR、Ref. B07090536700、日清戦役ノ際在清帝国公使館及領事館撤回並在留帝国臣民保護方米国政府二於テ担保一件（5-2-1-0-5）（外務省外交史料館）。

出发，14 日到达长崎，15 日经神户，17 日抵达东京。[①]

日本驻北京公使馆的撤离得到李鸿章所派遣人员的保护，可谓一路顺利，但此顺利一定程度上是由其驻天津领事馆的撤离经验教训换来的。

（二）驻天津领事馆的撤离

日本向来将天津作为侦察清政府军事政治动向的窗口。公使馆的武官长期驻在天津而不是北京，天津也是日本侨民的一大集中地区，同时又是战事最敏感的区域。丰岛海战消息传到天津后，天津一下子人心激昂。其时，日本外务省致天津领事馆的撤离训令，通过上海总领馆转发，但由于种种原因，天津领事馆至 8 月 2 日上午才收悉，所以当 8 月 1 日天津领事荒川已次接到小村一行撤离北京的电报时，尚不确定天津领事馆是否需要同时撤离。可以说，天津领事馆的撤离远没有北京公使馆那么从容镇定，且引发了甲午战争时期影响重大的"重庆"号事件。

7 月 26 日下午，天津传来日本突袭"高升"号的消息，大街小巷种种反日传闻顿时沸沸扬扬。26 日以后，中国电报局已不办理一切暗号电信，领事馆与外务省等的通信完全断绝，中日朝事交涉的前景又无从打听，荒川甚为紧张。31 日下午，租界邻近日本领事馆的街道上还出现数十名清兵，日夜驻守；各国人士告诉荒川"危险"正在迫近。其时，美国驻天津领事李德及翻译官，英国驻天津领事宝士德（Henry Barnes Bristow）、工部局书记等，在没有接到本国政府指令的情形下，主动给予日本领事馆以切实之援助。李德于31 日夜并与宝士德一同拜访李鸿章秘书罗丰禄，提请清政府此际有

---

① 「在清公使館撤回始末書」、明治 27 年 9 月 3 日、「1. 在清帝国公使、領事館撤回ノ件／（2）在清帝国公使館撤回始末書」JACAR、Ref. B07090536300、日清戦役ノ際在清帝国公使館及領事館撤回並在留帝国臣民保護方米国政府ニ於テ担保一件（5-2-1-0-5）（外務省外交史料館）。

必要保护日本官民。清政府因担心出现意外，答应了李德等的要求。李鸿章派遣多名士官、营兵前来护卫领事馆，并答应可随时增添防卫力量。①

只是，"高升"号事件激起的民愤还是影响到了在天津的日本侨民。他们络绎不绝前来领事馆询问事态发展及去留。荒川由于尚未接到撤使训令，只能发布安民告示，称形势的发展还难以预测，令其先各自安居乐业。尽管如此，从 31 日开始，天津的日本侨民已开始自发地陆续撤离。自 7 月 31 日到 8 月 1 日，约有 30 多名日本人乘上英国轮船"重庆"号离津。其时，荒川也在着手办理紧急撤离工作，经与宝士德商量，他决定先送妻女乘坐"重庆"号前往上海。当天下午 5 时多，荒川的妻子和两个女儿，以及一名领事馆学生、两名婢女，在美国领事等护送之下，从天津乘坐汽车前往大沽搭乘"重庆"号。②

当天下午 4 点多，荒川接到小村电报，称当日已从北京出发，令荒川向美国驻津领事请求保护日本领事馆和日本侨民，且令其通告在内地的日本人回到通商口岸。荒川接电后立即拜访美国驻津领事商议，并于当天向日本侨民发布一个新告示，宣称中日两国之间和平已破裂，在华日本侨民从当天开始，全部受美国驻天津领事李德的保护。荒川同时发布号外，宣布领事馆当天闭馆。然而，荒川至此仍未收到外务省经上海总领事馆转发的撤使训令。其时，李德为使日本领事馆人员能安然离津，提议荒川与英国汽船公司太古洋行商议，让当天即将拔锚南下的唯——艘汽船"重庆"号暂时滞留，等待正在撤离

---

① 「1. 在清帝国公使、領事館撤回ノ件／（3）在天津帝国領事館撤回始末書」JACAR、Ref. B07090536400、日清戦役ノ際在清帝国公使館及領事館撤回並在留帝国臣民保護方米国政府二於テ担保一件（5-2-1-0-5）（外務省外交史料館）。

② 「1. 在清帝国公使、領事館撤回ノ件／（3）在天津帝国領事館撤回始末書」JACAR、Ref. B07090536400、日清戦役ノ際在清帝国公使館及領事館撤回並在留帝国臣民保護方米国政府二於テ担保一件（5-2-1-0-5）（外務省外交史料館）。

途中的小村一行到达。考虑到天津与上海之间航船较少，荒川接受李德建议，向大沽引船会社办理了约定事宜。①

8月2日上午，荒川终于接到自上海转发的撤离训令，决定与南下途中的小村一行一起经上海撤回，便开始着手收拾公用文件及馆内物品。正在此际，天津海关雇用的港长急急忙忙来馆报告，因中国士兵闯入，引发"重庆"号事件。从后来李德致李鸿章的信函中可知，"重庆"号事件其实只是虚惊一场。清兵将"重庆"号上的日本人带离轮船，但于当天就释放回船，并没有发生流血事件。② 但这一事件后来不仅与"高升"号事件相提并论，且直接影响到了日本使领馆的撤离。

负责代为保护日本在华利益的美国驻津领事李德，于2日当天照会李鸿章，声称尽管"重庆"号人员被安全放回，但由此表明日本人撤离前存在很大危险。他尤其提到正自北京南下天津途中的小村一行，认为出于人道和国际法都应给予保护。③ 李德的照会引起了李鸿章的高度重视。小村一行3日上午到达天津三汊口，从三汊口到大沽，李鸿章派遣亲兵一路保护，直到小村一行安然登船，已如前所述。

荒川巳次也得到了李鸿章的进一步照顾。8月2日下午，天津海

---

① 「1. 在清帝国公使、領事館撤回ノ件／（3）在天津帝国領事館撤回始末書」JACAR、Ref. B07090536400、日清戦役ノ際在清帝国公使館及領事館撤回並在留帝国臣民保護方米国政府二於テ担保一件（5-2-1-0-5）（外務省外交史料館）。

② "Read to Li Hung Chang, August 2, 1894"、「1. 在清帝国公使、領事館撤回ノ件／（3）在天津帝国領事館撤回始末書」JACAR、Ref. B07090536400、日清戦役ノ際在清帝国公使館及領事館撤回並在留帝国臣民保護方米国政府二於テ担保一件（5-2-1-0-5）（外務省外交史料館）。

③ "Read to Li Hung Chang, August 2, 1894"、「1. 在清帝国公使、領事館撤回ノ件／（3）在天津帝国領事館撤回始末書」JACAR、Ref. B07090536400、日清戦役ノ際在清帝国公使館及領事館撤回並在留帝国臣民保護方米国政府二於テ担保一件（5-2-1-0-5）（外務省外交史料館）。

关关长和港长奉李鸿章之命，派遣一艘海关小汽船前来接应。荒川本计划与小村一行一起南下，且在李德的建议下已请"重庆"号多留大沽港一个潮时。小村一行可能较预期迟到，荒川便向"重庆"号所属汽船公司提出再淹留一个潮时①，但遭到拒绝。洋行代理人在回信中称，"重庆"号最晚必须在次日上午6点离开大沽港，不过该公司另一艘上海汽船"通州"号将于3日早上抵达大沽，如使馆人员一行来不及的话，可改乘"通州"号。太古洋行态度的变化，主要是受"重庆"号事件的影响。② 荒川考虑到3日"通州"号将抵达大沽，未再考虑小村一行是否抵津，便先将公私物品分置馆内各室，将领事馆房屋——封印，与美国领事办理了交接手续。在海关小汽船的接应之下，荒川于2日晚上9点前后，携带贵重物品，与领事馆人员、天津邮局人员及美国领事等一起离馆，先于小村一行撤离天津。同船的除有公使馆陆军步兵少佐神尾光臣等16人外，还应有山田要、堤虎吉（海军大尉沈川具和的化名）、石川伍一、钟崎三郎、青木乔、佐伯重太郎。其中，从事摄影业的佐伯未向领事馆备案外出，旅行未归。山田要、堤虎吉、石川伍一、钟崎三郎均是"大名鼎鼎"的间谍。小汽船安然经过大沽炮台等数个炮台后，3日上午6点前后到达前一天从塘沽移泊到洋面的"重庆"号，与前来乘坐的其他日本人相会。同船日本人除16名"天桥丸"乘组人员外，共48人。曾与荒川一起乘坐海关小汽船离津的山田要、堤虎吉、石川伍一、钟崎三郎、

---

① "Read to Li Hung Chang, August 2, 1894"、「1. 在清帝国公使、領事館撤回ノ件/（3）在天津帝国領事館撤回始末書」JACAR、Ref. B07090536400、日清戦役ノ際在清帝国公使館及領事館撤回並ニ在留帝国臣民保護方米国政府ニ於テ担保一件（5-2-1-0-5）（外務省外交史料館）。

② "Fisher to Arakawa, August 2, 1894"、「1. 在清帝国公使、領事館撤回ノ件/（3）在天津帝国領事館撤回始末書」JACAR、Ref. B07090536400、日清戦役ノ際在清帝国公使館及領事館撤回並ニ在留帝国臣民保護方米国政府ニ於テ担保一件（5-2-1-0-5）（外務省外交史料館）。

青木乔等均不在名单之中。① 从后来代理公使小村寿太郎的撤离报告中可知，这些人其实都折回天津潜伏了下来。

荒川提到的 48 人，还不是天津日本侨民的总人数。4 日小村一行行经天津时，李德曾特意建议小村把剩下的日本人全部带离天津。李德主要担心"高升"号的幸存者回到天津后将引发底层人民的暴动，他认为像这种暴力的行为远不是中国政府所能控制的。他甚至将这种可能的暴动与 1870 年的"天津教案"相提并论。②

应该说明的是，天津领事馆撤离过程中发生的"重庆"号事件中，虽然驻天津领事荒川巳次的夫人在船上，但享有外交保护特权的荒川本人并不在场，不存在外交保护问题。其实，清兵进入"重庆"号并非去伤害日本侨民，而是去搜查荒川夫人一行随身携带的文件。③的确，这次清政府搜查到了化名为堤虎吉的海军大尉泷川具和致使馆武官海军少佐井上敏夫等的密函④，进而一举破获了一起重大的间谍案。中国方面还将"重庆"号事件与"高升"号事件联系在一起，提出按照国际法，"总须日本将高升伤毙人命遗失财物恤偿之后，中国方能将重庆失物一案按照实价赔补"⑤。最后，"重庆"号事件以大沽炮台 21 响礼炮致歉而结束。

---

① 「1. 在清帝国公使、領事館撤回ノ件／（3）在天津帝国領事館撤回始末書」JACAR、Ref. B07090536400、日清戦役ノ際在清帝国公使館及領事館撤回並在留帝国臣民保護方米国政府二於テ担保一件（5-2-1-0-5）（外務省外交史料館）。

② "Read to Komura，August 4，1894"、「1. 在清帝国公使、領事館撤回ノ件／（2）在清帝国公使館撤回始末書」JACAR、Ref. B07090536300、日清戦役ノ際在清帝国公使館及領事館撤回並在留帝国臣民保護方米国政府二於テ担保一件（5-2-1-0-5）（外務省外交史料館）。

③ 「重慶号暴行始末書」、明治 27 年 9 月 20 日、外務省編纂『日本外交文書』第 27 卷第 2 冊、438-440 頁。

④ 《宗方小太郎日记》，1894 年 8 月 4 日、6 日，载戚其章主编《中日战争》第 6 册，第 113~114 页。

⑤ 《津海关道盛宣怀致美国李领事函稿》，光绪二十年七月十四日，载"中研院"近代史研究所编《清季中日韩关系史料》卷 6，第 3491 页。

（三）驻烟台领事馆和牛庄名誉领事馆的撤离

相较于京津地区，日本驻烟台领事馆和牛庄名誉领事馆所辖地区的日本人，可谓稀少，撤离问题看似较为简单。不过应该注意的是，这两个地方尤其烟台，最靠近北洋舰队基地，烟台领事馆和牛庄名誉领事馆的撤离，也并非毫无惊险。可以称为日本近代史上最闻名的间谍之一的宗方小太郎，就是在烟台领事馆撤离过程中，被"巧妙"安排而成功地潜伏下来的。

丰岛海战爆发后，烟台海关道直接将部下一队海防卫兵，部署在外国租界附近，安排四五名士兵昼夜巡逻，当地中国人对日本领事馆并没有过激举动，日本领事可以照旧处理馆务。8月1日深夜，驻烟台领事伊集院彦吉收到驻上海总领馆转发的外务省撤离训令。次日，领事馆下旗闭馆，并通知烟台海关道及在烟台的各国领事。①

当天，烟台海关道通知伊集院，据北洋大臣致总理衙门电报，谕令日本各领事馆出境。② 对于烟台海关道转达的这份通告，伊集院还颇有微词，认为"文句有不妥之处"，但中日既已断交，他无从争辩，却也未予答复，转而着手准备撤使。③

伊集院先根据外务省指令，就侨民和领事馆管理问题与当地美国代理领事商议。不巧，当时美国代理领事因商务出差。该美国代理领事本是英国人，伊集院于是通过该代理领事家族与驻烟台英国领事商谈，最后，英国领事馆警部接受了美国代理领事的委托，暂时代为护

---

① 「1. 在清帝国公使、领事馆撤回ノ件/（4）在芝罘帝国领事馆撤回始末书」JACAR、Ref. B07090536500、日清战役ノ际在清帝国公使馆及领事馆撤回并在留帝国臣民保护方米国政府二於テ担保一件（5-2-1-0-5）（外务省外交史料馆）。

② 「道台ヨリ伊集院领事宛」、1894年7月2日、「1. 在清帝国公使、领事馆撤回ノ件/（4）在芝罘帝国领事馆撤回始末书」JACAR、Ref. B07090536500、日清战役ノ际在清帝国公使馆及领事馆撤回并在留帝国臣民保护方米国政府二於テ担保一件（5-2-1-0-5）（外务省外交史料馆）。

③ 「1. 在清帝国公使、领事馆撤回ノ件/（4）在芝罘帝国领事馆撤回始末书」JACAR、Ref. B07090536500、日清战役ノ际在清帝国公使馆及领事馆撤回并在留帝国臣民保护方米国政府二於テ担保一件（5-2-1-0-5）（外务省外交史料馆）。

馆护侨。伊集院继而处理领事馆房屋继续租赁问题。伊集院与其中一名房主的代理人完成了继续租赁事宜。其他房主虽未联系上，但伊集院据此认为房主应该没有异议。① 此外，更为重要的工作还是安排在留日本人的撤离。

当时留居烟台的日本人大致有三种类型。第一类是领事馆人员，第二类是一般侨民，第三类非常特别，就是领事馆指挥下的间谍人员。领事馆人员不多，除伊集院外，尚有使馆武官海军少佐井上敏夫。领事馆看守和邮局小使，均雇用中国人，不涉及撤离问题，但正是这些中国人，稍后为伊集院部署间谍人员提供了掩护。日本侨民很少，其中有一对姓高桥的夫妇，和他们一起居住的有 2 名男女，计 4人；此外，另有 3 名是受雇于西方人的日本妇女。② 这对高桥夫妇与日本使领馆的关系非同一般。间谍人员如天津的青木熊三郎、钟崎三郎等来烟台就住高桥处，他们还曾与宗方小太郎在高桥寓所会餐。③高桥一行 4 人后随同伊集院一起撤离，3 名受雇于西方人的日本妇女则各随其雇主住在西山头、崆峒岛和猴矶岛。伊集院以书面形式通知各雇主，一旦有危险，可托付回烟台的美国代理领事保护。引人注目的是伊集院对大间谍宗方小太郎的安排。当时，宗方正奉海军省密令在井上敏夫指挥下潜伏在领事馆内，侦察烟台附近的中国海军活动。领事馆撤离后，宗方必须留守烟台，但烟台地方狭小，潜伏于烟台市区终究困难。伊集院经与井上敏夫协商，做了一个非常"巧妙"的安排：宗方伪装成看守领事馆的中国人留居馆内。伊集院将此事预先通

---

① 「1. 在清帝国公使、领事馆撤回ノ件/（4）在芝罘帝国领事馆撤回始末书」JACAR、Ref. B07090536500、日清战役ノ际在清帝国公使馆及领事馆撤回并在留帝国臣民保护方米国政府二於テ担保一件（5-2-1-0-5）（外务省外交史料馆）。

② 「1. 在清帝国公使、领事馆撤回ノ件/（4）在芝罘帝国领事馆撤回始末书」JACAR、Ref. B07090536500、日清战役ノ际在清帝国公使馆及领事馆撤回并在留帝国臣民保护方米国政府二於テ担保一件（5-2-1-0-5）（外务省外交史料馆）。

③ 《宗方小太郎日记》，1894 年 7 月 7 日，载戚其章主编《中日战争》第 6 册，第109 页。

知中方海关道及美国代理领事，称日本领事馆撤离后，有 4 名中国人将留在馆内，其中 3 名一直以来为领事馆看守人，1 名为邮电局小吏。① 这 4 名中国人中，就有宗方小太郎。

8 月 4 日上午，天津领事荒川一行乘坐的"重庆"号进入烟台港。当天，美国代理领事也从上海返回烟台。下午 5 时，美国代理领事前来与伊集院碰面，将领事馆各屋加上封印，置于其保护之下。伊集院一行，包括井上敏夫及 4 名日本侨民，同船离开烟台，与小村一行在上海会合后，一同回国。② 留在烟台的日本人只剩宗方小太郎一人。8 月 6 日上午，小村一行乘坐"通州"号南下时途经烟台，宗方将两封有关"北洋之动静"的报告托付书记官中岛雄带到上海。当天晚上，清政府招商局及道台衙门官吏"似有所探查"，但没有发现宗方的踪迹。③

当时，日本驻牛庄的名誉领事是英国人班迪诺（J. J. Frederick Bandinel）。班迪诺自 1876 年开始就一直是美国驻牛庄的代理领事。也就是说，班迪诺为日本名誉领事的同时，也是美国驻牛庄的代理领事。由于这种双重身份，日本牛庄名誉领事馆的撤离较其他各领事馆简单，至少省略了移请美国领事代为保护的交接手续。

牛庄名誉领事馆的日本人馆员，其实只有书记生天野恭太郎一人。班迪诺奉陆奥宗光指令所要进行的撤使工作，就是如何让天野按

---

① 「1. 在清帝国公使、领事馆撤回ノ件/（4）在芝罘帝国领事馆撤回始末書」JACAR、Ref. B07090536500、日清戦役ノ際在清帝国公使館及領事館撤回並在留帝国臣民保護方米国政府二於テ担保一件（5-2-1-0-5）（外務省外交史料館）。

② 「1. 在清帝国公使、领事馆撤回ノ件/（4）在芝罘帝国领事馆撤回始末書」JACAR、Ref. B07090536500、日清戦役ノ際在清帝国公使館及領事館撤回並在留帝国臣民保護方米国政府二於テ担保一件（5-2-1-0-5）（外務省外交史料館）。按：据当时也在领事馆的宗方小太郎记载，领事馆撤离人员中，至少还有书记生横田三郎（《宗方小太郎日记》，1894 年 7 月 5 日、8 月 4 日，载戚其章主编《中日战争》第 6 册，第 109、113 页）。

③ 《宗方小太郎日记》，1894 年 8 月 4 日、6 日，载戚其章主编《中日战争》第 6 册，第 113~114 页。

时、安全地回国。①

　　班迪诺的撤使准备主要从 7 月 29 日开始。为了避免可能的麻烦，他于当天致信当地的中国道台，询问是否同意天野乘坐即将开往日本的"飞龙"号轮船，当地道台次日表示同意。②

　　8 月 1 日中国宣战当天，班迪诺收到田夏礼来电，令自当日起将日本在华利益置于美国保护之下。同天晚上，他又收到小村来电，称他将于当天离开北京，令将日本国民转由美国领事保护，并令在内地的日本人回到通商口岸，如果没有别的指令，书记生天野恭太郎需离开牛庄。班迪诺 8 月 2 日上午近 8 点时收到由上海转发、陆奥签署的撤离电令，令将文件和日本国民托付美国领事保护，让天野立即回国。③

　　天野回国较为简单。班迪诺事先已与牛庄的道台顺利沟通，接陆奥电令后，班迪诺安排天野乘坐一早出发开往神户的汽船"飞龙"号直接回国。④ 包括小村一行在内的其他日本使领人员均会集到上海后再一起回国，唯有牛庄的天野则从当地直接回到日本。

　　当时在牛庄的日本侨民人数不多。除一名三井物产会社的员工

---

　　①　「4. 参考」JACAR、Ref. B07090537100、日清戦役ノ際在清帝国公使館及領事館撤回並在留帝国臣民保護方米国政府二於テ担保一件（5-2-1-0-5）（外務省外交史料館）。

　　②　"Bandinel to Hayashi, August 27, 1894"、「1. 在清帝国公使、領事館撤回ノ件/（1）在清帝国公使、領事引揚帰朝ノ件」JACAR、Ref. B07090536200、日清戦役ノ際在清帝国公使館及領事館撤回並在留帝国臣民保護方米国政府二於テ担保一件（5-2-1-0-5）（外務省外交史料館）。

　　③　"Bandinel to Hayashi, August 27, 1894"、「1. 在清帝国公使、領事館撤回ノ件/（1）在清帝国公使、領事引揚帰朝ノ件」JACAR、Ref. B07090536200、日清戦役ノ際在清帝国公使館及領事館撤回並在留帝国臣民保護方米国政府二於テ担保一件（5-2-1-0-5）（外務省外交史料館）。

　　④　"Bandinel to Hayashi, August 27, 1894"、「1. 在清帝国公使、領事館撤回ノ件/（1）在清帝国公使、領事引揚帰朝ノ件」JACAR、Ref. B07090536200、日清戦役ノ際在清帝国公使館及領事館撤回並在留帝国臣民保護方米国政府二於テ担保一件（5-2-1-0-5）（外務省外交史料館）；「4. 参考」JACAR、Ref. B07090537100、日清戦役ノ際在清帝国公使館及領事館撤回並在留帝国臣民保護方米国政府二於テ担保一件（5-2-1-0-5）（外務省外交史料館）。

外，其余均为妇女。其中有 3 名是海关领航员等西方人的小妾，另有 12 名卖春女。丰岛海战的消息传到牛庄后，人心不稳，各种传闻纷至沓来，为加强警备，原居住在外国租界外的三井物产会社员工，直接转移到了租界内。3 名洋人小妾经与雇主交涉后回国。① 让班迪诺颇费周折的还是 12 名卖春女的撤离问题，班迪诺的撤离报告约用 1/4 的篇幅来汇报他为此而进行的交涉。这些妇女经与雇主反复协商总算得以解雇，在宣战前后全部从牛庄出发回国。6 日，据班迪诺报告，除一个名叫 Shinada 的之外，牛庄已无一个日本人。这与稍后田夏礼发出的报告一致。留下的这一人，可能是搬迁到外国租界内的三井物产会社的员工。据班迪诺称，这名员工如战时继续留在牛庄，将会搬到他的宅邸居住。②

第三节　驻上海总领事馆及长江以南地区日本侨民的撤离

根据日本外务省的训令，驻北京代理公使小村寿太郎及驻天津、烟台、牛庄的领事和名誉领事，经上海撤离回国，但不包括上海总领事馆人员。外务省要求上海总领馆在没有危险的情况下尽量不撤，改挂美国国旗。最终，上海总领事馆是在清政府的要求下，被迫撤离的。③ 上海总领馆拟不撤的安排，并非日本政府一时的动议。早在日

---

① 「4. 参考」JACAR、Ref. B07090537100、日清戦役ノ際在清帝国公使館及領事館撤回並在留帝国臣民保護方米国政府二於テ担保一件（5-2-1-0-5）（外務省外交史料館）。

② "Bandinel to Hayashi, August 27, 1894"、「1. 在清帝国公使、領事館撤回ノ件／（1）在清帝国公使、領事引揚帰朝ノ件」JACAR、Ref. B07090536200、日清戦役ノ際在清帝国公使館及領事館撤回並在留帝国臣民保護方米国政府二於テ担保一件（5-2-1-0-5）（外務省外交史料館）；「4. 参考」JACAR、Ref. B07090537100、日清戦役ノ際在清帝国公使館及領事館撤回並在留帝国臣民保護方米国政府二於テ担保一件（5-2-1-0-5）（外務省外交史料館）。

③ 「4. 参考」JACAR、Ref. B07090537100、日清戦役ノ際在清帝国公使館及領事館撤回並在留帝国臣民保護方米国政府二於テ担保一件（5-2-1-0-5）（外務省外交史料館）。

本秘密托付美国护侨之初，驻上海总领事大越成德就已向陆奥宗光商议不撤离之细节。大越向陆奥提议，当年中法战争中，法国公使托付俄国公使保护在留法国人，上海法国领事馆接到开战电报后，即改挂俄国国旗而未撤离。中日一旦开战，上海总领馆也拟仿照法国领事馆的先例实行。①

8月1日下午，大越成德接到外务省宣战训令。大越此前曾接外务省训令，令开战后在留日本人全部托付美国保护，为此大越首先向美国驻上海总领事佑尼干（T. R. Jernigan）通报此意，与商保护侨民及其他善后事宜。2日早上，佑尼干收到驻华代理公使田夏礼的有关保护在留日本人的电报后，将此意直接照会上海道台，并转电南部及长江沿岸各口的美国领事。同日，大越还向日本侨民宣布保护事宜已移交美国总领事馆。②

大越成德接外务省宣战电报的同时，另接陆奥训令，命将陆奥的撤离训令转电北京公使馆及北方各领事馆。丰岛海战后，中国电报局不再办理所有暗号电信，大越只能通过中国电报局转发，入夜才转发成功。外务省撤离训令不包括上海总领馆及所辖地区之日本侨民，大越打算按照与外务省原先商定的方案改挂美国国旗，但美国驻北京公使馆致其上海总领事的电文并未提及变换国旗的事，所以美国总领事声称，日本总领事馆并无悬挂美国国旗的权利。③

其时，上海道台根据总署旨意，要求日本驻上海总领馆尽快全部

---

① 「在上海総領事大越成徳ヨリ外務大臣陸奥宗光宛」、明治27年7月6日、「2. 清国在留帝国臣民ノ保護米国政府ヘ依托ノ件」JACAR、Ref. B07090536700、日清戦役ノ際在清帝国公使館及領事館撤回並ニ在留帝国臣民保護方米国政府二於テ担保一件（5-2-1-0-5）（外務省外交史料館）。

② 「1. 在清帝国公使、領事館撤回ノ件／（5）在上海帝国領事館撤回始末書」JACAR、Ref. B07090536600、日清戦役ノ際在清帝国公使館及領事館撤回並ニ在留帝国臣民保護方米国政府二於テ担保一件（5-2-1-0-5）（外務省外交史料館）。

③ 「1. 在清帝国公使、領事館撤回ノ件／（5）在上海帝国領事館撤回始末書」JACAR、Ref. B07090536600、日清戦役ノ際在清帝国公使館及領事館撤回並ニ在留帝国臣民保護方米国政府二於テ担保一件（5-2-1-0-5）（外務省外交史料館）。

撤离。大越考虑到上海其实不能算是完全的局外中立地，不得已通过佑尼干回复上海道台，希望等待代理公使小村一行抵达上海后再一同回国，获准。大越并将这一情况向外务省请训。5 日，大越接外务省回训，令与小村一行一同回国。7~8 日，代理公使小村寿太郎、天津领事荒川巳次和烟台领事伊集院彦吉等先后到达上海。大越向侨民等留下告辞书，于 11 日随同小村等人乘坐便船回国。① 大越及上海总领馆人员虽然撤离，但上海总领事馆所辖地区的在留日本人远较其他地区多。

上海总领事馆辖区不仅包括《中日修好条规》所指定的通商口岸，如上海、汉口、福州、九江、镇江、宁波、厦门等地，还包括非通商口岸的芜湖，那里也有日本人；加在一起总人数达 1000 多人。其中上海最多，达 1000 人左右；汉口、福州各有 20 人；九江、镇江、宁波等地有一二家杂货店；厦门住着一些日本船夫，人名和人数不详；芜湖有一家日本人开办的杂货店。起初，大越并不打算公开通知侨民回国，以免引发恐慌。鉴于地区分散，自卫不便，不少通商港口尚未设立规范的租界制度，外国领事也多不在其地居住，为此，大越计划采取将分散的侨民集中到两三处地方居留的方针。具体而言，以上海、福州、汉口为集中地，如遇危险，日本人就近撤离退到此三处。为稳定人心，大越并没有以公告形式通告这一方针，而是通过上海侨民中与他们有关系者"私下"相告。随着中国各地人心激昂，备战气氛日益浓厚，大越实际上已开始组织各大城市及其附近的日本人撤离。②

---

① 「1. 在清帝国公使、领事馆撤回ノ件／（5）在上海帝国领事馆撤回始末书」JACAR、Ref. B07090536600、日清战役ノ际在清帝国公使馆及领事馆撤回并在留帝国臣民保护方米国政府二於テ担保一件（5-2-1-0-5）（外务省外交史料馆）。

② 「1. 在清帝国公使、领事馆撤回ノ件／（5）在上海帝国领事馆撤回始末书」JACAR、Ref. B07090536600、日清战役ノ际在清帝国公使馆及领事馆撤回并在留帝国臣民保护方米国政府二於テ担保一件（5-2-1-0-5）（外务省外交史料馆）。

　　大越以个人名义令在镇江及其他地方的日本人，分别向上海或汉口集中，然后撤离。对于留居福州和汉口两地的日本人，大越只通告他们举动要更加谨慎。大越认为，日本人在这两个城市的安全应该能够得到保障，因为那里的日本侨民主要是经商，他认为中日开战与两国商人无关，中日商人之间应该不会相互加害。8月1日，大越接到开战布告，他进而电告福州和汉口的日本侨民，可以接受美国领事的保护。他相信，福州和汉口居留的外国人很多，留在那里的日本人应该会得到十分周到的保护。[①]

　　但情形并没有大越想象的那么乐观。丰岛海战日本不宣而战，在李鸿章的建议之下，清政府决定停止在华日本人的一切通商事宜。大越也看到此前各地日人的商业活动已完全停止，不少日本人不断撤到上海，在福州的日本人则有直接回国的。这样，在大越撤离前夕，上海总领事馆所辖地内，除上海以外，除嫁给外国人的日本妇女外，各地日本人大多已撤离。如在芜湖开设的杂货店"田中"号中，尚有两三名日本人，开战后，该杂货店遭到当地中国人的破坏，店员于8月1日撤到上海。未撤的，汉口有4~5人，福州有10人。此外，还有一些分散人员，但人数"极少"，如尚有两三名在中国内地旅游的日本人，对于他们的居住地，总领事馆不了解，但这些人已与中国人很难区别，大越估计应该不会有什么特别的危险。[②]

　　相形之下，上海的情况比较特别。上海的日本人原有约1000人，开战前夕回国的却不足300人，且主要是妇女及无业的"下等人"。受"高升"号事件影响，当时中国各地颇有反日举动，大越认为这些

　　①　「1. 在清帝国公使、领事馆撤回ノ件/（5）在上海帝国领事馆撤回始末书」JACAR、Ref. B07090536600、日清戦役ノ際在清帝国公使馆及领事馆撤回并在留帝国臣民保护方米国政府二於テ担保一件（5-2-1-0-5）（外务省外交史料馆）。
　　②　「1. 在清帝国公使、领事馆撤回ノ件/（5）在上海帝国领事馆撤回始末书」JACAR、Ref. B07090536600、日清戦役ノ際在清帝国公使馆及领事馆撤回并在留帝国臣民保护方米国政府二於テ担保一件（5-2-1-0-5）（外务省外交史料馆）。

余下的日本人不如回国的为好。对于安排这些日本人员回国，大越担心由他本人出面会引发恐慌，他只能通过上海日本人协会办理。8月2日，该协会依照大越旨意安排日本侨民有组织地撤离，并借船费给那些无旅费者。除上述回国人员外，仍有数以百计的日本人开战后仍留在上海。其中就包括数量相当大的一批间谍人员。大量日本人包括间谍人员之所以敢于滞留在上海，一个重要原因就是在这里可以得到列强堂而皇之的庇护。大越成德撤离前，不仅争取到美国总领事强有力的帮助，上海会审衙门及各国势力也均愿为日本人提供诸多保护。当时在上海港停靠的只有一艘法国军舰，法国总领事声明，必要时将随时为日本人提供保护。在上海的日本人也有相当强的组织性。大越用心整合了一个叫上海日本人协会的组织，正金银行、三井物产会社和邮船会社上海分社的负责人等均是会员。总领馆撤离前夕，该协会曾协助大越成德做了不少工作。正金银行、三井物产会社和邮船会社上海分社负责人等，还被大越推选为该组织的顾问，拟在要紧关头协同美国总领事保护在华日本人。① 这里的"日本人"，当然包括那些间谍人员。

　　南方的广州、汕头和琼州并非上海总领事馆之管辖地，由香港领事馆兼辖。外务省训令中，要求撤离的不包括香港领事馆，广东地区的日本人也不在撤离范围内。但战争爆发后，广东地区的所有日本人几乎与北方各地的日本人一样，同时撤离中国。究其原因，既不是奉外务省的指令，也不是驻香港领事中川恒次郎的安排，而是中国民众的愤怒情绪影响了代为保护日本侨民的美国驻广州领事。

　　7月24日，在广州的各国领事包括美国领事，风闻中日开战后，一下子想起了1884年中法战争时广东民众的反应。他们致信在香港

① 「1. 在清帝国公使、領事館撤回ノ件／（5）在上海帝国領事館撤回始末書」JACAR、Ref. B07090536600、日清戦役ノ際在清帝国公使館及領事館撤回並在留帝国臣民保護方米国政府二於テ担保一件（5-2-1-0-5）（外務省外交史料館）。

的日本领事中川恒次郎，告知中国人一旦获悉中日开战，应该会瞬间群情激昂，对日本人做出"危险举动"。1884年中法开战时，在广东的法国人"仓皇失措"，好不容易才得以撤离。美国领事等指出，如果引发上述这类反日风潮，就会妨碍在留其他外国人的安宁与利益。在广州的20多名日本人多数是妇女，美国领事提醒中川应切劝这些人尽快安静地撤离。①

情势急迫，29日中川恒次郎派遣书记生白须直前往广东调查。调查表明，当地民风颇为"险恶"，一旦爆发，按照从前的事例，不仅外国领事很难给予周到的保护，而且还会牵连到其他外国人。事实上，在留的26名日本人中，多数是卖春女，中川考虑到让美国领事为这些人承担保护责任可能会有不便，就劝这些人快速撤离广东。②

第四节　情报人员的布留及其活动

驻华日本使领馆对于日本"洞悉"中国军情起着重要作用。丰岛海战后，有个德国人曾致函李鸿章，提醒他应让日本使领馆尽快撤离，因为"中使在倭未能探听倭国军情，而倭人在中竟能洞悉中国军事"③。为此，按李鸿章提议，清政府要求日本使领馆尽快撤离中国，尤其是京津地区的使领馆，且"暂停日本通商"④，所以一般日本人大都离开中国。

代理保护国美国的驻华代理公使田夏礼，为了避免"重大麻烦"，

---

① 「4. 参考」JACAR、Ref. B07090537100、日清戦役ノ際在清帝国公使館及領事館撤回並在留帝国臣民保護方米国政府二於テ担保一件（5-2-1-0-5）（外務省外交史料館）。

② 「4. 参考」JACAR、Ref. B07090537100、日清戦役ノ際在清帝国公使館及領事館撤回並在留帝国臣民保護方米国政府二於テ担保一件（5-2-1-0-5）（外務省外交史料館）。

③ 陈旭麓等主编《甲午中日战争》（下），"盛宣怀档案资料选辑之三"，上海人民出版社，1982，第102页。

④ 《北洋大臣来电一》，光绪二十年六月二十六日到，载故宫博物院编《清光绪朝中日交涉史料》第15卷，第31页。

也希望日本人尽量撤离中国，尤其是留居于靠近中国军事重地天津等地的日本人。8月11日，小村一行从上海启程回国的前一天，田夏礼即致函美国驻日公使谭恩，通告各地日本人的撤离情况。通告称：天津差不多是中国军事大本营所在地，民众又因"高升"号事件情绪激昂，经商议，日使领馆撤离后，在天津的所有日本人都已离开天津；烟台恰是中国海军指挥部所在地，已无日本人；牛庄除一名日本人外其余均已离去，这名在留人员身份、姓名未明。该通告没有提及以上海为中心的南方地区，只谈到上海和芜湖发生了规模较小的反日示威游行。① 日本使领馆撤离后，总理衙门曾特意派人向田夏礼确认有无日本人"潜留京城"，田夏礼面称"并无倭人踪迹"。② 津海关道盛宣怀也向李德面询留津日本人员情况，李德答称"天津人心浮动，诚恐事出意外"，所有在天津的日本人"均已随同小村回国"。③

田夏礼等所述，其实只指日本使领馆人员及一般日侨。在给谭恩的报告中，田夏礼还专门提到在中国的日本间谍问题。总理衙门向他严正声明，如果中国内陆遍布伪装的日本间谍，一旦被抓捕即处以极刑。对此田夏礼回称，他不赞成任何非法的"暴行"，强烈要求间谍一旦被抓捕，应得到"公正的审判"；若有罪，应从就近港口遣送回日本。④ 可见，至少田夏礼本人对于滞留的日本间谍态度颇为暧昧，而其所述日本撤离人员中，其实不包括那些伪装潜伏下来的日本间谍人员。

的确，日本使领馆在撤离过程中，特意在中国的军政要地布留一

---

① "Denby to Dun, August 11, 1894"、「2. 清国在留帝国臣民ノ保護米国政府へ依托ノ件」JACAR、Ref. B07090536700、日清戦役ノ際在清帝国公使館及領事館撤回並在留帝国臣民保護方米国政府二於テ担保一件（5-2-1-0-5）（外務省外交史料館）。

② 《总署致美国署公使田夏礼函》，光绪二十年八月初三日，载"中研院"近代史研究所编《清季中日韩关系史料》卷6，第3539页。

③ 《津海关道代复美国李领事函》，光绪二十年，载"中研院"近代史研究所编《清季中日韩关系史料》卷6，第3547页。

④ "Denby to Dun, August 11, 1894"、「2. 清国在留帝国臣民ノ保護米国政府へ依托ノ件」JACAR、Ref. B07090536700、日清戦役ノ際在清帝国公使館及領事館撤回並在留帝国臣民保護方米国政府二於テ担保一件（5-2-1-0-5）（外務省外交史料館）。

批间谍人员。这些人员主要分布在京津、烟台和上海等地。

在北京，小村一行刚刚离京，就出现了一名"学生"身份的名叫川畑丈之助的日本人。据称，他在美国教堂创设的中西文艺学房学习，两个月前放暑假外出"游历"，于 8 月 30 日回学房，"尚不知中日业已失和"，"仍欲入学"。而美国教堂教士鉴于形势特别，不愿留这名日本学生，将之禀告田夏礼。田夏礼于是致函总署，希望发给川畑"路照"，"遣其回国"。① 这名"日本学生"其实是一名日本间谍。中方档案作"川烟丈之助"系笔误，真实名字为"川畑丈之助"。日本防卫厅档案中留有一份战时大本营电报，提到川畑等 7 名翻译官奉命前往旅顺出差事宜。②

对于川畑的行踪，总署曾表示怀疑，要田夏礼调查。田夏礼据教士提供的信息回称，这名学生系于当年 4 月初来京入学，放暑假时出京游历，"经过怀来县及宣化府，至张家口遇雨守候，雨霁过新河站、哈拉城至察哈尔，又至苏门哈达，由旧路旋京"，仍希望在学房"附学"，但教士恐其生事而不愿收留。又称，该日本人系"极好学生"，且"甚朴实"。③ 其实，田夏礼这封关于川畑行程的报告完全是虚假的。据宗方小太郎记载，8 月 1 日宗方曾在烟台领事馆遇见川畑，川畑并非美国教堂的普通学生，而是辞职的陆军少尉，当时刚"经满洲至此地"，在烟台稍作停留后"将去北京"。此次的"去北京"，正是上述田夏礼对总署所称的回学房"附学"。宗方遇见川畑的当天半夜，领事馆接到外务省来电，称："上月 31 日已向

① 《美国署公使田夏礼函》，光绪二十年八月初一日，载"中研院"近代史研究所编《清季中日韩关系史料》卷 6，第 3535 页。
② 「28、5、16 大本营副官部発 宇品運輸通信部宛 川畑通訳官外 7 名乗船の都合取計の件」JACAR、Ref. C06060914600、明治 28 年 4 月–明治 28 年 5 月「発電綴（五）」（防衛省防衛研究所）。
③ 《美国署公使田夏礼函》，光绪二十年八月初六日，载"中研院"近代史研究所编《清季中日韩关系史料》卷 6，第 3557 页。

各国公布对华宣战。"① 川畑当然不会"尚不知中日业已失和"。总之，不是田夏礼和传教士有意蒙骗总署，就是他们受到蒙骗，转而蒙骗总署。总署最终相信田夏礼的"调查"，让川畑顺利回国。

天津地区情况类似。李德称在天津的日本人已全部回国，但天津撤使后，至少有 4 人是使领馆特意布留的。当小村一行抵达天津三汊口时，李德鉴于中国人对日本人颇抱"敌忾心"，专门致信小村，建议带上尚留居天津的日本人。② 为此，小村却提出让陆军省人员山田要和海军省人员堤虎吉继续滞留天津，以"保护"租界的安全；也就是说，经美国领事同意，日本方面以保护租界为由留下了两名军方人员。两人另带来两名间谍人员，石川伍一和被小村称为"钟崎某"的钟崎三郎，当时两人已"辫发清服"。山田要和堤虎吉为侦探陆海军军务方便起见，提出石川和钟崎继续滞留，获小村答应。对于这两名实际上的间谍人员，李德虽劝告此两人不可进入外国租界，但未表示异议。③ 而据荒川领事的撤离报告，当时潜伏天津的间谍人员，除上述 4 人外，至少还有一人，即青木乔。

使领馆撤离前夕，以使馆武官海军少佐井上敏夫为首，以石川伍一、堤虎吉、钟崎三郎等人为核心的天津地区情报人员之间谍活动，非常引人注目。石川曾奉井上之命前往小站侦察清军派往朝鲜的情况，报告极其翔实。④ 据传，"高升"号事件就与石川伍一等人的情报传递密切相关。如前所述，清兵在搜查荒川夫人随身行李时，竟然

① 《宗方小太郎日记》，1894 年 8 月 1 日，载戚其章主编《中日战争》第 6 册，第 113 页。
② "Read to Komura，August 4，1894"、「1. 在清帝国公使、領事館撤回ノ件／（2）在清帝国公使館撤回始末書」JACAR、Ref. B07090536300、日清戦役ノ際在清帝国公使館及領事館撤回並在留帝国臣民保護方米国政府二於テ担保一件（5-2-1-0-5）（外務省外交史料館）。
③ 「1. 在清帝国公使、領事館撤回ノ件／（2）在清帝国公使館撤回始末書」JACAR、Ref. B07090536300、日清戦役ノ際在清帝国公使館及領事館撤回並在留帝国臣民保護方米国政府二於テ担保一件（5-2-1-0-5）（外務省外交史料館）。
④ 「第 1 節　清国兵の朝鮮国に派遣始末（2）」JACAR、Ref. C08040560200、征清海戦史　第 15 編　本省及軍令部設計　第 58 章　牒報（防衛省防衛研究所）。

搜查到了堤虎吉致井上敏夫的军事密函。堤虎吉等人深感形势危急，石川伍一和钟崎三郎于8月6日小村一行刚刚抵达烟台时，试图"逃出天津，潜入内地"。① 石川于当月21日被中国官府捕获，9月20日在天津被枪毙。② 而天津的其余间谍人员则安然回到日本，继续参加战争。堤虎吉于8月17日石川伍一被捕前夕回到日本③，钟崎三郎则于9月19日抵达广岛④。

烟台虽只滞留宗方小太郎一名日本人，但他承担起了侦探北洋舰队母港威海卫的"重任"。宗方于甲午战争爆发前夕接奉海军军令部密令，从汉口赶赴烟台，与在烟台的使馆武官井上敏夫会面，他以烟台为根据地，侦察北洋舰队母港威海卫、旅顺口的军情。宗方于7月5日抵达烟台，当时"日中两国之危机愈益迫近，决裂在于旦夕"。宗方抵达烟台后，立即开展以威海卫北洋舰队为中心的情报侦察活动。他或亲自或派人多次前往威海卫军港，"冒万险"查点军港内军舰的数量及种类，以及从烟台进入威海卫的"要地"及其地理位置、与威海卫的距离、住户情况等。⑤ 使领馆撤离后，宗方"使用清人作探子"，组织了好几个中国人不仅继续探查威海卫港口内北洋舰队的动向，还将活动范围扩至旅顺、天津，并成功送出多份报告。宗方后因送出的两份密函落于清政府之手，行踪暴露，他于8月29日奉命

① 《宗方小太郎日记》，1894年8月6日，载戚其章主编《中日战争》第6册，第113~114页。

② 「荒川巳次領事ヨリ文部大臣西園寺公望宛」、明治28年12月3日、「石川伍一死体引取に関する報告」JACAR、Ref. C08040760900、明治27·8年　戦時書類　巻3　明治29年（防衛省防衛研究所）。

③ 「27年8月18日　海軍大尉瀧川具和帰朝御届の件」JACAR、Ref. C10125515300、明治27年　公文雑輯　巻7　図書　医務衛生　人事上（防衛省防衛研究所）。

④ 《宗方小太郎日记》，1894年9月20日，载戚其章主编《中日战争》第6册，第123页。

⑤ 《宗方小太郎日记》，1894年6月26~27日、7月5日、7~26日、31日，戚其章主编《中日战争》第6册，第108~113页。详参冯正宝『評伝　宗方小太郎——大陸郎人の歴史の役割』、東京、亜紀書房、1997、210-211頁。

离开烟台回到上海。① 可以说，北洋舰队全军覆没，与宗方探查的情报不无关系。宗方回到日本后，在广岛受到明治天皇的召见，召见时明治天皇特令他穿着在中国时的服装。1923 年 2 月，在宗方病危弥留之际，海军大臣加藤友三郎上奏日本天皇为宗方请求叙位，历叙其一生对于日本海军的"贡献"，其中"功绩尤著者"则是在"日清、日俄两大战役中的谍报功绩"；而甲午战争中首先被称道的就是他奉命潜伏烟台，"备尝苦心与辛酸，努力探知敌情""奉公冒险"的间谍行为，所获情报对于日本海军的作战提供了"很大的便利"。②

上海总领事大越成德在撤使报告中，并没有特别提到间谍人员的布留，但"局外中立"的上海，实际上可以说是战争期间日本间谍的大后方。

中日宣战前夕，日本参谋本部鉴于在中国的公使馆武官，以及在北京和天津间做秘密侦探的将校，将悉数回国，便于 7 月 17 日紧急召唤"热心中国内情调查"的根津一赴东京面授机宜，并派遣其前来中国侦探情报。根津一在来中国前，曾招募熟悉中文及中国风俗的人员，侦察山海关、鸭绿江以及营口一带中国军队"动静"。根津一到中国后，就以上海为大本营展开新一轮的谍报活动。③ 清政府破获的三大间谍案——"石川伍一案"、"藤岛-高见案"及"楠内-

① 《宗方小太郎日记》，1894 年 8 月 5～28 日，载戚其章主编《中日战争》第 6 册，第 115～120 页；「27 年 9 月 18 日　海军大尉黑井悌次郎帰朝御届ノ件」JACAR、Ref. C10125515700、明治27年　公文雑輯　卷7　図書　医務衛生　人事上（防衛省防衛研究所）。

② 「宗方小太郎特旨叙位ノ件」JACAR、Ref. A11113118300、叙位裁可書・大正十二年・叙位卷四（国立公文書館）。亦可参冯正宝『評伝　宗方小太郎——大陸浪人の歴史的役割』、213-214頁。

③ 「第 6 款　宣戦前後に於ける我陸海軍中央統帥部の開戦準備業務/第 32 項　情況視察員並秘密諜報者の差遣」JACAR、Ref. C13110361200、日清戦史講義摘要録　第 1 卷（防衛省防衛研究所）；「7 月 17 日　川上中将発　根津一宛」JACAR、Ref. C06060705800、明治27年自 7 月 1 日至 8 月 24 日「発電綴（二）」（防衛省防衛研究所）。

福原案"① 中，后两大案件的主人公，藤岛武彦就是应根津一招募并随行来到上海的②；楠内和福原也本拟奉根津之命，从上海出发前往天津等地探查军情，行前被捕③。根津一麾下人员不止以上数人。当时与福原和楠内同行的，还有一名叫景山长次郎的日本人，他也准备北上烟台、天津、牛庄一带刺探军情，后趁乱逃走。④ 而与楠内一起曾在上海居住过的，至少有吉原洋三郎、土井伊八、岩本嘉次郎、饭田正吉、白岩龙平、森川省三郎、角田隆次郎和青木乔等人。其中，白岩龙平于 9 月从上海回到日本大本营，曾申请由军方支付旅费。⑤ 拟在上海为楠内和福原转收情报的角田隆次郎及吉原洋三郎等，后来均安然回到日本。⑥ 另据楠内供称，有一名叫西村忠一的陆军中佐，曾试图从上海前往天津，所获情报由在上海的楠内转递。⑦ 可见，当时上海集结的间谍人员，其活动范围应覆盖到了日本大本营当时目标所指的东北及北京、天津、山东等北方广大地区。

上海庞大的外国势力与颇为成熟的日本人组织，为间谍人员提供

---

① 「目次」JACAR、Ref. B07090873600、日清戦役二際シ清国政府二於テ本邦人ヲ間諜ノ嫌疑ヲ以テ拿捕一件（5-2-7-0-1）（外務省外交史料館）。

② 「7.21 根津大尉 随行者藤島武彦履歴大略」JACAR、Ref. C06061663500、明治 27 年 6 月至 29 年 3 月「号外綴 人」（防衛省防衛研究所）。

③ 《福原林平口供》，光绪二十年八月二十九日，载"中研院"近代史研究所编《清季中日韩关系史料》卷 6，第 3843 页；「3. 上海仏居留地内旅宿二於テ岡山県人福原某、鹿児島県人楠内某ナル者間諜ノ嫌疑ヲ以テ捕縛セラレタリトノ件」JACAR、Ref. B07090873900、日清戦役二際シ清国政府二於テ本邦人ヲ間諜ノ嫌疑ヲ以テ拿捕一件（5-2-7-0-1）（外務省外交史料館）

④ 《楠内友次郎口供》，光绪二十年八月二十五日；《福原林平口供》，光绪二十年八月二十九日，载"中研院"近代史研究所编《清季中日韩关系史料》卷 6，第 3837、3840、3842~3844 页。

⑤ 「藤井大佐発 大生中佐宛 白岩竜平に旅費を支給すべきや」JACAR、Ref. C06060825800、明治 27 年 8 月-10 月「着電綴（四）」（防衛省防衛研究所）。

⑥ 「参日第 44 号第 1」JACAR、Ref. C07082019000、明治 27 年 9 月起　参謀本部大日記　参日（防衛省防衛研究所）。

⑦ 《楠内友次郎口供》，光绪二十年八月二十五日，载"中研院"近代史研究所编《清季中日韩关系史料》卷 6，第 3834~3835、3837~3839 页。

了相当大的保障。影响较大的"楠内－福原案"就发生在法租界内。法方将案犯首先转交给美国总领事馆而不是中方。福原和楠内一度躲在上海的美国总领事馆安然无恙，为此，美国政府不得不重新申明代为保护的权限，详参下文所论。上海正金银行则为福原等人的活动提供接受汇款等方便。① "藤岛－高见案"发生后，上海日本人协会积极出面与美国领事馆一起，试图给中方施加影响。一名上海寺庙的姓岩本（K. Iwamoto）的日本人，还直接致函美国驻宁波领事法勒（John Fowler）证明藤岛"无罪"，要求法勒尽力让藤岛获得释放。当法勒向岩本指出中方的质疑，即藤岛与其声称前往拜访的在普陀山的"友人"高见武夫相互并不认识等种种破绽时，这个神秘的岩本回称他数日内即将离开上海回国。② 显然，这个上海寺庙的日本人并不是一个普通日本人士。

可以说，分布在北京、天津、烟台和上海等地的日本间谍人员并非各自活动，而是互通声息、相互依托。当时天津与塘沽之间只有2个多小时的火车路程。在"石川伍一案"发生之前，宗方小太郎曾经塘沽前往天津与石川、堤虎吉、山田要等相会，并与堤虎吉和石川同访陆军步兵少佐神尾光臣，"有所商议"。在天津的钟崎三郎等也曾特意到烟台来看望宗方。其时，宗方在烟台的活动很大程度上依托上海。宗方的情报主要通过上海谍报网传送出去。宗方直接与居住在上海美国租界内的医生田锅安之助等联系，再由田锅等将宗方的情报转给同在上海、化名为东文三的海军大尉黑井悌次郎。此外，与宗方有联系的间谍人员，如津川三郎、成田炼之助等，

---

① 《福原林平口供》，光绪二十年八月二十九日，载"中研院"近代史研究所编《清季中日韩关系史料》卷6，第3844页。

② "Fower to Jernigan, September 19, 1894"、「2. 藤島武彦ナル者上海ヨリ帰朝ノ際鎮海二於テ捕縛セラレタリトノ件」JACAR、Ref. B07090873800、日清戦役二際シ清国政府二於テ本邦人ヲ間諜ノ嫌疑ヲ以テ拿捕一件（5-2-7-0-1）（外務省外交史料館）。

均于 9 月才离开上海回国。① 间谍人员彼此相当熟悉。如楠内友次郎熟知青木乔在天津"看守领事署"，因其在天津"甚险"，听说已回上海。楠内曾在上海与青木一起居住过。楠内对于宗方小太郎的行踪也非常了解，称其在烟台领事馆。② 福原林平与藤岛武彦、高见武夫均相识。③

天津、烟台和上海等地的日本间谍人员的活动，因三大间谍案发生而暴露，这促使美国政府重新申明代为保护的性质及权限。

8 月 14 日，身着中国服装的福原林平和楠内友次郎在上海法租界被捕后，法国领事公然将两人引渡给驻上海美国总领事。④ 上海道台向美国总领事提出引渡时遭到拒绝。据美国总领事审讯，福原和楠内是为经商而途经上海前往汉口的，但被捕时中国侦探发现其随身携带两张文字资料，详细记录了奉天兵营的将领姓名、士兵人数及锦州、辽阳兵营情况，另有一张暗码电报纸。⑤ 其实，他们和稍后在宁波被捕的藤岛武彦、高见武夫一样，均为陆军省雇员、大本营雇用的翻译

---

① 《宗方小太郎日记》，1894 年 7 月 27 日、31 日，8 月 4 日、6 日、10~11 日、17 日、19 日，9 月 6 日、8 日、11 日，载戚其章主编《中日战争》第 6 册，第 112~117、122~123 页；「27 年 9 月 18 日　海军大尉黑井悌次郎帰朝御届の件」JACAR、Ref. C10125515700、明治 27 年公文雑輯　卷 7　図書　医務衛生　人事上（防衛省防衛研究所）。

② 《楠内友次郎口供》，光绪二十年八月二十五日，载"中研院"近代史研究所编《清季中日韩关系史料》卷 6，第 3834~3835、3837~3839 页。

③ 《福原林平口供》，光绪二十年八月二十四日，载"中研院"近代史研究所编《清季中日韩关系史料》卷 6，第 3827、3829~3830 页。

④ 「大本营より 楠外 3 名清国に於て斬殺せられたる件」JACAR、Ref. C06022331400、明治 28 年 9 月「27 8 年戦役日記 乙」（防衛省防衛研究所）；「3. 上海仏居留地内旅宿ニ於テ岡山県人福原某、鹿児島県人楠内某ナル者間諜ノ嫌疑ヲ以テ捕縛セラレタリトノ件」JACAR、Ref. B07090873900、日清戦役二際シ清国政府ニ於テ本邦人ヲ間諜ノ嫌疑ヲ以テ拿捕一件（5-2-7-0-1）（外務省外交史料館）。

⑤ 《福原林平口供》，光绪二十年八月二十九日，载"中研院"近代史研究所编《清季中日韩关系史料》卷 6，第 3843 页；「3. 上海仏居留地内旅宿ニ於テ岡山県人福原某、鹿児島県人楠内某ナル者間諜ノ嫌疑ヲ以テ捕縛セラレタリトノ件」JACAR、Ref. B07090873900、日清戦役二際シ清国政府ニ於テ本邦人ヲ間諜ノ嫌疑ヲ以テ拿捕一件（5-2-7-0-1）（外務省外交史料館）。

官，日本官方后来称他们均在"侦察勤务中"被杀。① 对于这等有着重大嫌疑的人员，美国总领事不另做调查，只将两人留置在领事馆内给予"厚待"。上海道或以两江总督的名义，或以李鸿章名义频频要求引渡，均遭拒绝。上海美国总领事馆之所以敢于公然保护两名间谍嫌疑人员，屡次拒绝中方要求，实因有美国驻华代理公使田夏礼的支持。田夏礼曾向在东京的美国驻日公使谭恩报告称，自己"十分尽力"地"保护"此两人。这样，上海道台与美国总领事馆之间的交涉，遂升格为在北京的中央政府与美国代理公使之间的谈判，最终促使美国方面交出了这两名嫌疑人。②

美国上海总领事馆立场的变化，与这一时期美国政府对于"敏感状况"下代为保护的权限及性质加以重新确认直接相关。③

29 日，葛礼山就此向田夏礼发布新训令。训令重申美国当初接受日本委托时的两大条件：一是征得中国政府同意；二是美国同时保护中国在日华侨的利益，获得日本政府同意。训令就田夏礼所承担的保护职责进行说明，指出美国公使不能正式扮演另外一个国家外交代表的角色，田夏礼是一个中立国的代表，在保护其中一方国民利益中，立场需兼顾双方意愿，且所做的均与国际法相符合。训令进而就日本在华侨民的法律地位进行说明，指出在华日本侨民不能视同为美国公民，也不能给予他们治外法权的保护，不能假设他们遵循美国的法律

---

① 「本邦神社関係雑件/靖国神社関係 第一巻 5. 忠魂史編纂ニ関スル件」JACAR、Ref. B04012569700、本邦神社関係雑件/靖国神社関係 第一巻（I-2-2-0-2_1_001）（外務省外交史料館）；「大本営附通訳官陸軍省雇員藤島武彦他清国ニ於テ敵情偵察中死亡ノ件」JACAR、Ref. C10060745200、明治 28 年　編冊（防衛省防衛研究所）。

② 「3. 上海仏居留地内旅宿ニ於テ岡山県人福原某、鹿児島県人楠内某ナル者間諜ノ嫌疑ヲ以テ捕縛セラレタリトノ件」JACAR、Ref. B07090873900、日清戦役ニ際シ清国政府ニ於テ本邦人ヲ間諜ノ嫌疑ヲ以テ拿捕一件（5-2-7-0-1）（外務省外交史料館）。

③ "Greshan to Denby, August 29, 1894"、「3. 上海仏居留地内旅宿ニ於テ岡山県人福原某、鹿児島県人楠内某ナル者間諜ノ嫌疑ヲ以テ捕縛セラレタリトノ件」JACAR、Ref. B07090873900、日清戦役ニ際シ清国政府ニ於テ本邦人ヲ間諜ノ嫌疑ヲ以テ拿捕一件（5-2-7-0-1）（外務省外交史料館）。

或者遵从美国公使或领事的管辖，也不允许美国公使馆或领事馆成为犯罪者的避难所。在华日本侨民依然是他们君主的臣民，有责任遵从当地法律，即使另一个国家代为保护他们，也不能改变他们的这种地位。[1]

当天，葛礼山以书函形式将这一新的训令精神详细地转告日本驻美公使栗野慎一郎，并明确指出，美国驻上海总领事不应该接受那两名有嫌疑的日本人且收容他们。随信附有寄田夏礼命令的复印件。葛礼山同时也给美国驻日公使谭恩寄送了一份相同的训令。[2]

在栗野慎一郎看来，葛礼山的新训令主要声明两点：一是美国对于在华日本人的保护所持的原则与日本政府敕令，即 8 月 4 日发布的明治 27 年敕令第 137 号有关日本境内居住的中国人的旨意相符；二是美国对日本在华侨民的保护与对中国在日侨民的保护，遵循完全平等一致的原则，无厚薄亲疏之别。31 日，栗野将葛礼山来函报告陆奥宗光。[3]

日本政府的明治 27 年敕令第 137 号是完全针对战时在日中国人的新法规。法规第一条规定，在日中国人须服从日本法院管辖；第六条规定，中国臣民有危害日本国家利益者，或犯罪者，或扰乱秩序者，以及有以上嫌疑者，除依照各法令处分外，府县知事仍得将其驱逐到帝国版图之外；第七条规定，本条令适合于受雇于帝国官厅及臣民的中国人。[4] 也就是说，在日本的所有中国侨民须完全受日本法律

① "Gresham to Denby, August 29, 1894"、外務省編纂『日本外交文書』第 27 巻第 2 冊、449-452 頁。

② "Gresham to Kurino, August 29, 1894"、外務省編纂『日本外交文書』第 27 巻第 2 冊、443-444 頁。

③ 「米国駐劄栗野公使ヨリ陸奥外務大臣宛」、明治 27 年 8 月 31 日、外務省編纂『日本外交文書』第 27 巻第 2 冊、442-443 頁。

④ 「御署名原本・明治二十七年・勅令第百三十七号・帝国内居住ノ清国臣民ニ関スル件」JACAR、Ref. A03020182700、御署名原本・明治二十七年・勅令第百三十七号・帝国内居住ノ清国臣民ニ関スル件（国立公文書館）。

管辖。

9月3日，美国上海总领事馆将楠内友次郎和福原林平引渡给中国政府，从当天起，凡是侨居在上海的日本人均须受中国法律的管辖。①

对于美国方面的说明，日本政府当然不能有异议。7日，内务大臣井上馨、外务大臣陆奥宗光联合发布训令，承认在中日开战期间，两国人民虽然共同受美国领事保护，但其保护仅止于身体和财产免受非法凌辱和损失，并在侨民和侨居国政府之间起沟通桥梁作用，对于两国人民本无治外法权的审判权。侨居中国的日本国民的民刑案件须服从中国的审判。②

美国驻上海总领事是"遵从美国政府的训令"，应清政府官员的请求，才不得不将两名间谍嫌疑人员引渡给中国官衙的。对于楠内、福原等引渡给中国政府并最后被处斩，当时日本驻美国公使栗野慎一郎曾借助媒体的反应，建议向美国政府提请由美国公使及领事向中国"抗辩"。对此，陆奥宗光倒是看得很清楚。陆奥在回信中指出，在日本的中国人须服从日本法律，在中国的日本人同样须受中国法律管制，在法理上难以抗辩。③

与"楠内-福原案"同一时期发生是"石川伍一案"和"藤岛-高见案"，此两案中，美国驻华使领馆也均参与交涉，但最终还是按照上述美国政府的新训令精神实行。有关美国使领馆与"石川伍一

① 《宗方小太郎日记》，1894年9月3日，载戚其章主编《中日战争》第6册，第121~122页。
② 「日清両国各居留民保護ニ関スル井上内務陸奥外務大臣訓令」、明治27年9月7日、『日本外交文書』第27巻第2冊、444-445頁。
③ 「栗野慎一郎ヨリ陸奥宗光宛」、明治27年9月10日；「陸奥外務大臣ヨリ米国駐劄栗野公使宛」、明治27年10月5日、「3.上海仏居留地内旅宿ニ於テ岡山県人福原某、鹿児島県人楠内某ナル者間諜ノ嫌疑ヲ以テ捕縛セラレタリトノ件」JACAR、Ref. B07090873900、日清戦役二際シ清国政府二於テ本邦人ヲ間諜ノ嫌疑ヲ以テ拿捕一件（5-2-7-0-1）（外務省外交史料館）。

案”问题，学界研究较多，兹不赘述。“藤岛-高见案”发生时，美国驻上海总领事佑尼干起初颇为关切，先致函美国驻宁波领事法勒，令用电报详细汇报此事，后又令法勒致电北京代理公使田夏礼向其请示。8 月 27 日，法勒收到田夏礼的密电，告知葛礼山明确指示，美国领事不能保护日本犯罪嫌疑人。法勒可以为该嫌疑人得到公正审判提供帮助，但如遭中方拒绝，就不要干涉。① 美国的上述最新保护精神比较及时地影响了法勒。藤岛武彦和高见武夫后被送往杭州府斩首。②

随着在留的多名日本间谍被清政府逮捕，以及美国亮明新的保护立场，留居中国的日本人误以为美国政府已经中止保护，人心颇为动摇，开始陆续回国。③ 宗方小太郎于 9 月 8 日离开上海时，同船回国的日本人达 150 多人。开战前夕奉命前来上海指挥间谍活动的根津一，以及津川、田锅、藤城、成田，包括在上海接受宗方报告、化名为东文三的海军大尉黑井悌次郎，都是在这一当口回日本的。④ 只是，宗方等间谍人员对于日本推进甲午侵略战争已提供相当充分的情报支持。这些间谍人员回国后，还继续为战争推波助澜。如宗方随后参与日本于次年 3 月侵占澎湖岛、台湾岛之战，并于 12 月受大本营派遣再度来到中国刺探情报，一直为日本军方服务长达 30 余年。⑤ 从天津

---

① “Fower to Jernigan, September 19, 1894”、「2. 藤島武彦ナル者上海ヨリ帰朝ノ際鎮海ニ於テ捕縛セラレタリトノ件」JACAR、Ref. B07090873800、日清戦役二際シ清国政府二於テ本邦人ヲ間諜ノ嫌疑ヲ以テ拿捕一件（5-2-7-0-1）（外務省外交史料館）。

② 「大本営より 楠外 3 名清国に於て斬殺せられたる件」JACAR、Ref. C06022331400、明治 28 年 9 月「27 8 年戦役日記 乙」（防衛省防衛研究所）。

③ 「日清両国各居留民保護ニ関スル井上内務陸奥外務大臣訓令」、明治 27 年 8 月 31 日、外務省編纂『日本外交文書』第 27 巻第 2 冊、445 頁。

④ 《宗方小太郎日记》，1894 年 9 月 6~8 日、11 日，载戚其章主编《中日战争》第 6 冊，第 122~123 页；「27 年 9 月 18 日 海軍大尉黒井悌次郎帰朝御届の件」JACAR、Ref. C10125515700、明治 27 年 公文雑輯 巻 7 図書 医務衛生 人事上（防衛省防衛研究所）。

⑤ 「宗方小太郎特旨叙位ノ件」JACAR、Ref. A11113118300、叙位裁可書・大正十二年・叙位巻四（国立公文書館）。

逃脱回到日本的钟崎三郎，在日军攻占辽东半岛时先行承担收集军事情报的任务。堤虎吉则在日本侵占台湾之初，以台湾总督府参谋海军少佐的身份，参加监察出入淡水港的中国船只是否运送武器弹药等警备工作。①

综上可知，甲午战争爆发后，日本方面的撤使实质上是其备战的一个重要环节，情报人员的布留及其活动尤其值得注意。撤使即意味着两国进入战争状态。从日本秘密托付美国代为保护在华利益、启动撤使工作来看，约在 6 月 29 日，即日本驻朝公使大鸟圭介逼迫朝鲜外署回复朝鲜是否中国属国的截止日，日本阁议正式启动战争准备工作。以秘密委托美国护侨为标志，日本政府早在战争爆发前约一个月已着手准备撤使，但正式下达撤使命令却是在中国驻日使馆送出撤使照会，乃至中国政府下达"驱逐"令之后，且还只准备撤离长江以北各大使领馆，试图以改挂美国国旗为掩护，保留上海总领馆及所辖长江以南广大地区的日本侨民。最终促使日本方面全面撤使的一个重要原因，是代为保护国美国对于被激发起来的中国民愤的恐惧，他们知道，这种民愤连清政府都难以指望平息。战争爆发后，尽管清政府要求日本在华使领馆及相关人员全部撤离，但这一旨意其实只在长江以北的京津地区名义上得到执行。以上海为中心的长江流域及东南沿海，以及中国重要的军政要地，仍然布留了不少情报人员。这些人员的活动有效地协助了日军作战。在日本撤使过程中，美、英、法等各国驻华使领馆对日的态度虽然亲疏有别，美国政府还试图体现中立的立场，但总体上积极主动给予协助，尤其美国驻华使领。由此可见，至少到甲午开战前夕，日本已相当深入地融入西方在华势力并被接受。此外，各国在北京、天津、上海、武汉等地的租界，乃至个别美国教堂，还成为日本在华从事战争情报活动的庇护所和据点。由于清

---

① 「第 13 章　港湾警備　第 1 節　淡水警備」JACAR、Ref. C08040581300、附記　台湾匪賊征討（防衛省防衛研究所）。

政府连续侦破三大间谍案，这促使美国政府重新界定代为保护的权限及性质，包括宗方小太郎在内的不少日本间谍人员因此纷纷回国，但他们所获情报已足以影响中日甲午战争的进程，这些人员回国后继续为战争推波助澜。中国虽然承受被侵略的沉重代价，但在日本撤使过程中本着国际法原则主动郑重给予保护，使日本使领人员及普通民众都能安然离开中国。天津撤使过程中发生的"重庆"号事件，从起因、交涉过程、提出理由等来看，中国方面的处置也是有理有据的。

第五节　开战的国际舆论宣传

日本用"巧妙"的外交手腕，终于挑起中日甲午战争，连撤使这样的国际通例，日本都利用来作为备战的一个环节。可以说，日本对于这场战争是精心策划、蓄谋已久的。尽管如此，日本政府却不愿意国际社会认为其是战争的制造者，更不愿意承认战争的侵略性质。为此，日本于挑起"高升"号事件即实际发动战争后第一时间，向国际社会宣传其发动战争的合法性。典型的就是日本利用两名英国著名国际法学者——剑桥大学国际法教授韦斯特莱克（John Westlake，1828-1913）和牛津大学国际法与外交学教授胡兰德（Thomas E. Holland，1835-1926）在《泰晤士报》（The Times）上发文，为"高升"号事件的肇事者日本"浪速"舰之行为辩护，试图回避战争责任，改变战争性质，进而赢得国际社会的同情与支持。

长期以来，国外学界认为两名国际法学者的发文及影响，是日本甲午战争爆发之初利用国际法维护自身利益的成功典范，对此一直非常肯定，我国学界也不例外。[①] 在日本未刊档案中，还有一份1902年（明治35年）11月日本政府对两名英国学者的授勋文件，表彰的功

---

① 代表性的观点是"起到了舆论导向的作用"，甚至认为"西方的舆论一变而完全倒向了日本方面，开始为日本的侵略行径辩护"。参见戚其章《走近甲午》，第122页。

绩涉及他们在甲午战争之初的这一作为。① 两名学者究竟发表了什么"高见"？他们的辩护基于什么事实前提？这些事实前提是否与真相相符？他们的发声实际影响如何？日本政府为何时隔近 10 年才褒奖他们？褒奖是否只为他们在"高升"号事件中的贡献？他们的辩护为何至今备受学界的肯定？这种肯定是如何被一步一步经典化的？凡此种种，学界均尚未给予充分关注。② 为此，需依据英、日、中文未刊和已刊档案，并结合相关文献，对两名英国国际法学者为日本"浪速"舰行为辩护之内情，以及对其影响的评价被经典化来龙去脉做一较深入考察，以解明其中的盲点、歧义点。

（一）韦斯特莱克率先发声

1894 年 7 月 25 日，未经宣战，日本军舰"浪速"舰在朝鲜丰岛海面突然击沉英国商船"高升"号，是为"高升"号事件。消息传到伦敦，英国上下极其愤慨，舆论一致声讨日本的行为。8 月 2 日，在巨大的舆论声讨声中，韦斯特莱克致信《泰晤士报》，试图利用国

---

① 「大不列顛国皇帝陛下宮中法律顧問ケムブリッヂ大学教授法学博士ジェー、ウエストレーキ以下二名叙勲ノ件」JACAR、Ref. A10112552000、叙勲裁可書・明治三十五年・叙勲卷六・外国人二止（国立公文書館）。

② 目前，关于两名英国学者在"高升"号事件中为日本"浪速"舰行为辩护的专题论著还没有看到。不过一般的"高升"号事件研究，根据论题需要，都会不同程度地择要介绍。共同的特点是，对两人的影响评价均颇高。但中外学界引用两名学者的文章，以及对发文时间和文章标题，都不同程度地存在误解。其实，两篇文章均发表在《泰晤士报》"致《泰晤士报》编辑"（To the Editor of the Times）栏中，标题均作"'高升'号之沉没"（"The Sinking of the Kowshing"）。目前的研究，有将胡兰德的发文时间误作 8 月 6 日的，更有误将栏目名称"To the Editor of the Times"当作胡兰德或者两人的文章标题的。这可能与《泰晤士报》原文不易找得，只能辗转参考日本学者高桥作卫（Sakuyé Takahashi）的相关著作有关。高桥在他的两本"高升"号事件的著作中，先后收录两名学者文章的英文和日译文全文。由于收录时对刊发时间和标题没有录全，后来者误将原文落款的去信时间当作了发文时间，将栏目名误作文章标题。此外，相关中文译文也有斟酌的余地。详参 Sakuyé Takahashi, *Cases on International Law during the Chino-Japanese War*, Cambridge: University Press, 1899, pp. 37-42；高橋作衞『英船高陞号之擊沈』、東京、清水書店、1903、68-79 頁；戚其章《走近甲午》，第 121~122、147~148 页；Howland, Douglas, "The Sinking of the S. S. Kowshing: International Law, Diplomacy, and the Sino-Japanese War," *Modern Asian Studies*, Vol. 42, No. 4 (July, 2008), pp. 684-685。

际法为"浪速"舰行为辩护。次日,《泰晤士报》的读者来信栏目刊发了韦斯特莱克之来信。这就是"高升"号事件期间,英国著名国际法学者发文为日本辩护之始。

日本驻英国公使青木周藏第一时间关注到韦斯特莱克的发文。8月4日,即韦斯特莱克发文次日,青木在致外务大臣陆奥宗光的电报中提到,"英国权威人士"韦斯特莱克"根据国际法""公开"为"浪速"舰行为辩护。青木的这份电报,旨在汇报他奉命贿赂国外媒体进行舆论宣传的成效和进展,希望日本政府继续追加资金。他之所以专门提到韦斯特莱克的发文,是想将之作为《泰晤士报》对日报道"改变腔调"的一个例证。① 由此可见,当时日本很重视利用有影响的国际媒体与学者为其发声。的确,当时英国政府在论证事件责任时,也是第一时间与英国皇家法官交换意见。可以说,韦斯特莱克的举动,实是日本政府舆论宣传的一个重要组成部分,有着深厚的日本官方背景。

韦斯特莱克写信给《泰晤士报》时,重要证人"高升"号船长仍被秘密羁押在日本海军基地,英国政府主持的第一次海事法庭审判更尚未开庭,"高升"号事件的真相远不为常人知晓。如韦斯特莱克所说,当时"浪速"舰的责任问题尚未定论。他致信的目的,是想通过指出事件中明朗或不明朗的问题,做一些"可能有用"的引导。也许是鉴于群情激愤之现状,韦斯特莱克的发文措辞颇为婉转。②

韦斯特莱克开门见山地亮出基本立场:日本巡洋舰"浪速"舰击沉悬挂英国国旗的中国运输船"高升"号,这一行为目前还远未定论。作者直接称呼"高升"号是"悬挂英国国旗的中国运输船"。结

---

① 「英国駐劄青木公使ヨリ陸奥外務大臣宛(電報)」、1894 年 8 月 4 日、外務省編纂『日本外交文書』第 27 卷第 2 册、358 頁。

② John Westlake, "The Sinking of the Kowshing," *The Times* (August 3, 1894), p. 10.

合下文可知，韦斯特莱克很清楚"高升"号的"所有权属于英国人"，而不是中国人。但他显然很喜欢这种提法，以后反复使用，声称目的是提醒读者"高升"号是在为中国服务。[①] 这一提法也引发中外学者的强烈反应。[②] 韦斯特莱克如此描述并非独自发明。早在 7 月 28 日，即事件爆发后的第三天，青木周藏就"高升"号事件非正式通知英国政府时就说，日本的一支舰队在丰岛海面因受挑衅，被迫与护卫运输船的中国军舰开战，一艘运送军队的中国运输船被击沉。[③] 韦斯特莱克和青木周藏的提法如出一辙。

韦斯特莱克分五点来展开他的观点。

第一，"高升"号是否有权得到英国国旗和英国船籍的保护。韦斯特莱克承认"高升"号是英国船只，有正当权利悬挂英国国旗。但他继而指出，"高升"号当时正在为中国服务，而且还有可能发现，这一服务具有开战性质。如果这样，他认为，该船只就无权获得英国旗帜和英国船籍的任何保护。[④] "高升"号服务中国的目的是否协助作战，对此韦斯特莱克的表述用的是推测的语气，但他显然将这种推测当作了事实，且成为以下各大观点展开的最基本的前提。然而，这种推测与史实完全相背离。英国商船从事各类运输服务，帮助中国运输士兵完全是正常行为。中国此前就曾租借英国运输船运送士兵安全抵达朝鲜，并将这一消息第一时间知照英国政府。[⑤] "高升"号所接受的运输业务，跟此前中国租用其他英国船只情形完全相同。而且，

---

① John Westlake, "The Case of the Kowshing," *The Times* (September 13, 1894), p. 9.

② John Westlake, "The Case of the Kowshing," *The Times* (September 13, 1894), p. 9 ; 戚其章：《走近甲午》，第 121 页。

③ "The Law Officers of the Crown to the Earl of Kimberley, Received August 2, 1894, " Ian H. Nish, ed., *British Documents on Foreign Affairs: Reports and Papers from the Foreign Office Confidential Print*, Vol. 4 (Frederick, Md. : University Publications of America, 1989), p. 95.

④ John Westlake, "The Sinking of the Kowshing," *The Times* (August 3, 1894), p. 10.

⑤ "The Law Officers of the Crown to the Earl of Kimberley, Received August 2, 1894," in *BDFA*, Vol. 4, p. 95.

它与中国产生租借行为时，完全处于和平时期。这个连韦斯特莱克本人后来都承认，和平时期中立国的公民有权从事一切合法的事情。①中国雇用"高升"号运送士兵去朝鲜，目的也绝非如韦斯特莱克所说，是与日本开战。当时，无论中国与日本之间，还是日本与朝鲜之间，均未发生任何战争。中国运送士兵前往朝鲜，是应朝鲜国王之请依据中日《天津条约》前往的，目的是协助镇压朝鲜国内的叛乱。中国派兵朝鲜的同时，日本也在依据中日《天津条约》不断派兵朝鲜。双方还按照条约互相知照。中国租用"高升"号运输士兵前往朝鲜的条约依据及目的，正是当时英国皇家法官受英国外交部委托，审判事件责任的重要事实背景。

第二，战争是否需要事先宣战与"高升"号的地位问题。韦斯特莱克明确承认，日军遇见"高升"号时还没有宣战。对于宣战与战争开始问题，韦斯特莱克辩称，历史上的确曾存在"不宣而战"的先例，他称这是"一个坏习惯"。他接着指出，到19世纪后半期，也就是"高升"号事件发生的最近几十年间，越来越多的情形是先宣后战。他称这是"更好的事例"。但是，具体到"高升"号事件，在"坏"与"更好"之间，他却无意选择"更好"，而选择了"坏习惯"。

问题还在于，"高升"号是一艘中立国英国的船只，这一点韦斯特莱克自然不能否认。那么，作为中立国船只的"高升"号，日本在中立国朝鲜海面将其击沉，又有什么理由？韦斯特莱克的理论是，中立国在可能承担战争强加给他们的特殊责任之前，有权获得开战知情权，但"高升"号的行为已打破中立国立场：它当时正在为中国运输战争禁运品——中国士兵，目的是开战。这样，又回到了第一点事实的前提，即中国雇用"高升"号运兵前往朝鲜的目的问题。韦斯特莱

---

① John Westlake, "The Case of the Kowshing," *The Times* (August 29, 1894), p. 9.

克既擅自认定"高升"号运载的士兵是为与日本开战，已完全失去中立国权利，而战争又可以不宣而战，至此，他虽然没有公然宣称"浪速"舰击沉"高升"号合情合理，但言外之意已经相当明了。如此推论，比讨论开战是否需要正式宣战扯得更远。中国运兵朝鲜的目的，作为并不深谙外交机密的国际法学者，或许不会很明了，对于不清楚的内情，他本人也只敢不断地用"可能"这类推测之词。尽管如此，实际论证中，他是将揣测之事作为确凿的事实前提借以推进论述的，这就有失公论，走向歧路了。

而在宣战问题上，韦斯特莱克也有国际法为我所用的倾向。明明是模棱两可的存在，作为国际法的权威人士，他不是推动国际法向正义方向发展，而是利用其中的含糊词条为我所用。1904 年，"高升"号事件了结后的次年，国际法学会建议，战争需要正式宣战应成为法定义务。1907 年，海牙和平会议签署了这一公约。① 韦斯特莱克宁愿国际法倒退，也不愿做积极公正之阐述，不能不说与他受日本政府立场影响有关。

第三，进一步讨论如何认定"高升"号已属交战国，而不再属中立国。对此，他只进行纯理论性的讨论。他认为，日本想证明"高升"号已不属于中立国所有，就必须用两种方式来证明：一种是中日之间战争已实际开始；一种是"高升"号已成为中国舰队的一部分，参与到日本并不许可的服务当中。满足前一个条件应是，中日已在朝鲜开战，或者朝鲜已和日本开战，而朝鲜得到中国的支持。满足后一个条件则应是，运载大量援兵进入朝鲜，目的是将日本从他们有权驻扎的地方赶走。② 这里他虽然没有明说，但言外之意是，"高升"号

---

① Institute of International Law, *Resolutions of the Institute of International Law Dealing with the Law of Nations* (N. Y.: Oxford University Press, 1916), p. 163; James B. Scott, ed., *The Hague Conventions and Declarations of 1899 and 1907* (N. Y.: Oxford University Press, 1918), pp. 96-99.

② John Westlake, "The Sinking of the Kowshing," *The Times* (August 3, 1894), p. 10.

运输中国士兵的目的，就是驱赶驻扎朝鲜的日军。这样婉转的论述与他对事实了解甚少、对真相掌握无大把握，有很大关系。不过到后来再发文时，他就毫不犹豫地点破这层意思了。

第四，讨论日本是否有权将"高升"号作为交战国船只对待。他提出了"高升"号不被击沉的其他几种可能的情况：俘获，追捕船阻止船上的军队登陆朝鲜，所运载军队已在朝鲜半岛某地登陆。韦斯特莱克询问，这样做会不会造成轻微的军事损失？对此，他以缺乏相关事实信息为由，拒绝给出答案。但他设问的目的是将论述引向对一个新的理论的探讨。他指出，如果答案对日本不利，就可以引入一个战争原则，即交战双方，不得造成与它借以获得的军事利益完全不相称的痛苦。一旦违反这一原则，它就有权采取反击措施，或在和平时期要求赔偿，如果它有能力的话。这里完全是纯理论的说明，与事件本身未有任何联系，但仍然可以领会他的言外之意，也就是说，日舰如果不击沉"高升"号，那么船上士兵成功上岸后可能会对日本造成一定的军事损失。为此，日本权衡利益与痛苦，有权进行反击。

第五，也是最后一点，作者才直接涉及"高升"号事件。内中提到一个事件细节，"高升"号上的中国士兵不允许"高升"号投降。对此，韦斯特莱克虽然表示，不能坚持认为不让投降是让日本完全有权利摧毁它，但他认为摧毁"高升"号，"确实是军事上的必要"。文章最后斩钉截铁地说，承担指挥和运送中国人职责的欧洲人，必须与中国人共存亡。[①] 韦斯特莱克的论述已经从国际法领域延伸到了军事领域。

可以发现，韦斯特莱克对于事件真相，除"高升"号服务于中国这一点上态度肯定之外，其余不是推测就是假设。他论证所涉及的另外两个所谓事实，一是"高升"号运送中国士兵之目的是协助中国与

---

① John Westlake, "The Sinking of the Kowshing," *The Times* (August 3, 1894), p. 10.

日本开战，二是日本击沉"高升"号时，中日两国之间的战争已可以算开始。随着当事人"高升"号船长的获释，很快可以证明这两大所谓的事实其实与真相并不符。

"高升"号被击沉处为丰岛附近海域，属于朝鲜领海，中国士兵前往之地也是朝鲜。在中立国领海贸然开战是否合法，这好像不是韦斯特莱克想要追究的。文中最后提到，"高升"号上的中国士兵拒绝投降，这使日本有必要采用军事手段击沉"高升"号。这里没有提出任何国际法依据。

韦斯特莱克发文时，事件真相不为常人所熟知，他论证所需的事实前提却与日本政府的口径高度一致，还自信满满。可以推定，这些事实前提应该来自日本的示意。当时，日本对事件可能导致的后果惊慌不定，正争取时间准备外交交涉素材，还没敢与英国外交部展开全面的交涉。韦斯特莱克的发声，颇有为其预先造势之意。

不过，韦斯特莱克的发文，完全没有起到预期的效果。青木致陆奥的电报虽然提到韦斯特莱克的发文，但没有说起发文对主流舆论究竟起了什么作用。实际是，韦斯特莱克发文之前，英国主流媒体多指责日本的行径是"海盗行为""不宣而战""侮辱英国国旗"，要求对日军指挥官做出"罪有应得的惩罚"。韦斯特莱克发文之后，"这些言语之花继续绽放"。① 这正是需要第二名国际法学者胡兰德跟进，继续致信《泰晤士报》的直接原因。

（二）胡兰德跟进辩护

相较于韦斯特莱克，陆奥宗光似乎更推崇胡兰德的观点。他在《蹇蹇录》中设有专节"胡兰德、韦斯特莱克两博士的意见"对之加以叙述，他将胡兰德的名字排在韦斯特莱克之前。文中，他有选择地整段引用胡兰德的观点，而没有引用韦斯特莱克的。胡兰德发文内容

---

① Thomas E. Holland, "The Sinking of the Kowshing," *The Times*（August 7, 1894）, p. 3.

究竟有什么过人之处，能令这个甲午战争挑起者刮目相看呢？

胡兰德发文有两个原因。第一，韦斯特莱克的发文对英国主流舆论未能产生影响，他要声援韦斯特莱克。第二，韦斯特莱克发文几天后，又传来新的消息，包括"高升"号船长获救并得到释放，这在胡兰德看来，正是为日本进行辩护的大好时机。为此，他的去信分两大部分。第一大部分像韦斯特莱克那样，努力证明当时战争已经存在，"高升"号已失去中立国船只身份；第二大部分是对最新的事件细节的评论。

文章开篇称，韦斯特莱克教授信件中有关"高升"号之沉没的论说，言辞"冷静而真实"，主流媒体对日本的指责是"无知"的。这样强硬的口吻，正是日本政府所需要的。接着他指出，如果检查"高升"号并最终将其击沉发生在和平时期，或者虽已是战争时期，但"高升"号还没有注意到战争已经爆发，那么这就是一起严重的暴行。他认为"事实并非如此"。胡兰德首先试图辩解的就是这两个问题：一是日本海军登船检查"高升"号，并将其击沉时，战争是否已经存在？二是"高升"号是否知道战争已经爆发？

胡兰德断言，当时战争状态已经存在。不像韦斯特莱克还考虑到立论的全面性，"更好"的与"坏"的一起说，胡兰德的立论就相当武断了。他认为，战争可以通过对一方的敌对行为宣告开始，这是合法的，不需要预先宣布，并声称"这是老生常谈"。依据则是他所了解的国际法先例。在此前提之下，他认为"浪速"舰遇见"高升"号时，无论此前大陆上的中日双方是否已经发生敌对行动，日本海军指挥官登上"高升"号，并威胁如不服从命令就采用暴力行动，这些就是战争行为。①

在此前提之下，他的第二个主张是，至少从"高升"号接到日海

---

① 以上参见 Thomas E. Holland, "The Sinking of the Kowshing," *The Times*（August 7, 1894），p. 3。

军指挥官命令的那一刻起，它就已经知道战争的存在。"高升"号究竟知不知道战争存在，当然需要听一听当事人"高升"号船长的意见。从船长的证词中可以看到，"高升"号与"浪速"舰相遇时，四周空无一船，只有"高升"号单独面对"浪速"舰。"高升"号船长也没有接到任何关于战争已经开始的通知。

但胡兰德基于以上两个前提断言，在第一枚鱼雷发射之前，"高升"号就知道它是参与交战国运输的中立国船只，已丧失中立国船只权利。于是他进而提出了"高升"号作为非中立国船只的双重义务，这也是《蹇蹇录》中特别摘录的部分。第一，"高升"号应该停止航行，接受检查，并开到日本"捕获检查所"接受审检。但当时日本海军军官不能进入"高升"号船内，日舰为使"高升"号服从命令，使用必要的强制手段，不能说是处置失当。第二，"高升"号为中国军队输送援兵，表明已在从事敌对行为之一或采取了敌对行动，因此日舰有权使用必要的武力防止它达到目的。总之，他认为日舰有权使用一切必要武力，迫使其服从命令，或阻止其到达目的地。也就是说，"浪速"舰的行为"合法"。这里，又回到韦斯特莱克提出的问题，"高升"号运送中国士兵前往朝鲜的目的是否对日开战。对目的的不同解释，直接导致了对行为性质的不同解读。

认定"高升"号是一艘为交战国服务的中立国船只，这一论断跟韦斯特莱克的完全一致。胡兰德的论述与韦斯特莱克的区别在于，韦斯特莱克如此认定的理由是，"高升"号运输中国士兵去朝鲜的目的是与日本开战，所以它不再是一艘中立国船只。胡兰德的认定则更具喜剧色彩，他设定了一个时间点，即"浪速"舰发射第一枚鱼雷之时。

且不论胡兰德的不宣而战论是否经得起彻底的推敲，中立国船只即使丧失中立国地位，它就必须被毫不留情地瞬间击沉吗？显然不是。即使在国际法上，也有比击沉更人道的处置方式。① 对此，胡兰德保持沉默。而更值得关注的是，他的论述与韦斯特莱克一样也遭遇尴尬，那就是借以展开的事件前提失真。

信件开头提到"今天上午的电报"，按照胡兰德去信时间推算，应该是 8 月 6 日上午的电报。这些电报的具体内容不得而知。联系下文可以看到，胡兰德所获最新消息中，最要紧的应该是获救的船长等人被日方释放。电报内容一般比较言简意赅，有关事件详细复杂的过程及细节，如果不是有公开的资料，作为学者的胡兰德应该无从获悉。的确，他对事件事实的论断，与当事者"高升"号船长的描述出入很大。

胡兰德不否认在"浪速"舰遇到"高升"号时，大陆上的中日双方均未发生任何战争。他将战争的爆发点设定在日本海军指挥官登上"高升"号，对"高升"号可能发出的抗拒行为威胁将以暴力相待时。但是，首先，登上"高升"号的不是日本海军指挥官，而是普通海军军官。早在日本海军军官登船之前，"浪速"舰已经发出指令要求"高升"号就地抛锚，"高升"号当即照办。日本海军军官登船不是一次，而是至少两次。第一次是日海军主动派小船过来，目的是检视船只文件，随后提出让"高升"号跟"浪速"舰走，对此船长没有表示任何抗拒。第二次是船长主动要求日海军派船过来，希望进一步沟通，并告知船上人员希望折回出发地中国，因为船只出发时中日尚未开战。对此，登船的日海军军官未做任何表示。此后，船长再一次要求日海军派小船过来交流，但遭到拒绝。也就是说，"高升"号鉴于"浪速"舰是一艘全副武装的战舰，对于其要求其实是尽力配合而非抗拒。日本海军军官事先并没有暗示如果"高升"号抗拒，就采取暴力行动。如果如胡兰德一再强调的，在"高升"号接到"浪

---

① Douglas Howland, "The Sinking of the S. S. Kowshing: International Law, Diplomacy, and the Sino-Japanese War," *Modern Asian Studies*, Vol. 42, No. 4 (July, 2008), p. 686.

速"舰命令的那一刻起，战争就已经开始，且船长本人也已知晓，那么，"浪速"舰派来的军官怎么可能安全地一次又一次乘坐小船往返？船上可是有上千名愤怒的中国士兵。可以说，"浪速"舰是在"高升"号寻求和平解决途径，没有给予任何暗示的情况下，突然猛烈开火，瞬间将"高升"号击沉的。对此，船上人员完全来不及反应，便全员沉没于大海之中。顺便指出，船长不是被日舰有计划地拯救并获释的，而是被当作囚犯羁押在日本海军基地多日，后经英国方面反复交涉，才最终获释的。[①] 肇事者"浪速"舰舰长东乡平八郎最原始的报告，可以进一步印证。原始报告称，"浪速"舰之所以拒绝船长的第二次派船要求，是因为担心应答耗费时间，会等来对方的救援，于是立即发射鱼雷，瞬间击沉整船。至于船长获救原委，原始报告也直言不讳。"高升"号被击沉后，"浪速"舰"为了打击清兵，而派出两条小艇"，船长等 3 名外籍船员是顺便被救的。船长被救后，曾希望"浪速"舰舰长再派小船寻救其余外籍船员，遭到拒绝。最后幸存的外籍船员，也就只有这 3 人。[②] 国际法规定，无论是否交战，不仅打击溺水者就连不予救助溺水者都是不符合国际公约精神的。"浪速"舰舰长的这些陈述，显然对日方非常不利，所以，日方后来公布的"浪速"舰舰长报告，都是经过整理、修改的改编本。[③]

然而，在胡兰德笔下，"浪速"舰貌似从头到尾都非常了解国际法的要求，在国际法许可范围内行事。当时，不要说在"浪速"舰

---

① "Declaration by Captain Galsworthy, August 4, 1894," *British Documents on Foreign Affairs: Reports and Papers from the Foreign Office Confidential Print*, Vol. 4, pp. 259-260.

② 「（22）高陞号の始末及論評　汽船益生号の件（1）」JACAR、Ref. C08040534600、明治 27 年　戦史編纂準備書類　第 22　高陞号の始末及論評汽船益生号の件（防衛省防衛研究所）;「第 2 節　高陞号の撃沈」JACAR、Ref. C08040545700、征清海戦史　国際事件篇　諸局外中立国之行為　第 1 部（防衛省防衛研究所）。

③ 「13 号　征清海戦史稿本　巻 5（2）」JACAR、Ref. C08040512100、明治 27・8 年征清海戦史　1（防衛省防衛研究所）。

中，就是在整个日本海军系统中，对国际法知之者也甚少。为此，"高升"号事件之后，陷于巨大舆论压力之中的日本军方，开始为日本舰队旗舰乘组人员配备法律顾问，向学界招募国际法专家。①

胡兰德致信的后部分，也就是文章的第二大部分，对最新出现的事实发表意见。所涉及的新事实有两件：一是有"高升"号船长等人获救并被释放；二是日本人违反文明战争做法，向落水的中国士兵开火。在胡兰德看来，获救的船长等人"依据适当之处理"得到释放，正可表明中立国权利没有受到侵犯。他进而宣称，英国政府既无要求日本政府道歉的理由，"高升"号船主及因此次事件而丧生的欧洲人的亲属也无权要求赔偿。也就是说，全部责任需由"高升"号本身承担。船长等人哪里是"依据适当之处理"获释的，看船长本人的描述最为清楚，何况还有数十名欧洲死难者。

后一事实显然对日本不利。胡兰德一边辩解，一边采取回避方式。他声称，《日内瓦公约》与这个问题无关。他之所以此前不提这个问题，不只是因为这一事实是否存在，目前证据尚不充分。即使这一事实存在，也只会影响交战国的权利，而不会影响中立国的权利，而他的这封致信只涉及中立国权利，所以，对这个问题的观察，他拟留待其他人从人道的、文明的角度来检视。就这样，文章留下一个未完的话题，戛然而止。②

陆奥宗光的《蹇蹇录》曾大量引用胡兰德文章的观点，但只字不引这后一部分。陆奥引文从中间开始，为此，他在引文开始处标示"（前略）"两字，但引文结束时，虽不到文章结尾处，却不再加"后略"提示。读者由此很可能以为，胡兰德原文就是以无权要求赔偿句结束。③

---

① 高桥作卫『英船高升号之击沈・叙文』、6-7 页。

② Thomas E. Holland, " The Sinking of the Kowshing," *The Times* (August 7, 1894), p. 3.

③ 〔日〕陆奥宗光：《蹇蹇录》，伊舍石译，第 74~75 页。

英国政府当然不会让"高升"号承担损失之责。在两名学者前后发文之时，英国政府协同"高升"号所属公司印度支那轮船公司，正就"高升"号遇难者及船员家属之索赔事项紧锣密鼓地开展外交交涉。这些外交交涉，作为局外人的胡兰德可能不得其详。不过他至少应该了解，在他的文章刊发后不久，8月10日英国政府召开国会质询会，英国外交部将皇家法官建议向日本索赔的决定做了通报。[①]

对于两名学者发文对舆论界的影响，《蹇蹇录》倒不做文饰。内中提到，两名学者发表与当时主流舆论完全不同的评论之后，在英国有媒体刊文对两人进行"人身攻击"，称他们是"卑怯的法学博士""不爱惜自己的荣誉、不顾耻辱和轻蔑的不守本分的法学家"等。[②]他们的言论并没有扭转英国上下的反日舆情。

（三）英国皇家法官的主张与韦斯特莱克的后续回应

早在8月3日，也就是韦斯特莱克在《泰晤士报》上发文当天，英国外交部就根据英国皇家法官的建议，决定正式向日本索赔英国人的生命和财产损失。[③]那么，同样熟稔国际法的英国皇家法官，是如何从国际法角度推导事件责任的？与这两名学者变换各种角度、添加各种假设进行理论辩论不同，皇家法官的论证，通篇都是列举与事件相关的各种背景和事实，由此得出的结论也言简意赅。

皇家法官论证中涉及的事件信息，主要由英国外交部提供。这种

---

① "Question Asked in the House of Commons, August 10, 1894," Ian H. Nish, ed., *British Documents on Foreign Affairs: Reports and Papers from the Foreign Office Confidential Print*, Vol. 4, p. 114.

② 〔日〕陆奥宗光：《蹇蹇录》，伊舍石译，第74~75页。

③ "The Earl of Kimberley to Viscount Aoki, August 3, 1894," Ian H. Nish, ed., *British Documents on Foreign Affairs: Reports and Papers from the Foreign Office Confidential Print*, Vol. 4, p. 98;「1. 朝鮮国豊嶋近海ニ於テ帝国軍艦浪速ノ為英国汽船高陞号撃沈ノ件 附末松法制局長官佐世保へ出張取調ノ件/分割2」JACAR、Ref. B07090653400、日清戦争中豊島沖ノ海戦二於テ帝国軍艦浪速英国汽船高陞号撃沈一件（5-2-3-0-1）（外務省外交史料館）。

条件自然不是一般学者能够拥有的。论证从最核心问题，即中国派兵去朝鲜的目的和性质开始。这正是上述两名学者展开论证的最重要的事实基础。

皇家法官的论证首先指出，中国派兵朝鲜是根据 1885 年 4 月签订的中日《天津条约》。内中规定，将来朝鲜国若有变乱重大事件，中、日两国或一国可派兵。关于朝鲜的地位，论证指出，朝鲜尽管被认为是中国的藩属国，但无论内政还是外交均享有独立自主权。这一点，英国外交部提供的 1882 年 6 月《英朝修好通商条约》、英国外交部起草的有关朝鲜的解释性备忘录等均有涉及。中国派兵的缘由，是朝鲜东学党起义，应朝鲜国王之请前往镇压叛乱。日本随后知照中国，不承认中国对朝鲜的宗主权，并派遣 4000 名士兵前往朝鲜，同时根据中日《天津条约》知照中国。之后，包括英国在内的欧美各国出面调停，希望中日同时从朝鲜撤兵，但双方在撤兵的地点问题上未能达成共识。6 月下旬，英国政府从朝鲜国王处获悉，在外国军队占领其领土的情势下，拒绝与日本公使商谈内政变革事宜，朝鲜政府的这一态度得到中国政府的支持。由此导致日本军队包围朝鲜王宫，国王沦为阶下囚。[①] 由此可见，中国派兵前往朝鲜，完全不是两名学者声称的，是为与日本开战。如果不是日本挑衅，中国根本没有要与日本打一场战争的计划和决心。在列强撤兵调停中，中国其实已经接受调停建议，只因一意谋划发动战争的日本为争取时间有意拖延，撤兵调停一直悬而未决。日本正是在撤兵调停进行之中，突然挑起"高升"号事件。这些内情，作为一直在调停一线的英国政府，当然非常清楚。

皇家法官的推断还依据与事件直接相关的大量事实。7 月 24 日，也就是事件前一天，英国政府曾收到北京消息，中国于 22 日派兵

---

① "The Law Officers of the Crown to the Earl of Kimberley, Received August 2, 1894," Ian H. Nish, ed., *British Documents on Foreign Affairs*: *Reports and Papers from the Foreign Office Confidential Print*, Vol. 4, p. 94.

9000 人前往朝鲜。28 日，事件爆发后 3 天，日本驻英国公使青木周藏才非正式通知英国政府，称日本政府收到情报，一支日军舰队在丰岛因受挑衅，被迫与护卫运输船的中国军舰开战，一艘运送士兵的中国运输船被击沉，一艘中国军舰被抓捕。[①] 青木提到的这艘被击沉的船只，其实就是"高升"号，但青木不但不提"高升"号名字，还有意将它只说成一艘运送士兵的中国运输船。对于日本的这种做法，皇家法官未置一词，但相信观感不会太好。

不仅如此，皇家法官还有英国外交部提供的"高升"号所属公司印度支那轮船公司的调查函。该函中强调，当"高升"号被攻击和摧毁时，很有可能悬挂着英国国旗。这艘轮船由英国公民驾驶，他们的生命由于日本海军的这一行径而牺牲。[②]

皇家法官最后指出，日本军队和朝鲜皇宫卫队在朝鲜汉城周边地区已经发生冲突，但就当时所知，"高升"号事件爆发时，无论中国还是日本，都尚未宣战。从国际法的立场看，日本攻击并击沉的"高升"号是一艘悬挂着英国国旗的英国轮船。该船参与运送中国军队，是应朝鲜国王之请，目的是恢复朝鲜秩序，但被日本政府断定是将他们的军队从朝鲜驱赶出去。[③] 回看两名国际法学者反反复复强调的"高升"号运输中国军队是为了与日本开战，这显然是采信了日本政府的说法，不是事实。

皇家法官在论证中也提到，在中日谈判过程中，日本政府曾声

① "The Law Officers of the Crown to the Earl of Kimberley, Received August 2, 1894," *Ian H. Nish*, ed., *British Documents on Foreign Affairs: Reports and Papers from the Foreign Office Confidential Print*, Vol. 4, p. 95.

② "The Law Officers of the Crown to the Earl of Kimberley, Received August 2, 1894," Ian H. Nish, ed., *British Documents on Foreign Affairs: Reports and Papers from the Foreign Office Confidential Print*, Vol. 4, p. 95.

③ "The Law Officers of the Crown to the Earl of Kimberley, Received August 2, 1894," Ian H. Nish, ed., *British Documents on Foreign Affairs: Reports and Papers from the Foreign Office Confidential Print*, Vol. 4, p. 95.

称，中国向朝鲜任何进一步的派兵均将被视作一种威胁，对此造成的后果将不负责任。但这丝毫不影响皇家法官的判断。皇家法官的结论是，英国政府有权就"高升"号被击沉和英国公民生命财产损失向日本政府提出赔偿。[①] 皇家法官的这一结论，至少维持到 1895 年初中日甲午战争快结束时。

针对各种反驳之声，陆奥宗光所看好的胡兰德没有在《泰晤士报》上发声回应。不过，他在事件第二年即 1895 年发表的一篇关于中日战争中的国际法的文章，颇受日本学者注意，内中重申他原有立场。[②]

韦斯特莱克则不同。继第一次发文后，他曾代表他本人和胡兰德，针对劳伦士博士（Dr. Lawrence）的观点，连续发文反击。他于该年 8 月 27 日和 9 月 11 日以读者身份致信《泰晤士报》，两封信均于去信后第 3 天刊发。两封去信的基本观点一致，主要论证"高升"号遭遇"浪速"舰时是否还保有中立国船只的权利。行文风格也似原来，偶尔涉及的事件事实，基本还是他 8 月 3 日发文中应用的，没有看到新的，大量篇幅主要用于理论辨析。一个明显的变化是，文中开始引用国际法先例，且有越引越多的趋势，这应该是在发挥他的专业所长。发文的目的仍然是为"浪速"舰行为辩护。可能为避开敏感词，文中不再出现"浪速"舰、"击沉"、"军事利益"这类词，标题也改成了"'高升'号事件"。

第一封信涉及两个问题。第一问题是"高升"号作为中立国船只的权利和责任。劳伦士认为，在战争爆发之前，无意参战的中立国的国民在和平时期有自由做任何合法之事。也就是说，"高升"号在和

---

① "The Law Officers of the Crown to the Earl of Kimberley, Received August 2, 1894," Ian H. Nish, ed., *British Documents on Foreign Affairs：Reports and Papers from the Foreign Office Confidential Print*, Vol. 4, p. 95.

② Sakuyé Takahashi, *Cases on International Law during the Chino-Japanese War*, p. 42.

平时期为中国提供服务，是完全合法的。对此，韦斯特莱克也不否认。但他接着强调，如果之后战争爆发，那么上述中立国国民就要为他所做之事承担后果。他认为，"高升"号是在和平时期帮助中国运输士兵，但是一旦战争爆发，停止服务是它的职责。"高升"号没有及时抽身，所以，它不能逃脱要承担的结局。

韦斯特莱克进而借劳伦士所承认的一句话——"英国运输船随同中国舰队一起运输士兵去朝鲜，这种事实本身就是加入了交战国序列"做进一步发挥。他还强调，他要直接称呼"'高升'号是一艘中国运输船"，"不要说它随同中国舰队"而一定要说它是"中国舰队的一部分"。跟随"高升"号一起的中国舰队就是为了护卫"高升"号的运输。韦斯特莱克不知道是事实不清，还是有意为之，这种对事件事实的主观臆断与他最初的发文风格一致。

第二个问题是，战争究竟何时开始。劳伦士发现，"很清楚，双方之前并没有采取任何敌对行为"。韦斯特莱克则反问：派遣中国远征队本身不是一种敌对行为吗？回答则引用他 8 月 3 日信中已经指出的，中国派兵的目的是把日本人驱赶出去。可以说，在宣战问题上，韦斯特莱克只是重复旧说。这封信最后以一个类似于国际法先例的假设做结，那就是：假设在没有宣战的情况下，一支外国舰队正在前往亚历山大途中，目的是将英军驱逐出埃及；一名英国舰队司令发现那支舰队并袭击了它，理由是如果该国已经从第三国的国民那里雇用运输船，那么，它在尝试将英国驱逐出去上是否应该能获得更好的机会？这里的事实前提又回到前面，中国雇用"高升"号运输士兵前往朝鲜的目的也是将日本从朝鲜驱赶走。[①]

第二封信篇幅更长，韦斯特莱克为此还特意在信的开头表示歉意，称实在是因为"高升"号事件"很重要"。而其实，该信篇幅

---

① John Westlake, "The Case of the Kowshing," *The Times* (August 29, 1894), p. 9.

之所以长，并不是因为阐述了更多新的事实真相，提出了更多新的论点。大量的篇幅在复述和反驳他想回应的劳伦士的观点，同时列举更多国际法先例以支持他的主张。批驳多涉及对所举国际法先例的理解及其分歧，与"高升"号相关的直接证据并没有提供更多。相反，言论之间无意中表露出来的他对事件的理解，似乎更加离谱。

韦斯特莱克既然不能否认"高升"号船主有权在和平时期行使出租权，于是他就指出，"高升"号船主的注意力自然主要在商业方面，他也许容易忽略相关的军事运输原则，船主的法律顾问或许也是，他们可能只熟悉国际法中的商务条款。这里，韦斯特莱克说"高升"号船主关注商业利益时语气肯定，此外的描述则均是做推测。的确，韦斯特莱克没有也无法提供足够证据证明"高升"号船主及其法律顾问忽略军事运输原则。对此，劳伦士的看法与他有所不同。为此，韦斯特莱克开始了他的反驳。

他认为，如要日本无权对"高升"号以敌船相待，就必须具备两个理由中的一个：要么"高升"号参与的服务不是一个敌对性服务；要么"高升"号提供服务时还没有宣战，日本不得不区别对待交战国的财产和中立国的财产。这又是在重复旧观点："高升"号的地位以及战争状态是否存在的问题。

他的第一个理由仍然是老话，"'高升'号参与的服务就是一个挑衅日本的服务"，论证则是反驳劳伦士所举国际法先例，没有新的事实支持。

他的第二个理由是宣战问题，韦斯特莱克是从劳伦士指责他将"高升"号称作"中国轮船"，故意替换名字开始的。他仍然找国际法先例，而不是用事件事实来反驳。从所举先例中他得出的结论是，"战争不需要宣战"。不知道是不是因为他同时代表胡兰德之故，在宣战问题上，韦斯特莱克放弃了他原来辩证的说法，完全向胡兰德靠拢了。

此外，韦斯特莱克还换一个角度来继续讨论军舰与普通船只相遇的两种情况：一种是与从事贸易的中立国船只的偶然相遇，另一种是与敌对军舰或者从事敌对行动船只的相遇。他不谈第一种，专门讨论第二种。他认为，在第二种情况下，军舰司令除了击败之，别无选择。因为此时这个军舰司令不应该分心去考虑，正在执行这一敌对行动的船只它们的船主分别是谁，是否因为它们或者它们中的一些是中立国船主的财产而克制不去击败它们。对于同一舰队的组成部分，可能只有相同的处理方法。韦斯特莱克虽然不提"高升"号和"浪速"舰名字，但针对的无疑就是"浪速"舰对待"高升"号的可选做法。韦斯特莱克是咬定"高升"号是中国舰队的组成部分，而不再是一艘中立国船只。再说，"浪速"舰哪里是没有时间去鉴别，根本是鉴别清楚之后的有意为之。"高升"号也不是不得已而顺带被击沉的。"浪速"舰一开始对准的目标就是"高升"号，而不是船上的清军，所以它才会瞬间被击沉。

最后，韦斯特莱克做了"简要"的总结。总结的核心问题是中立国船只的权限。他没有直指"高升"号，但无疑在说，"高升"号之所以被击沉，是因为它在从事敌对行为，从而丧失了中立地位。这里又回到了最初的论题上。①

（四）高桥作卫对两名英国学者论说的继承和发展

两名英国学者在《泰晤士报》发文前后，日本以驻英公使青木周藏为代表，开始有计划、有目标地开展对英外交交涉，其中没有看到这两名学者有任何参与举动。从后来日本政府对这两名学者的褒奖令中可以看出，两人在"高升"号事件中的贡献，也仅限于事件爆发之

---

① John Westlake, " The Case of the Kowshing," *The Times* (September 13, 1894), p. 9.

初在《泰晤士报》上发文，试图影响舆论一事。① 正如前述青木致陆奥电报所言，他们的发文辩护属于日本政府的舆论宣传环节，无关外交交涉。

其实，此两名学者服务日本的舆论宣传，不自"高升"号事件始。自明治 18 年（1885）起，他们就一定程度上为日本"致力于外交以外的舆论宣传"工作。他们不顾当时欧洲学者的强烈反对，每次在万国国际法学会上都提出对日本有益的主张，说服持反对意见的各国国际法学者，倡导应当在日本废除领事裁判权，对于日本最终废除领事裁判权"功绩不少"。②

两名学者在《泰晤士报》发文未能如愿见效之后，有迹象表明，他们以另一种方式继续涉及有关"高升"号事件的舆论宣传，那就是大力扶持后辈如日本海军教授、甲午战争时期日本旗舰司令官伊东祐亨的法律顾问、日本"高升"号事件研究和宣传的代表人物高桥作卫。③ 高桥成为两名英国学者论说的继承者和发扬者。

"高升"号事件爆发后，肇事方日本海军省深感有必要为日本舰队旗舰乘组人员配备法律顾问，刚从帝国大学法科大学政治学科毕业、专攻国际公法研究的高桥作卫，成为唯一一名成功应募者。④ 战争期间，他在旗舰上任伊东司令的法律顾问，后调任旅顺口任司令长官的翻译。高桥致力于与"高升"号事件相关的工作长达近 10 年，几乎与该事件相始终。在旅顺口时，他应常备舰队司令官海军少将坪

---

① 「大不列顛国皇帝陛下宫中法律顧問ケムブリッヂ大学教授法学博士ジェー、ウエストレーキ以下二名叙勲ノ件」JACAR、Ref. A10112552000、叙勲裁可書・明治三十五年・叙勲卷六・外国人二止（国立公文書館）。

② 「大不列顛国皇帝陛下宫中法律顧問ケムブリッヂ大学教授法学博士ジェー、ウエストレーキ以下二名叙勲ノ件」JACAR、Ref. A10112552000、叙勲裁可書・明治三十五年・叙勲卷六・外国人二止（国立公文書館）。

③ 高橋作衞『英船高升号之撃沈』、142 頁；Sakuyé Takahashi, *Cases on International Law during the Chino-Japanese War*, p. 14。

④ 高橋作衞『英船高升号之撃沈・叙文』、6-7 頁。

井航三的咨询，起草关于该事件的报告。在海军省战史编纂局经三年多时间的调查后，再撰写该事件的报告。战争结束后，1897年，他获官费资助，以海军教授的身份前往英国、德国、法国留学，学习国际法。在英国期间，他受海军省嘱托，调查搜集海军将校须知的国际法先例。① 就在留英期间，高桥与两名英国学者建立了特殊关系。用高桥自己的话说，韦斯特莱克和他是师徒关系，胡兰德对他有知遇之恩。② 此期间，高桥不仅在英国期刊上发表有关"高升"号事件的文章，而且还在两名教授鼎力相助之下，于1899年在英国牛津大学出版了英文著作《中日甲午战争中国际法先例论》（*Cases on International Law during the Chino-Japanese War*）。两名学者对高桥的身份、背景和使命从一开始就非常了解，对高桥以"教授"相称。③ 从高桥的著述中也可见出两名学者主张给他留下的深刻影响。

《中日甲午战争中国际法先例论》扉页上即写"胡兰德作序、韦斯特莱克介绍"，以示读者。胡兰德在序言中称，高桥是日本海军在战争中"急切地希望能够遵守忠诚和人道的最高标准"的掌门人；称高桥的著作叙述清晰、论点可信，资料丰富又有价值。④ 韦斯特莱克的介绍则对日本"从东方阶级过渡到欧洲阶级"，"很快从领事管辖制度中解放出来"相当赞赏；进而声称，日本在最近与中国的战争中也"表现出了遵守西方战争和中立规则的能力"。两名学者不仅给予

---

① 「明治三十年/髙橋作衞英独仏ノ三ヶ国へ官費留学之件」JACAR、Ref. B16080819300、文部省留学生関係雑件　第一巻（6-1-7-2_ 001）（外務省外交史料館）；「明治31年7月25日　英国へ留学派遣中の非職海軍教授に海軍将校の心得となるべき国際法に関する調査嘱托報酬の件」JACAR、Ref. C10126668700、明治31年　公文雑輯巻20　会計5止（防衛省防衛研究所）；「明治31年11月26日　大学甲第85号国際公法先例取調に要する嘱託報酬金に関する件」JACAR、Ref. C10126668900、明治31年　公文雑輯巻20　会計5止（防衛省防衛研究所）。

② 高橋作衞『英船高升号之撃沈・叙文』、7-8頁。

③ 高橋作衞『英船高升号之撃沈』、142頁；Sakuyé Takahashi, *Cases on International Law during the Chino-Japanese War*, pp. v, xvi。

④ Sakuyé Takahashi, *Cases on International Law during the Chino-Japanese War*, pp. v-vi.

高桥著作以国际法的理论指导，同时也为之提供大量案例史料。其中，韦斯特莱克更是从初稿、校样到修订本，对高桥著作层层把关。[①]

该书从框架结构到论述视角，再到基本观点，都直接继承两名学者。高桥在自撰的长篇导论中强调"日本在战争中的守法精神"，污蔑中国"野蛮"。"高升"号船只名字只出现在一个题为"战时探访、搜查和扣留"的表格中，与80多条船只的名字相并列。[②] 发生在开战之前，标志中日甲午战争爆发的重大事件，就这样被淹没在一堆船只的名字中，连"击沉"一词都没有出现。不过引人注目的是，该事件被置于该书的第一部分中的第一章，书后还附录有日本官方的相关资料。目前西方学界研究"高升"号事件，经常引用高桥的这本英文著作。

当时，就"高升"号事件的外交交涉正处于胶着期，但可以肯定的一点是，对于在甲午战争中战胜中国、出于防俄需要逐渐被英国视为东亚小兄弟的日本，英国已基本决定免于向其追责。高桥著作是将"高升"号事件作为日本海军"守法"的一个案例来宣传的。具体而言，"浪速"舰击沉"高升"号符合捕获法。这正是两名英国学者当年的宣传精神。尽管高桥在导言中明确指出，日本建立捕获法庭和颁布捕获法，均在"高升"号事件之后。

该书分四部分论述"高升"号事件。事件前状况，"高升"号被击沉详情，介绍"韦斯特莱克和胡兰德的观点"，并讨论关于事件的几个问题。书中各种描述中背离真相之处数不胜数，尽显对两名英国学者观点的继承和发扬。关于中国派兵朝鲜，书中不提是应朝鲜国王之请，依据中日《天津条约》，而称"高升"号运输中国士兵的目的是征服在朝鲜的日本军队，与两名英国学者的说辞完全一致。高桥提

---

① Sakuyé Takahashi, *Cases on International Law during the Chino-Japanese War*, pp. xv-xxviii.

② Sakuyé Takahashi, *Cases on International Law during the Chino-Japanese War*, pp. 1-23.

供的事件素材比两名学者要多。引人注目的是书中附上了两名重要当事人"浪速"舰舰长和"高升"号船长的证词。然而，细察这两份证词与"高升"号船长在英国海事法庭所作证之词，便会发现作者在关键环节做了很多掩饰，乃至编造。

"浪速"舰舰长的"官方"报告只是一份"摘要"。内称，"浪速"舰舰长派去的官员是"捕获"官员。如上所述，日本的捕获法庭建立和捕获法颁布均在"高升"号事件之后。日本海军开始在军舰上设法律顾问监督捕获法实施，是从高桥开始的。[①] 书中描述"浪速"舰第一次派人乘小船登上"高升"号检查船只文件后，只字不提船长特意展示船只的船籍是英国籍，强调悬挂的是英国国旗，只说检查发现运载着禁运人员。更为离谱的是，内称"浪速"舰舰长第二次派人乘小船登船时，曾建议把船上欧洲人员带到"浪速"舰上。"浪速"舰炮击"高升"号后派小艇射击落水者，这个连胡兰德都有意回避的问题，在这里变成"浪速"舰舰长"派两只快艇前去拯救船长、高级船员及其他人员"[②]。书中船长的这份证词录自日本横滨发行的英文报纸《日本邮报周刊》（The Japan Weekly Mail）。但这份证词是船长在日本海军基地佐世保被扣押时日本方面所采录的。内中有称，他和大副田泼林（L. Tamplin）"上周日中午来到这里（指佐世保）"，同时，日本法制局局长末松谦澄特意从东京赶来审讯他们。文末标注《长崎快讯》（Nagasaki Express）。也就是说，它是从日文翻译的。这份来自日文翻译的证词，在关键内容部分同样做了很多添减、改编。内称，"浪速"舰第二次派来的小船返程之后，"浪速"舰发送信号让船上的欧洲人立即离船。谈及"浪速"舰最终开炮击沉"高升"号一节，三言两语，并不明说是"浪速"舰开炮击沉了"高

---

① Sakuyé Takahashi, *Cases on International Law during the Chino-Japanese War*, p. 14.

② Sakuyé Takahashi, *Cases on International Law during the Chino-Japanese War*, pp. 30-31.

升"号。船长水中被救一节，英文原证词指出，日本小船救欧洲人和外国人，不救中国人。船长被救上"浪速"舰之后，请求舰上的日本军官再派小船营救还在水中或附近岛上的船员，日海军未予理睬，翻译版均删去。翻译版又在"高升"号被彻底击沉之前，添加从"高升"号开始抛锚，经开火发炮，到船长等被带上"浪速"舰这一过程中的各时间点之描述，前后数小时，以示日舰的操作有章法。翻译版把船长等人在佐世保的日子，描绘成一次简单而友好的经历，称"得到了一切可以让他们舒服的照顾和关注"。英文原证词则强调，这是"不幸的拘留"。更引人注目的还是证词最后部分，翻译版居然称：船长目睹"浪速"舰早上在港口区已经被中国军舰发射的炮弹损毁，且"可以肯定地说"，船长没有看到日本人向水中的中国人开火，中国人射杀了许多自己的人。射杀落水者，正是胡兰德发文中试图回避的一个棘手的国际法问题，至此却出现大反转。英文原版不仅完全不存在这一内容，而且强调的是，船长本人跳下船后，他清楚地听到重机枪在相当长一段时间内的射击声，"浪速"舰上的重机枪持续不断地向"高升"号射击，直到船开始下沉才停止。①上述诸多细节之所以被篡改，均是为下文的国际法分析作铺垫。

　　第三部分是对两名英国学者观点的专节介绍，非常引人注目。文中全文收录两名学者在《泰晤士报》上的发文，可见两人在高桥心目中的地位。两名英国学者的观点，在最后一部分探讨中被继续引用。与高桥最后讨论的问题最直接相关的是前两大问题，也就是两名学者发文中所讨论的，书中大段引述两名学者在《泰晤士报》上发文的论述。关于战争何时开始，高桥通过补充所谓事实，证明两名学者的观点准确。关于"浪速"舰舰长所为是否正当，高桥称两名学者的信已

---

① Sakuyé Takahashi, *Cases on International Law during the Chino-Japanese War*, pp. 31-34; "Declaration by Captain Galsworthy, August 4, 1894," Ian H. Nish, ed., *British Documents on Foreign Affairs: Reports and Papers from the Foreign Office Confidential Print*, Vol. 4, pp. 259-260.

经讲得"清清楚楚"，没有更多讨论的余地。不过，他还是再次强调，依据日本和胡兰德撰写的捕获法，可以认定"高升"号是一艘为"敌人"服务的运输船。如前所说，日本的捕获法在事件之后才制定颁布，作为应遵守的国际法的一部分，它再怎么量身定做，也不可能做出出格的规定。相关规定称，如果敌人船只不适合被送到审判港口，舰长在可能的情况下把该船乘务人员、船只文件和货物带上他的船只之后，可以击沉该船。为此，高桥的处理方式是改编事实细节：称船长愿意听从"浪速"舰命令跟其去日本；又称，"浪速"舰舰长曾试图带走船只文件和船上乘务人员，但努力没获成功，不得已才击沉"高升"号。高桥的结论是，"浪速"舰舰长采取的每一步措施，均与日本的捕获法和国际法高度一致。① 21 世纪初有西方学者称，"浪速"舰舰长东乡平八郎仔细审查了相关国际法条规之后，发现法律在他这边，于是下令击沉"高升"号。② 初看此种观点非常吃惊，看到高桥的论说后才明白渊源有自，也不足为奇了。

1899 年出版的这本英文著作，尽管自信满满地公然宣称日本在甲午战争中"始终遵循国际法"③，但在"高升"号事件的论述上还是表现得有所顾忌。对两名学者在《泰晤士报》上发文之影响的评价，就比较符合事实。内称，在英国国民群情愤激之际，两名"卓越博学的"英国国际法学者"灵敏而冷静的观察，很快道出了事件的实质"。继而称，尽管如此，对此案的审判还是按照两名学者反对者们的意见做出判决。④ 这是符合事实的。书中又引胡兰德于 1895 年发表的一篇文章的观点，重申胡兰德的原有立场。作者认为，这次重申

---

① Sakuyé Takahashi, *Cases on International Law during the Chino-Japanese War*, pp. 42-47.

② S. C. M. Paine, *The Sino-Japanese War of 1894-1895: Perceptions, Power, and Primacy* (New York: Cambridge University Press, 2003), p. 133.

③ Sakuyé Takahashi, *Cases on International Law during the Chino-Japanese War*, p. vii.

④ Sakuyé Takahashi, *Cases on International Law during the Chino-Japanese War*, pp. 37-38.

后，"主流观点总体上服膺两名卓越的教授了"，对此，没有添加任何注释说明。这一论述在他后来的"高升"号事件著述中被删去。高桥这样低调的评价，与当时"高升"号事件终究前途未卜，具体负责外交事务的日本外务省对于海军省的各种建议也不总是积极配合，应该有很大关系。高桥本人其时正代表海军省承担"宣传"之重任。

高桥与两名英国学者的关系不止于此。1902 年，"高升"号事件了结之际，日本政府为两名英国学者授勋。授勋的原因除为"高升"号事件辩护外，另有两份"业绩"：一是两人自 1885 年以后在日本修改不平等条约、争取废除领事裁判权中有"舆论宣传"之贡献，二是他们为赴英日本留学生和公私视察员提供各种帮助。三份"业绩"并重，为"高升"号事件辩护置于篇首。在"高升"号事件中的"贡献"，只涉及"事变之初"，即英国国民群情激昂之际，两人"发表公平且有力的论说"一事。①

需要指出的是，日本政府的这一授勋并非自上而下的行为，而是自下而上推动的结果。最积极者正是高桥作卫。高桥在他的代表作《英船高升号之击沉》一书最后，附录有为两名学者请赏的申请书。落款是他和另外三人：加藤高明、金子坚太郎和水野炼太郎。四人中，高桥和金子坚太郎、水野炼太郎的名字均出现在申请书中。申请书之第二部分谈及两名学者为日本修改条约、废除领事裁判权制度所做贡献时，提到他们曾推荐金子坚太郎为万国国际法学会之准会员，让他在会上宣讲日本文化。第三部分谈及两人殷切教导诸多日本赴英留学生时，列举了高桥作卫，称高桥在英国留学期间公开出版著作向世界介绍日本在甲午战争中的"功绩"，对此两人曾"给予非常大的帮助"。第三部分谈到两人对诸多前往英国的日本公私视察员提供便

---

① 「大不列顛国皇帝陛下宫中法律顧問ケムブリッヂ大学教授法学博士ジェー、ウエストレーキ以下二名叙勲ノ件」JACAR、Ref. A10112552000、叙勲裁可書・明治三十五年・叙勲卷六・外国人二止（国立公文書館）。

利和帮助时，列举了寺尾亨、大久保利武、水野炼太郎、德富猪一郎、深井英五5人。① 加藤高明曾于1895年甲午战争后出使英国，参与请赏时，身份是前驻英公使。水野炼太郎与高桥年龄相仿，是内务省官员。两名英国学者发文时，曾第一时间给予关注的日本前驻英公使青木周藏的名字，则不在其列。可以说，申请一事，与"高升"号事件最直接相关者是高桥。其时，高桥的身份是日本海军省特约顾问。1914年后，他出任第二次大隈内阁之法制局局长。在法制局局长任上，他本人经当时的内阁总理大臣上奏，获得授勋。②

高桥等人的申请书通过外务大臣小村寿太郎和内阁总理大臣桂太郎，逐级上呈。官方上呈的申请书的基本内容和框架与高桥等人起草的一致，但有较大的删改。删减者，主要是一些背景细节描述，尤其是那些对日本不利的话语。原申请书所列举人名一并删除，最后一段论两名学者的功绩及其在国内、国际的影响，也被删去。另外，还将原申请书中对两名英国学者颂歌式的评语做了修改。如论两人发文宣传"高升"号事件的影响，原先的评语着墨不少："一时间压伏反对舆论，力挽狂澜，英国国民不再对日本怀有敌意，实在功勋伟大。当时两名博士的卓绝识见和他们为日本尽力之功绩，或亦为本邦所熟知。"后改为一句话："结果，使该国舆论不再对帝国怀有敌意。"③只是，即使这样已经淡化的评价，如果甲午战争的实际指导者、外务大臣陆奥宗光还在世的话，估计也难认可。《蹇蹇录》中专门提到两名英国学者的发文，并有选择地大段摘录胡兰德的观点，但对于两人影响的评价，陆奥则是说，其结果是受到"大肆人身攻击"。引用胡兰德的观点后，陆奥只说他的论点"公正明确""洞若观火"。④

---

① 高橋作衛『英船高升号之撃沈』、140-143頁。
② 「法制局長官従四位勲四等法学博士高橋作衛外三名叙勲銓議申牒」JACAR、Ref. A10112780600、叙勲裁可書・大正三年・叙勲巻三・内国人三止（国立公文書館）。
③ 高橋作衛『英船高升号之撃沈』、140-143頁。
④ 〔日〕陆奥宗光：《蹇蹇录》，伊舍石译，第74~75页。

高桥等人提出授勋申请是在 1902 年 6 月。10 月，外务大臣小村寿太郎上呈内阁总理大臣桂太郎；11 月，内阁总理大臣转递赏勋局总裁。当时正值"高升"号事件基本以日本不负责赔偿而完结之时。此时请赏，可以算是一种"欢喜"共享吧。英国在"高升"号事件上之所以最后倾向日本，另有复杂内情，与两名英国学者那遥远的舆论宣传实在不相干。申请书中对两名学者在"高升"号事件中的影响评价，从 4 名申请者的身份来看，更可能出自"高升"号事件研究者高桥作卫之手。

1903 年，高桥研究"高升"号事件的集大成之作《英船高升号之击沉》出版。该书可以说是 1899 年英文版"高升"号事件的扩充本，从基本框架到主要内容，两者大致相似。最后增加了一个值得注意的新论题，"高升"号的打捞问题，这为日本的后续工作添加了伏笔。1925 年，时隔 20 多年，预谋已久的日本将打捞"高升"号工作正式提上日程。[①] 为此，日本政府还与中国发生了新一轮的交涉。[②] 这都已是两名英国学者身后之事了。

也就在高桥的这本集大成之作中，两名学者在"高升"号事件研究中的重要地位开始完全确立。高桥对两名学者一如既往地推崇。序言中他说，特意将该书置于"国际法外交论纂"丛书之首卷，目的是庆贺两名英国学者获授勋，"表达日本帝国"对他们的"谢恩"。[③] 扉页上写：献给自愿为日本在"高升"号事件中的行为说"公道话"、值得全日本深深感谢的韦斯特莱克教授和胡兰德教授。内封所附三张图片，分别是韦斯特莱克和胡兰德的大幅半身坐像，以及韦斯特莱克的手稿影件。文中更是设专节介绍两名学者的论说，放在"英国的态度"章节之下，与"英国政府的意见""英国舰队的要求"相并列。

---

① 《打捞高升号之工作》，《新闻报》1925 年 8 月 29 日，第 7 版。
② 《日人打捞我国沈银》，《新闻报》1933 年 9 月 11 日，第 8 版。
③ 高橋作衛『英船高陞号之擊沈・叙文』、7-8 頁。

开篇就称，两名学者的文章一出，沸腾的英国舆论"遂服膺两名博士之卓见，人心完全镇静"，对此，也未标注任何史料依据。随后录入两人在《泰晤士报》上发文全文的日文译文。接着称，两人发文之后，相关学者在《泰晤士报》和相关报纸上发表了不少批评文章，但对此，他仅以"略之"两字带过，行文匆匆结束。文中不再提他英文著作中非常推崇的胡兰德于1895年发表的那篇文章。[1] 这样，高桥对两名英国学者的发文评价，就与授勋申请书中的完全一致了。

高桥在甲午战争期间服务军方的经历备受学界关注[2]，乃至有西方学者称他曾协助起草递交给李鸿章的《马关条约》。[3] 不过这一经历在高桥自述中尚未得到印证。但有一点可以肯定，高桥在甲午战争时的一个重要使命，无疑就是步两名英国国际法学者之后尘，继续从国际法角度为"浪速"舰行为做宣传辩护。高桥作卫无论地位还是影响当然无法与两名英国国际法学者相提并论，他著书立说发扬光大两名学者的论说，对后来的学术界产生影响，但没有看到他在舆论上尤其是外交方面的影响。《英船高升号之击沉》是迄今为止学界唯一一部关于"高升"号事件的专著。内中，高桥以身份之便，得以利用一般学者无法接触的大量海军省密档，加上他有广泛的国际交流机会，书中史料颇为丰富，成为学者研究甲午战争史，探讨"高升"号事件的必备参考书。两名英国学者在"高升"号事件研究史上的特殊地位，由此树立，一直延续至今。

时至今日，在甲午战争研究，尤其是"高升"号事件研究中，一

---

① 高橋作衛『英船高陞号之擊沈』、68、78頁。

② 如 J. W. Garner, "Personal and Bibliographical," *The American Political Science Review*, Vol. 2, No. 4 (November, 1908), p. 621; E. Ullmann, "Reviewed Work: Cases on International Law during the Chino - Japanese War by Sakuyé Takahashi, T. E. Holland, Prof. Westlake," *Kritische Vierteljahresschrift für Gesetzgebung und Rechtswissenschaft (KritV)*, Dritte Folge, Vol. 6 (42), No. 1 (1900), p. 154.

③ B. Sewell, "Reconsidering the Modern in Japanese History: Modernity in the Service of the Prewar Japanese Empire," *Japan Review* [2004 (16)], p. 254.

般都会提到这两名国际法学者。介绍时，不仅浓墨重彩，而且评价还相当高。日本学界自不待言，西方学界亦是。如称："英国两名出色的国际法权威人士胡兰德和韦斯特莱克公然宣称日本军舰的行为正当，英国激动的舆论很快平息。"① 值得特别注意的是中国学界。甲午战争史研究大家戚其章先生，对高桥著作的背景非常警觉，在开战等关键问题上多有论辩，但对两名英国学者的影响评价，还是采用了高桥之说。② 基于戚先生在甲午战争研究中的广泛影响，这一评价似已深入人心，进而成为"高升"号事件中，日本利用国际法维护自身利益的代表性案例。其实不然。对两名英国学者的影响、评价也不是没有反思之声，这种声音还是来自日本学界。有日本学者指出，英国国内激烈的反日舆论，并没有因英国国际法"两泰斗"的观点而简单地沉静下去。英国舆论完全沉寂，尚经历一段时间。③ 可惜，这样的质疑声，还不为我们关注。

高桥与韦斯特莱克和胡兰德一起，被西方学界视为"高升"号事件中在国际法领域代表政府立场的学者。④ 的确，查阅日本人物事典，高桥的身份就是国际法学者和政治家。他于1914~1916年出任大隈第二次内阁的法制局局长，后被任命为贵族院饬选议员。在高桥出任法制局局长前一年，即1913年，韦斯特莱克去世。高桥则于1920年病逝。6年后，胡兰德去世。在中国发行的英文报纸登载了韦斯特莱克去世的简讯，内中均提到他曾获日本天皇授勋⑤，应该指的就是1902

---

① John Bassett Moore , "An Appeal to Reason," *Foreign Affairs*, Vol. 11, No. 4（July, 1933）, p. 568.

② 戚其章：《走近甲午》，第122页。

③ 松村正義「日清戦争における高陞号事件と末松謙澄」、『メディア史研究』22号（2007）、3、13-14頁。

④ Douglas Howland , "The Sinking of the S. S. Kowshing: International Law, Diplomacy, and the Sino-Japanese War," *Modern Asian Studies*, Vol. 42, No. 4（July, 2008）, p. 679.

⑤ "Mr. John Westlake," *The China Press*（April 17, 1913）, p. 2 ; "MR. John Westlake," *The North-China Daily News*（1864-1951）（April 17, 1913）, p. 7.

年的授勋，没有提到"高升"号事件。尚未看到中方有关胡兰德的信息。发布的韦斯特莱克的两则英文讣告，均转自英国路透社。此时离"高升"号事件了结已10年，清朝也已经覆亡。

国际法发源于西方，传入东亚各国是很晚近的事情。正式传入中国大致在1860年代，标志是美国传教士丁韪良翻译的国际法权威惠顿（H. Wheaton）的著作《万国公法》。该书很快被转译到日本，成为输入日本的第一部国际法。到"高升"号事件爆发时，无论日本还是中国，国际法人才储备其实都是不足的。"高升"号事件涉及中立国英国船只。面对当时世界最强大国英国上下愤慨的舆论压力，日本想尽各种办法解套，其中之一就是试图利用国际法进行舆论宣传，为"浪速"舰行为辩护，但这只能到国际法的发源地西方寻找合适人选。与日本渊源深厚的英国国际法学者韦斯特莱克和胡兰德，由此为日方代言，在英国最有影响的报纸《泰晤士报》上为其发声。

两名英国国际法学者的发文，是日本政府舆论宣传的一部分。由于两名学者对事件信息的了解非常有限，又受到日本政府立场的影响，他们的讨论看似运用各种国际法理论和先例，实际上主观臆断色彩浓厚，已经不是真正意义上的严肃的国际法讨论。相比之下，同一时期英国皇家法官因有机会从英国外交部获得完整的事件真相，论证风格与两名学者截然不同，所获结论也完全相反，则更符合实际。

两名国际法学者的发声，无论对于英国主流舆论，还是对英国政府的索赔政策，均未产生任何实质性影响。1902年"高升"号事件了结之际，日本政府为两人授勋，这是官方学者、日本"高升"号事件研究代表人物高桥作卫等自下而上积极推动的结果，有共享"成功"喜悦之意。叙勋中，两人的功绩也不仅仅限于他们在"高升"号事件中的"贡献"。

高桥作卫奉日本政府之命，利用留学英国机会，与两名学者结下深厚情谊，积极继承和发扬两名学者的论说。他在"高升"号事件研究代表作中，给予两名学者特别的超乎寻常的重视，既有回报知遇之恩之意，也是他的立场体现。即便如此，他对两人发文的影响评价，也有一个发展变化过程。大致来说，以高桥为代表的日本学界，完全确立两名英国学者在"高升"号事件研究中的地位，是在1902年底之后、"高升"号事件了结之际。

鉴于高桥在"高升"号事件研究史上的特殊地位，他对两名英国学者的肯定评价，不断为各国学者所转引，影响至今。在中国学界，通过甲午战争史研究大家戚其章先生等的引用介绍，对两名英国学者的肯定评价广为人知，几乎已成共识，值得重视。

代结语

一 清政府对历届驻日使团的评价

甲午战前出使的历届驻日使团，除最后一届汪凤藻使团外，其他几位出使大臣的出使活动基本得到清政府的肯定。按照总理各国事务衙门奏定章程，"各国出使大臣所带人员以三年为期，年满奏奖。又准并计余资援案请奖"。即使使团学习翻译人员，经奏请允准，以到堂之日起资，由总理各国事务衙门存记，也可按照出洋学生章程核计给奖。① 因此，使团随员不少人也得到保奖。

首届出使大臣何如璋因在"球案"上的贡献，曾数月内二次转阶。先于光绪五年闰三月初六日（1879 年 4 月 26 日）补授翰林院侍讲，四月二十六日（6 月 15 日）接奉总理衙门行知吏部咨文，上奏谢恩。② 此次补授何如璋是奉特旨以侍讲升用，并非劳绩保举，所以毋庸核计俸次。吏部上奏开具的 7 位"应升人员"之中，有时任国子

① 汪凤藻：《奏为正理事官洪遐昌学习翻译在洋三年期满照章请奖事》，光绪十九年正月二十日，朱批奏折，档号：04-01-38-0204-005，缩微号：04-01-38。
② 何如璋：《奏为奉旨补授翰林院侍讲谢恩事》，光绪五年四月十八日，录副奏折，档号：03-5138-165，缩微号：391-2377。

监司业的张之洞，何如璋列居首位，张之洞居第五。① 同年六月十八日（8月5日），何如璋转补授翰林院侍读，八月初三日（9月18日）接奉总理衙门行知旨意，数月间又转一阶，深受鼓舞。② 首届使团在推进朝鲜接受开港通商政策及与各国通商订约中，也成效卓著，对此署北洋大臣张树声等印象深刻。③ 何如璋三年期满后，有传将转任出使美国大臣④，不过这终是传言。何如璋期满回国后，先是请假回籍。光绪八年（1882）四月，詹事府左春坊左庶子叶大焯升任翰林院侍讲学士，所遗之缺由右春坊右庶子刘廷枚转补，刘廷枚所遗之缺则由何如璋升任。吏部开列的"应升人员"名单中不止何如璋一人，还有同是翰林院侍读的温绍棠及翰林院侍讲等多人，所以何如璋此次升任，是清廷对他的又一次肯定。⑤ 同年五月，詹事府詹事张家骧升任内阁学士，吏部按例上奏开具简员补授名单，詹事府少詹事朱逌然等在"应升人员"之列，何如璋则位列"其次应升人员"名单之首。⑥ 何如璋很快被授予新的重任，于光绪九年九月初九日（1883年10月9日）奉上谕令督办福建船政事宜，出任福建船政大臣。⑦ 十月初二日（11月1日）陛辞出都，由天津航海赴福建，十一月二十六日（12月

---

① 宝鋆等：《题为开列何如璋等应升人员职名请简员补授翰林院侍讲事》，光绪五年闰三月初四日，题本，档号：02-01-03-11895-019，缩微号：02-01-03。

② 何如璋：《奏为奉旨转补翰林院侍读谢恩事》，光绪五年八月初六日，录副奏折，档号：03-5141-084，缩微号：391-3102。

③ 《署北洋大臣张树声函》，光绪八年六月十九日，载"中研院"近代史研究所编《清季中日韩关系史料》卷2，第734页。

④ 「栗香大人卜支那人卜問答録」、明治14年1月―（明治26年9月筆）、『宮島誠一郎文書』、C7-5。

⑤ 宝鋆等：《题为开列翰林院侍读何如璋等员履历职名恭候简用一员补授詹事府右春坊右庶子员缺事》，光绪八年四月初九日，题本，档号：02-01-03-12048-014，缩微号：02-01-03。

⑥ 宝鋆等：《题为开列朱逌然等职名请简补詹事府詹事事》，光绪八年五月二十九日，题本，档号：02-01-03-12051-025，缩微号：02-01-03。

⑦ 何如璋：《咨报到任日期由》，光绪十年正月十三日，馆藏号：01-05-003-04-001；《德宗景皇帝实录》卷170，光绪九年九月九日（丙戌），《清实录》第54册，第373页。

25 日）行抵马尾工次。① 其间，詹事府少詹事钱桂森升任詹事府詹事，遗员需补缺，作为翰林院侍读学士的何如璋被吏部作为"应升人员"之首开列上奏。② 继而接吏部行知，已于十月十九日（11 月 18 日）奉旨补授詹事府少詹事，十二月初一日（12 月 29 日）抵达福建船政大臣任，当天接篆视事，次日他上奏谢恩补授詹事府少詹事。③

首届使团副使张斯桂不仅在甲午战前的驻日使团中，就是在整个晚清驻日使团中，也是唯一的一位副使。清政府谕命第二任出使日本大臣时即裁撤副使之职，此后不再设。在首届使团与国内繁忙的往来公文中张斯桂也署名，位居何如璋之后，正因为如此，张斯桂之名经常被忽略。张斯桂在早期台湾问题上颇有作为。他曾随钦差大臣、两江总督兼南洋大臣沈葆桢考察台湾全域，将沈葆桢奏呈的台湾地图一幅、台湾番社各图三十六幅赍呈总理衙门代奏进呈。沈葆桢多次奏保张斯桂及其弟张斯枸，夸赞他们通西学，送他们到北京听候考察。④ 输入近代中国的第一部国际法是丁韪良翻译的《万国公法》，该书同治三年（1864）初版本上仅有的一篇序，为张斯桂所作。《万国公法》后传入日本，也成为输入近代日本的第一部国际法，在日本广泛流传，张斯桂因此在日本颇负盛名。张斯桂从出使日本任上回国后，总理各国事务衙门具奏，称其"学问夙优，于中外情形最为留心，请旨量予录用"，旋奉旨以知府即选。光绪十一年（1885）十一月，吏

---

① 何如璋：《奏报行抵马尾工次接印任事日期事》，光绪九年十二月初二日，录副奏折，档号：03-5186-082，缩微号：394-2557。

② 宝鋆等：《题为开列翰林院侍读学士何如璋等职名请简员补授詹事府少詹事事》，光绪九年十月十七日，题本，档号：02-01-03-12109-016，缩微号：02-01-03。

③ 何如璋：《奏为奉旨补授詹事府少詹事谢恩事》，光绪九年十二月初二日，录副奏折，档号：03-5186-080，缩微号：394-2552。

④ 《咨送台湾番社舆图并饬张斯桂等到京听候考查》，光绪二年闰五月二十一日，馆藏号：01-34-007-09-001；《札即赍呈两江总督奏呈台湾番社舆图原折已由本衙门代奏咨还》，光绪二年闰五月二十七日，馆藏号：01-34-007-09-004；《咨送船工告成奏奖案内奉旨张斯桂张斯枸著饬赴总理衙门听候考查由》，光绪二年闰五月二十一日，馆藏号：01-05-006-03-035。

部以张斯桂拟选直隶广平府知府。十二月初五日（1886 年 1 月 9 日）被带赴内阁，经钦派王大臣验放，初六日（10 日）复奏，"堪以补授"。奉旨"依议"。初七日（11 日），张斯桂上奏"谢恩"。① 光绪十四年（1888）三月卒于任上。②

何如璋使团中另一重要人物为参赞、候选知府黄遵宪。期满后何如璋专门上奏请叙，内称，奉命出使日本，创办之始诸事纷繁，三年以来稍稍就绪，多赖使团众人襄助之力；称道黄遵宪等人"远涉重洋，供差异域，磨炼造就，颇有可观"，"职分应办之事，亦矢慎矢勤，毫无贻误"；奏请黄遵宪仍以知府分发省分归候补班前先补用并加盐运使衔。奉旨"著照所请奖励"。③ 使团回国时，黄遵宪没有随同回国，而是从日本直接被派往中国驻美国使馆充旧金山总领事，后又转任中国驻英国使馆参赞、驻新加坡总领事，光绪二十二年（1896）十月被谕命为出使德国大臣，未行。光绪二十四年（1898）六月又被谕命为出使日本大臣，因政变爆发也未行。黄遵宪成为晚清名副其实的外交官，贡献卓著。

使团其他成员，除沈文荧、潘任邦等未满年告假回国"无庸请奖"外，其余的何如璋不同程度尽力为他们请奖，包括一批丁忧人员。比如，保奏随员廖锡恩免选本班，以知县不论双单月遇缺即选，并加同知衔，奉旨"依议"。④ 长崎理事署随员州同衔同文馆学生任敬和，神户理事官候选同知刘寿铿，横滨、神户理事署随员直隶试用

---

① 张斯桂：《奏为奉旨补授直隶广平府知府谢恩事》，光绪十一年十二月初七日，奏折，档号：04-01-13-0357-008，缩微：04-01-13；秦国经主编《清代官员履历档案全编》第 4 册，第 60~61 页。

② 陈培源：《张鲁生太守传》，载《慈东马径张氏宗谱》卷 10；李鸿章：《题报广平府知府张斯桂病故日期事》，光绪十四年四月初九日，题本，档号：02-01-03-12323-032，缩微号：02-01-03。

③ 宝鋆等：《题为核议随出使大臣何如璋使日人员江苏试用县丞冯照〔昭〕炜改为议叙事》，光绪七年九月十一日，题本，档号：02-01-03-12013-036，缩微号：02-01-03。

④ 吏部：《廖锡恩随同邓大臣赴粤勘界照例准免赴部投供仍行按班铨选》，光绪十一年九月初七日，馆藏号：01-24-018-01-004。

县丞吴广霈，随员福建试用县丞何定求，以及随员户部学习郎中陈文史，均遇丁忧。任敬和于光绪三年（1877）十一月到差，次年十月下旬接家书告之母病垂危，欲请假回籍省亲。使臣何如璋认为海外随行人员因母病请假驳之未免寡情，安排停当后曾先行准假二月，因涉及俸薪问题，又请示总署查核。不过，未等任敬和起程，光绪五年（1879）正月具报丁亲母徐氏忧。当时因长崎理事署开办未久，经手事多，碍难更调，何如璋咨呈总署暂将其留任差遣。任敬和后据总署《出洋人员丁忧分别办理》规定，于三年差满后回籍照章补制。刘寿铿于光绪四年（1878）五月到差，是年十二月具报丁生母吴氏忧。当时神户商情纷纭绲辖，创办之始刘措置"均臻妥协"，神户各商上禀请留，由于刘寿铿"坚请守制"，准销差回籍。吴广霈于光绪三年（1877）十一月到差，光绪五年（1879）十月具报丁生母袁氏忧；何定求于光绪三年（1877）十一月到差，光绪五年（1879）十月具报丁嗣母陈氏忧；陈文史于光绪三年（1877）十一月到差，光绪四年（1878）三月具报丁亲母萧氏忧。这三位均属"勤奋谨慎"，皆因"坚清守制"，先后各准销差回籍。何如璋认为，出使异国诸事草创，以上各员远役海外，不无微劳。虽中道丁艰，但如不与随使各员同邀恩奖，"未免向隅"。因就任敬和、刘寿铿、吴广霈、何定求、陈文史五人应如何酌量分别给予奖叙，请旨饬交总理衙门核议具奏。光绪七年（1881）正月，军机大臣奉旨交总理衙门议奏。① 总理衙门

---

① 何如璋：《随员任敬和请假由》，光绪六年五月初一日，馆藏号：01-19-008-02-002；何如璋：《奏为同文馆学生任敬和等随员远役海外不无微劳请旨奖叙事》，光绪七年正月二十五日*，录副奏片，档号：03-5157-080，缩微号：393-0407。按：何如璋《随员任敬和请假由》系统目录上时间作"光绪六年五月初一日"似不确。查该件正文未标示年份。任敬和于光绪三年十一月初一日到差，光绪五年正月二十五日具报丁亲母徐氏忧。如此，其"接家书，母病垂危，欲请假回籍省亲"，当在"光绪五年正月二十五日"之前。何如璋接任敬和请假禀文的"十月二十六日"，年份应在光绪四年。该件内另有一条信息可为佐证："长崎理署事宜，系责成理事官一人，今开办既逾三月。"长崎一口设理事官在光绪四年五月间，"逾三月"，仍在光绪四年。故件中所述内容在光绪四年，而不是"光绪六年"。

认为，"因事故回籍，未满三年之期，自与无端请假者不同"，"未便没其微劳"，于是以在差久暂，酌分等差给奖，"于鼓励之中，仍寓区别之意"：任敬和呈报丁忧后仍留日本当差，期满三年，"与各随员一律给奖"，由何如璋等"酌议办理"；刘寿铿和陈文史在差未满一年"应毋庸议"；吴广霈和何定求在差已及二年，"交部从优议叙"。二月十八日（3月17日）奉旨"依议"。①九月初五日（10月27日），吏部参照捐输军饷、重大事务督办出力人员给予加一级，从优者酌加记录三次之定例，从优议叙，吴广霈、何定求各给予加一级记录三次。奉旨依议。②使团比较稀缺东文翻译，布理问衔江苏试用县丞冯昭炜，何如璋是将他与参赞黄遵宪一同上奏请奖的，拟请仍留原省，以本班归候补班前先补用，并赏五品衔，可见对其重视。军机大臣奉旨，冯昭炜"著照所请奖励"，不过吏部查核后提出不同意见。总理各国事务衙门奏定章程规定："无论异常、寻常劳绩，八品以下各官加衔均不得逾六品。如请加衔有逾限制者，即照加衔限制改给应得之衔，衔已无可再加，应改为议叙。"冯昭炜请仍留原省以本班归候补班前先补用与定章相符，可照准，但五品衔已逾加衔限制，与定章不符。如果改为加六品衔，冯昭炜已有布理问衔，所以衔已无可再加，吏部认为应改为议叙。奉旨"依议"。出使外洋出力议叙，吏部比照定例，即捐输军饷、重大事务督办出力人员给予加一级的规定，将改为议叙的冯昭炜加一级，奉旨允准。③另有一些三年未满期人员，如东京使署西文翻译官杨枢、长崎理事署西文翻译官梁殿勋

① 总理衙门：《奏为州同衔同文馆学生任敬和等员远役海外不无微劳请旨奖叙事》，光绪七年二月十八日＊，录副奏片，档号：03-5158-050，缩微号：393-0554；载《出使章程》，第38~39页。

② 宝鋆等：《题为核议总理衙门咨请从优议叙使日大臣何如璋随带出洋出力人员吴广霈等二员事》，光绪七年九月初五日，题本，档号：02-01-03-12013-031，缩微号：02-01-03。

③ 宝鋆等：《题为核议随出使大臣何如璋使日人员江苏试用县丞冯照〔昭〕炜改为议叙事》，光绪七年九月十一日，题本，档号：02-01-03-12013-036，缩微号：02-01-03。

和横滨西文翻译官蔡国昭，他们各有贡献，但因未满三年，何如璋奏请由接办大臣于差满之日请奖。① 其中，蔡国昭于光绪九年（1883）五月期满三年时，接任大臣黎庶昌以其"谨慎耐劳，当差勤奋"，拟请以州同知不论双单月归部选用并加五品衔。十月军机大臣奉旨"著照所请"。②

第二届出使大臣黎庶昌出使时，因在"壬午兵变"中举措果敢，受到清政府上下一致赞赏。黎庶昌后被第二次派驻日本，成为晚清唯一一位两次出使日本的使臣，可见清政府对其出使成效之肯定。总理衙门对于黎庶昌前后两次出使总的评价是："熟悉洋情，办理交涉事件克全大体，诸臻妥协。"并认为察其才具，能够膺就监司之任，获旨"黎庶昌著交军机处存记"，以备简用。③ 黎庶昌后曾与曾纪渠一起，被作为出使西洋大国大臣的备选人员受到保举。保举奏折称：黎庶昌"两充出使日本大臣，经理交涉事宜，诸臻妥协。东西洋各国皆知其名"，称赞他"留心经济，体用兼备，笃雅廉正，器识闳深；曾国藩赏称其有抗希曩哲，补救时艰之志"，认为他如出使西洋大国，"必可胜任"。此外，保举奏折还认为，虽然黎庶昌已两持使节，或不欲再令远涉重洋，但如果人地实在相需，预计黎庶昌报国情殷，无不慷慨就道；而经涉风涛以壮年为最相宜，希望朝廷"及时任用"。④ 黎庶昌后来未出使西洋，于光绪十七年（1891）五月被简授四川川东

---

① 何如璋：《奏为委任蔡国昭试署翻译官等事》，光绪七年正月二十五日＊，录副奏片，档号：03-5157-079，缩微：393-0406。

② 黎庶昌：《奏为神户理署翻译官蔡国昭三年期满请奖励事》，光绪九年十月二十二日＊，录副奏片，档号：03-5184-052，缩微号：394-2069。

③ 奕劻等：《奏为保举出使日本大臣黎庶昌交军机处存记录用事》，光绪十七年三月二十二日，录副奏折，档号：03-5277-077，缩微号：400-0137；奕劻等：《奏为出使日本大臣黎庶昌差满回京照章察核请准存记备用事》，光绪十七年三月二十二日，朱批奏折，档号：04-01-13-0369-044，缩微号：04-01-13。

④ 《奏为川东道黎庶昌惠潮嘉道曾纪渠经理交涉事宜妥协请任用出使大臣事》，［光绪二十年］，朱批奏折，附片，档号：04-01-12-0562-076，缩微号：04-01-12-107-1659。

兵备道道员兼重庆海关监督①，管辖三十六属，兼督关税，办理通商。② 同年十一月抵达四川，饬赴川东兵备道新任③，十二月十四日（1892年1月13日）接印④。黎庶昌病故后，宣统三年（1911），四川在籍绅士内阁侍读学士刘宇泰等83人联名上书四川总督王人文，列举黎庶昌生前功绩，恳请上邀恩赉。六月初二日（6月27日），王人文上奏，鉴于黎庶昌"积劳于国，遗爱在民"，根据绅士们联名呈请，奏请将黎庶昌生平政绩宣付国史馆立传，并准川东绅民自行捐建专祠，"以顺舆情"。六月二十六日（7月21日）奉朱批"著照所请"。⑤

黎庶昌在第一次出使期间因丁忧提前回国，当时的使团人员主要由接任使臣徐承祖保奖。如光绪十一年（1885）二月，徐承祖上奏称，原黎庶昌使团人员姚文栋、陈嵩泉、陈允颐、黎汝谦、郭万俊、蓝文清、张沆、黄超曾、谢祖沅、江景桂、叶兰芬、罗星垣、方濬益、杜绍棠、陈瑞英等，已期满三年，他们随黎庶昌远涉重洋，不辞艰险，勤奋奉公，实属"异常出力"，请按照总理各国事务衙门奏定章程分别奖叙。同时还提到，沈铎、钟进成和于德枢拟待扣至三年期满后再行核奖。光绪十一年四月初二日（1885年5月15日），军机大

① 「黎庶昌」、『宮島誠一郎文書』、Reel 13，347-2；「清使筆談及書翰往復　五号」、『宮島誠一郎関係文書』、2145。
② 鹿传霖：《奏为川东道黎庶昌患病久未痊恳请开缺事》，光绪二十二年正月二十二日，录副奏折，档号：03-5338-037，缩微号：403-2147。
③ 刘秉璋：《奏为饬令黎庶昌赴川东道新任并委任张华奎署理建昌道事》，光绪十八年二月初七日＊，录副奏折，档号：03-5289-041，缩微号：400-2281；（检索系统中无责任者）《奏为饬令新任川东道黎庶昌即赴新任并委任张华奎署理建昌道事》，[光绪十七年正月二十七日]，附片，档号：04-01-12-0550-169，缩微号：04-01-12-105-1259。
④ 「黎庶昌」、『宮島誠一郎文書』、Reel 13、347-2；「清使筆談及書翰往復・五号」、『宮島誠一郎関係文書』、2145。
⑤ 王人文：《奏为川东兵备道已故道员黎庶昌政绩卓著请宣付史馆等事》，宣统三年六月初二日，录副奏折，档号：03-7456-134，缩微号：554-1194。

臣奉旨"陈允颐等均著照所请奖励"。① 谢祖沅保五品衔候选州同。②
姚文栋在黎庶昌回国后，被徐承祖指名留任。不久又被出使俄德大臣
洪钧调往驻俄德使馆当差，期满后，洪钧再次为他上奏请奖。③ 徐承
祖为前任各位随员请奖并非轻而易举，加上请奖时不少已回国，他的
奏请颇费一些周折，但他始终未予放弃。如为长崎理事官余珌的请
奖。黎庶昌在任时，曾奏请余珌以知府不论双单月遇缺前先选用，并
加盐运使衔，但因当时余珌并未俸满截取，清廷令另核请奖。徐承
祖接任后，在余珌当差满四年多时又上奏，余珌试俸历俸期满，以
知府不论双单月尽先选用，并加盐运使衔，但清廷认为应等余珌补
缺俸满截取同知后，方准以升阶例保，仍令另核请奖。另外两位随
员郭万俊和蓝文清的情形也与之类似。徐承祖奏请郭万俊俟补缺俸
满后免选同知，以知府不论双单月遇缺前先选用；奏请蓝文清俟补
知县后，免补直隶州知州，以知府仍留原省，归候补班前先补用。
清廷的答复是，此两人所请奖叙与定章不符，令另核请奖。徐承祖
强调这些人员"出洋多年，颇著辛勤，不无微劳"，后他遵照部议另
核请奖，并照部定新章开具各位的详细履历，恳请核给奖叙，"以资
鼓励"。④ 徐承祖在呈递清单上注明，原内阁中书、俸满后尽先选用知
府余珌，拟请俟归知府班后加盐运使衔，并随带加三级；原候补内阁
中书郭万俊，拟请俟补缺后历俸期满，加五品衔；原五品衔直隶州
用、湖南候补班前先补用知县蓝文清，拟请俟补直隶州知州后以知府

---

① 徐承祖：《奏为前出使大臣黎庶昌随带出洋直隶试用通判姚文栋等员勤奋从公请照章奖叙事》，光绪十一年二月二十七日，录副奏折，档号：03-5195-003，缩微号：395-0611。

② 隆恩：《奏为保举前出使东西洋各国随员谢祖沅请发往两江派办洋务交涉制造事》，光绪二十四年三月二十九日，录副奏折，档号：03-5615-021，缩微号：423-1800。

③ 洪钧：《奏为出使日本随员姚文栋等员出洋期满请旨照章议叙事》，光绪十三年十二月二十八日，录副奏折，档号：03-5235-065，缩微号：397-1499。

④ 徐承祖：《奏为遵照部议原保前长崎理事官余珌等员另核请奖事》，光绪十三年四月初九日，录副奏折，档号：03-5222-073，缩微号：396-2484。

仍留原省补用，并加运同衔。获朱批，命议奏。其时已是光绪十三年
（1887）闰四月下旬，[①] 离他到任已二年多，离期满只半年。蓝文清
回国后，于光绪十一年十月初一日（1885 年 11 月 7 日）以候补班
前先补用知县身份到湖南，至十二年十月初一日（1886 年 10 月 27
日）一年期满，例应甄别中，湖南巡抚卞宝第根据藩臬两司会详，
会同署湖广总督臣裕禄附片具陈，认为蓝文清"年富才旺，堪以留
省照例补用"[②]。

对于第三届出使大臣徐承祖，清政府对其出使的总体评价是：
"办理交涉事件尚属妥协，克全大体。"[③] 徐承祖任内保奖了不少随
员。除原黎庶昌使团成员外，还分批为本使团人员请奖。如，光绪
十一年（1885）七月，徐承祖在使团翻译工部遇缺即补主事沈铎和
随员候选县丞于德棥期满时，将他们与东文翻译人员一起上奏请奖，
称该二人"海外从公，始终勤奋，实属异常出力"，请照章分别奖
叙。沈铎拟请免本班以直隶州知州分发省分，归候补班前遇缺取补
并赏加知府衔；于德棥拟请免选县丞，以知县不论双单月归部选用，
并赏加同知衔。光绪十一年九月初二日（1885 年 10 月 9 日）奉旨
"沈铎等均著照所请奖励"。钟进成虽尚未期满，也在保奖名单中被
提到。[④]

徐承祖任内就东文翻译及雇用通事等确立了奖励制度。何如璋
使团以后，一直受雇的东文通事罗庚龄、杨锦庭、蔡霖，至光绪十
一年（1885）已历 7 年。光绪十一年（1885）二月，徐承祖上奏请

---

① 徐承祖：《呈遵照部议另奖前任出洋各员衔名清单》，光绪十三年四月初九日，单，
档号：03-5222-074，缩微号：396-2486。

② 卞宝第：《奏为候补知县蓝文清期满甄别事》，光绪十二年十二月十八日*，录副奏
片，档号：03-5216-065，缩微号：396-1284。

③ 奕劻：《奏为前出使大臣徐承祖差竣回京请量予录用事》，光绪十四年四月二十一日，
录副奏折，档号：03-5236-062，缩微号：397-1714。

④ 徐承祖：《奏为工部缺即补主事沈铎候选县丞于德棥期满请援案奖励等事》，光绪十
一年七月二十八日，录副奏折，档号：03-5200-017，缩微号：395-1555。

示可否酌量照章给予列保，获准。① 七月，徐承祖按照俞允之请，将罗庚龄、杨锦庭和蔡霖随同沈铎等期满人员一并"遵旨保奖"，称道他们"办事谨慎"。选用州同衔罗庚龄，拟请以州同不论双单月归部尽先选用，并赏加五品衔；选用从九品衔杨锦庭，拟请以从九品不论双单月选用，并赏加六品衔；福建试用巡检蔡霖，拟请免补本班，以县丞仍分原省归候补班前补用，并赏加布理问衔。九月初二日（10月9日）奉旨"均著照所请奖励"。② 光绪十三年（1887）十二月，徐承祖又奏请将横滨理事署东文翻译官罗庚龄等改照出使定章三年保奖一次，也获准。③

根据定章，出洋人员间有"病殁差次"者，均荷恩施，从优赐恤。④ 徐承祖任上约有三位随员因病身故，徐承祖按章分别为他们请恤。原黎庶昌使团横滨理事署随员陈嵩泉，经徐承祖奏留，仍先派充横滨理事署随员，继而于光绪十二年（1886）十月开调派神户理事署随员。日本滨海，地土卑湿，陈在日本5年之久，感染湿毒，于光绪十三年三月十一日（1887年4月4日）遽尔身故。陈在任期间"襄理交涉诸务，颇称勤慎"，可谓"积劳病故"。徐承祖奏请"饬部照例从优议恤，以慰幽魂"。光绪十三年闰四月二十日（1887年6月11日）奉朱批"陈嵩泉著交部照例从优议恤"。⑤ 随员陈衍蓍于光绪十

① 《德宗景皇帝实录》卷204，光绪十一年二月二十八日（戊戌），《清实录》第54册，第901页。

② 徐承祖：《奏为工部遇缺即补主事沈铎候选县丞于德楙期满请援案奖励等事》，光绪十一年七月二十八日，录副奏折，档号：03-5200-017，缩微号：395-1555。

③ 黎庶昌：《奏为随员翻译官沈铎等员留洋期满分别请奖事》，光绪十四年十月初一日，录副奏折，档号：03-5241-067，缩微号：397-2888；黎庶昌：《奏为遵照部议查核原保期满翻译附贡生刘庆汾监生卢永铭按异常劳绩请奖事》，光绪十四年十月初一日，录副奏折，档号：03-5241-073，缩微号：397-2903。

④ 徐承祖：《奏为神户理事署随员陈嵩泉因病身故请从优议恤事》，光绪十三年四月初九日，录副奏片，档号：03-5222-076，缩微号：396-2490。

⑤ 徐承祖：《奏为神户理事署随员陈嵩泉因病身故请从优议恤事》，光绪十三年四月初九日，录副奏片，档号：03-5222-076，缩微号：396-2490。

年（1884）经徐承祖奏调东渡，派令经理文牍随办交涉诸务。光绪十二年（1886）冬也染患湿疫之症，但仍"力疾从公，未尝稍懈"，终因久病操劳，气体日损，于光绪十三年八月初四日（1887 年 9 月 20 日）遽尔身故。陈衍蕃曾随前大臣何如璋出使日本，先后在差 7 年之久，"效忠海外，竟以病终，实堪悯恻"，徐承祖奏请"准饬部从优议恤以慰幽魂"。光绪十三年十一月初九日（1887 年 12 月 23 日）奉朱批"著照所请"。① 清廷的议恤还是严格照章办理的，这从一个例外案例中可见一斑。随员谢传烈于光绪十年（1884）冬随徐承祖东渡，具体负责处理北洋及长崎往来文牍，于光绪十一年七月十一日（1885 年 8 月 20 日）陡患急症，片刻身故。徐承祖上奏请恤，评价该员"能谨慎从公，深资得力"。又考虑到他上有年逾七旬的老母，下有年仅八岁孩子，"殒身异域，殊堪悯恻"，恳请"照例从优议恤"，并请示可否附祀在江苏上海愍忠祠，"以慰幽魂"。光绪十一年九月初二日（1885 年 10 月 9 日）军机大臣奉旨，令礼部等"议奏"。② 礼部遵照例定章程之分别入祀各先例，认为够格的或是守土授命，临阵捐躯，或是力保危情，积劳身故，或是奉差溺毙，探贼被害。而谢传烈出差未久，所承担不过经理文牍，谈不上勤劳卓著，仅仅申其悯恻之情而欲获如此隆典，不允，且将"违例擅请"的使臣徐承祖交部议处，是为后话。③ 顺及，徐承祖时期使团人员较多殒身异域，具体原因不详，不过从随员张晋请病假一事的处置中，大概可以看到，当时使团对因病请假较严。光绪十三年（1887）初，横滨理事署张晋因

---

① 徐承祖：《奏为所带随员补用通判陈衍蕃在差身故请旨议恤事》，光绪十三年九月二十四日，录副奏折，档号：03-5229-033，缩微号：397-0283。

② 徐承祖：《奏为随员增生谢传烈东渡到国陡患急症殒命请议恤事》，光绪十一年九月初二日＊，录副奏片，档号：03-5200-018，缩微号：395-1558；《奏为随员增生谢传烈东渡到国陡患急症殒命请议恤事》，光绪十一年九月初二日＊，录副奏片，档号：03-5200-019，缩微号：395-1559。

③ 吏部：《奏为遵旨会议出使日本大臣补用道员徐承祖处分事》，光绪十一年十二月初十日＊，录副奏折，档号：03-5203-029，缩微号：395-2151。

"胃气疼痛"要求请假两个月到天津、上海就医，未获准。使臣徐承祖认为，出洋要差各有职司，如果准许随从人员突然因"小病"请假回国，"必致贻误公事"，最后批假两月，令其就近在横滨治疗。两个月后，张晋仍然恳请回国医治，徐承祖当即电调张晋到东京使署"亲加察验"，发现张晋"气色虽稍带黑暗，其精神一切仍属如常"，认为非但无须回国就医，而且即使照常办公，也无不可。后徐承祖调查获悉，张晋在横滨不办公事，却可以各处行走，认定其"任性藐公""不能得力"，最终作"撤差"处置，于同年三月将处理意见咨呈总理衙门。① 这样的事例，在甲午战前驻日使团人员中仅见，却能反映出徐承祖使团对于随员请病假把关严格。除给病殁人员请恤外，徐承祖还为使署翻译兼参赞官杨枢的祖父、正红旗汉军领催杨靖，以及其父亲杨朝生和姑父马启微等，恳请赐恤旌表；又为其胞叔杨朝汉遭消除旗档事，上折陈情②，并将之与援例请奖学习东文翻译片一道寄总理衙门请代呈。③ 后经清政府复查，杨枢祖父杨靖等均已请恤请旌，至于其叔父杨朝汉，则准其仍归入正红旗汉军旗籍。④

　　清政府对于第四届出使大臣黎庶昌出使的评价已如上述。黎庶昌第二次出使期间，也不同程度保奖了随使人员，可谓不遗余力。如他努力使东文翻译人员得到与其他随员相同规格的保奖。光绪十四年（1888）五月，黎庶昌为东文翻译官附贡生刘庆汾和监生卢永铭三年期满照章请奖，认为他们"勤奋当差"，实系"异常出力"，拟均请

---

① 徐承祖：《随员盐大使张晋不能得力撤差回国由》，光绪十三年三月十九日，馆藏号：01-19-008-03-001。

② 徐承祖：《奏为使署翻译兼参赞官杨枢呈称伊祖领催杨靖等驻防广州剿贼阵亡请旨分别旌恤事》，光绪十一年五月二十六日，录副奏折，档号：03-5834-032，缩微号：438-2484；徐承祖：《奏为署翻译兼参赞官杨枢呈称伊叔杨朝汉出外投营日久销除旗档请饬归旗事》，光绪十一年七月初三日＊，录副奏片，档号：03-5834-033，缩微号：438-2486。

③ 徐承祖：《法事签押后日本民情已平七月将赴大阪西京访察并呈巨文岛地图》，光绪十一年六月十二日，馆藏号：01-25-019-01-015。

④ 《德宗景皇帝实录》卷211，光绪十一年七月初三日（己亥），《清实录》第54册，第975页。

以县丞不论双单月归部选用，并加布政司理问衔。六月初二日（7月10日）奉朱批，"著照所请"并转吏部知道。① 但吏部核议后认为，刘、卢等都是黎庶昌招致肄习语言文字后派充翻译当差，与奏请随带出洋人员不同，应按"寻常劳绩"保奖。十月，黎庶昌再次上奏，历陈东文翻译之重要，培养之不易，以及刘、卢的功绩，强调"为外洋办事需员，鼓励人材起见"，要求维持对刘、卢的最初保奖请求，并请求以后各口翻译概照"异常劳绩"给奖"而立定章"。十一月十一日（12月13日）奉朱批"刘庆汾等均著照原保奖励。嗣后各口翻译人员一并准照异常劳绩给奖"。② 又如，光绪十四年（1888）十月，黎庶昌为西文翻译官候选直隶州知州沈铎、随员候选知县于德枡、东文翻译官选用州同罗庚龄和选用从九品杨锦庭期满请奖，认为他们"办理交涉事务奋勉勤恳，实属异常出力"。沈铎拟请免选本班以知府不论双单月归升班后选用，并加盐运使衔；于德枡拟请免选本班以直隶州知州归部遇缺尽先前即选，并加知府衔；罗庚龄拟请免选本班以通判不论双单月遇缺即选，并加四品衔；杨锦庭拟请使服阕后，免选本班以府经历县丞不论双单月归部即选，并加五品衔。十一月初十日（12月12日）奉朱批"著照所请"。于德枡已于光绪十三年（1887）八月遵旨陪送东洋矿师赴滇，"深资臂助"。云南矿务紧要，于德枡拟期满销去出洋差使后，归云南矿务局差遣。③ 再如，光绪十七年（1891）黎庶昌离任前夕破例为随员改捐知州中书科中书曾纪寿和随员户部郎中梁佟年请奖。曾纪寿于光绪十三年十一月十九日（1888年1月2日）到差，光绪十六年八月初九日（1890年9月22日）因

① 黎庶昌：《奏为东文翻译官刘庆汾卢永铭期满照章请奖事》，光绪十四年五月初一日，录副奏折，档号：03-5237-006，缩微号：397-1912。

② 黎庶昌：《奏为遵照部议查核原保期满翻译附贡生刘庆汾监生卢永铭按异常劳绩请奖事》，光绪十四年十月初一日，录副奏折，档号：03-5241-073，缩微号：397-2903。

③ 黎庶昌：《奏为随员翻译官沈铎等员留洋期满分别请奖事》，光绪十四年十月初一日，录副奏折，档号：03-5241-067，缩微号：397-2888；《德宗景皇帝实录》卷261，光绪十四年十一月十日（丁巳），《清实录》第55册，第505页。

丁母忧离差，连闰有两年九个月多。梁佟年于光绪十三年十一月十九日（1888年1月2日）到差，光绪十六年九月十八日（1890年10月31日）因丁父忧离差，连闰已有两年十一个月。黎庶昌认为该二人"远役重洋"，将届三年期满，请准其按照"异常劳绩"一体保奖。三月十二日（4月20日）奉朱批，由总理衙门议奏。按照光绪七年（1881）二月总理各国事务衙门奏定章程，凡出使人员事故离任，在差已满二年者，交部从优议叙。曾纪寿、梁佟年照"异常劳绩"奏保，显然与章程"稍有未符"。但总理衙门考虑曾纪寿等在洋将及三年，以礼去官，相距期满不及百日，与缘事撤回、因病开缺者不同，也与在差仅满二年者有别。商酌决定，准如黎庶昌所请，将曾纪寿、梁佟年二人照"异常劳绩"列保，并规定"嗣后出洋随员非丁忧离差，与相距期满在三四月以外者，均不得援以为例"；奉朱批"依议"。① 对曾纪寿等的具体保奖，后由继任使臣李经方代奏。光绪十八年（1892）初，李经方根据总署奏定新章"丁忧离差相距期满在三四月以内"的规定，奏请曾纪寿免选知州，以知府不论双单月尽先选用，并加三品衔四品顶戴花翎；梁佟年以知府不论双单月遇缺前先选用，并加三品衔。三月二十一日（4月17日）奉朱批，"著照所请"。②

黎庶昌等为随员请奖可谓不厌其烦。黎庶昌第一次出使时，曾为随员五品衔直隶州湖南候补知县蓝文清请奖，奉部驳议，由徐承祖具奏改请，又因"核与定章不符"，令另核请奖。光绪十四年（1888）十月黎庶昌第二次出使时，再次上奏请给予蓝文清随带加二级州同

---

① 总理衙门：《奏为随员曾纪寿将届期满丁忧离差可否照章奖励请旨事》，光绪十七年三月十二日＊，录副奏片，档号：03-5277-040，缩微号：400-0050；《奏为出洋随员曾纪寿梁佟年期满请准一体保奖事》，[光绪朝]，附片，档号：04-01-13-0436-005，缩微号：04-01-13；载《出使章程》，第68~69页。按：以上朱批附片缺前页，无责任者和时间，但所余两页内容与录副奏片和《出使章程》所收完全一致。

② 李经方：《奏为随员曾纪寿梁佟年期满请旨奖叙事》，光绪十八年三月二十一日，录副奏片，档号：03-5290-067，缩微号：400-2550。

衔，终于奉朱批"著照所请"。① 随员江西试用州判罗培钧由黎庶昌保奖，请免补本班以通判仍留原省归候补班前遇缺即补，并加四品衔，总理各国事务衙门咨行吏部议复，认为与奏定章程不符，要求另核奏明请奖。后由接任使臣李经方于光绪十八年（1892）二月具奏，改请保免补本班，以知县仍留原省归候补班前遇缺即补并加同知衔，同知衔随带加三级。三月二十一日（4月17日）奉旨允准。李经方改奖折内，误将罗的底衔江西试用州判笔误作"江苏"字样，李经方未及办理，接办大臣汪凤藻为此还上奏请旨饬部更正。②

第五届使臣李经方在任时间虽然不长，但也曾为期满随员分别请奖。如光绪十七年（1891）李经方为随员候选道庄兆铭、指分湖北试用县丞李昌洵、东文翻译兼箱馆副理事官布理问衔四川试用县丞刘庆汾和东文翻译官布理问衔候选县丞卢永铭4人期满请奖。李经方认为，该4人"当差办理交涉事务均属异常出力"，照章分别请奖。庄兆铭拟请仍以道员不论双单月归部选用，并加二品顶戴；李昌洵拟请免补本班，以知县仍留原省归候补班尽先前补用，并加同知衔布理问衔；刘庆汾拟请免补本班，以知县仍留原省归候补班尽先前补用，并加同知衔布理问衔；卢永铭拟请免选本班，以知县不论双单月归部尽先选用，并加同知衔。六月初五日（7月10日），奉朱批"庄兆铭等均著照所请奖励"。③ 又如，光绪十八年（1892）二月，李经方为西文

① 黎庶昌：《奏为查明原保随员湖南候补知县蓝文清等员分别另核请奖事》，光绪十四年十月初一日，录副奏片，档号：03-5241-068，缩微号：397-2891。
② 李经方：《奏为试用州判罗培钧董事同知衔刁永祥另核请奖事》，光绪十八年三月二十一日＊，录副奏折，档号：03-5290-066，缩微号：400-2548；汪凤藻：《奏为查明江西试用州判罗培钧原请改奖折内误缮江苏字样请旨饬部更正事》，光绪十八年十月十六日，录副奏片，档号：03-5298-034，缩微号：401-0240；汪凤藻：《奏为原保随员江西试用州判罗培钧地名有误请更正事》，光绪十九年五月二十一日，附片，档号：04-01-12-0559-130，缩微号：04-01-12-106-3330。
③ 李经方：《奏为随员庄兆铭等员当差期满照章请奖事》，光绪十七年六月初五日＊，录副奏折，档号：03-5280-010，缩微号：400-0593。

翻译官江苏试用县丞郑汝骙、东文翻译官四品衔候选通判罗庚龄和东文翻译官六品衔候选盐大使陶大均3人期满请奖。李经方认为，以上3人在洋当差办理西文、东文翻译事件均属"异常出力"，应照章分别请奖。郑汝骙拟请免补县丞，以知县仍留原省归候补班前先补用，并加同知衔；罗庚龄拟请免选通判，以直隶州知州不论双单月遇缺即选，并赏给三品封典；陶大均拟请候选盐大使缺后，以知县归候补班前尽先前在任候补，并加同知衔。三月二十一日（4月17日），奉朱批"郑汝骙等均著照所请奖励"。① 李经方任内所保奖者，主要是原使团留任人员。

李经方由于丁忧提前辞任，本使团人员大量留任，所以其使团人员期满请奖，多由继任使臣汪凤藻上奏。如光绪十八年（1892）十一月汪凤藻上奏为李维格和顾士颖当差期满照章请奖。使署西文翻译官、监生李维格于光绪十六年十二月二十日（1891年1月30日），经前任出使大臣李经方由美国差任上电调来日，汪凤藻到任后，奏请留充原差。来日之前，李维格于光绪十五年（1889）九月初经出使美西秘国大臣崔国因奏调到美国，派充西文翻译官，光绪十六年（1890）八月下旬奏调离美，在差资格及一年，这段任职经历已由李经方咨准总理各国事务衙门照章存记在案。自光绪十六年（1890）十二月到日本之日起，连闰扣至光绪十八年（1892）十一月，计期及二年，接算之前在美国的资历，届三年期满。驻长崎理事署西文翻译官、同知衔浙江候补知县顾士颖，光绪十五年（1889）十一月初，经出使大臣黎庶昌奏派，任驻横滨理事署西文翻译官，李经方接任后留任，汪凤藻到任后奏请仍留充原差。顾士颖自光绪十五年（1889）十一月到差之日起，连闰扣至光绪十八年（1892）十月初，也已届三年期满。汪凤藻认为李维格和顾士颖两人在使署办理西文翻译事件均属"异常出力"，"应照常奖叙"。李维格拟请以盐大使归部尽先前选用，并加通

---

① 李经方：《奏为翻译官郑汝骙等员三年期满请旨奖叙事》，光绪十八年二月二十日，录副奏折，档号：03-5290-065，缩微：400-2546。

判衔；顾士颖拟请免补本班，以同知仍留原省，归候补班补用并加知府衔，"以资鼓励"。光绪十九年正月二十六日（1893年3月14日）奉朱批，"著照所请"。① 光绪十九年（1893）正月，汪凤藻又为两位期满人员洪遹昌和唐家桢请奖。神户兼大阪理事官、知府衔江西省尽先前候补同知洪遹昌，由李经方于光绪十六年（1890）十二月奏调来东，汪凤藻接任后留充原差。洪遹昌曾随出使英法意比国大臣刘瑞芬出洋，担任驻英随员，于光绪十五年（1889）三月期满保奖以后，仍留使馆差遣，至光绪十六年（1890）正月底销差回国，在使团任职还余十个月资格。洪遹昌自光绪十六年（1890）十二月到日本任随员，连闰扣至光绪十九年（1893）正月，并计他在英国的十个月余资，正好届三年期满。驻箱馆副理事署学习东文翻译、前补用并加盐运使衔监生唐家桢，由黎庶昌招收为东文学堂学生，于光绪十三年（1887）十二月初三日到堂，光绪十六年（1890）五月派赴云南矿务局当差，计在东文学堂时间为二年零五个月。光绪十七年（1891）十二月经李经方咨调回日本，拔充驻箱馆副理事署学习东文翻译。汪凤藻接任后留充原差，自光绪十七年（1891）十二月到日本任职起，连闰扣至十八年（1892）闰六月止，合计他在东文学堂资格，也届三年期满。汪凤藻认为，洪遹昌在任上办理交涉、保护商民各事宜，"措置悉臻妥协"，唐家桢则"勤奋供职，亦无遗误"，两人均属"异常出力"，"应照章奖叙"。具体是，洪遹昌拟请免补同知，以知府仍留原省归候补班前尽先补用；唐家桢拟请以县丞不论双单月归部尽先选用并加六品衔，"以资鼓励"。获朱批"著照所请"。②

---

① 汪凤藻：《奏为驻美西翻译官监生李维格驻日长崎理事署西翻译官候补知县顾士颖期满请奖事》，光绪十八年十一月二十六日，朱批奏折，档号：04-01-12-0557-019，缩微号：04-01-12；汪凤藻：《奏为翻译官李维格等在洋当差期满照章请奖事》，光绪十八年十一月二十六日，录副奏折，档号：03-5302-109，缩微号：401-1130。

② 汪凤藻：《奏为正理事官洪遹昌学习翻译在洋三年期满照章请奖事》，光绪十九年正月二十日，朱批奏折，档号：04-01-38-0204-005，缩微号：04-01-38。

引人注目的还有汪凤藻为使团派驻上海文报各员保奖，过程颇为曲折。光绪二十年（1894）四月汪凤藻上奏为使团派驻上海的所有经理出使日本文报各员请奖。汪凤藻认为他们接递外洋往来公牍，三年期满，"毫无迟误，著有微劳"，奏请循照向章保奖。人员涉及谢上松、孙多鑫、张兆桢、曹英、韦承鼐、沈秉模、韦恒豫等人。具体是，江西试用县丞谢上松请免补本班，以知县仍留江西，归候补班前先补用，并加同知衔分省试用；知府孙多鑫请免补本班，以道员分省补用；浙江候补知县张兆桢请免补本班，以同知仍留原省前先补用，并加知府衔三品；分省试用知府曹英请免补本班，以道员分省补用，并加布政使衔；分省补用知县韦承鼐请免补本班，以直隶州知州分省补用，并加知府衔；广东候补同知沈秉模请免补本班，以知府仍留原省，归候补班前先补用；分省试用州同韦恒豫请免补州同，以知州分省补用。汪凤藻上奏不久，战争爆发，使团撤离回国，时任北洋大臣李鸿章未及核办，继任北洋大臣王文韶接管卷宗时，已是光绪二十一年（1895）底。而该年七月，经御史庞鸿书上奏获准，出台了新的文报人员奖核制度，更趋严格，即三年期满，"照寻常劳绩请奖，每处准保三员"。尽管如此，王文韶认为，汪凤藻请保各员是在吏部认定的新章以前，各位文报员期满也在中日战争之前，他们接递往来公牍，远涉重洋三年之久，"毫无遗误"，"洵属著有微劳"，希望依照历届成案分别照例给奖，"以示鼓励"。光绪二十一年十二月十六日（1896 年 1 月 30 日）获朱批俞准，此时离汪凤藻上奏已过一年零八个月。这也说明，文报人员尽管没有随使出国，但作为使团重要组成部分，作用不可小觑，在频遭战争危机的特殊年代尤其如此。①

第六届汪凤藻使团出使期限未满，甲午战争即爆发，第五届、第

---

① 王文韶：《奏为出使日本国大臣汪凤藻等员期满著有微劳循章请旨奖叙事》，光绪二十一年十二月十六日＊，录副奏片，档号：03-5333-105，缩微号：403-1421。

六届使团人员被保奖情况不得而知。可以说，清政府对于何如璋、黎庶昌和徐承祖等使团的出使，还是给予相当肯定的评价的。

二　历届驻日使团对日本国情、政情的考察

清政府决定向日本派驻使臣的直接原因是台湾事件，目的是"外托邻邦报聘之礼，内答华民望泽之诚。倘彼别有诡谋，无难侦得其情，相机控制"[1]。可知，驻日使团除承担重邻交、修友好、护侨民之责外，还肩负"侦得其情"的任务，也就是考察和了解日本的相关国情。总理衙门奏定出使章程也规定，出使大臣"凡有关系交涉事件，及各国风土人情，该使臣皆当详细记载，随时咨报"，以便"可以洞悉""各国事机"，办理一切也"不至漫无把握"。[2] 探讨历届使团对日本国情的考察及认识，可以从另一个层面思考其驻日活动的成败与功过。

（一）首届何如璋使团给日本国情定基调

首届何如璋使团出使的首要任务是处理"球案"，其对日本国情的考察，首先源自"球案"交涉的需要。

日本挑起阻贡事件后，清政府内部存在种种疑虑，主要原因是对日本的国情相当隔膜。当时，国内关于日本的消息主要来自报纸等传闻。鉴于明朝时期倭寇的历史，以及日本在台湾事件中得逞野心，清政府内部普遍存在"恐日"心理，认为日本好寻事，更以为日本"强盛"[3]，担心参与琉球阻贡事件交涉将会引发边衅。为此，首届使团所要研究和回答的首要问题是，中国应对阻贡是否会挑起战争。这

① 《筹办铁甲兼请遣使片》，同治十三年十一月初二日，载吴汝纶编《李文忠公全书·奏稿》卷24，第27页。

② 《片奏请饬出使大臣咨送日记》，光绪三年十一月初一日，载《出使章程》，第20页。

③ 何如璋：《与总署总办论球事书》，载温廷敬辑《茶阳三家文钞》卷2，第2页；《何子峩来函》，光绪四年四月二十八日到，载吴汝纶编《李文忠公全书·译署函稿》卷8，第3页。

就牵涉到对日本国情及总体国力的考察和评估。

大致来说，何如璋使团最初几个月的考察非常关键。它奠定了使团对日本的基本看法，并直接影响到清政府的对日认知。

使团对日本国情的考察从启程赴任时就已开始。自丁丑（光绪三年，1877）八月初五日离开北京启程，至"辛丑移寓东京芝山月界僧院"，何如璋将海陆之所经、耳目之所接，用心察问，以日记形式记下，汇成《使东述略》一卷和《使东杂咏》一卷，送呈总署。① 使团初期的日本国情考察，从财赋、国用、军备、国内政局等方面入手，反复研究。

途经神户时，使团通过中国商人了解到，日本国内通货膨胀非常严重，"比年多事，币多凭虚以造。大阪最富，近闻其巨室囊箧大半纸币矣"。途中，使团又详细调查了日本陆、海军在全国各地的分布和军备数量、警卒捕役在市间的分布，以及日本年收入总额、来源和支出情况。当时何如璋已经感到日本财经相当匮乏，"宫省府县各经费度支恒苦匮乏"。②

《使东述略》大都是途次见闻。为此，抵任之后，使团又对相关情况作考察，尤其兵制、税收等，不断"博考"，校正细节，补充缺失，探悉"得失"，在《使东述略》的基础上资料大大丰富。如《使东述略》对日本的国际环境、国债的细微情况和藩阀对立之下动荡的政局，均未提到，此时则有了新的了解。最明显的是对日本军备情况的纠正和深入了解。《使东述略》说，日本陆军的常备兵额为"十三万二千人"，这时指明为"三万二千人"；《使东述略》只介绍军舰的数量，这时深入了解其实际战斗力，称"兵轮十五号，多朽败不堪"；对于大炮和正在购置中的 3 艘军舰的情况，《使东述略》未提，这时

① 何如璋：《使东述略》，第 12 页。
② 详见何如璋《使东述略》，第 10~11 页。

也做了较详细的补充。① 到四月初，使团"来东数月，旁观目击"，对日本的国力已"渐悉情伪"。于是，何如璋就日本国情呈报总理衙门，从四个方面加以具体介绍和评述。

其一是疆域、财赋收入及民风情况。何如璋指出，日本的疆域不逾两广，财赋远不及三吴，民细而质柔，只有萨摩、长门（即长州）两地人稍称才武。他认为中国即称困敝，日本与中国大小悬殊，也难与中国匹敌。

其二是财政情况。何如璋指出，日人自废藩后，改革纷纭，国债超过一亿元。新近内乱，民心不靖，又议减租，"国用因之愈绌"。政府刚刚下令拟借公债一千余万元以继开支，但听说民间没有响应者，"其穷急可知"。日本当时赖以敷衍的是纸币，如果挑起战争，军火船械购自外国者，必须用现金。因此他认为，日本人即使头脑灵活，也恐不能做无米之炊。

其三是军备情况。何如璋指出，日本当时更改军制，寓兵于农，常备陆军只有3.2万人，海军不及4000人，军舰15艘，但多朽败不堪驶。大炮数十尊，还不都是新制的。向英国定购制造的3艘军舰因经费紧缺，仅1艘抵达横滨，名为铁甲，实际是铁皮，每艘船价值仅30余万元，并非大型军舰，其驾驶兵法也不精。因此他认为，日本还不是中国对手。加上日本全国海岸线纷错，"自防不暇"，他认为更谈不上算计他国。

其四是国内政局情况。何如璋指出，日本废旧藩时收土地偿以家禄，以15年为期，当时即将届满，失职者日益贫困，怨望益深，10年来祸乱迭起。他认为，如果日本举全国之力远征，内变将作，且常额不敷微调，势必役及番休，"无故兴师，徒滋众怨"。他还

① 详见何如璋《与总署总办论球事书》，载温廷敬辑《茶阳三家文钞》卷2，第1~2页；《何子峩来函》，光绪四年四月二十八日到，载吴汝纶编《李文忠公全书·译署函稿》卷8，第3页。

认为，日本主政者都不是轻躁之人，此种情形"谅筹之已熟"。他甚至乐观地认为，日本执政者鉴于时局艰危，本想倚仗中国为援，而又担心未可深恃，不得已改从西制，冀以牵制强邻，别无其他用意。

总之，在使团看来，当时的日本是"贫且弱""外强中干"，"人人所知，无可掩饰"，"不敢遽开边衅"。①

民风细柔、财政匮乏、军备不足和政局动荡，尤其后三种情况，集中体现了使团抵日初期对日本国情的基本认识。同一时期，何如璋致信李鸿章介绍日本国情时，完全没有超出上述内容，只就个别地方作补充。如关于军备，增加了对日本征兵制度的介绍，称："近仿德制，寓兵于农，征役练兵，三年为期。彼盖知全国濒海，时势难危，图自守耳。"此外，极个别细节也略有出入。如关于国债数额，致总署信作"债逾一亿"，致李鸿章信则作"债逾二亿"。② 但这些均不足以影响到首届使团对日本国情的判断。

使团对日本的看法，很快为清政府所接受，③ 本书第一章已有论述。此后，随着对日本国情的深入了解，使团考察的侧重点有所变化，但日本"贫且弱"这一论断，却基本没有大变。

使团对日本的考察，初期面面俱到，后来逐渐集中到财政问题中的金银外流以及日本高层的最新变动上。这在光绪五年（1879）三月日本废灭琉球时，以及同年六、七月日本驻华公使宍户玑奉命商办"球案"时，都有较明显的表现。

光绪五年（1879）三月日本废灭琉球，使团出于对东亚局势的深

---

① 详见何如璋《与总署总办论球事书》，载温廷敬辑《茶阳三家文钞》卷2，第1~2页。

② 《何子峨来函》，光绪四年四月二十八日到，载吴汝纶编《李文忠公全书·译署函稿》卷8，第3页。

③ 《总理各国事务衙门奏日本梗阻琉球入贡现与出使相机商办情形折》，光绪四年六月初五日，载故宫博物院编《清光绪朝中日交涉史料》卷1，第24~25页；《总署奏日本梗阻琉球入贡现与使臣何如璋相机筹办折》，光绪四年六月初五日，载王彦威纂辑，王亮编《清季外交史料》卷13，第29页。

沉忧虑，致信总署谈论对新时期琉球问题的看法。信中仍强调日本"万万不能胜我"，仍主张对日本采取强硬措施，所据仍是日本国力困穷之状况，但在具体阐析中，使团从一个新的层面，即日本之所以"穷"的根源，做了深入剖析，称：

> 揣日本今日之势，固万万不能胜我也。夫无财不可以为国，彼族之穷，天下所知，前函已备述之，请再言其详。日本废藩以前，各藩未铸银钱，惟通行纸币，共有三千万。废藩后，由朝廷收而易之。自明治四年至六年，搜括全国金银共铸金银铜三货值六千六百三十二万二千四百三十六元，而所造纸币初限为九千六百万元。西乡之乱，复凭虚增造纸币二千六百万元。自昨年以来，由大藏省发出银行纸币复有三千四百万元，合计纸币之浮于金银货者，有十二千万。而自六年以后，金银货皆不能复铸，全国上下惟以纸币流行而已。所造金银之货，每年海关输出共八九百万元（查其海关输出入表，输出金银逾输入者，岁约六七百万，而所雇各国教士，及海外留学生员，及驻各国使馆，及官府购物，不在海关表者，岁又五六百万。除海关收税二百余万扣抵外，岁约八九百万云）。除大藏省准备不动金货值一千万银钱外，悉为西人攫去。而大藏不动金因纸币价贱（从前纸币十元当银钱十元，因纸币浮出过多，近纸币十三元乃抵银钱十元云），近复出六百余万。所存之三百余万势不能不复出，出则不名一钱矣。上以纸币给下，下以纸币奉上（纳租收税皆以纸币），国中自为流转耳。若军事既兴，枪炮购之于外，不复能用纸币，其势不敢妄动。①

---

① 详见何如璋《与总署总办论朝鲜事及日本国情书》，载温廷敬辑《茶阳三家文钞》卷2，第12~14页。

可见，日本废灭琉球后，使团的注意力特别集中到了日本金银外流这一现象上。对于日本的货币流通、金银铸造数及其与纸币的关系等情况，可谓了如指掌。使团之所以开始关注这一层面，是因为他们认为"无财不可以为国"。日本金银大量外流导致通货膨胀，国库空虚，无疑使日本难以对外轻易发动战争，因为"若军事既兴，枪炮购之于外，不复能用纸币"。由此使团断定，日本必然"不敢妄动"。

这一新的认识角度显然是使团新时期的共识。光绪五年（1879）二月，因所谓的"照会事件"，"球案"交涉陷入僵局。参赞黄遵宪和出使随员沈文荧拜访日本友人，由琉球问题谈到中日国力。沈文荧从三个方面论述其对日的看法，其中首先谈到的就是日本白银大量外流之忧患，称"今西人收取日本金银，以致有纸无银。他日倘责国债，势必以地偿之，其居心甚不可问"。对于日本不去担忧这样的问题，却不惜失好于中国的行为，沈文荧表示深感"不可解"。他继而称，中国之地大于日本数倍，其富也数倍，人民、兵饷均多于日本，而日本府藏财竭，人民贫困，有不求自治，易召内乱之患。① 所论不仅体现了何如璋使团一直以来对日本国情的基本认识，而且还体现了该使团对日本白银大量外流问题的共同关注。

对于日本金银外流对日本国力及军备的深刻影响，何如璋此后还有论述。光绪五年（1879）六、七月，日本驻华公使宍户玑奉命前来商办"球案"。何如璋再向总署谈论"球案"，自然又谈到日本国情。这时，他对日本国内的最新情况显然有所关注，即他谈到日本的内政状况。当时民众请开国会为当局所拒，而政府内部萨、长两党"倾轧愈甚"，国内局势很不安定。继而他便谈到金银与纸币问题，称："纸币价格愈低。初行，纸币与洋银相抵。今年春间至每洋银百换纸币一

----

① 转引自《与日本友人宫岛诚一郎等笔谈》，载陈铮编《黄遵宪全集》上册，第731~735页。

百五十余。新任大藏卿佐野常民将大藏省存银发出补救，减至百三十。近又百六十矣。民益浮动，政府更欲募外债数百万，以图挽回。其内债尚存三亿五千一百万有奇，外债尚存一千一百万有奇。原额一千六百五十九万，还五百万矣。今势出无奈，更以加增贫困。"为此何如璋断定，日本国内危机四伏，大可不必担心"日本乘隙思逞"。① 何如璋还看到财力不足对于日本军备的影响。如日本于光绪五年（1879）向英国购造的铁甲船"扶桑"舰号称日本"第一兵船"，刚到日本6个月船底就有损伤，下水8个月后又查出水线以下铁多腐坏，可两年过去原因一直未能查明。该军舰是日本竭尽财力所购，因"府帑空虚"，对此军方"惟有浩叹"。②

日本金银外流问题到黎庶昌使团时期，还继续受关注。而这里提到的日本开国会及政府内部萨、长两派的倾轧问题，其实提示了继金银外流问题之后，使团又有了一个新的关注点。此后，日本政府内部的最新动向，尤其萨、长等派系关系的消长以及开国会问题，成为使团考察日本国情的新的重要层面。如光绪七年（1881）正月何如璋致总署函中提到，日本朝野在国会问题上紧张对峙，称日本民众上书请开国会，政府坚决拒绝，不接受。民众上书须由地方官转达元老院才能收受。③ 这大概也能反映何如璋本人对日本开国会的立场，对于这一有别于亚洲各国尤其是中国传统的新政体，何如璋当然不会赞许。不过，开国会在明治日本时期已是大势所趋。光绪七年（1881）八、九月，使团持续关注萨摩派首领黑田清隆在政府中职位的变动情况，原因是萨、长、肥派各参议皆树党相争，将来

---

① 详见何如璋《与总署论球事书》，载温廷敬辑《茶阳三家文钞》卷2，第7~8页。

② 何如璋：《函述传阅中俄之事已议结并报告日本近事》，光绪七年正月十七日，馆藏号：01-17-057-02-001。

③ 何如璋：《函述传阅中俄之事已议结并报告日本近事》，光绪七年正月十七日，馆藏号：01-17-057-02-001。

胜负所在关系朝局变迁。① 日本开设国会诏谕发布后，至八月底日本各省的卿长大加更易，何如璋将详细名单附寄总署，包括政、军两界所有更易的人员。其中特别提到日本体制架构的变化。新任5名参议人员，而在太政官中新设一所参事院，奉命起草约法，为将来国会宪法起草张本。其时日本政府对于民间的政治舆论控制比从前更加严苛。② 可见日本政府对于开国会的决心。这些新的考察视角，为后来各届使团所承继。

综上可知，何如璋使团对日本国情的考察，遵循一条由开始时的较全面了解，到中后期将注意力集中到金银外流状况、政府高层派系斗争消长，以及新的政体、开国会等问题的路线。使团对日本国情的总体看法，自出使到离任始终不外乎"今日之日本，外强中干，朝野乖隔，府帑空虚"③，"府藏空虚，上下乖隔，彼亦自知之，万不敢以邹敌楚萌启衅之心"④，"益形瘠苦，市面亦觉冷落"⑤，有时甚至有"贫瘠之极"⑥ 的评论。这样的认知，应该说是基本符合当时日本国情的。民国初年，曾是使团随员之一的参赞黄遵宪的胞弟黄遵楷，在谈到使团出使之初日本的国情时，还称："当是时，日本醉心欧化，而实际贸易超入，金钱流出，上下交困，民不聊生。西乡隆盛遂率国人有请清君侧之举。"⑦ 可见，30余年后，中国已经进入民国时期，

---

① 何如璋：《日本各参议皆树党相争与将来朝局大有关系琉球案件请指示以便办理朝鲜年来稍觉奋发自新谅将来终可收获》，光绪七年九月初六日，馆藏号：01-25-006-01-011；何如璋：《日政府决废使置县开拓使长官黑田清隆辞官朝鲜安骥求之异母兄谋叛被举发处刑》，光绪七年十二月二十七日，馆藏号：01-25-006-01-029。

② 何如璋：《函述日本开设国会并英皇孙游历到日本及朝鲜派员前来各事》，光绪七年九月二十一日，馆藏号：01-19-007-02-003。

③ 黄遵宪「朝鲜策略」、外务省编纂『日本外交文書』第13卷、392-393页。

④ 何如璋：《与出使英法国大臣曾袭侯书》，载温廷敬辑《茶阳三家文钞》卷3，第7~8页。

⑤ 何如璋：《函述传阅中俄之事已议结并报告日本近事》，光绪七年正月十七日，馆藏号：01-17-057-02-001。

⑥ 何如璋：《复总署论球案暂缓办理书》，载温廷敬辑《茶阳三家文钞》卷2，第9页。

⑦ 黄遵楷：《先兄公度先生事实述略》，民国4年（1915）5月。

原使团成员对日本当初国情的追溯,仍然与何如璋当年致清政府的报告一致。对于日本国情的判断,以后各届使团在表述上与何如璋使团有所不同,但大要不离其宗。可以说,首届何如璋使团对日本国情的考察及认识,不仅在清政府处理"球案"问题中起了积极作用,也给日本的国情定了一个基调。

当时,使团对日本的对华态度有一定警觉。除由"球案"引起的外交摩擦之外,使团还觉察到,日本在与西方修改条约交涉中,对中国有明显的侵害行径。其加进口税、免出口税一事,"眼光所注,尤在夺我国之利"。为此,何如璋曾以非常具体的数据向总署分析其中危害;并指出,日本的做法是"西人受利而我受害,是又操同室之戈,绐兄之臂而夺之食";认为"此中之关系,较争地为尤大"。① 只是,对于日本对华态度的深入细致的考察,在何如璋使团时期还不是一项重要任务,有待后届使团充分展开。

(二)两届黎庶昌使团综论十年间日本国情之"三变"

黎庶昌使团自光绪七年(1881)底第一次赴任,至光绪十六年(1890)底第二次出使回国,驻使日本前后跨越近 10 年。

如果说何如璋使团对日本的考察具有开创之功的话,那么,出使时间占据甲午战前出使期近一半的黎庶昌使团的日本考察,就可以说代表了晚清中日关系发展中驻日使团对日本的新的看法。

黎庶昌在第二次离任回国前夕,有一份上呈清政府的报告,非常详细地阐述了他两次出使及以后对日本的认识,此报告可以看作他对日研究的一个总结。

报告首先介绍日本的地理位置、人口及其国力在国际上的地位,继而追溯中日两国交往的历史,接着清晰地阐述了近 20 年来日本的

---

① 何如璋:《与总署总办论日本改订税则书》,载温廷敬辑《茶阳三家文钞》卷 2,第14 页。

现状及国情变化的脉络，最后提出他对日政策的建议。① 它为我们提供了黎庶昌使团二次驻使期间考察日本的思路和视角。

报告中，黎庶昌对日本的地理位置、特征和人口情况如数家珍。他指出："日本一国，面面阻海，地形险固，长约五千余里。南与浙江对峙，北与吉林近连，实为中国外海一大屏障。人民四千万，确有户籍可稽。"在梳理上千年来中日两国交往的历史时，黎庶昌指出，隋唐时期日本曾有一段"效慕华风，倾诚悦服，亦如今日之崇重西法"的时期；日本之对华启戎心，始于"元世祖跨海远征"之后；而与西洋各国通商、明治维新、废藩置县之后，日本侵犯中国台湾地区以及灭琉球、窥朝鲜，已与中国成了敌国。黎庶昌对日本历史、地理等情况之了解，表明到第二届使团时，中国对日本的基本状况已经相当熟悉。黎庶昌使团中，确实有像何如璋使团中黄遵宪那样对日本做系统、深入、细致的基础性研究的人士。使团随员姚文栋曾撰写《日本国志》一书，与黄遵宪的《日本国志》书名相同，其中之内容也多有值得称道之处。② 使团中另一位随员黄超曾③奉黎庶昌之命，遍游日本各地，做实地调查。此外，使团中还有前来日本做短期考察的游历官员，如游历日本及美、秘等国兵部候补郎中傅云龙和刑部学习主事顾厚焜，此两人于光绪十三年（1887）十月初行抵东京。经时任使臣徐承祖照会日本外务省，获颁游历日本全国护照，日本各地方官也许诺妥为照料优待，此两人得以畅游日本。在日半年，两人先后深入考察东京的海陆两军及大藏、司法等省，以及附近的船炮、枪

---

① 黎庶昌：《中国宜乘日本渐有亲我之心趁修改条约之际与彼联络以抗西洋》，光绪十七年二月初六日，馆藏号：01-25-028-02-030。

② 关于姚文栋《日本国志》及相关日本地理的研究著述，详参王晓秋《近代中日文化交流史》第184~190页和王宝平『清代中日学術交流の研究』217-238頁。

③ 黄超曾，号吟梅，江苏崇明人。1881年冬随黎庶昌赴日，1882年至1883年7月任职于神户理事馆。1883年7月调任横滨理事馆。详参王晓秋《近代中日文化交流史》，第237页。

械、印刷各厂局。此后，他们又不辞艰险前往西京、马关一带，周咨博访，"各处考求孳孳不倦"，"昼则观览，夜则记载"，最终顾厚焜写成《日本新政考》两卷，傅云龙拟撰《日本图经》。①这大大丰富了使团对日本的了解。黎庶昌使团对日本的基本情况既已熟知，而在他们看来，由于中国台湾地区及朝鲜、琉球等问题，日本无疑已"与我成为敌国"了。黎庶昌给当时的中日关系确定这样的基调，值得重视。

与何如璋不同，黎庶昌对日本明治维新的成效及总体国力颇为肯定，称："日本近年事事讲求，海陆两军扩张整饬，工商技艺日异月新，物产又极富饶，以中国三省之地，岁入洋银八十余万元，出亦如之，其力量几与西洋次等之国相敌。"较之他的前任，对日评价可谓不低。只是，黎庶昌仍认为日本对中国并不足以构成危险。这一论断所采用的评价参数与何如璋使团相似，即以金银外流状况为依据，他指出，"二十余年来，百物繁兴，物力已竭。国中通行纸币，银元流出外洋，漏卮颇巨。一朝有急，势使难支"②。黎庶昌驻使期间的确对日本的财政状况有持续关注。如光绪九年（1883）十月底，使团从日本报纸上获悉日本大藏卿松方正义拟再向民间借2500万圆，名义上是用于建造火车及修理道路，报纸称道松方此举"可令生意有振兴之望"。但黎庶昌分析指出，这实则是将纸币收入手中，使民间金币增值而洋银自贱，以虚换实，他不禁感慨"此真桑宏〔弘〕羊心计也"。他看到，上一年日本每洋钱一元换纸币一圆五六角，而当年已

① 王晓秋：《近代中日文化交流史》，第192~198、237~238页；徐承祖：《奏为兵部候补郎中傅云龙刑部学习主事顾厚焜游历日本全国情形事》，光绪十三年十一月二十一日，录副奏片，档号：03-5623-007，缩微号：423-3567；黎庶昌：《奏报兵部郎中傅云龙刑部学习主事顾厚焜日本考察撰著并赴美日期事》，光绪十四年五月初一日，录副奏片，档号：03-5623-008，缩微号：423-3568。

② 黎庶昌：《中国宜乘日本渐有亲我之心趁修改条约之际与彼联络以抗西洋》，光绪十七年二月初六日，馆藏号：01-25-028-02-030。

涨至每元不过换纸币一圆一角。① 黎庶昌还定期向总署送呈日本每个月的贸易大数，包括出口货值、进口货值，以及日本与中、英、法、美、朝鲜等国之间的贸易额。② 可以说，黎庶昌的论断是基于他对日本财政状况的实地考察。他对日本的总体看法是："轻视日本者非，其畏日本者亦非也。"在此前提之下，黎庶昌详细介绍了他"两次奉命驻扎，前后六年"所观察到的日本国情之"三变"：

> 臣两次奉命驻扎，前后六年。观其国情，凡有三变。当光绪七年初至之时，倭人锐气方张，素以中国为办事迟缓，遇待情形，比较西洋各国隐然有低下一等之意。又因球案时时提论，防我用兵，猜忌猷甚。至八年夏间，朝鲜变乱，朝廷遣兵勘〔戡〕定，策应如神，乃憬然知中国非尽事持重，情形遽为一变。嗣是法越事起，该国外托中立之名，内与法人为比，特于其时派遣陆军大臣大山岩游历欧洲，实则假道越南，窥中国兵势之强弱。厥后马江、台湾之役，彼皆派有兵船往观。然自我与法人构难以来，其心愈益不敢轻视。又于其时乘势谋夺朝鲜，事终无成，盖亦知难而退。逮臣两次驻扎，适值彼外务大臣井上馨与西人订约，受制甚多，为众论所不容，罢职而去。国情复为一变。上年九月大隈重信再持修约之议，被人刺伤。大臣中如伊藤博文、黑田清隆等相继辞职，人怀戒心。国情又为一变。③

---

① 黎庶昌：《日领排斥华商在釜山设号营业请令朝鲜外部于各口定出华人租界以免镣辐》，光绪九年十二月初一日，馆藏号：01-25-013-01-004。

② 黎庶昌：《日本在名古屋海陆军合操事》，光绪十六年闰二月十三日，馆藏号：01-19-007-03-003；黎庶昌：《函陈办理琉球三策并朝鲜借洋债一事外务复文甚为取巧抄录呈送由》，光绪十六年五月初九日，馆藏号：01-34-009-01-004；黎庶昌：《函述日皇两次大操生辰及观菊会宴请各使》，光绪十六年十月十五日，馆藏号：01-19-007-03-004。

③ 黎庶昌：《中国宜乘日本渐有亲我之心趁修改条约之际与彼联络以抗西洋》，光绪十七年二月初六日，馆藏号：01-25-028-02-030。

从黎庶昌所述日本国情"三变"的历程中可知，他认为有两大因素是促使日本国情发生变化的重要动因：其一是"壬午兵变"和中法战争中中国军事的强硬态势，以及其间日本在"甲申事变"中的失利；其二是"甲申事变"后日本上层的人事变动。"壬午兵变"、中法战争及"甲申事变"，无疑是黎庶昌对日认知进程中三个重要的界标。这三大事件均在他第一次出使期间发生。黎庶昌第二次出使时已是中法战争和中日《天津条约》订立之后的第三年，其间中日之间颇"无事"。

黎庶昌第一次出使期间多事，第二次出使期间"无事"。他两个时期对日本国情的考察，角度和心路历程都有不同。以下拟分期阐述，并与上述"两次奉命驻扎"对日本国情的总结性的论述相参比，以揭示使团新时期的日本考察。

黎庶昌第一次出使期间所关切的，主要是日本的对华态度及其军备动向。而他对日本对华态度的深入观察及感受，是首届何如璋使团不曾特别展开的话题。

黎庶昌是带着重议"球案"的任务赴任的，其主要精力首先放在具体的"球案"交涉上。他向清政府阐述对日看法，约在"壬午兵变"之后。"壬午兵变"爆发后，黎庶昌就中国派兵照会日本时，日方百般刁难，蓄意否定中朝传统宗藩关系，对黎庶昌的冲击非常大。为此，他致函清政府称，日本事事与中国为难，显存凌轹之意，见诸声色，绝非曲意周旋、开诚布公所可联络；他预言日本此举将来恐导致失和、打仗。① 黎庶昌这一忐忑的心境，到八月份日本新派驻华公使榎本武扬挈眷前来中国示好时，才逐渐平静，于是谈到他出使大半年来对日本的看法，指出："庶昌在日大半年，遇事曲示周旋，未敢稍贬身分。即该国接待，亦未尝失礼。不过，其人词气小节之间，总

---

① 黎庶昌：《日本声言自护使馆显有凌轹中国之意又派探赴沪侦探军事处置朝鲜宜仿英人处印度例废王而郡县之》，光绪八年七月十八日，馆藏号：01-25-009-01-016。

有一种傲视中国、矜侈西法之意，是以私衷不快耳。"① 这是目前所见黎庶昌对日看法较早又较明确的一份，与前述总结性报告中所说"初至之时，倭人锐气方张""比较西洋各国隐然有低下一等之意"，表述完全一致。其后，使团考察到不少日本对华的新动向。

其时，黎庶昌使团发现，日本正有计划地派遣间谍人员深入中国各地搜集情报。早在因"壬午兵变"爆发，中方与日方交涉派兵时，使团就获悉，日本派能说中国话的海军少尉曾根俊虎和町田实一到上海坐探军情，便提醒总署"均宜防范"②。稍后，使团随员姚文栋通过日本人士对这些间谍的活动背景和内情做了详细调查。他不仅获悉最近一次由4名探子组成的侦探组，将由朝鲜潜往吉林，窥探吴京卿营中之虚实，而且还具体了解到这4名间谍人员的情况以及到中国后的活动情况。姚文栋得知，日本政府有意鼓励这一计划，因此，该风气在日本"渐开渐盛"。姚文栋指出，日本这种"改装潜行"的间谍行为，违背中日和约精神，函请总署密令近海各省及吉林等处暗地察访。如在未开港通商之地遇到有假装潜游不带护照的外国人，也请"就地正法"，以杜绝此种弊风，免遭外国轻视。黎庶昌使团还看到，日本非特觊觎朝鲜，且有"躐窥"满洲之意。曾根的《北清纪行志略》即记述盛吉两省之事。此外，有岛宏毅的《满洲纪行》、古川宣誉的《辽东日志》，也均是受遣满洲侦探后所做的记录。③

这一时期，黎庶昌使团非常关注日本的军备情况，并提请清政府予以充分重视。光绪八年（1882）八月，黎庶昌得知，日本闻知中国天津整饬水师的消息后，海军省也逐日议论拟扩充水师。具体是，计

---

① 黎庶昌：《琉球乞援救复国不宜轻易发端朝鲜乱事日本大概不至要求过甚日本拟设釜山电线中国亦宜设电线通朝鲜》，光绪八年八月初五日，馆藏号：01-25-009-02-016。

② 黎庶昌：《日本声言自护使馆显有凌轹中国之意又派探赴沪侦探军事处置朝鲜宜仿英人处印度例废王而郡县之》，光绪八年七月十八日，馆藏号：01-25-009-01-016。

③ 《照录姚随员节略》，载黎庶昌《日外务省告知日本已与朝鲜订约八款》，光绪八年八月十七日，馆藏号：01-25-010-01-010。

划在冲绳县添筑 3 座炮台，在大阪铸大炮数门，置于对马、壹岐两岛间。黎庶昌认为日方的用意"显是防备中国"。使团还了解到，日本船厂这一年添造了"海门""天龙""葛城"三艘新舰。最近在九州地区即长崎一带，添募水兵 300 人入水师营学习。又在德国克虏伯厂定购大炮数尊，以备添设战舰之用，价值金币 25 万元。由于经费不足，日本议加烟酒两税，辩论纷纭，尚未定议。[①] 月底，黎庶昌获悉，"近来日人整饬水师，不遗余力"，继议购买德国"溪儿海口所"2 艘铁甲船之后，又向英国定造 9 艘水雷船。海军省决定，自明治 16 年（1883）1 月至次年底，计划添造大小军舰共 20 艘，已拨出金币 700 万元。又因横须贺船坞尚小，拟另辟一处新坞。日本天皇也大力支持扩充水师。军器局刚刚运到英国阿姆斯特朗大炮数尊，将在越中岛演试。黎庶昌认为，上述种种传说虽然未必尽行，但当次第办理，似非长风声，实有咄咄逼人之势。他进而指出，中国"欲以余力制之，似非长策"，强调"目击情形不得不言，非敢夸大其词"。[②] 两个月后，黎庶昌继续追踪报告，日人所购两艘铁甲船，一名"筑紫"舰，一名"笠置"舰，行将由德国驾驶来日。他还听说，日本有栖川宫炽仁亲王自游历欧美各国归国后，提议日本兵法宜取用德国的。黎庶昌认为，日本"大概又欲更张，改尽人为兵之制"[③]。可以看到，黎庶昌使团对日本军备的分析，与何如璋时期已不同，丝毫没有了不屑一顾之意。他强调日本调兵遣将、购置器械，目标针对中国，提醒清政府不能再以"余力"应对。光绪九年（1883）六月，"当国几二十年"的岩仓具视病故，令黎庶昌对日本未来政局心怀忐忑。岩仓作为王政

---

① 黎庶昌：《日本闻中国整饬水师亦扩充海军添筑炮台显在防备中国》，光绪八年十二月初八日，馆藏号：01-25-011-02-009。

② 黎庶昌：《韩使朴泳孝借得日币二十万圆并聘日人往办新闻日本近添整船械不遗余力有咄咄逼人之势》，光绪八年十二月二十九日，馆藏号：01-25-011-02-031。

③ 黎庶昌：《美英法等国与朝鲜订约通商事各怀用心而日本觊觎野心尤不可不防》，光绪九年二月十五日，馆藏号：01-25-012-01-001。

复古的首推者，深受日本天皇倚重，日皇因岩仓病故而"辍朝三日"。岩仓病笃之际曾召集日本政要提醒两大要事：一是内政方面的开国会之准备问题，另一个就是外交方面的中日"球案"问题。黎庶昌认为岩仓是主张中日"宜固邻交"的，但继承者为何人，他一时不得确知，听说可能是伊藤博文。他看到，日本参议中均是"新进暴起之徒"，且以购船练兵"沾沾自喜"，军方则扩军力度有增无减。如光绪九年（1883）六月，日本海军省派大机器师宫原及御用系官员浅冈赴欧洲，与在英国的共同运输会社社长伊东隽吉商量后，选择合适的造船所，监督订造军舰，黎庶昌介绍了军舰的大小规模。他得知日本在英国除计划购置军舰外，另计划购水雷炮船三艘，费用在总国力中占据高位。海军省还专门派造船工匠数名赴英国造船所学习造船技术，为后续军备培养人才。他同时还关注到日本陆军方面也在增加军费制造枪支，厚积马匹马夫。总之，黎庶昌认为中日关系以后不能无所顾忧。①

就在黎庶昌寄出这一系列军事报告的该年底，日本乘中法战争之际挑起"甲申事变"，再次对黎庶昌产生重大冲击。当时他正准备丁忧回国，对事变前途又毫无把握，为此，他对日本的看法变得相当消极。在即将卸任的报告中称：

> 庶昌在东三年，观日人办事，狡猾精能，实在意大里、日斯巴尼亚等国之上。蜂虿有毒，未可以其小而忽之。据我今日与法人拘难情形，谅彼族亦未敢轻言开衅。然肘腋之下，盈盈带下与国为邻，彼闲暇而我多事，若无妥善结纳之方，东陲终不能高枕。此诸葛孔明所以不得已而和吴也。中日两国积疑已久，恐其

---

① 黎庶昌：《列强无愿助我者我唯有出师力争》，光绪九年七月初七日，馆藏号：01-24-007-01-012。

决裂，不在琉球，而将在高丽。①

可见，在黎庶昌看来，日本已不是一个"贫且弱"的小国，而是一个很具危险性的邻国了。他进而断言："中日两国积疑已久，恐其决裂，不在琉球，而将在高丽。"从后来的历史发展来看，黎庶昌的这一论断颇有预见性。

只是，随着中法战争中方的胜利，以及以中日《天津条约》为标志"甲申事变"的顺利了结，黎庶昌的这种警觉有弱化的倾向。如前述总结性报告中所说，中国在中法战争中取胜，使日本对中国"愈益不敢轻视"。而日本在"甲申事变"中的失利，所谓"乘势谋夺朝鲜，事终无成"，"知难而退"了。黎庶昌这一乐观的心态，到他第二次出使时，由于中日关系相对平静，有增无减。正如总结性报告中所体现的，黎庶昌第二次出使，对日本海军省动向仍有关切，如光绪十六年（1890）闰二月下旬，日本在名古屋近旁举行海陆两军合操，是维新以来的首创，遍请驻日各国公使和代理公使。黎庶昌认为此次合操可觇日本武备之得失，电请李鸿章应否饬派水师兵船前来一观。后接复电称北洋各兵舰均赴南洋、新加坡一带，来不及改调，为此黎庶昌感叹"失此机会，殊觉可惜"。后他将关于大操详情的新闻报道送呈清政府参阅。② 同年夏天，日本天皇在名古屋大操，又在东边的茨城县大操，采用两军攻击法，因人数较少而未请各国公使往观，对此黎庶昌只作简单汇报。③ 六月，他的

①　黎庶昌：《朝鲜之乱实为金玉均酿结而成日人早预知其谋中朝与日本为邻若无妥善结纳之方东陲终不能高枕中国应有大员驻朝庶足镇摄东伐之议不可轻于尝试》，光绪十年十二月初六日，馆藏号：01-25-016-02-001；黎庶昌：《函述朝鲜金玉均酿乱日人预知其谋由》，光绪十年十二月初六日，馆藏号：01-25-059-03-035。

②　黎庶昌：《日本在名古屋海陆军合操事》，光绪十六年闰二月十三日，馆藏号：01-19-007-03-003。

③　黎庶昌：《函述日皇两次大操生辰及观菊会宴请各使》，光绪十六年十月十五日，馆藏号：01-19-007-03-004。

汇报提醒清廷，日本海军省派大尉细谷资为驻中国的武随员，专门考察中国海军事宜，名为联络，实为窥观。细谷资是日本海军盼望中国军舰访日的传话者。① 尽管如此，还是可以看出，此时黎庶昌关于日本军方动向的报告，总体不如他第一任时期那般呈现紧张的气氛。他第二次出使时期，正值日本颁布宪法、召开国会时期，内政繁忙，黎庶昌便将更多注意力投向日本高层的人事变动，借以考察日本国情。这一视角，与第三届徐承祖使团有相通之处，两者当时所处的历史时期也相近，因此，拟与徐承祖使团的相关考察结合起来，以便看得更加清楚。

（三）第三届徐承祖使团与第四届黎庶昌使团关切日本高层变动

第三届徐承祖使团也有一位热心日本研究的随员，名叫陈家麟。他在抵日两年后，根据收集到的资料及本人见闻，编撰了《东槎闻见录》。该书介绍日本的历史、地理、政治制度、社会阶层、刑罚、赋税、产业、文化、社会风俗等方方面面，堪与黄遵宪的《日本国志》和姚文栋的《日本国志》相参比。②

徐承祖本人对日本国情系统阐述较少，但基本看法与前任们总体一致。抵任之初，他在与日本外务卿井上馨就"甲申事变"问题交涉时，看到井上态度颇为强硬，曾直截了当地指出：

> 阁下云贵国官民纷纷主战，请问其究为何事而欲与我国交兵？予到贵国虽仅个月，然贵国民情已审知一二。各处人民俱以税重难以谋生，又不愿效法西洋，极欲思乱。因贵国四方无事，水陆兵丁足以克制，不敢起事，时欲挑衅外国，欲国家与别国交

---

① 黎庶昌：《函述日廷现设议院情形又海军省派细谷川〔资〕氏为驻中国武随员》，光绪十六年六月二十二日，馆藏号：01-19-007-02-007。

② 详参王晓秋《近代中日文化交流史》，第190~191页；佐藤三郎「明治期に日本を訪れた中国人の日本観察（六）——明治二十年、陈家麟の「東槎聞見録」」，『藝林』第52卷第2号（通号250）（2003年10月）、104-112頁。

兵，则伊等庶可从中起事，为所欲为。即如此次朝事，自始至终，中日两国俱一口言和，而贵国钞票已较银钱七折，米竟一日长至二元三角。似此人心浮动，何可再与别邦言战？予生性直爽，勇敢实言。①

井上馨当即表示"此系敝国实情。我政府及各大臣亦多见及于此"。② 可见，徐承祖对于日本国情的看法仍是民生艰难、通货膨胀、人心浮动，无力与中国"言战"。从井上的反应来看，徐承祖所述显然符合实情。

徐承祖深切感受到追求全面西化的日本对中国的"欺蔑"。在给总署报告中他指出，日本上自国家政制，下至日常起居无不效法西方，"沾沾自喜，自命不凡"，接待西洋官商谄谀趋奉，对中国则"心存欺蔑，遇事苛求"，为此他在处理对日交涉时不得不十分谨慎，甚为不悦。③ 值得注意的是，徐承祖使团较成功地雇用了一名日本官方高级人士作为"谍者"，获取极具机密性的情报。从历届使团给清政府的报告来看，他们不同程度都提到有"日人"提供消息，但几乎都没有指明"日人"是固定的某人还是某一些人，更不曾提起他们的身份背景。但徐承祖却特别向清政府谈起这名"谍者"，已如上所述。通过这个亲友旧属中不少现居各部司官的"谍者"，徐承祖不仅获得了包括伊藤博文来华谈判内幕等重要情报，而且还获悉了日本高层的人事动向，以及各派政治势力的对华立场。

光绪十一年（1885）十一月，该"谍者"向徐承祖提供了一份

---

① 徐承祖：《与日本外务卿井上问答》，光绪十年十二月初七日，载"中研院"近代史研究所编《清季中日韩关系史料》卷4，第1644页。

② 徐承祖：《与日本外务卿井上问答》，光绪十年十二月初七日，载"中研院"近代史研究所编《清季中日韩关系史料》卷4，第1644页。

③ 徐承祖：《函报法派戈阁栋来华道经日本曾与晤谈并雇洋员襄理词讼等因》，光绪十一年九月十八日，馆藏号：01-19-007-02-004。

反映日本各派对华主张的机密情报。当时徐承祖正与日本外务省井上馨、榎本武扬等人，就拘捕金玉均进行交涉，虽然"办法尚未议定"，但日方"已有活动之意"。① 这份报告的核心内容是当时日本"大更官制各缘由"②。

"谍者"告知，日本大更官制一事是萨摩派代表黑田清隆从中国回国后，在天皇面前奏请的。"谍者"不仅具体告知黑田所报告的各大条款的具体内容，且进一步通告日本天皇及政府内部各派对各条款的态度。"谍者"报告中变革内容共5条，多涉及军事情报。

第1条："京中各部冗员太多，宜裁去十分之四，月可省五十万元，以此款为扩充海军之用。""谍者"告知，这一条天皇及各大臣"均允"。

第2条："本国宜多建铁路，使全国血脉贯通，转运神速。陆军可裁一半，计每年可省四百万元，即以此款为添筑铁路之用。我国四面皆海，海军极宜加多，陆军实可裁减。纵有兵事，随时调集后备之兵，男丁入营，三年后为后备之兵，皆可能战。缘我国自改男丁十八岁即须入营当兵三年之例，伊等于步伐阵式，均已识练。非若中国所募，皆乌合之众也。"其中牵涉对中国军队的否定评价，值得注意。"谍者"告知，这第2条天皇及各大臣也"均云照行"。

第3条："所设内阁总理大臣如派我，其各部大臣，须我熟识其才品者方好充派。""谍者"告知，这一条深为长门派所忌。

第4条："榎本武扬前自俄国由中国新疆并绕历中国沿海各省回国，曾著有攻取中国以何处为难、何处为易，其山川险要、人情土俗，无不详载。今夏请假游历中国，按册而稽，俱无错误，足见留心

---

① 徐承祖：《索金逆事袁电言之似易行之实难韩若派使来日索要转激日人抗违不辨井上有驱金出境之意又虑为俄所用或能就我范围》，光绪十一年十二月二十八日，馆藏号：01-25-020-02-001。

② 徐承祖：《驻日使臣承祖陈明朝鲜在日活动之自由党人被查拿日本祖护金玉均情形及探得日廷大更官制缘由册》，[光绪朝]，册，档号：38-00-000-000004-0016。

时事，实为有用之才。此人若派为海军大臣，必可胜任。"榎本武扬在"壬午兵变"后曾出任日本驻华公使，到李经方时期出任日本外务大臣，是影响日本对华政策的重要人物之一。"谍者"告知，此条天皇及各大臣"深以为然"。只是海军兵士萨州人十居其九，必须本州人为其大臣方能服众，故派西乡从道为海军大臣，改派榎本为递信大臣。"谍者"估计将来俟其资望稍深，海军一席总有份。

第5条也是最后一条，直接关涉到日本政府各派的对华基本立场，"谍者"的报告非常翔实。黑田报告奏称："中国自战法以后，于海陆各军力求整顿，若至三年后，我国势必不敌。宜在此一二年中速取朝鲜，与中国一战，则我地可辟，我国自强。彼时与中国地土相接，再讲交谊，再看机会。"①"谍者"告知，此条天皇不以为意，于是派各大臣会议，会议在更改官制前夕于黑田清隆家举行。

会上，长门派的伊藤博文、井上馨力驳此条。伊藤的看法是：

> 我国现当无事之时，每年出入国库尚短一千万元左右。若遽与中国、朝鲜交战，款更不敷，此时万难冒昧。至云三年后中国必强，此事直可不必虑。中国以时文取文，以弓矢取武，所取非所用，稍为更变，则言官肆口参之。虽此时外面于水陆各军俱以整顿，以我看来，皆是空言。缘现当法事甫定之后，似乎发奋有为，殊不知一二年后，则又因循苟安。诚如西洋人形容中国所说"又睡觉矣"。倘此时我与之战，是催其速强也。诸君不看中国自俄之役始设电线，自法之役始设海军。若平静一二年，言官必夺参更变之事，谋国者又不敢举行矣。即中国执权大官腹中经济，只有前数千年之书据为治国要典。此时只宜与之和好，我国速节冗费，多建铁路，赶添海军。今年我国

---

① 徐承祖：《驻日使臣承祖陈明朝鲜在日活动之自由党人被查拿日本袒护金玉均情形及探得日廷大更官制缘由册》，[光绪朝]，册，档号：38-00-000-000004-0016。

钞票已与银钱一样通行，三五年后我国官商皆可充裕，彼时看中国情形再行办理。至黑田云我国非开辟新地，实难自强，亦系确论，惟现时则不可妄动。①

井上也力驳，称："中国之不足惧，人人皆知，无烦多论。至黑田欲即取朝鲜，与中国动兵，此时我国饷糈实来不及，且使我与中高构兵，俄人势必乘机占取朝地。彼时朝未取得，饷已花去，俄反增地，非特中国之忧，我日本与俄更近，东方更无日宁静矣。黑田此议万不可行。"②黑田清隆闻之，大肆詈骂。井上回骂。黑田甚至要打井上，被众人劝住。井上遂将面前酒菜全行推翻，悻悻而回。两派争吵非常激烈。

次日，伊藤将各情形面奏天皇，并称萨州人呼朋引伴，多居要地，若不渐削其权，将来必难制服。请自本次改革之后，凡各部官员均以分别科目考试录用。如此则有才者皆可登于朝，而援引之风，不禁自息。天皇深以伊藤之言为是，于是命伊藤为内阁总理大臣，权位在各大臣之上。黑田遂推病不出，天皇也未派黑田任事。③

"谍者"之所以将如此机密的情报密告徐承祖，是基于他"惟愿两国和平"的立场。他担心此时日本事势颇危，萨州人不服，可能像昔日谋杀大久保利通那样谋杀伊藤，如此则必将有事于朝鲜与中国。他谆谆叮嘱徐承祖将以上各事方便时告知清政府，他认为中国一强，日本自无妄念，中日之交可保久远。"谍者"出于大义而非图谋钱财属实。当时徐承祖执意要每月送其车费一百元，"谍者""再三力

① 徐承祖：《驻日使臣承祖陈明朝鲜在日活动之自由党人被查拿日本袒护金玉均情形及探得日廷大更官制缘由册》，[光绪朝]，册，档号：38-00-000-000004-0016。
② 徐承祖：《驻日使臣承祖陈明朝鲜在日活动之自由党人被查拿日本袒护金玉均情形及探得日廷大更官制缘由册》，[光绪朝]，册，档号：38-00-000-000004-0016。
③ 徐承祖：《驻日使臣承祖陈明朝鲜在日活动之自由党人被查拿日本袒护金玉均情形及探得日廷大更官制缘由册》，[光绪朝]，册，档号：38-00-000-000004-0016。

辞"。徐承祖知晓其家中也不需这份报酬,考虑到绝无替我办事而"使异邦人自备资斧之理",徐承祖"再三谕令收领","谍者"才最终接纳。为此除有事时提供情报外,"谍者"熟悉日本法规,还经常帮忙处理华侨商民与日人之间的词讼,华人诉讼因此"多直",徐承祖深感"获益匪浅"。①

从情报中可以看到,日本政府中萨州派与长门派在对华政策上的重大分歧,不是要不要发动战争的问题,而是何时发动战争的问题,是即时发动,还是在将来发动。长门派伊藤博文等人并不反对对华战争,只是主张在条件成熟时再与中国开战。这份情报现留存在晚清中日关系的几种主要史料中,可见清政府已经充分了解此信息。它对徐承祖的启发显然也不小。此后,徐承祖对于日本高层长门派和萨州派的人事变动非常关注。光绪十二年(1886)正月,徐承祖得知日本新改官制,伊藤出任内阁总理大臣且与井上等表示颇欲与中国结好,并愿联络朝鲜,于是便连连致电清政府报告这一消息。② 对于驻日使团来说,在黑田派和伊藤派之间,至少从上述密告来看,伊藤派暂时是反对战争的,因此,还是更加欢迎伊藤派执政。

没有直接史料证明,继徐承祖使团之后第二次出使日本的黎庶昌使团,对日本的相关观察,与徐承祖的这份情报是否有直接关系。但值得注意的是,黎庶昌第二次出使时,正如他那份1890年代初的总结性报告所示,他非常关注日本上层的人事变动,并由此来判断日本国情的变化。事实是,黎庶昌第二次驻使期间有关日本国情的报告,就是围绕伊藤博文、黑田清隆、井上馨和大隈重信等人的职位迁移及其对华立场而展开的。

---

① 徐承祖:《函报法派戈阁栋来华道经日本曾与晤谈并雇洋员襄理词讼等因》,光绪十一年九月十八日,馆藏号:01-19-007-02-004。

② 《商令袁世凯赴日本》,光绪十二年正月十二日,载吴汝纶编《李文忠公全书·译署函稿》卷18,第28页。

光绪十四年（1888）三月，黎庶昌致信总署，报告最近中日交涉的概况，称"此间交涉诸凡平安，尚称顺手"，进而告知日本政府高层的人事变动，称"外务大臣久改大隈重信，伊藤博文顷充枢密院长，接办内阁总理者，系黑田清隆。局面又小有更变"。[①] 同时他又以电报形式将这一消息电告李鸿章，李鸿章立即电告清政府。[②] 十一月，他继续报告，"近来日廷安静如常，前传大臣调动之信，至今尚无明文。惟次官中小有更易"，并告知井上馨的最新行踪，即赴神户、大阪一带考察。[③] 其时，新任外务大臣大隈，一方面主动向黎庶昌大谈中日两国"实应亲密为是"[④]，另一面却绕过黎庶昌，专门约见正在日本游历的傅云龙，称"如有人侵犯朝鲜尺寸土地者，我日本四千万人民当以全力与争"，希望中日两国"笼络"朝鲜之心，"勿令外向他国"。鉴于当时俄国在朝鲜的势力渐次增长，黎庶昌将日本对朝事的这种"关切"，理解为欲保护其本国之安定，称："盖因近来朝鲜情势不但不归向中国，亦不甚亲日本，深虑俄人从中播弄，渐渐试手插入。而彼又值明年开国会之时，须筹内政，恐外衅突乘，故其儆惕之心诚于中而形于外者也。"[⑤] 显然，黎庶昌想当然地认为，日本在开国会之际，政府当局理应全力关注内政。

光绪十五年正月十二日（1889 年 2 月 11 日），经筹备多时，日本终于颁布宪法，将此"视为极大典礼"，决定举行盛大庆典。天皇和国内外政要及家属均盛装出席，历时三日，黎庶昌带同使团随员也参

① 李鸿章：《韩代使金嘉镇已拜会出使日本大臣黎庶昌》，光绪十四年四月三十日，馆藏号：01-25-024-02-030。

② 《北洋大臣电》，光绪十四年三月二十一日到，载故宫博物院编《清光绪朝中日交涉史料》卷 10，第 42 页。

③ 黎庶昌：《函述日皇举行观菊会接见各使并称明年大婚极为欣贺又奥使求给宝星图本》，光绪十四年十一月二十三日，馆藏号：01-19-007-03-002。

④ 黎庶昌：《日外务大臣大隈主中日亲善海军大臣询中国改定船舰旗式》，光绪十五年五月初五日，馆藏号：01-25-026-01-005。

⑤ 以上见黎庶昌《日廷以保护朝鲜自任以笼络其心勿令外向为策略以防俄人从中播弄》，光绪十五年八月三十日，馆藏号：01-25-026-02-010。

与庆典，并将细致观察到的盛典各大环节详细报告给总署。看得出，对于日本的这场举国大庆，黎庶昌颇持旁观态度。庆典中有一个环节，是日皇与各国公使互动，黎庶昌这样描述："日皇与各公使皆叙问数语，庶昌亦勉强应酬一二语。观日皇词色甚喜，殆有今日，乃知为皇帝之贵、之叹。"可见在黎庶昌眼里，日本天皇当时的地位来之不易，远不可与中国皇帝至尊地位相比拟。庆典当日还发生了日本近代史上的一桩大事。文部省大臣森有礼于当天上午出门即将上车时，遭人行刺。行刺者当场被日本警察拿获并处死，森有礼也于次日去世。因行刺者与被刺者皆身亡，所以无口供。黎庶昌在介绍庆典内容的最后提及这则消息，并提到森有礼出殡当天的正月十七日（2月16日），有栖川宫炽仁亲王之子、三品威仁亲王带同侯爵前田利嗣等前往欧洲游历。暂时代理文部大臣的是时任陆军大臣的大山岩。① 由陆军大臣兼任文部大臣这在各国历史上也属罕见。不过黎庶昌介绍日本政坛的这桩大事件时，未添加任何评语。

九月间，日本政坛又发生大变故。起因是九月间外务大臣大隈重信因改订条约不合众意而遭遇行刺，导致黑田清隆为首的内阁全体"引咎辞职"。内阁总理大臣改派内大臣公爵三条实美，黑田则改为枢密院顾问官。遇刺的外务大臣大隈重信的辞职书，传闻是由其秘书官代为缮写进呈的，大隈本人则困卧在床，未进内参见，外务事务暂归次官青木周藏署理。② 十一月间，新任日本驻华公使大鸟圭介经过天津，与李鸿章谈到伊藤博文时称，伊藤"为日本不可少之人"，李鸿章稍后向黎庶昌谈起大鸟的这一评价。黎庶昌肯定"伊藤执政似尚大方，而于西法亦较他人为明白，故大鸟云然诚系确论"。同时他指出，

① 黎庶昌：《函述参观日本颁布宪法典礼并森有礼被刺情形》，光绪十五年二月初四日，馆藏号：01-19-007-02-005。

② 黎庶昌：《日本大隈因改条约不合众意被击》，光绪十五年十月二十一日，馆藏号：01-19-007-02-006。

伊藤现已遽尔复出。黎庶昌分析原因是，日本开议院在即，伊藤了解国情，为远祸起见；黑田清隆继退，井上馨迁延，不遽回京，也均是此意。信中，黎庶昌还预测大隈重信的去就，称其病体可望痊愈，即愈之后，或仍任外务大臣，或须告退，均不可知。并指出，日本近来颇以此任乏人为虑。① 此次的日本政坛之变动，在黎庶昌看来非同小可。前述他那份总结性报告谈到日本国情之"三变"，其中第三次大的变化即"上年九月大隈重信再持修约之议，被人刺伤。大臣中如伊藤博文、黑田清隆等相继辞职，人怀戒心。国情又为一变"，指的就是这光绪十五年（1889）九月后的日本政坛情形。

日本于颁布宪法次年即光绪十六年（1890）六月间，选举产生上下议院人员，黎庶昌第一时间向清政府汇报日本政坛的这一重大变动。他介绍称，上议院称贵族院，下议院称众议院，伊藤博文、柳原前光、松方正义、青木周藏、榎本武扬、宍户玑、谷干城等刚刚被选入议院。枢密院顾问各人因已作为顾问不再在议员之列。黎庶昌还提到黑田清隆、大隈重信、井上馨三人未被选举上，寂然无闻。他听说伊藤博文可能会出来任事，还听说议院设立之后元老院行将停止。在黎庶昌看来，日本出任人员及已退人员，不入此，即入彼，实际上将无一人摈退不用。② 之后，黎庶昌持续关注上下议院的任职动向。十月间，国会期近，黎庶昌观察到日本政府将大审院奏任各官，均改为敕任，判任各官均改为奏任，"皆所以重其权"。伯爵伊藤博文出任贵族院议长，伯爵东久世通禧出任副议长。③ 对于日本政坛的这一新体制，黎庶昌未予以过多评论。

---

① 《复钦差出使日本国大臣黎莼斋》，载于晦若录，李鸿章校《李文忠公尺牍》；黎庶昌：《日本政局近况朝鲜官金嘉镇谓袁世凯有废朝鲜国王之意实属无稽》，光绪十五年十一月十八日，馆藏号：01-25-027-01-002。

② 黎庶昌：《函述日廷现设议院情形又海军省派细谷川〔资〕氏为驻中国武随员》，光绪十六年六月二十二日，馆藏号：01-19-007-02-007。

③ 黎庶昌：《函述日皇两次大操生辰及观菊会宴请各使》，光绪十六年十月十五日，馆藏号：01-19-007-03-004。

可以看到，这一时期，黎庶昌与李鸿章的通信，几乎无时不谈日本执政诸臣的变动、行踪及其对华态度，① 这些信息成为李鸿章考量中日关系基调的重要因素。当时在总理衙门任职的曾纪泽，颇努力倡议中日修好，以"暗拒"俄国觊觎朝鲜，伊藤博文内阁也主张中日"应合不应离"。李鸿章认为，尽管"以亚洲大局而言本应如此"，但日本政府"用人举棋不定"，未知黑田、大隈等与伊藤意见果否相合。加上日本"昵西而忌华"，且"日谋开拓"，采用"远交近攻之策"，其海军军备建设及布局也明显看出"防我之严"，因此，李鸿章认为，连衡之势难有把握。只是，李鸿章对伊藤抱有希望。他一直与其保有书信等联络。伊藤遭遇"奔车之厄"时，李鸿章不仅"致问"，还称道伊藤"于中外大局极为分明"，希望他"早起视事"。② 对于日本任事大臣的频繁辞职轮换，李鸿章最终似不甚在意。他认为"倭诸臣辞位，原是装点门面"③，"日本任事大臣，向少久于其位。兹于散院之后连易三卿，整理海军兼核经费，俱非秘密之事"④。

黎庶昌在驻使的最后约一年间，看到的是日本内政繁忙、外交"清闲"。他称"倭廷近仍少事"⑤，"日廷近无多事"⑥，"日廷近仍无事"，只有各省官制时有改革。对于日本公选议员，黎庶昌显得不甚理解："府县公举议员，颇形繁冗争执。此等议员年俸不过八百元，而贿赂营谋者甚多，不解何谓也。"⑦ 这样的"少事"与"无事"状

---

① 如看到黑田"翩然改辙，怀我好音"，甚为自得。《复出使日本国大臣黎莼斋》，载于晦若录，李鸿章校《李文忠公尺牍》。

② 以上见《复钦差日本国大臣汪芝房》，载于晦若录，李鸿章校《李文忠公尺牍》。

③ 参见《复钦差出使日本国大臣黎莼斋》，载于晦若录，李鸿章校《李文忠公尺牍》。

④ 《复钦差出使日本国大臣汪》，光绪十九年三月十三日，载顾廷龙、戴逸主编《李鸿章全集》第35册，"信函七"，第503页。

⑤ 黎庶昌：《朝鲜用李善得向日本借款并雇倭人办税关皆无确耗》，光绪十六年五月二十三日，馆藏号：01-25-028-01-003。

⑥ 黎庶昌：《函述日廷现设议院情形又海军省派细谷川〔资〕氏为驻中国武随员》，光绪十六年六月二十二日，馆藏号：01-19-007-02-007。

⑦ 黎庶昌：《义使面述李善得谋为朝鲜贷借洋款并拟收回税关自办俄有占朝鲜鹿岛之说中国宜常派兵船赴彼游弋》，光绪十六年六月初十日，馆藏号：01-25-028-01-007。

态，一直延续到他光绪十六年（1890）底卸任回国前，总结六年来对日本国情之考察时。

黎庶昌那份第二次出使卸任前夕的总结性报告，阐述了他第一次出使至1890年代初为止日本国情的"三变"。他进而提出了新时期的对日政策建议。黎庶昌认为，当时日本朝野上下"似悟既往之失，渐有亲我之心，与初至时迥然不同"；即使交涉事件也近乎和平，不似从前有意挑剔。他指出，这是他"六年中所见之实在情形"。这种认识大大淡化了光绪十一年（1885）十一月间徐承祖通过"谍者"得到的日本政府高层关于对华战争的议论所激起的警觉。看来，黎庶昌对于伊藤博文、黑田清隆等相继辞职，开始实行国会制的日本颇有信心。他曾评价说："现虽设立议政院，而开院以来，议论颇属平静。其国人与臣往还者又多以亚洲大局为言。"为此，他提出了中日联盟的主张。他认为，日本"近在邻封，唇齿相依，轮船往来，一昼两夜可达"，加上两国"同文"，风气也"切近"，"可以为祸为福"。他评估中国海军除"镇远"和"定远"两舰之外，其余军舰不过与日本相匹敌，未必能凌驾于其上。所以他建议在日本有"向善之诚"之时，"随势利导，与为联络"。具体方案是，"趁修改条约之际，将'球案'一宗彼此说明，别订一亲密往来互助之约"。他也认识到"公法条约原不足恃"，但有此条约存在，"则在我有所羁縻，在彼亦有以关外人之口"，顺便还能对朝鲜起到"庇护"之功。①

黎庶昌在上呈这一"别订一亲密往来互助之约"说不久，于光绪十六年十二月二十日（1891年1月29日）卸任。

黎庶昌的中日同盟之说，主要目的是保护朝鲜。对此，李鸿章曾令黎的后任李经方核实其可行性。其实，李鸿章认为这是黎庶昌"一

① 黎庶昌：《中国宜乘日本渐有亲我之心趁修改条约之际与彼联络以抗西洋》，光绪十七年二月初六日，馆藏号：01-25-028-02-030。

人私见"，清政府一定不会接受。① 对于伊藤欲与中国订密约以合力防俄侵韩，他也认为当三思而行，迟回瞻顾，如前文已述。② 因此，黎庶昌的中日同盟说其实并没有得到李鸿章及清政府的支持。

（四）第五届李经方使团与第六届汪凤藻使团对日本国情的考察

自黎庶昌回国，至甲午战争爆发的几年间，日本开始实行新的国会制度，直接关系到甲午战争开战问题。这一时期出使的是第五届李经方使团和第六届汪凤藻使团。

目前，关于李经方使团和汪凤藻使团对日本国情的考察及其认识的资料非常少。但从两届使团有限的资料以及旁观者的叙述中，还是能够看到个中一二实情。

第五届出使大臣李经方是李鸿章的养子。李经方出使期间，先后遭遇两次丁忧，中途回国守制，使期分为前后两段，总计驻使时间为一年多。零碎而短暂的出使时间，一定程度上影响到他对日本国情的相关考察。从目前新公布的资料来看，李鸿章每当关键时刻，即将清政府既定的对日、对朝政策秘密传授于他，告诫他要在既定框架之下展开对日交涉。这无疑表明，李经方其实无须在对日政策上再提什么新的建议。据称，对于中日关系及东北亚的将来局势，李经方曾深受金玉均"三和主义"的影响，主张中、日、朝三国联盟。

有资料表明，李经方和汪凤藻对日本国会及其与政府之间的关系颇为关切。如光绪十八年（1892）二月日本新一轮议员选举期间，李经方专门向总署汇报此事。他称其时日本议员解散，议院中止活动，日本政府分派各大臣赴各府州县演说意旨，竞选新议员，以备日本历

---

① 《致李经方》，光绪十七年正月二十日，载顾廷龙、戴逸主编《李鸿章全集》第35册，"信函七"，第169~170页。

② 《致李经方》，光绪十七年二月二十三日，载顾廷龙、戴逸主编《李鸿章全集》第35册，"信函七"，第186~187页。

5 月间重开议院。李经方看到日本各党多因选举议员而意见不合，"纷纷滋事，剒刃纵火之案，时不之有"，所以他认为将来议院重开，恐未必就能无事。[①] 总之，李经方及后任汪凤藻鉴于国会与政府之间经常发生冲突，均认为日本国内和平难以持久。有学者因此认为，李经方和汪凤藻对日本国会的特性并不了解。尤其是甲午开战前夕在任的使臣汪凤藻，他在报告中曾称，鉴于国会与政府之间的矛盾越来越严重，断定日本不可能派遣大量军队到国外，误导了李鸿章对日本局势的判断，以为日本不可能发动战争。只是，目前中方资料中尚未看到有关汪凤藻对日本国会的相关分析及评论，所据主要是日本外务大臣陆奥宗光的相关记述。[②] 而从上述汪凤藻在甲午开战前夕与日本的撤兵交涉及相关建议来看，他对局势的判断，似并非那么盲目与无知。

汪凤藻使团有一位名叫罗庚龄的东文翻译，他最早受雇于何如璋使团，此后一直随历届使团驻使日本，甲午战后再度出使日本。一次，他与一名日本"友人"闲谈，逐一评价何如璋以来历届驻日使团的对日外交，并将李经方尤其汪凤藻与前几届出使大臣做比较，为我们提供了不少信息。

据罗称，汪凤藻长于西洋学问，但有事之际遥不及黎庶昌和徐承祖，李经方则颇无能。罗庚龄认为，李经方在任期间两度丁忧，接任者又是汪凤藻，真是清廷的不幸。罗因痛心甲午战争使"两国交欢破裂，数万生灵涂炭，数亿财货靡费"，更是将战争的责任主要归于全权出使大臣汪凤藻。他认为，汪凤藻"有罪"。又称，汪凤藻驻日期间视日本为小国，心存蔑视，对日本政府和国会之间的冲突报以冷笑。东学党之变后，日本在清廷派兵的同时大量增兵朝鲜，罗庚龄等

---

① 李经方：《朝鲜李善得与日政府议商渔约情形去岁地震神户理事署损伤已拨款饬令兴修》，光绪十八年二月十五日，馆藏号：01-25-029-02-004。

② Chow Jen Hwa, *China and Japan：The History of Chinese Diplomatic Missions in Japan, 1877-1911*, pp. 176-177, 179-181.

使馆人员曾提醒汪凤藻，日本政府与十年前已不同，频频催促应加注意，但汪不以为然，竟至于对罗等人的建议不听。[①] 罗庚龄驻使日本长达十余年，算得上是甲午战前出使日本时间最长的使团人员之一。他先后亲历黎庶昌时期和徐承祖时期，目睹他们较成功地处置"壬午兵变"和"甲申事变"，对比之下，对汪凤藻心生轻视，应该可以理解。罗的上述评述其实表明，他对当时日本的对华和对朝政策，不能说有充分的把握，对清政府在甲午开战前夕的种种立场和举措，也不能说完全了解。不过，他指出汪凤藻无视使馆随从的意见，对日本心存轻视，应是事实。

光绪二十年六月二十三日（1894 年 7 月 25 日），日本在牙山口外丰岛海面首先向中国军队开炮，挑起战争，汪凤藻致信总理衙门分析战争前景。他认为日本开战是一种"逞强"行为，源于其要求被朝鲜政府拒绝而"恼羞成怒""无可落台"，才"不得不与我构衅，以徼幸于一胜"。他认为，日本实际的国情是"商民已困，势难久支"。如果中国在"忍无可忍"的情况下"毅然"应战，从"天理人心"而言，日本"断无不败之理"。当时关于牙山开战的原因及胜负情形，汪凤藻其实没有"确耗"。汪凤藻建议清政府果与日本交手，"自必以定力持之"，不要计较"一战之利钝"。[②] 这是目前所见汪凤藻少有的涉及对日本国情的评论。到 1890 年代中期，汪凤藻仍称日本"其实商民已困，势难久支"，与首届何如璋使团时期对日本国情的评判倒是一致。

作为清政府派驻日本的外交团体，甲午战前的历届驻日使团对日本的考察与研究，直接或者间接地首先服务于他们的外交任务。首届何如璋使团、第二届与第四届黎庶昌使团和第三届徐承祖使团在应对

① 「丁酉日録」、明治 30 年、『宮島誠一郎文書』、A93。
② 《出使大臣汪凤藻函》，光绪二十年七月初十日，载"中研院"近代史研究所编《清季中日韩关系史料》卷 6，第 3442~3443 页。

琉球问题、朝鲜问题和修改条约问题上，曾不同程度做出相应的贡献，相当程度上应与他们对日本国情的追踪考察和研究有密切关系。

还应看到，经历了台湾事件和琉球事件的使团，以及经历"壬午兵变"和"甲申事变"的使团，即首届何如璋使团、第二届黎庶昌使团和第三届徐承祖使团，他们对于当时日本政府鲜明的对朝、对华侵略动向，都曾有过警觉，并提供过相关情报，也发出过相应的预言。何如璋使团在日本废灭琉球后称，日本"眼光所注不在西洋，而在中国与琉球、朝鲜各国"。[①] 黎庶昌使团在"壬午兵变"前夕指出："今朝鲜危机已兆矣。日人之心待之以琉球，俄人之心，待之以土耳其。视者眈眈，势处岌岌。"[②] "甲申事变"后黎庶昌和徐承祖先后指出，日本"觊觎朝地"，"中日两国积疑已久，恐其决裂，不在琉球，而将在高丽"[③]。徐承祖更是从"谍者"处获悉日本政府各派的对华侵略主张。中日甲午战争爆发后，黎庶昌还强调："日本蓄谋久矣，朝鲜犹其外府也。"[④] 历届使团为维护领土主权以及中、日、朝三国和平，一直进行不懈的努力，包括汪凤藻在甲午开战之前的艰难撤兵交涉。凡此种种，均应予以充分肯定。

但也不应忽视，历届使团一直不同程度地存在轻视日本的心态。如果说，首届何如璋时期的这种轻视，一定程度上增强了中国对日"球案"交涉的信心的话，到汪凤藻时期，这种轻视就无疑对中国在应对日本日益明显的侵华动向上具有负面影响。直到甲午战争开战前夕，清政府还认为，当时"倭之不敢遽谋吞韩，亦人所共喻"[⑤]。

① 何如璋：《与总署总办论朝鲜事及日本国情书》，载温廷敬辑《茶阳三家文钞》卷2，第12~14页。

② 姚文栋：《上黎星使书》，壬午春，《读海外奇书室杂著》第1册，第4页。

③ 《出使大臣黎庶昌函》，光绪十年十二月初六日，载"中研院"近代史研究所编《清季中日韩关系史料》卷4，第1603页。

④ 赵尔巽等撰《清史稿》卷446，列传233，第41册，第12482页。

⑤ 《发北洋大臣电》，光绪二十年五月十九日，载故宫博物院编《清光绪朝中日交涉史料》卷13，第21页。

关于李经方和汪凤藻对日本开设国会这一完全有别于中国的政治体制的态度，需更多的资料才能做进一步的考察。但由此也表明，内治不稳的政府其实并不意味着就不敢发动对外战争，有时还恰恰相反。此外，令人痛心的还有，最深刻把握清政府各种政策动向的李鸿章之子李经方，虽然"非才不敏"，却据称竟是一名"累于声色之好、牟利之工"① 之徒。

（五）黄遵宪对日本明治维新的认识

讨论甲午战前历届使团的对日观察和认识时，首届使团参赞黄遵宪的对日认识，即他对日本明治维新的认识，应予以重视。可以说，近代中国知日人士当中，对日本明治维新观察之早、时间之长、了解程度之深且影响之著者，几乎无出黄遵宪之右者。

黄遵宪随首届使臣何如璋一行抵日时，日本明治维新已约有十年，他与使团人员成为近代中国最早到现场观察、研究明治时期日本的先行者。与黄遵宪同时代常驻日本、对日本有深刻关注的人士，不在少数，如首任驻日使臣何如璋及此后的多位使臣。只可惜，当时的使臣官职非实缺，不隶属于专职外交机构，也无升迁专途，归国后基本离开外交领域，不少人后来还因获罪或重病较早故去。晚清驻日使团人员中，自 1870 年代出使，中经甲午战争，至 20 世纪初，一直活跃在政治外交第一线，并有机会直接参与中国变法的，只有黄遵宪。

除此外，黄遵宪有别于同时代使团人员的，还有其特别之处，即他所著《日本国志》是近代中国人研究日本的集大成之作。该书黄遵宪基于"副朝廷咨诹询谋""期适用"之宗旨，驻日期间便开始着手编纂，② 光绪八年（1882）初他离开日本时甫创稿本。光绪十一年（1885）

---

① 详见薛福成《出使英法义比四国日记》，第 825~827 页。

② 李鸿章：《咨送前出使日本参赞黄遵宪所著日本国志一书请查阅》，光绪十四年十一月十七日，馆藏号：01-34-003-09-001；黄遵宪：《日本国志叙》，光绪十三年夏五月，《日本国志·凡例》，《日本国志》。

秋他从美国旧金山总领事任上乞假回乡后，又历两年时间，才于光绪十三年（1887）完成全书，光绪二十一年（1895）底《马关条约》签订当年刊行，成为戊戌变法的重要参考资料。黄遵宪本人也因此得到光绪皇帝的器重，于光绪二十四年（1898）六月被谕命为出使日本大臣，后因政变未能成行。《日本国志》所反映的，是甲午战前驻日外交官对日本明治维新的看法，也是甲午战前驻日使团对日认识发展、变化历程的一个缩影。

关于黄遵宪的研究涉及诸多领域。不过，鲜少有人具体研究黄遵宪的明治维新观，即分阶段纵论其一生对日之认识，大多是对他的代表作《日本国志》和《日本杂事诗》展开研究。即使围绕其变法维新思想的专论，对此也只有不同程度的涉及。① 考察黄遵宪的明治维新观，需注意以下几点。

---

① 海外相关研究主要有日裔美国学者蒲地典子（Noriko Kamachi）的英文著作 *Reform in China：Huang Tsun-Hsien and the Japanese Model*（Cambridge, Mass.：Harvard University Press, 1981）。有关黄遵宪《日本国志》和《日本杂事诗》的论述，参见蒲地典子「黄遵憲の変法論」、市古教授退官記念論叢編集委員会編『論集近代中国研究』、東京、山川出版社、1981、77-97 頁；遠藤光正「黄遵憲が見た明治維新後の日本」、栗原圭介博士頌寿記念事業会編『東洋学論集——栗原圭介博士頌寿記念—』、東京、汲古書院、1995、465-486 頁。国内相关研究始于 1980 年代，开创性研究当首推王晓秋的《黄遵宪〈日本国志〉初探》（《近代史研究》1980 年第 3 期），其中关于黄遵宪《日本国志》内容的介绍，以及有关康有为戊戌变法纲领性文件《日本变政考》及其百日维新期间若干奏折对《日本国志》的重点参考的发现影响深远。后来学者围绕《日本国志》展开的黄遵宪明治维新观的研究，实际上主要是对《日本国志》内容的介绍，从史料到观点超越不著。而关于《日本国志》对康有为戊戌变法著述和奏折的重要影响，郑海麟的《〈日本国志〉与戊戌变法》（《岭南文史》1983 年第 2 期）和《〈日本国志〉与〈日本变政考〉的关系试探》[《暨南学报》（哲学社会科学版）1986 年第 2 期] 两文，做了进一步的研究；吕万和的《明治维新与中华民族的觉醒——近代中国人"明治维新观"的考察》（《天津社会科学》1991 年第 2 期）一文，基于前人的研究对此再予强调。后来的研究者因此常以《日本国志》对康有为的影响，作为推断黄遵宪变革思想的核心依据，认为黄遵宪也像康有为一样，倡导中国全面仿效日本维新，几成通识。实不尽然。中国国内围绕《日本杂事诗》展开的相关研究主要有王飚的《从〈日本杂事诗〉到〈日本国志〉——黄遵宪思想发展的一段轨迹》（《东岳论丛》2005 年第 2 期）。《日本杂事诗》虽被后来学者举为《日本国志》的姊妹篇，但《日本国志》为学术书，各志详略相当，《日本杂事诗》则是文学性地理书，篇幅最多的是文学类和风俗类，其中关于政体、经济、法制、军事、外交等的内容非常少。《日本杂事诗》小注中还常有"别详《日本国志·××志》"字样，因此有学者称，《日本国志》实是《日本杂事诗》的扩本。参见〔日〕伊原泽周《〈日本国志〉编写的探讨——以黄遵宪初次东渡为中心》，《近代史研究》1993 年第 1 期，第 9 页。

其一，黄遵宪生前刊行的两部代表作《日本国志》和《日本杂事诗》版本众多，改刻本对原本曾进行过大量的增改，反映了黄遵宪不同时期的思想认识。此外，在《日本国志》改刻本所增补的内容当中，除外交外，还涉及非常重要的议会制度问题，尚需深入考察。①

其二，《日本国志》的正文内容，与不时穿插于各卷卷首、卷中和卷末的"外史氏曰"功能不同，需区别对待。《日本国志》的"凡例"开宗明义写道，正文的撰述不取春秋笔削、微言大义之法，"务从实录"；②而反映黄遵宪本人看法的则是多达"五万余言"的"外史氏曰"。③

其三，《日本国志》和《日本杂事诗》在黄遵宪生前已刊行于世。鉴于时势，对涉及敏感问题如政体等，常婉转曲折有不能尽言之处，须与黄遵宪私下未公开的众多史料参比斟酌。

此外，作为长期身处政治外交第一线的政府官员，黄遵宪有关明治维新的论说，不同于纯粹的学者政论，也需与他的具体政治外交实践及时代背景相结合，才能理解得更加到位。

1. 早期对明治维新心存怀疑

黄遵宪自光绪三年（1877）底抵达日本后，便开始对日本展开考

---

① 実藤恵秀・豊田穣訳『日本雑事詩』（東京、平凡社、1994）将《日本杂事诗》原本和定本各诗逐首对照研究，将增、删、改情形一一标示，又分别加注标题。可惜，对这一极其重要的前沿研究成果，国内学界利用来从事相关研究者甚少。关于《日本国志》改刻本增补问题，参见盛邦和「ある清末外交官の日本研究」、『愛知大学国際問題研究所紀要』1989 年 7 月号、94-99 頁。其中在有关《日本国志》版本的论述中，列举了改刻本的增补情况，尚有进一步考察的余地。

② 黄遵宪：《日本国志・凡例》，羊城富文斋，光绪十六年（1890）刊版，第 1 页；以下引用的《日本国志》没有特别注明的，均据此版本。

③ 《李鸿章咨文》（光绪十四年十一月十七日），《张之洞咨文》（光绪十五年六月二十八日），总理各国事务衙门清档，馆藏号：01-34-003-09-001、01-34-003-09-002。黄遵宪上张之洞文称"借端伸论，又六万余言"，较李鸿章文中所称约多 1 万字。查《日本国志》，"外史氏曰"总计 31 篇。笔者曾据黄遵宪生前刊行的各刊本逐字计算，约得 4 万字。这前后 1 万字上下的差别，应与版式计算方式不同有关。学界注意到"外史氏曰"之独特价值并加以利用的，只有前引蒲地典子文。论文介绍中作者认为，黄遵宪积极倡导的内容包括经济方面的租税、预算、决算制度，以及法制和科技，只余政体、汉学、西学等，因态度复杂尚未涉及，参见蒲地典子「黄遵憲の変法論」、市古教授退官記念論叢編集委員会編『論集近代中国研究』、86-94 頁。黄遵宪是否推崇日本的法制变革，也可再探讨。

察研究。在日四年多的时间里，他在协助使臣何如璋处理复杂的对日交涉的同时，撰写了日本研究名著《日本杂事诗》和《日本国志》。

当时，中国的士大夫拘泥于制义试帖、古昔先王，抱持天朝上国心态，"不知天下之几何"，对于日本乃至中国以外的国度则多茫昧，且"诋人以蛮夷，视之如禽兽"。对此，黄遵宪认为需"儆戒"。① 他曾多次借用辽主对宋人的话来感慨中日间认知的落差："汝国事我皆知之，我国事汝不知也。"这也是黄遵宪撰写《日本国志》的初衷。② 中国士大夫对日本如"隔十重云雾"，这一情形至甲午战争后仍存续。③ 正因如此，黄遵宪对明治日本的观察弥足珍贵。

黄遵宪对日本明治维新的认识，存在从怀疑到基本认同的转变过程。光绪三年（1877）冬初抵日本时，他对明治维新有过抵触、怀疑。随着"阅历日深，闻见日拓"，黄遵宪开始明白穷变通久之理，进而相信日本改从西法、革故取新"卓然能自树立"了。④ 这里所谓的"阅历日深，闻见日拓"，一个重要的促成因素，就是他在光绪六年至七年（1880~1881年，明治13~14年）阅读了卢梭、孟德斯鸠的书以后，思想发生巨大转变。⑤ 之后，黄遵宪游美洲、见欧人，发现当地的政治学术竟然与日本无大异。光绪十六年（1890）日本开设议院"进步之速，为古今万国所未有"，至此，黄遵宪对日本的明治维新"无异辞"了。⑥ 可以看到，光绪五年（1879）刊行的《日本杂事诗》，与完稿于光绪十三年（1887）的《日本国志》，因"所见不同"，两者之间

---

① 《致王韬函》，光绪六年四月十日，载陈铮编《黄遵宪全集》上册，第315页。
② 《致王韬函》，光绪七年六月十三日，载陈铮编《黄遵宪全集》上册，第328页。
③ 《致盛宣怀函》（光绪二十二年五月二十日）、《致朱之榛函》（光绪二十二年五月二十一日），分载陈铮编《黄遵宪全集》上册，第372~373、378页。
④ 《日本杂事诗·自序》，光绪十六年七月，载陈铮编《黄遵宪全集》上册，第6页。
⑤ 《致梁启超函》，光绪二十八年五月、光绪三十年七月四日，分别载陈铮编《黄遵宪全集》上册，第429、453页。
⑥ 《日本杂事诗·自序》，光绪十六年七月，载陈铮编《黄遵宪全集》上册，第6页。

难免有矛盾之处，为此，黄遵宪后来对《日本杂事诗》"时有删改"。①

黄遵宪对日本明治维新的关心，既出于外交官的职责，也基于对本国命运的关切。黄遵宪怀有远大的社会抱负，但受限于时代与职位，他经历了一个漫长而曲折的过程，才将抱负付诸实践。他游历日本和美国约八年后归国，有志变法而"无所可用"。继而游欧洲、历南洋四五年，及戊戌新政时，他才得"膺非常之知"，获报国时机。戊戌变法失败，黄遵宪回归故里，此时的他是愈挫愈艰危，志亦益坚，怀着"舍我其谁之叹"，一直未曾停止对国家民族前途的努力探索，其中就包括他对明治日本的思考。②

综上两大发展脉络可知，黄遵宪一生对明治维新的认识，有两个关键时期：一是游历日本、美国约八年，二是游历欧洲回国后参与戊戌变法。游美归来接受了变革思想，完成近代中国人研究日本的集大成之作《日本国志》；游欧洲后接受了英国式君主立宪政体，试图在戊戌变法中将之结合中国实际加以推动。

黄遵宪的明治维新观可分三个阶段：第一阶段，出使日本初期；第二阶段，光绪十三年（1887）《日本国志》成书时期；第三阶段，戊戌变法前后至其晚年。与本书相关的是前两个阶段，即甲午战前。黄遵宪经历的时代，正是逐渐富强的日本对中国的侵略野心日益膨胀、中国内忧外患日益加剧的时代，因此，黄遵宪对日本明治维新的看法，在不同历史时期具有鲜明的时代特色，内涵也远较想象的复杂而深刻。

黄遵宪随使臣一行抵达日本时，明治维新"百度草创，规模尚未大定"。时人或贬或褒，"纷纭无定论"：有称其外强中干，张脉偾兴的；有认为其以小生巨，遂霸天下的。当时，与中国驻日使团交往的多

---

① 《致汪康年函》，光绪二十三年三月二十一日，载陈铮编《黄遵宪全集》上册，第405页。

② 《致陈三立函》（光绪二十四年七月二日）、《致梁启超函》（光绪二十八年十一月一日），载陈铮编《黄遵宪全集》上册，第417、437~438页。

是原幕府时代的旧学人士，他们经常对明治维新"微言刺讥，咨嗟太息"。① 明治初年，日本所呈现的也不是一片繁荣景象。使团观察到，当时的日本财政匮乏、军备不足、政局动荡。在给清政府的报告中，使团常常称日本是"外强中干，朝野乖隔，府帑空虚"②，或是"府藏空虚，上下乖隔，彼亦自知之"③，乃至评论其"贫瘠之极"④。这种评价应该说基本符合当时日本的国情。⑤ 受上述诸因素影响，黄遵宪起初对日本的明治维新，不要说涉及形而上的伦常纲纪，连对政体变革都持怀疑态度。这种态度，如果说在这一时期公开出版的《日本杂事诗》中体现得还不明朗的话⑥，那么在黄遵宪与日本友人的私下

---

① 《日本杂事诗·自序》，载陈铮编《黄遵宪全集》上册，第 6 页。

② 黄遵宪「朝鲜策略」，外务省编纂『日本外交文书』第 13 卷、392-393 頁。

③ 何如璋：《与出使英法国大臣曾袭侯书》，载温廷敬辑《茶阳三家文钞》卷 3，第 7 页。

④ 何如璋：《复总署论球案暂缓办理书》，载温廷敬辑《茶阳三家文钞》卷 2，第 9 页。

⑤ 民国初年，曾是首届使团随员之一的黄遵宪的胞弟黄遵楷，在追溯使团出使之初日本的国情时，仍作是论。参见黄遵楷《先兄公度先生事实述略》，载陈铮编《黄遵宪全集》下册，第 1574 页。

⑥ 黄遵宪这一时期公开出版的著述只有《日本杂事诗》。诗于光绪五年（1879）驻日时刊行，随着思想认识的发展变化，黄遵宪对其不断做增补删改，约于光绪十六年（1890）驻伦敦时完成修订，定本于光绪二十四年（1898）他在湖南署理按察使任上时出版。定本增补最多的，仍是风俗类诗作（详参实藤惠秀、豊田穣訳『日本雑事詩』、309-321 頁）。原本中最直接反映黄遵宪明治维新观的，主要是第 6 首《明治维新》（即《王政复古》）、第 10 首《尊王攘夷》、第 11 首《文明开化》（即《明治维新》）。反映他对议会制度看法的，只有第 32 首《议员》。对于《王政复古》，黄遵宪称道"伟矣哉，中兴之功"。《尊王攘夷》诗下小注则称："处士横行，以外夷披猖，大辱国，而幕府屡弱偷安，不足议，始倡尊王以攘夷之论。"看得出，黄遵宪对于"尊王攘夷"，建立明治政府持鲜明的肯定态度。然而，对于"文明开化"的"维新"举措，黄遵宪称，"遂意学西法，布之令甲，称曰维新，媺善之政，极纷纶矣"，用了意为"杂乱"的"纷纶"一词；又称，"而自通商以来，海关输出逾输入者，每岁约七八百万银钱云"，隐含当时海关金银外溢严重，危及国计民生之意。显然，对于明治维新的各大举措，黄遵宪此时并没有像对"尊王攘夷""王政复古"那样表示赞赏。至于关系议会制的《议员》诗，小注完全采用实录手法。参见实藤惠秀、豊田穣訳『日本雑事詩』、22-23、29-31、57-58 頁；《日本杂事诗》，载陈铮编《黄遵宪全集》上册，第 9、11、16~17 页。钟叔河先生《日本杂事诗广注》采用诗、志参比法，在《议员》诗后附录《日本国志·职官志》正文的相关内容，包括"上书请起民选议院"和"府县议会"（参见黄遵宪著，钟叔河辑校《日本杂事诗广注》，湖南人民出版社，1981，第 70~71 页）。只是，"职官志"定稿于光绪十三年（1887）黄遵宪从美国回来之后，与原本《议员》诗反映的并非同一时代的认识。而且，"职官志"的这些内容采用的也是不含褒贬态度的实录，黄遵宪本人对议会制度的鲜明看法，尚需参照他"外史氏曰"等论述。

交谈中则袒露无遗。如谈到当时日本倡导美国自由之说，"一倡而百和"，黄遵宪认为这种风气"竟可以视君父如敝屣"，大不以为然，并感慨日本世风"日趋于浮薄"。他认为，旧幕府时代坚持忠义人士，才是"维持世教"的依赖。① 对于板垣退助在野创立政治性质的社团扩张民权，他认为"多事""可鉴"。在黄遵宪看来，自由之说不可行于君主之国，伸张民权之事，更万万不可求急效。原因是，一旦由平常不学无术之人遽煽自由之说，日本又武风侠气渐染日久，就会发生变乱。当时他主张，应先多设学校以教之，后定取士之法以用之，如此平民之智渐开，而权亦暂伸。② 黄遵宪的这一态度，在他后来接受自由民权说、面对中国的政治变革问题时，还一定程度上存在。

使团被派到日本，基于外交官"居国不非大夫之义"，对日本的明治维新不能公然表态，当然这与使团当时的日本观也有相当大的关系。在使团人员眼里，当时的日本和中国一样，同是饱受西方列强欺侮的亚洲国家。使团所交往的旧学人士认为，当时的亚洲各国皆受欧人"侮笑"，中国与日本首当外难，故经常倡导将来"两国宜相维持之"。执政的大久保利通，在使团抵达后，也是"拳拳相交，颇有唇齿相依之谊"，还曾特意来使馆"露心腹"。③ 加上当时远东局势，俄国正积极南侵中国、朝鲜，日本也不时主动表露共同防俄的意愿。出于防俄急务，亦考虑到当时日本的总体国力尚不足以抗衡中国，黄遵宪等使团人员在策略上一度主张"结日""防俄"，尽管台湾事件尤其是琉球阻贡事件已经让使团看到了日本的侵略"诡谋"。

可以看到，使团对"悉从西法"的日本明治维新在相当程度上不认同，但又积极建言献策。如使臣何如璋曾称，日本明治政府成立十

---

① 「戊寅筆話二五」、第168話、『大河内文書』、日本大東文化大学図書館藏。

② 「栗香大人ト支那人トノ問答録」、明治11年2月—（明治26年5月筆）、『宮島誠一郎文書』、C7-1。

③ 「栗香大人ト支那人トノ問答録」、明治12年3月—8月、『宮島誠一郎文書』、C7-2。

年来，"文明无进步"①，但看到米泽藩成就时，他也不讳言："米泽的开化是有成效，苟全国如此，复何患不富强。"② 何如璋进而还向日本提出"治世要言"，劝导日本"与其全国力兴商务，种植出口之物，不如劝农民力耕旷土"，以便民众安居足食。③ 黄遵宪更是当面向大久保利通建议去国学、汉学、洋学之名，取各自所长："仁义道德之说取之汉学，而勿事其拘陋泥古之习；行政立事、造器务材惠工之法取之泰西，而去其奔竞纵侈之习；其他衣冠风俗因于日本，舆地史书专求日本，而相戒去其轻浮之气、见小之心。"对此，大久保再三"拍掌称快"，而亟亟商议学校读书先以《论语》《孟子》为本。④ 以至于黄遵宪深信，如果大久保不死，"必兴汉学，必联两国之交"⑤。

当时中国开展洋务运动已近 20 年，在求富求强的道路上并非毫无新气象。如黄遵宪向日本友人介绍，其时中国已经有船厂、兵舰，用西洋法练兵，他预言十年之内必有电线。不过，他认为明治维新的道路在中国是行不通的，中国体大事繁，不如日本易于做事，所以日本之法行于中国，"宜其枘凿"，不合适。⑥ 黄遵宪所说的不合适，不是指器物层面，而是指像日本这种全面西化、涉及思想观念和政体的变革。如他对日本人士所说，"教士取士为今日莫急之务"，像铁道等事"其次焉者"。⑦ 他后来回顾自己对明治维新认识的变化历程时，

---

① 「戊寅筆話十五」、第 101 話、『大河内文書』、実藤恵秀写本。

② 「栗香大人卜支那人卜ノ問答録」、明治 14 年 1 月—（明治 26 年 9 月筆）、『宮島誠一郎文書』、C7-5。

③ 「栗香大人卜支那人卜ノ問答録」、明治 12 年 9 月—（明治 26 年 7 月筆）、『宮島誠一郎文書』、C7-3。

④ 「清讌筆話」、『不成篇 三』、特別買上文庫 2281-294。

⑤ 「栗香大人卜支那人卜ノ問答録」、明治 12 年 3 月—8 月、『宮島誠一郎文書』、C7-2。

⑥ 「栗香大人卜支那人卜ノ問答録」、明治 12 年 9 月—（明治 26 年 7 月筆）、『宮島誠一郎文書』、C7-3。

⑦ 「栗香大人卜支那人卜ノ問答録」、明治 11 年 2 月—（明治 26 年 5 月筆）、『宮島誠一郎文書』、C7-1。

讲的也主要是政治体制层面认识的转变。光绪二十八年（1902）在《致梁启超函》中，他写道："仆初抵日本，所与游者多旧学，多安井息轩之门。明治 12~13 年（1879~1880）时，民权之说极盛。初闻颇惊怪，既而取卢梭、孟德斯鸠之说读之，志为之一变。"① 他后来反复提到"明治十三四年初见卢梭、孟德斯鸠之书"，足见这些书对其思想的转变产生了巨大影响。②

黄遵宪对明治维新持怀疑态度的时间比较短暂。他在驻日后期的光绪六年至七年（1880~1881），已比较认可日本"改从西法，革古取新"的举措了。③ 有迹象表明，这时的黄遵宪已接纳了民权之说，并持续关心日本设六局、开设国会之议的动向。④ 之后他游历美洲，发现日本的政治学术与当时的西方强国"无大异"⑤，看法遂为之一变。相关论述系统体现在他驻日时起草、光绪十三年（1887）完成的《日本国志》中。

2. 《日本国志》中的明治维新观

《日本国志》在黄遵宪抵达日本的翌年冬着手编纂，光绪八年（1882）初离开日本奉命前往美国旧金山任总领事之前完成初稿。在美三年半，公事繁忙，《日本国志》的后续工作自他光绪十一年（1885）秋从美国乞假回乡后，又历时两年，才于光绪十三年（1887）成书。戊戌变法时期，应时事需要，黄遵宪对《日本国志》加以增补，于光绪二十三年（1897）春完成，与初刻本并行于世。因时间关系，戊戌时期的增补只针对前几卷，增添的内容主要是史实叙述，并穿插于各卷之间，集中反映黄遵宪明治维新观的"外史氏曰"

① 《致梁启超函》，光绪二十八年五月，载陈铮编《黄遵宪全集》上册，第 429 页。

② 《致梁启超函》，光绪三十年七月四日，载陈铮编《黄遵宪全集》上册，第 453 页。

③ 《日本杂事诗·自序》，载陈铮编《黄遵宪全集》上册，第 6 页。

④ 「栗香大人卜支那人卜ノ問答録」、明治 13 年 1 月 -（明治 26 年 8 月筆）、『宮島誠一郎文書』、C7-4。

⑤ 《日本杂事诗·自序》，载陈铮编《黄遵宪全集》上册，第 6 页。

则基本未改。可见，光绪十三年（1887）完成的初刻本，已确定了《日本国志》的基本框架、内容及观点。

《日本国志》初刻本最终完成于黄遵宪游历美国归国后。[①] 旅美后，黄遵宪的观念发生很大变化。他一面对一直"歆羡"的"文明大国"美国有失落之意，深感美国极其轻视亚洲人，从而激发了他"兴亚"之情[②]；另一面居海外约八年，他深感"中国非除旧布新不能自立"，并具体设想何事当因、何事当革、何事期以三年、何事期以五年，计划二三十年可以有成，与二三友人纵谈极论。[③] 可以说，从美国回来潜心修整完成的《日本国志》，已经隐含了他"除旧布新"的变革思想。

黄遵宪曾说，撰写《日本国志》的宗旨为"详今略古，详近略远"，"期适用也"，[④] 以"副朝廷咨诹询谋"[⑤]。早年曾随黄遵宪驻日本多年，后又先后随李家驹和汪大燮出使日本的黄遵宪胞弟黄遵楷，在所撰《先兄公度先生事实述略》中也称："领事任满，乞假回国，发箧续成《日本国志》一书。意在借镜而观，导引国人，知所取法。"[⑥]

《日本国志》共 40 卷，包括"国统志"3 卷，"邻交志"5 卷，"天文志"1 卷，"地理志"3 卷，"职官志"2 卷，"食货志"6 卷，"兵志"6 卷，"刑法志"5 卷，"学术志"2 卷，"礼俗志"4 卷，"物产志"2 卷，"工艺志"1 卷，涉及明治维新的方方面面。书中，

---

① 《致王韬函》，光绪六年六月十九日，载陈铮编《黄遵宪全集》上册，第319～320页。

② 《致宫岛诚一郎函》，光绪十年六月十六日，载陈铮编《黄遵宪全集》上册，第338页。

③ 《致陈三立函》，光绪二十四年七月二日，载陈铮编《黄遵宪全集》上册，第417页。

④ 黄遵宪：《日本国志·凡例》，第4页。

⑤ 黄遵宪：《日本国志·叙》，光绪十三年夏五月，第3页。

⑥ 黄遵楷：《先兄公度先生事实述略》，载陈铮编《黄遵宪全集》下册，第1577页。

黄遵宪常以"外史氏曰"形式添加评论，多达数万余言。这些评论后被抽出，与"序"和"凡例"等合成一书单独发行，传世版本众多，可见其价值与影响。这也为我们考察黄遵宪的明治维新观提供了非常宝贵的线索。

在黄遵宪看来，明治维新如同日本中古以后全盘取法中国文明制度一样，是一场全面、彻底的西化改革运动。"上自天时地理、官制兵备，暨乎典章制度、语言文字，以至饮食居处之细，玩好游戏之微，无一不取法于泰西"①，旧日政令已"百不存一"，为此，《日本国志》"凡牵涉西法，尤加详备"②。

对于日本这场全方位的西化变革，在不同层面，黄遵宪的态度也有所差异。他给予充分肯定的，主要是在外交、经济、军制制度、工艺层面的改革，对其他方面的改革则表现出暂时观望甚至抵触的态度。

（1）完全赞赏明治政府与西方修改不平等条约的努力。黄遵宪等使团人员已经认识到不平等条约的巨大危害，也深知收回治外法权和关税自主权的重大意义。当时岩仓、大久保使团出使欧美，"亟亟议改"治外法权，但进展艰难。对此，黄遵宪在评论中专门就治外法权加以阐述。他回顾了治外法权进入亚洲不平等条约体系的历程后指出，治外法权始于土耳其，但当时土耳其国势全盛，并未在武力威逼之下将其写入条约，危害尚小，然而亚洲的情形却不同。安政五年（1858）各国与日本订约，幕府不解外国情事，治外法权遂被写进条约，进而波及中国，祸害深重。黄遵宪基于"天下万国无论强弱，无论大小，苟为自主，则践我之土即应守我之令"的国家主权原则，细述治外法权在中国危害的诸多案例，尤其指明，多次引发重大外交交涉的教案，症结就在于治外法权。最后，黄遵宪还提出了废除治外法

---

① 黄遵宪：《日本国志》卷4，第2页。
② 黄遵宪：《日本国志·凡例》，第4页。

权的具体建议。① 可以看到，因有相似的国际境遇，对于日本政府全力以赴修改不平等条约的努力，黄遵宪是充分肯定的。

（2）对日本的经济改革举措称赞有加。黄遵宪对日本维新以后"以殖产为亟务"，"尤注意于求富"十分认可。当时，日本"岁出入不相抵"，通商则"输出入不相抵"，对于日本当政者"竭蹶经营，力谋补救"，黄遵宪认为"其用心良苦，而法亦颇善"。他对明治维新中经济改革的信心，主要来自对欧美各国经济政策的了解。"食货志" 6 卷，涉及户籍、租税、国计、国债、货币、商务，卷数之众，只有"兵志"与之相当。不仅如此，"食货志"中的"外史氏曰"尤其多而翔实，以欧美各国实行的各大层面的举措及成效加以佐证，又结合中国的历史与现状进行比较分析、指明得失。黄遵宪认为，欧洲人已经了解养民、富民之道，日本明治维新正是汲取了这类经验。他也指出了其中的流弊，如滥造纸币引发的通货膨胀、金银外溢等。对日本经济改革举措，他持以信心，表示"将拭目以观其补救之方"；对于日本金银外溢，他"痛念兄弟之国窘急，若此不禁，为之太息而流涕"。②

（3）认可日本的兵制改革。黄遵宪在"兵志" 6 卷中，对日本仿照欧洲兵制实行新的兵制即由募兵改为征兵给予了充分肯定，并认为"日本仿此法，行之八年，虽未尝争战于邻国，而削平内乱，屡奏其功，数年之后，必更可观"。相比之下，对中国当时所行之旧式募兵制，深表忧心。当时，日本政府在经费局促情形下仍竭蹶经营，追慕英国而创建海军，黄遵宪认为这是"知所先务"。此外，他还引用英国国会上院上国王书称，"海军一事为莫急之务，至要之图"，呼吁当

---

① 黄遵宪：《日本国志》卷 7，第 20~21 页。

② 黄遵宪：《日本国志》卷 15，第 1~2、13~14 页；卷 19，第 8~10 页；卷 20，第 28~29 页；卷 38，第 1~2 页。

政者要认识到这一点。① 甲午战争中,中国海军败于日本。黄遵宪富有预见性的呼吁至今读来,令人叹服。

(4)对涉及政体变革的议会制度在相当大程度上持旁观态度。关于黄遵宪对西方议会制度的态度,学界一般引《日本国志》所述,认为他是推崇、肯定的。其实不然,至少在《日本国志》初刻本刊行之时,其态度尚不能做如此论。初刻本正文介绍日本议会制度主要有两处。一处是"国统志三",自明治8年(1875)初敕建立宪政体、始开地方官会议、议定全国民会公选法,论述至明治10年(1877)西乡隆盛之乱、明治11年(1878)5月参议大久保利通被刺,以及同年8~11月天皇"巡幸"诸国止。所论总体简略,完全采取实录手法,看不出存有赞赏之意。内中明治8年1月大阪会议酝酿立宪政体,该年10月"内阁互相弹劾""忽生龃龉"之情形,是后来改刻时增补上去的。另一处是"职官志二",是关于地方议会制度的府县会议制介绍。其中写道,府县会议制度建立后,日本朝野人人叫好,称赞说"政出于民,于地方情弊宜莫不洞悉,坐而言,起而行,必有大观",但黄遵宪指出,读了明治12年(1879)府县议事录,"未知其果胜于官吏否"。他虽然提到"议会者,设法之至巧者",但并不表明他希望以议会制度替代中国当时的专制政体。他认为中国式的"民可使由之,不可使知之"的统治之法,是"圣人""大治"之道,议会制度则是"霸者之道",也能治国,显然并未有用西方议会制取代当时中国政体之意。学界认为,黄遵宪主张学习西方议会制度,最有力的史料依据,无疑是"国统志三"正文最后介绍明治11~12年(1878~1879)要求开设国会之盛况时所加的长篇夹注。然而,这部分内容及此前有关明治11年(1878)以后复开府县会议、结党立会情形之描述,均为戊戌变法时所增补,反映的是他在戊戌时期的

---

① 黄遵宪:《日本国志》卷21,第20~21页;卷26,第8~9页。

认识。

黄遵宪这一时期对议会制度的认识，"外史氏曰"中有清晰的评述。当时，日本"悉从西法"，租税制度、征兵制度、法律制度、学校教育制度均已仿照实行，府县会议虽已开，但西方最重视的国会则迟迟未能召开。黄遵宪看到，日本围绕开设国会问题，有倡导立即实行者，也有守旧反对者，各执一词。即使同样赞成开设国会者，也彼此互争，或主张仿英，或主张仿德，莫衷一是。对此，黄遵宪并未表现出高涨的热情。副岛种臣、板垣退助等自由民权派要求仿照西法开设国会，攻击执掌大权的西京世族、强藩巨室为巨藩政府、封建余威，黄遵宪认为此乃出于"嫉妒"和"怨忿"；认为萨、长、肥、土皆于国家有大勋劳，一国之大权必有所归，他们掌控朝政，是势所必然。① 对于日本废藩置县后仿效欧美政体"各树党羽"、相互竞争之情状，黄遵宪明确指出，这较中国汉唐宋明的"党祸""不啻十百千倍"，因而强调此"流弊""不可不知"。② 黄遵宪此时对议会制问题的观望踌躇，应与他对美国政治的观察有相当大的关系。他抵达美国后，看到官吏贪诈、政治秽浊，每当选举总统时则两党力争，大则酿乱，小则行刺，他"爽然自失"，以为文明大国尚且如此，何况民智未开之亚洲各国。③《日本国志》初刻本基本反映的是他在日、美约八年间形成的认识。游历英国后，黄遵宪开始追求君主立宪政体，对议会制度的看法也随之改变，但基于中国特殊国情，在公开场合他仍持谨慎态度。

（5）对日本法律制度改革持观望态度。学界一般认为，黄遵宪对明治维新的法制改革非常推崇，并有意仿效，但实不尽然。"刑法志"5卷，所占篇幅不可谓不多，但不同于其他各志。如"食货志"，"外

---

① 黄遵宪：《日本国志》卷1，第1~2页；卷3，第18~19页；卷14，第35页。
② 黄遵宪：《日本国志》卷37，第22页。
③ 《致梁启超函》，光绪二十八年五月，载陈铮编《黄遵宪全集》上册，第429页。

史氏曰"多达 7 篇之众，"刑法志" 5 卷，除卷首添加"外史氏曰"外，不见其他任何评论。可以说，黄遵宪对法制变革是持观望态度的，或者说，他对"以法治国"的认识尚处于形成过程中。中国自古所重在道德，遂以刑法为"卑卑无足道"，所以，黄遵宪居日本，见其学习西法如此之详，起初颇为惊讶。后往美国和欧洲，他才发现欧美大小各国，无论君主、君民共主，均"以法治国"，也就不足为怪了。但黄遵宪认为，要达到依法治国的目的，需要"举世崇尚，数百年来观摩研究、讨论修改，精密至于此"才可能实现。对此，他感慨道："此固先哲王之所不及料，抑亦后世法家之所不能知者矣。"① 黄遵宪后来对"以法治国"问题关注不多。他曾指出，"西人所谓民智益开，则国法益详"②，将立法与民智相关联。

黄遵宪对明治维新持相当抵触态度的，主要是对伦常纲纪的变革，所谓形而上者，集中体现在"学术志"中。"学术志"虽仅有 2 卷，但他添加了不少长篇的"外史氏曰"以述其志，涉及对西学、中学的看法。黄遵宪认为，泰西之学，"其源盖出于墨子"。自主权利、爱邻如己、独尊上帝保灵魂，分别同于墨子的尚同、兼爱、尊天明鬼。从国家政体、用人制度，至医院、学校、孤儿院等社会机构，再及器用、学问、信仰、法律、武备，均与墨学息息相通。他不否定由于泰西各国的国力现状，"胥天下而靡然从之"，但他认为其流弊

---

① 黄遵宪：《日本国志》卷 27，第 1~2 页。黄遵宪在法制问题上持观望立场，从《日本杂事诗》中也可以得到印证。《日本杂事诗》原本描述日本法制的共两首，即第 41 首《刑法》和第 42 首《法律》。《刑法》诗小注先追溯日本自古以来惩处罪犯的历史，最后指出："刑于无刑，真太古风哉！至推古乃作宪法，后来用大明律，近又用法兰西律。然囹圄充塞，赭衣载道矣。"可见，在黄遵宪看来，单纯强化刑法，不仅未能有效阻止犯罪，而且还使牢狱人满为患。《法律》诗表达的是日本当时"新律初颁法未齐"、判官"按情难准"之情形，基本实录，看不出褒贬；诗下小注最后提示"余俟详'刑法志'中"。对《日本杂事诗》增补删改时，定本对《法律》诗未做任何改动，而对《刑法》诗的诗文进行了改写，但诗下小注只字未改。参见《日本杂事诗》，同文馆光绪五年版，第 19~20 页；実藤恵秀、豊田穣訳『日本雑事詩』、72-73 頁；黄遵宪著，钟叔河辑校《日本杂事诗广注》，第 81~82 页。

② 黄遵宪：《日本国志》卷 27，第 1 页。

"不可胜言"。除淆乱了中国传统的天理人情准则之外，在这种文化价值观念之下，物力丰足时尚可太平，一旦物力稍绌，就容易"启争召乱"。他甚至预言，欧洲各国不出百年"必大乱"。日本追随西学，"先儒后墨"，言外之意，也早晚会加入欧洲"争乱"潮流之中。① 泰西术艺尽出《墨子》，黄遵宪的这种认识可以说由来已久，在不同场合常与日本人士提及。② 不仅如此，黄遵宪还认为，西方的用法类乎申韩之议，设官类乎《周礼》之论，行政类乎《管子》之倡，一切格致之学，则散见于周秦诸子之说。③ 如此比附，今天看来有可商讨处，但这何尝不是基于他当时亲眼所见的备受列强侵凌的中国之残酷现状而发的，后来的历史发展也在一定程度上应验了黄遵宪的预言。

日本学习汉学，绵延千余年，明治维新后，日本政府却欲废之。对此，黄遵宪很不认同。他认为，日本所习得的汉学，不过无用之汉学。如唐朝诗文辞章、宋明心性语录，均是儒者末流，远远偏离道本。日本对于先王经世之本、圣人修身之要，其实未尝用之，亦未尝习之。黄遵宪认为，汉学并非无用。比如，当时日本朝野通行的文字，无一不是汉字，假名也均来自汉文。辞章心性之学虽然无用，但日本学者正是赖此耳濡目染，才"得知大义"。他甚至认为日本"尊王攘夷"的明治中兴之功，也"明明收汉学之效"，故而汉学之兴，当"指日可待"。④

尽管黄遵宪认为西学未出中学范围，但他承认"百年以来，西国日益强"之事实。为此他认为，一味排拒西法是狭隘的。西方挟其所长，"日以欺侮我，凌逼我"，我正应"藉资于彼法以为之辅"。他指出，泰西各国以互相师法而日盛，即使"蕞尔国"日本，近年来发愤

---

① 黄遵宪：《日本国志》卷32，第1~3、20~22页。
② 《致中村敬宇函》，光绪七年闰七月二十四日，载陈铮编《黄遵宪全集》上册，第332~333页。
③ 黄遵宪：《日本国志》卷32，第20~22、14~15页；卷13，第1~2页。
④ 黄遵宪：《日本国志》卷32，第14~15页。

自强，"亦骎骎乎有富强之势"，中国不应该"以效之、法之为可耻"，他明确主张虚心学习西方。① 可见，此时的黄遵宪是转而主张变革的，如他所说："物穷则变，变则通。"但是，黄遵宪倡导的变革，显然不是明治维新这种涵盖形而上、形而下的全面西化的变革。他公然声明："吾不可得而变革者，君臣也，父子也，夫妇也，凡关于伦常纲纪者皆是也。吾可得而变革者，轮舟也，铁道也，电信也，凡可以务财、训农、通商、惠工者皆是也。"② 有意思的是，戊戌变法推行新政时，黄遵宪常常会称，某西式新法实"原本《周官》《管子》之遗法"③。可见，他的变法观与日本明治维新旨趣是不同的。

综上所论，到 1880 年代后期，黄遵宪总体上对寻求变革的明治维新持肯定态度。对此，《日本国志》"地理志"开篇有深入阐述。黄遵宪认为，在欧洲各国侵凌之下，印度、土耳其、越南、缅甸等亚洲各国纷纷倾踣，日本颇受外侮，却能"家国如故，金瓯无缺"，又能追随泰西各国，以日本帝国之名与其建交，壤地虽小，经营筹划，卒能自立，值得肯定。但是，他既曾经历中国台湾事件及琉球事件，对日本的野心自然就有了清醒的认识。黄遵宪认识到，日本呕呕力图自强，虽说是自守，但更有仿效英国"以小生巨，遂霸天下之志"。对日本这种称霸天下的野心，黄遵宪并不看好，认为其最终会"鼎举而膑绝，地小而不足回旋"，必然失败。④ 从历史的长河来看，黄遵宪的这一论断是准确的。他肯定明治维新的成效，又揭示其称霸野心，在当时的历史背景之下可谓振聋发聩。梁启超为黄遵宪所作墓志铭中特意言道："《日本国志》四十卷，当吾国二十年以前，群未知日本之可畏，而先生此书则已言日本维新之效成则且霸，而首受其冲者为

① 黄遵宪：《日本国志》卷 32，第 22~23 页。
② 黄遵宪：《日本国志》卷 40，第 1 页。
③ 《杨先达等秉请速办保卫局批》，光绪二十四年二月十七日，载陈铮编《黄遵宪全集》上册，第 503 页。
④ 黄遵宪：《日本国志》卷 10，第 2 页。

吾中国。及后而先生之言尽验，以是人尤服其先见。"①

《日本国志》于光绪十三年（1887）夏完成。次年底，黄遵宪通过北洋大臣李鸿章将原书二函呈送总理衙门，光绪十五年（1889）六月又通过时任两广总督张之洞向总署推荐，希望刊行供当道镜鉴，但被"久束高阁"②，迟至光绪二十一年（1895）底甲午战败后才正式刊行。对此，时人痛惜万分，称"虽风行一世，而时已晚矣"③。

三 历届驻日使团人员的去就

（一）出使大臣

甲午战前六届出使日本大臣归国后，继续活跃于晚清外交领域的，只有身份特殊的李经方一人，但他留下的却主要是骂名。

李经方回国不到两年，中日甲午战争爆发，清政府战败。光绪二十一年（1895）二月，他与马建忠、伍廷芳等随钦差全权大臣李鸿章到马关与日本谈判。第三次会谈后，因李鸿章遇刺，三月十二日（4月6日），李经方被任命为钦差全权大臣负责具体谈判事宜。三月二十三日（4月17日）协助李鸿章主持签订了中日《马关条约》。四月，他又被任命为商办割台事件特派全权委员，率马建忠、伍光建、科士达等前往台湾办理割台手续，与日方代表桦山资纪签订《交接台湾文据》。④《马关条约》丧权辱国，朝野上下对李鸿章、李经方父子骂声一片，直视为"卖国贼"。江南道监察御史管廷献上长折弹劾李鸿章、李经方父子，从日本肇衅挑起战事始，到清廷被迫议和赔款，再到李鸿章宽免偾军诸将及奉旨交割台湾，历数其罪状。弹劾折称李鸿章及其子李经方开战之初与日方暗通消息，开战之后所有战事一意

---

① 梁启超：《嘉应黄先生墓志铭》，载陈铮编《黄遵宪全集》下册，第1571页。
② 吴天任：《黄公度先生传稿》，香港中文大学，1972，第368页。
③ 黄遵楷：《先兄公度先生事实述略》，载陈铮编《黄遵宪全集》下册，第1577页。
④ 杨裕南：《李经方》，载林增平、郭汉民主编《清代人物传稿》下编，卷6，第165~166页。

阻挠；和议时赔款数额上挑唆日方多要，以便从中分肥；交割台湾则是借端要挟，挟日人以自重。总之，李氏父子祸国殃民之罪无以复加，要求清廷饬令李经方迅速来京，"严加诘问隐匿"，以破除其"奸邪"之志。这份奏折所据源自"外间议论"，凭借"议论"就上奏纠弹，可见李氏父子声誉败坏已经到了全民公敌的地步。① 到光绪二十四年（1898），仍有将李鸿章父子"请均正法"② 的。所以，自《马关条约》后，至少至光绪二十七年（1901）三月③，李经方在其父指点之下有意避开政坛，居家"从长计议"④。

戊戌变法运动蓬勃开展时期，李经方特意"置身局外"。⑤ 当时列强掀起瓜分中国浪潮。德国租借胶州湾，俄国租借旅顺、大连，英国租借广州湾，"循环迭起，口舌纷腾"，清政府"应接不暇"。翁同龢等拟请派专使赴各国联和，李鸿章认为无甚裨益，但翁等上折已奉批准。光绪二十四年（1898）三月，张荫桓面奏，李经方可胜使英之任，据说庆邸也以为然，只是不知政府意见如何。李鸿章因此曾致信李经方，嘱咐"须预为布置，闻命即行"⑥。其时《马关条约》影响尚存，李鸿章父子仍备受朝野舆论之压力⑦，而翁同龢主持朝政，"力

---

① 管廷献：《奏为风闻李鸿章及李经方通匪宜饬李经方迅速来京严加穷诘尽法惩处事》，光绪二十一年五月初三日，录副奏折，档号：03-7416-036，缩微号：551-0930。

② 《致李经方》，光绪二十四年十一月十五日，载顾廷龙、戴逸主编《李鸿章全集》第36册，"信函八"，第202页。

③ 《致李经方》，光绪二十七年三月初二日，载顾廷龙、戴逸主编《李鸿章全集》第36册，"信函八"，第269页。

④ 《致李经方》，光绪二十四年七月十八日，载顾廷龙、戴逸主编《李鸿章全集》第36册，"信函八"，第192页。

⑤ 《致李经方》，光绪二十四年九月初二日，载顾廷龙、戴逸主编《李鸿章全集》第36册，"信函八"，第196页。

⑥ 《致李经方》，光绪二十四年三月十六日，载顾廷龙、戴逸主编《李鸿章全集》第36册，"信函八"，第174~175页。

⑦ 《致李经方》，光绪二十四年十一月十五日，载顾廷龙、戴逸主编《李鸿章全集》第36册，"信函八"，第202页。

量不小"，李鸿章自感"时事已无可为"，对于张荫桓的提议意气消沉。①

《辛丑条约》之后，随着李鸿章被起用，李经方复出了。"庚子事变"时期，八国联军侵占北京，两宫西逃，李鸿章被任命为全权大臣，与庆亲王奕劻一起代表清政府主持签订《辛丑条约》。光绪二十七年九月二十七日（1901年11月7日）签约期间，李鸿章病故，其时两宫尚在回銮途中。慈禧下懿旨哀悼李鸿章，派恭亲王祭奠，予谥"文忠"，追赠太傅，晋封一等侯爵，入祀贤良祠②，饰终之典，可谓崇荣。李鸿章重新赢得清廷的青睐。次年四月，在李鸿章灵柩回籍之际，慈禧下懿旨称道李鸿章"忠勋久著"，她眷念其前劳，令派醇亲王载沣先期前往赐祭，给李鸿章之子李经方加恩，以四品京堂候补，"用示笃念荩臣"。③ 可见，李经方的荣辱沉浮，与其父李鸿章息息相关。此后，李经方先后被盛宣怀、孙宝琦等保举，逐渐回归外交领域。李鸿章病故后，李经方先作为嗣子丁李鸿章之忧，至光绪二十九年（1903）十二月底服满，次年四月中下旬起程进京，在京候补。④ 光绪三十一年（1905）正月，李经方因在随督办铁路总公司事务、工部左侍郎盛宣怀与葡方议定中葡广澳铁路合同条款中，办事深合盛宣怀之意，被盛宣怀称赞为"悉中窾要，其于交涉要务，历练已深，自有心得"，而奏请准令李经方兼在铁路总公司随他办理一切事务，获准。⑤ 半年后，盛宣怀对李经方在沪宁督同办事仍非常满意，不仅称

---

① 《致李经方》，光绪二十四年十二月二十日夜，载顾廷龙、戴逸主编《李鸿章全集》第36册，"信函八"，第207页。

② 窦宗仪编著《李鸿章年（日）谱》，香港：友联出版社，1975，第448页。

③ 《为原任大学士李鸿章灵柩回籍著派醇亲王载沣先期前赐祭伊子李经方著加恩以四品京堂候补事》，光绪二十八年四月十七日，上谕，档号：05-13-002-000332-0082。

④ 《奏报候补京堂李经方服满进京起程日期事》，［光绪二十九年］，附片，档号：04-01-17-0189-001，缩微：04-01-17。

⑤ 盛宣怀：《奏请准李经方兼在铁路总公司随臣办理商约事》，光绪三十一年正月初七日＊，录副奏片，档号：03-7142-001，缩微：533-1797。

其"劳瘁不辞",而且称道他办理交涉实能胜盛宣怀本人"数倍",奏请派李经方常驻上海与他会办。① 此期间,安徽绅士筹办全省铁路曾请派李经方总办其事,商部于六月中旬具奏,奉旨"依议"。当时李经方因正在随办商约及铁路总公司事务,他拟先在上海考订大概办法,筹措略定后,再在安徽择一适中之地设局办事。商部则援案开始着手为他刊刻"总办安徽全省铁路事宜"的木质关防。② 不料,清政府对他另有重用。八月二十二日(9月20日),李经方奉旨,令随同吕海寰、盛宣怀办理商约事宜。办理商约事务大臣吕海寰随即代为上奏谢恩。李经方在谢恩呈文中说,"商务为邦家强弱之机,议约有中外利权之关系",这一任命,意味着李经方逐步回归外交一线。③ 其时,出使大臣孙宝琦上奏保荐数位"久历外交,学贯中西"之人,请记名遇缺简放。论使才时,孙宝琦首先提到"昔年故大学士李鸿章";在保荐上,他第一个提及之人就是李经方,称他"器识宏通,才猷卓越",往年随使欧美,又派充出使日本大臣,"久历外交,闻见广远,通晓英、日文字,办理交涉深中窾要,顾全大局"。此外,还特别提到他的家声名望,称亦足为"坛坫增光"。④ 可见此时,李鸿章家族在晚清外交界已逐渐恢复旧日声望。光绪三十三年三月二十五日(1907年5月7日),李经方奉旨充出使英国,接替汪大燮任出使英国大臣⑤,名副其实地回归外交领域。然而,李经方后期的外交活动远

① 盛宣怀:《奏为请派李经方任常驻上海会办大员事》,[光绪三十一年],录副奏片,档号:03-7143-047,缩微号:533-2150。

② 商部:《奏为委派李经方总办安徽铁路发给关防应用事》,[光绪三十一年七月二十六日],录副奏片,档号:03-7142-043,缩微号:533-1988。

③ 《著派候补京堂李经方随同办理商约事谕旨》,[光绪三十一年],谕旨,档号:03-5453-066,缩微号:412-1199;吕海寰:《奏为候补京堂李经方奉旨随办商约事宜谢恩据情代奏事》,光绪三十一年八月二十五日,录副奏折,档号:03-5447-056,缩微号:411-3291。

④ 孙宝琦:《奏为保荐候补四品京堂李经方等员久历外交学贯中西请记名遇缺简放事》,光绪三十一年三月二十日*,录副奏片,档号:03-5438-109,缩微号:411-0962。

⑤ 李经方:《奏为奉旨补授出使英国大臣谢恩并请陛见事》,光绪三十三年三月二十六日,录副奏折,档号:03-5479-035,缩微号:414-1036。

不如其协助签订《马关条约》影响深远。宣统二年（1910）十二月李经方调任邮传部左侍郎，辛亥革命后被罢官。张勋复辟时，李经方与其弟李经迈响应甚力。复辟失败后蛰居大连，于1934年9月28日在大连病逝。

其他几位出使日本大臣，虽在任上的作为远在李经方之上，结局却令人感慨。首届使臣何如璋回国后，于光绪九年（1883）九月初奉上谕督办福建船政，任福建船政大臣，十二月初一日（12月29日）到任，但很快中法战争爆发。旋因中法马尾海战中战败遭革职。光绪十年七月十八日（1884年9月7日）上谕："张佩纶着以会办大臣兼署船政大臣，何如璋着来京。"八月十五日（10月3日）何如璋交卸后遵旨上京。① 中法战争结束后，何如璋被从重处罚，发往张家口军台效力，赎罪三年。② 于光绪十一年（1885）八月到台，至光绪十四年（1888）八月三年期满，交纳1221两台费实银后，根据中枢政考例，奉旨准予释回。③ 回广东后，被两广总督李瀚章延请主持韩山讲席。光绪十七年（1891）八月于韩山书院内病卒。关于何如璋与张佩纶在马尾海战中的责任问题，目前评价颇存分歧，值得进一步研究。

黎庶昌第二次出使期间，光绪十四年（1888）五月因奏陈祀典，措辞失当，部议降三级调用。总理衙门请旨可否留任，上谕令黎庶昌准以二品顶戴仍留出使日本大臣之任。光绪十六年（1890）九月黎庶

---

① 何如璋：《奏报交船政篆日期并遵旨来京事》，光绪十年八月十五日，录副奏折，档号：03-5188-019，缩微号：394-2866。
② 托伦布等：《呈前詹事府少詹事废员何如璋军台效力期满案由清单》，光绪十四年八月初十日，单，档号：03-7311-098，缩微号：544-0868。
③ 托伦布等：《奏为废员何如璋军台效力期满缴清台费请释回事》，光绪十四年八月初十日，朱批奏折，档号：04-01-01-0967-018，缩微号：04-01-01；托伦布等：《奏为前船政大臣张家口站第十二台废员何如璋军台效力期满请旨释回事》，光绪十四年八月初十日，录副奏折，档号：03-7311-056，缩微号：544-0739。

昌即将任满回国，李鸿章上奏为他请求开复处分。① 光绪十七年（1891）二月入都覆命，总理衙门即奉旨将黎庶昌加恩，开复降调处分。五月初二日（6月8日）内阁奉上谕"四川川东道员缺著黎庶昌补授"，即简授四川川东兵备道道员兼重庆海关监督。初四日（10日），黎庶昌上奏谢恩。② 中日甲午战争爆发，黎庶昌主张布告列国，以维持属国，愿意东渡排难，未被当局接受。当战事殷时，清政府财政发生困难，黎庶昌率先捐出一万元，请各官员按照职位等差分别捐款，但这一建议未被上报。③ 甲午战败，黎庶昌精神大受刺激，先请假调理数月，无奈因"焦急太过，思虑伤脾，气血已亏，非安心静养，难期复元"，光绪二十二年（1896）正月四川总督鹿传霖上奏恳请据情开缺，回籍调理。④ 次年十二月二十日（1898年1月12日），黎庶昌病逝故里。

第三届使臣徐承祖出使期间，因奏请将病故随员增生谢传烈附祭于上海愍忠祠，礼部以违例擅请，奏交部议，奉旨依议。吏部议以罚降二级留任，又奉旨"差不准抵销"。回国后，鉴于他出使期间功劳，光绪十四年四月二十一日（1888年5月31日）奉朱批，徐承祖仍以道员即选。⑤ 但旋即于九月被京畿道监察御史赵增荣弹劾，密告书信

---

① 《请开复黎庶昌处分片》，光绪十六年九月十五日，载吴汝纶编《李文忠公全书·奏稿》卷69，第21~22页。

② 黎庶昌：《奏为奉旨补授川东道谢恩事》，光绪十七年五月初四日，朱批奏折，档号：04-01-13-0371-038，缩微号：04-01-13；「黎庶昌」、『宫岛诚一郎文书』、Reel 13、347-2；「清使笔谈及书翰往复·五号」、『宫岛诚一郎関係文書』、2145。

③ 赵尔巽等撰《清史稿》卷446，列传233，第41册，第12482页。

④ 鹿传霖：《奏为川东道黎庶昌患病久未痊恳请开缺事》，光绪二十二年正月二十二日，录副奏折，档号：03-5338-037，缩微号：403-2147。

⑤ 吏部：《奏为遵旨会议出使日本大臣补用道员徐承祖处分事》，光绪十一年十二月初十日＊，录副奏折，档号：03-5203-029，缩微号：395-2151；奕劻：《奏为前出使大臣徐承祖差竣回京请量予录用事》，光绪十四年四月二十一日，录副奏折，档号：03-5236-062，缩微号：397-1714。

长达十数页，涉及铜案、随员推荐失实等问题。① 十一月，李鸿章奉命上呈徐承祖被参各款复函，没有提到随员推荐问题，具体就购买招商与开平等股票一事、长崎一案和购铜款三个问题一一函复。前两者李鸿章认为基本上可不予追查。因为中国轮船招商局和开平矿务局本仿照西方商人贸易章程集股办理，只要是华人，不论是谁均准入股，并无官场不准入股之禁，既然无关禁令，似不必追查，亦免牵累售主，有碍商情。一定要查，就是查有无侵蚀公款。若有，即使不买股票也无可逃之罪。至于长崎一案，李鸿章认为徐承祖是初次办理，难免颇涉张皇，而通商口岸士兵争斗也是各国常有之事；该案处理结果是经德使调停后为日方抚恤伤亡，这也"尚非失礼"。李鸿章发现存在一定问题的是购铜款。他将徐承祖与津海关道刘汝翼代为订购铜砖价做比较，并附呈清单，指出徐承祖所购价格稍贵，运费也有虚冒之嫌。尽管如此，李鸿章还是认为天津与日本相距既远，又牵涉外人，为此他不愿对此事表态，建议等当时正奉旨确查的继任使臣黎庶昌，将详细调查情况汇报后，再参证核办。也就是说，李鸿章在徐承祖的铜款问题上其实是采取回避态度。② 曾国荃和黎庶昌先后奉命调查，报告均称赵增荣所列证据无一属实。③ 光绪十一年十二月（1886年1月），吏部遵旨会议徐承祖处分之事，徐承祖落职。④ 清廷令徐承祖将

---

① 光绪十四年九月初七日（1888年10月11日），京畿道监察御史赵增荣为弹劾徐承祖写了10多张密告书信。《赵增荣等参奏和调查徐承祖在日行私贪污之有关文件》，录副奏折，外交类·中国与日本关系，缩微号：579；转自王宝平『清代中日学術交流の研究』、252-253页。

② 李鸿章：《为饬属访查徐承祖被参各款情形事致总理各国事务衙门信函》，光绪十四年十一月初八日，信函，档号：03-7133-011，缩微号：532-3456；李鸿章：《呈查前出使日本大臣徐承祖与津海关道刘汝翼代部订购铜砖价值比较清单》，光绪十四年十一月初八日，单，档号：03-7133-012，缩微号：532-3468；《查复徐承祖参款》，光绪十四年十一月初八日，载吴汝纶编《李文忠公全书·译署函稿》卷19，第22~25页。

③ 《赵增荣等参奏和调查徐承祖在日行私贪污之有关文件》，录副奏折，外交类·中国与日本关系，缩微号：579；转自王宝平『清代中日学術交流の研究』、253页。

④ 吏部：《奏为遵旨会议出使日本大臣补用道员徐承祖处分事》，光绪十一年十二月初十日＊，录副奏折，档号：03-5203-029，缩微号：395-2151。

采购铜斤亏折洋厘案内之应行赔缴银两，勒限一年内缴清。光绪十五年（1889）八月、十二月以及光绪十六年（1890）三月，徐承祖分三次将赔缴银 3215 两如数禀缴司库后，才领回了所有查封家产。徐承祖所交付银两，经人解赴海军衙门兑收。① 对于铜案问题，徐承祖后来在致伊藤博文信中曾为自己辩诬，称："不意是年回京复命，因不合时宜，遂为当道所忌。私嗾言官，信口诬参。虽证据皆有，无如敝国刑政不明，有冤莫伸，卒至落职。"②

第六届使臣汪凤藻于甲午战争爆发后"仓卒归"，传说一度"家居不再出"。③ 后仍在翰林院供职，光绪二十七年（1901）在张之洞奏举人才 12 人中有汪凤藻，称其"行检谨饬，精细和平，于英文、法文、算学、艺学均能博通。曾充出使德国参赞，奉使日本，究心外国政治公法"④。只是，汪凤藻再没有参与到外交中去。光绪二十八年（1902）后，曾先后出任上海南洋公学总办和京师大学堂格致科监督。光绪三十三年（1907），翰林院咨报汉日讲起居注官一职出缺，魁斌等奉命赴内阁验看各项人员，并详加考察，推举时为翰林院侍读的汪凤藻等人简充。⑤ 宣统元年（1909）在一篇《醇贤亲王中元祝文》中，出现"侍读臣汪凤藻恭拟"字样，这是汪凤藻回国后少有的与其相关的档案史料之一。⑥ 宣统三年（1911）四月离职而去，不久清朝

---

① 曾国荃：《奏为已革道员徐承祖依限交清亏折银两事》，光绪十六年五月初九日＊，录副奏片，档号：03-7258-026，缩微号：540-3167。

② 「徐承祖致伊藤博文信」、伊藤博文関係文書研究会編『伊藤博文関係文書』（八）、東京、株式会社塙書房、1980、388 頁。

③ 沃丘仲子：《近现代名人小传》上册，"官吏"，北京图书馆出版社，2003，第 150 页。

④ 张之洞：《胪举人才折》，光绪二十七年十二月初一日，《张文襄公全集》卷 55，中国书店，1990 年影印本，第 961 页。

⑤ 魁斌：《奏为充补汉日讲起居注官验看侍读汪凤藻等员并缮清单请旨事》，光绪三十三年九月初二日，录副奏折，档号：03-5489-019，缩微号：415-0046。

⑥ 汪凤藻等：《醇贤亲王中元祝文》，宣统元年五月，祝文，档号：05-13-002-000369-0127。

覆亡。民国7年（1918）汪凤藻去世。[①] 算是善终了。

可以说，甲午战前历届出使日本大臣，除李经方之外，回国后基本离开外交领域，更没有机会参与到对日外交之中。

（二）参随人员

至于"由各大臣自行拣选奏调"的参随以下各员，虽然年满可以"奏奖"，但他们期满回国后，"率无一定位置，听其自为沉浮"[②]。

其实，使团参随人员中不乏人才。如第二、三届使团随员，后随使俄、德的姚文栋，自光绪七年（1881）随第二届黎庶昌使团出使日本，至光绪十六年（1890）十二月从俄德使署任上期满回国，在外约十年，还曾"自备资斧"游历印度、缅甸等地并浏览滇省边境门户，"凡有关形势之处，无不博访周谘，绘图记载"。光绪十七年（1891）五月他从俄德使署回国行抵云南时，即被时任云贵总督王文韶奏留滇省委用，以备与英法交涉滇缅分界通商各事宜。王文韶认为姚留任"于边务不无裨益"，称道姚文栋"志趣远大，办事诚恳，平日讲求洋务，研究舆图"，"周历东西两洋，熟谙各国情形"。[③] 不过，姚文栋在王文韶处当差两年半后即销差回籍了。[④] 又如，第四届黎庶昌使团横滨理事官罗嘉杰，光绪十七年（1891）四月署理两江总督沈秉成专门上奏保举，称道罗嘉杰"吏治洋务兼长"，奏请将罗"敕交军机处存记录用"。[⑤] 使团参随人员早年之所以受关注，主要出于国内

---

① 苏精：《汪凤藻：从广方言馆学生到出使日本大臣》，《传记文学》第38卷第1期，1981。

② 外务部：《出使章程》，宣统三年，第18页。

③ 王文韶、谭钧培：《奏为滇省需材孔亟盐运使衔直隶候补知府姚文栋请留云南差遣委用事》，［光绪十七年六月二十三日］，附片，档号：04-01-12-0551-111，缩微号：04-01-12。

④ 王文韶：《奏为留滇差委直隶补用道姚文栋请销差离滇回籍修墓事》，［光绪十九年十二月二十七日］，附片，档号：04-01-13-0376-025，缩微号：04-01-13。

⑤ 沈秉成：《奏为保举江苏尽先补用道罗嘉杰吏治洋务兼长请旨敕交军机处存记录用事》，光绪十七年四月十一日，录副奏片，档号：03-5278-041，缩微号：400-0289。

"洋务"所需。他们从国家层面作为"人才""使才"得到重视，则要到甲午战败后，尤其是"外侮鸱张""时局艰难，朝廷求才若渴"的戊戌变法时期。

中日《马关条约》签订不久，光绪二十一年五月十三日（1895年6月5日）内阁奉上谕令各部院堂及各直省将军督抚等"遴拔真才"："当兹时事多艰，尤应遴拔真才，藉资干济。著各部院堂及各直省将军督抚等于真知灼见、器识宏通、才猷卓越、究心时务、体用兼备者专折保奏。其有奇才异能，精于天文地舆、算法、格致、制造诸学，试有明效，不涉空谈，各举专长，俾资节取。"各部院堂及直省将军督抚等响应上谕举"真才"，驻日使团参随人员也被保举。如光绪二十二年（1896）十月兵部尚书徐郙所保6人，首列是二品衔直隶候补道姚文栋。他称道姚文栋"沈潜笃实，专精舆地之学"，遍历外洋约十年之久，到处考察各地兵制舆图，再由印度至云南穷乡僻壤，人迹不到之处，"深入测量绘图，著述甚富"，奏请"能破格录用"，奉旨"交军机处存记"。① 到"天下多事之秋，正朝廷破格用人之际"的戊戌年，有朝臣呼吁"破格"任用出使人员，参随人员更是作为国家培植的"人材"而受到关注。

光绪二十四年（1898）三月太仆寺少卿隆恩上奏，称："国家派使臣带随员出洋，原为培植人材。而设若回华后未能量材器使，则岁支经费三四十万，岂非半成糜用耶？"他认为，出使人员周游历国，"耳闻目睹，较为亲切"，如果"任其废弃，老没无闻"，或者被洋商聘用，"似属可惜"，疾呼朝廷"尤不可以资格论人，为成例所拘"，

---

① 徐郙：《奏为保举直隶候补道姚文栋送部引见事》，光绪二十二年十月十九日，奏折，档号：03-5347-050，缩微号：404-1033；军机大臣：《奏为兵部尚书徐郙奏保举道员姚文栋等六员请录用折奉旨恭呈慈览事》，［光绪二十二年］，奏片，档号：03-5731-134，缩微号：431-1215。

强调"诚非有破格之举，不足以鼓舞人心"。① 可知，使团参随人员以下为"成例所拘"者主要是"资格"，即科甲功名。隆恩在这份奏折中同时保举第二届黎庶昌使团随员谢祖沅。谢祖沅使日期满后接着随使法国、德国等国，其间兼管意荷奥比四国文案。调驻德国时，他被派验克虏伯等厂炮药钢板，以及稽查伏耳铿厂铁甲快船，对机器制造局等事"甚属留心考究"。回国后在天津、旅顺与法国商人点验机器物件，"争辩至当"。办上海洋务时，与各领事及洋总教士熟悉。曾有美、比各洋商邀其入洋行，代管采办机器军火等事，均被他拒绝不就。光绪二十四年（1898）三月，清廷以山东教案频发，发布上谕通谕各省"慎重交涉，实力整顿"，谢祖沅上京所递条陈，对保护传教问题颇有见地。隆恩在这篇长篇保举折中称道谢祖沅"阅历八九年，周游十一国"，"品正才长，安详干练，为洋务中通达之员"，称当时的户部左侍郎张荫桓对谢祖沅"亦尚嘉许"，为此奏请将谢祖沅饬交南洋大臣刘坤一派办洋务交涉制造。未见奉朱批。② 隆恩同日还保举第三届至第六届使团东文翻译陶大均，希望将其饬交总理衙门酌量录用。③

隆恩上奏不久，光绪二十四年四月二十三日（1898 年 6 月 11 日）内阁再奉上谕，令各直省督抚保举，目标直接指向使才，称："方今各国交通，使才为当务之急。著各直省督抚于平日所知品学端正，通达时务，不染习气者，无论官职大小，酌保数员，交总理各国事务衙门考验，带领引见，以备朝廷任使。"使团参随人员与使才更近，对此，包括江苏巡抚奎俊、南洋通商大臣两江总督刘坤一、湖北巡抚谭

---

① 隆恩：《奏为保举前出使东西洋各国随员谢祖沅请发往两江派办洋务交涉制造事》，光绪二十四年三月二十九日，录副奏折，档号：03-5615-021，缩微号：423-1800。

② 隆恩：《奏为保举前出使东西洋各国随员谢祖沅请发往两江派办洋务交涉制造事》，光绪二十四年三月二十九日，录副奏折，档号：03-5615-021，缩微号：423-1800。

③ 隆恩：《奏为保举东文教习陶大均请饬交总理衙门酌量录用事》，光绪二十四年三月二十九日，录副奏片，档号：03-5615-023，缩微号：423-1808。

继洵等在内的封疆大吏，响应谕旨保举"堪胜使才"人员，此中涉及多位驻日使团的参随人员。

先是江苏巡抚奎俊会同南洋通商大臣两江总督刘坤一，于该年五月十五日（7月3日）上奏保举两人，其中一人就是第三届徐承祖使团和第五届李经方使团东文翻译官、第四届黎庶昌使团箱馆等处副理事官兼东文翻译、第六届汪凤藻使团参赞衔东文翻译官兼筑地副理事官、时为盐运使衔改留江苏补用知府刘庆汾。奎俊称道刘庆汾，"在洋十余年，凡东洋语言文字政治风俗，悉皆考求精确，洞达渊源，于各国形势政教亦素留心考察"；回国后，在江苏办理通商数年间，"不辞劳怨，遇事坚持，辩论悉合机宜"，"实属不可多得之才"，请交总理衙门考验带领引见，"以备任使"。① 刘庆汾自日回国后，于光绪二十一年（1895）被时署两江总督张之洞调赴江南差委。该年底张之洞受饬回湖广总督本任，又奏请将刘庆汾调往"洋务需材"的湖北差遣，获准。张之洞称道刘庆汾"才具精明，趣问端谨，熟习东洋语言文字"。② 旋即因苏州开埠设关，光绪二十二年（1896）八月江苏巡抚赵舒翘会同南洋通商大臣两江总督刘坤一奏请，将刘庆汾从留江差委四川候补知府，改为留江苏补用，以着力襄助关、道处理繁难的对日交涉，奉朱批俞允。赵舒翘评价刘庆汾"朴诚练达、熟谙洋情"，这一评语也被奎俊在保举折中引用。③ 经奎俊保举，刘庆汾奉上谕在总理各国事务衙门章京上行走。光绪二十四年（1898）八月，时任江苏巡抚德寿会同南洋通商大臣两江总督刘坤一附片具陈，鉴于刘庆汾

---

① 奎俊：《奏为保举江苏补用道志钧补用知府刘庆汾请交总理衙门任使事》，光绪二十四年五月十五日，录副奏折，档号：03-5362-001，缩微号：405-0718。

② 张之洞：《奏为补用知府钱恂候补知府刘庆汾人地相需请旨委派湖北洋务事》，[光绪二十一年十二月十九日]，录副奏片，档号：03-5337-044，缩微号：403-1942。

③ 《奏请将四川候补知府刘庆汾留江苏补用事》，[光绪二十二年]，附片，档号：04-01-12-0575-045，缩微号：04-01-12；赵舒翘：《奏请留江差委四川候补知府刘庆汾改留江苏补用事》，光绪二十二年八月二十八日，录副奏片，档号：03-5346-084，缩微号：404-0873。

"实心任事，不辞劳怨"，"采访舆论，众口一词"，"经理得宜，中外相孚"，而经手未完之事尚多，一时未能料理清楚，希望刘庆汾"暂留江苏经理"，待各项事务就绪，即到总理衙门任职。不过，十月初二日（11月15日）奉朱批，刘庆汾"著仍遵前旨即行来京"。① 就在最新朱批发布前两日，即九月三十日（11月13日），刘庆汾奉到苏州关道书札，委托他与日本代领事会讯日商桥本等殴伤中国巡捕一案②，刘庆汾稍后因此案遭议处，是为后话。

刘坤一于七月十三日（8月29日）保举6位"在外洋阅历人员，或久办洋务"者，其中4位"外洋阅历人员"中有3位是出使日本的随使人员。他们分别是第四届使团参赞官兼文案随员钱德培，前文提到的第四届横滨理事官罗嘉杰，以及第三届徐承祖使团横滨理事官阮祖棠。刘坤一认为他们"屡试有效，均能通达时务，不染习气"，如蒙"俯赐录用，予以轺轩之任"，必能"继好敦槃，折冲樽俎"；获朱批"另有旨"。③ 钱德培远涉重洋，多年供职海外，后与刘坤一"共事有年"，刘熟知其底蕴，称道其出使"历著劳绩"，委办陆师学堂训迪有功，"志趣正大，操履清贞"，"于公事则巨细必亲，于私材则丝毫不苟，有为有守"，所以继汇保使才之后，于次年十二月刘坤一又上奏，特保数名"贤明"道员，将钱德培名列首位。刘坤一希望清廷将钱等交军机处存记，遇有道员缺出即请旨简

---

① 德寿：《奏请准江苏补用知府刘庆汾暂缓赴京当差事》，［光绪二十四年八月二十七日］，附片，档号：04-01-12-0586-199，缩微：04-01-12；德寿：《奏为总署衙门章京上行走刘庆汾回省清理前管事务假满请准延期回京当差事》，光绪二十四年八月二十七日，录副奏片，档号：03-5366-011，缩微号：405-1943；奕劻：《奏为代递总理各国事务衙门章京刘庆汾具折一件呈览事》，光绪二十四年七月二十一日，录副奏折，档号：03-9449-042，缩微号：675-0545。

② 赵舒翘：《刘庆汾函言苏埠日商滋事由》，光绪二十四年十二月初一日，馆藏号：01-16-083-04-004。

③ 刘坤一：《奏为遵保与各国交通使才江苏补用道钱德培等请简用事》，光绪二十四年七月十三日，朱批奏折，档号：04-01-12-0585-018，缩微：04-01-12。

放。没有看到奉朱批。[①]

与刘坤一同一天上奏的谭继洵，保举两名人员，其中一位是第五、六届出使日本随员，盐运使衔湖北候补知府洪超。谭继洵称赞洪超"才具干练，器识□[②]通"，"于洋务素所究心，其言行以忠信笃敬为本，委办各事诚实不欺"，请饬下总理各国事务衙门调取考验。奉朱批"另有旨"。[③]洪超于光绪二十二年六月十五日（1896 年 7 月 25日）吏部带领引见，奉旨"照例发往"，以盐运使衔分发湖北补用知府。[④]同年九月十六日（10 月 22 日）洪超到湖北省，于次年九月十六日（10 月 11 日）试看一年期满。光绪二十四年（1898）二月初，谭继洵会同湖广总督张之洞上折，为洪超等人期满甄别，认为洪超"才识优长，办事奋勉"，堪以简缺留省补用，三月初奉朱批"吏部知道"。[⑤]谭继洵此次保举洪超堪胜使才，是在期满甄别奉朱批后数月。此外，光绪二十四年（1898），首届使团、第三届使团西文翻译官，第四届使团长崎理事官，时任广东候补道杨枢受召见之后，当日奉谕旨，以"使才"存记，并在总理各国事务衙门章京上行走。[⑥]

可见，到戊戌变法时期，有过长年海外历练的驻日使团参随人员，作为"难得"之人才，纷纷进入包括刘坤一、张之洞等在内的朝廷重臣的视野。像首届驻日使团参赞黄遵宪，更是如此。甲午战争爆发时尚在新加坡总领事任上的黄遵宪，因时署南洋通商大臣两

---

① 刘坤一：《奏为特保候补道钱德培等贤明道员四人以备简用事》，光绪二十五年十二月二十四日，录副奏折，档号：03-5386-024，缩微号：407-0107。

② 按：原字体被墨汁覆盖，不可辨。

③ 谭继洵：《奏为遵旨酌保翰林院检讨宋育仁候补知府洪超堪胜使才事》，光绪二十四年七月十三日，录副奏折，档号：03-5617-011，缩微号：423-2234。

④ 洪超：《奏为奉旨照例发往湖北补用谢恩事》，光绪二十二年六月十七日，奏折，档号：04-01-13-0385-045，缩微号：04-01-13。

⑤ 谭继洵：《奏为候补知府洪超等期满甄别事》，光绪二十四年二月初九日，录副奏折，档号：03-5357-003，缩微号：404-3054。

⑥ 军机大臣：《著为广东候补道杨枢以使才存记并在总理各国事务衙门章京上行走事谕旨》，[光绪二十四年]，谕旨，档号：03-5369-091，缩微号：405-3038。

江总督张之洞的特请，被清廷以"亟电"召回国。但这些参随人员中，后来受清廷重用，尤其对清政府的对日外交产生重要影响的，主要是首届何如璋使团参赞黄遵宪。戊戌变法时期，黄遵宪得到光绪皇帝的器重，被赞誉为"器识远大，办事精细"，于光绪二十四年（1898）六月被谕命为出使日本大臣。但不久戊戌政变爆发，黄遵宪最终未能出使，且被放归故里。光绪三十一年二月二十三日（1905年3月28日），黄遵宪终老故里。

其他被保各员，如刘庆汾进入总署后约半年即遭议处。起因是前述提到的日商桥本等殴伤中国巡捕一案。光绪二十四年十月十二日（1898年11月25日），刘庆汾奉苏州关道之意与日本驻苏州代理领事吉冈彦一等会审，其间肇事者日本商人桥本言行"强横"，参与会审的吉冈又"纵容太甚"，令刘庆汾忍无可忍，"拂然告归"。之后刘庆汾请参加会审的外国总巡鄂尔生带卷宗赴上海，向日本驻上海总领事小田切万寿之助控告，案件升级。尽管升级也是日本领事吉冈之意，但吉冈却反诬是刘庆汾"误会东语"，将案件复杂化。光绪二十五年（1899）四月，经日本驻华公使和总理衙门的介入，三件"华捕与日商争殴案"完结后，时任江苏巡抚德寿会同南洋通商大臣两江总督刘坤一上奏，认为当时为襄办洋务委员江苏候补知府刘庆汾，对案件的最初处置"失于察觉，咎无可辞"，请旨将该员刘庆汾交部照例议处，以示惩儆。五月初一日（6月8日）奉朱批，刘庆汾著交部议处。[①] 五月初十日（6月17日），德寿将议处刘庆汾的文咨呈总理衙门，请查照施行。[②] 在此之前的光绪二十四年（1898）十二月，刘庆汾曾将日商桥本等殴伤中国巡捕案始末并原被告供词，在苏州的外国总巡鄂尔生致日本领事函，苏州关道转来

---

① 德寿：《附奏办理苏州巡捕各案请将委员刘庆汾交部议处由》，光绪二十五年五月初二日，馆藏号：01-16-083-03-014。

② 德寿：《片奏前襄赞洋务委员刘庆汾请旨交部议处抄录知照由》，光绪二十五年五月初十日，馆藏号：01-16-083-03-017。

的吉冈诬枉函,刘庆汾本人的申复,以及苏州关道致函吉冈的希望议订日期重开会讯及被吉冈回绝的往来原文,通过总理衙门大臣赵舒翘转致总署各大臣。查该案原委,其症结正如刘庆汾在会讯之前与吉冈通气时特别提醒的,为日人言行"强横"。因甲午战争日本战胜,来华日本商人常存"先年战胜之心","苟有不合,动辄出手殴人",以致酿成案件。刘庆汾曾提醒吉冈"须告诫"日商谨慎行事。吉冈本人何尝不怀这等"战胜之心"?肇事者桥本的"目中无中国官"之举,连在场的鄂尔生都认为吉冈"不责彼一言,未免纵容太甚",之后才有他配合刘庆汾携带卷宗赴上海向小田切万寿之助控告之举。刘庆汾在申复函中说,他随使日本 14 年,在日本时他赴日本的裁判所、控诉院、大审院,会同日本大小各官会讯案件"不下数十百次";到苏州后他又先后与日本领事珍田舍巳、荒川巳次、大河平隆则等各领事议订苏州租界章程,他在对日交涉上经验丰富,而且作为资深外交官,他处理该案本意也并不为激化矛盾。若不是肇事日商桥本言行如此"强横",吉冈又"纵容太甚",忍无可忍,他不至于当场抗议。① 像刘庆汾这样在国内对日交涉中遭遇这类困境的随使人员并非个案。《马关条约》签订后的光绪二十二年(1896)初,黄遵宪奉命作为全权代表与日本驻上海总领事就苏州开埠进行谈判,为收回治外法权尽力斡旋,最终因总理衙门否决他艰苦交涉所得的成果,无功而返。苏州开埠交涉受挫,黄遵宪曾发出"国事诚不堪问""真不知何处可以安身"之慨。② 对于这些早年曾在日本为国争权利、为侨民争权益的外交官来说,现在在本国境内要忍受日人之辱,很不容易。光绪二十五年六月初二日(1899 年 7 月 9 日),

---

① 赵舒翘:《刘庆汾函言苏埠日商滋事由》,光绪二十四年十二月初一日,馆藏号:01-16-083-04-004。

② 《致梁鼎芬函》(光绪二十三年下半年)、《致王秉恩函》(光绪二十四年二月二十一日),载陈铮编《黄遵宪全集》上册,第 413~414 页。

军机处奉旨："江苏候补知府刘庆汾著发往四川交奎俊差遣委用。"①
这大概可以理解为是对刘庆汾的一种"议处"。奎俊正是当初保举他
进总署之人，此时已任四川总督。该谕旨由军机处交总署后，总署先
后分送吏部、四川总督奎俊和刘庆汾本人分别钦遵。② 刘庆汾立即上
奏谢恩。③ 他南下途经上海时，遭遇丁亲生母艰，便回籍守制，直到光
绪二十七年（1901）十一月初才由原籍贵州赴四川禀到。奎俊对他仍旧
肯定，称道他"通达时务，熟悉中外情形"，四川省创设武备大小学堂
"需员孔亟"，希望刘庆汾仍留川以道员前先补用，俟候补缺后再送部
引见。获朱批著照所请。④ 这样，刘庆汾最终远离外交一线。刘庆汾
身份较特殊，他是黎庶昌胞弟的女婿，此时黎庶昌已过世多年。

晚清新政时期，随着"振兴庶务，办理交涉，需才孔急"，使团参随
人员再次受到清廷大员关注。如山西巡抚岑春煊奏调姚文栋。光绪二十七
年（1901）八月，山西巡抚岑春煊在"百废俱举之时"规划山西"富强"
之道，此时事务涉及与俄、法、英、意等国的交涉，急需"熟娴交涉，
志端行洁之员"前来因应。而当时山西通商较晚，"志趣向上，材猷练
达"之人不敷差遣，所以考虑到省外延访奏调。所奏调 4 人中，首举时

① 《著为江苏候补知府刘庆汾发往四川交奎俊差遣事谕旨》，光绪二十五年六月，谕旨，
档号：03-5377-088，缩微号：406-1534。

② 军机处：《军机处大臣面奉谕旨江苏候补知府刘庆汾著发往四川交奎俊差遣委用钦此传
知钦遵》，光绪二十五年五月（按：应为六月）初三日，馆藏号：01-04-001-23-001；总署：
《军机处大臣面陈谕旨江苏候补知府刘庆汾著发往四川交奎俊差遣委用钦此传知钦遵》，光绪二
十五年六月初五日，馆藏号：01-04-001-23-002；总署：《军机处大臣面陈谕旨江苏候补知府
刘庆汾著发往四川交奎俊差遣委用钦此传知钦遵》，光绪二十五年六月初五日，馆藏号：01-
04-001-23-003；总署：《军机处大臣面陈谕旨江苏候补知府刘庆汾著发往四川交奎俊差遣委用
钦此传知钦遵》，光绪二十五年六月初五日，馆藏号：01-04-001-23-004。

③ 刘庆汾：《奏为奉旨发往四川差遣谢恩事》，光绪二十五年六月初四日，奏折，档号：
04-01-13-0397-032，缩微号：04-01-13。

④ 奎俊：《奏为川省创设武备大小学堂需员孔亟请准将刘庆汾仍留四川以道员前先补用
事》，[光绪二十七年]，附片，档号：04-01-13-0401-037，缩微号：04-01-13；奎俊：《奏
请俯准补用道刘庆汾仍留四川补缺事》，光绪二十七年十二月十四日，录副奏折，档号：03-
5412-069，缩微号：409-0148。

为直隶候补道的姚文栋。他称道姚文栋"随带出洋，历奉译书、勘界、查验船炮、办理文案等差，于交涉情形极为熟悉"，尤其是他"能究心中国学术、政治"，实为"体用兼赅"之人。奉朱批"著照所请"。①

光绪二十八年（1902）正月，新政之初，同为第五、六届使团西文翻译，时为捐升郎中候选盐大使的李维格和候补知府的伍光建，得到顺天府府尹陈璧的遵旨举荐。陈璧称道李维格"学贯中西，兼通财政，器局宏敞，任事实心"。当时李维格正任湖北汉阳铁厂总办，陈璧称其"布置极有条理"，承担铁政局积弊改革委任之后，"极力补救，顿然改观"。陈璧称道伍光建"学问渊博，器械宏达，晓畅戎机，洞明治体"；当年在英国国家水师学堂学习格物、天算，"屡考第一"，对欧美财政源流、交涉成案，一一考核精详；当时任上海南洋公学提调，"功效卓著，众所推服"。陈璧认为他们"足以宏济艰难，有实效而无流弊"，希望将他们咨送部引见。②

第五、六届使团西文翻译官罗忠尧，得到时署理两江总督周馥的保举。罗忠尧早年毕业于福建船政学堂，派赴英国法律大学堂学习公万国公法、私万国公法，英国刑律、商务、契约、产业、议院、宪法各律例，罗马律，拉丁文，毕业回国时获得律师执照。出使日本回国后，旋即充英、意、比国使署三等参赞官，派往比利时万国地质水师公会会议，差竣回英国，代理新加坡总领事官。③ 光绪二十七年

---

① 岑春煊：《奏为晋省艰难需才孔亟请饬直隶浙江安徽广西各抚臣转饬姚文栋等四员速来晋事》，光绪二十七年八月初三日，朱批奏折，档号：04-01-12-0607-010，缩微号：04-01-12。

② 陈璧：《奏为保举候选盐大使李维格等员请旨择用事》，光绪二十八年正月十四日，录副奏折，档号：03-5411-073，缩微号：408-3460。

③ 周馥：《奏为广东尽先补用道罗忠尧请发往江苏补用以备任使事》，光绪三十二年二月十八日＊，录副奏片，档号：03-5456-019，缩微号：412-2000；周馥：《奏为保荐广东补用道罗忠尧熟悉交涉情形兼谙法律请发往江苏补用事》，［光绪三十二年十月初三日］，附片，档号：04-01-12-0648-098，缩微号：04-01-12。按：这两份奏折内容同，均于"光绪三十二年二月十八日奉朱批"，可知上奏时间在此时间之前，而不是"光绪三十二年二月十八日"或"光绪三十二年十月初三日"。

（1901）陕西亢旱成灾，需款甚巨，清廷派员向海内外义赈劝募，至外洋各商埠，时为代理新加坡总领事官的罗忠尧，奉出使英、西、比大臣罗丰禄之令会同劝办，"著有微劳"；次年四月经陕西巡抚升允奏请，布政使衔广东补用道罗忠尧奉旨获赏戴花翎。[1] 罗忠尧先后派往荷兰南洋属地以及英属澳大利亚等处察看华工情形。从新加坡任上回国后，先回福建原籍省亲，经署闽浙总督李兴锐奏请，派至福建全省矿务总公司委差。光绪三十一年（1905）二月周馥以南洋差遣需人，电调罗忠尧到南京委办两江洋务局事宜。周馥认为江苏实缺候补各员中讲求交涉者颇不乏人，但熟谙法律、中外贯通者"实不易觏"。他称道罗忠尧"公正和平，讲求吏治，熟悉交涉情形，兼谙法律诸学，不仅以语言文字见长，实为办理交涉不可少之员"。当时罗忠尧以广东尽先补用道指分广东，尚未引见到省。周馥希望将罗忠尧发往江苏补用，以佐理日益繁复的南洋交涉事宜，于光绪三十二年（1906）初上奏陈请，奉朱批"著照所请"。[2]

即使因甲午战争爆发撤使，连同其兄第六届使臣汪凤藻一起被参的使团随员、暂署参赞汪凤瀛，这一时期也得到湖广总督张之洞的保举。汪凤瀛回国后，于光绪二十三年（1897）到湖北张之洞麾下办理交涉事务，被委办自强学堂、农业学堂。[3] 于光绪三十年（1904）以候补班前补用知府署黄州府事，次年初经湖北布政使李岷琛、按察使

---

① 升允：《奏为新加坡领事罗忠尧及横滨副领事谢荣光并同济医院商董等捐助赈款请旨分别奖叙事》，光绪二十八年四月十二日，朱批奏折，档号：04-01-14-0097-026，缩微号：04-01-14；升允：《奏为罗忠尧等南泽各官商共捐巨款有济灾区请予奖叙并请御赐同济医院匾额事》，光绪二十八年四月十二日，录副奏折，档号：03-5568-040，缩微号：420-0991。

② 周馥：《奏为广东尽先补用道罗忠尧请发往江苏补用以备任使事》，光绪三十二年二月十八日＊，录副奏片，档号：03-5456-019，缩微号：412-2000；周馥：《奏为保荐广东补用道罗忠尧熟悉交涉情形兼谙法律请发往江苏补用事》，［光绪三十二年十月初三日］，附片，档号：04-01-12-0648-098，缩微号：04-01-12。

③ 张之洞：《奏为保举湖北候补知府黄以霖汪凤瀛条理缜密为守兼优请以本省知府遇缺宜先录用事》，光绪三十一年八月二十九日，录副奏折，档号：03-5447-074，缩微号：411-3334。

岑春蓂先后会详，张之洞附片具陈，递署汉阳府知府。① 光绪三十二年（1906）张之洞又据湖北布政使李岷琛、署按察使梁鼎芬会详，附片推举署汉阳府事候补知府汪凤瀛，署理武昌府知府。② 在汪凤瀛署汉阳府知府不久，张之洞再次上奏保举汪凤瀛和时署武昌府知府、湖北候补知府、光绪二十四至二十五年随使日本、派充参赞领事等官的黄以霖。该折内称，现署汉阳府知府、湖北候补知府汪凤瀛"精详稳实，为守兼优"，随使日本期间"于交涉机宜素能研究"；在"长江上游铁路枢纽"的湖北，于"时局日急，交涉事体尤为紧迫繁难"情境下办理交涉事务，"辩论筹谋，解纷析理，动中窾要，弭患会形"，张之洞认为"资其臂助，裨益良多"；又委其办各学堂，从"事事草创"到"已规模详整，成才日多"，教导学生则"能会同中西，毫无偏侍"；在署黄州府知府、汉阳知府任上，"吏治、民心均能实力整顿，勤恤民隐"。张之洞认为黄以霖和汪凤瀛"均属湖北候补知府中最得力之员"，希望"畀以实缺"，为地方兴利除弊，裨益民生。奉朱批，两人均交军机处存记。③

另一位汪凤藻使团随员李嘉德也得到保举。李嘉德随汪凤藻回国后，又随第七届驻日使臣裕庚出使日本，任使署随员。裕庚出使法国，又奏调他随同前往。回国后以道员分发江西，光绪三十年（1904）九月试看一年期满，因"精明稳练""明干有为"继续留江西照例叙补。李嘉德在江西洋务局供差6年，凡是民教词讼交涉事件，均依赖他"随时措置"。宣统二年（1910）十二月，值

---

① 张之洞：《奏为委任汪凤瀛署理湖北汉阳府知府魁麟署理郧阳府知府事》，光绪三十一年二月十一日*，录副奏片，档号：03-5437-067，缩微号：411-0523。

② 张之洞：《奏为饬令新授郧阳府知府黄以霖等员赴任并委任汪凤瀛等署理武昌府知府等员缺事》，光绪三十二年三月二十八日*，录副奏片，档号：03-5457-174，缩微号：412-2580。

③ 张之洞：《奏为保举湖北候补知府黄以霖汪凤瀛条理缜密为守兼优请以本省知府遇缺宜先录用事》，光绪三十一年八月二十九日，录副奏折，档号：03-5447-074，缩微号：411-3334。

"时局艰难，人才不易"之时，江西巡抚冯汝骙会同两江督臣张人骏附片保举李嘉德，认为他"先后出洋六年，于外交政术锐意研究，确有心得"，称道他"才具稳练，熟悉约章，实为办理交涉出色人员"，建议将李嘉德"交军机处存记，量材简用"，奉朱批"允行"。[1]

晚清新政时期，上述这些被看重人员中，作为使才顺利被任用，且在对日外交中产生一定影响的，只有西文翻译出身、第四届黎庶昌使团时出任长崎理事官的杨枢。光绪二十九年（1903）五月，杨枢以广东候补道赏二品顶戴候补四品京堂，充任出使日本大臣，成为晚清第十届出使日本大臣，是甲午战前使团人员中，唯一一位被谕命为出使日本大臣且成行者。杨枢之升任使臣，如同汪凤藻之出任使臣，应是基于其理事官资格而非外语能力，此时外务部已经成立，时代背景大变，使臣职责变换，情形比较复杂。顺及，杨枢族兄杨儒于光绪二十二年（1896）十月至光绪二十八年正月任出使俄国大臣，于任上病故。

（三）翻译人员

使团中尚有一批特殊人员，即翻译官，尤其东文翻译官。因这一时期同文馆等不设东文学堂，且培养翻译人才周期又长，他们中大都留任使团。其中有几位还一直参与对日外交事务，以罗庚龄和卢永铭等人较引人注目。

罗庚龄是首届使臣何如璋应东文翻译之急需，在日本就地寻得的，先受雇于横滨理事署，成为使团中最早的一批东文翻译人员。罗庚龄自第一届何如璋使团始，至甲午战前第六届汪凤藻使团止，一直

---

① 《奏为候补班前补用道李嘉德等期满甄别并均留江西叙补事》，［光绪三十年］，附片，档号：04-01-12-0639-081，缩微号：04-01-12；冯汝骙：《奏为保举补用道李嘉德熟悉约章请旨简用事》，宣统二年十二月十八日＊，录副奏片，档号：03-7448-143，缩微号：553-2134。

任东文翻译。甲午战争后，他继续担任第七届裕庚使团、第八届李盛铎使团的东文翻译。① 中日《马关条约》谈判期间，他与使团另一位东文翻译卢永铭一起，在谈判现场任中方东文翻译官。② 光绪二十七年（1901）十月，出使日本大臣李盛铎卸任，蔡钧继任，同年十一月初一日（1901 年 12 月 11 日），蔡钧致函日本外务大臣小村寿太郎，就使团东文翻译人员变更情形加以说明，其中提到东文翻译罗庚龄"因病乞请销差"，之前罗曾"留东医治"。③ 可知，罗庚龄直到 20 世纪初才因病离职回国。前文提到，甲午战争后有名使团人员在与日方人士私聊中曾透露徐承祖所雇间谍的真实姓名，这名知情人士就是罗庚龄，可见他对横滨等地情形极熟，深得使臣徐承祖等的倚重。罗庚龄至光绪二十七年（1901）十二月李盛铎使团时期，已年届 52 岁。他是江苏苏州府吴县人，由俊秀于光绪五年（1879）正月在湖北协黔捐局报捐从九品职衔，在第三届徐承祖使团任翻译期间，在安徽赈捐局加捐州同衔，差满后保以州同选用并加五品衔。在第四届黎庶昌使团差满后，保以通判候选并加四品衔；在第五届李经方使团差满后，保免选通判，以直隶州知州遇缺即选，并给三品封典；在第七届裕庚使团差满后，保免选直隶州知州，以知府尽先选用，并加盐运使衔；在第八届李盛铎使团差满后，保免选本班，以道员归部，不论双单月尽先选用，并赏加二品顶戴。④ 罗庚龄可谓毕生置身于对日外交一线。

---

① 「12. 参贊官黎經誥外八名　自明治三十二年」JACAR、Ref. B16080993700、在本邦各国公使館員任免雑件 支邦之部 第一卷/支那之部　第一卷（6-1-8-2_ 9_ 001）（外務省外交史料館）。

② 「分割 1」JACAR、Ref. B06150073200、日清講和条約締結一件/会見要録（2-2-1-0-1_ 6）（外務省外交史料館）。

③ 「15. 繙訳馮國勳　自明治三十四年十二月」JACAR、Ref. B16080994000、在本邦各国公使館員任免雑件 支邦之部 第一卷/支那之部　第一卷（6-1-8-2_ 9_ 001）（外務省外交史料館）。

④ 李盛铎：《具奏随员期满请奖一折又前任翻译陈昌绪等差满请奖一片均经备具履历请转送吏兵部查核由》，光绪二十七年十二月十五日，馆藏号：02-12-039-01-004；李盛铎：《具奏随员期满请奖及前任翻译陈昌绪等差满请奖各折片均备具履历并抄稿请查核由》，光绪二十七年十二月十五日，馆藏号：02-12-039-01-003。

卢永铭较罗庚龄稍晚任职使团，他是第二届使臣黎庶昌开设的东文学堂培养的第一批翻译学生。徐承祖接任伊始，卢与另一名翻译学生刘庆汾一起，被从东文学生中挑选出来，派充东文学习翻译。卢永铭历任第三届徐承祖使团至第六届汪凤藻使团的东文翻译官。中日《马关条约》谈判期间，他与罗庚龄一起担任谈判现场的中方日文翻译。甲午战争后，卢永铭继续担任裕庚使团东文翻译官。① 李盛铎抵任之初，卢永铭仍任使团东文翻译官，不过次年四月，他与其他两名使团随员一起请假回国。② 蔡钧继任，再调卢永铭到使署，仍任东文翻译，卢于光绪二十七年（1901）十二月自上海到东京，次日蔡钧曾致函小村寿太郎报备说明情形。③ 蔡钧卸任回国换届之际，卢永铭与原使团参赞章铨林、吴广霈，以及另两名翻译官曾海、冯国勋一起，获日本政府授勋，得五等旭日勋章，表彰他"前后在职长达十一年以上之久"之"勤劳"。④ 之后，卢永铭在第十届杨枢使团以参赞衔任东文翻译。⑤ 光绪三十年（1904）十月底，卢永铭第五次出洋三年期满；十二月时任使臣杨枢上奏为卢永铭等请奖，请将知府衔分省补用

---

① 「13. 麹町永田町二丁目七十二番地岡田吉右エ門所有家屋ヲ清国公使館翻訳官張坤德ヘ相対貸渡之件　同四月」JACAR、Ref. B12082640900、清国公使館館員館外相対借家雑件　第二巻（B-3-12-4-26_002）（外務省外交史料館）。

② 「12. 参賛官黎經誥外八名　自明治三十二年」JACAR、Ref. B16080993700、在本邦各国公使館員任免雑件 支邦之部 第一巻/支那之部　第一巻（6-1-8-2_9_001）（外務省外交史料館）。

③ 「18. 東文繙訳員盧永銘　自明治三十五年一月」JACAR、Ref. B16080994300、在本邦各国公使館員任免雑件 支邦之部 第一巻/支那之部　第一巻（6-1-8-2_9_001）（外務省外交史料館）。

④ 「在本邦清国公使館参賛官銓林以下五名叙勲ノ件」JACAR、Ref. A10112571300、叙勲裁可書・明治三十六年・叙勲巻六・外国人二（国立公文書館）。

⑤ 「25. 参賛官兼繙訳官盧永銘　随員楊錫恩　自明治三十八年」、明治38年4月20日、JACAR、Ref. B16080995000、在本邦各国公使館員任免雑件 支邦之部 第一巻/支那之部　第一巻（6-1-8-2_9_001）（外務省外交史料館）；「20. 公使館員領事館員異動　自明治三十六年十月」JACAR、Ref. B16080994500、在本邦各国公使館員任免雑件 支邦之部 第一巻/支那之部　第一巻（6-1-8-2_9_001）（外務省外交史料館）；「外務省月報（明治三十五年一月分）/在本邦公使館、領事館ニ関スル件」JACAR、Ref. B13091285700、外務省月報 第二巻（外・報2）（外務省外交史料館）。

直隶州知州卢永铭，免补本班以知府仍分发省分归候补班前尽先补用，并赏加盐运使衔，"仍留原差，以资熟手"；获朱批，著照所请。① 光绪三十一年（1905）三月底使署三等参赞官汪度因病销差，杨枢奏请所遗之缺由卢永铭充补，仍兼东文翻译官；五月初一日（6月3日）奉朱批获准。② 卢永铭由此升任使署参赞官③，继续担任第十一届李家驹使团东京使署参赞④、第十二届胡惟德使团东京使署二等参赞⑤。第十二届出使日本大臣胡惟德抵任之初，新任二等参赞官吴振麟需稍迟到日本，"接任伊始，佐理需人"，胡惟德奏请由"在东年久，熟悉情形"的前二等参赞官卢永铭暂时代理。⑥ 宣统元年（1909）三月初，吴振麟行抵日本，卢永铭因时任直隶总督杨士骧电调，即卸去参赞之任销差奉调归国⑦；卸任之际，再获日本政府授予

① 杨枢：《奏为使署东文翻译官卢永铭等出洋三年期满请奖事》，光绪三十年十二月初四日，录副奏折，档号：03-7224-038，缩微号：538-2494；吏部：《准奖出使人员翻译官卢永铭等应即注册惟卞綍昌等原损执照应送部又请奖商董袁淦等录旨知照由》，光绪三十一年二月初四日，馆藏号：02-12-041-02-006。

② 杨枢：《具奏参赞汪度因病销差以翻译员卢永铭派充等请抄稿知照由》，光绪三十一年四月初十日，馆藏号：02-12-041-02-018；杨枢：《具奏卢永铭充补参赞杨锡恩拔充随员黄冕留差一片录批咨呈由》，光绪三十一年六月初七日，馆藏号：02-12-041-02-032。

③ 「27. 参贊官盧永銘 汪森寶 王克敏 自明治三十九年四月」、明治39年3月21日、JACAR、Ref. B16080995200、在本邦各国公使館員任免雑件 支邦之部 第一巻/支那之部 第一巻（6-1-8-2_9_001）（外務省外交史料館）。

④ 「30. 公使館員領事館員人名通知」、光緒三十三年九月十七日、JACAR、Ref. B16080995500、在本邦各国公使館員任免雑件 支邦之部 第一巻/支那之部 第一巻（6-1-8-2_9_001）（外務省外交史料館）。

⑤ 「32. 公使館員領事館員名通知」、光緒三十四年七月十七日、JACAR、Ref. B16080995700、在本邦各国公使館員任免雑件 支邦之部 第一巻/支那之部 第一巻（6-1-8-2_9_001）（外務省外交史料館）；「1. 一般/分割1」JACAR、Ref. B12082572400、在仁川釜山元山清国専管居留地ニ関スル日清交渉一件（B-3-12-2-55）（外務省外交史料館）。

⑥ 胡惟德：《参赞吴振麟未到以前请以卢永铭接署由》，光绪三十四年七月二十日，馆藏号：02-12-042-03-023。

⑦ 胡惟德：《吴参赞振麟到署日期代理参赞卢永铭经直督电调所有内渡川装照章发给由》，宣统元年四月初八日，馆藏号：02-12-043-01-011；「33. 二等参贊官盧永銘 自明治四十二年四月」、宣統元年三月初二日、JACAR、Ref. B16080995800、在本邦各国公使館員任免雑件 支邦之部 第一巻/支那之部 第一巻（6-1-8-2_9_001）（外務省外交史料館）；「外務省月報（明治四十二年四月分）/外国大使、公使及領事館ニ関スル件」JACAR、Ref. B13091313200、外務省月報 第三巻（外・報3）（外務省外交史料館）。

的三等瑞宝勋章，表彰其在日任职 16 余年间，为中日交涉事务所做的贡献。① 罗庚龄和卢永铭的任职轨迹相似，只是卢永铭较罗庚龄最终获得更高的升迁机会。他们出现在《马关条约》谈判这样的现场并受到关注，也是很具讽刺意味的。

同时出现在《马关条约》谈判现场的还有一位东文翻译陶大均，目前只在日方绘图中看到他在中方谈判人员之列，身份不是翻译，而是"参议"②，有待更多史料进一步核实。不过，陶大均参与了在北京举行的《马关条约》后续条约《中日通商行船条约》签订交涉，还获赠日方宝星。光绪二十三年（1897）六月，于该条约签订后次年，经日方签约全权大臣、时任日本驻华公使林董奏请，日本给以中方签约全权大臣、时任总理各国事务大臣尚书衔户部左侍郎张荫桓为首的 4 位人员颁发宝星，其中有同知衔知县用候选盐大使陶大均。宝星由日本驻华代理公使内田康哉送总理衙门后，再由总署转北洋大臣王文韶等"就近交收"。陶大均所获是一座四等瑞宝勋章宝星，当时他任东文翻译。③ 陶大均与卢永铭一样，同是使署设立的东文学堂培养的学生，自第三届徐承祖使团开始至第六届汪凤藻使团，一直留差任东文翻译。不过，甲午战争爆发后，他随使团撤离回国后不再出使，主要在国内各部门任职。先后任同文馆东文教习④、奉天驿巡道⑤、署理奉天交涉司

---

① 「元在本邦清国公使館二等参贊官勲四等蘆永銘叙勲ノ件」、明治 42 年 4 月 26 日-明治 42 年 4 月 28 日、JACAR、Ref. A10112678600、叙勲裁可書·明治四十二年·叙勲卷三·外国人一（国立公文書館）。

② 小国政「清国媾和使来朝談判之図」、『日清戦争錦絵』、片田長治郎、明治 28 年。

③ 王文韶:《陶大均领到日本宝星》，光绪二十三年六月初四日，馆藏号：01-25-049-02-006。

④ 隆恩:《奏为保举东文教习陶大均请饬交总理衙门酌量录用事》，光绪二十四年三月二十九日，录副奏片，档号：03-5615-023，缩微：423-1808。

⑤ 陶大均:《奏报到任日期并奉旨补授驿巡道谢恩事》，光绪三十一年十二月二十二日，录副奏折，档号：03-5452-104，缩微：412-1067；赵尔巽:《奏为饬令新授奉天驿巡道陶大均即赴新任事》，光绪三十一年十二月二十八日＊，录副奏片，档号：03-5452-107，缩微号：412-1074。

使、奉天交涉司使①，官至江西按察使，于任上病故②。他是极少数从东文翻译官逐步转任地方官员且官职较高的一位。

至于另一位与卢永铭一起从使署东文学堂中选拔出来的东文翻译刘庆汾，身份较为特别。如前所述，他是黎庶昌胞弟的女婿，在使团期间即有重用。刘庆汾也是第三届徐承祖使团至第六届汪凤藻使团的东文翻译，但不仅于此，光绪十一年（1885）二月初徐承祖在东文翻译蔡霖回国后，将刘庆汾改为长崎理事署东文翻译兼办文案。③ 在黎庶昌使团、李经方使团时，刘庆汾任箱馆等处副理事官兼东文翻译官④，汪凤藻使团时升任参赞衔东文翻译官兼筑地副理事官⑤。据说刘庆汾和汪凤藻之弟汪凤瀛，是使臣汪凤藻最倚重的少数人员之一。⑥甲午战争后，刘庆汾随使团撤离回国，"回华销差"。从其回国以后的履历来看，他是东文翻译出身人员中回国后颇受督抚器重的一位，一度入值总理衙门。此外，他还被前浙江巡抚廖寿丰调往杭州议定租借

① 徐世昌：《奏为委任陶大均试署交涉司司使等员缺并遵旨增改官缺事》，光绪三十三年七月初二日，录副奏折，档号：03-5484-061，缩微号：414-2502；陶大均：《奏报署理交涉司使任事日期事》，光绪三十三年七月十九日，录副奏折，档号：03-5486-057，缩微号：414-3110；陶大均：《奏为奉旨新授奉天交涉使谢恩并请陛见事》，光绪三十四年正月初四日，录副奏折，档号：03-5497-050，缩微号：415-2002。
② 冯汝骙：《奏为饬令新授江西按察使陶大均赴新任事》，[宣统元年十月初八日]，附片，档号：04-01-12-0680-023，缩微号：04-01-12；冯汝骙：《奏为江西按察使陶大均因病出缺请旨简放事》，宣统二年七月十一日，朱批奏折，档号：04-01-12-0687-011，缩微号：04-01-12。
③ 黎庶昌：《奏为东文翻译官刘庆汾卢永铭期满照章请奖事》，光绪十四年五月初一日，录副奏折，档号：03-5237-006，缩微号：397-1912。
④ 刘庆汾，字（号）子贞，贵州人。王同愈：《栩缘日记》卷1，顾廷龙编《王同愈集》，第135页；黄庆澄：《东游日记》，载罗森等著，王晓秋点《早期日本游记五种：记述从闭关锁国到甲午战争四十年间的日本》，第234~235页。
⑤ 汪凤藻：《奏为派令郑孝胥接充驻扎神户兼管大坂〔阪〕正理事官刘庆汾兼充筑地副理事官事》，光绪十九年五月二十一日，朱批奏折，档号：04-01-12-0559-138，缩微号：04-01-12-106-3353；汪凤藻：《奏为给予使署东翻译兼筑地副理事官四川试用同知刘庆汾参赞衔事》，[光绪十九年五月二十一日]，朱批奏折，档号：04-01-12-0559-135，缩微号：04-01-12-106-3344；《出使日本大臣汪凤藻奏日本通商各口交涉事繁拟派使署翻译兼办片》，光绪二十年正月二十六日，载故宫博物院编《清光绪朝中日交涉史料》卷13，第2页。
⑥ 「丁酉日録」，明治30年，『宫岛诚一郎文书』、A93-2。

章程。刘庆汾最终离开外交领域，颇令人唏嘘。

东文翻译中还有一位是冯国勋，早期使团名单中一般不列其名。他是广东广州府番禺县人，早在第三届徐承祖使团时就调充东文翻译。光绪十六年（1890）由督办云南矿务大臣唐炯短期调充东文翻译。光绪十八年（1892）三月由出使大臣李经方调回日本派充使署翻译。光绪二十年（1894）六月由汪凤藻派任原差，甲午战争爆发后随同内渡。光绪二十四年（1898）八月由出使日本大臣李盛铎再度调任使署翻译，旋即派任长崎领事署翻译。冯国勋原无功名，光绪二十七年七月初一日（1901年8月14日）在顺直赈捐案内报捐十成监生，同日由监生在顺直赈捐案内报捐县丞指省江苏试用，该年七月十三日（8月26日）在李盛铎使团三年期满，请奖免补本班以知县仍留原省归候补班前先补用并赏加同知衔，这一年他29岁。李盛铎卸任回国时，冯国勋一度随同回沪并赴北京，于光绪二十八年（1902）五月再回东京使署，继续任蔡钧使团东文翻译。明治36年（1903）10月24日，在蔡钧卸任回国，使臣换届之际，冯国勋与卢永铭、章铨林、吴广霈、曾海一起获得日本政府授勋，获勋五等旭日勋章，以表彰其自明治31年（1898）十月以来在中日交往与翻译上所做的贡献。① 光绪二十九年（1903）十二月，贝子溥伦担任赴美国散鲁伊斯赛会正监督，拟由太平洋赴美，途经日本，需随带一名翻译，他认为冯国勋"熟悉情形"，奏请随带前往。② 冯国勋随即束装同行，光绪三十年

① 李盛铎：《具奏随员期满请奖一折又前任翻译陈昌绪等差满请奖一片均经备具履历请转送吏兵部查核由》，光绪二十七年十二月十五日，馆藏号：02-12-039-01-004；李盛铎：《具奏随员期满请奖及前任翻译陈昌绪等差满请奖各折片均备具履历并抄稿请查核由》，光绪二十七年十二月十五日，馆藏号：02-12-039-01-003；蔡钧：《前因翻译冯国勋随前使赴京署内随雇日人传译语言今冯国勋回东到差署内公文繁多而日员未便辞去俟一年后再作定局由》，光绪二十八年七月十九日，馆藏号：02-12-039-02-049；「在本邦清国公使馆参赞官铨林以下五名叙勋ノ件」JACAR、Ref. A10112571300、叙勋裁可书·明治三十六年·叙勋卷六·外国人二（国立公文书馆）。
② 溥伦：《奏为赴美开会拟调江苏补用知县冯国勋为东文翻译随同出洋事》，光绪二十九年十二月二十七日，录副奏折，档号：03-5961-089，缩微号：446-1323。

（1904）七月随同溥伦回国行抵上海时，请假一个月回家省亲，于九月初十日（10月18日）到京销假，之后回天津当差。① 与前辈不同，年资较浅的冯国勋的对日外交活动，主要集中在甲午战后。

甲午战前，使团东文翻译人员本来不敷需要，捉襟见肘，此期间有几位还因各种原因离职。比如，使团最早的东文翻译人员杨锦庭，与罗庚龄一起由使团在日本就地寻得，最初受雇于神户理事署，之后一直留任，但在第二届黎庶昌使团期内病故。使团最早在日本就地寻得的另一位东文翻译蔡霖，最初受雇于长崎理事署，第二届黎庶昌使团时留任，但在第三届徐承祖使团时期亲老回国。李经方时期学习东文翻译官、汪凤藻使团时期因病禀准销差回国的陈昌绪，于光绪二十一年（1895）八月再由第七届出使日本大臣裕庚咨调到日本任东文翻译，十月初一日（11月17日）到任。出使期间，陈昌绪于光绪二十三年（1897）在顺直赈捐案内报捐监生，领到执照；光绪二十四年（1898）八月底三年期满销差内渡回国。对其之奖叙，裕庚未及核办，与同期出使的另一位横滨领事署供事一起，于光绪二十七年（1901）十二月由继任使臣李盛铎代为酌量办理，陈昌绪以县丞归部不论双单月尽先选用，并赏加六品衔分省试用。当时陈昌绪39岁，正当壮年，但已无意出使海外。②

使团中的西文翻译由总理衙门从同文馆学生中派遣。出使章程规定，使臣换届，来自同文馆的翻译人员随同接办大臣当差。③ 这是出

---

① 溥伦：《随员冯国勋请假省亲准给假一个月由》，光绪三十年七月二十日，馆藏号：02-20-003-02-015；溥伦：《随员冯国勋假满到京已饬回津当差由》，光绪三十年十月初七日，馆藏号：02-20-003-02-020。

② 李盛铎：《具奏随员期满请奖一折又前任翻译陈昌绪等差满请奖一片均经备具履历请转送吏兵部查核由》，光绪二十七年十二月十五日，馆藏号：02-12-039-01-004；李盛铎：《具奏随员期满请奖及前任翻译陈昌绪等差满请奖各折片均备具履历并抄稿请查核由》，光绪二十七年十二月十五日，馆藏号：02-12-039-01-003。

③ 总理衙门：《片奏出使人员未满三年准由接办大臣留用扣至期满分别奏奖》，光绪四年七月二十七日，载《出使章程》，第22~23页。

使章程中唯一明文规定可留任使团之人员。历届驻日使团西文翻译，除几名西方人士和代理翻译之外，基本是同文馆学生。不同于东文翻译，他们在出国之前已有历练。如第二届至第四届使团西文翻译沈铎，出使前曾以同文馆学生身份翻译有关中越边境动态新闻，包括广西总兵在中越边境追剿"叛军"的军事行动，以及法国与越南新议条约等。[1] 第三届至第四届使团西文翻译徐广坤，出使前也曾以同文馆学生身份翻译与法国相关的动态新闻等，包括法缅条约续增条款、中法和局前景、中法战争具体战况及丹麦王室介绍等。[2] 所以他们抵日之后，不存在像东文翻译人员一样良莠不齐，需不断甄别的问题。纵观6届使团西文翻译官，绝大多数在使团任职二到三届不等，只不过基本一直担任西文翻译，升任其他职位者很少。只有一位例外，即前述论及的首届使团翻译、第三届使团翻译兼参赞官、第四届使团长崎理事官杨枢。

西文翻译人员回国后仍有参与对日外交的，如第五届李经方使团和第六届汪凤藻使团的西文翻译伍光建。甲午战败后，李经方办理割台手续，与日方签订《交接台湾文据》，随行人员之一是伍光建。西文翻译人员参与对日外交，无论人数还是参与程度，均不及东文翻译，这与西文适用范围更广有关。他们中有被派往西方国家深造，并在驻西方国家使团任职者。如第五、六届使团西文翻译罗忠尧，他曾出任驻英国罗丰禄使团三等参赞官。其间，他曾在英国中枢大律院学习律例公法，获"中律例举人"；此外，他还兼习"赖额尔地质学"

① 沈铎：《广西总兵党敏宣追剿李扬才以败报胜及头目叶成林行踪叵测由》，光绪五年二月二十七日，馆藏号：01-24-001-05-008；沈铎：《法国与越南新议条约由》，光绪五年七月二十七日，馆藏号：01-24-001-05-021。

② 徐广坤等：《法缅增立约款广州法教堂被扰法船仍泊闽江口外越新王即位等事》，光绪十年七月二十二日，馆藏号：01-24-013-01-033；徐广坤等：《中法和局难成香港华侨殴击洋人闽江战役法船受伤法拟攻毁金牌炮台及驻兵马祖岛等事》，光绪十年八月二十六日，馆藏号：01-24-013-03-030；徐广坤：《丹国宫殿及议政院悉兆焚如由》，光绪十年九月初六日，馆藏号：01-36-002-17-001。

"白连尼水力学"。光绪二十四年（1898）各国地质水学公会要求中方参会时，经使臣罗丰禄推举，罗忠尧就近赴会。① 不过这一情形在一众西文翻译人员中属少数。

传统科举制下的任官制度中，翻译尤其驻日使团独创的东文翻译作为新设职位，地位一直不隆，更无制度保障。加上人数有限，像卢永铭这样十数年一直留差使团并最终能在任上获升迁的东文翻译，在甲午战前翻译人员中可谓凤毛麟角，且这还是外务部成立、出使制度大改革后，尤其是光绪三十一年（1905）科举制度废除之后的事。其他相关人员的情形亦多如此。受地位限制，这些翻译人员在对日外交中的影响终究有限，远非出使大臣可比，而使臣的最终去就已如前文所述。甲午战前驻日使团人员，尤其是出使日本大臣的结局，其实是这一时期晚清出使各国大臣的命运写照。

光绪十九年（1893）四月，时为出使英国大臣的薛福成（1838~1894）在任上曾评价光绪初年以来出使的各位出使大臣。其中，直道其名的有曾纪泽（惠敏）、郭嵩焘（筠仙）、郑藻如（玉轩）、黎庶昌（莼斋）、陈兰彬（荔秋）、许竹篔（景澄）、洪钧（文卿）、刘瑞芬（芝田）、汪凤藻（芝房）、张荫桓（樵野）。另有 7 人因种种负面评价而未点其名，不过，据所述内容能大致推断其所指。"累于声色之好、牟利之工"的，除张荫桓外，另一人当指出使日本大臣李经方；"才学亦颇可观，□□一役，声名败裂"② 的，当指出使日本大臣何如璋；"身居使职，而以赃败"的，当指出使日本大臣徐承祖；被"士大夫所鄙弃"的，当指出使美国大臣崔国因（惠人）；"晚年被谴，永不叙用"的，当指出使德国大臣李凤苞（丹崖）；"建议亦多纰缪，足以贻误大局"的，当指出使英国副使刘锡鸿（云生）；"商

---

① 罗丰禄：《地质水学会已派参赞罗忠尧赴会等事由》，光绪二十四年九月二十六日，馆藏号：01-27-003-01-017。

② □□，疑为马尾。

定约章，误国病民，为世大戮"的，当指出使俄国大臣崇厚（地山）。① 薛福成似乎没有提到出使美国副使容闳和出使日本副使张斯桂。薛福成的上述评价在甲午战争爆发之前，难免带有一定的时代局限性，但所列举事实，清楚地提示了这些使臣的结局。未被点名的 7 人的结局，自毋庸赘言。被点到的 10 人，加上薛福成本人，在甲午战争爆发时，约有一半过世。其余的，汪凤藻因甲午战争淡出政坛，许景澄和张荫桓后被杀。也就是说，光绪二十七年（1901）外务部成立时，此前的出使各国大臣基本零落。

这种情形若与同一时期日本驻外公使的出路相比，反差太大。在近代亚洲各国中，日本向国外派常驻使节的时期与中国非常接近。日本于明治 3 年（1870）开始向海外派遣第一批驻外使节，清政府在稍后的光绪元年（1875）派出第一批驻外使臣，晚清完结的时间也与明治时代结束的时间相一致。明治时期出任过驻外公使的②，相当大一部分人成为影响近代日本历史进程的重要人物。他们中有 20 人或为内阁总理，或出任外务大臣，或担任其他各部大臣。③ 这是晚清驻外使臣所无法企及的。同是近代外交体制的滋生体，两者在中日两国政坛的地位与影响可谓天壤之别。

造成这种差异的，有个人的原因，更有制度及时代的原因。在传统科举制度之下，出使大臣及参随人员，本来就难付其选。加上出使

---

① 薛福成：《出使英法义比四国日记》，第 825~827 页。

② 日本明治时期驻外使节的称谓，有过一个变化的过程。明治 3 年（1870）第一批使节派驻海外，分为大弁务使、中弁务使和少弁务使三个等级。明治 5 年（1872），明治政府废止弁务使，代以公使之名：特命全权公使对应大弁务使，弁理公使对应中弁务使，代理公使对应少弁务使。在公使之上，又设特命全权大使。不过特命全权大使一职的实际任命，要到明治 38 年（1905）以后。明治时期称呼驻外使节主要使用"公使"这一称。因此，本文指称明治时期驻外使节群体时，使用"驻外公使"这一称谓。

③ 据《日本外交史辞典》附录《主要在外公馆长一览》载，第一次世界大战之前，日本驻外的公馆长共 162 人。时代不同，公馆长的称谓前后有所变化，主要指公使（含代理公使）和大使（含代理大使）。其中，《日本外交史辞典》和《国史大辞典》中，有生平记载的公使、大使共 110 人，本文的考察对象限于这些有生平记载者。

制度设立之后，在相当长时期内，使臣既不隶属于专职的外交机构，官职亦非实缺，归国后无升迁的专途，对他们出使活动的评价及仕途，往往受政治派系及其复杂关系的影响。① 至于随员，出使时本由出使大臣"酌定"。出使大臣更换时，所带参赞等员，除由总理衙门派往的同文馆学生充当翻译官者，仍令随同接办大臣当差外，"其原带之参赞、领事、翻译各员是否堪以留用，仍由接办大臣自行酌定"。② 出使大臣命运如此，随员的情形就更可想而知了。戊戌时期的"保举"潮，很快因戊戌变法失败而基本平息无闻了。

这种局面至清政府实行新政，光绪二十七年（1901）外务部成立后才逐渐有所改观。光绪三十三年（1907）四月，外务部奏定《出使章程》，规定："嗣后简派各国二等公使定为二品实官。届时由臣部将历充外国参赞随员多年及通晓外国语言文字之合格人员开单请简。三年一任，任满回国后，候旨简用。如办理交涉得力，不妨接充联任，恳恩晋秩增俸，俾终身于外交一途，以尽其才。至给假休息，参随以下本有定章，嗣后出使大臣办理交涉得力者，三年任满，亦准给假回国，假满回任，俾得久于其职，驾轻就熟。"③ 宣统元年（1909）闰二月外务部再次上奏，请改变"从前出洋人员期满回国，率无一定位置，听其自为沉浮"的不利情状。今后自参随以下凡出洋回国之员，由外务部"咨询考核"，"分别劝惩"。其中才猷杰出劳绩卓著者，奏请优奖。其余或奏留外务部，或发往各省，酌量录用。④ 然而，其时清朝气数已尽，驻外使团包括驻日使团的职能也发生很大变化，与甲午战前的情形已经不同。

---

① 详参戴东阳《晚清驻外使臣与政治派系》，《史林》2004 年第 6 期。
② 总理衙门：《片奏出使人员未满三年准由接办大臣留用扣至期满分别奏奖》，光绪四年七月二十七日，载《出使章程》，第 22~23 页。
③ 外务部：《遵旨议复变通出使章程折》，光绪三十三年四月初二日，载《出使章程》，第 26 页。
④ 《遵议臣部筹备事宜酌拟章程缮具清单折》，宣统元年闰二月二十八日，载《出使章程》，第 18 页。

附录一·甲午战前历届驻日使团人员名录

第一届何如璋使团

姓名	身份	月薪	起止时间	备考
何如璋	正使	1000	3 年 11 月 1 日－6 年 10 月 29 日	
张斯桂	副使	700	3 年 11 月 1 日－6 年 10 月 29 日	
黄遵宪	参赞官	240	3 年 11 月 1 日－6 年 10 月 29 日	
陈文史	随员	130	3 年 11 月 1 日－4 年 3 月 29 日	丁忧回籍
沈文荧	随员	130	3 年 11 月 1 日－5 年 11 月 1 日	告假回国
廖锡恩	随员	130	3 年 11 月 1 日－5 年 1 月 30 日	
	神户正理事官	300	5 年 2 月 1 日－6 年 10 月 29 日	
陈衍范	随员	60	3 年 11 月 1 日－4 年 7 月 29 日	
		80	4 年 8 月 1 日－6 年 1 月 30 日	
		100	6 年 2 月 1 日－6 年 10 月 29 日	
张鸿淇	随员	60	3 年 11 月 1 日－6 年 1 月 30 日	
		80	6 年 2 月 1 日－6 年 10 月 29 日	
何定求	随员	60	3 年 11 月 1 日－5 年 11 月 1 日	丁忧回籍
麦嘉缔	翻译洋员	400	3 年 11 月 1 日－6 年 4 月 30 日	告假回国
潘任邦	翻译官	80	3 年 11 月 1 日－4 年 7 月 29 日	病归
冯昭炜	翻译官	60	3 年 11 月 1 日－6 年 2 月 29 日	
		80	6 年 3 月 1 日－6 年 10 月 29 日	

姓名	身份	月薪	起止时间	备考
范锡朋	横滨正理事官	320	3 年 11 月 1 日–6 年 10 月 29 日	
刘 坤	随员	60	3 年 11 月 1 日–4 年 7 月 29 日	
		80	4 年 8 月 1 日–6 年 10 月 29 日	
沈鼎钟	翻译官	130	3 年 11 月 1 日–6 年 5 月 29 日	
		150	6 年 6 月 1 日–6 年 10 月 29 日	
刘寿铿	神户正理事官	300	4 年 5 月 1 日–4 年 12 月 20 日	丁忧回籍
吴广霈	随员	130	3 年 11 月 1 日–4 年 7 月 29 日	丁忧回国
		90	4 年 8 月 1 日–5 年闰 3 月 30 日	
张宗良	翻译官	130	3 年 11 月 1 日–6 年 10 月 29 日	
余 瓛	长崎副理事官	220	3 年 11 月 1 日–4 年 5 月 29 日	
	长崎正理事官	300	4 年 6 月 1 日–6 年 10 月 29 日	
任敬和	随员	60	3 年 11 月 1 日–4 年 7 月 29 日	
		80	4 年 8 月 1 日–6 年 10 月 29 日	
梁殿勋	翻译官	130	4 年 6 月 15 日–6 年 10 月 29 日	
王治本	学习翻译生	30	4 年 8 月 15 日–5 年 12 月 29 日	告假回籍
金佩亶	学习翻译生	22	4 年 8 月 1 日–4 年 10 月 29 日	
杨 枢	翻译官	200	4 年 11 月 1 日–6 年 10 月 29 日	
蔡国昭	翻译官	130	6 年 5 月 20 日–6 年 10 月 29 日	
王松森	驻上海管理文报委员	20	3 年 11 月 1 日–4 年 10 月 29 日	

第二届黎庶昌使团

姓名	身份	月薪	起止时间	备考
黎庶昌	正使	1000	7 年 12 月 26 日–8 年 12 月 25 日	
沈鼎钟	翻译官	150	8 年 1 月 1 日–8 年 4 月 23 日	赴德国
梁殿勋	翻译官	130	8 年 1 月 1 日–8 年 6 月 25 日	
		150	8 年 6 月 26 日–8 年 12 月 25 日	
蓝文清	随员	100	7 年 12 月 26 日–8 年 12 月 25 日	
黎汝谦	随员	130	8 年 1 月 28 日–8 年 6 月 25 日	
	神户正理事官	260	8 年 6 月 26 日–8 年 12 月 25 日	

续表

姓名	身份	月薪	起止时间	备考
杨守敬	随员	130	8年1月1日-8年12月25日	
姚文栋	随员	60	7年12月26日-8年12月25日	
谢祖沅	随员	60	7年12月26日-8年2月25日	
		70	8年2月26日-8年12月25日	
张　沆	随员	60	7年12月26日-8年12月25日	
江景桂	医官	20	7年12月26日-8年1月25日	
		30	8年1月26日-8年12月25日	
叶兰芬	武弁	30	7年12月26日-8年12月25日	
杜绍棠	随员	30	8年10月1日-8年12月25日	
方濬益	随员	60	8年10月21日-8年12月25日	
范锡朋	前横滨正理事官	320	8年1月1日-8年1月16日	
陈允颐	横滨正理事官	260	7年12月26日-8年12月25日	
陈瑞英	代理翻译官	20	8年6月23日-8年9月25日	
	翻译官	60	8年9月26日-8年12月25日	
郭万俊	随员	100	7年12月26日-8年12月25日	
陈嵩泉	随员	60	7年12月26日-8年12月25日	
廖锡恩	前神户正理事官	300	8年1月1日-8年3月25日	
马建常	前神户正理事官	260	8年2月28日-8年7月25日	
张宗良	翻译官	130	8年1月1日-8年3月25日	赴美国
蔡国昭	翻译官	130	8年1月1日-8年12月25日	
黄超曾	随员	30	7年12月26日-8年2月25日	
		40	8年2月26日-8年12月25日	
于德楙	随员	20	8年6月26日-8年12月25日	
余　瓗	长崎正理事官	300	8年1月1日-8年12月25日	
沈　铎	翻译官	130	8年3月27日-8年12月25日	
	代理长崎理事	计100	三个月	
	翻译官			
罗星垣	随员	60	7年12月26日-8年12月25日	

第三届徐承祖使团

姓名	身份	月薪	起止时间	备考
徐承祖	正使	1000	10 年 11 月 10 日-12 年 12 月 30 日	
		800	13 年 1 月 1 日-13 年 11 月 21 日	
陈明远	随员兼参赞官	180	10 年 11 月 10 日-12 年 11 月 9 日	
		200	12 年 11 月 10 日-12 年 12 月 30 日	
		170	13 年 1 月 1 日-13 年 11 月 21 日	
杨 枢	翻译兼参赞官	180	10 年 11 月 10 日-12 年 11 月 9 日	
		200	12 年 11 月 10 日-12 年 12 月 30 日	
		170	13 年 1 月 1 日-13 年 11 月 21 日	
淞 林	随员	100	10 年 11 月 10 日-12 年 11 月 9 日	
		110	12 年 11 月 10 日-12 年 12 月 30 日	
		100	13 年 1 月 1 日-13 年 11 月 30 日	
陈衍蕃（范）	随员	100	10 年 11 月 10 日-12 年 12 月 30 日	
		90	13 年 1 月 1 日-13 年 8 月 30 日	病故
严士琯（管）	随员	100	10 年 11 月 10 日-12 年 12 月 30 日	
		90	13 年 1 月 1 日-13 年 11 月 30 日	
梁继泰	随员	100	10 年 11 月 10 日-12 年 12 月 30 日	
		90	13 年 1 月 1 日-13 年 11 月 30 日	
谢传烈	随员	100	10 年 11 月 10 日-11 年 7 月 30 日	病故
陈家麟	随员	80	10 年 11 月 10 日-12 年 12 月 30 日	
		72	13 年 1 月 1 日-13 年 11 月 30 日	
姚文栋	随员	80	10 年 11 月 26 日-11 年 11 月 25 日	
		80	11 年 11 月 10 日-12 年 12 月 30 日	
		72	13 年 1 月 1 日-13 年 8 月 30 日	
葛能存	医官	50	10 年 11 月 10 日-13 年 11 月 9 日	
黄国春	武弁	40	10 年 11 月 10 日-12 年 5 月 30 日	病归
阮祖棠	横滨正理事官	270	10 年 11 月 10 日-12 年 12 月 30 日	
		243	13 年 1 月 1 日-13 年 11 月 30 日	
沈 铎	西文翻译官	130	10 年 11 月 26 日-12 年 12 月 30 日	
		100	13 年 1 月 1 日-13 年 11 月 30 日	
刘 坤	随员	80	10 年 11 月 10 日-11 年 11 月 9 日	
	随员兼箱馆、新潟、夷港副理事官	80	11 年 11 月 10 日-12 年 4 月 29 日	
		120	12 年 5 月 1 日-12 年 12 月 30 日	

续表

姓名	身份	月薪	起止时间	备考
陈嵩泉	随员	70	10 年 11 月 26 日－13 年 3 月 25 日	病故
徐承礼	神户正理事官	250	10 年 11 月 10 日－12 年 12 月 30 日	
		225	13 年 1 月 1 日－13 年 11 月 30 日	
徐广坤	翻译官	130	10 年 11 月 10 日－12 年 12 月 30 日	
		110	13 年 1 月 1 日－13 年 11 月 30 日	
解锟元	随员	60	10 年 11 月 10 日－12 年 11 月 9 日	
		80	12 年 11 月 10 日－12 年 12 月 30 日	
		72	13 年 1 月 1 日－13 年 11 月 21 日	
于德桬	随员	50	10 年 11 月 26 日－14 年 2 月 30 日（原文如此，疑有误——笔者注）	
蔡轩	长崎正理事官	250	10 年 11 月 10 日－12 年 12 月 30 日	
		225	13 年 1 月 1 日－13 年 11 月 30 日	
钟进成	翻译官	60	10 年 11 月 26 日－11 年 10 月 15 日	
梁伟年	随员	80	10 年 11 月 10 日－12 年 12 月 30 日	
		72	13 年 1 月 1 日－13 年 11 月 30 日	
徐致远	随员	80	11 年 12 月 1 日－12 年 11 月 29 日	
张晋	随员	100	12 年 4 月 18 日－13 年 2 月 17 日	病归
卢永铭	东文翻译官	40	12 年 1 月 1 日－12 年 3 月 30 日	
		50	12 年 4 月 1 日－12 年 8 月 30 日	
		70	12 年 9 月 1 日－13 年 11 月 21 日	
罗庚龄	东文翻译官	40	12 年 1 月 1 日－12 年 8 月 30 日	
		60	12 年 9 月 1 日－13 年 11 月 30 日	
杨锦庭	东文翻译官		12 年 1 月 1 日－12 年 8 月 30 日	
			12 年 9 月 1 日－13 年 11 月 30 日	
樊淙	西文翻译官	100	12 年 1 月 1 日－12 年 12 月 30 日	
		80	13 年 1 月 1 日－13 年 11 月 30 日	
蔡霖	东文翻译官	40	12 年 1 月 1 日－12 年 2 月 29 日	亲老回国
	东文翻译代办西文翻译	计 70	三个月	
刘庆汾	东文翻译官	40	12 年 3 月 1 日－12 年 8 月 30 日	
		60	12 年 9 月 1 日－13 年 11 月 30 日	
黄聪厚	津贴代办横滨理事署翻译	35	12 年 7 月 20 日－12 年 11 月 19 日	
		35	13 年 5 月 6 日－13 年 9 月 5 日	
罗祝谢	洋员	60	13 年 2 月 1 日－13 年 11 月 30 日	
陶大均	东文翻译官兼随员	30	12 年 12 月 1 日－13 年 5 月 30 日	
		50	13 年 6 月 1 日－13 年 11 月 30 日	

第四届黎庶昌使团

姓名	身份	月薪	起止时间	备考
黎庶昌	正使	800	13 年 11 月 19 日－16 年 12 月 20 日	
陈明远	参赞官	180	13 年 11 月 22 日－16 年 12 月 20 日	
钱德培	参赞官兼文案随员	140	13 年 11 月 19 日－16 年 12 月 30 日	
庄兆铭	随员	100	13 年 11 月 19 日－16 年 12 月 20 日	
孙 点	随员	100	13 年 11 月 19 日－16 年 12 月 20 日	
李昌洵	随员	100	13 年 11 月 19 日－16 年 12 月 20 日	
蒋子蕃	随员	60	13 年 11 月 19 日－16 年 12 月 30 日	
刘庆汾	箱馆等处副领事官兼东文翻译	80	13 年 12 月 1 日－15 年 7 月 18 日	
		100	15 年 7 月 19 日－16 年 12 月 20 日	
郑汝璈	西文翻译官	60	13 年 11 月 19 日－15 年 7 月 18 日	
		80	15 年 7 月 19 日－16 年 12 月 20 日	
陶大均	东文翻译官	60	13 年 12 月 1 日－16 年 12 月 20 日	
萧 琼	随员	40	13 年 11 月 19 日－14 年 2 月 18 日	
		50	14 年 2 月 19 日－15 年 7 月 18 日	
		60	15 年 7 月 19 日－16 年 12 月 20 日	
廖宗诚	医官	50	13 年 11 月 19 日－15 年 7 月 18 日	
		60	15 年 7 月 19 日－16 年 12 月 20 日	
徐致远	随员	72	13 年 11 月 22 日－15 年 2 月 29 日	
孙国珍	武弁	30	13 年 11 月 19 日－16 年 12 月 20 日	
罗嘉杰	横滨领事官	200	13 年 11 月 19 日－16 年 12 月 20 日	
		60	16 年 12 月 21 日起一个月以内	
曾纪寿	随员兼筑地弹压	100	13 年 11 月 19 日－14 年 2 月 18 日	丁忧回国
		160	14 年 2 月 19 日－16 年 8 月 9 日	
张 晋	随员兼公学监督	160	13 年 11 月 19 日－16 年 11 月 18 日	
金 采	随员	60	13 年 11 月 19 日－16 年 11 月 18 日	
梁殿勋	西文翻译官	100	13 年 11 月 19 日－15 年 8 月 18 日	病故
卢永铭	东文翻译官	60	13 年 11 月 22 日－15 年 11 月 18 日	
		70	15 年 11 月 19 日－16 年 12 月 20 日	
沈 铎	西文翻译官	100	13 年 12 月 1 日－14 年 3 月 26 日	差满归国
蹇念咸	神户正理事官	200	13 年 11 月 19 日－16 年 12 月 20 日	
		150	16 年 12 月 21 日起一个月以内	
刘汉英	随员	80	13 年 11 月 19 日－16 年 12 月 20 日	

续表

姓名	身份	月薪	起止时间	备考
罗培钧	随员	50	13 年 11 月 19 日–15 年 7 月 18 日	
		70	15 年 7 月 19 日–16 年 11 月 18 日	
黎汝恒	随员	100	13 年 11 月 19 日–16 年 12 月 20 日	
徐广坤	西文翻译官	100	13 年 12 月 1 日–16 年 12 月 20 日	
杨锦庭	东文翻译官	60	13 年 12 月 1 日–16 年 11 月 18 日	病故
于德棥	随员	50	14 年 3 月 1 日–14 年 6 月 24 日	
王辉章	派驻神户学习东文翻译官	15	13 年 11 月 19 日–14 年 9 月 18 日	
杨枢	长崎正理事官	200	13 年 11 月 22 日–16 年 12 月 20 日	
		160	16 年 12 月 21 日起一个月以内	
梁佟年	随员	80	13 年 11 月 19 日–16 年 9 月 18 日	丁忧销差
	代理理事官	20	15 年 2 月 21 日–15 年 6 月 22 日	
许之琪	随员	50	13 年 11 月 19 日–15 年 7 月 18 日	
		60	15 年 7 月 19 日–16 年 12 月 20 日	
左元麟	随员	60	13 年 11 月 19 日–16 年 12 月 20 日	
罗庚龄	东文翻译官	60	13 年 12 月 1 日–16 年 12 月 20 日	
陈矩	随员	30	15 年 11 月 19 日–16 年 12 月 20 日	
徐应台	学习机器纺织	30	15 年 10 月 19 日–16 年 11 月 18 日	
黄聪厚	代理西文翻译官	30	15 年 8 月 1 日–15 年 11 月 5 日	
顾士颖	西文翻译官	60	15 年 11 月 6 日–16 年 12 月 20 日	
禅臣	代理长崎西文翻译官	30	15 年 2 月 21 日–15 年 6 月 24 日	
黄汉	代理长崎东文翻译官	20	15 年 2 月 21 日–15 年 4 月 20 日	
金其相	代理长崎东文翻译官	20	15 年 10 月 6 日–16 年 1 月 5 日	
黄君赠	代理神户东文翻译官	20	15 年 9 月 10 日–15 年 12 月 9 日	
王肇铉	随员	50	16 年 2 月 17 日–16 年 12 月 20 日	
吴葆仁	使署通事	30	16 年 8 月 19 日–16 年 12 月 20 日	

第五届李经方使团

姓名	身份	月薪	起止时间	备考
李经方	正使	800	16 年 12 月 20 日－17 年 8 月 2 日	
		800	17 年 12 月 20 日－18 年 8 月 21 日	
汪凤藻	署理出使大臣	600	17 年 7 月 25 日－17 年 12 月 15 日	
吕增祥	参赞官	180	16 年 12 月 20 日－17 年 12 月 19 日	
		240	17 年 12 月 20 日－18 年 8 月 19 日	
萨尔博	西文翻译洋员	200	16 年 12 月 20 日－18 年 8 月 19 日	
郑孝胥	随员	100	17 年 6 月 20 日－18 年 8 月 19 日	
林介弼	随员	100	16 年 12 月 20 日－18 年 8 月 19 日	
黄书霖	随员	80	17 年 2 月 20 日－17 年 12 月 19 日	
	箱馆、新潟、夷港副理事官	140	17 年 12 月 20 日－18 年 8 月 19 日	
潘恩荣	随员	80	16 年 12 月 20 日－18 年 8 月 19 日	
谭祖纶	随员	80	17 年 11 月 20 日－18 年 8 月 19 日	
孙 点	随员	100	16 年 12 月 20 日－17 年 4 月 19 日	
郭铭新	随员	60	16 年 12 月 20 日－17 年 12 月 19 日	
		80	17 年 12 月 20 日－18 年 8 月 19 日	
沈 燮	随员	100	16 年 12 月 20 日－18 年 8 月 20 日	病归
李维格	随员	100	16 年 12 月 20 日－18 年 8 月 19 日	
郑汝槃	西文翻译官	80	16 年 12 月 20 日－17 年 12 月 19 日	
刘庆汾	东文翻译官	60	16 年 12 月 20 日－17 年 5 月 19 日	
	东文翻译兼箱馆等地	40	16 年 12 月 20 日－17 年 5 月 19 日	
	副理事官	100	17 年 5 月 20 日－18 年 8 月 19 日	
罗庚龄	东文翻译官	60	16 年 12 月 20 日－17 年 5 月 19 日	
		80	17 年 5 月 20 日－18 年 8 月 19 日	
王肇铉	修辑日本沿海险要图志	50	16 年 12 月 20 日－17 年 12 月 19 日	
庄兆铭	随员	100	16 年 12 月 20 日－17 年 4 月 19 日	
李昌洵	随员	100	16 年 12 月 20 日－17 年 4 月 19 日	
苏凤仪	供事	30	16 年 12 月 20 日－17 年 12 月 19 日	
		40	17 年 12 月 20 日－18 年 8 月 19 日	
陈元康	供事	10	16 年 12 月 20 日－17 年 12 月 19 日	
		20	17 年 12 月 20 日－18 年 8 月 19 日	
陈华黼	武弁	30	16 年 12 月 20 日－18 年 8 月 19 日	
洪得胜	武弁	30	16 年 12 月 20 日－18 年 8 月 19 日	病归

姓名	身份	月薪	起止时间	备考
吴葆仁	通事	20	16 年 12 月 20 日–18 年 8 月 19 日	
黎汝谦	横滨兼筑地正理事官	200	16 年 12 月 20 日–18 年 8 月 19 日	
温绍霖	随员	100	16 年 12 月 20 日–18 年 8 月 19 日	
查燕绪	随员	100	16 年 12 月 20 日–18 年 8 月 19 日	
谭国恩	随员	60	16 年 12 月 20 日–17 年 12 月 19 日	
		80	17 年 12 月 20 日–18 年 8 月 19 日	
廖宗诚	随员	60	16 年 12 月 20 日–17 年 10 月 19 日	
伍光建	西文翻译官	100	16 年 12 月 20 日–18 年 8 月 19 日	
陶大均	东文翻译官	60	16 年 12 月 20 日–17 年 5 月 19 日	
		80	17 年 5 月 20 日–18 年 8 月 19 日	
洪遐昌	神户兼大阪正理事官	200	16 年 12 月 20 日–18 年 8 月 19 日	
张云锦	大阪副理事官	100	17 年 2 月 20 日–18 年 8 月 19 日	
洪 超	随员	60	16 年 12 月 20 日–17 年 12 月 19 日	
		80	17 年 12 月 20 日–18 年 8 月 19 日	
李可权	随员	80	17 年 11 月 20 日–18 年 8 月 19 日	
罗忠尧	西文翻译官	80	16 年 12 月 20 日–18 年 8 月 19 日	
卢永铭	东文翻译官	60	16 年 12 月 20 日–17 年 5 月 19 日	
		80	17 年 5 月 20 日–18 年 8 月 19 日	
张桐华	长崎正理事官	200	16 年 12 月 20 日–18 年 8 月 19 日	
鲁 说	随员	80	16 年 12 月 20 日–18 年 8 月 19 日	
孔繁朴	随员	60	16 年 12 月 20 日–18 年 8 月 19 日	
顾士颖	西文翻译官	60	16 年 12 月 20 日–18 年 8 月 19 日	
金其相	代理东文翻译官	30	17 年 6 月 20 日–17 年 11 月 19 日	
王辉章	代理东文翻译官	30	16 年 12 月 20 日–18 年 8 月 19 日	
陈昌绪	学习东文翻译官	30	17 年 12 月 20 日–18 年 8 月 19 日	病归
吴允诚	供事	20	17 年 12 月 20 日–18 年 8 月 19 日	
唐家桢	学习东文翻译官	40	17 年 12 月 20 日–18 年 8 月 19 日	
廖宇春	供事	15	17 年 5 月 20 日–17 年 8 月 19 日	

第六届汪凤藻使团

姓名	身份	月薪	起止时间	备考
汪凤藻	正使	800	19 年 8 月 18 日－20 年 7 月 10 日	
吕增祥	参赞官	240	19 年 8 月 20 日－19 年 11 月 19 日	
汪凤瀛	暂署参赞官	180	19 年 11 月 20 日－19 年 12 月 19 日	
	随员	80	19 年 8 月 18 日－20 年 1 月 17 日	
		100	20 年 1 月 18 日－20 年 7 月 10 日	
王同愈	参赞官	200	19 年 12 月 20 日－20 年 7 月 10 日	
林介弼	东文学堂监督	100	19 年 8 月 20 日－19 年 11 月 19 日	
寿 勋	随员	80	19 年 8 月 18 日－19 年 11 月 19 日	
	东文学堂监督	100	19 年 11 月 20 日－20 年 7 月 10 日	
洪 超	随员	80	19 年 8 月 20 日－19 年 11 月 19 日	
郭铭新	随员	80	19 年 8 月 20 日－20 年 1 月 19 日	
潘恩荣	随员	80	19 年 8 月 20 日－20 年 1 月 19 日	
谭祖纶	随员	80	19 年 8 月 20 日－20 年 7 月 10 日	
邱瑞麟	随员	80	19 年 8 月 18 日－19 年 11 月 19 日	
	署理横滨兼筑地正理事官	200	19 年 11 月 20 日－20 年 4 月 14 日	
	随员	100	20 年 4 月 15 日－20 年 7 月 10 日	
袁宝璜	随员	80	20 年 2 月 25 日－20 年 7 月 10 日	
李嘉德	随员	60	20 年 3 月 2 日－20 年 7 月 10 日	
陈元康	医官	40	19 年 8 月 20 日－19 年 11 月 19 日	
罗忠尧	西文翻译官	100	19 年 8 月 20 日－20 年 7 月 10 日	
刘庆汾	参赞衔东文翻译官兼筑地副理事官	100	19 年 8 月 20 日－20 年 1 月 19 日	
		160	20 年 1 月 20 日－20 年 7 月 10 日	
罗庚龄	东文翻译官	80	19 年 8 月 20 日－20 年 7 月 10 日	
冯国勋	学习东文译官	30	20 年 6 月 20 日－20 年 7 月 10 日	
吴焱魁	学习东文翻译官	30	20 年 6 月 20 日－20 年 7 月 10 日	
李凤年	学习东文翻译官	30	20 年 6 月 20 日－20 年 7 月 10 日	
任克成	供事改充医官	40	19 年 8 月 18 日－20 年 1 月 17 日	
		50	20 年 1 月 18 日－20 年 7 月 10 日	
苏凤仪	供事	40	19 年 8 月 20 日－19 年 11 月 19 日	
汪纶元	供事	30	19 年 11 月 20 日－20 年 7 月 10 日	
黄恩鞠	供事	30	19 年 11 月 18 日－20 年 7 月 10 日	
陈华黼	武弁	30	19 年 8 月 20 日－19 年 11 月 19 日	

续表

姓名	身份	月薪	起止时间	备考
黄德梁	武弁	30	19 年 8 月 18 日-20 年 7 月 10 日	
吴葆仁	通事	20	19 年 8 月 20 日-19 年 11 月 19 日	
	通事兼武弁	30	19 年 11 月 20 日-20 年 7 月 10 日	
黎汝谦	横滨兼筑地正理事官	200	19 年 8 月 20 日-19 年 11 月 19 日	
石祖芬	横滨兼筑地正理事官	200	20 年 4 月 15 日-20 年 7 月 10 日	
谭国恩	随员	100	19 年 8 月 20 日-19 年 10 月 19 日	丁忧回国
温绍霖	随员	80	19 年 8 月 20 日-19 年 11 月 19 日	
查燕绪	随员	100	19 年 8 月 20 日-20 年 7 月 10 日	
伍光建	西文翻译官	100	19 年 8 月 20 日-19 年 11 月 19 日	
李维格	西文翻译官	100	19 年 11 月 20 日-20 年 7 月 10 日	
陶大均	东文翻译官	80	19 年 8 月 20 日-20 年 7 月 10 日	
吴允诚	供事	20	19 年 8 月 20 日-20 年 1 月 19 日	生病暂请销差
陈祖尧	代理供事	15	20 年 1 月 20 日-20 年 7 月 10 日	
郑孝胥	神户兼大阪正理事官	200	19 年 8 月 20 日-20 年 7 月 10 日	
张云锦	大阪副理事官	100	19 年 8 月 20 日-20 年 1 月 19 日	
世桢	随员	80	19 年 8 月 18 日-20 年 1 月 19 日	
	神户兼大阪副理事官	100	20 年 1 月 20 日-20 年 7 月 10 日	
李可权	随员	80	19 年 8 月 20 日-20 年 7 月 10 日	
罗肇辉	随员	80	20 年 4 月 5 日-20 年 7 月 10 日	
郑汝骙	西文翻译官	80	19 年 8 月 20 日-20 年 7 月 10 日	
卢永铭	东文翻译官	80	19 年 8 月 20 日-20 年 7 月 10 日	
张桐华	长崎正理事官	200	19 年 8 月 20 日-20 年 7 月 10 日	
鲁说	随员	80	19 年 8 月 20 日-19 年 11 月 19 日	
孔繁朴	随员	60	19 年 8 月 20 日-19 年 11 月 19 日	
孙肇熙	随员	80	19 年 8 月 18 日-20 年 1 月 17 日	
		100	20 年 1 月 18 日-20 年 7 月 10 日	
顾士颖	西文翻译官	60	19 年 8 月 20 日-20 年 7 月 10 日	
王辉章	东文翻译官	30	19 年 8 月 20 日-20 年 7 月 10 日	
黄书霖	箱馆、新潟、夷港副理事官	140	19 年 8 月 20 日-20 年 1 月 19 日	

续表

姓名	身份	月薪	起止时间	备考
洪 涛	随员	80	19 年 8 月 18 日－20 年 1 月 19 日	
	箱馆、新潟、夷港副理事官	120	20 年 1 月 20 日－20 年 7 月 10 日	
王家福	西文翻译官	80	19 年 8 月 18 日－20 年 7 月 10 日	
唐家桢	学习西文翻译官	40	19 年 8 月 20 日－20 年 7 月 10 日	
廖宇春	学习供事	15	19 年 8 月 20 日－20 年 1 月 19 日	

说明：（1）时间均为光绪纪年；（2）月薪计量单位为两；（3）原文照录。

资料来源：王宝平《清末驻日外交使节名录》，浙江大学日本文化研究所编《中日关系史论考》，中华书局，2001，第 241~251 页；王宝平『清代中日学術交流の研究』、東京、汲古書院、2005、150-161 頁；等等。

附录二·甲午战前历届驻日使团在日本各地驻在情况

第一届何如璋使团

光绪三年十一月二十六日 （明治 10 年 1 月 10 日）调	东京	横滨	神户	长崎
	参赞	理事	理事	理事
	黄遵宪	范锡明①	刘寿铿	余璚
	随员	随员	未满期	随员
	沈文荧	刘坤	廖锡恩	任敬和
钦差大臣何如璋 副使张斯桂	杨守敬	西翻译	随员	西翻译
	陈文忠②	蔡国昭	吴广霈	梁殿勋
	张鸿淇	东翻译	西翻译	东翻译
	陈衍蕃③	罗庚龄	张宗良	蔡霖
	潘任邦		东翻译	
	李郁阶		杨锦庭	

---

① 原文如此，应为"范锡朋"。
② 原文如此，应为"陈文史"。
③ 原文如此，另表作"陈衍范"，但徐承祖时期作"陈衍蕃"，有误。

续表

光绪三年十一月二十六日 （明治 10 年 1 月 10 日）调	东京	横滨	神户	长崎
	何定求			
	王治本 （暂时在任）			
	西翻译			
钦差大臣何如璋 副使张斯桂	杨枢			
	沈鼎钟			
	东翻译			
	冯昭炜			
	洋员			
	麦嘉缔			

第二届黎庶昌使团

光绪七年十二月二十六日 （明治 14 年 1 月 25 日）调	东京	横滨	神户	长崎
	随员	理事	理事	理事
	郭俊①	陈允颐	马建常（未满期）	余璃
	杜绍棠	随员	黎汝恒②	随员
	杨守敬	陈嵩泉	随员	罗星垣
	谢祖沅	西翻译	于德棥	西翻译
钦差大臣黎庶昌	蓝文清	陈瑞英	西翻译	钟进成
	黄超曾	东翻译	蔡国昭	东翻译
	姚文栋	罗庚龄	东翻译	蔡霖
	张沆		杨锦庭	
	方瀞益			
	医官			
	江景桂			
	武弁			
	叶兰芬			

---

① 原文如此，应为"郭万俊"。
② 原文如此，应为"黎汝谦"。

第三届徐承祖使团

光绪十年十一月十日 （明治 17 年 12 月 26 日）调	东京	横滨	神户	长崎
	参赞	理事	理事	理事
	陈明远	阮祖棠	徐承礼	蔡轩
	参赞兼西翻译	副理事	随员	随员
	杨枢	刘坤	陈嵩泉	梁伟年
	随员	随员	西翻译	西翻译
	淞林	张晋	徐庚坤①	钟进成
	解锟元	西翻译	东翻译	东翻译
钦差大臣徐承祖	严士管	沈铎	杨锦庭	刘庆汾
	陈衍蕃	东翻译		
	姚文栋	罗庚龄		
	谢传烈			
	陈家麟			
	徐致远			
	梁继泰			
	医官			
	葛能存			
	洋员			
	罗祝谢			
	武弁			
	黄国春			

---

① 原文如此，应为"徐广坤"。

第四届黎庶昌使团

光绪十三年十一月十九日 （明治 21 年 1 月 2 日）调	东京	横滨	神户	长崎
	参赞	理事	理事	理事
	陈明远	罗嘉杰	蹇念咸	杨枢
	参赞兼文案随员	随员兼筑地弹压	随员	随员
	钱德培	曾纪寿	刘汉英	梁修年①
	随员	随员兼学堂监督	罗培钧	许之琪
	庄兆铭	张晋	黎汝恒	左元麟
	孙点	随员	西翻译	东翻译
	蒋子蕃	金采	徐庚坤②	罗庚龄
钦差大臣黎庶昌	李昌洵	西翻译	东翻译	
	萧琼	梁殿勋	杨锦庭	
	徐致远	沈铎		
	陈矩	东翻译		
	医官	卢永铭		
	廖宗诚			
	西翻译			
	郑汝燮			
	东翻译兼箱馆副理事			
	刘庆汾			
	东翻译			
	陶大均			
	武弁			
	孙国珍			

① 原文如此，一作"梁佟年"。
② 原文如此，应作"徐广坤"。

第五届李经方使团

东京使署

　　出使大臣：李经方

　　参赞官：五品衔直隶候补知县吕增祥

　　随员：内阁中书林介弼

　　随员：员外郎衔刑部主事潘恩荣

　　随员：直隶补用直隶州州判孙点

　　随员：直隶候补知县郭铭新

　　随员：候选县赏丞沈燮

　　西文翻译：监生李维格

　　西文翻译：洋员萨尔博

　　东文翻译：指省四川试用县丞刘庆汾

　　东文翻译：六品衔候选盐大使陶大均

　　暂留随员：庄兆铭

　　暂留随员：指省湖北试用县丞李昌洄

　　暂留西文翻译：候选县丞郑汝骙

横滨理事署

　　横滨正理事官：同知衔候选知县黎汝谦

　　随员：工部主事谭国恩

　　随员：国子监助教温绍霖

　　随员：举人查燕绪

　　随员：候选县丞廖宗诚

　　西文翻译：同知衔候选知县伍光建

　　东文翻译：六品衔候选县丞卢永铭

神户理事署

　　神户正理事官：知府衔江西补用同知洪遐昌

随员：举人洪超

西文翻译：三品衔候选知府罗忠尧

代理翻译官：王辉章

长崎理事署

长崎正理事官：同知衔湖北候补知县张桐华

随员：国子监博士鲁说

随员：候选知县孔繁朴

西文翻译：同知衔浙江候补知县顾士颖

东文翻译：四品衔候补通判罗庚龄

箱馆、新潟、夷港等处署理副理事官：刘庆汾

第六届汪凤藻使团

在东京清国公使馆

出使大臣：汪凤藻

参赞官：汪胜之

副理事：刘庆汾

西文翻译官：罗忠尧

东文翻译官：罗庚龄

供事：任克成

书记：袁芝林

学生：陶、朱、徐

武弁：黄德①

在箱馆清国理事府

理事官：洪涛

东文翻译官：庚家损②

---

① 原文如此，应为"黄德梁"。

② 原文如此，应为"唐家桢"。

西文翻译官：已宗福①

书记：廖览②

理事长男：洪楫③

在横滨清国理事府

理事官：石祖芬

书记：杢燕渚④、谭祖论⑤

英文翻译官：李淮格⑥

日文翻译官：陶大均

巡查：蔡清、何尧、邓澺、凌三

学校教员：吴静轩

资料来源：「1. 第五册 明治二十三年分/5 明治23年12月3日から明治23年12月8日」JACAR、Ref. B03030249900、元在清公使館書記官中島雄ヨリ引継ノ清韓両国ニ関スル書類/「随使述作存稿」第二巻（1-1-2-57_ 1_ 002）（外務省外交史料館）；《随带斟流人员分派差使及驻扎地方缮具清单》，录副奏折，缩微号：003402；王宝平『清代中日学術交流の研究』、166-167頁；「10 光緒20〔明治27年〕6月19日から明治27年9月12日」JACAR、Ref. B03030208300、東学党変乱ノ際韓国保護ニ関スル日清交渉関係一件 第三巻（1-1-2-9_ 003）（外務省外交史料館）。

---

① 原文如此，应为"王家福"。
② 原文如此，应为"廖宇春"，学习供事。
③ 原文如此，应为"洪超"，随员。
④ 原文如此，应为"查燕绪"。
⑤ 原文如此，应为"谭祖纶"。
⑥ 原文如此，应为"李维格"。

附录三·晚清专使国与兼使国年表

晚清专使国与兼使国年表

专使国	兼使国
英国(光元、七、廿八~宣三,1875. 8. 28~1911)	法国(光四、正、廿一~光十、四、四,1878. 2. 22~1884. 4. 28) 俄国(光六、正、三~光十三、四、廿六,1880. 2. 12~1887. 5. 18) 法国(光十三、四、廿六~光十一、六、八,1887. 5. 18~1895. 7. 29) 义国(意大利)(光十三、五、三~光廿八、四、十二,1887. 6. 23~1902. 5. 19) 比利时(光十三、五、三~光廿八、四、十二,1887. 6. 23~1902. 5. 19)
美国(光元、十一、十四~宣三,1875. 12. 11~1911)	日斯巴尼亚(西班牙)(光元、十一、十四~光廿九、九、廿,1875. 12. 11~1903. 11. 8) 秘鲁(光元、十一、十四~宣三,1875. 12. 11~1911) 古巴(光廿八、七、廿六~宣三,1902. 8. 29~1911) 墨西哥(光廿九、九、廿~宣三,1903. 11. 8~1911)
日本(光二、八、十三~宣三,1876. 9. 30~1911)	
德国(光三、三、十七~光十三、五、三,1877. 4. 30~1887. 6. 23)	义国(意大利)(光七、三、七~光十三、五、三,1881. 4. 5~1887. 6. 23) 和兰(荷兰)(光七、三、七~光十三、五、三,1881. 4. 5~1887. 6. 23) 奥斯马加(奥国)(光七、三、七~光十三、五、三,1881. 4. 5~1887. 6. 23) 法国(光十、四、四~光十三、四、廿六,1884. 4. 28~1887. 5. 18) 比利时(光十一、六、三~光十三、五、三,1885. 7. 14~1887. 6. 23)
俄国(光四、五、廿二~光六、六、廿八,1878. 6. 22~1880. 8. 3)	

续表

专使国	兼使国
俄国（光十三、四、廿六~宣三,1887.5.18~1911）	德国（光十三、四、廿六~光廿二、十一、廿六,1887.5.18~1896.12.30） 和兰（荷兰）（光十三、五、三~光廿三、五、廿四,1887.6.23~1897.6.23） 奥斯马加（奥国）（光十三、五、三~光廿八、四、十二,1887.6.23~1902.5.19） 瑞典（宣三,1911,未实行）
法国（光廿一、六、八~宣三,1895.7.29~1911）	日斯巴尼亚（西班牙）（光廿九、九、廿~宣三,1903.11.8~1911） 大西洋国（葡萄牙）（光卅一、八、十六~宣三,1905.9.14~1911） 巴西（宣三,1911,未实行）
德国（光廿二、十一、廿六~宣三,1896.12.30~1911）	和兰（荷兰）（光廿三、五、廿四~光卅一、十、廿,1897.6.23~1905.11.16）
朝鲜（韩国）（光廿四、六、廿四~光卅一、十一、六,1898.8.11~1905.12.2）	
义国（意大利）（光廿八、四、十二~宣三,1902.5.19~1911）	
比利时（光廿八、四、十二~宣三,1902.5.19~1911）	
奥斯马加（奥国）（光廿八、四、十二~宣三,1902.5.19—1911）	
和兰（荷兰）（光卅一、十、廿~宣三,1905.11.16~1911）	丹麦（宣三,1911,未实行）

说明："光绪"简称"光"，"宣统"简称"宣"。

资料来源：故宫博物院明清档案部、福建师范大学历史系合编《清季中外使领年表》，中华书局，1985；《交聘年表一·中国遣驻使》，载赵尔巽等撰《清史稿》卷212，中华书局，1976，表52，第8781~8833页；钱实甫编《清代职官年表》第4册，中华书局，1980，第3028~3049页。①

---

① 按：《清史稿》提到挪威为有约国，总理衙门所设美国股负责与美国、德国、秘鲁、意大利、瑞典、挪威、比利时、丹麦、葡萄牙九国交涉往来事宜（刘锦藻撰《清朝续文献通考》卷118，职官四，王云五主编"万有文库"第二集，商务印书馆，民国25年（1936），第8779页），也指明挪威为有约之国，但所见史料，均未及挪威驻使。

征引文献

一 未刊档案与特藏文献

（一）中国第一历史档案馆

1. 录副奏折·奏片·单

外交类·中日琉，档号：7744，缩微号：卷578；

档号：03-164-7749；

外交类·中日琉，档号：7757，缩微号：卷579；

档号：03-4603-076；档号：03-4642-059；档号：03-4656-047；

档号：03-4997-016；档号：03-5112-061；档号：03-5123-077；

档号：03-5123-078；档号：03-5123-083；档号：03-5132-055；

档号：03-5138-165；档号：03-5141-084；档号：03-5153-046；

档号：03-5157-079；档号：03-5157-080；档号：03-5184-052；

档号：03-5184-053；档号：03-5186-056；档号：03-5186-057；

档号：03-5186-080；档号：03-5186-082；档号：03-5188-019；

档号：03-5195-003；档号：03-5198-005；档号：03-5200-017；

档号：03-5200-018；档号：03-5200-019；档号：03-5203-029；

档号：03-5216-065；档号：03-5221-100；档号：03-5222-073；

档号：03-5222-074；档号：03-5222-076；档号：03-5229-033；

档号：03-5235-065；档号：03-5236-062；档号：03-5237-006；

档号：03-5237-077；档号：03-5237-078；档号：03-5241-067；

档号：03-5241-068；档号：03-5241-069；档号：03-5241-073；

档号：03-5260-104；档号：03-5262-069；档号：03-5274-006；

档号：03-5276-041；档号：03-5276-055；档号：03-5277-040；

档号：03-5277-077；档号：03-5278-041；档号：03-5280-010；

档号：03-5280-011；档号：03-5280-012；档号：03-5280-013；

档号：03-5280-014；档号：03-5280-062；档号：03-5283-055；

档号：03-5286-054；档号：03-5288-070；档号：03-5288-071；

档号：03-5288-072；档号：03-5288-073；档号：03-5288-074；

档号：03-5289-041；档号：03-5290-066；档号：03-5290-067；

档号：03-5293-040；档号：03-5293-041；档号：03-5297-055；

档号：03-5297-056；档号：03-5297-057；档号：03-5298-034；

档号：03-5302-048；档号：03-5302-109；档号：03-5302-110；

档号：03-5302-111；档号：03-5302-112；档号：03-5311-087；

档号：03-5311-088；档号：03-5333-105；档号：03-5337-044；

档号：03-5338-037；档号：03-5338-090；档号：03-5340-030；

档号：03-5346-084；档号：03-5347-050；档号：03-5357-003；

档号：03-5361-117；档号：03-5362-001；档号：03-5362-061；

档号：03-5366-011；档号：03-5366-089；档号：03-5369-091；

档号：03-5377-088；档号：03-5386-024；档号：03-5411-073；

档号：03-5437-067；档号：03-5438-109；档号：03-5447-056；

档号：03-5447-074；档号：03-5452-104；档号：03-5452-107；

档号：03-5453-066；档号：03-5456-019；档号：03-5457-174；

档号：03-5479-035；档号：03-5484-061；档号：03-5486-057；

档号：03-5489-019；档号：03-5497-050；档号：03-5568-040；

档号：03-5615-021；档号：03-5615-023；档号：03-5617-011；

档号：03-5623-007；档号：03-5623-008；档号：03-5663-133；

档号：03-5731-134；档号：03-5734-092；档号：03-5834-032；

档号：03-5834-033；档号：03-5897-046；档号：03-5952-029；

档号：03-5961-089；档号：03-7133-002；档号：03-7133-011；

档号：03-7133-012；档号：03-7133-015；档号：03-7142-001；

档号：03-7142-043；档号：03-7143-047；档号：03-7197-019；

档号：03-7198-019；档号：03-7224-038；档号：03-7258-026；

档号：03-7311-056；档号：03-7311-098；档号：03-7416-036；

档号：03-7432-020；档号：03-7448-143；档号：03-7456-134；

档号：03-9449-042。

2. 电报档

档号：1-01-12-010-0207；档号：1-01-12-010-0208；

档号：1-01-12-010-0211；档号：1-01-12-010-0229；

档号：1-01-12-010-0230；档号：1-01-12-010-0235；

档号：1-01-12-010-0257；档号：2-02-12-010-0728；

档号：2-02-12-010-0739；档号：2-02-12-010-0761；

档号：2-02-12-010-0767；档号：2-02-12-010-0944；

档号：2-02-12-010-0955；档号：2-02-12-010-0978；

档号：2-02-12-010-0995；档号：2-02-12-010-0998；

档号：2-02-12-010-1011；档号：2-02-12-010-1028；

档号：2-02-12-010-1037；档号：2-02-12-010-1039；

档号：2-02-12-010-1042；档号：2-02-12-010-1053；

档号：2-02-12-010-1060；档号：2-02-12-010-1073；

档号：2-02-12-011-0076；档号：2-02-12-011-0145；

档号：2-02-12-013-0148；档号：2-02-12-011-0328；

档号：2-02-12-016-0365；档号：2-02-12-016-0383；

档号：2-02-12-016-0391；档号：2-02-12-017-0493；

档号：2-02-12-016-0507；档号：2-02-12-016-0560；

档号：2-02-12-017-0529；档号：2-02-12-017-0533；

档号：2-02-12-017-0580；档号：2-02-12-016-0648；

档号：2-02-12-017-0880；档号：2-02-12-017-0882；

档号：2-02-12-017-0886；档号：2-02-12-017-0902；

档号：2-02-12-018-0305；档号：2-02-12-018-0511；

档号：2-02-12-018-0534；档号：2-02-12-018-0546；

档号：2-02-12-018-0549；档号：2-02-12-020-0403；

档号：2-02-12-020-0571；档号：2-02-12-020-0681；

档号：2-02-12-020-0684；档号：2-02-12-020-0690；

档号：2-02-12-020-0840；档号：2-02-12-020-0841；

档号：3-08-12-010-0032。

3. 朱批奏折·附片

档号：04-01-01-0967-018；档号：04-01-12-0539-127；

档号：04-01-12-0548-010；档号：04-01-12-0548-020；

档号：04-01-12-0550-169；档号：04-01-12-0551-024；

档号：04-01-12-0551-111；档号：04-01-12-0552-028；

档号：04-01-12-0552-110；档号：04-01-12-0556-030；

档号：04-01-12-0557-019；档号：04-01-12-0559-030；

档号：04-01-12-0559-129 至档号：04-01-12-0559-139；

档号：04-01-12-0559-141 至档号：04-01-12-0559-143；

档号：04-01-12-0560-041；档号：04-01-12-0562-017；

档号：04-01-12-0562-076；档号：04-01-12-0573-087；

档号：04-01-12-0575-045；档号：04-01-12-0585-018；

档号：04-01-12-0585-153；档号：04-01-12-0586-199；

档号：04-01-12-0607-010；档号：04-01-12-0639-081；

档号：04-01-12-0648-098；档号：04-01-12-0680-023；

档号：04-01-12-0687-011；档号：04-01-13-0312-019；

档号：04-01-13-0355-035；档号：04-01-13-0357-008；

档号：04-01-13-0369-033；档号：04-01-13-0369-044；

档号：04-01-13-0371-029；档号：04-01-13-0371-038；

档号：04-01-13-0376-025；档号：04-01-13-0377-0063；

档号：04-01-13-0379-015；档号：04-01-13-0385-045；

档号：04-01-13-0397-032；档号：04-01-13-0423-028；

档号：04-01-13-0436-005；档号：04-01-14-0097-026；

档号：04-01-16-0268-080；档号：04-01-17-0189-001；

档号：04-01-38-0204-005。

4. 上谕

档号：05-13-002-000332-0082；档号：05-13-002-000779-0077。

5. 题本

档号：02-01-006-005775-0016；档号：02-01-03-11895-019；

档号：02-01-03-12013-031；档号：02-01-03-12013-036；

档号：02-01-03-12048-014；档号：02-01-03-12051-025；

档号：02-01-03-12109-016；档号：02-01-03-12323-032。

6. 呈文·禀文·夹片·册

档号：03-4997-017，缩微号：380-0398；

档号：03-5085-019，缩微号：381-0038；

档号：05-13-002-000369-0127；档号：15-02-001-000241-0048；

档号：38-00-000-000004-0016。

（二）中国国家图书馆

『日本外务省档案』（缩微胶卷），美国国会图书馆复制，中国国家图书馆藏，MT5.2.1.3，R468。

（三）台北"中研院"近代史研究所档案馆

总理各国事务衙门清档

馆藏号：01-04-001-23-001 至馆藏号：01-04-001-23-004；

馆藏号：01-05-003-03-041；馆藏号：01-05-003-04-001；

馆藏号：01-05-006-03-035；馆藏号：01-15-001-01-047；

馆藏号：01-16-083-03-014；馆藏号：01-16-083-03-017；

馆藏号：01-16-083-04-004；馆藏号：01-17-057-02-001；

馆藏号：01-17-057-02-002；馆藏号：01-18-055-01-005；

馆藏号：01-19-007-01-001；馆藏号：01-19-007-02-003，

至馆藏号：01-19-007-02-006；馆藏号：01-19-007-02-007；

馆藏号：01-19-007-03-002，至馆藏号：01-19-007-03-006；

馆藏号：01-19-007-04-001；馆藏号：01-19-008-02-001；

馆藏号：01-19-008-02-002；馆藏号：01-19-008-03-001；

馆藏号：01-21-005-07-001；馆藏号：01-23-005-02-009；

馆藏号：01-24-001-05-008；馆藏号：01-24-001-05-021；

馆藏号：01-24-007-01-012；馆藏号：01-24-012-01-004；

馆藏号：01-24-012-03-020；馆藏号：01-24-013-01-033；

馆藏号：01-24-013-03-030；馆藏号：01-24-018-01-004；

馆藏号：01-24-019-01-048；馆藏号：01-25-005-01-003；

馆藏号：01-25-005-01-005，至馆藏号：01-25-005-01-007；

馆藏号：01-25-005-01-013；馆藏号：01-25-005-02-001；

馆藏号：01-25-005-02-005；馆藏号：01-25-006-01-001，

至馆藏号：01-25-006-01-006；馆藏号：01-25-006-01-011；

馆藏号：01-25-006-01-015；馆藏号：01-25-006-01-020；

馆藏号：01-25-006-01-028；馆藏号：01-25-006-01-029；

馆藏号：01-25-009-01-006；馆藏号：01-25-009-01-016；

馆藏号：01-25-009-02-016；馆藏号：01-25-010-01-010；

馆藏号：01-25-010-02-035；馆藏号：01-25-010-02-037；

馆藏号：01-25-011-01-002；馆藏号：01-25-011-01-016；

馆藏号：01-25-011-02-009；馆藏号：01-25-011-02-020；

馆藏号：01-25-011-02-031；馆藏号：01-25-011-02-032；

馆藏号：01-25-012-01-001；馆藏号：01-25-012-02-010；

馆藏号：01-25-013-01-004；馆藏号：01-25-013-02-032；

馆藏号：01-25-014-01-002；馆藏号：01-25-016-01-004；

馆藏号：01-25-016-02-001；馆藏号：01-25-016-02-014；

馆藏号：01-25-018-02-019；馆藏号：01-25-019-01-015；

馆藏号：01-25-020-02-001；馆藏号：01-25-020-02-003；

馆藏号：01-25-024-02-030；馆藏号：01-25-025-02-031；

馆藏号：01-25-026-01-005；馆藏号：01-25-026-02-004；

馆藏号：01-25-026-02-010；馆藏号：01-25-027-01-002；

馆藏号：01-25-028-01-003；馆藏号：01-25-028-01-007；

馆藏号：01-25-028-01-018；馆藏号：01-25-029-02-004；

馆藏号：01-25-034-01-063；馆藏号：01-25-035-01-042；

馆藏号：01-25-049-02-006；馆藏号：01-25-059-03-035；

馆藏号：01-27-012-01-043；馆藏号：01-34-003-09-001；

馆藏号：01-34-003-09-002；馆藏号：01-34-003-14-003；

馆藏号：01-34-007-09-001；馆藏号：01-34-007-09-004；

馆藏号：01-34-009-01-002；馆藏号：01-34-009-01-004；

馆藏号：01-36-002-16-001；馆藏号：01-36-002-16-002；

馆藏号：01-36-002-16-005；馆藏号：01-36-002-17-001；

馆藏号：01-40-002-04-006；馆藏号：02-12-039-01-003；

馆藏号：02-12-039-01-004；馆藏号：02-12-039-02-049；

馆藏号：02-12-041-02-006；馆藏号：02-12-042-03-023；

馆藏号：02-12-043-01-011；馆藏号：02-12-045-04-001；

馆藏号：02-20-003-02-015；馆藏号：02-20-003-02-020。

（四）日本国立公文书馆

Ref. A01000001100；Ref. A01100141600；Ref. A01100165500；
Ref. A01100165600；Ref. A01100170400；Ref. A01100171500；
Ref. A01100172500；Ref. A01100172800；Ref. A01100215200；
Ref. A01100219900；Ref. A01100220300；Ref. A01100264100；
Ref. A01100264200；Ref. A01100280300；Ref. A01100281000；
Ref. A01100288000；Ref. A03020182700；Ref. A03023014500；
Ref. A03023636900；Ref. A03023637000；Ref. A03023637100；
Ref. A03023655800；Ref. A03023661300；Ref. A03023661400；
Ref. A04010004600；Ref. A04010005000；Ref. A10112426100；
Ref. A10112552000；Ref. A10112571300；Ref. A10112678600；
Ref. A10112780600；Ref. A11113118300；Ref. A15100060400；
Ref. A15110069500。

（五）日本外务省外交史料馆

Ref. B03030180900；Ref. B03030193500；Ref. B03030194400；
Ref. B03030199500；Ref. B03030200500；Ref. B03030205000；
Ref. B03030205100；Ref. B03030208300；Ref. B03030249800；
Ref. B03030249900；Ref. B03030251500；Ref. B03041146300；
Ref. B03050255100；Ref. B04012569700；Ref. B06150073200；
Ref. B07090371900；Ref. B07090536200，至 Ref. B07090536700；
Ref. B07090537100；Ref. B07090653400；Ref. B07090873600；
Ref. B07090873800；Ref. B07090873900；Ref. B12082572400；
Ref. B12082640900；Ref. B13080048000；Ref. B13080444100；
Ref. B13091252400；Ref. B13091253300；Ref. B13091253800；
Ref. B13091285700；Ref. B13091313200；Ref. B15110065300；
Ref. B16080819300；Ref. B16080992600；Ref. B16080992800；

Ref. B16080993700；Ref. B16080994000；Ref. B16080994300；
Ref. B16080994500；Ref. B16080995000；Ref. B16080995200；
Ref. B16080995500；Ref. B16080995700；Ref. B16080995800；
Ref. B18010311500；Ref. B18010311600；Ref. B18010311900；
Ref. B18010313000；Ref. B18010313400；Ref. B18010313700；
Ref. B18010313800；Ref. B18010314100；Ref. B18010413800。

（六）日本防卫省防卫研究所

Ref. C04027849700；Ref. C04027918800；Ref. C04031596200；
Ref. C06022331400；Ref. C06060705800；Ref. C06060825800；
Ref. C06060914600；Ref. C06061663500；Ref. C07082019000；
Ref. C08040460800；Ref. C08040512100；Ref. C08040534600；
Ref. C08040545700；Ref. C08040560200；Ref. C08040581300；
Ref. C08040760900；Ref. C09100689700；Ref. C09101413000；
Ref. C09112512400；Ref. C09112670400；Ref. C09113068900；
Ref. C09120412400；Ref. C09120900700；Ref. C10060745200；
Ref. C10101573700；Ref. C10125157900；Ref. C10125515300；
Ref. C10125515700；Ref. C10126668700；Ref. C10126668900；
Ref. C13110361200。

（七）日本早稻田大学图书馆

『宮島誠一郎文書』A36、「明治五年日誌」、正月元日-1月26日
A47、「明治八年日誌」、1月-12月；
A50、「覺書綴」、明治24年；
A52、「養浩堂日録」、明治10年丁丑；
A53、「栗香園雜記」、明治11年5月13日-12月4日；
A54、「明治十一年戊寅日誌」、1月1日-5月14日；
A55（1-4）、「己卯日誌」、明治12年1月-12月；
A56、「日記」、明治13年1月-11月；

A60（1-2）、「明治十五年壬午日誌」、1 月-12 月；

A61（1-3）、「明治第十六年日記」、1 月-12 月；

A68 、「明治二十年」、丁亥密件；

A71 、「養浩堂日誌」、明治 21 年戊子 1 月-8 月；

A73 、「懐中日記」、明治 21 年；

A93（1-3）、「丁酉日録」、明治 30 年；

B39、「球案起草 養浩堂私記」；

C3 、「清国公使筆談『何如璋他』」、明治 11 年 2 月-3 月；

C4、「清国公使何如璋贊参①黄遵憲筆談」、明治 11 年；

C6、「清国公使筆談　漢学之部」、明治 11 年 2 月 15 日；

C7（1-5）、「栗香大人卜支那人卜問答録」、明治 11 年 2 月-明治
26 年 9 月筆；

C9、「沈黄之巻」、明治 12 年 3 月 2 日；

C12、「清国公使筆談『何如璋・黄遵憲他』」、明治 14 年-15 年；

C16、「黎庶昌筆談」、明治 15 年；

C17（1-2）、「栗香斎筆話」、明治 15 年 5 月 14 日-18 年 1 月
30 日；

C24（1-57）、「筆談録『姚文棟ほか』」、明治 18 年；

C27（1-88）、「黄遵憲・汪鳳藻他書翰及筆談」、明治 20 年；

C28（1-2）、「黎庶昌公使筆談」、明治 21 年 2 月 9 日；

C42（1-127）、「黄遵憲・汪鳳藻他書翰及筆談」、年未詳；

F30 、「自年譜稿」、明治 20 年。

Reel 13

341（1-6）、「黄遵憲」；

347（1-30）、「黎庶昌」。

---

① 按：原文如此，似应作"参赞"。

Reel 14

354（1-8）、「孫點」；

361（1-8）、「姚文棟」；

363（1-3）、「張沆」；

368、「政①遠」。

Reel 24

1062-14、「明治十七年三月黄陳姚張送別会資料」。

Reel 25

1063-2、「北洋艦隊來朝一件」。

（八）日本国立国会图书馆

『宮島誠一郎関係文書』

资料番号2135至资料番号2137、「筆談録」二、三、四、十二年己卯三月到九月、十二年②己卯九月到十二月、十三年庚辰一月到十二月。

资料番号2142至资料番号2143、「清使筆談」一号、三号。

资料番号2144至资料番号2145、「清使筆談及書翰往复」四号、五号。

资料番号2146至资料番号2147、「清友筆談」三、四。

资料番号2149、「黎庶昌筆談録」。

资料番号2150、「黎庶昌筆談録写し」。

资料番号2151、「孫君異筆语」。

（九）实藤惠秀写本

『大河内文書』Reel 3（2）、「戊寅筆話六」「戊寅筆話十五」。

（十）日本大东文化大学图书馆

『大河内文書』。

---

① 原文如此，应作"致"。
② 日本国立国会图书馆的信封原件如此，有误，应为"二十二年"。

Reel 3（1）

「丁丑筆話七・戊寅筆話一」。

「戊寅筆話二」。

Reel 3（2）

「戊寅筆話四」。

「戊寅筆話十」。

Reel 3（4）

「戊寅筆話十二」。

「戊寅筆話二五」。

（十一）日本东京都立图书馆

资料番号、特别買上文庫 3795-1、『清使筆語三』。

资料番号、特别買上文庫 3795-2、『清使筆語四』。

资料番号、特别買上文庫 2281-292、『筆談』。

资料番号、特别買上文庫 2281-294、『不成篇三』。

二 已刊档案文献

（一）中文史料

陈炽著，赵树贵、曾丽雅编《陈炽集》，中华书局，1997。

陈建华主编，上海图书馆历史文献研究所编《历史文献》第 8 辑，上海古籍出版社，2004。

陈璚修、王荣纂，屈映光续修、陆懋勋续纂，齐耀珊重修、吴庆坻重纂《杭州府志》，民国 11 年铅印本。

陈旭麓等主编《甲午中日战争》下册，"盛宣怀档案资料选辑之三"，上海人民出版社，1982。

陈铮编《黄遵宪全集》（上下册），中华书局，2005。

成村声整理《黄遵宪致盛宣怀信札两通》，丁日初主编《近代中国》第 10 辑，上海社会科学出版社，2000。

费行简（沃丘仲子）：《近现代名人小传》上册，"近代名人小传·官吏"，北京图书馆出版社，2003。

费行简（沃丘仲子）编《近代名人小传》，沈云龙主编"近代中国史料丛刊"第8辑，台北：文海出版社，1967年影印本。

故宫博物院编《清光绪朝中日交涉史料》，北平故宫博物院，1932年铅印本。

故宫博物院编《文献丛编》第8辑，故宫博物院，民国19年。

故宫博物院明清档案部、福建师范大学历史系合编《清季中外使领年表》，中华书局，1985。

顾廷龙、戴逸主编《李鸿章全集》第23、32、35册，安徽教育出版社，2008。

何启、胡礼垣著，郑大华点校《新政真诠——何启、胡礼垣集》，辽宁人民出版社，1994。

何如璋：《使东述略》，汕头安平路艺文书店，民国24年铅印本。

何如璋著，温廷敬辑《茶阳三家文钞·何少詹（如璋）文钞》，大埔温氏补读书庐，民国15年。

黄遵楷编《先兄公度先生事实述略》，黄遵宪著，北京大学中文系近代诗研究小组编《人境庐集外诗辑》，中华书局，1960。

黄遵宪：《日本国志》，羊城富文斋，光绪十六年（1890）刊版。

黄遵宪：《日本国志》，浙江书局，光绪二十四年（1898）重刊本。

黄遵宪：《日本国志》，上海图书集成印书局，光绪二十四年（1898）版。

黄遵宪：《日本杂事诗》，同文馆光绪五年（1879）聚珍版。

黄遵宪著，钱仲联笺注《人境庐诗草笺注》，上海古籍出版社，1936、1957、1981。

贾贵荣辑《日本藏汉籍善本书志书目集成》第9册，北京图书馆出版社，2003。

蒋廷黻编《近代中国外交史资料辑要》中卷，商务印书馆，1934；上海书店影印本，1990。

金受申：《晚清平民诗家黄公度年谱》，《鲁东月刊》第1卷第5~6期，1938。

觉罗勒德洪奉敕纂辑《清实录》第52~56册，中华书局，1987。

昆冈等续修《清会典》卷7，商务印书馆，民国25年。

黎庶昌：《拙尊园丛稿》，光绪十六年（1890）本。

李鸿章等修，黄彭年等纂《畿辅通志》，续修四库全书，上海古籍出版社，2002年影印本。

李鸿章撰、吴汝纶编《李文忠公全书》，商务印书馆据金陵刻本，民国10年影印本。

李庆编注《东瀛遗墨——近代中日文化交流稀见史料辑注》，上海人民出版社，1999。

梁启超：《饮冰室诗话》，中华图书馆，宣统二年（1910）。

林言椒、苑书义主编《清代人物传稿》下编，第2卷，辽宁人民出版社，1985。

林增平、郭汉民主编《清代人物传稿》下编，第6卷，辽宁人民出版社，1990。

刘锦藻撰《清朝续文献通考》，商务印书馆，民国25年、1955；上海古籍出版社，2000。

刘坤一著，中国科学院历史研究所第三所主编《刘坤一遗集》第5册，中华书局，1959。

刘显世等修，任可澄等纂《贵州通志》，民国37年铅印本。

龙先绪：《黎汝谦年谱》，黎铎、吴光辉主编《遵义沙滩文化论集》（二），中国社会科学出版社，2007。

罗森等著，王晓秋点，史鹏校《早期日本游记五种：记述从闭关锁国到甲午战争四十年间的日本》，湖南人民出版社，1983。

梅州市政协文史资料委员会、大埔县何如璋研究会合编《梅州文史》第6辑《何如璋专辑》，梅州市政协文史资料委员会、大埔县何如璋研究会，1992。

闵尔昌：《碑传集补》，燕京大学国学研究所铅印本，民国21年。

戚其章主编《中日战争》第1、6、9册，"中国近代史资料丛刊续编"，中华书局，1989、1993、1994。

钱实甫编《清代职官年表》第4册，中华书局，1980。

秦国经主编《清代官员履历档案全编》第4、5、6、8册，华东师范大学出版社，1997年影印本。

清史编委会编《清代人物传稿》，中华书局，1984。

商务印书馆编译所编《大清光绪新法令》，商务印书馆，宣统二年（1910）。

上海师范大学图书馆编《清代碑传全集》，上海古籍出版社，1987。

孙点：《梦梅华馆日记》，稿本，出版地、出版时间不详，上海图书馆藏。

台北故宫博物院故宫文献编辑委员会编《宫中档光绪朝奏折》，台北故宫博物院，1975。

王宝平：《清季东渡文人王治本序跋辑存》，《文献》2009年第4期。

王克敏、杨毓辉编《光绪丙午（三十二）年交涉要览》，沈云龙主编"近代中国史料丛刊续编"第30辑，台北：文海出版社，1976年影印本。

王克敏、杨毓辉编《光绪丁未（三十三）年交涉要览》，沈云龙主编"近代中国史料丛刊续编"第30辑，台北：文海出版社，1976年影印本。

王铁崖编《中外旧约章汇编》，生活·读书·新知三联书店，1957。

王锡祺辑《小方壶斋舆地丛钞》，上海著易堂，光绪十七年（1891）。

王彦威纂辑，王亮编《清季外交史料》，北平清季外交史料编纂处铅印，民国20年。

王肇铉：《日本环海险要图志》，抄本，出版地、出版时间不详。

吴道镕辑《广东文征》，1948年油印本。

吴晗辑《朝鲜李朝实录中的中国史料》，中华书局，1980。

吴天任：《黄公度先生传稿》，香港中文大学出版社，1972。

吴振清、徐勇、王家祥编校整理《黄遵宪集》，天津人民出版社，2003。

吴中彦修，胡景桂纂《广平府志》，出版者、出版地不详，光绪二十年（1894）。

席裕福等辑《皇朝政典类纂》，上海图书集成局，光绪二十九年（1903）。

谢延庚等修，贺廷寿等纂《光绪六合县志》，光绪九至十年（1883~1884）。

徐承祖：《徐孙麒星使条议》，光绪十年（1884）秋，《皇朝八大家经世文汇编》第5册，美国哈门脱辑印发兑。

徐承祖：《条议存稿》，光绪十一年（1885）。

许景澄：《许文肃公（景澄）遗集》，许同莘编"近代中国史料丛刊"第19辑，台北：文海出版社，1968年影印本。

薛福成：《庸庵全集·庸庵文编》，无锡薛氏，光绪十至二十四年（1884~1898）。

薛福成：《出使英法义比四国日记》，"走向世界丛书"，岳麓书社，1985。

薛福成撰，丁凤麟等编《薛福成选集》，上海人民出版社，1987。

杨守敬著，谢承仁主编《杨守敬集》第 1 册，湖北人民出版社，1988。

姚明煇：《景宪府君年谱》，抄本。

姚明煇：《先景宪公年谱节要》，稿本。

姚文栋：《读海外奇书室杂著》（11 种），光绪十一年（1885）铅印本。

姚文栋编《琉球小志并补遗附说略》，出版地、出版者、出版时间不详。

于晦若录，李鸿章校《李文忠公尺牍》，合肥李氏石印，民国 5 年影印本。

袁世凯撰，沈祖宪辑录《养寿园电稿》，台北：文海出版社，1966。

曾国藩：《曾文正公（国藩）全集》，台北：文海出版社，1973。

曾纪泽著，喻岳衡点校《曾纪泽遗集·日记》，岳麓书社，1983。

张之洞：《张文襄公全集》卷 55，中国书店，1990 年影印本。

章太炎：《章太炎全集》第 5 集，上海人民出版社，1986。

赵尔巽等撰《清史稿》卷 212、421、439、446、466，中华书局，1976~1977。

赵中孚等主编《近代中韩关系史资料汇编》第 10、11 册，台北："国史馆"，1990。

郑观应著，夏东元编《郑观应集》上册，上海人民出版社，1982。

郑孝胥著，中国历史博物馆编，劳祖德整理《郑孝胥日记》第 1 册，中华书局，1993。

郑子瑜、〔日〕实藤惠秀编《黄遵宪与日本友人笔谈遗稿》，台北：文海出版社，1974 年影印本。

郑子瑜：《黄遵宪研究专号》，《南洋学报》，新加坡南洋学会，1961。

中国第一历史档案馆编《清代中琉关系档案选编》，中华书局，1993。

中国第一历史档案馆编《清代中琉关系档案续编》，中华书局，1994。

中国第一历史档案馆编《清代中琉关系档案七编》，中国档案出版社，2009年影印本。

中国第一历史档案馆编《光绪朝朱批奏折》第112、119、120辑，中华书局，1995~1996年影印本。

中国历史研究社编《东行三录》，上海书店，1982。

中国人民政治协商会议大埔县委员会《大埔文史》编辑委员会编《大埔文史》第5辑《何如璋特辑》（复制本），1986。

中国人民政治协商会议遵义市委员会文史资料研究委员会编《遵义文史资料》第9辑（关于遵义人物）（1），中国人民政治协商会议遵义市委员会文史资料研究委员会，1986。

中国社会科学院近代史研究所近代史资料编辑部编《近代史资料》总125号，中国社会科学出版社，2012。

中国史学会主编《戊戌变法》（二、四），"中国近代史资料丛刊"，上海书店出版社、上海人民出版社，2000。

"中研院"近代史研究所编《清季中日韩关系史料》第2~6卷，台北："中研院"近代史研究所，1972。

"中研院"近代史研究所编《近代中国对西方及列强认识资料汇编》第3辑，台北："中研院"近代史研究所，1984。

周恭寿修，赵垲等纂《续遵义府志》，民国25年刻本。

周骏富辑"清代传记丛刊"第62、103、124、194辑，台北：明文书局，1985年影印本。

周宪文等编"台湾文献史料丛刊"第3辑（57）、第7辑

（131），人民日报出版社，2009 年影印本。

朱传誉主编《黄遵宪传记资料》（四），台北：天一出版社，1979。

朱寿朋撰《（光绪朝）东华续录》第 16 册，上海古籍出版社，2008 年影印本。

总理各国事务衙门编《奏定出使章程》，出版地、出版者不详，光绪年间。

左宗棠：《左文襄公书牍节要》卷 9，光绪二十八年（1902）刻本。

《奏定出使章程》，出版地、出版者不详，光绪三十年（1904）。

《出使章程》，出版者、出版地不详，光绪三十四年。

《出使章程》，出版地、出版者不详，宣统三年。

《慈东马径张氏宗谱》，永思堂木活字刻本，1916 年。

唐才常：《公法学会叙》，《湘报》第 43 号，长沙湘报社，1898。

《打捞高升号之工作》，《新闻报》1925 年 8 月 29 日，第 7 版。

《日人打捞我国沈银》，《新闻报》1933 年 9 月 11 日，第 8 版。

〔美〕丁韪良：《花甲记忆——一位美国传教士眼中的晚清帝国》，沈弘等译，广西师范大学出版社，2004。

〔日〕东亚同文会编《对华回忆录》，胡锡年译，商务印书馆，1959。

〔日〕陆奥宗光：《日本侵略中国外交秘史》（原名《蹇蹇录》），龚德柏译，商务印书馆，1919 年。

〔日〕陆奥宗光：《蹇蹇录》，伊舍石译，商务印书馆，1963。

（二）日文、韩文史料

稻生典太郎编『条約改正論資料集成』（1）、東京、原書房、1994。

伊藤博文编『秘書類纂・外交篇』卷下、東京、秘書類纂刊行会、昭和 11 年。

伊藤博文編『朝鮮交渉資料』巻上、東京、原書房、1970。

伊藤博文関係文書研究会編『伊藤博文関係文書』（八）、東京、塙書房、1980。

岩倉具視著、多田好問編『岩倉公実記』下巻、東京、原書房、1968。

大久保利謙編『森有礼全集』巻1、東京、宣文堂書店、昭和47年。

大久保利謙「宮島誠一郎とその日記-1-」、『日本歴史』300号（1973年5月）。

大河内輝声筆談、実藤恵秀編訳『大河内文書：明治日中文化人の交遊』、東京、平凡社、1973。

外務省編纂『日本外交文書』巻9、東京、日本外交文書頒布会、昭和33年。

外務省編纂『日本外交文書』巻11、12、13、15、17、19、20、22、23、明治年間追補第1冊、東京、日本国際連合協会、昭和38年。

外務省編纂『日本外交文書』巻27第1-2冊、東京、日本国際連合協会、昭和28年。

外務省編纂『日本外交年表並主要文書』（上、下）、東京、原書房、昭和53年。

外務省外交資料館、日本外交史辞典編纂委員会『日本外交史辞典』、東京、大蔵省印刷局、1979。

外務省百年史編纂委员会編纂『外务省の百年』、東京、原書房、昭和54年再版。

喜舍場朝賢『琉球見聞録』、那覇、親泊朝擢、1914；東京、東汀遺著刊行會、1977。

黄遵憲著、実藤恵秀・豊田穣訳『日本雑事詩』、東京、平凡社、1994。

黑龍会編纂『東亜先覚志士記伝』上巻、東京、原書房、1966。

下村富士男編『明治文化資料丛書』巻 4、外交編、東京、日本風間書房、1962。

杉村濬『明治廿七八年在韓苦心録』、東京、勇喜社、昭和 7 年。

高橋由利子『楊守敬作品年譜稿』、『書道学論集』（2），平成 17 年。

高谷龍洲注解、中村正直批閲『萬國公法蠡管』、東京、高谷龍洲、明治 9 年。

鄭海麟、張偉雄編校『黄遵憲文集』、京都、中文出版社、1991。

西里喜行『琉球救国請願書集成』、東京、法政大學沖縄文化研究所、1992。

日本史籍協会編『大久保利通文書』巻 5、東京大學出版會、1967-1969 年重刊本。

林董『後は昔の記』、東京、春陽堂、1905。

林董『後は昔の記　他——林董回顧録』、東京、平凡社、1970。

陸奥宗光『外交始末蹇蹇録』、東京、関善次、1899。

明治文化研究会編『明治文化全集』巻 11、外交編、東京、日本評論社、1968。

小国政「清国媾和使来朝談判之図」、『日清戦争錦絵』、片田長治郎、明治 28 年。

韓國學文獻研究所編，『金玉均全集』，漢城：亞細亞文化社，1979。

黄遵憲原著・趙一文釈注，『朝鮮策略』，漢城：建国大學校出版部，1988。

（三）英文史料

Davids, Jules, ed., *American Diplomatic and Public Papers: The United States and China, 1894-1905*, Series Ⅲ, *The Sino-Japanese War* to the Russo-Japanese War, 1894-1905, Vol. 2, The Sino-Japanese War I, Wilmington, Delaware: Scholarly Resources Inc., 1981.

Fairbank, John K. and others ed., The I. G. in Peking: Letters of Robert Hart, Chinese Maritime Customs, 1868-1907, Vol. 1-2, Cambridge, Mass.: Belknap Press of Harvard University Press, 1975.

Nish, Ian H. ed., British Documents on Foreign Affairs: Reports and Papers from the Foreign Office Confidential Print, Vol. 4, Frederick, Md.: University Publications of America, 1989.

The Times (1894).

The China Press (1913).

The North-China Daily News (1864-1951) (1913).

三 论著

（一）中文论著

包遵彭、李定一、吴相湘编纂《中国近代史论丛》第 1 辑第 6 册 "第一次中日战争"，台北：正中书局，1957。

曹中屏：《东亚与太平洋国际关系》，天津大学出版社，1992。

曹中屏：《朝鲜近代史（1863—1919）》，东方出版社，1993。

曾民：《清朝第一任驻日公使何如璋》，《广州研究》1987 年第 5 期。

陈潮：《黄遵宪与琉球、朝鲜问题》，《韩国研究论丛》第 15 辑，世界知识出版社，2007。

陈福桐：《黎庶昌——贵州放眼看世界的第一人》，《贵州文史丛刊》1992 年第 3 期。

陈捷：《姚文栋在日本的访书活动》，《中国典籍与文化》2012 年第 1 期。

陈尚胜：《开放与封闭：封建晚期对外关系研究》，山东人民出版社，1985。

陈旭麓、方诗铭、魏建猷主编《中国近代史词典》，上海辞书出版社，1982。

陈铮：《黄遵宪外交思想初探》，《近代史研究》1991年第2期。

程鲁丁：《琉球问题》，文献书局，民国38年。

戴东阳：《关于晚清驻外使臣出身的地域分布问题》，《中日关系多维透视——古厩忠夫教授还历纪念论文集》，香港社会科学出版社，2002。

戴东阳：《日本修改条约交涉与何如璋的条约认识》，《近代史研究》2004年第6期；收入《近代史研究》编辑部编《〈近代史研究〉40年文存（2001-2006年）》，中国社会科学出版社，2019。

戴东阳：《晚清驻外使臣与政治派系》，《史林》2004年第6期。

戴东阳：《〈日本国志·邻交志·泰西篇〉与〈日本外交始末〉》，《中国社会科学院近代史研究所青年学术论坛（2004年卷）》，社会科学文献出版社，2005；收入《黄遵宪研究新论——纪念黄遵宪逝世一百周年国际学术讨论会论文集》，社会科学文献出版社，2007。

戴东阳：《徐承祖与中日〈天津条约〉》，《中国社会科学院近代史研究所青年学术论坛（2005年卷）》，社会科学文献出版社，2006。

戴东阳：《甲申事变前后黎庶昌的琉球策略》，《历史研究》2007年第2期。

戴东阳：《试论黄遵宪对不平等条约的认识及其修约实践》，王晓秋等主编《黄遵宪与近代中日文化交流》，辽宁师范大学出版社，2007。

戴东阳：《黎庶昌与壬午出兵》，黎铎、吴光辉主编《遵义沙滩文化论集》（二），中国社会科学出版社，2007。

戴东阳：《中日甲午战争开战前夕清政府的对日政策》，《中国社会科学院近代史研究所青年学术论坛（2007 年卷）》，社会科学文献出版社，2008；『청일전쟁기 한·중·일 삼국의 상호 전략』，서울：동북아역사재단，2009，353-465 쪽。

戴东阳：《何如璋与早期中日琉球交涉》，《清史研究》2009 年第 3 期。

戴东阳：《中国驻日使团与金玉均——兼论金玉均被刺与中日甲午战争爆发之关系》，《近代史研究》2009 年第 4 期；收入张海鹏等主编《甲午战争的百年回顾：甲午战争 120 周年学术论文选编》，中国社会科学出版社，2014。

戴东阳：《近代中日同盟思想的表与里——以宫岛诚一郎为例》，《史学月刊》2013 年第 12 期；收入陈明銶、鲍绍霖、麦劲生、区志坚合编《中国与世界之多元历史探论》，香港城市大学出版社，2018。

戴东阳：《甲午战争爆发后日本驻华使领馆撤使与情报人员的布留》，《近代史研究》2015 年第 1 期。

戴东阳：《试论晚清驻外使臣的出使国别与职责》，《近代中外关系史研究》第 5 期，社会科学文献出版社，2015。

戴东阳：《日本废灭琉球直后中国驻日使团的最初因应》，北京大学会议论文，2016。

戴东阳：《论黄遵宪对日本明治维新的认识》，《日本学刊》2018 年第 3 期。

戴东阳：《高升号事件爆发后两位英国国际法学者的舆论宣传》，《中南大学学报》（社会科学版）2020 年第 4 期。

窦宗一编著《李鸿章年（日）谱》，香港：友联出版社，1975。

杜白珣：《陈矩辑〈东瀛访碑图咏〉》，《文物》1979 年第 11 期。

范文澜：《中国近代史》上册，人民出版社，1962。

复旦大学韩国研究中心编《韩国研究论丛》第 2 辑，上海人民出版社，1996、1998；世界知识出版社，2007。

复旦大学韩国研究中心编《韩国研究论丛》第 4 辑，上海人民出版社，1998。

复旦大学韩国研究中心编《韩国研究论丛》第 17 辑，世界知识出版社，2007。

葛玉岗：《近代爱国的外交家黄遵宪》，《历史教学》1983 年第 2 期。

龚缨晏：《张斯桂：从宁波走向世界的先行者》，《宁波大学学报》2008 年第 6 期。

关捷、高美雁：《李鸿章子李经方在甲午战争中的两桩罪案》，《历史教学》1985 年第 5 期。

郭廷以编著《近代中国史事日志》上下册，中华书局，1987。

何慈毅：《明清时期琉球日本关系史》，江苏古籍出版社，2002。

黄汉青：《清朝驻日使臣的派遣和领事裁判权的行使》，《河北学刊》2003 年第 6 期。

黄升任：《黄遵宪评传》上下册，南京大学出版社，2011。

黄万机：《黎庶昌评传》，贵州人民出版社，1989。

黄延缵：《我国近代中日文化交流先行者——黄遵宪》，《广东文史资料》第 29 辑，广东人民出版社，1980。

贾熟村：《中国近代外交家黎庶昌》，《宝鸡文理学院学报》（社会科学版）2005 年第 5 期。

孔庆泰：《助袁胁迫清帝退位的一件史料》，《历史档案》1984 年第 2 期。

孔祥吉：《首任驻日公使何如璋新论》，《广东社会科学》2004 年第 3 辑。

赖正维：《"球案"与近代中日关系》，《福建师范大学学报》（哲学社会科学版）1996 年第 3 期。

李德征：《论〈朝鲜策略〉与近代朝鲜的对外开放》，北京大学韩国学研究中心编《韩国学论文集》第 4 辑，社会科学文献出版社，1995。

李恩涵：《曾纪泽的外交》，台北："中研院"近代史研究所，1966。

李海燕、彭梅娇：《论黄遵宪的外交思想和活动》，《广州师院学报》（社会科学版）1987 年第 1 期

李庆：《〈琉球三策〉作者考——再论黄遵宪的日本观及他与李鸿章、何如璋的关系》，《复旦学报》（社会科学版）1995 年第 4 期。

李育民、李斌：《戊戌时期维新派对不平等条约的认识》，《湖南师范大学社会科学学报》1999 年第 2 期。

李育民：《论清政府的信守条约方针及其变化》，《近代史研究》2004 年第 2 期。

李毓澍：《首任驻日公使何如璋》，《百年来中日关系论文集》，台北：出版者不详，出版时间不详。

李长莉：《黄遵宪〈日本国志〉延迟行世原因解析》，《近代史研究》2006 年第 2 期。

梁伯华：《近代中国外交的巨变——外交制度与中外关系的研究》，台湾商务印书馆，1990、1991。

梁伯华：《李鸿章和琉球争端，1871-1881 年》，〔美〕刘广京、朱昌峻合编《李鸿章评传》，陈绛译校，上海古籍出版社，1995。

梁中英：《李鸿章对日外交决策之研究》，台北：出版者、出版时间不详，1974。

林成：《辛亥革命前夕中国资产阶级主要派别对不平等条约的认识》，《贵州社会科学》1991 年第 10 期。

林承节：《马建忠、吴广霈的印度之行和他们的南行日记》，《南亚研究》1985 年第 2 期。

林明德：《袁世凯与朝鲜》，台北："中研院"近代史研究所，1984。

林琼：《甲午战前清政府驻外使节回国后的命运与结局》，《上海大学学报》（社会科学版）2002 年第 4 期。

林子候：《甲午战争前之中日韩关系》，台北：玉山书局，1990。

刘晓峰：《何如璋是否向日本人提供过情报——与孔祥吉先生商榷》，《历史研究》2006 年第 3 期。

刘毅翔：《贵州开眼看世界的第一人——黎庶昌》，《贵州社会科学》1992 年第 9 期。

柳和城：《姚文栋其人和他的藏书》，《图书馆杂志》2003 年第 7 期。

吕万和：《简明日本近代史》，天津人民出版社，1984。

吕万和：《明治维新与中华民族的觉醒——近代中国人"明治维新观"的考察》，《天津社会科学》1991 年第 2 期。

米庆余：《近代中日"琉球问题"交涉》，浙江大学日本文化研究所编《中日关系史论考》，中华书局，2001。

米庆余：《琉球历史研究》，天津人民出版社，1998。

戚其章：《甲午战争史》，人民出版社，1990。

戚其章：《甲午战争国际关系史》，人民出版社，1994。

戚其章：《日本吞并琉球与中日关于琉案的交涉》，《济南教育学院学报》2000 年第 5 期。

戚其章：《国际法视角下的甲午战争》，人民出版社，2001。

戚其章：《走近甲午》，天津古籍出版社，2006。

戚其章：《李鸿章与中日琉球交涉》，《历史教学》2007 年第 3 期。

钱实甫：《北洋政府时期的政治制度》上册，中华书局，1984。

尚明轩：《孙中山与废除不平等条约》，《北京社会科学》1999 年第 3 期。

盛邦和：《黄遵宪史学研究》，江苏古籍出版社，1987。

宋慧娟：《何如璋驻日期间的朝鲜策略简析》，《长春师范学院学报》2005 年第 8 期。

苏精：《汪凤藻：从广方言馆学生到出使日本大臣》，《传记文学》1981 年第 38 卷第 1 期。

王宝平：《黄遵宪与〈艺苑日涉〉——〈日本国志〉源流考》，《世界历史》2001 年第 4 期。

王宝平：《黄遵宪〈日本国志〉征引书目考释》，《浙江大学学报》（人文社会科学版）2003 年第 5 期。

王宝平：《甲午战前中国驻日翻译官考》，《日语学习与研究》2007 年第 5 期。

王德昭：《甲午战前中国处理朝鲜"壬午事变"之经过》，包遵彭、李定一、吴相湘编《中国近代史论丛》第 1 辑第 6 册《第一次中日战争》，台北：正中书局，1957。

王笛：《辛亥革命时期孙中山与不平等条约》，中国孙中山研究会编《孙中山和他的时代——孙中山研究国际学术讨论会文集》，中华书局，1989。

王明星：《韩国近代外交与中国（1861—1910）》，中国社会科学出版社，1998。

王庆成：《黎庶昌与日本》，《贵州社会科学》1995 年第 4 期。

王如绘：《近代中日关系与朝鲜问题》，人民出版社，1999。

王铁崖：《公法学会——中国第一个国际法学术团体》，中国国际法学会主编《中国国际法年刊（1996）》，法律出版社，1997。

王玺：《黄遵宪对日本的认识》，（台北）《大陆杂志》49 卷第 1 期，1974。

王晓秋：《黄遵宪〈日本国志〉初探》，《近代史研究》1980 年第 3 期。

王晓秋：《近代中日启示录》，北京出版社，1987；《东亚风云：近代中日启示录》，台北：宏观文化事业公司，1995。

王晓秋：《近代中日文化交流史》，中华书局，1992。

王晓秋：《近代来的黄遵宪研究述评》，北京日本学研究中心编《中国日本学年鉴》1992 年号，科学技术文献出版社，1992。

王晓秋、大庭修主编《中日文化交流史大系》历史卷，浙江人民出版社，1996；中西進［ほか］編，大庭脩、王暁秋編『日中文化交流史叢書』第 1 巻、東京、大修館書店、1995。

王晓秋：《近代中日关系史研究》，中国社会科学出版社，1997。

王晓秋：《近代中国与世界：互动与比较》，紫禁城出版社，2003。

王晓秋：《近代中国与世界：互动与比较》，昆仑出版社，2005。

王晓秋、陈应年主编《黄遵宪与近代中日文化交流》，辽宁师范大学出版社，2007。

王晓秋：《近代中日文化交流史人物研究》，昆仑出版社，2015。

王晓秋：《史海遨游录》，"政协委员文库丛书"，中国文史出版社，2018。

王晓秋：《日本历史镜鉴录》，中国社会科学出版社，2024。

王信忠：《中日甲午战争之外交背景》，清华大学，1937。

王芸生编著《六十年来中国与日本》第 1、2 卷，生活·读书·新知三联书店，1980。

魏宏运：《李维格其人其事》，《广东社会科学》2002 年第 3 期。

魏明枢：《论黄遵宪的〈朝鲜策略〉》，《当代韩国》2004 年春季号。

吴伟明：《姚文栋——一个被遗忘了的清末"日本通"》，《日本研究》1985 年第 2 期。

夏良才主编《近代中国对外关系》，四川人民出版社，1985。

夏晓虹：《黄遵宪与日本明治文化》，《学术界》2000 年第 1 期。

冯玉清：《第一届驻日公使何如璋》，《东方杂志》1955 年第 40 卷第 6 期。

萧一山：《清代通史》，中华书局，1986。

谢必震：《中国与琉球》，厦门大学出版社，1996。

徐恭生：《九十年代以来中琉关系史研究概述——以中国大陆为中心》，《福建师范大学学报》2002 年第 4 期。

徐磊：《晚清首任驻日本长崎领事余瓀研究》，《浙江外国语学院学报》2014 年第 4 期。

徐磊：《"谍者"朝比奈与清政府驻日使团》，《浙江社会科学》2016 年第 12 期。

严和平：《清季驻外使馆的建立》，台湾商务印书馆，1975。

杨天石：《黄遵宪的〈朝鲜策略〉及其风波》，《近代史研究》1994 年第 3 期。

杨天石：《黄遵宪与苏州开埠交涉》，《学术研究》2006 年第 1 期。

杨雨青：《中日关于设立领事问题的早期交涉》，《近代史研究》1992 年第 2 期。

姚洛：《不辱使命的何如璋》，《岭南文史》1983 年第 2 期。

于必昌：《〈辛亥革命大事录〉的编者是廖宇春》，《近代史研究》1982 年第 1 期。

俞政：《何如璋传》，南京大学出版社，1991。

张存武：《清代中朝关系史论文集》，台湾商务印书馆，1987。

张海鹏：《析黎庶昌〈敬陈管见折〉》，《贵州社会科学》1993 年第 1 期。

张静、吴振清：《黄遵宪〈朝鲜策略〉与近代朝鲜的开放》，《南开学报》2007 年第 2 期。

张敏：《略论姚文栋边防思想及实践》，《史林》1999 年第 2 期。

张启雄：《何如璋的球案外交——以"失言事件"为论题中心》，中琉文化经济协会主编《第一届中琉历史关系国际学术会议论文集》，台北：联合报文化基金会国学文献馆，1987。

张雅晶：《何如璋驻日期间的外交活动》，《历史教学》2001 年第 4 期。

赵林凤：《从同文馆中走出的使日大臣——汪凤藻》，《广西社会科学》2006 年第 5 期。

赵林凤：《论反对袁世凯称帝的健将——汪凤瀛》，《理论界》2006 年第 11 期。

郑海麟：《何如璋与光绪初年的中日关系》，中国中日关系史研究会编《日本的中国移民》，生活·读书·新知三联书店，1987。

郑海麟：《黄遵宪与近代中国》，生活·读书·新知三联书店，1988。

郑海麟：《黄遵宪传（附黄遵楷传）》，中华书局，2006。

中国近代经济史资料丛刊编辑委员会编《中国海关与中日战争》，中华书局，1983。

中国社会科学院近代史研究所编《日本侵华七十年史》，中国社会科学出版社，1992。

中国社会科学院近代史研究所翻译室编《近代来华外国人名辞典》，中国社会科学出版社，1981。

中国孙中山研究会编《孙中山和他的时代——孙中山研究国际学术讨论会文集》，中华书局，1989。

中华文化复兴运动推行委员会编《中国近代现代史论集》第 11、15 编，台湾商务印书馆，1986。

周允中：《姚氏兄弟和旧上海》，《人物春秋》2009 年第 7 期。

子川：《黄遵宪的维新思想及其悲剧性结局》，《贵州文史丛刊》1986年第1期。

宗成康：《试论早期维新派反对不平等条约思想》，《历史教学》1998年第4期。

邹振环：《丁韪良译述〈万国公法〉在中日韩传播的比较研究》，复旦大学韩国研究中心编《韩国研究论丛》第7辑，中国社会科学出版社，2000。

〔韩〕李瑄根：《韩国近代史》，林秋山译，台北：中华丛书编审委员会，1967。

〔美〕泰勒·丹涅特：《美国人在东亚——十九世纪美国对中国、日本和朝鲜政策的批判的研究》，姚曾廙译，商务印书馆，1959。

〔日〕平野健一郎：《近代初头在东亚国际政治上的三种文化交错——黄遵宪〈朝鲜策略〉的异本校勘及其政治意义》，张启雄编译，台北："中研院"，2002。

〔日〕石田肇：《藤野真子与陈矩——关于〈秋柳〉四律译》，《贵州文史丛刊》2001年第3期。

〔日〕田保桥洁：《甲午战前日本挑战史》，王仲廉译，南京书店，1932。

〔日〕信夫清三郎编《日本外交史》上册，天津社会科学院日本问题研究所译，商务印书馆，1980。

〔日〕伊原泽周：《〈日本国志〉编写的探讨——以黄遵宪初次东渡为中心》，《近代史研究》1993年第1期。

〔日〕伊原泽周：《从"笔谈外交"到"以史为鉴"——中日近代关系史探研》，中华书局，2003。

〔英〕菲利浦·约瑟夫：《列强对华外交（1894-1900）——对华政治经济关系的研究》，胡滨译，商务印书馆，1959。

〔英〕季南：《英国对华外交（1880-1885）》，许步曾译，商务印书馆，1984。

（二）日文、韩文论著

石井孝『明治初期の日本と東アジア』、横浜、有邻堂、昭和
57年。

石河幹明『福沢諭吉伝』第3巻、東京、岩波書店、1932。

市古教授退官記念論叢編集委員会編『論集近代中国研究』、東
京、山川出版社、1981。

犬塚孝明『森有礼』、東京、吉川弘文館、1986。

井上馨侯傳記編纂會編『世外井上公傳』第3巻、東京、内外書
籍、1934。

上田正昭『日本人名大辞典』、東京、講談社、2001。

王寶平『清代中日学術交流の研究』、東京、汲古書院、2005。

大澤博明「日清共同改革朝鮮論と日清開戦」、『熊本法学』75
号（1993年）。

大澤博明「日清天津条約（一八八五年）の研究」（一）、
（二）、『熊本法学』106、107号（2004年8月、2005年1月）。

岡本隆司 研究代表『中国近代外交史の基礎の研究：19世紀後
半における出使日記の精査を中心として』、出版地、出版者不
明、2008。

奥平武彦『朝鮮开国交渉始末』、東京、刀江書院、1969。

海軍軍令部編纂『廿七八年海戦史』別巻、東京、春陽堂、明治
38年。

外務省外交史料館日本外交史辞典編纂委員会編『日本外交史辞
典』、東京、山川出版社、1992。

外務省百年史編纂委員会編『外務省の百年』上、東京、原書
房、昭和54年再版。

我部政男『明治国家と沖縄』、東京、三一書房、1979。

柯混瀚「清末王治本『新潟新繁昌記』初論」、柴田清継訳『新潟県文人研究』25 号（2022 年 11 月）。

河村一夫『近代日中関係史の諸問題』、東京、南窓社、1983。

河村一夫「李鴻章・李経方と金玉均との関係について」、『朝鮮学報』74 輯（1975 年 1 月）。

河村一夫「李鴻章と金玉均との関係」、『日本歴史』325 号（1975 年 6 月）。

姜東局「中国的世界秩序の変容と言説—『朝鮮策略』の『親中国』をめぐる議論を中心に」、『思想』944 号（2002 年 12 月）。

姜範錫「黄遵憲『朝鮮策略』の行間を読む--グレート・ゲーム下の" ロシアの脅威" を中心に」、『大阪市立大学法学雑誌』42（4）（1996 年）。

木野主計「初代清国公使何如璋の国書捧呈について」、『日本歴史』594 号（1997 年 11 月）。

金城正篤『琉球処分論』、那覇、沖縄タイムス社、1978、1980。

葛生玄晫編『金玉均』、東京、民友社、1916。

琴秉洞『金玉均と日本：その滞日の軌跡』、東京、緑茵書房、1991。

栗原圭介博士頌寿記念事業会編『東洋学論集—栗原圭介博士頌寿記念—』、東京、汲古書院、1995。

高換婷「清朝政府の中日『分島加約』に対する態度とその変化—清宮檔案の記載から」、『琉球関係檔案史料紹介—中国第一歴史檔案館参考人報告から』、沖縄県、財団法人沖縄県文化振興会公文書管理部史料編集室、2004。

古筠金玉均正伝編纂委員会編『古筠金玉均正伝』、ソウル、高麗書籍、1984。

国史大辞典編集委員会編『國史大辭典』、東京、吉川弘文館、

1979–1997。

　　佐藤三郎『近代日中交渉史的研究』、東京、吉川弘文館、1984。

　　佐藤三郎『中国人の見た明治日本：東遊日記の研究』、東京、東方書店、2003。

　　実藤恵秀『明治日支文化交渉』、東京、風光館、1943。

　　実藤恵秀『近代日中交渉史話』、東京、春秋社、1973。

　　実藤恵秀「王治本の日本漫遊」、『東洋文学研究』通号 14（1966 年 6 月）。

　　実藤恵秀「王治本の日本漫遊記録」、『武蔵野女子大学紀要』第 4 巻（1969 年 3 月）。

　　柴田清継「明治期滞日清国人王治本と地方の漢詩人たち：新潟の事例を中心に」、『東アジア日本語教育・日本文化研究』15 号（2012 年 3 月）。

　　柴田清継、蔣海波「明治期高知における日中文人の交流：旅の詩人王治本を中心とし」、『日本語日本文学論叢』7 号（2012 年 3 月）。

　　柴田清継「王治本の周防訪問および地元文人との文藝交流」、『武庫川女子大学紀要・人文・社会科学編』60 巻（2012 年）。

　　柴田清継「王治本 越佐の旅 およびその間の詩文：明治十六、七年を中心として」、『新潟県文人研究』15 号（2012 年 11 月）。

　　柴田清継「王治本の藝備訪問および地元文人との文藝交流」、『武庫川国文』76 号（2012 年 11 月）。

　　柴田清継「明治二十年前半における王治本の足跡と詩文交流：九州北部、小豆島」、『日本語日本文学論叢』第 8 号（2013 年 3 月）。

　　柴田清継「明治二十五年 羽後における王治本の足跡及び日本文人との交流」、『武庫川国文』77 号（2013 年 11 月）。

　　柴田清継「明治二十六年 王治本の陸前・羽前等における足跡

と文藝交流（上、下）」、『日本語日本文学論叢』第 10‒11 号（2015 年 3 月、2016 年 2 月）。

柴田清継「明治壬辰 王治本の陸中・陸奥における詩文交流」、『武庫川国文』79 号（2015 年 11 月）。

柴田清継「明治十五年 王治本の旅と詩文交流：旅立ちから東海道を経て越前滞在まで」、『武庫川国文』80 号（2016 年 3 月）。

柴田清継「明治三十九年 王治本の 尾張・伊勢・越前・三河における足跡と文藝交流（上、下）」、『武庫川国文』81~82 号（2016 年 10 月、2017 年 2 月）。

柴田清継「王治本 明治十五、六年の北陸漫遊と詩文交流：加賀・越中・能登・越前」、『日本語日本文学論叢』12 号（2017 年 3 月）。

柴田清継「巖谷一六と清国文人王治本・陳雨農との交遊」、『書論』第 43 号（2017 年 8 月）。

柴田清継「王治本 明治三十八年秋 金沢における詩文交流」、『武庫川国文』83 号（2017 年 10 月）。

柴田清継「王治本 明治三十八年秋冬 越中・加賀・越前等における詩文交流」、『日本語日本文学論叢』13 号（2018 年 2 月）。

柴田清継「明治期の漢詩文作者三浦一竿の人格：主として王治本との交友からの考察」、『武庫川国文』84 号（2018 年 3 月）。

柴田清継「函館における王治本の詩文交流」、『武庫川国文』84 号（2018 年 3 月）。

柴田清継「矢土氏澹園を訪れた清国文人：王治本と阮丙炎」、『書論』44 号（2018 年 8 月）。

柴田清継「王治本 明治三十九年 北海道における詩作と交流：小樽・札幌・室蘭・函館（第 1‒4 回）」、『武庫川国文』89~92 号（2020 年 11 月、2021 年 3、8 月、2022 年 3 月）。

下村冨士男「明治初年条約改正史の研究」、東京、吉川弘文館、1962。

鈴木智夫「中国における国権主義的外交論の成立—初代駐日公使何如璋の活動を中心に」、『歴史学研究』404 号（1974 年 1 月）。

盛邦和「ある清末外交官の日本研究」、『愛知大学国際問題研究所紀要』1989 年 7 月号。

戴東陽「清末駐日使節団の日本理解—琉球・朝鮮・条約改訂」、劉傑、川島真編『対立と共存の歴史認識—日中関係 150 年』、東京、東京大学出版会、2013。

高木桂蔵「客家人・初代駐日公使・何如璋研究メモ」、静岡県立大学国際関係学部編『「世界の中の日本」への課題』（国際関係学双書 11）、東京、北樹出版、1994。

高橋秀直『日清戦争への道』、東京、東京創元社、1995。

高橋作衛『英船高陞号之撃沈』、東京、清水書店、1903。

高松丑蔵編『朝鮮国亡命人金玉均氏暗殺の始末』、堺、高松丑蔵、1894。

竹林貫一編『漢学者伝記集成』、東京、名著刊行会、1978。

田辺太一著、坂田精一訳・校注『幕末外交談』（1）、東京、平凡社、1966。

田保橋潔『近代日支鮮関係の研究：天津条約より日支開戦に至る』、京城、京城帝国大学研究册、昭和 5 年；東京、原書房、1979。

田保橋潔『近代日朝関係の研究』（上）、京城、朝鮮総督府中枢院、昭和 15 年，1972 年宗高書房復印。

田宮覺「清国書家の来越（2）徐晏波と王治本を中心として」、『新潟県文人研究』13 号（2010 年 12 月）。

張偉雄『文人外交官の明治日本—中国初代駐日公使団の異文化体験』、東京、柏書房、1999。

朝鮮民主主義人民共和国社会科学院歴史研究所編、日本朝鮮研究所訳編『金玉均の研究』、東京、日本朝鮮研究所、1968。

陳捷『明治前期日中学術交流の研究：清国駐日公使館の文化活動』、東京、汲古書院、2003。

陶徳民、藤田高夫編『近代日中関係人物史研究の新しい地平』、東京、雄松堂出版，2008。

西里喜行「黎庶昌の対日外交論策とその周邊—琉球問題・朝鮮問題をめぐって」、『東洋史研究』第 53 巻第 3 号（1994 年）。

西里喜行『清末中琉日関係史の研究』、京都、京都大学学術出版会、2005。

日本中国学会創立五十年記念論文集編集小委員会編『日本中国学会創立五十年記念論文集』、東京、汲古書院、1998。

原田環「『朝鮮策略』をめぐって—李鴻章と何如璋の朝鮮政策」、『季刊 三千里』通号 17（1979 年）。

原田環『清における朝鮮の開国近代化論—「朝鮮策略」と「主持朝鮮外交論」』、『史学研究』第 203 号（1993 年）。

原田環『朝鮮の開国と近代化』、広島、溪水社、平成 9 年。

原田環「『朝鮮策略』の構成と論理」、『芝蘭集：好並隆司先生退官記念論文集』、岡山大学文学部、1999。

原田禹雄『琉球と中国：忘れられた冊封使』、東京、吉川弘文館、2003.

東アジア近代史学会編『日清戦争と東アジア世界の変容』（上、下巻）、東京、ゆまに書房、1997。

平野健一郎「黄遵憲『朝鮮策略』異本校合—近代初頭東アジア国際政治における三つの文化の交錯について—」、『国際政治』129 号（2002 年 2 月）。

馮正宝『評伝 宗方小太郎—大陸郎人の歴史的役割』、東京、亜紀書房、1997。

麓保孝「清末の黄公度の観たる日本」、『歴史教育』第8巻1号（1960年）。

彭澤周『明治初期日韓清関係の研究』、東京、塙書房、1969。

町田三郎「初代長崎領事余瓗とその書翰」、『九州中国学会報』26号（1987）。

町田三郎『明治の漢学者たち』、東京、研文出版、1998。

松村正義「日清戦争における高陞号事件と末松謙澄」、『メディア史研究』22号（2007）；松浦玲『明治の海舟とアジア』、東京、岩波書店、1987。

八木昇『日中交渉秘史：日中戦争への道』、東京、桃源社、1966。

安岡昭男『明治前期日清交渉史研究』、東京、巌南堂書店、1995。

安岡昭男『幕末維新の領土と外交』、大阪、清文堂、2002。

山崎有信『大鳥圭介伝』、東京、北文館、1915。

山本四郎『天津領事原敬』、『日本史研究』第276号（1985年8月）。

由井正臣編『幕末維新期の情報活動と政治構想—宮島誠一郎研究』、千葉、梓山出版社、2004。

劉傑「清仏戦争期日本の外交政策—天津領事原敬を通しての考察」、『日本歴史』第467号（1987年4月）。

渡邊修次郎『日本外交始末』、東京、松井順時、1880。

權赫秀，「金玉均 暗殺事件과 清政府의 關係에 對하여 」，『韓國學論集』31，1997.

권혁수 지음，『근대 한중관계사의 재조명』，서울: 혜안，2007.

『청일전쟁기 한·중·일 삼국의 상호 전략』, 서울: 동북아역사재단, 2009.

（三）英文论著

Boulger, Demetrius C. , *The Life of Sir Halliday Macartney* , K. C. M. G. , London : John Lane the Bodley Head, 1908.

Chow, Jen Hwa, *China and Japan : The History of Chinese Diplomatic Missions in Japan 1877−1911* , Singapore: Chopmen Enterprises, 1975.

Fairbank, John K. ed. , *Chinese Thought and Institutions* , Chicago: University of Chicago Press, 1957.

Fairbank, John K. ed. , *The Chinese World Order, Traditional China's Foreign Relations*, Cambridge, Mass. : Harvard University Press, 1968.

Garner, J. W. , " Personal and Bibliographical," *The American Political Science Review*, Vol. 2, No. 4 (Nov. , 1908) .

Howland, Douglas, "The Sinking of the *S. S. Kowshing*: International Law, Diplomacy, and the Sino − Japanese War," *Modern Asian Studies*, Vol. 42, No. 4 (Jul. , 2008) .

Hsu, Immanuel C. Y. , *China's Entrance into the Family of Nations: The Diplomatic Phase 1858−1880*, Cambridge , Mass. : Harvard University Press, 1960.

Institute of International Law, *Resolutions of the Institute of International Law Dealing with the Law of Nations*, N. Y. : Oxford University Press, 1916.

Kamachi, Noriko, *Reform in China: Huang Tsun − Hsien and the Japanese Model*, Cambridge, Mass. : Harvard University Press, 1981.

Kim, Key − Hiuk, *The Last Phase of the East Asian World Order: Korea, Japan, and the Chinese Empire, 1860−1882*, Berkeley: University of California Press, 1980.

Kuo, T'ing－I comp, *Sino － Japanese Relations, 1862 － 1927 ： A Checklist of the Chinese Foreign Ministry Archives*, 1862－1927, New York：East Asian Institute, Columbia University, 1965.

Ludwig, Albert Philip, *Li Hung Chang and Chinese Foreign Policy, 1870－1885*, PhD Dissertation, University of Califonia, 1936.

McCartee, Divie Bethune, Speer, Robert E. ed. , *A Missionary Pioneer in the Far East ： A Memorial of Divie Bethune McCartee*, New York：Fleming H. Revell Company, 1922.

Moore, John Bassett, "An Appeal to Reason," *Foreign Affairs*, Vol. 11, No. 4 (Jul. , 1933) .

Murray, David, "Divie Bethune McCartee M. D. ：Pioneer Missionary in China and Japan," *New York Observer and Chronicle (1833－1912)*, Vol. 80 (29) , 1902.

Paine, S. C. M. , *The Sino－Japanese War of 1894－1895：Perceptions, Power, and Primacy*, New York：Cambridge University Press, 2003.

Rankin, Henry William, "Divie Bethune McCartee M. D. －Pioneer：Missionary a Sketch of His Career, " *Evangelist and Religious Review (1902－1902)*, Vol. 73 (21) , 1902.

Scott, James Brown, ed. , *The Hague Conventions and Declarations of 1899 and 1907*, N. Y. ：Oxford University Press, 1918.

Sewell, B. , "Reconsidering the Modern in Japanese History：Modernity in the Service of the Prewar Japanese Empire," *Japan Review*, 2004 (16) .

Takahashi, Sakuyé, *Cases on International Law during the Chino － Japanese War*, Cambridge：University Press, 1899.

Takahashi, Sakuyé, " T. E. Holland, Prof. Westlake," *Kritische Vierteljahresschrift für Gesetzgebung und Rechtswissenschaft (KritV)* , Dritte

Folge, Vol. 6 (42), No. 1 (1900).

Treat, Payson J. , *Diplomatic Relations Between the United States and Japan, 1863-1895*, Vol. Ⅱ, Stanford: Stanford University Press, 1932.

Ullmann, E. , "Reviewed Work: Cases on International Law during the Chino-Japanese War by Sakuyé Takahashi, T. E. Holland, Prof. Westlake," *Kritische Vierteljahresschrift für Gesetzgebung und Rechtswissenschaft (KritV)*, Dritte Folge, Vol. 6 (42), No. 1 (1900).

后　记

　　本书是我十余年来致力近代中日关系史研究的成果。各章节大多曾以论文形式提交给中国社会科学院近代史研究所一年一度的青年学术研讨会，以及在北京、遵义和日本东京、韩国首尔等地召开的学术研讨会，后在《历史研究》《近代史研究》《日本学刊》《清史研究》等刊物和各种论文集中发表，部分曾收入韩国首尔等地出版的合著中。此次纳入本书时，做了一些补充和修改。

　　业师北京大学王晓秋教授在本书构思、收集史料、写作和修改的过程中，始终给予悉心指点和积极鼓励，并于百忙之中拨冗作序。唯有努力进步，或可报答师恩于万一。

　　我来近代史研究所工作的十数年间，多得本所前辈张振鹍研究员的指导与鼓励。本书的大部分内容曾经 80 岁高龄的张先生的细心审读并赐教。张先生慨允为本书作序，不巧书稿付刊之际，恰逢张先生刚经一个小手术，需要疗养，不忍再给先生添劳累。

　　日本留学期间的指导教官新潟大学已故古厩忠夫教授对我的学业也曾给予关切与指导，先生亲自驱车送我前去新潟县立图书馆的情景，至今历历在目。在我日本访学期间，接受教授早稻田大学毛里和子奖掖后进，不遗余力，给予我非常宝贵的指导；东京大学川岛真教授热情邀请我参加他和早稻田大学刘杰教授共同主持的国际合作项目，令我获益匪浅；日本法政大学安冈昭男先生与我相识十余年，多次热心提供史料，惠予指导，并亲笔写信推荐我前往各大档案馆查阅档案。

哈佛大学杜维明教授、柯伟林（William Kirby）教授、孔飞力（Philip Kuhn）教授、斯文·贝克特（Sven Beckert）教授，哈佛大学费正清东亚研究中心研究员（威尔斯利学院教授）柯文（Paul A. Cohen）和林同奇先生，或慨允听课，或惠予指导，或应允访谈，或接纳做研究助理，以不同方式所给予的学术上的教益与启迪，至今难以忘怀。

哈佛燕京学社为 J2 提供了优越的学习、研究条件，本书最重要的前沿研究成果和相关史料许多都是在哈佛大学各大图书馆查得的。日本新潟大学图书馆、美国哈佛大学图书馆、加州大学伯克利分校图书馆、日本早稻田大学图书馆、东京大学图书馆、庆应义塾大学图书馆、日本国立国会图书馆、日本外交史料馆、日本防卫省防卫研究所史料阅览室、日本国立公文书馆、东京都立图书馆、大东文化大学图书馆、中国第一历史档案馆、国家清史编纂委员会项目中心、国家图书馆、中国社会科学院图书馆等，在我查阅史料过程中均提供了耐心周到的服务及便利。同学宁映霞博士为本书的结构提出了极具建设性的建议。社会科学文献出版社人文分社社长宋月华女士、范迎女士，责编张晓莉女士为本书的问世付出诸多辛劳。

在此，一并表示衷心的感谢。

戴东阳

2012 年 6 月 23 日于北京

增订版后记

本书作为"中国社会科学院文库·历史考古研究系列"之一种，于 2012 年 8 月出版以来，在海内外产生一定反响。这里列其部分：

2012 年 12 月，《清史研究国际通讯》第 2 卷第 2 期介绍本书主要内容；

2013 年 5 月，徐万民撰书评《甲午战前中日关系的深度解读》在《光明日报》（2013 年 5 月 23 日，第 11 版）刊发，人民网、光明网、中国社会科学院网"中日甲午战争一百二十周年祭·权威论述"栏目等全文转载；

2013 年 6 月，《抗日战争研究》第 2 期做了书摘报道；

2013 年 8 月，劉傑、川島真編『対立と共存の歴史認識——日中関係 150 年』一书（東京大学出版会）收录与本书相关论文「清末駐日使節団の日本理解——琉球·朝鮮·条約改訂」；

2013 年 12 月，谢维撰英文书评在英刊 *Journal of Modern Chinese History* 上刊发；

2014 年 8 月，张海鹏等主编《甲午战争的百年回顾——甲午战争 120 周年学术论文选编》一书（中国社会科学出版社）收录本书第八章相关内容；

2014 年 9 月 16 日，中国社会科学网刊登专访《［专访］戴东阳：金玉均被刺与甲午战争》；

2014 年 10 月，步平、北冈伸一主编中文版《中日共同历史研究报告》（社会科学文献出版社）暨该书日文版北冈伸一、步平编『「日中歴史共同研究」報告書』（勉誠出版）第 2 卷（近現代史篇）引用本书第五章和第六章相关内容；

2015 年本书获中国宋庆龄基金会第七届"孙平化日本学学术奖励基金"专著奖二等奖；

《近代史研究》编辑部编《〈近代史研究〉40 年文存（2001—2006 年）》（中国社会科学出版社，2019）收入本书第二章相关内容；

2021 年本书获"中国社会科学院学术著作翻译出版资助'中译外'项目"资助，在韩国首尔出版韩文版『만청 주일사절단과 갑오전쟁 전의 중일 관계（1876-1894）』（서울（首尔）：토담미디어）。

衷心感谢各位前辈、同行与各相关机构的认可与提携！

本次修订，注意吸取十余年来海内外最新开放的未刊档案和前沿研究成果，以及本人近年的新成果。主要围绕甲午战前中日关系的三大主要问题——琉球问题、朝鲜问题和修约问题，尤其琉球问题和朝鲜问题，进行较为系统的修订。比如，早期"球案"交涉和重议"球案"时期鲜为人知的幕后秘辛，包括日本宣布废灭琉球直后使团第一时间的应对；使团"友人"宫岛诚一郎长时间、近距离搜集驻日使团之与"球案"等有关的机密情报，对于中日关系走向的影响等。又如，日本在朝鲜挑起战端即甲午战争爆发之后带有备战性质的撤使，以及其国际舆论宣传。再如，使团富有先见之明的对日认识建议，与清政府令人扼腕的冷漠反应等。本次修订也关注大背景的提升，如将驻日使团置于整个晚清驻外使团产生、发展和变化的历史大背景之下考察，在导言和附录处添加相关章节和表格，可更清楚地彰显驻日使团在晚清外交体系中的独特地位。修订本还关注到出使大臣之外更广泛的参随及翻译人员系列，适当研究他们的生平与事迹，以期拓宽对驻日使团外交活动的理解。此外，纠正了一些错别字，对注释格式包括日文和韩文注释做了进一步规范等。

很荣幸拙著能够列入"社科文献学术文库"再出修订版，感谢社会科学文献出版社领导的高情厚谊！感谢责任编辑吴超先生认真、敬业的辛勤付出！感谢诸多师友的关心与鼓励！

戴东阳

2024 年 3 月于北京